ANWALTSKANZLEI
REED SMITH LLP
THEATINERSTR. 8 / FÜNF HÖFE
80333 MÜNCHEN

Arndt/Voß
Verkaufsprospektgesetz

Wertpapier-Verkaufsprospektgesetz (Verkaufsprospektgesetz) und Verordnung über Vermögensanlagen-Verkaufsprospekte (Vermögensanlagen-Verkaufsprospektverordnung – VermVerkProspV)

Herausgegeben von

Dr. Jan-Holger Arndt
Rechtsanwalt
Düsseldorf

Dr. Thorsten Voß
Rechtsanwalt, vormals
Bundesanstalt für
Finanzdienstleistungsaufsicht
Frankfurt am Main

Bearbeitet von

den Herausgebern und

Sebastian Bruchwitz
Rechtsanwalt
Düsseldorf

Dr. Sebastian Kind
Rechtsanwalt
Düsseldorf

Dr. Jan Könnecke
Rechtsanwalt
Frankfurt am Main

Dr. Jochen Lüdicke
Rechtsanwalt, Steuerberater,
Fachanwalt für Steuerrecht
Düsseldorf

Verlag C.H. Beck München 2008

Verlag C.H. Beck im Internet:
beck.de

ISBN 978 3 406 56566 3

© 2008 Verlag C.H. Beck oHG
Wilhelmstraße 9, 80801 München

Druck und Bindung: fgb · Freiburger Graphische Betriebe
Bebelstraße 11, 79108 Freiburg i. Br.

Satz: Jung Crossmedia GmbH
Gewerbestr. 17, 35633 Lahnau

Gedruckt auf säurefreiem, alterungsbeständigem Papier
(hergestellt aus chlorfrei gebleichtem Zellstoff)

Geleitwort

Die Branche der Anbieter geschlossener Fonds musste sich in den vergangenen Jahren immer wieder auf Veränderungen ihrer wirtschaftlichen und v. a. auch ihrer rechtlichen Rahmenbedingungen einstellen. Dies trifft insbesondere auf das Jahr 2005 zu, als mit der Neuregelung des § 15b EStG Verlustanrechnungsmöglichkeiten abgeschafft und insbesondere mit dem Anlegerschutzverbesserungsgesetz (AnSVG) wesentliche gesetzliche Neuerungen für die Branche eingeführt wurden.

Am 1. Juli 2005 trat der gemäß Art. 2 des AnSVG in das Wertpapier-Verkaufsprospektgesetz (VerkProspG) neu eingeführte Abschnitt IIIa „Prospektpflicht für Angebote anderer Vermögensanlagen" in Kraft. Durch das AnSVG wurde damit dem VerkPropsG ein neuer Anwendungsbereich zugeordnet, da die Regelungen für die Wertpapiere (ehemals die Abschnitte I bis II und V VerkProspG aF) aufgehoben und ins Wertpapierprospektgesetz (WpPG) integriert wurden. Im neuen Abschnitt IIIa findet sich insbesondere neben der Prospektpflicht gemäß der §§ 8f ff VerkProspG für geschlossene Fonds mit den §§ 13, 13a VerkProspG auch ein spezialgesetzliches Haftungsinstrumentarium. Die Anforderungen des Verkaufsprospektgesetzes an geschlossene Fonds werden durch die auf Grundlage des VerkProspG erlassene Vermögensanlagen-Verkaufsprospektverordnung (VermVerkProspV) ergänzt.

Die Branche hat es verstanden, den Wandel anzunehmen und sich auf die neuen Rahmenbedingungen optimal einzustellen. Es ist daher nicht verwunderlich, dass die Summe des von den Anbietern eingesammelten Eigenkapitals trotz der Veränderungen und Auswirkungen auf die unternehmerische Tätigkeit auf hohem Niveau stabil geblieben ist. Bei geschlossenen Immobilienfonds sowie bei Private Equity Publikumsfonds waren im Jahr 2006 gegenüber dem Vorjahr sogar Steigerungen von über 20% bzw. über 60% zu verzeichnen.

Die Anbieter geschlossener Fonds haben die steuerrechtlichen und regulatorischen Veränderungen in 2005 weniger als Einschränkung, sondern vielmehr als Chance empfunden, geschlossene Fonds als das zu präsentieren, was sie ohnehin seit einiger Zeit sind: ein transparentes, professionell geführtes und renditestarkes Anlageprodukt.

Dass diese Eigenschaft der Branche auch in Zukunft gefordert sein wird, hat sich nicht zuletzt bei der Diskussion um die Umsetzung der Finanzdienstleistungsrichtlinie MiFID in nationales Recht gezeigt. Der europäische Gesetzgeber hat mit weiteren Weißbüchern und

Geleitwort

„Richtlinienpaketen" signalisiert, dass er die europäischen Finanzmärkte weiter regulieren und vereinheitlichen will. Der VGF Verband Geschlossene Fonds e.V. hat es sich als Sprachrohr der Branche zur Aufgabe gemacht, sich den europäischen und nationalen Regulierungsbestrebungen zu stellen, den Dialog zu suchen, mitzugestalten und dort, wo es möglich ist, vernünftige Alternativen zu staatlicher oder europäischer Regulierung aufzuzeigen. Die Weiterentwicklung und der Ausbau von gesetzlichen Regelungen, Selbstverpflichtungen und Branchenstandards ist eine wesentliche Aufgabe der Interessenvertretung.

Die Einführung der gesetzlichen Vorgaben für die Erstellung der Prospekte sowie die Kodifizierung der Haftungsvoraussetzungen durch das VerkProspG werden grundsätzlich von der Branche unterstützt, weil sie – auch bei den Anbietern – zu mehr Rechtssicherheit führen. Natürlich hat das neue VerkProspG zu einem beträchtlichen Umstellungs- und Arbeitsaufwand geführt, den die Branche zunächst einmal meistern musste. In den vergangenen zweieinhalb Jahren konnten hier bereits viele Erfahrungen gesammelt werden. Die Anwendung der Normen für die Erstellung und Prüfung von Verkaufsprospekten hat in der Praxis aber auch offene Fragen und Unklarheiten zu Tage gefördert, die z. T. zu Verunsicherungen geführt haben und noch immer führen. Nicht zuletzt aufgrund ihrer Entstehungsgeschichte bereiten die Regelungen Auslegungsprobleme, weil zentrale Begriffe des Wertpapierrechts benutzt werden, die bislang im Bereich der geschlossenen Fonds ungebräuchlich waren. Zudem verweist das VerkProspG auch auf Regelungen im BörsG, deren Anwendung auf geschlossene Fonds aufgrund ihrer Natur als unternehmerische Beteiligung nicht eins zu eins übernommen werden können und von daher Schwierigkeiten bereiten. Hinzu kommt, dass bislang nur vereinzelt und in sehr begrenztem Ausmaß Rechtsprechung – insbesondere obergerichtliche – und Literatur zu den Neuregelungen veröffentlicht wurde. In den offenen Fragen, die das VerkProspG aufwirft, fehlt es bisher an einer systematischen Kommentierung und anschaulichen Orientierungshilfe.

Genau an dieser Stelle setzt das verdienstvolle Werk von Dr. Jan-Holger Arndt und Dr. Thorsten Voß an. Erstmals wird hier umfangreich der aktuelle Stand von Gesetzgebung, Rechtsprechung und Literatur zusammengestellt und kommentiert. Damit ist es den Verfassern gelungen, eine solide Informationsquelle über das VerkProspG und die VermVerkProspV zu formulieren, die sowohl der Branche als auch der Finanzaufsicht gute Dienste leisten wird.

Interessant und äußerst gewinnbringend ist schon die Konstellation der Verfasser, die ihre beruflichen Erfahrungen einerseits von Seiten

Geleitwort

der Rechtsberatung und andererseits von Seiten der Finanzaufsicht in die Kommentierung einbringen. Der Kommentar, der nach dem erklärten Willen der Verfasser sowohl als Rechtsberatungs- als auch als Aufsichtskommentar dienen soll, vermag es, die Anwendungspraxis der jeweiligen Seite aus dem Nähkästchen heraus ans Licht zu holen und so einer transparenten und offenen Diskussion zuzuführen.

Die Umsetzung dieses Vorhabens ist gelungen. Als besonders positiv hervorzuheben ist, dass bei den dogmatischen Erörterungen die Praxisrelevanz immer präsent bleibt. Der Kommentar zeichnet sich zudem durch seine differenzierte Betrachtungsweise der Branche aus. Beides zeigt sich bereits zu Beginn: Im Rahmen der umfassenden Einführung in die Grundlagen der Prospektpflicht geben die Verfasser eine übersichtliche Darstellung über die Entwicklung der Prospektierungen und nehmen eine differenzierte Einordnung des VerkProspG und des IDW S 4 in den Kapitalmarkt vor. Auch die Kommentierung der einzelnen Paragrafen folgt diesen Grundsätzen. Ebenso praxisrelevant ist die Zusammenstellung der Gesetzesmaterialien, Verwaltungsanweisungen sowie der Literatur- und Rechtsprechungshinweise.

Mit dem gewählten Ansatz und seiner Ausführung haben die Verfasser und ihre Mitarbeiter den Grundstein dafür gelegt, dass dieser Kommentar zu einem Standardwerk für die Sparte der Vermögensanlagen und insbesondere für die geschlossenen Fonds werden wird. Wir wünschen dem Buch eine interessierte Leserschaft und danken den Herausgebern und ihren Mitarbeitern für ihr Engagement.

Eric Romba
Rechtsanwalt
Hauptgeschäftsführer VGF Verband Geschlossene Fonds e.V.

Vorwort der Herausgeber

Nicht selten wird zu Kodifikationsvorhaben auf den verschiedensten Rechtsgebieten der jüngeren Zeit bemerkt, dass der Gesetzgeber dem Rechtsanwender „alten Wein in neuen Schläuchen" präsentiere. Bei der zum 1. 7. 2005 durch das Anlegerschutzverbesserungsgesetz neu eingeführten Prospektpflicht für Vermögensanlagen verhält es sich gerade umgekehrt: Es gibt „neuen Wein in einem alten Schlauch". Der „neue Wein" sind die Vermögensanlagen, Anlageinstrumente wie insbesondere geschlossene Fonds und Genussrechte, die bisher keiner kapitalmarktrechtlichen Regulierung unterlagen. Der „alte Schlauch" ist das Verkaufsprospektgesetz, das ursprünglich allein für Wertpapiere galt, die aus dessen Anwendungsbereich entfernt wurden und das kurzerhand mit einem neuen Regelungsfeld versehen wurde, wobei sich Vermögensanlagen selbstredend hinsichtlich ihrer flankierenden zivil- und gesellschaftsrechtlichen Grundlagen in vielfältiger Hinsicht von Wertpapieren unterscheiden. Ist das öffentliche Recht flexibel genug, mit beinahe ein und demselben Gesetz derartig unterschiedliche Lebenssachverhalte angemessen zu erfassen? Dies ist nur eine der zahlreichen dogmatischen Fragen, die Grund genug waren, zum „alten neuen" Verkaufsprospektgesetz sowie zur gänzlich neuen Vermögensanlagen-Verkaufsprospektverordnung einen eigenständigen Kommentar vorzulegen, der das jüngste Teilrechtsgebiet des deutschen Kapitalmarktrechts, das Vermögensanlagen-Verkaufsprospektrecht, erstmals einer umfassenden wissenschaftlichen Durchdringung unterzieht.

Neben dem verfolgten wissenschaftlichen Anspruch gilt für das vorliegende Werk das vielzitierte Diktum: Von Praktikern für Praktiker. Herausgeber und Autoren standen in einer Vielzahl von Gestattungsverfahren auf der Seite der Rechtsberatung einerseits sowie der Seite der Finanzaufsicht andererseits gegenüber und haben in diesen Situationen schätzen gelernt, wie fruchtbar und erkenntnisbringend der gegenseitige fachliche Austausch aus unterschiedlichen Perspektiven bei offenem Visier sein kann. Wir haben uns bemüht, diesen Austausch sowie die Offenheit gegenüber den unterschiedlichen Sichtweisen in diesem Werk niederzulegen, um so den größtmöglichen Erkenntnisgewinn bei der Erforschung der neuen Normen zu gewährleisten. Der Kommentar ist daher ein Rechtsberatungs- und ein Aufsichtskommentar zugleich, wobei die gefundenen Ergebnisse zeigen, dass sich unterschiedliche Herangehensweisen gerade nicht gegenseitig ausschließen, sondern insbesondere im Verkaufsprospekt-

Vorwort

recht häufig auf einen gemeinsamen nicht nur kleinen, sondern sogar großen Nenner bringen lassen: Den rechtlichen Parametern für einen Verkaufsprospekt, der sowohl Anleger (z. B. vor auf nicht hinreichend fundierter Informationsgrundlage getroffenen Investitionsentscheidungen) als auch Mandanten (etwa vor Haftungsansprüchen) bei ihrem Verhalten auf dem Kapitalmarkt in bestmöglicher Weise schützt.

Zahlreichen Mitstreitern gebührt unser Dank. Frau Kati Kupfer kümmerte sich unermüdlich um die technische Verwaltung des Manuskriptes. Herr Rechtsreferendar Johannes Baare leistete nicht nur wertvolle Recherchearbeiten, sondern lieferte auch jede Menge Denk- und Diskussionsanstöße. Herrn RA Eric Romba, Herrn RA Frederik Voigt, Frau RAin Carolin Herzig und Frau RAin Dr. Ulrike Busse vom Verband Geschlossene Fonds waren uns nicht selten mehr als nur „Sparrings-Partner" bei vielen tüfteligen Einzelfragen. Unsere Lektorin, Frau Christina Dimitriou, zeichnete sich durch umsichtige Betreuung des Werkes sowie besonderes Verständnis für die Zeitnöte schreibender Anwälte und Beamter aus. Ganz besonders danken wir unseren Familien für Geduld und Rückhalt.

Zudem ist eine Personengruppe gesondert zu erwähnen, die sich im Tagesgeschäft der Gestattungsverfahren besondere Verdienste um die Auslegung des Vermögensanlagen-Verkaufsprospektrechts erworben hat: die Sachbearbeiter der BaFin (Referat PRO 3). Gerade große Teile dieser Gruppe von Beamten waren es, die insbesondere in der Anfangszeit nach dem Inkrafttreten des Gesetzes für Anbieter und Rechtsberater tatkräftig und mit großer Kreativität zur Verfügung standen, häufig auch am Wochenende, mitunter gar ohne eigenständige Anordnung von Mehrarbeit und in erster Linie von fachlichem Interesse und Pflichtgefühl getrieben. Ohne ihr Wirken hätten Ergebnisse und Diskussion zum Recht der Vermögensanlagen, wie sie sich im vorliegenden Werk niederschlagen, nicht das heutige Niveau erreicht.

Es ist daher allen Autoren dieses Bandes ein besonderes Anliegen (nur Herr RA Dr. Voß muss als ehemaliger Referent von PRO 3 aus Gründen der Befangenheit insoweit leider Zurückhaltung üben), namentlich – in alphabetischer Reihenfolge – Frau Kristin Bender-Muth, Herrn Christian Brackmann, Herrn Ingo Peter, Herrn Peter Schmitt und Herrn Philip Steinkopff ausdrücklich für die tadellose – und v. a. stets auch lehrreiche – Betreuung von Gestattungsverfahren und Anfragen zu danken. Solche Mitarbeiter in den Reihen zu haben, ist ein Vorteil für sich. Wer aus dem aktuellen Team von PRO 3 nicht genannt ist, fühle sich bitte nicht vergessen oder übergangen. Bis zur 2. Auflage ergibt sich sicher die Möglichkeit einer Begegnung.

Schließlich entbieten die Herausgeber der neuen Erdenbürgerin Seraphina Victoria Bruchwitz einen herzlichen Willkommensgruß

Vorwort

augenzwinkernd verbunden mit dem Dank, dass sie ihren Geburtstag so gelegt hat, dass Herr RA Bruchwitz mit der nur einem werdenden Vater eigenen Gelassenheit sein Manuskript pünktlich abschließen konnte.

Der Kommentar stellt sich nun der Bewährungsprobe in Wissenschaft und Praxis. Wir sind für kritische Anmerkungen jederzeit dankbar, die uns über die Anschrift des Verlages gerne erreichen.

Düsseldorf und Frankfurt am Main,   Dr. Jan-Holger Arndt
im März 2008   Dr. Thorsten Voß

Inhaltsübersicht

Inhaltsverzeichnis XV

Abkürzungsverzeichnis XIX

Literaturverzeichnis XXV

I. Wertpapier-Verkaufsprospektgesetz (Verkaufsprospektgesetz) 1

II. Verordnung über Vermögensanlagen-Verkaufsprospekte (Vermögensanlagen-Verkaufsprospektverordnung – VermVerkProspV) ... 333

III. Texte 533
  1. Grundsätze ordnungsgemäßer Beurteilung von Verkaufsprospekten über öffentlich angebotene Vermögensanlagen (IDW S 4) 534
  2. Leitlinien zur Erstellung von Leistungsbilanzen für geschlossene Fonds 601
  3. Muster einer Überkreuz-Checkliste für Vermögensanlagen-Verkaufsprospekte 614
  4. Auslegungsschreiben der Bundesanstalt für Finanzdienstleistungsaufsicht (BaFin) zur Prospektpflicht für Vermögensanlagen-Verkaufsprospekte 623
  5. Bekanntmachung des Bundesaufsichtsamtes für Wertpapierhandel vom 15. April 1996 627
  6. Bekanntmachung des Bundesaufsichtsamtes für den Wertpapierhandel vom 6. September 1999 635
  7. Gesetz über Musterverfahren in kapitalmarktrechtlichen Streitigkeiten (Kapitalanleger-Musterverfahrensgesetz – KapMuG) vom 16. August 2005 (BGBl. I S. 2437), zuletzt geändert durch Art. 12 TransparenzRL-UmsetzungsG vom 5. 1. 2007 (BGBl. I S. 10) 650
  8. Schreiben betr. einkommensteuerrechtliche Behandlung von Gesamtobjekten, von vergleichbaren Modellen mit nur einem Kapitalanleger und von gesellschafts- sowie gemeinschaftsrechtlich verbundenen Personenzusammenschlüssen (geschlossene Fonds) (sog. 5. Bauherrenerlass) vom 20. Oktober 2003 (BStBl. I S. 546), BMF IV C 3-S 2253a-48/03) 662
  9. Schreiben betr. Gewinnermittlung bei Handelsschiffen im internationalen Verkehr, sog. Tonnagesteuer § 5a EStG (sog. Tonnagesteuer-Erlass) vom 12. Juni 2002 (BStBl. I S. 614), BMF IV A 6-S 2133a -11/02 680
  10. Schreiben betr. ertragsteuerrechtliche Behandlung von Film- und Fernsehfonds (sog. Medienerlass) vom 23. Februar 2001 (BStBl. I S. 175), BMF IV A 6-S 2241–8/01, geändert durch BMF v. 5. 8. 2003 (BStBl. I S. 406) 690

Inhaltsübersicht

11. Schreiben betr. einkommensteuerliche Behandlung von Venture Capital und Private Equity Fonds; Abgrenzung der privaten Vermögensverwaltung vom Gewerbebetrieb (sog. Private Equity/Venture Capital Erlass) vom 16. Dezember 2003 (BStBl. 2004 I S. 40, ber. 2006 I S. 632), BMF IV A 6-S 2240–153/03 706

Sachverzeichnis 717

Inhaltsverzeichnis

Geleitwort V
Vorwort IX
Abkürzungsverzeichnis XIX
Literaturverzeichnis XXV

I. Wertpapier-Verkaufsprospektgesetz (Verkaufsprospektgesetz)

Vorbemerkungen 1

Abschnitt I bis III (aufgehoben)
§ 1 bis § 8 (aufgehoben) 22

Abschnitt IIIa Prospektpflicht für Angebote anderer Vermögensanlagen
§ 8f Anwendungsbereich 38
§ 8g Prospektinhalt 85
§ 8h Aufstellung und Prüfung des Jahresabschlusses und des Lageberichtes 93
§ 8i Hinterlegungsstelle, Rechte der Hinterlegungsstelle, sofortige Vollziehung 105
§ 8j Werbung 138
§ 8k Verschwiegenheitspflicht 143

Abschnitt IV Veröffentlichung des Verkaufsprospekts; Prospekthaftung
§ 9 Frist und Form der Veröffentlichung 163
§ 10 Veröffentlichung eines unvollständigen Verkaufsprospekts 170
§ 11 Veröffentlichung ergänzender Angaben 178
§ 12 Hinweis auf Verkaufsprospekt 208
§ 13 Haftung bei fehlerhaftem Prospekt 237
§ 13a Haftung bei fehlendem Prospekt 257

Abschnitt V (aufgehoben)
§ 14 (aufgehoben) 266
§ 15 (aufgehoben) 266

Abschnitt VI Gebühren; Bekanntgabe und Zustellung; Bußgeld- und Übergangsvorschriften
§ 16 Gebühren 266
§ 16a Bekanntgabe und Zustellung 279
§ 17 Bußgeldvorschriften 284
§ 18 Übergangsvorschriften 316

Inhaltsverzeichnis

II. Verordnung über Vermögensanlagen-Verkaufsprospekte (Vermögensanlagen-Verkaufsprospektverordnung – VermVerkProspV)

§ 1	Anwendungsbereich	335
§ 2	Allgemeine Grundsätze	335
§ 3	Angaben über Personen oder Gesellschaften, die für den Inhalt des Verkaufsprospekts die Verantwortung übernehmen	390
§ 4	Angaben über die Vermögensanlagen	394
§ 5	Angaben über den Emittenten	423
§ 6	Angaben über das Kapital des Emittenten	450
§ 7	Angaben über Gründungsgesellschafter des Emittenten	457
§ 8	Angaben über die Geschäftstätigkeit des Emittenten	476
§ 9	Angaben über die Anlageziele und Anlagepolitik der Vermögensanlagen	483
§ 10	Angaben über die Vermögens-, Finanz- und Ertragslage des Emittenten	503
§ 11	Angaben über die Prüfung des Jahresabschlusses des Emittenten	509
§ 12	Angaben über Mitglieder der Geschäftsführung oder des Vorstands, Aufsichtsgremien und Beiräte des Emittenten, den Treuhänder und sonstige Personen	511
§ 13	Angaben über den jüngsten Geschäftsgang und die Geschäftsaussichten des Emittenten	524
§ 14	Gewährleistete Vermögensanlagen	526
§ 15	Verringerte Prospektanforderungen	527
§ 16	Inkrafttreten	532

III. Texte

1. Grundsätze ordnungsgemäßer Beurteilung von Verkaufsprospekten über öffentlich angebotene Vermögensanlagen (IDW S 4) 534
2. Leitlinien zur Erstellung von Leistungsbilanzen für geschlossene Fonds 601
3. Muster einer Überkreuz-Checkliste für Vermögensanlagen-Verkaufsprospekte 614
4. Auslegungsschreiben der Bundesanstalt für Finanzdienstleistungsaufsicht (BaFin) zur Prospektpflicht für Vermögensanlagen-Verkaufsprospekte 623
5. Bekanntmachung des Bundesaufsichtsamtes für Wertpapierhandel vom 15. April 1996 627
6. Bekanntmachung des Bundesaufsichtsamtes für den Wertpapierhandel vom 6. September 1999 635
7. Gesetz über Musterverfahren in kapitalmarktrechtlichen Streitigkeiten (Kapitalanleger-Musterverfahrensgesetz – KapMuG) vom 16. August 2005 (BGBl. I S. 2437), zuletzt geändert durch Art. 12 TransparenzRL-UmsetzungsG vom 5. 1. 2007 (BGBl. I S. 10) 650

Inhaltsverzeichnis

8. Schreiben betr. einkommensteuerrechtliche Behandlung von Gesamtobjekten, von vergleichbaren Modellen mit nur einem Kapitalanleger und von gesellschafts- sowie gemeinschaftsrechtlich verbundenen Personenzusammenschlüssen (geschlossene Fonds) (sog. 5. Bauherrenerlass) vom 20. Oktober 2003 (BStBl. I S. 546), BMF IV C 3-S 2253a-48/03) 662
9. Schreiben betr. Gewinnermittlung bei Handelsschiffen im internationalen Verkehr, sog. Tonnagesteuer § 5a EStG (sog. Tonnagesteuer-Erlass) vom 12. Juni 2002 (BStBl. I S. 614), BMF IV A 6-S 2133a -11/02 680
10. Schreiben betr. ertragsteuerrechtliche Behandlung von Film- und Fernsehfonds (sog. Medienerlass) vom 23. Februar 2001 (BStBl. I S. 175), BMF IV A 6-S 2241–8/01, geändert durch BMF v. 5. 8. 2003 (BStBl. I S. 406) 690
11. Schreiben betr. einkommensteuerliche Behandlung von Venture Capital und Private Equity Fonds; Abgrenzung der privaten Vermögensverwaltung vom Gewerbebetrieb (sog. Private Equity/ Venture Capital Erlass) vom 16. Dezember 2003 (BStBl. 2004 I S. 40, ber. 2006 I S. 632), BMF IV A 6-S 2240–153/03 706

Sachverzeichnis 717

Abkürzungsverzeichnis

2. FMG . . . . Gesetz über den Wertpapierhandel und zur Änderung börsenrechtlicher und wertpapierrechtlicher Vorschriften (Zweites Finanzmarktförderungsgesetz) vom 26. 7. 1994, BGBl. I 1994, 1747, 1779
3. FMG . . . . Gesetz zur Fortentwicklung des Finanzplatzes Deutschland (Drittes Finanzmarktförderungsgesetz) vom 24. 3. 1998, BGBl. I 1998, 529, 533
4. FMG . . . . Gesetz zur weiteren Fortentwicklung des Finanzplatzes Deutschland (Viertes Finanzmarktförderungsgesetz) vom 21. 6. 2002, BGBl. I 2002, 2010, 2044

aA . . . . anderer Ansicht
aaO . . . . am angegebenen Ort
Abs. . . . . Absatz
aF . . . . alte Fassung
AG . . . . Amtsgericht, Aktiengesellschaft
AGBG . . . . Gesetz zur Regelung des Rechts der Allgemeinen Geschäftsbedingungen
AktG . . . . Aktiengesetz
Alt. . . . . Alternative
Anm. . . . . Anmerkung
AnSVG . . . . Gesetz zur Verbesserung des Anlegerschutzes vom 28. 10. 2004, BGBl. I 2004, 2630, 2649
AO . . . . Abgabenordnung
Art. . . . . Artikel
Aufl. . . . . Auflage
Az. . . . . Aktenzeichen

BaFin . . . . Bundesanstalt für Finanzdienstleistungsaufsicht
BAWe . . . . Bundesaufsichtsamt für den Wertpapierhandel
BB . . . . Betriebsberater (Zeitschrift)
Bd. . . . . Band
Begr. . . . . Begründung
betr. . . . . betrifft
BFH . . . . Bundesfinanzhof
BGB . . . . Bürgerliches Gesetzbuch
BGBl. . . . . Bundesgesetzblatt
BGH . . . . Bundesgerichtshof
BilReG . . . . Bilanzrechtsreformgesetz
BKR . . . . Zeitschrift für Bank- und Kapitalmarktrecht (Zeitschrift)
BMF-Schreiben . . . . . Schreiben des Bundesministeriums der Finanzen
BörsG . . . . Börsengesetz

Abkürzungsverzeichnis

BörsZulVO	Börsenzulassungsverordnung
BR-Drucks.	Drucksache des Bundesrates
bspw.	beispielsweise
BStBl.	Bundessteuerblatt
BT-Drucks.	Bundestagsdrucksache
BVerfGE	Entscheidungssammlung des Bundesverfassungsgerichtes
BVerwG	Bundesverwaltungsgericht
BVerwGE	Entscheidungssammlung des Bundesverwaltungsgerichtes
bzgl.	bezüglich
bzw.	beziehungsweise
ca.	circa
Co.	Company
DB	Der Betrieb (Zeitschrift)
d. h.	das heißt
DStR	Deutsches Steuerrecht (Zeitschrift)
EDV	Elektronische Datenverarbeitung
EG	Europäische Gemeinschaft(en)
EGBGB	Einführungsgesetz zum Bürgerlichen Gesetzbuch
EG-Emissionsprospektrichtlinie	Richtlinie 89/298/EWG des Rates vom 17. 4. 1989 zur Koordinierung der Bedingungen für die Erstellung, Kontrolle und Verbreitung des Prospekts, der im Falle öffentlicher Angebote von Wertpapieren zu veröffentlichen ist, ABl. EG Nr. L 124 vom 5. 5. 1989, S. 8
EStG	Einkommensteuergesetz
EStR	Einkommensteuerrichtlinien
etc.	et cetera
EU	Europäische Union
EuZW	Europäische Zeitschrift für Wirtschaftsrecht
EWG	Europäische Wirtschaftsunion
f., ff.	folgende(r), fortfolgende(r)
FinDAG	Finanzdienstleistungsaufsichtsgesetz
Fn.	Fußnote
FRUG	Gesetz zur Umsetzung der Richtlinie über Märkte für Finanzinstrumente (RiL 2004/39/EG, MiFID) und der Durchführungsrichtlinie (RiL 2006/73/EG) der Kommission vom 16. 7. 2007, BGBl. I 2007, 1330
FS	Festschrift

Abkürzungsverzeichnis

GuV-Rechnung	Gewinn- und Verlustrechnung
GbR	Gesellschaft bürgerlichen Rechts
gem.	gemäß
GewStG	Gewerbesteuergesetz
ggf.	gegebenenfalls
GmbH	Gesellschaft mit beschränkter Haftung
GmbHG	Gesetz betreffend die Gesellschaften mit beschränkter Haftung
HGB	Handelsgesetzbuch
hL	herrschende Lehre
hM	herrschende Meinung
HS	Halbsatz
idF	in der Fassung
IDW	Institut der Wirtschaftsprüfer
IFG	Gesetz zur Regelung des Zugangs zu Informationen des Bundes, (Informationsfreiheitsgesetz – IFG), vom 5. 9. 2005, BGBl. I S. 2722
InvG	Investmentgesetz
iRd	im Rahmen der
iSd	im Sinne des (der)
iVm	in Verbindung mit
KAGG	Gesetz über Kapitalanlagegesellschaften (außer Kraft)
KapMuG	Kapitalanleger-Musterverfahrensgesetz
KG	Kommanditgesellschaft
KStG	Körperschaftsteuergesetz
KWG	Kreditwesengesetz
LG	Landgericht
lit.	litera (Buchstabe)
MiFID	Richtlinie 2004/39/EG des Europäischen Parlaments und des Rates vom 21. 4. 2004 über Märkte für Finanzinstrumente, zur Änderung der Richtlinien 85/611/EWG und 93/6/EWG des Rates und der Richtlinie 2000/12/EG des Europäischen Parlaments und des Rates und zur Aufhebung der Richtlinie 93/22/EWG des Rates, Amtsblatt Nr. L 145 vom 30/04/2004 S. 1
Mio.	Millionen
MMR	MultiMedia und Recht (Zeitschrift für Informations-, Telekommunikations- und Medienrecht)
Mrd.	Milliarden
MVP	Melde- und Veröffentlichungsplattform
mwN	mit weiteren Nachweisen

Abkürzungsverzeichnis

nF . . . . neue Fassung, neue Folgen
NJW . . . . Neue Juristische Wochenschrift (Zeitschrift)
Nr. . . . . Nummer

o. ä. . . . . oder ähnliches
OECD . . . . Organization for Economic Cooperation and Development
OFD . . . . Oberfinanzdirektion
OLG . . . . Oberlandesgericht

ProspektRL . . . . Richtlinie 2003/71/EG des Europäischen Parlaments und des Rates vom 4. 11. 2003 betreffend den Prospekt, der beim öffentlichen Angebot von Wertpapieren oder bei deren Zulassung zum Handel zu veröffentlichen ist, und zur Änderung der Richtlinie 2001/34/EG, ABl Nr. L 345 vom 31. 12. 2003 S. 64
Prospektrichtlinie-Umsetzungsgesetz . . . . . . Gesetz zur Umsetzung der Richtlinie 2003/71/EG des Europäischen Parlaments und des Rates vom 4. 11. 2003 betreffend den Prospekt, der beim öffentlichen Angebot von Wertpapieren oder bei deren Zulassung zum Handel zu veröffentlichen ist, und zur Änderung der Richtlinie 2001/34/EG vom 22. 6. 2005, BGBl I 2005, 1658
ProspektVO . . . . Verordnung (EG) Nr. 809/2004 der Kommission vom 29. 04. 2004 zur Umsetzung der Richtlinie 2003/71/EG des Europäischen Parlaments und des Rates betreffend die in Prospekten enthaltenen Informationen sowie das Format, die Aufnahme von Informationen mittels Verweis und die Veröffentlichung solcher Prospekte und die Verbreitung von Werbung Amtsblatt Nr. L 215 vom 16. 6. 2004 S. 3

RegBegr . . . . Regierungsbegründung
RegE . . . . Regierungsentwurf
RG . . . . Reichsgericht
Rn. . . . . Randnummer

s. . . . . siehe
S. . . . . Seite, Satz
SCE-Umsetzungsgesetz Gesetz zur Einführung der Europäischen Genossenschaft und zur Änderung des Genossenschaftsrechts vom 14. 8. 2006, BGBl. 2006 I, S. 1911
sog. . . . . so genannte (-r, -s)
StGB . . . . Strafgesetzbuch
s. u. . . . . siehe unten

Abkürzungsverzeichnis

Tz.	Textziffer
u. a.	unter anderem
u. ä.	und ähnliches
Urt.	Urteil
USA	United States of America
UStG	Umsatzsteuergesetz
usw.	und so weiter
u. U.	unter Umständen
v.	von, vom
v. a.	vor allem
vgl.	vergleiche
VerkProspG	Verkaufsprospektgesetz
VerkProspVO	Verordnung über Wertpapier-Verkaufsprospekte (Verkaufsprospektverordnung)
VermVerkProspV	Verordnung über Vermögensanlagen-Verkaufsprospekte (Vermögensanlagen-Verkaufsprospektverordnung)
VermVerkProspGebV	Vermögensanlagen-Verkaufsprospektgebührenverordnung (Verordnung über die Gebühren für Amtshandlungen betreffend Verkaufsprospekte)
Vorbem.	Vorbemerkung
VwKostG	Verwaltungskostengesetz
WM	Wertpapiermitteilungen (Zeitschrift)
WpPG	Gesetz über die Erstellung, Billigung und Veröffentlichung des Prospekts, der beim öffentlichen Angebot von Wertpapieren oder bei der Zulassung von Wertpapieren zum Handel an einem organisierten Markt zu veröffentlichen ist (Wertpapierprospektgesetz)
z. B.	zum Beispiel
ZGR	Zeitschrift für Unternehmens- und Gesellschaftsrecht
Ziff.	Ziffer
ZIP	Zeitschrift für Wirtschaftsrecht
ZPO	Zivilprozessordnung
zzgl.	zuzüglich

Literaturverzeichnis

1. Aufsätze

Apfelbacher/Metzner, Das Wertpapierprospektgesetz in der Praxis – Eine erste Bestandsaufnahme, BKR 2006, S. 81

Assmann, Konzeptionelle Grundlagen des Anlegerschutzes, ZBB 1989, S. 49

Assmann, Neuemissionen von Wertpapieren über Internet, Reinhold Geimer (Hrsg.), Wege zur Globalisierung des Rechts, Festschrift für Rolf A. Schütze zum 65. Geburtstag (1999), S. 15

Assmann, Neues Recht für den Wertpapiervertrieb, die Förderung der Vermögensbildung durch Wertpapieranlagen und die Geschäftstätigkeit von Hypothekenbanken, NJW 1991, S. 528

Assmann, Prospektaktualisierungspflichten, in: *Habersack/Hommelhoff/Hüffer* (Hrsg.), Festschrift für Peter Ulmer zum 70. Geburtstag (2003), S. 757

Barta, Der Prospektbegriff in der neuen Verkaufsprospekthaftung, NZG 2005, S. 305

Benecke, Haftung für Inanspruchnahme von Vertrauen – Aktuelle Fragen zum neuen Verkaufsprospektgesetz, BB 2006, S. 2597

Bohlken/Lange, Die Prospekthaftung im Bereich geschlossener Fonds nach §§ 13 Abs. 1 Nr. 3, 13a Verkaufsprospektgesetz nF, DB 2005, S. 1259

Borges, Lokalisierung von Angeboten bei Electronic Banking, WM 2001, S. 1542

Bürgers, Das Anlegerschutzverbesserungsgesetz, BKR 2004, S. 424

Crüwell, Die europäische Prospektrichtlinie, AG 2003, S. 243

Diekmann/Sustmann, Gesetz zur Verbesserung des Anlegerschutzes, NZG 2004, S. 929

Dittrich, Prospektpflicht – ein Beitrag zur Rechtssicherheit am Kapitalmarkt, ZfgK 2000, S. 178

Dreyling, Ein Jahr Anlegerschutzverbesserungsgesetz – Erste Erfahrungen, Der Konzern 2006, S. 1

Duhnkrack/Hasche, Das neuer Anlegerschutzverbesserungsgesetz und seine Auswirkungen auf Emissionshäuser und geschlossene Fonds, DB 2004, S. 1351

Fleischer, Zur Haftung bei fehlendem Verkaufsprospekt im deutschen und US-amerikanischen Kapitalmarktrecht, WM 2004, S. 1897

Fleischer, Prospektpflicht und Prospekthaftung für Vermögensanlagen des Grauen Kapitalmarkts nach dem Anlegerschutzverbesserungsgesetz, BKR 2004, S. 339

Grimme/Ritz, Die Novellierung verkaufsprospektrechtlicher Vorschriften durch das Dritte Finanzmarktförderungsgesetz, WM 1998, S. 2091

Groß, Bookbuilding, ZHR 1998, S. 318

Grub/Thiem, Das neue Wertpapierprospektgesetz – Anlegerschutz und Wettbewerbsfähigkeit des Finanzplatzes Deutschland, NZG 2005, S. 750

Gruson, Prospekterfordernisse und Prospekthaftung bei unterschiedlichen Anlageformen nach amerikanischem und deutschem Recht, WM 1995, S. 89

Literaturverzeichnis

Güstel, Prospektierung geschlossener Fonds, SJ 2006, S. 31

Handelsrechtsausschuss des DAV, Stellungnahme zum Regierungsentwurf zur Verbesserung des Anlegerschutzes (Anlegerschutzverbesserungsgesellschaft – AnSVG), NZG 2004, S. 703

Hasche-Preuße, Verkaufprospekte bei Wertpapieren: Mehr Informationen für die Anleger, Die Bank 1990, S. 713

Hasenkamp, Die neue Prospektierungspflicht für Anbieter geschlossener Fonds, DStR 2004, S. 2154

Heidelbach/Preuße, Einzelfragen in der praktischen Arbeit mit dem neuen Wertpapierprospektregime, BKR 2006, S. 316

Heisterhagen, Die gesetzliche Prospektpflicht für geschlossene Fonds nach dem Regierungsentwurf des Anlegerschutzverbesserungsgesetzes, DStR 2004, S. 1089

Heisterhagen, Prospekthaftung für geschlossene Fonds nach dem Börsengesetz – wirklich ein Beitrag zum Anlegerschutz, DStR 2006, S. 759

Holzborn/Isreal, Das Anlegerschutzverbesserungsgesetz – Die Veränderungen im WpHG, VerkProspG und BörsG und ihre Auswirkungen in der Praxis, WM 2004, S. 1948

Holzborn/Israel, Das neue Wertpapierprospektrecht, ZIP 2005, S. 1668

Holzborn/Schwarz-Gondek, Die neue EU-Prospektrichtlinie, BKR 2003, S. 927

Hopt, Risikokapital, Nebenbörsen und Anlegerschutz, WM 1985, S. 793

Hopt/Voigt, Prospekt- und Kapitalmarktinformationshaftung, WM 2004, S. 1801

Ilberg/Neises, Die Richtlinien-Vorschläge der EU Kommission zum „Einheitlichen Europäischen Prospekt" und zum „Marktmissbrauch" aus Sicht der Praxis, WM 2002, S. 635

Jäger/Voß, Die Prospektpflicht und -prüfung bei geschlossenen Schiffsfonds, in: *Winter/Henning/Gerhard* (Hrsg.), Grundlagen der Schiffsfinanzierung (2007), S. 893

Jahn, Mehr Schutz vor Bilanzskandalen, ZRP 2003, S. 121

Keller/Langner, Überblick über EG-Gesetzgebungsvorhaben im Finanzbereich, BKR 2003, S. 616

Kersting, Die rechtliche Behandlung des öffentlichen Angebots von Anteilen an Futures-Fonds in der Bundesrepublik Deutschland, WM 1997, S. 1969

Keunecke, Die neuen Prospekt- und Vertriebszulassungsbestimmungen für Geschlossene Fonds: Anmerkungen und Fazit, in: *Schoeller/Witt* (Hrsg.), Scope Jahrbuch Geschlossene Fonds 2005/2006, S. 143

König, Die neue europäische Prospektlinie, ZeuS 2004, S. 251

König, Die neue EU-Prospektrichtlinie aus gemeinschaftsprivatlicher Perspektive, GPR 2003/2004, S. 152

Kopp-Colomb/Lenz, Angebote von Wertpapieren über das Internet, BKR 2002, S. 5

Kopp-Colomb/Lenz, Der europäische Pass für Emittenten, AG 2002, S. 24

Krimphove, Aktuelle Entwicklung im europäischen Bank- und Kapitalmarktrecht, ZfgK 2005, S. 97

Kullmann/Müller-Deku, Die Bekanntmachung zum Wertpapier-Verkaufsprospektgesetz, WM 1996, S. 1989

Literaturverzeichnis

Kullmann/Sester, Inhalt und Format von Emissionsprospekten nach dem WpPG, ZBB 2005, S. 209

Kullmann/Sester, Das Wertpapierprospektgesetz (WpPG) – Zentrale Punkte des neuen Regimes für Wertpapieremissionen, WM 2005, S. 1068

Kunold/Schlitt, Die neue EU-Prospektrichtlinie, BB 2004, S. 501

Kuthe, Änderungen des Kapitalmarktrechts durch das Anlegerschutzverbesserungsgesetz, ZIP 2004, S. 883

Küting, Neufassung des IDW S 4 – Auf dem Weg von einer freiwilligen zu einer gesetzlichen kodifizierten Prospektprüfung?, DStR 2006, 1007

Lang, Das neue Investmentgesetz und das fehlende Anlegerleitbild des Gesetzgebers, VuR 2004, S. 201

Lehne, Stand der europäischen Corporate Governance-Entwicklung, Der Konzern 2003, S. 272

Lenz/Ritz, Die Bekanntmachung des Bundesaufsichtsamtes zum Wertpapier-Verkaufsprospektgesetz und zur Verordnung über Wertpapier-Verkaufsprospekte, WM 2000, S. 904

Leuering, Prospektpflichtige Anlässe im WpPG, Der Konzern 2006, S. 4

Livinius, Aktuelle Rechtsfragen des Vertriebs von Finanzprodukten, BKR 2005, S. 12

Manzei, Einzelne Aspekte der Prospektpflicht am Grauen Kapitalmarkt, WM 2006, S. 845

Marx/Schleifer, Aktuelle Probleme des IDW S 4 und der gesetzlichen Prospektierungsregeln für geschlossene Fonds, BB 2007, 258 ff.

Meixner, Das Anlegerschutzverbesserungsgesetz im Überblick, ZAP Fach 8, S. 397

Meyding, Zweifelsfragen bei Anwendung des Wertpapier-Verkaufsprospektgesetzes, DB 1993, S. 419

Moritz/Grimm, Licht im Dunkel des „Grauen Marktes"? – Aktuelle Bestrebungen zur Novellierung des Verkaufsprospektes, BB 2004, S. 1352

Moritz/Grimm, Die künftige Prospektpflicht für geschlossene Fonds, BB 2004, S. 1801

Moritz/Grimm, Die Vermögensanlagen-Verkaufsprospektverordnung: Inhaltliche Anforderungen an Verkaufsprospekte geschlossener Fonds, BB 2005, S. 337

Mues, Verkaufsprospektgesetz, Verkaufsprospekt-Verordnung, Verkaufsprospektgebühren-Verordnung, ZHR 2002, S. 119

Müller, Richtlinie für Verkaufsprospekte über Wertpapiere, Die Bank 1989, S. 375

Müller, Prospektpflicht für öffentliche Wertpapier-Angebote ab 1991, WM 1991, S. 213

Pfüller/Westerwelle, Das Internet als Kapitalmarkt, MMR 1998, S. 171

Portner, Bedeutet das neue Wertpapierprospektgesetz das Aus für ausländisch initiierte aktienbasierte Mitarbeiterbeteiligungsprogramme?, IStR 2005, S. 739

Pötzsch, Das Dritte Finanzmarktförderungsgesetz, WM 1998, S. 949

Reinhart/Thiery, „The Public Offers of Securities Regulations", WM 1996, S. 1565

Ritz, Die Änderungen verkaufsprospektlicher Vorschriften im Jahr 2002 und aufsichtsrechtliche Praxis, AG 2002, S. 662

Literaturverzeichnis

Rodenwald/Tüxen, Neuregelung des Insiderrechts nach dem Anlegerschutzverbesserungsgesetz (AnSVG) – Neue Organisationsanforderungen für Emittenten und ihre Berater, BB 2004, S. 2249

Sandberger, Die EU-Prospektrichtlinie – „Europäischer Pass für Emittenten", EWS 2004, S. 297

Schäfer, Emission und Vertrieb von Wertpapieren nach dem Wertpapierverkaufsprospektgesetz, ZIP 1991, S. 1557

Schwark, Wertpapier-Verkaufsprospektgesetz und Freiverkehr, in: *Horn/Lwowski/Nobbe* (Hrsg.), Bankrecht – Schwerpunkte und Perspektiven, Festschrift für Herbert Schimansky (1999), S. 739

Seibert, Das 10-Punkte-Programm „Unternehmensintegrität und Anlegerschutz", BB 2003, S. 693

Seitz, Die Integration der europäischen Wertpapiermärkte und die Finanzmarktgesetzgebung in Deutschland, BKR 2002, S. 340

Seitz, Das neue Wertpapierprospektrecht, AG 2005, 675

Siebel/Gebauer, Prognosen im Aktien- und Kapitalmarktrecht, WM 2001, S. 173

Spindler, Kapitalmarktreform in Permanenz – Das Anlegerschutzverbesserungsgesetz, NJW 2004, S. 3449

Spindler/Christoph, Die Entwicklung des Kapitalmarktrechts in den Jahren 2003/2004, BB 2004, S. 2197

Spreizer, Die geplante Änderung des Wertpapier-Verkaufsprospektgesetzes durch das Gesetz zur Verbesserung des Anlegerschutzes (AnSVG), VuR 2004, S. 353

Steder, Zum Entwurf eines Gesetzes über den Vertrieb von Anteilen an Vermögensanlagen, AG 1975, S. 173

Stephan, Prospektaktualisierung, AG 2002, S. 3

Stephan, Angebotsaktualisierung, AG 2003, S. 551

Süßmann, Wertpapier-Verkaufsprospektgesetz und Verkaufsprospekt-Verordnung, EuZW 1991, S. 210

Verfürth/Grunenberg, Pflichtangaben bei geschlossenen Fonds nach der Vermögensanlagen-Verkaufsprospekteverordnung, DB 2005, S. 1043

Volhard/Wilkens, Auswirkungen der Richtlinie über Märkte für Finanzinstrumente (MiFiD) auf geschlossene Fonds in Deutschland, DB 2006, S. 2051

Voß, Geschlossene Fonds unter dem Rechtsregime der MiFID?, BKR 2007, S. 45

Wagner, Der Europäische Pass für Emittenten – die neue Prospektrichtlinie, Die Bank 2003, 681

Waldeck, Hinterlegungsgebühr bei Ausgabe von Optionsschein-Serien, Subsumtion von Optionsscheinen unter den Begriff der Schuldverschreibungen, WuB I L 6. – 1.99 (Urteil VG Frankfurt a. M.)

Waldeck/Süßmann, Die Anwendung des Wertpapier-Verkaufsprospektgesetzes, WM 1993, S. 361

Weber, Internet-Emissionen, MMR 1999, S. 385

Weber, Unterwegs zu einer europäischen Prospektkultur – Vorgaben der neuen Wertpapierprospektrichtlinie vom 4. 11. 2003, NZG 2004, S. 360

Weber, Die Entwicklung des Kapitalmarktrechts im Jahre 2004, NJW 2004, S. 3674

Literaturverzeichnis

Wicke, Prospektpflicht für öffentlich angebotene Anteile an geschlossenen Immobilienfonds und andern Anlageformen, ZNotP 2006, S. 24

Wittich, Zweieinhalb Jahre Wertpapierhandelsaufsicht – eine Zwischenbilanz, WM 1997, S. 2026

Zacher, Verschärfungen der Prospektanforderungen bei (Immobilien)Kapitalanlagen – Der neue IDW-Standard zur Prospektprüfung, ZfIR 2000, S. 751

Ziegler, Die Prospekthaftung am nicht-organisierten Kapitalmarkt im Spannungsverhältnis zu personengesellschaftsrechtlichen Grundsätzen, DStR 2005, S. 30

Ziemons, Neuerungen im Insiderrecht und bei der Ad-hoc-Publizität durch die Marktmissbrauchsrichtlinie und das Gesetz zur Verbesserung des Anlegerschutzes, NZG 2004, S. 537

Zimmer/Cloppenburg, Haftung für falsche Information des Sekundärmarktes auch bei Kapitalanlagen des nicht geregelten Kapitalmarktes?, ZHR 171 (2007), S. 519

2. Kommentierungen und Handbücher

Assmann/Lenz/Ritz, Verkaufsprospektgesetz, 1. Auflage, Köln 2001 mit Nachtrag (Stand: September 2002)

Assmann/Schütze, Handbuch des Kapitalanlagerechts, 3. Auflage, München 2007

Carl/Machursky, Der Wertpapierverkaufsprospekt, 1. Auflage, Göttingen 1992

Dittrich, Die Privatplatzierung im deutschen Kapitalmarktrecht, 1. Auflage, Frankfurt a. M. u. a. 1995

Ekkenga/Maas, Das Recht der Wertpapieremissionen, 1. Auflage, Köln 2006

Groß, Kapitalmarktrecht, 3. Auflage, München 2006

Heidel, Aktienrecht und Kapitalmarktrecht, 2. Auflage, Baden-Baden 2007

Hellner/Steuer/Schröter (Hrsg.), Bankrecht und Bankpraxis, Loseblatt Stand 2007 (74. Lieferung, Juni 2007)

Hopt, Die Verantwortlichkeit der Banken bei Emissionen, 1. Auflage, München 1991

Hopt/Voigt, Prospekt- und Kapitalmarktinformationshaftung, 1. Auflage, Tübingen 2005

Hüffer, Das Wertpapier-Verkaufsprospektgesetz, 1. Auflage, Köln 1996

Kalls, Anlegerinteressen, 1. Auflage, Wien u. a. 2001

Keunecke, Prospekte im Kapitalmarkt, 1. Auflage, Köln 2005

Kümpel/Hammen/Ekkenga (Hrsg.), Kapitalmarktrecht, Loseblatt

Lüdicke/Arndt, Geschlossene Fonds, 4. Auflage, München 2007

Paskert, Informations- und Prüfungspflichten bei Wertpapieremission, 1. Auflage, Düsseldorf 1991

Schäfer (Hrsg.), Wertpapierhandelsgesetz u. a., 1. Auflage, Stuttgart 1999

Schimansky/Bunte/Lwowski, Bankrechts-Handbuch, 3. Auflage, München 2007

Schwark (Hrsg.), Kapitalmarktrechts-Kommentar, 3. Auflage, München 2004

Stern, Handbuch des Staatsrechts der Bundesrepublik, Bd. I, 2. Auflage, 1984

Winter/Hennig/Gerhard (Hrsg.), Grundlagen der Schiffsfinanzierung, 1. Auflage, Frankfurt 2007, Bankakademieverlag

I. Wertpapier-Verkaufsprospektgesetz (Verkaufsprospektgesetz)

in der Fassung der Bekanntmachung vom 9. 9. 1998
(BGBl. I S. 2701), zuletzt geändert durch Art. 8
G zur Umsetzung der RL über Märkte für Finanzinstrumente
und der DurchführungsRL der Kommission
(FinanzmarktRL-UmsetzungsG) vom 16. 7. 2007 (BGBl. I S. 1330)

Einleitung

Übersicht

	Rn.
I. Allgemeines	1
1. Gesetzesmaterialien	1
2. Spezielle Literatur (Auswahl)	2
II. Vom Verkaufsprospektgesetz für Wertpapiere zum Verkaufsprospektgesetz für Vermögensanlagen: Ein neuer Meilenstein im deutschen Kapitalmarktrecht	3
III. Entstehung und Entwicklung der Prospektierung im „Grauen Kapitalmarkt"	13
IV. Einordnung des VerkProspG und des IDW S 4 in den Kapitalmarkt	32
V. Überblick über VerkProspG, VermVerkProspV und IDW S 4	41
1. Überblick über das VerkProspG	41
2. Überblick über die VermVerkProspV	45
3. Überblick über den IDW S 4	49
VI. Auslegungsprinzipien des VerkProspG	50
VII. Ausblick	56

I. Allgemeines

1. Gesetzesmaterialien

RegBegr. zum AnSVG v. 24. 5. 2004 – Auszug (BT-Drucks. 15/ **1**
3174, 27f.)

Mit dem Verkaufsprospektgesetz vom 13. Dezember 1990 (BGBl. I S. 2749) ist in Umsetzung der EU-Richtlinie zur Koordinierung der Bedingungen für die Erstellung, Kontrolle und Verbreitung des Prospekts, der im Falle öffentlicher Angebote von Wertpapieren zu veröffentlichen ist (Richtlinie 89/298/EWG), eine allgemeine Verpflichtung zur Veröffentlichung eines Verkaufsprospekts für öffentlich angebotene Wertpapiere eingeführt worden. Durch Artikel 2 des Dritten Finanzmarktförderungsgesetzes vom 24. März 1998 (BGBl. I S. 529)

Einleitung vor § 1

wurden die Befugnisse der Hinterlegungsstelle erweitert und die Haftung für unrichtige oder unvollständige Verkaufsprospekte an die für fehlerhafte Börsenzulassungsprospekte geltenden Haftungsregelungen angepasst. In der Vergangenheit hat sich gezeigt, dass auf dem bislang nicht bzw. nicht spezialgesetzlich geregelten Teil des Kapitalmarktes für nicht in Wertpapieren verbriefte Anlageformen („Grauer Kapitalmarkt") häufig hohe Anlegerschäden bis hin zu Totalverlusten zu verzeichnen sind. Deshalb wird für nicht in Wertpapieren verbriefte Unternehmensbeteiligungen, die den Schwerpunkt der Anlageformen in diesem Marktsegment bilden, eine Prospektpflicht eingeführt (Änderung des Verkaufsprospektgesetzes, Artikel 2). Damit werden dem Erwerber die Angaben zur Verfügung gestellt, die notwendig sind, um Risiken und Chancen des Produkts abwägen zu können. Zugleich wird die Prospekthaftung ausgelöst, die den Erwerber so stellt, als hätte er die auf einen fehlerhaften Prospekt gestützte Anlageentscheidung nicht getroffen. Darüber hinaus führt der Entwurf für Wertpapier- Verkaufsprospekte und Verkaufsprospekte anderer Anlageformen eine bislang nicht geregelte Haftung für die pflichtwidrige Nichterstellung eines Verkaufsprospektes ein.

2. Spezielle Literatur (Auswahl)

2   *Assmann/Lenz/Ritz*, Verkaufsprospektgesetz, 1. Aufl., 2001; *Assmann/Schütze*, Handbuch des Kapitalanlagerechts, 3. Aufl. 2007; *Fleischer* BKR 2004, 339 ff.; *Groß*, Kapitalmarktrecht, 3. Aufl. 2006, S. 349 ff.; *Heidel*, Aktienrecht und Kapitalmarktrecht, 2. Auf. 2007; *Jäger/Voß*, Prospektpflicht und -prüfung bei geschlossenen Schiffsfonds, in: *Winter/Hennig/Gerhard* (Hrsg.), Grundlagen der Schiffsfinanzierung, 1. Aufl. 2007, S. 893 ff.; *Hopt/Voigt,* Prospekt- und Kapitalmarktinformationshaftung, 1. Aufl. 2005; *Keunecke,* Prospekte im Kapitalmarkt, 1. Aufl. 2005; *Lüdicke/Arndt*, Geschlossene Fonds, 4. Aufl. 2006; *Schwark* (Hrsg.), KMRK, 3. Aufl. 2004

II. Vom Verkaufsprospektgesetz für Wertpapiere zum Verkaufsprospektgesetz für Vermögensanlagen: Ein neuer Meilenstein im deutschen Kapitalmarktrecht

3   Aus regulatorischer Sicht sah sich der Markt für nicht wertpapiermäßig verbriefte Anlageinstrumente, den sog. Vermögensanlagen im engeren Sinne (vgl. zum Begriff unten Vor § 8 f VerkProspG Rn. 21 ff.), in jüngster Zeit wesentlichen aufsichts- und zivilrechtlichen Neuerungen ausgesetzt. Der Gesetzgeber führte als Novum eine gesetzliche Prospektpflicht sowie Haftungsanordnungen für Fälle fehlerhafter bzw. fehlender Prospekte betreffend eine Vielzahl derartiger Vermögensanlagen (vgl. nur *Benecke* BB 2006, 2597; *Schäfer* ZGR 2006, 40, 71 ff.) und damit eine spezialgesetzliche Prospekthaftung für solche Kapitalanlagen ein. Es liegt auf der Hand, dass dies für die Marktteil-

Einleitung vor § 1

nehmer und deren Berater naturgemäß mit einem ganz erheblichen Umstellungs- und Arbeitsaufwand bei der Erstellung von Verkaufsprospekten verbunden war und immer noch ist (*Jäger/Voß*, S. 895).

Die Vermögensanlagen machen eines der beiden Segmente aus, in 4 die sich die auf dem deutschen Kapitalmarkt angebotenen Anlageinstrumente, die Gegenstand dieser Neuerungen waren, nach wie vor – was international eine Besonderheit darstellt und in dieser ausgeprägten Form wohl nur noch in Österreich anzutreffen ist (*Fleischer* BKR 2004, 339; *Kalss,* S. 53) – einteilen lassen, nämlich in den Markt für Wertpapieranlagen einerseits und in den hier interessierenden sog. „Grauen Kapitalmarkt" (*Assmann,* in: *ders./Lenz/Ritz,* Einl. VerkProspG Rn. 5; *Zimmer/Cloppenburg,* ZHR 171 (2007)). Bis zum am 1. 7. 2004 vom Deutschen Bundestag verabschiedeten AnSVG, das zum 1. 7. 2005 die neue Prospektpflicht für Vermögensanlagen (§ 8 ff. VerkProspG) sowie das spezialgesetzliche Haftungsinstrumentarium (§§ 13, 13a VerkProspG) einführte, spiegelte sich diese Marktzweiteilung auch in einer Spaltung der einschlägigen Rechtsregime wieder: Für Wertpapiere existierte sowohl ein sich aus verschiedenen Rechtsquellen speisender gesetzlicher Prospektzwang als auch eine gesetzliche Prospekthaftung, demgegenüber wurden die Anlageinstrumente des Grauen Kapitalmarktes lediglich durch vereinzelte gewerbe- bzw. (bank-)aufsichtsrechtliche Vorschriften sowie durch ein richterrechtlich begründetes Haftungsrecht erfasst (vgl. statt aller *Fleischer* BKR 2004, 339). Eine gesetzliche Prospektpflicht war für Vermögensanlagen nicht vorgesehen, sondern ergab sich nur „faktisch" (Vor 13, 13a VerkProspG Rn. 6) vor dem Hintergrund der Anforderungen durch die Judikatur.

Dabei ist für das Regelungswerk betreffend Wertpapier-Verkaufs- 5 prospekte festzuhalten, dass es im Ursprung und in seinen Novellierungen stets auf europäischer Ebene veranlasst worden war: So diente das ursprünglich in seiner ersten Fassung zum 1. 1. 1991 in Kraft getretene Wertpapier-Verkaufsprospektgesetz vom 13. 12. 1990 (BGBl. I 1990, S. 2749) und neu bekannt gemacht in der Fassung vom 9. 8. 1998 (BGBl. I 1998, S. 2701) der Umsetzung der EG-Emissionsprospektrichtlinie in nationales Recht (vgl. *Assmann,* in: *ders./Lenz/Ritz,* Einl. VerkProspG Rn. 1) und nach dem erklärten Willen des deutschen Gesetzgebers in der Sache „der Verbesserung der Transparenz der Wertpapiermärkte zum Schutze der Anleger in dem zur Aufrechterhaltung der Funktionsfähigkeit der Märkte für das öffentliche Angebot von Wertpapieren gebotenen Maß, um dadurch das Vertrauen der Marktteilnehmer, insbesondere der Anleger, in die Integrität der Wertpapieremissionsmärkte zu gewährleisten" (RegBegr. BT-Drucks. 11/6340 vom 1. 2. 1990).

Einleitung vor § 1

6 Vor diesem Hintergrund war das Marktsegment der Wertpapiere für sich betrachtet einer weiteren – das europäische Recht spiegelnde – Zweigleisigkeit unterworfen: Unterschieden wurde zwischen dem Fall des öffentlichen Angebotes von Wertpapieren (ohne jegliche Börsenzulassung) und dem Bereich der Börsenzulassung (amtlicher oder geregelter Markt, nicht erfasst war der Freiverkehr). Im Einzelnen regelte für die erste Alternative das VerkProspG aF lediglich das öffentliche Angebot von nicht an einer inländischen Börse zugelassenen Wertpapieren. Für die betreffenden Verkaufsprospekte war nach §§ 8, 8a VerkProspG aF die BaFin zuständig (als Rechtsnachfolger des BAWe, §§ 1 Abs. 1, 21 Abs. 1 FinDAG), die indessen nicht den Prospekt billigte, sondern lediglich dessen Veröffentlichung gestattete. Die Prospekte für die Zulassung von Wertpapieren an einer inländischen Börse, die sog. Börsenzulassungsprospekte, wurden für die zweite Alternative durch das ebenfalls europäische Richtlinien umsetzende BörsG und die BörsZulVO erfasst (*Groß*, KMRK, VerkProspG Rn. 1). Im Einzelnen galten für den Börsenzulassungsprospekt die §§ 36 Abs. 3 Nr. 2, Abs. 4, 38 Abs. 1 Nr. 2 und 3 BörsG iVm §§ 13–42 BörsZulVO hinsichtlich des geregelten Marktes. Zuständig war bei Verkaufsprospekten mit beantragter Zulassung zum amtlichen Markt nach § 6 Abs. 1 VerkProspG aF die Zulassungsstelle, bei beantragter Zulassung zum geregelten Markt nach § 6 Abs. 4 VerkProspG aF der Zulassungsausschuss der jeweiligen Börse. Gebilligt wurde der Börsenzulassungsprospekt von der jeweiligen zuständigen Stelle, § 6 Abs. 1 Satz 1 VerkProspG aF. Die ProspektRL aus dem Jahr 2003 hob diese Zweiteilung auf, was auf nationaler Ebene das Prospektrichtlinie-Umsetzungsgesetz in Art. 1 nachvollzogen hat. Dieser hat ein neues Wertpapierprospektgesetz, das WpPG, geschaffen, das sowohl Prospekte für das öffentliche Angebot von Wertpapieren als auch Prospekte für die Zulassung von Wertpapieren zum Handel an einem organisierten Markt erfasst. Daher kann ein nach dem WpPG gebilligter Prospekt zum einen für das öffentliche Angebot von Wertpapieren, zum anderen aber auch für die Zulassung von Wertpapieren zum Handel an einem organisierten Markt verwendet werden (*Groß*, KMR, WpPG Rn. 6). Den Inhalt der Wertpapierprospekte regelt die ProspektVO, die als europäische Rechtsverordnung in Deutschland unmittelbar gilt. Dem Verständnis der ProspektRL Rechnung tragend, dass die Anleger in beiden Bereichen grundsätzlich dasselbe Informationsbedürfnis haben, wurden hierfür die für das alte Regime die notwendigen Differenzierungen vorsehenden Vorschriften des VerkProspG aF und der VerkProspVO einerseits sowie das BörsG und die BörsZulVO andererseits aufgehoben. Dabei wurden die Wertpapiere, was den Anwendungsbereich betrifft, aus dem Verk-

Einleitung vor § 1

ProspG ausgegliedert, insbesondere hob Art. 2 Nr. 1 Prospektrichtlinie-Umsetzungsgesetz §§ 1 bis 8e VerkProspG aF auf (*Jäger/Voß*, S. 895).

Der verbleibende Torso – im Wesentlichen die Regelungen der §§ 13, 13a VerkProspG für die Prospekthaftung, die nicht in das WpPG inkorporiert wurden – wurde durch Art. 2 des AnSVG mit einem neuen Anwendungsbereich aufgefüllt, der Prospektpflicht für Angebote anderer Vermögensanlagen im neuen „Abschnitt IIIa." durch §§ 8f ff. VerkProspG, womit einzelne, zur Vermeidung einer Überregulierung (RegBegr. BT-Drucks. 15/3174, S. 41) nicht sämtliche Produkte des Grauen Kapitalmarktes erstmals mit einer gesetzlichen Prospektpflicht belegt wurden. Weitere Vorschriften, insbesondere die §§ 9, 10, 11, 12, 16 und 16a VerkProspG wurden im Wortlaut im Hinblick auf den neuen Anwendungsbereich angepasst. 7

Damit war das „Vermögensanlagen-Verkaufsprospektgesetz" geschaffen. Indessen heißt dieses Gesetz nicht so. Auch mit der Entfernung der Wertpapiere aus dem Anwendungsbereich hat der Gesetzgeber es bei der Bezeichnung „Wertpapier-Verkaufsprospektgesetz" belassen, obwohl – abgesehen von der Übergangsvorschrift des § 18 VerkProspG und im Gebührenrecht – Wertpapiere überhaupt nicht mehr durch das VerkProspG erfasst werden. Es ist zu hoffen, dass dieser missliche und irreführende Umstand bei der nächsten Novellierungsgelegenheit beseitigt wird. Dies gilt auch für weitere rechtsförmliche Ungereimtheiten: Warum etwa „§ 8f" als die erste Vorschrift nicht der neue „§ 1" des VerkProspG geworden ist und stattdessen §§ 1 bis 8e VerkProspG aF nach wie vor als aufgehobene Normen enumeriert werden, ist durch sachliche Gründe nicht erklärbar. Insgesamt stellt sich das VerkProspG heutiger Fassung dem Rechtsanwender infolge der angedeuteten Entstehungsgeschichte (ausführlich unten Rn. 13 ff.) gewissermaßen als Flickenteppich verschiedenster Regelungen dar. Die durch den Gesetzgeber zugelassene Unübersichtlichkeit ruft, was in der Natur der Sache liegt, diverse unnötige Auslegungsprobleme hervor, auf die nachfolgend jeweils im Sachzusammenhang noch einzugehen sein wird. 8

Es sei hervorgehoben, dass im Gegensatz zum Verkaufsprospektrecht für Wertpapiere es sich bei den §§ 8f ff. VerkProspG nicht um Regelungen handelt, die auf europäischer Ebene veranlasst wurden. Es handelt sich um rein nationales Recht, das der Bundesgesetzgeber in Ausübung seiner Kompetenz nach Art. 74 Abs. 1 Nr. 11 GG („Recht der Wirtschaft") (RegBegr. BT-Drucks. 15/3174 vom 24. 5. 2004, S. 28) geschaffen hat. Dass das Inkrafttreten des europäisch veranlassten WpPG mit dem des „neuen" – um es noch einmal zu betonen: rein nationalen – VerkProspG zeitlich zusammenfiel, 9

Einleitung vor § 1

sollte über diesen Umstand keinen Fehlschluss hervorrufen (zu Konsequenzen für die Auslegung s. u. Rn. 52f.).

10 In rechtstheoretischer Hinsicht ist anzumerken, dass der mit dem VerkProspG aF für Wertpapiere eingeleitete Paradigmenwechsel (hierzu *Assmann*, in: *ders./Lenz/Ritz,* Einl. VerkProspG Rn. 6) im deutschen Kapitalmarktrecht damit nunmehr auch für andere Anlageinstrumente fortgesetzt wird. Mit der Einführung eines weiteren Prospektregimes werden neben bereits vereinzelt existierenden marktteilnehmerbezogenen Regelungen solche eingeführt, die sich auf den Vertrieb von Vermögensanlagen beziehen, zur Ordnung des Kapitalmarkts verstärkt auf Publizität und infolgedessen auf das – über Verkaufsprospekte gut informierte – Publikum und damit den Markt selbst als kontrollierende Instanz bauen (so für das VerkProspG aF *Assmann*, in: *ders./Lenz/Ritz,* Einl. VerkProspG Rn. 6). In diesem Zusammenhang wurden im Hinblick auf Wertpapiere das VerkProspG aF und das WpHG noch als Keimzellen eines neuen kapitalmarktrechtlichen Regelungsansatzes gesehen. Soweit publizitätsbezogene Regelungselemente betroffen sind, ist die Keimzelle nunmehr auch in den Bereich der Vermögensanlagen eingeführt.

11 Aus rechtspolitischer Sicht stellt das neue VerkProspG ganz zweifellos einen Meilenstein bei der Erweiterung derartiger Regelungselemente im deutschen Kapitalmarktrecht dar. Dies folgt objektiv schon aus der Vielzahl der erfassten Produkte, deren Anbieter sich mit der für sie bisher unbekannten Rolle des „Aufsichtsobjekts" vertraut machen mussten.

12 So wurden im Jahr 2005 739 Verkaufsprospekte bei der BaFin eingereicht (und 617 davon zur Veröffentlichung gestattet; Jahresbericht der BaFin 2005, S. 144), im Jahr 2006 wurden 672 Verkaufsprospekte eingereicht (eine Veröffentlichung wurde in 549 Fällen gestattet; Jahresbericht der BaFin 2006, S. 151). Ob damit auch auf rechtspolitischer Ebene eine Stärkung der Haftungsansprüche der Anleger erreicht wurde, wie dies der Gesetzgeber ausdrücklich intendiert hat (RegBegr. BT-Drucks. 15/3174 vom 24. 5. 2004, S. 1), muss mangels einschlägiger Judikatur noch offen bleiben. Stellung kann jedoch schon zu der Frage bezogen werden, ob der Gesetzgeber sein zweites großes rechtspolitisches Ziel, durch die neue Prospektpflicht eine größere Produkttransparenz zu erreichen (RegBegr. BT-Drucks. 15/3174 vom 24. 5. 2004, S. 1), verfehlt hat oder nicht. Insoweit ist zu unterscheiden: Auch vor der Einführung der Prospektpflicht nach § 8f VerkProspG herrschte an (Hochglanz-)Prospekten seriöser und unseriöser Anbieter keine Knappheit (*Fleischer* BKR 2004, 339, 340). Seriöse Anbieter haben auch zuvor schon in ihren Prospekten eine Vielzahl an Informationen präsentiert, wie sie die VermVerkProspV nun verlangt, mag die Prospektstruktur in mancher Hinsicht auch eine andere gewesen sein (was etwa die Risikodarstellung betrifft). In Bezug auf diese Anbieter gab es mithin kaum noch ein Transparenzziel zu erreichen. Insbesondere orientierte sich deren Prospektierungspraxis an den – nicht unbeachtlichen – Anforderungen der Rechtsprechung. Im Hinblick auf eine andere Klientel von Anbietern zeigt die Erfahrung in den Gestattungsverfahren der BaFin jedoch, dass die VermVerkProspV, mag sie auch im Wesentlichen nur Mindestangaben normieren, vielfach zur Offenlegung derjenigen Angaben zwingt, die einzelnen Anbietern besonders unangenehm ist (etwa Vergütungsregelungen bei Geschäftsführern, Treuhändern, Gründungsgesellschaftern etc., klare Trennung von Chancen und Risiken, Provisions- und Kostenangaben, insbesondere im Zusammenhang mit abschließenden Negativtestaten). So manche Stimme, welche die Unzulänglichkeit wenn nicht gar Überflüssigkeit der „BaFin-Prüfung" am „formellen Prüfungsmaßstab" von „Mindestangaben" festmachen wollte, wurde spätestens, sobald sie sich im konkreten Gestattungsverfahren wiederfand, vielfach eines Besseren belehrt und musste feststellen, die Anforderungen einer rein formellen Prüfung unterschätzt zu haben. Denn der Verordnungsgeber hat – nicht zuletzt ausweislich der aufgezeigten praktischen Erfahrungen – tatsächlich den Finger in zahlreiche Transparenzwunden gelegt und es ist nicht zu erwarten, dass er ihn bei allfälligen Novellierungen dort wieder herausnimmt. Dies ist uneingeschränkt zu begrüßen. Nach der hier vertretenen Auffassung wurde insgesamt die Produkttransparenz für Vermögensanlagen durch die neue Prospektpflicht erhöht. Es liegt in der Natur der Sache, dass ein neu geschaffenes Regelungsregime für ein der Legislative bis dahin unbekanntes Lebensfeld stets auch gewisse Verbesserungswürdigkeiten aufweist. Auf diese ist weiter unten jeweils im Sachzusammenhang einzugehen. Dennoch ist mit der Prospektpflicht für Vermögensanlagen ein erster Schritt in die richtige Richtung, nämlich in die Schaffung von Verkaufsprospekten, welche tatsächlich die wesentlichen Informationen für fundierte Anlageentscheidungen zur Verfügung stellen, unternommen worden.

III. Entstehung und Entwicklung der Prospektierung im „Grauen Kapitalmarkt"

Die Prospektpflicht für Vermögensanlagen kann auf eine langjährige Entwicklungsgeschichte zurückblicken. Wer sich mit dieser befasst, sollte zunächst einen Blick auf den häufig unreflektiert verwendeten Terminus des „Grauen Kapitalmarktes" werfen. Dieser Begriff ist gesetzlich nicht definiert und in seinen Konturen unklar und dem-

Einleitung vor § 1

entsprechend schillernd. Der Regierungsentwurf zum AnSVG verwendete ihn für den nicht bzw. nicht spezialgesetzlich geregelten Teil des Kapitalmarktrechts für nicht in Wertpapieren verbriefte Anlageformen (RegE BT-Drucks. 15/3174, 27f.). Der Bericht der Bundesregierung aus 2000 (BT-Drucks. 14/1633, S. 2f.) kam zu dem Ergebnis, dass eine Definition des Begriffs Grauer Kapitalmarkt insbesondere wegen seiner „uferlosen" Reichweite schwer möglich wäre und wenig ergiebig sei. So beschreibt *Fleischer* (BKR 2004, 339) denn auch den Grauen Kapitalmarkt bewusst typologisch anstatt randscharf definierend als einen Markt für nicht wertpapiermäßig verbriefte Risikokapitalanlagen, der durch großen Formenreichtum, geringen Organisationsgrad und kaum ausgebildete Sekundärmärkte gekennzeichnet ist. Nicht zu verkennen ist, dass der Attributisierung eines volkswirtschaftlich bedeutenden Marktsegmentes (allein geschlossene Fonds kumulierten in Deutschland in 2006 Investitionen von 23,51 Mrd. Euro (Quelle: www.vgf-online.de), mithin mehr als die deutsche Automobilindustrie, mit der Farbe „grau" im Verhältnis zu den Anbietern des „Weißen Marktes" eine gewisse Diskriminierung innewohnt. Der Ton „grau" weckt negative Konnotationen wie „schmutzig", etc. Die Geschichte des Anlegerschutzes zeigt (Stichwort: Neuer-Markt-Debakel), dass der weiße Markt für Investoren durchaus das gefährlichere Segment sein kann (wenn auch selbstredend nicht zwingend sein muss). Nicht zu verkennen ist indessen, dass auch Produkte des sog. „Grauen Kapitalmarktes" enorme volkswirtschaftliche Schäden verursacht haben. In jedem Fall sollte sich aber ein Schubladendenken hinsichtlich der Seriosität der Anbieter aus den unterschiedlichen Anlagesegmenten verbieten.

14 Die Prospektpflicht für Vermögensanlagen des Grauen Kapitalmarkts fiel nicht vom „rechtspolitischen Himmel", sondern konnte vielmehr im Zeitpunkt ihres Inkrafttretens auf eine beinahe 20-jährige Diskussionstradition zurückblicken, die wiederholt in den Blickpunkt der gesetzgeberischen Agenda rückte.

15 Es gab in den letzten Jahrzehnten immer wieder Vorstöße etwa seitens des Gesetzgebers, der Fachkreise (Deutscher Juristentag) und auf der Ebene der Selbstregulierung (auf freiwilliger Basis entwickelte Wirtschaftsprüfungsstandards) im Hinblick auf die Etablierung eines Standards für den Inhalt von Verkaufsprospekten für Vermögensanlagen. Im Einzelnen:

16 Eine „rising tide" erlebte die Diskussion zunächst Mitte der 70er Jahre des vorvergangenen Jahrhunderts. Einen ersten Vorstoß unternahm der 51. Deutsche Juristentag, der 1976 in Stuttgart stattfand und nach einem vorbereitenden Gutachten von *Hopt* (Gutachten G, in: Verhandlungen des 51. DJT, Bd. I, G 130 – G 133) den Erlass eines An-

Einleitung vor § 1

legerschutzgesetzes für alle Arten von Anteilen an Publikumsgesellschaften, geschlossenen Immobilienfonds und ähnlichen Organisationen befürwortete. So heißt es ausdrücklich in den Protokollen der Verhandlungen des 51. DJT, Bd. II (1976), P207: „II. Die Abteilung empfiehlt eine rechtsformunabhängige Regelung, die am Vertrieb von Vermögensanlagen anknüpft (Vermögensanlagegesetz) (angenommen, 50:14:1). III.1. Die am Vertrieb ansetzende Lösung sollte das öffentliche Angebot von Vermögensanlagen einem Prospektzwang unterwerfen (angenommen, 60:0:1)". Der Gesetzgeber nahm sich dieser Empfehlung an und entwarf 1978 ein Gesetz über den Vertrieb von Anteilen an Vermögensanlagen (BT-Drucks. 8/1405 v. 2. 1. 1978; vgl. hierzu *Zelmer* AG 1978, 186), der jedoch nicht durch das Gesetzgebungsverfahren lief (*Fleischer* BKR 2004, 339, 340 mwN). Zitierenswert ist das Diktum von *Krieger*, der auf eine im Bundestag geäußerte Einschätzung verweist, wonach „Ärzte, Zahnärzte und Apotheker" sich des Risikos ihrer oft hohen Kapitalanlagen bewusst sein müssten und deshalb eines besonderen Anlegerschutzes nicht bedürften (*Krieger*, in: FS Stimpel (1985), S. 309 ff.).

Ein weiterer Vorstoß wurde durch einen Bericht der Bundesregierung zum Grauen Kapitalmarkt (BT-Drucks. 14/1633) erst wieder im Jahre 1999 gewagt, der bereits unter Hinweis auf die positiven Erfahrungen mit Prospektpflichtigen in anderen Kapitalmarktbereichen die Einführung einer Prospektpflicht und die Hinterlegung des Prospekts beim BAWe vorschlug. 17

Losgelöst hiervon sah die Praxis ein dringendes Bedürfnis, sich durch eine Prospektierung der Vermögensanlagen von unseriösen Anbietern abzugrenzen. Der Wohnungswirtschaftliche Fachausschuss (WFA) des Instituts der Wirtschaftsprüfer (IDW) reagierte mit der Verabschiedung des IDW Standards über die Grundsätze ordnungsgemäßer Beurteilung von Prospekten über öffentlich angebotene Kapitalanlagen (IDW S 4 – alt –) vom 1. 9. 2000 (vgl. FN-IDW Nr. 10/2000, S. 538 = NZG 2001, 709 ff.). Die Berufsauffassung der Wirtschaftprüfer wurde bereits durch die Stellungnahme des WFA Nr. 1/1987 über die „Grundsätze Ordnungsmäßiger Durchführung von Prospektprüfungen (vgl. WPg 1987, 325 ff.) mitgeteilt (vgl. zur Entstehungsgeschichte: *Zache*, ZfIR 2000, 751 ff.). Der IDW S 4 – alt – enthielt nun neben Anforderungen zur Annahme und Durchführung der Prospektprüfung durch einen Prospektprüfer bereits allgemeine Anforderungen an den Prospektinhalt (in Anhang 1 zum IDW S 4 – alt –) sowie Anforderungen an bestimmte Asset-Klassen (wie Immobilien, Flugzeuge, Filme, Schiffe und Windkraftfonds, vgl. dazu Anlage 2 bis 6 zum IDW S 4 – alt –. Insbesondere erforderte der IDW S 4 – alt – bereits die Darstellung der mit der Vermögensanlage verbundenen Chancen 18

Einleitung vor § 1

und Risiken sowie die Darstellung des den Anleger maximal zu treffenden Risikos (vgl. Ziffer II der Anlage 1 des IDW S 4 – alt –).

19 Ergänzt wurde der IDW S 4 – alt – im Jahre 2003 durch die „Zweifelsfragen im Zusammenhang mit IDW S 4" (vgl. FN-IDW 2003, 129 ff.). Die Ergänzung betraf vorrangig auch die Frage, inwieweit sog. Leistungsbilanzen über den Anbieter in den Verkaufsprospekt aufzunehmen sind (hierzu Ziffer 3 der Ergänzung).

20 In dieser Zeit fand auch der 64. Deutsche Juristentag 2002 in Berlin statt, der sich für eine Erstellung, Veröffentlichung und Hinterlegung des Verkaufsprospekts aussprach und eine Umsetzung entsprechend dem VerkProspG aF empfahl (vgl. *Fleischer* BKR 2004, 339, 340 mwN).

21 Schließlich wurde die Prospektpflicht im Grauen Kapitalmarkt Gegenstand des sog. 10-Punkte-Programms „Unternehmensintegrität und Anlegerschutz" des BMF vom 25. 2. 2003 (s. hierzu *Seibert* BB 2003, 693, ferner *Jahn* ZRP 2003, 121, 124). Unter Punkt 8 des Programms wird insbesondere die Einführung einer Prospektpflicht für öffentlich angebotene Kapitalanlagen gefordert, womit zum Ziel gesetzt wurde, eine umfassende Aufklärung der Anleger über die Anlagegesellschaft, ihre Geschäftstätigkeit und ihre Vermögens-, Finanz- und Ertragslage sowie die Einführung einer Haftung der Prospektverantwortlichen bei falschen Prospektangaben einzuführen.

22 Was die Judikatur betrifft, so hat die Rechtsprechung erst im Jahre 2003 – wenn auch lediglich auf der Ebene der Instanzgerichte – für einige Vermögensanlagen die Notwendigkeit eines Verkaufsprospektes gefordert (vgl. OLG Hamm BKR 2003, 807, hinsichtlich Pflichten eines Anlagevermittlers aus Auskunftsvertrag; dazu *Duhnkrack/Hasche* DB 2004, 1351, 1352 mit dem Hinweis, dass sich daraus noch keine unmittelbare Haftung des Emittenten oder Anbieters herleitet). Das Urteil selbst lässt jedoch einzelne Fragen offen, so dass fraglich war, ob seine Aussage auch von der höchstrichterlichen Rechtsprechung übernommen worden wäre.

23 Zeitgleich mit der Umsetzung der neuen ProspektRL durch das Prospektrichtlinie-Umsetzungsgesetz setzte der Gesetzgeber das 10-Punkte-Programm vom 25. 2. 2003 schließlich durch Art. 2 des AnSVG um.

24 Gesetzestechnisch wurde die neu geschaffene Prospektpflicht durch Art. 2 des AnSVG in das bis dahin für Wertpapiere geltende Wertpapier-Verkaufsprospektgesetz integriert und dort maßgeblich in die §§ 8 ff. VerkProspG eingefügt. Die lediglich für Wertpapiere geltenden Regelungen wurden mit der Umsetzung der Anforderungen der Prospektrichtlinie durch Art. 1 des Prospektrichtlinie-Umsetzungsgesetzes in das WpPG eingefügt. Da das Prospektrichtlinie-

Einleitung vor § 1

Umsetzungsgesetz und das AnSVG dabei teilweise die gleichen Vorschriften berührten, hat der Gesetzgeber durch das Prospektrichtlinie-Umsetzungsgesetz einzelne Vorschriften des AnSVG in einem Akt „überholender Gesetzgebung" in derselben „juristischen Sekunde" aufgehoben, in der sie in Kraft getreten wären (vgl. *Heidel/ Krämer,* VerkProspG, vor § 8 f Rn. 2).

Der Gesetzgeber hat sich entschieden, die der Prospektrichtlinie 25 zugrunde liegenden Regelungen nicht in den Bereich der Prospektpflicht des Grauen Kapitalmarktes zu übernehmen und es bei eigenen nationalrechtlichen Regelungen belassen. So sieht etwa, um nur ein besonders hervorstechendes Beispiel zu nennen, das WpPG eine Kohärenzprüfung der Prospekte durch die BaFin vor, das VerkProspG belässt es hingegen bei der bloßen Vollständigkeitsprüfung (näher dazu s. Rn. 36 ff. und § 8i VerkProspG Rn. 31 ff.).

Seit der Umstrukturierung durch das AnSVG hat das VerkProspG 26 nF wiederum diverse, wenngleich marginale Änderungen erfahren. Durch das BilREG wurde durch Art. 8 Abs. 6 BilREG das VerkProspG hinsichtlich der Überschrift zum I. Abschnitt sowie durch Einfügung des § 4a (Allgemeine Vorschriften über Jahresabschlüsse) geändert, der jedoch durch das Prospektrichtlinie-Umsetzungsgesetz bereits wieder aus dem VerkProspG entfernt wurde.

Änderungen haben § 13 und § 13a durch Art. 7 und Art. 9 Abs. 2 27 des KapMuG erfahren. § 8f Abs. 2 Nr. 1 wurde durch Art. 13 des Gesetzes zur Ausführung der Verordnung (EG) Nr. 1435/2003 über das Statut der Europäischen Genossenschaft (SCE) vom 14. 8. 2006 (BGBl. I S. 1911) modifiziert.

Da vor diesem Hintergrund – jedenfalls zumindest nach Auffas- 28 sung des Berufsstandes der Wirtschaftsprüfer – für den Markt weiterhin ein Bedürfnis nach einer über die Vollständigkeit des Verkaufsprospekts hinausgehenden inhaltlichen Prüfung bestand, ist der IDW S 4 novelliert worden. Der IDW S 4 – alt – wurde durch den „Entwurf einer Neufassung des IDW Standards: Grundsätze ordnungsgemäßer Beurteilung von Verkaufsprospekten über öffentlich angebotene Vermögensanlagen (IDW ES 4 nF), verabschiedet vom Hauptfachausschuss (HFA) des IDW am 7.7. 2005 ersetzt. Der Entwurf sollte ausweislich seines Wortlauts ab dem Zeitpunkt seiner Veröffentlichung Anwendung finden, auch wenn die Regelungen noch nicht als abschließend galten.

Der IDW ES 4 nF als merkwürdiges Zwitterwesen eines Standards 29 (zum einen Entwurf, zum anderen schon anwendbar) wurde durch Verabschiedung des „IDW Standard: Grundsätze ordnungsgemäßer Beurteilung von Verkaufsprospekten über öffentlich angebotene Vermögensanlagen (IDW S 4)", verabschiedet vom HFA am 18. 5. 2005,

Einleitung vor § 1

finalisiert (ohne Anlagen veröffentlicht in: FN-IDW 2006, 489 ff. = WPg 2006, 919 ff.; vgl. dazu *Güstel* Steuer-Journal 2006, 31; *Küting* DStR 2006, 1007; *Marx/Schleifer* BB 2007, 258).

30 Zuletzt übte weiteren Einfluss auf die Prospektierung am Grauen Kapitalmarkt das FRUG aus, mit dem die MiFID in deutsches Recht umgesetzt wird. Zum einen führt das FRUG Regelungen zum sog. Zweitmarkt von Vermögensanlagen im Sinne des § 8 f Abs. 1 VerkProspG ein, die sich bislang lediglich in einem Auslegungsschreiben der BaFin befanden (s. dazu Rn. 54). Zum anderen ist durch die MiFID und das FRUG eine neue Diskussion über die Einordnung von nicht verbrieften Vermögensanteilen unter den Wertpapierbegriff entstanden (s. dazu § 8 f VerkProspG Rn. 46). Die Einordnung derartiger Vermögensanlagen als Wertpapier würde die Anwendbarkeit des VerkProspG verneinen und diese Vermögensanlagen dem WpPG zuordnen.

31 Von weiterer Bedeutung ist der Entwurf der jüngst veröffentlichten Leitlinien des Verbandes Geschlossene Fonds zur Erstellung von Leistungsbilanzen für Geschlossene Fonds in der Fassung vom 27. 6. 2007, zuletzt geändert am 11. 12. 2007 (erhältlich unter: www.vgf-online. de, s. auch im Textanhang unter III. 2). Die Branche sah auch nach Neufassung des IDW S 4 noch Bedarf, genauere Standards zur Erstellung von Leistungsbilanzen zu schaffen und ist begrüßenswerterweise auf Verbandsebene aktiv geworden. Einen gesonderten Standard zur Erstellung der Leistungsbilanz gab es bislang lediglich für geschlossene Immobilienfonds mit dem Standard zur Leistungsbilanz des Verbandes Geschlossener Immobilienfonds, der Vorgängerorganisation des Verbandes Geschlossener Fonds.

IV. Einordnung des VerkProspG und des IDW S 4 in den Kapitalmarkt

32 VerkProspG und IDW S 4 haben bei der Prospektierung von Vermögensanlagen ihren verschiedenen Ursprüngen entsprechend verschiedene Funktionen bei der Schaffung von Transparenz im Kapitalmarkt.

33 Das VerkProspG ist zunächst in Bezug auf weitere prospektrechtliche Kodifikationen einzuordnen. Insoweit ist festzuhalten, dass ausweislich seines Wortlauts die Prospektpflicht für Vermögensanlagen im Sinne des § 8 f Abs. 1 VerkProspG nur dann gilt, „sofern nicht bereits nach anderen Vorschriften eine Prospektpflicht besteht". Das VerkProspG steht damit im Grundsatz im Hinblick auf andere prospektbezogene Regelungspflichten gewissermaßen im Verhältnis der Subsidiarität.

Einleitung vor § 1

Eine Prospektpflicht nach anderen Vorschriften besteht für Wertpapiere nach WpPG oder Anteilsscheinen an Kapitalanlagegesellschaften nach InvG. Darüber hinaus stellt sich die Frage, ob mit „anderen Vorschriften" auch Vorschriften ausländischen Rechts gemeint sind (dazu vgl. § 8 f VerkProspG Rn. 53).

Aus der subsidiären Anwendung des VerkProspG lässt sich indessen nicht folgern, dass die Regelungen des VerkProspG den Charakter eines Auffangtatbestandes bilden und damit eine Prospektpflicht für all solche Vermögensanlagen begründen, für die keine Prospektpflicht nach anderen Vorschriften besteht. Denn § 8f Abs. 1 beschränkt die Prospektpflicht explizit auf Unternehmensbeteiligungen, Treuhandvermögen, sonstige geschlossene Fonds und Namensschuldverschreibungen. Insbesondere der Begriff der „sonstigen geschlossenen Fonds" muss an Bestimmtheit im Übrigen verfassungsrechtlichen Grundsätzen genügen, da die Bestimmungen des VerkProspG vielfach behördliches Eingriffsrecht darstellen.

Stellt man VerkProspG und WpPG gegenüber, so besteht ein signifikanter Unterschied in Bezug auf den Prüfungsmaßstab. Der Inhalt des Verkaufsprospekts wird ausweislich des § 8g Abs. 1 S. 3 VerkProspG von der BaFin nicht auf inhaltliche Richtigkeit geprüft. Es findet lediglich eine Vollständigkeitsüberprüfung statt (siehe dazu Rn. 25 und § 8i VerkProspG Rn. 31 ff.).

Demgegenüber fordert § 13 Abs. 1 Satz 2 WpPG neben der Überprüfung der Vollständigkeit auch die Kohärenz und Verständlichkeit der vorgelegten Informationen. Daraus schließen Teile der Literatur – unzutreffenderweise –, dass die BaFin eine – wenn auch eingeschränkte – materielle Prüfung des Verkaufsprospekts durchzuführen habe (vgl. etwa *Crüwell* AG 2003, 251; *Kunold/Schlitt* BB 2004, 509; *Weber* NZG 2004, 365). Dabei wird mitunter sogar – insoweit grob falsch – ein über den Prüfungsmaßstab des Börsengesetzes hinausgehender Prüfungsmaßstab angenommen (so etwa von *Crüwell* AG 2003, 251; *Kunold/Schlitt* BB 2004, 509). Die RegBegr. des Prospektrichtlinie-Umsetzungsgesetzes versteht unter dem Maßstab der Prüfung vorzugswürdigerweise lediglich eine Überprüfung auf innere Widersprüche hin, der sog. Konsistenz (vgl. BT-Drucks. 15/4999, S. 34). Für einen auf innere Widersprüche begrenzten Prüfungsmaßstab spricht schon der englischsprachige Richtlinientext der Prospekt-RL, der in Art. 2 Abs. 1 lit. q) „consistency" formuliert, was am naheliegendsten mit „Konsistenz" hätte übersetzt werden müssen. Dies hat der Gesetzgeber hingegen versäumt, mit „Kohärenz" einen nicht vorzugswürdigen Begriff eingeführt und so unnötige Auslegungsschwierigkeiten hervorgerufen.

In der Prüfungspraxis der BaFin zu Vermögensanlagen werden die

Einleitung vor § 1

nach dem VerkProspG und der VermVerkProspV zu machenden Angaben – jedenfalls durch aufmerksame Sachbearbeiter und Referenten – oftmals bereits auf offensichtliche Widersprüche hin geprüft. Dies hat seine Ursache darin, dass sich widersprechende Mindestangaben mitunter gegeneinander gewissermaßen „aufheben" mit der Folge, dass ein Verkaufsprospekt als unvollständig anzusehen ist. Darüber hinaus ist eine Überprüfung auf offene Widersprüche auch deshalb wünschenswert, da der Gesetzgeber das Schutzbedürfnis bei Anlegern im VerkProspG höher ansieht als im WpPG – dies zeigen die unterschiedlichen Bagatellgrenzen von 50 000 Euro gem. § 3 Abs. 2 Nr. 3 WpPG einerseits und von 200 000 Euro gem. § 8f Abs. 2 Nr. 3 VerkProspG andererseits. Befremdlicherweise ist aber bei Wertpapieren eine intensivere Prüfung („Kohärenz") vorgesehen als bei Vermögensanlagen („Vollständigkeit"). Dies ist ein Wertungswiderspruch, der durch ein Tätigwerden des Gesetzgebers nach der hier vertretenen Auffassung durch die Einführung einer Kohärenzprüfung für Vermögensanlagen-Verkaufsprospekte aufgelöst werden sollte.

39 Ein etwaig bestehendes Bedürfnis zur Überprüfung der inhaltlichen Richtigkeit des Verkaufsprospekts soll – jedenfalls nach Ansicht des IDW – durch einen Prospektprüfer (in praxi: einem Wirtschaftsprüfer) auf Grundlage des IDW S 4 gestillt werden. Das durch den Prospektprüfer erstellte Prüfungsgutachten soll nach dem durch das IDW selbst erklärten Zielen dazu dienen, den mit dem Vertrieb der Vermögensanlage beauftragten Personen Schwächen der Vermögensanlage aufzuzeigen und ihm die Möglichkeit zu geben, eine Haftung aus Prospekthaftung im weiteren Sinne zu vermeiden. Es kann jedoch nicht deutlich genug betont werden, dass der IDW S 4 selbst keinen normativen Charakter hat. Er nimmt für sich auf Basis einer reinen Selbstregulierung in Anspruch, in Anlehnung an den Begriff der Grundsätze ordnungsgemäßer Bilanzierung (GoB) „Grundsätze ordnungsgemäßer Prospektprüfung" aufzustellen. Die Begrifflichkeit darf indessen nicht darüber hinweg täuschen, dass die Grundsätze ordnungsgemäßer Bilanzierung durch § 252 HGB und verschiedenen spezialgesetzlichen Regelungen normative Kraft haben, während derartige gesetzliche Grundlagen dem IDW S 4 gerade fehlen. Zwingende Voraussetzung für die Durchführung eines öffentlichen Angebotes von Vermögensanlagen ist die Einhaltung des IDW S 4 nicht. Enthält der Prospekt jedoch Angaben, die durch den IDW S 4 gefordert werden, lässt sich bei ihrer Fehlerhaftigkeit womöglich hierauf ein Anspruch auf Prospekthaftung nach § 13 VerkProspG iVm § 44 BörsG argumentativ stützen. Denn § 13 VerkProspG spricht lediglich von wesentlichen Angaben, die für die Beurteilung der Vermögensanlage unrichtig oder unvollständig sind, und begrenzt diese nicht

Einleitung vor § 1

auf Angaben, die auf Grundlage des VerkProspG oder der darauf erlassenen VermVerkProspV zu machen sind.

Hervorzuheben ist bereits an dieser Stelle, dass die nach der VermVerkProspV geforderten Angaben nicht abschließend sind, sondern aufgrund des in § 2 Abs. 1 VermVerkProspV sowie § 8g Abs. 1 S. 1 VerkProspG normierten Grundsatzes der Richtigkeit und Vollständigkeit weitere Angaben erforderlich sein können. Die in der VermVerkProspV normierten Erfordernisse sind lediglich Mindesterfordernisse, die im Grundsatz bei jeder Vermögensanlage gemacht werden müssen (vgl. § 2 Abs. 1 S. 2 VermVerkProspV). Abschließend bleibt festzuhalten, dass auch ein IDW S 4-Gutachten keine Gewähr dafür bietet, dass ein Verkaufsprospekt sämtliche Angaben enthält, die einen Haftungsanspruch nach § 13 VerkProspG mit Sicherheit ausschließen. Insbesondere ist in der Praxis immer wieder zu beobachten, dass ein IDW S 4-Gutachten unter Nichteinhaltung der Anforderungen des IDW S 4 erteilt wird. Ein solcher Missbrauch ist selbstredend kontraproduktiv. **40**

V. Überblick über VerkProspG, VermVerkProspV und IDW S 4

1. Überblick über das VerkProspG

Das VerkProspG ist in sieben Abschnitte eingeteilt, von denen die Abschnitte I bis III und V, die Regelung für Wertpapiere enthielten, durch das Prospektrechtlinie-Umsetzungsgesetz aufgehoben und einer Neuregelung im WpPG zugeführt wurden. Während Abschnitt III a die Grundlagen der Prospektpflicht bildet, regelt Abschnitt IV die Veröffentlichung des Prospektes sowie die Prospekthaftung. Abschnitt VI umfasst als Schlussbestimmungen des Gesetzes die Gebühren, die Bekanntgabe und Zustellung, Bußgelder und Übergangsvorschriften. **41**

a) Abschnitt III a. § 8f VerkProspG legt fest, welche Vermögensanlagen der Prospektpflicht unterliegen, und welche von dieser ausnahmsweise befreit sind. Die Anforderungen an den Inhalt des Verkaufsprospektes werden durch §§ 8g sowie 8h VerkProspG bestimmt. Auf Grundlage des § 8g Abs. 2 VerkProspG sind genaue Inhaltsanforderungen in der VermVerkProspV geregelt. In §§ 8i bis 8k VerkProspG wird das Gestattungs- und Hinterlegungsverfahren statuiert. § 8i VerkProspG regelt neben dem eigentlichen Verfahren auch etwaige Rechte der BaFin bezüglich einer Anforderung von Auskünften und Unterlagen (§ 8i Abs. 4 VerkProspG) sowie die Untersagung des öffentlichen Angebotes (§ 8i Abs. 2 Satz 5 sowie Abs. 4 Verk- **42**

Einleitung vor § 1

ProspG). Auf Grundlage des § 8j kann Werbung des Anbieters untersagt werden. § 8k VerkProspG bestimmte normiert eine grundsätzliche Verschwiegenheitsverpflichtung der Beschäftigten der BaFin.

43 **b) Abschnitt IV.** §§ 9 bis 12 VerkProspG beziehen sich auf die Veröffentlichung. Die Grundnormen bildet § 9 VerkProspG. Demgegenüber meint § 10 VerkProspG den Sonderfall der Veröffentlichung eines unvollständigen Verkaufsprospektes. § 11 VerkProspG betrifft demgegenüber den Zeitraum nach Veröffentlichung des Verkaufsprospektes, in dem der Verkaufsprospekt an Aktualität verlieren könnte und dementsprechend ein Nachtrag zum Verkaufsprospekt zu veröffentlichen ist. § 12 VerkProspG legt fest, dass bei Ankündigung einer Vermögensanlage bereits auf den Verkaufsprospekt und seine Veröffentlichung hinzuweisen ist. §§ 13 und 13a VerkProspG statuieren Ansprüche aus Prospekthaftung, wobei § 13 VerkProspG die Haftung bei fehlerhaften Prospekten und § 13a VerkProspG eine Haftung bei fehlendem Prospekt begründet.

44 **c) Abschnitt VI.** Der Schlussabschnitt umfasst Regelungen zu Gebühren (§ 16 VerkProspG), der in Verbindung mit der darauf erlassenen VermVerkProspGebV zu lesen ist, der Bekanntgabe und Zustellung (§ 16a VerkProspG), den Bußgeldvorschriften (§ 17 VerkProspG) sowie den Übergangsvorschriften (§ 18 VerkProspG).

2. Überblick über die VermVerkProspV

45 Die VermVerkProspV lässt sich in drei Abschnitte einteilen. Der erste Abschnitt meint die §§ 1 bis 3 VermVerkProspV, die zum einen den Anwendungsbereich aufzeigen, allgemeine Grundsätze aufstellen und Angaben über Personen oder Gesellschaften erforderlich machen, die für den Inhalt des Verkaufsprospektes die Verantwortung übernehmen. Der zweite Abschnitt umfasst Angaben über die Vermögensanlage und den Emittenten sowie der Mitglieder der Geschäftsführung oder des Vorstandes, Aufsichtsgremien und Beiräte, dem Treuhänder und sonstige Personen (§§ 4 bis 14 VermVerkProspV). Der dritte und letzte Abschnitt regelt zum einen die Möglichkeit der verringerten Prospektanforderungen und zum anderen das Inkrafttreten (§§ 15 und 16 VermVerkProspV).

46 **a) Abschnitt I.** Klarstellend legt § 1 VermVerkProspV fest, dass die Verordnung auf Verkaufsprospekte im Sinne des § 8f Abs. 1 VerkProspG anzuwenden ist. § 2 VermVerkProspV normiert in seinem Abs. 1 generalklauselartig, dass der Verkaufsprospekt über die tatsächlichen und rechtlichen Verhältnisse, die für die Beurteilung der angebotenen Vermögensanlagen notwendig sind, Auskunft geben muss

Einleitung vor § 1

und richtig und vollständig zu sein hat. Entscheidend ist insbesondere § 2 Abs. 2 Satz 3 VermVerkProspV, der festlegt, dass die wesentlichen tatsächlichen und rechtlichen Risiken im Zusammenhang mit der Vermögensanlage in einem gesonderten Abschnitt, der nur diese Angaben enthält, darzustellen ist. § 3 VermVerkProspV erfordert die Angabe des Namens, der Geschäftsanschrift und der Funktionen der Personen, die für den Inhalt des Prospektes die Verantwortung übernehmen. Daneben ist eine Erklärung erforderlich, dass nach Wissen dieser Person die Angaben im Prospekt richtig und keine wesentlichen Umstände ausgelassen worden sind.

b) Abschnitt II. Der zweite Abschnitt, der insbesondere Angaben über die Vermögensanlage und den Emittenten erfordert, ist nicht klar gegliedert. Angaben über die Vermögensanlage bzw. das Anlageobjekt sind gemäß §§ 4 und 9 VermVerkProspV zu machen, Angaben über den Emittenten gemäß §§ 5 bis 8 und §§ 10 bis 14 VermVerkProspV. Hervorzuheben ist dabei insbesondere § 12 VermVerkProspV, der zum einen Angabeverpflichtungen bezüglich der Mitglieder der Geschäftsführung des Emittenten erforderlich macht, zum anderen aber auch nach seinem Abs. 3 Angaben über den Treuhänder sowie nach seinem Abs. 4 Angaben über sonstige Personen erfordert, die nicht in den Kreis der nach der VermVerkProspV angabepflichtigen Personen fallen, die allerdings die Herausgabe oder den Inhalt des Prospektes oder die Abgabe oder den Inhalt des Angebotes der Vermögensanlage wesentlich beeinflusst haben müssen. 47

c) Abschnitt III. § 15 VermVerkProspV erlaubt verringerte Prospektanforderungen zum einen nach seinem Abs. 2 für die Finanzinformationen nach den §§ 10, 11 und 13 VermVerkProspV. Zum anderen enthält die Vorschrift in ihrem Abs. 2 auch die Möglichkeit, von der Aufnahme einzelner Angaben abzusehen, wenn diese nur von geringer Bedeutung sind oder sie dem Emittenten erheblichen Schaden zufügen könnten. § 16 VermVerkProspV legt abschließend fest, dass die Verordnung am 1. 7. 2005 in Kraft tritt. 48

3. Überblick über den IDW S 4

Der IDW S 4 lässt sich in das so genannte Hauptwerk und seine sieben Anlagen einteilen. Das Hauptwerk umfasst dabei insbesondere die Regelungen zur Durchführung der Prospektbegutachtung und hat deshalb primär berufsrechtlichen Charakter. Maßgeblich für die Prospektprüfung sind die Anlagen 1 bis 7. Anlage 1 beschäftigt sich dabei mit den allgemeinen Anforderungen, die an den Inhalt von Verkaufsprospekten gestellt werden. Anlagen 2 bis 7 betreffen die Besonderheiten einzelner Fondsprodukte. Im Einzelnen gilt, dass An- 49

Einleitung vor § 1

lage 2 Zusatzangaben für Immobilien und Anlage 3 Zusatzangaben bei Filmfonds aufstellt, Anlage 4 sich auf Windkraftfonds bezieht, Anlage 5 sich mit Schiffsfonds beschäftigt, Anlage 6 die Besonderheiten von Blind Pool Konzeptionen im Auge hat und Anlage 7 Zusatzangaben bei Lebensversicherungen – Zweitmarktfonds erforderlich machen soll.

VI. Auslegungsprinzipien des VerkProspG

50 Ausgangspunkt eines effektiven Anlegerschutzes ist die umfassende Information potentieller Anleger (vgl. *Heisterhagen* DStR 2004, 1989, 1094). Das AnSVG beabsichtigte neben dem Anlegerschutz aber auch die Funktionsfähigkeit und das Vertrauen in den Finanzplatz Deutschland zu stärken (kritisch hierzu *Spreizer* VuR 2004, 353, 359). Dies zeigt sich insbesondere hinsichtlich der Auswahl der Ausnahmebestimmungen des § 8f Abs. 2, die zum einen an der Funktionsfähigkeit des Kapitalmarktes wie zum anderen am Anlegerschutz ansetzen. Wie das VerkProspG aF muss eine Auslegung deshalb einem doppelten Schutzzweck, dem Individualschutz der Anleger und dem Funktionsschutz des Kapitalmarktes, gerecht werden (vgl. *Meyding* DB 1993, 419, 419; *Hopt,* Die Verantwortlichkeiten der Banken, Rn. 123).

51 Der Rückgriff auf die Kommentierung zum VerkProspG aF kann grundsätzlich, jedoch stets nicht unreflektiert erfolgen. Denn das VerkProspG aF fand ausschließlich auf Wertpapiere Anwendung. Wertpapiere weisen eine deutlich höhere Fungibilität auf als Vermögensanlagen im Sinne des § 8f, sofern diese überhaupt als fungibel angesehen werden können, so dass der Inhaber von Vermögensanlagen im Sinne des § 8f umso schutzbedürftiger ist (vgl. *Moritz/Grimm* BB 2004, 1352, 1354f.).

52 Ein Rückgriff auf die Emissionsprospektrichtlinie, die dem VerkProspG aF zugrunde lag, kann nicht gelingen. Denn die in § 8f Abs. 1 VerkProspG eingefügte Prospektpflicht basiert gerade nicht auf dieser Richtlinie. Eine gemeinschaftsrechtkonforme bzw. richtlinienkonforme Auslegung ist deshalb bereits dem Grunde nach nicht mehr statthaft. Vielmehr hat die Auslegung nunmehr allein autonom nach nationalem Recht unter Berücksichtigung der Ziele des Gesetzgebers zu erfolgen (vgl. *Heidel/Krämer,* Vor § 8f VerkProspG Rn. 13).

53 Darüber hinaus ist ein Rückgriff auf die dem Prospektrichtlinien-Umsetzungsgesetz zugrunde liegende Prospektrichtlinie nicht statthaft. Denn diese Richtlinie betrifft lediglich Wertpapiere und der deutsche Gesetzgeber hat sich in Kenntnis dieser Regelungen bewusst entschieden, Vorschriften aus der Richtlinie nicht auch gleich-

Einleitung vor § 1

zeitig im Bereich des Grauen Kapitalmarkts umzusetzen, sondern vielmehr mit der Kodifizierung des VerkProspG gewissermassen einen nationalen Sonderweg zu beschreiten.

Die BaFin hat hinsichtlich erster Auslegungsprobleme das sog. 54 „Auslegungsschreiben der Bundesanstalt für Finanzdienstleistungsaufsicht (BaFin) zur Prospektpflicht für Vermögensanlagen-Verkaufsprospekte" veröffentlicht. Wie bereits die Bekanntmachungen des BAWe vom 15. 4. 1996 (s. im Textanhang unter III. 5) und vom 6. 9. 1998 (s. im Textanhang unter III. 6), handelt es sich um eine norminterpretierende Verlautbarung, die keinen Rechtsnormcharakter hat und nicht bindend ist, gleichwohl aber Vertrauensschutz schafft (vgl. für die Bekanntmachung des BAWe vom 15. April 1996 *Kullmann/ Müller-Deku* WM 1996, 1989, 1989 f.; *Hellner/Sellner/Bosch,* BuB Rn. 10/104; *Kümpel/Hammen/Ekkenga/Gebauer,* S. 11). Gleichwohl ist nicht zu verkennen, dass das Auslegungsschreiben einen anderen Vorlauf hatte als die Bekanntmachungen. Die Bekanntmachungen ergingen zu einer Zeit, als das VerkProspG aF schon einige Zeit in Kraft war und die Behörde dementsprechend gewisse Erfahrungen in der Aufsichtspraxis sammeln konnte. Zudem wurden vor der Formulierung der Bekanntmachungen Verbandsanhörungen durchgeführt. Die Bekanntmachung vom 6. 9. 1998 wurde über einen Zeitraum von ca. einem Jahr vorbereitet. Einen derartigen Vorlauf kennt das Auslegungsschreiben nicht (und konnte es auch naturgemäß nicht kennen), woher sich auch der bewusst getroffene Unterschied in der Bezeichnung erklärt („Auslegungsschreiben" statt „Bekanntmachung"). Insbesondere handelt es sich bei dem Auslegungsschreiben auch um keinen „Leitfaden" und es tritt auch nicht mit einem derartigen Anspruch auf. Das Auslegungsschreiben ist auf Wunsch des BMF verfasst worden mit inhaltlichen Anregungen, die das BMF aus den Anhörungen zum AnSVG-Gesetzgebungsverfahren entnommen hat. Praktische Erfahrungen mit der Prospektpflicht für Vermögensanlagen hatte die BaFin zur Zeit der Formulierung des Auslegungsschreibens nicht, auch wurde – was sehr gut nachvollziehbar ist – keine Verbandsanhörung im Vorfeld durchgeführt. Das Auslegungsschreiben dient allein der Behandlung allerdringlichster Fragen, die sich im Zeitpunkt des Inkrafttretens der §§ 8 f ff. zur Prospektpflicht für Vermögensanlagen stellten, was seine knapp gehaltene Formulierung und auch seinen kursorischen Charakter erklärt. Auf die Vorläufigkeit des Auslegungsschreibens wird in dessen letztem Satz ausdrücklich hingewiesen. Eine Überarbeitung des Auslegungsschreibens stand spätestens mit Inkrafttreten des § 8 f Abs. 2 Nr. 9 am 1. 11. 2008 an, der die Nr. 2 des Auslegungsschreibens betreffend Zweitmärkte überflüssig gemacht hat. Befremdlicherweise hatte die BaFin

Einleitung vor § 1

diese Tendenz bei Redaktionsschluss am 3.3.2008 noch nicht erledigt.

55 Jegliche Auslegung hat schließlich zu beachten, dass die Regelungen des VerkProspG ganz überwiegend behördliches Eingriffsrecht darstellen, wodurch es verschiedenen verfassungsrechtlichen Vorgaben, insbesondere dem Grundsatz des Vorrangs und des Vorbehalts des Gesetzes genügen muss. Auch müssen die Vorschriften dem rechtstaatlichen Bestimmtheitsgrundsatz genügen (vgl. *Stern*, S. 829 f.; *Sachs*, Art. 20 Rn. 126).

VII. Ausblick

56 Dadurch, dass die Prospektpflicht eine Branche trifft, die bislang mit dem regulierten Kapitalmarktrecht wenig Berührung hatte (insbesondere die Anbieter geschlossener Fonds haben in der Regel nicht auch Wertpapieremissionen begleitet), befindet sich die Branche zur Zeit noch nach wie vor in einer Art Eingewöhnungsphase. Rechtsprechung und Literatur zu den Neuregelungen liegen nur sehr begrenzt vor bzw. sind nicht veröffentlicht (zum Anspruch auf den vor diesem Hintergrund besonders interessanten Informationszugang im Hinblick auf Grundsatzvermerke der BaFin nach dem IFG vgl. unten § 8k VerkProspG Rn. 21 ff.), so dass der Anbieter vielfach Angabenerfordernissen nach dem VerkProspG und der VermVerkProspV bei der Prospektaufstellung in der Praxis – insbesondere mangels Kenntnis der Vorgaben der Exekutive – nicht in ordnungsgemäßer Weise genügen kann. Vielfach ist deshalb zu beobachten, dass Anbieter fehlerhafte oder unvollständige Angaben machen, um sich diese durch die BaFin ergänzen zu lassen, um so in möglichst kurzer Zeit die Gestattung der Veröffentlichung des Verkaufsprospekts zu erhalten. Dabei übersehen sie, dass die Prüfungskompetenz der BaFin – wie sich aus § 8g Abs. 1 S. 3 VerkProspG ergibt – eine rein formelle ist. Da eine inhaltliche Prüfung auch durch den IDW nur hinsichtlich der Plausibilität der Angaben erfolgt, wird der Anbieter das Risiko der Fehlerhaftigkeit und Unvollständigkeit nie wirksam ausschließen können.

57 Im Bereich der Wertpapierprospekte hat dies dazu geführt, dass Prospekte heute in der Regel nicht mehr von Angestellten der emissionsbegleitenden Anbieter geschrieben werden, sondern diese Tätigkeit vielfach auf Rechtsanwaltskanzleien ausgelagert worden ist (vgl. *Kümpel/Hammen/Ekkenga/Gebauer*, Nr. 100, S. 52). Dies liegt nahe, da sich Anbieter vor der Emission in der Regel durch eine Prüfung der rechtlichen, wirtschaftlichen und finanziellen Verhältnisse der Unternehmen durch Rechtsanwälte und Wirtschaftsprüfer absichern und diese Ergebnisse in den Prospekt einfließen (*Kümpel/Hammen/Ekkenga/Gebauer,* Nr. 100, S. 52). Dies nicht zuletzt vor dem Hintergrund, dass der Prospekt letztlich nicht nur als Marketinggrundlage dient, er entwickelt sich vielmehr immer mehr zu einer Art Haftungsgrundlage für einen möglichen Prospekthaftungsprozess – was er nach dem dogmatischen Konzept ja auch gerade sein soll.

I. Abschnitt. Anwendungsbereich; Allgemeine Vorschriften

§ 1 (aufgehoben)

§ 2 (aufgehoben)

§ 3 (aufgehoben)

§ 4 (aufgehoben)

§ 4a (aufgehoben)

II. Abschnitt. Angebot von Wertpapieren, für die eine Zulassung zum amtlichen Markt oder zum geregelten Markt beantragt ist

§ 5 (aufgehoben)

§ 6 (aufgehoben)

III. Abschnitt. Angebot von Wertpapieren, für die eine Zulassung zum amtlichen Markt oder zum geregelten Markt nicht beantragt ist

§ 7 (aufgehoben)

§ 8 (aufgehoben)

§ 8a (aufgehoben)

§ 8b (aufgehoben)

§ 8c (aufgehoben)

§ 8d (aufgehoben)

§ 8e (aufgehoben)

Vor § 8f

IIIa. Abschnitt. Prospektpflicht für Angebote anderer Vermögensanlagen

Vorbemerkungen vor § 8f

Übersicht

	Rn.
I. Allgemeines	1
1. Gesetzesmaterialien	1
2. Literatur (Auswahl)	2
II. Prospektpflicht am sog. „Grauen Kapitalmarkt"	3
1. Inhalt des Abschnitts IIIa	3
2. Zentrale Begriffe	4

I. Allgemeines

1. Gesetzesmaterialien

a) RegBegr. zum AnSVG v. 24. 5. 2004 – Auszug (BT-Drucks. 15/ **1** 3174, 41f.)

Durch Einfügung eines neuen Abschnitts IIIa und die Änderung der bestehenden Vorschriften wird die für börsennotierte und nicht börsennotierte Wertpapiere bereits bestehende Prospektpflicht erweitert auf die in § 8f Abs. 1 genannten Vermögensanlagen. Eine für die Anbieter mit nicht unerheblichem Aufwand verbundene Prospektpflicht muss einen klar abgegrenzten Anwendungsbereich haben und ist nur dort angezeigt, wo den Anlegern die für eine sinnvolle Anlageentscheidung notwendigen Informationen fehlen und sie sich diese nicht mit zumutbaren Mitteln verschaffen können. Im Rahmen dieser Abwägung zwischen notwendigem Anlegerschutz und zu vermeidender Überregulierung ist die Prospektpflicht im Interesse der notwendigen Bestimmtheit der Vorschrift nicht auf sämtliche nicht in Wertpapieren verbriefte Vermögensanlagen ausgedehnt, sondern auf die in Abs. 1 genannten beschränkt worden. Die neue Prospektpflicht schließt eine bislang bestehende spezialgesetzliche Regelungslücke im Wesentlichen für Unternehmensbeteiligungen und Anteile an Treuhandvermögen, die den Schwerpunkt des Marktes für nicht in Wertpapieren verbriefte Anlageformen bilden, und für die sich in der Vergangenheit anhand von erlittenen Schäden bis hin zu Totalverlusten ein besonderer Regelungsbedarf gezeigt hat.

b) Beschlussempfehlung und Bericht des Finanzausschusses v. 1. 7. 2004 – Auszug (BT-Drucks. 15/3493, 49f.)

Im Ausschuss bestand Einvernehmen darüber, dass mit der Einbeziehung des Grauen Kapitalmarktes in die Regelungen des Verkaufsprospektgesetzes grundsätzlich ein höheres Maß an Transparenz, zusätzlicher Anlegerschutz und mehr Markteffizienz geschaffen werde. Die Koalitionsfraktionen wiesen zu der mit dem Gesetzentwurf vorgesehenen Genehmigung von Anlageprospekten darauf hin, dass die für Anbieter geltende Genehmigungsfrist von 20 Tagen grundsätzlich als angemessen anzusehen sei. Es handele sich im Regelfall um langfristige Anlageentscheidungen. Produkte unter einer Bagatellgrenze sowie Angebote, die nicht für die breite Öffentlichkeit bestimmt seien, seien von der Prospektpflicht ausgenommen. Ferner beständen Ausnahmen bei Anlageformen, für die bereits ein hinreichender Schutz bestehe wie bei Versicherungs- und Genossenschaftsprodukten sowie bei Produkten der der Aufsicht nach dem Kreditwesengesetz unterliegenden Kreditinstitute. Die Fraktion der CDU/CSU machte indes deutlich, dass sich die der Bundesanstalt für Finanzdienstleistungsaufsicht eingeräumte 20-tägige Prüfungsfrist, die nicht mit einer Genehmigungsfiktion für Produkte des Grauen Kapitalmarktes verbunden sei, möglicherweise nachteilig bei entsprechenden Emissionen auswirke. Die Fraktion der CDU/CSU stellte den Antrag, bei Verkaufsprospekten, denen ein Bestätigungsvermerk eines Wirtschaftsprüfers beigefügt sei, die Veröffentlichung bereits nach der Hinterlegung zuzulassen. Mit dieser Verfahrensweise werde dem Anlegerschutz in vergleichbarem Umfang Genüge getan, wie bei einer Prüfung durch die Bundesanstalt für Finanzdienstleistungsaufsicht. Die Fraktion der FDP vertrat die Auffassung, dass eine Genehmigungsfiktion nach der Vorlage der Verkaufsprospekte bei der Bundesanstalt für Finanzdienstleistungsaufsicht im Hinblick auf den hohen zeitlichen Druck, mit dem Fondsprodukte am Markt platziert werden müssten, der mit dem Gesetzentwurf vorgeschlagenen Lösung vorzuziehen sei. Die Fraktion der FDP verwies auf entsprechende Stellungnahmen in der vom Ausschuss durchgeführten Sachverständigenanhörung. Dagegen hoben die Koalitionsfraktionen auf die für die Investoren mit Anlagen im Grauen Kapitalmarkt verbundenen Risiken ab. Sie verwiesen auf den von ihnen gestellten Antrag, mit dem durch die Ergänzung der mit dem Gesetzentwurf in § 8i Abs. 2 Verkaufsprospektgesetz vorgesehenen Regelung klargestellt werde, dass ein Anspruch auf Entscheidung über die Gestattung der Veröffentlichung des der Bundesanstalt für Finanzdienstleistungsaufsicht übermittelten Prospekts innerhalb von 20 Werktagen bestehe. Auf diese Weise werde dem Interesse der Wirtschaft nach Planungssicherheit im Genehmigungsverfahren Rechnung getragen. Die mit dem Antrag der Fraktion der CDU/CSU vorgesehene Befassung eines Wirtschaftsprüfers werde dagegen zu keinem zeitlichen Gewinn für die Anbieter führen, da die von Seiten des Wirtschaftsprüfers vorzunehmende Kontrolle ihrerseits einen gewissen Zeitbedarf voraussetze. Der Ausschuss hat den von der Fraktion der CDU/CSU vorgelegten Antrag mit der Mehrheit der Koalitionsfraktionen gegen die Stimmen der antragstellenden Fraktion und der Fraktion der FDP abgelehnt. Der Antrag der Koalitionsfraktionen wurde einvernehmlich bei einer Gegenstimme aus den Reihen der Fraktion der CDU/CSU angenommen.

2. Literatur (Auswahl)

2 *Apfelbacher/Metzner,* Das Wertpapierprospektgesetz in der Praxis – Eine erste Bestandsaufnahme, BKR 2006, S. 81; *Assmann,* Konzeptionelle Grundlagen des Anlegerschutzes, ZBB 1989, S. 49; *Assmann,* Neuemissionen von Wertpapieren über Internet, Reinhold Geimer (Hrsg.), Wege zur Globalisierung des Rechts, Festschrift für Rolf A.

Vor § 8f

Schütze zum 65. Geburtstag (1999), S. 15; *Assmann,* Neues Recht für den Wertpapiervertrieb, die Förderung der Vermögensbildung durch Wertpapieranlagen und die Geschäftstätigkeit von Hypothekenbanken, NJW 1991, S. 528; *Assmann,* Prospektaktualisierungspflichten, in: *Habersack/Hommelhoff/Hüffer* (Hrsg.), Festschrift für Peter Ulmer zum 70. Geburtstag (2003), S. 757; *Barta,* Der Prospektbegriff in der neuen Verkaufsprospekthaftung, NZG 2005, S. 305; *Benecke,* Haftung für Inanspruchnahme von Vertrauen – Aktuelle Fragen zum neuen Verkaufsprospektgesetz, BB 2006, S. 2597; *Bohlken/Lange,* Die Prospekthaftung im Bereich geschlossener Fonds nach §§ 13 Abs. 1 Nr. 3, 13a Verkaufsprospektgesetz nF, DB 2005, S. 1259; *Borges,* Lokalisierung von Angeboten bei Electronic Banking, WM 2001, S. 1542; *Bürgers,* Das Anlegerschutzverbesserungsgesetz, BKR 2004, S. 424; *Crüwell,* Die europäische Prospektrichtlinie; AG 2003, S. 243; *Diekmann/Sustmann,* Gesetz zur Verbesserung des Anlegerschutzes, NZG 2004, S. 929; *Dittrich,* Prospektpflicht – ein Beitrag zur Rechtssicherheit am Kapitalmarkt, ZfgK 2000, S. 178; *Dreyling,* Ein Jahr Anlegerschutzverbesserungsgesetz – Erste Erfahrungen, Der Konzern 2006, S. 1; *Duhnkrack/Hasche,* Das neuer Anlegerschutzverbesserungsgesetz und seine Auswirkungen auf Emissionshäuser und geschlossene Fonds, DB 2004, S. 1351; *Fleischer,* Zur Haftung bei fehlendem Verkaufsprospekt im deutschen und US-amerikanischen Kapitalmarktrecht, WM 2004, S. 1897; *Fleischer,* Prospektpflicht und Prospekthaftung für Vermögensanlagen des Grauen Kapitalmarkts nach dem Anlegerschutzverbesserungsgesetz, BKR 2004, S. 339; *Grimme/Ritz,* Die Novellierung verkaufsprospektrechtlicher Vorschriften durch das Dritte Finanzmarktförderungsgesetz, WM 1998, S. 2091; *Groß,* Bookbuilding, ZHR 1998, S. 318; *Grub/Thiem,* Das neue Wertpapierprospektgesetz – Anlegeschutz und Wettbewerbsfähigkeit des Finanzplatzes Deutschland, NZG 2005, S. 750; *Gruson,* Prospekterfordernisse und Prospekthaftung bei unterschiedlichen Anlageformen nach amerikanischem und deutschem Recht, WM 1995, S. 89; *Güstel,* Prospektierung geschlossener Fonds, SJ 2006, S. 31; Handelsrechtsausschuss des DAV, Stellungnahme zum Regierungsentwurf zur Verbesserung des Anlegerschutzes (Anlegerschutzverbesserungsgesellschaft – AnSVG), NZG 2004, S. 703; *Hasche-Preuße,* Verkaufsprospekte bei Wertpapieren: Mehr Informationen für die Anleger, Die Bank 1990, S. 713; *Hasenkamp,* Die neue Prospektierungspflicht für Anbieter geschlossener Fonds, DStR 2004, S. 2154; *Heidelbach/Preuße,* Einzelfragen in der praktischen Arbeit mit dem neuen Wertpapierprospektregime, BKR 2006, S. 316; *Heisterhagen,* Die gesetzliche Prospektpflicht für geschlossene Fonds nach dem Regierungsentwurf des Anlegerschutzverbesserungsgesetzes, DStR

2004, S. 1089; *Heisterhagen,* Prospekthaftung für geschlossene Fonds nach dem Börsengesetz – wirklich ein Beitrag zum Anlegerschutz, DStR 2006, S. 759; *Holzborn/Isreal,* Das Anlegerschutzverbesserungsgesetz – Die Veränderungen im WpHG, VerkProspG und BörsG und ihre Auswirkungen in der Praxis, WM 2004, S. 1948; *Holzborn/Israel,* Das neue Wertpapierprospektrecht, ZIP 2005, S. 1668; *Holzborn/ Schwarz-Gondek,* Die neue EU-Prospektrichtlinie, BKR 2003, S. 927; *Hopt,* Risikokapital, Nebenbörsen und Anlegerschutz, WM 1985, S. 793; *Hopt/Voigt,* Prospekt- und Kapitalmarktinformationshaftung, WM 2004, S. 1801; *Ilberg/Neises,* Die Richtlinien-Vorschläge der EU Kommission zum „Einheitlichen Europäischen Prospekt" und zum „Marktmissbrauch" aus Sicht der Praxis, WM 2002, S. 635; *Jahn,* Mehr Schutz vor Bilanzskandalen, ZRP 2003, S. 121; *Keller/Langner,* Überblick über EG-Gesetzgebungsvorhaben im Finanzbereich, BKR 2003, S. 616; *Kersting,* Die rechtliche Behandlung des öffentlichen Angebots von Anteilen an Futures-Fonds in der Bundesrepublik Deutschland, WM 1997, S. 1969; *Keunecke,* Die neuen Prospekt- und Vertriebszulassungsbestimmungen für Geschlossene Fonds: Anmerkungen und Fazit, in: *Schoeller/Witt* (Hrsg.), Scope Jahrbuch Geschlossene Fonds 2005/2006, S. 143; *König,* Die neue europäische Prospektlinie, ZeuS 2004, S. 251; *König,* Die neue EU-Prospektrichtlinie aus gemeinschaftsprivatlicher Perspektive, GPR 2003/2004, S. 152; *Kopp-Colomb/Lenz,* Angebote von Wertpapieren über das Internet, BKR 2002, S. 5; *Kopp-Colomb/Lenz,* Der euorpäische Pass für Emittenten, AG 2002, S. 24; *Krimphove,* Aktuelle Entwicklung im europäischen Bank- und Kapitalmarktrecht, ZfgK 2005, S. 97; *Kullmann/Müller-Deku,* Die Bekanntmachung zum Wertpapier-Verkaufsprospektgesetz, WM 1996, S. 1989; *Kullmann/ Sester,* Inhalt und Format von Emissionsprospekten nach dem WpPG, ZBB 2005, S. 209; *Kullmann/Sester,* Das Wertpapierprospektgesetz (WpPG) – Zentrale Punkte des neuen Regimes für Wertpapieremissionen, WM 2005, S. 1068; *Kunold/Schlitt,* Die neue EU-Prospektrichtlinie, BB 2004, S. 501; *Kuthe,* Änderungen des Kapitalmarktrechts durch das Anlegerschutzverbesserungsgesetz, ZIP 2004, S. 883; *Küting,* Neufassung des IDW S 4 – Auf dem Weg von einer freiwilligen zu einer gesetzlichen kodifizierten Prospektprüfung?, DStR 2006, 1007; *Lang,* Das neue Investmentgesetz und das fehlende Anlegerleitbild des Gesetzgebers, VuR 2004, S. 201; *Lehne,* Stand der europäischen Corporate Governance-Entwicklung, Der Konzern 2003, S. 272; *Lenz/Ritz,* Die Bekanntmachung des Bundesaufsichtsamtes zum Wertpapier-Verkaufsprospektgesetz und zur Verordnung über Wertpapier-Verkaufsprospekte, WM 2000, S. 904; *Leuering,* Prospektpflichtige Anlässe im WpPG, Der Konzern 2006,

S. 4; *Livinius,* Akutelle Rechtsfragen des Vertriebs von Finanzprodukten, BKR 2005, S. 12; *Manzei,* Einzelne Aspekte der Prospektpflicht am Grauen Kapitalmarkt, WM 2006, S. 845; *Meixner,* Das Anlegerschutzverbesserungsgesetz im Überblick, ZAP Fach 8, S. 397; *Meyding,* Zweifelsfragen bei Anwendung des Wertpapier-Verkaufsprospektgesetzes, DB 1993, S. 419; *Moritz/Grimm,* Licht im Dunkel des „Grauen Marktes"? – Aktuelle Bestrebungen zur Novellierung des Verkaufsprospektes, BB 2004, S. 1352; *Moritz/Grimm,* Die künftige Prospektpflicht für geschlossene Fonds, BB 2004, S. 1801; *Moritz/Grimm,* Die Vermögensanlagen-Verkaufsprospektverordnung: Inhaltliche Anforderungen an Verkaufsprospekte geschlossener Fonds, BB 2005, S. 337; *Mues,* in: *Assmann/Ritz,* Verkaufsprospektgesetz, Verkaufsprospekt-Verordnung, Verkaufsprospektgebühren-Verordnung, ZHR 2002, S. 119; *Müller,* Richtlinie für Verkausfprospekte über Wertpapiere, Die Bank 1989, S. 375; *Müller,* Prospektpflicht für öffentliche Wertpapier-Angebote ab 1991, WM 1991, S. 213; *Pfüller/Westerwelle,* Das Internet als Kapitalmarkt, MMR 1998, S. 171; *Portner,* Bedeutet das neue Wertpapierprospektgesetz das Aus für ausländisch initiierte aktienbasierte Mitarbeiterbeteiligungsprogramme?, IStR 2005, S. 739; *Pötzsch,* Das Dritte Finanzmarktförderungsgesetz, WM 1998, S. 949; *Reinhart/Thiery,* „The Public Offers of Securities Regulations", WM 1996, S. 1565; *Ritz,* Die Änderungen verkaufsprospektlicher Vorschriften im Jahr 2002 und aufsichtsrechtliche Praxis, AG 2002, S. 662; *Rodenwald/Tüxen,* Neuregelung des Insiderrechts nach dem Anlegerschutzverbesserungsgesetz (AnSVG) – Neue Organisationsanforderungen für Emittenten und ihre Berater, BB 2004, S. 2249; *Sandberger,* Die EU-Prospektrichtlinie – „Europäischer Pass für Emittenten", EWS 2004, S. 297; *Schäfer,* Emission und Vertrieb von Wertpapieren nach dem Wertpapierverkaufsprospektgesetz, ZIP 1991, S. 1557; *Schwark,* Wertpapier-Verkaufsprospektgesetz und Freiverkehr, in: *Horn/Luwowski/Nobbe* (Hrsg.), Bankrecht – Schwerpunkte und Perspektiven, Festschrift für Schimansky (1999), S. 739; *Seibert,* Das 10-Punkte-Programm „Unternehmensintegrität und Anlegerschutz", BB 2003, S. 693; *Seitz,* Die Integration der europäischen Wertpapiermärkte und die Finanzmakrtgesetzgebung in Deutschland, BKR 2002, S. 340; *Seitz,* Das neue Wertpapierprospektrecht, AG 2005, 675; *Siebel/Gebauer,* Prognosen im Aktien- und Kapitalmarktrecht, WM 2001, 173; *Spindler,* Kapitalmarktreform in Permanenz – Das Anlegerschutzverbesserungsgesetz, NJW 2004, S. 3449; *Spindler/Christoph,* Die Entwicklung des Kapitalmarktrechts in den Jahren 2003/2004, BB 2004, S. 2197; *Spreizer,* Die geplante Änderung des WertpapierVerkaufsprospektgesetzes durch das Gesetz zur Verbesserung des Anlegerschutzes (AnSVG), VuR 2004, S. 353;

Vor § 8 f Abschnitt III a. Prospektpflicht

Steder, Zum Entwurf eines Gesetzes über den Vertrieb von Anteilen an Vermögensanlagen, AG 1975, S. 173; *Stephan,* Prospektaktualisierung, AG 2002, S. 3; *Stephan,* Angebotsaktualisierung, AG 2003, S. 551; *Süßmann,* Wertpapier-Verkaufsprospektgesetz und Verkaufsprospekt-Verordnung, EuZW 1991, S. 210; *Verfürth/Grunenberg,* Pflichtangaben bei geschlossenen Fonds nach der Vermögensanlagen-Verkaufsprospekteverordnung, DB 2005, S. 1043; *Volhard/Wilkens,* Auswirkungen der Richtlinie über Märkte für Finanzinstrumente (MiFiD) auf geschlossene Fonds in Deutschland, DB 2006, S. 2051; *Wagner,* Der Europäische Pass für Emittenten – die neue Prospektrichtlinie, Die Bank 2003, 681; *Waldeck,* Hinterlegungsgebühr bei Ausgabe von Optionsschein-Serien, Subsumtion von Optionsscheinen unter den Begriff der Schuldverschreibungen, WuB I L 6. – 1.99 (Urteil VG Frankfurt a. M.); *Waldeck/Süßmann,* Die Anwendung des Wertpapier-Verkaufsprospektgesetzes, WM 1993, S. 361; *Weber,* Internet-Emissionen, MMR 1999, S. 385; *Weber,* Unterwegs zu einer europäischen Prospektkultur – Vorgaben der neuen Wertpapierprospektrichtlinie vom 4.11. 2003, NZG 2004, S. 360; *Weber,* Die Entwicklung des Kapitalmarktrechts im Jahre 2004, NJW 2004, S. 3674; *Wicke,* Prospektpflicht für öffentlich angebotene Anteile an geschlossenen Immobilienfonds und andern Anlageformen, ZNotP 2006, S. 24; *Wittich,* Zweieinhalb Jahre Wertpapierhandelsaufsicht – eine Zwischenbilanz, WM 1997, S. 2026; *Zacher,* Verschärfungen der Prospektanforderungen bei (Immobilien)Kapitalanlagen – Der neue IDW-Standard zur Prospektprüfung, ZfIR 2000, S. 751; *Ziegler,* Die Prospekthaftung am nicht-organisiertem Kapitalmarkt im Spannungsverhältnis zu personengesellschaftsrechtlichen Grundsätzen, DStR 2005, S. 30; *Ziemons,* Neuerungen im Insiderrecht und bei der Ad-hoc-Publizität durch die Marktmissbrauchsrichtlinie und das Gesetz zur Verbesserung des Anlegerschutzes, NZG 2004, S. 537.

II. Prospektpflicht am sog. „Grauen Kapitalmarkt"

1. Inhalt des Abschnitts III a

3   Die Vorschriften des Abschnitts III a umfassen den Anwendungsbereich der Prospektpflicht (§ 8 f), den Inhalt des Prospekts (§ 8 g iVm der VermVerkProspV, § 8 h), das Gestattungs- und Hinterlegungsverfahren bei der BaFin (§ 8 i), die Beschränkung der Werbefreiheit (§ 8 j) sowie die Verschwiegenheitsverpflichtung der BaFin und ihrer Mitarbeiter (§ 8 k).

Vor § 8f

2. Zentrale Begriffe

Das VerkProspG und die VermVerkProspV nutzen die Terminolo- 4
gie des Wertpapierrechts, die bislang im Bereich des Grauen Kapitalmarktes (zu diesem Begriff s. Einleitung vor § 1 VerkProspG Rn. 13) ungebräuchlich war. Vorab sind daher die zentralen Begriffe von Gesetz und Verordnung einer Klärung zu unterziehen.

a) Anbieter. aa) Zwei-Elemente-Lehre; gesamtschuldne- 5
rische Lösung. Der Begriff des Anbieters wurde im Bereich des Grauen Kapitalmarktes nicht verwendet. Einigkeit herrscht in der Diskussion zum VerkProspG aF zunächst darin, dass der Begriff des Anbieters vom Begriff des Emittenten zu unterscheiden ist (vgl. *Ritz,* in: *Assmann/Lenz/Ritz,* § 1 Rn. 80 mwN). Nach dem umgangssprachlichen Wortsinn ist derjenige Anbieter, der etwas auf den Markt bringt.

Die Gesetzesbegründung versteht unter dem Anbieter zunächst 6
denjenigen, der nach außen hin erkennbar als Anbieter auftritt (BT-Drucks. 15/3174, S. 42). Anbieter kann daher im Grundsatz derjenige sein, von dem die Vermögensanlage nach außen erkennbar auf den Markt gebracht wird; mit anderen Worten wer nach außen erkennbar maßgeblich die Struktur der Vermögensanlage entwickelt und umgesetzt hat. Dies ist nach herkömmlichen Verständnis der Initiator der Vermögensanlage (s. auch *Hasenkamp* DStR 2004, 2154, 2155). Der Gesetzgeber entschied sich gegen den Begriff des Initiators, da dieser in der Literatur als in seinen Konturen zu unscharf beschrieben wurde (vgl. *Strohm,* in: *Assmann/Schütze,* Handbuch des Kapitalanlagerechts, § 20 Rn. 17). Die Vorzugswürdigkeit dieser Auffassung vermag bezweifelt zu werden, da der Initiator als Terminus im Steuerrecht bereits verwendet wurde (vgl. etwa im 5. Bauherrenerlass vom 20. 10. 2003, im Textanhang unter III. 8) und der Begriff des Anbieters seinerseits nicht unbeachtliche Interpretationsschwierigkeiten im Bereich der Vermögensanlagen aufwirft.

Ein alleiniges Abstellen auf den Außenauftritt für die Bestimmung 7
einer möglichen Anbietereigenschaft würde jedoch zu kurz greifen. Denn wäre allein das Auftreten nach außen entscheidend, wären Umgehungsmöglichkeiten Tür und Tor geöffnet. Es muss noch ein weiteres Element für die Bestimmung der Anbietereigenschaft hinzutreten. Folgerichtig soll es denn schon nach der Gesetzesbegründung zudem darauf ankommen, wer für das öffentliche Angebot der Vermögensanlage verantwortlich ist (vgl. BT-Drucks. 15/3174, S. 42) bzw. sich eine Verantwortlichkeit anmaßt. Dies entspricht auch der Auffassung des BAWe, das als Anbieter denjenigen angesehen hat, der „für das öffentliche Angebot verantwortlich ist." (vgl. *Ritz,* in:

Assmann/Lenz/Ritz, § 1 VerkProspGRn. 81; Ziff. I.3. der Bekanntmachung der BAWe vom 6. 9. 1999, s. im Textanhang unter III. 6). Diese Sichtweise nimmt die Prospektverantwortlichkeit nach § 44 BörsG (vgl. *Kopp-Colomb/Lenz* BKR 2002, 5, 6) und die hierzu ergangene Hintermann-Rechtsprechung des BGH implizit in Bezug. Anbieter kann deshalb insbesondere auch der Hintermann sein, der die Struktur der Vermögensanlage maßgeblich entwickelt und umgesetzt hat, jedoch nach außen hin nicht in Erscheinung getreten ist.

8   Derartige Personen sind nach § 12 Abs. 4 VermVerkProspV angabepflichtig, gleichwohl sie nicht als Anbieter im Prospekt bezeichnet werden bzw. diesen nicht als Anbieter nach § 2 Abs. 4 VermVerkProspV unterschrieben und nicht nach § 3 VermVerkProspV die Verantwortung für den Inhalt des Verkaufsprospekts übernommen haben (vgl. unten ausführlich § 12 VermVerkProspV Rn. 41 ff. und § 13 VerkProspG Rn. 32). Treten sie (bevor jemand anderes die Prospektpflicht erfüllt hat) nach außen auf und machen sie Werbung unter Einräumung von konkreten Erwerbsmöglichkeiten, kann die BaFin gegen sie als Anbieter mit den ihr eingeräumten Befugnissen vorgehen (hierzu unten § 8i VerkProspG Rn. 87 ff.).

9   Der Verweis auf die Verantwortlichkeit nach § 44 BörsG bedeutet aber auch, dass auch solche Personen Anbieter sein können, die ein qualifiziertes wirtschaftliches Interesse an dem öffentlichen Angebot haben bzw. im Lager des ursprünglichen Anbieters stehen. Zum Teil wurde bereits ein einfaches wirtschaftliches Interesse wie das Interesse auf eine Provision als ausreichend angesehen, um die Anbietereigenschaft zu begründen (so die frühere Auffassung des BAWe, zitiert in *Kümpel/Hammen/Ekkenga/Gebauer,* Nr. 100, S. 20; ferner *Kopp-Colomb/Lenz* BKR 2002, 5, 6f.). Eine derartig weite Auslegung des Begriffs vermag hingegen insbesondere im Hinblick auf die Rechtsfolgen, die die Anbietereigenschaft mit sich bringt, kaum zu überzeugen (dazu *Kümpel/Hammen/Ekkenga/Gebauer,* Nr. 100, S. 19). Zudem ist es kaum denkbar, dass im Wirtschaftsleben jemand rein altruistisch ohne Verfolgung wirtschaftlicher Interessen handeln wird. Damit ist das Kriterium „wirtschaftliches Interesse" als solches aber konturenlos und kann für eine Abgrenzung von Anbietern zu Nicht-Anbietern nicht herangezogen werden. Erforderlich ist daher, dass der Anbieter ein insbesondere über das reine Provisionsinteresse hinaus gehendes wirtschaftliches Interesse, mithin ein *qualifiziertes* wirtschaftliches Interesse hat. Ein Indiz hierfür kann die Übernahme signifikanter wirtschaftlicher Risiken sein.

10 Hinsichtlich der Personen, die als sog. Emissionshelfer in den Vertrieb der Vermögensanlage eingebunden sind, ist die Anbietereigenschaft umstritten. Emissionshelfer sind insbesondere bei der Platzie-

rung der Emission unterstützend tätig (vgl. *Assmann/Wagner* NJW 2005, 3169, 3170). Während einige bei einer weiten Auslegung den Emissionshelfer immer als Anbieter ansehen (so etwa *Schäfer/Hamann*, § 1 Rn. 23; unklar *Kopp-Colomb/Lenz* BKR 2002, 5, 7), wird von der wohl herrschenden Auffassung hinsichtlich der Anbietereigenschaft nach Funktion und dem Auftreten des Emissionshelfers nach außen differenziert (vgl. *Kümpel/Hammen/Ekkenga/Gebauer,* Nr. 100, S. 19; *Assmann,* in: *Geimer* (Hrsg.), in: Festschrift für Schütze, S. 15, 41; wohl auch das BAWe in der Bekanntmachung der BAWe vom 6. 9. 1999, s. im Textanhang unter III. 6, Anm. I. 3 Abs. 1). Ist der Emissionshelfer nur als Dienstleister eingeschaltet und übernimmt selbst keine signifikanten wirtschaftlichen Risiken ist er – soweit er nicht nach außen als Anbieter in Erscheinung tritt – nicht Anbieter (*Kümpel/Hammen/Ekkenga/Gebauer,* Nr. 100, S. 19). Anders hingegen ist es zu beurteilen, wenn der Emissionsbegleiter „im Lager" des Emittenten steht, wobei dies anhand verschiedener Indizien festzustellen ist (vgl. *Kopp-Colomb/Lenz* BKR 2002, 5, 7). So ist er Anbieter, wenn er vom Emittenten beauftragt wurde, den Absatz der Vermögensanlage zu übernehmen (vgl. *Kopp-Colomb/Lenz* BKR 2002, 5, 7).

Handelt es sich hingegen um einen Strukturvertrieb, ist nur derjenige Anbieter, der die Verantwortung für die Koordination der Vertriebsaktivitäten trifft (Anm. I. 3. Abs. 2. der Bekanntmachung der BAWe vom 6. 9. 1999, s. im Textanhang unter III. 6). Dies gilt natürlich nur innerhalb der Struktur, nicht hingegen für außen stehende, „wilde Vertriebe". **11**

Ferner soll auch derjenige Anbieter sein, der wirtschaftlich an dem Umsatz der Vermögensanlagen beteiligt ist (vgl. *Kopp-Colomb/Lenz* BKR 2002, 5, 7). Eine wirtschaftliche Beteiligung in Form von bloßen Provisionszahlungen genügt hierfür jedoch nicht, da hierdurch kein signifikantes Risiko übernommen wird (aA wohl *Kopp-Colomb/Lenz* BKR 2002, 5, 7). **12**

Es gibt mithin zwei Elemente, welche die Anbietereigenschaft ausmachen: die Verantwortlichkeit (funktionales Element) und den Außenauftritt (formelles Element), sog. **„Zwei-Elemente-Lehre"**. Geht man unter Zugrundelegung dieser Lehre nun davon aus, dass die Anbietereigenschaft maßgeblich durch die Funktion einerseits und dem Auftreten nach Außen andererseits qualifiziert wird, ist es für die Bestimmung der Anbietereigenschaft unerheblich, wer den Verkaufsprospekt tatsächlich erstellt im Sinne von: geschrieben hat (vgl. *Kümpel/Hammen/Ekkenga/Gebauer,* Nr. 100, S. 20). Dritte, deren Hilfe der Anbieter in Anspruch nimmt (Rechtsanwälte oder Wirtschaftsprüfer), sind deshalb in der Regel keine (Mit-) Anbieter (ausführlich § 12 VermVerkProspV Rn. 51). Auch sind Banken, die **13** im Rahmen der Vermögensanlage die Fremdfinanzierung übernehmen und deshalb in die Aufstellung des Prospekts eingebunden sind, grundsätzlich keine Personen, die für die Vermögensanlage verantwortlich sind. Anderes kann nur gelten, soweit sie wirtschaftliche Risiken übernehmen.

14 Obwohl mehrere Personen als (Mit-)Anbieter durch das VerkProspG zur Aufstellung eines Verkaufsprospekts verpflichtet sein können, besteht die Pficht nur einmal. Denn § 8f Abs. 1 Satz 1 VerkProspG lässt dann die Prospektpflicht entfallen, wenn bereits ein Verkaufsprospekt nach den Vorschriften des VerkProspG veröffentlicht wurde. Kommt demnach ein Anbieter der Pflicht zur Aufstellung eines Verkaufsprospekts nach, werden die anderen Mit-Anbieter von dieser Verpflichtung frei (sog. **gesamtschuldnerische Lösung**). Hiervon ging die BaFin schon noch für die Rechtslage zum VerkProspG aF aus; ihre Sichtweise führt sie für Vermögensanlagen-Verkaufsprospekte fort, vgl. Ziff. 3 des BaFin-Auslegungsschreibens für Vermögensanlagen-Verkaufsprospekte (s. im Textanhang unter III. 4.).

15 **bb) Internet.** Auch bei einem öffentlichen Angebot im Internet kann Anbieter in der Regel derjenige sein, der aus Sicht der angesprochenen Anleger als Anbieter auftritt (*Assmann,* in: *Geimer* (Hrsg.), Festschrift für Schütze, S. 15, 41). Während der Emissionshelfer, über dessen Internetseite das Angebot erfolgt, nach den oben genannten Grundsätzen als Anbieter in Frage kommt, ist der Internetprovider, der keine weitere Leistung im Zusammenhang mit dem öffentlichen Angebot erbringt, kein Anbieter (vgl. *Assmann,* in: *Geimer* (Hrsg.), Festschrift für Schütze, S. 15, 41). Macht sich der Betreiber einer Internet-Seite hingegen eine Seite, auf der Vermögensanlagen angeboten werden, zu Eigen – etwa durch gleichen Aufbau und Gestaltung – wird auch er Anbieter der möglicherweise Vermögensanlage (vgl. *Kopp-Colomb/Lenz* BKR 2002, 5, 7f.). Um die Anbietereigenschaft zu vermeiden, kann sich deshalb die Aufnahme einer Hinweises anbieten, dass der Betreiber einer Internet-Seite nicht für den Inhalt von Internet-Seiten, auf die er verweist, verantwortlich ist (vgl. *Kopp-Colomb/Lenz* BKR 2002, 5, 8).

16 **cc) Anleger.** Zweifelhaft ist hingegen, ob auch der Anleger selbst bei einer Übertragung seiner Vermögensanlage Anbieter sein kann. Unter der Rechtslage des VerkProspG aF wurde dies bejaht (vgl. *Hellner/Steuer/Bosch,* BuB, Rn. 10/109; *Carl/Machunsky,* Der Wertpapier-Verkaufsprospekt, S. 35, 38; *Schäfer* ZIP 1991, 1557, 1563; *Hüffer,* Das Wertpapier-Verkaufsprospektgesetz, S. 82f.; aA *Hopt,* Die Verantwortlichkeit der Banken, Rn. 133, S. 67). Fraglich ist, ob sich dies auf die Neuregelung übertragen lässt. Geht man davon aus, dass das

Vor § 8 f

Angebot im Erstmarkt und das Angebot im Zweitmarkt strikt voneinander zu trennen sind, ist der weiterübertragende Anleger derjenige, der das öffentliche Angebot im Zweitmarkt auf den Markt bringt. Es spricht deshalb nichts dagegen, auch bei einer engen Auslegung des Begriffs des Anbieters den weiterübertragenen Anleger als Anbieter anzusehen. Erfolgt die Weiterveräußerung gleichzeitig mit einem öffentlichen Angebot aus einer Kapitalerhöhung durch den ursprünglichen Anbieter, sind Anleger und Emissionsbegleiter zugleich (Mit-) Anbieter (*Kümpel/Hammen/Ekkenga/Gebauer,* Nr. 100, S. 20).

Darüber hinaus kann bei einer Weiterveräußerung der Vermögensanlage durch den Anleger auch der ursprüngliche Anbieter nach vereinzelter Auffassung in der Literatur auch weiterhin als indirekter Anbieter oder Anbieter im wirtschaftlichen Sinne verpflichtet sein (vgl. *Hellner/Steuer/Bosch,* BuB, Rn. 10/109; noch weitgehender *Waldeck/Süßmann* WM 1993, 361, 363). Dies ist anerkannt, wenn der ursprüngliche Anbieter mit der Weiterveräußerung rechnen konnte und ihn gefördert oder in Kauf genommen hat (vgl. *Hellner/Steuer/Bosch,* BuB, Rn. 10/109). Zum Teil wird auch darauf abgestellt, dass der pflichtbegründende Umstand für die Erstellung eines Verkaufsprospekts in der Schaffung der Erwerbsmöglichkeit für jedermann als erstmaliges Angebot besteht (*Waldeck/Süßmann* WM 1993, 361, 363). Ein derartig weitgehendes Verständnis kann dann nicht mehr überzeugen, wenn die Weiterveräußerung der Vermögensanlage nicht mehr vom Willen des ursprünglichen Anbieters getragen ist und er keinerlei Einflussmöglichkeit auf die Weiterveräußerung hat, da sie dann einer reinen Verursacherhaftung nahe kommt, die nicht zuletzt keinen Niederschlag in der Gesetzgebungshistorie gefunden hat (vgl. *Schäfer* ZIP 1991, 1557, 1563). Dem ursprünglichen Anbieter ist also anzuraten, auf seinen entgegenstehenden Willen hinzuweisen und sich vertraglich (etwa durch Zustimmungsvorbehalte) abzusichern. **17**

Fälle, in denen der Anbieter Vermögensanlagen ohne Wissen des Emittenten auf den Markt bringt, dürften im Übrigen kaum praxisrelevant werden (anders anscheinend *Heidel/Krämer,* § 8f VerkProspG Rn. 6). Denn im Erstmarkt ist der Anbieter in der Regel derjenige, der eine Beteiligung an dem Emittenten initiiert. Und im Zweitmarkt bestehen für den weiterveräußernden Anleger in der Regel Zustimmungsvorbehalte. **18**

b) Emittent. Auch der Begriff des Emittenten war im Grauen Kapitalmarkt ungebräuchlich, auch er entstammt dem Kapitalmarktrecht als Rechtsregime für Wertpapiere. Der Emittent ist für den Fondsbereich das Beteiligungsvehikel, also die Gesellschaft, die die Vermögensanlagen ausgibt („ex-mittere"). Dies ist bei Beteiligungen **19**

an einer Kommanditgesellschaft die Kommanditgesellschaft selbst (vgl. auch *Keunecke,* Scope Jahrbuch 2006, 143, 145; *Manzei* WM 2006, 845, 846). Namensschuldverschreibungen werden hingegen von dem Unternehmen emittiert, dass sich durch sie finanzieren möchte. Grundsätzlich ist bei der Bestimmung der Person des Emittenten zwar eine formale Betrachtungsweise anzunehmen. Jedoch stößt in Ausnahmefällen eine derartige Betrachtungsweise für die Erzielung sachgerechter Ergebnisse an ihre Grenzen. So nimmt die BaFin im Einzelfall eine wirtschaftliche Betrachtungsweise vor, etwa, wenn der einzelne Anleger eine Schuldverschreibung begeben muss, um die Vermögensanlage zu erhalten. Hier soll dann nicht der einzelne Anleger, sondern der Emittent der Vermögensanlage zugleich Emittent der Schuldverschreibung, die für sich betrachtet eine weitere Vermögensanlage darstellt, sein (ausführlich unten § 5 VermVerkProspV Rn. 8).

20 Fraglich ist, ob die Gesellschaft, welche die Vermögensanlagen ausgibt, zugleich Anbieter der Vermögensanlagen sein kann. Unter dem VerkProspG aF sah man diese Möglichkeit, zum Teil wurde sogar vertreten, dass der Emittent zwangläufig immer auch Anbieter der Vermögensanlage ist (in dieser Richtung auch *Moritz/Grimm* BB 2004, 1352, 1354, aA etwa *Kümpel/Hammen/Ekkenga/Gebauer,* Nr. 100, S. 19). Die Gesetzesbegründung geht davon aus, dass der Emittent Anbieter sein kann, jedoch nicht muss. Das ist folgerichtig, wenn man den Begriff des Anbieters grundsätzlich eng auslegt und maßgeblich darauf abstellt, wer die Struktur der Vermögensanlage maßgeblich entwickelt und umgesetzt hat.

21 **c) Vermögensanlage(n).** Der Gesetzgeber hat die Forderung nach einer Legaldefinition des Begriffs einer „anderen Vermögensanlage" nicht umgesetzt (dies forderte namentlich *Spindler,* Stellungnahme zum AnSVG, S. 7). Das ist konsequent, geht man davon aus, dass § 8f Abs. 1 für den Bereich der Vermögensanlagen (einschließlich Wertpapiere) nicht den Charakter einer Auffangnorm haben soll. Vielmehr hat er durch Aufnahme des Begriffs Vermögensanlage in die Überschrift des Abschnitts IIIa gezeigt, dass er diesen Begriff gegenüber dem Wertpapier abgegrenzt sehen möchte. Zudem geht das Gesetz, während es in § 8f Abs. 1 von einem „Anteil" spricht, an anderen Stellen, insbesondere in § 8f Abs. 2, von dem Begriff der „Vermögensanlage" aus. Beide Begriffe haben, wie sich aus den Verweisen in § 8f Abs. 2 Nr. 5 bis 7 ergibt („Vermögensanlage im Sinne des Absatzes 1"), die gleiche Bedeutung und werden mithin synonym verwendet. Darüber hinaus ist zu beachten, dass sowohl das VerkProspG als auch die VermVerkProspV den Begriff der Vermögensanlage zum Teil im

Vor § 8f

Singular wie auch im Plural verwenden. So ist in § 8f Abs. 2 Nr. 3 VerkProspG von einer Vermögensanlage die Rede, von der mehrere Anteile angeboten werden. Daraus lässt sich erkennen, dass der Gesetzgeber neben den genannten Varianten noch von einem weiteren Begriff der Vermögensanlage ausgeht, nämlich von der Vermögensanlage, die aus mehreren Anteilen besteht, die zusammen (öffentlich angeboten) ein Anlageinstrument bilden. Auswirkungen hat die Frage, wie viel Vermögensanlagen in diesem Sinne vorliegen, vor dem Hintergrund des Gebührenrechts (s. dazu § 16 VerkProspG Rn. 11 ff.).

Der Begriff der Vermögensanlage im Sinne des § 8f Abs. 1 ist abzugrenzen vom Begriff des Anlageobjekts nach § 9 Abs. 2 Nr. 1 VermVerkProspV. Der Begriff des **Anlageobjekts** ist zwar Bestandteil des Begriffs Vermögensanlage im Sinne der Gesetzesüberschrift, jedoch nicht inhaltsgleich. Die Verordnung definiert den Begriff des Anlageobjekts als die Gegenstände, zu deren voller oder teilweiser Finanzierung die von den Anlegern aufzubringenden Mittel bestimmt sind. Die Formulierung zeigt, dass das Anlageobjekt der zu finanzierende Gegenstand, also das Asset der Vermögensanlage ist. § 9 Abs. 2 Nr. 1 Satz 2 zeigt im Hinblick auf das Treuhandvermögen, dass „durchgeschaut" wird, es also gerade nicht auf die Beteiligung an einer weiteren Gesellschaft, sondern vielmehr auf die Assets, die mit der Vermögensanlage finanziert werden sollen, ankommen soll. Etwas anderes würde wenig Sinn machen, da es der Anbieter sonst in der Hand hätte, durch Zwischenschaltung weiterer Gesellschaftsebenen Angaben zum eigentlichen Asset, insbesondere die Negativtestate, zu verschweigen. Die BaFin indes hat sich dieser Auffassung nicht angeschlossen, wie die Prüfungspraxis im Gestattungsverfahren zeigt. Vielmehr kommt es nach ihrer Auffassung lediglich auf die Gegenstände im Vermögen des Unternehmens an, an der die Beteiligung des Anlegers bzw. der Anteil des Treuhandvermögens besteht. Handelt es sich hierbei um eine Beteiligung an einer weiteren Gesellschaft, sollen nur hinsichtlich dieser die Angaben nach § 9 Abs. 2 VermVerkProspV erforderlich sein (ausführlich s. § 9 VermVerkProspV Rn. 28 ff.). Letztendlich wird es wohl einer Klärung durch die Rechtsprechung bedürfen.

Im Ergebnis gibt es **drei Begriffe der Vermögensanlage,** nämlich (1) als Oberbegriff zu „Wertpapiere" und „andere Vermögensanlagen" (= Vermögensanlagen im weiteren Sinne), (2) als Synonym zu „Anteile" und (3) als Bezeichnung für das konkrete Anlageinstrument, bei dem die Summe der angebotenen Anteile „die Vermögensanlage" (= Vermögensanlagen im engeren Sinne) bildet. Schließlich ist die Vermögensanlage nicht zu verwechseln mit dem Anlageobjekt.

Arndt/Voß

24 **d) Verkaufsprospekt.** Der einzelne Privatanleger ist typischerweise nicht in der Lage, sich umfassende Informationen über ein Anlageobjekt zu verschaffen. Daher ist er weitgehend für die Vorbereitung und Durchführung seiner Investitionsentscheidung auf die Zurverfügungstellung von Informationen angewiesen und aufgrund dieser natürlichen Informationsasymmetrie besonders schutzbedürftig. Folglich kommt dem kapitalmarktrechtlichen Normengefüge die Aufgabe der Sicherstellung zu, dass der Anbieter dem Publikum sämtliche für eine Anlageentscheidung bedeutsamen Umstände objektiviert, verständlich und komplett zur Verfügung stellt. Nicht zuletzt um beim Prozess der Informationsgewährung eine Vergleichbarkeit der Anlageobjekte zu ermöglichen, bietet sich die Aufbereitung in einem durch normative Vorgaben standardisierten Dokument an: dem Verkaufsprospekt. Das Gesetz definiert den Begriff des Verkaufsprospekts nicht, in § 8f Abs. 1 wird lediglich festgelegt, dass ein Verkaufsprospekt nach den Vorschriften des VerkProspG zu erstellen ist. Aus der Gesetzesbegründung erhellt, dass der Begriff des Verkaufsprospekts demjenigen „in § 1" (der indessen durch das Prospektrichtlinienumsetzungsgesetz aufgehoben wurde) entsprechen soll (Reg-Begr. BT-Drucks. 15/3174, S. 42).

25 Der Begriff des Verkaufsprospekts ist insbesondere abzugrenzen von anderen Veröffentlichungen, die zur Werbung der Vermögensanlage genutzt werden und damit von § 12 VerkProspG umfasst sein können. Auswirkungen hat die Frage, ob ein Verkaufsprospekt oder eine andere Veröffentlichung vorliegt, insbesondere auf die Pflicht weiterer Angaben nach § 12 VerkProspG, auf eine etwaige Prospekthaftung nach § 13 VerkProspG und auf Ordnungswidrigkeiten nach § 17 Abs. 1 Nr. 7 VerkProspG.

26 Darüber hinaus wird zwischen dem Prospektbegriff bei der spezialgesetzlichen Prospekthaftung und dem Prospektbegriff bei der bürgerlich-rechtlichen Prospekthaftung unterschieden. Während bei der ersten unter Prospekt nur und ausschließlich das jeweils nach dem Spezialgesetz oder Verordnung zugrundegelegte Schriftstück für die Zulassung bzw. für das öffentliche Angebot verstanden wird, lässt sich der Prospektbegriff bei der bürgerlich-rechtlichen Prospekthaftung nur schwierig abgrenzen (vgl. *Hopt/Voigt/Ehricke,* S. 193 ff. mwN). Da die bürgerlich-rechtliche Prospekthaftung sehr viel breiter gefächert ist als die Prospekthaftung nach spezialgesetzlichen Regelungen, kann zur Begriffsbestimmung nur in einem sehr begrenzten Umfang eine Parallele zwischen beiden Prospektbegriffen ausgemacht werden (vgl. *Hopt/Voigt/Ehricke,* S. 195; *Assmann,* in: *ders./Schütze,* § 7 Rn. 47).

Vor § 8 f

aa) Klassischer Prospektbegriff. Den im Rahmen der bürger- 27
lich-rechtlichen Prospekthaftung geltenden Prospektbegriff bezeichnet man auch als klassischen Prospektbegriff (*Hopt/Voigt/Ehricke,* S. 194f.). Dadurch, dass sich der Aufsteller eines Prospekts, der sich nicht an spezialgesetzlichen Anforderungen orientieren muss, in der Ausgestaltung und Festlegung der Informationsmaterialien überwiegend freigestellt ist, hat er in diesem Rahmen auch für alle denkbaren Erscheinungsformen die Verantwortung für den Prospekt zu übernehmen (*Hopt/Voigt/Ehricke,* S. 195 mwN). Denn es sind keine Gründe ersichtlich, warum der Anleger am gesetzlich nicht geregelten Markt weniger schutzbedürftig ist, als der Anleger am gesetzlich geregelten Markt (*Hopt/Voigt/Ehricke,* S. 195). Ob darüber hinaus Unterlagen wie Werbeschriften, Annoncen, Exposés oder Handzettel unter den klassischen Prospektbegriff fallen, ist streitig (*Hopt/Voigt/Ehricke,* S. 196; *Lenenbach,* Kapitalmarktrecht, Rn. 9.27, verneinend OLG München, NJW 2002, 1483, 1483). Die wohl herrschende Auffassung sieht ein Schriftstück dann vom klassischen Prospektbegriff umfasst an, wenn es bei Zugrundelegung der Perspektive eines durchschnittlichen Anlegers für die Beurteilung der Vermögensanlage wesentliche Angaben enthält oder eben nicht (*Hopt/Voigt/Ehricke,* S. 197f.; *Groß,* KMR, § 48 BörsG Rn. 6; *Assmann,* in: ders./Schütze, § 7 Rn. 31, 57). Gleichgestellt sind dem Schriftstück sog. elektronische Unterlagen wie bsp. Angaben auf einer Homepage oder in einer Email (vgl. *Hopt/Voigt/Ehricke,* S. 198 mwN). Mündliche Aussagen des Anbieter können hingegen nicht als Prospekt gewertet werden, sie werden allenfalls im engen Rahmen zur einer Begründung einer Haftung aus culpa-in-contrahendo führen (*Hopt/Voigt/Ehricke,* S. 200f.).

In jüngster Zeit hat sich das OLG Hamm hierzu geäußert und es 28
grundsätzlich dahinstehen lassen, ob ein Kurzexposé als Prospekt der bürgerlich-rechtlichen Prospekthaftung unterliegt (vgl. OLG Hamm, 28. 8. 2006 – 8 U 60/05). Denn bei fehlerhaftem Kurzexposé sei in jedem Fall die Richtigstellung des Fehlers durch den Anlageberater notwendig gewesen, so dass Fehler in Kurzexposés in der Regel zur bürgerlich-rechtlichen Prospekthaftung im weiteren Sinne führen können (OLG Hamm aaO).

bb) Spezialgesetzlicher Prospektbegriff. Versteht man unter 29
dem spezialgesetzlichen Prospektbegriff lediglich das nach dem Gesetz oder der Verordnung zugrundegelegte Schriftstück für die Zulassung oder das öffentliche Angebot, können Exposés oder andere zur Werbung eingesetzte Schriftstücke nicht als Prospekt eingeordnet werden. Da sich das Vertrauen der Anleger nur auf das zum öffentlichen Angebot notwendige Schriftstück bezieht, können auch nur

diese einem spezialgesetzlich ausgestalteten rechtlichen Schutz entfalten (*Hopt/Voigt/Ehricke,* S. 194). Gleichwohl können Unterlagen, die von dem spezialgesetzlichen Prospektbegriff nicht umfasst sind, dem klassischen Prospektbegriff unterfallen (*Hopt/Voigt/Ehricke,* S. 194).

30 Als eine Art Mindestanforderung soll ein Verkaufsprospekt im Sinne des VerkProspG dann vorliegen, wenn eine Veröffentlichung nach Inhalt und Zielrichtung erkennbar zur Erfüllung der Angaben nach § 8g VerkProspG erstellt worden ist, auch wenn dieser noch hinter dem gesetzlichen Pflichtenprogramm zurückbleibt (*Fleischer* BKR 2004, 339, 347; *Hopt/Voigt,* S. 46). Entscheidend ist nach der hier vertretenen Auffassung eine funktionale Betrachtung unter besonderer Berücksichtigung des Empfängerhorizonts des Anlegers, wohingegen die innere Willensrichtung der Beteiligten ebenso wie die Bezeichnung der Veröffentlichung nur indizielle Bedeutung hat.

§ 8f Anwendungsbereich

(1) **Für im Inland öffentlich angebotene nicht in Wertpapieren im Sinne des Wertpapierprospektgesetzes verbriefte Anteile, die eine Beteiligung am Ergebnis eines Unternehmens gewähren, für Anteile an einem Vermögen, das der Emittent oder ein Dritter in eigenem Namen für fremde Rechnung hält oder verwaltet (Treuhandvermögen), oder für Anteile an sonstigen geschlossenen Fonds muss der Anbieter einen Verkaufsprospekt nach diesem Abschnitt veröffentlichen, sofern nicht bereits nach anderen Vorschriften eine Prospektpflicht besteht oder ein Prospekt nach den Vorschriften dieses Gesetzes veröffentlicht worden ist. Die Prospektpflicht nach Satz 1 gilt auch für Namensschuldverschreibungen.**

(2) **Ausgenommen von der Prospektpflicht sind:**
1. **Anteile an einer Genossenschaft im Sinne des § 1 des Genossenschaftsgesetzes,**
2. **Vermögensanlagen im Sinne des Absatzes 1, die von Versicherungsunternehmen oder Pensionsfonds im Sinne der §§ 1 und 112 des Versicherungsaufsichtsgesetzes emittiert werden,**
3. **Angebote, bei denen von derselben Vermögensanlage im Sinne des Absatzes 1 nicht mehr als 20 Anteile angeboten werden oder bei denen der Verkaufspreis der im Zeitraum von zwölf Monaten angebotenen Anteile insgesamt 100 000 Euro nicht übersteigt oder bei denen der Preis jedes angebotenen Anteils mindestens 200 000 Euro je Anleger beträgt,**

Anwendungsbereich § 8f

4. Angebote nur an Personen, die beruflich oder gewerblich für eigene oder fremde Rechnung Wertpapiere oder die in Abs. 1 genannten Vermögensanlagen erwerben oder veräußern,
5. Vermögensanlagen im Sinne des Absatzes 1, die Teil eines Angebots sind, für das bereits im Inland ein Verkaufsprospekt veröffentlicht worden ist,
6. Vermögensanlagen im Sinne des Absatzes 1, die einem begrenzten Personenkreis oder nur den Arbeitnehmern von ihrem Arbeitgeber oder von einem mit seinem Unternehmen verbundenen Unternehmen angeboten werden,
7. Vermögensanlagen im Sinne des Absatzes 1, die ausgegeben werden
   a) von einem Mitgliedstaat der Europäischen Union, einem anderen Vertragsstaat des Abkommens über den Europäischen Wirtschaftsraum, einem Vollmitgliedstaat der Organisation für wirtschaftliche Entwicklung und Zusammenarbeit, sofern er nicht innerhalb der letzten fünf Jahre seine Auslandsschulden umgeschuldet oder vor vergleichbaren Zahlungsschwierigkeiten gestanden hat, oder einem Staat, der mit dem Internationalen Währungsfonds besondere Kreditabkommen im Zusammenhang mit dessen Allgemeinen Kreditvereinbarungen getroffen hat,
   b) von einer Gebietskörperschaft der in Buchstabe a genannten Staaten,
   c) von einer internationalen Organisation des öffentlichen Rechts, der mindestens ein Mitgliedstaat der Europäischen Union oder ein anderer Vertragsstaat des Abkommens über den Europäischen Wirtschaftsraum angehört,
   d) von einem Kreditinstitut im Sinne des § 1 Abs. 1 des Kreditwesengesetzes oder einem Finanzdienstleistungsinstitut, das Finanzdienstleistungen im Sinne des § 1 Abs. 1a Satz 2 Nr. 1 bis 4 des Kreditwesengesetzes erbringt, oder der Kreditanstalt für Wiederaufbau oder einem nach § 53b Abs. 1 Satz 1 oder Abs. 7 des Kreditwesengesetzes tätigen Unternehmen, das regelmäßig seinen Jahresabschluss offen legt; mit Ausnahme der Ausgabe von Namensschuldverschreibungen muss die Ausgabe dauerhaft oder wiederholt erfolgen; eine wiederholte Ausgabe liegt vor, wenn in den zwölf Kalendermonaten vor dem öffentlichen Angebot mindestens eine Emission innerhalb der Europäischen Union oder innerhalb eines anderen Vertragsstaates des Abkommens über den Europäischen Wirtschaftsraum ausgegeben worden ist, oder

e) von einer Gesellschaft oder juristischen Person mit Sitz in einem Mitgliedstaat der Europäischen Union oder in einem anderen Vertragsstaat des Abkommens über den Europäischen Wirtschaftsraum, die ihre Tätigkeit unter einem Staatsmonopol ausübt und die durch ein besonderes Gesetz oder auf Grund eines besonderen Gesetzes geschaffen worden ist oder geregelt wird oder für deren Vermögensanlagen im Sinne des Absatzes 1 ein Mitgliedstaat der Europäischen Union oder eines seiner Bundesländer oder ein anderer Vertragsstaat des Abkommens über den Europäischen Wirtschaftsraum oder eines seiner Bundesländer die unbedingte und unwiderrufliche Gewährleistung für ihre Verzinsung und Rückzahlung übernommen hat,
8. Vermögensanlagen im Sinne des Absatzes 1, die bei einer Verschmelzung von Unternehmen angeboten werden oder die als Gegenleistung im Rahmen eines Angebots nach dem Wertpapiererwerbs- und Übernahmegesetz angeboten werden.
9. Vermögensanlagen im Sinne des Absatzes 1, die vor dem 1. Juli 2005 veräußert wurden und nach dem 1. Juli 2005 öffentlich auf einem Markt angeboten werden, der regelmäßig stattfindet, geregelte Funktions- und Zugangsbedingungen hat, für das Publikum unmittelbar oder mittelbar zugänglich ist und unter der Verantwortung seines Betreibers steht.

Übersicht

	Rn.
I. Allgemeines	1
1. Gesetzesmaterialien	1
2. Verwaltungsanweisungen	2
3. Literatur (Auswahl)	3
II. Allgemeines	4
1. Normentwicklung	4
2. Regelungsinhalt	6
III. Die Vorschrift im Einzelnen	7
1. Abs. 1	8
2. Ausnahmen von der Prospekpflicht	63

Anwendungsbereich § 8f

I. Allgemeines

1. Gesetzesmaterialien

a) RegBegr. zum AnSVG v. 24. 5. 2004 – Auszug (BT-Drucks. 15/ 3174, 42)   **1**

§ 8f regelt den Anwendungsbereich des neuen Abschnitts IIIa. Abs. 1 legt fest, für welche Produkte die Prospektpflicht eingeführt wird. Ausnahmen von der Prospektpflicht ergeben sich aus Abs. 2.

Zu Abs. 1
Verpflichtet zur Veröffentlichung des Verkaufsprospekts ist der Anbieter. Der Begriff des Verkaufsprospekts entspricht dem in § 1. Anbieter ist derjenige, der für das öffentliche Angebot der Vermögensanlage verantwortlich ist, den Anlegern gegenüber nach außen erkennbar als Anbieter auftritt. Der Anbieter kann identisch sein mit dem Emittenten der Vermögensanlage. Emittent der Vermögensanlage nach § 8f ist, in Erweiterung des wertpapierrechtlichen Emittentenbegriffs im Sinne der Prospektrichtlinie, derjenige, der die Vermögensanlage erstmalig auf den Markt bringt und für seine Rechnung unmittelbar oder durch Dritte öffentlich zum Erwerb anbietet. Zu den Unternehmensanteilen im Sinne des Satzes 1 gehören Unternehmensbeteiligungen an Personenhandelsgesellschaften, GmbH-Anteile, Anteile an BGB-Gesellschaften, Genossenschaftsanteile sowie stille Beteiligungen an den genannten Gesellschaften oder an bestimmten Vermögensmassen solcher Gesellschaften und auch Beteiligungen an ausländischen Unternehmen anderer Rechtsformen. Nicht erfasst werden die partiarische Darlehen. Das Treuhandvermögen, das ein Treuhänder im eigenen Namen für die Rechnung der Anleger verwaltet, kann entweder aus bestimmten Vermögenswerten bestehen, zu deren direktem Erwerb die Mittel der Anleger bestimmt sind oder aus Rechten, z. B. Gesellschaftsanteilen, kraft derer sich der Treuhänder für die Rechnung der Anleger eine Beteiligung am Ergebnis eines anderen Unternehmens verschafft. Das Merkmal der Öffentlichkeit und des Inlandsbezuges entspricht der Regelung in § 1 des Gesetzes und trägt dem Umstand Rechnung, dass ein Bedürfnis nach einer gesetzlich festgeschriebenen Prospektpflicht erst entsteht, sobald sich ein Anbieter zielgerichtet an den Kapitalmarkt wendet, in dem der Vertrieb der Anteile stattfindet. Öffentlich ist dabei jedes Anbieten oder jede Werbung, die sich über ein beliebiges Medium an einen unbestimmten Personenkreis wendet, ein Kaufangebot abzugeben. Satz 2 dehnt die Prospektpflicht aus auf nicht in den Anwendungsbereich des Satzes 1 fallende Namensschuldverschreibungen, vorbehaltlich der Ausnahmevorschrift des Absatzes 2 Nr. 7.

Zu Abs. 2
Abs. 2 nimmt in den Nummern 1 und 2 bestimmte Vermögensanlagen von der Prospektpflicht aus. In den Nummern 3 bis 8 werden wie bei dem Wertpapier-Verkaufsprospekt alle Vermögensanlagen ausgenommen, die unter bestimmten Voraussetzungen oder von bestimmten Emittenten angeboten werden (Nummer 7). Darüber hinaus kann die nach § 8g Abs. 2 zu erlassende Rechtsverordnung gemäß § 8g Abs. 3 Vorschriften vorsehen, nach denen von der Aufnahme einzelner Angaben in den Prospekt abgesehen werden kann. Durch dieses

Bündel von Ausnahmevorschriften und Befeiungsmöglichkeiten ist sichergestellt, dass der Markt durch die Prospektpflicht nicht überreguliert und in begründeten Einzelfällen der Zugang zum Markt durch die Prospektpflicht nicht unverhältnismäßig erschwert wird.

Zu Nummer 1
Die Nummer 1 nimmt das Angebot von Anteilen an einer Erwerbs- oder Wirtschaftsgenossenschaft im Sinne des Gesetzes betreffend die Erwerbs- und Wirtschaftsgenossenschaften von der Prospektpflicht aus. Die Genossenschaften werden von den entsprechenden Prüfungsverbänden, die einer Qualitätskontrolle unterliegen und darüber hinaus unter staatlicher Aufsicht stehen, umfassend geprüft. Damit wird dem Anlegerschutz ausreichend Rechnung getragen, so dass es einer zusätzlichen Prospektpflicht nicht bedarf.

Zu Nummer 2
Neben den aufsichtsrechtlichen Regelungen existieren für Versicherungsunternehmen und Pensionsfonds auf der Grundlage der Richtlinien 92/49/EWG (3. Richtlinie Schadenversicherung), 2002/83/EG (4. Richtlinie Lebensversicherung) und 2003/41/EG über die Tätigkeiten und die Beaufsichtigung von Einrichtungen der betrieblichen Altersversorgung bereits besondere Informationspflichten gegenüber Dritten.

Zu den Nummern 3 bis 8
Die Nummer 3 legt Bagatellgrenzen fest, bei denen trotz der Öffentlichkeit des Angebots ein besonderes Schutzbedürfnis nicht gegeben erscheint bzw. aufgrund der Größe der Anlage unterstellt werden kann, dass die Erwerber selbst in der Lage sind, sich entsprechend zu informieren und eine qualifizierte Anlageentscheidung zu treffen. Die Grenzwerte der Nummer 3 entsprechen, mit Ausnahme der Beschränkung auf 20 Anteile, denen der noch umzusetzenden EU-Prospektrichtlinie betreffend den Prospekt, der beim öffentlichen Angebot von Wertpapieren oder bei deren Zulassung zum Handel zu veröffentlichen ist (Richtlinie 2003/71/EG). Die Ausnahmevorschriften der Nummern 4 bis 8 entsprechen denen in §§ 2, 3 und 4. Aufgrund der besonderen Angebotssituation oder, weil die entsprechenden Informationen zum Schutz der Anleger bereits anderweitig vorliegen (Nummer 5), erscheint eine zusätzliche Information durch eine gesetzliche Prospektpflicht nicht geboten. Gemäß der Nummer 7 sind Vermögensanlagen im Sinne des Absatzes 1, ausgegeben von Kreditinstituten, Finanzdienstleistungsinstituten oder Unternehmen im Sinne des § 3 Nr. 2, wenn sie dauerhaft oder wiederholt ausgegeben werden, von der Prospektpflicht ausgenommen. Dies gilt auch für Namensschuldverschreibungen, für diese ist auf die Einschränkung des § 3 Nr. 2, einer dauernden oder wiederholten Emission, im Interesse der für diesen Anlagemarkt in Betracht kommenden kleineren Institute, die weniger als einmal in zwölf Kalendermonaten vor dem Angebot Namensschuldverschreibungen begeben, verzichtet worden.

b) Stellungnahme des Bundesrates vom 11. 6. 2004 – Auszug (Drucksache 341/04 (Beschluss), 8 f.)

In Artikel 2 Nr. 1 ist in § 8f Abs. 2 Nr. 3 die Angabe „50 000 Euro" durch die Angabe „200 000 Euro" zu ersetzen.

Begründung:
Die vorgesehene Ausnahme einer Prospektpflicht bei einem angebotenen Anteil von mindestens 50 000 Euro je Anleger im Bereich des Grauen Kapitalmarktes ist zu niedrig. Bei Überschreitung dieser Schwelle stehen empfindlich hohe Werte auf dem Spiel, deren Verlust für den Anleger sehr bedenklich ist. Die Annahme, die der Begründung zu entnehmen ist, dass bei der Anteilshöhe von 50 000 Euro unterstellt werden könne, dass der Erwerber selbst in der Lage sei, sich entsprechend zu informieren und eine qualifizierte Anlageentscheidung zu treffen, überzeugt nicht. Gerade Fälle der jüngsten Vergangenheit haben gezeigt, dass Anleger ohne vertiefte Information in Höhe von 100 000 bis 200 000 Euro in Immobilien-Projekte („Schrottimmobilien") investiert haben, die sich als nicht dem Kaufpreis entsprechend werthaltig herausgestellt haben. Bei wirtschaftlichen Schwierigkeiten des Anlageprojektes kam es dazu in einer Reihe von Fällen über den entsprechenden Wertverlust der Anlage hinaus zur Nachschusspflicht. Der Betrag von 50 000 Euro steht Privatanlegern z. B. häufig bei Auszahlung ihrer Lebensversicherung oder im Erbfall zu Verfügung. Entscheidet man sich hier also für eine Ausnahme von der Prospektpflicht, so sollte der entsprechende Anteilswert mindestens bei 200 000 Euro liegen. Der für die Befreiung von der Prospektpflicht zu bestimmende Mindestanteilswert ist auch deshalb deutlich höher als bei in Wertpapieren verbrieften Anlagen anzusetzen, weil die Anteilswerte auf Grund der deutlich größeren Stückelung in weit geringerem Maße eine Risikostreuung des Anlagekapitals zulassen, als dies bei Wertpapierenanlagen möglich ist.

c) Gegenäußerung der Bundesregierung v. 16. 6. 2004 – Auszug (BT-Drucks. 15/3355, 7)

Die Bundesregierung wird den Vorschlag des Bundesrates im weiteren Gesetzgebungsverfahren prüfen. Die vorgesehene Ausnahme einer Prospektpflicht bei einem angebotenen Anteil von mindestens 50 000 Euro je Anleger im Bereich des Grauen Kapitalmarkts ist aus folgenden Gründen auf diese Schwelle festgelegt: Bei Anteilen dieser Größenordnung handelt es sich in den ganz überwiegenden Fällen um Privatanleger, welche aufgrund ihrer Vermögenssituation ein erhebliches Maß an Kapitalmarktkenntnissen aufweisen. Darüber hinaus entspricht diese Schwelle auch den Vorgaben von Artikel 3 Abs. 2 Buchstabe d der EU-Prospektrichtlinie. Es besteht derzeit kein Anlass, im Bereich des Grauen Kapitalmarkts über die für den Wertpapiermarkt aufgrund EU-weiter Erfahrungen vorgesehene Schwellen hinauszugehen, zumal mangels entsprechender Erfahrungen mit der neuen Prospektpflicht Anhaltspunkte fehlen, ob und bis zu welcher Höhe eine Anhebung dieses Schwellenwerts sinnvoll wäre.

d) Beschlussempfehlung und Bericht des Finanzausschusses v. 1. 7. 2004 – Auszug (BT-Drucks. 15/3493, 52f.)

§ 8f Abs. 1
Die Änderungen sind rein redaktionell. Durch die erste und zweite Änderung wird klargestellt, dass beide Formen der Treuhand erfasst werden, diejenige bei der der Treuhänder Rechtsinhaber wird (echte Treuhand), und diejenige, bei der der Treugeber Rechtsinhaber bleibt und der Treuhänder nur im eigenen Namen im Interesse des Treugebers tätig wird (unechte oder Verwaltungstreu-

hand), und dass unerheblich ist, ob Treuhänder der Emittent oder ein Dritter (natürliche oder juristische Person) ist. Die zweite Änderung ist eine Klarstellung zum Anwendungsbereich in Bezug auf geschlossene Immobilienfonds. Die durch das Anlegerschutzverbesserungsgesetz neu geschaffene Prospektpflicht für nicht in Wertpapieren verbriefte Anlageformen erfasst Anteile, die eine Beteiligung am Ergebnis eines Unternehmens gewähren (1. Alternative), oder Anteile an einem Vermögen, das der Emittent oder ein Dritter im eigenen Namen für fremde Rechnung hält oder verwaltet (Treuhandvermögen – 2. Alternative). Unter die zweite Alternative fallen Anteile an geschlossenen Fonds, die in aller Regel als Treuhandvermögen strukturiert sind. Den Schwerpunkt bilden hierbei geschlossene Immobilienfonds. Um Umgehungen zu vermeiden, stellte die dritte Alternative bislang klar, dass auch sonstige geschlossene Immobilienfonds – also solche, die nicht als Treuhandvermögen strukturiert sind – unter die Prospektpflicht fallen. Dies soll nun durch die Änderung der Nummer 3 für sämtliche Arten von geschlossenen Fonds klargestellt werden, indem der Begriff „Immobilienfonds" durch „Fonds" ersetzt wird.

§ 8 f Abs. 2 Nr. 2

Die Änderung ist rein redaktionell. Ausgenommen von der Prospektpflicht sind die Vermögensanlagen, die von Versicherungsunternehmen und Pensionsfonds emittiert werden.

§ 8 f Abs. 2 Nr. 3

Durch die Erhöhung des Schwellenwertes von 50 000 Euro auf 200 000 Euro wird die Prospektpflicht im Interesse des Anlegerschutzes ausgeweitet.

§ 8 f Abs. 2 Nr. 7

Die Änderung ist rein redaktionell. Ausgenommen von der Prospektpflicht sind die Vermögensanlagen, die von bestimmten Emittenten angeboten werden.

2. Verwaltungsanweisungen

2   **a)** Auslegungsschreiben der Bundesanstalt für Finanzdienstleistungsaufsicht (BaFin) zur Prospektpflicht für Vermögensanlagen-Verkaufsprospekte (Stand: 30. 6. 2005), s. im Textanhang unter III.3., **b)** Bekanntmachung des Bundesaufsichtsamtes für den Wertpapierhandel vom 6. 9. 1999, s. im Textanhang unter III.6.

3. Literatur (Auswahl)

3   *Assmann,* Neues Recht für den Wertpapiervertrieb, die Förderung der Vermögensbildung durch Wertpapieranlagen und Geschäftstätigkeiten von Hypothekenbanken, NJW 1991, 528 ff.; *ders.,* Neuemission von Wertpapieren über das Internet, in: *Geimer* (Hrsg.), Wege zur Globalisierung des Rechts, FS für Rolf A. Schütze, 1999, s. 15 ff.; *ders.,* Die Prospekthaftung beruflicher Sachkenner de lege lata und de lege ferenda, AG 2004, 435 ff.; *Assmann/Lenz/Ritz,* Verkaufsprospektgesetz, Verkaufsprospektverordnung und Verkaufsprospektgebührenverordnung, 1. Auflage 2001; *Assmann/Schütze* (Hrsg.), Handbuch des Kapitalanlagerechts, 2. Auflage 1997 mit Ergänzungsband in

Anwendungsbereich § 8f

Loseblattform; *Bohlken/Lange,* Die Prospekthaftung im Bereich geschlossener Fonds nach §§ 13 Abs. 1 Nr. 3, 13a VerkProspG nF – Weiterhin Anwendung der von der Rechtsprechung entwickelten Prospekthaftung? – DB 2005, 1259 ff.; *Bosch/Groß,* Emissionsgeschäft, 2. Auflage 2000; *Jäger/Voß,* Prospektpflicht und -prüfung bei geschlossenen Schiffsfonds, in: *Winter/Hennig/Gerhard* (Hrsg.), Grundlagen der Schiffsfinanzierung, 1. Aufl. 2007, S. 893 ff.; *Voß,* Geschlossene Fonds unter dem Rechtsregime der MiFID?, BKR 2007, 45 ff.; siehe im Übrigen die Literauswahl unter Vor 8f VerkProspG.

II. Allgemeines

1. Normentwicklung

§ 8f Abs. 1 VerkProspG wurde durch das AnSVG neu in das Verk- 4 ProspG eingefügt. Die Vorschrift ist Kernregelung der neu geschaffenen Prospektpflicht, indem sie die Voraussetzungen für die Begründung der Prospektpflicht und ihre Ausnahmen normiert. Die Vorschrift orientiert sich an § 1 VerkProspG aF, die als grundlegende Norm die Prospektpflicht für Wertpapiere vor Neuregelung durch das Prospektrichtlinie-Umsetzungsgesetz konstituierte. Durch § 1 VerkProspG aF wurden Art. 1 Abs. 1 und Art. 4 der EG-Emissionsprospektrichtlinie umgesetzt.

Die Ausnahmen von der Prospektpflicht nach § 8f Abs. 2 Verk- 5 ProspG orientieren sich zunächst an den Ausnahmetatbeständen der §§ 2 bis 4 VerkProspG aF, mitunter schaffen sie auch neue Ausnahmetatbestände, die den Spezifika von Vermögensanlagen im Vergleich zu Wertpapieren geschuldet sind.

§ 8f Abs. 2 Nr. 1 VerkProspG hingegen wurde durch das AnSVG neu geschaffen und zuletzt durch das SCE-Umsetzungsgesetz geändert, um diesen besonderen Anforderungen zu genügen.

§ 8f Abs. 2 Nr. 2 VerkProspG wurde durch das AnSVG neu geschaffen, eine Ausnahmeregelung für Versicherungsunternehmen oder Pensionsfonds war dem VerkProspG aF fremd.

§ 8f Abs. 2 Nr. 3 VerkProspG orientiert sich an § 2 Nr. 4 VerkProspG aF, erweitert diese Ausnahmevorschrift, indem nicht lediglich auf den Mindestkaufpreis und den gesamten Kaufpreis aller Anteile abgestellt wird, sondern zudem der innerhalb eines Jahres angebotene Betrag eine bestimmte Höhe nicht übersteigt. Mit § 2 Nr. 4 VerkProspG aF wurden Art. 2 Abs. 1 lit. c) und d) sowie Art. 2 Abs. 2 lit. a) der EG-Emissionsprospektrichtlinie in deutsches Recht umgesetzt.

§ 8f Abs. 2 Nr. 4 VerkProspG stimmt vom Wortlaut her mit § 2 Nr. 1 VerkProspG aF überein. § 2 Nr. 1 VerkProspG setzte Art. 2

§ 8 f   Abschnitt III a. Prospektpflicht

Abs. 1 lit. a) der EG-Emissionsprospektrichtlinie in deutsches Recht um.

§ 8 f Abs. 2 Nr. 5 VerkProspG orientiert sich sehr nah an § 2 Nr. 5 VerkProspG aF. Mit § 2 Nr. 5 VerkProspG aF wurde durch das VerkProspG nF Art. 1 Abs. 2 der EG-Emissionsprospektrichtlinie in deutsches Recht umgesetzt.

§ 8 f Abs. 2 Nr. 6 bis Nr. 8 orientieren sich an einzelnen „Vorgängerausnahmen" der §§ 2 bis 4 VerkProspG aF § 8 f Abs. 2 Nr. 6 entspricht dabei weitgehend § 2 Nr. 3 VerkProspG aF, der Art. 2 Abs. 2 lit. h) der EG-Emissionsprospektrichtlinie in deutsches Recht umsetzte. Im Rahmen des Prospektrichtlinie-Umsetzungsgesetzes erhielten die Nr. 6 bis 8 ihre aktuelle Fassung.

§ 8 f Abs. 2 Nr. 7 VerkProspG orientiert sich an § 3 VerkProspG aF, mit dem Art. 2 Abs. 2 lit. b), c) und Art. 5 lit. a), b) der EG-Emissionsprospektrichtlinie in deutsches Recht umgesetzt wurden.

§ 8 f Abs. 2 Nr. 8 VerkProspG orientiert sich an § 4 Abs. 1 Nr. 7 VerkProspG aF, der Art. 2 Abs. 2 lit. e) der EG-Emissionsprospektrichtlinie in deutsches Recht umsetzte.

§ 8 f Abs. 2 Nr. 9 VerkProspG ist durch das FRUG neu eingefügt worden. Die Vorschrift übernimmt den in Ziffer 2 des BaFin-Auslegungsschreibens zur Prospektpflicht für Vermögensanlagen vom 1. 7. 2005 (s. im Textanhang unter III. 4) niedergelegten Wortlaut.

2. Regelungsinhalt

6   § 8 f legt in Abs. 1 den Anwendungsbereich der Prospektpflicht sowie in Abs. 2 die Ausnahmen hiervon fest.

III. Die Vorschrift im Einzelnen

7   Während Satz 1 Unternehmensbeteiligungen, Treuhandvermögen und Anteile an sonstigen geschlossenen Fonds nennt, unterstellt Satz 2 Namensschuldverschreibungen dem Anwendungsbereich der Prospektpflicht für Vermögensanlagen.

1. Abs. 1

8   Solange nicht die Vermögensanlagen als solche betroffen sind, hat die Regelung in Abs. 1 ihren Ursprung in § 1 VerkProspG aF, wonach für Wertpapiere, die erstmals im Inland öffentlich angeboten werden und nicht zum Handel an einer inländischen Börse zugelassen sind, ein Verkaufsprospekt veröffentlicht werden muss.

9   Unter diese Vorschrift fällt das öffentliche Angebot der Unternehmensbeteiligungen, Treuhandvermögen und Anteile an sonstigen geschlossenen Fonds im Inland. Die Prospektpflicht soll nicht für Ange-

bote bestehen, für die bereits nach anderen Vorschriften eine Prospektpflicht besteht oder ein Prospekt nach den Vorschriften dieses Gesetzes bereits veröffentlicht worden ist.

a) Angebot. Der Begriff des Angebots ist nicht zivilrechtlich, sondern öffentlich-rechtlich zu verstehen, da das VerkProspG als Aufsichtsrecht dem öffentlichen Recht angehört. Gleichwohl können im Zivilrecht entwickelte Rechtsfiguren für die Interpretation des öffentlich-rechtlichen Angebotsbegriffs herangezogen werden, sofern nur die rechtsgebietsspezifischen Schutzzwecke gebührend beachtet werden. Für ein Angebot nach dem VerkProspG ist es nicht erforderlich, dass ein verbindlicher Antrag nach § 145 BGB vorliegt. Vielmehr ist ganz maßgeblich der Schutzzweck des VerkProspG zugunsten des Anlegers zu berücksichtigen. Damit erscheint es aber sachgerecht, dem Anleger nicht erst dann, wenn ein rechtsverbindliches Angebot vorliegt, eine entsprechende Informationsmöglichkeit über die Vermögensanlage und deren Emittenten zur Verfügung zu stellen, sondern bereits zu dem Zeitpunkt, in dem er seine Anlageentscheidung trifft (vgl. *Groß* ZHR 162 (1998), S. 318, 324). Daraus folgt, dass bereits eine so genannte *invitatio ad offerendum* als Angebot im Sinne des VerkProspG angesehen werden muss (*Jäger/Voß*, S. 898, für das alte Recht *Ritz*, in: *Assmann/Lenz/Ritz*, § 1 VerkProspG Rn. 25). Eine dem Anleger eingeräumte Widerruflichkeit des Angebots ist demgegenüber unerheblich (vgl. *Groß* ZHR 162 (1998), S. 318, 324; *Ritz*, in: *Assmann/Lenz/Ritz*, § 1 VerkProspG Rn. 25).

Das Angebot ist insbesondere von der Werbung abzugrenzen (*Ritz*, in: *Assmann/Lenz/Ritz*, § 1 VerkProspG Rn. 26). Eine Werbung, die den Markt vorbereitet ohne die Angebotsbedingungen zu nennen, kündigt ein Angebot lediglich an (*Hellner/Steuer/Bosch*, BuB, Rn. 10/106), es wird hingegen nicht erzeugt (*Kümpel/Hammen/Ekkenga/Gebauer*, Nr. 100, S. 15). Rechtstechnisch soll man davon ausgehen, dass der Prospekt vor seiner Veröffentlichung nur ein zunächst aufschiebend befristetes Angebot darstellt, das durch § 9 Abs. 1 einen Tag nach der Veröffentlichung in ein wirksames Angebot umschlägt (*Kümpel/Hammen/Ekkenga/Gebauer*, Nr. 100, S. 15). Im Ergebnis handelt es sich hierbei um eine unnötige Rechtsfigur, da ein unveröffentlichter Verkaufsprospekt denklogisch auch nicht zum Vertrieb verwendet werden kann.

Ein Angebot liegt erst dann vor, wenn die konkrete Möglichkeit des Erwerbs der Beteiligung besteht (Ziffer 1.2.c der Bekanntmachung der BAWe vom 6. 9. 1999, s. im Textanhang unter III. 5; *Ritz*, in: *Assmann/Lenz/Ritz*, § 1 Rn. 26; *Lenz/Ritz* WM 2000, 904, 905; *Manzei* WM 2006, 845, 849), mit anderen Worten ein Anleger individuell Maßnahmen ergreifen kann, die ohne weitere Zwischenschritte zu einem Erwerb der Vermögensanlage führen (vgl. etwa *Kümpel/Hammen/Ekkenga/Gebauer*, Nr. 100, S. 14; *Ritz*, in: *Assmann/Lenz/Ritz*, § 1 Rn. 27).

13 **aa) Einzelfälle.** Beispiele für ein Angebot nach § 8 f Abs. 1 Satz 1 sind etwa der Abschluss eines Vorvertrags, der keine darüber hinausgehenden Handlungen zur Zeichnung der Vermögensanlage erfordert, der Abschluss eines Darlehensvertrags, wobei der Darlehensbetrag in der Übertragung von Vermögensanlagen valutiert wird sowie Abschluss derartiger Verträge unter einer aufschiebenden Bedingung, deren Eintritt nicht im Einwirkungsbereich des Anlegers liegt (vgl. dazu *Ritz*, in: *Assmann/Lenz/Ritz*, § 1 VerkProspG Rn. 28, 29). Demgegenüber liegt kein Angebot vor, wenn nach Abschluss eines Vertrags noch weitere Willenserklärungen des Anlegers erforderlich sind, um eine Vermögensanlage zu erwerben (vgl. dazu *Ritz*, in: *Assmann/Lenz/Ritz*, § 1 VerkProspG Rn. 34).

14 Bereits begrifflich stellt ein Anerbieten, Vermögensanlagen von einem Anleger zu kaufen, kein Angebot dar (*Hellner/Steuer/Bosch*, BuB, Rn. 10/106; *Ritz*, in: *Assmann/Lenz/Ritz*, § 1 VerkProspG Rn. 61).

15 Beispiele für Fälle, in denen kein Angebot vorliegt, sind etwa die unverbindliche Reservierung der Zeichnung durch den Anleger, eine Unternehmenspräsentation, bei der lediglich über historische Unternehmensdaten informiert wird (*Ritz*, in: *Assmann/Lenz/Ritz*, § 1 VerkProspG Rn. 62), die Veröffentlichung sog. Tombstones (*Ritz*, in: *Assmann/Lenz/Ritz*, § 1 VerkProspG Rn. 63; *Kullmann/Müller-Deku*, WM 1996, 1989, 1991; *Schäfer/Hamann*, § 1 Rn. 11; aA *Schäfer* ZIP 1991, 1557, 1560 für Fälle, in denen die beworbene Vermögensanlage noch nicht vollständig platziert ist.), redaktionelle Beiträge in der Presse (*Ritz*, in: *Assmann/Lenz/Ritz*, § 1 VerkProspG Rn. 64) sowie das Herantreten an den Investor aufgrund von Mundpropaganda (*Ritz*, in: *Assmann/Lenz/Ritz*, § 1 VerkProspG Rn. 65).

16 **bb) Sonderfall Internet.** Insbesondere bei der Verwendung des Internets kommt der Abgrenzung zwischen Werbung und Angebot große Bedeutung zu. So soll es für ein Angebot ausreichen, dass der Anleger die Informationen erhält, wie er die fraglichen Vermögensanlagen rechtswirksam zeichnen kann, solange eine konkrete Möglichkeit zum Erwerb der Vermögensanlage besteht (*Assmann*, in: *Geimer* (Hrsg.), Festschrift für Schütze, S. 15, 37). Die Darstellung von Informationen über die Modalitäten des Erwerbs alleine genommen reicht hingegen für ein Angebot nicht aus (vgl. dazu *Ritz*, in: *Assmann/Lenz/Ritz*, § 1 Rn. 58). Die unverbindliche Registrierung auf der Internetseite führt noch nicht zur Prospektpflicht, eine Online-Registrierung, der ein verbindlicher (Reservierungs-) Vertrag über den Bezug der Vermögensanlage zugrunde liegt, hingegen schon (vgl. *Kopp-Colomb/Lenz* BKR 2002, 5, 8; *Lenz/Ritz* WM 2000, 904, 905). Ob sich die Informationen auf einer Homepage befinden oder dem Anleger per Email gesendet werden, macht dabei keinen Unterschied (vgl. *Kopp-Colomb/Lenz* BKR 2002, 5, 6). Grundsätzlich sind hingegen bloße, auf keinen weiteren Informationen aufbauende „Hyperlinks" auf andere Internetseiten, die ein Angebot enthalten, kein Angebot (*Assmann,* in: *Geimer* (Hrsg.), Festschrift für Schütze, S. 15, 37 f.; *Kopp-Colomb/Lenz* BKR 2002, 5, 8).

b) Öffentlich. Das öffentliche Angebot ist die gesetzliche Regel, das nicht öffentliche Angebot hingegen die Ausnahme. Unter welchen Voraussetzungen ein Angebot nicht öffentlich ist, ist umstritten. Die Abgrenzung des öffentlichen Angebots von der Privatplatzierung ist unter der Beachtung des gesetzlichen Schutzzweckes negativ abzugrenzen. Ein nicht öffentliches Angebot liegt also dann vor, wenn der Anleger den Schutz eines Verkaufsprospekts nicht benötigt, etwa weil er bereits hierüber verfügt oder leicht Zugang zu diesen Informationen hat und diese auch bewerten kann (vgl. dazu *Ritz,* in: *Assmann/Lenz/Ritz,* § 1 Rn. 46; *Kümpel/Hammen/Ekkenga/Gebauer,* Nr. 100, S. 14; *Dittrich,* Die Privatplatzierung, S. 75, 108, 117; *Hüffer,* S. 23; *Schäfer/Hamann,* § 1 Rn. 13; *Assmann* NJW 1991, 528, 530; kritisch demgegenüber: *Hopt,* Die Verantwortlichkeiten der Banken, Rn. 132; *Kullmann/Müller-Deku* WM 1996, 1989, 1992). Das nicht öffentliche Angebot entspricht damit inhaltlich dem Tatbestandsmerkmal des begrenzten Personenkreises im Rahmen des § 8f Abs. 2 Nr. 6, auf dessen Kommentierung an dieser Stelle verwiesen werden soll (s. u. Rn. 78 ff.). 17

Zusammenfassend sind für das Vorliegen eines öffentlichen Angebots nach Auffassung der BaFin die folgenden – kumulativ erforderlichen – Kriterien notwendig (s. dazu *Jäger/Voß,* S. 898 mwN): (1) Der Anleger muss eine konkrete Zeichnungsmöglichkeit erhalten. (2) Das Angebot muss von entsprechenden Werbemaßnahmen begleitet sein. (3) Die Ansprache des Anlegers muss zielgerichtet erfolgen (vgl. auch unten Rn. 22). (4) Die angesprochene Zielgruppe muss über ein Bedürfnis nach Aufklärung verfügen, da noch keine Informationen über die Vermögensanlage und den Emittenten beim Anleger vorhanden sind. 18

c) Im Inland. Ein weiteres Kriterium für den Anwendungsbereich des § 8f Abs. 1 Satz 1 VerkProspG und damit der gesetzlich be- 19

§ 8f Abschnitt III a. Prospektpflicht

stimmten Prospektpflicht ist die Frage, ob das Angebot „im Inland" erfolgt.

20   aa) Deutsche oder in Deutschland ansässige Anleger. Erforderlich ist, dass das Angebot in Deutschland ansässige Anleger anspricht (vgl. *Assmann,* in: *Geimer* (Hrsg.), Festschrift für Schütze, S. 15, 28; *Kopp-Colomb/Lenz* BKR 2002, 5, 6). Ansässig ist der Anleger dort, wo er seinen gewöhnlichen Aufenthalt hat (vgl. *Assmann,* in: *Geimer* (Hrsg.), Festschrift für Schütze, S. 15, 28; *Kopp-Colomb/Lenz* BKR 2002, 5, 6; *Weber* MMR 1999, 385, 387). Da sich die Überprüfung des gewöhnlichen Aufenthalts als schwierig herausstellen könnte, billigt man dem Anbieter das Recht zu, auf die vom Anleger gegebenen Informationen vertrauen zu dürfen (vgl. *Assmann,* in: *Geimer* (Hrsg.), Festschrift für Schütze, S. 15, 29). Den Anbieter trifft somit keine Nachforschungspflicht, ob der Anleger nicht doch in Deutschland ansässig ist.

21   Ob darüber hinaus ein Angebot an deutsche Anleger, die im Ausland leben, als ein Angebot im Inland anzusehen ist, ist umstritten (dafür: *Assmann,* in: *Geimer* (Hrsg.), Festschrift für Schütze, S. 15, 28; wohl auch *Kopp-Colomb/Lenz* BKR 2002, 5, 6; dagegen *Ritz,* in: *Assmann/Lenz/Ritz,* § 1 Rn. 69; *Kümpel/Hammen/Ekkenga/Gebauer,* Nr. 100, S. 17; *Schäfer/Hamann,* § 1 Rn. 25). Der Wortlaut des § 8f Abs. 1 bezieht sich auf ein Angebot im Inland, gerade nicht hingegen auf die Staatsangehörigkeit des Adressaten des Angebots. Deshalb fallen im Ausland lebende Deutsche gerade nicht unter den Anwendungsbereich des § 8f Abs. 1. Es gilt daher im Vermögensanlagen-Verkaufsprospektrecht das Territorialrechtsprinzip.

22   bb) Zielgerichtet. Darüber hinaus ist erforderlich, dass das Angebot zielgerichtet im Inland erfolgt (vgl. *Assmann,* in: *Geimer* (Hrsg.), Festschrift für Schütze, S. 15, 29 f.; *Borges* WM 2001, 1542, 1549; *Pfüller/Westerwelle* MMR 1998, 171, 172; *Ritz,* in: *Assmann/Lenz/Ritz,* § 1 Rn. 70). Während vereinzelt auf den inhaltlichen Zuschnitts des Angebots abgestellt wird (so *Borges* WM 2001, 1542, 1552), verlangt die wohl herrschende Auffassung ausdrückliche Hinweise zum Adressatenkreis (so *Assmann,* in: *Geimer* (Hrsg.), Festschrift für Schütze, S. 15, 29 f., *Lenz/Ritz* WM 2000, 904, 906; Ziffer 2 der Bekanntmachung der BAWe vom 6. 9. 1999, s. im Textanhang unter III. 6). Im Ergebnis wird sowohl auf den inhaltlichen Zuschnitt des Angebots wie auch auf ausdrückliche Hinweise zum Anlegerkreis abgestellt (*Kopp-Colomb/Lenz* BKR 2002, 5, 6).

23   So soll es an einem Angebot im Inland fehlen, wenn das Angebot den in Deutschland ansässigen Anleger von vorneherein von dem Angebot ausnimmt. Eine derartige Ausnahme erfordert, dass das Angebot zum einen die ernsthafte und unmissverständliche Erklärung enthält, dass es sich nicht an in Deutschland ansässige Anleger wendet (auch sog. „Disclaimer"), und zum anderen durch geeignete Maßnahmen sichergestellt ist, dass die fragliche Angebotseinschränkung auch eingehalten wird (*Assmann,* in: *Geimer* (Hrsg.), Festschrift für Schütze, S. 15, 30). Ein Disclaimer erscheint dann entbehrlich, wenn sich aus dem Gesamtkontext ergibt, dass Anleger im Inland nicht besonders angesprochen werden sollen, so etwa bei Angeboten in englischer Sprache in einer englischsprachigen Zeitung, vgl. *Ritz,* in: *Assmann/Lenz/Ritz,* § 1 VerkProspG Rn. 77). Dabei ist anerkannt, dass ein Disclaimer eine derartige Angebotseinschränkung entweder positiv durch Benennung des Anlegerkreises wie negativ durch Benennung des ausgenommenen Anlegerkreises erfolgen kann (*Assmann,* in: *Geimer* (Hrsg.), Festschrift für Schütze, S. 15, 30; *Ritz,* in: *Assmann/Lenz/Ritz,* § 1 VerkProspG Rn. 74). Aus dem Disclaimer, der an hervorgehobener Stelle wie dem Seitenbeginn aufzunehmen ist, muss in deutscher Sprache und unmissverständlich hervorgehen, dass eine Zeichnung durch deutsche oder in Deutschland ansässige Anleger nicht möglich ist (*Kopp-Colomb/Lenz* BKR 2002, 5, 6).

Die Ernsthaftigkeit eines Disclaimers steht etwa in Frage, wenn das **24** öffentliche Angebot in deutscher Sprache erfolgt oder Kontaktadressen oder Abwicklungs- und Zahlstellen in Deutschland benannt sind (*Assmann,* in: *Geimer* (Hrsg.), Festschrift für Schütze, S. 15, 30) oder Ausführungen zur Rechtslage in Deutschland oder der Hinweis auf besondere steuerliche Effekte in Deutschland erfolgen (vgl. *Kopp-Colomb/Lenz* BKR 2002, 5, 6).

Die Effektivität von Kontrollmaßnahmen ist dann in Frage gestellt, **25** wenn Zahlungen von deutschen Konten oder in Deutschland ansässigen Banken erfolgen oder eine Auslieferung der Beteiligungsunterlage an deutsche Verwahrstellen verlangt wird bzw. die Korrespondenz erkennbar aus Deutschland heraus geführt wird (*Assmann,* in: *Geimer* (Hrsg.), Festschrift für Schütze, S. 15, 30; *Ritz,* in: *Assmann/Lenz/Ritz,* § 1 VerkProspG Rn. 73).

cc) Vertrieb über das Internet. Insbesondere beim Vertrieb **26** einer Vermögensanlage über das Internet ergeben sich oft Schwierigkeiten. Die Abgrenzung, ob es sich in diesen Fällen um ein öffentliches Angebot im Inland handelt, ist im Einzelfall nicht immer leicht zu treffen, da es ausreichend für die Auslösung einer Prospektpflicht ist, dass das Angebot *auch* in Deutschland und damit im Inland erfolgt (vgl. *Jäger/Voß,* S. 898; *Kopp-Colomb/Lenz* BKR 2002, 5, 6). Um die Prospektpflicht zu vermeiden, wird der Anbieter deshalb einen Disclaimer aufnehmen müssen, dass sich das Angebot nicht an in

§ 8 f Abschnitt III a. Prospektpflicht

Deutschland ansässige Anleger wendet (*Ritz*, in: *Assmann/Lenz/Ritz*, § 1 VerkProspG Rn. 73). Daneben muss er darauf achten, dass seine Kontrollmaßnahmen effektiv genug sind, um ein Angebot im Inland zu verhindern. Ob dies der Fall ist oder eben nicht, ist anhand einer Gesamtbetrachtung des Web-Auftritts oder der versendeten Email zu beurteilen. Eine Anschrift im Inland, an die der Zeichnungsschein zur Annahme zu senden ist, kann die Ernsthaftigkeit des Disclaimers in Frage stellen. Gleiches gilt für die Verwendung einer deutschen Top-Level-Domain („..de") durch den Anleger in der Email-Korrespondenz. Weitere Indizien können Angebote über auf der Website genannte Banken oder Finanzdienstleister in deutschen Orten sein oder auch schon die Verwendung der deutschen Sprache oder Nennung deutscher Ansprechpartner (*Ritz*, in: *Assmann/Lenz/Ritz*, § 1 VerkProspG Rn. 71).

27 **d) Vermögensanlage im Sinne des § 8f Abs. 1.** Die drei Varianten der Vermögensanlage nach Abs. 1 Satz 1 (Unternehmensbeteiligung, Treuhandvermögen, sonstige geschlossene Fonds) überschneiden sich im Einzelfall (vgl. *Jäger/Voß*, S. 897). So kann bspw. ein Schiffsfonds als „geschlossener Fonds" nach Variante 3 durchaus gleichzeitig ein Angebot von KG-Anteilen und damit eine „Unternehmensbeteiligung" gemäß Variante 1 darstellen. Gleiches gilt für eine Treuhandkonstruktion nach Variante 2, die gleichzeitig bei einem Angebot von Personenhandelsgesellschaftsanteilen eine Unternehmensbeteiligung nach Variante 1 sein kann. Das rechtsdogmatische Verhältnis der einzelnen Varianten zueinander ist unklar. Innerhalb des § 8f Abs. 1 lässt der Wortlaut vermuten, dass es sich bei Unternehmensbeteiligungen und Treuhandvermögen um spezielle Fälle des geschlossenen Fonds handelt und das Merkmal des „sonstigen" geschlossenen Fonds somit einen Auffangtatbestand bilden könnte. Dies lässt auch die Begründung des Regierungsentwurfs erkennen, die lediglich das Merkmal der Unternehmensbeteiligung und des Treuhandvermögens erläutert (s. BT-Drucks. 15/3174, 42). Da der Regierungsentwurf noch von Anteilen an – lediglich – geschlossenen Immobilienfonds anstelle auch anderen geschlossenen Fonds ausging, verstand man auch die Unternehmensbeteiligungen und Treuhandvermögen auf Immobilienfinanzierungen bezogen (dazu kritisch *Moritz/Grimm* BB 2004, 1352, 1353). Im Verlauf des Gesetzgebungsverfahrens entschied sich der Gesetzgeber jedoch dazu, den Anwendungsbereich des § 8f auf sämtliche geschlossenen Fonds zu erweitern. Gleichwohl gibt es auch Unternehmensbeteiligungen, die keine sonstigen geschlossenen Fonds sind (etwa stille Beteiligungen). In diesen Fällen kommt gewissermaßen Variante 1 die

Funktion eines Auffangtatbestandes zu. Daher lässt sich jedenfalls kein generelles Spezialitätsverhältnis der einzelnen Varianten zueinander ausmachen. Im Ergebnis kommt es darauf an, ob ein Anlageinstrument einer der drei Varianten zugeordnet werden kann oder nicht.

aa) Unternehmensbeteiligungen. Der Begriff des Anteils, der eine Beteiligung am Ergebnis eines Unternehmens gewährt, ist gesetzlich nicht weiter bestimmt. Die Gesetzesbegründung fasst unter ihn insbesondere Anteile an Personenhandelsgesellschaften (z. B. Kommanditanteile), GmbH-Geschäftsanteile, Anteile an BGB-Gesellschaften (GbR-Beteiligungen), Genossenschaftsanteile, stille Beteiligungen und Beteiligungen an ausländischen Unternehmen anderer Rechtsformen. Es kann sich um juristische Personen des Privatrechts oder des öffentlichen Rechts handeln. Schwierig kann sich jedoch die Qualifizierung nicht körperschaftlich organisierter Beteiligungsmodelle erweisen. Aufbauend auf dem Grundmodell der Personengesellschaft, der Gesellschaft bürgerlichen Rechts gem. § 705 BGB, setzt die Unternehmensbeteiligung im Grundsatz neben einer vertraglichen Dauerbeziehung den Zusammenschluss zur Erreichung eines gemeinsamen Zwecks und die durch die Beitragsleistung zu erfüllende Förderungspflicht voraus (vgl. MünchKommBGB-*Ulmer* Vor § 705 Rn. 5 ff.). 28

Die Bruchteilsgemeinschaft nach § 741 BGB gibt seinem Mitgliedern keine Beteiligung am Ergebnis eines Unternehmens, sondern berechtigt es an einem Sache- oder einem Vermögensgegenstand (dazu näher MünchKommBGB-*Ulmer* Vor § 705 Rn. 124 mwN). Sie stellt deshalb keine Unternehmensbeteiligung nach § 8f Abs. 1 VerkProspG dar. Bei der Abgrenzung der Gesellschaft bürgerlichen Rechts von der Bruchteilsgemeinschaft ist entscheidend, ob zwischen den Beteiligten vertragliche Verpflichtungen zur Förderungen des gemeinsamen Zwecks begründet wurden und diese vertraglichen Verpflichtungen trotz der durchgeführten Förderungsmaßnahmen fortbestehen (dazu näher MünchKommBGB-*Ulmer* Vor § 705 Rn. 125). 29

Nicht erfasst sollen ferner partiarische Darlehen sein (vgl. Reg-Begr., BT-Drucks. 15/3174, S. 35). Die Abgrenzung zwischen stillen Gesellschaften auf der einen Seite und partiarischen Darlehen auf der anderen Seite ist bereits aus dem Steuerrecht bekannt. Während erstere eine Beteiligung am Gewinn und Verlust vorsehen, sind letztere an den Gewinn gekoppelt und nicht an den Verlust. Diese Unterscheidung macht auch aus Gesichtspunkten des Anlegerschutzes Sinn, da der Investor bei einer bloßen Gewinnbeteiligung wenig schutzbedürftig scheint. Die Aufzählung der Gesellschaftsformen in der Gesetzesbegründung ist demnach nicht abschließend (insoweit 30 zutreffend *Heidel/Krämer,* § 8 f VerkProspG Rn. 2), doch auch nicht uferlos. Erforderlich ist in jedem Fall demnach eine Beteiligung am Gewinn und Verlust eines Unternehmens, auf eine Beteiligung an den stillen Reserven kann es hingegen nicht angekommen, da gerade nicht zwischen stillen und atypisch stillen Gesellschaften unterschieden wird.

31 Die Gesetzesbegründung geht davon aus, dass auch Beteiligungen an ausländischen Unternehmen von der Prospektpflicht umfasst sind (RegBegr. BT-Drucks. 15/3174, 42). Hier stellt sich insbesondere die Frage der Abgrenzung der Vermögensanlage im Sinne des Abs. 1 zum Wertpapier. Für diese Abgrenzung soll es auf die Auslegung nach deutschem Recht ankommen, nicht hingegen auf die Einordnung als Wertpapier nach dem Recht des emittierenden Unternehmens (*Kullmann/Müller-Deku* WM 1996, 1989, 1990 f.; *Kümpel/Hammen/Ekkenga/Gebauer,* Nr. 100, S. 12 f.; *Ritz,* in: *Assmann/Lenz/Ritz,* § 1 VerkProspG Rn. 21). Es erfolgt also eine Parallelqualifikation der ausländischen Vermögensanlage nach inländischen Maßstäben (vgl. *Schäfer* ZIP 1991, 1557, 1559).

32 **bb) Treuhandvermögen.** Soweit gemäß der 2. Variante von „Treuhandvermögen" die Rede ist, ergibt sich bereits aus der Gesetzesbegründung (RegBegr. BT-Drucks. 15/3174, S. 42.), dass dieser Begriff im Recht der Vermögensanlagen weit zu verstehen ist. Die BaFin hat diesen Punkt in ihrem „Auslegungsschreiben zur Prospektpflicht für Vermögensanlagen-Verkaufsprospekte" (s. im Textanhang unter III. 4) noch einmal aufgegriffen und an dieser Stelle – redundant zur Gesetzesbegründung – klargestellt, dass „Treuhandvermögen" nach § 8 f Abs. 1 Satz 1 Var. 2 VerkProspG sowohl die echte Treuhand, bei welcher der Treuhänder Rechtsinhaber wird, als auch die unechte Treuhand (so genannte „Verwaltungstreuhand"), bei welcher der Treugeber Rechtsinhaber bleibt und der Treuhänder nur in eigenem Namen im Interesse des Treugebers tätig wird, meint.

33 Dabei ist es unerheblich, ob die Personenmehrheit der Anleger als Gesellschaft bürgerlichen Rechts als Innen- oder als Außengesellschaft strukturiert ist und ob oder welches Gesellschaftsvermögen gebildet wird. Maßgeblich ist lediglich das Vorliegen einer Personenmehrheit, die einen Treuhänder bestellt hat.

34 Die sog. Vollmachtstreuhand fällt hingegen nicht unter § 8 f Abs. 1 S. 1. Bei der Vollmachtstreuhand, bei der der Treugeber Vollrechtsinhaber bleibt, wird dem Treuhänder lediglich Vollmacht zur Vornahme von Rechtsgeschäften über das Treugut eingeräumt (vgl. MünchKommBGB-*Schramm* Vor § 164 Rn. 31).

Anwendungsbereich **§ 8f**

cc) Geschlossene Fonds. Der Begriff des geschlossenen Fonds 35 ist nicht gesetzlich definiert, auch die Gesetzesbegründung erläutert den Begriff nicht näher. Zum Teil versteht man unter dem Begriff des geschlossen Fonds eine Kapitalsammelstelle, die auf ein bestimmtes, von vorneherein festgelegtes Investitionsvolumen gerichtet ist (so die Definition von *Moritz/Grimm* BB 2004, 1352, 1352f.). Nach Vollplatzierung und Investition des eingeworbenen Kapitals sind Nachschüsse in der Regel nicht vorgesehen. In Abgrenzung zu offenen Fonds weisen geschlossene Fonds gerade kein Rückgaberecht des Anlegers vor, wie dies § 37 InvG für Anleger offener Fonds vorsieht. Problematischer ist es, wenn kein Rückgaberecht vorgesehen ist. In derartigen Fällen muss eine Beurteilung anhand von § 2 Abs. 9 InvG erfolgen, also danach, ob im Sitzstaat des Emittenten eine Investmentaufsicht besteht. Die BaFin wird dem Anbieter in der Regel innerhalb der ersten 10 Tage ab Einreichung im Rahmen einer Informationsanforderung gem. § 8 Abs. 2 Satz 4 VerkProspG auffordern mitzuteilen, ob in dem Sitzstaat des Emittenten eine Investmentaufsicht besteht. Die Frage, ob ein Investment dem materiellen oder formellen Investmentbegriff unterfällt, kann demgegenüber nur eingeschränkte Bedeutung zukommen, zumal auch hinsichtlich ausländischer Fonds der materielle Investmentbegriff aufgehoben und durch den formellen Investmentbegriff ersetzt wurde (vgl. RegBegr. zum Gesetz zur Änderung des Investmentgesetzes und anderer Gesetze, BT-Drucks. 16/5567 v. 11. 6. 2007, S. 1359).

Vielfach wird eine Vermögensanlage bereits als Unternehmensbe- 36 teiligung oder Treuhandvermögen einzuordnen sein, so dass die Variante des sonstigen geschlossenen Fonds nicht mehr von Interesse ist. In diesen Fällen tritt das Merkmal der Anteile an geschlossenen Fonds gewissermaßen hinter das Merkmal der Unternehmensbeteiligung bzw. des Treuhandvermögens zurück (zum Verhältnis der einzelnen Varianten untereinander s. o. Rn. 27).

dd) Namensschuldverschreibungen. Unter dem Regime des 37 VerkProspG aF war umstritten, ob Namensschuldverschreibungen als wertpapierähnliche Urkunden (so *Franke* DB 1983, 377, 379f.) von der Prospektpflicht umfasst waren. So wurde einerseits – zutreffend – die mangelnde Handelbarkeit vorgetragen, die den Handel an einem Markt ausschließen würde (so *Ritz,* in: *Assmann/Lenz/Ritz,* § 1 VerkProspG Rn. 19), andererseits jedoch darauf hingewiesen, dass sich die Namensschuldverschreibungen des Kapitalmarktes als eigenständige Kategorie etablieren konnten und ein effektiver Anlegerschutz eine Prospektpflicht gebieten würde (*Hüffer,* Das Wertpapierprospektgesetz, S. 40). Durch die Regelung in Abs. 1 S. 2 hat

§ 8 f Abschnitt III a. Prospektpflicht

der Gesetzgeber nunmehr ausdrücklich klargestellt, dass Namensschuldverschreibungen unter die Prospektpflicht fallen. Dies ist notwendig, da Namensschuldverschreibungen keine Unternehmensbeteiligungen, Anteile an Treuhandvermögen oder Anteile an geschlossenen Fonds und zudem nach vorzugswürdiger Auffassung keine Wertpapiere sind.

38 Fraglich ist, ob dem Begriff der Namensschuldverschreibung ein weiter oder ein enger Schuldverschreibungsbegriff zugrunde liegt. Unter dem alten Recht stellte sich diese Frage im Rahmen der Ausnahme nach § 3 Nr. 2 VerkProspG aF. In der Literatur wurde zum Teil vertreten, dass der gleiche Schuldverschreibungsbegriff wie in § 793 BGB gelte (so *Schäfer* ZIP 1991, 1557, 1562) bzw. der Begriff weit auszulegen sei und damit auch Options- und Genussscheine sowie andere Finanzinnovationen umfasst (so *Süßmann* EuZW 1991, 210, 212; *Waldeck/Süßmann* WM 1993, 361, 367). Das BAWe (Anm. III. 1 der Bekanntmachung der BAWe vom 6. 9. 1999, s. im Textanhang unter III. 6) vertrat damals im Einklang mit der Rechtsprechung des VG Frankfurt am Main (VG Frankfurt am Main, WM 1998, 762, 763 f.) und Teilen der Literatur (*Grimme/Ritz* WM 1998, 2091, 2095; *Kullmann/Müller-Deku* WM 1989, 1989, 1993) die Auffassung, dass der Begriff eng auszulegen sei, so dass unter den Begriff der Schuldverschreibung nur rückzahlbare, verzinsliche und auf den Nennwert lautende Anleihen fielen. Nunmehr geht es jedoch nicht mehr um eine Ausnahme von der Prospektpflicht, sondern um die Bestimmung des Anwendungsbereichs. Der Bedarf für eine enge Auslegung ist damit entfallen, vielmehr sollte hier der gleiche Schuldverschreibungsbegriff wie in § 793 BGB Anwendung finden. Nach der gesetzlichen Definition gemäß § 793 Abs. 1 BGB ist die Inhaberschuldverschreibung eine Urkunde, in der der Aussteller dem verfügungsberechtigten Inhaber der Urkunde eine Leistung nach Maßgabe des Urkundeninhalts verspricht; sie ist Wertpapier, und zwar Inhaberpapier (*Marburger*, in: *Staudinger*, BGB, 13. Auflage, § 793 BGB Rn. 1). Durch die Umschreibung nach § 806 BGB wandelt sich die Urkunde vom Inhaberpapier zum Namenspapier; die verbriefte Forderung kann dann nur noch durch Zession nach den §§ 398 ff. BGB übertragen werden (*Marburger*, in: *Staudinger*, § 806 BGB Rn. 4). Nach der Umschreibung gilt nicht mehr der Inhaber als solcher, sondern nur der in der Urkunde namentlich benannte Inhaber als zur Geltendmachung der verbrieften Forderung berechtigt (*Marburger* aaO, § 806 BGB Rn. 5). Sie ist dann auch kein Wertpapier mehr.

§ 8 f

ee) Partiarische Darlehen. Da ausweislich der Gesetzesbegrün- 39
dung partiarische Darlehen nicht von der Prospektpflicht erfasst
werden sollen (RegBegr. BT-Drucks. 15/3174,42), müssen diese insbesondere von der stillen Gesellschaft abgegrenzt werden. Ein partiarisches Darlehen ist ein Darlehen, dessen Verzinsung erfolgsabhängig
ist. Partiarische Darlehen setzen Kapitalrückzahlungsansprüche voraus. Ist eine Verlustbeteiligung vereinbart, liegt kein partiarisches
Darlehen vor (*Zimmermann,* Becksches Steuerlexikon, Partiarische
Darlehen Rn. 1). Für die Abgrenzung der stillen Gesellschaft vom
partiarischen Darlehen ist entscheidend, ob die Vertragspartner einen
gemeinsamen Zweck verfolgen oder ob ihre Beziehungen ausschließlich durch die Verfolgung eigener Interessen bestimmt werden (BGH
NJW 1995, 192). Sie ist durch die Abwägung aller nach dem Vertrag-
inhalt maßgebenden Umstände vorzunehmen (BGH NJW aaO). In
aller Regel erfolgt bei einer stillen Beteiligung im Unterschied zum
partiarischen Darlehen auch eine Beteiligung am Verlust des Ge-
schäftsinhabers (MünchKommBGB-*Ulmer* Vor § 705 Rn. 107).

Inwiefern partiarische Darlehen hingegen dann ausnahmsweise 40
von der Prospektpflicht umfasst werden sollen, wenn diese Rechtsfigur „erkennbar zur Benachteiligung von Anlegern" eingesetzt werden soll, (so aber *Heidel/Krämer,* § 8 f VerkProspG Rn. 26) ist nicht erkennbar und mit dem Gesetz nicht in Einklang zu bringen. Eine
derartige generalklauselartige Formulierung würde den Tatbestand
des § 8 f gänzlich aufweichen und zu unbestimmt werden lassen.
Richtigerweise wird man anhand der in Rechtsprechung und Literatur entwickelten Kriterien im Einzelfall fragen müssen, ob es sich um
eine stille Gesellschaft oder ein partiarisches Darlehen handelt.

ff) Genussrechte. Genussrechte begründen – soweit sie Eigen- 41
kapitalcharakter haben – Ansprüche auf aktionärstypische Vermö-
gensrechte (MünchKommAktG-*Habersack* § 221 Rn. 64). Der Begriff ist durch seine außerordentliche Vielfalt geprägt (*Wagner,* in:
Assmann/Schütze, § 25 Rn. 90). Lauten die Genussrechte auf den Namen des Inhabers, sind sie als besonderer Fall der Namensschuldverschreibung vom Anwendungsbereich der Prospektpflicht erfasst.
Genussrechte mit Fremdkapitalcharakter, also mit festem Rückzah-
lungsanspruch (mithin ohne Verlustteilnahme oder Nachrangabrede)
und gewinnorientierter oder zumindest gewinnabhängiger Verzinsung – sind demgegenüber als partiarisches Darlehen einzuordnen
(MünchKommAktG-*Habersack,* § 221 Rn. 93). Sie unterfallen dann
nicht dem Anwendungsbereich der Prospektpflicht.

e) Nicht als Wertpapier im Sinne des WpPG verbrieft. Be- 42
rücksichtigt man, dass Wertpapiere im Sinne des WpPG unter die

Prospektpflicht des WpPG fallen, wäre der Anwendungsbereich des VerkProspG bereits dadurch ausgeschlossen, dass nach anderen Vorschriften eine Prospektpflicht besteht. Fraglich bleiben hingegen Fälle, in denen der Anwendungsbereich des WpPG eröffnet ist, jedoch Ausnahmen von der Prospektpflicht nach WpPG bestehen (etwa bei einem Angebot an weniger als 100 Investoren). In derartigen Fällen ist durch die Abgrenzung zum Wertpapier sichergestellt, dass auch der Anwendungsbereich des 8 f VerkProspG nicht eröffnet ist.

43   **aa) Wertpapier im Sinne des WpPG.** Entscheidend für eine Einordnung einer Vermögensanlage als Wertpapier im Sinne des § 2 Nr. 1 WpPG ist, dass es übertragbar und an einem Markt gehandelt werden kann. Übertragbar ist es, wenn keine rechtlichen und praktischen Hindernisse hinsichtlich der Veräußerbarkeit der Vermögensanlage vorliegen (MünchKommHGB-*Ekkenga* Effektengeschäft, Rn. 15). Derartige Umlaufhindernisse sind etwa der gesetzliche Ausschluss der Übertragbarkeit oder gesetzliche respektive vertragliche Zustimmungserfordernisse des Schuldners. Die Handelbarkeit auf einem Markt setzt voraus, dass die Vermögensanlage fungibel ausgestaltet ist (RegE WpPG, BT-Drucks. 15/4999, S. 28). Ein Anlageinstrument ist dann fungibel, wenn es dieselben Rechte wie ein anderes Wertpapier verkörpert und daher mit diesem austauschbar ist (*Assmann/Schütze*, § 11 Rn. 5). Die Anlageinstrumente müssen vertretbar sein, sie dürfen sich mithin von anderen Anlageinstrumenten der gleichen Art nicht durch ausgeprägte Individualisierungsmerkmale unterscheiden. Nicht fungibel ist eine Vermögensanlage grundsätzlich dann, wenn sie nur mittels Abtretung nach § 398 BGB übertragen werden kann. In Bezug genommen wird dabei das dingliche Erfüllungsgeschäft, unerheblich ist die Art des schuldrechtlichen Verpflichtungsgeschäfts. Denn dann fehlt es an dem für den reibungslosen Ablauf des Handels von Wertpapieren auf einem Markt (vgl. §§ 794, 796 BGB) unabdingbaren Gutglaubensschutz beim Erwerb der Vermögensanlage (vgl. § 404 BGB).

44   Vermögensanlagen weisen in der Regel unterschiedliche Beteiligungshöhen und eine starke Dynamik in der wertmäßigen Bestimmung auf, so dass zu bezweifeln ist, ob von einer hinreichenden Standardisierung und somit von der Vertretbarkeit von Vermögensanlagen ausgegangen werden kann (*Voß* BKR 2007, 45, 49 f.).

45   Darüber hinaus sollten Vermögensanlagen, sofern es sich um Anteile an Kommanditgesellschaften handelt, auch nicht über die erforderliche Umlauffähigkeit verfügen (näher dazu *Voß* BKR 2007, 45, 51 f.). Davon ist auch der Gesetzgeber ausgegangen, der Anteile an

Anwendungsbereich § 8 f

einer Kommanditgesellschaft nicht unter den Wertpapierbegriff fassen möchte, da ihnen die Fungibilität fehlt (RegE WpPG, BT-Drucks. 15/4999, S. 28). Zwar ist es möglich, durch entsprechende Ausgestaltung der zugrunde liegenden Gesellschaftsverträge (z. B. dürfte insbesondere die Übertragung der KG-Anteile nicht von der Zustimmung sämtlicher Gesellschafter abhängig und es dürfen keine Stichtage für die Übertragung vorgesehen sein) die Übertragbarkeit von KG-Anteilen zumindest zu erleichtern und damit nicht auch zu erhöhen. Ein gewisses Maß von Fungibilität wird man einem derartigen Anlageinstrument dann nicht absprechen können. Verfehlt wäre es jedoch zunächst, von einem im konkreten Einzelfall möglicherweise erfüllten Erfordernis der Fungibilität auf die grundsätzliche Handelbarkeit der gesamten Anlageklasse „KG-Anteile" mit der Frage einer Qualifizierung als Wertpapier iSd WpPG zu schließen.

Dadurch hat sich auch durch die Umsetzung der MiFID durch das **46** FRUG grundsätzlich nichts geändert. Denn der nationale Gesetzgeber hat ihm Rahmen der Umsetzung der Richtlinie zur Ausdruck gebracht, dass er Anteile an Kommanditgesellschaften nicht vom Wertpapierbegriff umfasst sehen will (vgl. Entwurf eines FRUG vom 14. 9. 2006, RegBegr. S. 5, vertiefend: *Voß* BKR 2007, 45). Dies ist uneingeschränkt zu begrüßen. Der Gesetzgeber geht zutreffend davon aus, dass schon die Vertretbarkeit von Anteilen an geschlossenen Fonds infolge ihrer regelmäßig individuell divergierenden wertmäßigen Bestimmbarkeit angezweifelt werden muss und dass es ihnen aufgrund zahlreicher rechtlicher, aber auch praktischer Umlaufhemmnisse an der freien Übertragbarkeit fehlt. Damit ist aber auch für eine Einzelfallbetrachtung bei geschlossenen Fonds kein Raum mehr. Dies ist sachgerecht, denn eine Einzelfallbetrachtung hätte nicht zuletzt in der Praxis eine nicht mehr handhabbare Rechtsunsicherheit zur Folge, da die Frage, ob ein Prospekt nach dem WpPG oder dem VerkProspG zu schreiben wäre, sowohl durch die Anbieter einer- als auch durch die Aufsicht andererseits anhand von unsicheren Kriterien zu beurteilen und mit abschließender Sicherheit wohl überhaupt nicht zu beantworten wäre.

Sollten Anleger eine Schuldverschreibung begeben müssen, um **47** die Vermögensanlage zu erhalten, handelt es sich bei den Schuldverschreibungen mangels Fungibilität nicht um Wertpapiere. Denn jeder Anleger weist über eine unterschiedliche Bonität auf.

bb) Verbrieft. Für die Anwendbarkeit des WpPG ist es ohne Belang, ob Wertpapiere verbrieft sind (vgl. RegE WpPG, BT-Drucks. 15/4999, S. 28). Gleichwohl stellt § 8f Abs. 1 ausdrücklich klar, dass für in Wertpapiere verbriefte Vermögensanlagen keine Prospekt- **48**

pflicht nach VerkProspG besteht. Für Vermögensanlagen, die zwar Wertpapiere darstellen, jedoch nicht verbrieft sind und dennoch unter das WpPG fallen (bsp. Schuldbuchforderungen der öffentlichen Hand) besteht bereits aufgrund der grundsätzlichen Subsidiarität des VerkProspG gegenüber anderen Prospektierungspflichten keine Prospektpflicht nach VerkProspG. Unklar ist hingegen, ob Ausnahmen von der Prospektpflicht nach WpPG kurzum den Anwendungsbereich des § 8f VerkProspG wieder eröffnen. Die Einführung einer Prospektpflicht für derartige Vermögensanlagen „um die Ecke" scheint kaum gewollt zu sein, sie würde zudem die Ausnahmeregelung nach WpPG ad absurdum führen. Ein (verbrieftes) Wertpapier nach dem WpPG kann deshalb nie der Prospektpflicht nach VerkProspG unterfallen.

49 Vermögensanlagen, die nicht unter das WpPG fallen, aber gleichwohl verbrieft sind, können im Einzelfall unter § 8f Abs. 1 fallen. So sieht die BaFin – fraglicherweise – Inhaberschuldverschreibungen, die ein Anleger begeben muss um eine Vermögensanlage zu erwerben unter Zugrundelegung eines wirtschaftlichen Emittentenbegriffs als prospektpflichtig an und verlangt diesbezüglich die Angaben nach § 8g VerkProspG in Verbindung mit der VermVerkProspV (s. u. § 5 VermVerkProspV Rn. 8).

50 **cc) Infizierungswirkung durch das Anlageobjekt.** Vermögensanlagen im Sinne des Abs. 1 S. 1, die in Wertpapiere oder offene Fonds investieren, unterliegen dem VerkProspG und nicht dem WpPG. Das Gesetz unterscheidet nach seinem Wortlaut klar die Vermögensanlage von dem Anlageobjekt. Das Rechtsverhältnis des Anlegers zum Anlagevehikel wird durch die Beteiligungsform bestimmt, das Anlageobjekt selbst hat auf dies keine Auswirkung, so dass es die Vermögensanlage nicht „infizieren" und hierdurch zum Wertpapier bzw. offenen Fonds machen kann.

51 **dd) Infizierungswirkung des Anlageobjektes.** Umgekehrt „infiziert" ein öffentliches Angebot von Vermögensanlagen kein Private Placement, das Anlageobjekt einer Emission ist, mit der Folge, dass auch ein Verkaufsprospekt über das Private Placement zu erstellen wäre. Beide Emissionen sind hinsichtlich ihrer Prospektpflichtigkeit unabhängig voneinander zu beurteilen, sog. **prospektrechtliches Abstraktionsprinzip.** Insbesondere ist es in einer derartigen Konstellation nicht so, dass der Gesellschaftervertrag der KG, die als Emittent bei der Privatplatzierung fungiert, nach § 4 Satz 2 VermVerkProspV im Verkaufsprospekt für das öffentliche Angebot abzudrucken ist.

Anwendungsbereich § 8f

f) Prospektpflicht aufgrund anderer Vorschriften. Eine 52
Prospektpflicht aufgrund anderer Vorschriften besteht grundsätzlich
für Beteiligungen nach InvG und WpPG. Derartige Fälle werden jedoch im Grundsatz jedoch bereits schon deshalb nicht der Prospektpflicht nach VerkProspG unterliegen, da es sich um Wertpapiere im Sinne des WpPG handelt (vgl. *Heidel/Krämer,* § 8f VerkProspG Rn. 29). Fraglich sind hingegen Fälle, in denen es sich um nicht verbriefte Wertpapiere handelt, die aufgrund von Ausnahmen von der Prospektpflicht nach WpPG im Grundsatz keiner Prospektpflicht unterliegen. Es erscheint zweifelhaft, ob der Gesetzgeber derartige Fälle nunmehr der Prospektpflicht nach VerkProspG unterwerfen möchte. Vorzugswürdig erscheint es, den Anwendungsbereich des VerkProspG bereits dann zu verneinen, wenn es sich um ein Wertpapier im Sinne des WpPG handelt, losgelöst von der Frage, ob dieses Wertpapier verbrieft oder nicht verbrieft ist.

Fraglich ist, ob die Prospektpflicht aufgrund anderer Vorschriften 53
auch solche anderer Staaten meint, mithin, ob es sich auch um ausländische Vorschriften handeln kann. Dagegen spricht, dass es sich bei dem VerkProspG anders als beim WpPG um eine Regelung rein nationalen Ursprungs handelt. Es erscheint deshalb sehr fraglich, ob der Gesetzgeber mit Schaffung seiner Regelung auch Prospektpflichten anderer Staaten im Auge hatte. Gleichwohl kann man aufgrund europarechtlicher Vorgaben (Freiheit des Kapitalverkehrs gem. Art. 56 Abs. 1 EGV) zu dem Ergebnis kommen, dass eine Regelung ausländischen europäischen Rechts jedenfalls dann zum Ausschluss der deutschen Prospektpflicht führt, wenn der Verkaufsprospekt in einem anderen Mitgliedstaat der EU in einem Verfahren geprüft wurde, dass denselben oder einen vergleichbaren Schutzgehalt für den Anleger aufweist wie es §§ 8 f ff. festlegen. Eine dazu notwendige Gleichwertigkeitsprüfung würde erfordern, dass das Verfahren im Ausland als Mindeststandard die nach § 8 g Abs. 1 erforderlichen Angaben der Prüfung zugrunde gelegt hat. Auf die aufgrund von § 8g Abs. 2 und 3 erlassene VermVerkProspV wird es nicht ankommen, da sie nur das Verfahren der Gestattung und Hinterlegung des Verkaufsprospekts im Inland regelt. Ein derartiges Verfahren („Äquivalenztest") ist derzeit noch nicht entwickelt.

g) Kein „europäischer Pass". Anders als nach § 17 f. WpPG für 54
Wertpapiere existiert für Vermögensanlagen kein Verfahren zur grenzüberschreitenden Billigung von Verkaufsprospekten, es gibt mithin keinen „europäischen Pass" für Vermögensanlagen.

Wer eine Gestattung für ein öffentliches Angebot im Inland hat, 55
darf aufgrund dieses Verwaltungsaktes die entsprechenden Vermö-

gensanlagen bspw. nicht in Österreich anbieten und wird sich für ein solches Vorhaben mit der österreichischen Aufsicht auseinander zu setzen haben. Umgekehrt darf ein ausländischer Anbieter aufgrund einer Erlaubnis für das Angebot von Vermögensanlagen nach ausländischem Recht kein öffentliches Angebot in Deutschland vornehmen. Schwierigkeiten bringen die Fälle mit sich, in denen ein Anbieter eine Notifizierung nach dem WpPG bei der BaFin beantragt, wobei die verfahrensgegenständlichen Anlageinstrumente nur nach ausländischem Recht als Wertpapiere zu beurteilen sind, nach dem deutschen Recht jedoch keine Wertpapiere, sondern Vermögensanlagen darstellen. Praktisch wird die BaFin sich in einschlägigen Fällen mit der ausländischen Aufsicht auseinander setzen und in schweren Missstandsfällen von einer Notifizierung absehen.

56 **h) Prospekt nach Vorschriften dieses Gesetzes bereits veröffentlicht.** Prospektpflichtig ist grundsätzlich nur das „erstmalige" Angebot. Aus diesem Grundsatz lässt sich nicht ableiten, dass für Alt-Angebote, deren Platzierung vor dem 1. 7. 2005 bereits begonnen hat und für die aus freiwilligem Antrieb ein Verkaufsprospekt erstellt wurde, kein neuer Verkaufsprospekt nach Maßgabe der §§ 8f ff. VerkProspG zu veröffentlichen ist. Denn die Ausnahmenorm spricht explizit von einem „Verkaufsprospekt", womit nur ein solcher gemeint sein kann, der auch nach Maßgabe der §§ 8f ff. VerkProspG veröffentlicht wurde. Dies trifft indessen auf keinen freiwillig erstellten Verkaufsprospekt für Alt-Angebote zu.

57 **i) Einzelfälle. aa) Kostenlose Angebote.** Kostenlos ausgegebene Vermögensanlagen sind nicht prospektpflichtig, wie sich bereits aus dem Namen des Gesetzes („Verkaufs...") ergibt (vgl. dazu *Ritz*, in: *Assmann/Lenz/Ritz*, § 1 VerkProspG Rn. 35; *Kopp-Colomb/Lenz* BKR 2002, 5, 8; *Schäfer/Hamann*, § 1 Rn. 6f.). Dies setzt jedoch voraus, dass keine weiteren (mittelbaren) Kosten für den Anleger entstehen, wie etwa Registrierungsgebühren, Nutzungsentgelte oder auch Depotgebühren (vgl. dazu *Ritz*, in: *Assmann/Lenz/Ritz*, § 1 VerkProspG Rn. 35; *Kopp-Colomb/Lenz* BKR 2002, 5, 8). Kostenlos ist dann als unentgeltlich im Sinne von § 516 Abs. 1 BGB zu verstehen. Unentgeltlich erfolgt eine Zuwendung, wenn sie rechtlich nicht mit einer Gegenleistung verknüpft ist (vgl. *Palandt/Weidenkaff*, BGB, § 516 Rn. 8). Eine Gegenleistung liegt insbesondere dann vor, wenn gegenseitige Verträge gem. §§ 320ff. BGB geschlossen werden (BGH NJW 1989, 2122). So sollen Anlegern im Rahmen von Mitarbeiterbeteiligungsprogrammen angebotene Vermögensanlagen als Gegenleistung der Arbeitskraft und -leistung unter dem mit dem Anleger geschlossenen Arbeitsvertrag zu qualifizieren sein, so dass es an

Anwendungsbereich **§ 8 f**

einer Unentgeltlichkeit fehlt. Für diese Fälle ist jedoch an die Ausnahme des § 8 f Abs. 2 Nr. 6 zu denken.

bb) Selbstlose Angebote. In Anlehnung an § 55 AO unterfallen sog. selbstlose Angebote nicht der Prospektpflicht. Selbstlose Angebote liegen vor, wenn der Anleger keine Gewinnanteile und auch keine sonstigen Zusendungen aus Mitteln des Emittenten erhalten und er bei seinem Ausscheiden oder der Auflösung bzw. Aufhebung des Emittenten nicht mehr als ihre ursprünglich tatsächlich geleistete Kapitaleinlage und gegebenenfalls den Wert tatsächlich geleisteter Sacheinlagen zurückerhält. Derartige Angebote finden sich etwa in Fällen, in denen eine bestimmte Infrastruktur geschaffen oder modernisiert werden soll. Als Beispiel sei eine GbR genannt, deren Gesellschafter sich aus engagierten Bürgern einer Kleinstadt zusammensetzen und die öffentlich Anteile anbieten um Mittel einzuwerben, mit deren Hilfe der historische Altstadtbrunnen saniert werden soll, der ansonsten dem Verfall anheim gegeben wäre. **58**

cc) Investmentclubs. Unter Investmentclubs versteht man Vereinigungen von natürlichen Personen, die eine gemeinsame Anlage von Sparbeträgen ihrer Mitglieder und deren Unterrichtung über Vorgänge und Investmentmöglichkeiten an Wertpapiermärkten bezweckt (vgl. *Krumnow/Gramlich,* Gabler Bank Lexikon, unter dem Stichwort „Investmentclub"). Investmentclubs sehen teilweise vor, dass sämtliche Beteiligten eine Gemeinschaft nach Bruchteilen gem. §§ 741 ff. BGB bilden. Eine Bruchteilsgemeinschaft ist mangels gemeinsamen unternehmerischen Zwecks kein Unternehmen im Sinne des § 8 f Abs. 1 S. 1. Solange der Anleger Rechtsinhaber über das eingezahlte Geld bleibt, etwa weil die Gemeinschaftskonten auf den Namen eines jeden Mitglieds lauten, liegt kein echtes Treuhandvermögen vor. Ist zudem gewährleistet, dass der eingesetzte Treuhänder lediglich im Namen des Anlegers und auf dessen Rechnung handeln darf, ist auch kein unechtes Treuhandvermögen gegeben. Es handelt sich hier um einen Fall der sog. Vollmachtstreuhand, der nicht unter § 8 f Abs. 1 S. 1 fällt. **59**

Anders hingegen sind Fälle zu beurteilen, in denen Investmentclubs die Rechtsform einer Gesellschaft bürgerlichen Rechts haben. Dann handelt es sich um Anteile an einem Unternehmen gem. § 8 f Abs. 1 S. 1. Insbesondere bei Investmentclubs stellt sich die Frage, ob diese gem. § 8 h Abs. 1 in Verbindung mit § 10 VermVerkProspV einen aufgestellten Jahresabschluss in den Prospekt aufnehmen müssen. Investmentclubs bringen zumeist vor, keiner Verpflichtung zur Aufstellung eines Jahresabschlusses zu unterliegen und auch rein tatsächlich keinen Jahresabschluss aufzustellen. Richtigerweise kommt **60**

§ 8 f Abschnitt III a. Prospektpflicht

es hier auf den Einzelfall an. Dabei gilt, dass das Prospektrecht selbst keine allgemeine Verpflichtung des Emittenten zur Aufstellung eines Jahresabschlusses begründet. Betreibt der Investmentclub jedoch ein Finanzdienstleistungsgeschäft im Sinne des KWG (etwa die Finanzportfolioverwaltung gem. § 1 Abs. 1a Nr. 3 KWG, vgl. dazu BAKred, Schreiben VII 4 – 71.50.01 vom 1. 7. 1998), ist dieses gem. § 26 KWG zur Aufstellung eines Jahresabschlusses verpflichtet. Hat der Investmentclub das Finanzdienstleistungsgeschäft auf ein externes Finanzdienstleistungsinstitut ausgelagert, muss im Verkaufsprospekt bestätigt werden, dass kein Jahresabschluss aufgestellt wurde, weil der Emittent nach den Vorschriften des HGB nicht rechnungslegungspflichtig ist.

61 **dd) Sport-Vereine.** Zum Teil sehen Mitgliedschaften in Sport-Vereinen neben der Vereinsmitgliedschaft auch die Gesellschafterstellung in einer KG vor (oftmals bei Golf- oder Tennis-Clubs). Während die Betriebsgesellschaft in der Rechtsform eines eingetragenen Vereins besteht, dessen Gemeinnützigkeit anerkannt ist, besteht die Besitzgesellschaft, die die wesentlichen Güter des Vereins besitzt, in der Rechtsform einer KG. Das Angebot an einer Gesellschafterstellung in einer KG ist als Beteiligung an einem Unternehmen im Grundsatz vom Anwendungsbereich des § 8 f umfasst. Allein dadurch, dass die Gesellschafterstellung in der Besitzgesellschaft auch die Mitgliedschaft in der (gemeinnützigen) Betriebsgesellschaft voraussetzt, lässt sich noch kein selbstloses Angebot herleiten. Die Praxisrelevanz der Prospektpflichtigkeit von Sportvereinen kann nicht hoch genug eingeschätzt werden. Soweit ersichtlich, insbesondere aufgrund der auf der Website der BaFin abrufbaren Emittenten-Datenbank, hat noch kein Golf-, Tennis-Club etc. einen Verkaufsprospekt für Vermögensanlagen veröffentlicht bzw. hinterlegt. Ein aufsichtsrechtliches Bedürfnis in diesem Marktsegment mag zwar auf den ersten Blick belächelt werden, ist vor dem Hintergrund des Anlegerschutzes jedoch nicht von der Hand zu weisen. Immer wieder ist in der Presse bspw. davon zu lesen, dass der Geschäftsführer eines in der Form einer KG organisierten Golf-Clubs etwa Mittel für die Erneuerung des Geländes unter Angebot des Erwerbs von KG-Anteilen anbietet und sich mit den eingezahlten Einlagen nach Übersee absetzt. Im Einzelfall wird es in besonderem Maße darauf ankommen, ob tatsächlich Werbung für den Beitritt zum Sport-Verein in einer Form stattgefunden hat, die die Annahme eines öffentlichen Angebotes rechtfertigt.

62 **ee) Mischformen.** Teilweise werden gänzlich neue Beteiligungsmöglichkeiten geschaffen, die sich weder als Unternehmensanteil, Treuhandvermögen noch Anteil an sonstigen geschlossenen Fonds auf der einen Seite noch als bloßes Darlehen auf der anderen Seite qualifizieren lassen. Beispielsweise werde Anlageprodukte angeboten, bei denen Kapital endgültig zur Nutzung überlassen wird, zum anderen aber gesellschaftsrechtliche Rechte des Anlegers gänzlich ausgeschlossen werden. Hier gilt es im Einzelfall abzuwägen, ob das Anlageprodukt eher einem prospektierungsfreien Darlehen oder einer zu prospektierenden Unternehmensbeteiligung entspricht. Obwohl in derartigen Fällen ohne Zweifel das Bedürfnis einer Prospektierung besteht, fallen solche öffentliche Angebote oftmals wegen der Vergleichbarkeit zu einem Darlehen aus dem Wortlaut des § 8f Abs. 1 VerkProspG heraus.

2. Ausnahmen von der Prospektpflicht

a) Abs. 2. Durch Abs. 2 werden verschiedene Vermögensanlagen 63 im Sinne des Abs. 1 von der Prospektpflicht ausgenommen, bei denen der Gesetzgeber kein Bedürfnis zur Prospektierung sieht. Dies mag einerseits darin liegen, dass der Anlegerschutz eine solche nicht erfordert oder andererseits eine Prospektierung aus dem Gesichtspunkt der Funktionsfähigkeit des Kapitalmarktes nicht zu fordern ist. Wird das Angebot im Erstmarkt unter Nutzung einer Ausnahme des Abs. 2 ohne Prospekt nach § 8f öffentlich angeboten, sagt dies noch nichts über eine etwaige Prospektpflicht bei Weiterveräußerung durch den Erwerber der Vermögensanlage und dem Zweitmarkt aus. Wie unter Vor § 8f VerkProspG Rn. 17 dargestellt, besteht das Risiko, dass der ursprüngliche Anbieter im Einzelfall als indirekter Anbieter oder als Anbieter im wirtschaftlichen Sinne angesehen wird. Um dies auszuschließen, sollte der Prospekt darauf hinweisen, dass der ursprüngliche Anbieter gerade nicht mit einem Weiterverkauf der Vermögensanlage rechnet (*Hellner/Steuer/Bosch,* BuB, Rn. 10/109). Darüber hinaus kann sich eine vertragliche Beschränkung anbieten, um hierdurch eine Grundlage für einen Freistellungs- und Schadensersatzanspruch des Erstanbieters gegen den weiterveräußernden Anleger zu schaffen (*Hellner/Steuer/Bosch,* BuB, Rn. 10/109).

b) Fallgruppen. Nr. 1 Genossenschaften. Anteile an Genos- 64 senschaften gem. § 1 GenG werden von der Prospektpflicht befreit. Der Gesetzgeber geht davon aus, dass Genossenschaften von entsprechenden Prüfungsverbänden, die einer Qualitätskontrolle unterliegen und darüber hinaus einer staatlichen Aufsicht unterstehen, bereits umfassend geprüft werden. So gilt insbesondere gem. § 11a GenG, dass das mit der Eintragung der Genossenschaft befasste Gericht die Gefährdung der Genossen oder der Gläubiger der Genossenschaft zu überprüfen hat. Zum Teil werden Genossenschaften hingegen auch als Kapitalsammelstellen etabliert, so werden bspw. Wohnungsbaugenossenschaften gegründet, die statt auf Wohneigentumsbildung vielmehr auf Anlage von Beteiligungskapital abzielen und mit Ausschüttungen werben. Selbst wenn in derartigen Fällen ein rechtspolitisches Bedürfnis zur Prospektierung nach VerkProspG nicht gänzlich geleugnet werden kann, ist der Gesetzeswortlaut in § 8f Abs. 2 Nr. 1 jedoch eindeutig: Für die Anteile an der Genossenschaft ist ein Verkaufsprospekt nicht zu erstellen.

65 Nicht unter Nr. 1 fällt eine eG & Co. KG, bei der eine Genossenschaft als Komplementärin einer KG fungiert. Denn bei einer derartigen Konstruktion werden lediglich Anteile an einer KG angeboten.

66 **Nr. 2 Versicherungsunternehmen oder Pensionsfonds.** Von der Prospektpflicht sind Vermögensanlagen, die von Versicherungsunternehmen oder Pensionsfonds ausgegeben werden, befreit. Das Angebot knüpft an die besondere Bonität des Emittenten an, nicht hingegen an die behördliche Beaufsichtigung dieser Unternehmen. Denn diese umfasst lediglich die Organisation und Risikosicherung. Ausweislich des Wortlauts ist erforderlich, dass das Versicherungsunternehmen bzw. der Pensionsfonds selbst Emittent der Vermögensanlage ist, das Angebot einer (fremden) Vermögensanlage genügt nicht.

67 **Nr. 3 Bagatellgrenzen.** Eine Ausnahme anhand zahlenmäßiger Grenzen sah bereits § 2 Nr. 4 VerkProspG aF vor.

68 Die Regelungen in Abs. 2 Nr. 3 enthält insgesamt drei Ausnahmen: es werden nicht mehr als 20 Anteile an der Vermögensanlage angeboten, der Verkaufspreis der im Zeitraum von zwölf Monaten angebotenen Anteile an der Vermögensanlage übersteigt insgesamt nicht 100 000 Euro und der Preis jedes angebotenen Anteils der Vermögensanlage beträgt mindestens 200 000 Euro je Anleger. Den Ausnahmen ist gemein, dass sie aus der Anzahl der Anleger bzw. der Höhe des Kapitaleinsatzes auf einen Anlegerkreis schließen wollen, der eine Beurteilung der Kapitalanlagen auch ohne gesetzlich verordnete Informationen vornehmen kann (dazu kritisch *Fleischer* BKR 2004, 339, 341). Die Ausnahmen sind sachgerecht, weil insbesondere bei den ersten beiden Alternativen der potentielle Schaden überschaubar ist (so auch *Hasenkamp* DStR 2004, 2154, 2155).

69 **aa) Bis 20 Beteiligungen.** Der Begriff des Anteils stellt auf die individuelle Beteiligung des Anlegers an der Vermögensanlage im Sinne des Abs. 1 ab. Umfasst ein öffentliches Angebot mehr als nur eine Vermögensanlage im Sinne des Abs. 1, darf die Ausnahme für jede einzelne Vermögensanlage gesondert in Anspruch genommen werden. Denn Nr. 3 spricht von „derselben" Vermögensanlage. In

einzelnen Fällen ist denkbar, dass es sich zwar formell um mehr als eine Vermögensanlage handelt, bei einer wirtschaftlichen Betrachtung hingegen nur eine Vermögensanlage vorliegt. Dies ist etwa dann der Fall, wenn für dasselbe Anlageobjekt immer wieder neue KGs aufgelegt werden, die jeweils 20 Anteile begeben. Aus Sicht eines effektiven Anlegerschutzes ist es kaum verständlich, in derartigen Fällen einer Umgehung der gesetzlichen Prospektpflicht eine Befreiung anzunehmen. Schließlich ist von Bedeutung, dass Alt-Fonds, die schon vor dem 1. 7. 2005 anplatziert waren, einer Prospektpflicht nicht dadurch entgehen können, dass ab diesem Datum nur noch 20 (weitere) Anteile angeboten wurden. Dies folgt aus dem Wortlaut des Gesetzes, wonach „von derselben Vermögensanlage" eben nicht mehr als 20 Anteile angeboten werden dürfen, so dass eine Unterteilung eines Angebotes in zeitliche Abschnitte ausscheidet.

bb) Beteiligungen bis 100 000 Euro binnen 12 Monaten. Der 70
Verkaufspreis des angebotenen Anteils stellt auf den sog. Zeichnungsbetrag der individuellen Beteiligung des Anlegers an der Vermögensanlage ab. Damit entspricht der Verkaufspreis dem Erwerbspreis im Sinne des § 4 Nr. 9 VermVerkProspV, weitere Kosten und weitere Leistungen im Sinne des § 4 Nr. 10 und 11 VermVerkProspV werden nicht berücksichtigt. Der Zeitraum von zwölf Monaten knüpft an die Dauer des Angebots der Anteile an, so dass für den Beginn des Zeitraums das erste öffentliche Angebot der Vermögensanlage entscheidend sein muss.

cc) Beteiligungen ab 200 000 Euro. Der Begriff des Anteils 71
stellt wie auch bei aa) und bb) auf die individuelle Beteiligung des Anlegers an der Vermögensanlage gem. Abs. 1 ab. Mit dem Preis des Anteils ist wieder der sog. Zeichnungsbetrag der Beteiligung gemeint, der dem nach § 4 Nr. 9 VermVerkProspV anzugebenden Erwerbspreis entspricht. In Bezug auf die letzte Alternative ist im Übrigen festzuhalten, dass nach Sinn und Zweck der Vorschrift maßgeblich ist, dass ein einzelner Anleger erst ab einem Mindesterwerbspreis von 200 000 Euro den jeweiligen geschlossenen Fonds zeichnen darf. Entscheidend ist damit der Mindestzeichnungsbetrag und nicht die Frage, in wie viele Anteile dieser Mindestzeichnungsbetrag unterteilt ist (*Keunecke*, Scope Jahrbuch 2006, S. 143, 144; *ders.*, Prospekte im Kapitalmarkt, S. 181). Lautet die Mindestzeichnungssumme auf eine andere Währung, muss sichergestellt werden, dass der in einer anderen Währung gezeichnete Betrag am Tag der Zeichnung oberhalb von 200 000 Euro liegt. Fehl geht somit der in der Praxis immer wieder zu hörende Schluss, dass Beteiligungen ab 200 000 US-Dollar ebenfalls prospektfrei möglich seien.

§ 8 f Abschnitt III a. Prospektpflicht

72 **Nr. 4 Institutionelle Anleger.** Die Vorschrift stimmt inhaltlich mit der Regelung in § 2 Nr. 1 VerkProspG aF überein. Diese wiederum setzte Art. 2 Abs. 1 lit. a) der EG-Emissionsprospektrichtlinie um (*Ritz*, in: *Assmann/Lenz/Ritz*, § 2 VerkProspG Rn. 5).

73 Unter Personen, die beruflich oder gewerblich für eigene oder fremde Rechnung Vermögensanlagen erwerben oder veräußern, fallen solche Investoren, deren Unternehmensgegenstand das Geschäft mit Vermögensanlagen umfasst und Großanleger, bei denen das Geschäft mit Vermögensanlagen nicht nur völlig untergeordneter Neben- oder Hilfszweck ist (vgl. *Kümpel/Hammen/Ekkenga/Gebauer*, Nr. 100, S. 21; *Groß*, KMR, VerkProspG, § 2 Rn. 5). Das gelegentliche Geschäft mit Vermögensanlagen soll nicht genügen (*Ritz*, in: *Assmann/Lenz/Ritz*, § 2 VerkProspG Rn. 6), so dass diese Ausnahmevorschrift insbesondere Banken, Kapitalanlagegesellschaften, Versicherungsgesellschaften, Pensionskassen und Industrieunternehmen, mit anderen Worten also sog. institutionelle Anleger betrifft. Diese müssen im Rahmen ihrer beruflichen oder gewerblichen Tätigkeit angesprochen werden, das Angebot an eine Privatperson kann damit nie unter diese Ausnahmeregelung fallen (*Ritz*, in: *Assmann/Lenz/Ritz*, § 2 VerkProspG Rn. 6).

74 **Nr. 5 Verkaufsprospekt bereits veröffentlicht.** Die Vorschrift stimmt inhaltlich mit der Regelung in § 2 Nr. 5 VerkProspG aF überein.

75 Von dieser Ausnahme sind insbesondere nachträgliche Erhöhungen des Volumens eines öffentlichen Angebots gemeint. Teil eines Angebots ist insbesondere auch die während des öffentlichen Angebots vorbehaltene spätere Erhöhung des Angebotsvolumens, die auch als Greenshoe oder Mehrzuteilungsoption bezeichnet wird (vgl. *Hellner/Steuer/Bosch*, BuB, Rn. 10/113). Im Bereich der Vermögensanlagen versteht man unter einem Greenshoe üblicherweise die Möglichkeit, das Kapital der Anlagevehikels zu erhöhen, wenn mehr als das ursprüngliche geplante Volumen von Anlegern gezeichnet wird. Ist der Greenshoe bereits in der gesamten Größenordnung im Prospekt beschrieben, bedarf es der Ausnahmeregelung in Nr. 5 nicht. Denn dieser Prospekt bezieht sich auf ein öffentliches Angebot, dass lediglich in zwei Tranchen erfolgt (s. *Hellner/Steuer/Bosch*, BuB, Rn. 10/113; *Kümpel/Hammen/Ekkenga/Gebauer*, Nr. 100, S. 23; *Ritz*, in: *Assmann/Lenz/Ritz*, § 2 VerkProspG Rn. 34). Selbständige Bedeutung erlangt die Ausnahmeregelung also in Fällen, in denen der Greenshoe zwar im Prospekt beschrieben wird, seine Höhe jedoch offen bleibt (*Hellner/Steuer/Bosch*, BuB, Rn. 10/113; *Ritz*, in: *Assmann/Lenz/Ritz*, § 2 VerkProspG Rn. 34).

Die Ausnahme nach Abs. 2 Nr. 5 führt zwar dazu, dass kein erneuter Verkaufsprospekt erstellt werden muss. Jedoch bedarf es bei einer nachträglichen Erhöhung des Volumens eines öffentlichen Angebots, jedenfalls sofern die Größenordnung der Erhöhung nicht bereits im Verkaufsprospekt beschrieben ist, regelmäßig eines Nachtrags gem. § 11 (vgl. etwa *Kümpel/Hammen/Ekkenga/Gebauer*, Nr. 100, S. 23). 76

Nr. 6 Begrenzter Personenkreis bzw. Arbeitgeber. Die Vorschrift stimmt inhaltlich mit den Regelungen in § 2 Nr. 2 und 3 VerkProspG aF überein. Während hinsichtlich des begrenzten Personenkreises § 2 Nr. 2 die Regelung in Art. 2 Abs. 1 lit. b) der EG-Emissionsprospektrichtlinie umsetzte, fußte § 2 Nr. 3 auf Art. 2 Abs. 2 lit. h) der EG-Emissionsprospektrichtlinie. 77

aa) Begrenzter Personenkreis. Es ist bereits darauf hingewiesen worden, dass der in § 8f Abs. 2 Nr. 6 verwendete Terminus des begrenzten Personenkreises immer dann vorliegt, wenn es sich um ein nicht öffentliches Angebot nach § 8f Abs. 1 S. 1 handelt (s. Rn. 17). Die Voraussetzungen, unter denen ein begrenzter Personenkreis vorliegt, sind umstritten. 78

Zum Teil wird der Begriff des begrenzten Personenkreises in Anlehnung an § 3 Abs. 2 Nr. 2 WpPG ausgelegt, wonach ein Angebot prospektfrei ist, wenn es sich an weniger als 100 nicht qualifizierte Anleger richtet (so im Ergebnis *Manzei* WM 2006, 845, 847; *Heidel/Krämer*, § 8f VerkProspG Rn. 35). Dem liegt ein quantitatives Verständnis von einem „begrenzten Personenkreis" zugrunde, das ein hohes Maß an Rechtssicherheit verspricht (vgl. *Manzei* WM 2006, 845, 847). Indes wurde die im WpPG für Wertpapiere normierte Definition des öffentlichen Angebots, die ihren Ursprung in der Prospekt-RL hat, vom Gesetzgeber bewusst für das VerkProspG nicht übernommen (dazu kritisch *Holzborn/Israel* WM 2004, 1948, 1956), was die zitierten Stimmen negieren. 79

Vielmehr legen die BaFin und das BMF den Terminus des begrenzten Personenkreises qualitativ aus, so dass eine genaue zahlenmäßige Festlegung des begrenzten Personenkreises einerseits nicht möglich, andererseits aber auch nicht erforderlich sei. Dies entspricht der Aufsichtspraxis für Wertpapieremissionen unter dem VerkProspG aF, wonach ein begrenzter Personenkreis nur vorliegt, wenn (1) die betreffenden Personen dem Anbieter im Einzelnen bekannt sind, (2) von ihm aufgrund einer gezielten Auswahl nach individuellen Gesichtspunkten angesprochen werden und (3) eine Aufklärung durch einen Verkaufsprospekt im Hinblick auf das Informationsbedürfnis des Anlegers nicht erforderlich ist. Der Verzicht auf eine starr festgelegte Grenze möchte vermeiden, dass Anbieter zur Umgehung 80 der Prospektpflicht gezielt von einer derartigen Ausnahmeregelung Gebrauch machen könnten (*Lenz/Ritz* WM 2000, 904, 906). Die Aufsichtspraxis zeigt, dass diese Annahme zutreffend und sachgerecht ist. Unerheblich ist im Übrigen, ob eine Gruppe von Anlegern durch bestimmte Charakteristika wie die Berufsgruppe oder Höhe des Einkommens eingegrenzt wird, denn hierdurch werden die Anleger nur kategorisiert, nicht hingegen individualisiert (*Schäfer* ZIP 1991, 1557, 1560).

81 Unter dem alten VerkProspG war ein Hauptanwendungsfall des begrenzten Personenkreises das Angebot von Aktien an Aktionäre, die bereits eine frühere Emission der entsprechenden Aktiengesellschaft gezeichnet hatten. Bei dieser Konstellation wurde argumentiert, dass die Aktionäre aufgrund ihrer aktienrechtlichen Informationsmöglichkeiten kein Informationsbedürfnis hätten, dass die Erstellung eines Verkaufsprospekts rechfertigen könnte. Dabei war die jeweilige Aktiengesellschaft regelmäßig zum einen sowohl Anbieter als auch zum anderen Emittent der in Rede stehenden Wertpapiere und damit zugleich das Anlageobjekt. Im Bereich der Vermögensanlagen nach § 8f Abs. 1 S. 1 fallen Anbieter- und Emittentenstellung indessen regelmäßig auseinander. Der den Prospekt nach § 2 Abs. 4 VermVerkProspV unterzeichnende Anbieter ist häufig der hinter einer einzelnen Vermögensanlage stehende Initiator. Emittent ist hingegen die Beteiligungsgesellschaft. Haben Anleger Anteile an einer solchen Beteiligungsgesellschaft gezeichnet, werden sie im Hinblick auf eine weitere aufgelegte „Folge"-Beteiligungsgesellschaft wohl nie als begrenzter Personenkreis qualifiziert werden können, da sie – anders als die Aktionäre – über keine Informationen hinsichtlich eines zweiten Anlageobjektes verfügen können, die dem eines Verkaufsprospektes entsprechen. Folglich wird man annehmen müssen, dass im Bereich der Vermögensanlagen nach § 8f Abs. 1 Satz 1 bei Folgeemissionen grundsätzlich eine Aufklärung durch einen Verkaufsprospekt erforderlich ist.

82 **bb) Einzelfälle.** Fälle eines begrenzten Personenkreises sind denkbar, wenn der Anleger Zugang zu Informationen hat, die denen in einem Verkaufsprospekt gleichwertig sind. Entscheidend hierbei ist etwa bei einer bereits bestehenden Beteiligung die konkrete Ausgestaltung der Gesellschafterstellung, insbesondere im Hinblick auf seine Informationsrechte. Sollte der Anleger nicht direkt an dem Emittenten sondern etwa an einer Schwestergesellschaft des Emittenten beteiligt sein, kommt es auf die Ausgestaltung der konzernrechtlichen Beziehung im Einzelfall an.

83 Denkbar ist etwa ein begrenzter Personenkreis in dem Fall, dass der Fonds bereits ein Grundstück A als Anlageobjekt erworben hat und

auf einer Gesellschafterversammlung unter Aushändigung von einem Verkaufsprospekt gleichwertigen Informationsmaterials im Hinblick auf ein Nachbargrundstück B darüber informiert, dass dieses zudem vom Fonds erworben werden soll. Werden den Gesellschaftern im Anschluss an die Gesellschafterversammlung KG-Anteile zur Finanzierung des Erwerbs der Immobilien B angeboten, dürfte ein begrenzter Personenkreis vorliegen.

Dies zeigt, dass die Ausnahme des § 8f Abs. 2 Nr. 6 Alt. 1 zumindest **84** für den Bereich der geschlossenen Fonds bei einer qualitativen Auslegung des begrenzten Personenkreises mehr oder weniger inhaltslos ist (vgl. *Lüdicke/Arndt/Bruchwitz*, S. 102). Diese Auslegung ist für das Wertpapierrecht deshalb vielfach kritisiert worden, da sie der Systematik des Gesetzes widerspräche (so *Hellner/Steuer/Bosch*, BuB, Rn. 10/111) und sich die qualitative Auslegung weder aus dem Gesetzeswortlaut noch aus der Gesetzesbegründung herleiten ließe (*Kullmann/Müller-Deku* WM 1996, 1989, 1992). Dem wird von der BaFin entgegengehalten, dass sich eine qualitative Auslegung teleologisch aus dem Normzweck des § 1 VerkProspG aF herleiten lässt und zur Durchführung einer effizienten Aufsicht auch unabdingbar war und ist. Was die neue Situation nach § 8f betrifft, so muss davon ausgegangen werden, dass der Gesetzgeber die Situation für geschlossene Fonds schlechthin nicht reflektiert hat. Im Ergebnis hat die Ausnahme des begrenzten Personenkreises eine „Existenzberechtigung" nur im Hinblick auf Namensschuldverschreibungen nach § 8f Abs. 1 Satz 2 VerkProspG.

Im Internet lässt sich ein begrenzter Personenkreis nicht dadurch **85** schaffen, dass der Zutritt zur Internetseite durch ein Passwort oder eine vergleichbare Maßnahme versperrt ist. Denn zum einen müssten die Personen, die durch das Angebot angesprochen werden, bereits vor dem Angebot feststehen, so dass die Schaffung eines begrenzten Personenkreises durch ein Registrierungsverfahren nicht möglich ist (*Kopp-Colomb/Lenz* BKR 2002, 5, 8). Und zum anderen müsste gewährleistet sein, dass der Zugriffsberechtigte zum Zeitpunkt des Angebots über die Informationen verfügt, die denen eines Verkaufsprospekts gleichwertig sind (vgl. *Kopp-Colomb/Lenz* BKR 2002, 5, 8). Beides lässt sich in der Regel schwer verwirklichen.

cc) Arbeitgeber. Das Angebot von Vermögensanlagen vom Ar- **86** beitgeber an den Arbeitnehmer oder von einem mit seinem Unternehmen verbundenen Unternehmen ist nicht prospektpflichtig. Die Vorschrift wird aus Gesichtspunkten des Anlegerschutzes als problematisch angesehen, weil Arbeitnehmer in der Regel nicht die erforderlichen Informationen verfügen und auch nicht die Fähigkeiten

§ 8f Abschnitt III a. Prospektpflicht

und Kenntnisse besitzen, um die Risiken der Vermögensanlage einzuschätzen (*Kümpel/Hammen/Ekkenga/Gebauer*, Nr. 100, S. 22; *Dittrich*, S. 92).

87 Arbeitnehmer sollen nach der Gesetzesbegründung des VerkProspG aF auch ehemalige Arbeitnehmer sein (RegBegr., BT-Drucks. 11/6340, S. 11). Die Bestimmung des verbundenen Unternehmens richtet sich nach § 15 AktG (RegBegr., BT-Drucks. 11/6340, S. 11). Der Anwendungsbereich der Vorschrift wird eng ausgelegt, so dass er nur dann eröffnet wird, wenn dem Arbeitnehmer Vermögensanlagen angeboten werden, die vom Arbeitgeber-Unternehmen oder dem mit ihm verbundenen Unternehmen selbst emittiert werden (*Ritz*, in: *Assmann/Lenz/Ritz*, § 2 Rn. 24). Unbedeutend ist demgegenüber, ob dem Arbeitnehmer die Vermögensanlagen über ein Kreditinstitut oder einen sonstigen Vermittler angeboten werden (*Ritz*, in: *Assmann/Lenz/Ritz*, § 2 Rn. 24).

88 **Nr. 7 Ausnahmen im Hinblick auf bestimmte Emittenten.** Die Vorschrift stimmt inhaltlich teilweise mit der Regelung in § 3 VerkProspG aF überein. Die in § 8f Abs. 2 Nr. 7 genannten Personen müssen keinen Prospekt erstellen, da es für sie ansonsten eine unverhältnismäßig starke und sachlich nicht gebotene Belastung darstellt, einen Verkaufsprospekt mit sich zum Teilen wiederholenden Angaben zu veröffentlichen (RegBegr. BT-Drucks. 11/6340, S. 12).

89 **aa) § 8f Abs. 2 Nr. 7 lit. a) bis lit. c) (Wertpapiere der öffentlichen Hand).** § 8f Abs. 2 Nr. 7 lit. a) bis lit. c) VerkProspG übernehmen wortgleich § 3 Nr. 1 lit. a) bis lit. c) VerkProspG aF. Die Regelungen setzten Art. 2 Abs. 2 lit. c) der EG-Emissionsprospektrichtlinie um. Der Anwendungsbereich dieser Vorschriften wurde durch Art. 43 Nr. 1 lit. a) des EWR-Ausführungsgesetzes vom 27. 4. 1993 (Gesetz zur Ausführung des Abkommens vom 2. 5. 1992 über den europäischen Wirtschaftsraum) auf sämtliche Vertragsstaaten des Abkommens über den Europäischen Wirtschaftsraum erweitert. Weitreichend wurde die Regelung durch Art. 2 Nr. 2 lit. a) des 3. FMG geändert.

90 Die Staaten, die mit dem Internationalen Währungsfonds besondere Kreditabkommen im Zusammenhang mit dessen Allgemeinen Kreditvereinbarungen getroffen sind, entsprechen den Staaten der Zone A im Sinne des § 1 Abs. 5 lit. b) KWG (vgl. *Ritz*, in: *Assmann/Lenz/Ritz*, § 3 VerkProspG Rn. 6 mwN).

91 **bb) § 8f Abs. 2 Nr. 7 lit. d) (Daueremittenten).** § 8f Abs. 2 Nr. 7 lit. d) VerkProspG übernimmt den Wortlaut des § 3 Nr. 1 lit. d) VerkProspG aF nur teilweise. Insbesondere ist die Regelung nicht mehr auf (Namens-)Schuldverschreibung beschränkt, sondern bezieht sich auf sämtliche Vermögensanlagen. Durch § 3 Nr. 1 lit. d) VerkProspG aF wurde Art 5 lit. a) der EG-Emissionsprospektrichtlinie unvollständig (vgl. *Ritz,* in: *Assmann/Lenz/Ritz,* § 3 VerkProspG Rn. 8) umgesetzt. Gem. § 8f Abs. 2 Nr. 7 lit. d) sind sog. Daueremittenten von der Prospektpflicht befreit. Auf diese Ausnahme werden sich Anbieter geschlossener Fonds regelmäßig nicht berufen können, da sie womöglich „dauerhaft oder wiederholt" Vermögensanlagen anbieten, aber gerade nicht emittieren, da die Fondsgesellschaft selbst Emittent ist (*Jäger/Voß,* S. 903). Vielmehr unterfallen dieser Ausnahme in der Regel Kredit- und Finanzdienstleistungsinstitute, die Schuldverschreibungen begeben.

(1) Wiederholte Ausgabe. Wiederholt ist eine Ausgabe begrifflich, wenn einer ersten Emission eine zweite nachfolgt. Nach dem Wortlaut liegt eine wiederholte Ausgabe vor, wenn in den letzten zwölf Monaten vor dem öffentlichen Angebot mindestens eine Emission innerhalb der EU oder des EWR erfolgt ist. Nach einer – zum VerkProspG aF geäußerten – Auffassung in der Literatur ist es unerheblich, ob die vorangegangene Emission Gegenstand eines öffentlichen Angebots oder einer Platzierung unter den Ausnahmevorschriften des Abs. 2 war (*Kümpel/Hammen/Ekkenga/Gebauer,* Nr. 100, S. 24; *Schäfer/Hamann,* § 3 Rn. 4; *Groß,* KMR, VerkProspG, § 3 Rn. 8). Nach der hier – im Übrigen im Einklang mit der Aufsichtspraxis zum VerkProspG aF stehenden – vertretenen Ansicht liegt eine „wiederholte Ausgabe" im Sinne von § 8f Abs. 2 Nr. 7 lit. d) nur dann vor, wenn in den zwölf Kalendermonaten vor dem öffentlichen Angebot mindestens eine nach § 8f Abs. 1 *prospektpflichtige* Emission innerhalb der Europäischen Union oder innerhalb eines anderen Vertragsstaates des Abkommens über den EWR – also insbesondere auch in Deutschland – ausgegeben worden ist. Die Ausnahmevorschrift des § 8f Abs. 2 entspricht gemäß der Begründung des Regierungsentwurfs (RegBegr. BT-Drucks. 15/3174, S. 42) derjenigen des – nunmehr aufgehobenen § 3 Nr. 2 VerkProspG aF. Die Zielsetzung für das Daueremittentenprivileg nach § 3 Nr. 2 VerkProspG aF war ausweislich der Gesetzgebungsmaterialien (BT-Drucks. 11/6340, S. 12), Sparkassen und Banken aus dem Genossenschaftssektor im Zusammenhang mit der von ihnen über die Ausgabe von Schuldverschreibungen betriebenen Refinanzierung zu entlasten. Insbesondere erläutert der Normgeber aaO, dass die Erstellung von Verkaufsprospekten bei jeder einzelnen Emission von Schuldverschreibungen dieser Institute entbehrlich sei, weil der Schutz der Anleger in diesen Fällen bereits dadurch sichergestellt sei, dass eine staatliche Solvenz-

§ 8 f Abschnitt III a. Prospektpflicht

aufsicht bestehe, die Emissionen zu betrügerischen Zwecken verhindere. Die staatliche Solvenzaufsicht war indessen nicht der einzige Grund für die Einführung des Daueremittentenprivilegs nach § 3 Nr. 2 VerkProspG aF. Denn dann hätte der Gesetzgeber sämtliche Kredit- und Finanzdienstleistungsinstitute im Hinblick auf die Emission von Schuldverschreibungen von der Prospektpflicht befreien können, wie es in § 3 Nr. 1 VerkProspG aF für die Wertpapieremissionen bestimmter Staaten geschehen ist. Indessen wurde die Befreiung von der Prospektpflicht für Kredit- und Finanzdienstleistungsinstitute ausdrücklich an die Voraussetzung geknüpft, dass Schuldverschreibungen dauernd oder wiederholt ausgegeben werden. Für das alte Verkaufsprospektrecht konnte dies nur bedeuten, dass zumindest einmal ein Verkaufsprospekt für die Emission einer Schuldverschreibung eines bestimmten Emittenten erstellt werden musste. Der nach dem eindeutigen Wortlaut vorgegebene Sinn der Vorschrift konnte nur darin liegen, dass der Anleger in den Fällen des § 3 Nr. 2 VerkProspG die Möglichkeit erhalten sollte, sich anhand eines Verkaufsprospekts über den Emittenten zu informieren. Gerade über die Bonität des Emittenten wurde jedoch bereits im Rahmen der staatlichen Solvenzaufsicht gewacht. Somit musste der Zweck wenn nicht gar die Existenzberechtigung von § 3 Nr. 2 VerkProspG aF nicht zuletzt darin liegen, dem Anleger die Möglichkeit zu eröffnen, sich aus einem Verkaufsprospekt einen Überblick über das – wiederholt – angebotene Anlageinstrument zu verschaffen. Diese Erwägungen lassen sich auf die neue Regelung des § 8 f Abs. 2 Nr. 7 lit. d) übertragen. Dies gilt vor allem deshalb, weil nach § 8 f Abs. 2 Nr. 7 lit. a) wie in § 3 Nr. 1 VerkProspG aF die Emissionen bestimmter Staaten von der Prospektpflicht ausgenommen worden sind. Somit ist und kann auch nach neuem Verkaufsprospektrecht die Solvenzaufsicht über bestimmte Institute nicht allein der Grund für die Beibehaltung des Daueremittentenprivilegs sein. Schließlich ist hervorzuheben, dass § 8 f Abs. 2 Nr. 7 lit. d) ausdrücklich für die Emission von Namensschuldverschreibungen statuiert, dass in Bezug auf diese Produkte eine wiederholte Ausgabe entbehrlich ist. Nach der Begründung des Regierungsentwurfs zu § 8 f Abs. 2 (RegBegr. BT-Drucks. 15/3174, S. 42) ist insoweit auf die Einschränkung einer wiederholt ausgegebenen Emission des § 3 Nr. 2 VerkProspG aF im Interesse der für diesen Anlagemarkt in Betracht kommenden kleineren Institute, die weniger als einmal in zwölf Kalendermonaten vor dem Angebot Namensschuldverschreibungen begeben, verzichtet worden. Damit ist für einen wesentlichen Teil der typischerweise von Sparkassen und Genossenschaftsbanken angebotenen Produktpalette (Namenspapiere wie „Sparkassenbriefe", Namensgenussrechte etc.)

Anwendungsbereich § 8 f

für die Anbieter eine Befreiung von der Prospektpflicht vorgesehen, die liberaler ist als das Daueremittentenprivileg nach § 3 Nr. 2 VerkProspG aF, da das Merkmal der „wiederholten Ausgabe" als Einschränkung für eine Befreiung von der Prospektpflicht insoweit überhaupt nicht statuiert wurde.

Gemäß der hier vertretenen Auffassung sind nach alledem die in § 8 f Abs. 2 Nr. 7 lit. d) genannten Institute bei einer Emission von anderen Vermögensanlagen als Namensschuldverschreibungen wie z. B. stillen Beteiligungen *nicht* durch eine gesetzliche Ausnahme von der Prospektpflicht befreit. Insbesondere lassen sich in den Gesetzgebungsmaterialien keine Anhaltspunkte dafür finden, dass der Gesetzgeber neben den Namensschuldverschreibungen weitere Produkte von Kreditinstituten etc. von der Prospektpflicht befreien wollte. Somit ergibt sich sowohl aus dem eindeutigen Wortlaut des § 8 f Abs. 2 Nr. 7 lit. d) sowie aus der Gesetzgebungshistorie, dass für die Inanspruchnahme des Daueremittentenprivilegs eine wiederholte Ausgabe nur bei der Emission von Namensschuldverschreibungen, nicht aber für andere Vermögensanlagen entbehrlich ist. Folglich beinhaltet das Daueremittentenprivileg des § 8 f Abs. 2 Nr. 7 lit. d) einen Regelungsgehalt, wonach für alle anderen Vermögensanlagen als Namensschuldverschreibungen zumindest einmal ein Verkaufsprospekt für die Emission einer Vermögensanlage eines bestimmten Emittenten erstellt werden soll, ja sogar: muss, um bei Folgeemissionen in den Genuss der Ausnahme von der Prospektpflicht kommen zu können. 93

Die oben dargestellte Auffassung deckt sich schließlich mit der zuletzt vertretenen Ansicht des für Wertpapierprospekte nach dem VerkProspG aF zuständigen BaFin-Referates WA 35. Zwar hatte das Amt ursprünglich die Auffassung vertreten, dass es für die Befreiung von der Prospektpflicht ausreichend sei, wenn eine Emission von Schuldverschreibungen ausgegeben wurde, unabhängig davon, ob diese Emission Gegenstand eines öffentlichen Angebotes gewesen ist. Indessen ist das Referat WA 35 unter späterer Aufgabe dieser geäußerten Ansicht in der Praxis der letzten Jahre vor dem Inkrafttreten des § 8 f von einer wiederholten Ausgabe und damit einer Bejahung eines Daueremittentenprivilegs erst dann ausgegangen, wenn die ursprüngliche Emission *nicht* aufgrund eines Ausnahmetatbestandes prospektfrei angeboten wurde.

(2) Dauerhafte Ausgabe. Alternativ („oder") zu einer wiederholten Ausgabe kann ein Emittent ggf. unter die Ausnahme des § 8 f Abs. 2 Nr. 7 lit. d) fallen, wenn die Ausgabe „dauerhaft" erfolgt. Eine dauerhafte Ausgabe soll vorliegen, wenn die Vermögensanlagen fortlaufend ohne Unterbrechung angeboten werden (*Kümpel/Hammen/* 94

§ 8f
Abschnitt IIIa. Prospektpflicht

Ekkenga/Gebauer, Nr. 100, S. 25 mit Verweis auf die RegBegr., BT-Drucks. 13/8933, S. 84). Im Rahmen des § 2 Nr. 12 WpPG versteht man unter einer dauerhaften Ausgabe im Wertpapierbereich ein Angebot über einen Zeitraum von 4 Wochen. Da Vermögensanlagen im Gegensatz zu Wertpapieren in der Regel längerfristige Anlagen sind und sich ihr Angebot zumeist über Monate hinweg zieht, erscheint es sachgerecht, insoweit einen Zeitraum der dauerhaften Ausgabe von drei Monaten anzusetzen. Eine Aufsichtspraxis hierzu lässt sich noch nicht feststellen.

95 In Fachkreisen wurde zudem diskutiert, ob angesichts des Umstandes, dass es sich bei § 8f Abs. 2 Nr. 7 lit. d) um eine grundsätzlich restriktiv zu handhabende Ausnahmevorschrift handelt, eine dauerhafte Ausgabe nur dann anzunehmen und damit eine gänzlich prospektfreie Ausgabe auch nur in den Fällen erreichbar sei, in denen eine „einfach strukturierte" Vermögensanlage vorliegt. Eine Rechtfertigung für die Möglichkeit der Befreiung ergebe sich nur daraus, dass der Gesetzgeber im Rahmen des VerkProspG aF die Refinanzierung der Institute über *einfach strukturierte* Finanzprodukte (Schuldverschreibungen) zur Entlastung der Institute für entbehrlich gehalten habe (RegBegr. BT-Drucks. 11/6340, S. 12) und diese Regelung dem Grunde nach auf alle Arten von Vermögensanlagen im Sinne des § 8f Abs. 1 – insoweit wohl unreflektiert – erstreckt habe. Es stellt sich die Frage, ob dieser Gedanke auf den Bereich der Vermögensanlagen übertragbar ist. Unter einfach strukturierten Vermögensanlagen könnten in Anlehnung an die Begründung der Ausnahmevorschrift zu § 3 Nr. 2 VerkProspG aF solche verstanden werden, die es dem Anleger ermöglichen, ihre Funktionsweise ohne größere Mühe aus den Anlagebedingungen zu entnehmen. Nur dann könnte der Verzicht auf einen Prospekt als vertretbar und sachgerecht anzusehen sein, da dieser dann zu keinem Mehr an Information beim Anleger führen würde. Die Entscheidung, ob es sich um eine einfach strukturierte Vermögensanlage handelt, wäre im Einzelfall zu treffen. Sicherlich würde dann die Frage eine Rolle spielen, ob die Anlagebedingungen den jeweiligen gesetzlich festgelegten Leitbildern entsprechen. Denn dann könnte sich der Anleger ein Verständnis über die Vermögensanlage schaffen, ohne rechtliche Hilfe in Anspruch zu nehmen. Erforderlich wäre demnach, dass der Beteiligungsvertrag zwischen Emittent und Anleger u. a. vollständig den Regelungen des BGB, HGB und GmbHG entsprechen muss. Genussrechte, deren Ausgestaltung gesetzlich nicht definiert ist, würden wohl nie einfach strukturierte Vermögensanlagen darstellen. Auch Treuhandvermögen wären nach diesem Verständnis keine einfach strukturierten Vermögensanlagen, weil die dem Treuhandvermögen zugrunde liegende Konstruktion der mittelbaren Stellvertretung gesetzlich nicht definiert ist. Im Ergebnis könnte eine derartig einfach strukturierte Vermögensanlage nur in ganz engen Ausnahmefällen vorliegen. Den Anbietern wäre deshalb anzuraten, im Zweifelsfalle besser einen Prospekt zu erstellen, um das Risiko eines späteren Prospekthaftungsprozess wegen fehlendem Prospekt nach § 13a VerkProspG zu minimieren. Im Übrigen ist zweifelhaft, ob diese Auffassung den Vorzug verdient. Zum einen findet sie keine Stütze im Wortlaut und würde zu einem nahezu kompletten Leerlauf der Vorschrift führen, der so sicher nicht vom Normgeber intendiert war. Bedenken ergeben sich zudem nicht zuletzt daraus, dass Vermögensanlagen stets einen gewissen Grad an Komplexität in ihrer rechtlichen – und regelmäßig nach wie vor auch steuerlichen – Konzeption beinhalten. Eine Einzelfallbetrachtung im Hinblick auf das Vorliegen einer „einfachen Struktur" würde die Anbieter mit einer nicht unbeachtlichen Rechtsunsicherheit belasten, nicht zuletzt vor dem Hintergrund, dass zu diesem Bereich noch keine Aufsichtspraxis feststellbar ist. Sollten derartige ideologische Erwägungen bei der Auslegung des § 8f Abs. 2 Nr. 7 lit. d) bei der Exekutive Anklang finden, wäre jedenfalls die Aufstellung eines Kriterienkatalogs für „einfache Strukturen" mehr als wünschenswert.

Der Begriff der Namensschuldverschreibung wird wie im Rahmen **96** des § 8f Abs. 1 ausgelegt, er stimmt mit dem Begriff des § 793 BGB überein (s. o.). Auf das Erfordernis der dauerhaften oder wiederholten Ausgabe wurde bei Namensschuldverschreibungen aus politischen Gründen zur besonderen Privilegierung von Sparkassen und Genossenschaftsbanken (RegBegr. BT-Drucks. 15/3147, S. 42) verzichtet.

ee) § 8f Abs. 2 Nr. 7 lit. e) (Staatsmonopole). Auch § 8f **97** Abs. 2 Nr. 7 lit. e) VerkProspG übernimmt den Wortlaut des § 3 Nr. 1 lit. e) VerkProspG aF nur teilweise, indem die Regelung nicht mehr auf (Namens-)Schuldverschreibung beschränkt ist. Die Regelung setzt Art. 5 lit. b) der EG-Emissionsprospektrichtlinie um. Die Regelung wurde bereits durch Inkrafttreten des § 3 Nr. 1 lit. e) VerkProspG aF nicht wortwörtlich umgesetzt (vgl. dazu *Ritz,* in: *Assmann/Lenz/Ritz* § 3 VerkProspG, Rn. 38). Diese Problematik kann im Rahmen der Neuregelung dahingestellt bleiben, da sich die EG-Emissionsprospektrichtlinie gerade nicht auf Vermögensanlagen im Sinne des § 8f Abs. 1 VerkProspG bezog, so dass die Vereinbarkeit oder Nichtvereinbarkeit mit der Richtlinie keinerlei Auswirkungen haben dürfte.

Nr. 8 (Angebot bei Verschmelzungen). Die Vorschrift stimmt **98** inhaltlich mit der Regelung in § 4 Abs. 1 Nr. 7 und Nr. 9 VerkProspG aF überein. Im Rahmen des VerkProspG aF galt diese Ausnahme als weitgehend entbehrlich, da die bei einem Verschmelzungsvorgang angebotenen Vermögensanlagen nach deutschem Gesellschaftsrecht nicht Gegenstand eines öffentlichen Angebots sind, die Mitglieder der übertragenden Rechtsträger werden kraft Gesetzes und nicht durch Zeichnung Anteilseigner des neuen Unternehmens (*Kümpel/ Hammen/Ekkenga/Gebauer*, Nr. 100, S. 29; *Groß*, KMR, VerkProspG, § 4 Rn. 12). Ferner besteht für Mitglieder der übertragenden Rechtsträger bereits umfassender Schutz durch die Information mittels Verschmelzungsberichts nach § 8a UmwG (*Kümpel/Hammen/Ekkenga/ Gebauer*, Nr. 100, S. 29; *Schäfer/Hamann*, § 4 VerkProspG Rn. 15).

99   **Nr. 9 Altfälle im Zweitmarkt.** Die Regelung des § 8f Abs. 2 Nr. 9 wurde erst durch das FRUG im Rahmen der MiFID-Umsetzung in das VerkProspG eingefügt. Die Regelung betrifft mit dem Zweitmarkthandel von sog. Alt-Anteilen lediglich einen begrenzten Teil des Zweitmarktes. Die Regelung ist zudem erst ab dem 1.11. 2007 anwendbar. In der nachfolgenden Darstellung sollen vorerst die verschiedenen Erscheinungsformen des Zweitmarktes dargestellt werden, ehe die Rechtslage vor Inkrafttreten der Regelung und danach erläutert wird.

100   **aa) Erscheinungsformen.** Unter den Begriff Zweitmarkt fasst man die Weiterveräußerung einer Vermögensanlage. Hier sind verschiedene Erscheinungsformen ersichtlich (vgl. dazu auch *Friedrichs/ Wegner/Richter*, S. 882). **(1) Offene Zweitmarkthandelsplattformen.** Im Prinzip mit dem Börsenhandel bei Wertpapieren vergleichbar treffen bei unabhängigen Zweitmarkthandelsplattformen Nachfrage und Angebot an Anteilen und damit an Vermögensanlagen aufeinander. Eine der nach Aussagen seines Betreibers der größten unabhängigen Zweitmarkthandelsplattformen ist die Fondsbörse Hamburg, deren Handel über das Internet abgewickelt wird. **(2) Initiatorenzweitmarkt.** Initiatorenzweitmarkt oder auch sog. emissionshausinterner Zweitmarkt ist der Zweitmarkt, der unter Mitwirkung des Initiators, also des erstmaligen Anbieters der Vermögensanlage, erfolgt. Hierbei sind verschiedene Erscheinungsformen erkennbar. Teilweise wird durch den Initiator lediglich die Weiterveräußerung vermittelt, das Erwerbsgeschäft hingegen direkt zwischen dem veräußernden Anleger und erwerbenden Interessent abgeschlossen. In anderen Fällen werden Vermögensanlagen durch eine zum Konzernkreis des Initiators gehörenden Gesellschaft aufgekauft und anschließend weiterveräußert. Vergleichbar hiermit sind Fälle, in denen im Erstmarkt eine initiatornahe Platzierungsgarantin ihrer Verpflichtung zur Zeichnung von Anteilen genügt hatte und sie diese nunmehr über einen Zweitmarkt abverkauft. Letztlich betreiben verschiedene Initiatoren Zweitmarktplattformen, zumeist über das Internet. **(3) Käuferplattformen.** Am Markt haben sich Marktteilnehmer etabliert, die sich auf den Ankauf „gebrauchter" Vermögensanlagen spezialisiert haben. **(4) Weiterveräußerung durch den Anleger.** Zum Teil veräußert der Anleger seine Beteiligung an einen Interessenten ohne Ausnutzung einer unabhängigen Zweitmarkthandelsplattform und ohne Mitwirkung des Initiators.

bb) Behandlung vor Inkrafttreten des § 8f Abs. 2 Nr. 9. 101
(1) Anwendungsbereich. Die BaFin ist der Auffassung, dass das Angebot auf dem Zweitmarkt grundsätzlich ein Angebot im Sinne des § 8f Abs. 1 ist und somit der Prospektpflicht unterliegt. Die BaFin unterscheidet nicht, ob die Platzierung im Erstmarkt vor Inkrafttreten des VerkProspG erfolgt ist oder danach. Diese Auslegung ist höchst fraglich, da die Einbeziehung von Vermögensanlagen, die vor dem Inkrafttreten des VerkProspG platziert wurden, dazu führt, dass diese Vermögensanlagen auf dem Zweitmarkt strenger behandelt werden als auf dem Erstmarkt. Auch die Tatsache der fehlenden Übergangsregelung für derartige Fälle kann nicht dazu führen, dass die Prospektpflicht durch eine Einbeziehung der sog. Alt-Anteile faktisch auf einen vor dem Inkrafttreten des VerkProspG liegenden Zeitpunkt zurückwirkt.

(2) Anteile, für die bereits ein Verkaufsprospekt veröffent- 102
licht wurde. Für Vermögensanlagen, die nach dem 1. 7. 2005 aufgelegt wurden, und für die ein Verkaufsprospekt aufgestellt wurde, besteht grundsätzlich keine Prospektpflicht. Denn für diese Angebote wird es – sofern der Anbieter sich aufsichtsrechtlich korrekt verhalten hat – stets einen Verkaufsprospekt geben, der im Hinblick auf das Erstmarkt-Angebot zu erstellen und nach erfolgter BaFin-Prüfung zu veröffentlichen war. Damit ist aber gemäß § 8f Abs. 1 Satz 1 aE stets „ein Prospekt nach den Vorschriften dieses Gesetzes veröffentlicht worden" mit der Folge, dass für ein öffentliches Angebot von Vermögensanlagen auf dem Zweitmarkt eine Prospektpflicht entfällt (vgl. auch *Fleischer* BKR 2004, 339, 341). Fraglich bleiben hingegen all diejenigen Fälle, in denen kein Verkaufsprospekt erstellt wurde, sei es, weil das Angebot im Erstmarkt vor dem 1. 7. 2005 erfolgte oder durch eine Ausnahme von der Prospektpflicht kein Verkaufsprospekt im Sinne von § 8f Abs. 1 erstellt wurde.

(3) Ausnahmen für Zweitmarkthandelsplattformen. Die 103
Prospektpflicht von Angeboten über unabhängige Zweitmarkthandelsplattformen wurde vor Inkrafttreten des § 8f Abs. 2 Nr. 9 anhand von Ziffer 2 des BaFin-Auslegungsschreibens (s. im Textanhang unter

§ 8 f Abschnitt III a. Prospektpflicht

III. 4) beurteilt. Dort wird zunächst klargestellt, dass Zweitmarkt-Angebote von „Alt-Anteilen" seit dem 1. 7. 2005 grundsätzlich prospektpflichtig sind. Es werden aber dann gewisse organisatorische Anforderungen an eine Zweitmarkt-Plattform genannt, bei deren Vorliegen keine Prospektpflicht eingreift. Im Einzelnen galt für Anteile im Sinne des § 8f Abs. 1, die aus einer Vermögensanlage stammen, dessen sämtliche Anteile vor dem 1. 7. 2005 an Endanleger veräußert wurden und „die ... öffentlich auf einem Markt angeboten werden, der regelmäßig stattfindet, geregelte Funktion- und Zugangsbedingungen hat, für das Publikum unmittelbar oder mittelbar zugänglich ist und unter der Verantwortung seines Betreibers steht", dass die BaFin „in Erwartung einer gesetzlichen Regelung von der Vorlage eines Prospektes absieht". Ob eine Zweitmarkt-Plattform die genannten Voraussetzungen erfüllte oder nicht, ließ sich nur im Rahmen einer Einzelfallbetrachtung beurteilen.

104 Stimmen in der Literatur sehen für diese Verwaltungsauffassung keine Stütze im Gesetz (so *Heidel/Krämer,* § 8f VerkProspG Rn. 12ff.). So wird vermutet, dass der Gesetzgeber sich bewusst zu einer Anwendung der Prospektpflicht auf Anteile, die vor dem 1. 7. 2005 vollständig im Erstmarkt platziert wurden, entschlossen habe. Begründet wird dies mit einer Äußerung der Bundesregierung aus dem Gesetzgebungsverfahren (Gegenäußerung der Bundesregierung vom 7. 4. 2005, BT-Drucks. 15/5219, S. 8) und damit, dass das verabschiedete Gesetz mit dieser Äußerung übereinstimmte (vgl. *Heidel/ Krämer,* § 8f VerkProspG Rn. 14f.). Ob es sich tatsächlich so verhalten hat, mag bezweifelt werden. Vielmehr wurde über informelle Quellen aus Kreisen des Bundesfinanzministeriums bekannt, dass es sich schlicht um ein „Büroversehen" – um nicht zu sagen: eine Schlampigkeit – gehandelt haben soll, da die gesetzliche Regelung, die nunmehr durch das FRUG in § 8f Abs. 2 Nr. 9 VerkProspG eingefügt wurde, bei der Vorbereitung der Umsetzung der Prospekt-RL im Gesetzgebungsverfahren „verloren" gegangen war, woraufhin die BaFin durch das Bundesfinanzministerium angewiesen worden sein soll, den Wortlaut der Ziffer 2 in das BaFin-Auslegungsschreiben aufzunehmen.

105 Vor diesem Hintergrund stellt sich die Frage, ob es tatsächlich überzeugt, Anteile, die bereits vor dem 1. 7. 2005 im Erstmarkt vollständig platziert wurden, nunmehr im Zweitmarkt einer Prospektpflicht zu unterwerfen. Die BaFin hat sich der Auffassung angeschlossen, dass auch derartige Vermögensanlagen im Zweitmarkt grundsätzlich unter die Prospektpflicht fallen. Denn das VerkProspG sehe gerade keine Übergangsregelung für derartige Fälle vor. Dagegen lässt sich einwenden, dass dies mit der gesetzgeberischen Wertung des § 8f Abs. 1 Verk-

ProspG nur bedingt vereinbar ist, da hier in einem Erstmarkt mangels einschlägig gesetzlicher Regelung prospektfrei angebotenen Vermögensanlagen im Zweitmarkt strenger behandelt werden als im Erstmarkt. Auch das Fehlen einer Übergangsregelung kann dies nicht rechtfertigen, da hiermit lediglich bezweckt war, nach dem 1.7.2005 Vermögensanlagen nicht prospektfrei anbieten zu können. Die rückwirkende Einführung einer Prospektpflicht auf einen Zeitpunkt vor dem 1.7.2005 kann aber nicht Folge des Fehlens einer Übergangsregelung sein.

(4) Ausnahmen für den Initiatorenzweitmarkt. Sofern die vom Initiator zur Verfügung gestellte Zweitmarkthandelsplattform den Anforderungen der Ziffer 2 des BaFin-Auslegungsschreibens entsprach, und nunmehr den Anforderungen des § 8f Abs. 2 Nr. 9 ist das Zweitmarktangebot von der Prospektpflicht ausgenommen. Insbesondere bei Vermittelung eines Anteils bzw. bei Ankauf eines Anteils durch eine initiatornahe Gesellschaft kommen die in § 8f Abs. 2 geregelten Ausnahmen von der Prospektpflicht in Betracht. Zum einen kann die Prospektpflicht entfallen, weil die Bagatellgrenzen nach § 8f Abs. 2 Nr. 3 erfüllt sind. Dies wäre der Fall, wenn die Beteiligungen mindestens den Preis von 200 000 Euro haben. Hierbei muss es auf den tatsächlich am Zweitmarkt erzielten Preis ankommen, der ursprünglich gezeichnete Betrag ist nicht mehr von Belang. Denn das Angebot auf dem Zweitmarkt wird unabhängig von dem Angebot auf dem Erstmarkt beurteilt. Ferner könnte sich der Initiator auf die 20-Anteils-Grenze berufen. Hierbei ist unklar, ob sich die Anzahl von höchstens 20 Anteilen auf das gesamte Angebot im Zweitmarkt bezieht oder für jeden weiterveräußernden Anbieter gesondert berechnet werden muss. Da die Pflicht zur Erstellung eines Prospekts an den einzelnen Anbieter anknüpft, erscheint es richtig, die 20-Anteils-Grenze für jeden weiterveräußernden Anbieter gesondert zu berechnen. Da Anbieter jedoch auch jede Person im Lager des ursprünglichen Anbieters sein soll (s. o.), kann sich der Initiator nicht mehr auf diese Ausnahme berufen, wenn er bereits 20 Anteile vermittelt hat bzw. eine zu seinem Konzernkreis gehörende Person bereits 20 Anteile weiterveräußert hat. Eine Ausnahme wegen begrenzten Personenkreises nach § 8f Abs. 2 Nr. 6 kommt in der Regel nicht in Betracht, weil der erwerbende Anleger auf dem Zweitmarkt nicht über die notwendigen Informationen verfügt (s. o.).

(5) Prospektpflichtigkeit der Käuferplattformen. Bei sog. Käuferplattformen bietet der potentielle Käufer den Ankauf von Vermögensanlagen an. Wie bereits erläutert, fällt unter § 8f Abs. 1 lediglich das Angebot des Verkaufs einer Vermögensanlage, nicht hingegen

§ 8f   Abschnitt III a. Prospektpflicht

das Angebot eines Ankaufs. Die Veräußerung der Vermögensanlage an sog. Käuferplattformen löst deshalb in der Regel keine Prospektpflicht aus. Anders kann nur gelten, wenn die Weiterveräußerung des Anlegers bereits zur Prospektpflicht führt (dazu sogleich).

108   **(6) Ausnahmen für die Weiterveräußerung des Anlegers.** In der Regel wird sich eine Weiterveräußerung eines Anlegers auf dem Zweitmarkt in den Grenzen des § 8f Abs. 2 Nr. 3 halten, da er nicht mehr als 20 Anteile weiterveräußert. Anders ist es jedoch zu beurteilen, wenn der Anleger seine Beteiligung in über 20 Anteile aufteilt und diese an verschiedene Erwerber weiterveräußert. Dann hat er als Anbieter über 20 Anteile angeboten und kann sich auf die Ausnahme nach § 8f Abs. 2 Nr. 3 nicht mehr berufen.

109   **cc) Behandlung nach Inkrafttreten des § 8f Abs. 2 Nr. 9.** Die Regelung des § 8f Abs. 2 Nr. 9 regelt – aus Sicht der Anbieter positiv rückwirkend – lediglich Fälle sog. Alt-Anteile, die auf Zweitmarkthandelsplattformen angeboten werden. Hierbei handelt es sich um Fälle, die vormals von der Regelung des BaFin-Auslegungsschreibens (s. im Textanhang unter III. 4) umfasst werden sollten. Für sämtliche anderen Erscheinungsformen des Zweitmarktes gelten fortan die oben dargestellten Grundsätze.

110   **(1) Alt-Anteile.** Erfasst sind Vermögensanlagen im Sinne des Absatzes 1, die vor dem 1. 7. 2005 veräußert wurden und nach dem 1. 7. 2005 öffentlich angeboten werden.

111   **(2) Zweitmarktplattform.** § 8 Abs. 2 Nr. 9 erfasst jeden Markt, der regelmäßig stattfindet, geregelte Funktions- und Zugangsbedingungen hat, für das Publikum unmittelbar oder mittelbar zugänglich ist und unter der Verantwortung seines Betreibers steht.

112   **(3) Regelmäßig stattfinden.** In Einklang mit der Literatur zum (Börsen-)Marktplatz liegt ein regelmäßig stattfindender Markt in einem in regelmäßig kürzeren Zeitabständen zugänglichen Handelssystem, durch das Geschäftsabschlüsse zwischen den Marktteilnehmern ermöglicht werden (vgl. *Kümpel,* Rn. 17.68). Nicht erforderlich ist hingegen, dass auch regelmäßig Umsätze erzielt werden. Das Kriterium der Regelmäßigkeit dient vielmehr der Abgrenzung von nur gelegentlich stattfindenden Veranstaltungen, wie etwa Messen (vgl. *Schwark/Beck,* KMRK, § 2 WpHG Rn. 46). Handelt es sich um sog. Internet-Handelsplattformen, liegt ein „regelmäßiges Stattfinden" solange vor, wie die jeweilige Homepage aufgerufen werden kann. Handelt es sich demgegenüber um einen Handel über Bank-

filialen, kommt es auf die üblichen Geschäftszeiten an, zu denen ein Handel stattfinden kann.

(4) Geregelte Funktions- und Zugangsbedingungen. Zugangsbedingungen liegen immer dann vor, wenn die Nutzung eines Zweitmarktmodells nur unter bestimmten persönlichen oder sachlichen Voraussetzungen möglich ist. Zugangsbedingung bei sog. Internet-Handelsplattformen ist in der Regel ein Passwort des Nutzers. Handelt es sich hingegen um einen Handel über Bankfilialen, liegt eine Zugangsbedingung bereits darin, dass der veräußerungswillige Anleger Kunde des Zweitmarktbetreibers ist oder wurde. Denn als Kunde ist ihm aufgrund einer persönlichen Eigenschaft der Zugang zum Zweitmarkt eröffnet. Funktionsbedingungen liegen vor, wenn bestimmte Organisationsmechanismen geschaffen wurden, die die Funktionsfähigkeit der Zweitmarkthandelsplattform ermöglichen. Stellt der Anbieter einer Zweitmarkthandelsplattform etwa einen Preisfindungsmechanismus zur Verfügung, durch die die Funktionsfähigkeit ermöglicht wird, dürften mit diesem Mechanismus in der Regel Funktionsbedingungen vorliegen. An einen Preisfindungsmechanismus sind keine hohen Anforderungen zu stellen, vielmehr ist lediglich erforderlich, dass ein Aufeinandertreffen von Angebot und Nachfrage ermöglicht wird und der Preis der Weiterveräußerung nicht völlig willkürlich gesetzt wurde. Dem Tatbestandsmerkmal „geregelt" kommt keine eigene Bedeutung zu, da Funktions- und Zugangsbedingungen stets Regelungscharakter haben dürften. Nicht notwendig ist, dass Funktions- und Zugangsbedingungen schriftlich fixiert sind. Denn derartige Bedingungen können auch rein faktisch vorliegen und eine schriftliche Fixierung ausweislich des Wortlauts der Regelung gerade nicht gefordert wird.

(5) Zugänglich für das Publikum. Zugänglich für das Publikum ist eine Zweitmarkthandelsplattform nach dem allgemeinen Sprachgebrauch, wenn sie zur Benutzung zur Verfügung steht. Während die Zweitmarkthandelsplattform bei einem Internetangebot in der Regel für den Anleger direkt zugänglich ist, ist sie beim Handel über Bankfilialen durch Mitarbeiter des Anbieters zugänglich. Letzteres reicht aus, da der Wortlaut den Zugang gerade nicht auf den direkten Zugang beschränkt.

(6) Unter der Verantwortung seines Betreibers. Die Zweitmarkthandelsplattform muss unter der Verantwortung seines Betreibers stehen. Juristisch meint Verantwortung das Einstehenmüssen (*Köhler*, Juristisches Wörterbuch, Stichwort „Verantwortlichkeit"). Daraus könnte sich schließen lassen, dass der Betreiber aufgrund zivil-

§ 8f Abschnitt III a. Prospektpflicht

rechtlicher Maßstäbe für die Vorgänge auf dem von ihm unterhaltenen Zweitmarkt einstehen muss. Eine Erweiterung des Haftungsinstrumentariums ist jedoch weder durch das BaFin-Auslegungsschreiben noch durch die gesetzliche Regelung in § 8f Abs. 2 Nr. 9 bezweckt gewesen. Vielmehr kann der Begriff der Verantwortung hier nur in einem allgemeineren Sprachsinn gemeint sein, die unter Verantwortung das Treffen von Entscheidungen oder eine Verhaltensweise meint. Unter Verantwortung seines Betreibers steht der Zweitmarkt deshalb dann, wenn der Betreiber die Entscheidungen auf dem Zweitmarkt trifft und durch seine Verhaltensweise den Zweitmarkt bestimmt. Mit anderen Worten muss er die technische und organisatorische Abwicklung des Zweitmarkthandels (insbesondere die Anteilsübertragung) übernehmen.

116   **dd) Anbieter auf dem Zweitmarkt.** Das Vorliegen der Prospektpflicht begründet für den Anbieter nach § 8 Abs. 1 Satz 1 die Pflicht, einen Verkaufsprospekt aufzustellen. Wer Anbieter auf dem Zweitmarkt sein kann, wird nicht einheitlich beantwortet. Nach hier vertretener Auffassung (s. o.) ist Anbieter, wer ein qualifiziert wirtschaftliches Interesse hat, dass über die Einnahmen an Maklerprovisionen hinaus geht. Ein solches Interesse kann etwa das Interesse an der Erhöhung der Handelbarkeit der Vermögensanlagen sein. Der Anbieter im Erstmarkt wird in der Regel ein derartiges Interesse an der Erhöhung der Handelbarkeit haben, da er sich hiermit neue Kundenpotentiale für den Erstmarkt erhofft. Der Betreiber einer Zweitmarktplattform, der in keinem Näheverhältnis zum Anbieter im Erstmarkt steht, wird in der Regel nicht über ein derartiges Interesse verfügen. Allenfalls dann, wenn der Betreiber des Zweitmarkts „im Lager" des Erstmarkt-Anbieters steht, darf man ein qualifiziertes Interesse annehmen. „Im Lager" des Erstanbieters steht der Zweitmarkt-Betreiber etwa dann, wenn er in gesellschaftsrechtlicher Art und Weise mit ihm verflochten ist.

117   **c) Kombinierung der Ausnahmen.** Die Ausnahmen nach § 8f Abs. 2 lassen sich innerhalb ein und desselben öffentlichen Angebots grundsätzlich kombinieren (vgl. *Lenz/Ritz* WM 2000, 904, 906; *Dittrich*, S. 96). So ist es bspw. denkbar, 50% der Anteile an einer Vermögensanlage zu einem Mindesterwerbspreis von 200 000 Euro anzubieten und weitere 50% einem begrenzten Personenkreis (vgl. *Jäger/Voß*, S. 902). Das Angebot ist dann nach § 8f Abs. 2 Nr. 3 iVm § 8f Abs. 2 Nr. 6 VerkProspG prospektfrei. Obwohl eine Kombination im Grundsatz möglich ist, muss im Einzelfall überprüft werden, ob eine Kombination rechtlich statthaft ist. Nicht denkbar ist etwa eine Kombination, wonach 20 Anteile und alle übrigen Anteile zu einem Preis von mindestens 200 000 Euro angeboten werden. Denn dann werden mehr als 20 Anteile „von derselben" Vermögensanlage angeboten.

d) Folgen bei Ausnahme. Das Vorliegen einer Ausnahmeregelung nach § 8f Abs. 2 schließt die Prospektpflicht nach § 8f Abs. 1 aus. Daraus folgt, dass der Verkaufsprospekt nicht an die BaFin zur Gestattung und Hinterlegung zu übermitteln ist. Eine „freiwillige" Hinterlegung, also eine Hinterlegung eines nicht der Prospektpflicht unterliegenden Verkaufsprospekts wird von der BaFin mangels Rechtsgrundlage nicht akzeptiert. Ein im Erstmarkt nach § 8f Abs. 2 von der Prospektpflicht befreiter Verkaufprospekt kann im Zweitmarkt jedoch dennoch prospektpflichtig werden (vgl. *Lenz/Ritz* WM 2000, 904, 906; *Assmann,* in: *Geimer,* Festschrift für Schütze, unter III.2.a) (b); *Meyding* DB 1993, 419, 419). Dies wäre denkbar, wenn etwa nach einer Platzierung unterhalb der 20-Anteils-Grenze im Zweitmarkt Vermögensanlagen gestückelt an viele Erwerber veräußert werden oder im Erstmarkt im Ausland platziert wurde und Teile davon umgehend ins Inland zurückfließen (vgl. *Meyding,* DB 1993, 419, 419; *Hopt,* Die Verantwortlichkeit der Banken, Rn. 133).

118

§ 8g Prospektinhalt

(1) **Der Verkaufsprospekt muss alle tatsächlichen und rechtlichen Angaben enthalten, die notwendig sind, um dem Publikum eine zutreffende Beurteilung des Emittenten und der Vermögensanlagen im Sinne des § 8f Abs. 1 zu ermöglichen. Bestehen die Anteile an einem Treuhandvermögen im Sinne des § 8f Abs. 1 und besteht dieses ganz oder teilweise aus einem Anteil an einer Gesellschaft, so muss der Prospekt auch hinsichtlich dieser Gesellschaft die entsprechenden Angaben enthalten. Ferner ist in den Prospekt an herausgehobener Stelle ausdrücklich ein Hinweis aufzunehmen, dass die inhaltliche Richtigkeit der im Prospekt gemachten Angaben nicht Gegenstand der Prüfung des Prospekts durch die Bundesanstalt für Finanzdienstleistungsaufsicht (Bundesanstalt) ist.**

(2) **Die Bundesregierung wird ermächtigt, durch Rechtsverordnung die zum Schutz des Publikums erforderlichen Vorschriften über die Sprache, den Inhalt und den Aufbau des Verkaufsprospekts zu erlassen, insbesondere über**
1. **die erforderlichen Angaben zu den Personen oder Gesellschaften, die für den Inhalt des Verkaufsprospekts insgesamt oder für bestimmte Angaben die Verantwortung übernehmen,**

§ 8g — Abschnitt IIIa. Prospektpflicht

2. die Beschreibung der angebotenen Vermögensanlagen und ihre Hauptmerkmale sowie die verfolgten Anlageziele der Vermögensanlage einschließlich der finanziellen Ziele und der Anlagepolitik,
3. die erforderlichen Angaben über die Gesellschaft im Sinne des Absatzes 1 Satz 2,
4. die erforderlichen Angaben zu dem Emittenten der Vermögensanlage, zu seinem Kapital und seiner Geschäftstätigkeit, seiner Vermögens-, Finanz und Ertragslage, einschließlich des Jahresabschlusses und des Lageberichts,
5. die erforderlichen Angaben zu den Geschäftsaussichten des Emittenten und über seine Geschäftsführungs- und Aufsichtsorgane.

(3) In der Rechtsverordnung nach Absatz 2 können auch Ausnahmen bestimmt werden, in denen von der Aufnahme einzelner Angaben in den Verkaufsprospekt abgesehen werden kann,

1. wenn beim Emittenten, bei den angebotenen Vermögensanlagen im Sinne des § 8f Abs. 1 oder bei dem Kreis der mit dem Angebot angesprochenen Anleger besondere Umstände vorliegen und den Interessen des Publikums durch eine anderweitige Unterrichtung ausreichend Rechnung getragen ist oder
2. mit Rücksicht auf die geringe Bedeutung einzelner Angaben oder einen beim Emittenten zu befürchtenden erheblichen Schaden.

Übersicht

	Rn.
I. Allgemeines	1
1. Ergänzende Regelungen	1
2. Gesetzesmaterialien	2
3. Verwaltungsanweisungen	3
4. Literatur (Auswahl)	4
II. Allgemeiner Inhalt	5
III. Die Vorschrift im Einzelnen	8
1. Abs. 1	8
2. Abs. 2	22
3. Abs. 3	23

I. Allgemeines

1 § 8g hat den Regelungsgehalt des § 7 VerkProspG aF übernommen (*Fleischer* BKR 2004, 339, 341) und darüber hinaus festgelegt, dass der Prospekt gem. § 8g Abs. 1 S. 3 einen Hinweis aufzunehmen hat, dass die inhaltliche Richtigkeit des Prospektangaben nicht Gegenstand der Prüfung durch die BaFin ist.

Prospektinhalt § 8g

1. Ergänzende Regelungen

Verordnung über Vermögensanlagen-Verkaufsprospekte (Vermögensanlagen-Verkaufsprospektverordnung – VermVerkProspV) v. 16. Dezember 2004, BGBl. I S. 3464.

2. Gesetzesmaterialien

RegBegr. zum AnSVG v. 24. 5. 2004 – Auszug (BT-Drucks. 15/ 3174, 42f.) **2**

Zu den Absätzen 1 und 2
In Abs. 1 Satz 1 wird das Ziel des Prospekts definiert, nämlich dem Erwerber alle die notwendigen tatsächlichen und rechtlichen Angaben zur Verfügung zu stellen, damit er in der Lage ist sowohl den Emittenten als auch die Vermögensanlage zutreffend einzuschätzen, um entsprechend informiert seine Anlageentscheidung sinnvoll treffen zu können. Einzelheiten zu den in den Prospekt aufzunehmenden Angaben werden nicht im Gesetz festgelegt, sondern durch eine Rechtsverordnung, zu deren Erlass die Bundesregierung in Abs. 2 ermächtigt wird. In Abs. 2 Nr. 1 bis 5 werden lediglich die Eckpunkte des Verkaufsprospektes mit den hierzu wesentlichen Angaben, die auf jeden Fall im Prospekt enthalten sein müssen, festgelegt. Abs. 1 Satz 2 stellt klar, dass, wenn es sich bei der Anlage um einen Anteil an einem Treuhandvermögen handelt, der seinerseits aus einem Anteil an einer Gesellschaft besteht, der Prospekt auch zu dieser Gesellschaft die nach Satz 1 notwendigen Angaben enthalten muss. Die Regelung des Satzes 3 dient der Klarstellung und der Vermeidung einer missbräuchlichen Ausnutzung der Werbewirksamkeit eines Prospekts. Der Erwerber muss im Prospekt ausdrücklich darauf hingewiesen werden, dass die inhaltliche Richtigkeit der im Prospekt gemachten Angaben nicht Gegenstand der Prüfung der Bundesanstalt im Rahmen des § 8i ist. Die Prüfung der Bundesanstalt beschränkt sich vielmehr darauf, ob die im Prospekt gemachten Angaben den Vorgaben nach § 8g entsprechen.

Zu Abs. 3
Der Abs. 3 räumt dem Verordnungsgeber aus Gründen der Verhältnismäßigkeit die Möglichkeit ein, unter den in den Nummern 1 und 2 genannten Voraussetzungen von der Aufnahme einzelner Angaben in den Verkaufsprospekt abzusehen.

3. Verwaltungsanweisungen

a) Auslegungsschreiben der Bundesanstalt für Finanzdienstleistungsaufsicht (BaFin) zur Prospektpflicht für Vermögensanlagen-Verkaufsprospekte (Stand: 30. 6. 2005), s. im Textanhang unter III. 3., **b)** Bekanntmachung des Bundesaufsichtsamtes für den Wertpapierhandel vom 6. 9. 1999, s. im Textanhang unter III. 6. **3**

4. Literatur (Auswahl)

4   *Duhndrack/Hasche,* Marktmissbrauchsrichtlinie; Anlegerschutz; Reformfragen, DB 2004, 1351; *Fleischer,* Prospektpflicht und Prospekthaftung für Vermögensanlagen des Grauen Kapitalmarkts nach dem Anlegerschutzverbesserungsgesetz, BKR 2004, 339; *Gebauer,* in: *Kümpel/Hammen/Ekkenga,* Kapitalmarktrecht, Nr. 100; *Hamann,* in: *Schäfer,* VerkProspG; *Heisterhagen,* DStR 2004, 1089; *Hüffer,* Das Wertpapier-Verkaufsprospektgesetz; *Kersting,* Kapitalanlage; Future-Fond, WM 1997, 1969; *Krämer,* in: *Heidel,* Aktienrecht, § 8g VerkProspG; *Moritz/Grimm,* Die Vermögensanlagen-Verkaufsprospektverordnung: Inhaltliche Anforderungen an Verkaufsprospekte geschlossener Fonds, BB 2005, 337; *Paskert,* Informations- und Prüfungspflichten.

II. Allgemeiner Inhalt

5   § 8g wurde durch das AnSVG in das VerkProspG eingefügt. Die Vorschrift übernimmt weitgehend den Regelungsgehalt des § 7 VerkProspG aF.

6   Mit dieser Vorschrift wurde Art. 11 der EG-Emissionsprospektrichtlinie in deutsches Recht ungesetzt. Um kleinen und mittleren Unternehmen den Zugang zum Kapitalmarkt nicht unnötig zu erschweren, verzichtete der Gesetzgeber damals auf die in Art. 12 der EG-Emissionsprospektrichtlinie vorgesehene Möglichkeit, die Anforderungen an die Verkaufsprospekte für Wertpapiere, für die kein Antrag auf Zulassung zur amtlichen Notierung an einer inländischen Börse gestellt ist, denen an Börsenzulassungsprospekte anzugleichen.

7   Mit dem 3. FMG wurde der Anwendungsbereich des § 7 VerkProspG aF auf Wertpapiere beschränkt, für die ein Antrag zum geregelten Markt nicht gestellt war. Des Weiteren wurde der Bundesregierung durch Änderungen des Wortlauts von Abs. 2 der Vorschrift die Ermächtigung gegeben, nicht nur den Inhalt, sondern auch die Sprache von Verkaufsprospekten nach § 7 zu regeln.

III. Die Vorschrift im Einzelnen

1. Abs. 1

8   Satz 1 und 2 stellen allgemeine Grundsätze auf, die den Inhalt des Verkaufsprospekts betreffen. Satz 3 soll sicherstellen, dass der Adressat eines öffentlichen Angebots darüber informiert wird, dass die BaFin die Angaben im Prospekt nicht auf inhaltliche Richtigkeit hin untersucht hat. Da die VermVerkProspV lediglich die Darstellung bestimmter Mindestangaben beschreibt, können durch Abs. 1 im Ein-

zelfall weitere Angaben erforderlich sein (*Moritz/Grimm* BB 2005, 337, 337).

a) Satz 1. Die Vorschrift stimmt inhaltlich mit der Regelung in 9
§ 7 Abs. 1 VerkProspG aF überein. Nach Satz 1 ist erforderlich, dass der Verkaufprospekt alle tatsächlichen und rechtlichen Angaben enthält, die zu einer zutreffenden Beurteilung des Emittenten und der Vermögensanlage erforderlich sind. Die inhaltlichen Vorgaben des Verkaufsprospekts werden maßgeblich durch allgemeine Grundsätze und den Mindestangaben nach der VermVerkProspV bestimmt, darüber hinaus enthalten Verkaufsprospekte gerade bei Vermögensanlagen im Sinne des § 8f Abs. 1 freiwillige Angaben.

aa) Grundsätze zur Prospektierung. Zu den Grundsätzen der 10
Prospektierung zählt man den Grundsatz der Richtigkeit und Vollständigkeit, den Grundsatz der Klarheit, den Grundsatz der Wesentlichkeit und den Grundsatz der Vergleichbarkeit. Ein Grundsatz der Vorsicht oder auch Zurückhaltung wird zwar nicht gefordert, doch soll bei der Beschreibung der Zukunftsaussichten eine sachlich-optimistische Sichtweise anzulegen sein (*Kümpel/Hammen/Ekkenga/Gebauer*, Nr. 100, S. 33).

(1) Grundsatz der Richtigkeit und Vollständigkeit. Die An- 11
gaben im Verkaufsprospekt müssen mit den realen Sachverhalten übereinstimmen (*Kümpel/Hammen/Ekkenga/Gebauer*, Nr. 100, S. 31). Der Grundsatz der Richtigkeit und Vollständigkeit ist ausdrücklich in § 2 Abs. 1 S. 1 VermVerkProspV aufgenommen worden. Die Vollständigkeit ist Bestandteil der Richtigkeit des Prospekts (*Kümpel/Hammen/Ekkenga/Gebauer*, Nr. 100, S. 33). Zur Richtigkeit soll auch die Zeitnähe der Angaben gehören (*Kümpel/Hammen/Ekkenga/Gebauer*, Nr. 100, S. 31).

Insbesondere hinsichtlich der Vollständigkeit des Verkaufsprospekts 12
ist fraglich, von welchem Adressaten der Anbieter bei Erstellung des Verkaufsprospekts ausgehen muss. Nach Auffassung der Rechtsprechung soll es auf einen aufmerksamen Leser ankommen, der in der Lage ist, eine Bilanz zu lesen, jedoch nicht über durchschnittliches Fachwissen verfügt (vgl. BGH, WM 1982, 862f.; OLG Frankfurt am Main, WM 1994, 291, 295; OLG Frankfurt am Main, DB 1999, 888, 889). Ähnlich fordert der IDW S 4 (s. im Textanhang unter III. 1) nach Ziffer 2.1 der Anlage 1, dass sich die Darstellungen im Verkaufsprospekt sowie Inhalt und Umfang der Berichterstattung am Verständnis eines durchschnittlich verständigen und durchschnittlich vorsichtigen Anlegers ausrichten, der über ein Grundverständnis für die

wirtschaftlichen Gegebenheiten der angebotenen Vermögensanlagen verfügt.

13 **(2) Grundsatz der Klarheit.** Nach dem Grundsatz der Klarheit müssen Angaben verständlich, eindeutig und übersichtlich erfolgen (*Kümpel/Hammen/Ekkenga/Gebauer*, Nr. 100, S. 31; *Paskert*, Informations- und Prüfungspflichten, S. 41). So bestimmt § 2 Abs. 1 S. 3 VermVerkProspV, dass der Verkaufsprospekt in einer Form abzufassen ist, die sein Verständnis und seine Auswertung erleichtert. Empfohlen wird insbesondere die Aufnahme eines stark untergliederten Inhaltsverzeichnisses, das Voranstellen einer Kurzzusammenfassung und der Anhang eines Glossars, in dem wichtige Fachbegriffe erläutert werden (*Kümpel/Hammen/Ekkenga/Gebauer*, Nr. 100, S. 31). Wiederholungen sind zu vermeiden (*Kümpel/Hammen/Ekkenga/Gebauer*, Nr. 100, S. 31). Sprachlich stilistisch sollten lange Sätze, Passivwendungen und komplizierte Wendungen vermieden werden (vgl. *Kümpel/Hammen/Ekkenga/Gebauer*, Nr. 100, S. 32 mit Verweis auf die lesenswerte Veröffentlichung des SEC „A Plain English Handbook – How to create clear SEC disclosure documents", erhältlich unter www.sec/gov/news/extra/Handbook.htm).

14 **(3) Grundsatz der Wesentlichkeit.** Nach dem Grundsatz der Wesentlichkeit sind solche Angaben zu machen, ohne die der Anleger zu einer falschen Beurteilung der angebotenen Vermögensanlage kommen kann. Der Grundsatz der Wesentlichkeit ist damit Ausfluss des Grundsatzes der Richtigkeit und stellt klar, dass mit freiwilligen Angaben sparsam umgegangen werden muss, um eine Überfrachtung des Anlegers mit Informationen zu vermeiden (*Kümpel/Hammen/Ekkenga/Gebauer*, Nr. 100, S. 32; *Paskert*, Informations- und Prüfungspflichten, S. 41 f.).

15 **(4) Grundsatz der Vergleichbarkeit.** Nach dem Grundsatz der Vergleichbarkeit muss der Verkaufsprospekt mit früheren oder zukünftigen Veröffentlichungen in Einklang stehen, Abweichungen von früheren Prospekten sind zu erläutern (*Kümpel/Hammen/Ekkenga/Gebauer*, Nr. 100, S. 32). Der Grundsatz der Vergleichbarkeit beruht damit letztlich auch auf dem Grundsatz der Richtigkeit und Vollständigkeit, da Widersprüche zu vorangegangenen Veröffentlichungen den Verkaufsprospekt fehlerhaft machen.

16 **bb) Angaben nach der VermVerkProspV.** Die in §§ 2 bis 14 VermVerkProspV genannten Angaben werden als Pflichtangaben bezeichnet. Die Aufnahme aller dort genannten Angaben kann den Verkaufsprospekt vollständig machen, muss es jedoch nicht. Denn den Vorschriften der VermVerkProspV liegt als Leitbild ein Emittent zugrunde, der ein aktives operatives Geschäft betreibt (*Kümpel/Hammen/Ekkenga/Gebauer,* Nr. 100, S. 34; *Kersting* WM 1997, 1969, 1971). Im Einzelfall können demnach bei Abweichungen von diesem Leitbild weitere Angaben erforderlich sein, ohne die eine sachlich fundierte Anlageentscheidung nicht möglich ist (*Kümpel/Hammen/Ekkenga/Gebauer,* Nr. 100, S. 34; *Kersting* WM 1997, 1969, 1971).

Die Angabeverpflichtungen sind positiv formuliert, so dass ein Schweigen des Prospekts zu einer Mindestangabe bereits zu der Aussage führen soll, dass der in der Verordnung beschriebene Sachverhalt im Verkaufsprospekt keine Entsprechung hat (*Kümpel/Hammen/Ekkenga/Gebauer,* Nr. 100, S. 34). Gleichwohl fordert die BaFin jedoch sog. Negativtestate, mittels derer positiv zu formulieren ist, dass ein in der Verordnung beschriebener Sachverhalt im Verkaufsprospekt keine Entsprechung hat. Dies begründet sie mit dem Grundsatz der Vollständigkeit. 17

cc) Freiwillige Angaben. Freiwillige Angaben sind im Verkaufsprospekt grundsätzlich zulässig (*Kümpel/Hammen/Ekkenga/Gebauer,* Nr. 100, S. 34; *Kersting* WM 1997, 1969, 1973; *Schäfer/Hamann,* §§ 7, 8 VerkProspG Rn. 2; *Paskert,* Informations- und Prüfungspflichten, S. 99; eingeschränkt: *Hüffer,* Das Wertpapier-Verkaufsprospektgesetz, S. 102f.). Allerdings sind auch freiwillige Angaben an den Grundsätzen zur Prospektierung zu messen, so dass ein Prospekt nicht durch freiwillige Angaben unübersichtlich werden und auch kein zu günstiges Gesamtbild der Vermögensanlage schaffen darf (*Kümpel/Hammen/Ekkenga/Gebauer,* Nr. 100, S. 34; *Hüffer,* Das Wertpapier-Verkaufsprospektgesetz, S. 103). Eine Notwendigkeit, freiwillige Angaben, die nicht der Erläuterung der Pflichtangaben dienen, drucktechnisch von den Pflichtanlagen zu trennen, wird jedoch in der Aufsichtspraxis nicht gesehen (so aber wohl *Kersting* WM 1997, 1969, 1973). 18

b) Satz 2. Treuhandvermögen. Durch § 8g Abs. 1 S. 2 ist der Anbieter gezwungen, bei Anteilen an Treuhandvermögens, das ganz oder zum Teil an einem Anteil an einer Gesellschaft besteht, zudem Angaben in Hinblick auf diese Gesellschaft zu machen. Das macht Sinn, da dem Informationsbedürfnis des Anlegers durch bloße Beschreibung des Treuhandvermögens nicht genügt ist (so auch *Heidel/Krämer,* § 8g VerkProspG Rn. 1). 19

c) Satz 3. Hinweis auf den Prüfungsumfang der BaFin. Der Prospekt hat darauf hinzuweisen, dass die inhaltliche Richtigkeit der im Prospekt gemachten Angaben nicht Gegenstand der Prüfung durch die BaFin war. Im Rückschluss bedeutet dies, dass die BaFin 20 selbst nicht die inhaltliche Richtigkeit überprüfen darf. Der Gefahr, dass unseriöse Anbieter die Prüfung oder Gestattung durch die BaFin wie ein Gütesiegel, um dass es sich gerade nicht handelt, werblich einsetzen (so *Duhndrack/Hasche* DB 2004, 1351, 1354) wird mit § 8j begegnet.

21 Der Hinweis auf den beschränkten Prüfungsumfang ist an herausgehobener Stelle zu machen. Unter herausgehobener Stelle wird eine Stelle im Verkaufsprospekt gemeint sein, die dem Anleger selbst bei flüchtiger Lektüre des Verkaufsprospekts sofort „ins Auge springt" (*Moritz/Grimm* BB, 2004, 1352, 1355 (Fn. 23)). Förderlich kann die Hervorhebung durch Fett-, Sperr- oder Großschrift, Unterstreichung, Einrahmung oder farbliche Gestaltung sein (vgl. *Heidel/Krämer*, § 8g VerkProspG Rn. 1). Die VermVerkProspV konkretisiert den Begriff dahingehend, dass der Hinweis im Anschluss an das Inhaltsverzeichnis in hervorgehobener Weise zu erfolgen hat, was insofern weiter geht als die Ermächtigung, die nur von hervorgehobener Stelle spricht (zu recht kritisch *Moritz/Grimm* BB 2005, 337, 338).

2. Abs. 2

22 Die Vorschrift stimmt inhaltlich nahezu vollständig mit der Regelung in § 7 Abs. 2 VerkProspG aF überein. Die Vorschrift nennt lediglich einzelne Eckpunkte, die der Verkaufsprospekt in jedem Fall ansprechen muss (vgl. *Fleischer* BKR 2004, 339, 341; *Heisterhagen* DStR 2004, 1089, 1090).

Nr. 1. Angaben über den Verantwortlichen. Der Ermächtigung in § 8g Abs. Nr. 1 entspricht § 3 VermVerkProspV.

Nr. 2. Angaben über die Vermögensanlage. Der Ermächtigung in § 8g Abs. Nr. 2 entsprechen § 4 und § 9 VermVerkProspV.

Nr. 3. Angaben über den Treuhänder. Der Ermächtigung in § 8g Abs. Nr. 3 entspricht § 12 Abs. 3 VermVerkProspV.

Nr. 4. Angaben über den Emittenten. Der Ermächtigung in § 8g Abs. Nr. 4 entspricht § 5 bis § 8, § 10 und § 11 VermVerkProspV.

Nr. 5. Angaben über Geschäftsaussichten und Geschäftsführungsorgane des Emittenten. Der Ermächtigung in § 8g Abs. Nr. 5 entspricht § 12 und § 13 VermVerkProspV.

3. Abs. 3

23 Die Vorschrift stimmt inhaltlich mit der Regelung in § 7 Abs. 3 VerkProspG aF überein.

24 **Nr. 1. Besondere Umstände.** § 8g Abs. 3 Nr. 1 wurde auf Verordnungsebene umgesetzt mit § 15 Abs. 2 Nr. 1 VermVerkProspV, wonach von der Aufnahme einzelner Angaben abgesehen werden kann, wenn diese nur von geringer Bedeutung und nicht geeignet

sind, die Beurteilung der Vermögens-, Finanz- und Ertragslage des Emittenten zu beeinflussen. Insbesondere bei Blindpool- Konzepten können vollständige Angaben über die Vermögensanlage, insbesondere die Planzahlen des Emittenten, nicht gemacht werden. Hier erlaubt § 8 g Abs. 3 Nr. 1 in Verbindung mit § 15 Abs. 2 Nr. 1 VermVerkProspV das Unterbleiben von Angaben. Vielmehr ist in derartigen Fällen ein Hinweis aufzunehmen, bsp. in der folgenden Form: *„Die Anbieterin hat sich entschieden, gem. § 15 Abs. 2 Nr. 1 VermVerkProspV von der Aufnahme von Angaben zu den Planzahlen des Emittenten abzusehen, da diese Angaben nur von geringer Bedeutung und nicht geeignet sind, die Beurteilung der Vermögens-, Finanz- und Ertragslage zu beeinflussen und eine Darstellung mangels verlässlicher Zahlen nur zur Verwirrung des Investors führen würde."*

Nr. 2. Erhebliche Schäden. Aufgrund von § 8 g Abs. 3 Nr. 2 wurde § 15 Abs. 2 Nr. 2 VermVerkProspV geschaffen, wonach von einer Aufnahme von Angaben dann abgesehen werden kann, wenn die Verbreitung dieser Angaben dem Emittenten erheblichen Schaden zufügt, sofern die Nichtveröffentlichung das Publikum nicht über die für die Beurteilung der Vermögensanlage wesentlichen Tatsachen und Umstände täuscht.

§ 8 h Aufstellung und Prüfung des Jahresabschlusses und des Lageberichts

(1) Ein Emittent, der nicht nach anderen Bestimmungen verpflichtet ist, einen Jahresabschluss prüfen zu lassen und einen Lagebericht aufzustellen und prüfen zu lassen, hat ohne Rücksicht auf seine Rechtsform entweder einen Hinweis nach Absatz 2 in den Verkaufsprospekt aufzunehmen oder den Jahresabschluss und den Lagebericht nach den Bestimmungen des Ersten Unterabschnitts des Zweiten Abschnitts des Dritten Buchs des Handelsgesetzbuchs aufzustellen und entsprechend den Bestimmungen der §§ 317 bis 324 des Handelsgesetzbuchs prüfen zu lassen.

(2) Der Emittent im Sinne von Absatz 1, der keine Aufstellung und Prüfung des Jahresabschlusses und des Lageberichts nach Absatz 1 vornimmt, hat in dem Verkaufsprospekt ausdrücklich an herausgehobener Stelle auf die fehlende Aufstellung und Prüfung des Jahresabschlusses und des Lageberichts nach den genannten Vorschriften hinzuweisen.

Übersicht

	Rn.
I. Allgemeines	1
1. Ergänzende Regelungen	1
2. Gesetzesmaterialien	2
3. Literatur (Auswahl)	3
II. Allgemeiner Inhalt	4
1. Normentwicklung	4
2. Regelungsinhalt	5
III. Die Vorschrift im Einzelnen	6
1. Abs. 1	7
2. Abs. 2	17

I. Allgemeines

1. Ergänzende Regelungen

1 Die Vorschrift wird ergänzt durch die §§ 10 f. der VermVerkProspV, die Angaben über die Vermögens-, Finanz- und Ertragslage des Emittenten und über die Prüfung des Jahresabschlusses des Emittenten verlangen. Es fällt hierbei auf, dass ohne jede Begründung in § 11 der Verordnung nur die Hinweispflicht auf den Prüfer des Jahresabschluss, nicht aber auf einen Prüfer des Anhanges gefordert wird.

2. Gesetzesmaterialien

2 RegBegr. zum AnSVG v. 24.5.2004 – Auszug (BT-Drucks. 15/3174, 43)

In Ergänzung zu § 8g Abs. 2 Nr. 4 legt § 8h fest, welchen Anforderungen ein in den Verkaufsprospekt aufzunehmender Jahresabschluss beziehungsweise Lagebericht entsprechen muss: Ein Emittent, der nicht nach anderen Vorschriften verpflichtet ist, seinen Jahresabschluss prüfen zu lassen und einen Lagebericht aufzustellen und prüfen zu lassen, hat die Wahl entweder seinen Jahresabschluss nach den Vorschriften des Zweiten Abschnitts des Dritten Buches des Handelsgesetzbuchs aufzustellen und prüfen zu lassen und einen Lagebericht aufzustellen und prüfen zu lassen oder einen Hinweis entsprechend Abs. 2 in den Prospekt aufzunehmen. Dies gilt unabhängig von seiner Rechtsform, also auch, wenn es sich um Einzelhandelskaufleute, Personenhandelsgesellschaften, kleine Kapitalgesellschaften im Sinne des § 267 Abs. 1 des Handelsgesetzbuchs oder um ein anderes Unternehmen in der Rechtsform des § 3 Abs. 1 des Publizitätsgesetzes handelt, das die Schwellenwerte des § 1 des Publizitätsgesetzes nicht überschreitet. Der Mehraufwand bei der Aufstellung für Einzelhandelskaufleute und Personenhandelsgesellschaften, die nicht nach § 264a des Handelsgesetzbuchs Kapitalgesellschaften gleichgestellt sind, ist vor dem Hintergrund, dass sich die Emittenten an den Kapitalmarkt wenden, und im Interesse einer möglichst umfassenden Anlegerinformation gerechtfertigt. Größenabhängige Erleichterungen bei der Aufstellung richten sich nach § 267 des Handelsgesetzbuchs, der entsprechend anwendbar ist. Die Prüfung des Jahresabschlusses und

Aufstellung und Prüfung § 8h

des Lageberichts ist für den Informationsgehalt und das Vertrauen des Anlegers in die Vermögensanlage von großer Bedeutung. Im Rahmen der Interessenabwägung zwischen dem Mehraufwand für den Emittenten und dem Informationsbedürfnis des Anlegers ist auf die Einführung einer generellen Pflicht zur Prüfung des Jahresabschlusses und Erstellung eines geprüften Lageberichts für solche Emittenten, die dazu nicht nach anderen Vorschriften verpflichtet sind, zugunsten eines Hinweises in dem Verkaufsprospekt verzichtet worden. Der Emittent kann abwägen zwischen dem Mehraufwand bei der Erstellung des Verkaufsprospekts und dem Risiko einer negativen Wirkung des geforderten Hinweises.

Zu Abs. 2
Abs. 2 stellt die notwendige Information des Erwerbers sicher, wenn der Emittent zwar – wie alle Kaufleute – nach § 242 des Handelsgesetzbuchs verpflichtet ist, einen Jahresabschluss aufzustellen, nicht aber zur Prüfung dieses Jahresabschlusses und zur Ausstellung und Prüfung des Lageberichts und auch nicht von der Möglichkeit des Absatzes 1 Gebrauch machen will. Dann ist er allerdings nach Abs. 2 verpflichtet, im Verkaufsprospekt an herausgehobener Stelle ausdrücklich auf die fehlende Prüfung des Jahresabschlusses und die Nichterstellung des Lageberichts hinzuweisen. Damit sind die Anleger ausreichend geschützt, denn es obliegt nun ihrer Entscheidung, ob sie aufgrund dieses Hinweises von der Kaufentscheidung absehen oder nicht.

3. Literatur (Auswahl)

Fleischer, Prospektpflicht und Prospekthaftung für Vermögensanlagen des Grauen Kapitalmarkts nach dem Anlegerschutzverbesserungsgesetz, BKR 2004, 339 ff.; *Groß,* Kapitalmarktrecht, 3. Auflage 2006; *Heidel/Krämere,* Aktienrecht und Kapitalmarktrecht, 2. Auflage 2007; *Lüdicke/Arndt,* Geschlossene Fonds, 4. Auflage 2007; *Handelsrechtsausschuss des DAV,* Stellungnahme zum Regierungsentwurf eines Gesetzes zur Verbesserung des Anlegerschutzes, NZG 2004, 703 ff.; *Heisterhagen,* Die gesetzliche Prospektpflicht für geschlossene Fonds nach dem Regierungsentwurf des Anlegerschutzverbesserungsgesetzes, DStR 2004, 1089 ff.; *Moritz/Grimm,* Die Vermögensanlagen-Verkaufsprospektverordnung: Inhaltliche Anforderungen an Verkaufsprospekte geschlossener Fonds, BB 2005, 337 ff.; *dies.,* Licht im Dunkel des „Grauen Marktes"? – Aktuelle Bestrebungen zur Novellierung des Verkaufsprospektgesetzes, BB 2004, 1352.

3

II. Allgemeiner Inhalt

1. Normentwicklung

§ 8h wurde durch das AnSVG neu in das VerkProspG eingefügt.

4

2. Regelungsinhalt

5   Die Vorschrift normiert ein Wahlrecht des Emittenten zum Schutze der potentiellen Anleger. Unterliegt ein Emittent nicht bereits aus anderen Gründen der Prüfungspflicht für den Jahresabschluss und Lagebericht, insbesondere also als Kapitalgesellschaft nach § 316 Abs. 1 HGB und als Kapitalgesellschaft & Co. nach § 264a HGB, so muss er entweder den Jahresabschluss und Lagebericht freiwillig aufstellen und prüfen lassen oder das Publikum durch einen Hinweis auf die nicht erfolgte Prüfung besonders darauf aufmerksam machen, dass es sich um ein nicht geprüftes Unternehmen handelt (vgl. RegBegr. BT-Drucks. 15/3174, S. 43; *Groß,* KMR, § 8k VerkProspG Rn. 7; *Heidel/Krämer,* § 8h Rn. 2; *Fleischer,* BKR 2004, 342; *Heisterhagen,* DStR 2004, 1091; *Moritz/Grimm,* BB 2004, 1355). Der Gesetzgeber geht mithin davon aus, dass die Prüfung des Jahresabschlusses und des Lageberichtes dem anlagesuchenden Publikum einen besonderen Schutz verleiht. Es wird im Folgenden zu untersuchen sein, ob diese Grundauffassung des Gesetzgebers Zustimmung verdient.

III. Die Vorschrift im Einzelnen

6   Der Gesetzgeber richtet sich in der Vorschrift ausschließlich an den Emittenten, nicht an die verantwortlichen Organe oder etwaige Hinterleute. Mithin wird bei einem Verstoß gegen die Verpflichtungen des § 8h kein zusätzliches Haftungssubstrat geschaffen. Dem Publikum wird also im eigenen Interesse abverlangt, bei nicht geprüften Unternehmen oder bei Unternehmen, bei denen die Prüfung nicht dem § 8h entspricht, entweder von einer Beteiligung abzusehen oder die Risiken aus einem Verstoß gegen § 8h bewusst in Kauf zu nehmen (der Gesetzgeber geht dabei ersichtlich von einer grds. negativen Wirkung des Hinweises auf eine nicht erfolgte Prüfung aus, vgl. RegBegr. BT-Drucks. 15/3174, S. 43). Wollte man die Kapitalmarktaufsicht stärken, wäre es vorstellbar gewesen, der BaFin als Aufsichtsbehörde bei einem Verstoß gegen die Prüfungs- und Hinweispflicht das Recht zu geben, die Veröffentlichung des Verkaufsprospekts zu untersagen (dem Anleger gleichwohl die Entscheidung auch zugunsten eines den Hinweis nach § 8h Abs. 2 in den Prospekt aufzunehmenden Emittenten zu überlassen, entspricht dem auch sonst im Gesellschafts- und Kapitalmarktrecht favorisierten Informationsmodell, vgl. *Heidel/Krämer,* § 8h VerkProspG Rn. 4; *Fleischer,* BKR 2004, 342). So bleibt es bei der allgemeinen Untersagungsmöglichkeit wegen unvollständiger Angaben nach § 8i des Gesetzes.

Aufstellung und Prüfung **§ 8 h**

1. Abs. 1

Ein Emittent hat (vgl. für den Begriff des Emittenten Vor § 8 f 7
VerkProspG Rn. 19 f.) nach Maßgabe der Regelung des § 8 h entweder einen Jahresabschluss einschließlich Lagebericht aufstellen und prüfen zu lassen oder gem. § 8 h Abs. 2 einen entsprechenden Hinweis an herausgehobener Stelle im Prospekt auf den Umstand zu geben, dass er entweder einen Jahresabschluss nicht hat prüfen lassen oder einen Lagebericht nicht aufgestellt hat bzw. nicht hat prüfen lassen. Der Gesetzgeber geht davon aus, dass die Aufstellungspflicht für den Jahresabschluss wohl in allen Fällen besteht, während ggf. die Pflicht, einen Lagebericht zu erstellen, z. B. auf Grund von § 264 Abs. 1 S. 3 HGB suspendiert sein könnte; anderenfalls macht die Differenzierung in § 8 h Abs. 1 1. HS keinen rechten Sinn. Der Gesetzgeber hätte dann regeln können: „Ein Emittent, der nicht nach anderen Bestimmungen verpflichtet ist, einen Jahresabschluss und einen Lagebericht aufzustellen und prüfen zu lassen ...". Diese Ausgangsüberlegung des Gesetzgebers ist aber nicht zwingend. So ist die Einwerbung von Kapital für eine nicht bilanzierungspflichtige Gesellschaft bürgerlichen Rechts durchaus möglich. Man wird aber für die Prüfung des Jahresabschlusses verlangen müssen, dass sich diese auf einen aufgestellten Jahresabschluss bezieht oder dass der Emittent von der Hinweismöglichkeit nach Abs. 2 Gebrauch macht. Im Sinne eines angemessenen Schutzniveaus (s. nur zur Möglichkeit der persönlichen und uneingeschränkten Haftung des GbR-Fondsgesellschafters *Lüdicke/Arndt,* in: *dies.,* S. 7 ff. mwN) erscheint es aber zweifelhaft, ob tatsächlich eine Kapitalanlage in der Rechtsform einer GbR in den Markt gegeben werden soll, bei der – mangels Anordnung einer Aufstellungspflicht – nicht einmal ein Jahresabschluss zur Verfügung steht.

Der Prüfungspflicht für den Jahresabschluss und den Lagebericht ist 8
unabhängig von der Rechtsform des Emittenten, so dass dann, wenn sich eine Prüfungspflicht bereits nach anderen Vorschriften ergibt, diese durch die Regelung des § 8 h überlagert wird. Durch diese Überlagerung wird gesetzestechnisch erreicht, dass größenabhängige Erleichterungen, die dem Emittenten ggf. aufgrund der Regelungen des HGB zur Verfügung stehen würden, nicht zur Anwendung kommen, da auch diese in § 8 h Abs. 1 mit dem Verweis auf die §§ 317–324 HGB nicht enthalten sind. Dem Gesetzgeber ist hier daran gelegen, ein Informationsniveau im Rahmen der Prüfung wie bei einer großen Kapitalgesellschaft sicherzustellen. Demgegenüber verweist die Regelung zur Aufstellung auf den ersten Unterabschnitt des 2. Abschnittes des 3. Buches des HGB – mithin auf die §§ 264–289

Lüdicke 97

§ 8h Abschnitt IIIa. Prospektpflicht

HGB. Im Rahmen dieses Verweises wäre eine Aufstellung des Lageberichtes nicht erforderlich, wenn es sich bei dem Emittenten um eine kleine Kapitalgesellschaft handelt. Die Regelung in § 8h Abs. 1 ist insofern nicht widerspruchsfrei. Liegen die Voraussetzungen für einen Verzicht auf die Aufstellung eines Lageberichtes gem. den §§ 264ff. HGB vor, wird man aus § 8h zu schließen haben, dass es dem Gesetzgeber des VerkProspG für Emittenten darauf ankommt, dass ein Emittent unabhängig von etwaigen größenabhängigen Erleichterungen, die ihm nach HGB zustehen, in jedem Fall auch einen Lagebericht aufzustellen hat. Entsprechendes gilt für die Prüfung des Lageberichtes, die für Emittenten durch § 8h dann verpflichtend vorgeschrieben wird, wenn der Emittent nicht den Hinweis gem. § 8h Abs. 2 vornehmen will.

9 Weiter zweifelhaft im Rahmen der Aufstellungs- und Prüfungspflicht gem. § 8h Abs. 1 ist die Frage, für welchen Zeitpunkt bzw. über welchen Zeitraum die Anordnung der Prüfungspflicht gilt (vgl. diesbezüglich auch die Kritik des *DAV* NZG 2004, 708). Generell besteht im Rahmen des VerkProspG ein relativ kurzer Zeitraum, in dem ein Verkaufsprospekt zum öffentlichen Vertrieb vorgehalten wird. In diesem Zusammenhang stellen sich dann die Fragen, ob der jeweils letzte Jahresabschluss von der Regelung des § 8h betroffen sein soll oder, ob § 8h denjenigen Abschluss in Bezug nimmt, der zulässigerweise im Prospekt selbst genannt wird. Besteht keine Aktualisierungspflicht nach den anderen Vorschriften des VerkProspG, wird man § 8h wohl nicht dahingehend verstehen können, dass eine gesonderte Prüfungspflicht für einen Abschluss angeordnet werden soll, der nach Maßgabe des VerkProspG selbst dem Anleger nicht bekannt zu machen ist. Mit der gleichen Begründung ist nach der hier vertretenen Auffassung auch eine Beschränkung der zeitlichen Anforderung für die Prüfungspflicht gem. § 8h Abs. 1 im Sinne einer sachgerechten teleologischen Reduktion dahin vorzunehmen, dass eine Prüfungspflicht dann nicht besteht, wenn das öffentliche Angebot nicht mehr aufrechterhalten wird (vgl. insoweit zur ähnlichen Lage bei der Prospekterergänzungspflicht *Heidel/Krämer,* § 11 VerkProspG, Rn. 4). Der Emittent kann sich mithin überlegen, ob er ein günstiges Zeitfenster (nach Vorliegen eines geprüften Jahresabschlusses bis zur Verpflichtung, einen erneuten Jahresabschluss aufstellen und prüfen zu müssen) für die Kapitalmaßnahme, deren Beschreibung in einem Verkaufsprospekt erfolgen soll, ausnutzt.

10 Darüber hinaus ist offen, ob ein Emittent, dessen Abschluss zulässigerweise in einem Konzernabschluss (befreiend) einbezogen wurde, trotz des Verweises auf § 264 Abs. 3 HGB für Zwecke des VerkProspG einen Einzelabschluss aufstellen und prüfen lassen muss. Die Verwei-

Aufstellung und Prüfung **§ 8h**

sung würde eher gegen eine derartige Aufstellungs- und Prüfungspflicht sprechen, das Informationsbedürfnis der Öffentlichkeit, dem § 8h dienen soll (vgl. RegBegr. BT-Drucks. 15/3474, S. 43), verlangt hingegen die Information über das konkrete Unternehmen, dessen Kapitalmaßnahme der interessierte Anleger beurteilen können soll. Demgemäß liegt es – trotz des unglücklichen Verweises auf § 264 Abs. 3 HGB – nahe, die Aufstellungs- und Prüfungspflicht als eigenständige Verpflichtung des § 8h Abs. 1 zu sehen. Es wäre allerdings wünschenswert, wenn der Gesetzgeber statt mit sehr weitgehenden Verweisen auf das HGB zu arbeiten tatsächlich regelnd anordnen würde, welche Verpflichtung ein Emittent im Sinne der geschützten Anlegerinformation tatsächlich erbringen soll.

Zudem ist unklar, was mit einem Emittenten geschieht, der selbst als Konzernobergesellschaft einen befreienden (Teil-)Konzernabschluss aufstellen und prüfen lässt. Auf die §§ 290 – 315h HGB wird in § 8h nicht verwiesen. Wir schließen hieraus eine bewusste Entscheidung des Gesetzgebers, dass ein Mutterunternehmen oder die Obergesellschaft eines Teilkonzerns nach Maßgabe des § 8h lediglich den Einzelabschluss aufstellen und prüfen lassen muss, und bei handelsrechtlicher Wahl des befreienden (Teil-)Konzernabschlusses diesen aber nicht aufzustellen oder zu prüfen hat oder den Verweis nach § 8h Abs. 2 vornehmen muss. Im Sinne einer effektiven Unterrichtung der Öffentlichkeit wäre sicherlich ein anderes Vorgehen des Gesetzgebers sachgerecht gewesen. Handelt es sich bei dem Unternehmen, das Kapital einwirbt, um eine Muttergesellschaft, so verlangt die sachgerechte Anlageentscheidung Kenntnis über den Emittenten und damit auch über Risiken, die sich aus (zu konsolidierenden) Tochtergesellschaften ergeben könnten (zum Zweck des Konzernabschlusses, dem geringen Informationsgehalt des Einzelabschlusses eines Konzernunternehmens entgegenzuwirken (vgl. nun MünchKommHGB – *Busse von Colbe,* Band 4, § 291 Rn. 1). Warum diese Information weniger wichtig sein soll, als die Information im Einzelabschluss der Muttergesellschaft, bei dem eine Verrechnung von stillen Reserven und stillen Lasten ja möglich ist, erschließt sich dem Gesetzesleser nicht. Uns erscheint hier erneut durchzuschimmern, dass der Gesetzgeber bei den Regelungen des VerkProspG oftmals Einobjektgesellschaften in die engere Betrachtung genommen hat, bei denen sich kompliziertere Konzernrechnungslegungsfragen in der Regel nicht stellen. Ist es aber so, dass eine Einobjektgesellschaft als Einheitsgesellschaft konstituiert wurde, die Kommanditgesellschaft ihre Vollhafterin, die Komplementär-GmbH, also zu 100% hält, ist nicht recht einsichtig, warum die Information über Haftungsrisiken der GmbH, die sich aus dem Konzernabschluss der GmbH & Co. 11

§ 8h   Abschnitt III a. Prospektpflicht

KG ergeben würden, für die Anlageentscheidung weniger wichtig sein sollen, als solche der KG selbst. Fällt die GmbH weg, muss auch die KG aufgelöst werden (BGH DStR 2001, 1137; BGH DStR 2005, 750). Eine unmittelbare Zusammenschau beider Gesellschaften wäre im Sinne einer umfassenden Anlegerinformation mithin wünschenswert gewesen.

12   Weiter ist unklar, wie der Emittent wegen besonderer Rechtsformerfordernisse (z. B. als Aktiengesellschaft) bestimmte zusätzliche Informationen in seinem Jahresabschluss bearbeitet und der Jahresabschlussprüfer über die Einhaltung von z. B. corporate governance Grundsätzen zu berichten hat (vgl. zum Prüfungsstandard: IDW PS 345, WPg 2003, 1002 ff.). Aus pragmatischen Erwägungen wird man zum Ergebnis kommen müssen, dass ein solcher (gegenüber den Anforderungen des § 8h Abs. 1) erweiterter Jahresabschluss und Prüfungsbericht wohl den – geringeren – Anforderungskatalog des § 8h auch erfüllt. Alles andere würde zu einer Kapitalvernichtung durch überflüssige Aufstellungs- und Prüfungskosten führen. Eine solche Kapitalvernichtung kann nicht im Interesse des Anlegers und damit auch nicht im Interesse des verbraucherschützend agierenden Gesetzgebers sein.

13   Entgegen dem Wortlaut von § 8h Abs. 2 ist ein Hinweis auf die nicht vollständige Erfüllung der Verpflichtung nach § 8h nach der hier vertretenen Auffassung bereits dann zu geben, wenn der Jahresabschluss entweder nicht in der gehörigen Form aufgestellt wurde, oder der Lagebericht nicht in der gehörigen Form geprüft wurde. Die gesetzestechnische Regelung eines „und"-Verweises könnte demgegenüber darauf hindeuten, dass nur bei einem Verstoß gegen sämtliche der vorgenannten Regelungen ein entsprechender Hinweis gem. § 8h Abs. 2 zu erfolgen hat (so *Moritz/Grimm* BB 2005, 342). Ein solches Verständnis würde allerdings dem verbraucherschützenden Anliegen des Gesetzes nicht gerecht. Ebenfalls könnte aus dem „und"-Verweis geschlossen werden, dass eine spezifische Aufgliederung der konkret nicht erfüllten Maßnahme nicht erforderlich sei. Auch dieses Verständnis würde dem Gesetzesanliegen nicht gerecht. Mithin meinen wir, dass, wenn ein Emittent den Jahresabschluss nicht aufstellt, er auf diesen Umstand hinweisen muss. Wird der aufgestellte Jahresabschluss nicht ordnungsgemäß geprüft, so muss auf die fehlende Prüfung hingewiesen werden. Macht der Emittent von seinem möglicherweise bestehenden Recht als Kleinkapitalgesellschaft Gebrauch und verzichtet auf die Aufstellung eines Lageberichtes, so ist hierauf gem. § 8h Abs. 2 hinzuweisen. Wird der Lagebericht zwar aufgestellt, aber nicht geprüft, so muss auf die fehlende Prüfung hingewiesen werden. Gemäß § 8h Abs. 2 ist der Hinweis ausdrücklich

§ 8h

und an herausgehobener Stelle vorzunehmen. Ein Hinweis bspw. in den Fußnoten oder im Zusammenhang mit dem Jahresabschluss des Emittenten selbst genügt dieser Vorschrift selbst sicherlich nicht. Vielmehr wird man fordern müssen, dass bereits im Rahmen der wesentlichen Angaben über die Kapitalanlage der entsprechende Hinweis in deutlicher Druckform vorhanden ist.

Handelt es sich bei dem Emittenten um eine Auslandgesellschaft, so mag nach ausländischem Recht eine Verpflichtung zur Aufstellung und Prüfung von Jahresabschluss und Lagebericht bestehen, die vom Emittenten bereits erfüllt wurde. Die Prüfung, der z. B. im Einzelabschluss US-GAAP zugrunde liegen, genügt aber unseres Erachtens nicht den Prüfungsvorstellungen des § 8h Abs. 1, die ja einen HGB-Abschluss in Bezug nehmen. Der Emittent müsste mithin einen Parallelabschluss mit Lagebericht nach HGB aufstellen und prüfen lassen oder einen Hinweis nach § 8h Abs. 2 in den Prospekt aufnehmen. Wir haben hier Bedenken, ob diese Regelung sachgerecht ist oder ob der Gesetzgeber möglicherweise ausländische Emittenten, z. B. eine US partnership als Eigentümer einer US-Immobilie schlicht übersehen hat. Es erscheint jedenfalls wenig schlüssig, dass bei Kapitalmarktunternehmen nach der Konzernabschlussbefreiungsverordnung vom 15. 11. 1991 (BGBl. 1991 I S. 2122) auch ein nach US-GAAP aufgestellter und geprüfter Abschluss genügt und hier ein solcher Abschluss zu einer Gleichstellung mit den diskriminierten Emittenten, die nach § 8h Abs. 2 vorgehen, vorgeschrieben wird. Unseres Erachtens böte es sich an, entgegen dem Wortlaut auch einen nach Maßgabe anwendbaren ausländischen Rechts aufgestellten und geprüften Abschluss als solchen genügen zu lassen und in § 8h Abs. 1 – extra legem – hineinzulesen „die Verpflichtung gilt als erfüllt, wenn ein Abschluss, wäre er Konzernabschluss, nach den Vorschriften der Konzernabschlussbefreiungsverordnung in der jeweiligen Fassung als ordnungsgemäß aufgestellt und geprüft gilt." Da der Gesetzgeber hier jedoch schweigt, wäre ein solches Vorgehen für den Emittenten mit dem Risiko der Nichtgestattung der Veröffentlichung des Prospektes und ggf. mit Schadensersatzrisiken wegen fehlenden Hinweises nach § 8h Abs. 2 verbunden. Bis zu einer gebotenen gesetzlichen Neuregelung sollte daher der vorsichtige Emittent entweder den Parallelabschluss (mit Lagebericht) nach HGB aufstellen und prüfen lassen oder den Hinweis nach § 8h Abs. 2 in den Prospekt aufnehmen und an geeigneter Stelle darauf hinweisen, dass er einem anderen Rechnungslegungs- und Prüfungsstatut unterliegt und er dies vollumfänglich eingehalten hat. **14**

Eine weitere Schwierigkeit besteht darin, dass § 8h mit der VermVerkProspV, die aufgrund der Ermächtigung des § 8g Abs. 2, 3 erlas- **15**

§ 8h

sen wurde, nicht gut abgestimmt ist. § 8g Abs. 2 Nr. 4 ermächtigt in einer Rechtsverordnung näher zu bestimmen „die erforderlichen Angaben zu dem Emittenten der Vermögensanlage, zu seinem Kapital und seiner Geschäftstätigkeit, seiner Vermögens-, Finanz- und Ertragslage einschließlich des Jahresabschlusses und des Lageberichtes". Von dieser Ermächtigung hat der Verordnungsgeber in § 10 der VermVerkProspV dahingehend Gebrauch gemacht, dass er geregelt hat, dass als Stichtag der Abschlüsse max. ein solcher, der 18 Monate vor Aufstellung des Verkaufsprospektes liegt (damit soll die hinreichende Aktualität des in den Prospekt aufgenommenen Jahresberichtes gewährleistet werden, vgl. Begr. zur VermVerkProspV, S. 7), gewählt werden kann. Anders als das Gesetz es in § 8h nahe legt, würde der Verordnungsgeber mithin ermöglichen, dass ein am 30. 6. 2007 veröffentlichter Prospekt noch mit dem geprüften Jahresabschluss zum 31. 12. 2005 in den Verkehr gelangt. Die in § 10 Abs. 1 Nr. 3 VermVerkProspV genannten Zwischenübersichten unterliegen nach § 8h, da es sich nicht um Jahresabschlüsse handelt, keiner Prüfungspflicht. Sachgerecht wäre es hier gewesen, eine Abstimmung zwischen § 8h des Gesetzes auch in Bezug auf die zeitlichen Vorgaben vorzunehmen. § 10 Abs. 1 Nr. 2 der Verordnung verlangt den nach § 8h Abs. 1 aufgestellten und geprüften Jahresabschluss und Lagebericht oder den entsprechenden Hinweis nach § 8h Abs. 2. Da das Gesetz eine großzügige Fristenregelung nicht enthält, müsste ein solcher Jahresabschluss der jeweils letzte sein, im obigen Beispiel also derjenige zum 31. 12. 2006. Mithin fallen Gesetz und Verordnung hier in einer Weise auseinander, die es dem rechtstreuen Emittenten erschwert, sich im Wettbewerb zu behaupten. Die Verordnung gestattet dem wenig Veröffentlichungswilligen die Nennung relativ alter geprüfter Zahlen (in diesem Sinne auch *Moritz/Grimm* BB 2005, 342, die wegen der regelmäßig fehlenden Veröffentlichungspflicht von Zwischenberichten nach § 10 Abs. 1 Nr. 3 VermVerkProspV als überwiegend vergangenheitsbezogen beurteilen) während der das Gesetz ernst nehmende Emittent wohl einen aktuellen geprüften Jahresabschluss in seinen Prospekt aufnimmt. Eine weitere Ungereimtheit ergibt sich aus § 10 Abs. 2 der Verordnung. Hiernach ist ein Emittent, der nur zur Aufstellung eines Konzernabschlusses verpflichtet ist, gehalten, diesen Konzernabschluss auch im Verkaufsprospekt zu veröffentlichen. Allerdings genügt es, wenn sich aus der Verdopplung der Abschlüsse keine wesentlichen zusätzlichen Informationen ergeben, nur einen der beiden Abschlüsse zu veröffentlichen. Hier stellt sich das Dilemma dar, dass der Gesetzgeber in § 8h auf die Regelung des Einzelabschlusses verweist und mithin der möglicherweise aus anderen Gründen geprüfte Konzernabschluss, der nach § 10 der Verordnung grundsätzlich ausreichen würde, dann dazu führt, dass der rechtstreue Emittent einen Hinweis auf die fehlende Einzelabschlussprüfung, also ein verkaufshemmendes Merkmal, in seinen Prospekt aufnehmen müsste. Ein solches Vorgehen erscheint wenig sachgerecht. Ist es umgekehrt, ergeben sich aus dem Konzernabschluss wesentliche zusätzliches Hinweise, gestattet § 10 der Verordnung gleichwohl, dass auf einen derartigen Abschluss im Wege des Verweises hingewiesen werden kann. Lediglich der BaFin ist ein gedrucktes Exemplar des Konzernabschlusses zur Verfügung zu stellen. Der Anleger, der sich informieren möchte, muss sich dann zusätzlich zu dem Einzelabschluss aus eigenem Antrieb den Konzernabschluss beschaffen. Auch dieses Vorgehen ist nur schwer erklärlich. Der Anleger hätte mehr davon, wenn ihm der Konzernabschluss und nicht der nach § 8h geforderte Einzelabschluss als Informationsquelle zur Verfügung gestellt würde, da sich kaum ein Anleger der Mühe unterziehen wird, den Konzernabschluss zu beschaffen (für die entsprechende Anwendung der Publizitätsvorschriften der §§ 325 ff. HGB plädiert daher der *DAV* NZG 2004, 708).

Schließlich ist unklar, welche Vorschriften zur Anwendung kommen, wenn die Regelungen des HGB durch den deutschen Gesetzgeber selbst – z.B. im Rahmen der Formblattverordnung – geändert werden. Es erscheint schwierig vorstellbar, der Gesetzgeber hätte mit § 8h anordnen wollen, solche Emittenten müssten neben dem nach Formblattverordnung aufgestellten Jahresabschluss auch einen solchen nach den allgemeinen Regeln des HGB aufstellen. Auch hier zeigt sich wieder die Schwäche der vom Gesetzgeber gewählten Verweisungstechnik. Er wäre gut beraten, den zweiten Halbsatz des § 8h Abs. 1 grundlegend zu überarbeiten und zwischen solchen Emittenten zu unterscheiden, die einen Jahresabschluss oder einen Lagebericht nicht nach den für sie maßgeblichen Vorschriften aufstellen oder prüfen lassen (in jedem Falle Hinweispflicht nach Abs. 2) und solchen, die den Vorschriften nachkommen. Bei letzteren wird man dann, wenn das maßgebliche Rechtssystem und die Prüfung dem deutschen System vergleichbar ist, das Informationsbedürfnis zumindest dann als gestillt ansehen können, wenn eine deutsche Übersetzung vorliegt und auf das angewendete Rechtssystem klar und eindeutig hingewiesen wird. **16**

2. Abs. 2

Der Gesetzgeber formuliert leider auch in Abs. 2 wenig gekonnt. Ausweislich der Begründung wollte er regeln, dass der Hinweis nach Abs. 2 erforderlich ist, wenn der Emittent mindestens einer der vier Verpflichtungen nach Abs. 1 nicht nachkommt. Hierzu hätte es sich **17**

§ 8h Abschnitt III a. Prospektpflicht

angeboten, eingangs zu formulieren: „Der Emittent, der nicht alle vier Verpflichtungen nach Abs. 1 (Aufstellung des Jahresabschlusses und des Anhang, Prüfung des Jahresabschlusses und des Anhangs) erfüllt, ...". Seine andere Formulierung kann aber mit Blick auf den angestrebten Schutz des anlagesuchenden Publikums nicht anders verstanden werden.

18 Als Alternative – mit gesetzlicher Erwartung einer Verkaufserschwerung (vgl. RegBegr. BT-Drucks. 15/3174, S. 43) – bietet der Gesetzgeber an, einen ausdrücklichen Hinweis an herausgehobener Stelle im Verkaufsprospekt anzubringen. Unseres Erachtens kann dies nur so verstanden werden, dass der Hinweis in dem ersten Prospektteil (z. B. Angebot im Überblick oder Risikohinweise) aufgenommen wird. Nur durch einen solchen vorne im Prospekt angebrachten Hinweis wird das Publikum vor der Gefahr des Überlesens ausreichend geschützt. Wir neigen dazu, allerdings wegen der oben dargestellten Schwäche der gesetzlichen Anordnung den Teil „Angebot im Überblick" für den geeigneteren Ort zu halten, weil nur dort auf die Aufstellung z. B. nach ausländischem Recht oder die Aufstellung eines – aussagekräftigeren – Konzernabschlusses statt des vom Gesetzgeber geforderten Einzelabschlusses im Falle eines konzernleitenden Emittenten hingewiesen werden kann, während ein solcher Hinweis im Risikoteil des Prospektes als „Relativierung" des Risikos mit der Folge der Prospektbeanstandung gewürdigt werden könnte.

19 Ein Prospekthinweis könnte uE etwa folgenden Wortlaut haben: „Der Emittent unterliegt als (kleine/ausländische) Gesellschaft nicht der Verpflichtung, einen Lagebericht aufzustellen und nicht der Verpflichtung, den Jahresabschluss und den Lagebericht (nach Maßgabe des HGB) prüfen zu lassen. Als Emittent macht sie von der Möglichkeit des § 8h VerkProspG Gebrauch, stattdessen auf die fehlende Aufstellung und Prüfung des Jahresabschlusses und des Lageberichtes hinzuweisen. (Der Emittent hat einen Jahresabschluss und einen Lagebericht nach dem für ihn maßgeblichen Rechtsvorschriften des anwendbaren ausländischen Rechtes aufgestellt und prüfen lassen. Diese Prüfung ist aber keine solche im Sinne des § 8h VerkProspG.)".

20 Im Übrigen wird zu den Anforderungen in der Praxis aus Gründen des Sachzusammenhanges auf die Kommentierung von § 10 VermVerkProspV verwiesen.

§ 8i Hinterlegungsstelle, Rechte der Hinterlegungsstelle, sofortige Vollziehung

(1) Der Anbieter muss den für die Vermögensanlagen nach § 8f Abs. 1 zu erstellenden Verkaufsprospekt vor seiner Veröffentlichung der Bundesanstalt als Hinterlegungsstelle übermitteln.

(2) Der Verkaufsprospekt für Vermögensanlagen nach § 8f Abs. 1 darf erst veröffentlicht werden, wenn die Bundesanstalt die Veröffentlichung gestattet. Die Bundesanstalt hat dem Anbieter ihre Entscheidung hinsichtlich der Gestattung innerhalb von 20 Werktagen nach Eingang des Verkaufsprospekts mitzuteilen. Gelangt die Bundesanstalt zu der Auffassung, dass die ihr übermittelten Unterlagen unvollständig sind, beginnt die Frist des Satzes 2 erst ab dem Zeitpunkt, zu dem der Anbieter die fehlenden Unterlagen vorlegt. Die Bundesanstalt soll dem Anbieter innerhalb von zehn Werktagen nach Eingang des Verkaufsprospekts mitteilen, wenn sie weitere Unterlagen nach Satz 3 für erforderlich hält. Die Bundesanstalt untersagt die Veröffentlichung, wenn der Verkaufsprospekt nicht die Angaben enthält, die nach § 8g Abs. 1, auch in Verbindung mit der nach § 8g Abs. 2 und 3 zu erlassenden Rechtsverordnung, erforderlich sind. § 10 bleibt unberührt.

(3) Die Bundesanstalt bestätigt dem Anbieter den Tag des Eingangs des Verkaufsprospekts. Der hinterlegte Verkaufsprospekt wird von der Bundesanstalt zehn Jahre aufbewahrt. Die Aufbewahrungsfrist beginnt mit dem Schluss des Kalenderjahres, in dem der Verkaufsprospekt hinterlegt worden ist.

(4) Die Bundesanstalt untersagt das öffentliche Angebot von Vermögensanlagen im Sinne des § 8f Abs. 1, wenn sie Anhaltspunkte dafür hat, dass der Anbieter entgegen § 8f Abs. 1 keinen Verkaufsprospekt veröffentlicht hat oder der Verkaufsprospekt nicht die Angaben enthält, die nach § 8g Abs. 1, auch in Verbindung mit einer nach § 8g Abs. 2 und 3 erlassenen Rechtsverordnung, erforderlich sind.

(4a) Der Anbieter hat auf Verlangen der Bundesanstalt Auskünfte zu erteilen und Unterlagen vorzulegen, die die Bundesanstalt benötigt

1. zur Überwachung der Einhaltung der Pflichten nach den Absätzen 1, 2 Satz 1, § 8f Abs. 1 und den §§ 9 bis 11 sowie 12, oder
2. zur Prüfung, ob der Verkaufsprospekt die Angaben enthält, die nach § 8g Abs. 1 auch in Verbindung mit einer auf Grund des § 8g Abs. 2 und 3 erlassenen Rechtsverordnung erforderlich sind.

§ 8i

(4b) Die Bundesanstalt kann die Erteilung von Auskünften und die Vorlage von Unterlagen auch von demjenigen verlangen, bei dem Tatsachen die Annahme rechtfertigen, dass er Anbieter im Sinne dieses Gesetzes ist.

(4c) Der zur Erteilung einer Auskunft Verpflichtete kann die Auskunft auf solche Fragen verweigern, deren Beantwortung ihn selbst oder einen der in § 383 Abs. 1 Nr. 1 bis 3 der Zivilprozessordnung bezeichneten Angehörigen der Gefahr strafgerichtlicher Verfolgung oder eines Verfahrens nach dem Gesetz über Ordnungswidrigkeiten aussetzen würde. Der Verpflichtete ist über sein Recht zur Verweigerung der Auskunft zu belehren.

(5) Widerspruch und Anfechtungsklage gegen Maßnahmen nach Absatz 2 Satz 5 und nach den Absätzen 4, 4a und 4b haben keine aufschiebende Wirkung.

Übersicht

	Rn.
I. Allgemeines	1
1. Gesetzesmaterialien	1
2. Verwaltungsanweisungen	2
3. Literatur (Auswahl)	3
II. Allgemeiner Inhalt	4
1. Normentwicklung	4
2. Regelungsinhalt	10
III. Die Vorschrift im Einzelnen	11
1. Übermittlung zur Hinterlegung (Abs. 1)	12
2. Gestattungsverfahren (Abs. 2)	25
3. Absatz 3	85
4. Absatz 4	87
5. Abs. 4a–c	94
6. Absatz 5	98
7. Amtshaftung	99

I. Allgemeines

1. Gesetzesmaterialien

1 a) RegBegr. zum AnSVG v. 24. 5. 2004 – Auszug (BT-Drucks. 15/3174, 43 f.)

Zu Abs. 1
Die Bundesanstalt ist Hinterlegungsstelle für die Wertpapier-Verkaufsprospekte. Ihre Zuständigkeit wird auf die prospektpflichtigen Vermögensanlagen im Sinne des § 8f erweitert. Die Zuständigkeitserweiterung ist im Interesse der Rechtsklarheit nicht durch Verweis, sondern durch die ausdrückliche Zuständigkeitsregelung in § 8i Abs. 1 geregelt.

Hinterlegungsstelle, Rechte, sofortige Vollziehung **§ 8i**

Zu Abs. 2
Die Regelung ist an § 8a und Regelungen der noch umzusetzenden EU-Prospektrichtlinie betreffend den Prospekt, der beim öffentlichen Angebot von Wertpapieren oder bei deren Zulassung zum Handel zu veröffentlichen ist (Richtlinie 2003/71/EG) angelehnt. In Abweichung zu der Regelung für Wertpapier-Verkaufsprospekte wird bei den Verkaufsprospekten für Vermögensanlagen nach § 8f Abs. 1 nach 20 Tagen keine Gestattung fingiert. Diese Abweichung ist durch die höchst unterschiedlichen Anlageformen des hier erfassten Marktsegments gerechtfertigt. Standardisierte oder von institutionellen Anbietern erarbeitete Verkaufsprospekte wie im Wertpapierbereich dürften hier eher die Ausnahme sein.

Zu den Absätzen 3 bis 5
Hinsichtlich der weiteren Rechte der Hinterlegungsstelle wird mit den Maßgaben des Absatzes 3 auf die entsprechenden Vorschriften der §§ 8, 8c und 8e verwiesen. Soweit diese Vorschriften auf den Inhalt des Verkaufsprospekts für Wertpapiere Bezug nehmen, stellt Nummer 1 klar, das insoweit der Inhalt des Prospekts nach § 8g maßgeblich ist.

Die Nummer 2 erweitert die Auskunfts- und Vorlagepflichten auf die Überwachung und Einhaltung der Pflichten nach Abs. 1 und 2 sowie § 8 Satz 2 bis 5 und § 8f. Nummer 3 stellt klar, dass für die Untersagung einer Werbung gemäß § 8e die Prüfung nach Abs. 2 maßgeblich ist. Abs. 4 enthält eine dem § 8b entsprechende Ermächtigung der Bundesanstalt, ein öffentliches Angebot von Vermögensanlagen nach § 8f Abs. 1 zu untersagen. Abs. 5 stellt klar, dass Widerspruch und Anfechtungsklage gegen Maßnahmen der Bundesanstalt nach § 8c Abs. 1 in Verbindung mit Verkaufsprospekten nach § 8f und gegen Maßnahmen nach Abs. 2 Satz 5 und Abs. 4 keine aufschiebende Wirkung haben.

b) Stellungnahme des Bundesrates vom 11.6.2004 – Auszug (Drucks. 341/04 (Beschluss), 9f.)

In Artikel 2 Nr. 1 ist in § 8i Abs. 2 Satz 2 das Semikolon nach dem Wort „mit" durch einen Punkt zu ersetzen und der dann folgende Halbsatz zu streichen.
Begründung:
Die Fondsinitiatoren brauchen Planungssicherheit, z. B. um ihren Vertriebspartnern den Beginn der Platzierung mitzuteilen und um die Gesamtdauer der Platzierung und ihren eigenen Zwischenfinanzierungsbedarf kalkulieren zu können. Es ist daher notwendig, dass nach Ablauf der Frist von zwanzig Werktagen, die ohnedies bereits lang erscheint, die Gestattung als erteilt gilt, es sei denn, dass die BaFin zuvor auf Mängel des Verkaufsprospektes hinweist. Die Fondsinitiatoren könnten ihre Prospekte bei der Einreichung an die BaFin mit einem zuvor erstellten Wirtschaftsprüfergutachten auf Basis der bestehenden IDW-Standards „Grundsätze ordnungsgemäßer Beurteilung von Prospekten über angebotenen Kapitalanlagen" koppeln. Dies würde das Genehmigungsverfahren für die BaFin erleichtern und es der BaFin ermöglichen, das Genehmigungsverfahren innerhalb der Frist von zwanzig Werktagen nach Vorlage abzuschließen.

§ 8i Abschnitt III a. Prospektpflicht

c) Gegenäußerung der Bundesregierung v. 16. 6. 2004 – Auszug (BT-Drucks. 15/3355, 7)

Die Bundesregierung wird den Vorschlag des Bundesrates im weiteren Gesetzgebungsverfahren prüfen. Nach Artikel 13 Abs. 2 der EU-Prospektrichtlinie ist künftig eine nationale Genehmigungsfiktion, wie sie in § 8a Abs. 1 VerkaufsprospektG geregelt ist, grundsätzlich nicht mehr möglich. Auch wenn der „Graue Kapitalmarkt" nicht vom Anwendungsbereich der EU-Prospektrichtlinie erfasst ist, wäre unter Umständen problematisch, wenn es im spekulativeren und für Anleger risikoreicheren Bereich des Grauen Kapitalmarkts eine Genehmigungsfiktion für Verkaufsprospekte geben würde, während sie für den stärker regulierten und standardisierten Bereich des Wertpapierhandels entsprechend den europarechtlichen Vorgaben nicht gilt.

d) Beschlussempfehlung und Bericht des Finanzausschusses v. 1. 7. 2004 – Auszug (BT-Drucks. 15/3493, 53)

§ 8i Abs. 2
Durch die Ergänzung in Satz 2 wird klargestellt, dass ein Anspruch auf Entscheidung über die Gestattung der Veröffentlichung des der Bundesanstalt übermittelten Prospekts innerhalb von 20 Werktagen besteht. So wird den Interessen der Wirtschaft nach größerer Planungssicherheit im Genehmigungsverfahren Rechnung getragen. Der zweite Halbsatz des Satzes 2 wird gestrichen. Die Klarstellung ist entbehrlich. Eine Gestattung ohne aktives Tun der Behörde ist nur möglich, wenn sie im Gesetz ausdrücklich vorgesehen ist.

2. Verwaltungsanweisungen

2 Bekanntmachung des Bundesaufsichtsamtes für den Wertpapierhandel vom 4. 9. 1999 (s. im Textanhang unter III. 6).

3. Literatur (Auswahl)

3 *Binder,* Staatsaufsicht gegenüber fehlerhafter Bankenaufsicht gegenüber Bankeinlegern? WM 2005, 1781; *Knack/Clausen,* VwVfG, 8. Auflage, Köln 2004; *Schoch/Schmidt-Aßmann/Pietzner/Dolde,* VwGO, München, Stand: Februar 2007; *Assmann/Schneider/Dreyling,* WpHG, 4. Auflage, München 2006; *Duhndrack/Hasche,* Das neuer Anlegerschutzverbesserungsgesetz und seine Auswirkungen auf Emissionshäuser und geschlossene Fonds, DB 2004, 1351; *Fleischer,* Prospektpflicht und Prospekthaftung für Vermögensanlagen des Grauen Kapitalmarkts nach dem Anlegerschutzverbesserungsgesetz BKR 2004, 339; *Fricke,* Versicherungsaufsicht integriert – Versicherungsaufsicht unter dem Gesetz über die integrierte Finanzdienstleistungsaufsicht, NVersZ 2002, 337; in: *Kümpel/Hammen/Ekkenga/Gebauer,* Kapitalmarktrecht, Berlin Stand 2007, Nr. 100; *Halfpap,* Kapitalmarktaufsicht in Europa und den USA, Frankfurt a. M. 2008; *Schäfer/Geibel,* WpHG u. a., 1. Auflage, Stuttgart 1999, § 4 WpHG; *Sodan/Ziekow/Geiss,* Nomos-Großkommentar zur VwGO, 2. Auf-

lage, München 2006, § 68; *Schäfer/Hamann,* Wertpapierhandelsgesetz u. a., 1. Auflage, Stuttgart 1999, § 8 VerkProspG; *Hasenkamp,* Die neue Prospektierungspflicht für Anbieter geschlossener Fonds, DStR 2004, 2154; *Schwark/Heidelbach,* Kapitalmarktrechts- Kommentar, 1. Auflage, München 2004, § 8 VerkProspG; *Hufen,* Verwaltungsprozessrecht, 6. Auflage, München 2006; *Kopp/Ramsauer,* VwVfG, 9. Auflage, München 2005; *Heidel/Krämer,* Aktienrecht u. a., 2. Auflage, München 2007, VerkProspG § 8i bis § 8k; *Kopp/Schenke,* VwGO, 9. Auflage, München 2005 § 113; *Lenz,* in: *Assmann/Lenz/ Ritz,* VerkProspG, 1. Auflage, Köln 2001, § 8a; *Maurer,* Allgemeines Verwaltungsrecht, 16. Auflage, München 2006; *Oppermann,* Verfahrensbeschleunigung auf Kosten der Verwaltungsgerichtsbarkeit, Verw 1997, 517; *Papier,* in: Münchener Kommentar zum BGB, 4. Auflage, München 2004, § 839; *Pfüller/Westerwelle,* Das Internet als Kapitalmarkt, MMR 1998, 171; *Ritz,* Die Änderungen verkaufsprospektlicher Vorschriften im Jahr 2002 und aufsichtsrechtliche Praxis, AG 2002, 662; *Schenke/Ruthig,* Amtshaftungsansprüche von Bankkunden bei der Verletzung staatlicher Bankenaufsichtspflichten, NJW 1994, 2324; *Schoch,* in: *ders./Schmidt-Aßmann/Pietzner,* VwGO, München, Stand: Februar 2007, § 123; *Stelkens/Bonk/Sachs,* VwVfG, 6. Auflage, München 2001, § 22; *Weides,* Verwaltungsverfahren und Widerspruchverfahren, 3. Auflage, München 1993.

II. Allgemeiner Inhalt

1. Normentwicklung

§ 8i wurde durch das AnSVG in das VerkProspG neu aufgenommen. Die Vorschrift orientiert sich teilweise an den §§ 8 bis 8d VerkProspG aF.   4

§ 8i Abs. 1 ist § 8 Satz 1 VerkProspG aF nachgebildet. Mit dieser Vorschrift wurde Art. 14 der EG-Emissionsprospektrichtlinie in deutsches Recht umgesetzt. Zum damaligen Zeitpunkt sah der Wortlaut vor, dass der Verkaufsprospekt der von der zuständigen obersten Landesbehörde bestimmten Hinterlegungsstelle zu übermitteln war. Die Regelung wurde durch das 2. FMG insoweit geändert, dass bundeseinheitlich das BAWe als Hinterlegungsgestelle für Verkaufsprospekte bestimmt wurde. Durch Art. 5 und Art. 20 Abs. 3 des Gesetzes über die integrierte Finanzdienstleistungsaufsicht vom 22. April 2002 wurde die Bezeichnung des BAWe durch diejenige der neu geschaffenen BaFin ersetzt.   5

§ 8i Abs. 2 Sätze 1 und 2 orientieren sich an § 8a Abs. 1 VerkProspG. Diese Vorschrift wurde durch das 3. FMG in das VerkProspG aF eingefügt. Im Unterschied zu dieser Vorschrift hat sich der Gesetz-   6

§ 8i

geber bei Schaffung des § 8i Abs. 2 hingegen dazu entschlossen, die unter dem § 8a VerkProspG aF geregelte Genehmigungsfiktion für den Fall, dass seit dem Eingang des Verkaufsprospekts zehn Werktage verstrichen sind, nicht zu übernehmen. Vielmehr gilt der Verkaufsprospekt unter § 8i Abs. 2 gerade nicht als genehmigt, wenn eine bestimmte Frist abläuft. Um dem Anbieter hingegen eine gewisse Planungssicherheit zu geben, ist durch § 8i Abs. 2 S. 2 festgelegt, dass die BaFin dem Anbieter ihre Entscheidung hinsichtlich der Gestattung innerhalb von 20 Werktagen nach Eingang der Verkaufsprospekts mitzuteilen hat. Die Verlängerungsmöglichkeit der Frist gem. § 8i Abs. 2 Sätze 3 und 4 wurde erst durch das AnSVG in das Gesetz eingefügt. § 8i Abs. 2 Sätze 5 und 6 entsprechen § 8a Abs. 2 VerkProspG aF. Auch diese Regelung entstammt dem 3. FMG.

7 § 8i Abs. 3 S. 1 stimmt mit § 8 Satz 3 VerkProspG aF überein. Diese Vorschrift entstammt Art. 2 Nr. 9 des 3. FMG. § 8i Abs. 3 Sätze 2 und 3 hingegen übernehmen die Regelung in § 8 Satz 4 und 5 VerkProspG aF. Die Regelungen entstammen Art. 5 Nr. 5 des 4. FMG.

8 § 8i Abs. 4 übernimmt die Regelung des § 8b VerkProspG aF. Diese Regelung beruht auf Art. 2 Nr. 10 des 3. FMG. § 8i Abs. 4a übernimmt die Regelung des § 8c Abs. 1 VerkProspG aF, die auf Art. 2 Nr. 10 des 3. FMG zurückgeht. § 8i Abs. 4b übernimmt die Regelung des § 8c Abs. 2 VerkProspG aF. Diese Regelung hat ihren Ursprung in Art. 5 Nr. 6 des 4. FMG. § 8i Abs. 4c übernimmt die Regelung des § 8c Abs. 3 VerkProspG aF. Diese Regelung beruht auf Art. 2 Nr. 10 des 3. FMG.

9 § 8i Abs. 5 übernimmt die auf Art. 2 Nr. 10 des 3. FMG beruhende Regelung des § 8d VerkProspG.

2. Regelungsinhalt

10 Ist der Vermögensanlagen-Verkaufsprospekt nach den Vorgaben der VermVerkProspV erstellt, darf er erst veröffentlicht werden, nachdem die BaFin dies gestattet hat. Dabei muss der Anbieter den Verkaufsprospekt der BaFin „als Hinterlegungsstelle" übermitteln, § 8i Abs. 1. Der hinterlegte Verkaufsprospekt wird von der BaFin für zehn Jahre aufbewahrt (§ 8i Abs. 3 Satz 2), wobei die Aufbewahrungsfrist mit dem Schluss des Kalenderjahres beginnt, in dem der Verkaufsprospekt hinterlegt worden ist (§ 8i Abs. 3 Satz 3).

III. Die Vorschrift im Einzelnen

11 Die Vorschrift übernimmt inhaltlich weitgehend Teile der §§ 8 bis 8d VerkProspG aF.

Hinterlegungsstelle, Rechte, sofortige Vollziehung §8i

1. Übermittlung zur Hinterlegung (Abs. 1)

Der Anbieter muss den für die Vermögensanlagen nach § 8f Abs. 1 zu erstellenden Verkaufsprospekt vor seiner Veröffentlichung der BaFin als Hinterlegungsstelle übermitteln. **12**

a) Hinterlegungsfähiger Prospekt. Hinterlegungsfähig sind lediglich Verkaufsprospekte, die der Prospektpflicht unterfallen, für freiwillig erstellte Verkaufsprospekte besitzt die BaFin keine Zuständigkeit (*Kümpel/Hammen/Ekkenga/Gebauer*, Kapitalmarktrecht, Nr. 100, S. 54). **13**

Nicht hinterlegungsfähig sind damit insbesondere Verkaufsprospekte für Angebote, die unter eine der Ausnahmen von § 8f Abs. 2 fallen. Besondere Bedeutung hat dies – jedenfalls für den Bereich der Namensschuldverschreibungen nach § 8f Abs. 1 Satz 2 – für Angebote an einen begrenzten Personenkreis bzw. für Private Placements im Allgemeinen. Nach der derzeitigen Praxis erteilt die BaFin keine Bestätigung im Hinblick darauf, ob für einen bestimmten Sachverhalt eine Prospektpflicht besteht oder nicht. Dies ist misslich, denn im Zweifel wird ein Anbieter einen Prospekt erstellen und diesen der BaFin vorlegen, nur damit diese dann den Sachverhalt beurteilt, zu dem sie zuvor keine Aussage treffen wollte. Gelangt die BaFin zu dem Schluss, dass eine Ausnahme von der Prospektpflicht vorliegt, muss sie den Prospekt als nicht freiwillig hinterlegbar zurückweisen. Wünschenswert wäre eine Abkehr von dieser Praxis und eine Etablierung der Ausstellung von Bestätigungen, wobei die Beurteilung der entsprechenden Sachverhalte aus (Staats-)Haftungsgründen mit entsprechenden Disclaimern versehen sein sollte. **14**

Möglich erscheint demgegenüber eine Bestätigung dahingehend, dass für den Verkaufsprospekt keine Prospektpflicht besteht, durch das Einreichen eines Verkaufsprospekts zu erhalten. Da der Anbieter bei Vorliegen der Voraussetzungen der Prospektpflicht einen Anspruch auf die Gestattung hat, begehrt er mit Einreichung des Verkaufsprospekts den Erlass eines begünstigenden Verwaltungsakts. Die BaFin wird dem Anbieter mitteilen, dass nach ihrer Auffassung die Voraussetzungen für eine Gestattung der Veröffentlichung durch die BaFin nicht vorliegen. Damit versagt sie dem Anbieter den Erlass eines begünstigenden Verwaltungsakts. Dagegen kann der Anbieter Rechtsschutz wahrnehmen. Unbedeutend ist demgegenüber gem. § 37 Abs. 2 S. 1 VwVfG, ob die Aussage schriftlich, mündlich oder in einer anderen Weise erlassen wurde (vgl. *Maurer*, Allgemeines Verwaltungsrecht, § 10 Rn. 12). **15**

§ 8i

16 **b) Rechtsnatur der Gestattung und Hinterlegung.** Nach Auffassung der BaFin handelt es sich bei der Gestattung zur Veröffentlichung um einen Verwaltungsakt, bei der Hinterlegung jedoch ausschließlich um einen Reflex der Gestattung. Anderer Auffassung ist hingegen *Gebauer* (in: *Kümpel/Hammen/Ekkenga,* Nr. 100, S. 52), der unter dem Begriff der Hinterlegung im Einklang mit der VermVerkProspGebV aF die Eingangserfassung, die Prüfung, ob die gesetzlichen erforderlichen Angaben enthalten sind, und die Archivierung des Verkaufsprospekts versteht. Auswirkungen hat diese Frage darauf, ob Gestattung und Hinterlegung gesondert angreifbar sind, mit anderen Worten der Anbieter auch nach Veröffentlichung des Verkaufsprospekts noch gegen die Hinterlegung vorgehen kann etwa um ein neues Gestattungs- und Hinterlegungsverfahren in Gang zu setzen (hierzu unten Rn. 54 ff.).

17 **c) Vor Veröffentlichung.** Der Verkaufsprospekt ist vor Veröffentlichung zur Gestattung und anschließenden Hinterlegung zu übermitteln. Mit Veröffentlichung ist die Veröffentlichung nach § 9 gemeint. Hat der Anbieter seiner Pflicht zu Veröffentlichung nach § 9 genügt, ist eine erneute Übermittlung zur Gestattung und Hinterlegung nach Auffassung der BaFin nicht möglich.

18 **d) Übermittlung.** Die Übermittlungspflicht trifft den Anbieter der Vermögensanlagen. Er kann sich jedoch bei der Einreichung des Verkaufsprospekts bei der BaFin durch Bevollmächtigte (z. B. durch einen Rechtsanwalt oder Steuerberater) vertreten lassen. Das Hinterlegungs- und Prüfungsverfahren kann nur dann erfolgreich durchgeführt werden, wenn ein mit Originalunterschrift versehener Verkaufsprospekts an die BaFin übermittelt wird. Neben der Übermittlung über den Postweg besteht zudem die Möglichkeit, den Verkaufsprospekt über die sog. Melde- und Veröffentlichungsplattform (MVP) zu übermitteln (dazu näheres unter www.bafin.de/meldeplattform/mvp.htm.). Die Plattform ist indessen für „Vieleinreicher" aus dem Wertpapierbereich geschaffen worden, für Fondsinitiatoren empfiehlt sie sich aus verschiedenen technischen Gründen in der Praxis nicht.

19 Eine Übermittlung durch Telefax soll nach Auffassung der BaFin nur dann den Anforderungen genügen, wenn der Anbieter binnen drei Werktagen einen mit Originalunterschrift versehenen Verkaufsprospekt nachreicht (vgl. die BaFin unter www.bafin.de/verkaufsprospekte/verm_2.htm; *Schäfer/Hamann,* § 8 VerkProspG, Rn. 3).

20 Eine Übermittlung des Verkaufsprospekts in elektronischer Form (wie per E-mail) scheint zwar nach dem Wortlaut des § 8i möglich (zur vergleichbaren Regelung des § 8 VerkProspG aF *Pfüller/Westerwelle* MMR 1998, 171, 173). Jedoch ist zum heutigen Zeitpunkt nach Auffassung der BaFin nicht technisch sichergestellt, dass eine bei der elektronischen Übermittlung notwendige elektronische Signatur auch längerfristig haltbar ist, damit auch eine Hinterlegung erfolgen kann. Zum Teil wurde eine Übermittlung mittels elektronischer Form für schlichtweg nicht zulässig gehalten, da hierfür eine ausdrückliche gesetzliche Grundlage erforderlich sei (*Ritz* AG 2002, 662, 666). Diese Auffassung ist durch die Schaffung des § 126a BGB überholt, da durch diese Vorschrift die Möglichkeit geschaffen wird, die schriftliche Form durch die elektronische Form zu ersetzen.

e) Antrag/Unterschrift. Üblicherweise wird der zu übermittelnde Prospekt mit einem entsprechenden Antrag auf Gestattung der Veröffentlichung versehen. Jedoch soll bereits die bloße Übersendung des Verkaufsprospekts einen konkludenten Antrag auf Vollständigkeitsprüfung und Gestattung der Veröffentlichung enthalten (vgl. *Schwark/Heidelbach,* KMRK, § 8 VerkProspG, Rn. 7). 21

Nicht mit dem Erfordernis eines Antrags auf Gestattung und Hinterlegung zu verwechseln ist das Erfordernis der Orginalunterschrift des Anbieters im Verkaufsprospekt. Nach – unzutreffender – Auffassung der BaFin handelt es sich um eine Unterlage, so dass gem. § 8i Abs. 2 S. 3 die Prüfung des Verkaufsprospekts nicht vor Vorlage des Prospekts mit Originalunterschrift beginnt (näher dazu unter Rn. 39). 22

Die BaFin bestätigt dem Anbieter den Tag des Eingangs des Verkaufsprospekts (§ 8i Abs. 3 Satz 1 VerkProspG). 23

f) Verwendung von Platzhaltern. In der Regel treten Anbieter bereits in einem frühen Stadium in das Gestattungsverfahren ein, in dem einzelne Bilder oder Informationen noch nicht vorliegen. In der Verwaltungspraxis werden Platzhalter für Bilder in der Regel dann akzeptiert, wenn aus dem Platzhalter hervorgeht, was für ein Bild an dieser Stelle eingefügt werden soll. Gleichwohl sollte von dieser Möglichkeit sparsam Gebrauch gemacht werden, da der Anbieter bei jeder Veränderung nach Gestattung die Gefahr läuft, der BaFin Anhaltspunkte für eine Untersagung des öffentlichen Angebots gem. § 8i Abs. 4 zu schaffen. Platzhalter für Graphiken oder Berechnungen werden in der Regel nicht akzeptiert. Dies hat seine Gründe in den durch die BaFin festgestellten Missbräuchen. So kam es vor, dass in roter Farbe abgebildete Geschäftszahlen mit dem Hinweis, dass auf dieser Seite noch ein Bild folge, in einem Verkaufsprospekt eingereicht wurden. Nach erteilter Gestattung stellte sich dann heraus, dass das Bild ebenfalls in roter Farbe gehalten war, sodass die Zahlen nicht mehr lesbar waren. Vor dem Hintergrund dieser Erfahrungen ist die restriktive Praxis der BaFin nur zu verständlich. Was Bilder im 24

Allgemeinen betrifft, so rechtfertigt sich eine Nichtakzeptanz von Platzhaltern dadurch, dass Bilder in jedem Fall Einfluss auf die Verständlichkeit des Verkaufsprospekts haben können, was ebenfalls vom Prüfungsmaßstab der BaFin umfasst ist.

2. Gestattungsverfahren (Abs. 2)

25   Der Verkaufsprospekt darf erst veröffentlicht werden, wenn die BaFin die Veröffentlichung gestattet hat. Die BaFin hat ihre Entscheidung über die Veröffentlichung des Verkaufsprospekts innerhalb von 20 Werktagen nach Eingang des Prospekts mitzuteilen. Die Gestattung nach § 8i Abs. 2 Satz 1 ist keine Ermessens-, sondern eine gebundene Entscheidung. Der prospektpflichtige Anbieter hat einen Anspruch gegenüber der BaFin auf Gestattung der Veröffentlichung seines Verkaufsprospekts, wenn die Vollständigkeitsprüfung mit positivem Ergebnis abgeschlossen wurde.

26   **a) Verwaltungsverfahren.** Das Gestattungsverfahren ist ein Verwaltungsverfahren nach § 9 VwVfG. Soweit das VerkProspG hingegen Sonderregelungen trifft, gelten die Regelungen des §§ 9 ff. VwVfG nicht, oder nur insoweit, als Regelungslücken bestehen (zur Subsidiarität des VwVfG im Allgemeinen: *Kopp/Ramsauer*, VwVfG, § 9 Rn. 54).

27   **aa) Anwendbarkeit des § 28 VwVfG (Anhörung).** Der Antrag auf Gestattung der Veröffentlichung ist dem Grunde nach ein Antrag auf Erlass eines begünstigenden Verwaltungsakts, da er das Recht begründet, einen Verkaufsprospekt zu veröffentlichen (was wiederum die Grundlage dafür darstellt, dass Vermögensanlagen öffentlich angeboten werden dürfen. Deshalb stellt sich die Frage, ob der Anbieter vor der Ablehnung der Gestattung der Veröffentlichung nach § 28 VwVfG anzuhören ist. Ob § 28 VwVfG in Fällen der Ablehnung eines begünstigenden Verwaltungsakts anwendbar ist, ist zwischen Rechtsprechung und Literatur umstritten. Während die höchstrichterliche Rechtsprechung seit Jahrzehnten eine Anhörung nach § 28 VwVfG nur dann als erforderlich ansieht, wenn der Verwaltungsakt eine Rechtsbeeinträchtigung verursacht, die mit einer Anfechtungsklage abgewehrt werden müsse (vgl. etwa *BVerwG*, NJW 1983, 2044; DVBl. 1993, 271), geht die ganz herrschende Auffassung in der Literatur davon aus, dass auch die Ablehnung einer Vergünstigung eine vorherige Anhörung erforderlich macht (vgl. etwa *Kopp/Ramsauer*, VwVfG, § 28 Rn. 26a f. mwN). In der Praxis erfolgt in der Regel lediglich die Anhörung in Hinblick auf eine etwaige „Untersagung der Veröffentlichung" des Verkaufsprospekts, nicht hin-

Hinterlegungsstelle, Rechte, sofortige Vollziehung **§ 8i**

gegen im Hinblick auf eine „Ablehnung der Gestattung der Veröffentlichung", was in der Sache zutreffender wäre. Im Ergebnis ist für Anbieter zu beachten, dass die BaFin im Einklang mit dem BVerwG handelt, wenn sie vor „Untersagung einer Veröffentlichung" keine Anhörung durchführt. Dies kann sich im Einzelfall dann anbieten, wenn ein Anbieter mehrere Anträge auf Gestattung ein und desselben Verkaufsprospekts gestellt hat (etwa einmal als Vertreter des Emissionshauses und separat als Vertreter der Fondsgesellschaft) und die Prüfung eines Antrages bereits ergeben hat, dass der Verkaufsprospekt unvollständig ist. Es wäre ein unnötiger Arbeitsaufwand für die Behörde, ein zweites Anhörungsschreiben mit identischem Inhalt zu erstellen. Hiergegen lässt sich auch nicht einwenden, dass die Behörde nach § 8i Abs. 2 Satz 4 dem Anbieter innerhalb von 10 Tagen mitteilen soll, dass sie weitere Unterlagen für erforderlich hält. Zunächst sind „Unterlagen" keine „Angaben" (s. Rn. 37). Zudem heißt „sollen" im verwaltungsrechtlichen Sinne zwar „müssen" (*Kopp/Ramsauer*, VwVfG, § 40 Rn. 44). Bleibt eine derartige Mitteilung aus, hat der Antragsteller hiergegen indessen kein Rechtsmittel. Die BaFin handelt bei einer Untersagung ohne vorherige Anhörung vor dem Hintergrund der Praxis des BVerwG also ohne Prozessrisiko.

bb) Rücknahme durch den Anbieter im Gestattungsverfahren. Im Gestattungsverfahren hat der Anbieter jederzeit die Möglichkeit, den Antrag auf Gestattung der Veröffentlichung zurückzunehmen. Denn im Verwaltungsverfahren besteht auch nach Antragstellung noch Verfügungsbefugnis über den Antrag (*Kopp/Ramsauer*, § 22 VwVfG Rn. 59). Durch die Rücknahme erfolgt die Beendigung des Verwaltungsverfahrens, so dass nur noch über die Kosten zu entscheiden ist (vgl. *Kopp/Ramsauer*, § 22 VwVfG Rn. 71). Die Kosten sind die auf die Hälfte der Gebühr begrenzt, vgl. § 3 Abs. 1 S. 2 VermVerkProspGebV.   28

b) 20 Tages Frist. Bei der Berechnung der Frist von 20 Werktagen ist der Samstag als Werktag in den Lauf der Frist mit einzubeziehen, auch wenn dieser Tag für die BaFin-Mitarbeiter grundsätzlich dienstfreie Zeit ist (*Lenz,* in: *Assmann/Lenz/Ritz,* § 8a VerkProspG Rn. 16; Ziffer VII.1 der Bekanntmachung der BAWe vom 6.9. 1999, s. im Textanhang unter III.6). Fällt das Fristende auf einen Samstag, so endet die Frist mit Ablauf dieses Tages. Es erfolgt keine Verschiebung des Fristablaufs auf den folgenden Werktag. Zudem ist der Tag des Eingangs des Verkaufsprospektes bei der BaFin nicht in die Fristberechnung einzustellen (*Lenz,* in: *Assmann/Lenz/Ritz,* § 8a VerkProspG Rn. 17). Fristbeginn ist erst der auf diesen Tag folgende Werktag. Bei einem Verkaufsprospekt in einer anderen als der deut-   29 schen Sprache beginnt die Frist erst zu laufen, wenn die BaFin gegenüber dem Anbieter die Verwendung dieser Fremdsprache gestattet hat (*Lenz*, in: *Assmann/Lenz/Ritz*, § 8a VerkProspG Rn. 17). Sofern der der BaFin übermittelte Verkaufsprospekt nicht vollständig ist, wird der Anbieter hierüber in einem Anhörungsschreiben unter Hinweis auf die einzelnen Mängel informiert. Gelingt es dem Anbieter, die Mängel innerhalb des laufenden Verfahrens abzustellen, wird von der Untersagung der Veröffentlichung abgesehen und die Gestattung ausgesprochen. Gelingt dies nicht und die Veröffentlichung des Prospekts wird untersagt, so hat der Anbieter die Möglichkeit, den Prospekt nach erfolgter Untersagung zu ergänzen und anschließend ein (rechtlich selbständiges) neues Hinterlegungs- und Prüfungsverfahren in Gang zu setzen.

30 Keine Anwendung findet die Frist auf Nachträge nach § 10 VerkProspG, da ihre Veröffentlichung weder an eine vorangegangene Prüfung noch an eine Gestattung der BaFin gebunden ist (*Lenz*, in: *Assmann/Lenz/Ritz*, § 8a Rn. 18).

31 **c) Prüfungsmaßstab.** Die Überprüfung der Verkaufsprospekte durch die BaFin erstreckt sich auf die „Vollständigkeit" des Verkaufsprospekts, eine Überprüfung der materiellen Richtigkeit der Angaben erfolgt nicht (vgl. etwa *Kümpel/Hammen/Ekkenga/Gebauer*, Nr. 100, S. 53 zu der inhaltsgleichen Regelung in § 8a VerkProspG aF). Zum Teil wird diskutiert, ob der BaFin eine beschränkte Plausibilitätsprüfung obliegt, wenn bei ihr substantielle Zweifel an der Richtigkeit der eingereichten Prospekte bestehen (vgl. *Fleischer* BKR 2004, 339, 342). Die wohl herrschende Auffassung hat sich dem jedoch nicht angeschlossen.

32 Vereinzelt wurden gegen diese Regelungen Bedenken vorgetragen. So wurde eine etwaige Verfassungswidrigkeit der Regelung angemerkt, die Vermögensanlage in einer der Geschäfts- und Anlegernachfrage geforderten Weise platzieren zu können (*Duhnkrack/Hasche* DB 2004, 1351, 1352). In der Praxis haben sich diese Befürchtungen hingegen wohl kaum realisiert.

33 Vielmehr entspricht der Prüfungsumfang einer Prüfung des Jahres- und Konzernabschlusses durch das Registergericht nach § 329 Abs. 1 HGB (*Lenz*, in: *Assmann/Lenz/Ritz*, § 8a VerkProspG Rn. 6). Danach überprüft das Registergericht lediglich, ob es sich überhaupt um die einzureichenden Unterlagen handelt und ob diese vollständig und vollzählig sind. Hingegen findet keine inhaltliche Prüfung der Gesetzes- und Ordnungsmäßigkeit der Rechnungslegung statt, was sogar für offensichtliche Nichtigkeitsgründe nach § 256 AktG gilt (*Lenz*, in: *Assmann/Lenz/Ritz*, § 8a VerkProspG Rn. 6) Im Rahmen

Hinterlegungsstelle, Rechte, sofortige Vollziehung §8i

des VerkProspG prüft die BaFin damit lediglich, ob die gemachten Angaben vollständig und vollzählig sind.

Die Prüfung auf formelle Vollständigkeit ist zwar enger als die für Wertpapierprospekte nach § 13 Abs. 1 Satz 2 durchzuführende Kohärenzprüfung, gleichwohl ist sie dieser näher, als vielfach angenommen wird. Eine Kohärenzprüfung meint eine Überprüfung auf offensichtliche Widersprüche (s. o. Einleitung Vor § 1 VerkProspG Rn. 38), die sich im Fall der Wertpapierprospekte auf die Textmasse des gesamten Prospekts erstreckt (mithin Mindestangaben nach der ProspektVO und darüber hinaus nach dem Verständlichkeitsgebot vorzunehmende sowie freiwillige Angaben). Bei Vermögensanlagen-Verkaufsprospekten erstreckt sich die Prüfung einer Vollständigkeit der Mindestangaben nach der VermVerkProspV zunächst auch auf eine Prüfung des Nichtvorliegens von offenen Widersprüchen in Bezug auf Mindestangaben. Denn widersprechen sich zwei Mindestangaben, heben sich diese gegeneinander auf, der Prospekt ist unvollständig. Gleiches gilt, wenn eine Generalklausel- oder eine freiwillige Angabe einer Mindestangabe offensichtlich widerspricht. Demgegenüber sieht eine Kohärenzprüfung nur zusätzlich ein Prüfungserfordernis bzgl. Widersprüchen von Generalklausel- zu Generalklauselangabe und Generalklausel- zu freiwilligen Angaben vor. Nicht zuletzt vor diesem Hintergrund erscheint es wünschenswert, auch für Vermögensanlagen-Verkaufsprospekte eine Kohärenzprüfung einzuführen. Für die BaFin-Mitarbeiter ist dies nicht mit einem nennenswerten Mehraufwand verbunden, da sie beim Lesen des Verkaufsprospekts ohnehin auf das Nichtvorliegen von Widersprüchen achten müssen. Für die Anbieter entsteht kein Mehraufwand, da sie im Hinblick auf eine mögliche zivilrechtliche Prospekthaftung ohnehin einen kohärenten Prospekt erstellen müssen. Dogmatisch wird der Wertungswiderspruch zwischen VerkProspG und WpPG beseitigt, der sich dadurch ergibt, dass die Gesetze unterschiedliche Bagatellgrenzen vorsehen (50 000 Euro gem. § 3 Abs. 2 Nr. 3 WpPG und von 200 000 Euro gem. § 8f Abs. 2 Nr. 3 VerkProspG), wobei das Gesetz mit den „gefährlicheren" Anlageinstrumenten – das VerkProspG – den weniger intensiven Prüfungsmaßstab vorsieht. Rechtspolitisch wäre – bewusst bildlich gesprochen – eine weitere „Einweißung" des sog. „Grauen Kapitalmarktes" zweifelsohne wünschenswert. **34**

Die BaFin prüft inhaltliche Aussagen allenfalls dann, wenn sie aufgrund einer eindeutigen und ausdrücklichen anderen gesetzlichen Verpflichtung offensichtlich falsch sind. Dem Anbieter gegenüber wird dies als sog. Anregung zur Änderung des Verkaufsprospekts mitgeteilt. Ob sich hierauf hingegen eine Untersagung der Veröffentlichung begründen lässt, ist jedoch eher zweifelhaft. Denn das Gesetz **35**

Bruchwitz

§ 8i   Abschnitt IIIa. Prospektpflicht

sieht lediglich eine Überprüfung der Vollständigkeit und Vollzähligkeit vor.

36   Mit der Gestattung der Veröffentlichung übernimmt die BaFin keine Gewähr der Richtigkeit und Vollständigkeit der Angaben im Verkaufsprospekt, da Angaben, die sich aus dem Grundsatz der Richtigkeit und Vollständigkeit ergeben, für die BaFin in der Regel nicht als solche erkennbar sind (vgl. *Kümpel/Hammen/Ekkenga/Gebauer,* Nr. 100, S. 53).

37   **d) Unterlagen.** Es ist fraglich, wie der Begriff der Unterlagen nach § 8i Abs. 2 Satz 3 zu verstehen ist. Nach einem weiten Verständnis könnte man unter dem Begriff Unterlage schlichtweg jegliche schriftliche Dokumente fassen. Unter Unterlagen fallen dann Dokumente wie die Anwaltsvollmacht für die für das Gestattungsverfahren bevollmächtigten Rechtsanwälte sowie der Verkaufsprospekt als solcher bzw. die im Verkaufsprospekt genannten Angaben. Die Einordnung des Verkaufsprospekt als solchen sowie den im Verkaufsprospekt genannten Angaben als Unterlagen, hätte jedoch zur Folge, dass es die BaFin in der Hand hätte, durch die Forderung von Angaben, die den Verkaufsprospekt und seine Übereinstimmungen mit den Vorschriften des VerkProspG und der VermVerkProspV betreffen, die 20-Tages-Frist neu beginnen zu lassen (in diese Richtung *Manzei* WM 2006, 845, 850). Der Anbieter wäre womöglich in einer „Endlos-Schleife" gefangen und die Planungssicherheit, die der Gesetzgeber dem Anbieter durch diese Frist ausdrücklich geben wollte (Stellungnahme des Bundesrates vom 11. 6. 2004, BT-Drucks. 341/04, S. 9), wäre dann nicht gegeben. Zu Recht vertritt die BaFin deshalb ein enges Verständnis des Begriffs der Unterlagen, das Angaben als solche und damit den Verkaufsprospekt selbst, der in der Sache nichts anderes als eine Sammlung von Angaben darstellt, nicht umfasst. Unter Unterlagen sollen demnach lediglich all solche Informationen fallen, die der BaFin die Vollständigkeitsprüfung des eingereichten Prospekts überhaupt erst ermöglichen.

38   **e) Unvollständig.** Die Unterlagen sind unvollständig, wenn ohne ihre Vorlage ein Gestattungsverfahren nicht erfolgen kann; sprich: Es ist aus dem Verkaufsprospekt selbst nicht ersichtlich, ob er vollständig ist oder nicht, so dass es noch der Hinzuziehung weiterer Dokumente bzw. Erkenntnisquellen bedarf.

39   **f) Einzelfälle: (1) Überkreuz-Checkliste.** Ob die sog. Überkreuz-Checkliste (s. im Textanhang unter III. 3), die die BaFin vom Anbieter anfordern kann, wenn sich der Verkaufsprospekt nicht an die Reihenfolge der VermVerkProspV hält, eine Unterlage im diesem

Sinne ist, ist in der Praxis umstritten. Allerdings tendiert die BaFin dazu, diese Liste als Unterlage anzusehen, da sie Informationen enthält, die der BaFin die Vollständigkeitsprüfung ermöglichen sollen. Das erscheint nicht vorzugswürdig, da die Anforderung dieser Liste eben im Ermessen der BaFin steht und die BaFin es dann in der Hand hätte, durch Anforderung der Liste die 20-Tages-Frist nach freiem Ermessen zu verlängern. **(2) Unterschrift im Prospekt.** Nach Auffassung der BaFin stellt auch die Unterschrift des Anbieters im Prospekt eine Unterlage im Sinne des § 8i Abs. 2 dar. Denn nur durch die Unterschrift im Prospekt sei die Ernsthaftigkeit des Prüfungsbegehrens sichergestellt. Dies hat zur Folge, dass die Unterschrift im Prospekt nicht im Laufe des Verfahrens nachgeholt werden kann, vielmehr findet ohne sie schlicht kein Einstieg in das Verfahren statt. Während die Übermittlung des Prospekts zur Gestattung auch per Fax erfolgen kann, muss vor Gestattung der BaFin zudem das Original des Verkaufsprospekts übermittelt werden. Denn nur hierdurch sei gewährleistet, dass die BaFin abschließend zur Vollständigkeit des Verkaufsprospekts Stellung nehmen kann. Die Auffassung der BaFin überzeugt kaum. Es ist nicht verständlich, weshalb es mangels Unterschrift im Prospekt an der Ernsthaftigkeit des Prüfungsbegehrens fehlen soll, wenn auf der anderen Seite die bloße Übersendung des Prospekts einen konkludenten Antrag auf Gestattung beinhalten soll. Richtigerweise ist die Unterschrift lediglich eine Mindestangabe nach § 2 Abs. 4 VermVerkProspV (s. u. § 2 VermVerkProspV Rn. 144) Auch die Auffassung, eine Gestattung könne erst erfolgen, wenn das unterschriebene Original des Prospekts bei der BaFin eintrifft, überzeugt nicht. Denn zum einen ist es kaum nachvollziehbar, warum eine abschließende Vollständigkeitsüberprüfung zwingend das Original des Verkaufsprospekts zugrunde legen muss und ferner können sich für den Emittenten durch die Übermittlung des Originals kaum lösbare zeitliche Probleme ergeben. Weichen übermittelte Kopien vom Original ab und wird infolgedessen im Vertrieb eine andere Fassung verwendet, als die, deren Veröffentlichung gestattet wurde, hat die BaFin die Möglichkeit der Untersagung eines öffentlichen Angebots nach § 8i Abs. 4 (hierzu unten Rn. 87 ff.). **(3) Gesellschaftsvertrag eines Anlageobjekts, z. B. eines Zielfonds** ist eine Unterlage. Darüber hinaus können sämtliche weiteren Verträge des Innen- und Außenvertragswerks eines geschlossenen Fonds eine Unterlage darstellen. **(4) Bewertungsgutachten** im Sinne von § 9 Abs. 2 VermVerkProspV kommen ebenfalls als Unterlagen in Betracht. **(5) Anwaltsvollmacht.** Bei anwaltlicher Vertretung ist die Anwaltsvollmacht eine Unterlage.

§ 8 i Abschnitt III a. Prospektpflicht

40 g) Untersagung, (Verfahren, Rechtsschutz). Die Untersagung der Veröffentlichung ist ein belastender Verwaltungsakt.

41 h) Änderungen des Prospekts im Gestattungsverfahren. Änderungen während des Gestattungsverfahrens werden der BaFin als sog. Austauschseiten zur Verfügung gestellt. In der Regel wird der Anbieter gebeten, der BaFin nach Gestattung der Veröffentlichung ein Exemplar des Verkaufsprospekts zu übermitteln, dass die mittels der Austauschseiten durchgeführten Änderungen reflektiert. Nach Gestattung ist eine Änderung des zur Hinterlegung übermittelten Verkaufsprospekts durch Austauschseiten nicht mehr möglich. Derartige Änderungen müssen, sollte es sich um wesentliche Veränderungen handeln, im Wege des Nachtrags veröffentlicht und der BaFin zur Hinterlegung übermittelt werden, vgl. § 11 VerkProspG. Hinsichtlich des aufbewahrten Verkaufsprospekts gilt hingegen das Prinzip der Einheitlichkeit des Haftungsdokuments.

42 Änderungen des Verkaufsprospekts im Gestattungsverfahren durch den Anbieter etwa aufgrund von Veränderungen oder Berichtigungen werden von der BaFin unterschiedlich behandelt. Handelt es sich dem Umfang nach um kleine Änderungen, fließen diese ohne weitere Folgen in das laufende Gestattungsverfahren ein. Handelt es sich hingegen um grundlegende Änderungen, wird dies zum Teil als Rücknahme des Antrags der alten Version des Verkaufsprospekts verbunden mit neuem Antrag der jetzt übermittelten Version gesehen. Dies führt durch Neubeginn der Zwanzig-Tages-Frist zu zeitlichen Verzögerung und sollte deshalb vermieden werden.

43 i) Gestattungsbescheid. Der Gestattungsbescheid muss sich auf die letzte auf Vollständigkeit überprüfte Version des Verkaufsprospekts beziehen. Das bedeutet, dass die im Gestattungsverfahren ausgetauschten Seiten (sog. Austauschseiten) aus Gründen der Bestimmtheit in den Gestattungsbescheid mit aufgenommen werden müssen. Demnach wird der ursprünglich übermittelte Verkaufsprospekt unter Berücksichtigung der jeweiligen Austauschseiten gestattet. In der Regel wird klargestellt, dass die Vermögensanlage nicht mit anderen rechtlichen Bestimmungen abgeglichen wurde, die auch in die Zuständigkeit der BaFin fallen, wie etwa der Erlaubnispflichtigkeit nach § 32 Abs. 1 KWG. In der Praxis empfiehlt es sich, bei Zweifeln hinsichtlich einer Erlaubnispflichtigkeit nach KWG sich mit der hierfür zuständigen Abteilung der BaFin abzustimmen. Der begünstigende Verwaltungsakt „Gestattung der Veröffentlichung" eines Verkaufsprospekts beinhaltet keine kapitalmarktrechtliche Konzentrationswirkung (wie sie etwa aus dem Umweltrecht bekannt ist), wonach Vermögensanlagen in jedem Fall öffentlich angeboten werden dürfen.

Auch nach erfolgter Gestattung der Veröffentlichung kann die BaFin – womöglich nach Platzierungsbeginn (solche Fälle sind in der Praxis schon vorgekommen) – ggf. gegen einen Anbieter nach Maßgabe des KWG vorgehen.

Ein Anbieter sollte zudem darauf achten, dass ausweislich des Ge- **44** stattungsbescheids auch tatsächlich die Veröffentlichung der im Rahmen des Gestattungsverfahrens „vervollständigten" Version des Verkaufsprospekts gestattet wird. Denn nur diese Version wird der Anbieter für den Vertrieb der Vermögensanlagen einsetzen. In der Praxis kam es jedoch schon vor, dass die Veröffentlichung der ursprünglich eingereichten Version gestattet wurde. Dies ist misslich, da in diesen Fällen streng genommen für die vervollständigte Version keine Gestattung vorliegt und lediglich die Veröffentlichung einer unvollständigen Version gestattet wurde. Dies ist wertlos, da ein Vertrieb mit dieser Version zu einer Haftung nach § 13 VerkProspG führen würde. Die vollständige Version darf der Anbieter hingegen nicht veröffentlichen, weil es ihm hierfür an dem erforderlichen begünstigenden Verwaltungsakt fehlt. Hinzu kommt, dass es der BaFin nur unter den Voraussetzungen des § 48 VwVfG möglich ist, den (rechtswidrigen) Gestattungsbescheid zurückzunehmen. Dem Anbieter sei deshalb empfohlen, direkt nach Erteilung der Gestattung den Gestattungsbescheid zu überprüfen und etwa unter Hinweis auf einen offensichtlichen Schreibfehler einen korrekten Gestattungsbescheid zu erlangen. Denn nach Vollplatzierung der Vermögensanlage ist dies nicht mehr möglich und das Haftungsrisiko zudem existent geworden.

Nach erfolgter Gestattung der Veröffentlichung darf ein Verkaufs- **45** prospekt nur noch Maßgabe des § 11 VerkProspG verändert werden. Die Vornahme von redaktionellen Änderungen ist dann nicht mehr möglich. Nimmt ein Anbieter solche vor und geht mit einem solchen Verkaufsprospekt an den Markt, bietet er Vermögensanlagen mit einem Verkaufsprospekt öffentlich an, dessen Veröffentlichung nicht gestattet ist. Die BaFin wird sich dann gehalten sehen, das laufende öffentliche Angebot nach § 8i Abs. 4 zu untersagen. Insbesondere dürfen keine Angaben aufgrund der Wünsche von Wirtschaftsprüfern mehr verändert werden. Möchte ein Anbieter ein IDW S 4-Gutachten erhalten, so sollte er dies unbedingt vor Vorliegen der BaFin-Gestattung mit dem Prospektprüfer abstimmen. Ein Verzicht auf eine bereits vorliegende Gestattung ist nach erfolgter Veröffentlichung nicht möglich (s. hierzu sogleich Rn. 54).

j) Rücknahme/Verzicht nach Gestattung. Zum Teil versu- **46** chen Anbieter als Alternative zu einem Nachtrag gem. § 11 VerkProspG ein neues Gestattungsverfahren zu durchlaufen, um mit einer erneuten Gestattung die „ursprüngliche" Vermögensanlage öffentlich anzubieten. Hierzu hat sich die folgende Verwaltungspraxis eingespielt:

47   aa) Rücknahme/Verzicht nach Gestattung aber vor Veröffentlichung. Während des Gestattungsverfahrens hat der Anbieter jederzeit die Möglichkeit, den Antrag auf Gestattung zurückzunehmen (s. o. unter Rn. 28). Nach Bekanntgabe der Entscheidung über die Gestattung der Veröffentlichung des Verkaufsprospektes ist eine Rücknahme des Antrages durch den Anbieter nicht mehr zulässig. Dies ist auf den Rechtsgedanken des § 183 BGB zurückzuführen (*Stelkens/Bonk/Sachs,* § 22 VwVfG Rn. 67). Vor dem Hintergrund, dass das Verwaltungsverfahren mit dem Erlass des Verwaltungsaktes beendet ist und sich eine erklärte Rücknahme mangels bestehendem Verwaltungsrechtsverhältnis nicht mehr auswirken kann (vgl. *Stelkens/Bonk/Sachs,* § 22 VwVfG Rn. 70), endet das Hinterlegungsverfahren entsprechend mit der Bekanntgabe der Gestattung der Veröffentlichung des Verkaufsprospektes gegenüber dem Anbieter und der damit einhergehenden Hinterlegung des Verkaufsprospektes.

48   Die Beendigung eines Verwaltungsverfahrens ist im Gesetz nicht ausdrücklich normiert, weshalb über den genauen Zeitpunkt Uneinigkeit herrscht. Teilweise wird in der Literatur vertreten, dass das Verwaltungsverfahren erst mit der Unanfechtbarkeit eines Verwaltungsaktes beendet ist (*Clausen* in: *Knack,* VwVfG, § 9 Rn. 31). Als Begründung wird der Wortlaut der §§ 13 Abs. 1 Nr. 2 und 3, 59 VwVfG herangezogen. Dafür spricht die Tatsache der Fortsetzung eines Verfahrens im Falle der Aufhebung eines Verwaltungsaktes im Widerspruchs- oder Gerichtsverfahrens (*Clausen* aaO). Schließlich gehe auch die Rechtsprechung davon aus, dass die Rücknahme von Anträgen bei mitwirkungsbedürftigen Verwaltungsakten bis zum Eintritt der Rechtskraft in der Hauptsache zulässig ist (BVerwG NVwZ 1989, 860, 861). Die Gegenansicht sieht das Ende des Verwaltungsverfahrens zutreffend bereits im Erlass des Verwaltungsaktes bzw. seiner Bekanntgabe als erreicht an (*Stelkens/Bonk/Sachs,* § 9 VwVfg Rn. 182 ff.). So wird in § 9 VwVfG nicht auf eine eventuelle Unanfechtbarkeit Bezug genommen. Der Wortlaut der §§ 69, 79 VwVfG steht der Ausdehnung des Verwaltungsverfahrens auf den o. g. Zeitpunkt entgegen. Ein erklärter Widerspruch setzt nämlich vielmehr ein neues Verwaltungsverfahren in Gang. Die angeführte Regelung des § 13 Abs. 1 Nr. 2 VwVfG bezieht sich lediglich auf mögliche Nachwirkungen eines Verwaltungsaktes, sagt jedoch über die Unanfechtbarkeit eines Verwaltungsaktes selbst nichts aus (*Stelkens/Bonk/Sachs,* § 9 VwVfG Rn. 183). Der Erlass eines Verwaltungsaktes beinhaltet den gesamten Vorgang der Willensäußerung einer Behörde in dem dafür vorgesehenen Verfahren und in der dafür vorgesehenen Form einschließlich der Bekanntgabe (*Stelkens/Bonk/ Sachs*, § 9 VwVfG Rn. 184). Der Einschluss der wirksamen Bekanntgabe des Verwaltungsaktes dient insbesondere der Rechtssicherheit. Denn einerseits kann der Zeitpunkt der Bekanntgabe zeitlich genau fixiert werden und andererseits hemmt diese die Verjährung. Die Beendigung des Verfahrens durch eine wirksame Bekanntgabe vermeidet Sinnwidrigkeiten bei begünstigenden Verwaltungsakten, die nur die Zubilligung oder die Verweigerung eines einzelnen Rechts zum Inhalt haben. Erhält der Antragssteller das beantragte Recht, könnte er durch einen schlichten Widerspruch gegen den bekannt gegebenen Verwaltungsakt das Verwaltungsverfahren in Gang halten, ohne dass dafür ein rechtliches Interesse bestünde. Gerade in Bezug auf Verwaltungsverfahren, die lediglich eine Kontrollerlaubnis zum Gegenstand haben, wäre dieses widersprüchliche Verhalten des Antragsstellers nicht mit den Grundsätzen an ein effektives Verwaltungsverfahren zu verbinden.

Auch und gerade im Hinterlegungsverfahren käme es bei einem **49** späteren Zeitpunkt der Beendigung des Verwaltungsverfahrens zu massiven Rechtsunsicherheiten, wenn der Hinterleger mit Rechtsbehelfen die erteilte und auch so begehrte Gestattung der Veröffentlichung des Verkaufsprospektes offen halten würde und nach einer Veröffentlichung des Verkaufsprospektes die Rücknahme des Antrages erklären würde. In letzter Konsequenz würde dies dazu führen, dass für eine Vermögensanlage ein Angebot ohne einen für das Angebot Verantwortlichen fortgeführt werden könnte, da die Information in der Gestalt des Verkaufsprospektes dem Publikum dann bereits bekannt gegeben wäre.

Vor diesem Hintergrund wird nach Auffassung der BaFin die er- **50** teilte Gestattung der Veröffentlichung eines Verkaufsprospektes nicht durch die Rücknahme des ursprünglichen Antrages zur Hinterlegung in ihrer Wirksamkeit berührt.

Der hinterlegende Anbieter hat jedoch die Möglichkeit nach er- **51** teilter Gestattung der Veröffentlichung des Verkaufsprospektes auf die Rechtsfolgen aus der Gestattung zu verzichten. Eine allgemeine Rechtsgrundlage für den Verzicht besteht nicht. Die Möglichkeit eines Verzichtes ist aber als eigenständiges verwaltungsrechtliches Institut anerkannt (*Stelkens/Bonk/Sachs*, § 53 VwVfG Rn. 17a). Folge eines Verzichtes ist, dass das aus dem Verwaltungsakt entspringende Recht für den Rechtsinhaber und dessen Nachfolger erlischt (*Stelkens/Bonk/Sachs*, § 53 VwVfG Rn. 17; VGH Hessen Beschluss v. 7.12.1994, Az.: 4 TH 3032/94).

§ 8i Abschnitt III a. Prospektpflicht

52 Insoweit kann der Anbieter auf die ihm erteilte Gestattung der Veröffentlichung verzichten. Dabei handelt es sich um eine konkrete materiell-rechtliche Position des öffentlichen Rechts, über die der Anbieter als Rechtsinhaber insoweit frei verfügen kann. Denn Voraussetzung für eine Einschränkung der Verfügungsbefugnis wäre entweder eine gesetzliche Regelung oder das Bestehen eines öffentlichen Interesses für den fortdauernden Bestand der betroffenen Rechtsposition (*Stelkens/Bonk/Sachs,* § 53 VwVfG Rn. 19). Beide Möglichkeiten der Einschränkung der Dispositionsbefugnis liegen nicht vor. Insbesondere besteht vor dem Gebrauch der Gestattung durch den Anbieter kein öffentliches Interesse am Bestand der Rechtsposition. Die schlichte Erteilung der Gestattung als Vorstufe der Veröffentlichung des Verkaufsprospektes dient allein den Individualinteressen des Anbieters eines öffentlichen Angebots. Ihm wird lediglich die Erlaubnis erteilt, seinem Gewerbe nachzugehen. Ob der Anbieter von dieser Erlaubnis Gebrauch macht, liegt zunächst allein in seinem Interesse. Erst mit der Veröffentlichung des Verkaufsprospektes ist der Rechtskreis der Öffentlichkeit tangiert. Denn erst zu diesem Zeitpunkt muss den Anlegern eine Informationsgrundlage gemäß den materiell-rechtlichen Anforderungen des VerkProspG zu Verfügung gestellt werden. Der maßgebliche Zeitpunkt, an dem die Interessen der Öffentlichkeit berührt werden, wird insbesondere von § 17 VerkProspG unterstrichen, der in den einzelnen Bußgeldtatbeständen die Art und Weise des öffentlichen Anbietens einer Vermögensanlage sanktioniert.

53 Der Verzicht muss durch den Anbieter eindeutig erklärt werden, d. h. die Erklärung muss inhaltlich auf die Aufgabe des Rechts gerichtet sein. Als einseitig empfangsbedürftige Willenserklärung wird sie gemäß § 130 Abs. 1 Satz 1 BGB mit Zugang bei der Behörde wirksam. Die Verzichtserklärung durch den Anbieter hat rechtsgestaltende Wirkung. Sie bewirkt, dass die ursprüngliche Gestattung auch ohne ausdrückliche Aufhebungsverfügung durch die Behörde erlischt. Einem behördlichen Bescheid, der die Gestattung entsprechend dem erklärten Verzicht aufhebt oder beschränkt, kommt insoweit lediglich deklaratorische Bedeutung zu (BVerwG Urteil v. 15. 12. 1989, Az: 4 C 36/86; VGH Baden Württemberg Urteil v. 10. 11. 1999, Az: 3 S 1120/92). Aus Klarstellungsgründen sollte dem Anbieter aber dennoch ein Schreiben dieses Inhalts übermittelt werden.

54 **bb) Rücknahme/Verzicht nach Veröffentlichung des Prospekts.** Ein Verzicht auf die Gestattung ist allerdings nicht mehr möglich, wenn dar Verkaufsprospekt veröffentlicht worden ist. Dann wurde die Gestattung mit der Veröffentlichung verbraucht. Das Verk-

ProspG sieht lediglich das einmalige Inverkehrbringen der Information in Form des Verkaufsprospektes vor. Rechtspositionen, auf die der Anbieter als Adressat der Gestattung verzichten könnte, sind nicht mehr gegeben.

Ein Wiederaufgreifen des Hinterlegungsverfahrens kommt ebenfalls nicht in Betracht, weder im engeren Sinne des § 51 VwVfG noch im weiteren Sinne in anderer Form. 55

Zunächst bedeutet Wiederaufgreifen des Verfahrens, dass die Behörde ein Verwaltungsverfahren nach seinem unanfechtbaren Abschluss erneut eröffnet, mit dem Ziel die entscheidende Frage nochmals zu prüfen und sie ggf. unter Aufhebung oder Abänderung des bestandskräftigen Bescheids abweichend zu entscheiden. Ein Wiederaufgreifen des Verfahrens nach § 51 VwVfG scheidet aus. Dem Wiederaufgreifen des Verfahrens steht zwar kein Ausschluss durch eine Rechtsvorschrift entgegen (vgl. § 20 FeV und die zur inhaltsgleichen Vorschrift § 15c StVZO ergangenen Entscheidung des VGH München Urt. v. 17. 4. 1994, Az: 11 B 94 362), weil das VerkProspG eine entsprechende Vorschrift nicht kennt. Allerdings ist der Anbieter nicht antragsbefugt, sodass die Zulässigkeit eines derartigen Antrages bereits nicht gegeben ist. Ihm fehlt nämlich die erforderliche Betroffenheit im Sinne des § 51 VwVfG. Der Begriff der Betroffenheit ist dem Begriff der Klagebefugnis im Sinne des § 42 Abs. 2 VwGO weitestgehend angenähert (*Kopp/Ramsauer*, § 51 VwVfG Rn. 10). Insoweit müsste der Anbieter die Verletzung eigener Rechte geltend machen können. In der Gestattung der Veröffentlichung des Verkaufsprospektes liegt jedoch gerade keine Einschränkung sondern eine Erweiterung des Rechtskreises, sodass eine Rechtsverletzung nicht vorliegen kann. Selbst die Änderung von Tatsachen und Gegebenheiten seit der Veröffentlichung des Verkaufsprospektes zu den im Verkaufsprospekt aufgeführten Angaben und Umständen vermag eine andere Einschätzung nicht zu rechtfertigen. Prüfungsgegenstand ist die formale Vollständigkeit der Prospektangaben und nicht deren materieller Inhalt. Das Recht, einen Verkaufsprospekt veröffentlichen zu dürfen, wäre von Änderungen tatsächlicher Umstände insoweit nicht berührt. 56

Aber auch ein Wiederaufgreifen im weiteren Sinne ist nicht möglich. Darunter wird ein selbstständiges Neuverfahren verstanden, dass in Unkenntnis einer bereits ergangenen Regelung desselben Gegenstandes eröffnet wird oder eine erneute Entscheidung über einen bereits einmal abgelehnten Antrag herbeiführen soll (*Stelkens/Bonk/Sachs*, § 51 VwVfG Rn. 46). Einer derartigen Wiederholung der Entscheidung ist das Hinterlegungsverfahren nicht zugänglich. Nach der Veröffentlichung eines Verkaufsprospektes sind die Informationen 57

§ 8i Abschnitt IIIa. Prospektpflicht

über eine bestimmte Vermögensanlage frei verfügbar. In § 8f Abs. 1 Satz 1 sieht das Gesetz die Einmaligkeit der Veröffentlichung eines Verkaufsprospektes zu jeder Vermögensanlage vor und stellt den weiteren Vertrieb im Bereich der Zweitmärkte nach Beendigung des ursprünglichen öffentlichen Angebotes von der erneuten Prospektpflicht frei. Von daher wäre schon die erneute Gestattung aus rechtlichen Gründen ausgeschlossen (vgl. *Kopp/Ramsauer*, § 22 VwVfG Rn. 44). Die BaFin wäre verpflichtet, einen derartig lautenden Antrag zurück zu weisen. Das Verfahren ist insofern auch nicht vergleichbar mit der erneuten Gestattung einer Gewerbetätigkeit nach § 35 Abs. 6 GewO. Denn in dem Verfahren der GewO ist eine vorhergehende Untersagung Voraussetzung, deren zugrunde liegende Tatsachen sich geändert haben könnten, nicht jedoch die erneute Gestattung einer bereits erlaubten Tätigkeit.

58 Schließlich wäre der Anbieter auch nicht in seinen Rechten betroffen. Eine erneute Entscheidung über die Gestattung der Veröffentlichung hätte den ursprünglichen Regelungsgehalt der Erstentscheidung zum Inhalt (sog. wiederholende Verfügung). Denn nur die formale Vollständigkeit ist Grundlage dieser Entscheidung, nicht hingegen ihr materieller Inhalt (s. o.).

59 Eine eventuelle Vertriebsbeeinflussung der Vermögensanlage durch die Hinzufügung eines Nachtrages zum Verkaufsprospekt gemäß § 11 ist für diese Entscheidung ohne Relevanz. Mit der Möglichkeit der Hinzufügung neuer oder geänderter Informationen zum Verkaufsprospekt über einen Nachtrag gemäß § 11 wird dem Anbieter eine Aktualisierung der Angaben über die betreffende Vermögensanlage letztlich auch nicht verwehrt.

60 **k) Untersagung, (Verfahren, Rechtsschutz).** Nach § 8i Abs. 2 S. 5 VerkProspG untersagt die BaFin die Veröffentlichung, wenn der Verkaufsprospekt nicht die nach VerkProspG und VermVerkProspV notwendigen Angaben erhält. Die Untersagung der Veröffentlichung ist die Ablehnung eines beantragten begünstigenden Verwaltungsakts. Mit der Untersagung hat der Anbieter die Möglichkeit, den Verkaufsprospekt zu vervollständigen und ein neues Gestattungs- und Hinterlegungsverfahren in Gang zu setzen (*Lenz,* in: *Assmann/Lenz/Ritz,* § 8a Rn. 19). Er kann sich aber auch gegen die Untersagung zur Wehr setzen.

61 **aa) Verfahren.** Das Verfahren, das zum Erlass der Untersagung führt, ist ein Verwaltungsverfahren gem. § 9 VwVfG, so dass grundsätzlich die Vorschriften des VwVfG Anwendung finden. Insbesondere wird der Anbieter vor Untersagung gem. § 28 VwVfG angehört. Dies erfolgt in der Regel durch die Übersendung des sog. Anhö-

rungsschreibens, indem der Anbieter auf Unvollständigkeiten des Verkaufsprospektes hingewiesen wird und ihm eine Frist gesetzt wird, bis zu der er den Verkaufprospekt zu ergänzen hat. Anderenfalls gehe man davon aus, dass die Veröffentlichung des Verkaufprospekts zu untersagen sein wird.

bb) Rechtsschutz. Primärziel des Anbieters ist die Veröffentli- 62 chung des Verkaufsprospektes, so dass ihm das Vorgehen gegen die Untersagung nur vordergründig nützlich erscheint. Vielmehr möchte er die Gestattung zur Veröffentlichung nach § 8i Abs. 2 erhalten, wobei es sich hierbei um einen begünstigenden Verwaltungsakt handelt, auf den der Anbieter bei Vorliegen der Voraussetzungen einen Anspruch hat (vgl. *Lenz,* in: *Assmann/Lenz/Ritz,* § 8a VerkProspG Rn. 14).

aaa) Widerspruchsverfahren. Der Anbieter muss vor Klageer- 63 hebung gem. § 68 Abs. 2 VwGO ein Widerspruchsverfahren durchlaufen. Nach ganz herrschender Auffassung handelt es sich beim Widerspruchsverfahren nach § 68 VwGO um ein Verwaltungsverfahren gem. § 9 VwVfG, so dass die Regelungen des VwVfG zumindest subsidiär Anwendung finden.

(1) Entbehrlichkeit des Widerspruchsverfahrens. Die BaFin 64 ist keine oberste Bundesbehörde, so dass das Widerspruchsverfahren nicht etwa nach § 68 Abs. 1 S. 2 Nr. 1 VwGO entbehrlich ist (nach § 68 Abs. 1 S. 2 Nr. 1 VwGO müssen Verwaltungsakte oberster Bundesbehörden nicht durch Widerspruchsverfahren überprüft werden. Oberste Bundesbehörden sind etwa der Bundespräsident, der Präsident des Bundestags, des Bundesrats, des Bundesverfassungsgerichts, des Bundesrechnungshofs, der Bundeskanzler und die Bundesministerien, vgl. *Schoch/Schmidt-Aßmann/Pietzner/Dolde,* VwGO, Stand: 2005, § 68 Rn. 15). Von dieser Voraussetzung ist er befreit, wenn die BaFin schlicht untätig bleibt. Denn gem. § 75 VwGO braucht der Anbieter kein Widerspruchsverfahren durchzuführen, wenn die Gestattung der BaFin nicht in einem Zeitraum von 3 Monaten erteilt wurde. Angesichts der regelmäßig 3 Monate übersteigenden Verfahrensdauer in verwaltungsgerichtlichen Verfahren hat die 3-Monats Frist in der Praxis kaum Bedeutung. Dadurch kommt auch der möglichen Abkürzung dieser Frist, wenn besondere Umstände vorliegen, die eine Entscheidung im Einzelfall vor Ablauf der Frist von 3 Monaten gebieten, in der Praxis keine Relevanz zu (vgl. *Schoch/Schmidt-Aßmann/Pietzner/Dolde,* VwGO, § 68 Rn. 15).

(2) Befangenheit. Umstritten ist, ob die Regelungen der §§ 21, 65 22 VwVfG zur Befangenheit im Widerspruchsverfahren nach § 68

§ 8i   Abschnitt III a. Prospektpflicht

VwGO Anwendung finden (vgl. *Sodan/Ziekow/Geiss,* Nomos-Großkommentar zur VwGO, § 68 Rn. 56 mwN zum Streitstand). Nach vorzugswürdiger Auffassung (vertreten etwa von: *Sodan/Ziekow/Geiss,* Nomos-Großkommentar zur VwGO, § 68 Rn. 56, *Hufen,* Verwaltungsprozessrecht, § 8 Rn. 17; *Weides,* Verwaltungsverfahren und Widerspruchverfahren, § 14 III 1; *Oppermann,* Verw 1997, 517, 540) kann die mit dem Widerspruch befasste Stelle ihre rechtsstaatliche Kontrollfunktion nur dann wahrnehmen, wenn sie gegenüber der Ausgangsbehörde eine gewisse Neutralität und Distanz wahrt (vgl. *Hufen,* Verwaltungsprozessrecht, § 8 Rn. 17). Das bedeutet insbesondere, dass der im Ausgangsverfahren mit der Angelegenheit befasste Beamte im Widerspruchsverfahren als befangen anzusehen ist (vgl. *Hufen,* Verwaltungsprozessrecht, § 8 Rn. 17). Vor dem Hintergrund der Geschäftsverteilung der BaFin dürfen Beamte des Widerspruchsreferates Q 27 daher nicht an Verwaltungsakten des Fachreferates PRO 3 – etwa durch Mitzeichnung etc. – mitwirken. Sollte ein Beamter von Q 27 an einem Ausgangsverwaltungsakt von PRO 3 mitgewirkt haben, so kann – und sollte er – im Widerspruchsverfahren durch den Anbieter wegen Befangenheit abgelehnt werden. Dies gilt im Übrigen nicht nur für Verwaltungsakte, die aufgrund des VerkProspG ergehen, sondern insbesondere auch für Bescheide nach dem IFG (s. u. § 8k VerkProspG Rn. 21 ff.).

66   **bbb) Klageverfahren/Einstweiliger Rechtsschutz.** Der Anbieter hat die Möglichkeit, seinen Anspruch auf Gestattung gerichtlich durchzusetzen. Zuständig ist gem. § 40 VwGO die Verwaltungsgerichtsbarkeit.

67   **(1) Klageart im Hauptsacheverfahren.** Richtige Klageart ist im Hauptsacheverfahren die Verpflichtungsklage gem. § 42 Abs. 1 Alt. 2 VwGO. Auch bei Untersagung der Veröffentlichung nach vorangegangener Übermittlung des Prospekts gem. § 8i Abs. 2 S. 5 ist richtige Klageart die Verpflichtungsklage, denn dem Anbieter geht es nicht nur darum, die Untersagung aus der Welt zu schaffen, vielmehr benötigt er zur Veröffentlichung des Verkaufsprospekt die Gestattung der BaFin.

68   **(2) Einstweiliger Rechtschutz.** In aller Regel wird für den Anbieter jegliche Verzögerung (etwa durch Durchlaufen einen Widerspruchsverfahrens, s. o.) kaum zumutbar sein. Deshalb wird ihm anzuraten sein, den Anspruch auf Erteilung der Gestattung im Wege des einstweiligen Rechtsschutzes durch einen Antrag nach § 123 Abs. 1 S. 2 VwGO in Form einer sog. Regelungsanordnung geltend zu machen. Hier ist erforderlich, dass die Interessen des Anbieters als An-

Hinterlegungsstelle, Rechte, sofortige Vollziehung **§ 8i**

tragssteller an der Regelung eines vorläufigen Zustands den Belangen des Antragsgegners an der einstweiligen Beibehaltung des bisherigen Zustands überwiegen (vgl. *Schoch,* in: *ders. / Schmidt-Aßmann / Pietzner,* § 123 VwGO Rn. 82 mwN). Das Interesse des Anbieters wird dabei im Regelfall den Interessen der BaFin überwiegen. Denn ein Ausbleiben der Gestattung und die Verzögerung des Platzierungsbeginns werden für ihn schwerwiegende Folgen haben. Der Platzierungszeitraum geht meist kaum über die Dauer eines Jahres hinaus, so dass eine Entscheidung im Hauptverfahren regelmäßig zu spät käme. Damit wäre die gesamte Fondskonzeption in Gefahr, da vielfach steuerliche Rahmenbedingungen für eine enge zeitliche Vorgabe sorgen. Im Übrigen benötigen Fonds gerade zum Anfang der Zeichnungsfrist hohe Mittelzuflüsse, da ihr Anbieter vielfach in Vorleistung getreten ist. Verhindert das Ausbleiben der Gestattung die Einwerbung von finanziellen Mitteln von Anlegern, kann es beim Anbieter zu Liquiditätsproblemen kommen, die bis hin zur Gefahr der Insolvenz reichen. Soweit ersichtlich, ist die Situation, dass im Zusammenhang mit einem Gestattungsverfahren nach § 8i ein Antrag gegen die BaFin nach § 123 VwGO gestellt wird, noch nicht praktisch geworden.

(3) Klagegegner. Möchte der Anbieter Klage oder einen Antrag im einstweiligen Rechtsschutz einlegen, ist dieser unmittelbar gegen die BaFin selbst zu richten, da die BaFin gem. § 78 Abs. 1 Nr. 1 VwGO i. V. m. § 1 Abs. 1 FinDAG rechtsfähig ist. Prozessualer Sitz der BaFin ist gem. § 1 Abs. 3 FinDAG Frankfurt am Main, so dass das Verwaltungsgericht Frankfurt am Main örtlich zuständiges Verwaltungsgericht gem. § 52 Nr. 2 und 5 VwGO ist (vgl. *Fricke,* NVersZ 2002, 337, 342). 69

(4) Nachschieben von Gründen. Obwohl das Nachschieben von Gründen im Gerichtsverfahren grundsätzlich möglich ist, ist es an bestimmte Voraussetzungen gebunden. So ist es Voraussetzung, dass durch ein Nachschieben von Gründen der Verwaltungsakt nicht in seinem Wesen geändert wird oder die Rechtsverteidigung des Betroffenen beeinträchtigt wird (vgl. *Kopp/Schenke,* VwGO, § 113 Rn. 64 mwN). Eine Wesensänderung eines Verwaltungsaktes liegt darin, dass der Verwaltungsakt durch die nachgeschobenen Gründe in seiner Gesetzesgrundlage geändert wird, also im Ergebnis die in dem Verwaltungsakt getroffene Regelung durch eine andere ersetzt wird (vgl. BVerwG Urt. v. 4 6. 1993 – 8 C 55.91, Buchholz 310, § 113 VwGO, Nr. 256). Insbesondere die Frage, ob die öffentlich angebotene Vermögensanlage ein Wertpapier ist oder eine Vermögensanlage im Sinne des § 8f Abs. 1 VerkProspG hat nun maßgebliche Bedeutung dafür, ob ein Verkaufsprospekt nach dem WpPG oder dem 70

§ 8i Abschnitt III a. Prospektpflicht

VerkProspG aufgestellt werden muss. Entscheidet sich die Behörde für eine der Anspruchsgrundlagen zur Prospektaufstellung, ist im Verwaltungsrechtsstreit der Wechsel zu der anderen Anspruchsgrundlage ein unzulässiges Nachschieben von Gründen (VG Frankfurt am Main, Beschl. v. 6. 2. 2007 – 1 G 4983/06 (V), S. 10).

80 **l) Rücknahme/Widerruf durch die BaFin.** Die Möglichkeit, eine bereits erfolgte Gestattung wieder zurückzunehmen oder zu widerrufen, besteht für die BaFin gesetzlich grundsätzlich nur im Rahmen des §§ 48, 49 VwVfG. Da sowohl Rücknahme wie Widerruf an bestimmte Voraussetzungen geknüpft sind und beides für die BaFin mit Kosten verbunden sein könnte, ist im Einzelfall eine Quid pro quo-Verwaltungspraxis zur Anwendung gelangt, mit der gerade dies vermieden werden soll.

81 **aa) Rücknahme/Widerruf gem. §§ 48, 49 VwVfG.** Ist der Gestattungsbescheid rechtswidrig ergangen, kann dieser nach § 48 VwVfG mit Wirkung für die Zukunft oder für die Vergangenheit zurückgenommen werden. Da es sich bei der Gestattung um einen begünstigenden Verwaltungsakt handelt, sind für eine Rücknahme gem. § 48 Abs. 1 S. 2 VwVfG zusätzlich die unter § 48 Abs. 2 bis 4 VwVfG genannten Voraussetzungen zu beachten. So muss die BaFin bei einer Rücknahme dem Anbieter gem. § 48 Abs. 3 VwVfG auf seinen Antrag hin den Vermögensnachteil ausgleichen, den dieser dadurch erleidet, dass er auf den Bestand der Gestattung vertraut hat. Ist der Gestattungsbescheid rechtmäßig ergangen, besteht eine Möglichkeit des Widerrufs der Gestattung nur unter den Voraussetzungen des § 49 Abs. 2 VwVfG.

82 **bb) Untersagung und Gestattung des vervollständigten Verkaufsprospekts (Quid pro quo-Verfahren).** Ausgangsbasis dieser Verwaltungspraxis ist die bereits erfolgte Gestattung der Veröffentlichung eines Verkaufsprospektes, der unvollständig ist. Um diese Gestattung aus der Welt zu räumen, ohne die Voraussetzungen und Rechtsfolgen nach §§ 48, 49 VwVfG einhalten zu müssen, kann die BaFin das öffentliche Angebot aufgrund des unvollständigen Verkaufsprospekts gem. § 8i Abs. 4 untersagen und gleichzeitig die Veröffentlichung einer (ver-)vollständig(t)en Fassung des Verkaufsprospekts gestatten. Rechtstechnisch wird der Anbieter hinsichtlich der Untersagung angehört und ihm im Anhörungsschreiben detailliert mitgeteilt, welche Punkte zur Untersagung führen sollen. Der Anbieter wird darüber informiert, dass das öffentliche Angebot aufgrund des unvollständigen Verkaufsprospekts nach Ablauf einer bestimmten Frist mit sofortiger Wirkung untersagt wird. Ihm wird ferner mitge-

teilt, dass er im Rahmen dieser Frist die Möglichkeit hat, den Verkaufsprospekt zu vervollständigen und der BaFin zur Gestattung zu übermitteln. Sollten die in der Anhörung zur Untersagung aufgeführten Punkte nun vervollständigt worden sein, gestattet die BaFin die Veröffentlichung des vervollständigten Verkaufsprospekts in der Regel sofort. Im Ergebnis erhält der Anbieter damit die Gestattung der Veröffentlichung des vervollständigten Verkaufsprospekts eine logische Sekunde nach der Untersagung des öffentlichen Angebots aufgrund des unvollständigen Verkaufsprospekts – also quid pro quo.

Im Ergebnis würde eine solche Verwaltungspraxis demjenigen Anbieter zum Vorteil gereichen, dem in pragmatischer Hinsicht an einer möglichst kurzen Unterbrechung des öffentlichen Angebots gelegen ist. Gleichwohl werden dem Anbieter mit dieser Verwaltungspraxis die Rechte nach §§ 48, 49 VwVfG genommen, was insbesondere dann von Nachteil sein kann, wenn durch die Platzierung aufgrund des unvollständigen Verkaufsprospekts und der Vervollständigung des Verkaufsprospekts hohe Kosten entstanden sind. Denn für derartige Kosten muss die BaFin nicht mehr nach §§ 48, 49 VwVfG aufkommen, auf diesen bleibt der Anbieter sitzen. 83

m) Unvollständiger Verkaufsprospekt. Nach § 8i Abs. 2 S. 5 VerkProspG bleibt § 10 VerkProspG unberührt. Demnach darf kein Untersagungsgrund in dem Fehlen derartigen Angaben liegen, die bei einem unvollständigen Verkaufsprospekt erst kurz vor dem öffentlichen Angebot festgesetzt werden können (*Lenz,* in: *Assmann/Lenz/Ritz,* § 8a VerkProspG Rn. 23). 84

3. Absatz 3

a) Eingangsbestätigung. Die BaFin bestätigt dem Anbieter nach § 8i Abs. 3 S. 1 den Tag des Eingangs des Verkaufsprospekts. Hierdurch erhält der Anbieter die Möglichkeit, die 20-Tages-Frist nach § 8i Abs. 2 S. 2 zu berechnen. 85

b) Aufbewahrung. Der hinterlegte Verkaufsprospekt wird von der BaFin gem. § 8i Abs. 3 S. 2 zehn Jahre aufbewahrt, gem. § 8i Abs. 3 S. 3 beginnt diese Aufbewahrungsfrist mit dem Schluss des Kalenderjahres, in dem der Verkaufsprospekt hinterlegt worden ist. Verkaufsprospekte haben ähnlich den in § 257 Abs. 4 HGB und § 147 AO aufgezählten Dokumenten eine Beweisfunktion (Regierungsentwurf zum Vierten Finanzmarktförderungsgesetz vom 18. 1. 2002, BT-Drucks. 14/8017, 109; *Ritz* AG 2002, 662, 668), da sie die Grundlage für Ansprüche auf Schadensersatz nach § 13 bilden. Die Regelung zum Beginn der Frist nach § 8i Abs. 3 S. 3 liegt im Einklang mit den Regelungen zum Fristenbeginn des Zivilrechts nach 86

§ 8i Abschnitt III a. Prospektpflicht

§ 199 Abs. 1 Nr. 1 BGB. Handelt es sich um unvollständige Verkaufsprospekte im Sinne des § 10, soll es auf den Zeitpunkt ankommen, zu dem der letzte und damit vervollständigende Nachtrag hinterlegt wird (*Schwark/Heidelbach,* KMRK, § 8 VerkProspG, Rn. 11).

4. Absatz 4

87 Nach § 8i Abs. 4 hat die BaFin die Möglichkeit, das öffentliche Angebot von Vermögensanlagen zu untersagen, wenn sie Anhaltspunkte dafür hat, dass entgegen § 8f Abs. 1 kein Verkaufsprospekt veröffentlicht wurde oder ein Verkaufsprospekt nicht die nach § 8g Abs. 1 bzw. der VermVerkProspV erforderlichen Angaben enthält. Im Unterschied zu § 8i Abs. 2 S. 5 ist Gegenstand der Untersagung das öffentliche Angebot selbst, nicht hingegen die Veröffentlichung des Verkaufsprospektes (*Schwark/Heidelbach,* KMRK, § 8b VerkProspG Rn. 2).

88 **a) Kein Verkaufsprospekt veröffentlicht.** Das öffentliche Angebot kann gem. § 8i Abs. 4 Alt. 1 dann untersagt werden, wenn entgegen § 8f Abs. 1 kein Verkaufsprospekt veröffentlicht wurde. Erforderlich ist demnach, dass die BaFin in einem vorgelagerten Prüfungsschritt zu dem Ergebnis kommt, dass ein öffentliches Angebot in dem Anwendungsbereich der Prospektpflicht nach § 8f Abs. 1 VerkProspG fällt und keine Ausnahmetatbestände nach § 8f Abs. 2 VerkProspG einschlägig sind.

89 **b) Unvollständigkeit des Verkaufsprospekts.** Ferner kann dass öffentliche Angebot gem. § 8i Abs. 4 Alt. 2 dann untersagt werden, wenn der Verkaufsprospekt die nach § 8g Abs. 1 VerkProspG und die nach der VermVerkProspV erforderlichen Angaben nicht enthält. Losgelöst von der Frage, ob der Verkaufsprospekt von der BaFin gestattet wurde und aufbewahrt wird, besteht demnach eine Untersagungsmöglichkeit insbesondere, wenn die Unvollständigkeit erst nachträglich festgestellt wird (*Lenz,* in: *Assmann/Lenz/Ritz,* § 8b VerkProspG Rn. 11, der jedoch darauf hinweist, dass derartige Fälle in der Aufsichtspraxis des BAWe keine Relevanz erlangt haben). Die Vorschrift trifft insbesondere auch Fälle, in denen der für das öffentliche Angebot verwendete Verkaufsprospekt von dem der BaFin zur Hinterlegung übermittelten Verkaufsprospekt abweicht und im Ergebnis unvollständig ist (*Lenz,* in: *Assmann/Lenz/Ritz,* § 8b VerkProspG Rn. 13). Immer müssen derartige Abweichungen Angaben nach § 8g Abs. 1 iVm der VermVerkProspV betreffen, Abweichungen lediglich im Layout des Verkaufsprospekts wie z. B. Seitenabweichungen können keine Grundlage für eine Untersagung bilden. Darüber hinaus findet die Vorschrift Anwendung auf Nachträge eines unvoll-

ständigen Verkaufprospekts gem. § 10 VerkProspG, die erst am Tag der Veröffentlichung des Nachtrags und dem Beginn des öffentlichen Angebots der BaFin übermittelt werden (*Lenz,* in: *Assmann/Lenz/ Ritz,* § 8b VerkProspG Rn. 12). In derartigen Fällen kann die BaFin teilweise zu einem Endergebnis ihrer Prüfung erst nach bereits erfolgtem Beginn des öffentlichen Angebots kommen.

c) Anhaltspunkte. Für die Untersagung nach § 8i Abs. 4 ist notwendig, dass die BaFin Anhaltspunkte dafür hat, dass entweder entgegen § 8f VerkProspG kein Verkaufsprospekt veröffentlicht oder ein unvollständiger Verkaufsprospekt veröffentlicht wurde. Anhaltspunkte müssen auf konkreten und belastbaren Tatsachen beruhen, bloße Annahmen oder Befürchtungen einer abstrakten Gefahr können nicht genügen (*Schwark/Heidelbach,* KMRK, § 8b VerkProspG Rn. 4; *Heidel/Krämer,* § 8i bis 8k VerkProspG Rn. 7; *Lenz,* in: *Assmann/Lenz/Ritz,* § 8b Rn. 5). Da die Folgen einer Untersagung insbesondere durch die sofortige Vollziehbarkeit der Untersagung gem. § 8i Abs. 5 immens sind, soll bei der Prüfung, ob Anhaltspunkte vorliegen, ein enger Maßstab anzuwenden sein, bei dem die Interessen der Anleger an einer unverzüglichen Untersagung des öffentlichen Angebots mit den möglichen wirtschaftlichen Konsequenzen einer Untersagung für den Anbieter abzuwägen sind (*Lenz,* in: *Assmann/ Lenz/Ritz,* § 8b Rn. 5). Nach allgemeiner Auffassung müssen sich die Anhaltspunkte nicht lediglich aus dem öffentlichen Angebot selbst ergeben, sondern können auch aus anderen der BaFin bekannt gewordenen Quellen stammen (vgl. *Heidel/Krämer,* § 8i bis 8k VerkProspG Rn. 4; *Lenz,* in: *Assmann/Lenz/Ritz,* § 8b VerkProspG Rn. 6). Bestehen auf Seiten der BaFin Zweifel, kann diese zur deren Klärung gem. § 8i Abs. 4a Auskunftserteilung und Unterlagen verlangen, die zur Prüfung der Prospektpflicht nach § 8f oder der Vollständigkeit des Verkaufsprospekt nach § 8g bzw. der VermVerkProspV erforderlich sind (*Lenz,* in: *Assmann/Lenz/Ritz,* § 8b VerkProspG Rn. 6).

d) Verfahren/Rechtsschutz. Die Untersagung des öffentlichen Angebots nach § 8i Abs. 4 ist ein belastender Verwaltungsakt.

aa) Verfahren. Bevor eine Untersagung des öffentlichen Angebots nach § 8i Abs. 4 VerkProspG gegeben ist, ist der Adressat der Untersagung grundsätzlich nach § 28 VwVfG anzuhören, da die Untersagung in seine Rechte eingreift.

Zuständig im Hauptsacheverfahren ist dann gem. § 40 VwGO die Verwaltungsgerichtsbarkeit. Richtige Klageart ist die Anfechtungsklage gem. § 42 Abs. 1 Alt. 1 VwGO. Allerdings muss zuvor gem.

§ 68 VwGO ein Widerspruchsverfahren durchlaufen werden. Auch hier gilt jedoch gem. § 8i Abs. 5 VerkProspG, dass sowohl Widerspruch wie Anfechtungsklage keine aufschiebende Wirkung haben. Im Wege des einstweiligen Rechtsschutzes ist dem Anbieter also anzuraten, Antrag auf Anordnung der aufschiebenden Wirkung gem. § 80 Abs. 5 S. 1 iVm § 80 Abs. 2 S. 1 Nr. 3 VwGO zu stellen. Für einen derartigen Antrag ist eine Interessenabwägung zugunsten des Anbieters erforderlich, die auch die Erfolgsaussichten des Hauptsacherechtsbehelfs mitberücksichtigen muss, sofern die Erfolgsaussichten offensichtlich sind (vgl. *Schoch*, in: *ders./Schmidt-Aßmann/Pietzner*, VwGO, § 80 Rn. 252 ff.). Liegen Gründe vor, die unter dem Gesichtspunkt des Anordnungsgrundes den einstweiligen Rechtsschutz nach § 123 VwGO rechtfertigen, sollten diese Gründe auch einen Antrag auf Anordnung der aufschiebenden Wirkung nach § 80 Abs. 5 S. 1 VwGO rechtfertigen (vgl. *Schoch*, aaO, § 80 Rn. 257). Neben einer Prüfung der Erfolgsaussichten eines Hauptsacheverfahrens gegen die Untersagung des öffentlichen Angebots wird man demnach insbesondere auch darauf hinzuweisen haben, welche Folgen der Ausschluss der aufschiebenden Wirkung im Einzelfall gerade im Hinblick auf die Insolvenzgefahr des Anbieters hat.

5. Absatz 4 lit. a) bis lit. c)

94 Die Regelungen des § 8i Abs. 4 lit. a) bis c) VerkProspG betreffen Auskunfts- und Vorlagepflichten des Anbieters. So kann die BaFin von Anbieter bzw. demjenigen, bei dem Tatsachen die Annahme rechtfertigen, dass er Anbieter ist, Auskunftserteilung und Unterlagen in Hinblick auf die Pflichten nach § 8i Abs. 1, 2 S. 1, § 8f Abs. 1, §§ 9 bis 12 und § 8g Abs. 1 sowie der VermVerkProspV verlangen. Zu beachten ist dabei insbesondere das Auskunftsverweigerungsrecht nach § 8i Abs. 4 lit. c) (vgl. zum Begriff der Unterlage Rn. 37).

95 **a) Auskunftserteilung und Unterlagen gem. § 8i Abs. 4 lit. a) VerkProspG.** Der Anbieter hat auf Verlangen der BaFin Auskunft zu erteilen und Unterlagen vorzulegen, die diese zur Überwachung der Pflichten nach § 8i Abs. 1, 2 S. 1, § 8f Abs. 1, §§ 9 bis 12 sowie zur Prüfung des § 8g Abs. 1 sowie der VermVerkProspV benötigt. Die in § 8i Abs. 4 lit. a) normierten Pflichten des Anbieters sind im Wege des Verwaltungszwangs nach dem VwVG durchsetzbar (*Lenz*, in: *Assmann/Lenz/Ritz*, § 8b VerkProspG Rn. 18). In erster Linie wird hierbei die Verhängung eines Zwangsgeldes nach § 11 VwVG in Betracht kommen *(Lenz*, in: *Assmann/Lenz/Ritz*, § 8b VerkProspG Rn. 21).

96 **b) Adressat gem. § 8i Abs. 4 lit. b) VerkProspG.** Adressat der Pflicht zur Auskunftserteilung und Vorlage von Unterlagen gem. § 8i

Abs. 4 lit. a) ist der Anbieter (vgl. zum Begriff des Anbieters oben, Vor. § 8f VerkProspG Rn. 5 ff.). Steht nicht fest, wer Anbieter ist, hat die BaFin nach § 8i Abs. 4 lit. b) die Möglichkeit, von demjenigen, bei dem Tatsachen die Annahme rechtfertigen, dass er Anbieter im Sinne des VerkProspG ist, Auskunftserteilung und Unterlagen zu verlangen.

c) Auskunftsverweigerungsrecht gem. § 8i Abs. 4 lit. c). Der 97
zur Auskunftserteilung Verpflichtete hat die Möglichkeit zur Auskunftsverweigerung auf solche Fragen, deren Beantwortung ihn selbst oder einen der in § 383 Abs. 1 Nr. 1 bis 3 ZPO bezeichneten Angehörigen der Gefahr strafgerichtlicher Verfolgung oder eines Verfahrens nach dem OWiG aussetzen würde. Unter die Angehörigen nach § 383 Abs. 1 Nr. 1 bis 3 ZPO fallen neben dem Verlobten des Auskunftspflichtigen oder denjenigen, mit dem der Auskunftspflichtige ein Versprechen zur Begründung einer Lebenspartnerschaft eingegangen ist, die Ehegatte des Auskunftspflichtigen, auch wenn die Ehe nicht mehr besteht bzw. der Lebenspartner, auch wenn die Lebenspartnerschaft nicht mehr besteht und Personen, die mit dem Auskunftspflichtigen in gerader Linie verwandt oder verschwägert (vgl. hierzu §§ 1589, 1590 BGB), in der Seitenlinie bis zum dritten Grad verwandt oder bis zum zweiten Grad verschwägert sind oder waren. Das Auskunftsverweigerungsrecht bezieht sich nach seinen Wortlaut lediglich auf die Auskunftserteilung, nicht hingegen auf die Vorlage von Unterlagen. Das macht wenig Sinn, da sich über eine Aufforderung zur Vorlage von Unterlagen die Nachfrage zur Auskunftserteilung aushebeln ließe. Deshalb ist § 8i Abs. 4 lit. c) auf die Vorlage von Unterlagen entsprechend anzuwenden (vgl. *Schwark/ Heidelbach*, KMRK, § 8c VerkProspG Rn. 8; aA wenn auch zweifelnd: *Lenz*, in: *Assmann/Lenz/Ritz*, § 8b VerkProspG Rn. 17).

6. Absatz 5

Nach § 8i Abs. 5 haben Widerspruch und Anfechtungsklage gegen 98
Maßnahmen nach § 8i Abs. 2 S. 5 sowie § 8i Abs. 4, 4 lit. a) und 4 lit. b) keine aufschiebende Wirkung. In Hinblick auf § 8i Abs. 2 S. 5 und Abs. 4 möchte die Vorschrift verhindern, dass der Anbieter durch Einlegung eines Widerspruchs oder Erhebung einer Anfechtungsklage der Untersagungsverfügung bis zur endgültigen Entscheidung hierüber die Wirkung nimmt, um in der Zwischenzeit aufgrund eines von der BaFin bemängelten Prospekts das öffentliche Angebot zu betreiben (vgl. Regierungsentwurf zum 3. FMG vom 6. 11. 1997, BT-Drucks. 13/8933, Anlage 1 S. 88). Hinsichtlich der Pflichten nach Auskunftserteilung und Vorlage von Unterlagen besteht deshalb

§ 8i   Abschnitt III a. Prospektpflicht

keine aufschiebende Wirkung von Widerspruch und Anfechtungsklage, da anderenfalls eine zeitnahe Aufklärung des zu klärenden Sachverhalts kaum möglich wäre (*Schwark/Heidelbach*, KMRK, § 8 d VerkProspG Rn. 2). Nicht in § 8i Abs. 5 genannt sind Kostenbescheide aufgrund von § 16, die gem. § 80 Abs. 2 Nr. 1 VwGO kraft Gesetzes sofort vollziehbar sind. Widerspruch und Anfechtungsklage gegen andere, im VerkProspG genannten Maßnahmen der BaFin behalten hingegen ihre aufschiebende Wirkung und sind insbesondere von § 8i Abs. 5 unberührt (*Lenz*, in: *Assmann/Lenz/Ritz*, § 8 d VerkProspG Rn. 10).

7. Amtshaftung

99   **a) des Anlegers.** Ob der Anleger bei einer fehlerhaften Überprüfung des Prospekts gegenüber der BaFin einen Anspruch auf Amtshaftung hat, ist fraglich.

100   Zentrales Problem bei der Frage, ob dem Anleger ein Anspruch auf Amtshaftung gegen die BaFin zusteht, ist der sog. Drittschutz der Amtshandlung (weiterführend und rechtsvergleichend: *Halfpap*, Kapitalmarktaufsicht in Europa und den USA, S. 50f.). Im Jahre 1979 hat der BGH in den bekannten Entscheidungen des Wetterstein- und Herstatt-Falles wegen pflichtwidriger Verletzung von Amtspflichten durch das BAKred eine Amtshaftung gegenüber dem Anleger angenommen. Daraufhin wurde wenige Zeit später ein Haftungsausschluss in § 6 KWG eingeführt, der besagte, dass die Bankenaufsicht ihre Aufgabe nur im öffentlichen Interesse wahrnehme. Weitere derartige Haftungsausschlüsse folgten im VAG für die Versicherungsaufsicht, im WpHG und WpÜG für die Wertpapieraufsicht und schließlich im BörsG hinsichtlich der Börsenaufsicht. Damit war die für den Amtshaftungsanspruch aus § 839 BGB, Art. 34 GG erforderliche Drittbezogenheit der Amtshandlung nicht mehr gegeben. Mit Gründung der BaFin trat das FinDAG in Kraft und damit auch die Regelung des § 4 Abs. 4 FinDAG. Nach § 4 Abs. 4 FinDAG übt die BaFin ihre Aufgaben und Befugnisse nur im öffentlichen Interesse aus. Diese Vorschrift bündelt die Haftungsausschlüsse aus dem KWG, VAG und WpHG. Demnach ließen sich für den Anleger keinerlei Ansprüche aus Amthaftung gegenüber der BaFin herleiten (*Lenz*, in: *Assmann/Lenz/Ritz*, § 8a VerkProspG Rn. 26). Auch aus der dem WpPG zugrunde liegenden Prospekt-RL soll sich nichts anderes ergeben (vgl. *Fleischer* BKR 2004, 339, 343).

101   Die Verfassungsmäßigkeit eines generellen Haftungsausschlusses wird in der Literatur heftig kritisiert. So wird vorgetragen, eine derartige Freizeichnung verstoße gegen das Gewaltenteilungsprinzip, gegen Art. 14 GG und gegen Art. 3 GG. Auf europäischer Ebene läge ein Verstoß gegen solche kapitalmarktrechtlichen Richtlinien vor, die gerade eine Verbesserung des Anlegerschutzes bezwecken (vgl. zur Diskussion der Verfassungsmäßigkeit MünchKomm BGB-*Papier*, § 839 Rn. 255; *Schäfer/Geibel*, WpHG u. a., § 4 WpHG Rn. 26 f.; *Schenke/Ruthig* NJW 1994, 2324, 2325 f.). Im Jahre 2005 hat der BGH allerdings entschieden, dass sowohl die alte Fassung des § 6 Abs. 4 KWG als auch die Nachfolgeregelung in § 4 Abs. 4 FinDAG mit Europäischem Gemeinschaftsrecht und mit dem Grundgesetz vereinbar sei (BGH Urt. v. 20. 1. 2005, ZIP 2005, 287; dazu weiterführend *Binder* WM 2005, 1781, 1781). Zuvor hatte der Senat den EuGH zu der Frage, ob Anlegern durch bestimmte kapitalmarktrechtliche Regelungen das Recht verliehen worden sei, dass Maßnahmen der Bankenaufsicht im EG-rechtlich harmonisierten Bereich auch in ihrem Interesse wahrzunehmen sind, um eine Vorabentscheidung gebeten. Der EuGH hat über die Fragen im Oktober 2004 entschieden (EuGH NJW 2004, 3479) und den entsprechenden Richtlinien lediglich den Zweck entnommen, dem ordnungsgemäßen Funktionieren des Einlagensicherungssystems zu dienen. Ein Recht der Anleger, dass die zuständigen Behörden in ihrem Interesse Aufsichtsmaßnahmen treffen, wurde ausdrücklich verneint.

Eine Überprüfung der Haftungsausschlüsse, insbesondere des § 4 Abs. 4 FinDAG durch das Bundesverfassungsgericht ist allerdings bislang nicht erfolgt. Dennoch bestehen Zweifel an einem Haftungsausschluss im Rahmen der Gestattung von Verkaufsprospekten durch die BaFin. So ließe sich argumentieren, dass der Haftungsausschluss des § 4 Abs. 4 FinDAG gar nicht zur Anwendung kommt. Einer Anwendbarkeit steht nämlich der Grundsatz der Normkonflikte entgegen. Nach dem Normkonflikt-Grundsatz des „lex specialis derogat legi generali" verdrängt das VerkProspG als spezielleres Gesetz das FinDAG als das allgemeine Gesetz. Denn im VerkProspG werden speziellen Prüfungspflichten statuiert, denen im FinDAG vorgehen. Dem steht auch nicht die Gesetzesbegründung entgegen, die der BaFin nur in besonders gelagerten Ausnahmefällen ausschließlich im öffentlichen Interesse die Befugnis zur vorläufigen oder endgültigen Untersagung eines öffentlichen Angebotes sowie zum Widerruf der Billigung einräumt. Denn Grenze der Auslegung ist nach allgemeinen Grundsätzen der Wortlaut einer Norm. **102**

b) des Anbieters. Die Haftungssituation der BaFin gegenüber dem Anbieter (= Beaufsichtigtem) stellt sich als weniger problematisch dar. Die Entscheidung über die Billigung eines Prospektes stellt aufgrund der mit ihr verbundenen Außenwirkung einen Verwaltungsakt dar. Da somit den beaufsichtigten Personen und Unterneh- **103**

men subjektiv-öffentliche Rechte gegen diese Verwaltungsentscheidungen zustehen, gelten die allgemeinen Grundsätze der Amtshaftung nach § 839 BGB, Art. 34 GG (*Lenz,* in: *Assmann/Lenz/Ritz,* § 8a VerkProspG Rn. 27). Diese Haftung wird auch nicht durch die Regelung des § 4 Abs. 4 FinDAG ausgeschlossen (vgl. *Dreyling,* in: *Assmann/Schneider,* WpHG, § 4 Rn. 24).

104 Ein Anspruch auf Amtshaftung des Anbieters besteht in der Regel, wenn die BaFin eine Entscheidung über die Gestattung der Veröffentlichung nicht innerhalb von 20 Werktagen gegeben hat. Denn hierauf hat der Anbieter bei einem ordnungsgemäßen Verkaufsprospekt einen Anspruch (vgl. *Hasenkamp* DStR 2004, 2154, 2155; *Heidel/Krämer,* § 8i bis 8k VerkProspG Rn. 2).

§ 8j Werbung

(1) **Die Bundesanstalt kann die Werbung mit Angaben untersagen, die geeignet sind, über den Umfang der Prüfung nach § 8i Abs. 2 irrezuführen.**

(2) **Vor allgemeinen Maßnahmen nach Absatz 1 sind die Spitzenverbände der betroffenen Wirtschaftskreise und des Verbraucherschutzes zu hören.**

Übersicht

	Rn.
I. Allgemeines	1
1. Gesetzesmaterialien	1
2. Literatur (Auswahl)	2
II. Allgemeiner Inhalt	3
1. Normentwicklung	3
2. Regelungsinhalt	4
III. Die Vorschrift im Einzelnen	5
1. Abs. 1	5
2. Abs. 2	12

I. Allgemeines

1. Gesetzesmaterialien

1 a) Stellungnahme des Bundesrates vom 17. 10. 1997 – Auszug (Drucksache 605/97 (Beschluss), 15f.)

Nach Abs. 1 kann das BAWe bestimmte Arten der Werbung untersagen, um im Zusammenhang mit der Hinterlegungspflicht Mißständen bei der Werbung für Wertpapiere, für die eine Zulassung zur amtlichen Notierung oder zum geregelten Markt nicht beantragt ist, zu begegnen. Die Regelung entspricht den Befugnissen des BAWe hinsichtlich der Werbung von Wertpapierdienstleis-

Werbung **§ 8j**

tungsunternehmen nach § 36b Abs. 1 WpHG und des BAKred hinsichtlich der Werbung von Kreditinstituten und Finanzdienstleistungsinstituten nach § 23 Abs. 1 KWG. Das BAWe kann sowohl einzelnen Werbemaßnahmen begegnen als auch generell bestimmte Werbemaßnahmen oder Werbemethoden untersagen. Ein Mißstand im Sinne des § 8c liegt vor, wenn die Werbemaßnahme geeignet ist, Anleger irrezuführen. Ein Mißstand wird beispielsweise dann anzunehmen sein, wenn damit geworben wird, daß der Verkaufsprospekt beim BAWe hinterlegt sei. Durch die Hinterlegung erfüllt der Anbieter lediglich eine gesetzliche Pflicht. Er ruft jedoch durch den Hinweis auf die Hinterlegung die unzutreffende Vorstellung hervor, daß sein Verkaufsprospekt im Gegensatz zu anderen Verkaufsprospekten vom BAWe in vollem Umfang und damit auch auf seine inhaltliche Richtigkeit überprüft worden sei. In ähnlicher Weise würde auch die Behauptung des Anbieters, der Verkaufsprospekt vom BAWe geprüft und genehmigt, eine irreführende Maßnahme darstellen. Abs. 2 ist den Regelungen des § 36b Abs. 2 WpHG und § 23 Abs. 2 KWG nachgebildet. Danach sind vor allgemeinen Maßnahmen nach Abs. 1 die Spitzenverbände der betroffenen Wirtschaft anzuhören.

b) Gegenäußerung der Bundesregierung v. 6. 11. 1997 – Auszug (BT-Drucks. 13/8933 (Anlage 3), 183)

Die Bundesregierung lehnt die vom Bundesrat vorgesehene Regelung ab. Das Bundesaufsichtsamt für Wertpapierhandel (BAWe) bedarf nicht der Befugnis, in dem vom Bundesrat vorgeschlagenen Umfang in die Werbefreiheit einzugreifen. Insbesondere ist ein Vergleich mit § 23 KWG und § 36b Abs. 1 WpHG, die dem Schutz gesamtwirtschaftlicher Interessen dienen und beispielsweise eine die Kunden verunsichernde Angstwerbung verhindern sollen, nicht gerechtfertigt. Ein Mißstand ist insbesondere nicht schon dann anzunehmen, wenn damit geworben wird, dass der Verkaufsprospekt beim BAWe hinterlegt ist. Mit der Hinterlegung erfüllt der Anbieter eine gesetzliche Pflicht, auf deren Erfüllung er durchaus hinweisen kann.

c) Beschlussempfehlung und Bericht des Finanzausschusses v. 11. 2. 1998 – Auszug (BT-Drucks. 13/9874, 132)

Sofern Unternehmen öffentlich mit Angaben werben, die geeignet sind, über den Umfang der Prüfung des Verkaufsprospektes durch das BAWe irrezuführen, besteht ein Bedürfnis, derartige Werbung unverzüglich zu untersagen. § 8e Abs. 1 sieht daher vor, daß das BAWe die Werbung mit Angaben untersagen kann, die geeignet sind, über den Umfang der Prüfung nach § 8a irrezuführen. Eine Irreführung im Sinne des § 8e liegt beispielsweise vor, wenn durch den Hinweis auf eine Prüfung die unzutreffende Vorstellung hervorgerufen wird, daß der Verkaufsprospekt vom BAWe in vollem Umfang und damit auch auf seine inhaltliche Richtigkeit überprüft worden sei. In ähnlicher Weise würde die Behauptung des Anbieters, der Verkaufsprospekt sei vom BAWe genehmigt, eine irreführende Angabe über den Prüfungsumfang darstellen. Das BAWe kann sowohl einzelnen Werbemaßnahmen begegnen als auch generell bestimmte Werbemaßnahmen oder Werbemethoden untersagen. Vor allgemeinen Maßnahmen nach Abs. 1 sind gemäß Abs. 2 die Spitzenverbände der betroffenen Wirtschaftskreise und des Verbraucherschutzes zu hören.

Bruchwitz

2. Literatur (Auswahl)

2 *Assmann*, in: ders./*Lenz/Ritz*, VerkProspG, § 8e; *Kümpel/Hammen/ Ekkenga/ Gebauer*, Kapitalmarktrecht, Nr. 100; *Groß*, Kapitalmarktrecht; *Schwark/Heidelbach*, Kapitalmarktrechts-Kommentar, § 8e; *Heidel/Krämer*, Aktienrecht, § 8k; *Verfürth/Grunenberg*, Pflichtangaben für geschlossene Fondes nach der Vermögensanlagen-Verkaufsprospektverordnung, DB 2005, 1043.

II. Allgemeiner Inhalt

1. Normentwicklung

3 Die Vorschrift ist als § 8e aufgrund von Art. 2 Nr. 3 des 3. FMG auf Anregung des Bundesrates in das VerkProspG aF eingefügt worden, um Missständen bei der Werbung durch Hinweise auf eine Prüfung des Verkaufsprospektes durch das – damals noch – BAWe zu begegnen (vgl. BT-Drucks. 605/97, S. 15). Aufgrund des Gesetzes über die integrierte Finanzdienstleistungsaufsicht vom 22.4.2002 wurden die Wörter „Das Bundesaufsichtsamt" durch die Wörter „Die Bundesanstalt" ersetzt. Im Zuge des Prospektrichtlinie-Umsetzungsgesetzes wurde dann § 8e VerkProspG aF gestrichen und § 8j als Folgeänderung in der heute gültigen Fassung in das VerkProspG integriert.

2. Regelungsinhalt

4 § 8j regelt die Voraussetzungen für Maßnahmen und in diesem Zusammenhang die Befugnisse der BaFin, um gegen irreführende Angaben über den Prüfungsumfang nach § 8i Abs. 2 in Werbung für Anlageprodukte vorgehen zu können. § 8j dient insoweit dem Schutz der Anleger (vgl. insoweit zur Vorgängernorm Assmann, *in: ders./ Lenz/Ritz*, § 8e VerkProspG Rn. 3; *Schwark/Heidelbach*, KMRK, VerkProspG § 8e Rn. 1). Beziehen sich die irreführenden Angaben nicht auf den Prüfungsumfang nach § 8i Abs. 2, kann die BaFin die betreffende Werbung nicht unterbinden. In diesem Fall können nur die nach UWG Klageberechtigten gegen den Werbenden vorgehen. Mit § 15 WpPG vergleichbare Befugnisse stehen der BaFin nicht zu, wären aber im Hinblick auf einen umfassenden Anlegerschutz angezeigt (so auch *Heidel/Krämer*, § 8k VerkProspG Rn. 14).

III. Die Vorschrift im Einzelnen

1. Abs. 1

Zur Unterbindung irreführender Werbung wird die BaFin ermächtigt, im Einzelfall oder generell Untersagungsverfügungen gegen den Werbenden zu erlassen.

a) Werbung. Das VerkProspG definiert den Begriff der Werbung nicht. Allerdings wird man sich, auch wenn das VerkProspG in seiner Fassung nach dem Prospektrichtlinie-Umsetzungsgesetz nicht der Umsetzung von Gemeinschaftsrecht dient (*Groß*, KMR, Vor § 8j VerkProspG Rn. 5) und damit die richtlinienkonforme Auslegung als Auslegungsmaxime fortfällt (*Groß*, KMR, Vor § 8j VerkProspG, Rn. 6), an Art. 2 Nr. 9 VO (EG) 809/2004 orientieren können. Dabei ist mit Blick auf den Schutzzweck des § 8j der Begriff weit auszulegen (zur alten Fassung so auch *Assmann*, in: *ders./Lenz/Ritz*, VerkProspG, § 8e Rn. 5). Danach sind unter Werbung alle Bekanntmachungen zu verstehen, die sich auf ein bestimmtes öffentliches Angebot von Vermögensanlagen beziehen und darauf abzielen, deren Erwerb besonders zu fördern. Das genutzte Medium spielt keine Rolle, alle Arten medialer Gestaltung werden erfasst (*Schwark/Heidelbach*, KMRK, VerkProspG, § 8e Rn. 2).

Werbender im Sinne des § 8j ist nicht lediglich der Anbieter der Vermögensanlage. Vielmehr können Maßnahmen gegen jeden gerichtet werden, der unter Verstoß gegen § 8j wirbt, also auch gegen Dritte die im Auftrag des Anbieters oder unabhängig von ihm handeln (*Assmann*, in: *ders./Lenz/Ritz*, § 8e VerkProspG Rn. 8; *Heidel/Krämer*, § 8e Rn. 12).

b) Irreführung über den Umfang der Prüfung. Aussagen, die wegen einer Irreführung von der BaFin untersagt werden, lauten etwa „Dieses Angebot ist von der BaFin geprüft worden", da hiermit eine inhaltliche Prüfung suggeriert wird (vgl. *Kümpel/Hammen/Ekkenga/Gebauer*, Nr. 100, S. 54). Zulässig sein soll hingegen die Aussage „Der Prospekt wurde beim Bundesaufsichtsamt hinterlegt" (*Kümpel/Hammen/Ekkenga/Gebauer*, Nr. 100, S. 54). Da die BaFin nach § 8i Abs. 2 den jeweiligen Verkaufsprospekt lediglich in formeller Hinsicht auf dessen Vollständigkeit, also weder die Richtigkeit der Angaben noch die Bonität des Emittenten prüft, liegt eine Irreführung regelmäßig dann vor, wenn durch den Hinweis auf eine Prüfung die unzutreffende Vorstellung hervorgerufen wird, dass der Verkaufsprospekt von der BaFin in vollem Umfang und damit auch auf seine inhaltliche Richtigkeit überprüft worden sei (vgl. Beschlussempfehlung und Bericht des Finanzausschusses, BT-Drucks. 13/9874, S. 132).

§ 8j Abschnitt IIIa. Prospektpflicht

Zulässig ist ferner, mit der Aussage „BaFin genehmigt erste deutsche Kunstanleihe" oder „Die Bundesanstalt für Finanzdienstleistungen (BaFin) hat eine auf den Inhaber lautende Teilschuldverschreibung (…) genehmigt" zu werben, da die BaFin nach Auffassung des LG Hamburg tatsächlich nur den Verkaufsprospekt genehmigt (vgl. LG Hamburg Urteil vom 27. 4. 2007 – 406 024/07). Dieser Auffassung ist im Ergebnis nicht zuzustimmen, korrekterweise gestattet die BaFin nicht den Verkaufsprospekt, sondern die Veröffentlichung, vgl. § 8i Abs. 2 VerkProspG. Deshalb stellt auch der Hinweis, der Prospekt sei von der BaFin genehmigt, einen irreführenden Hinweis dar (Beschlussempfehlung und Bericht des Finanzausschusses aaO), da nach § 8i Abs. 2 S. 1 seitens der BaFin lediglich eine Gestattung, aber keine Genehmigung erfolgt. Daraus ergibt sich, dass irreführende Angaben iSd § 8j Abs. 1 regelmäßig dann vorliegen, wenn diese beim künftigen Anleger den Eindruck erwecken können, die Prüfung durch die BaFin beschränke sich nicht nur auf die formelle Vollständigkeit des Prospekts (so i. E. auch zur Vorgängernorm *Assmann,* in: *ders./Lenz/Ritz,* § 8e VerkProspG Rn. 9).

9 Demgegenüber ist es unbedenklich, wenn in der Werbung für die Vermögensanlage angegeben wird, der Prospekt sei bei der BaFin hinterlegt (Gegenäußerung der Bundesregierung BT-Drucks. 13/8933, S. 183; *Assmann,* in: *ders./Lenz/Ritz,* § 8e VerkProspG Rn. 11; *Groß,* KMR, VerkProspG § 8k Rn. 9; *Heidel/Krämer,* VerkProspG § 8k Rn. 10). Mit dieser Angabe weist der Werbende lediglich auf seine Verpflichtung nach § 8i Abs. 1 hin, ohne auf den Prüfungsumfang einzugehen. Der Hinweis auf die Prüfung durch die BaFin ist ebenfalls unschädlich, wenn gleichzeitig deutlich auf den beschränkten Prüfungsumfang hingewiesen wird (*Heidel/Krämer,* VerkProspG § 8k Rn. 11). Auch die Werbung mit der Tatsache, dass die BaFin den Prospekt gestattet hat, dürfte bei gleichzeitigem Hinweis, dass diese nur eine formelle Vollständigkeitsprüfung beinhaltet, zulässig sein (*Assmann,* in: *ders./Lenz/Ritz,* § 8e VerkProspG Rn. 11).

10 Ob irreführende Angaben vorliegen, ist aus der Sicht eines durchschnittlich informierten Anlegers, der üblicherweise keine Kenntnisse über den Prüfungsumfang nach § 8i hat, zu bestimmen (so auch *Assmann,* in: *ders./Lenz/Ritz,* § 8e VerkProspG Rn. 9; *Verfürth/Grunenberg,* DB 2005, 1043).

11 **c) Veröffentlichung des Gestattungsbescheids.** Vielfach ist der Anbieter daran interessiert, den Bescheid, mit dem die BaFin die Veröffentlichung der Vermögensanlage gestattet hat, zu Werbezwecken zu verwenden. Die BaFin steht diesem Vorgehen kritisch gegenüber. Dies vermag nicht zu überzeugen. Ein Verstoß gegen § 8j Abs. 1

ist nicht auszumachen, weil der Bescheid ausdrücklich darauf hinweist, dass lediglich eine Vollständigkeitsprüfung vorgenommen wurde. Allenfalls ein Verstoß gegen § 4 Abs. 1 BDSG käme in Betracht, wenn Name und Telefonnummer des Sachbearbeiters der BaFin genannt werden. Es ist deshalb zu empfehlen, die Daten des Sachbearbeiters auf dem Bescheid vor Veröffentlichung unkenntlich zu machen.

2. Abs. 2

Im Vorfeld einer Maßnahme nach Abs. 1 in Form einer Allgemeinverfügung sind die Spitzenverbände der betroffenen Wirtschaftskreise und des Verbraucherschutzes zu hören. Abs. 2 entspricht § 23 Abs. 2 KWG und § 36b Abs. 2 WpHG.

§ 8k Verschwiegenheitspflicht

(1) Die bei der Bundesanstalt Beschäftigten und die nach § 4 Abs. 3 des Finanzdienstleistungsaufsichtsgesetzes beauftragten Personen dürfen die ihnen bei ihrer Tätigkeit bekannt gewordenen Tatsachen, deren Geheimhaltung im Interesse eines nach diesem Gesetz Verpflichteten oder eines Dritten liegt, insbesondere Geschäfts- und Betriebsgeheimnisse sowie personenbezogene Daten, nicht unbefugt offenbaren oder verwerten, auch wenn sie nicht mehr im Dienst sind oder ihre Tätigkeit beendet ist. Dies gilt auch für andere Personen, die durch dienstliche Berichterstattung Kenntnis von den in Satz 1 bezeichneten Tatsachen erhalten. Ein unbefugtes Offenbaren oder Verwerten im Sinne des Satzes 1 liegt insbesondere nicht vor, wenn Tatsachen weitergegeben werden an
1. Strafverfolgungsbehörden oder für Straf- und Bußgeldsachen zuständige Gerichte,
2. kraft Gesetzes oder im öffentlichen Auftrag mit der Überwachung von Börsen oder anderen Märkten, an denen Finanzinstrumente gehandelt werden, des Handels mit Finanzinstrumenten oder Devisen, von Kreditinstituten, Finanzdienstleistungsinstituten, Investmentgesellschaften, Finanzunternehmen oder Versicherungsunternehmen betraute Stellen sowie von diesen beauftragte Personen,
soweit diese Stellen die Informationen zur Erfüllung ihrer Aufgaben benötigen. Für die bei diesen Stellen beschäftigten Personen gilt die Verschwiegenheitspflicht nach Satz 1 entsprechend. An eine Stelle eines anderen Staates dürfen die Tatsachen nur weitergegeben werden, wenn diese Stelle und die von ihr beauftragten

§ 8k   Abschnitt IIIa. Prospektpflicht

Personen einer dem Satz 1 entsprechenden Verschwiegenheitspflicht unterliegen.

(2) Die Vorschriften der §§ 93, 97 und 105 Abs. 1, § 111 Abs. 5 in Verbindung mit § 105 Abs. 1 sowie § 116 Abs. 1 der Abgabenordnung gelten nicht für die in Absatz 1 Satz 1 oder 2 genannten Personen, soweit sie zur Durchführung dieses Gesetzes tätig werden. Sie finden Anwendung, soweit die Finanzbehörden die Kenntnisse für die Durchführung eines Verfahrens wegen einer Steuerstraftat sowie eines damit zusammenhängenden Besteuerungsverfahrens benötigen, an deren Verfolgung ein zwingendes öffentliches Interesse besteht, und nicht Tatsachen betroffen sind, die den in Absatz 1 Satz 1 oder 2 bezeichneten Personen durch eine Stelle eines anderen Staates im Sinne des Absatzes 1 Satz 3 Nr. 2 oder durch von dieser Stelle beauftragte Personen mitgeteilt worden sind.

Übersicht

	Rn.
I. Allgemeines	1
1. Gesetzesmaterialien	1
2. Literatur (Auswahl)	2
II. Allgemeiner Inhalt	3
1. Normentwicklung	3
2. Regelungsinhalt	4
III. Die Vorschrift im Einzelnen	5
1. Abs. 1	6
2. Abs. 2	16
IV. Einzelfälle	20
1. Nichtbevollmächtigte Freiberufler	20
2. Verhältnis zum Informationsfreiheitsgesetz (IFG)	21
3. Bußgeldverfahren	35
V. Verstoß gegen die Verschwiegenheitspflicht	38
1. Zivilrechtlich	38
2. Strafrechtlich	39

I. Allgemeines

1. Gesetzesmaterialien

1 RegBegr. zum Zweiten Finanzmarktförderungsgesetz v. 27. 1. 1994 – Auszug (BT-Drucks. 12/6679, 42f.) zu § 8 WpHG

Zu Abs. 1
Die Vorschrift statuiert eine Verschwiegenheitspflicht und ein Verwertungsverbot für die beim Bundesaufsichtsamt Beschäftigten und von ihm beauftragten Personen, wie sie auch in § 9 KWG für die Bankenaufsicht enthalten sind. Diese Regelung trägt Artikel 9 der Insider-Richtlinie sowie Artikel 14 der

Verschwiegenheitspflicht § 8k

Transparenz-Richtlinie Rechnung. Die Vorschrift schützt insbesondere Geschäfts- und Betriebsgeheimnisse von Unternehmen, die Wertpapierdienstleistungen erbringen, sowie die geschäftlichen oder privaten Geheimnisse der Wertpapierkunden, mit denen das Bundesaufsichtsamt im Rahmen seiner Aufsichtstätigkeit in Berührung kommt. Wegen der vielfältigen und tiefgehenden Aufsichtsbefugnisse und den daraus resultierenden Einblicken des Bundesaufsichtsamtes in die Vermögensverhältnisse und Geschäftsstrategien, wie z. B. im Rahmen der Aufsicht in Insiderangelegenheiten oder bei der Überwachung der Einhaltung von Melde- und Informationspflichten bei meldepflichtigen Transaktionen, ist die Verankerung einer besonderen gesetzlichen Verschwiegenheitspflicht unabweisbar, um das notwendige Vertrauen in die Integrität der Aufsichtspraxis und eine entsprechende Kooperationsbereitschaft, insbesondere bei der Aufdeckung von Verstößen gegen das Insiderverbot sicherzustellen. Neben der Verschwiegenheitspflicht statuiert Abs. 1 auch ein allgemeines Verwertungsverbot, um die Ausnutzung amtlich gewonnener Erkenntnisse für private Zwecke zu verhindern.

In Satz 3 wird beispielhaft verdeutlicht, in welchen Fällen ein unbefugtes Offenbaren oder Verwerten im Sinne von Satz 1 nicht vorliegt. Das Bundesaufsichtsamt darf innerstaatlich mit anderen Stellen und Personen zusammenarbeiten, die in die deutsche Wertpapierhandelsaufsicht einbezogen sind. auf deren Hilfe das Bundesaufsichtsamt zur eigenen Aufgabenerfüllung zurückgreifen muß oder die selbst für ihre Aufgabenerfüllung auf Informationen des Bundesaufsichtsamtes angewiesen sind. Für diesen Kreis von Stellen und Personen wird eine enge Kooperation ohne Gefahr der Verletzung der Schweigepflicht ermöglicht. Der Schutzzweck der Verschwiegenheitspflicht wird nicht ausgehöhlt, weil diese Stellen ebenfalls einer Verschwiegenheitspflicht unterliegen und sie die Informationen nur zur Erfüllung der eigenen Aufgaben nutzen dürfen. Die Weitergabe von Aufsichtserkenntnissen an die zuständigen Stellen in anderen Staaten ist nur dann zulässig, wenn auch die bei den dort zuständigen Stellen beschäftigten Personen einer entsprechenden Verschwiegenheitspflicht unterliegen.

Zu Abs. 2
Abs. 2 enthält ein besonderes Verwertungsverbot der im Rahmen der Aufsichtstätigkeit erlangten Informationen. Kenntnisse und Unterlagen im Verhältnis zu den Finanzbehörden. Insoweit tritt das öffentliche Interesse an einer gleichmäßigen Besteuerung gegenüber den Zielen einer effektiven Wertpapieraufsicht zurück. Da das Aufsichtsamt bei seiner gesamten Tätigkeit in hohem Maße auf die Kooperationsbereitschaft der gewerbsmäßigen Erbringer von Wertpapierdienstleistungen, ihrer Kunden und des Publikums insgesamt angewiesen ist, ist das Verwertungsverbot notwendig, um eine wirksame Aufsicht zu ermöglichen. Darüber hinaus werden die zuständigen Stellen in anderen Staaten vielfach nur unter dem Vorbehalt der steuerlichen Nichtverwertung zur Übermittlung von Informationen an das Bundesaufsichtsamt bereit sein (vgl. Artikel 10 Abs. 3 der Insider-Richtlinie). Eine Ausnahme von Verwertungsverboten nach Satz 1 ist in Satz 2 für den Fall vorgesehen, daß ein zwingendes öffentliches Interesse an der Durchführung eines Steuerstrafverfahrens im Inland besteht. Eine Ausnahme von diesem Grundsatz besteht wiede-

Bruchwitz

§ 8k   Abschnitt IIIa. Prospektpflicht

rum für den Fall, daß in dem Steuerstrafverfahren und dem damit zusammenhängenden Besteuerungsverfahren Tatsachen verwertet würden, die dem Bundesaufsichtsamt oder den in Abs. 1 Satz 1 oder 2 bezeichneten Personen durch eine ausländische Stelle, die mit der Überwachung der Finanzmärkte oder der Kredit- oder Versicherungsunternehmen betraut ist, mitgeteilt worden sind. Diese Regelung nimmt darauf Rücksicht, daß anderenfalls der Informationsaustausch auf internationaler Ebene gefährdet werden könnte.

2. Literatur (Auswahl)

2   *Berger/Roth/Scheel*, IFG, § 1; *Groß*, Kapitalmarktrecht, § 22 WpPG; *Jastrow/Schlatmann*, IFG, § 3; *Möllers*, in: Kölner Kommentar zum WpHG, § 8; *ders./Wenniger*, Informationsansprüche gegen die BaFin im Lichte des neuen Informationsfreiheitsgesetzes (IFG), ZHR 170 (2006), 459 ff.; *Ross*, IFG, § 3; *Schäfer*, WpHG u. a., § 8; *Schwark*, Kapitalmarktrecht, WpHG, § 8.

II. Allgemeiner Inhalt

1. Normentwicklung

3   § 8k wurde durch das Prospektrechtlinie-Umsetzungsgesetz neu in das VerkProspG eingefügt. Die Aufnahme der Regelung des § 8k dient der Klarstellung, dass das unbefugte Offenbaren oder Verwerten von Tatsachen, deren Geheimhaltung im Interesse eines nach dem Gesetz Verpflichteten oder eines Dritten liegt, unzulässig ist (RegE BT-Drucks. 15/4999, 41). Allgemeine beamtenrechtliche Bestimmungen bleiben unberührt (BT-Drucks. 15/4999, 41). Verschwiegenheitspflichten normierende Vorschriften wie die des § 8k sind keine kapitalmarktrechtliche Besonderheit (mehr), sondern entsprechen vielmehr dem inzwischen erreichten Regulierungsstandard, wie ein Blick in andere Teilrechtsgebiete zeigt. §§ 9 KWG, 22 WpPG, 7 BörsG, 9 WpÜG und 8 WpHG kennen ebensolche Verschwiegenheitspflichten. § 8k wurde gewissermaßen nach dem Vorbild der erwähnten Normen in das VerkProspG eingefügt und ist inhaltsgleich mit § 22 WpPG (*Groß*, KMR, § 8k VerkProspG Rn. 11). Bei der Legiferierung des § 8k hat sich der Gesetzgeber insbesondere ausdrücklich an § 8 WpHG orientiert (BT-Drucks. 15/4999, 39). Laut der Gesetzesbegründung zu § 8 WpHG hat diese Norm wiederum ihre Grundlage in Art. 9 der Insiderrichtlinie, Art. 14 der Transparenzrichtlinie sowie Art. 25 Wertpapier-Dienstleistungsrichtlinie. Mag § 8k VerkProspG für sich betrachtet rein nationales Recht darstellen, für dessen Auslegung nicht auf europarechtliche Vorgaben zu rekurrieren ist (s. zur Auslegung des VerkProspG oben Einleitung Vor § 1 Rn. 52), so ist

dennoch nicht zu verkennen, dass die Vorschrift selbstredend ihren tatsächlichen Ursprung in europäischen Rechtsquellen hat.

2. Regelungsinhalt

Das – auf § 8k VerkProspG übertragbare – **Ziel** von § 8 WpHG ist 4 insbesondere, die Geschäfts- und Betriebsgeheimnisse von Unternehmen, mit denen die BaFin im Rahmen ihrer Aufsichtstätigkeit Kontakt hat, zu schützen (vgl. RegBegr. WpHG, BT-Drucks. 12/6679, 42). Neben der Verschwiegenheitspflicht wird daher ein allgemeines **Offenbarungs- und Verwertungsverbot** bzgl. bestimmter Daten, insbesondere Geschäfts- und Betriebsgeheimnissen und personenbezogener Daten für einen Personenkreis, der berufsbedingt mit geheimhaltungsbedürftigen Informationen in Kontakt kommt, statuiert. Hierdurch soll die Ausnutzung amtlich gewonnener Erkenntnisse für private Zwecke verhindert werden (RegBegr. WpHG, BT-Drucks. 12/6679, 42). Durch die Schaffung dieser besonderen gesetzlichen Verschwiegenheitspflicht soll das notwendige Vertrauen in die Integrität der Aufsichtspraxis und eine entsprechende Kooperationsbereitschaft der Unternehmen sichergestellt werden (RegBegr. WpHG, BT-Drucks. 12/6679, 42). Demgegenüber wird aber auch geregelt, dass im Fall des Nichtvorliegens eines unbefugten Offenbarens die grundsätzlich zur Geheimhaltung verpflichteten Personen zur **Weitergabe der Informationen befugt** sind. Zudem wird durch durch § 8k Abs. 1 Satz 5 sichergestellt, dass Tatsachen an eine ausländische Stelle nur unter der Voraussetzung mitgeteilt werden dürfen, dass diese entsprechenden Verschwiegenheitspflichten unterliegt. § 8k Abs. 2 bestimmt, dass die an sich nach der AO bestehende Verpflichtung zur Weitergabe bestimmter Informationen an die Finanzbehörden im Rahmen des VerkProspG nicht gilt.

III. Die Vorschrift im Einzelnen

Während § 8k Abs. 1 die Grundsätze der sog. Verschwiegenheits- 5 pflicht regelt, wird in § 8k Abs. 2 das Verhältnis zu bestimmten Pflichten gegenüber den Finanzbehörden näher bestimmt.

1. Abs. 1. Verschwiegenheitspflicht

a) Adressat. Zum einen wendet sich die Verschwiegenheits- 6 pflicht an die bei der Bundesanstalt beschäftigten Personen. Zu den Beschäftigten gehören neben den bei der BaFin tätigen Beamten, Angestellten und Arbeitern auch alle Bediensteten, die von anderen Dienststellen zur BaFin abgeordnet sind (vgl. *Schwark/Beck,* KMRK, WpHG, § 8 Rn. 2, *Schäfer/Geibel,* KMRK, WpHG, § 8 Rn. 6). Fer-

§ 8k Abschnitt IIIa. Prospektpflicht

ner gilt die Verschwiegenheitspflicht für die nach § 4 Abs. 3 des FinDAG beauftragten Personen. Hierunter fallen nicht nur Bedienstete anderer öffentlicher Stellen, sondern auch private Dritte, deren sich die BaFin ggf. zur Erfüllung ihrer Aufgaben bedient, wie bspw. Wirtschaftsprüfer und EDV-Spezialisten (vgl. *Schwark/Beck,* KMRK, WpHG, § 8 Rn. 2, *Schäfer/Geibel,* Kapitalmarktrecht, WpHG, § 8 Rn. 6.). Drittens betrifft die Verschwiegenheitspflicht gemäß § 8k Abs. 1 Satz 2 sonstige Personen, die durch die dienstliche Berichterstattung Kenntnis erlangen. Hierzu gehören etwa Angehörige des BMF, das eine Rechts- und Fachaufsicht über die BaFin ausübt, vgl. §§ 1, 2 FinDAG (*Schwark/Beck,* KMRK, WpHG, § 8 Rn. 2). Viertens richtet sich die Verschwiegenheitspflicht gemäß § 8k Abs. 1 Satz 4 an die in § 8k Abs. 1 Satz 3 aufgeführten Stellen. Nicht hingegen gelten soll die Verschwiegenheitspflicht für von den in § 8k Abs. 1 Satz 3 genannten Stellen ihrerseits beauftragten Personen (vgl. *Schwark/Beck,* KMRK, WpHG, § 8 Rn. 3). Letztlich gilt die Verschwiegenheitspflicht auch für die BaFin selbst, obwohl dies in § 8k nicht angesprochen ist (vgl. *Schwark/Beck,* KMRK, WpHG, § 8 Rn. 4, *Schäfer/Geibel,* WpHG, § 8 Rn. 7). Dies folgt aus dem Umstand, dass bei einer Weitergabe von Tatsachen an andere Stellen in den Fällen des § 8k Abs. 1 S. 3 ein unbefugtes Offenbaren nicht vorliegt, also die natürlichen Personen, die als Amtswalter der BaFin in deren Auftrag handeln, dies in rechtmäßiger Weise tun. Da aber die Weitergabe von Tatsachen insbesondere an andere Stellen nur ausnahmsweise statthaft ist, ergibt sich daraus im Umkehrschluss, dass die BaFin ansonsten ebenfalls der Verschwiegenheitspflicht unterliegt (so i. E. auch *Dreyling* zum gleichlautenden § 8 WpHG in: *Assmann/Schneider,* WpHG, § 8 Rn. 4; *Möllers,* § 8 WpHG Rn. 11).

7 **b) Tatbestandsmerkmale. aa) Tatsachen.** Die einhellige Meinung im Schrifttum legt den hier verwendeten Tatsachenbegriff weiter aus als den in § 263 StGB verwendeten Begriff. Unter Berücksichtigung des Normenzwecks soll der Tatsachenbegriff auch Schlussfolgerungen und Werturteile umfassen, die für den Betroffenen von Nachteil sein können, sofern diese Schlussfolgerungen und Werturteile auf einem Tatsachenkern beruhen (vgl. *Schäfer/Geibel,* WpHG, § 8 Rn. 3, *Schwark/Beck,* KMRK, WpHG, § 8 Rn. 5). Unter Tatsachen im strafrechtlichen Sinne versteht man alle gegenwärtigen oder vergangenen Verhältnisse, Zustände oder Geschehnisse (vgl. *Tröndle,* StGB, § 263 Rn. 2).

8 **bb) Bei Tätigkeit bekannt geworden.** Die Tatsache muss dem Adressaten bei seiner Tätigkeit bekannt geworden sein. Erforderlich ist, dass die Tatsache bei der beruflichen Tätigkeit bekannt geworden

Verschwiegenheitspflicht § 8k

ist, wobei die private Kenntniserlangung über einen anderen Mitarbeiter genügen soll (vgl. *Schwark/Beck,* KMRK, WpHG, § 8 Rn. 6, *Schäfer/Geibel,* WpHG, § 8 Rn. 5). Hierunter fallen hingegen Tatsachen, die eine Person im Privatleben erhält, selbst wenn er nur durch seine berufliche Tätigkeit in der Lage ist, diese zu verwerten (vgl. *Schwark/Beck,* KMRK, WpHG, § 8 Rn. 6, *Schäfer/Geibel,* WpHG, § 8 Rn. 5).

cc) Geheimhaltungsinteresse. Ob ein Geheimhaltungsinteresse 9 besteht, muss durch Abwägung aller Umstände unter Berücksichtigung der Verkehrsanschauung ermittelt werden (vgl. *Schäfer/Geibel,* WpHG, § 8 Rn. 4). Bei den im Wortlaut der Vorschrift beispielhaft genannten Geschäfts- und Betriebsgeheimnissen handelt es sich um Informationen, die innerhalb des Betriebes nur einem begrenzten Personenkreis bekannt sind, deren Geheimhaltung im Interesse des Unternehmens liegt (vgl. *Schwark/Beck,* KMRK, WpHG, § 8 Rn. 7, *Heidel/Döhmel,* WpHG, § 8 Rn. 3 mit Verweis auf BGH NJW 1977, 1062). Kein Geheimhaltungsinteresse soll dann vorliegen, wenn die Tatsache bereits bekannt ist oder die Tatsache durch öffentlich zugängliche Quellen in Erfahrung gebracht werden kann, wie bspw.e bei Handelsregistereintragungen (vgl. *Schwark/Beck,* KMRK, WpHG, § 8 Rn. 7, *Schäfer/Geibel,* WpHG, § 8 Rn. 4).

c) Inhalt der Verschwiegenheitspflichten. Inhalt der Ver- 10 schwiegenheitspflicht ist ein Offenbarungs- und Verwertungsverbot.

aa) Offenbaren. Unter Offenbarung versteht man jedes Verhal- 11 ten durch das einem Anderen bestimmte Verhältnisse oder fremde Betriebs- und Geschäftsgeheimnisse bekannt werden oder bekannt werden könnten (vgl. *Schäfer/Geibel,* WpHG, § 8 Rn. 10, *Schwark/Beck,* KMRK, WpHG, § 8 Rn. 12). Unerheblich ist, ob dies durch mündliche Unterrichtung, schriftliche oder elektronische Weitergabe von Unterlagen, schlüssiges Verhalten oder Einsichtnahme in Akten erfolgt (vgl. *Schäfer/Geibel,* WpHG, § 8 Rn. 10, *Schwark/Beck,* KMRK, WpHG, § 8 Rn. 9). Nicht erforderlich sind dabei ein Offenbarungswille oder eine Vorteilsabsicht (vgl. *Schwark/Beck,* KMRK, WpHG, § 8 Rn. 9, *Schäfer/Geibel,* WpHG, § 8 Rn. 10). Naturgemäß handelt es sich nicht mehr um eine Offenbarung, wenn die Tatsachen der Person, gegenüber der offenbart wird, bereits bekannt sind (vgl. *Schäfer/Geibel,* KMRK, WpHG, § 8 Rn. 10, *Schwark/Beck,* KMRK, WpHG, § 8 Rn. 9).

bb) Verwerten. Unter Verwerten versteht man das Verwenden 12 der Tatsache zu eigenem oder fremdem Vorteil (Vgl. *Schäfer/Geibel,* WpHG, § 8 Rn. 10, *Schwark/Beck,* KMRK, WpHG, § 8 Rn. 10). Er-

§ 8 k Abschnitt III a. Prospektpflicht

forderlich soll dabei sein, dass der Adressat das Bewusstsein hat, aus der Verwendung des Geheimnisses oder der Verhältnisse des anderen für sich oder für andere einen Vorteil zu erhalten (vgl. *Schäfer/Geibel*, WpHG, § 8 Rn. 10, *Schwark/Beck*, KMRK, WpHG, § 8 Rn. 10). Die Nutzung der Informationen in anonymisierter Form für wissenschaftliche oder sonstige fachliche Zwecke soll hingegen keine Verwendung in diesem Sinne sein (vgl. *Schwark/Beck*, KMRK, WpHG, § 8 Rn. 10).

13 **cc) Unbefugt.** Unbefugt sind das Offenbaren oder Verwerten dann, wenn dem Adressaten keine Rechtfertigungsgründe zur Seite stehen. Insgesamt kann man vier Fallgruppen trennen. Zum einen ist das Offenbaren oder Verwerten nicht unbefugt, wenn eine Ausnahme nach § 8 k Abs. 1 Satz 3 bis 5 vorliegt. Dann ist derjenige befugt, der mit Zustimmung des nach VerkProspG Verpflichteten handelt. Drittens ist ein Offenbaren oder Verwerten nicht unbefugt, wenn eine Offenbarungs- oder Verwertungspflicht auf gesetzlicher Verpflichtung besteht (vgl. *Schäfer/Geibel*, WpHG, § 8 Rn. 3). Derartige gesetzliche Verpflichtungen sollen etwa gegenüber der Presse nach einschlägigem Landespresserecht bestehen (vgl. *Schwark/Beck*, KMRK, WpHG, § 8 Rn. 15). Im Einzelfall hat hier stets eine Güterabwägung zwischen dem Informationsrecht der Presse und den Rechten des nach VerkProspG Verpflichteten zu erfolgen (so für den nach WpHG Verpflichteten *Schwark/Beck*, KMRK, WpHG, § 8 Rn. 15). Dabei kann der Interessengegensatz nicht einseitig zu Gunsten der Presse entschieden werden, da hinter der Verschwiegenheitspflicht so bedeutsame grundrechtlich abgesicherte Positionen wie das Recht auf informationelle Selbstbestimmung (Art. 1, Art. 2 Abs. 1 GG), die Berufsfreiheit (Art. 12 GG) und die Eigentumsgarantie (Art. 14 GG) stehen. Fraglich ist, ob darüber hinaus auch eine gesetzliche Verpflichtung im Rahmen der Amts- und Rechtshilfe nach Art. 35 GG möglich ist. Dies ist umstritten, insbesondere ist fraglich, ob eine Weitergabe von Informationen möglich ist, um zivilrechtliche Ansprüche zu verfolgen (vgl. *Schwark/Beck*, KMRK, WpHG, § 8 Rn. 16). Letztlich kann ein unbefugtes Offenbaren oder Verwerten dann aus der Natur der Sache zu verneinen sein. Dies ist denkbar bei der Weitergabe von Tatsachen an andere von derselben Behörde beschäftigte oder beauftragte Personen (vgl. *Schäfer/Geibel*, WpHG, § 8 Rn. 11).

14 **dd) Gesetzliche Ausnahmen.** § 8 k Abs. 1 Satz 3 erlaubt eine Weitergabe von Tatsachen an Strafverfolgungsbehörden oder für Straf- und Bußgeldsachen zuständige Gerichte wie auch an bestimmte dort genannte Stellen, die entweder in die deutsche Kapital-

marktaufsicht integriert sind oder ihrerseits der Unterstützung der BaFin bedürfen, damit sie ihre Aufgaben erfüllen (vgl. *Schäfer/Geibel,* WpHG, § 8 Rn. 11). Dies genügt dem Schutzzweck der Verschwiegenheitsverpflichtung, da diese Stellen mit einer vergleichbaren Verschwiegenheitspflicht unterliegen und Informationen nur zur Erfüllung ihrer eigenen Aufgaben nutzen dürfen (vgl. *Schwark/Beck,* KMRK, WpHG, § 8 Rn. 12).

ee) Ausländische Stellen. Gemäß § 8k Abs. 1 Satz 5 ist eine Weitergabe von Tatsachen an ausländische Stellen nur zulässig, wenn diese und die von ihr beauftragten Personen einer Satz 1 entsprechenden Verschwiegenheitspflicht unterliegt. Hierunter fallen nicht Strafverfolgungsbehörden oder für Bußgeldsachen zuständige Gerichte anderer Staaten (vgl. *Schwark/Beck,* KMRK, WpHG, § 8 Rn. 13). Bei der Frage der Vergleichbarkeit ist eine materielle Betrachtungsweise anzustellen (vgl. *Schwark/Beck,* KMRK, WpHG, § 8 Rn. 14, *Schäfer/Geibel,* WpHG, § 8 Rn. 15). 15

2. Absatz 2. Auskunftspflicht gegenüber Finanzbehörden

§ 8k Abs. 2 beschränkt in Satz 1 die Auskunftspflicht gegenüber Finanzbehörden dadurch, dass die einschlägigen Vorschriften der AO für nicht anwendbar erklärt werden. Das öffentliche Interesse an der gleichmäßigen Besteuerung soll gegenüber Zielen der effektiven Wertpapieraufsicht zurücktreten (vgl. RegBegr. BT-Drucks. 12/6679, 43). Die Beschränkung umfasst Auskunftspflichten, Vorlagepflichten, die Amtshilfe und Anzeigepflichten gegenüber Finanzbehörden. Die entsprechenden Vorschriften der AO sind nach Satz 2 dennoch anwendbar (und damit eine Auskunftspflicht zugunsten der Finanzbehörden gegeben), wenn die drei dort genannten Voraussetzungen vorliegen (hierzu sogleich). Zunächst stellt sich aber die Frage des Verhältnisses zwischen Abs. 1 und Abs. 2. Nach vorzugswürdiger Auffassung ist Abs. 2 lex specialis im Verhältnis zu Abs. 1 mit der Folge, dass sich bei Auskunftsersuchen der Finanzbehörden, insbesondere in der Praxis dies der Steuerfahndungsbehörden ausschließlich nach Abs. 2 beurteilt. Hiergegen ließe sich einwenden, dass die Steuerfahndungsbehörden, soweit sie nach § 208 Abs. 1 AO wegen einer Steuerstraftat tätig werden, auch als „Strafverfolgungsbehörden" nach § 8k Abs. 1 Satz 3 Nr. 1 qualifizieren könnte. Hiergegen spricht jedoch die Gesetzessystematik. Bereits die Existenz eines Abs. 2 des § 8k wäre schlechthin überflüssig, wenn die Finanzbehörden zugleich Steuerstrafverfolgungsbehörden wären. Der Gesetzgeber hat durch die Normierung des Abs. 2 aber gerade zum Ausdruck gebracht, dass er die Weitergabe von Informationen an die Finanzbehörden streng- 16

§ 8k   Abschnitt III a. Prospektpflicht

eren Voraussetzungen unterwerfen wollte als die Weitergabe von Informationen an die Strafverfolgungsbehörden. Ganz entscheidend spricht hierfür auch die eingangs zitierte Gesetzesbegründung, wonach das Interesse einer gleichmäßigen Besteuerung gerade hinter einer effektiven Kapitalmarktaufsicht zurücktreten soll. Gleichwohl kann im Einzelfall ein Auskunftsersuchen wegen einer Steuerstraftat nach Abs. 1 zu beurteilen sein, wenn nämlich eine Staatsanwaltschaft im konkreten Fall aufgrund ihrer Zuständigkeit nach § 402 Abs. 1 AO ermitteln sollte, die selbstverständlich als Strafverfolgungsbehörde nach Abs. 1 Satz 3 Nr. 1 anzusehen ist. Dies führt letztendlich dazu, dass die Zulässigkeit einer Auskunftserteilung davon abhängt, welche Behörde im konkreten Fall tätig wird. Wird die Finanzbehörde nach §§ 386 Abs. 2, 399 Abs. 1 AO tätig, ist Abs. 2 des § 8k einschlägig. Ermittelt die Staatsanwaltschaft nach § 402 Abs. 1 AO, richtet sich die Auskunftserteilung nach den weniger strengen Anforderungen des Abs. 1. Dies kann im Extremfall im Hinblick auf dieselbe Steuerstraftat gelten, insbesondere auch, wenn nach § 386 Abs. 4 AO die Finanzbehörde die Strafsache an die Staatsanwaltschaft abgegeben hat, was sie jederzeit tun kann. Dies mag für die Ermittlungsbehörden eine Umgehungsmöglichkeit des § 8k Abs. 2 eröffnen, kann doch die Staatsanwaltschaft nach § 386 Abs. 4 Satz 3 im Einvernehmen mit der Finanzbehörde die Strafsache wieder an diese zurückgeben (womöglich nach erfolgter Auskunftserlangung). Insoweit dürfte nach allgemeinen rechtsstaatlichen Grundsätzen (§ 393 Abs. 2 AO ist vom Wortlaut her nicht einschlägig) jedoch ein Verwertungsverbot bestehen.

17   Abs. 2 Satz 2 normiert drei Voraussetzungen für eine Auskunftspflicht gegenüber den Finanzbehörden: Zunächst müssen die Tatsachen für die Durchführung eines Verfahrens wegen einer Steuerstraftat sowie eines damit zusammenhängenden Besteuerungsverfahrens vorliegen.

18   Zweitens muss an der Verfolgung der Steuerstraftat ein zwingendes öffentliches Interesse bestehen. Nach allgemeiner, aber – wie darzulegen sein wird – unzutreffender Auffassung wird der Begriff des öffentlichen Interesses im Kapitalmarktrecht wie in § 30 Abs. 4 Nr. 5 AO definiert (vgl. *Schäfer/Geibel,* WpHG u. a., WpHG, § 8 Rn. 17). Hiernach besteht eine Offenbarungsbefugnis etwa bei Verbrechen wie Körperverletzungs- und Tötungsdelikten, gegen den Staat oder seine Einrichtungen und bestimmte Wirtschaftsstraftaten. Die Literatur nimmt bisher ein zwingendes öffentliches Interesse dann an, wenn im Falle des Unterbleibens der Offenbarung eine Gefahr bestünde, dass schwere Gefahren für das allgemeine Wohl einträten (vgl. *Schwark/Beck,* KMRK, WpHG, § 8 Rn. 18). Die bisher hM verkennt jedoch, dass das zwingende öffentliche Interesse nach der AO ein anderes sein muss als dasjenige in kapitalmarktrechtlichen Gesetzen wie dem WpHG, dem WpPG oder eben auch dem VerkProspG. Bei der AO geht es darum, wann Informationen von den Finanzbehörden herauszugeben sind, im Kapitalmarktrecht ist darüber zu diskutieren, wann Informationen in die Finanzbehörden hinein gelangen dürfen (sog. **„Heraus-hinein-Theorie"**). In der erstgenannten Konstellation geht es darum, wann das Interesse an einer Wahrung des Steuergeheimnisses hinter anderen Interessen *zurücktritt,* vorliegend und in der zweiten Konstellation geht es jedoch darum, wann das Interesse an einer effektiven Besteuerung im Hinblick auf ein anderes Ziel (hier: effektive Wertpapieraufsicht) *überwiegt.* Dies bedingt naturgemäß einen gänzlich anderen Abwägungsprozess der widerstreitenden Interessen. Hierfür ist zunächst ein Blick auf die Entwicklungsgeschichte des Terminus „zwingendes öffentliches Interesse" im deutschen Recht hilfreich. Ein solcher fördert zutage, dass das Wort „zwingend" nicht nur einen sehr hohen Grad des öffentlichen Interesses bedingt (nach OLG Hamm NJW 1981, 356 muss etwa eine „Verdichtung" des öffentlichen Interesses zu einem zwingenden öffentlichen Interesse erfolgen). Der sog. „Popitz-Erlass" vom 9.11. 1923 (abgedruckt bei *Tipke-Kruse* RAbgO 2. Aufl., Rn. 20 zu §§ 22 aF) führt hierzu aus: „Das öffentliche Interesse muss zwingend sein, es liegt daher nur in den Fällen vor, in denen die ersuchende Behörde oder Stelle sich die Auskunft nicht auf andere Weise, insbesondere durch Einholung der Einwilligung des Steuerpflichtigen mit der Offenlegung seiner Steuerverhältnisse [...] zu verschaffen vermag." Das Interesse ist öffentlich, wenn kein privates Interesse vorliegt (*Träger,* in: Leipziger Kommentar zum StGB, § 355 StGB Rn. 51). In der steuerrechtlichen Literatur wird insoweit zutreffend darauf hingewiesen, dass das öffentliche Interesse keine festen Konturen aufweise und zur Rechtssicherheit für den Steuerpflichtigen wenig beitrage – verbunden mit Unverständnis dafür, dass wichtige einer Normierung durchaus zugänglichen Fälle in der AO nicht aufgelistet werden (*Klein/Rüsken,* § 30 AO Rn. 182). Die dann in der AO aufgelisteten Fälle wurden von den oben zitierten Stellen bisher als Beispielsfälle für Konstellationen zulässiger Informationsoffenbarung in das Kapitalmarktrecht übertragen. Indessen ist insbesondere nicht erkennbar, warum eine Finanzbehörde im Rahmen ihrer Zuständigkeit Informationen zur Verfolgung von Kapitalverbrechen iSv § 138 StGB von der BaFin herausverlangen könnte (so aber für das WpHG offenbar etwa *Schwark/Beck,* KMRK, WpHG, § 8 Rn. 18). Im Ergebnis wird man für eine sinnhafte Konturierung des zwingenden öffentlichen Interesses nach § 8k Abs. 2 verlangen müssen, dass es sich im konkreten Fall um eine Steuerstraftat iSd § 386 Abs. 1 AO handelt. Für eine Verdichtung des öffentlichen Interesses zu einem zwingenden Interesse, hinter dem das Interesse an einer funktionierenden Kapitalmarktaufsicht zurücktritt, wird man darüber hinaus zumindest eine besonders schwerwiegende Steuerstraftat fordern müssen, die geeignet ist, die wirtschaftliche Ordnung erheblich zu stören. Dies kann der Fall sein bei „großen" Konkursen oder betrügerischen Anlagegesellschaften (*Rüsken*, in: *Klein*, § 30 AO Rn. 182), wobei im Einzelfall auch die Zahl der Geschädigten sowie der Schadensumfang entscheidend sein werden (BGH NJW 1982, 1649). Im Übrigen ist für eine Übertragung steuerrechtlicher Erkenntnisse in das Kapitalmarktrecht kein Raum.

19 Letztlich darf die Tatsache dem Adressaten nicht durch eine Überwachungsstelle eines ausländischen Staates oder einer von dieser beauftragten Person mitgeteilt worden sein. Letzteres hat den Hintergrund, dass ausländische Staaten oft nur zur Übermittlung von Informationen bereit sind, wenn diese nicht an die Steuerbehörden weitergeleitet werden (vgl. *Schwark/Beck*, KMRK, WpHG, § 8 Rn. 18).

IV. Einzelfälle

1. Nichtbevollmächtigte Freiberufler

20 Die BaFin verstößt gegen die Verschwiegenheitspflicht, wenn sie mit einem nichtbevollmächtigten Rechtsberater, Steuerberater, Wirtschaftsprüfer eines Anbieters, Emittenten etc. spricht. Daher sollten im Rahmen eines Gestattungsverfahrens mandatierte Freiberufler zur Vermeidung von Reibungsverlusten stets darauf achten, dass sie der BaFin eine entsprechende Vollmacht vorlegen.

2. Verhältnis zum Informationsfreiheitsgesetz (IFG)

21 § 1 Abs. 1 IFG gewährt jedermann einen Anspruch auf Zugang zu amtlichen Informationen gegenüber Behörden und sonstigen Einrichtungen des Bundes, die öffentliche Aufgaben wahrnehmen. Gegen die BaFin gerichtete Informationsansprüche nach dem IFG kollidieren naturgemäß mit der in § 8k statuierten Verschwiegenheitspflicht, so dass sich die Frage stellt, in welchem Verhältnis die Regelungen zueinander stehen.

22 **a) Kein lex-specialis-Verhältnis.** Da das VerkProspG keinen eigenen Auskunftsanspruch verbürgt, kommt das in § 1 Abs. 3 IFG geregelte Vorrangverhältnis grundsätzlich nicht zum Tragen (anders bei Informationszugangsbegehren betreffend Bußgeldakten (Rn. 37); diese Vorschrift greift vielmehr nur beim Aufeinandertreffen konkurrierender Informationszugangsnormen ein (*Berger/Roth/Scheel*, IFG, § 1 Rn. 113).

b) Keine Bereichsausnahme. Die BaFin unterfällt keiner Bereichsausnahme iSd § 3 Nr. 1 lit. d) IFG. Nach dieser Norm würde eine Ausnahme für Ansprüche auf Informationszugang bestehen, wenn das Bekanntwerden von Informationen nachteilige Auswirkungen auf Kontroll- oder Aufsichtsaufgaben von Finanz-, Wettbewerbs- oder Regulierungsbehörden haben kann. Um sich auf diesen Ausnahmetatbestand berufen zu können, müsste die BaFin mithin als Finanz-, Wettbewerbs- oder Regulierungsbehörde zu qualifizieren sein. Auffällig ist zunächst, dass sich der Gesetzgeber bei der Legiferierung des IFG dagegen entschieden hat, einzelne konkrete Behörden, die er von Informationsansprüchen ausgenommen wissen möchte, zu enumerieren. Stattdessen hat er eine Troika abstrakter Behördenbegriffe genannt, die auslegungsfähig, aber auch auslegungsbedürftig sind. 23

Zunächst handelt es sich bei der BaFin ganz ersichtlich nicht um eine Finanzbehörde iSd § 3 Nr. 1 lit. d) IFG. Nach dem klaren Wortlaut der Gesetzesbegründung soll die Vorschrift die Informationen schützen, die der Kontrolle der Steuerpflichtigen in Verfahren iSd § 30 Abs. 2 Nr. 1 lit. a), lit. b) AO dienen, um die Erfüllung des verfassungsrechtlichen Auftrags der Finanzbehörden, Steuern gleichmäßig festzusetzen und zu erheben, sicherzustellen (vgl. RegBegr. BT-Drucks. 15/4493, 9). Erfasst vom Anwendungsbereich sind daher insbesondere die Oberfinanzdirektionen, soweit in ihnen Bundesaufgaben von Bundesbediensteten ausgeübt werden (insoweit zutreffend *Rossi*, IFG § 3 Rn. 20). Die Wahrung des Steuergeheimnisses ist aber bekanntlich nicht die Aufgabe der BaFin (so i. E. auch *Möllers/Wenninger* ZHR 170 (2006), 455, 467). Zudem lässt sich dem Terminus „Finanzbehörde" kein semantischer Gehalt entnehmen, wonach eine derartige Behörde Aufsichtsbefugnisse über Institute wie Banken und Versicherungen sowie Teilnehmer an dem Kapitalmärkten wahrnimmt. 24

Darüber hinaus ist die BaFin keine Wettbewerbsbehörde, hiermit sind vielmehr eine ex-post-Kontrolle von Märkten ausübende Behörden gemeint, wie namentlich das Bundeskartellamt. 25

Einzig ernsthaft zu diskutieren ist, ob die BaFin als Regulierungsbehörde iSd § 3 Nr. 1 lit. d) IFG angesehen werden kann. Allgemein ist eine Regulierungsbehörde als eine staatliche wettbewerbspolitische Einrichtung zu verstehen, deren Aufgaben über die einer lediglich eine ex-post-Kontrolle ausübenden Behörde hinausgehen und die insbesondere auch ex-ante Kontrollbefugnisse erfassen. Nach einer grammatikalischen Auslegung spricht vieles dafür, die BaFin als Re- 26

§ 8k Abschnitt III a. Prospektpflicht

gulierungsbehörde zu qualifizieren. Zunächst reguliert die BaFin ex-ante abstrakt-generell, wenn sie aufgrund ihr eingeräumter Ermächtigungsgrundlagen Rechtsverordnungen erlässt. Darüber hinaus reguliert sie konkret-individuell, indem sie über den Marktzutritt von bestimmten Personen (etwa Zuverlässigkeitsprüfung von Geschäftsführern nach KWG) oder gewissen Produkten entscheidet (Beispiel: offene Fonds). Eine derartige ex-ante Regulierung stellt auch die Prospektprüfung nach §§ 8f ff. dar: Auch wenn die BaFin hier kein Anlageprodukt als solches billigt, ist dennoch ein Vertrieb des Produktes nicht ohne eine vorherige Gestattung der Veröffentlichung eines Verkaufsprospekts statthaft. Doch es bleiben Restzweifel: Historisch werden Regulierungsbehörden als solche Behörden verstanden, deren Aufgabenfeld monopolnahe bzw. -geneigte Märkte betrifft, wie insbesondere Telekommunikation, Post-, Eisenbahn-, Rundfunk-, Gas- und Strom etc. Die Kapitalmärkte sind jedoch nicht monopolgeneigt, so dass die BaFin bei einem engen Verständnis des Begriffs Regulierungsbehörde nicht als eine solche zu qualifizieren wäre. Favorisiert man hingegen ein weites Verständnis von einer Regulierungsbehörde, so wäre die BaFin grundsätzlich unter § 3 Nr. 1 lit. d) IFG zu fassen. Hiergegen liesse sich auch nicht einwenden, dass in der Gesetzesbegründung zum IFG kein entsprechender Hinweis zu finden sei. Denn historische Auslegung verlangt die Ermittlung eines objektivierten und eines subjektivierten Willens des Gesetzgebers, was allgemein mit der Wendung „Das Gesetz ist klüger als der Gesetzgeber" umschrieben wird, weil Normvorstellungen der Gesetzesverfasser aufgrund eines dynamisch evolutiven Prozesses regelmäßig hinter den Anwendungsmöglichkeiten einer Norm zurückbleiben. Hier hat der Gesetzgeber aber bewusst, wie bereits angedeutet, von einer Einzelaufzählung von Behörden abgesehen, und abstrakte Behördenbezeichnungen gewählt, deren Verständnis durchaus einem evolutiven Erkenntnisprozess zugänglich ist, der explizite Begründungsäußerungen des Normschöpfers zu derogieren vermag.

27   Aber selbst wenn man einen weiten Regulierungsbehördenbegriff bei der Auslegung des IFG zugrundelegen wollte, so spricht doch für das Ergebnis, die BaFin nicht unter eine Bereichsausnahme fallen zu lassen, dass § 3 Nr. 1 lit. d) IFG den Anspruch auf Informationszugang – und zwar nur – dann ausschliesst, wenn nachteilige Auswirkungen auf die „Kontroll- und *Aufsichtsaufgaben* [Hervorhebung d.d. Verf.] der Finanz-, Wettbewerbs- und Regulierungsbehörden" zu befürchten sind. Hierdurch wird ein funktionaler mit einem organisatorischen Anknüpfungspunkt verbunden. Dies hat insbesondere zum Ergebnis, dass nicht alle bei den genannten Behörden vorhandenen Informationen dem Schutz des § 3 Nr. 1 lit. d) IFG unterfallen, sondern eben nur

Verschwiegenheitspflicht **§ 8k**

solche im Zusammenhang mit Kontroll- und Aufsichtsaufgaben. Die BaFin hat ausweislich § 4 FinDAG die Befugnisse des BaKred, des BAVe und des BAWe übernommen und nimmt daher (so gut wie) ausschließlich Kontroll- und Aufsichtsbefugnisse war. Informationen über andere Bereiche sind bei der BaFin überhaupt nicht vorhanden. Der organisatorisch-funktionale Anknüpfungspunkt des § 3 Nr. 1 lit. d) würde für die BaFin, wenn sie denn semantisch unter eine der drei genannten Behördenarten zu fassen wäre, überhaupt keinen Sinn ergeben.

Letztendlich ist der Gesetzgeber aufgerufen, sofern er dies will, **28** Klarheit zu schaffen. Gesetzgebungstechnisch könnte dies über die Hinzufügung eines weiteren Buchstabens zu § 3 Nr. 1 IFG gelingen, der eine „(Markt-)Aufsichtsbehörde" nennt, worunter die BaFin zweifelsohne zu subsumieren wäre, wobei die Inbezugnahme von Kontroll- und Aufsichtsaufgaben dann entbehrlich wäre.

c) § 3 Nr. 4 IFG. Da die BaFin keiner Bereichsausnahme unter- **29** fällt, besteht grundsätzlich ein Kollisionsverhältnis zwischen § 1 Abs. 1 Satz 1 IFG und § 8k. Da § 8k sich an § 8 WpHG anlehnt, soll im Weiteren ein Blick auf den Diskussionsstand betreffend das Verhältnis von IFG und dem Wertpapierhandelsrecht vorgenommen werden. Das Verhältnis zwischen § 1 IFG und § 8 WpHG ist umstritten. Nach einigen Stimmen (so etwa *Heidel/Döhmel,* WpHG, § 8 Rn. 1) geht § 8 WpHG gegenüber § 1 IFG als lex specialis voran, zum Teil wird aber auch vertreten, dass § 8 WpHG im Lichte des § 1 IFG auszulegen ist (vgl. *Möllers/Wenninger* ZHR 170 (2006), 455, 471). Gegen eine Anwendbarkeit des § 1 IFG wird etwa vorgebracht, dass hier § 3 Nr. 1 lit. d) IFG einschlägig wäre, da die Geltendmachung eines Auskunftsanspruchs bei der BaFin zu nachteiligen Auswirkungen auf die Kontroll- und Aufsichtsaufgaben einer Finanzbehörde führt. Dies vermag nicht zu überzeugen, da dieser Ausnahmetatbestand ausweislich der Gesetzesbegründung die Wahrung des Steuergeheimnisses bezweckt (vgl. *Möllers/Wenninger* ZHR 170 (2006), 455, 467 mit Verweis auf die Begründung des Gesetzesentwurfs, BT-Drucks. 15/4493, 9).

Im Ergebnis ist – dogmatisch zutreffend – auf § 3 Nr. 4 IFG abzu- **30** stellen, wonach kein Auskunftsanspruch besteht, wenn die Information einer durch Rechtsvorschrift geregelten Geheimhaltungs- und Vertraulichkeitspflicht unterliegt. § 3 Nr. 4 IFG ist eine Ausprägung des Vorrangs spezialgesetzlicher Regelungen, wie er in § 1 Abs. 3 IFG zum Ausdruck kommt, und will Geheimnisschutz sicherstellen, selbst wenn das IFG grundsätzlich anwendbar ist (*Jastrow/Schlatmann,* IFG, § 3 Rn. 84). Zu beachten ist in diesem Zusammenhang allerdings, dass § 3 Nr. 4 IFG nur besondere Verschwiegenheitspflichten

Bruchwitz

betrifft, da ansonsten allein aufgrund der Geltung der allgemeinen Pflicht zu Amtsverschwiegenheit die Regelungen des IFG leer liefen (vgl. RegBegr. BT-Drucks. 15/4493, S. 13). Da § 8k eine besondere Verschwiegenheitspflicht neben der für die Bediensteten der BaFin ohnehin geltenden allgemeinen etwa nach § 61 BBG begründet, besteht ein Anspruch auf Informationszugang gemäß § 3 Nr. 4 IFG dann nicht, wenn im Übrigen die Voraussetzungen des § 8k vorliegen. Dies steht insoweit in Einklang mit der Gesetzesbegründung zum IFG, die als Beispiel für eine derartige Rechtsvorschrift § 9 KWG nennt (vgl. Begründung des Gesetzentwurfs, BT-Drucks. 15/4493, 11), die – wie § 22 WpPG – dem Wortlaut nach § 8k entspricht.

31   d) Beispiel: Anspruch auf Informationszugang bei einer Gestattungsverfahrensakte. Ein typischer Anwendungsfall ist der Antrag eines Anbieters auf Einsichtnahme in die Akte des Gestattungsverfahrens eines konkurrierenden Emissionshauses. Insoweit ist nach einzelnen Bestandteilen der Akte zu unterscheiden: Das Anhörungsschreiben sowie die ursprünglich, regelmäßig unvollständige eingereichte Version des Verkaufsprospekts unterfällt der Verschwiegenheitspflicht nach § 3 Nr. 4 IFG iVm § 8k, da der Anbieter ein schutzwürdiges Geheimhaltungsinteresse daran hat, dass nicht jedermann erfährt, welche Unvollständigkeiten ein Verkaufsprospekt zum Zeitpunkt der Einreichung bei der BaFin noch aufwies und wie sich die Behebung dieser Unvollständigkeiten im Rahmen des Gestattungsverfahrens vollzog. Anderes gilt grundsätzlich für die Endfassung des Verkaufsprospekts, dessen Veröffentlichung schlussendlich gestattet wurde. Insoweit lässt sich ein Geheimhaltungsinteresse nur schwer begründen, denn § 9 Abs. 1 VerkProspG verpflichtet den Anbieter zur Veröffentlichung und damit zur Zugänglichmachung des Verkaufsprospekts für die Allgemeinheit mindestens einen Werktag vor dem Beginn des öffentlichen Angebots. Dennoch kann die BaFin auch hinsichtlich eines solchen Aktenbestandteils den Anspruch auf Informationszugang rechtsfehlerfrei ablehnen. Insoweit kann sie sich idR auf den allgemeinen Ablehnungsgrund des § 9 Abs. 3 IFG berufen, wonach ein Antrag auf Informationszugang abgelehnt werden kann, wenn der Antragsteller bereits über die begehrten Informationen verfügt oder sich diese in zumutbarer Weise aus allgemein zugänglichen Quellen beschaffen kann. Zu den allgemein zugänglichen Quellen in diesem Sinne gehört zunächst das Internet. Eine weitere allgemein zugängliche Quelle für einen Verkaufsprospekt ist die Zahlstelle iSd § 9 Abs. 2 Satz 1 1. HS, da bei diesen der Verkaufsprospekt bei Veröffentlichung im Wege der Schalterpublizität zur kostenlosen Ausgabe bereitgehalten wird. Hiergegen lässt sich auch nicht einwenden, dass prospektrechtlich keine Verpflichtung zur Aushändigung eines Verkaufsprospekts an interessierte Personen besteht (§ 9 VerkProspG Rn. 17f.). Nach dem Wortlaut des § 9 Abs. 2 Satz 1 1. HS ist der Verkaufsprospekt lediglich bereitzuhalten, wodurch dem Willen des Gesetzgebers der Zugang zu den im Verkaufsprospekt niedergelegten Informationen hinreichend sicher gestellt sein soll. Der Ablehnungsgrund des § 9 Abs. 3 IFG greift lediglich dann nicht Platz, wenn der BaFin positiv bekannt ist, dass der Verkaufsprospekt nicht (mehr) allgemein zugänglich ist.

e) § 3 Nr. 1 lit. g) IFG. Im Einzelfall ist § 3 Nr. 1 lit. g) IFG in Betracht zu ziehen, wonach ein Anspruch auf Information dann nicht besteht, wenn das Bekanntwerden der Informationen nachteilige Auswirkungen auf die Durchführung strafrechtlicher Ermittlung haben kann. Der Zugang zu personenbezogenen Daten erfordert im Übrigen nach § 5 IFG eine Interessenabwägung zwischen dem Antragsteller und der Person, über die Auskünfte eingeholt werden sollen. Der Zugang zu Betriebs- und Geschäftsgeheimnissen darf gem. § 6 IFG nur gewährt werden, soweit der Betroffene eingewilligt hat. 32

f) Grundsatzvermerke. Die Ausführungen zeigen, dass die Möglichkeiten eines Informationszugangs aufgrund des IFG im Zusammenhang mit Vermögensanlagen-Verkaufsprospekten, jedenfalls soweit die Gestattungsverfahren betroffen sind, doch als sehr gering angesehen werden müssen. Anderes gilt letztlich für Ansprüche auf Zugang zu bestimmten Dokumenten, die anonymisiert Stellung zu wiederkehrenden Auslegungsproblemen nehmen (sog. Grundsatzvermerke). Ein Geheimhaltungsbedürfnis iSd § 3 Nr. 4 IFG iVm 8k ist insoweit nicht erkennbar, so dass ein Anspruch nach § 1 Abs. 1 Satz 1 IFG zu bejahen ist. 33

g) Prozessuales. Gegen die Ablehnung eines Antrags auf Informationszugang ist ein Widerspruch nach § 68 VwGO und hiernach die Anfechtungsklage die statthafte Klageart. Antragsteller sollten darauf achten, dass keine iSv §§ 20, 21 VwVfG befangenen Beamten der BaFin beim Erlass des Widerspruchsbescheids mitwirken, die schon an der Erstellung des Ausgangsverwaltungsakts beteiligt waren (vgl. ausführlich zum Verpflichtungswiderspruch § 8i VerkProspG Rn. 65). Vor diesem Hintergrund empfiehlt sich stets ein Antrag auf Akteneinsichtnahme in die IFG-Akte selbst, dem nach § 29 VwVfG stets stattzugeben ist, um ggf. hiernach einen Ablehnungsantrag wegen Befangenheit zu stellen. 34

3. Bußgeldverfahren

35 **a) Akteineinsichtsgesuche von Betroffenen bzw. Verteidigern.** Ist aufgrund eines Verstoßes gegen § 17 ein Bußgeldverfahren eingeleitet worden, steht dem Betroffenen ein Recht auf Einsicht in die Bußgeldakte zu, das idR vom Verteidiger ausgeübt wird, § 147 StPO iVm §§ 46 Abs. 1, 60 OWiG (BVerfGE 62, 338, 343; *Göhler*, OWiG, § 60 Rn. 48). § 8k ist insoweit unbeachtlich. Gemäß der Geschäftsverteilung der BaFin werden Bußgeldverfahren nicht von den Fachreferaten – also bei Vermögensanlagen-Verkaufsprospekten vom Referat PRO 3 – sondern von einem eigens hierfür eingerichteten Referat – zur Zeit WA 13 – geführt. Folglich ist der Antrag auf Akteneinsicht auch an das Referat WA 13 zu richten. Dem Betroffenen selbst kann im Rahmen des § 49 Abs. 1 OWiG unter Aufsicht Akteneinsicht gewährt werden. Sofern der Betroffene keinen Verteidiger bestellt hat, kann er Auskünfte und Abschriften erhalten; § 147 Abs. 7 StPO iVm § 46 Abs. 1 OWiG (*Göhler*, OWiG, § 60 Rn. 48).

36 **b) Dritteinsichtsgesuche.** Werden seitens eines Dritten Informationen im Zusammenhang mit einem laufenden Bußgeldverfahren wegen eines Verstoßes gegen § 17 begehrt, beurteilt sich die Zulässigkeit des Informationszugangs gemäß § 46 Abs. 1 OWiG nach § 475 Abs. 1 bzw. Abs. 2 StPO. Nach § 475 Abs. 1 S. 2 StPO sind Auskünfte insbesondere dann zu versagen, wenn der Betroffene ein schutzwürdiges Interesse an der Versagung hat. In Betracht kommt dabei auch der Schutz von Betriebsgeheimnissen (*Meyer/Goßner*, StPO, § 475 Rn. 3). Fraglich ist hier allerdings, welcher Maßstab bei der Interessenabwägung anzulegen ist. Auch wenn die Frage hinsichtlich der Notwendigkeit einer solchen Abwägung mit Blick auf die unterschiedlichen Formulierungen in § 406e Abs. 2 S. 1 und § 475 Abs. 1 S. 2 StPO unterschiedlich beantwortet wird (vgl. zum Streitstand *Meyer/Goßner*, StPO, § 475 Rn. 3 mwN), so besteht doch Einigkeit darüber, dass zumindest ein schutzwürdiges Interesse des von der Informationsweitergabe Betroffenen erforderlich ist. Dass dabei das Geheimhaltungsinteresse des Betroffenen aus § 8k immer auch ein schutzwürdiges iSd § 475 Abs. 1 S. 2 StPO darstellt, ist nach der hier vertretenen Auffassung nicht zwingend. Zu bedenken ist hier, dass das Interesse eines Dritten an Informationen aus einem Bußgeldverfahren, etwa zur Geltendmachung von zivilrechtlichen Ansprüchen, grundsätzlich dem des von der Bekanntgabe der Informationen Betroffenen entgegenstehen wird. Daher schließt sich in diesem Zusammenhang die Frage an, ob die BaFin aufgrund von § 8k – in dessen Rahmen es im Prinzip nur auf das Geheimhaltungsinteresse des Betroffenen ankommt – gehindert wäre, Informationen an Dritte weiterzugeben, selbst wenn sie das Interesse des Betroffenen an der Nichtveröffentlichung als nicht schutzwürdig einstufen würde. Dies ist der Fall, wenn § 8k als eine Verwendungsregelung iSd § 477 Abs. 2 S. 1 StPO zu qualifizieren wäre. Dann bestünde seitens der BaFin nämlich kein Ermessen hinsichtlich einer Informationsweitergabe. Aus der Praxis zu Fällen, in denen die Geheimhaltungspflicht nach § 8 WpHG betroffen ist, ist bekannt, dass die BaFin diese Norm als Verwendungsregel iSd § 477 StPO begreift. Es ist daher davon auszugehen, dass sie im Hinblick auf § 8k keine andere Haltung einnehmen wird, was grundsätzlich nicht zu beanstanden ist.

In der Praxis ist bei derartigen Dritteinsichtsgesuchen im Rahmen 37 von Bußgeldverfahren besondere Sorgfalt auf die Antragsformulierung und -stellung zu verwenden. Die Dritteinsicht in eine Bußgeldakte beurteilt sich nach der StPO, die insoweit lex specialis zum IFG iSv § 1 Abs. 3 IFG ist. Dabei setzt sich eine Bußgeldakte aus den im Referat WA 13 erstellten Verfügungen, Schriftstücken etc. sowie aus im Fachreferat PRO 3 erstellten Verfügungen zusammen. Soweit das Einsichtsgesuch die Bußgeldakte betrifft, ist für sämtliche Aktenteile allein die StPO das maßgebliche Rechtsregime. Die Praxis der BaFin ist diesbezüglich derzeit nicht einheitlich. Während die Ausgangsverwaltungsakte hinsichtlich der Dritteinsichtsgesuche seitens des Referats WA 13 dogmatisch zutreffend nach § 477 StPO iVm der jeweiligen Verwendungsregel, etwa § 8 WpHG beschieden werden, unterscheiden die Widerspruchsbescheide nach der StPO im Hinblick auf in WA 13 erstellte Unterlagen einerseits und dem IFG bzgl. der im Fachreferat erstellten Unterlagen etc. andererseits. Dem liegt ein unzutreffendes Verständnis der Bußgeldakte seitens des für den Erlass der Widerspruchsbescheide zuständigen Referats der BaFin zugrunde. Zu der Akte eines Bußgeldverfahrens gehören bekanntlich sämtliche verfahrensbezogene Unterlagen der Verwaltungsbehörde, die zu den Akten genommen worden sind, einschließlich beigezogener Akten (*Göhler*, OWiG, § 60 Rn. 49), wie diejenigen des jeweiligen Fachreferats, die WA 13 zur Durchführung des Ordnungswidrigkeitenverfahrens zur Verfügung gestellt werden. Der Informationszugang zu diesen Dokumenten beurteilt sich ausschließlich nach der StPO als lex specialis zum IFG. Ein an das Referat WA 13 gerichtetes Dritteinsichtsgesuch kann daher nie nach dem IFG zu beurteilen sein. Hieran ändert auch nichts eine unzutreffende Bezeichnung des Einsichtsgesuchs („Antrag nach dem IFG" in der Betreffzeile), selbst wenn dieser Fehler einem Anwalt unterläuft, da jeweils eine informationszugangsrechtliche materiellrechtliche Würdigung vorzunehmen ist. Andernfalls hätte es der Antragsteller in der Hand, über die Bezeichnung des Antrags zu steuern, nach welcher Rechtsgrundlage sein Gesuch zu bescheiden ist und könnte so für sich die günstigeren Vorschriften bestimmen. Ein derartiges Normendispositionsrecht existiert jedoch nicht. Zu beachten ist jedoch, dass das Fachreferat Retenten der Dokumente erstellt, die an das Referat WA 13 zur Durchführung eines Bußgeldverfahrens abgegeben werden. Da diese im Fachreferat verbleiben, ist grundsätzlich ein Antrag auf Akteneinsicht an PRO 3 denkbar, der nach dem IFG zu beurteilen wäre. Indessen laufen beide Anträge auf dasselbe Ergebnis heraus: Denn § 8k kommt beim an WA 13 gerichteten Antrag über § 477 StPO zum Zuge, PRO 3 muss den Antrag nach § 3 Nr. 4 iVm § 8k bescheiden.

V. Verstoß gegen die Verschwiegenheitspflicht

1. Zivilrechtlich

38   Die Verletzung der Verschwiegenheitspflicht wird allgemein als Amtspflichtverletzung gesehen (vgl. *Schwark/Beck,* KMRK, WpHG, § 8 Rn. 19, *Schäfer/Geibel,* WpHG, § 8 Rn. 19). Dies ist drittbezogen, sodass eine Verletzung der Verschwiegenheitspflicht in der Regel einen Schadensersatzanspruch nach § 839 BGB in Verbindung mit Artikel 34 GG zur Folge hat (vgl. *Schwark/Beck,* KMRK, WpHG, § 8 Rn. 19, *Schäfer/Geibel,* WpHG, § 8 Rn. 19). Einer Inanspruchnahme steht nicht entgegen, dass eine von der BaFin beauftragte Person privat gehandelt hat (vgl. *Schwark/Beck,* KMRK, WpHG, § 8 Rn. 19 mwN). Auch spielt es keine Rolle, ob der Beschäftigte der BaFin Beamter im staatsrechtlichen Sinne oder lediglich als Verwaltungshelfer angesehen wird (vgl. *Schwark/Beck,* KMRK, WpHG, § 8 Rn. 19). Handelt kein Beamter im staatsrechtlichen Sinne wird ausnahmsweise § 823 Abs. 2 BGB in Verbindung mit § 8k VerkProspG einschlägig sein, da § 8k VerkProspG Schutzgesetz in diesem Sinne ist (vgl. *Schwark/Beck,* KMRK, WpHG, § 8 Rn. 19).

2. Strafrechtlich

39   Strafrechtlich kommt insbesondere eine Verantwortlichkeit aus § 203 StGB wegen Verletzung von Privatgeheimnissen und § 204 StGB wegen Verwertung fremder Geheimnisse in Betracht. Sofern wichtige öffentliche Interessen gefährdet sind, kommt zudem eine Strafbarkeit aus § 353b StGB in Frage. Derartig wichtige öffentliche Interessen sind etwa dann gefährdet, wenn infolge einer Pflichtverletzung ausländische Stellen zu einer Zusammenarbeit nicht mehr bereit sind und dadurch der Informationsaustausch auf internationaler Basis gefährdet ist (vgl. *Schäfer/Geibel,* WpHG, § 8 Rn. 22).

IV. Abschnitt. Veröffentlichung des Verkaufsprospekts; Prospekthaftung

§ 9 Frist und Form der Veröffentlichung

(1) Der Verkaufsprospekt muss mindestens einen Werktag vor dem öffentlichen Angebot gemäß Absatz 2 Satz 1 und 2 veröffentlicht werden.

(2) Der Verkaufsprospekt ist in der Form zu veröffentlichen, dass er entweder in einem überregionalen Börsenpflichtblatt bekannt gemacht oder bei den im Verkaufsprospekt benannten Zahlstellen zur kostenlosen Ausgabe bereitgehalten wird; im letzteren Fall ist in einem überregionalen Börsenpflichtblatt bekannt zu machen, dass der Verkaufsprospekt bei den Zahlstellen bereitgehalten wird. Bei einem Angebot von Vermögensanlagen im Sinne des § 8f Abs. 1 über ein elektronisches Informationsverbreitungssystem ist der Verkaufsprospekt auch in diesem zu veröffentlichen und in dem Angebot auf die Fundstelle in dem elektronischen Informationsverbreitungssystem hinzuweisen. Der Anbieter hat der Bundesanstalt Datum und Ort der Veröffentlichung unverzüglich schriftlich mitzuteilen.

Übersicht

	Rn.
I. Allgemeines	1
1. Gesetzesmaterialien	1
2. Verwaltungsanweisungen	2
3. Literatur (Auswahl)	3
II. Allgemeiner Inhalt	4
1. Normentwicklung	4
2. Regelungsinhalt	8
III. Die Vorschrift im Einzelnen	10
1. Abs. 1	10
2. Abs. 2	13

I. Allgemeines

1. Gesetzesmaterialien

a) RegBegr. zum VerkProspG aF v. 1. 2. 1990 – Auszug (BT-Drucks. **1** 11/6340, 14)

Die Vorschrift des Absatzes 1 über die Frist der Veröffentlichung entspricht den Bestimmungen der Artikel 9 und 16 der Richtlinie. Der Verkaufsprospekt kann dem Publikum ein zutreffendes Urteil über den Emittenten und die Wertpa-

§ 9 IV. Abschnitt. Veröffentlichung des Verkaufsprospekts

piere, die öffentlich angeboten werden, nur ermöglichen, wenn den Anlegern und anderen interessierten Kreisen ausreichende Zeit zum Studium des Verkaufsprospekts vor der Abgabe des Angebots zur Verfügung steht. die Vorschrift sieht daher in Anlehnung an die Regelung in § 43 BörsZulV eine Frist von drei Werktagen vor. Die in den Absätzen 2 und 3 vorgesehenen Veröffentlichungspflichten setzen die Bestimmungen in Artikel 10 Abs. 3 und Artikel 15 der Richtlinie um. Die vorgeschlagenen Formen der Veröffentlichung sollen sicherstellen, dass sich das Publikum durch die Verkaufsprospekte unterrichten kann. Ist ein Antrag auf Zulassung zur amtlichen Notierung nicht gestellt, soll dem Anbieter die Möglichkeit eröffnet werden, den Verkaufsprospekt entweder in einem Börsenpflichtblatt bekanntzumachen oder bei den im Verkaufsprospekt benannten Zahlstellen bereitzuhalten; eine Pflicht zur Benennung von Zahlstellen soll in der gemäß § 7 Abs. 2 zu erlassenden Verordnung bestimmt werden. Diese Regelung trägt dazu bei, die Kosten der Prospektveröffentlichung zu reduzieren. Dies kommt insbesondere den Unternehmen zugute, die ihre Wertpapiere am geregelten Markt notieren lassen.

b) Beschlussempfehlung und Bericht des Finanzausschusses v. 29. 10. 1990 – Auszug (BT-Drucks. 11/8323, 88)

Die in Abs. 1 vorgesehene Frist zwischen der Veröffentlichung des Verkaufsprospektes und dem öffentlichen Angebot wird von bislang drei Werktagen auf einen Werktag verkürzt. Die Verkürzung dient der Deregulierung. Sie entspricht der für Börsenzulassungsprospekte vorgesehenen Änderung des § 43 Abs. 1 Satz 1 Börsenzulassungs-Verordnung.

c) RegBegr. zum Vierten Finanzmarktförderungsgesetz v. 18. 1. 2002 – Auszug (BT-Drucks. 14/8017, 110)

Bei einem Angebot von Wertpapieren über elektronische Informationssysteme, zum Beispiel über das Internet, ist nach der Ergänzung in Satz 2 der Verkaufsprospekt auch in dem System zu veröffentlichen. Dies ist im Interesse des Anlegerschutzes sach- und praxisgerecht. Für den Anbieter ist dies ohne größeren Aufwand möglich und der Anleger hat einen zügigen Zugriff auf eine wichtige Informationsquelle. Als elektronisches Informationssystem wird zunehmend das Internet genutzt. Den interessierten Anlegern wird damit die Möglichkeit geboten, innerhalb kürzester Zeit den Verkaufsprospekt herunterzuladen. Die potentiellen Anleger sind über die Fundstelle zu informieren.

Weiterhin wird nach der Ergänzung in Satz 3 der Anbieter verpflichtet, der Bundesanstalt mitzuteilen, wann und wo der Verkaufsprospekt veröffentlicht ist. Dadurch wird der Aufwand für die Kontrollen, ob der Verkaufsprospekt auch tatsächlich veröffentlicht wurde, deutlich reduziert. Ein Verstoß gegen diese Mitteilungspflicht kann mit einem Bußgeld geahndet werden.

d) RegBegr. zum AnSVG v. 24. 5. 2004 – Auszug (BT-Drucks. 15/3174, 42)

Durch die Änderungen wird der Anwendungsbereich der Vorschriften auf Vermögensanlagen nach § 8f klargestellt.

2. Verwaltungsanweisungen

Bekanntmachung des Bundesaufsichtsamtes für den Wertpapier- 2
handel vom 6. 9. 1999 (s. im Textanhang unter III.6).

3. Literatur (Auswahl)

Carl/Machunsky, Der Wertpapier-Verkaufsprospekt, 1. Auflage, 3
Göttingen 1992, § 9; *Groß,* Kapitalmarktrecht, 3. Auflage, München
2006, VerkProspG, § 9; *Heidel/Krämer, Aktienrecht* u. a., 2. Auflage,
München 2007, § 9 VerkProspG; *Hellner/Steuer/Bosch,* Bankrecht und
Bankpraxis, Loseblatt, Köln; *Hopt,* Die Verantwortlichkeit der Banken,
1. Auflage, München 1991; *Kopp-Colomb/Lenz,* Angebote von Wertpapieren über das Internet, BKR 2002, 5; *Kullmann/Müller-Deku,* Die
Bekanntmachung zum Wertpapier-Verkaufsprospektgesetz, WM
1996, 1989; *Kümpel/Hammen/Ekkenga/Gebauer,* Kapitalmarktrecht,
Berlin Stand 2007, Nr. 100; *Lenz/Ritz,* Die Bekanntmachung des
Bundesaufsichtsamtes zum Wertpapier-Verkaufsprospektgesetz und
zur Verordnung über Wertpapier-Verkaufsprospekte, WM 2000, 904,
908; *Meyding,* Zweifelsfragen bei Anwendung des Wertpapier-Verkaufsprospektgesetzes, DB 1993, 419; *Ritz,* in: *Assmann/Lenz/Ritz,*
VerkProspG, 1. Auflage, Köln 2001, § 9; *dies.,* in: *Assmann/Lenz/Ritz,*
VerkProspG, Nachtrag, § 9; *dies.,* Die Änderungen verkaufsprospektlicher Vorschriften im Jahr 2002 und aufsichtsrechtliche Praxis, AG
2002, 662; *Schäfer/Hamann,* Wertpapierhandelsgesetz u. a., 1. Auflage,
Stuttgart 1999, VerkProspG, § 9.

II. Allgemeiner Inhalt

1. Normentwicklung

Mit § 9 VerkProspG aF wurden die Art. 9 und 16 der EG-Emis- 4
sionsprospektrichtlinie in deutsches Recht umgesetzt.

Dann wurde die Bestimmung durch Art. 7 Nr. 3 lit. a) und lit. b) 5
2. FMG insofern geändert, als dass nach Abs. 2 Nr. 2 die Schalterpublizität begründet wurde. Ferner wurde die in Abs. 3 vorgesehene
Möglichkeit der Veröffentlichung des Verkaufsprospekts in einem
Börsenpflichtblatt auf überregionale Börsenpflichtblätter beschränkt.

Durch Art. 2 Nr. 12 lit. a)–c) des 3. FMG wurde die Veröffentlich- 6
ungsfrist nach Abs. 1 auf einen Werktag vor dem öffentlichen Angebot verkürzt. Die zuvor im Zuge des 2. FMG mit in Abs. 3 S. 2 eingeführte Hinweispflicht, im Bundesanzeiger darauf aufmerksam zu
machen, wie der Verkaufsprospekt veröffentlicht und für das Publikum zu erhalten ist, wurde wieder gestrichen.

7 Neben eher redaktionellen Änderungen des Abs. 1 wurde aufgrund von Art. 2 Nr. 5 lit. b) und c) des Prospektrichtlinie-Umsetzungsgesetzes Abs. 2 aufgehoben und Abs. 3 in seiner aktuellen Fassung in das VerkProspG eingefügt.

2. Regelungsinhalt

8 Liegt die Gestattung der Veröffentlichung vor, kann der Anbieter den Verkaufsprospekt in einer der in § 9 Abs. 2 genannten Form veröffentlichen. Von entscheidender Bedeutung ist in diesem Zusammenhang, dass das öffentliche Angebot der Vermögensanlagen erst dann beginnen darf, wenn der Verkaufsprospekt mindestens einen Werktag vor Angebotsbeginn veröffentlicht wurde (§ 9 Abs. 1).

9 Es erscheint fraglich, ob vor Veröffentlichung der Gestattung oder sogar bereits vor Gestattung ein öffentliches Angebot bereits mit der Platzierung unter den Ausnahmen des § 8f Abs. 2 begonnen werden kann. Hier kann sich der Gesamtvorgang als ein öffentliches Angebot herausstellen, so dass bereits von Anfang an die Pflicht zur Gestattung und Hinterlegung des Prospekts bestände (so *Hopt*, Die Verantwortlichkeit der Banken, Rn. 133, S. 67). Etwas anderes soll jedenfalls dann gelten, wenn das erste unter den Ausnahmen des § 8f Abs. 2 erfolgende Angebot einen in sich abgeschlossenen getrennten Vorgang darstellt oder nur im Ausland erfolgt (*Hellner/Steuer/Bosch*, BuB, Rn. 10/121b). Dies ist jedoch eine Scheindiskussion. Richtigerweise stellt das in sich abgeschlossene Angebot ein eigenständiges, eben einer Ausnahme zur Prospektpflicht unterfallendes Angebot dar, und ein Angebot im Ausland ist nicht prospektpflichtig, da es an der Voraussetzung „im Inland" gem. § 8f Abs. 1 fehlt.

III. Die Vorschrift im Einzelnen

1. Abs. 1

10 Zwischen Gestattung der Veröffentlichung und Veröffentlichung muss nicht – wie es im Wertpapierrecht lange Auffassung der BaFin zum VerkProspG aF war – ein Werktag liegen (so Anm. VIII Abs. 1 Bekanntmachung der BAWe vom 6. 9. 1999, s. im Textanhang unter III.6; ebenso *Ritz*, in: *Assmann/Lenz/Ritz*, § 9 VerkProspG Rn. 4; *Schäfer/Hamann*, § 9 VerkProspG Rn. 2; *Lenz/Ritz* WM 2000, 904, 908). Die BaFin hatte hierbei § 31 VwVfG iVm §§ 187 Abs. 1, 188 Abs. 1 BGB zugrunde gelegt. Nach anderer Auffassung war § 187 Abs. 2 BGB anzuwenden, da die Veröffentlichung des Verkaufsprospekts kein Ereignis im Sinne des § 187 Abs. 1 BGB sei (so *Groß*, KMR, § 9 VerkProspG Rn. 5). Dies hätte zur Folge, dass mit dem öffentlichen Angebot am Tag nach der Veröffentlichung begonnen werden darf. Inzwischen hat sich die Verwaltungsauffassung bei der BaFin geändert, nunmehr darf mit dem öffentlichen Angebot einen Werktag nach der Veröffentlichung begonnen werden (*Heidel/Krämer*, § 9 VerkProspG Rn. 4). Die BaFin hat ihre Auffassung erst mit Übertragung der Zuständigkeiten nach dem WpPG geändert und folgt nunmehr aus Gründen der „Serviceorientiertheit" für die Emittenten der früheren Praxis der Börsen.

Geklärt ist, dass der Samstag im Rahmen dieser Vorschrift als **11** Werktag gilt (*Ritz*, in: *Assmann/Lenz/Ritz*, § 9 VerkProspG Rn. 4; *Kullmann/Müller-Deku* WM 1996, 1989, 1995; aA *Carl/Machunsky*, Der Wertpapier-Verkaufsprospekt, § 9 S. 62). Bei der Fristberechnung werden nur bundesweite Feiertage berücksichtigt (Anm. VIII der Bekanntmachung der BAWe vom 6.9.1999 (s. im Textanhang unter III.6); ebenso *Ritz*, in: *Assmann/Lenz/Ritz*, § 9 VerkProspG Rn. 4).

Erfolgt die Veröffentlichung zum einen auf herkömmliche Art und **12** Weise aber auch über ein elektronisches Informationssystem, beginnt die Tagesfrist erst zu dem Zeitpunkt, an dem eine Veröffentlichung über beide Medien erfolgt ist. Ein vorgelagerter Vertrieb mittels Veröffentlichung im elektronischen Informationssystem widerspräche dem Gedanken, dass diese Form der Veröffentlichung nur ergänzend, nicht hingegen ersetzend wirkt (dazu *Ritz*, AG 2002, 662, 665). Aus diesem Gedanken kann man zudem schließen, dass für den Beginn der Tagesfrist einzig der Zeitpunkt der Veröffentlichung auf herkömmliche Art und Weise entscheidend ist.

2. Abs. 2

Bei der Veröffentlichung hat der Anbieter die Wahl zwischen dem **13** Vollabdruck des Verkaufsprospekts in einem Börsenpflichtblatt und der so genannten Schalterpublizität.

a) Vollabdruck im Börsenpflichtblatt. Der Anbieter hat zum **14** einen die Möglichkeit, den Verkaufsprospekt im Wege des Vollabdrucks in einem überregionalen Börsenpflichtblatt zu veröffentlichen. Dieser Weg wird in der Regel nicht in Betracht kommen, da Verkaufsprospekte von Vermögensanlagen zu umfangreich sind, als dass sich ein Vollabdruck anbieten würde.

b) Schalterpublizität. Alternativ zum Vollabdruck kann der **15** Anbieter den Verkaufsprospekt veröffentlichen, indem er bei den im Verkaufsprospekt benannten Stellen zur kostenlosen Herausgabe bereitgehalten wird (sog. Schalterpublizität). Wählt der Anbieter den Weg der Schalterpublizität, muss er zusätzlich in einem Börsenpflichtblatt bekannt machen, bei welchen Stellen der Verkaufsprospekt zur Ausgabe bereitgehalten wird (so genannte Hinweisbekanntmachung). Dabei stellt die Hinweisbekanntmachung selbst nicht die Veröffentlichung des Verkaufsprospekts dar, sondern nur die Mitteilung darüber, wo dieser letztendlich veröffentlicht wird. Die BaFin stellt auf ihrer Internet-Seite (abrufbar unter www.bafin.de/verkaufsprospekte/muster_9_2.pdf) das folgende Muster einer Hinweisbekanntmachung zur Verfügung:

Bekanntmachung
gemäß § 9 Abs. 2 Verkaufsprospektgesetz

Dir Firma X [Firma des Anbieters] beabsichtigt, von der Firma Y [Firma des Emittenten] begebene [Art der Vermögensanlage] öffentlich anzubieten. Ein (un)vollständiger Verkaufsprospekt wird bei der [Firma/Firmen und Anschrift/en der im Verkaufsprospekt benannten Zahlstelle/n] zur kostenlosen Ausgabe bereitgehalten.

[Ort, Datum der Veröffentlichung]   *[Firma des Anbieters]*

---

16 **aa) Zahlstellen.** Der Begriff der Zahlstelle wird innerhalb des VerkProspG und des VermVerkProspV unterschiedlich gebraucht. So bestimmt § 4 Nr. 4 VermVerkProspV, dass Zahlstelle die Person oder Organisationseinheit ist, die bestimmungsgemäß die Zahlungen an den Anleger ausführt. Dann bestimmt § 9 Abs. 2 VerkProspG als Zahlstelle diejenige Stelle, die den Verkaufsprospekt zur kostenlosen Ausgabe bereithält.

17 **bb) Zur kostenlosen Ausgabe bereitgehalten.** Der Prospekt soll nach einer hierzu vertretenen Ansicht auf Verlangen auszuhändigen sein, das alleinige Bereithalten zur Einsichtnahme genügt nicht (*Kümpel/Hammen/Ekkenga/Gebauer,* Nr. 100, S. 57). So kann der Anbieter bei Versendung des Verkaufsprospekts vom Besteller Ersatz von Porto und Verwaltungsaufwand verlangen (*Kümpel/Hammen/Ekkenga/Gebauer,* Nr. 100, S. 58).

18 Nach aA besteht ein Recht auf Aushändigung nicht, sondern vielmehr nur eine Bereithaltungspflicht (*Meyding* DB 1993, 419, 422). Dies ist ausweislich des eindeutigen Wortlauts der Vorschrift zutreffend. Es gibt keine prospektrechtliche Übergabepflicht, sondern lediglich eine Pflicht zur Veröffentlichung des Verkaufsprospektes. Das ist misslich, wird in der Beratungspraxis doch vielfach von einer Aushändigung abgesehen und somit dem Anleger die wesentliche Informationsquelle vorenthalten. In diesem Umstand liegt ein beachtlicher Konstruktionsfehler des VerkProspG, an dem auch nichts der Umstand zur verändern vermag, dass eine Nichtaushändigung gewisse zivilrechtliche Folgen (Beraterhaftung) nach sich zieht. Stellt sich das öffentliche Recht die Aufgabe, zu einer besseren Informiertheit der

Anleger beizutragen, so muss hierzu auch ein effizienter Pflichtenkatalog geschaffen werden.

Im Übrigen ist es möglich, den Verkaufsprospekt elektronisch zu speichern und nur bei Bedarf auszudrucken, wie etwa für die Übermittlung an die BaFin oder zur Aushändigung an den Kunden (*Kopp-Colomb/Lenz* BKR 2002, 5, 9). **19**

c) Überregionales Börsenpflichtblatt. Der Titel des „überregionalen Börsenpflichtblattes" wird von den Zulassungsstellen der Wertpapierbörsen vergeben (vgl. § 31 BörsG). Zurzeit fallen unter die überregionalen Börsenpflichtblätter die Zeitungen: „Börsenzeitung", „Frankfurter Allgemeine Zeitung", „Frankfurter Rundschau", „Handelsblatt", „Süddeutsche Zeitung", „Die Welt" und die „Financial Times Deutschland". **20**

d) Elektronisches Informationsverbreitungssystem. Unter dem Begriff des elektronischen Informationssystems ist in erster Linie das Internet zu verstehen (*Ritz* AG 2002, 662; *dies.*, in: *Assmann/Lenz/Ritz*, Nachtrag, § 9 VerkProspG Rn. 5; Gesetzesentwurf der Bundesregierung, BT-Drucks. 14/8017, 110). Es ist dem Anbieter grundsätzlich erlaubt, den Verkaufsprospekt auch in einem elektrischen Informationsverbreitungssystem wie dem Internet zu veröffentlichen (*Lenz/Ritz* WM 2000, 904, 909). Allerdings ersetzt diese Form der Veröffentlichung nicht die Pflicht, den Verkaufsprospekt in Papierform an der Zahlstelle zur Ausgabe bereitzuhalten. Denn zum einen muss die Ausgabe des Verkaufsprospekts an jeden potentiellen Anleger gleichermaßen möglich sein, was beim Internet noch nicht der Fall ist (*Lenz/Ritz* WM 2000, 904). Zum anderen deutet der Wortlaut mit dem Begriff „auch" darauf hin, dass die Veröffentlichung in einem elektronischen Informationsverbreitungssystem neben die anderen Informationsmedien tritt (*Ritz* AG 2002, 662, 665; *dies.*, in: *Assmann/Lenz/Ritz*, Nachtrag, § 9 VerkProspG Rn. 7). **21**

Die Veröffentlichung über ein elektronisches Informationsverarbeitungssystem setzt voraus, dass der Prospekt von der Homepage heruntergeladen und ausgedruckt werden kann, die Bereithaltung einer „Nur-Lese-Version" oder eine bloße Bestellmöglichkeit soll nicht ausreichen (*Ritz*, in: *Assmann/Lenz/Ritz*, Nachtrag, § 9 VerkProspG Rn. 8). **22**

e) Mitteilungspflicht über Datum und Ort der Veröffentlichung. Die Mitteilung des Ortes und des Datums der Veröffentlichung betrifft sowohl Veröffentlichung über Vollabdruck, Schalterpublizität wie auch in einem elektronischen Informationssystem. **23**
aa) Form der Mitteilung. Ausweislich des Wortlauts muss die Mit-

§ 10   IV. Abschnitt. Veröffentlichung des Verkaufsprospekts

teilung schriftlich erfolgen, so dass ein Telefonanruf nicht ausreichend ist (vgl. *Ritz* AG 2002, 662). Hingegen ist eine Übermittlung durch Telefax zulässig und auch durchaus üblich. Eine Übermittlung per E-Mail ist derzeit nicht vorgesehen. **bb) Unverzüglich.** Die Mitteilung hat unverzüglich zu erfolgen. Das Tatbestandsmerkmal wird wie in § 11VerkProspG ausgelegt (s. unter § 11 VerkProspG Rn. 33ff.). **cc) Bei Vollabdruck.** Sollte die Veröffentlichung im Wege des Vollabdrucks erfolgen, muss der Anbieter der BaFin mitteilen, wann und in welchem überregionalem Börsenpflichtblatt ein Abdruck des Verkaufsprospekts erfolgt ist (*Ritz* AG 2002, 662). **dd) Schalterpublizität.** Bei einer Veröffentlichung im Wege der Schalterpublizität ist der BaFin mitzuteilen, ab welchem Zeitpunkt und unter welcher Adresse der Verkaufsprospekt zur Ausgabe an den Anleger bereitgehalten wird. Der Anbieter kann auswählen, ob er der BaFin eine Kopie des Auftrags für die Hinweisbekanntmachung unter gleichzeitiger Angabe des Veröffentlichungsdatums der Hinweisbekanntmachung oder eine Kopie der Zeitungsseite, auf der sich die Veröffentlichung der Hinweisbekanntmachung befindet, zusendet (vgl. *Ritz* AG 2002, 662, die jedoch davon ausgeht, dass der BaFin ein Original der entsprechenden Zeitungsseite übersendet wird. Das vermag kaum zu überzeugen, da der Anbieter der Pflicht zur Übermittlung auch mittels Fax nachkommen kann, so dass eine physische Übermittlung des Dokuments generell nicht notwendig ist.). **ee) Elektronischen Informationssystem.** Bei einer Veröffentlichung in einem elektronischen Informationssystem wie dem Internet ist der BaFin neben der Webadresse mitzuteilen, ab wann der Abruf des Verkaufsprospekts unter dieser Adresse möglich ist (*Ritz* AG 2002, 662).

§ 10 Veröffentlichung eines unvollständigen Verkaufsprospekts

¹Werden einzelne Angebotsbedingungen erst kurz vor dem öffentlichen Angebot festgesetzt, so darf der Verkaufsprospekt ohne diese Angaben nur veröffentlicht werden, sofern er Auskunft darüber gibt, wie diese Angaben nachgetragen werden. ²Die nachzutragenden Angaben sind spätestens am Tag des öffentlichen Angebots gemäß § 9 Abs. 2 Satz 1 und 2 zu veröffentlichen. ³Die nachzutragenden Angaben sind spätestens zum Zeitpunkt ihrer Veröffentlichung der Bundesanstalt zu übermitteln.

Veröffentlichung eines unvollständigen Verkaufsprospekts §10

Übersicht

	Rn.
I. Allgemeines	1
1. Gesetzesmaterialien	1
2. Verwaltungsanweisungen	2
3. Literatur (Auswahl)	3
4. Normentwicklung	4
5. Allgemeiner Regelungsinhalt	7
6. Parallelvorschriften	10
II. Die Vorschrift im Einzelnen	11
1. Tatbestandsmerkmale des Satz 1	11
2. Tatbestandsmerkmale des Satz 2	20
3. Tatbestandsmerkmale des Satz 3	22
III. Folgen bei Verstoß gegen diese Vorschrift	26

I. Allgemeines

1. Gesetzesmaterialien

a) RegBegr. zum VerkProspG aF v. 1. 2. 1990 – Auszug (BT-Drucks. **1** 11/6340, 14) zu § 10 VerkProspG aF

Die Vorschrift sieht Erleichterungen bei der Veröffentlichung des Verkaufsprospekts vor und dient zudem der frühzeitigen Unterrichtung der Anleger. Sie ist im Sinne der Vorschrift in Artikel 16 der Richtlinie und entspricht der Bezugnahme von Artikel 7 der Richtlinie auf die Richtlinie 80/390/EWG, umgesetzt in § 44 BörsZulV.

b) RegBegr. zum Dritten Finanzmarktförderungsgesetz v. 6. 11. 1997 – Auszug (BT-Drucks. 13/8933, 89) zu § 10 VerkProspG aF

Bisher müssen Nachträge zu unvollständigen Verkaufsprospekten nach § 10 vor dem ersten öffentlichen Angebot der Wertpapiere veröffentlicht werden. Diese Pflicht zur Vorabveröffentlichung von Nachträgen wird den Bedürfnissen der Praxis jedoch nicht gerecht. Sie benachteiligt insbesondere die Emittenten von Optionsscheinen oder anderen nicht standardisierten innovativen Produkten, die darauf angewiesen sind, auf wechselnde Marktbedingungen flexibel und sehr kurzfristig möglichst innerhalb eines Tages zu reagieren und eine entsprechende Nachfrage auf Anlegerseite befriedigen zu können. Es ist daher vorgesehen, daß Nachträge nunmehr spätestens am Tag des öffentlichen Angebots veröffentlicht werden müssen. Die Regelung erweitert die Handlungsspielräume der Emittenten, ist damit zugleich ein Beitrag zur Deregulierung und dient der Sicherung der internationalen Wettbewerbsfähigkeit. Auch wird dem Bedürfnis auf Anlegerseite Rechnung getragen, schneller als bisher unter Einsatz entsprechender Produkte auf Marktveränderungen reagieren zu können. Die Regelung wahrt die Belange des Anlegerschutzes, da in jedem Fall bei Beginn des öffentlichen Angebots dem Anleger sämtliche Angebotsbedingungen zur Verfügung stehen. Die Änderung steht im Einklang mit den Vorgaben der Verkaufsprospekt-Richtlinie. Nach Artikel 16 dieser Richtlinie muß

§ 10 IV. Abschnitt. Veröffentlichung des Verkaufsprospekts

der vollständige Prospekt spätestens bei Beginn des öffentlichen Angebots dem Publikum zur Verfügung stehen.

2. Verwaltungsanweisungen

2 Bekanntmachung des Bundesaufsichtsamtes für den Wertpapierhandel vom 6. 9. 1999 (s. im Textanhang unter III.6).

3. Literatur (Auswahl)

3 *Assmann,* Neues Recht für den Wertpapiervertrieb, die Förderung der Vermögensbildung durch Wertpapieranlage und die Geschäftstätigkeit von Hypothekenbanken, NJW 1991, 528; *Ebenroth/Boujong/Joost,* HGB Kommentar Band 2, 1. Aufl. 2001; *Grimme/Ritz,* Die Novellierung verkaufsprospektrechtlicher Vorschriften durch das Dritte Finanzmarktförderungsgesetz, WM 1998, 2091; *Groß,* Kapitalmarktrecht, 3. Aufl. 2006; *Heidel,* Aktienrecht, 2. Aufl. 2007; *Hüffer,* Das Wertpapier-Verkaufsprospektgesetz, Prospektpflicht und Anlegerschutz, 1. Aufl. 1996; *Kümpel/Hammen/Ekkenga,* Kapitalmarktrecht Band 1, Stand 06/2006; *Kullmann/Müller-Deku,* Die Bekanntmachung zum Wertpapier-Verkaufsprospektgesetz, WM 1996, 1989; *Schwark,* (KMRK) 3. Aufl. 2004.

4. Normentwicklung

4 § 10 wurde schon mit der ersten Fassung des VerkProspG statuiert und war ausweislich der RegE VerkProspG (BT-Drucks. 11/6340 vom 1. 2. 1990, S. 14) „im Sinne der Vorschrift des Art. 16" der EG-Emissionsprospektrichtlinie unter Entsprechung der Bezugnahme von Art. 7 derselben Richtlinie auf die Börsenzulassungsprospektrichtlinie, die ihrerseits in § 44 BörsZulV umgesetzt wurde (*Ritz,* in: *Assmann/Lenz/Ritz,* § 10 VerkProspG Rn. 1).

5 Art. 2 Nr. 13 des 3. FMG änderte § 10 dahingehend, dass „die Pflicht zur Vorabveröffentlichung von Nachträgen zu unvollständigen Verkaufsprospekten nach § 10 aF vor dem ersten öffentlichen Angebot der Wertpapiere zugunsten der Folgeregelung gestrichen wurde. Dort wurde insbesondere klargestellt, dass der Nachtrag auch noch am Tag des öffentlichen Angebots veröffentlicht werden kann (*Ritz,* in: *Assmann/Lenz/Ritz,* § 10 VerkProspG Rn. 1).

6 Art. 2 Nr. 6 des Prospektrichtlinie-Umsetzungsgesetzes enthielt eine Folgeänderung im Hinblick auf den neuen Anwendungsbereich der Vermögensanlagen. Insgesamt entspricht der Wortlaut des § 10 nF immer noch weitestgehend dem des § 10 aF.

5. Allgemeiner Regelungsinhalt

§ 10 sieht die Möglichkeit einer Veröffentlichung eines Verkaufs- 7
prospekts vor, in dem einzelne Angebotsbedingungen noch nicht
enthalten sind (sog. unvollständiger Verkaufsprospekt) und diese kurz
vor Beginn des öffentlichen Angebots nachzutragen sind. Der Verkaufsprospekt muss Auskunft darüber geben, wie die noch fehlenden
Angaben nachgetragen werden. Dabei muss der Nachtrag spätestens
am Tag des öffentlichen Angebots veröffentlicht werden, so dass auch
bei dem Rechtsinstrument des „unvollständigen" Verkaufsprospekts
der Grundsatz, wonach nur vollständige Verkaufsprospekte Grundlage eines öffentlichen Angebots sein dürfen, nicht durchbrochen
wird. Zusammen mit dem Nachtrag nach § 10 bildet der ursprünglich
unvollständige Verkaufsprospekt einen vollständigen Verkaufsprospekt iSv § 8 f Abs. 1 Satz 1.

Wesentlicher Sinn und Zweck der Regelung ist es, unter Wahrung 8
von Anlegerschutzgesichtspunkten es den Anbietern zu ermöglichen,
flexibel und zeitnah auf kurzfristige Änderungen von Marktbedingungen, insbesondere was das Preisniveau für bestimmte Anlageprodukte betrifft, reagieren zu können. Eine Notwendigkeit für eine
solche kurzfristige Reaktionsmöglichkeit wurde für § 10 aF insbesondere für den Bereich des Optionsscheinsgeschäfts gesehen (*Ritz,* in:
Assmann/Lenz/Ritz, § 10 VerkProspG Rn. 3). Die Anbieter von
Wertpapieren hatten unter dem alten Prospektregime mithin insbesondere die Möglichkeit für ein kurzfristiges Pricing, das sie in einem
so kurzen Zeitraum vornehmen und in einem Nachtrag nach § 10 aF
prospektieren konnten, in dem die Erstellung eines kompletten Verkaufsprospekts überhaupt nicht zu schaffen gewesen wäre.

Die Möglichkeit der Erstellung eines unvollständigen Verkaufspro- 9
spekts nach § 10 ist für Vermögensanlagen bisher – soweit ersichtlich
– noch nicht in Anspruch genommen worden und war daher bisher
von überhaupt keiner Praxisrelevanz. Die BaFin hat bislang – wohl
nicht zuletzt angesichts der damit verbundenen Auslegungsschwierigkeiten – auch nicht aktiv auf die Möglichkeit der Erstellung unvollständiger Verkaufsprospekte für Vermögensanlagen hingewiesen.
Dabei erscheint eine Anwendung jedenfalls bei Namensschuldverschreibungen durchaus nicht fernliegend. Für geschlossene Fonds gilt
es zu untersuchen, ob die Erstellung eines unvollständigen Verkaufsprospekts sinnhaft gelingen kann oder ob der Anwendungsbereich
des § 10 insoweit leerläuft.

6. Parallelvorschriften

10 Für Wertpapierprospekte existieren vergleichbare, wenngleich bedingt durch die Vorgaben der Prospekt-RL dogmatisch komplexere Normen, vgl. § 6 („Basisprospekt") und § 8 („Nichtaufnahme von Angaben") WpPG.

II. Die Vorschrift im Einzelnen

1. Tatbestandsmerkmale des Satz 1

11 Satz 1 legt die Voraussetzungen fest, unter denen ein unvollständiger Verkaufsprospekt veröffentlicht werden darf. Danach darf ein unvollständiger Verkaufsprospekt nur veröffentlicht werden, sofern er darüber Auskunft gibt, wie die erst kurz vor dem öffentlichen Angebot festgesetzten Bedingungen nachgetragen werden.

12 **a) Einzelne Angebotsbedingungen.** Hierbei handelt es sich um Angaben, die typischerweise erst kurzfristig vor dem öffentlichen Angebot festgesetzt werden können (*Ritz,* in: *Assmann/Lenz/Ritz,* § 10 VerkProspG Rn. 4). Der Wortlaut des Gesetzes trifft keine Unterscheidung danach, was Gegenstand der Angaben sein kann bzw. sein darf. Für Wertpapiere vertrat die wohl hM, dass nur solche Informationen Gegenstand „einzelner Angebotsbedingungen" sein konnten, die die Ausgestaltung der Anlageinstrumente, mithin der Wertpapiere, selbst betreffen, da andere Angaben nicht von den Veränderungen am Kapitalmarkt abhängig sind (*Ritz,* in: *Assmann/Lenz/Ritz,* § 10 VerkProspG Rn. 4). Nach der alten Rechtslage waren mithin Angaben nach § 4 VerkProspVO einer Auslagerung in einen Nachtrag nach § 10 zugänglich, für Vermögensanlagen wäre – wollte man diese Auslegung fortführen – allein an Angaben nach § 4 VermVerkProspV zu denken.

13 Für die alte Rechtslage wurde insbesondere vertreten, dass Angaben über den Emittenten auch im unvollständigen Verkaufsprospekt nicht fehlen durften. Dies erscheint nach altem wie nach neuem Recht sachgerecht, da Angaben über den Emittenten nicht Gegenstand von Veränderungen sein können, auf welche die Marktteilnehmer durch die Norm des § 10 flexibel reagieren können sollen.

14 Zweifelhaft ist, wie es mit Angaben betreffend das Anlageobjekt bestellt ist. Diese Frage wurde für Werpapier-Verkaufsprospekte nicht diskutiert, da Emittent und Anlageobjekt stets zusammenfielen. Im Bereich der Genussrechte ist dies auch heute noch so, folglich stellt sich das Thema insoweit nicht. Von herausragender Bedeutung ist die Beantwortung jedoch für den Bereich der geschlossenen Fonds. Die Angaben über die Vermögensanlagen werden regelmäßig nicht unter Marktschwankungen stehen, wie dies etwa bei Optionsscheinen der Fall ist. Insbesondere ergeben sich keine großen Schwierigkeiten und schnelle Reaktionsbedürfnisse bei der Kalkulierung eines wettbewerbsfähigen Erwerbspreises. Ein unvollständiger Verkaufsprospekt für Vermögensanlagen könnte dann interessant sein, wenn der Verkaufsprospekt bis auf die Angaben über das Anlageobjekt erstellt werden könnte, die in der Tat vielfach erst kurzfristig vor Beginn des öffentlichen Angebots – wenn nicht erst nachher, wie insbesondere bei Blindpool-Modellen feststehen, Gegenstand eines Nachtrags nach § 10 sein könnten. Als Beispiel mag ein Flugzeugfonds dienen. Ein Anbieter kann etwa die Gestattung für die Veröffentlichung eines Verkaufsprospekts über einen Flugzeugfonds erhalten haben, diesen Fonds platziert haben und sich nun mit der Auflegung eines Folgefonds beschäftigen, dessen Anlageobjekt selbstverständlich nicht dasselbe Flugzeug ist, aber – was praktisch häufig vorkommt – ein Flugzeug desselben Typs (z. B. das gleiche Modell). In diesem Fall könnte ein Bedürfnis danach bestehen, einen unvollständigen Verkaufsprospekt nach § 10 zu erstellen, dessen Veröffentlichung gestatten zu lassen, und die Angaben über das Flugzeug zum gegebenen Zeitpunkt nachzutragen. Wortlaut und Schutzzweck der Norm stehen der Annahme der Zulässigkeit einer derartigen Vorgehensweise jedenfalls unter keinem erdenklichen Gesichtspunkt entgegen. Daher können jedenfalls im Bereich der geschlossenen Fonds auch Angaben über das Anlageobjekt einzelne Angebotsbedingungen iSd § 10 sein.

b) Beispiele. Als einzelne Angebotsbedingungen sind in Fortführung der Auslegung zum alten Recht insbesondere Angaben quantitativer Art wie etwa Erwerbspreis, Verzinsung und Laufzeit der Vermögensanlange anzusehen. Darüber hinaus können im Einzelfall Angaben qualitativer Art, sofern diese nicht zur verständlichen Produktbeschreibung unerlässlich sind, als einzelne Angebotsbedingungen zu qualifizieren sein. 15

c) Gestaltung des unvollständigen Verkaufsprospekts. Der unvollständige Verkaufsprospekt muss als solcher erkennbar sein. Erforderlich ist daher eine entsprechende Kenntlichmachung (*Ritz*, in: *Assmann/Lenz/Ritz*, § 10 VerkProspG Rn. 7), etwa durch einen hervorgehobenen Hinweis auf dem Deckblatt. Die Abfassung hat im Volltext zu erfolgen, wobei lediglich einzelne Positionen – eben die einzelnen Angebotsbedingungen, die noch durch einen Nachtrag aufgefüllt werden – als Lücken erscheinen dürfen (*Ritz*, in: *Assmann/Lenz/Ritz*, § 10 VerkProspG Rn. 7). Die Aufnahme fiktiver Daten ist unzulässig, da sie einen Verstoß gegen den Grundsatz der Prospektrichtigkeit darstellen würde. Die jeweilige Lücke ist – eingebürgerter- 16 weise durch einen Platzhalter – zu kennzeichnen. Wäre die Lücke als solche nicht erkennbar, würde dies jedenfalls die Auswertung des Verkaufsprospekts erschweren.

17 Bei Einreichung eines unvollständigen Verkaufsprospekts gem. § 8i Abs. 1 bei der BaFin sollte das auf der Homepage der Behörde abrufbare Muster als Anschreiben verwendet werden.

18 **d) Gestaltung des Nachtrags.** Im Hinblick auf die Gestaltung gelten dieselben Grundsätze wie für Nachträge gemäß § 11 (hierzu unten § 11 VerkProspG Rn. 54). Insbesondere muss der Nachtrag als solcher erkennbar und folglich entsprechend gekennzeichnet sein. Werden im Vertrieb der unvollständige Verkaufsprospekt einerseits sowie der Nachtrag andererseits als separate Dokumente eingesetzt, muss der Nachtrag einen Bezug zum entsprechenden unvollständigen Verkaufsprospekt und ggf. zu allen anderen Nachträgen (solche nach § 11; vgl. zur Anwendbarkeit von Nachträgen gemäß § 11 auf Verkaufsprospekte nach § 10 unten § 11 VerkProspG Rn. 41f.) herstellen, die sich auf die jeweilige Emission beziehen. Daher muss der in Rede stehende Nachtrag einen Hinweis enthalten, auf welchen unvollständigen Verkaufsprospekt – am besten unter Angabe von dessen Aufstellungsdatum – er sich bezieht (*Ritz*, in: *Assmann/Lenz/Ritz*, § 10 VerkProspG Rn. 8). Werden mehrere Nachträge erstellt, sind diese durchzunummerieren. Bei entsprechender Kennzeichnung ist eine drucktechnische Zusammenfassung von unvollständigem Verkaufsprospekt und Nachtrag zu einem einzigen Dokument statthaft.

19 **e) Pflicht zur Auskunftserteilung über die Art und Weise des Nachtrags.** Der Verkaufsprospekt muss erläutern, wie die noch fehlenden Angaben nachgetragen werden bzw. wie der Nachtrag dann letztendlich veröffentlicht wird. Hierdurch wird der Anleger darüber informiert, dass er sich noch weitere Informationen für seine Anlageentscheidung beschaffen muss und woher er diese Informationen bekommt.

2. Tatbestandsmerkmale des Satz 2

20 Nachträge zu einem unvollständigen Verkaufsprospekt nach § 10 sind spätestens am Tag des öffentlichen Angebots entsprechend den Vorgaben in § 9 Abs. 2 Satz 1 und 2 zu veröffentlichen.

21 Erfolgt die Veröffentlichung des Nachtrags im Wege der Schalterpublizität, ist für jeden Nachtrag eine eigene Hinweisbekanntmachung erforderlich. Ausreichend ist insoweit die Aufführung der jeweiligen – jedoch eindeutig bezeichneten – Nachträge in einer Anzeige (*Ritz*, in: *Assmann/Lenz/Ritz*, § 10 VerkProspG Rn. 11; Ziff.

IX.3. der Bekanntmachung der BAWe vom 6. 9. 1999, s. im Textanhang unter III.6).

3. Tatbestandsmerkmale des Satz 3

Spätestens zum Zeitpunkt ihrer Veröffentlichung sind die nachzutragenden Angaben der BaFin zu übermitteln. 22

a) Zeitpunkt für die Übermittlung von Nachträgen. Der 23 Nachtrag zum Verkaufsprospekt iSd § 10 ist – ebenso wie ein vollständiger und ein unvollständiger Verkaufsprospekt – der BaFin zuzuleiten, da die Ergänzungen selbst Teil des Verkaufsprospekts sind und diesen erst zu einem vollständigen Verkaufsprospket machen. Nur so ist die Aufgabe der BaFin als Evidenzzentrale gewahrt.

Ausreichend ist es für eine fristgerechte Hinterlegung, wenn die 24 Nachträge nch § 10 spätestens tagglich mit der Veröffentlichung der BaFin übermittelt werden. Mithin ist für den Anbieter das Szenario denkbar, am selben Tag die nachzutragenden Angaben der BaFin zu übermitteln, zu veröffentlichen und mit dem öffentlichen Angebot zu beginnen. Gerade durch diesen im Gesetz vorgesehenen Ablauf sollen die Anbieter kurzfristig auf veränderte Marktbedingungen reagieren können.

b) Prüfung des Nachtrags durch die BaFin. Nicht von der 25 Hand zu weisen ist, dass ein derartiges Vorgehen mit einem gewissen Risiko für den Anbieter behaftet ist. Denn anders als der Nachtrag nach § 11 wird der Nachtrag nach § 10 von der BaFin auf Vollständigkeit geprüft. Sollte diese Überprüfung ergeben, dass die im unvollständigen Verkaufsprospekt noch fehlenden Angaben nicht im Nachtrag aufgenommen sind und hat das öffenliche Angebot bereits begonnen, wird das laufende öffentliche Angebot nach § 8i Abs. 4 zu untersagen sein.

III. Folgen bei Verstoß gegen diese Vorschrift

Verstöße gegen § 10 sind bußgeldbewehrt, vgl. § 17 Abs. 1 Nr. 5 26 VerkProspG.

§ 11 Veröffentlichung ergänzender Angaben

Sind seit der Gestattung der Veröffentlichung des Verkaufsprospekts Veränderungen eingetreten, die für die Beurteilung des Emittenten oder der Vermögensanlagen im Sinne des § 8f Abs. 1 von wesentlicher Bedeutung sind, so hat der Anbieter die Veränderungen während der Dauer des öffentlichen Angebots unverzüglich in einem Nachtrag zum Verkaufsprospekt gemäß § 9 Abs. 2 Satz 1 und 2 zu veröffentlichen. Auf diesen Nachtrag sind die Vorschriften über den Verkaufsprospekt und dessen Veröffentlichung mit Ausnahme des § 8i Abs. 2 entsprechend anzuwenden.

Übersicht

	Rn.
I. Allgemeines	1
1. Gesetzesmaterialien	1
2. Verwaltungsanweisungen	2
3. Literatur (Auswahl)	3
4. Normentwicklung	4
5. Allgemeiner Regelungsinhalt	5
6. Parallelvorschriften	7
II. Die Vorschrift im Einzelnen	9
1. Tatbestandsmerkmale des Satz 1	9
2. Tatbestandsmerkmale des Satz 2	44
III. Anfängliche Unrichtigkeiten	59
1. Bedeutung der Berichtigung anfänglicher Prospektmängel	60
2. Gesetzesgrundlage der Berichtigung	61
3. Voraussetzungen und Durchführung der Berichtigung	66
IV. Kein weitergehendes Änderungsrecht	70
1. Unwesentliche Veränderungen	71
2. Änderungen der Darstellungsform	72
V. Nachtrag und Prospekthaftung	73
1. Wirkung des Nachtrages für die Zukunft	74
2. Kein Erlöschen bereits entstandener Ansprüche	75
VI. Bereits beigetretene Anleger	76
1. Ausübung noch bestehender Widerrufsrechte	77
2. Kein eigenständiges Widerrufsrecht	78
3. Freiwillige Einräumung eines Widerrufsrechts	79
VII. Folgen bei Verstoß gegen diese Vorschrift	83
1. Untersagung	83
2. Prospekthaftung	84
3. Ordnungswidrigkeit	85
4. Kapitalanlagebetrug	86

Veröffentlichung ergänzender Angaben § 11

I. Allgemeines

1. Gesetzesmaterialien

a) § 11 VerkProspG idF vom 13. 12. 1990 (BGBl 1990 I S. 2749) 1

§ 11 Veröffentlichung ergänzender Angaben
Sind seit der Veröffentlichung des Verkaufsprospekts Veränderungen eingetreten, die für die Beurteilung des Emittenten oder der Wertpapiere von wesentlicher Bedeutung sind, so sind die Veränderungen während der Dauer des öffentlichen Angebots in einem Nachtrag zum Verkaufsprospekt zu veröffentlichen. Auf diesen Nachtrag sind die Vorschriften über den Verkaufsprospekt und dessen Veröffentlichung entsprechend anzuwenden.

b) RegBegr. zum VerkProspG aF v. 1. 2. 1990 – Auszug (BT-Drucks. 11/6340, 14) zu § 11 VerkProspG aF

Diese Vorschrift entspricht den in Artikel 7 (in Verbindung mit Artikel 23 der Richtlinie 80/390/EWG, umgesetzt in § 52 Abs. 2 BörsZulV) und Artikel 18 der Richtlinie (89/298/EWG, Erl. durch Verf.) enthaltenen Bestimmungen. Die Pflicht zur Veröffentlichung endet, wenn die Wertpapiere nicht mehr öffentlich angeboten werden.

c) Art. 18 der Richtlinie 89/298/EWG vom 17. 4. 1989 (ABl. Nr. L 124 vom 5. 5. 1989, S. 8)

Jedes neue Ereignis oder jede Ungenauigkeit des Prospektes muss, sofern diese bzw. diese die Bewertung der Wertpapiere beeinflussen könnte und zwischen der Veröffentlichung des Prospekts und dem Zeitpunkt eintritt bzw. festgestellt wird, zu dem das öffentliche Angebot abgeschlossen ist, in einer Ergänzung zum Prospekt erwähnt oder berichtigt werden, die unter Einhaltung mindestens der gleichen Bestimmungen, nach denen der ursprüngliche Prospekt verteilt worden ist, oder gemäß den Modalitäten veröffentlicht wird, der für das Publikum zur Verfügung gehalten wird, die von den Mitgliedsstaaten oder von den von ihnen bestimmten Stellen festgesetzt werden.

d) RegBegr. zum Dritten Finanzmarktförderungsgesetz v. 6. 11. 1997 – Auszug (BT-Drucks. 13/8933, 89) zu § 11 VerkProspG aF

Zu Buchstabe a (Einfügung des Wortes „unverzüglich", Erl. durch Verf.)
Die Ergänzung stellt klar, daß wesentliche Veränderungen, die während des öffentlichen Angebots auftreten, unverzüglich in einem Nachtrag zum Verkaufsprospekt zu veröffentlichen sind.

Zu Buchstabe b (Ausnahmeregelung bzgl. § 8a VerkProspG aF; Erl. durch Verf.)
Die Regelungen des § 8a finden auf den Nachtrag gemäß § 11 keine entsprechende Anwendung. Der Anbieter muß daher insbesondere nicht die Frist von zehn Werktagen abwarten, bevor er den Nachtrag veröffentlichen kann. Im Interesse des Anlegerschutzes wird dadurch während des laufenden öffentlichen Angebots eine unverzügliche Veröffentlichung ergänzender Angaben zum Verkaufsprospekt gewährleistet.

§ 11 IV. Abschnitt. Veröffentlichung des Verkaufsprospekts

e) RegBegr. zum Vierten Finanzmarktförderungsgesetz v. 18. 1. 2002 – Auszug (BT-Drucks. 14/8017, 110) zu § 11 VerkProspG aF

In der Praxis hat sich gezeigt, dass von der Bundesanstalt nach § 8a Verkaufsprospektgesetz gestattete Verkaufsprospekte oftmals nicht zeitnah veröffentlicht wurden. Verstreichen mehrere Monate bis zur Veröffentlichung, kann der Verkaufsprospekt dann teilweise schon wieder veraltet sein. Eine Aktualisierung des Verkaufsprospekts konnte über einen Nachtrag nach § 11 Verkaufsprospektgesetz nicht verlangt werden, da derartige Nachträge nach der bisherigen Fassung der Vorschrift nur für Veränderungen zu erstellen waren, die seit der Veröffentlichung des Verkaufsprospekts eingetreten sind. Zielsetzung des Verkaufsprospektgesetzes ist es aber, den Anlegern eine Anlageentscheidung auf Grund möglichst aktueller Informationen zu ermöglichen. Die Vorschrift ist daher entsprechend geändert worden, so dass nunmehr die Aktualität der Prospektangaben über Nachträge nach § 11 Verkaufsprospektgesetz gewährleistet ist. Frühestens kann der Nachtrag mit dem Verkaufsprospekt veröffentlicht werden, da ansonsten der Bezug nicht klar ist. Treten somit Veränderungen seit der Gestattung, aber noch vor der Prospektveröffentlichung ein, so sind diese Veränderungen nicht vorher, sondern gleichzeitig mit der Prospektveröffentlichung in einem Nachtrag zu veröffentlichen. Dies ergibt sich aus der Anforderung einer „unverzüglichen" Veröffentlichung.

f) RegBegr. zum AnSVG v. 24. 5. 2004 – Auszug (BT-Drucks. 15/3174, 44) zu § 11 VerkProspG aF

Durch die Änderungen wird der Anwendungsbereich der Vorschriften auf Vermögensanlagen nach § 8f klargestellt.

g) RegBegr. zum Entwurf des Prospektrichtlinie-Umsetzungsgesetzes v. 3. 3. 2005 (BT-Drucks. 15/4999, 41) zu § 11 VerkProspG aF

Es handelt sich um eine Folgeänderung.

2. Verwaltungsanweisungen

2 Bekanntmachung des Bundesaufsichtsamtes für den Wertpapierhandel vom 6. 9. 1999 (s. im Textanhang unter III.6.); BAWe-Schreiben vom 8. 2. 2002 (im Internet abrufbar unter www.bafin.de/schreiben/92_2002/wa_020208.htm); BaFin-Auslegungsschreiben vom 30. 6. 2005 (im Textanhang unter III.3.).

3. Literatur (Auswahl)

3 *Assmann/Lenz/Ritz*, VerkProspG, 2001 (Nachtrag September 2002); *ders./Schütze*, Handbuch des Kapitalanlagerechts, 3. Aufl. 2007; *Grimme/Ritz*, Die Novellierung verkaufsprospektrechtlicher Vorschriften durch das Dritte Finanzmarktförderungsgesetz, WM 1998, 2091; *Groß*, Kapitalmarktrecht, 3. Aufl. 2006; *Heidel*, Aktienrecht, 2. Aufl. 2007; *Hüffer*, Das Wertpapier-Verkaufsprospektgesetz,

Prospektpflicht und Anlegerschutz, 1. Aufl. 1996; *Kullmann/Müller-Deku,* Die Bekanntmachung zum Wertpapier-Verkaufsprospektgesetz, WM 1996, 1989; *Lüdicke/Arndt,* Geschlossene Fonds, 4. Aufl. 2007; *Möllers,* Festschrift für Horn, 473; *Ritz,* AG 2002, 662; *Schwark,* KMRK, 3. Aufl. 2004; *Stephan,* AG 2002, 3, 6f.

4. Normentwicklung

Die Vorschrift übernimmt überwiegend den Regelungsgehalt von 4
§ 11 VerkProspG aF Durch sie wurde Art. 7 der Emissionsprospektrichtlinie (ABl. Nr. L 124 vom 5. 5. 1989, S. 8) sowie Art. 18 der Emissionsprospektrichtlinie umgesetzt. In der Folgezeit wurde die Vorschrift durch das 3. FMG (BGBl. I 1998, 529), das 4. FMG (BGBl. I 2002, 2010), das AnSVG (BGBl. I 2004, 2630, 2649) und das Prospektrichtlinie-Umsetzungsgesetz (BGBl. I 2005, 1698) geändert.

5. Allgemeiner Regelungsinhalt

Die Vorschrift bestimmt, dass anlagerelevante Veränderungen nach 5
Gestattung der Veröffentlichung des Verkaufsprospekts während der Angebotsdauer unverzüglich in einem Nachtrag zu veröffentlichen sind.

Wie schon die Prospektpflicht in § 8f VerkProspG selbst soll die 6
Vorschrift sicherstellen, dass der Anleger seine Anlageentscheidung auf einer zum Zeitpunkt dieser Entscheidung zutreffenden Informationsbasis, die im Bereich der Vermögensanlagen durch den Verkaufsprospekt verkörpert wird, trifft. Da Anlageentscheidungen während des gesamten Platzierungszeitraumes getroffen werden, der sich gerade bei geschlossenen Fonds über einen längeren Zeitraum erstrecken kann, kann der Verkaufsprospekt seine Funktion der zutreffenden Anlegerinformation zum Zeitpunkt der Anlageentscheidung nur dann erfüllen, wenn er im Hinblick auf anlagerelevante Veränderungen von wesentlicher Bedeutung aktualisiert wird. Dabei ist das Nachtragsrecht zumindest strukturell durchaus dem Recht der Ad-hoc-Publizität (vgl. § 15 WpHG) verwandt. Sowohl durch die Vorgaben des Ad-hoc-Rechts als auch diejenigen des Nachtragsrechts soll gewährleistet werden, dass der Investor seine Anlageentscheidung aufgrund einer aktuellen Informationslage trifft. Eine derartige Aktualisierungspflicht war im Bereich des sog. Grauen Kapitalmarktes bereits vor Einführung der Prospektpflicht durch das AnSVG durch die Rechtsprechung befürwortet worden (vgl. grundlegend BGH, Urt. v. 24. 4. 1978 – II ZR 172/76, BGHZ 71, 284, 290f.).

6. Parallelvorschriften

7 Eine Parallelvorschrift des § 11 VerkProspG findet sich für Wertpapiere in § 16 WpPG, der auf Art. 16 der Richtlinie 2003/71/EG zurückgeht. Die Regelungen unterscheiden sich darin, dass § 16 WpPG neben „wesentlichen neuen Umständen" (dem Pendant der Veränderungen von wesentlicher Bedeutung in § 11 VerkProspG) nach Billigung des Wertpapierverkaufsprospekts auch wesentliche Unrichtigkeiten erfasst, die nach Billigung des Wertpapierverkaufsprospektes auftreten oder festgestellt werden. Daneben muss der Nachtrag nach § 16 WpPG – anders als der nach § 11 VerkProspG – von der BaFin gebilligt werden. Schließlich liegt ein wesentlicher Unterschied der Regelungen in der gesetzlichen Einräumung eines Widerrufsrechtes an Anleger, die vor der Veröffentlichung des Nachtrags eines auf den Erwerb von Wertpapieren gerichtete Willenerklärung abgegeben haben nach § 16 Abs. 3 WpPG.

8 Es bestehen – wie angedeutet – darüber hinaus Berührungspunkte zum Recht der Ad-hoc-Publizität (vgl. § 15 WpHG), wobei zu berücksichtigen ist, dass die Ad-hoc-Pflichten des § 15 WpHG systematisch an die Stelle der Nachtragspflichten nach § 16 WpPG nach dem Schluss des öffentlichen Angebotes treten (vgl. *Heidel/Becker*, § 16 WpPG Rn. 8).

II. Die Vorschrift im Einzelnen

1. Tatbestandsmerkmale des Satz 1

9 Satz 1 legt die Voraussetzungen eines Nachtrags für einen Verkaufsprospekt fest, dessen Veröffentlichung bereits gestattet ist.

10 **a) Nach Gestattung der Veröffentlichung des Verkaufsprospekts.** Die Veränderungen müssen nach der Gestattung der Veröffentlichung des Verkaufsprospekts, d. h. der Mitteilung ihrer Entscheidung hinsichtlich der Gestattung durch die BaFin an den Anbieter, eingetreten sein (zur Gestattung als Verwaltungsakt s. die Erläuterungen zu § 8i VerkProspG Rn. 16). **(aa) Einbeziehung von Veränderungen zwischen Gestattung und Veröffentlichung.** Unter dem Regime des § 11 VerkProspG idF des 3. FMG bezog sich die Nachtragspflicht nur auf Veränderungen nach Veröffentlichung des Verkaufsprospekts, so dass Veränderungen, die zeitlich nach der Gestattung der Veröffentlichung, aber vor der Veröffentlichung des Verkaufsprospekts eintraten, nicht umfasst waren (vgl. dazu *Ritz*, in: *Assmann/Lenz/Ritz*, § 11 VerkProspG Rn. 11; BT-Drucks. 14/8017, 110). Durch Änderung des Wortlauts infolge des 4. FMG wurde sichergestellt, dass auch Veränderungen in dem

Zeitraum bis zur Veröffentlichung des Verkaufsprospektes zur Erstellung und Veröffentlichung eines Nachtrags verpflichten. **(bb) Veränderungen vor Gestattung der Veröffentlichung.** Nicht adressiert ist damit die zeitlich vorgelagerte Problematik des Eintritts von Veränderungen zwischen Übermittlung des Verkaufsprospektes durch den Anbieter an die BaFin und dessen Gestattung (unter normalen Umständen bis zu 20 Werktage, vgl. hierzu die Erläuterungen oben zu § 8i VerkProspG Rn. 9f.). In solchen Fällen sollte der Anbieter in der Praxis die Veränderungen in Abstimmung mit der BaFin im Anhörungsverfahren noch in den eingereichten Verkaufsprospekt einarbeiten, so dass die Gestattung des Verkaufsprospektes sich bereits auf die korrigierte Fassung des Verkaufsprospektes bezieht (vgl. die Erläuterungen zu der Verwaltungspraxis in diesen Fällen oben § 8i VerkProspG Rn. 42). Geschieht dies nicht und haben solche Veränderungen in einer Weise Auswirkungen auf den Prospektinhalt gemäß § 8g iVm VermVerkProspV, die Prüfungsgegenstand der BaFin sind (vgl. § 8g Abs. 1 Satz 3), und werden von der BaFin wahrgenommen, wird die BaFin die Veröffentlichung des Verkaufsprospektes nicht gestatten und der Anbieter muss den Verkaufsprospekt unmittelbar aktualisieren (vgl. auch *Heidel/Becker*, § 16 WpPG Rn. 8; *Groß*, § 16 WpPG Rn. 4). Ist dies nicht der Fall, so stellt sich die Frage, ob in diesen Fällen dennoch ein Nachtrag gemäß § 11 VerkProspG zu veröffentlichen ist. **(cc) Veränderungen nach dem Ende des öffentlichen Angebots.** Aus dem Regelungszusammenhang ergibt sich, dass nach dem Ende des öffentlichen Angebots eintretende Veränderungen nicht mehr nachtragspflichtig sind.

b) Veränderungen. Abweichend von dem in § 16 WpPG verwendeten Begriff des „neuen Umstands" verwendet § 11 VerkProspG den Begriff der „Veränderung" nach Gestattung der Veröffentlichung. 11

(aa) Allgemeine Begriffsbestimmung. Der Begriff der Veränderung ist nach einer weit verbreiteten Auffassung weit zu verstehen und soll die gleiche Bedeutung wie der Begriff des Umstands haben, so dass grundsätzlich auf die Kommentierungen zum WpPG zurückgegriffen werden könne (so etwa *Heidel/Krämer*, § 11 VerkProspG Rn. 1). Einem weiten Verständnis der „Veränderung" ist zwar grundsätzlich zuzustimmen, sofern andernfalls die Erreichung des Normzwecks gefährdet sein sollte. Indessen verkennen die Anhänger einer semantischen Gleichsetzung der Begriffe Veränderungen und Umstand, dass ein Umstand lediglich den Bezugspunkt bildet, d. h. die Tatsache, das Werturteil, die Prognose etc., die Gegenstand einer Veränderung sind. Ein weites Verständnis des Veränderungsbegriffs ge- 12 bietet daher zunächst, nicht nur Modifikation von bestehenden Parametern unter den Anwendungsbereich der Norm zu fassen. Das Normziel kann vielmehr nur erreicht werden, wenn eine Veränderung iSd § 11 auch das Hinzutreten neuer, vorher noch nicht existenter Umstände meint. Gleiches muss für den Wegfall eines Umstandes gelten (etwa der Wegfall einer Sicherungsmöglichkeit, vgl. *Ritz,* in: *Assmann/Lenz/Ritz,* § 11 VerkProspG Rn. 12).

13 **(bb) Relevanz für die Beurteilung des Emittenten oder der Vermögensanlagen.** Die Nachtragspflicht erfasst nur solche Veränderungen, die sich aus der verobjektisierten Anlegerperspektive auf die Beurteilung des Emittenten oder der Vermögensanlagen im Sinne des § 8f Abs. 1 beziehen. Veränderungen sind zunächst alle Umstände, die Ausdruck in der Fassung des Verkaufsprospektes gefunden haben. Hier hat der Anbieter selbst einen für das Publikum ersichtlichen Zusammenhang zwischen dem betreffenden Umstand und dem Emittenten oder der Vermögensanlage hergestellt. Daneben kann es sich um das Hinzutreten, das Wegfallen und alle Änderungen von Umständen handeln, die die vertragliche Struktur der Vermögensanlage, die gesellschaftsrechtliche Struktur des Emittenten, die wirtschaftlichen und steuerlichen Grundlagen der Investitionsstruktur, die Marktsituation hinsichtlich des Investitionsgutes und letztlich die zukünftigen ökonomischen und steuerlichen Ergebnisse der Vermögensanlage sowohl auf der Ebene des Emittenten als auch auf der Ebene der Anleger betreffen. Ob solche Veränderungen dann tatsächlich die Nachtragspflicht auslösen, bestimmt sich danach, ob sie von wesentlicher Bedeutung sind.

14 **(cc) Wertneutralität aus Anlegersicht.** Mangels Einschränkung im Wortlaut kann es nicht von Belang sein, ob die Veränderungen für Anleger positive oder negative Auswirkungen haben. Dies mag dann überraschend erscheinen, wenn die anlegerschützende Funktion des VerkProspG darin gesehen wird, den Anleger vor dem Erwerb einer nicht werthaltigen Vermögensanlage zu schützen. Liegt der Fokus dagegen auf einer generellen Verbesserung der Transparenz und Verlässlichkeit der für den Kapitalmarkt verfügbaren Informationen (wie sie etwa für die Ad-hoc-Publizität nach WpHG prägend ist), ist eine Unterscheidung zwischen für den Anleger vorteilhafter- oder nachteiliger Veränderungen nicht zielführend. Kursbeeinflussungs- bzw. Anlageentscheidungserheblichkeitspotential können sowohl gute als auch schlechte Nachrichten haben. Die durch den Gesetzgeber gewählte Fassung ist auch vor dem Hintergrund der Rechtsklarheit zu befürworten, denn es kann in vielen Fällen durchaus zweifelhaft sein, ob sich eine anlagerelevante Veränderung für die Anleger

Veröffentlichung ergänzender Angaben   § 11

positiv oder negativ auswirkt und wird nicht zuletzt von der individuellen Situation der betroffenen Anleger abhängen.

(dd) Neue Erkenntnisse des Anbieters. Gelegentlich wird gefordert, dass es sich um objektive Umstände handeln muss und damit neue Erkenntnisse des Anbieters nicht unter § 11 VerkProspG fallen (vgl. *Heidel/Krämer,* § 11 VerkProspG Rn. 3 mwN). Bei neuen Erkenntnissen ist indessen richtigerweise danach zu differenzieren, ob sich die neuen Erkenntnisse des Anbieters durch objektive Umstände ergeben oder vielmehr die neuen Erkenntnisse aus der subjektiven Wahrnehmung oder einer andersartigen Bewertung der Außenwelt durch den Anbieter stammen. Bei der letztgenannten Fallgruppe handelt es sich in der Sache um die Berichtigung anfänglicher Unrichtigkeiten des Verkaufsprospektes (s. dazu die Erläuterungen unten in Rn. 58 ff.). 15

(ee) Keine neue Vermögensanlage. Es muss sich um eine Veränderung hinsichtlich einer bestehenden Vermögensanlage handeln. Es steht dem Anbieter demgegenüber nicht offen, im Wege des Nachtrags das bereits begonnene öffentliche Angebot um eine neue Vermögensanlage iSd § 8f VerkProspG zu ergänzen oder durch eine solche zu ersetzen, um diesbezüglich keinen gesonderten Verkaufsprospekt erstellen zu müssen. Dies wäre bspw. der Fall, wenn im ursprünglichen Verkaufsprospekt Genussrechte „Typ A" und „Typ B" prospektiert wären und der Nachtrag nicht nur Aktualisierungen zu diesen beiden Typen enthält, sondern darüber hinaus noch die Darstellung eines Genussrechts „Typ C". Die Abgrenzung der Veränderung einer bestehenden Vermögensanlage zur Schaffung einer qualitativ neuen Vermögensanlage ist im Einzelfall schwierig und richtet sich im Wesentlichen nach den mit den Vermögensanlagen verbundenen Rechten nach § 4 Satz 1 Nr. 1 VermVerkProspV. 16

(ff) Beispiele. Relevante Veränderungen sind z. B. Änderungen der anwendbaren gesetzlichen Vorschriften, sofern sie das Investitionsgut oder die Investitionsstruktur betreffen, neue Verwaltungsauffassungen zur Auslegung der Steuergesetze, das Vorliegen bzw. Hinzutreten von Mindestangaben bzw. geforderten Details, die im Verkaufsprospekt im Einklang mit Ziffer 7 des BaFin-Auslegungsschreibens nicht gemacht wurden (bei sog. Blindpool-Modellen; s. i. E. hierzu unten Rn. 23 ff.), die Entscheidung eines Beirats oder eines anderen Gremiums über das konkrete Anlageobjekt nach Beginn des öffentlichen Angebots wie dies bei Medienfonds üblich ist (vgl. dazu Ziffer 7 des BaFin- Auslegungsschreibens); Änderungen der die wirtschaftliche Grundlage der Vermögensanlage bildenden 17

Angebots- und Nachfragestruktur; Umstände, die das Vertrauen in Kompetenz und Seriosität des Anbieters beeinträchtigen. Zudem ist eine Veränderung in der Leistungsbilanz des Anbieters relevant, sofern über diese im Verkaufsprospekt informiert wurde. Keine relevante Veränderung ist demgegenüber bspw. das Hinzutreten von Konkurrenzprodukten.

18   c) **Wesentliche Bedeutung.** Da sich das öffentliche Angebot einer Vermögensanlage durchaus über einen längeren Zeitraum erstrecken kann, während dessen sich eine Vielzahl rechtlicher und wirtschaftlicher Parameter im Umfeld von Emittent und Vermögensanlage ändern können und die dauernde Veröffentlichung von Nachträgen sowohl für den Anbieter aber auch für den Anleger nachteilig sein kann, muss eine Abschichtung der eintretenden Veränderungen in nachtragspflichtige wesentliche und nicht nachtragspflichtige unwesentliche Veränderungen vorgenommen werden.

19   (aa) **Perspektive des Anlegers.** Veränderungen sind nach wohl allgemeiner Auffassung dann von wesentlicher Bedeutung für die Beurteilung des Emittenten oder der Vermögensanlagen, wenn sie bei verobjektivierter Betrachtung geeignet sind, einen verständigen Anleger zu einer modifizierten Anlageentscheidung oder zu einem gänzlichen Absehen von einer Beteiligung zu veranlassen (vgl. dazu *Ritz*, in: *Assmann/Lenz/Ritz*, § 11 VerkProspG Rn. 5; *Heidel/Krämer*, § 11 VerkProspG Rn. 3; *Bruchwitz*, in: *Lüdicke/Arndt*, S. 119). Als Indiz kann man alle Veränderungen hinsichtlich von Tatsachen, die Mindestangaben nach § 8g VerkProspG und der VermVerkProspV betreffen, als wesentlich ansehen (vgl. dazu *Ritz*, in: *Assmann/Lenz/Ritz*, § 11 VerkProspG Rn. 13; *Bruchwitz*, in: *Lüdicke/Arndt*, S. 119). Der Gesetzgeber hat diese Angaben für notwendig befunden, um dem Publikum eine zutreffende Beurteilung des Emittenten und der Vermögensanlage zu ermöglichen. Ergeben sich Veränderungen hinsichtlich dieser Umstände, die die Darstellung im Verkaufsprospekt als nicht mehr zutreffend oder aber unvollständig erscheinen lassen, so werden diese im Regelfall von wesentlicher Bedeutung sein. Die Entscheidung, ob eine Veränderung von wesentlicher Bedeutung für ist, kann im Übrigen nur im Einzelfall getroffen werden. Sie ist vom Anbieter zu treffen (vgl. *Bruchwitz*, in: *Lüdicke/Arndt*, S. 119).

20   (bb) **Im Verkaufsprospekt antizipierte Veränderungen.** Besondere Anwendungsprobleme ergeben sich dort, wo bestimmte anlagerelevante Veränderungen bereits im Verkaufsprospekt antizipiert werden. Hierbei handelt es sich zunächst um solche Vermögensanlagen, bei denen bestimmte Merkmale im Zeitpunkt der Gestattung strukturimmanent noch nicht bekannt sind, etwa das Investitionsgut erst noch ausgewählt werden soll (sog. Blindpool-Modell). Daneben ist aber eine Vielzahl von Gestaltungen denkbar, bei denen zukünftige Änderungen, etwa des auf die Anlagestruktur anwendbaren Steuerrechtes, bereits in dem Verkaufsprospekt beschrieben werden. Wollte man in all diesen Fällen von einer Nachtragspflicht generell absehen, würde dies den intendierten Anlegerschutz weitgehend aushebeln. Andererseits würden die Anbieter übermäßig belastet, würde jede zukünftige und im Verkaufsprospekt bereits vorgezeichnete Änderung zu einer Nachtragspflicht führen. Es ist daher im Einzelfall sorgfältig zu prüfen, in welchen Fällen der Eintritt einer im Verkaufsprospekt antizipierten Veränderung anlagerelevanter Umstände bei objektiver Betrachtung tatsächlich geeignet ist, einen verständigen Anleger zu einer modifizierten Anlageentscheidung oder zu einem gänzlichen Absehen von einer Beteiligung zu veranlassen.

Eine Nachtragspflicht ist daher nicht anzunehmen, wenn eine bestimmte Änderung anlagerelevanter Umstände einschließlich ihrer Auswirkungen auf die durch die Vermögensanlage zu erzielenden wirtschaftlichen Ergebnisse im Verkaufsprospekt bereits konkret beschrieben wurde und die Änderung dann auch im beschriebenen Umfang eintritt. In diesem Falle ist bereits zweifelhaft, ob überhaupt eine Veränderung iSd des § 11 VerkProspG vorliegt, denn im Hinblick auf die Vorhersage einer zukünftigen Entwicklung sollte nur ein anderer als der antizipierte Verlauf dieser zukünftigen Entwicklung als Veränderung bewertet werden. 21

Beschreibt der Verkaufsprospekt den zukünftigen Eintritt einer Veränderung, bei der es Alternativen gibt und ist noch nicht absehbar, welche der im Verkaufsprospekt beschriebenen Alternativen sich realisiert, so sollte die Nachtragspflicht dennoch entfallen, wenn die spezifischen alternativen Verläufe einschließlich ihrer Eintrittswahrscheinlichkeit und ihrer konkreten Auswirkungen auf die durch die Vermögensanlage zu erzielenden wirtschaftlichen Ergebnisse und die Anleger im Verkaufsprospekt hinreichend konkret beschrieben werden und die alternativen Verläufe keine wesentlich unterschiedlichen Auswirkungen für die Anleger mit sich bringen. In diese Kategorie fallen jene Vermögensanlagen mit Blindpool-Struktur. 22

Hierzu führt Ziff. 7 des BaFin-Auslegungsschreibens aus, dass Mindestangaben, die im Verkaufsprospekt noch nicht oder nicht in der erforderlichen Detailgenauigkeit gemacht werden konnten, nach ihrem Vorliegen mit einem Nachtrag gemäß § 11 veröffentlicht werden müssten. Gleiches solle danach gelten, wenn die konkrete Investitionsentscheidung erst nach Beginn des öffentlichen Angebotes von einem Beirat oder einem anderen Gremium getroffen werde. Danach 23 wäre in allen diesen Fällen ein Nachtrag zu veröffentlichen. Das BaFin-Auslegungsschreiben wurde jedoch nicht mit Fokus auf die Anforderungen der Nachtragspflicht nach § 11 VerkProspG, sondern denen des § 9 Abs. 2 Nr. 1 VermVerkProspV verfasst und sollte Bedenken entgegenkommen, dass Blindpool-Modelle nach Inkrafttreten der VermVerkProspV generell unzulässig seien. Es ist nicht anzunehmen, dass hiermit eine derartig umfängliche Nachtragsverpflichtung begründet werden sollte. Insoweit ist der weiteren Aussage der BaFin, dass es „wegen der besonders vielfältigen Strukturen in diesem Bereich in besonders hohem Maße einer Einzelfallbetrachtung" bedürfe, beizupflichten sowie die Bereitschaft der BaFin zu entnehmen, in ihrer Rechtsanwendungspraxis von dem in dem Auslegungsschreiben niedergelegten Grundsatz die bei entsprechenden Fallgestaltungen angemessenen Ausnahmen zu machen.

24 Nach der hier vertretenen Auffassung stellt der bloße „Vollzug" der Investitionskriterien keine wesentliche Veränderung dar, sofern die Investitionskriterien selbst, der Ablauf der Bewertung, der Auswahl und des Erwerbs des Investitionsgutes und v. a. dessen Folgen, insbesondere im Hinblick auf die zukünftigen wirtschaftlichen Ergebnisse, im Verkaufsprospekt ausreichend konkret dargestellt sind. Das wird besonders deutlich bei Fondsstrukturen, bei denen eine Investition in mehrere weitgehend gleichartige Investitionsgüter vorgesehen ist, die über einen längeren Zeitraum einschließlich der Angebotsphase identifiziert und erworben werden, wie dies etwa bei einem Private Equity-Fonds der Fall ist. Es würde den Anbieter unangemessen belasten, ohne für den Anleger eine angemessene Besserstellung zu erreichen, müsste für jeden dieser Erwerbsvorgänge ein Nachtrag nach § 11 veröffentlicht werden. Wird demgegenüber eine Änderung der Investitionskriterien oder eine alternative Mittelverwendung, etwa in Folge einer Gremiumsentscheidung erforderlich, so löst dies ohne weiteres die Nachtragspflicht aus (vgl. hierzu auch Ziff. 7 des BaFin-Auslegungsschreibens).

25 Demgegenüber besteht eine Nachtragspflicht dann, wenn der Verkaufsprospekt den zukünftigen Eintritt einer Veränderung zwar antizipiert, deren Eintrittswahrscheinlichkeit und Folgen für die Vermögensanlage und die Anleger aber nicht hinreichend konkret beschreibt. In diesen Fällen hat der Anleger keine hinreichende Möglichkeit, sich mit der Möglichkeit des Eintritts geänderter Umstände vertraut zu machen und dessen Auswirkungen auf sich selbst zu bewerten. Nicht hinreichend ist daher etwa der Hinweis im Verkaufsprospekt, dass sich die auf die Vermögensanlage anwendbaren Steuergesetze in der Zukunft ändern und hiermit eine höhere Besteuerung der Erlöse und damit eine niedrigere Rendite für die Anleger verbun-

Veröffentlichung ergänzender Angaben §11

den sein könne, wenn eine solche Änderung des Steuergesetzes während des öffentlichen Angebotes tatsächlich eintritt.

(cc) Aktivitäten des Gesetzgebers sowie der Verwaltung. Da 26
die gesetzlichen Vorschriften die wesentliche Grundlage sowohl im Hinblick auf die vertragliche und die steuerliche Struktur der Vermögensanlage als auch im Hinblick auf das Investitionsgut darstellen, können die Vermögensanlage betreffende Gesetzesänderungen während der Angebotsphase zu den wesentlichen Veränderungen gehören. Da in Politik und Legislative kontinuierlich über Veränderungen der Gesetze zum Zwecke der Steuerung des wirtschaftlichen und sozialen Lebens disputiert wird, aus denen teilweise konkrete Gesetzesvorhaben resultieren, die wiederum in einer wir geringeren Zahl von Fällen tatsächlich umgesetzt werden, ist fraglich, ab welchem Stadium solche Aktivitäten bereits im Verkaufsprospekt dargestellt werden müssen bzw. bei entsprechender Konkretisierung nach Gestattung der Veröffentlichung eine Nachtragspflicht auslösen. Dies wird bei Bundesgesetzen typischerweise nicht vor der Fassung eines entsprechenden Beschlusses der Bundesregierung *(Kabinettsbeschluss)* der Fall sein. Aber auch in diesem Fall sind Fallgestaltungen denkbar, in denen die Wahrscheinlichkeit einer tatsächlichen Gesetzesänderung sehr gering ist, etwa dann, wenn bei einem Bundesgesetz, das der Zustimmung durch den Bundesrat bedarf, von vornherein absehbar ist, dass diese Zustimmung nicht erteilt werden wird.

Wesentliche Auswirkungen auf die Vermögensanlagen können 27
ebenfalls Änderungen der Anwendungspraxis der Verwaltung, insbesondere der Steuerverwaltung haben. Sollte die zuständige Finanzverwaltung etwa während des öffentlichen Angebotes der Vermögensanlage verlautbaren, eine für die Vermögensanlage relevante Verwaltungspraxis zu ändern, so begründet dies eine Nachtragspflicht, wenn diese Entscheidung der Finanzverwaltung nicht willkürlich erscheint. Demgegenüber ist eine Nachtragspflicht abzulehnen, wenn die Finanzverwaltung lediglich die Überprüfung einer bestimmten Anwendungspraxis ankündigt, wegen der Gesetzeslage eine Änderung aber nicht zu erwarten ist. Generell ist festzustellen, dass Entscheidungen der Verwaltung keine Gesetzeskraft haben und der gerichtlichen Nachprüfung unterworfen sind. Stellt sich daher für den Anbieter nach Einholung von entsprechend fundiertem Rechtsrat eine Entscheidung der Verwaltung als rechtswidrig dar, dürfte eine Nachtragspflicht diesbezüglich nur im Einzelfall begründbar sein.

(dd) Presseberichterstattung. Der Umstand und das Votum 28
von Berichterstattungen über die Vermögensanlage in den Medien,

§ 11 IV. Abschnitt. Veröffentlichung des Verkaufsprospekts

mag es positiv oder negativ ausfallen, löst als solches keine Nachtragspflicht aus (vgl. *Assmann/Schütze*, § 6 Rn. 97 f.)

29 **(ee) Beispiele.** Wesentliche Veränderungen können sein: Verringerung der gesetzlich bestimmten Einspeisevergütung nach dem EEG bei Solarfonds, Einschränkung der Verlustverrechnung nach § 15b EStG. Nicht als wesentliche Veränderungen zu betrachten sind: Die Erhöhung oder Verringerung des Angebotsvolumens (näher: *Ritz*, in: *Assmann/Lenz/Ritz*, § 11 VerkProspG, Rn. 15, vgl. auch *Heidel/Becker*, § 16, KMRK, WpPG Rn. 5 f.), es sei denn aufgrund der Investitionsstruktur hat eine Verringerung oder Erhöhung der dem Emittenten zur Verfügung stehenden Investitionsmittel erhebliche Auswirkungen auf die Rendite des einzelnen Anlegers. Die Verlängerung der Angebotsfrist der Vermögensanlage (vgl. Ziffer X.1. der Bekanntmachung der BAWe vom 6. 9. 1999, s. im Textanhang unter III.6). Dem ist zuzustimmen, wenn sich hierdurch nicht für die Anleger erhebliche wirtschaftliche Auswirkungen etwa wegen höherer Zwischenfinanzierungskosten oder wegen des Ausfalls einer Platzierungsgarantie ergeben. Keine wesentliche Veränderung ist weiterhin die Inanspruchnahme einer im Verkaufsprospekt beschriebenen Platzierungsgarantie durch den Emittenten, auch wenn sich hierdurch eine geringere Akzeptanz der Vermögensanlage beim Publikum manifestiert. Dies gilt auch dann, wenn dies in größerem Umfang geschieht und der Platzierungsgarant hierdurch eine Stimmenmehrheit bei dem Emittenten erlangt. Es gibt keinen Grundsatz, der die Vermeidung einer beherrschenden Stellung eines Anlegers in der Fondsgesellschaft verlangt, unabhängig davon, ob es sich hierbei um einen außenstehenden Anleger oder einen solchen handelt, der sich zur Übernahme von Anteilen an der Fondsgesellschaft für den Fall verpflichtet hat, dass sich keine anderen Anleger finden. Eine andere Bewertung wäre nur dann gerechtfertigt, wenn der Emittent wegen der Inanspruchnahme der Platzierungsgarantie mit zusätzlichen Kosten oder Gebühren belastet würde, die das Ergebnis der Vermögensanlage belasten, ohne dass dies im Verkaufsprospekt hinreichend konkret beschrieben wäre. Nicht wesentlich und daher auch nicht nachtragspflichtig ist eine Kapitalzufuhr, die dadurch erfolgt, dass ein Anleger eine Vermögensanlage gezeichnet hat. Etwas anderes mag dann gelten, wenn eine wesentliche Abweichung von im Verkaufsprospekt gemachten Angaben zur Zeichnungszeit oder von einem aufgeführten Zeichnungsplan vorliegt (vgl. Nr. 5 des Auslegungsschreibens der BaFin). Keine Nachtragspflicht löst zudem regelmäßig der Umstand einer Berichterstattung in der Presse durch Dritte aus, wenn z. B. über eine wirtschaftliche Krise bei einem Mieter eines Im-

Veröffentlichung ergänzender Angaben §11

mobilienobjektes berichtet wird. Zwar mag eine derartige wirtschaftliche Krise für sich betrachtet nachtragspflichtig sein. Die Nachtragspflicht muss sich aber auf den Umstand „Krise" und darf sich nicht auf den Umstand „Berichterstattung" beziehen.

(ff) Rechtsprechung. Die Rechtsprechung hatte sich mit der 30 Frage der Nachtragspflicht bislang vorrangig im Hinblick auf prospekthaftungsrechtliche Ansprüche auseinanderzusetzen. Wesentliche Veränderung ist etwa die Projektverzögerung durch vertraglich nicht gesicherte Netzanbindung und Verminderung der Abschreibungen (BGH NZG 2004, 229), Nichteinhaltung eines prospektierten Finanzierungsplans (OLG Koblenz NJOZ 2005, 1997; Einleitung von Ermittlungsmaßnahmen, insbesondere der Steuerfahndung gegen den Anbieter oder dessen Funktionsträger, OLG München, ZIP 2007, 1320). Keine wesentliche Veränderung sind demgegenüber Äußerungen der Presse über das betreffende Angebot, jedenfalls dann, wenn der Verkaufsprospekt bereits Warnhinweise enthielt, die die in der Presseberichterstattung aufgeführten Umstände adressiert (vgl. LG Düsseldorf, Urt. v. 5. 10. 2007 – 14 d O 216/06, unveröffentlicht, nrk.).

d) Während der Dauer des öffentlichen Angebots. In zeit- 31 licher Hinsicht besteht die Nachtragspflicht grundsätzlich nur während der Dauer des öffentlichen Angebotes der Vermögensanlage.

(aa) Beginn der Nachtragspflicht. Aus dem Wortlaut ergibt 32 sich scheinbar zwanglos, dass die Nachtragspflicht nur während der Dauer des öffentlichen Angebots besteht, also wesentliche Veränderungen anlagerelevanter Umstände nach Veröffentlichung des Verkaufsprospektes aber vor dem Beginn des öffentlichen Angebotes nicht unverzüglich per Nachtrag zu veröffentlichen sind. Danach würde hinsichtlich tatsächlich eingetretener Veränderungen ein Nachtrag am Tag des Beginns des öffentlichen Angebotes hinreichen, ungeachtet dessen wie lang der veröffentlichte Verkaufsprospekt bereits zirkulierte. Diese gesetzgeberische Grundentscheidung mag in Fällen fragwürdig erscheinen, in denen zwischen Veröffentlichung des gestatteten Verkaufsprospektes und Beginn des öffentlichen Angebotes ein längerer Zeitraum liegt. Auch hier könnten Anleger allein aufgrund der Lektüre des (nicht mehr aktuellen) Verkaufsprospektes eine Anlageentscheidung treffen und diese unmittelbar nach Beginn des öffentlichen Angebotes umsetzen, ohne über eine aktualisierte Informationsgrundlage zu verfügen. Dies hat dazu geführt, dass in der Literatur überwiegend eine Nachtragspflicht bereits für den Zeitraum vor dem Beginn des öffentlichen Angebotes befürwortet wird (vgl. *Ritz*, in: *Assmann/Lenz/Ritz*, § 11 VerkProspG Rn. 20). Da es sich bei der Nachtragspflicht um eine in die Geschäftstätigkeit des Anbieters eingreifende Verpflichtung handelt, deren Nichtbefolgung als Ordnungswidrigkeit bußgeldbewehrt ist, stellt sich die Frage nach der gesetzlichen Grundlage dieser Ausweitung des Anwendungsbereiches des § 11. Die bislang vorgebrachte Erklärung, die Formulierung „während der Dauer des öffentlichen Angebotes" sollte nicht den Beginn der Nachtragspflicht, sondern deren Ende bezeichnen, erscheint nicht zuletzt unter Berücksichtigung des erklärten Willens des Gesetzgebers (Regierungsentwurf 3. FMG BT-Drucks. 13/8933 vom 6. 11. 1997, Begründung S. 89) als der Versuch einer Rechtsfortbildung *contra legem*. Sofern daneben auf eine mögliche Prospekthaftung des Anbieters bei Unterlassen des Nachtrags in diesem Zeitraum hingewiesen wird (vgl. *Ritz*, in: *Assmann/Lenz/Ritz*, § 11 VerkProspG Rn. 20), so ist dieser Einwand durchaus valide. Diese Problematik, die primär auf die Schaffung einer Möglichkeit zur Veröffentlichung eines Nachtrages durch den Anbieter abzielen sollte, ist aber nicht durch eine analoge Anwendung des § 11 VerkProspG zu lösen, sondern nur durch Einräumung eines Nachtragsrechtes an den Anbieter zum Zwecke der Erfüllung seiner Pflicht zur Veröffentlichung eines vollständigen und richtigen Verkaufsprospektes (s. hierzu die Erläuterungen in Rn. 63).

33 **(bb) Ende der Nachtragspflicht.** Für die Bestimmung des Endzeitpunktes der Nachtragspflicht stellt sich die Frage, wann das öffentliche Angebot beendet ist. Nach wohl allgemeiner Auffassung ist das öffentliche Angebot dann abgeschlossen, wenn die im Verkaufsprospekt gem. § 4 Nr. 7 VermVerkProspV genannte Frist zur Zeichnung endet bzw. mit tatsächlichem Ende der Erwerbsmöglichkeit des Anlegers (*Schwark/Heidelbach*, § 11 VerkProspG Rn. 6; *Groß*, § 11 VerkProspG Rn. 6). Damit sollen Wiederan- und -verkäufe des Anbieters zum Zwecke der Marktpflege dem Angebotsbegriff des § 11 nicht unterfallen (vgl. *Lenz/Ritz* WM 2000, 904, 908). Losgelöst von der Frage, ob die Praxis im Bereich der Vermögensanlage nach § 8f VerkProspG überhaupt Maßnahmen der Marktpflege einsetzt, trifft das zugrunde liegende Argument – die Beschränkung des Anwendungsbereichs des § 11 auf das Angebot im Erstmarkt – auch auf das Angebot von Vermögensanlagen im Sekundärmarkt (s. dazu Erl. oben zu § 8f Rn. 99ff.) zu. So braucht der die Vermögensanlage weiterveräußernde Anleger den Verkaufsprospekt nicht mittels Nachtrag zu aktualisieren. Angesichts des klaren Wortlautes der Vorschrift ist auch kein Raum für die Argumentation gegeben, die Nachtragspflicht erstrecke sich auch noch auf einen gewissen Zeitraum nach Beendigung

des öffentlichen Angebotes, sofern die für Anleger u. U. geltende Widerrufsfristen etwa nach §§ 312 d, 355 BGB noch liefen. Generell ist § 11 VerkProspG nicht darauf gerichtet, Anlegern die Revidierung einer einmal getroffenen und umgesetzten Investitionsentscheidung zu ermöglichen.

e) Unverzügliche Veröffentlichung. Veränderungen müssen unverzüglich veröffentlicht werden. 34

(aa) Legaldefinition des § 121 BGB. Erste Ansatzpunkte für die Bestimmung des dem Anbieter zur Verfügung stehenden Zeitraumes bietet nach weitverbreiteter Auffassung die Legaldefinition in § 121 BGB, die in allen Bereichen des privaten und öffentlichen Rechts anwendbar sei (vgl. *Palandt/Heinrichs*, § 121 BGB Rn. 3). Danach meint unverzüglich „ohne schuldhaftes Zögern". Dies sei nicht gleichzusetzen mit „sofort" (vgl. RGZ 124, 118). Dem Anfechtungsberechtigten sei vielmehr eine gewisse Prüfungs- und Überlegungsfrist hinsichtlich der Ausübung des Anfechtungsrechtes zuzubilligen. 35

(bb) Kapitalmarktrechtliche Auslegung des Begriffs der Unverzüglichkeit. Entgegen etablierter Auffassung (vgl. *Schwark/Zimmer*, WpHG § 15 Rn. 137; BAWe-Schreiben v. 8. 8. 2002) wird neuerdings vertreten, dass sich eine Gleichsetzung der Situation des Anfechtungsberechtigten mit derjenigen des informationsbedürftigen am Kapitalmarkt investierenden Publikums verbietet (vgl. *Möllers*, Festschrift für Horn, 473). Vielmehr soll im Bereich des Kapitalmarktrechts die sich hieraus ergebende Zeitspanne nach Inhalt und Funktion der jeweils konkret auferlegten Handlungspflicht zu bestimmen sein (so OLG Frankfurt a. M. NZG 2003, 638). Im Kapitalmarktrecht müsse zur Auslegung des Begriffs „unverzüglich" ebenso wie bei § 121 BGB im Einzelfall eine Abwägung der Interessen des Publikums stattfinden, bei der die berechtigten Belange des Verpflichteten zu berücksichtigen sind (vgl. *Möllers*, Festschrift für Horn, 473). Dem ist im Grundsatz zu folgen. 36

(cc) Abwägung im Einzelfall. Im Bereich der Vermögensanlagen sieht die BaFin eine Veröffentlichung dann als unverzüglich an, wenn sie innerhalb von 3 Werktagen erfolgt (vgl. *Bruchwitz*, in: *Lüdicke/Arndt*, S. 119). Dies erscheint im Regelfall sachgerecht, wobei die Frist im Einzelfall durchaus kürzer oder geringfügig länger sein kann. Hierbei ist einerseits zu berücksichtigen, dass § 11 VerkProspG, anders als § 16 WpPG kein Gestattungsverfahren durch die BaFin vorsieht, d. h. dem Gesetzgeber dürfte ein schnelles Handeln des Anbieters nach dem Muster der Ad-hoc-Publizität vorgeschwebt haben. Daneben spricht die Interessenlage der Anleger für einen möglichst 37 kurzen Zeitraum für die Veröffentlichung, da bis zur Veröffentlichung des Nachtrags, der hierdurch Bestandteil des Verkaufsprospektes wird, dieser fehlerhaft ist. Auf der anderen Seite bedarf die Information zur Beschreibung der Veränderung eines anlagerelevanten Umstandes vor dem Hintergrund der u. U. komplexen Darstellung im Verkaufsprospekt häufig einer gewissen Aufarbeitung. Anders als bei der Ad-hoc-Publizität geht es bei der Erstellung eines Prospektnachtrags nicht nur um die schlichte Veröffentlichung eines kapitalmarktrelevanten Umstandes, sondern ebenfalls um die für die Anleger verständliche Erläuterung der Veränderung, einschließlich der Auswirkungen auf die steuerlichen und wirtschaftlichen Ergebnisse der Vermögensanlage.

38 War der Eintritt der Veränderung für den Anbieter vorherzusehen, weil es sich etwa um eine in der Struktur der Vermögensanlage angelegte Veränderung handelte, kann die dem Anbieter einzuräumende Frist kürzer sein. Hier bestand die Möglichkeit, den entsprechenden Nachtrag und dessen Veröffentlichung bereits vorzubereiten. In diesem Falle kann selbst die Veröffentlichung über das Wochenende angemessen sein (vgl. für das Ad-hoc-Recht *Möllers,* FS Horn, 473, 479f.).

39 Musste der Anbieter dagegen nicht mit dem Eintritt der konkreten Veränderung rechnen oder sind die sich aus der Veränderung resultierenden Darstellungserfordernisse komplex, kann dieser Zeitraum im Einzelfall auch länger zu bemessen sein. Sofern der Verkaufsprospekt etwa Prognoserechnungen enthält, kann allein die Erstellung einer korrigierten Kalkulation mehr als einen Tag in Anspruch nehmen.

40 Generell muss der Anbieter während des öffentlichen Angebotes die Entwicklung der für Emittent und Vermögensanlage relevanten rechtlichen und wirtschaftlichen Umstände beobachten, um seiner Pflicht zur unverzüglichen Veröffentlichung von Veränderungen nachkommen zu können. Daneben müssen auch die organisatorischen Voraussetzungen für eine schnelle Erarbeitung von Nachträgen geschaffen werden. So vermag sich die natürliche Person, die nach § 2 Abs. 4 VermVerkProspV („Unterschrift des Anbieters") den Verkaufsprospekt unterschreibt, nicht dadurch zu exkulpieren, dass sie nicht persönlich die Vorkehrungen für die Veröffentlichung eines Nachtrags hat treffen können, weil sie etwa nach Eintritt der nachtragspflichtigen Veränderung länger als drei Tage auf Reisen war. Die entsprechenden Pflichten sind zu delegieren, ordnungswidrigkeitenrechtlich kommt ggf. ein Vorwurf nach § 130 OWiG in Betracht.

41 Sollte die Formulierung des Gesetzes die Anbieter in der Praxis nicht zu der gewünschten schnellen Reaktion bewegen, wird der Ge-

Veröffentlichung ergänzender Angaben §11

setzgeber sich mit der Frage auseinanderzusetzen haben, ob er für die Veröffentlichung eines Nachtrages nicht eine kürzere Handlungsfrist ausdrücklich bestimmt.

f) Verhältnis zu § 10 VerkProspG. In der Literatur ist die Frage aufgeworfen worden, ob § 11 VerkProspG auch auf unvollständige Verkaufsprospekte nach § 10 VerkProspG anwendbar ist. Deren Besonderheit besteht darin, dass sie zur Gestattung der Veröffentlichung eingereicht, gestattet und veröffentlicht werden, obwohl zu diesem Zeitpunkt noch nicht alle Angebotsbedingungen feststehen. Diese noch ausstehenden Angebotsbedingungen sind spätestens am Tag des öffentlichen Angebots gemäß § 9 Abs. 2 Satz 1 und 2 VerkProspG zu veröffentlichen, wobei der unvollständige Verkaufsprospekt nur veröffentlicht werden darf, wenn er über die Art und Weise dieses Nachtrags Auskunft gibt. Die Frage der Anwendbarkeit des § 11 stellt sich daher nur für den Zeitraum zwischen Veröffentlichung des unvollständigen Verkaufsprospektes und dem von § 10 VerkProspG vorgeschriebenen Nachtrag der fehlenden Angebotsbedingungen, spätestens mit Beginn des öffentlichen Angebotes. Da § 11 nach seinem Wortlaut die Nachtragspflicht nur während der Dauer des öffentlichen Angebotes anordnet, ist der unvollständige Verkaufsprospekt geradezu ein Exempel für die oben geführte Diskussion um die Frage des Beginns der Nachtragspflicht.

Die wohl überwiegende Auffassung bejaht die Anwendbarkeit des § 11 auf unvollständige Verkaufsprospekte, da das Bedürfnis, den Anleger frühzeitig zu informieren, bei einem unvollständigen Verkaufsprospekt gleichermaßen bestehe (vgl. *Schwark/Heidelbach,* § 11 VerkProspG Rn. 13; *Schäfer/Hamann,* § 11 VerkProspG Rn. 3; kritisch *Ritz,* in: *Assmann/Lenz/Ritz,* § 11 VerkProspG Rn. 21 ff.). Dies ist aus Gründen des Anlegerschutzes sicherlich wünschenswert. Allerdings ist auch in diesem Falle fraglich, worauf die Erweiterung der gesetzlichen Pflichten des Anbieters gestützt werden soll. Eine entsprechende Klarstellung durch den Gesetzgeber ist zu erhoffen.

g) Gebühren. Die BaFin verlangt für die Aufbewahrung eines Nachtrags gem. Nr. 4 der Anlage zu § 2 Abs. 1 VermVerkProspGebV eine Gebühr in Höhe von 25 Euro. Fasst der Anbieter Nachträge für mehrere Vermögensanlagen in einem gemeinsamen Nachtrag zusammen, wird der Gebührentatbestand entsprechend der Anzahl der Vermögensanlagen mehrfach verwirklicht (vgl. VG Frankfurt a.M. NJW-RR 1997, 1477). Die Aufbewahrung eines Nachtrags wegen Berichtigung einer anfänglichen Unrichtigkeit (siehe dazu die Erläuterungen in Rn. 58 ff.), kann hingegen mangels Gebührentatbestands nicht gebührenpflichtig sein.

42

43

44

Könnecke/Voß

§ 11 IV. Abschnitt. Veröffentlichung des Verkaufsprospekts

2. Tatbestandsmerkmale des Satz 2

45   Nach Satz 2 sind die Vorschriften über den Verkaufsprospekt und dessen Veröffentlichung mit Ausnahme des § 8i Abs. 2 VerkProspG auf den Nachtrag anzuwenden.

46   **a) Rechtscharakter des Nachtrags.** Der Nachtrag wird mit seiner Veröffentlichung Bestandteil des Verkaufsprospektes (vgl. *Groß*, VerkProspG, § 11 Rn. 9). Er ist daher nicht ein selbständiger Verkaufsprospekt im Sinne des VerkProspG, wie die Formulierung des Satzes 2 suggerieren könnte, sondern teilt das rechtliche Schicksal des bereits veröffentlichten Verkaufsprospektes. Der Verkaufsprospekt iSd VerkProspG ist daher ab diesem Zeitpunkt der Verkaufsprospekt in der durch den Nachtrag geänderten Fassung.

47   **b) Inhalt und Form des Nachtrags.** Weder die VerkProspV noch die VermVerkProspV regeln Inhalt und Form des Nachtrags im Einzelnen. **Inhalt des Nachtrags.** Zunächst bleiben die Bestimmungen des § 8g Abs. 1 VerkProspG anwendbar. Der Verkaufsprospekt einschließlich seiner Nachträge muss alle zur zutreffenden Beurteilung des Emittenten und der Vermögensanlagen erforderlichen tatsächlichen und rechtlichen Angaben machen. Es sollte daher sichergestellt werden, dass der Nachtrag nur die für die Beurteilung des Emittenten oder der Vermögensanlagen wesentlichen Veränderungen einschließlich ihrer etwaigen Folgeänderungen für den Inhalt des Verkaufsprospektes darstellt. Er darf demgegenüber nicht den gestatteten Verkaufsprospekt fehlerhaft machen, etwa gesetzliche Mindestangaben des Verkaufsprospekts aushebeln (bspw. nachträgliche Relativierung der Risiken im Verkaufsprospekt entgegen § 2 Abs. 2 S. 3 VermVerkProspV). Da der Nachtrag selbst nicht Verkaufsprospekt ist, sondern lediglich Bestandteil eines bereits existierenden Verkaufsprospekts wird, muss er auch nicht selbst den Hinweis zum Prüfungsmaßstab der BaFin nach § 8g Abs. 1 Satz 3 VerkProspG enthalten.

48   **Form des Nachtrags.** Zum einen muss klar ersichtlich sein, dass es sich um einen Nachtrag gem. § 11 VerkProspG handelt. Ferner muss der Nachtrag ein Datum und/oder eine Nummer enthalten, damit er eindeutig identifizierbar ist. Der Nachtrag muss sich auf den zur Veröffentlichung gestatteten Verkaufsprospekt (einschließlich seiner dazugehörigen Nachträge gem. § 11 VerkProspG) beziehen. Letztlich muss auf die Art der Vermögensanlage hingewiesen werden. Der Umfang des Nachtrags hängt maßgeblich von dem Umfang der Veränderung ab. Zu berücksichtigen ist dabei insbesondere, dass Veränderungen einzelner Angaben Auswirkungen auf andere Angaben (etwa die Finanzinformationen) haben können. Der Nachtrag kann

als gesondertes Dokument unter Bezugnahme auf die im Verkaufsprospekt enthaltenen Angaben die eingetretenen Änderungen aufführen. Er kann aber auch die Form eines überarbeiteten Verkaufsprospektes haben, wobei neben einem deutlichen Hinweis auf dem Deckblatt („2. Aufl. idF des Nachtrages vom ...") die Angabe der Veränderungen vor oder hinter dem Inhaltsverzeichnis und durch Markierungen im Text erforderlich ist.

c) Hinterlegung. Der Anbieter muss den Nachtrag gem. § 8i Abs. 1 VerkProspG vor seiner Veröffentlichung der BaFin übermitteln. Nach der hier vertretenen Auffassung genügt allerdings die gleichzeitige Übermittlung. Wie der Verkaufsprospekt muss auch der Nachtrag vom Anbieter im Original unterschrieben sein. Vergleichbar zur Übermittlung des Verkaufsprospekts, sollte eine Übermittlung des Nachtrags durch Fax dann genügen, wenn das Original nachgereicht wird. Darüber hinaus entspricht es der Verwaltungspraxis, der BaFin den Ort und das Datum der Veröffentlichung des Nachtrags mitzuteilen. Ferner erbittet die BaFin die Beilage des Korrekturabzugs der Veröffentlichung und im Nachgang zur Veröffentlichung die Übersendung der entsprechenden Seite. Die BaFin stellt auf ihrer Homepage (abrufbar unter: www.bafin.de/verkaufsprospekte/prosp_muster_an14.pdf) ein Musteranschreiben für die Hinterlegung von Nachträgen gemäß § 11 VerkProspG zur Verfügung. Die BaFin hat den Tag des Eingangs entsprechend § 8i Abs. 3 S. 1 VerkProspG zu bestätigen. Die Aufbewahrungsfrist gem. § 8i Abs. 3 S. 2 u. 3 VerkProspG sollte hierauf bezogen werden.

d) Keine Anwendung des § 8i Abs. 2 VerkProspG. Ausweislich des Wortlauts ist § 8i Abs. 2 VerkProspG auf den Nachtrag nicht anzuwenden. Die Veröffentlichung des Nachtrags muss deshalb nicht durch die BaFin gestattet werden. Da die BaFin nur im Rahmen ihrer gesetzlichen Aufgaben tätig werden darf, führt sie keine freiwillige Gestattung der Veröffentlichung des Nachtrags auf Wunsch des Anbieters durch. Daher ist davon abzuraten, Nachträge der BaFin zur „Abstimmung" zu übermitteln. Praktisch wird dann das Unverzüglichkeitserfordernis nicht zu einhalten sein. Weiterhin nimmt die BaFin grundsätzlich keine gesonderte Prüfung der Richtigkeit und Vollständigkeit des Nachtrags vor. Dies gilt dann, wenn durch einen Nachtrag Mindestangaben des gestatteten Verkaufsprospektes (z. B. bei Blindpool-Modellen) nachgetragen werden, wie durch Ziffer 7 des BaFin-Auslegungsschreiben vorgesehen. Dessen ungeachtet steht der BaFin die Möglichkeit offen, das öffentliche Angebot des Verkaufsprospektes, dessen Bestandteil der Nachtrag wird, nach § 8i Abs. 4 VerkProspG zu untersagen, wenn der Anbieter mit dem Nach-

§ 11 IV. Abschnitt. Veröffentlichung des Verkaufsprospekts

trag einen Verkaufsprospekt geschaffen hat, der nicht den Vorgaben des § 8 g Abs. 1 VerkProspG entspricht.

51 **e) Prüfung der Voraussetzungen des § 11 VerkProspG.** Von der Frage, ob die BaFin den Inhalt des Nachtrags auf Vollständigkeit untersuchen darf, ist die Frage zu unterscheiden, ob die BaFin prüfen darf, ob die Voraussetzungen des § 11 VerkProspG eingehalten sind. Insbesondere wird deshalb durch die BaFin überprüft, ob die Veröffentlichung des Nachtrags ordnungsgemäß erfolgt.

52 **f) Veröffentlichung des Nachtrags.** Die Veröffentlichung des Nachtrags erfolgt nach Maßgabe von § 9 Abs. 2 VerkProspG. Danach steht dem Anbieter entweder die Veröffentlichung durch Vollabdruck in einem überregionalen Börsenpflichtblatt oder die Veröffentlichung im Wege der Schalterpublizität durch eine entsprechende Hinweisbekanntmachung in einem überregionalen Börsenpflichtblatt bei gleichzeitiger Bereithaltung des Nachtrags bei den benannten Zahlstellen zur Auswahl. Zum Teil wird vertreten, dass der Nachtrag nur in der Art und Weise veröffentlicht werden kann, in der bereits der Verkaufsprospekt veröffentlicht wurde. Eine gesetzliche Grundlage hierfür, wie sie etwa § 16 WpPG für Nachträge zu Wertpapierprospekten enthält (vgl. hierzu etwa *Heidel/Becker,* WpPG, § 16 Rn. 11), ist jedoch nicht ersichtlich. Richtigerweise muss der Anbieter daher in der Entscheidung frei sein, welche Art der Veröffentlichung er für den Verkaufsprospekt und welche er für den Nachtrag nutzt.

53 **(aa) Vollabdruck im Börsenpflichtblatt.** Der Vollabdruck im Börsenpflichtblatt wird wie bei der Veröffentlichung des Verkaufsprospekts eher die Ausnahme als die Regel sein. Gleichwohl kann sie sich empfehlen, wenn die Veränderungen kurz darstellbar sind oder die Veröffentlichung im Wege der Schalterpublizität aufgrund zeitlicher Vorgaben nicht zweckmäßig ist. Die BaFin stellt auf ihrer Homepage (abrufbar unter www.bafin.de/verkaufsprospekte/muster_11.pdf) das folgende Muster für einen Vollabdruck im Börsenpflichtblatt zur Verfügung:

---

1. Nachtrag nach § 11 Verkaufsprospektgesetz der [Firma des Anbieters] vom [Datum des Nachtrags] zum bereits veröffentlichten Verkaufsprospekt vom [Datum des Verkaufsprospekts] betreffend das öffentliche Angebot von [Art der Vermögensanlage]
Die *[Firma des Anbieters]* gibt folgende, zum *[Datum des Nachtrags]* eingetretene Veränderung im Hinblick auf den bereits veröffentlichten Verkaufsprospekt vom *[Datum des Verkaufsprospekts]* bekannt:
1. Sitzverlegung der Gesellschaft von A nach B.

Veröffentlichung ergänzender Angaben **§ 11**

> 2. *Erweiterung der Geschäftstätigkeit. Neben Produkt C wird zukünftig auch Produkt D und E vertrieben*
> 3. *Die Vorstände T und V wurden durch die Herren X und Y ersetzt.*
>
> *[Ort, Datum der Veröffentlichung]* *[Firma des Anbieters]*

Der Anbieter hat grundsätzlich die Möglichkeit, den ursprünglich gestatteten Verkaufsprospekt unter Berücksichtigung der im Wege des Vollabdrucks dargestellten Veränderungen zu überarbeiten und das öffentliche Angebot auf dieser Grundlage fortzusetzen. Dies dient der Übersichtlichkeit des Verkaufsprospekts und empfiehlt sich insbesondere bei einer langen Platzierungsdauer. An die Form der Überarbeitung sind die gleichen Anforderungen zu stellen, als wäre der Nachtrag unmittelbar als überarbeiteter Verkaufsprospekt erstellt worden (vgl. oben Rn. 51). Entscheidend ist, dass die Historie des Verkaufsprospekts erkennbar bleibt, so dass die ursprüngliche Angabe weiterhin erkennbar sein muss. Dies gilt insbesondere bei Finanzinformationen. Wenn prognostizierte Zeiträume abgelaufen sind und Zahlen vorliegen und diese über Nachträge eingearbeitet werden, müssen die ursprünglichen Prognosen enthalten bleiben. Hiergegen lässt sich nicht einwenden, dass dies Verständlichkeit des Verkaufsprospekts mindert. Der Aussagegehalt liegt gerade darin, dass der Anleger sehen kann, wie sich die Prognosen realisiert haben. **54**

(bb) Schalterpublizität. Die wohl gebräuchlichste Form der Veröffentlichung des Nachtrags ist die Veröffentlichung im Wege der Schalterpublizität. Auf der Homepage der BaFin (abrufbar unter www.bafin.de/bekanntmachungen/bek_muna.pdf) findet sich das folgende Muster einer Hinweisbekanntmachung: **55**

> ***Bekanntmachung***
> ***gemäß § 9 Abs. 2 Verkaufsprospektgesetz***
> *Bereithaltung eines Nachtrags der [Firma des Anbieters] nach [Paragraph aufgrund dessen der Nachtrag erfolgt] Verkaufsprospektgesetz vom [Datum des Nachtrags] zum bereits veröffentlichten (un)vollständigen Verkaufsprospekt vom [Datum des Verkaufsprospekts] betreffend das öffentliche Angebot von [Art der Vermögensanlage].*
> *Der gemäß [Paragraph aufgrund dessen der Nachtrag erfolgt] erstellte Nachtrag wird zusammen mit dem (un)vollständigen Verkaufsprospekt bei [Firma/Firmen und Anschrift/en der im Verkaufsprospekt benannten Zahlstelle/n] zur kostenlosen Ausgabe bereitgehalten.*
>
> *[Ort, Datum der Veröffentlichung]* *[Firma des Anbieters]*

56 Wählt der Anbieter die Veröffentlichung im Wege der Schalterpublizität hat er die Möglichkeit, einen gesonderten Nachtrag zu erstellen oder die Veränderungen in den gestatteten Verkaufsprospekt einzuarbeiten (zu den Anforderungen s. oben Rn. 46 ff.). Hierbei handelt es sich um Alternativen.

57 **(cc) Veröffentlichung über ein elektronisches Informationssystem.** Wird die Vermögensanlage über ein elektronisches Informationssystem angeboten, ist ein etwaiger Nachtrag auch in diesem zu veröffentlichen und in dem Angebot auf die Fundstelle in dem elektronischen Informationssystem hinzuweisen.

58 **g) Einreichung eines Nachtrages bzgl. einer neuen Vermögensanlage.** Reicht der Anbieter ein als Nachtrag bezeichnetes Dokument ein, dass nicht Veränderungen einer bereits prospektierten sondern eine qualitativ neue oder eine zusätzliche Vermögensanlage betrifft, muss die Bafin diesbezüglich das Vorliegen der Mindestangaben nach § 8g Abs. 1 iVm. VermVerkProspV prüfen. Dies hat der Anbieter in seiner Sendung an die BaFin aber idR nicht ausdrücklich beantragt. In diesem Falle ist u. U. in der Übersendung des Dokumentes ein konkludenter Antrag auf Gestattung des neuen Verkaufsprospektes zu sehen. In der Praxis wird die BaFin jedoch den Anbieter kontaktieren, um dessen tatsächliche Intention zu ermitteln und auf dieser Grundlage die erforderlichen Entscheidungen zu treffen.

III. Anfängliche Unrichtigkeiten

59 Von Veränderungen nach Gestattung der Veröffentlichung des Verkaufsprospekts sind die Unrichtigkeit oder Unvollständigkeit zu unterscheiden, die dem Verkaufsprospekt bereits bei Einreichung zur Gestattung zugrunde liegen. Anders als Art. 18 der Emissionsprospektrichtlinie und § 16 WpPG adressiert § 11 VerkProspG diese Fälle nicht ausdrücklich. Der Weg einer richtlinienkonformen Auslegung ist versperrt, da es sich bei § 11 VerkProspG nunmehr um autonomes nationales Recht handelt (vgl. Einleitung Vor § 1 VerkProspG Rn. 52).

1. Bedeutung der Berichtigung anfänglicher Prospektmängel

60 Sowohl für den Anleger als auch für den Anbieter können die Fälle anfänglicher Fehlerhaftigkeit des Verkaufsprospektes von erheblicher Bedeutung sein. Im Hinblick auf die Eigenschaft des Verkaufsprospektes als für die Anlageentscheidung der Anleger wesentliche Informationsgrundlage stellt sich eine anfängliche Unrichtigkeit oder Unvollständigkeit in gleicher Weise nachteilig dar wie der Eintritt einer nachträglichen Veränderung. Die Prospekthaftungsverpflichtung des Anbieters nach § 13 VerkProspG iVm. § 44 BörsG kann gleichermaßen auf einer anfänglichen Unrichtigkeit oder Unvollständigkeit des Verkaufsprospektes wie auf einer späteren aber nicht nachgetragenen Veränderung beruhen. Die Befugnis der BaFin zur Untersagung des öffentlichen Angebotes nach § 8i Abs. 4 VerkProspG besteht in gleicher Weise bei anfänglicher Unrichtigkeit oder Unvollständigkeit des Verkaufsprospektes. Wäre dem Anbieter in einem solchen Falle die Möglichkeit eines Nachtrags verwehrt, bliebe ihm zur Vermeidung eines Prospekthaftungsanspruches nur die unmittelbare Beendigung des öffentlichen Angebotes auf der Grundlage des aktuellen Verkaufsprospektes. Es besteht daher aus Sicht des Kapitalmarktes das Bedürfnis und aus Sicht des Anbieters der Wunsch nach Berichtigung des fehlerhaften gestatteten Verkaufsprospektes.

2. Gesetzesgrundlage der Berichtigung

Zu § 11 VerkProspG aF war umstritten, auf welcher Gesetzesgrundlage die Berichtigung derartiger anfänglicher Unrichtigkeiten erfolgen kann. Zum Teil wurde § 11 VerkProspG analog angewendet (so etwa *Schäfer/Hamann,* § 11 VerkProspG Rn. 3; *Groß,* § 11 VerkProspG Rn. 5; *Heidel/Krämer,* § 11 VerkProspG Rn. 3). Dieser Auffassung hat sich die BaFin auch für die neue Rechtslage angeschlossen (zur Historie der Auffassungen bei der BaFin s. *Bruchwitz,* in: *Lüdicke/Arndt,* S. 119). Andere berufen sich auf eine allgemeine prospektrechtliche Aktualisierungspflicht, die sich aus § 2 Abs. 1 S. 1 VermVerkProspV ergeben soll (vgl. *Ritz,* in: *Assmann/Lenz/Ritz,* § 11 VerkProspG Rn. 10; *Stephan,* AG 2002, 2, 9) oder wollen § 16 WpG analog anwenden (vgl. hierzu *Groß,* Kapitalmarktrecht, § 16 WpPG Rn. 7).

61

a) Analogie zu § 11 VerkProspG 16 WpPG. Die Begründung einer Rechtspflicht des Anbieters, insbesondere nach § 11 VerkProspG analog, ist aus Sicht der BaFin – zumindest des Fachreferates PRO 3 – vermutlich vorzugswürdig, da dies der Behörde den entsprechenden Zugriff auf ihre Interventionsrechte (vgl. etwa § 8i Abs. 4a Nr. 1 VerkProspG) eröffnen würde. Doch stehen diesen Begehrlichkeiten rechtsstaatliche Grundsätze entgegen. Denn eine echte analoge Anwendung des § 11 VerkProspG oder des § 16 WpPG muss scheitern, weil Zuwiderhandlungen gegen diese beiden Vorschriften als Ordnungswidrigkeiten bußgeldbewehrt (vgl. § 17 Abs. 1 Nr. 5 VerkProspG, § 30 Abs. 1 Nr. 9 WpPG) sind. Damit unterliegen sie dem grundgesetzlich geregelten Analogieverbot (vgl. *Stephan,* AG 2002, 2, 9).

62

63 **b) Allgemeine prospektrechtliche Aktualisierungspflicht.** Zur Begründung einer allgemeinen prospektrechtlichen Aktualisierungspflicht könnte neben § 2 Abs. 1 S. 1 VermVerkProspV auch auf § 45 BörsG abgestellt werden. § 2 Abs. 1 S. 1 VermVerkProspV bestimmt uA, dass der Verkaufsprospekt richtig und vollständig sein muss, während § 45 BörsG (iVm. §§ 13 f. VerkProspG) Ausnahmen von der Schadensersatzpflicht wegen unrichtiger und unvollständiger Darstellung der Vermögensanlagen nach Veröffentlichung einer Berichtigung bestimmt. Sowohl der Lösungsweg über § 2 Abs. 1 S. 1 VermVerkProspV wie über § 45 BörsG haben allerdings den Nachteil, dass der bei der BaFin hinterlegte Verkaufsprospekt nicht berichtigt wird. Dies ist mit der Aufgabe der BaFin als Evidenzzentrale nicht vereinbar.

64 **c) Nachtragspflicht des Anbieters.** Vorzugswürdig erscheint ein vermittelnder Lösungsweg über ein zur Erfüllung der allgemeinen Berichtigungspflicht nach § 2 Abs. 1 S. 1 VermVerkProspV begründetes Recht des Anbieters zur Veröffentlichung eines Nachtrags gem. § 9 VerkProspG. Dieser Nachtrag ist ebenfalls bei der BaFin zu hinterlegen. Denn sowohl BaFin wie auch der Anbieter können nur daran interessiert sein, dass das bei der BaFin als sog. „Evidenzzentrale" liegende Exemplar des Verkaufsprospekts berichtigt wird. Rechtsfolge dieser Begründung eines Nachtragsrechts ist, dass dem Anbieter die Möglichkeit der Veröffentlichung eines haftungsvermeidenden Nachtrags offen steht, die BaFin einen solchen aber nicht verlangen kann. Stellt sich in der Praxis die anfängliche Unrichtigkeit oder Unvollständigkeit eines gestatteten Verkaufsprospektes heraus, wird eine Abstimmung zwischen dem Anbieter und der BaFin über das weitere Vorgehen stattfinden, welches durch die Partei initiiert wird, die den Prospektmangel zuerst bemerkt. Entscheidet sich der Anbieter für die Veröffentlichung des Nachtrages, sind die Förmlichkeiten des Verfahrens weitgehend den Vorgaben des § 11 VerkProspG anzulehnen. Veröffentlicht der Anbieter im Falle der anfänglichen Unrichtigkeit oder Unvollständigkeit jedoch keinen Nachtrag, kann die BaFin gemäß § 8i Abs. 4 VerkProspG das öffentliche Angebot untersagen.

65 Obwohl auf diesem Wege zumindest Wertungswidersprüche vermieden werden, bleibt zu hoffen, dass der Gesetzgeber dieses Problem löst, indem er den Wortlaut des § 11 VerkProspG entsprechend dem des § 16 WpPG um die anfängliche Unrichtigkeit oder Unvollständigkeit erweitert. Hierdurch könnte auch dem Umstand Rechnung getragen werden, dass die BaFin nach gegenwärtiger Gesetzeslage für die Aufbewahrung eines Nachtrags bei Korrektur eines anfänglichen Prospektmangels keine Gebühr verlangen kann.

Veröffentlichung ergänzender Angaben §11

3. Voraussetzungen und Durchführung der Berichtigung

Auf einen Nachtrag zur Korrektur anfänglicher Prospektmängel sind nach der hier vertretenen Auffassung in gleicher Weise wie für Nachträge nach § 11 VerkProspG die Vorschriften über den Verkaufsprospekt und dessen Veröffentlichung mit Ausnahme des § 8i Abs. 2 entsprechend anzuwenden. **66**

a) Wesentliche Unrichtigkeit oder Unvollständigkeit. Der Berichtigungsanspruch besteht nur bei solchen Prospektmängeln, die für die Beurteilung des Emittenten oder der Vermögensanlagen im Sinne des § 8f Abs. 1 VerkProspG von wesentlicher Bedeutung sind. Nur in solchen Fällen ist die Wertungsgleichheit mit den in § 11 VerkProspG geregelten Fällen gegeben und nur hier besteht für den Anbieter das Risiko der Begründung von Prospekthaftungsansprüchen. Es ist allerdings zuzugeben, dass bei einem Verstoß gegen Tatbestandsvoraussetzungen die Ahndung über eine Ordnungswidrigkeit nicht gelingt. **67**

b) Form des Nachtrages. Bezüglich der Form des Nachtrages gelten die oben erläuterten Regeln. Der Nachtrag muss deutlich und unmissverständlich gestaltet sein. Er muss allerdings nicht darauf hinweisen müssen, dass durch ihn Prospektfehler berichtigt werden sollen. Anderenfalls wäre der Anbieter gleichsam gezwungen, diejenigen Anleger, die bereits aufgrund des fehlerhaften Prospektes Anteile an der Vermögensanlage erworben haben, auf die möglicherweise bereits entstandenen Ansprüche hinzuweisen. **68**

c) Unverzügliche Veröffentlichung während der Dauer des öffentlichen Angebotes. Das Nachtragsrecht besteht ebenfalls nur während der Dauer des öffentlichen Angebotes. Der Anbieter wird den Nachtrag auch im eigenen Interesse unverzüglich veröffentlichen. Entsprechend § 9 VerkProspG steht dem Anbieter die Möglichkeit offen, die Berichtigung durch Vollabdruck im Börsenpflichtblatt oder im Wege der sog. Schalterpublizität vorzunehmen. Insbesondere dürfte es sich anbieten, eine Berichtigung und eine Veränderung in einem gemeinsamen Nachtrag zu veröffentlichen. Noch mehr als bei einer nachträglichen Veränderung ist bei der Korrektur eines anfänglichen Prospektmangels zu empfehlen, den Verkaufsprospekt selbst zu überarbeiten und anschließend nur noch diesen überarbeiteten Verkaufsprospekt im Vertrieb zu nutzen. Zum Erfordernis der Kenntlichmachung der vorgenommenen Änderungen s. oben Rn. 46 ff. **69**

IV. Kein weitergehendes Änderungsrecht

70 Über die Berichtigung anfänglicher Unrichtigkeit oder Unvollständigkeit hinaus mag es Situationen geben, in denen der Anbieter aus anderen Gründen als dem Eintritt von wesentlichen anlagerelevanten Veränderungen nach der Gestattung eine Änderung des Verkaufsprospektes vorzunehmen wünscht.

1. Unwesentliche Veränderungen

71 Dies wäre einerseits dann zu überlegen, wenn Veränderungen einträten, die nicht iSv § 11 VerkProspG von wesentlicher Bedeutung für die Beurteilung des Emittenten und der Vermögensanlagen sind, jedoch trotzdem Grundlage eines Prospekthaftungsanspruches gemäß § 13 VerkProspG iVm. § 44 BörsG sein könnten. Es erscheint denkbar, dem Anbieter in einem solchen Fall in gleicher Weise wie bei anfänglichen Mängeln des Verkaufsprospektes nach den oben beschriebenen Grundsätzen ein Recht zur Veröffentlichung eines Nachtrags zuzubilligen. Angesichts der Anlehnung der Formulierung des § 11 VerkProspG an den Wortlaut von § 44 Abs. 1 Satz 1 BörsG ist allerdings zweifelhaft, ob es eine derartige Lücke praktisch geben kann.

2. Änderungen der Darstellungsform

72 Schließlich ist ein Wunsch des Anbieters auf Änderung des Verkaufsprospektes nach Gestattung denkbar, weil er bestimmte Aspekte der angebotenen Vermögensanlage werblich stärker herausheben oder auf positive Bewertungen der Kapitalmarktanlage etwa durch die Medien hinweisen möchte, um sich z. B. von neu in den Markt eingetretenen Wettbewerbern abzuheben. § 11 VerkProspG gewährt allerdings kein Änderungsrecht hinsichtlich des Verkaufsprospektes, sofern die Änderung nicht wesentlich für die Beurteilung des Emittenten oder der Vermögensanlage ist. Die Vornahme von Änderungen hinsichtlich nicht wesentlicher Angaben – insbesondere der Austausch von Bildern mit rein werblicher Funktion – ist daher nicht statthaft. Nimmt ein Anbieter dennoch eine derartige Änderung vor und setzt die neuen Verkaufsprospekte im Vertrieb ein, hat die BaFin die Möglichkeit der Untersagung nach § 8i Abs. 4. Daher empfiehlt sich vor der Aufnahme von Bildern bei der Prospektaufstellung eine immaterialgüterrechtliche Due Diligence, damit sich nicht etwa nach der Gestattung der Veröffentlichung herausstellt, dass ein Dritter das Urheberrecht an der auf dem Deckblatt verwendeten Abbildung hat.

Veröffentlichung ergänzender Angaben § 11

V. Nachtrag und Prospekthaftung

War der Verkaufsprospekt bereits bei seiner Gestattung unvollständig oder unrichtig oder wurde er während der Dauer des öffentlichen Angebotes unvollständig oder unrichtig, kann er die Grundlage eines Prospekthaftungsanspruches gemäß § 13 VerkProspG iVm §§ 44–47 BörsG, § 13a VerkProspG bilden. 73

1. Wirkung des Nachtrages für die Zukunft

Für den Zeitraum des öffentlichen Angebotes nach Veröffentlichung des Nachtrags kann sich der Anbieter auf § 13 VerkProspG iVm § 45 Abs. 2 Nr. 4 BörsG berufen. Die Grenzziehung erfolgt nach dem Wortlaut von § 45 Abs. 2 Nr. 4 BörsG nach dem „Abschluss des Erwerbsgeschäftes", nach den Prinzipien des Vertragsrechtes folglich mit dem Zugang der Annahme des auf den Erwerb der Vermögensanlage gerichteten Angebotes, sofern nicht der Anleger, wie in der Praxis häufig anzutreffen, auf den Zugang der Annahme verzichtet hat. Dies könnte in der Praxis des Vertriebs von Vermögensanlagen iSd § 8f VerkProspG zu Streitigkeiten führen, da die Zeichnungsunterlagen typischerweise ein Angebot des Zeichners vorsehen, das nach entsprechender Bearbeitung und Prüfung durch den Emittent oder den Anbieter angenommen wird. Der Emittent und der Anbieter haben daher eine gewisse Kontrolle über den Zeitpunkt des Vertragsschlusses. Es sind daher Situationen denkbar, in denen es der Anbieter in der Hand hat, einen anderenfalls entstehenden Anspruch durch Veröffentlichung eines Nachtrages vor Annahme der entsprechenden Zeichnungsangebote zu vereiteln. Dies dürfte für den Anleger auch deshalb als unbefriedigend betrachtet werden, weil das in § 16 Abs. 3 WpPG als Ausgleich für solche Fälle vorgesehene Widerrufsrecht der Anleger in § 11 fehlt (s. hierzu auch die Erläuterungen unten in Rn. 77). 74

2. Kein Erlöschen bereits entstandener Ansprüche

Die Veröffentlichung eines Nachtrages beseitigt einen bereits entstandenen Anspruch nicht. Dies würde dem Schutz der betroffenen Anleger widersprechen, die ihre Anlageentscheidung auf der Grundlage eines ursprünglich (unerkannt) oder durch spätere Veränderungen vor Abgabe ihrer Willenserklärung unvollständig oder unrichtig gewordenen Verkaufsprospekt getroffen haben. Aus Sicht des Anbieters mag der Nachtrag daher auf den ersten Blick den Nachteil bergen, die betreffenden Anleger auf solche möglicherweise bestehende Ansprüche hinzuweisen. Der Anbieter muss sich in solchen Situationen demnach darauf vorbereiten, innerhalb der durch § 46 BörsG ge- 75 steckten zeitlichen Grenzen in Anspruch genommen zu werden. Diesen Schwebezustand kann er nach der hier (Rn. 84 ff.) vertretenen Auffassung durch freiwillige Einräumung eines Widerrufsrechts beenden.

VI. Bereits beigetretene Anleger

76 § 11 VerkProspG sieht, anders als § 16 Abs. 3 WpPG, kein Widerrufsrecht für Anleger vor, die vor der Veröffentlichung des Nachtrages eine auf den Erwerb der Vermögensanlage gerichtete Willenerklärung abgegebenen haben.

1. Ausübung noch bestehender Widerrufsrechte

77 Die Anleger, deren Widerrufsrechte nach anderen Vorschriften (z. B. nach §§ 312d, 355 BGB) zum Zeitpunkt der Veröffentlichung des Nachtrages noch bestehen, können sich durch deren Ausübung von ihrer Beteiligung lösen.

2. Kein eigenständiges Widerrufsrecht

78 Fraglich ist allerdings, wie die übrigen bereits beigetretenen Anleger zu behandeln sind, d. h. solche, denen nach anderen Vorschriften kein Widerrufsrecht (mehr) zusteht. Angesichts der Entscheidung des Gesetzgebers, eine dem § 16 Abs. 3 WpPG vergleichbare Regelung in § 11 nicht aufzunehmen, erscheint ein gesetzliches Widerrufsrecht des Anlegers wegen der während des öffentlichen Angebotes eingetretenen Veränderung kaum begründbar. § 11 hat nach der durch den Gesetzgeber ausgestalteten Form nicht die Funktion, die Anleger zu schützen, die bereits eine Ablageentscheidung getroffen und umgesetzt haben, sondern jene, die diese noch zu treffen beabsichtigen (vgl. *Hüffer*, Wertpapier-Verkaufsprospekt, S. 71).

3. Freiwillige Einräumung eines Widerrufsrechtes

79 **a) Grundlage des Widerrufsrechts.** Dennoch ist die oben beschriebene Situation für die Parteien unbefriedigend. Um das Risiko der erfolgreichen Durchsetzung bestehender Ansprüche zu minimieren, sollte der Anbieter in Erwägung ziehen, den Anlegern in gewissem Umfang freiwillig ein Widerrufsrecht hinsichtlich ihrer Beteilung einzuräumen. Hierfür bietet sich eine Orientierung an den Bestimmungen von § 16 Abs. 3 WpPG an.

80 **b) Adressatenkreis des Widerrufsrechts.** Hierfür muss zunächst der Adressatenkreis eines solchen Widerrufsrechtes bestimmt werden. Dieser sollte nur Anleger umfassen, die nach dem Eintritt des Prospektmangels bis zum Zeitpunkt der Veröffentlichung des

Nachtrags eine auf den Erwerb einer Vermögensanlage gerichtete Willenserklärung abgegeben haben, unabhängig davon, ob diese zu diesem Zeitpunkt bereits angenommen wurde oder nicht. Ob der Erwerbspreis zu diesem Zeitpunkt bereits geleistet wurde, sollte nach der hier vertretenen Auffassung und anders als in § 16 Abs. 3 S. 1 WpPG vorgesehen, keine Auswirkungen haben.

c) Ausgestaltung des Widerrufsrechts. Sofern sich der Anbieter dafür entscheidet, ein Widerrufsrecht einzuräumen, sollte sich auch die Ausgestaltung und Durchführung der hierfür erforderlichen Schritte weitgehend an § 16 Abs. 3 WpPG orientieren. Den betroffenen Anlegern sollte der Nachtrag und die Erklärung über die Einräumung eines Widerrufsrechts zugänglich gemacht werden. Anders als bei § 16 Abs. 3 S. 3 WpPG ist keine Belehrung über das freiwillig eingeräumte Widerrufsrecht in den Nachtrag aufzunehmen. Der Anleger hat dann die Möglichkeit, sich innerhalb der entsprechend kurzen Widerrufsfrist (§ 16 Abs. 3 WpPG gewährt eine Widerrufsfrist von zwei Werktagen nach Veröffentlichung des Nachtrages) von seiner Beteiligung wieder zu trennen. 81

d) Folgen der Einräumung und Ausübung des Widerrufsrechts. Macht der Anleger von diesem Widerrufsrecht Gebrauch, kommt es zur Rückabwicklung des Erwerbgeschäftes, für das auf die Regelungen des § 357 BGB abzustellen ist. Der Hauptanspruch nach § 13 VerkProspG iVm § 44 Abs. 1 BörsG ist dann gegenstandslos. Macht der Anleger hiervon keinen Gebrauch, mangelt es einem Prospekthaftungsanspruch an der haftungsausfüllenden Kausalität. 82

VII. Folgen bei Verstoß gegen diese Vorschrift

1. Untersagung

Wird die Nachtragspflicht nicht erfüllt oder werden durch den Nachtrag Angaben aus dem Verkaufsprospekt ausgehebelt, hat die BaFin die Möglichkeit, das öffentliche Angebot gem. § 8i Abs. 4 VerkProspG zu untersagen. 83

2. Prospekthaftung

Ein Verkaufsprospekt, der nicht mittels Nachtrags auf aktuellen Stand gebracht oder korrigiert wurde, ist unvollständig oder unrichtig gem. § 13 Abs. 1 VerkProspG, so dass der Anleger aus Prospekthaftung vorgehen kann. 84

3. Ordnungswidrigkeit

85 Die fehlende, fehlerhafte oder nicht rechtzeitige Veröffentlichung des Nachtrags wegen einer nach Gestattung eingetretenen Veränderung kann gem. § 17 Abs. 1 Nr. 5 zu einer Ordnungswidrigkeit bis 100 000 Euro führen. Im Unterschied zu der Veröffentlichung des Nachtrags ist die Unterlassung der Übersendung des Nachtrags an die BaFin nicht bußgeldbeschwert. Nicht bußgeldbewehrt ist ferner die fehlende, fehlerhafte oder nicht rechtzeitige Veröffentlichung des Nachtrags wegen anfänglicher Unrichtigkeit wegen des Analogieverbotes.

4. Kapitalanlagebetrug

86 Das Angebot mittels eines nicht aktuellen Verkaufsprospekts kann zu einer Strafbarkeit wegen Kapitalanlagebetrug gem. § 264a StGB führen, wenn im Verkaufsprospekt dadurch unrichtige vorteilhafte Angaben gemacht werden oder nachteilige Tatsachen verschwiegen werden.

§ 12 Hinweis auf Verkaufsprospekt

Der Anbieter ist verpflichtet, in Veröffentlichungen, in denen das öffentliche Angebot von Vermögensanlagen im Sinne des § 8f Abs. 1 angekündigt und auf die wesentlichen Merkmale der Vermögensanlagen hingewiesen wird, einen Hinweis auf den Verkaufsprospekt und dessen Veröffentlichung aufzunehmen.

Übersicht

	Rn.
I. Allgemeines	1
1. Gesetzesmaterialien	1
2. Verwaltungsanweisungen	2
3. Literatur (Auswahl)	3
4. Normentwicklung	4
5. Regelungsinhalt	6
6. Parallelvorschriften	8
II. Die Vorschrift im Einzelnen	9
1. Veröffentlichungen	10
2. Öffentliches Angebot von Vermögensanlagen im Sinne des § 8f VerkProspG Abs. 1	19
3. Ankündigung des öffentlichen Angebotes	20
4. Hinweis auf die wesentlichen Merkmale der Vermögensanlagen	33
5. Verpflichtung des Anbieters	36

	Rn.
6. Hinweis auf den Verkaufsprospekt und dessen Veröffentlichung	41
III. Folgen bei Verstoß gegen diese Vorschrift	48

I. Allgemeines

1. Gesetzesmaterialien

a) RegBegr. zum VerkProspG aF v. 1. 2. 1990 – Auszug (BT-Drucks. 11/6340, 14) **1**

Diese Vorschrift entspricht den in Artikel 7 (in Verbindung mit Artikel 22 der Richtlinie 80/390/EWG, umgesetzt in § 68 BörsZulV) und Artikel 10 Abs. 1 und 2 in Verbindung mit Artikel 17 der Richtlinie (89/298/EWG, Erl. durch Verf.) enthaltenen Bestimmungen.

b) RegBegr. zum Dritten Finanzmarktförderungsgesetz v. 6. 11. 1997 – Auszug (BT-Drucks. 13/8933, 89) zu § 12 VerkProspG aF.

Der neue Satz 2 ist Folge der Änderungen des § 9. Ist ein Antrag auf Zulassung zum geregelten Markt an einer inländischen Börse gestellt, sind die Veröffentlichungen unverzüglich dem Zulassungsausschuß zu übermitteln. Wird an verschiedenen inländischen Börsen gleichzeitig ein Antrag auf Zulassung zur amtlichen Notierung und auf Zulassung zum geregelten Markt gestellt, so sind die entsprechenden Veröffentlichungen der nach § 6 zu bestimmenden Zulassungsstelle zu übermitteln.

c) RegBegr. zum AnSVG v. 24. 5. 2004 – Auszug (BT-Drucks. 15/3174, 44) zu § 12 VerkProspG aF.

Durch die Änderungen wird der Anwendungsbereich der Vorschriften auf Vermögensanlagen nach § 8f klargestellt.

d) RegBegr. zum Prospektrichtlinie-Umsetzungsgesetz vom 3. 3. 2005 (BT-Drucks. 15/4999, 41) zu § 12 VerkProspG.

Es handelt sich um eine Folgeänderung.

2. Verwaltungsanweisungen

Bekanntmachung des Bundesaufsichtsamtes für den Wertpapierhandel vom 6. 9. 1999, s. im Textanhang unter III.6. **2**

3. Literatur (Auswahl)

Assmann, Neues Recht für den Wertpapiervertrieb, die Förderung **3** der Vermögensbildung durch Wertpapieranlage und die Geschäftstätigkeit von Hypothekenbanken, NJW 1991, 528; *Grimme/Ritz,* Die Novellierung verkaufsprospektrechtlicher Vorschriften durch das Dritte Finanzmarktförderungsgesetz, WM 1998, 2091; *Groß,* Kapitalmarktrecht, 3. Aufl. 2006; *Heidel,* Aktienrecht, 2. Aufl. 2007; *Hüf-*

fer, Das Wertpapier-Verkaufsprospektgesetz. Prospektpflicht und Anlegerschutz, 1. Aufl. 1996; *Kümpel/Hammen/Ekkenga*, Kapitalmarktrecht Band 1, Stand 06/2006; *Schäfer*, Wertpapierhandelsgesetz, 1. Aufl. 1999; *Schwark*, KMRK, 3. Aufl. 2004.

4. Normentwicklung

4 § 12 VerkProspG aF diente ursprünglich der Umsetzung des Art. 7 der EG-Emissionsprospektrichtlinie des Rates vom 17. 4. 1989 iVm Art. 22 der Börsenzulassungsprospektrichtlinie (80/390/EWG) des Rates vom 17. 3. 1980 und Art. 10 Abs. 1 und 2 der EG-Emissionsprospektrichtlinie iVm Art. 17 derselben Richtlinie.

5 Änderungen erfuhr die Vorschrift in der Folgezeit durch Art. 2 Nr. 15 des 3. FMG, sowie durch Art. 5 Nr. 8a des 4. FMG (BGBl. I 2002, 2010, ausführlich *Ritz*, in: *Assmann/Lenz/Ritz*, § 12 VerkProspG Rn. 1). Mit dem Art. 2 Nr. 4 AnSVG und dem Art. 2 Nr. 8 Prospektrichtlinie-Umsetzungsgesetz wurde der Wortlaut an den neuen Regelungsbereich der Vermögensanlagen angepasst. Die Vorschrift übernimmt überwiegend den Regelungsgehalt von § 12 Satz 1 VerkProspG aF.

5. Regelungsinhalt

6 Die Vorschrift begründet eine förmliche Hinweisverpflichtung des Anbieters auf den Verkaufsprospekt in Veröffentlichungen, wenn in diesen das öffentliche Angebot von Vermögensanlagen unter Nennung von deren wesentlichen Merkmalen angekündigt wird.

7 § 12 VerkProspG soll sicherstellen, dass das Publikum im Vorfeld eines öffentlichen Angebotes von Vermögensanlagen auf die umfassende Informationsquelle „Verkaufsprospekt" aufmerksam gemacht wird. Damit soll der Gefahr vorgebeugt werden, dass ein Anleger bereits aufgrund des Angebots lediglich vorbereitender Veröffentlichungen, die in der Sache vielfach reine Werbemittel darstellen, Anlageentscheidungen aufgrund einer nur unzureichenden Informationslage trifft und nach Eröffnung einer Zeichnungsmöglichkeit unreflektiert umsetzt. Dieses Risiko wird dann besonders hoch sein, wenn die Ankündigung bereits wesentliche Merkmale der Vermögensanlage nennt, da diese einerseits dem potentiellen Anleger bereits ein Gefühl der vermeintlich hinreichenden Informationsgrundlage vermittelt und andererseits im Hinblick auf ihre Funktion in besonderer Weise die Vorteile der Vermögensanlage in den Vordergrund rücken wird, ohne in pointierter Form auf ihre Risiken hinzuweisen.

Hinweis auf Verkaufsprospekt § 12

6. Parallelvorschriften

Für Wertpapier-Verkaufsprospekte findet sich eine entsprechende Vorschrift in § 15 Abs. 2 WpPG, die insgesamt etwas klarer gefasst ist: „In allen Werbeanzeigen ist darauf hinzuweisen, dass ein Prospekt veröffentlicht wurde oder zur Veröffentlichung ansteht und wo die Anleger ihn erhalten können." (vgl. auch die RegBegr. zu § 15 WpPG, BT-Drucks. 15/4999, 36). 8

II. Die Vorschrift im Einzelnen

Die Hinweispflicht nach § 12 VerkProspG trifft den Anbieter iSd § 8f Abs. 1 Satz 1 VerkProspG (Rn. 36 ff.), wenn eine Veröffentlichung vorliegt (Rn. 10 ff.), in der das öffentliche Angebot von Vermögensanlagen angekündigt wird (Rn. 20 ff.) und die einen Hinweis auf die wesentlichen Merkmale der Vermögensanlagen enthält (Rn. 33 ff.). 9

1. Veröffentlichungen

§ 12 bezieht sich auf Veröffentlichungen der Ankündigung des öffentlichen Angebotes von Vermögensanlagen. 10

a) Adressatenkreis der Ankündigung. Es muss sich daher um eine Maßnahme handeln, die sich nicht an einen bestimmten oder bestimmbaren Adressatenkreis richtet. 11

b) Form der Veröffentlichung. Für § 12 VerkProspG aF war aufgrund der europarechtlichen Vorgaben davon auszugehen, dass es sich bei Veröffentlichungen um solche **in Schriftform** handeln musste, denn sowohl Art. 10 Abs. 1 als auch Art. 17 Abs. 1 der Emissionsprospektrichtlinie führten explizit „Bekanntmachungen, Anzeigen, Plakaten und Dokumente" auf (*Ritz*, in: *Assmann/Lenz/Ritz*, § 12 VerkProspG Rn. 5). Der klassische Anwendungsfall ist der sog. „Werbeflyer" (vgl. Vor § 8 f Rn. 27). 12

Bereits zum Wertpapier-Verkaufsprospektrecht waren Tendenzen in der Literatur erkennbar, auch solche Veröffentlichungen unter § 12 VerkProspG fassen zu wollen, die nicht in Schriftform erfolgten. Zunächst wurde vertreten, dass grundsätzlich Veröffentlichungen in „allen Medien" erfasst sein sollten, „gleich ob Schriftform, elektronische Form oder Textform gem. §§ 126–126b BGB" (*Schwark/Heidelbach*, § 12 VerkProspG Rn. 3). Andere wollten ebenfalls Veröffentlichungen in elektronischer Form erfassen, wie Hinweise „auf Internetseiten, in werbenden Emails oder aber „optische" Hinweise im Fernsehen" (vgl. *Ritz*, in: *Assmann/Lenz/Ritz*, § 12 VerkProspG Rn. 5). Ausgeschlossen sollten lediglich „rein akustische Werbespots bspw. im Radio oder bloß gesprochene Hinweise im Fernsehen 13 ohne optische Unterstützung" sein. Dieses Resultat sei mit der Zielsetzung der Bestimmung zu vereinbaren, „denn eine überstürzte Entscheidung des Anlegers allein aufgrund von Radiowerbespots erscheint wenig wahrscheinlich" (*Ritz*, in: *Assmann/Lenz/Ritz*, § 12 VerkProspG Rn. 5, aufgegriffen von *Schwark/Heidelbach*, § 12 Rn. 3).

14 Die damalige Diskussion war geprägt von dem Lektüreeindruck der Emissionsprospekt-Richtlinie, so dass die angestellten Erwägungen davon ausgingen, dass der deutsche Gesetzgeber mit der Verwendung des Begriffs „Veröffentlichung" den Anwendungsbereich nicht weiter ziehen wollte und jegliche Veröffentlichung, auch solche in Radio- oder Fernsehen, erfassen wollte (vgl. nur *Schwark/Heidelbach*, § 12 VerkProspG Rn. 3). Vor dem Gebot einer europarechtskonformen Auslegung sind derartige Bestrebungen nur allzu verständlich. Indessen handelt es sich bei § 12 VerkProspG nunmehr um nationales Recht, für das kein Rückgriff auf europäisches Recht mehr erforderlich, sogar: nicht mehr statthaft ist (vgl. Einleitung vor § 1 Rn. 52).

15 Der Anwendungsbereich ist daher einer neuen, sich insbesondere an Wortlaut und Sinn und Zweck orientierenden Bestimmung zugänglich. Zunächst ist für § 12 VerkProspG in seiner für Vermögensanlagen geschaffenen Fassung festzuhalten, dass der Wortlaut der Vorschrift keine Begrenzung auf Veröffentlichungen in Schriftform vorsieht. Auch werden die neuen Medien nicht in Bezug genommen. Es wäre ein leichtes gewesen, so der gesetzgeberische Wille bestanden hätte, eine Unterscheidung nach Art der Veröffentlichung vorzunehmen. Dies ist jedoch nicht geschehen.

16 Zudem scheinen die hergebrachten Ansichten nicht frei von Unterstellungen zu sein. Dass ein Radiospot ohne optische Unterstützung für eine unüberlegte Anlageentscheidung weniger motivierend wirken soll, ist eine reine Behauptung. Ebenso gut ließe sich ins Feld führen, dass ein gelungener Spot im Radio eine größere Gefährdung darstellen mag als ein nicht ansprechend gestalteter Fernsehwerbeauftritt. Nur am Rande sei angemerkt, dass rein gesprochene Hinweise im Fernsehen ohne optische Unterstützung nicht vorkommen. Als Zwischenergebnis erscheint eine Differenzierung nach Hinweisen mit bzw. ohne optische Unterstützung wenig sachgerecht.

17 Zielführend ist – unter Zugrundelegung von teleologischen Gesichtspunkten – eine Auslegung des Begriffs der Veröffentlichung unter Anlehnung an zivilrechtliche Auslegungsmaßstäbe, §§ 133, 157 BGB. Nimmt eine Erklärung nach dem objektiven Empfängerhorizont für sich in Anspruch, das öffentliche Angebot von Vermögensanlagen unter Hinweis auf deren wesentliche Merkmale anzukündigen, liegt die von § 12 VerkProspG gemeinte Gefährdungslage und damit jeweils eine Veröffentlichung iSd Norm vor.

Damit kann eine Veröffentlichung grds. über jedes bekannte Medium erfolgen. Erfasst sind neben den „klassischen" Flyern insbesondere auch Mailing-Aktionen, Werbe-DVDs, Plakate, Pressemitteilungen, Präsentationsfolien auf „Roadshows" sowie Interviews. Soweit das öffentliche Angebot in einem in Radio oder Fernsehen übertragenen Interview angekündigt wird, so kann auch dies eine Ankündigung iSd § 12 VerkProspG sein. 18

2. Öffentliches Angebot von Vermögensanlagen im Sinne des § 8f VerkProspG Abs. 1

Zur Bestimmung dieser Tatbestandsmerkmale kann auf die Anmerkungen zu oben § 8f VerkProspG Rn. 10ff. Bezug genommen werden. 19

3. Ankündigung des öffentlichen Angebotes

Jede Erklärung des Anbieters bezüglich des bevorstehenden Angebotes ist eine Ankündigung iSv § 12, wobei die Erklärung nicht notwendig bereits alle Essentialia des bevorstehenden Angebots enthalten muss (*Schwark/Heidelbach*, § 12 VerkProspG Rn. 4). 20

a) Bezugnahme auf eine konkrete Vermögensanlage. Bereits allgemein gehaltene Werbekampagnen können u. U. eine Ankündigung darstellen, sofern sie nur auch auf das öffentliche Angebot konkreter Vermögensanlagen hinweisen. Nicht unter § 12 VerkProspG fallen demzufolge solche Stellungnahmen, in denen lediglich über den Emittenten/Anbieter und dessen unternehmerische Aktivitäten berichtet wird, solange nicht auf konkrete Vermögensanlagen und deren Ausstattungsmerkmale hingewiesen wird (vgl. *Heidel/Krämer*, § 12 VerkProspG Rn. 2). 21

b) Zeitlicher Anwendungsbereich. Fraglich und umstritten ist der zeitliche Anwendungsbereich des § 12 VerkProspG. 22

(aa) Veröffentlichungen vor Beginn des öffentlichen Angebotes. Einigkeit besteht zunächst darüber, dass Veröffentlichungen iSd § 12 VerkProspG jedenfalls solche sind, die vor der Veröffentlichung des Verkaufsprospekts erfolgen. Auch für den Fall, dass der Verkaufsprospekt bereits nach § 9 Abs. 2 Satz 1 oder 2 veröffentlicht worden ist, das Angebot aber noch nicht begonnen hat ist der Anwendungsbereich des § 12 VerkProspG eröffnet (vgl. *Ritz*, in: *Assmann/Lenz/Ritz*, § 12 VerkProspG Rn. 6 unter Hinweis auf die zugrundeliegenden Richtlinienbestimmungen). 23

(bb) Veröffentlichungen nach Beginn des öffentlichen Angebotes. Demgegenüber wird unter Berufung auf das Erfordernis 24 eines effektiven Anlegerschutzes gefordert, dass die Hinweispflicht nach § 12 VerkProspG auch dann noch bestehe, wenn das öffentliche Angebot bereits begonnen habe und noch nicht abgeschlossen sei (*Schäfer/Hamann*, § 12 VerkProspG Rn. 1; *Groß*, § 12 VerkProspG Rn. 1). Es müsse daher in jeder Werbeveröffentlichung auch bei bereits angelaufenem Vertrieb der Vermögensanlage auf die Existenz und die Beziehbarkeit des Verkaufsprospektes hingewiesen werden (vgl. *Groß*, § 12 VerkProspG Rn. 3; *Heidel/Krämer*, § 12 VerkProspG Rn. 3; *Schäfer/Hamann*, § 12 VerkProspG Rn. 2). Der Hinweis nach § 12 sei dann auch im öffentlichen Angebot selbst aufzunehmen (*Groß*, § 12 VerkProspG Rn. 1).

25 In der Tat würde die Beschränkung der Vorgaben der Vorschrift auf den Zeitraum bis zum Beginn des öffentlichen Angebotes der Vermögensanlagen eine für den potentiellen Anleger äußerst nachteilige Gesetzeslücke offenbaren, da alle Werbematerialien nach dem Beginn des öffentlichen Angebotes den Hinweis nach § 12 VerkProspG nicht mehr enthalten müssten. In diesem Zeitraum erscheint der Anleger aber eher mehr schutzbedürftig als vor dem Beginn des öffentlichen Angebotes, denn in diesem Zeitraum kann er im Unterschied zum Zeitraum vor Beginn des öffentlichen Angebotes seine auf der Grundlage der inhaltlich unzureichenden Werbeaussagen getroffene Anlageentscheidung unmittelbar in die Tat umsetzen.

26 Diese Ansicht verkennt jedoch die Grenzen der Auslegung im Bereich der Eingriffsverwaltung. Unter Berücksichtigung dieser Beschränkungen erscheint allein die Auffassung zutreffend, dass nach Beginn des öffentlichen Angebotes eine Hinweispflicht nicht auf § 12 VerkProspG gestützt werden kann.

27 Hierfür spricht zwar nicht, dass ein Hinweis nach Beginn des öffentlichen Angebots bereits deshalb nicht erforderlich ist, weil der Verkaufsprospekt zu diesem Zeitpunkt bereits nach § 9 Abs. 1 VerkProspG veröffentlicht sei, so dass interessierten Anlegern die entsprechenden Informationen (Vorliegen eines Verkaufsprospekts und die Möglichkeit, diesen zu beziehen) zur Verfügung stehen (so aber *Ritz,* in: *Assmann/Lenz/Ritz,* § 12 VerkProspG Rn. 7). Auch der Anleger, der nach Beginn eines öffentlichen Angebots einen Werbeflyer ausgehändigt bekommt, weiß grundsätzlich noch nichts von der Existenz eines Verkaufsprospekts und von dessen Bezugsmöglichkeiten und ist daher in dieser Situation nicht weniger schutzbedürftig.

28 Jedoch weist der Wortlaut der Norm auf diese Auslegung. Es spricht für sich, dass eine „Ankündigung" (sic!) nur für etwas erfolgen kann, was in der Zukunft liegt und derzeit noch nicht stattfindet (*Ritz,* in: *Assmann/Lenz/Ritz,* § 12 VerkProspG Rn. 3). Andernfalls hätte der Gesetzgeber Wendungen wie „hingewiesen" o. ä. verwen-

den können, aber gerade nicht zum Terminus „angekündigt" greifen sollen. Zwar vermag auch diese Begründung nicht jeglichen Restzweifel auszuräumen, da es nicht ausgeschlossen erscheint, dass der Gesetzgeber dieser Formulierung kein besonderes Gewicht beimaß und daher möglicherweise eher zufällig den Begriff „ankündigen" statt des Begriffes „kund tun" wählte, der die gegenteilige Auslegung wohl weit besser tragen würde.

Allerdings handelt es sich bei § 12 VerkProspG um eine in die Geschäftstätigkeit des Anbieters eingreifende Norm, deren Verletzung darüber hinaus nach § 17 Abs. 1 Nr. 7 VerkProspG bußgeldbewehrt sind. Die BaFin sähe sich der Schwierigkeit ausgesetzt, einen Bußgeldbescheid mit einer zweifelhaften Auslegungs des Wortlautes vertreten zu müssen, was mit dem ordnungswidrigkeitenrechtlichen Bestimmtheitsgebot nicht in Einklang zu bringen wäre. Dass der Gesetzgeber einen nicht hinreichend bestimmten Ordnungswidrigkeitentatbestand normiert hat, kann vorliegend indessen unter keinem erdenklichen Gesichtspunkt angenommen werden. 29

Nicht zuletzt lassen sich systematische Argumente anführen: Hinweis- und Veröffentlichungspflichten bestehen für den Anbieter nur im Vorfeld des Angebots. Eine Ausnahme bildet das Nachtragsrecht nach § 11 VerkProspG für den Fall, dass nach Platzierungsbeginn wesentliche Änderungen eintreten. Dies zeigt aber, dass der Gesetzgeber die zeitlichen Anwendungsbereiche der einzelnen Vorschriften reflektiert und jeweils bewusst einer bestimmten Regelung unterworfen hat, an der es vorliegend im Hinblick auf eine Hinweispflicht nach § 12 nach Platzierungsbeginn gerade fehlt (in diesem Sinne auch und insoweit wieder zutreffend *Ritz*, in: *Assmann/Lenz/Ritz*, § 12 VerkProspG Rn. 7). 30

In zeitlicher Hinsicht kann § 12 daher nur dann Anwendung finden, wenn in Veröffentlichungen unter Hinweis auf die wesentlichen Merkmale der Vermögensanlagen für deren Erwerb geworben wird, jedoch beim Anbieter noch keine konkrete Möglichkeit zum Kauf besteht. 31

(cc) Freiwilliger Hinweis auf den Verkaufsprospekt. Hinweise auf die Veröffentlichungen eines Verkaufsprospektes nach Beginn des öffentlichen Angebots sind daher allein unter zivilrechtlichen Gesichtspunkten zu beurteilen. Zur Vermeidung einer allfälligen Prospekthaftung sollte ein Anbieter daher gleichwohl einen entsprechenden Hinweis aufnehmen. 32

4. Hinweis auf die wesentlichen Merkmale der Vermögensanlagen

33 Eine Ankündigung des öffentlichen Angebotes von Vermögensanlagen unterfällt nur dann der Hinweispflicht nach § 12 VerkProspG, wenn die Veröffentlichung über allgemeine Marketingmaßnahmen hinausgehend bereits so konkrete Angaben über die Vermögensanlage enthält, dass ein Anleger aufgrund dessen zur Zeichnung der Anlage veranlasst werden könnte (vgl. *Heidel/Krämer*, § 12 VerkProspG Rn. 4).

34 **a) Hinweis auf die wesentlichen Merkmale.** Da insoweit lediglich ein Hinweis erfolgen muss, ist eine Nennung der wesentlichen Merkmale ausreichend, eine – ausführliche – Beschreibung ist entbehrlich. Andererseits ist eine Aufnahme der wesentlichen Merkmale aber auch erforderlich, denn nur dann geht der Gesetzgeber vom Bestehen einer Gefährdungslage für das Publikum aus, die die Auferlegung einer öffentlich-rechtlichen Pflicht zur Aufnahme eines entsprechenden Hinweises auf einer eigenen Veröffentlichung rechtfertigt. Keine Hinweispflicht besteht daher in den Fällen, in denen lediglich ganz allgemein gehaltene Marketingmaßnahmen getroffen werden.

35 **b) Die wesentlichen Merkmale der Vermögensanlage.** Die Formulierung des Gesetzes suggeriert, dass es ‚die wesentlichen Merkmale' einer Vermögensanlage gäbe. Dem ist angesichts der vielfältigen Formen von Vermögensanlagen nicht so. Der Begriff dürfte daher eher aus dem Sprachgebrauch des Kapitalinvestors im Allgemeinen herrühren. Er ist vor dem Hintergrund des Normzwecks unter Rückgriff auf die Erwartungshaltung der potentiellen Anleger zu bestimmen. Er muss diejenigen Merkmale umfassen, deren Kenntnis den Anleger zu einer unmittelbaren Anlageentscheidung bewegen können. Wesentliche Merkmale von Vermögensanlagen sind daher idR Rendite- bzw. Ausschüttungsprognosen, Angaben zum Anlageobjekt, Zeichnungssummen sowie bei Namensschuldverschreibungen die Zins- und Tilgungsmodalitäten. Diese müssen im Einzelfall nicht sämtlich genannt werden, um die Veröffentlichungspflicht auszulösen, die Nennung einzelner wesentlicher Merkmale ist hierfür ausreichend.

5. Verpflichtung des Anbieters

36 § 12 VerkProspG begründet eine Verpflichtung des Anbieters der Vermögensanlage. (vgl. zum Begriff des Anbieters Vor § 8f VerkProspG Rn. 5 ff.). Dies ergibt sich aus dem Wortlaut der Vorschrift jedenfalls für Veröffentlichungen *des* Anbieters. Anwendungsprobleme ergeben sich folglich dann, wenn es sich nicht um eine Veröffentlichung des Anbieters, sondern eines Dritten handelt, denn eine öffentliche Berichterstattung über eine Vermögensanlage ist in vielerlei Fallgestaltungen denkbar.

a) **Veröffentlichung des Emittenten.** Dies wirft namentlich im Bereich der geschlossenen Fonds gewisse Schwierigkeiten auf, wenn Emittent und Anbieter der Vermögensanlage auseinander fallen und der Emittent eine Veröffentlichung iSv § 12 VerkProspG vornimmt und könnte den Anbieter geradezu zur Umgehung des Hinweisgebotes einladen. Ob diese vermeintliche Durchbrechung des Anlegerschutzes nach der gegenwärtigen Gesetzeslage vermeidbar ist, scheint fraglich. 37

Den Emittenten trifft angesichts des eindeutigen Wortlauts des § 12 VerkProspG keine Hinweispflicht und zwar unabhängig davon, ob die Veröffentlichung von diesem ausgeht oder nicht. Auch statuiert § 12 VerkProspG keine ausdrückliche Überwachungspflicht für den Anbieter, nach welcher er den Emittenten zur Vornahme von entsprechenden Hinweisen anzuhalten hat. Obwohl die Handlungspflicht selbst nach dem insoweit eindeutigen Wortlaut der Vorschrift nur den Anbieter trifft, folgt aus dem Wortlaut der Vorschrift aber nicht zwingend, dass sie sich nur auf Veröffentlichungen *des Anbieters* bezieht. Eine solche weite Auslegung ließe die Erstreckung der Handlungspflicht des Anbieters jedenfalls auf solche Veröffentlichungen zu, die von dem Anbieter ausgehen (ähnlich *Schwark/Heidelbach*, § 12 VerkProspG Rn. 3) oder auf deren Gestaltung der Anbieter einen bestimmenden Einfluss ausübt oder ausüben kann. Hiernach könnten immerhin solche Fallgruppen erfasst werden, in denen die Veröffentlichung durch den Emittenten auf Veranlassung des Anbieters erfolgte. Dies gilt grundsätzlich auch für die von *Heidelbach* referierte „explizite" Wahl einer Anbieter/Emittent Konstruktion zur bewussten Umgehung der Hinweispflicht (*Schwark/Heidelbach*, § 12 VerkProspG Rn. 1). Dies ist jedenfalls dann zu bejahen, wenn die Wahl dieser Konstruktion vom Anbieter ausging, da sich bereits hierin die bestimmende Einflussnahme des Anbieters ausdrückt. Es darf aber nicht verkannt werden, dass sich in der Praxis die bewusste Umgehung kaum und deren Verursachung durch den Anbieter noch weniger nachweisen lassen wird. Denkbar bleibt diese Argumentationslinie aber etwa in Fällen der Personalunion von Mitgliedern der leitenden Organe von Anbieter und Emittent. 38

Dennoch sind auch der hier vorgeschlagenen weiten Auslegung der Handlungspflicht des Anbieters Grenzen gesetzt, da die Rechtsordnung den Rechtssubjekten nur solche Pflichten auferlegen darf, die von diesen auch erfüllt werden können. Im Ergebnis sind daher 39

Veröffentlichungen des Emittenten im Zusammenhang mit dem Angebot ohne einen Hinweis auf den Verkaufsprospekt denkbar, ohne dass dies aufsichtsrechtlich beanstandet werden kann. Da eine überzeugende Begründung für diese unterschiedliche Behandlung von Anbieter und Emittent nicht ersichtlich ist, ist der Gesetzgeber insoweit zu einer entsprechenden Novellierung aufgerufen.

40 **b) Veröffentlichung durch Dritte.** Vergleichbare Schwierigkeiten werfen auch Konstellationen auf, in denen ein Anbieter eine als Veröffentlichung nach § 12 VerkProspG zu qualifizierende Pressemitteilung schreibt, einen Hinweis nach § 12 VerkProspG anbringt, diese Pressemitteilung an die Medien weiterleitet, diese die Veröffentlichung redaktionell überarbeiten, dabei insbesondere den Hinweis nach § 12 VerkProspG entfernen und infolgedessen die Publikation den entsprechenden Hinweis nicht enthält. Zwar wird vertreten, dass die Hinweispflicht für „vom Anbieter ausgehende Veröffentlichungen" gelten soll (*Schwark/Heidelbach,* § 12 VerkProspG Rn. 3). Auch die Pressemitteilung geht vom Anbieter aus. Jedoch ist sie mit dem Eintreffen in der Redaktion der Printmedien regelmäßig seinem Einflussbereich entzogen. Mit rechtsstaatlichen Grundsätzen wäre es schlechthin nicht vereinbar, den Anbieter, der sich ursprünglich rechtskonform verhalten hat, für die Säumnisse von Dritten mit der Gefahr eines Bußgeldverfahrens nach § 17 Abs. 1 Nr. 7 zu belasten. Es erscheint daher sachgerecht, die Hinweispflicht nur für solche Veröffentlichungen anzunehmen, die unmittelbar aus der Sphäre des Anbieters dem Publikum zur Verfügung gestellt werden.

6. Hinweis auf den Verkaufsprospekt und dessen Veröffentlichung

41 In der Veröffentlichung, in der das öffentliche Angebot von Vermögensanlagen angekündigt wird, muss ein Hinweis auf den Verkaufsprospekt und dessen Veröffentlichung enthalten sein. Die Auslegung der Vorschrift wird dadurch erschwert, dass § 12 VerkProspG, anders als § 15 Abs. 2 WpPG keine näheren Erläuterungen zu Art und Inhalt des Hinweises gibt.

42 **a) Hinweis auf den Verkaufsprospekt.** Der Hinweis auf den Verkaufsprospekt darf sich nicht in der bloßen Nennung des Titels des Verkaufsprospektes oder der Erklärung erschöpfen, dass ein Verkaufsprospekt erstellt wird, denn das würde der Bestimmung des Hinweises nicht gerecht. Der unerfahrene Anleger erhält nur dann einen Anhaltspunkt dafür, was er von dem Verkaufsprospekt zu erwarten hat und wird sich veranlasst sehen, diesen zu erhalten, wenn der Hinweis weiterhin zumindest die Erläuterung enthält, dass der

Verkaufsprospekt sich auf das konkrete Angebot bezieht und diesbezüglich weitere Informationen beinhaltet.

b) Hinweis auf die Veröffentlichung. 43

(aa) Veröffentlichung des Verkaufsprospektes.
Der Hinweis muss zunächst darüber informieren, dass der Verkaufsprospekt veröffentlicht, d. h. einem inhaltlich nicht beschränkten Kreis von Interessenten zugänglich gemacht wird. Hierdurch wird dem potentiellen Anleger signalisiert, dass er grundsätzlich freien Zugang zu weiteren und detaillierten Informationen in Bezug auf das Angebot haben wird. 44

(bb) Form der Veröffentlichung.
Gelegentlich wird unter Verweis auf den Sinn und Zweck der Vorschrift gefordert, dass der Hinweis nach § 12 VerkProspG nicht nur den Verkaufsprospekt und dessen Veröffentlichung enthalten, sondern auch angegeben werden müsse, wie und wo der Prospekt erhältlich ist (vgl. *Heidel/Krämer*, § 12 VerkProspG Rn. 5; *Schwark/Heidelbach*, § 12 VerkProspG Rn. 6; *Groß*, § 12 VerkProspG Rn. 5). Die Vorstellung einer abstrakten Ankündigung der Veröffentlichung eines Verkaufsprospektes ohne Angaben dazu, wie diese im konkreten Fall erfolgen werde, mag sonderbar anmuten. Fraglich ist dennoch, ob die oben referierte Forderung trägt. Hiergegen kann zunächst argumentiert werden, dass § 12 VerkProspG im Unterschied zu § 15 Abs. 2 WpPG, der parallel zur Änderung des § 12 VerkProspG gefasst wurde, gerade keine entsprechende Regelung enthält. Daneben ist aber auch der Verweis auf Sinn und Zweck der Vorschrift nicht zwingend. Der potentielle Anleger kann nach der Veröffentlichung der Ankündigung jedenfalls wissen, dass die Einzelheiten der Vermögensanlage und des Angebotes in einem Verkaufsprospekt weiter beschrieben werden. Daneben wird auch der Anbieter im Regelfall ein Interesse daran haben, potentielle Anleger genau darüber zu informieren, wo und wann der Verkaufsprospekt erhältlich sein wird. Denkbar ist allerdings der Fall, dass der Anbieter zum Zeitpunkt der Veröffentlichung der Ankündigung noch nicht entschieden hat, welche Form der Veröffentlichung er wählen und wo der Prospekt erhältlich sein wird. Die oben genannte Auslegung würde daher die unternehmerische Dispositionsfreiheit des Anbieters einschränken. Da der Anbieter aber jedenfalls eine der in § 9 Abs. 2 S. 1 VerkProspG genannten Veröffentlichungsformen wählen muss, genügt es, wenn der Anbieter in dem Hinweis erläutert, welche Formen der Veröffentlichung zulässig sind. 45

Nach der hier vertretenen Auffassung würde für den nach § 12 VerkProspG erforderlichen Hinweis folgende Form hinreichen:

> **Hinweis gemäß § 12 Verkaufsprospektgesetzes**
> Bezüglich des öffentlichen Angebotes der [Art der Vermögensanlage im Sinne des § 8f Abs. 1 VerkProspG] wird [Firma des Anbieters] einen Verkaufsprospekt veröffentlichen, der entweder in einem überregionalen Börsenpflichtblatt bekannt gemacht oder bei den im Verkaufsprospekt benannten Zahlstellen zur kostenlosen Ausgabe bereitgehalten wird. Im letzteren Fall wird in einem überregionalen Börsenpflichtblatt bekannt gemacht, dass der Verkaufsprospekt bei den Zahlstellen bereitgehalten wird.
>
> *[Firma des Anbieters]*

46 Besonderheiten gelten unter Berücksichtigung der oben dargestellten Grundsätze bei Veröffentlichungen iS des § 12 VerkProspG im Internet: Erfolgt die die Hinweispflicht „auslösende" Veröffentlichung **auch im Internet,** ist es nicht ausreichend, lediglich den Verkaufsprospekt auf der entsprechenden Website zum Download bereitzuhalten oder hierauf hinzuweisen. Geboten ist in diesen Fällen zudem die Aufnahme eines Hinweises, wo der Verkaufsprospekt in Papierform bezogen werden kann (*Ritz*, in: *Assmann/Lenz/Ritz*, § 12 VerkProspG Rn. 17). Aber auch dann, wenn die in den Anwendungsbereich des § 12 fallende Veröffentlichung **ausschließlich im Internet** erfolgt, ist ein Hinweis, wonach der Verkaufsprospekt zum elektronischen Herunterladen bereitgehalten wird, zur Pflichtbewahrung nicht ausreichend. Auch in dieser Konstellation ist ein Hinweis auf die Bezugsmöglichkeit des Verkaufsprospekts erforderlich (aA, allerdings auf Grundlage von § 12 VerkProspG aF, *Ritz*, in: *Assmann/Lenz/Ritz*, § 12 VerkProspG Rn. 17 mwN).

47 Plant der Anbieter das Angebot über das Internet, empfiehlt sich nach der hier vertretenen Auffassung folgende Form:

> **Hinweis gemäß § 12 Verkaufsprospektgesetz**
> Bezüglich des öffentlichen Angebotes der [Art der Vermögensanlage im Sinne des § 8f Abs. 1 VerkProspG] wird [Firma des Anbieters] einen Verkaufsprospekt veröffentlichen, der entweder in einem überregionalen Börsenpflichtblatt bekannt gemacht oder bei den im Verkaufsprospekt benannten Zahlstellen zur kostenlosen Ausgabe bereitgehalten wird. Im letzteren Fall wird in einem überregionalen Börsenpflichtblatt bekannt gemacht, dass der Verkaufsprospekt bei den Zahlstellen bereitgehalten wird. Erfolgt das Angebot über ein elektronisches Informationsverbreitungssystem, wird der Verkaufsprospekt auch in diesem veröffentlicht und in dem Angebot auf die Fundstelle in dem elektronischen Informationsverbreitungssystem hingewiesen.
>
> *[Firma des Anbieters]*

Vor §§ 13, 13a

III. Folgen bei Verstoß gegen diese Vorschrift

Ordnungswidrigkeit. Der fehlende oder fehlerhafte Hinweis 48
nach § 12 VerkProspG kann gem. § 17 Abs. 1 Nr. 7 VerkProspG zu
einer Ordnungswidrigkeit bis 100 000 Euro führen.

Vorbemerkungen zu § 13 und § 13a

Schrifttum zur Prospekthaftung: *Assmann/Lenz/Ritz,* Verkaufsprospektgesetz, 1. Aufl. 2001; *Assmann/Schütze* (Hrsg.), Handbuch des Kapitalanlagerechts, 3. Aufl. 2007; *Benecke,* Haftung für Inanspruchnahme von Vertrauen – Aktuelle Fragen zum neuen Verkaufsprospektgesetz, BB 2006, 2597 ff.; *Bohlken/Lange,* Die Prospekthaftung im Bereich geschlossener Fonds nach §§ 13 Abs. 1 Nr. 3, 13a Verkaufsprospektgesetz nF, DB 2005, 1259 ff.; *Fleischer,* Prospektpflicht und Prospekthaftung für Vermögensanlagen des Grauen Kapitalmarkts nach dem Anlegerschutzverbesserungsgesetz, BKR 2004, 339 ff.; *Groß,* Kapitalmarktrecht, 3. Aufl. 2006; *Keunecke,* Prospekte im Kapitalmarkt – Anforderungen und Prospekthaftung bei geschlossenen Fonds, Investmentfonds, Wertpapieren und Übernahmeangeboten, 1. Aufl. 2005; *Lüdicke/Arndt,* Geschlossene Fonds, Teil V, 4. Aufl. 2007; *Schimansky/Bunte/Lwowski,* Bankrechts-Handbuch, 3. Aufl. 2007; *Schwark,* KMRK, 3. Aufl. 2004.

Schrifttum zum KapMuG: *Braun/Rotter,* Der Diskussionsentwurf zum KapMuG – Verbesserter Anlegerschutz?, BKR 2004, 296 ff.; *Duve/Pfitzner,* Braucht der Kapitalmarkt ein neues Gesetz für Massenverfahren?, BB 2005, 673 ff.; *Hess,* Musterverfahren im Kapitalmarktrecht, ZIP 2005, 1713 ff.; *ders./Michailidou,* Das Gesetz über Musterverfahren zu Schadensersatzklagen von Kapitalanlegern, ZIP 2004, 1381 ff.; *Kranz,* Kapitalanlegermusterverfahrensgesetz – Die Einführung eines Musterverfahrens im Zivilprozess, MDR 2005, 1021 ff.; *Maier-Reimer/Wilsing,* Das Gesetz über Musterverfahren in kapitalmarktrechtlichen Streitigkeiten, ZGR 2006, 79 ff.; *Meier,* Das neue Kapitalanleger-Musterverfahrensgesetz, DStR 2005, 1860 ff.; *Möllers/Weichert,* Das Kapitalanleger-Musterverfahrensgesetz, NJW 2005, 2737 ff.; *Plaßmeier,* Brauchen wir ein Kapitalanleger-Musterverfahren? – Eine Inventur des KapMuG, NZG 2005, 609 ff.; *Reuschle,* Das Kapitalanleger-Musterverfahrensgesetz – KapMuG. Rechtspraxis aktuell, 1. Auflage, 2005; *ders.,* Das Kapitalanleger-Musterverfahrensgesetz, NZG 2004, 590 ff.; *Schneider,* Auf dem Weg zu Securities Class Actions in Deutschland – Auswirkungen des KapMuG auf die Praxis kapitalmarktrechtlicher Streitigkeiten, BB 2005, 2249 ff.; *Vorwerk/Wolf,* Kapitalanleger-Musterverfahrensgesetz: KapMuG, Kommentar, 1. Aufl. 2007; *Zypries,* Ein neuer Weg zur Bewältigung von Massenprozessen – Entwurf eines Kapitalanleger-Musterverfahrensgesetzes, ZRP 2004, 177 ff.

Übersicht

	Rn.
I. Prospekthaftung	1
1. Entwicklung der Prospekthaftung	1
2. Unterscheidung in die Prospekthaftung im engeren und im weiteren Sinne	3

	Rn.
3. Prospekthaftung im engeren Sinne	5
4. Prospekthaftung im weiteren Sinne	8
5. Haftung aus Vertrag und Delikt	16
II. Gerichtsstand für Prospekthaftungsklagen	20
1. Örtliche Zuständigkeit	20
2. Sachliche Zuständigkeit	24
III. Kapitalanlegermusterverfahrensgesetz	25
1. Gesetzeshistorie und -ziele	25
2. Musterfeststellungsantrag	28
3. Feststellungsziel	30
4. Vorlagebeschluss an das Oberlandesgericht	31
5. Klageregister und Musterkläger	32
6. Prozessstellung der anderen Kläger	33
7. Musterentscheid	34
8. Kostenregelung	35
9. Geltungsdauer des KapMuG	36

I. Prospekthaftung

1. Entwicklung der Prospekthaftung

1 Die Prospekthaftung hat ihren Ursprung in den für den (institutionellen) Kapitalmarkt geschaffenen gesetzlichen Haftungstatbeständen der §§ 44, 45, 46 BörsG für börsennotierte Wertpapiere und den inzwischen aufgehobenen und in § 127 des Investmentgesetzes geregelten §§ 19, 20 Kapitalanlagegesellschaftsgesetz sowie §§ 3, 12 Auslandsinvestmentgesetz für (offene) Fondsanteile. Besondere praktische Bedeutung hat die Prospekthaftung vor dem Hintergrund des Anlegerschutzes jedoch im Bereich der geschlossenen Fonds und Bauherrenmodelle erlangt, für den bis zur Einführung der gesetzlichen Prospektpflicht durch das AnSVG eine unmittelbare gesetzliche Prospekthaftung nicht galt. Aufgrund des hier besonders dringenden Bedürfnisses eines effektiven Anlegerschutzes vor unzutreffenden oder irreführenden Prospektangaben hat der BGH seit Ende der siebziger Jahre in Anlehnung an die vorzitierten spezialgesetzlichen Haftungstatbestände die bürgerlich-rechtliche Prospekthaftung entwickelt (BGHZ 71, 284; BGHZ 72, 382). Ihren sachlichen (Haftungsumfang) und personellen (Kreis der Haftungsschuldner) Anwendungsbereich hat der BGH in der Folgezeit immer weiter ausgedehnt (BGHZ 79, 337; BGHZ 83, 222; BGH WM 1986, 583; BGHZ 111, 314; BGHZ 115, 213, 217 ff.).

2 Diese richterrechtliche Prospekthaftung hat mit dem Inkrafttreten des AnSVG zum 1. 7. 2005 eine gesetzliche Normierung erfahren. Das international sehr ungewöhnliche (s. *Fleischer* BKR 2004, 339)

Vor §§ 13, 13 a

in gesetzliche und richterrechtliche Anspruchgrundlage gespaltene Prospekthaftungsregime wurde auch für den Bereich der nicht wertpapiermäßigen Vermögensanlagen zugunsten einer in § 13 VerkProspG enthaltenen (modifizierten) Rechtsgrundverweisung auf die §§ 44 bis 47 BörsG für unrichtige und unvollständige Verkaufsprospekte sowie der Einfügung eines § 13a VerkProspG als Haftungsnorm für den Fall eines fehlenden Verkaufsprospektes vereinheitlicht.

2. Unterscheidung in die Prospekthaftung im engeren und im weiteren Sinne

Hinsichtlich der Frage nach dem Kreis der Haftungsschuldner und dem Umfang ihrer Prospektverantwortlichkeit ist die (gesetzliche) Haftung aufgrund aktiver Gestaltung und Beeinflussung des Prospektinhaltes (*Prospekthaftung im engeren Sinne*, eigentliche Prospekthaftung) von der (richterrechtlichen) Haftung wegen Schlechterfüllung vorvertraglicher Aufklärungs- und Informationspflichten durch Verwendung eines fehlerhaften (fremden) Prospektes (*Prospekthaftung im weiteren Sinne*, uneigentliche Prospekthaftung) zu unterscheiden. 3

Entsprechend der haftungsbegründenden Handlung ist die gesetzliche Prospekthaftung im engeren Sinne eine Haftung aufgrund der Prospekterstellung selbst. Grundlage der Haftung ist damit nicht das persönliche, einem bestimmten Vertragspartner gegenüber bestehende Vertrauen, sondern das typisierte allgemeine Vertrauen auf die Richtigkeit und Vollständigkeit der Angaben im Prospekt (*Siol*, in: *Schimansky/Bunte/Lwowski*, § 45, Rn. 32; auch die Rechtsnatur der börsengesetzlichen Prospekthaftung findet sich richtigerweise in der Vertrauenshaftung, s. *Schwark*, § 45 BörsG, Rn. 5 ff. und *Groß*, §§ 44, 45 BörsG, Rn. 9). Die Prospekthaftung im weiteren Sinne ist demgegenüber eine Haftung aufgrund der Prospektverwendung, wodurch sich der Haftende den fehlerhaften oder unvollständigen Prospektinhalt zu Eigen macht. Hier beruht die Haftung auf der Inanspruchnahme besonderen persönlichen Vertrauens gegenüber einem bestimmten Vertragspartner (*Siol*, in: *Schimansky/Bunte/Lwowski*, Bankrechtshandbuch, § 45, Rn. 41). 4

3. Prospekthaftung im engeren Sinne

Der BGH hat die Prospekthaftung als Haftungsinstitut im Kern aus den Grundsätzen der Haftung aufgrund Verschuldens bei Vertragsschluss (culpa in contrahendo, § 311 Abs. 2 und Abs. 3 BGB) hergeleitet (zur Entwicklung im Einzelnen vgl. *Assmann*, in: *ders./Schütze*, § 7 Rn. 13–25). Sie stellte daher eine „Weiterentwicklung des Grundgedankens einer Vertrauenshaftung" (vgl. BGHZ 79, 337) dar, die aus der Enttäuschung von in Anspruch genommenen Vertrauens 5 aufgrund einer Verletzung vorvertraglicher Beratungs- und Aufklärungspflichten gegenüber dem Anleger folgte.

6 Zentraler Anknüpfungspunkt der Haftung war folglich der dem interessierten Anlegerkreis überlassene Anlageprospekt, der im Regelfall die einzige oder zumindest wesentliche Informationsquelle für die Anlageentscheidung ist. Es handelte sich mithin bei den von Initiatoren und anderen Personen herausgegebenen Informationen über die Kapitalanlage nicht um rechtlich unbeachtliche Werbemittel, sondern um die Erfüllung vorvertraglicher Beratungs- und Aufklärungspflichten (vgl. BGHZ 77, 172). Einen haftungsbegründenden „Prospekt" konnte demnach jedes Werbemittel darstellen, das der Information und Akquisition von Kapitalanlegern diente und für diese eine wesentliche Entscheidungsgrundlage bildete. Hierzu gehörten daher auch Serienbriefe, Kurzexposés, Internet-Angebote und Zeitungsanzeigen. Schon vor der Einführung der gesetzlichen Prospektpflicht durch das AnSVG konnte nach Ansicht der obergerichtlichen Rechtsprechung ein Anleger nur unter Verwendung schriftlichen Informationsmaterials ordnungsgemäß über die wesentlichen tatsächlichen Umstände, die für die Anlageentscheidung maßgeblich waren, aufgeklärt werden (OLG Hamm BKR 2003, 807, 808; s. auch zu dem in diesem Zusammenhang ergangen Urteil des BGH unten Rn. 11), es bestand also durchaus für die Anbieter geschlossener Fonds eine „faktische" Prospektpflicht (zur „faktischen" Prospektpflicht s. schon *Heisterhagen,* DStR 2004, 1089, 1093).

7 Die von der Rechtsprechung und insbesondere dem BGH geschaffene bürgerlich-rechtliche Prospekthaftung im engeren Sinne schloss eine Lücke im deutschen Kapitalmarktrecht, um deren Beseitigung durch den Gesetzgeber bis zur Verabschiedung des AnSVG seit Jahrzehnten gerungen wurde (*Fleischer* BKR 2004, 339 f.). Mit Erstreckung der Haftung für fehlerhafte Prospekte auf § 13 VerkProspG auf den Bereich der nicht wertpapiermäßig ausgestalteten Vermögensanlagen und der Einführung eines § 13a VerkProspG für die Fälle gänzlich fehlender Verkaufsprospekte existiert nunmehr eine spezialgesetzliche Regelung dieses Rechtsbereiches, die die bürgerlich-rechtliche Prospekthaftung im engeren Sinne im Rahmen ihres Anwendungsbereiches ersetzt (dies leitet sich im Umkehrschluss daraus ab, dass nach der RegBegr. zum AnSVG die zivilrechtliche Prospekthaftung im weiteren Sinne unberührt bleiben soll, BT-Drucks. 15/3174, 44; auch im Bereich der Wertpapierprospekthaftung nach § 13 VerkProspG aF war die bürgerlich-rechtliche Prospekthaftung neben den gesetzlichen Regelungen nicht anwendbar, siehe *Assmann,* in: *Assmann/Lenz/Ritz,* § 13 VerkProspG Rn. 70). Man wird allerdings davon ausgehen können, dass auch nach Normierung der Prospekt-

Vor §§ 13, 13 a

haftung im engeren Sinne in den §§ 13, 13 a VerkProspG die Rechtsprechung die Entwicklung dieses Haftungsinstituts wachsam verfolgen und durch Anwendung bereits in der Vergangenheit gewonnener Rechtssätze sowie weiterer richterrechtlicher Rechtsfortbildung vorantreiben wird (s. auch *Fleischer* BKR 2004, 339, 343, wonach man für die Regelungen des § 13 VerkProspG die einschlägige Spruchpraxis des BGH zur bürgerlich-rechtlichen Spruchpraxis heranziehen können wird). Dies gilt umso mehr, als die bürgerlich-rechtliche Prospekthaftung im weiteren Sinne auch in Zukunft als richterrechtliches Haftungsinstitut neben § 13 VerkProspG existiert (s. nachfolgende Rn. 8).

4. Prospekthaftung im weiteren Sinne

Von der Prospekthaftung im engeren Sinne ist die Prospekthaftung 8 im weiteren Sinne abzugrenzen, die neben den gesetzlichen Prospekthaftungstatbeständen zur Anwendung kommt (s. die RegBegr. zum AnSVG, BT-Drucks. 15/3174, 44). Hierunter ist die Haftung von Personen zu verstehen, die aufgrund der §§ 311 Abs. 2, 241 Abs. 2 BGB durch die Verletzung von Aufklärungspflichten bei der Vertragsverhandlung über den Beitritt zur Anlagegesellschaft entstehen kann (MünchKommHGB-*Emmerich* § 311, Rn. 174).

a) Kreis der Haftungsschuldner. Die Schuldner sind damit re- 9 gelmäßig Anlagevermittler, Anlageberater, Makler und Banken, soweit sie sich zur Erfüllung ihrer Informations- und Aufklärungspflichten eines fremden Prospektes bedienen und sich damit dessen Inhalt zu Eigen machen. Die Pflicht zur richtigen Information und Aufklärung kann auf einem (auch stillschweigend) abgeschlossenen Anlageberatungsvertrag beruhen, sofern der Interessent deutlich macht, dass er hinsichtlich einer konkreten Anlagescheidung die besondere Sachkenntnis des Vermittlers oder Beraters in Anspruch nehmen will. Zumindest wird sie jedoch auf ein vorvertragliches Schuldverhältnis zurückzuführen sein, das aufgrund einer Sachwalterstellung des Anspruchsgegners kraft besonderer fachlicher Kompetenz und eigenem wirtschaftlichen Interesse besteht (vgl. BGHZ 56, 81, 84 ff.; BGHZ 63, 382, 384 ff.; BGHZ 70, 337, 343 ff.; BGH WM 1992, 1310). Als Schuldner aus einer Prospekthaftung im weiteren Sinne kommen auch die bei der Prospekterstellung beteiligte Personen in Frage, sofern sie sich an den Vertragsverhandlungen mit einem Anleger beteiligt und dabei persönliches Vertrauen in Anspruch genommen haben (BGH DStR 2003, 1494, 1495 = NJOZ 2003, 679, 681; BGH DStR 2003, 1584). Maßgeblich ist dabei, ob neben der Vorlage eines fehlerhaften Prospekts eine Verletzung vorvertraglichen

Vertrauens seitens der Prospektverantwortlichen, die zu einer Prospekthaftung im weiteren Sinne führen würde, vorliegt (so auch im Ergebnis *Benecke* BB 2006, 2597, 2600; *Bohlken/Lange* DB 2005, 1259, 1263; *Keunecke,* Prospekte im Kapitalmarkt (2005), Rn. 579).

10 **b) Umfang der Aufklärungs- und Beratungspflichten.** Der Umfang und die Reichweite der Informationspflicht hängen von den Umständen des Einzelfalls ab. In erster Linie ergibt sich aus dem Anlageberatungsvertrag die Pflicht des Aufklärungspflichtigen zur richtigen und vollständigen Information über diejenigen tatsächlichen Umstände, die für den Anlageentschluss des Interessenten von besonderer Bedeutung sind (BGH NJW-RR 1993, 1114, 1115; BGH NJW-RR 2000, 998 = ZIP 2000, 355, 356; BGH NJW-RR 2003, 1690; BGH NJW-RR 2005, 1120, 1121). Dazu bedarf es vorab der eigenen Information des Anlagevermittlers hinsichtlich der Wirtschaftlichkeit der Kapitalanlage sowie der Bonität des Kapitalsuchenden. Deshalb müssen Kapitalanlagevermittler das Anlagekonzept (wenigstens) anhand des hierzu zur Verfügung gestellten Prospekts auf innere Plausibilität, insbesondere im Hinblick auf die wirtschaftliche Tragfähigkeit prüfen. Bei fehlender Plausibilität müssen Nachforschungen angestellt werden, oder der Kapitalanlageinteressent muss über die Informationslücken informiert werden (BGH NJW-RR 1993, 1114, 1115; BGH NJW-RR 2000, 998). Sind etwa die Angaben zu Provisionen unvollständig und irreführend, so ist der Anlagevermittler unabhängig von der Höhe der Provision zur Aufklärung verpflichtet.

11 **c) Beweislast für die Prospektübergabe.** Entgegen einer obergerichtlichen Entscheidung, wonach bei einer behaupteten Schlechterfüllung des Auskunftsvertrages der Anlagevermittler die Übergabe eines Prospekts – etwa in Form einer Quittierung des Erhalts durch den Anleger – zu beweisen hat (OLG Hamm BKR 2003, 807 ff.), belässt es die höchstrichterliche Rechtsprechung bei der allgemeinen Verteilung der Beweislast (BGH NJW-RR 2006, 1345 f.). Danach trifft grundsätzlich den Anleger, der einen Anspruch wegen Schlechterfüllung des Auskunftsvertrages geltend macht, die Darlegungs- und Beweislast für das Vorliegen der Anspruchsvoraussetzungen. Ist die Aushändigung eines Prospekts dagegen ausnahmsweise die geschuldete Haupt- bzw. Nebenleistungspflicht, was nach Ansicht des BGH für den vom OLG Hamm beurteilten Sachverhalt der Fall war, liegt die Beweislast für die Übergabe des Prospekts an den Anleger, also für die Erfüllung der vertraglichen Leistungspflicht, beim Anlagevermittler. Ansonsten ist die Aushändigung eines Prospekts regelmäßig nur ein Element im Rahmen der allgemeinen Aufklärungspflicht des

Vor §§ 13, 13 a

Anlagevermittlers (BGH NJW-RR 2006, 1345, 1346), so dass es bei der allgemeinen Beweislastverteilung bleibt.

Das Urteil des BGH überlässt dem Rechtsanwender die schwierige **12** Abgrenzung, wann eine Prospektübergabe eine Leistungspflicht des Anlagevermittlers ist, z. B. als Auskunftspflicht aus einem Auftrag nach § 666 BGB, und wann es sich lediglich um eine Nebenpflicht handelt, die auch, aber nicht allein, durch Prospektübergabe erfüllt werden kann. Es empfiehlt sich daher für die Praxis, immer ein Empfangsbekenntnis des Anlegers vorzusehen. Allerdings muss ein in der Beitrittserklärung enthaltenes Empfangsbekenntnis, mit dem der Anleger den Empfang des Prospekts bestätige, besonderen Anforderungen genügen, um nicht wegen Verstoßes gegen § 309 Nr. 12b) BGB (vormals § 11 Nr. 15b) AGBG) unwirksam zu sein. Diese Bestimmung erklärt nämlich solche vertraglichen Bestimmungen für unwirksam, durch die der Verwender die Beweislast zum Nachteil des anderen Vertragsteils ändert, indem er diesen bestimmte Tatsachen bestätigen lässt. Gemäß § 309 Nr. 12b) Hs. 2 BGB gilt dies ausnahmsweise dann nicht, wenn das Empfangsbekenntnis gesondert unterschrieben ist. Nicht erforderlich ist in diesem Zusammenhang, dass das Empfangsbekenntnis als eine eigene Urkunde ausgestaltet wird. Es muss aber vom übrigen Vertragstext deutlich abgesetzt sein. Auch darf sich die Unterschrift nur auf das Empfangsbekenntnis beziehen. Wird mehr bestätigt als der bloße Empfang, so ist das Empfangsbekenntnis nicht „gesondert" unterschrieben. Darüber hinaus führt auch die Verbindung mit der Widerrufsbelehrung zur Unwirksamkeit (*Palandt/Grüneberg*, BGB, § 309 Rn. 102). Bei der Gestaltung der Zeichnungsscheine muss demzufolge das Empfangsbekenntnis deutlich hervorgehoben werden sowie durch eine separate Unterschrift ausdrücklich bestätigt werden, damit es wirksam vereinbart ist.

d) Zurechnung von Beratungsfehlern Dritter. Bei der Pros- **13** pekthaftung im weiteren Sinne ist zudem oft fraglich, inwieweit sich die beteiligungsfinanzierende Bank ein Fehlverhalten eines Anlagevermittlers zurechnen lassen muss. Tatbestandliche Grundlage dieser Zurechnung bildet § 278 BGB. So soll nach Auffassung der Rechtsprechung der Vermittler dann als Erfüllungsperson der Bank auftreten, wenn sein Verhalten den Bereich der Anbahnung des Kreditvertrags betrifft (vgl. zuletzt BGH NJW 2006, 2099, 2106 mwN). Etwas anderes gilt hingegen, wenn die fehlerhaften Erklärungen außerhalb des Pflichtenkreises der Bank anfallen und etwa die Rentabilität des Anlagegeschäfts betreffen, wie dies bei Erklärungen zum Wert des Objekts und zur monatlichen Belastung des Anlegers der Fall sein kann. Abzugrenzen ist die Prospekthaftung im weiteren Sinne von dem sog. Auskunftsvertrag, der eine vertragliche Vereinbarung voraussetzt. Der BGH tendiert dazu, eine solche Vereinbarung zu bejahen, wenn Anleger im Zusammenhang mit der Anlageentscheidung die Expertise eines professionellen Anlagevermittlers, Anlageberaters oder eines Kreditinstituts in Anspruch nehmen. Dabei kann es für ein Zustandekommen eines Auskunftsvertrages bereits ausreichend sein, dass ein Anleger den Anlagevermittler um einen Beratungstermin bittet und dieser im Rahmen dessen Angaben zu der fraglichen Anlage macht (BGH NJW-RR 2005, 1120). Anspruchsgrundlage ist in diesen Fällen das Rechtsinstitut der positiven Vertragsverletzung gemäß § 280 Abs. 1 BGB.

14   e) **Verjährung.** Soweit der Anleger sich auf Prospekthaftungsansprüche im weiteren Sinne stützt, unterlag diese bisher der allgemeinen dreißigjährigen Verjährungsfrist des § 195 BGB aF (vgl. NJW 1982, 1514, 1515; NJW 1984, 2523). Nach der Reform des Verjährungsrechts durch das Schuldrechtsmodernisierungsgesetz beträgt die regelmäßige Verjährung nach § 195 BGB nunmehr drei Jahre. Den Beginn der Verjährung regelt § 199 BGB, wonach die Verjährungsfrist grundsätzlich erst ab Kenntnis des Anspruchsinhabers von dem Anspruch beginnt. Ansprüche aus Prospekthaftung im weiteren Sinne, die vor dem 1.1.2002 entstanden sind und für die nach früherem Verjährungsrecht die dreißigjährige Regelverjährungsfrist galt, sind nach Art. 229 § 6 Abs. 3, Abs. 4 EGBGB grundsätzlich mit Ablauf des 31.12.2004 verjährt, wenn der Anleger von dem Prospekthaftungsanspruch schon vor dem 31.12.2001 Kenntnis oder grob fahrlässige Unkenntnis hatte (vgl. den Verjährungsbeginn nach § 199 Abs. 1 BGB und BGH NJW 2007, 1586f.). Von dieser gesetzlichen Übergangsregelung erfasst werden insbesondere die vormals nicht kodifizierten Anspruchsgrundlagen culpa in contrahendo und positive Vertragsverletzung. Denn das neue Verjährungsrecht ist grundsätzlich auf alle am 1.1.2002 bestehenden und zu diesem Zeitpunkt noch nicht verjährten Ansprüche anwendbar.

15   f) **Rechtsfolgen.** Im Rahmen des Schadensersatzanspruchs aus der bürgerlich-rechtlichen Prospekthaftung im weiteren Sinne ist der Anleger so zu stellen, als hätten er sich an der Anlage nicht beteiligt, es ist ihm also der Vertrauensschaden zu ersetzen (*Assmann*, in: *ders./Schütze*, § 6 Rn. 192; BGH NJW-RR 2006, 685, 687; OLG Düsseldorf, ZIP 2004, 1745, 1746). Er kann daher einen Ausgleich dafür verlangen, dass er nicht (nachweislich) eine andere gewinnbringende Investition getätigt hat, zumindest aber dafür, dass er sein Geld nicht zum üblichen Zinssatz angelegt hat (BGH WM 1983, 1387, 1389; BGH WM 1992, 143, 144). Umgekehrt muss er sich jedoch das an-

Vor §§ 13, 13 a

rechnen lassen, was ihm als steuerlicher Vorteil, insbesondere also an Steuerminderung aufgrund von Verlustzuweisungen, zugeflossen ist, sofern er nicht nachweisen kann, dass er eine andere steuermindernde Anlage getätigt hätte (BGH WM 2006, 174, 175; BGH NJW 2006, 2042); allerdings ist von einem solchen steuerlichen Vorteil wiederum dasjenige abzuziehen, was der ersatzberechtigte Anleger von dem ihm zugesprochen Schadenersatzanspruch an den Fiskus abzuführen hat, also sein Steuernachteil (ausführlich dazu BGH WM 2006, 174, 175 ff.). Für die Beteiligung an einer nicht gewerblichen Fondsgesellschaft sieht der BGH nach dem vorgenannten Urteil keine Steuerpflicht für einen zugesprochenen Schadenersatzanspruch, weist jedoch darauf hin, dass diese Frage in steuerrechtlicher Hinsicht noch nicht endgültig geklärt ist.

5. Haftung aus Vertrag und Delikt

a) Vertragliche Haftung. Neben den gesetzlichen Prospekthaftungsnormen bleiben weitergehende (vertragliche oder deliktische) Ansprüche unberührt (§ 47 Abs. 2 BörsG). Eine vertragliche Haftung der Prospektverantwortlichen und -veranlasser, die nicht in direktem Kontakt zu den Anlegern stehen, wird in der Regel mangels eines bereits bestehenden Vertragsverhältnisses vor dem Zeitpunkt der Anlageentscheidung nicht gegeben sein. Ein vertragliches Verhältnis ist aber zu den Gründungsgesellschaftern durch den Gesellschaftsvertrag (BGH ZIP 2003, 1651) und zu einem Treuhänder aufgrund des Treuhandvertrages gegeben sowie mit Dritten in besonderen Konstellationen, z. B. im Rahmen eines mit einem Prospektverpflichteten geschlossenen Beratungsvertrages (z. B. allgemeiner Bankvertrag), denkbar. Auch Ansprüche aus Vertrag mit Schutzwirkung zugunsten Dritter können entstehen. Der Haftung aus einem solchen Verhältnis unterliegen insbesondere Personen, die über besondere Sachkunde verfügen und in dieser Eigenschaft eine gutachterliche Äußerung abgeben, von der dann der Auftraggeber Dritten gegenüber bestimmungsgemäß Gebrauch macht (BGH NJW 2004, 3420, 3421 mwN), etwa Wirtschaftsprüfer, die einen Verkaufsprospekt begutachten. Dabei ist die Reichweite eines etwaigen Drittschutzes durch Auslegung des jeweiligen Prüfauftrages zu ermitteln (BGH NZG 2006, 862, 863). Regelmäßig kann jedoch nicht davon ausgegangen werden, dass der Prüfer bereit ist, gegenüber einer unbekannten Vielzahl von Gläubigern ein so weites Haftungsrisiko zu übernehmen (BGH NZG 2006 aaO). Die Haftung aus diesen Rechtsverhältnissen richtet sich nach den allgemeinen Grundsätzen (vor)vertraglicher Aufklärungs- und Beratungspflichten (§§ 282, 241, 311 BGB).

16

Vor §§ 13, 13a IV. Abschnitt. Veröffentlichung des Verkaufsprospekts

17   **b) Deliktische Haftung.** Eine Haftung neben der gesetzlichen Prospekthaftung kann nach den allgemeinen und besonderen deliktischen Anspruchsgrundlagen begründet sein (siehe im Einzelnen Münchener Handbuch des Gesellschaftsrechts-*Gummert*, KG, § 70). Nach § 823 Abs. 2 BGB haftet der Anspruchsgegner für Schäden im Zusammenhang mit einschlägigen Schutzgesetzverletzungen wie z. B. § 263 StGB (Betrug), § 266 StGB (Untreue), § 264a StGB (Kapitalanlagebetrug), § 331 HGB sowie § 400 AktG (Unrichtige Darstellung der wirtschaftlichen Verhältnisse). Einschlägig sein können auch die §§ 37b, 37c WpHG (Schadenersatz in Zusammenhang mit Insiderinformationen bei Wertpapieren).

18   Schließlich ist auch an eine Haftung wegen vorsätzlicher sittenwidriger Schädigung (§ 826 BGB) zu denken. Ein sittenwidriges Verhalten des Anspruchsgegners im Zusammenhang mit der Entscheidung des Anlegers, sich an einer Vermögensanlage zu beteiligen, liegt insbesondere vor, wenn der Anspruchsgegner wissentlich eine unrichtige Auskunft gegeben hat, für die Anlageentscheidung erforderliche Angaben vorsätzlich verschwiegen hat, eine von Anfang an unrichtige aber im guten Glauben an die Richtigkeit erteilte Auskunft trotz späterer besserer Erkenntnis nicht berichtigt oder eine unrichtige Auskunft entgegen einer bestehenden Berufspflicht oder Vertrauensstellung besonders leichtfertig oder grob fahrlässig erteilt hat (BGH BKR 2005, 360).

19   Bezüglich des Vorsatzerfordernisses genügt, dass der Anspruchsgegner mit der Möglichkeit eines Schadens des Anlageinteressenten gerechnet und diese billigend in Kauf genommen hat (BGH DStR 2004, 1490, 1492 mwN).

II. Gerichtsstand für Prospekthaftungsklagen

1. Örtliche Zuständigkeit

20   **a) Allgemeines.** Scheitert eine Kapitalanlage und bestehen für die Anleger Aussichten, ihre Verluste im Wege der Prospekthaftung geltend zu machen, drohen Massenverfahren, die im Falle des Obsiegens in einem Vollstreckungswettlauf der Geschädigten enden. Um die spätere Vollstreckung auf eine breite Basis zu stellen, wird eine Klage möglichst gegen alle in Betracht kommenden Haftungsschuldner gerichtet werden. Für eine Vereinheitlichung des Gerichtsstandes sorgt hier der durch das KapMuG eingeführte § 32b ZPO. Nach Abs. 1 dieser Vorschrift ist für Schadenersatzansprüche aus öffentlichen Kapitalmarktinformationen das Gericht am Sitz des Emittenten oder Anbieters der Vermögensanlage örtlich zuständig. Dies entspricht im Ergebnis der Rechtsprechung des Bundesgerichtshofes,

Vor §§ 13, 13 a

der die Problematik verschiedener allgemeiner Gerichtsstände der Prospekthaftungsschuldner durch eine analoge Anwendung des § 22 ZPO (Gerichtsstand der Mitgliedschaft) auf Personen, die die Anleger bei den Beitrittsverhandlungen vertreten haben oder die einer Fondsgesellschaft als Initiatoren, Gestalter oder Gründer nahe stehen, gelöst hat (BGHZ 76, 231, 234 ff.).

b) Anwendung des § 32 b ZPO auf vor dem 1. 7. 2005 platzierte geschlossene Fonds. Entgegen der Ansicht des OLG München (ZIP 2006, 1699, 1700 und Vorlagebeschluss zum BGH NJW 2007, 163, 164 f.) wonach § 32 b ZPO (und das KapMuG insgesamt) nur auf „formell" durch die BaFin gestattete Prospekte anzuwenden sei, bezieht die hM (BGH NJW 2007, 1364; OLG Nürnberg WM 2006, 2079, 2080; OLG Koblenz NJW 2006, 3723, 3724; so auch *Schneider* BB 2005, 2249, 2250) unter Verweis auf den weiten Wortlaut des § 1 Abs. 1 Satz 3 KapMuG alle öffentlichen Kapitalmarktinformationen in den Anwendungsbereich der Norm ein. Die Regelung des § 32 b ZPO ist also auch auf solche Vermögensanlagen anzuwenden, die vor dem 1. 7. 2005 noch außerhalb der gesetzlichen Prospektpflicht platziert wurden (insbesondere Geschlossene Fonds im sog. „Grauen Kapitalmarkt"). 21

c) Übergangsregelungen des § 31 EGZPO und § 18 Abs. 2 VerkProspG. Für die Anwendung des § 32 b ZPO gilt die Übergangsregelung des § 31 EGZPO, wonach auf die nach dem 31. 10. 2005 anhängig werdenden Verfahren § 32 b ZPO keine Anwendung findet wenn zu diesem Zeitpunkt bereits bei einem anderen Gericht mindestens zehn Verfahren anhängig sind, in denen die Voraussetzungen für ein Musterverfahren ebenso wie bei dem neu anhängig werdenden Verfahren vorliegen. Durch die Übergangsregelung sollte verhindert werden, dass durch § 32 b ZPO die Gerichtsstände über das Land verteilt werden mit der Folge, dass bei verschiedenen OLGs Musterfeststellungsanträge gestellt werden (zu dem Musterfeststellungsverfahren siehe nachfolgend Rn. 28 ff.). Falls also – abstrakt gesehen – eine Musterfeststellungssituation besteht, so sollte es bei dem Gerichtsstand des § 13 Abs. 2 VerkProspG aF bleiben, mithin das LG Frankfurt am Main zuständig sein. Diese Regelung wird zutreffend als missglückt bezeichnet, da dem Kläger nicht bekannt sein kann, ob bei anderen zum 31. 10. 2005 anhängigen Verfahren die Verfahrensvoraussetzungen für eine Musterklage vorliegen, da die Voraussetzungen allein noch nicht zu einer Bekanntmachung im Klageregister führen (*Heidel/Krämer,* § 13 VerkProspG, Rn. 24 ff.). 22

Eine weitere Übergangsregelung findet sich in § 18 Abs. 2 VerkProspG für einige Arten von Wertpapierprospekten, für die weiterhin 23 die Regelung des (aufgehobenen) § 13 Abs. 2 VerkProspG aF Anwendung findet (siehe § 18 VerkProspG Rn. 15 ff.).

2. Sachliche Zuständigkeit

24 Sachlich zuständig ist nach dem durch das KapMuG geänderten § 71 Abs. 2 Nr. 3 GVG das Landgericht. Nach § 32 b Abs. 2 S. 1 ZPO können die Länder einem Landgericht für die Bezirke mehrerer Landgerichte sozusagen als „Kompetenzzentrum" die Klagen aufgrund fehlerhafter Kapitalmarktinformationen zuweisen. Von der Ermächtigung haben bisher Bayern und Nordrhein-Westfalen Gebrauch gemacht. Gemäß § 24 a der Verordnung über gerichtliche Zuständigkeiten im Bereich des Bayerischen Staatsministeriums der Justiz (GVBl. Bayern 2005, S. 695) ist für solche Streitigkeiten mit einem Gerichtsstand in Bayern das LG München I zuständig. In Nordrhein-Westfalen ergibt sich die Zuständigkeit des LG Düsseldorf im OLG-Bezirk Düsseldorf, des LG Dortmund im OLG-Bezirk Hamm und des LG Köln im OLG-Bezirk Köln für kapitalmarktrechtliche Streitigkeiten aus der Konzentrations-VO vom 23. 11. 2005 (GVBl. NRW 2005, S. 920).

III. Kapitalanlegermusterverfahrensgesetz

1. Gesetzeshistorie und -ziele

25 Zum 1. 11. 2005 ist das „Gesetz über Musterverfahren in kapitalmarktrechtlichen Streitigkeiten (Kapitalanleger-Musterverfahrensgesetz – KapMuG)" in Kraft getreten (BGBl. I 2005, 2437). Das KapMuG ist ausdrücklich auch auf nicht in Wertpapieren verbriefte Anlageformen, wie bspw. Anteile an nicht handelbaren geschlossenen Fonds, anwendbar, denn Klagen wegen fehlerhafter Angaben in Verkaufsprospekten nach dem Verkaufsprospektgesetz sind eindeutig in den Anwendungsbereich einbezogen (s. § 1 Abs. 1 Satz 4 Nr. 2 KapMuG). Nach hM gilt dies auch für solche Kapitalanlageprodukte des „Grauen Kapitalmarktes", die vor dem 1. 7. 2005 platziert worden sind (s. o. den zu § 32 b ZPO geführten Streit unter Rn. 21). Gegenstand des Musterverfahrens ist nach § 1 KapMuG ein Schadensersatzanspruch bezüglich falscher, irreführender oder unterlassener öffentlicher Kapitalmarktinformationen. Anknüpfungspunkt sind somit im Bereich der nicht wertpapiermäßigen Anlageformen die Anspruchsgrundlagen nach §§ 13, 13 a VerkProspG.

26 Der aufgrund einer falschen oder unterlassenen Kapitalmarktinformation geschädigte Anleger wird häufig, zumal wenn sein persönlicher Schaden eher gering ausfällt, eine gerichtliche Auseinandersetzung wegen des Prozessrisikos und der hohen Kosten aufgrund oft notwendiger Sachverständigengutachten zur Klärung komplizierter kapitalmarktrechtlicher Fragen scheuen. Dies kann dazu führen, dass kapitalmarktrechtliche Haftungsnormen ihre ordnungspolitische Steuerungsfunktion einbüßen (s. die Beschlussempfehlung des Rechtsausschusses, BT-Drucks. 15/5695, S. 1).

Ziel des KapMuG ist es insofern, durch neue prozessuale Regelungen eine bessere organisatorische Handhabung von Masseverfahren im Kapitalmarktbereich (Beschlussempfehlung des Rechtsausschusses, BT-Drucks. 15/5695, S. 22) und durch eine Anspruchsbündelung eine kostengünstigere Rechtsdurchsetzung zu erreichen (Begründung der Bundesregierung, BT-Drucks. 15/5091, S. 16). Hierzu kann eine in verschiedenen Prozessen gestellte Musterfrage durch ein Musterverfahren vor einem Oberlandesgericht vorentschieden werden. Die strittige Rechtsfrage wird durch das Oberlandesgericht abschließend und mit bindender Wirkung für alle Landgerichte, vor denen entsprechende Schadenersatzklagen anhängig sind, geklärt. Es muss also stets zwischen dem Landgericht als Prozessgericht und dem Oberlandesgericht als Gericht des Musterverfahrens unterschieden werden. 27

2. Musterfeststellungsantrag

Im Einzelnen setzt die Verfahrenseinleitung gemäß § 4 KapMuG einen Musterfeststellungsantrag, der beim Prozessgericht zu stellen und gemäß § 2 KapMuG in einem noch einzurichtenden Klageregister des elektronischen Bundesanzeigers unentgeltlich einsehbar ist, und innerhalb von vier Monaten nach Bekanntmachung im Klageregister mindestens neun weitere, gleichgerichtete Musterfeststellungsanträge in anderen Verfahren voraus. 28

Nach § 1 Abs. 1 Satz 2 KapMuG kann der Musterfeststellungsantrag vom Kläger sowie vom Beklagten gestellt werden. Er muss gemäß § 1 Abs. 2 Satz 1 KapMuG das Feststellungsziel und die Kapitalmarktinformation angeben. Ferner muss der Antrag Angaben zu allen zur Begründung des Feststellungsziels dienenden tatsächlichen und rechtlichen Umständen (Streitpunkte) enthalten, vgl. § 1 Abs. 2 Satz 2 KapMuG. 29

3. Feststellungsziel

Feststellungsziel kann die Feststellung des Vorliegens bzw. des Nichtvorliegens mehrerer anspruchsbegründender oder anspruchsausschließender Voraussetzungen einschließlich der Klärung von Rechtsfragen sein (Beschlussempfehlung des Rechtsausschusses BT-Drucks. 15/5695, S. 23). Der Inhalt des Feststellungsziels ergibt sich somit aus dem Zusammenspiel der den begehrten Anspruch be- 30 gründenden Norm und dem konkreten Lebenssachverhalt (*Vorwerk*, in: *ders./Wolf*, § 1 Rn. 28). Nach der Legaldefinition des § 2 Abs. 1 Satz 4 KapMuG sind Musterfeststellungsanträge gleichgerichtet, sofern deren Feststellungsziel den gleichen zugrunde liegenden Lebenssachverhalt betrifft. Der gleiche Lebenssachverhalt ist betroffen, wenn sich zum Beispiel die verschiedenen Anträge der Kläger auf Feststellung der Unrichtigkeit des Prospekts im Sinne des § 44 Abs. 1 BörsG auf denselben Prospekt eines Emittenten beziehen (vgl. Stellungnahme Bundesregierung BT-Drucks. 15/5091 S. 49). Das Feststellungsziel wird also aus der anspruchsbegründenden Norm, im Beispiel § 44 Abs. 1 BörsG, und dem konkreten Lebenssachverhalt, bspw. ein bestimmter Prospekt eines bestimmten Emittenten, abgeleitet und würde sich folglich auf die Feststellung beziehen, dass der konkrete Prospekt eines bestimmten Emittenten unrichtig im Sinne des § 44 Abs. 1 BörsG ist. Dass sich die Unrichtigkeit aus vielen verschiedenen Elementen ergeben kann, ist für das einheitliche Feststellungsziel unbeachtlich; dabei handelt es sich nur um verschiedenen Streitpunkte im Rahmen desselben Feststellungsziels (vgl. Gegenäußerung der Bundesregierung BT-Drucks. 15/5091 S. 49; so auch *Vorwerk/Wolf/Fullenkamp*, § 4 Rn. 21; *Reuschle* S. 34f.). Streitpunkte sind dabei nach der Legaldefinition des § 1 Abs. 2 S. 2 KapMuG die zur Begründung des Feststellungsziels tatsächlichen und rechtlichen Umstände.

4. Vorlagebeschluss an das Oberlandesgericht

31 Mit Stellung des Musterfeststellungsantrags ordnet das Prozessgericht die Unterbrechung des Verfahrens an, vgl. § 3 KapMuG. Liegen die Voraussetzungen des Musterverfahrens vor, erlässt das Prozessgericht gemäß § 4 Abs. 1 KapMuG einen – unanfechtbaren – Vorlagebeschluss und legt das Verfahren dem zuständigen Oberlandesgericht als Gericht des Musterverfahrens vor. Sind die Voraussetzungen für die Vorlage nicht gegeben, so wird der Musterfeststellungsantrag laut § 4 Abs. 4 KapMuG vom Prozessgericht zurückgewiesen und der Rechtsstreit wieder aufgenommen.

5. Klageregister und Musterkläger

32 Der Eingang des Vorlagebeschluss beim Oberlandesgericht wird gemäß § 6 KapMuG im Klageregister bekannt gemacht. Die Prozessgerichte setzen daraufhin die bei ihnen rechtshängigen oder rechtshängig werdenden Rechtsstreitigkeiten aus, vgl. § 7 KapMuG. Das Oberlandesgericht bestimmt nach billigem Ermessen durch unanfechtbaren Beschluss einen Kläger zum Musterkläger und lädt die übrigen Kläger der ausgesetzten Rechtsstreite zum Musterverfahren bei,

Vor §§ 13, 13a

vgl. § 8 KapMuG. Nach § 8 Abs. 2 Satz 2 KapMuG sind bei der Auswahl des Musterklägers die Höhe des Anspruchs, soweit er Gegenstand des Verfahrens ist, sowie eine Verständigung mehrer Kläger auf einen Musterkläger durch das Oberlandesgericht zu berücksichtigen sind.

6. Prozessstellung der anderen Kläger

Die Stellung der nach § 8 Abs. 3 KapMuG beigeladenen übrigen 33 Kläger ist, wie sich aus § 12 KapMuG ergibt, an die Rechtsfigur des einfachen Nebenintervenienten im Sinne des § 67 ZPO angelehnt. Dies begegnet allerdings im Hinblick auf die Bindungswirkung des Musterentscheids nach § 16 Abs. 1 Satz 3 KapMuG einerseits und der verfahrensrechtlichen Stellung der nach § 8 Abs. 3 KapMuG Beigeladenen andererseits verfassungsrechtlichen Bedenken (*Vorwerk/Wolf/ Lange,* § 8 Rn. 2; *Maier-Reimer/Wilsing* ZGR 2006, 79, 112). Anspruch auf rechtliches Gehör haben diejenigen, die an einem gerichtlichen Verfahren als Partei oder in ähnlicher Stellung beteiligt sind oder unmittelbar rechtlich von dem Verfahren betroffen werden (*v. Mangoldt/Klein/Starck/Nolte,* Bonner Grundgesetz Kommentar, Band 3, 5. Auflage 2005, Art. 103 Rn. 25). Dies trifft, wenn man die verfahrensrechtliche Stellung sowie die Wirkung des Musterentscheids in Betracht zieht, ebenso auf die nach § 8 Abs. 3 KapMuG Beigeladenen zu. Problematisch in diesem Zusammenhang ist v. a. die Bestimmung des § 10 Satz 3 KapMuG (vgl. die Stellungnahme des Bundesrates BT-Drucks. 15/5091, S. 45), wonach Schriftsätze der Beigeladenen den übrigen Beigeladenen nicht mitgeteilt werden. Die sinnvolle Wahrnehmung des Anspruchs auf rechtliches Gehör setzt nämlich voraus, dass das Gericht die Berechtigten bis zu einem gewissen Grad über die Sach- und Rechtslage informiert (*v. Mangoldt/Klein/Starck/Nolte,* Bonner Grundgesetz Kommentar, aaO Rn. 29). Die Annahme, dass wegen dieser in § 10 Satz 3 KapMuG vorgesehenen Einschränkung die Bestimmungen über die Rechtsstellung der Beigeladenen insgesamt verfassungswidrig sind (so *Maier-Reimer/Wilsing* ZGR, 79, 112), ist indes nicht zwingend. Vielmehr kann sich der Beigeladene die notwendigen Informationen durch Akteneinsicht verschaffen (vgl. Begründung der Bundesregierung BT-Drucks. 15/5091, S. 27, wonach auf die Mitteilung der Schriftsätze verzichten werde soll, um eine Aufblähung des Musterverfahrens zu vermeiden; so auch *Vorwerk/Wolf/Parigger,* KapMuG, § 10 Rn. 8).

7. Musterentscheid

34 Das Oberlandesgericht entscheidet die gegenständliche Rechtsfrage durch Beschluss aufgrund mündlicher Verhandlung (vgl. § 14 KapMuG), der als sog. Musterentscheid gemäß § 16 KapMuG die Prozessgerichte bindet. Über § 16 Abs. 1 Satz 1 in Verbindung mit Abs. 2 KapMuG wird die Bindungswirkung des Musterentscheids für die Beigeladenen hergestellt. Pate für diese Regelung stand § 68 ZPO, um, im Gegensatz zur Rechtskraftwirkung nach § 322 ZPO (vgl. *Musielak* ZPO, § 322 Rn. 16 ff.), eine Bindung über den Subsumtionsschluss hinaus an die tatsächlichen und rechtlichen Grundlagen des Musterentscheids zu erreichen (Begründung der Bundesregierung BT-Drucks. 15/5091, S. 31). Dennoch bestehen einige Unterschiede. Während § 68 ZPO nur im Verhältnis zwischen Nebenintervenienten und der von ihm unterstützten Hauptpartei seine Wirkung entfaltet (*Musielak/Weth* ZPO, § 68 Rn. 5), soll § 16 KapMuG die Bindungswirkung insbesondere zwischen Beigeladenen und dem Musterbeklagten herbeiführen. Anders als beim Normalfall der Nebenintervention nach § 68 ZPO handelt es sich bei dem Musterverfahren aus Sicht des Beigeladenen auch nicht um einen fremden Rechtsstreit (*Wolf*, in: *Vorwerk/Wolf* aaO § 16 Rn. 16). Schließlich kann es in den Fällen des § 11 Abs. 2 Satz 2 KapMuG zu einem Wechsel in der Person des Musterklägers kommen, wenn ein ehemals nur Beigeladener in die Rolle des Musterklägers eintritt.

8. Kostenregelung

35 Die Kosten werden auf alle Prozessbeteiligte proportional zum jeweils geltend gemachten Anspruch verteilt (§ 17 KapMuG). Gerade in dieser Kostenregelung soll die durch das Gesetz bezweckte Besserstellung der Kläger liegen, da insbesondere die hohen Kosten für Sachverständigengutachten, in denen komplexe Kapitalmarktfragen geklärt werden müssen, für die Kläger niedrig gehalten werden.

9. Geltungsdauer des KapMuG

36 Das KapMuG ist ein Versuchs- bzw. Experimentiergesetz (*Möllers/Weichert* NJW 2005, 2737, 2741; s. auch Beschlussempfehlung des Rechtsausschusses BT-Drucks. 15/5695, S. 26), das fünf Jahre gilt und automatisch am 1. 11. 2010 außer Kraft tritt. Es gelten dann wieder die alten Regelungen, so z. B. die ausschließliche Zuständigkeit des Landgerichtes Frankfurt am Main für Prospekthaftungsklagen nach § 13 Abs. 2 VerkProspG (aF).

§ 13 Haftung bei fehlerhaftem Prospekt

(1) Sind für die Beurteilung der Wertpapiere, die nicht zum Handel an einer inländischen Börse zugelassen sind, oder der Vermögensanlagen im Sinne des § 8f Abs. 1 wesentliche Angaben in einem Prospekt im Sinne des Wertpapierprospektgesetzes oder in einem Verkaufsprospekt unrichtig oder unvollständig, so sind die Vorschriften der §§ 44 bis 47 des Börsengesetzes mit folgender Maßgabe entsprechend anzuwenden:
1. bei der Anwendung des § 44 Abs. 1 Satz 1 des Börsengesetzes ist für die Bemessung des Zeitraums von sechs Monaten anstelle der Einführung der Wertpapiere der Zeitpunkt des ersten öffentlichen Angebots im Inland maßgeblich;
2. § 44 Abs. 3 des Börsengesetzes ist auf Emittenten mit Sitz im Ausland anzuwenden, deren Wertpapiere auch im Ausland öffentlich angeboten werden;
3. bei Angaben in einem Verkaufsprospekt für Vermögensanlagen im Sinne des § 8f Abs. 1 sind die §§ 44 und 45 des Börsengesetzes unbeschadet der Nummern 1 und 2 darüber hinaus mit folgenden Maßgaben anzuwenden:
   a) an die Stelle des Wertpapiers tritt die Vermögensanlage,
   b) an die Stelle der Beschränkung des Erwerbspreises auf den Ausgabepreis nach § 44 Abs. 1 Satz 1 und Abs. 2 des Börsengesetzes tritt der erste Erwerbspreis,
   c) § 44 Abs. 1 Satz 2 und § 45 Abs. 2 Nr. 5 des Börsengesetzes finden keine Anwendung und
   d) an die Stelle des Börsenpreises in § 45 Abs. 2 Nr. 2 tritt der Erwerbspreis.

(2) (aufgehoben; vom 1. 11. 2005 bis 31. 10. 2010: Für die Entscheidung über Ansprüche nach Absatz 1 sowie über die in § 48 Abs. 2 des Börsengesetzes erwähnten Ansprüche ist ohne Rücksicht auf den Wert des Streitgegenstands das Landgericht ausschließlich zuständig,
1. *in dessen Bezirk die Börse ihren Sitz hat, bei deren Zulassungsstelle oder Zulassungsausschuß die Billigung des Verkaufsprospekts beantragt worden ist, oder*
2. *in dessen Bezirk das Bundesaufsichtsamt seinen Sitz hat, falls eine Zulassung zur amtlichen Notierung oder zum geregelten Markt nicht beantragt worden ist.*

Besteht an diesem Landgericht eine Kammer für Handelssachen, so gehört der Rechtsstreit vor diese.)

§ 13 IV. Abschnitt. Veröffentlichung des Verkaufsprospekts

Übersicht

	Rn.
I. Allgemeines	1
1. Gesetzesmaterialien	1
2. Literatur (Auswahl)	2
II. Die Norm im Einzelnen	3
1. Normentwicklung	3
2. Anwendungsbereich	10
3. Inhaltliche Anforderungen an den Prospekt	15
4. Kreis der Anspruchsberechtigten	27
5. Kreis der Anspruchsverpflichteten	30
6. Verschulden	34
7. Kausalität	36
8. Verjährung	39
9. Rechtsfolgen	40

I. Allgemeines

1. Gesetzesmaterialien

1 a) RegBegr. zum VerkProspG aF v. 1. 2. 1990 – Auszug (BT-Drucks. 11/6340, 14) zu §§ 13, 14 VerkProspG aF

Die Vorschriften sind weitgehend den Bestimmungen über die Prospekthaftung nach § 45 BörsG, § 20 KAGG und § 12 AuslInvestmG nachgebildet. Grundgedanke ist, dem Anleger unter erleichterten Voraussetzungen zu ermöglichen, das aufgrund der unrichtigen und unvollständigen Angaben getätigte Geschäft ohne Nachteil für sich wieder rückgängig zu machen. Die Prospekthaftung stellt sich als eine Art modifiziertes Rücktrittsrecht dar. § 13 Abs. 1 Satz 1 bestimmt als Voraussetzung für die Geltendmachung des Anspruchs, dass der Verkaufsprospekt Angaben von wesentlicher Bedeutung für die Bewertung der Wertpapiere enthält, die unrichtig oder unvollständig sind. Der Anspruch erstreckt sich auf den vom Erwerber bezahlten Betrag (Kaufpreis einschließlich Provisionen, Gebühren, Kommissionen usw.). Anspruchsgegner sind als Gesamtschuldner im Sinne des § 421 BGB diejenigen, welche durch ihre Unterschrift und Erklärung die Verantwortung für den Verkaufsprospekt übernommen haben, sowie ggf. diejenigen, von denen der Erlaß des Verkaufsprospekts ausgeht. Satz 2 behandelt den Fall, dass ein Erwerber das Wertpapier vor Kenntnis von der Unrichtigkeit oder Unvollständigkeit des Verkaufsprospekts selbst weiter veräußert hat. Der Anspruch des Erwerbers soll auf die Differenz zwischen Erwerbskosten und dem Wert des Wertpapiers im Zeitpunkt der Veräußerung beschränkt werden. Die Prospekthaftung ist Verschuldenshaftung. Wer nachweist, dass er die Unrichtigkeit oder Unvollständigkeit des Verkaufsprospekts nicht gekannt hat und die Unkenntnis nicht auf grober Fahrlässigkeit beruht, kann nach Abs. 2 nicht in Anspruch genommen werden (Umkehrung der Beweislast). Die Schutzwürdigkeit des Erwerbers entfällt, wenn er die Unrichtigkeit oder Unvollständigkeit des Verkaufsprospekts gekannt hat. Abs. 3 dehnt die Prospekthaftung auf Vermittler und Vertreter aus, sofern diese Kenntnis von der Unrichtigkeit oder Unvollständigkeit des Verkaufsprospekts hatten, was der Erwerber nachzuweisen hat. Auch hier entfällt die Schutzwürdigkeit des Erwerbers, wenn er die Unrichtigkeit oder Unvollständigkeit des Verkaufsprospekts gekannt hat. Die Verjährungsfrist in Abs. 4 ist aus Gründen des Anlegerschutzes entsprechend der Regelung im Börsengesetz relativ lang bemessen. Die Bestimmung in § 14 entspricht der Regelung in § 48 BörsG und erscheint im Interesse des Anlegerschutzes erforderlich. Der sechste Abschnitt regelt die Verfahren zur Zusammenarbeit in der EG und die Anforderungen an den Verkaufsprospekt in den Fällen, in denen die Wertpapiere in mehreren Mitgliedstaaten öffentlich angeboten werden, sowie die Gebührenerhebung.

b) Stellungnahme des Bundesrates v. 1. 2. 1990 – Auszug (BT-Drucks. 11/6340 (Anlage 2), 18) zu §§ 13, 14 VerkProspG aF

In Artikel 1 werden in § 13 Abs. 1 Satz 1 die Worte „als Gesamtschuldner die Rückzahlung des von ihm bezahlten Betrags gegen Rückgabe der Wertpapiere" durch die Worte „als Gesamtschuldnern die Erstattung des von ihm gezahlten Betrages gegen Übernahme der Wertpapiere" ersetzt. Begründung: Redaktionelle Verbesserung und Klarstellung des Gewollten in Anlehnung an § 20 KAGG und § 12 AuslInvestmG.

In Artikel 1 werden in § 14 Abs. 2 die Worte „aufgrund von Verträgen" gestrichen. Begründung: Es ist nicht ersichtlich, warum neben der Prospekthaftung die deliktische Haftung ausgeschlossen sein soll. Zu §§ 45, 46 des Börsengesetzes ist wegen der Formulierung in § 48 Abs. 2 des Börsengesetzes strittig, ob weitergehende Ansprüche aus unerlaubter Handlung ausgeschlossen sind. Die Streitfrage geht hier aber darum, ob die in § 45 des Börsengesetzes enthaltenen Einschränkungen des dort enthaltenen Schadensersatzanspruches durch allgemeines Deliktsrecht ausgehöhlt werden könnten (verneinend: Canaris, Bankrecht Rn. 2290, Offen in BGH NJW 86, 837, 840 m.N.). In § 13 des Entwurfs geht es aber nicht um einen Schadensersatz, sondern um einen Rückabwicklungsanspruch. Außerdem ist der Anspruch wegen der in § 13 Abs. 2 enthaltenen Beweiserleichterungen an wesentlich leichtere Voraussetzungen geknüpft als der deliktische Anspruch nach den hauptsächlich in Frage kommenden § 823 Abs. 2 BGB iVm einem Schutzgesetz und § 826 BGB. Beide Bestimmungen verlangen Vorsatz, der vom Geschädigten nachgewiesen werden muß. Ihm den deliktischen Anspruch zu nehmen, ist auch deshalb ungerechtfertigt, weil damit auch die Möglichkeit abgeschnitten wird, Mittäter oder Gehilfen über § 830 BGB in Anspruch zu nehmen.

c) RegBegr. zum Dritten Finanzmarktförderungsgesetz v. 6. 11. 1997 – Auszug (BT-Drucks. 13/8933, 89)

Die Neufassung des § 13 ist aufgrund der Neuregelung der in den §§ 45 ff. Börsengesetz enthaltenen Prospekthaftungsvorschriften geboten. Abs. 1 erklärt die börsenrechtlichen Haftungsvorschriften im Falle unrichtiger oder unvollständiger Angaben in einem Verkaufsprospekt für entsprechend anwendbar. Die Nummern 1 und 2 des Absatzes 1 berücksichtigen die Besonderheiten bei der Übertragung der börsenrechtlichen Vorschriften auf das Verkaufsprospektgesetz. Abweichend von der börsenrechtlichen Regelung wird in Nummer 1 bei dem Beginn des sechsmonatigen Zeitraums, innerhalb dessen ein Erwerb der

§ 13   IV. Abschnitt. Veröffentlichung des Verkaufsprospekts

Wertpapiere zu Haftungsansprüchen aufgrund fehlerhafter Prospekte führen kann, auf den Zeitpunkt des erstmaligen öffentlichen Angebots im Inland abgestellt. Anknüpfungspunkt für eine Prospektpflicht und damit für eine Haftung aufgrund fehlerhafter Prospekte nach § 1 ist das öffentliche Angebot. Ein solches Angebot verlangt gemäß § 9 Abs. 1 zwingend die vorherige Veröffentlichung eines Verkaufsprospekts im Inland. Es ist daher sachgerecht, bei der Bestimmung des Beginns der in § 45 Abs. 1 Satz 1 Börsengesetz enthaltenen Frist darauf abzustellen, wann erstmals im Inland ein öffentliches Angebot erfolgt ist, da dies der Zeitpunkt ist, zu dem ein Anleger erstmalig sowohl Kenntnis von dem fehlerhaften Prospekt als auch von einem öffentlich zugänglichen Angebot zum Erwerb der Wertpapiere besitzen kann. Nummer 2 stellt klar, daß für den Haftungsausschluß nach § 45 Abs. 3 Börsengesetz, der Erwerbsgeschäfte ohne Inlandsbezug betrifft, die Wertpapiere ausländischer Emittenten zum Gegenstand haben, nicht auf die Börsennotierung der ausländischen Wertpapiere, sondern auf das öffentliche Angebot der Wertpapiere abzustellen ist, da Grundlage für die Prospekthaftung nach dem Verkaufsprospektgesetz stets das öffentliche Angebot von Wertpapieren ist. Abs. 2 legt fest, bei welchem Gericht Haftungsansprüche aufgrund fehlerhafter Verkaufsprospekte geltend gemacht werden können. Entsprechend der Regelung in § 49 Börsengesetz handelt es sich hierbei um eine ausschließliche Zuständigkeit, um abweichende Entscheidungen unterschiedlicher Gerichte hinsichtlich desselben Dokuments, auf das Haftungsansprüche gestützt werden, zu vermeiden. Anknüpfungspunkt für die Regelung der Zuständigkeit ist die Billigung bzw. Hinterlegung der Verkaufsprospekte. Dementsprechend ist als Forum bei Wertpapieren, für die eine Zulassung zur amtlichen Notierung oder zum geregelten Markt beantragt worden ist, der Ort, an dem die Börse ihren Sitz hat, bei denen Zulassungsstelle oder Zulassungsausschuß die Billigung des Verkaufsprospekts gemäß § 6 Abs. 1 oder 4 beantragt worden ist, vorgesehen. Bei Wertpapieren, für die eine Zulassung zur amtlichen Notierung oder zum geregelten Markt nicht beantragt wurde, ist der Sitz des BAWe maßgeblich, da die entsprechenden Verkaufsprospekte gemäß § 8 dort zu hinterlegen sind und auf ihre Vollständigkeit überprüft werden. Sachlich zuständig ist in jedem Fall das Landgericht.

d) RegBegr. zum AnSVG v. 24. 5. 2004 – Auszug (BT-Drucks. 15/3174, 44)

Zu Buchstabe a (Änderung der Überschrift)
Die Änderung der Überschrift ist im Zusammenhang mit der Einfügung der neuen Haftungsvorschrift des § 13a zu sehen. Durch die Ergänzung wird der Unterschied der beiden Haftungsnormen § 13 und § 13a (Haftung für fehlerhafte Prospektangaben – Haftung, wenn pflichtwidrig kein Prospekt erstellt wurde) bereits in der Überschrift klargestellt.

Zu Buchstabe b (Änderungen des Absatzes 1)
Durch die Änderung in Abs. 1 werden Vermögensanlagen im Sinne des § 8f in die Regelung des § 13 einbezogen.

Zu Doppelbuchstabe bb (Anfügung einer neuen Nummer 3 nach der Nummer 2)

§ 13 regelt die Haftung für fehlerhafte oder unvollständige Angaben im Verkaufsprospekt durch Verweis auf die entsprechenden Regelungen im Börsengesetz für Börsenprospekte (§§ 44 bis 47 des Börsengesetzes), die mit entsprechenden Maßgaben anzuwenden sind. Die in § 13 neu eingefügte Nummer 3 stellt zunächst klar, dass für die Haftung im Zusammenhang mit Vermögensanlagen nach § 8f die Maßgaben der Nummern 1 und 2 gelten. Darüber hinaus gelten die weiteren Maßgaben der neuen Nummer 3 Buchstabe a bis d, die Besonderheiten dieser Anlageformen Rechnung tragen. Buchstabe a stellt klar, dass für die hier in Rede stehenden Vermögensanlagen nach § 8f, die keine Wertpapiere sind, bei allen in Bezug genommenen Vorschriften an die Stelle des Wertpapiers die Vermögensanlage tritt. Da diese Vermögensanlagen keinen Ausgabepreis haben, stellen die Buchstabe n b und c klar, dass an die Stelle der Haftungsbeschränkung auf den Ausgabepreis der erste Erwerbspreis tritt, und dass die Regelung, wie die Haftung zu beschränken ist, wenn kein Ausgabepreis festgesetzt wurde, keine Anwendung findet. Da die Vermögensanlagen nach § 8f nicht an der Börse gehandelt werden, tritt an die Stelle des Börsenpreises in § 45 Abs. 2 Nr. 2 der Erwerbspreis (Buchstabe d). Ansprüche aus zivilrechtlicher Prospekthaftung im weiteren Sinne gegen von § 13 in Verbindung mit § 44 Börsengesetz nicht erfasste am Vertrieb der Vermögensanlagen im Sinne des § 8f Abs. 1 Beteiligte, z. B. Vermittler, werden nicht berührt.

Zu Buchstabe c (Änderung des Absatzes 2)

Durch die Änderungen in § 13 Abs. 2 wird die örtliche Zuständigkeit des Landgerichts am Sitz der Bundesanstalt ausgedehnt auf Entscheidungen über Ansprüche wegen fehlerhaften Verkaufsprospekten über Vermögensanlagen nach § 8f. Durch die Einfügung des neuen Satzes 2 wird klargestellt, das als Sitz der Bundesanstalt Frankfurt am Main gilt. Diese Regelung entspricht der Regelung in § 1 Abs. 3 des Finanzdienstleistungsgesetzes. Die Bundesanstalt ist aus den ehemals selbständigen Bundesaufsichtsämtern für das Kreditwesen, für das Versicherungswesen und für den Wertpapierhandel entstanden. Die Bundesanstalt hat ihren Sinn in Bonn und in Frankfurt, wobei der für den Wertpapierhandel zuständige Teil der Bundesanstalt in Frankfurt sitzt. Deshalb wird entsprechend der Regelung in § 1 Abs. 3 des Finanzdienstleistungsaufsichtsgesetzes für Ansprüche im Zusammenhang mit dem Wertpapier-Verkaufsprospekt und dem Verkaufsprospekt für andere Vermögensanlagen Frankfurt am Main als Sitz der Bundesanstalt festgeschrieben.

2. Literatur (Auswahl)

Ellenberger, Prospekthaftung im Wertpapierhandel, 2001; *Heidel,* Aktienrecht, 2. Aufl. 2007; *Heisterhagen,* Die gesetzliche Prospektpflicht für geschlossene Fonds nach dem Regierungsentwurf des Anlegerschutzverbesserungsgesetzes, DStR 2004, 1089 ff.; *ders.,* Prospekthaftung für geschlossene Fonds nach dem Börsengesetz – wirklich ein Beitrag zum Anlegerschutz?, DStR 2006, 759 ff.; *Hopt,* Das Dritte Finanzmarktförderungsgesetz – Börsen- und Kapital-

§ 13　　IV. Abschnitt. Veröffentlichung des Verkaufsprospekts

marktrechtliche Überlegungen, in: Festschrift Drobnig zum 70. Geburtstag, 1998; *Renzenbrink/Holzner*, Das Verhältnis von Kapitalerhaltung und Ad-Hoc-Haftung, BKR 2002, 434 ff.; *Schäfer*, Stand und Entwicklungstendenzen der spezialgesetzlichen Prospekthaftung, ZGR 2006, 40 ff.; *Ziegler*, Die Prospekthaftung am nicht-organisierten Kapitalmarkt im Spannungsverhältnis zu personengesellschaftsrechtlichen Grundsätzen, DStR 2005, 30 ff.; siehe ferner die unter Vor §§ 13, 13 a genannte Literatur.

II. Die Norm im Einzelnen

1. Normentwicklung

3　　Obwohl in der EG-Emissionsprospektrichtlinie nicht vorgesehen, wurde mit § 13 eine Vorschrift in das VerkProspG eingefügt, die mittels Verweis auf die Vorschriften der §§ 45 – 48 BörsG und einer speziellen Regelung, die eine Verjährung des Ersatzanspruchs in fünf Jahren vorsah, die Haftung des Prospektpflichtigen für den Inhalt des Verkaufsprospekts anordnete.

4　　Hatte der Gesetzentwurf der Bundsregierung (RegE BT-Drucks. 11/6340 vom 1. 2. 1990, 6 f.) noch eine Regelung enthalten, die sich an die Haftungsvorschriften der §§ 20 KAGG und 12 AuslInvestmG anlehnte, so wurde schließlich die in der Beschlussempfehlung des Finanzausschusses vorgeschlagene Fassung des § 13, der im Wege der Verweisung die börsengesetzlichen Prospekthaftungsregelungen in Bezug nahm, Gesetz (BT-Drucks. 11/8323 vom 29. 10. 1990, 24 f.). Aus Sicht des Finanzausschusses hätte der Vorschlag der Bundesregierung zu unterschiedlichen Haftungsgrundlagen für den Verkaufsprospekt einerseits und den Börsenzulassungsprospekt andererseits geführt (BT-Drucks. 11/8323 vom 29. 10. 1990, 26). Außerdem wollte man mit der Übernahme der Haftungsregeln des Börsengesetzes erreichen, dass abweichend vom Regierungsentwurf, das Erfordernis des Kausalzusammenhangs zwischen einer unrichtigen oder unvollständigen Prospektangabe und einem Schaden des Anlegers eingeführt wird (BT-Drucks. 11/8323 vom 29. 10. 1990, 26).

5　　Aufgrund der Neuregelung der §§ 45 ff. BörsG wurde im Wege des dritten Finanzmarktförderungsgesetz gemäß Art. 2 Nr. 17 der § 13 neu gefasst. Beibehalten wurde dabei der Verweis auf die börsengesetzlichen Prospekthaftungsbestimmungen in Abs. 1. Mit den neu eingefügten Nr. 1 und 2 sollte Besonderheiten bei der Übertragung der börsengesetzlichen Vorschriften auf den Verkaufsprospekt Rechnung getragen werden. In Abs. 2 wurde zudem die Gerichtszuständigkeit bei der Geltendmachung von etwaigen Haftungsansprüchen geregelt.

Im Rahmen des FinDAG wurde in § 13 Abs. 2 S. 1 Nr. 2 die Zuständigkeit der neu geschaffenen Bundesanstalt für Finanzdienstleistungsaufsicht neu geregelt. **6**

Weitreichendere Änderungen erfolgten dann aufgrund Art. 2 Nr. 5 des Anlegerschutzverbesserungsgesetzes. In Abgrenzung zur neu eingeführten Haftungsnorm des § 13a, der eine Haftung bei fehlendem Prospekt vorsieht, wurde die Überschrift des § 13 von „Prospekthaftung" in „Haftung bei fehlerhaftem Prospekt" geändert. Der gesetzgeberischen Intention entsprechend, Vermögensanlagen in die Regelung des § 13 einzubeziehen, wurde zudem der Begriff „Wertpapiere" in „Vermögensanlagen" geändert. Mit der neu eingefügten Nr. 3 mit ihren Buchstabe n a) bis d) sollte den Besonderheiten dieser Anlageform Rechnung getragen werden. Durch die Änderung des Abs. 2 wurde schließlich die örtliche Zuständigkeit des Landgerichts am Sitz der Bundesanstalt auf Entscheidungen über Ansprüche wegen fehlerhaften Verkaufsprospekten über Vermögensanlagen ausgedehnt. **7**

Art. 2 Nr. 9 des Prospektrichtlinie-Umsetzungsgesetz führte zu Folgeänderungen im Zuge der Neuschaffung des Wertpapierprospektgesetzes. Da die Haftungsregelungen für Wertpapierprospekte und Verkaufsprospekte für nicht in Wertpapieren verbriefte Vermögensanlagen im VerkProspG verbleiben sollten, wurde neben sprachlichen Anpassungen über den Verweis in § 13 Abs. 1 die Geltung des in § 45 Abs. 2 BörsG zusammengefassten Haftungsausschlusses sichergestellt. **8**

Die Einführung des Kapitalanlegermusterverfahrensgesetzes vom 16. 8. 2005 (Entwurf eines Gesetzes zur Einführung von Kapitalanleger-Musterverfahren, RegBegr. BT-Drucks. 15/5091, BGBl. I 2005, S. 2437) führte schließlich zur Aufhebung **9**

2. Anwendungsbereich

a) Allgemeines. Die Regelung des § 13 VerProspG findet auch nach Übertragung der Regelungen zu den Wertpapieren in das Wertpapierprospektgesetz weiterhin Anwendung auf bestimmte Wertpapiere, zusätzlich jedoch auch auf die anderen Vermögensanlagen gem. § 8f Abs. 1 Satz 1 VerkProspG. Es hätte sich systematisch angeboten, die Prospekthaftung für die Wertpapiere im WpPG zu regeln, dies jedoch hat der Gesetzgeber zur Vermeidung eines Verzögerung der Verabschiedung des WpPG abgelehnt (*Heidel/Krämer*, § 13 VerkProspG Rn. 1). **10**

Entgegen des (einschränkenden) Wortlautes des § 13 Abs. 1 VerkProspG, wonach sich die Prospekthaftung nach dieser Vorschrift nur auf Wertpapiere bezieht, die nicht zum Handel an einer inländischen **11**

§ 13 IV. Abschnitt. Veröffentlichung des Verkaufsprospekts

Börse zugelassen sind, muss sich die Prospekthaftung auch auf solche Prospekte beziehen, die im Inland zum Börsenhandel zugelassen sind, die aber von der Prospektpflicht nach dem WpPG nicht befreit sind (s. § 3 Abs. 4 WpPG). Insofern ist der missglückte Wortlaut teleologisch extensiv auszulegen, um nicht eine Schutzlücke zu eröffnen (zutreffend *Heidel/Krämer,* § 13 VerkProspG Rn. 3; *Groß,* § 13 VerkProspG Rn. 3).

12 b) Definition eines Verkaufsprospektes. Der Gesetzgeber hat sich also dazu entschieden, über einen Verweis in § 13 VerkProspG die Vorschriften der §§ 44 bis 47 des Börsengesetzes mit einigen Besonderheiten entsprechend anzuwenden, sofern für die Beurteilung des Wertpapiers oder der Vermögensanlage im Sinne des § 8f VerkProspG wesentliche Angaben in einem Verkaufsprospekt unrichtig oder unvollständig sind. Bei einem solchen Verkaufsprospekt handelt es sich um diejenige vom Anbieter eines Wertpapiers oder einer sonstigen Vermögensanlage geschaffene schriftliche Information, die nach dem Willen ihres Verfassers den Anlageinteressenten umfassend über die angebotene Beteiligung unterrichten soll (enger: *Groß,* § 13 VerkProspG Rn. 10, wonach der Prospekt nach dem Willen des Verfassers zur Erfüllung der Verpflichtungen des Verkaufsprospektgesetzes dienen soll; noch enger: *Assmann,* in: *ders./Lenz/Ritz,* § 13 VerkProspG Rn. 9, wonach § 13 VerkProspG nur auf den von der Aufsichtsbehörde gestatteten Verkaufsprospekt Anwendung findet). Grundsätzlich verlangt der Wortlaut (und der Sinn und Zweck) des § 13 VerkProspG keine Einschränkung des Prospektbegriffes; dies ergibt sich aus dem Vergleich mit § 13a VerkProspG, denn im Gegensatz zu diesem bezieht sich § 13 VerkProspG nicht auf einen Prospekt nach § 8f VerkProspG, der durch den (mittelbaren) Verweis auf § 8i VerkProspG die Gestattung durch die BaFin voraussetzt (s. unter § 13a Rn. 5). Da es also nicht darauf ankommt, ob ein Prospekt überhaupt gesetzlich zwingend zu erstellen war oder ob einer der Befreiungstatbestände des § 8f Abs. 2 VerkProspG eingreift, gilt § 13 VerkProspG auch für solche Prospekte, die freiwillig erstellt wurden. Eine analoge Anwendung der gesetzlichen Prospekthaftung auf die bei einem freiwilligen Prospekt möglicherweise wieder auflebende bürgerlich-rechtliche Prospekthaftung im engeren Sinne (so *Keunecke,* Rn. 578), ist also systematisch nicht erforderlich.

13 c) Ausländische Verkaufsprospekte (§ 13 Abs. 1 Nr. 2 VerkProspG). Auf Verkaufsprospekte für Wertpapiere ausländischer Emittenten, die auch im Ausland öffentlich angeboten werden, findet § 13 VerkProspG nach § 13 Abs. 1 Nr. 2 VerkProspG iVm § 44 Abs. 3 BörsG nur Anwendung, wenn diese aufgrund eines im Inland abgeschlossenen Geschäftes erworben wurden. Auf andere Vermögensanlagen nach § 8f VerkProspG bezieht sich § 13 Abs. 1 Nr. 2 VerkProspG nicht (so aber wohl *Heidel/Krämer,* § 13 VerkProspG Rn. 6), denn das diesbezügliche Gestattungsverfahren ist rein national geregelt, weshalb es nur auf eine Gestattung des öffentlichen Angebotes durch die BaFin ankommt und nicht auf die Gestattung einer ausländischen Aufsichtsbehörde; ohne BaFin-Gestattung jedoch ist für solche Vermögensanlagen § 13a VerkProspG wegen Fehlen eines (ordnungsgemäßen) Verkaufsprospektes einschlägig (s. dazu § 13a VerkPospG, Rn. 5). Dies mag sich ändern, wenn für nicht wertpapiermäßige Vermögensanlagen ein europaweiter Rechtsrahmen geschaffen würde.

d) Unwirksamkeit von Haftungsausschluss oder -minderung. Durch den Verweis auf § 47 BörsG ist sichergestellt, dass ein Erlass oder eine Ermäßigung des Prospekthaftungsanspruchs im Voraus unwirksam ist. Im Nachhinein getroffene Vereinbarung, bspw. im Wege eines Vergleichs, sind dagegen zulässig (*Assmann,* in: *ders./ Lenz/Ritz,* § 13 VerkProspG Rn. 69).

3. Inhaltliche Anforderungen an den Prospekt

Nach § 5 Abs. 1 Satz 1 WpPG bzw. § 8g Abs. 1 Satz 1 VerkProspG hat ein Verkaufsprospekt alle tatsächlichen und rechtlichen Angaben zu enthalten, die notwendig sind, um dem Publikum eine zutreffende Beurteilung des Emittenten und des Wertpapiers bzw. der Vermögensanlagen zu ermöglichen. Als Emittent gilt dabei das Rechtssubjekt (z. B. die Fondsgesellschaft im Falle eines geschlossenen Fonds), an dem Beteiligungen öffentlich angeboten werden. Die gesetzliche Regelung korrespondiert mit der Rechtsprechung des BGH, wonach der Anleger erwarten darf, dass „er ein zutreffendes Bild über das Beteiligungsobjekt erhält, d. h. dass der Prospekt ihn über alle Umstände, die für seine Entscheidung von wesentlicher Bedeutung sind oder sein können, sachlich richtig und vollständig unterrichtet, insbesondere über Tatsachen, die den Vertragszweck vereiteln können" (vgl. BGHZ 79, 337; BGHZ 123, 106, 110). Das Interesse an der Unterbringung der Emission entbindet nicht von der Pflicht, im Prospekt eine wahrheitsgetreue, vollständige und realistische Darstellung der entscheidungserheblichen Umstände zu geben. Das hieraus eventuell resultierende Absatzrisiko darf nicht dadurch auf den Anleger abgewälzt werden, dass in ihm sachlich nicht ausreichend fundierte Erwartungen geweckt werden (BGH WM 1982, 862, 865 = NJW 1982, 2823, 2826). Der haftungsbegründende Tatbestand der Prospekthaftung ist demnach dann anzunehmen, wenn der Prospekt Fehler aufweist, insbesondere unrichtig oder unvollständig ist.

§ 13 IV. Abschnitt. Veröffentlichung des Verkaufsprospekts

16   **a) Beurteilungsmaßstab und -zeitpunkt.** Als Maßstab für die im Hinblick auf Richtigkeit und Vollständigkeit an den Prospekt zu stellende Ansprüche hat der BGH die Verständnismöglichkeiten eines durchschnittlichen, mit der gebräuchlichen Fachsprache nicht vertrauten Anlegers zugrunde gelegt, welcher allerdings in der Lage ist, eine Bilanz zu lesen („Prospektadressat") (BGH WM 1982, 862, 863 = NJW 1982, 2823, 2824). Weiterhin geht der BGH davon aus, dass der Prospektadressat den Prospekt sowie beigefügte Anlagen sorgfältig und eingehend liest (BGH WM 1992, 901, 904 = NJW-RR 1992, 879, 881).

17   Die Beurteilung von Vollständigkeit und Richtigkeit der im Prospekt enthaltenen Angaben erfolgt aus einer ex-ante Sichtweise und bezieht sich damit auf den Zeitpunkt seiner Veröffentlichung (*Assmann*, in: *ders./Lenz/Ritz*, § 13 VerkProspG Rn. 24). Erkenntnisse, welche erst danach gewonnen werden (z. B. mit Eintritt eines Schadensfalles oder die Auswahl eines bestimmten Investitionsobjektes bei einem Blind-Pool-Konzept) und die für die Beurteilung des Emittenten oder der Vermögensanlage wesentlich sind, sind dem interessierten Publikum durch eine Prospektergänzung nach § 10 VerkProspG oder einem Nachtrag iSd § 11 VerkProspG bekannt zu machen. Sowohl Prospektergänzungen als auch Nachträge sind Bestandteile des Verkaufsprospektes, auf die § 13 VerkProspG ebenfalls Anwendung findet (*Assmann*, in: *ders./Lenz/Ritz*, § 13 VerkProspG Rn. 9; *Groß*, § 13 VerkProspG Rn. 10; *Schwark/Heidelbach*, § 13 VerkProspG Rn. 4).

18   **b) Unrichtigkeit des Prospekts.** Als „unrichtig" wird man eine Prospektangabe dann einzustufen haben, wenn sie nicht mit den wirklichen Verhältnissen übereinstimmt (*Assmann*, in: *ders./Lenz/Ritz*, § 13 VerkProspG Rn. 29; *Heisterhagen* DStR 2004, 1089, 1092). Nach dem Wortlaut des § 13 Abs. 1 S. 1 VerkProspG muss es sich dabei um „wesentliche" Angaben handeln. Grundlagen der Prospekthaftung können also nur solche Umstände sein, die objektiv zu den wertbildenden Faktoren einer Anlage zählen und die ein durchschnittlicher und verständiger Anleger bei seiner Anlageentscheidung voraussichtlich berücksichtigen würde, mithin solche Umstände, die als erheblich anzusehen sind (*Assmann*, in: *ders./Schütze*, § 6 Rn. 87). Nicht wertbildend und damit wesentlich sind beispielsweise fehlerhafte Angaben über Zahl- und Hinterlegungsstellen oder für die Ertragskraft völlig unbedeutende Bilanzpositionen (*Groß*, §§ 44, 45 BörsG, Rn. 68). Nicht maßgeblich ist, ob es sich bei den unrichtigen Angaben um solche handelt, die gesetzliche Pflichtangaben sind; durch eine unzutreffende freiwillige Information wird der Prospekt ebenfalls unrichtig (*Schwark*, § 45 BörsG, Rn. 25).

Nicht nur Fakten, d. h. Angaben tatsächlicher Art, können unrich- 19
tig sein, sondern darüber hinaus auch Werturteile und Prognosen, da
diese auf das Vorhandensein von zugrunde liegenden Informationen
schließen lassen. Der BGH verlangt, dass Voraussagen und Werturteile kaufmännisch vertretbar sind und ausreichend durch Tatsachen
gestützt werden (BGH WM 1982, 862, 865). Auch zu Werbezwecken verwendete Anpreisungen dürfen in ihrem Tatsachenkern nicht
unrichtig sein (BGH WM 1992, 901, 904). Nicht nur einzelne im
Prospekt enthaltene Aussagen müssen richtig sein, vielmehr muss der
Prospekt in seinem Gesamteindruck die Vermögens-, Finanz- und
Liquiditätslage des Emittenten zutreffend wiedergeben. Ein unrichtiger Gesamteindruck kann z. B. dadurch vermittelt werden, dass eine
Reihe von für sich gesehen „noch" richtigen positiven Werturteilen
und Prognosen in ihrem Zusammenspiel einen zu positiven Eindruck
vermitteln (*Assmann*, in: *ders./Schütze*, Handbuch des Kapitalanlagerechts, § 6 Rn. 106). Im Hinblick auf den Gesamteindruck des Prospekts sind neben der Veröffentlichung des gesamten Datenmaterials
auch dessen für den Prospektadressaten verständliche und nachvoll-
ziehbare Erläuterung erforderlich.

Der BGH hatte in verschiedenen Entscheidungen Gelegenheit, die 20
Grundsätze der Prospekthaftung in Einzelfällen zu konkretisieren.
Diesen lagen im Wesentlichen unrichtige Bilanzen, falsche, unvollständige, unsorgfältige oder zu optimistische und nicht durch Fakten abgesicherte Kalkulationen im Hinblick auf Rendite und Wirtschaftlichkeit der Anlage oder die falsche Darstellung von Haftungsverhältnissen
und daraus resultierenden Risiken zugrunde (hierzu im Einzelnen:
Assmann, in: *ders./Schütze,* Handbuch des Kapitalmarktrechts, § 6
Rn. 90).

c) Unvollständigkeit des Prospekts. Im Grundsatz wird die 21
Unvollständigkeit eines Prospekts dann bejaht, wenn entscheidungserhebliche Angaben für den Anlageentschluss eines durchschnittlichen Anlegers fehlen. Dies sind insbesondere solche Tatsachen, die
den Vertragszweck vereiteln können, sowie Umstände, die mit einiger Wahrscheinlichkeit den vom Anleger verfolgten Zweck gefährden werden (BGHZ 72, 382, 388; BGHZ 79, 337, 344). Die zur Akquisition von Anlegern verwendeten Prospekte dienen dazu, dem
Erwerber die für die Anlageentscheidung erforderlichen Informationen zu liefern, damit er die Anlage beurteilen und die Risiken einschätzen kann (BGHZ 77, 172, 175; BGHZ 145, 121, 125). Der Verkaufsprospekt ist oftmals die einzige oder jedenfalls wichtigste
Informationsquelle, da dem Anleger eine eigenständige Prüfung der
Werthaltigkeit insbesondere bei komplexen Vorhaben kaum möglich

sein dürfte. Aus seiner besonderen Schutzwürdigkeit resultiert die Verpflichtung der Prospektverantwortlichen, sämtliche für die Anlageentscheidung bedeutsamen Umstände wahrheitsgemäß und vollständig darzustellen.

22 Die Unvollständigkeit eines Prospektes dürfte regelmäßig auch dann zu bejahen sein, wenn Angaben fehlen, die durch die Verordnung über Vermögensanlagen-Verkaufsprospekte (VermVerkProspV) vorgeschrieben werden. Sind alle Angaben nach der VermVerkProspV enthalten, so bedeutet dies jedoch nicht zwingend, dass der Prospekt deswegen vollständig ist (*Bohlken/Lange* DB 2005, 1259, 1260; *Groß*, § 13 VerkProspG Rn. 11). Denn die Anforderungen der Rechtsprechung an die Prospektangaben gehen teilweise über die nach der VermVerkProspV verlangten Angaben hinaus. Bestehen steuerrechtliche Unsicherheiten des Anlageerfolgs, so ist nach der Rechtsprechung bspw. in Erweiterung der nach § 4 Nr. 2 der VermVerkProspV erforderlichen Angaben im Hinblick auf die steuerliche Konzeption eine umfassende Aufklärung auch über negative Umstände, die den Vertragszweck vereiteln können, unverzichtbar (BGH DStR 2003, 1760, 1761).

23 Zu den offenlegungspflichtigen Tatsachen zählt die Rechtsprechung weiter kapitalmäßige und personelle Verflechtungen (BGHZ 79, 337, 345), Angaben über die Verhältnisse von (verbundenen) Gesellschaften, die bei wirtschaftlicher Betrachtung ebenfalls als Anlageobjekt anzusehen sind (BGH WM 1982, 90, 91 = NJW 1982, 1095, 1096), oder über die den Gründungsgesellschaftern gewährten Sondervorteile (BGH WM 1985, 533, 534; BGH WM 1994, 2192, 2193; BGH DStR 2000, 1357; BGH DStR 2003, 1267). Das einer Offenlegung entgegenstehende Bankgeheimnis, ebenso wie Geschäfts- und Betriebsgeheimnisse, ist nach Ansicht der Rechtsprechung allerdings nicht unbeachtlich (BGH WM 1982, 862, 864; deutlicher noch die Vorinstanz: OLG WM 1981, 960, 965). Die generelle Anerkennung von Geheimhaltungsinteressen erscheint insbesondere vor dem Hintergrund einer stetigen Ausweitung der prospektierungspflichtigen Tatsachen zutreffenderweise als gerechtfertigt. Es gilt die allgemeine Regel, dass Interessenkonflikte zwischen Offenbarungs- und Geheimhaltungspflichten durch Güterabwägung zu entscheiden sind (*Schimansky/Bunte/Lwowski/Siol*, Bankrechtshandbuch, § 43, Rn. 30; BGH WM 1991, 85). Die mit der Geheimhaltung einer Tatsache immanent verbundene Gefahr einer Haftung legt jedoch Zurückhaltung nahe. Im Falle berechtigter Geheimhaltungsinteressen darf der Prospekt dennoch keinen Eindruck erwecken, der sich unter Berücksichtigung der geheimgehaltenen Tatsachen als unrichtig oder irreführend erweisen könnte.

Welche Angaben in Ausgestaltung der Anforderungen der Verm- 24
VerkProspV sowie zusätzlich zu diesem vorgegebenen Katalog im
Einzelnen erforderlich sind, um eine Haftung wegen Unvollständigkeit des Verkaufsprospektes auszuschließen, lässt sich abstrakt nicht abschließend aufzählen. Konkrete Anhaltspunkte sind jedoch der Stellungnahme des Instituts der Wirtschaftsprüfer zu „Grundsätzen ordnungsgemäßer Beurteilung von Prospekten über öffentlich angebotene Kapitalanlagen" zu entnehmen (IDW S 4, s. im Textanhang unter III.1). Gleichwohl bietet die Gestaltung eines Prospektes nach diesen Richtlinien nicht die Gewähr für seine Richtigkeit, so dass auch die von einem Wirtschaftsprüfer durchgeführte und mit einem uneingeschränkten Testat versehene Prospektprüfung oder Begutachtung nicht abschließend geeignet ist, die Haftung der primär Verantwortlichen für etwaige Prospektmängel zu beschränken (BGHZ 111, 314, 321 zum alten IDW Standard ergangen). Allerdings spricht eine sorgfältig durchgeführte Prospektprüfung oder Begutachtung, bei der es zu keinen Beanstandungen gekommen ist, für die inhaltliche Richtigkeit des Prospekts und kann auch geeignet sein, ein Verschulden bei der Erstellung eines fehlerhaften Prospektes auszuschließen (zu dem Haftungsausschluss bei fehlendem Vorsatz oder grober Fahrlässigkeit der Prospektverantwortlichen s. u. Rn. 34).

d) Prospektgestaltungsmängel. Ein Prospekt muss klar und 25
übersichtlich gestaltet sein (*Fleischer* BKR 2004, 339, 343 unter Hinweis auf BGH NJW 2002, 1711, 1712; vgl. auch IDW S 4, im Textanhang unter III.1). Zwar ist ein Prospekt nicht schon deshalb unrichtig oder unvollständig, weil er formale Gestaltungsmängel aufweist (*Groß*, §§ 44, 45 BörsG, Rn. 67). Vermittelt jedoch ein solches Defizit bei einem durchschnittlichen Anleger einen unzutreffenden Gesamteindruck, ist die Grenze zur Unrichtigkeit überschritten (*Assmann*, in: *ders./Schütze*, § 6 Rn. 91; BGH ZIP 2004, 1104, 1106). Dies kann beispielsweise der Fall sein, wenn „weiche" Kosten dem Prospekt nicht ohne weiteres zu entnehmen sind, sondern nur mittelbar durch Abgleich verschiedener Prospektangaben und einer Reihe von Rechengängen (BGH ZIP 2006, 893, 894) oder wenn sich Risikohinweise im Prospekt an Stellen finden, an denen der Anleger nicht mit diesen zu rechen brauchte (OLG BeckRS 2006, 1177).

e) Berichtigung eines fehlerhaften Prospektes. Selbst wenn 26
ein Prospekt nach den vorgenannten Grundsätzen unrichtig oder unvollständig ist, so scheidet eine Prospekthaftung nach § 13 VerkProspG, § 45 Abs. 2 Nr. 4 BörsG dann aus, wenn vor dem Abschluss des Erwerbsgeschäfts im Rahmen des Jahresabschlusses oder Zwischenberichts des Emittenten oder einer vergleichbaren Bekannt-

machung eine deutlich gestaltete Berichtigung der unrichtigen oder unvollständigen Angaben im Inland veröffentlicht wurde. Die Berichtigung ist sachlich wie ein Verkaufsprospekt zu behandeln mit der Folge, dass sie ebenfalls Prospekthaftungsansprüche auslösen kann, wenn sie selbst unrichtig oder unvollständig ist (*Schwark*, § 45 BörsG, Rn. 57; *Assmann*, in: *ders./Lenz/Ritz*, § 13 VerkProspG Rn. 45). Sie hat deutlich und unmissverständlich zu sein ohne allerdings darauf hinweisen zu müssen, dass durch sie Prospektfehler berichtigt werden sollen (so ausdrücklich die RegBegr. zum 3. FMG, BT-Drucks. 13/8933, 54, 81; *Hopt*, in: FS für Drobnig, 525, 531; zweifelnd: *Schwark*, § 45 BörsG, Rn. 57; für einen Hinweis auf den Prospektfehler: *Ellenberger*, Prospekthaftung im Wertpapierhandel, S. 70). Anderenfalls wäre jede Veröffentlichung einer Berichtigung eine Aufforderung zur Geltendmachung von Prospekthaftungsansprüchen an diejenigen Anleger, die bereits aufgrund des fehlerhaften Prospektes Anteile an der Vermögensanlage erworben haben (zutreffend *Groß*, §§ 44, 45 BörsG, Rn. 95).

4. Kreis der Anspruchsberechtigten

27 **a) Sechsmonatsfrist.** Einen Anspruch aus Prospekthaftung kann nach § 13 Nr. 1 VerkProspG, § 44 Abs. 1 Satz 1 BörsG nur derjenige geltend machen, der das Geschäft zum Erwerb der Wertpapiere oder Vermögensanlagen nach der Veröffentlichung des Prospekts und innerhalb von sechs Monaten nach dem Zeitpunkt des ersten öffentlichen Angebots im Inland abgeschlossen hat. Ein Erwerb kann dabei durch Erstzeichnung oder durch Kauf am Zweitmarkt geschehen (*Schwark/Heidelbach*, § 13 VerkProspG Rn. 6). Maßgeblich für die Frist ist das Verpflichtungsgeschäft zur Beteiligung, also die Annahme des Zeichnungsscheins bzw. der Erwerb der Wertpapiere oder Vermögensanlagen am Zweitmarkt, und nicht das Erfüllungsgeschäft, also die Zahlung der Einlage bzw. des Kaufpreises gegen Übertragung der erworbenen Anteile (*Assmann*, in: *ders./Lenz/Ritz*, § 13 VerkProspG Rn. 53; *Groß*, § 13 VerkProspG Rn. 6 und §§ 44, 45 BörsG, Rn. 71 unter Verweis auf die RegBegr. zum 3. FMG (BT-Drucks. 13/8933, 54, 77).

28 **b) (Keine) Anwendung auf späte Erstzeichner.** Die Begrenzung des Kreises der Anspruchsberichtigten auf diejenigen, die innerhalb eines Sechsmonatskorridors zu Beginn der Platzierungsphase die Vermögensanlagen erworben haben, wirft die Frage auf, wie es sich mit den Fällen verhält, in denen Anleger nach Ablauf der Sechsmonatsfrist die Vermögensanlage erwerben. Hier öffnet sich im Falle eines lan-

gen Platzierungszeitraums eine Schutzlücke, die von unseriösen Anbietern dadurch genutzt werden könnte, durch ein (fingiertes) öffentliches Angebot, regelmäßig auf Basis eines von der BaFin gestatteten Verkaufsprospektes, die Sechsmonatsfrist in Gang zu setzen, den tatsächlichen Vertrieb jedoch erst nach Ablauf von sechs Monaten beginnen zu lassen. Um einen solchen Missbrauch der Sechsmonatsfrist zu vermeiden, wird man davon auszugehen haben, dass die Frist erst mit einem tatsächlichen öffentlichen Angebot, also ernsthaften Verkaufsbemühungen des Anbieters, beginnt. Dauert die Platzierungsphase dennoch länger als sechs Monate, so stellt sich die Frage, welches Haftungsregime für diejenigen Anleger greift, die später als sechs Monate aber auf Basis des gleichen Verkaufsprospektes wie andere Anleger Wertpapiere oder Vermögensanlagen originär gezeichnet haben; auf die Erstzeichnung muss es deshalb ankommen, da Emittent bzw. Anbieter auf den Abschluss eines Zweitmarktgeschäftes, also der Weiterveräußerung von Vermögensanlagen, im Gegensatz zur Dauer der Platzierungsphase keinen Einfluss nehmen können. Diesen „späten" Anlegern einen Prospekthaftungsanspruch gänzlich zu versagen, erscheint unbillig (so aber i. E. *Heisterhagen* DStR 2006, 759, 762). Den Wortlaut des § 44 Abs. 1 Satz 1 BörsG zu verabsolutieren und den „späten" Anlegern jede Prospekthaftungsgrundlage zu versagen verzerrt die anlegerschützende Intention des Gesetzgebers bei Erlass des Anlegeschutzverbesserungsgesetzes. Die Regelung des § 44 Abs. 1 Satz 1 BörsG ist vor dem Hintergrund ergangen, dass Neuemissionen börsennotierter Wertpapiere in der Praxis nur wenige Wochen (manchmal sogar nur Tage) zur Zeichnung angeboten werden (s. die Gesetzesbegründung in BT-Drucks. 13/8933, S. 77), weshalb die mit der Sechsmonatsfrist verbundene Intention der Schaffung von Rechtssicherheit und der Überschaubarkeit der Haftungsrisiken für die Prospektverantwortlichen (BT-Drucks. 13/8933, S. 77) sich auf den Zweiterwerb über die Börse bezieht. Nicht börsennotierte Wertpapiere oder Vermögensanlagen jedoch werden in der Praxis regelmäßig über Monate, teilweise über Jahre, in der Erstplatzierung angeboten, weshalb für diese Kapitalanlagen die tatsächlichen Umstände nicht mit dem (historischen) Willen des Gesetzgebers in Einklang stehen. Es liegt vielmehr aufgrund einer unglücklichen Verweisung eine anfängliche unbewusste Gesetzeslücke vor, die durch teleologische Reduktion der gesetzlichen Regelung des § 44 Abs. 1 Satz 1 BörsG geschlossen werden muss. Nur so kann dem Gebot der Gerechtigkeit genüge getan werden, Ungleiches auch ungleich zu behandeln (s. zur teleologischen Reduktion *Larenz/Canaris*, S. 210ff.) Auf die späten Erstzeichner (nicht aber den Käufern am Zweitmarkt!) sollte daher die Sechsmonatsfrist nicht anspruchsausschließend wirken.

29 Einen rechtspolitisch interessanten Lösungsvorschlag unterbreitet in diesem Zusammenhang *Heidel/Krämer,* § 13 VerkProspG, Rn. 17), wonach das Verkaufsprospektgesetz statt auf § 44 BörsG auf § 127 InvG verweisen sollte, der eine Sechsmonatsfrist nicht kennt. Dies jedoch bedingt eine Änderung des Verkaufsprospektgesetzes, die derzeit nicht in Sicht ist.

5. Kreis der Anspruchsverpflichteten

30 Der Kreis der Prospekthaftungsschuldner ergibt sich aus dem Verweis des § 13 Abs. 1 Nr. 3 VerkProspG auf die *Prospektverantwortlichen* nach § 44 Abs. 1 Nr. 1 BörsG und die *Prospektveranlasser* nach § 44 Abs. 1 Nr. 2 BörsG. Beide Arten von Prospekthaftungsschuldnern haften nach § 44 Abs. 1 Satz 1 BörsG für einen fehlerhaften Prospekt als Gesamtschuldner sowie persönlich und unbeschränkt (BGH BGHZ 111, 314).

31 **a) Prospektverantwortliche.** Zur der Gruppe der Prospektverantwortlichen gehören diejenigen, die in dem Prospekt ausdrücklich die Verantwortung für dessen Inhalt übernehmen, wie der Emittent, der Anbieter als Initiator und weitere im Prospekt genannte Konzeptionäre des Anlageangebotes ebenso wie die das Management bildenden Gründungsgesellschafter (*Bohlken/Lange* DB 2005, 1259, 1260; *Fleischer* BKR 2004, 339, 343 f.). Ist der Emittent eine Personengesellschaft, bspw. eine Publikumskommanditgesellschaft oder Publikums-GbR als geschlossener Fonds, so gibt dies Anlass zu Bedenken im Hinblick auf die Übernahme eigener Anteile durch die Personengesellschaft, da zum einen das Personengesellschaftsrecht die Übernahme eigener Anteile durch die Gesellschaft nicht kennt (*Ziegler* DStR 2005, 30, 32 f.) und zum anderen es zu einem Wettlauf der Anleger um eine Flucht aus der Fondsgesellschaft kommen könnte. Dies kann man als unvermeidbar hinnehmen (so *Benecke* BB 2006, 2597, 2601) oder aber zu korrigieren versuchen. So möchte *Keunecke* Rn. 409 wegen des aus den §§ 171 ff. HGB folgenden Prinzips der Kapitalerhaltung bei Fondskommanditgesellschaften den aus § 13 Abs. 1 S. 1 VerkProspG iVm § 44 Abs. 1 S. 1 BörsG folgenden Kreis der Prospekthaftenden zugunsten der Fondsgesellschaft einschränkend auslegen. Dies erscheint jedoch angesichts der Tatsache, dass auch Kapitalgesellschaften sich nach ganz überwiegender Ansicht nicht unter Verweis auf den Kapitalerhaltungsgrundsatz gegen die insofern speziellere Prospekthaftung wehren können (ausführlich zum Meinungsstand: *Renzenbrink/Holzner* BKR 2002, 434, 435 ff.), nicht zwingend. Demgemäß plädiert *Schäfer* ZGR 2006, 40, 75 zugunsten des getäuschten Anlegers für ein Austrittsrecht, wobei sich dessen Abfindung dann nicht nach den allgemeinen Regeln der §§ 105 HGB, 738 BGB richtet, sondern der Abfindungsbetrag dem Erwerbspreis der Vermögensanlage entsprechen soll. Für eine Haftungsbefreiung der Publikumspersonengesellschaft kann allerdings folgender Gesichtspunkt ins Feld geführt werden: Da diese im Gegensatz zu den oftmals schon seit längerem wirtschaftlich tätigen Kapitalgesellschaften regelmäßig nur Zweckgesellschaften sind, die von den Initiatoren allein zur (einmaligen) Einwerbung von Kapital „geschaffen" worden sind, handelt es sich bei den Publikumspersonengesellschaften um Werkzeuge der Prospektverantwortlichen, die – erkennbar auch für die Anleger – keine Verantwortung für den Verkaufsprospekt übernehmen können, da sie auf dessen Erstellung selbst keinen Einfluss haben. Auch wenn ihre geschäftsführenden Organe wie die Komplementärin an der Erstellung des Prospektes mitgewirkt haben, so kann dies aufgrund der regelmäßig bestehenden Personalunion der Geschäftsführer mit den handelnden Personen des Initiators der Personengesellschaft nicht zugerechnet werden, wenn sie offensichtlich „Opfer" und nicht „Täter" der prospekthaftungsauslösenden Handlung ist. Insofern kann insbesondere eine Analogie zu § 31 BGB, wonach das Fehlverhalten ihrer Organe einer gesellschaftlichen Vereinigung zugerechnet wird (zur Anwendung auf Personengesellschaften s. MünchKommBGB-*Reuter*, § 31 Rn. 15f.), nicht greifen. Vielmehr sollte, wie dies die Rechtsprechung bereits für die bürgerlich-rechtliche Prospekthaftung anerkannt hatte (BGH NJW 1973, 1604, 1605; BGH NJW 1978, 1625) eine Fondsgesellschaft als Ein-Zweck-Emittentin nicht dem Kreis der Prospektverantwortlichen zugehören und so eine zusätzliche Schädigung derjenigen Anleger, die keine Prospekthaftungsansprüche geltend machen, vermieden werden.

b) Prospektveranlasser. Die Gruppe der Prospektveranlasser **32** umfasst diejenigen Personen, von denen der Prospekt „ausgeht", die also die tatsächlichen Urheber des Prospektes sind, jedoch nach außen nicht in Erscheinung treten (*Groß*, §§ 44, 45 BörsG, Rn. 35). Dazu gehören bei einem geschlossenen Fonds diejenigen, die als Hintermänner Einfluss auf das Beteiligungsangebot ausüben, sofern sie ein eigenes geschäftliches Interesse an dem öffentlichen Angebot der Vermögensanlagen haben (vgl. zum Prospekt für börsengehandelte Wertpapiere: *Groß*, §§ 44, 45 BörsG, Rn. 35 die RegBegr. zum 3. FMG, BT-Drucks. 13/8933, 54, 78).

c) Expertenhaftung. Externe Berater mit besonderem Sachver- **33** stand (Rechtsanwälte, Wirtschaftsprüfer, Steuerberater, Gutachter, Sachverständige, Kreditinstitute etc.), die aufgrund ihrer äußerlich erkennbaren Mitwirkung am Prospekt einen besonderen Vertrauenstatbestand geschaffen haben, haften nach der Rechtsprechung des BGH zur bürgerlich-rechtlichen Prospekthaftung im engeren Sinne ebenfalls persönlich und grundsätzlich unbeschränkt für fehlerhafte Prospektangaben, soweit Ihnen die Angaben durch namentliche Erwähnung im Prospekt oder Identifizierbarkeit (z. B. Hinweis auf das Vorhandensein eines Wirtschaftsprüfers als Prospektprüfer) zugerechnet werden können (BGH NJW 1980, 1840; BGH NJW 1990, 2461; BGH WM 1984, 19, 20; BGH WM 1995, 344; BGH NZG 2006, 862, 863; *Assmann,* in: *ders./Schütze,* § 6 Rn. 155). Für den Regelfall einer Nichterwähnung der Berater war daher im Rahmen der bürgerlich-rechtlichen Prospekthaftung im engeren Sinne von einer Haftung solcher Personen nicht auszugehen. Mit Einführung der gesetzlichen Prospekthaftung durch den Verweis des § 13 VerkProspG auf die §§ 44 ff. BörsG bleibt für eine solche Expertenhaftung noch weniger Raum, denn die hM geht für die Prospekthaftung nach § 44, 45 BörsG davon aus, dass derjenige, der nur an Teilen des Prospektes mitgewirkt hat und der daher keine Gesamtverantwortung übernimmt, nicht zu den Haftungsschuldnern gehört (s. *Schwark,* § 45 BörsG, Rn. 12 und die dort in Fußnote 42 zitierte Literatur; Argumente für eine Anwendung der überkommenen Expertenhaftung auch auf die gesetzliche Prospekthaftung nach § 13 VerkProspG führt dagegen *Fleischer* BKR 2004, 339, 344 an). Eine Haftung beruflicher Sachkenner scheidet deshalb im Rahmen des § 13 VerkProspG regelmäßig aus (*Benecke* BB 2006, 2597, 2599).

6. Verschulden

34   Aus der gesetzlichen Prospekthaftung kann derjenige nicht in Anspruch genommen werden, der nachweist, dass er die Unrichtigkeit oder Unvollständigkeit der Angaben des Prospekts nicht gekannt hat, wenn diese Unkenntnis nicht auf grober Fahrlässigkeit beruht, § 13 VerkProspG, § 45 Abs. 1 BörsG. Es besteht also eine Verschuldensvermutung (eine solche Verschuldensvermutung galt nach der Rspr. auch für die bürgerlich-rechtliche Prospekthaftung, vgl. BGH NJW 1992, 3296), die der Prospekthaftende jedoch durch den Beweis des Gegenteils ausräumen kann. Im Vergleich zur bürgerlich-rechtlichen Prospekthaftung im engeren Sinne erleichtert die gesetzliche Prospekthaftung den Nachweis des Nichtverschuldens, denn im Rahmen der bürgerlich-rechtlichen Prospekthaftung reichte zur Haftungsbegründung regelmäßig schon ein leicht fahrlässiges Verhalten aus (BGHZ 71, 284; BGHZ 72, 383; BGHZ 79, 337; BGH WM 1992, 1892). Die Haftungserleichterung jedoch ist der ausdrückliche Wille des Gesetzgebers, der eine Verschärfung des Verschuldensmaßstabes bei der gesetzlichen Prospekthaftung auf jede Form der Fahrlässigkeit

ausdrücklich abgelehnt hat (s. die RegBegr. zum 3. FMG, BT-Drucks. 13/8933, 80).

Auch wenn sich die potentiell Haftenden selbst an dem Emittenten beteiligt haben (was z. B. bei Schiffsfonds häufiger der Fall ist), können sie sich nicht auf das Haftungsprivileg des § 708 BGB für Mitgesellschafter (Haftungsbeschränkung auf eigenübliche Sorgfalt, vgl. § 277 BGB) berufen (BGHZ 75, 321, 327 f.). Auch eine Haftungsfreizeichnung durch die Aufnahme einer entsprechenden Erklärung im Prospekt war nach hM für den Bereich der bürgerlich-rechtlichen Prospekthaftung nicht möglich (vgl. BGH NJW 2002, 1711, 1712; *Assmann,* in: *ders./Schütze,* § 6 Rn. 203 ff.) und ist für den Bereich der gesetzlichen Regelungen schon nach §§ 13 VerkProspG, 47 Abs. 1 BörsG nicht wirksam vereinbar. Entsprechende Klauseln hielten zudem einer nach § 242 BGB unter Heranziehung der Grundsätze der §§ 307 Abs. 2, 309 Ziff. 7, 11 BGB vorzunehmenden Inhaltskontrolle nicht Stand. 35

7. Kausalität

Der Haftungsanspruch entfällt gemäß § 13 VerkProspG, 45 Abs. 2 BörsG vollständig, wenn die Beteiligung nicht aufgrund des Prospekts erworben wurden (§ 45 Abs. 2 Nr. 1 BörsG), der Sachverhalt, über den unrichtige oder unvollständige Angaben im Prospekt enthalten sind, nicht zu einer Minderung des Erwerbspreises beigetragen hat (§ 45 Abs. 2 Nr. 2 BörsG modifiziert durch § 13 Nr. 3 lit. d) VerkProspG) oder der Erwerber die Unrichtigkeit oder Unvollständigkeit der Angaben des Prospekts bei dem Erwerb kannte (§ 45 Abs. 2 Nr. 3 BörsG). 36

a) Haftungsbegründende und -ausfüllende Kausalität. Der Prospektfehler muss also, wie auch im Bereich der bürgerlich-rechtlichen Prospekthaftung (BGHZ 71, 284, 291 f.; BGHZ 74, 103, 112; BGHZ 79, 337, 346; BGH NJW 1982, 2493, 2494; BGH NJW 1993, 2865, 2866), ursächlich für die Beteiligungsentscheidung des Anlegers gewesen sein *(haftungsbegründende Kausalität,* vgl. § 45 Abs. 2 Nr. 1 und Nr. 3 BörsG). Darüber hinaus muss der Prospektfehler – und nicht die Beteiligungsentscheidung des Anlegers allein wie im Bereich der bürgerlich-rechtlichen Prospekthaftung (BGHZ 123, 106) – zu dem geltend gemachten Schaden, also der Minderung des Erwerbspreises, geführt haben *(haftungsausfüllende Kausalität,* vgl. § 45 Abs. 2 Nr. 2 BörsG). 37

b) Beweislast. Während unter dem Regime der bürgerlich-rechtlichen Prospekthaftung der BGH in ständiger Rechtsprechung und unter Hinweis auf die Lebenserfahrung vermutete, dass ein we- 38 sentlicher Prospektfehler für die Anlageentscheidung haftungsbegründend ursächlich war (BGH DStR 1992, 1591; BGH DStR 2000, 1357, 1359; BGH DStR 2003, 1760, 1762; BGH WM 2006, 668, 670f.) und auch haftungsausfüllend zu einem Schaden führte, da der Anleger mit einer in dieser Form nicht gewünschten Anlage belastet wurde (MünchKommBGB-*Emmerich* § 311, Rn. 171; BGH DNotZ 2001, 360, 362), obliegt der Nachweis einer Entlastung nach § 45 Abs. 2 BörsG schon allein nach den allgemeinen zivilprozessualen Regeln dem Prospekthaftenden. Diese Regeln nämlich besagen, dass in einem Prozess jede Partei diejenigen Tatsachen zu beweisen hat, die für sie zu einer günstigen Rechtsfolge führen (vgl. *Musielack/Foerste* ZPO, § 286, Rn. 35f.).

8. Verjährung

39 Gemäß § 13 VerkProspG, § 46 BörsG verjährt der Prospekthaftungsanspruch in einem Jahr seit dem Zeitpunkt, zu dem der Erwerber von der Unrichtigkeit oder Unvollständigkeit der Angaben des Prospekts Kenntnis erlangt hat, spätestens jedoch in drei Jahren seit der Veröffentlichung des Prospekts. Dies weicht von der Rechtsprechung zur Verjährung der bürgerlich-rechtlichen Prospekthaftungsansprüche im engeren Sinne ab, die für den Beginn der Verjährung auf die investmentrechlichen Regelungen nach den §§ 20 Abs. 5 KAGG, 12 Abs. 5 AuslInvG (nunmehr einheitlich geregelt in § 127 Abs. 5 InvG) abstellt, die die dreijährige kenntnisunabhängig Verjährung erst ab dem Kauf der Anteile beginnen lässt und nicht bereits mit Veröffentlichung des Prospektes (grundlegend: BGHZ 83, 222, 225ff.; weiter: BGHZ 126, 166, 172; BGH WM 2001, 25; BGH WM 2001, 464; BGH DStR 2003, 1494, 1495; BGH DStR 2003, 1584). Da gerade im Bereich der Vermögensanlagen nach § 8f VerkProspG der Platzierungszeitraum Monate, wenn nicht gar Jahre dauern kann (s. o. Rn. 28), sollte die Verjährung für Ansprüche aus § 13 VerkProspG sachgerechter Weise an § 127 InvG und nicht an § 46 BörsG anknüpfen (zutreffend *Heidel/Krämer*, § 13 VerkProspG, Rn. 21). Hier ist der Gesetzgeber berufen, den Verweis auf das Börsengesetz zu überdenken.

9. Rechtsfolgen

40 Der anspruchsberechtigte Anleger kann von den Prospekthaftenden als Gesamtschuldner die Übernahme seiner Anteile gegen Erstattung des ersten Erwerbspreises (vgl. § 13 Nr. 3 lit. b) VerkProspG) und der mit dem Erwerb verbundenen üblichen Kosten verlangen (§ 44 Abs. 1 BörsG). Ist der Erwerber nicht mehr Inhaber der Beteiligung, so kann er die Zahlung des Unterschiedsbetrags zwischen dem ersten

Erwerbspreis und dem Veräußerungspreis der Wertpapiere oder Vermögensanlagen sowie die mit dem Erwerb und der Veräußerung verbundenen üblichen Kosten fordern (§ 44 Abs. 2 BörsG). Neben dem prospekthaftungsrechtlichen Anspruch aus § 13 VerkProspG kann der Anleger auch konkurrierende vertragliche oder deliktische Ansprüche geltend machen (zu diesen s. Vor §§ 13, 13a VerkProspG, Rn. 16 ff.). Dies stellt § 47 Abs. 2 BörsG ausdrücklich klar, auf den § 13 Abs. 1 VerkProspG ebenfalls verweist.

Die gesetzliche Prospekthaftung bleibt mit dieser Rechtsfolge hinter der bürgerlich-rechtlichen Prospekthaftung zurück, wonach die Prospekthaftenden dem anspruchsberechtigten Anleger den Ersatz des Vertrauensschadens schulden und ihn folglich so zu stellen haben, als hätte er die prospektierte Kapitalanlage nicht erworben (*Assmann,* in: *ders/Schütze,* § 6 Rn. 192). Da der Vertrauensschaden nicht nach oben begrenzt ist, kann der Anleger neben dem Ersatz der (wertgeminderten) Einlage auch den Schaden geltend machen, der daraus entstanden ist, dass er nachweislich von einer anderen erfolgreicheren Investition zugunsten der prospektierten Abstand genommen hat (s. Vor §§ 13, 13a Rn. 15). **41**

Im Gegensatz zu der bürgerlich-rechtlichen Prospekthaftung sieht das Gesetz jedoch nicht vor, dass der Anleger sich bereits aus der Kapitalanlage erzielte Steuervorteile von seinem Schadenersatz abziehen lassen muss (s. Vor §§ 13, 13a Rn. 15). Hier stellt sich jedoch berechtigterweise die Frage, ob nicht der an den Anleger zurückzuzahlende Erwerbspreis im Wege einer billigkeitsrechtlichen Einschränkung des Wortlautes von § 44 Abs. 1 BörsG im Rahmen des schadenersatzrechtlichen Grundgedankens einer Vorteilausgleichung (allgemein MünchKommBGB-*Oetker,* § 249, Rn. 223 ff.) zu kürzen ist, wenn der Anleger nachweislich und dauerhaft (Steuer)Vorteile aus der Investition gezogen hat (so der BGH im Falle eines finanzierten Fondsanteilerwerbs, vgl. BGH BeckRS 2007, 09913). **42**

§ 13 a Haftung bei fehlendem Prospekt

(1) **Der Erwerber von Wertpapieren, die nicht zum Handel an einer inländischen Börse zugelassen sind, oder von Vermögensanlagen im Sinne des § 8f Abs. 1 kann, wenn ein ein Prospekt entgegen § 3 Abs. 1 Satz 1 des Wertpapierprospektgesetzes oder entgegen § 8f Abs. 1 Satz 1 nicht veröffentlicht wurde, von dem Emittenten und dem Anbieter als Gesamtschuldner die Übernahme der Wertpapiere oder Vermögensanlagen gegen Erstattung des Erwerbspreises, soweit dieser den ersten Erwerbspreis nicht überschreitet, und der mit dem Erwerb verbundenen üblichen**

§ 13 a   IV. Abschnitt. Veröffentlichung des Verkaufsprospekts

Kosten verlangen, sofern das Erwerbsgeschäft vor Veröffentlichung eines Prospekts und innerhalb von sechs Monaten nach dem ersten öffentlichen Angebot im Inland abgeschlossen wurde. Auf den Erwerb von Wertpapieren desselben Emittenten, die von den in Satz 1 genannten Wertpapieren nicht nach Ausstattungsmerkmalen oder in sonstiger Weise unterschieden werden können, ist Satz 1 entsprechend anzuwenden.

(2) Ist der Erwerber nicht mehr Inhaber der Wertpapiere oder Vermögensanlagen im Sinne des § 8f Abs. 1, so kann er die Zahlung des Unterschiedsbetrags zwischen dem Erwerbspreis und dem Veräußerungspreis der Wertpapiere oder Vermögensanlagen sowie der mit dem Erwerb und der Veräußerung verbundenen üblichen Kosten verlangen. Absatz 1 Satz 1 gilt entsprechend.

(3) Werden Wertpapiere oder Vermögensanlagen im Sinne des § 8f Abs. 1 eines Emittenten mit Sitz im Ausland auch im Ausland öffentlich angeboten, besteht ein Anspruch nach Absatz 1 oder Absatz 2 nur, sofern die Wertpapiere oder Vermögensanlagen auf Grund eines im Inland abgeschlossenen Geschäfts oder einer ganz oder teilweise im Inland erbrachten Wertpapierdienstleistung erworben wurden.

(4) Der Anspruch nach den Absätzen 1 bis 3 besteht nicht, sofern der Erwerber die Pflicht, einen Prospekt oder Verkaufsprospekt zu veröffentlichen, beim Erwerb kannte.

(5) Die Ansprüche nach den Absätzen 1 bis 3 verjähren in einem Jahr seit dem Zeitpunkt, zu dem der Erwerber Kenntnis von der Pflicht, einen Prospekt oder Verkaufsprospekt zu veröffentlichen, erlangt hat, spätestens jedoch in drei Jahren seit dem Abschluss des Erwerbsgeschäfts.

(6) Eine Vereinbarung, durch die ein Anspruch nach den Absätzen 1 bis 3 im Voraus ermäßigt oder erlassen wird, ist unwirksam. Weitergehende Ansprüche, die nach den Vorschriften des bürgerlichen Rechtes auf Grund von Verträgen oder vorsätzlichen unerlaubten Handlungen erhoben werden können, bleiben unberührt.

(7) Für Entscheidungen über Ansprüche nach den Absätzen 1 bis 3 gilt § 32b der Zivilprozessordnung entsprechend.

Übersicht

	Rn.
I. Allgemeines	1
1. Gesetzesmaterialien	1
2. Literatur (Auswahl)	2
II. Allgemeines zur Vorschrift	3

Haftung bei fehlendem Prospekt **§ 13a**

	Rn.
1. Normentwicklung	3
2. Allgemeines	4
3. Anwendungsbereich	5
4. Anspruchsberechtigte	7
5. Anspruchsverpflichtete	10
6. Kausalität	12
7. Verschuldenserfordernis	13
8. Verjährung	15
9. Prozessuales	16

I. Allgemeines

1. Gesetzesmaterialien

a) RegBegr. zum AnSVG v. 24. 5. 2004 – Auszug (BT-Drucks. 15/ **1** 3174, 44 f.)

Nach der bisherigen Rechtslage besteht ein Anspruch des Anlegers nur bei fehlerhaften Prospekten. Die pflichtwidrige Nichterstellung eines Verkaufsprospekts ist bußgeldbewehrt und führt zur Untersagung des öffentlichen Angebots durch die Bundesanstalt. Durch die Einführung des § 13a wird eine entsprechende Haftungsnorm geschaffen, wenn ein Wertpapier-Verkaufsprospekt oder ein Verkaufsprospekt für die Anlageformen des § 8f pflichtwidrig nicht erstellt wurde. Dabei sind die Anspruchsvoraussetzungen und -ausschlüsse denen des Anspruchs wegen fehlerhaften Prospekts nachgebildet. Der Anspruch besteht nur dann, wenn das Erwerbsgeschäft vor Veröffentlichung eines Prospekts und innerhalb von sechs Monaten nach dem ersten öffentlichen Angebot im Inland abgeschlossen wurde. Eine spätere Veröffentlichung lässt den Anspruch unberührt. Ist der Erwerber nicht mehr Inhaber der Wertpapiere oder der Vermögensanlagen und bei Emittenten mit Sitz im Ausland, gelten gemäß Abs. 2 und 3 die gleichen Regelungen wie bei fehlerhaften Verkaufsprospekten. Auch der Ausschlusstatbestand des Absatzes 4 ist dem des § 45 Abs. 2 Nr. 3 des Börsengesetzes, der über die Verweisregelung des § 13 auch für Verkaufsprospekte gilt, nachgebildet. Der Erwerber, der beim Erwerb keine Kenntnis von der Prospektpflicht hatte, kann damit, wenn kein Verkaufsprospekt erstellt wurde, von dem Emittenten und dem Anbieter als Gesamtschuldnern die Rücknahme der Wertpapiere oder Vermögensanlagen gegen Erstattung des Erwerbspreises verlangen. Diese Risikoverteilung zu Lasten des Emittenten und des Anbieters ist im Interesse eines umfassenden Anlegerschutzes, für den die Einhaltung der Prospektpflicht von entscheidender Bedeutung ist, gerechtfertigt. Die Verjährungsregelung des Absatzes 5 sowie die Regelung des Absatzes 6 entsprechen ebenfalls den Regelungen der §§ 46, 47 des Börsengesetzes. Die Zuständigkeitsregelung in Abs. 7 entspricht der in § 13 Abs. 2 für fehlerhafte Verkaufsprospekte.

§ 13 a   IV. Abschnitt. Veröffentlichung des Verkaufsprospekts

b) Stellungnahme des Bundesrates vom 11. 6. 2004 – Auszug (Drucksache 341/04 (Beschluss), 6 f.)

Der Bundesrat bittet, im weiteren Gesetzgebungsverfahren zu prüfen, ob die Schadensersatzansprüche nach § 37b Abs. 1 und § 37c Abs. 1 WpHG-E sowie die Ansprüche nach § 13a Abs. 1 bis 3 VerkProspG im Interesse eines möglichst einheitlichen Verjährungsrechts der regelmäßigen Verjährung gemäß den §§ 195 und 199 BGB unterstellt werden können.

Begründung:

Die durch das Gesetz zur Modernisierung des Schuldrechts vom 26. November 2001 (BGBl. I S. 3138) erfolgte Neugestaltung der regelmäßigen Verjährungsfrist (§§ 195 und 199 BGB) hat Modellcharakter für alle zivilrechtlichen Ansprüche, auch solche außerhalb des BGB. Abweichungen von dieser allgemeinen Verjährungsregelung sollten nur erfolgen, wenn zwingende Sachgründe dies erfordern. Zwingende Gründe, weshalb für die Schadensersatzansprüche gegen den Emittenten von Finanzinstrumenten, die zum Handel an einer inländischen Börse zugelassen sind, oder für Ansprüche gegen den Emittenten und den Anbieter von nicht zum Handel an einer inländischen Börse zugelassenen Wertpapieren oder von Vermögensanlagen im Sinne des § 8f Abs. 1 VerkProspG, grundsätzlich eine kürzere Verjährungsfrist als die dreijährige Frist des § 195 BGB gelten sollte, sind jedoch nicht ersichtlich. Die Ansprüche unterscheiden sich insoweit nicht von im BGB geregelten Schadensersatzansprüchen wegen der Verletzung von Informations- oder Beratungspflichten, die ebenfalls der regelmäßigen Verjährung unterliegen. Aus denselben Erwägungen schlägt der vom Bundesministerium der Justiz den Landesjustizverwaltungen übersandte Referentenentwurf eines Gesetzes zur Anpassung von Verjährungsvorschriften an das Gesetz zur Modernisierung des Schuldrechts die Aufhebung des § 37b Abs. 4 und des § 37c Abs. 4 WpHG vor, um den Rückgriff auf die Verjährungssystematik des Allgemeinen Teils des BGB zu ermöglichen. Zur Begründung hierzu wird ausdrücklich ausgeführt, die Schnelllebigkeit der Börsengeschäfte fordere keineswegs die in den Spezialvorschriften geregelte kurze Verjährungsfrist. Der Gleichlauf der Verjährungsregelung des § 13a VerkProspG mit derjenigen des § 46 BörsG kann dadurch erreicht werden, dass die letztgenannte Regelung ebenfalls an die regelmäßige Verjährungsfrist der §§ 195 und 199 BGB angepasst wird.

c) Gegenäußerung der Bundesregierung v. 16. 6. 2004 – Auszug (BT-Drucks. 15/3355, 6)

Die Bundesregierung wird der Prüfbitte in einem weiteren Gesetzesvorhaben noch in diesem Jahr nachkommen.

d) Beschlussempfehlung und Bericht des Finanzausschusses v. 1. 7. 2004 – Auszug (BT-Drucks. 15/3493, 53)

Die Änderung ist rein redaktioneller Natur. Haftungsbegründend ist gemäß Abs. 1 der Verstoß gegen die Pflicht, einen Prospekt zu veröffentlichen. Maßgebend für den Ausschluss des Anspruchs und den Beginn der Verjährungsfrist ist die Kenntnis von der Veröffentlichungspflicht.

2. Literatur (Auswahl)

Barta, Der Prospektbegriff in der neuen Verkaufsprospekthaftung, NZG 2005, 305 ff.; *Heidel/Becker,* Aktienrecht und Kapitalmarktrecht, § 13a VerkProspG, 2. Auflage, 2007; *Benecke,* Haftung für Inanspruchnahme von Vertrauen – Aktuelle Fragen zum neuen Verkaufsprospekt, BB 2006, 2597 ff.; *Bohlken/Lange,* Die Prospekthaftung im Bereich geschlossener Fonds nach §§ 13 Abs. 1 Nr. 3, 13a Verkaufsprospektgesetz nF, DB 2005, 1259 ff.; *Fleischer,* Prospektpflicht und Prospekthaftung für Vermögensanlagen des Grauen Kapitalmarkts nach dem Anlegerschutzverbesserungsgesetz, BKR 2004, 339 ff.; *Lüdicke/Arndt,* Geschlossene Fonds, Teil V, 4. Auflage, 2007; siehe ferner die unter Vor §§ 13, 13a genannte Literatur.

II. Allgemeiner Inhalt

1. Normentwicklung

§ 13a VerkProspG wurde durch das AnSVG mit Wirkung zum 1. 7. 2005 in das VerkProspG eingefügt, um neben dem Bußgeldtatbestand für die pflichtwidrige Nichterstellung eines Prospekts eine entsprechende Haftungsnorm zu schaffen. Das mit dem Prospektrichtlinie-Umsetzungsgesetz neu geschaffene Wertpapierprospektgesetz machte Folgeänderungen bei § 13a nötig. Mit der Einführung des Kapitalanleger-Musterverfahrens durch das KapMuG wurde mit dem Verweis auf § 32 Abs. 7 ZPO neu gefasst.

2. Allgemeines

Die Einfügung des neuen § 13a VerkProspG durch das AnSVG mit Wirkung zum 1. 7. 2005 hat eine Haftungsnorm für den Fall geschaffen, dass ein Verkaufsprospekt entgegen den gesetzlichen Vorgaben nicht veröffentlicht wurde. Über die Funktion des § 13a VerkProspG als Haftungsnorm hinaus kommt dieser Vorschrift auch klarstellender Charakter dergestalt zu, dass ein Verstoß gegen die Prospektpflicht den Vertrag zum Erwerb der Vermögensanlage unberührt lässt (vgl. *Groß,* KMR, § 13a VerkProspG, Rn. 3). Andernfalls wäre das Erwerbsgeschäft nämlich schon nach § 134 BGB wegen des Gesetzesverstoßes unwirksam und daher bereicherungsrechtlich rückabzuwickeln. Die Anspruchsvoraussetzungen und -ausschlüsse des § 13a VerkProspG sind denen des Anspruchs wegen eines fehlerhaften Prospekts in § 13 VerkProspG nachgebildet (RegBegr., BT-Drucks. 15/3174, 44).

3. Anwendungsbereich

5 a) Veröffentlichter Verkaufsprospekt. Ein Anspruch aus § 13a VerkProspG kann im Hinblick auf nicht börsenzugelassene Wertpapiere (für börsenzugelassene Wertpapiere ist die Existenz eines Prospektes zwingende Zulassungsvoraussetzung) und sonstige Vermögensanlagen nur dann geltend gemacht werden, wenn entgegen der gesetzlichen Vorschriften (s. § 3 Abs. 1 S. 1 WpPG für nicht börsenzugelassene Wertpapiere und § 8f Abs. 1 Satz 1 VerkProspG für sonstige Vermögensanlagen) kein Prospekt veröffentlicht wurde. Da der Anbieter nach § 8f Abs. 1 S. 1 VerkProspG „einen Verkaufsprospekt nach diesem Abschnitt [sc. des Verkaufsprospektgesetzes] veröffentlichen" muss, in „diesem Abschnitt" des Verkaufsprospektgesetzes jedoch § 8i Abs. 1 Satz 1 bestimmt, dass der Prospekt erst nach Gestattung durch die BaFin veröffentlicht werden darf, ist ein von der Haftung des § 13a VerkProspG befreiender Prospekt nur ein solcher, der von der BaFin gestattet und bei dieser hinterlegt wurde (*Lüdicke/Arndt/Kindt*, S. 135; *Barta* NZG 2005, 305, 308; *Heidel/Becker,* § 13a VerkProspG, Rn. 8). Ebenso verlangt § 3 Abs. 1 WpPG für Wertpapiere die Veröffentlichung eines Prospektes, der nach § 13 Abs. 1 WpPG von der BaFin gebilligt werden muss. Es kann dagegen nicht jedes Schriftstück als Prospekt i. S.d des § 13a VerkProspG genügen, dass nach Inhalt und Zielrichtung erkennbar zur Erfüllung der in § 8g VerkProspG vorgesehenen Prospektangaben erstellt worden ist, mit der Folge, dass nicht § 13a VerkProspG, sondern § 13 VerkProspG für fehlerhafte Prospekte, die entgegen den Vorgaben des VerkProspG ungestattet zum öffentlichen Vertrieb von Vermögensanlagen verwendet werden, einschlägig ist (so aber *Fleischer* BKR 2004, 339, 347 und *Benecke* BB 2006, 2597, 2599).

6 b) Ungültige Prospekte (§ 9 WpPG). Ein Wertpapierprospekt „entfällt" nicht zwölf Monate nach seiner Veröffentlichung, auch wenn § 9 Abs. 1 und 5 WpPG bestimmen, dass für ein öffentliches Angebot der Wertpapiere der gebilligte Prospekt nur für diesen Zeitraum gültig ist (so aber *Heidel/Becker,* § 13a VerkProspG, Rn. 9). Denn § 13a VerkProspG verlangt nur, dass überhaupt ein Prospekt nach § 3 Abs. 1 WpPG veröffentlich wurde, nicht jedoch, dass dieser auch für ein öffentliches Angebot gültig ist. Wird auf Basis eines ungültigen Prospektes platziert, so ist allein § 13 VerkProspG für die Prospekthaftung einschlägig. Die Ungültigkeit kann jedoch Relevanz erlangen, wenn man in § 9 WpPG ein Schutzgesetz im Sinne von § 823 Abs. 2 BGB sieht, das durch den Anbieter verletzt wird. Dann jedoch verlangt § 823 Abs. 2 Satz 2 BGB ein Verschulden des Anbieters, also ein zumindest fahrlässiges Überschreiten der Gültigkeitsfrist;

eine Garantiehaftung, wie sie § 13a VerkProspG vorsieht, ist damit nicht verbunden. Für Vermögensanlagenverkaufsprospekte stellt sich vorgenannte Fragestellung nicht, da die § 8f ff. VerkProspG keine Gültigkeitsbeschränkung vorsehen.

4. Anspruchberechtigte

a) Zeitpunkt des Erwerbs. Der Anspruch besteht nur für diejenigen Anleger, die die Wertpapiere oder sonstigen Vermögensanlagen vor einer Veröffentlichung des Prospekts erworben haben, § 13a Abs. 1 Satz 1 VerkProspG. Die spätere Veröffentlichung eines Prospektes lässt den Anspruch unberührt. Zudem muss der Erwerb innerhalb von sechs Monaten nach dem ersten öffentlichen Angebot im Inland stattgefunden haben (§ 13a Abs. 1 Satz 1 VerkProspG). Auch hier wird man von einer teleologischen Reduktion des haftungsbegrenzenden Tatbestandes für die Fälle auszugehen haben, in denen Anleger ein Wertpapier oder eine Vermögensanlage während einer mehr als sechsmonatigen Platzierungsphase durch Erstzeichnung originär erworben haben (s. dazu § 13 Rn. 28). Sogar für eine ersatzlose Streichung der zeitlichen Begrenzung auch für Zweitmarktgeschäfte spricht sich *Schäfer* (ZGR 2006, 40, 48f.) aus, da bei Fehlen eines Verkaufsprospektes eine besondere Anlagestimmung, wie sie § 44 Abs. 1 S. 1 BörsG vor Augen habe, gar nicht hervorgerufen werden könne.

Sofern der Erwerber nicht mehr der Inhaber der Beteiligung ist, gelten die gleichen Regelungen wie bei fehlerhaften Verkaufsprospekten, s. § 13a Abs. 2 VerkProspG. Für auch im Ausland angebotene Wertpapiere oder Vermögensanlagen gilt § 13a VerkProspG nur, wenn ein in § 13a Abs. 3 VerkProspG erwähnter Inlandsbezug gegeben ist.

b) Anspruchsausschließende Kenntnis von der Veröffentlichungspflicht. Ausgeschlossen sind die Ansprüche gemäß § 13a Abs. 4 VerkProspG, wenn der Anleger die Pflicht zur Veröffentlichung eines Verkaufsprospektes beim Erwerb seiner Beteiligung kannte. Die Einwendung fehlender Kausalität zwischen der Nichtveröffentlichung eines Prospektes und dem Erwerb der Vermögensanlage steht dem Prospektpflichtigen dagegen mangels einer § 13 VerkProspG iVm § 45 Abs. 2 Nr. 1 BörsG entsprechenden Regelung nicht zu (auch *Fleischer* BKR 2004, 339, 346f.; *Bohlken/Lange* DB 2005, 1259, 1261).

5. Anspruchsverpflichtete

Der Anspruch aus § 13a VerkProspG gegen den Emittenten und den Anbieter als Gesamtschuldner ist gerichtet auf die Rücknahme der Anteile gegen Erstattung des Erwerbspreises. Wird die Vermögensanlage aufgrund eines Ausnahmetatbestandes nach § 8f Abs. 2 VerkProspG indes zunächst ohne Prospekt vertrieben, trifft die Pflicht zur Prospekterstellung nicht den Emittenten, sondern den Ersterwerber, sofern er die Anteile an der Vermögensanlage öffentlich anbietet. In diesem Falle ist eine gesamtschuldnerische Haftung des Emittenten, der sich bei der erstmaligen Platzierung der Vermögensanlage aufgrund der Ausnutzung eines Ausnahmetatbestandes hinsichtlich der Prospektpflicht rechtmäßig verhalten hatte, und des Ersterwerbers als Anbieter nicht sachgerecht. Insofern sollte dann im Wege einer teleologischen Reduktion die Haftung nach § 13a VerkProspG auf den späteren Anbieter beschränkt werden (zutreffend *Schäfer* ZGR 2006, 40, 59f.).

11 Nach 13a Abs. 6 Satz 1 VerkProspG sind Haftungsbeschränkungen unwirksam. Zudem können nach § 13a Abs. 6 Satz 2 weitergehende Ansprüche aufgrund bürgerlichen Rechts neben der Haftung für einen fehlenden Prospekt geltend gemacht werden. Dies entspricht § 13 Abs. 1 iVm § 47 BörsG.

6. Kausalität

12 Eine Kausalität zwischen dem Fehlen eines Prospektes und der Anlageentscheidung ist nicht erforderlich, da gerade die Platzierung ohne Prospekt den Haftungstatbestand auslöst (*Fleischer* BKR 2004, 339, 346; *Benecke* BB 2006, 2597, 2599). Auf die Frage, ob ein Anleger auch bei Veröffentlichung eines Prospektes nach den gesetzlichen Bestimmungen die Vermögensanlage getätigt hätte, kommt es daher nicht an (s. auch oben Rn. 10).

7. Verschuldenserfordernis

13 Nicht einheitlich beurteilt wird, ob für einen Anspruch aus § 13a VerkProspG ein Verschulden des in Anspruch genommenen Prospektpflichtigen erforderlich ist. Der Tatbestand des Gesetz gewordenen § 13a VerkProspG nämlich enthält ein solches Erfordernis nicht, obwohl noch der Referentenentwurf vom 10. 3. 2004 dem Prospektpflichtigen haftungsausschließend den Nachweis eröffnen wollte (s. § 13a Abs. 4 VerkProspG-RefE, S. 42), dass er die Prospektpflicht nicht kannte und seine Unkenntnis nicht auf grober Fahrlässigkeit beruhte.

14 Der Umstand, dass der Tatbestand des § 13a VerkProspG kein Verschuldenserfordernis enthält, obwohl ein solches offensichtlich im Gesetzgebungsverfahren angedacht war, kann nur den Schluss zulassen, dass die Norm dem Emittenten und Anbieter eine verschuldensunabhängige Haftung auferlegt. Dagegen anzuführen, dass der Gesetzgeber § 13a VerkProspG dem (verschuldensabhängigen) § 13 VerkProspG nachbilden wollte (so *Bohlken/Lange* DB 2005, 1259, 1261), stellt das allgemeine Prinzip über die gesetzgeberische Entscheidung im Einzelfall. Wer ein Wertpapier oder eine Vermögensanlage ohne einen gesetzeskonform veröffentlichten Prospekt dem Publikum anbietet und damit mangels ausreichender Informationsmöglichkeit das Vermögen der Anleger gefährdet, der kann sich nicht durch sein (leicht fahrlässiges) Nichtwissen von der Prospektpflicht exkulpieren (zutreffend *Fleischer* BKR 2004, 339, 346; *Benecke* BB 2006, 2597, 2600). Dem steht auch nicht entgegen, dass § 17 Abs. 1 Nr. 1 VerkProspG eine Ordnungswidrigkeit nur bei einem verschuldeten Verstoß gegen die Prospektpflicht vorsieht. Insoweit nämlich gilt das Rechtsstaatsprinzip, wonach eine Strafe oder ein Bußgeld nur bei einem Verschulden (Vorsatz oder Fahrlässigkeit) verhängt werden darf (vgl. § 10 Ordnungswidrigkeitengesetz und § 15 Strafgesetzbuch; dem Schuldprinzip kommt nach BVerwGE 20, 323, 331 Verfassungsrang zu). Das Zivilrecht dagegen sieht verschuldensunabhängige Haftungsnormen gerade in Fällen einer Gefährdungshaftung vor (s. nur die Tierhalterhaftung nach § 833 BGB), weshalb es zu Wertungswidersprüchen innerhalb des Verkaufsprospektgesetzes (so die Bedenken von *Bohlken/Lange* DB 2005, 1259, 1261; vgl. auch *Schäfer* ZGR 2006, 40, 51f., der das Erfordernis eines Verschuldens des Haftenden für einen wesentlichen Grundsatz des Schadensersatzrechts hält, von dem nur bei einer ausdrücklichen Regelung des Gesetzgebers abgewichen werden dürfe) in der Verschuldensfrage nicht kommen kann.

8. Verjährung

Die Haftung wegen fehlenden Prospekts verjährt in einem Jahr, beginnend mit dem Zeitpunkt, zu dem der Erwerber Kenntnis von der Pflicht, einen Verkaufsprospekt zu veröffentlichen, erlangt hat und spätestens in drei Jahren seit dem Abschluss des Erwerbsgeschäfts, § 13a Abs. 5 VerkProspG.

9. Prozessuales

Die gerichtliche Zuständigkeitsregelung in § 13a Abs. 7 VerkProspG verweist auf den § 32b ZPO und entspricht damit derjenigen für fehlerhafte Verkaufsprospekte (zu § 32b ZPO siehe Vor § 13, 13a Rn. 20ff.). Zudem ist es möglich, zur Vorentscheidung von einzelnen Rechtsfragen ein Musterverfahren nach dem KapMuG anzustrengen (s. i. E. zum KapMuG Vor § 13, 13a Rn. 25ff.).

V. Abschnitt. Verfahren in der Europäischen Gemeinschaft

§ 14 (aufgehoben)

§ 15 (aufgehoben)

VI. Abschnitt. Gebühren; Bekanntgabe und Zustellung; Bußgeld- und Übergangsvorschriften

§ 16 Gebühren

Die Bundesanstalt erhebt für die Amtshandlungen nach diesem Gesetz und nach den auf diesem Gesetz beruhenden Rechtsvorschriften Gebühren. Das Bundesministerium der Finanzen bestimmt die Gebührentatbestände im Einzelnen und die Höhe der Gebühren durch Rechtsverordnung, die nicht der Zustimmung des Bundesrates bedarf. Das Bundesministerium der Finanzen kann die Ermächtigung durch Rechtsverordnung auf die Bundesanstalt für Finanzdienstleistungsaufsicht übertragen.

Übersicht

		Rn.
I.	Allgemeines	1
	1. Ergänzende Regelungen	1
	2. Gesetzesmaterialien	2
	3. Literatur (Auswahl)	3
II.	Allgemeiner Inhalt	4
	1. Normentwicklung	4
	2. Regelungsinhalt	7
III.	Die Vorschrift im Einzelnen	8
	1. Satz 1 VermVerkProspGebV	8
	2. Satz 2 und 3: VermVerkProspGebV	24

I. Allgemeines

1. Ergänzende Regelungen

1   Verordnung über die Gebühren für Amtshandlungen betreffend Verkaufsprospekte für Vermögensanlagen nach dem Verkaufsprospektgesetz (VermVerkProspGebV, BGBl. I 2005, 1873).

2. Gesetzesmaterialien

RegBegr. zum AnSVG v. 24. 5. 2004 – Auszug (BT-Drucks. 15/ 2
3174, 44)

Durch die Änderung wird klargestellt, dass die Bundesanstalt auch für die Hinterlegung des Verkaufsprospekts nach § 8f und seiner Anlagen Gebühren erhebt. Einzelheiten zu den Gebührentatbeständen und die Höhe der Gebühren werden durch Rechtsverordnung nach Satz 2 bestimmt. Die Verordnungsermächtigung des Satzes 2 umfasst Gebührentatbestände für sämtliche bei der Bundesanstalt zu hinterlegende Verkaufsprospekte, also auch solche im Sinne des § 8f.

3. Literatur (Auswahl)

Assmann/Lenz/Ritz, VerkProspG, 1. Aufl. 2001; *Grimm/Ritz*, Ver- 3
kaufsprospekt, Neuregelungen, WM 1998, 2091; *Schlabach*, Verwaltungskostenrecht, Stand: August 2004.

II. Allgemeiner Inhalt

1. Normentwicklung

Die Schaffung des VerkProspG im Zuge der Umsetzung der EG- 4
Emissionsprospektrichtlinie in deutsches Recht sah zur Deckung der den Zulassungs- und Hinterlegungsstellen bei der Wahrnehmung ihrer Aufgaben entstehenden Kosten eine entsprechende Regelung in § 17 vor. Danach sollten nach Abs. 1 im Rahmen der Gebührenordnung nach § 5 BörsG Gebühren erhoben werden. Im Rahmen des 2. FMG wurde Abs. 2 der Vorschrift – mittlerweile als § 16 im VerkProspG – weitgehend geändert. Statt der bisherigen Verordnungsermächtigung für die Landesregierungen, die Hinterlegungsgebühren zu regeln, konnte nun das neu errichtete BAWe Gebühren auf der Grundlage von Gebührenstufen erheben.

Mit dem 3. FMG folgten weitere Änderungen. So wurde aufgrund 5
der Erweiterung des Anwendungsbereiches des VerkProspG auf Wertpapiere, für die eine Zulassung zum geregelten Markt beantragt ist und über deren Zulassung der Zulassungsausschuss entscheidet, eine Gebührenregelung für die Tätigkeit des Zulassungsausschusses notwendig, die mit der Anpassung des Abs. 1 vollzogen wurde. Ferner wurde in Abs. 2 eine Verordnungsermächtigung eingefügt. In einer danach zu erlassenden Rechtsverordnung sollten dann die Gebührentatbestände und die Höhe der Gebühren geregelt werden. Aufgrund dieser Ermächtigung wurde vom BAWe am 7. 5. 1999 die Verkaufsprospekt-Gebührenverordnung (BGBl. I 1999, 874) erlassen.

Die Verordnungsermächtigung ging mit dem FinDAG im Wege 6
einer Folgeänderung auf die BaFin über. Mit der Änderung des

BörsG im Zuge des 4. FMG kam es zu geringen Folgeänderungen. Mit Art. 2 Nr. 12 des Prospektrichtlinie-Umsetzungsgesetz erhielt § 16 seine aktuelle Fassung. Aufgrund der dort enthaltenen Verordnungsermächtigung hat die BaFin am 29. 6. 2005 die „Verordnung über die Gebühren für Amtshandlungen betreffend Verkaufsprospekte für Vermögensanlagen nach dem Verkaufsprospektgesetz" (VermVerkProspGebV; BGBl. I 2005, 1873) erlassen.

2. Regelungsinhalt

7 Während § 16 Satz 1 allgemein feststellt, dass die BaFin für die Amtshandlungen nach diesem Gesetz und nach den auf dem Gesetz beruhenden Rechtsvorschriften Gebühren erhebt, werden die Gebührentatbestände und die Höhe der Gebühren durch die aufgrund von § 16 Satz 2 und 3 erlassene Rechtsverordnung geregelt.

III. Die Vorschrift im Einzelnen

1. Satz 1: VermVerkProspGebV

8 **a) Ausgewählte Aspekte der Normentwicklung; mehrere Gebühren für mehrere Vermögensanlagen.** In der Fassung des 3. FMG ließ der Wortlaut des § 16 Abs. 2 Satz 1 VerkProspG noch erkennen, dass *mehrere* Gebühren durch die Hinterlegung *eines* Verkaufsprospekts entstehen können (vgl. *Ritz*, in: *Assmann/Lenz/Ritz*, § 16 VerkProspG Rn. 6 ff.; RegE 3. FMG, BT-Drucks. 13/8933 vom 6. 11. 1997, S. 91). Vor dieser Gesetzesänderung war die Frage, ob die Zusammenfassung von mehreren Emissionen innerhalb eines Verkaufsprospekts mehrere Gebühren auslösen kann, Gegenstand verschiedener gerichtlicher Auseinandersetzungen (VG Frankfurt/M. WM 1998, 762; VG Frankfurt/M. Beschl. vom 13. 6. 1997 – 15 G 2848/96 [2]). Das BAWe vertrat zur alten Rechtslage die Ansicht, dass die Prospektpflicht und somit auch die Gebührenerhebung nach der jeweiligen Emission unabhängig von der Ausgestaltung des Verkaufsprospekts im Einzelnen zu beurteilen sei (Ziff. VIII. der Bekanntmachung der BAWe vom 15. 4. 1996, s. im Textanhang unter III.5). Das 3. FMG hatte die Zulässigkeit der vom BAWe und später von der BaFin zum § 16 Abs. 2 Satz 1 VerkProspG aF vertretenen Auslegung klargestellt (*Ritz*, in: *Assmann/Lenz/Ritz*, § 16 VerkProspG Rn. 7). Danach dürfte Einigkeit über die Frage bestanden haben, dass für die Bestimmung der Gestattungsgebühr die Gesamtzahl der einzelnen prospektpflichtigen Vermögensanlagen (im weiteren Sinne), die innerhalb eines Verkaufsprospekts prospektiert sind, entscheidend ist (so schon für das alte Recht *Grimme/Ritz* WM 1998, 2091, 2094).

Gebühren **§ 16**

Der Wortlaut des § 16 Abs. 1 Satz 1 lässt die durch das 3. FMG her- 9
beigeführte Klarheit nicht mehr erkennen. Gebühren werden nunmehr für Amtshandlungen erhoben. Die Amtshandlungen bestimmen sich gemäß § 2 Abs. 1 VermVerkProspGebV nach dem Gebührenverzeichnis, das im Einzelnen neun verschiedene Amtshandlungen aufzählt. Insbesondere ist die Formulierung des Gebührentatbestandes Nr. 1 der Anlage zu § 2 Abs. 1 VermVerkProspGebV – Gebührenverzeichnis – unglücklich missverständlich ausgefallen. Danach wird für die Gestattung eines Verkaufsprospekts eine Gebühr i. H. v. EUR 1000 erhoben. Die Aufgabe des Begriffs der *Hinterlegung* zugunsten der Amtshandlung – und insbesondere dessen Verwendung in der VermVerkProspGebV – hatte den folgenden Hintergrund: Zunächst wurde ein terminologischer Gleichklang mit der FinDAG-KostV und der WpPGGebV hergestellt. Der Terminus der Hinterlegung bot insoweit Angriffsfläche, als sich bei einer restriktiven Auslegung nach dem Wortlaut hätte argumentieren lassen, dass es fraglich sei, ob tatsächlich sämtliche aufwandverursachenden Handlungen der BaFin im Hinblick auf ihre im Zusammenhang mit Vermögensanlagen-Verkaufsprospekten bestehenden gesetzlichen Aufgaben erfasst sind. Dieses Problem stellt sich jedenfalls beim Begriff der Amtshandlung nicht. Gleichwohl stellt sich nun aufgrund der unglücklichen Formulierung des Gebührentatbestandes Nr. 1 – erneut – die Frage, wie der Fall, dass mehrere Vermögensanlagen in einem Verkaufsprospekt beschrieben werden, gebührenrechtlich zu lösen ist.

Bevorzugt man eine restriktive Auslegung des Wortlauts des Ge- 10
bührentatbestandes Nr. 1, so könnte – unabhängig davon, wie viele Vermögensanlagen in einem Verkaufsprospekt dargestellt sind – lediglich eine Gebühr für die Gestattung der Veröffentlichung und Aufbewahrung eines vollständigen Verkaufsprospekts anfallen. Der Gebührentatbestand vermag jedoch unter systematischen und teleologischen Gesichtspunkten nur dann zutreffend erfasst werden, wenn die im Tatbestand zitierten Normen des VerkProspG in die Auslegung miteinbezogen werden. Der Gebührentatbestand rekurriert auf § 8i Abs. 2 Satz 1 VerkProspG, wonach ein Vermögensanlagen-Verkaufsprospekt gemäß § 8f Abs. 1 VerkProspG erst dann veröffentlicht werden darf, wenn die BaFin die Veröffentlichung gestattet hat. § 8f Abs. 1 Satz 1 VerkProspG verwendet nun den Begriff der „Vermögensanlagen" überhaupt nicht, sondern spricht vielmehr von „Anteilen". Aus § 8f Abs. 2 Satz 3 VerkProspG folgt indessen, dass eine Vermögensanlage aus dem Angebot mehrerer Anteile besteht. Diese bilden in ihrer Summe ein konkretes Anlageinstrument und damit eine Vermögensanlage (vgl. zu den unterschiedlichen Begriffen der „Vermögensanlage" oben Vor § 8f VerkProspG Rn. 21 ff.).

Spricht § 8i Abs. 2 Satz 1 VerkProspG von „Vermögensanlagen nach § 8f Abs. 1 VerkProspG", kann demzufolge insoweit nur eine einzige Vermögensanlage gemeint sein. Darin kommt die Vorstellung des Gesetz- und Verordnungsgebers von einem Grundfall zum Ausdruck, wonach ein Verkaufsprospekt lediglich eine Vermögensanlage darstellt. In diesen Konstellationen fällt selbstredend für die Gestattung der Veröffentlichung des Verkaufsprospekts sowie seiner Aufbewahrung eine Gebühr an. Daraus folgt aber zugleich, dass die Gebühr der Ziff. 1 des Gebührenverzeichnisses der VermVerkProspGebV jeweils für eine prospektierte Vermögensanlage zu erheben ist. Es kann in diesem Zusammenhang nicht darauf ankommen, ob der Anbieter, der mehrere Vermögensanlagen anbieten möchte, für jede Vermögensanlage einen einzelnen Verkaufsprospekt erstellt oder ob er sich für die Variante entscheidet, mehrere Vermögensanlagen in einem Verkaufsprospekt drucktechnisch zusammenzufassen. Dieses Ergebnis erscheint nicht zuletzt deshalb vorzugswürdig, weil ansonsten derjenige, der mehrere Vermögensanlagen parallel anbieten möchte, durch eine drucktechnische Zusammenfassung von Vermögensanlagen in einer bestimmten Anzahl von Verkaufsprospekten die Gebührenhöhe beliebig steuern könnte. Nicht von der Hand zu weisen ist, dass eine klarstellende Novellierung des § 16 und der VermVerkProspGebV wünschenswert ist, damit wieder die Qualität an Rechtssicherheit für die Verfahrensbeteiligten erreicht wird, wie sie schon zur Zeit des 3. FMG einmal bestanden hat.

11 **b) Abgrenzung von einzelnen Vermögensanlagen.** Losgelöst von dem Befund, dass bei mehreren in einem Verkaufsprospekt prospektierten Vermögensanlagen für jede einzelne Vermögensanlage eine Gebühr gemäß Gebührentatbestand Nr. 1 zu erheben ist, stellt sich die Frage, anhand welcher Kriterien die Anzahl der Vermögensanlagen festgelegt wird bzw. wie Vermögensanlagen – ob sie nun in einem oder über mehrere Verkaufsprospekte dargestellt werden – voneinander abzugrenzen sind. Diese Frage ist Gegenstand kontroverser Diskussionen im Rahmen der Gestattungspraxis der BaFin. Indessen sei bereits an dieser Stelle angemerkt, dass die verschiedenen im Folgenden aufzuzeigenden dogmatischen Ansätze häufig zu übereinstimmenden Ergebnissen führen werden.

12 **aa) Auffassung der BaFin.** Die BaFin stellt, wie aus den Gestattungsverfahren und den von ihr durchgeführten Informationsveranstaltungen bekannt ist, die Anzahl der Vermögensanlagen formell nach den Kriterien fest, die für die Vergabe von Wertpapierkennnummern (WKN) bzw. von International Securities Identification Numbers (ISIN) gelten. Sie beruft sich dabei auf eine „analoge Anwendung" der WKN. Die ISIN wird pro Land zentral vergeben, verantwortlich für die Vergabe der WKN/ISIN in Deutschland ist das Institut für die Ausgabe und Verwaltung von Wertpapieren in Deutschland WM Datenservice. Diese Kriterien finden auch in anderen Jurisdiktionen Anwendung, in denen nicht nach der Fungibilität einer Vermögensanlage unterschieden wird. Auf die Fungibilität der Vermögensanlage soll es also hinsichtlich dieser Merkmale nicht ankommen.

bb) Andere Auffassung. Anderer Auffassung nach soll es auf eine materielle und keine formelle Abgrenzung ankommen. Auf die Kriterien, die bei Wertpapieren Anwendung finden, kann es hiernach nicht ankommen, da Wertpapiere und Vermögensanlagen im Sinne des § 8f Abs. 1 gerade nicht vergleichbar sind (s. o. § 8f VerkProspG Rn. 43ff.). So soll mit der Vergabe unterschiedlicher WKN bei geringfügigen Abweichungen der Ausgestaltung insbesondere auch der Fungibilität des Wertpapiers Rechnung getragen werden. Und über diese Fungibilität verfügen Vermögensanlagen im Sinne des § 8f Abs. 1 VerkProspG gerade nicht. Vielmehr muss darauf abgestellt werden, welche – im Übrigen nach § 4 Satz 1 Nr. 1 VermVerkProspV zu prospektierenden – Rechte mit der Vermögensanlage verbunden sind.

13

Die letztgenannte Auffassung ist vorzugswürdig. Für eine „analoge Anwendung" von WKN besteht schon nach der juristischen Methodenlehre kein Raum. Analogien sind nur in Bezug auf gesetzliche oder vertragliche Normen möglich (vgl. *Larenz,* Methodenlehre der Rechtswissenschaft, S. 381). Es besteht aber auch kein praktisches Bedürfnis für die Abgrenzung von Vermögensanlagen auf die WKN zu rekurrieren. Dies deshalb, weil – und dies auch nach Auffassung der BaFin – im Ergebnis jedenfalls die wesentlichen Merkmale entscheidend sind, die sich aus den Rechten (und Pflichten) des Anlegers ergeben. Dies ist aber in der Sache nichts anderes als eine materielle Betrachtungsweise. Zudem findet die Mehrzahl der für die Abgrenzung von Vermögensanlagen einschlägigen Rechte *keine* Entsprechung in den WKN. Warum für die Minderheit der einschlägigen Merkmale ein Rückgriff auf die bzw. eine Reflexion der WKN erfolgen soll, obwohl eine materielle Betrachtungsweise bei der Analyse eines Verkaufsprospekts ohnehin geleistet werden muss, vermag nicht einzuleuchten. Eine „Heranziehung" der WKN stellt für den Bearbeiter nur einen entbehrlichen und damit unnötigen Arbeitsschritt dar. Zudem hat der Gesetzgeber mit dem FRUG zum Ausdruck gebracht, dass Vermögensanlagen iSd § 8f Abs. 1 Satz 1 VerkProspG keine Wertpapiere sind. Nicht zuletzt aus diesem Grund sollte für die Abgrenzung von Anlageinstrumenten, die nach dem erklärten gesetzge-

14

§ 16 VI. Abschnitt. Gebühren; Bekanntgabe und Zustellung

berischen Willen *keine Wertpapiere* sind, ein Rückgriff auf *Wertpapierkennnummern* unterbleiben.

15 **cc) Grundfall Parallelemission.** Keinen besonderen Schwierigkeiten bei der Abgrenzung mehrerer Vermögensanlagen begegnen die Fälle, in denen unter die verschiedenen Varianten des § 8f Abs. 1 VerkProspG fallende Anlageinstrumente prospektiert werden. So ist z. B. denkbar, dass Unternehmensbeteiligungen nach § 8f Abs. 1 Satz 1 Var. 1 VerkProspG einerseits und Namensschuldverschreibungen nach § 8f Abs. 1 Satz 2 VerkProspG andererseits in einem Verkaufsprospekt beschrieben werden. Probleme können diejenigen Fälle aufwerfen, in denen mehrere „Varianten" von Vermögensanlagen innerhalb eines prospektpflichtigen Unterfalls (Unternehmensbeteiligung, Treuhandvermögen, sonstiger geschlossener Fonds, Namensschuldverschreibung) in einem Verkaufsprospekt aufgenommen sind. Bevor die einzelnen relevanten materiellen Kriterien dargestellt werden, sei vorab auf den Aspekt unterschiedlich möglicher Beteiligungsvarianten eingegangen.

16 **dd) Beteiligungsvarianten bzgl. des Erwerbs der Vermögensanlagen.** Nicht relevant für die Abgrenzung einzelner Vermögensanlagen sind die Beteiligungsvarianten im Hinblick auf den Erwerb der prospektierten Vermögensanlagen. Das praktisch bedeutsamste Beispiel ist im Bereich der Fondsgesellschaften die Möglichkeit zum Erwerb einer Vermögensanlage durch den Beitritt als Direktkommanditist zum einen oder als Treugeber zum anderen. Es wäre verfehlt, aus dem Vorliegen von zwei Erwerbsalternativen auf das Vorliegen von zwei Vermögensanlagen zu schließen. Denn dies würde negieren, dass nur die Beteiligung an *einem* einzigen Anlageinstrument – im Sinne *einer* Vermögensanlage – prospektiert wird. Das Angebot sieht lediglich Unterschiede für die Modalitäten des Erwerbs der Vermögensanlagen – im Sinne von Anteilen – vor.

17 **ee) Beteiligungsvarianten bzgl. der mit den Vermögensanlagen verbundenen Rechte.** Demgegenüber entfalten die Konstellationen Relevanz, in denen die Anteile unterschiedliche Rechte gewähren. Regelmäßig sind die jeweiligen Varianten von angebotenen Anteilen mit werbewirksamen Begriffen versehen, wie bspw. „Classic-Kapital" und „Turbo-Kapital" o. ä. Hier kann bspw. die Beteiligung über Anteile der Kategorie „Classic-Kapital" für den Anleger eine bevorzugte Auszahlung gegenüber Anteilen der Kategorie „Turbo-Kapital" bedeuten. Mithin sind mit den Anteilen unterschiedliche Rechte iSd § 4 Satz 1 Nr. 1 VermVerkProspV verbunden mit der Folge, dass es sich um zwei Vermögensanlagen handelt.

ff) Mehrere Emissionen = mehrere Vermögensanlagen? 18
Dem vorgenannten Beispiel kann ohne weiteres eine Struktur zugrunde liegen, wonach *ein* Emittent *zwei* Vermögensanlagen begibt. Bekannt sind auch Konstellationen, in denen in einem Verkaufsprospekt mehrere Emittenten beschrieben werden. Häufig wird in diesen Fällen eine Vermögensanlage je Emittent begeben. Zwingend ist dies jedoch nicht. Wie das unter Rn. 15 gebildete Beispiel zeigt, kann ein Emittent auch mehrere Vermögensanlagen begeben, so dass sich eine Zählweise nach dem Muster „ein Emittent = eine Vermögensanlage" verbietet. Es kommt stets auf die im konkreten Einzelfall mit den Anteilen verbundenen Rechte für die Bestimmung der Zahl der Vermögensanlagen an, die Zahl der Emittenten kann hierfür nicht entscheidend sein.

Denkbar ist auch, dass für die Emission von zwei Vermögensanlagen von ein und demselben Emittenten zwei Verkaufsprospekte erstellt werden. Die Zusammenfassung sämtlicher Emissionen eines Emittenten innerhalb eines Verkaufsprospekts ist prospektrechtlich nicht erforderlich. 19

Darüber hinaus gibt es Strukturen, bei denen sich ein Anleger nur beteiligen kann, indem er stets Gesellschafter von mehreren Fondsgesellschaften und damit Emittenten wird. Hier sind die unterschiedlichsten Kombinationen möglich. So kann etwa vorgesehen sein, dass der Anleger zwingend zugleich Anteile an vier Kommanditgesellschaften erwerben muss, wenn er sich an dem Investment beteiligen möchte. In diesem Fall erwirbt der Anleger lediglich eine Vermögensanlage. Weiter kann bspw. vorgesehen sein, dass man sich zwingend an jeweils zwei Emittenten beteiligt, so dass zwei Vermögensanlagen angeboten werden. Geben die Emittenten mit unterschiedlichen Rechten verbundene Anteile aus, erhöht sich die Anzahl der Vermögensanlagen entsprechend. 20

(1) Bedeutung für die Bestimmung der Anzahl der Vermögensanlagen haben: (a) Höhe der Gewinnbeteiligung. Die Höhe der Gewinnbeteiligung ist für verschiedene Anleger bzw. Anlegergruppen unterschiedlich, da die Gewinnverteilung unterschiedlich ausgestaltet ist. Eine unterschiedliche Gewinnverteilung wird oftmals vorgenommen bei alternativer Ratenzahlung oder Thesaurierung sowie bei unterschiedlicher Dauer der Beteiligung. **(b) Art der Vermögensanlagen.** Kann sich der Anleger an unterschiedlichen Arten der Vermögensanlage, etwa KG-Anteil und Genussrecht, beteiligen, liegen jeweils abgrenzbare Vermögensanlagen vor (vgl. oben Rn. 15). **(c) Ausschüttungstermin.** Unterschiedliche Vermögensanlagen liegen etwa vor, wenn entweder Ausschüttungen während der Laufzeit 21 der Beteiligung oder erst am Ende der Laufzeit erfolgen. Das Gleiche gilt, wenn Ausschüttungen während der Laufzeit der Beteiligung in unterschiedlichen Abständen erfolgen. Ferner sind verschiedene Vermögensanlagen gegeben, wenn zum einen (echte) Gewinnausschüttungen und zum anderen unterjährige (Vorab-) Ausschüttungen erfolgen. Bestehen unterschiedliche Möglichkeiten der Gewinnentnahme, liegen ebenfalls mehrere Vermögensanlagen vor. **(d) Laufzeit.** Die Laufzeit einer Beteiligung ist dann relevantes Kriterium, wenn vom Anbieter selbst verschiedene Laufzeiten vorgegeben werden. Erfolgt die Rückzahlung der Beteiligungssumme entweder durch Rückzahlung in einem Gesamtbetrag oder in Ratenzahlung, liegen unterschiedliche Vermögensanlagen vor. **(e) Kündigungsmöglichkeiten.** Unterschiedliche Vermögensanlagen sind ferner dann zu bejahen, wenn die Beteiligung verschiedene Ausgestaltungen der Kündigung vorsehen, so etwa bei Sonderkündigungsrechten, unterschiedlichen Kündigungsvoraussetzungen oder unterschiedlichen Kündigungsfolgen einzelner Anlegergruppen. **(f) Verkaufsbeschränkungen, Garantie/Deckung etc.** Fraglich ist, ob die Einräumung einer Option auf Umtausch der Beteiligung (Genussrecht) in Vollgesellschaftsanteile bereits zu mehr als einer Vermögensanlage führt. Mehrere Vermögensanlagen liegen jedenfalls dann vor, wenn diese Option einem Teil der Anleger eingeräumt wird. **(g) Stimmrechte.** Unterschiedliche Vermögensanlagen sind anzunehmen, wenn der Gesellschaftsvertrag des Emittenten in Hinblick auf die Gewährung, Nichtgewährung oder Gewährung eines erhöhten Stimmrechts unterscheidet und so hierdurch verschiedene Anlegergruppen entstehen. **(h) Informationsrechte.** Auch die Einräumung unterschiedlicher Informationsrechte einzelner Gesellschafter führt dazu, dass mehrere unterschiedliche Vermögensanlagen angeboten werden.

22 (2) **Keine Bedeutung für die Bestimmung der Anzahl der Vermögensanlagen haben:** **(a) Mindestzeichnungssumme.** Durch unterschiedliche Mindestzeichnungssummen werden keine unterschiedlichen Vermögensanlagen generiert, vielmehr wird durch die Mindestzeichnungssumme lediglich der Rahmen der Beteiligung durch den Anleger festgelegt nicht hingegen die Beteiligung in ihrem rechtlichen Gehalt bestimmt. **(b) Raten- und Einmalzahlungen.** Die Möglichkeit, die Einzahlung durch Raten oder in einem Einmalbetrag zu leisten, führt für sich genommen noch nicht zu einer Mehrzahl von Vermögensanlagen. Denn dadurch wird nur die Kapitalaufbringung betroffen, nicht hingegen unterschiedliche Rechte vermittelt. **(c) Dynamisierung von Ratenzahlungen.** Insbesondere bei Beteiligungen in der Form von atypisch stillen Beteiligungen wird häufig eine Dynamisierung der Ratenzahlungen vorgesehen, wodurch die Ratenzahlung an die allgemeine Inflationsrate angepasst werden soll. Auch hierdurch ist lediglich die Kapitalaufbringung betroffen, nicht hingegen werden Rechte aus der Beteiligung vermittelt. **(d) Agio.** Die Zahlung eines Ausgabeaufschlages (sog. Agio) ist kein Merkmal der Vermögensanlage, sondern betrifft vielmehr lediglich seine Nebenkosten. **(e) Direktbeteiligung oder Beteiligung über einen Treuhänder.** Die Möglichkeit, sich entweder als Gesellschafter des Emittenten direkt oder über einen Treuhandgesellschafter indirekt zu beteiligen, betrifft grundsätzlich allein die Form der Beteiligung (vgl. oben Rn. 15). Anderes kann lediglich dann gelten, wenn die direkte Beteiligung und die indirekte Beteiligung über den Treuhänder unterschiedliche Merkmale aufweist (etwa bzgl. Ausschüttungen, Kündigungsmöglichkeiten, etc.) Insoweit kommt es auf das wirtschaftliche Ergebnis für den Anleger an.

(3) Gründungsgesellschafter. Ohne Belang für die Anzahl der Vermögensanlage ist es, dass Gesellschafter, die vor dem Beginn des öffentlichen Angebots bereits an dem Emittenten beteiligt sind, unterschiedliche Rechte aus ihrer Beteiligung erhalten. Denn diese Beteiligungen sind gerade noch nicht Bestandteil des öffentlichen Angebots. **23**

2. Satz 2 und 3: VermVerkProspGebV

Aufgrund von § 16 Satz 2 in der Fassung der Bekanntmachung vom 9. 9. 1998 (BGBl. I S. 2701), neu gefasst durch Artikel 2 Nr. 12 des Gesetzes vom 22. 6. 2005 (BGBl. I S. 1698), wurde in Verbindung mit dem 2. Abschnitt des Verwaltungskostengesetzes vom 23. 6. 1970 (BGBl. I S. 821) und § 1 Nr. 6 der Verordnung zur Übertragung von Befugnissen zum Erlass von Rechtsverordnungen auf die BaFin, § 1 Nr. 6 eingefügt durch Artikel 7 Nr. 2 des Gesetzes vom 22. 6. 2005 (BGBl. I S. 1698) die Verordnung über die Gebühren für Amtshandlungen betreffend Verkaufsprospekte für Vermögensanlagen nach dem Verkaufprospektgesetz (Vermögensanlagen-Verkaufsprospektgebührenverordnung – VermVerkProspGebV) vom 29. 6. 2005 (BGBl. I S. 1873) erlassen: **24**

§ 1 Anwendungsbereich

Die Bundesanstalt für Finanzdienstleistungsaufsicht erhebt für Amtshandlungen nach dem Verkaufsprospektgesetz und nach den auf dem Verkaufsprospektgesetz beruhenden Rechtsvorschriften, die Verkaufsprospekte für Vermögensanlagen betreffen, Gebühren nach dieser Verordnung; Auslagen werden nicht gesondert erhoben. Im Übrigen gilt das Verwaltungskostengesetz.

§ 2 Gebühren

(1) Die gebührenpflichtigen Amtshandlungen und die Gebührensätze bestimmen sich vorbehaltlich der Regelungen in Absatz 2 und § 3 nach dem anliegenden Gebührenverzeichnis.

(2) Erfordert eine gebührenpflichtige Amtshandlung nach dieser Verordnung im Einzelfall einen außergewöhnlich hohen Verwaltungsaufwand, kann die nach dem Gebührenverzeichnis ermittelte Gebühr abhängig vom tatsächlichen Verwaltungsaufwand bis auf das Doppelte erhöht werden.

§ 3 Gebührenerhebung in besonderen Fällen

(1) [1]Für die Ablehnung eines Antrags auf Vornahme einer gebührenpflichtigen Amtshandlung aus anderen Gründen als wegen Unzuständigkeit wird eine Gebühr bis zur Höhe der für die Vornahme der Amtshandlung festzusetzenden Gebühr erhoben. [2]Wird ein Antrag nach Beginn der sachlichen Bearbeitung, jedoch vor deren Beendigung zurückgenommen, beträgt die Gebühr höchstens 50 Prozent der für die Vornahme der Amtshandlung festzusetzenden Gebühr.

(2) [1]Für die vollständige oder teilweise Zurückweisung eines Widerspruchs wird eine Gebühr bis zur Höhe von 50 Prozent der für die angefochtene Amtshandlung festgesetzten Gebühr erhoben; dies gilt nicht, wenn der Widerspruch nur deshalb keinen Erfolg hat, weil die Verletzung einer Verfahrens- oder Formvorschrift nach § 45 des Verwaltungsverfahrensgesetzes unbeachtlich ist. [2]War für die angefochtene Amtshandlung eine Gebühr nicht vorgesehen oder wurde eine Gebühr nicht erhoben, wird eine Gebühr bis zu 1 500 Euro erhoben. [3]Bei einem erfolglosen Widerspruch, der sich ausschließlich gegen eine Gebührenentscheidung richtet, beträgt die Gebühr bis zu 10 Prozent des streitigen Betrags; Absatz 3 bleibt unberührt. [4]Wird ein Widerspruch nach Beginn einer sachlichen Bearbeitung, jedoch vor deren Beendigung zurückgenommen, ist keine Gebühr zu erheben. [5]Das Verfahren zur Entscheidung über einen Widerspruch, der sich ausschließlich gegen die festgesetzte Widerspruchsgebühr richtet, ist gebührenfrei.

(3) Die Gebühr beträgt in den Fällen der Absätze 1 und 2 Satz 1 bis 3 mindestens 50 Euro.

§ 4 Inkrafttreten

Diese Verordnung tritt am 1. Juli 2005 in Kraft.

Anlage (zu § 2 Abs. 1) – Gebührenverzeichnis

Gebührentatbestand	Gebühren in Euro
1. Gestattung der Veröffentlichung und Aufbewahrung eines vollständigen Verkaufsprospekts (§ 8i Abs. 2 Satz 1 in Verbindung mit Abs. 3 Satz 2 VerkProspG)	1 000
2. Gestattung der Veröffentlichung und Aufbewahrung eines unvollständigen Verkaufsprospekts im Sinne des § 10 Satz 1 VerkProspG (§ 8i Abs. 2 Satz 1 in Verbindung mit Abs. 3 Satz 2 VerkProspG)	975

Gebühren **§ 16**

Gebührentatbestand	Gebühren in Euro
3. Aufbewahrung der nachzutragenden Angaben im Sinne des § 10 Satz 2 und 3 VerkProspG (§ 8i Abs. 3 Satz 2 VerkProspG)	25
4. Aufbewahrung des Nachtrags im Sinne des § 11 VerkProspG (§ 11 Satz 2 in Verbindung mit § 8i Abs. 3 Satz 2 VerkProspG)	25
5. Untersagung der Veröffentlichung eines vollständigen Verkaufsprospekts (§ 8i Abs. 2 Satz 5 VerkProspG)	975
6. Untersagung der Veröffentlichung eines unvollständigen Verkaufsprospekts (§ 8i Abs. 2 Satz 5 VerkProspG)	950
7. Untersagung des öffentlichen Angebots von Vermögensanlagen (§ 8i Abs. 4 VerkProspG)	975
8. Untersagung von irreführender Werbung (§ 8j Abs. 1 VerkProspG)	975
9. Gestattung der Erstellung eines Verkaufsprospekts in einer in internationalen Finanzkreisen gebräuchlichen Sprache (§ 2 Abs. 1 Satz 4 VermVerkProspV)	100

a) Verhältnis zum VwKostG. Der Verordnungsgeber durfte 25 keine im Widerspruch zum 3. Abschnitt des VwKostG stehende Regelungen treffen (*Schlabach,* § 2 Anm. 4). Deklaratorisch verweist § 1 Satz 2 vor diesem Hintergrund auf die Geltung des VwKostG im Übrigen, dessen Bestimmungen nach § 1 Abs. 2 Nr. 1 VwKostG unmittelbar geltendes Recht sind.

Daher war die eigenständige Schaffung von Normen zur Entstehung 26 der Gebührenschuld, zur Vorschusszahlung und Sicherheitsleistung, zur Fälligkeit, zum Säumniszuschlag, zu Stundung, Niederschlagung und Erlass, zur Verjährung, zur Erstattung und zum Rechtsbehelf in der VermVerkProspGebV entbehrlich. Auf die einschlägige Spezialliteratur zum VwKostG wird an dieser Stelle verwiesen.

Eine Ausnahme bilden die Regelungen für die Antragsablehnung 27 (§ 3 Abs. 1 Satz 1) und die Antragsrücknahme (§ 3 Abs. 1 Satz 2). Die Regelung des § 15 VwKostG hat den Verordnungsgeber nicht entsprechend gebunden, so dass die in § 3 Abs. 1 vorgenommenen abweichenden Regelungen verwaltungskostenrechtlich unbedenklich sind (allgemein hierzu *Schlabach,* § 15 Anm. 4). Die in der VermVerkProspGebV getroffene Regelung lehnt sich – zulässigerweise – an § 3 Abs. 2 FinDAGKostV an.

b) Keine Gebühren und Auslagen für bestimmte Handlungen 28 **der BaFin.** Der Verordnungsgeber hat nicht sämtliche aufwandverursachenden Handlungen der BaFin mit einem eigenen Gebührentatbestand bedacht. Dies hatte je nach Einzelfall unterschiedliche Gründe:

29 **aa) Auslagen.** Die VermVerkProspGebV sieht – ebenso wie die FinDAGKostV und die WpPGGebV – keine gesonderte Ermächtigungsgrundlage zur Erhebung von Auslagen (für Fotokopien, Abschriften etc.) vor. Die typischerweise anfallenden Auslagen wurden bei der Gebührenhöhe eingepreist.

30 **bb) Erteilung von Auskünften.** Auf eine Befugnis für die Erhebung von Gebühren für die Erteilung von Auskünften durch die BaFin wurde ebenfalls verzichtet. Dies erscheint vor dem Hintergrund des § 7 Nr. 1 VwKostG, der einen allgemeinen Grundsatz normiert, wonach mündliche und einfache schriftliche Auskünfte gebührenfrei sind, sachgerecht.

31 **cc) Verlangen der Erteilung von Auskünften und der Vorlage von Unterlagen.** Die BaFin darf keine Gebühren für das Verlangen der Erteilung von Auskünften und der Vorlage von Unterlagen erheben. Da es sich hierbei um vorbereitende Maßnahmen im Hinblick auf andere Amtshandlungen wie z.B. die Gestattung der Veröffentlichung oder der Untersagung eines öffentlichen Angebots handelt, gehen diese in der Gebührenpflicht für die normierten Gebührentatbestände auf.

32 **dd) Vorschüsse.** Die VermVerkProspGebV enthält keine eigene Vorschussregelung. Dies ist nicht notwendig, da die BaFin sich auf § 16 VwKostG berufen könnte. § 16 VwKostG knüpft an eine antragsbezogene Amtshandlung an. Diese wäre vorliegend insbesondere in der Gestattung der Veröffentlichung eines Verkaufsprospekts zu erblicken, da diese auf einen entsprechenden Antrag hin erfolgt. In der Praxis verzichtet die BaFin auf die Erhebung von Vorschüssen; dies wohl aus Scheu vor dem Mehraufwand im Verhältnis zum Nutzen des Vorschusses.

33 **c) Gebührenermäßigung und -befreiung.** Der Verordnungsgeber hat auf eine – nach § 6 VwKostG grundsätzlich mögliche, da hinsichtlich der Normierung im Ermessen des Verordnungsgebers stehende – Regelung zur Gebührenermäßigung verzichtet und folgt damit dem Vorbild der WpÜGGebV und der WpPGGebV. Anders ist die Lösung bei der – mit rechtlichen Unklarheiten behafteten – Norm des § 4 FinDAGKostV ausgefallen.

34 **d) Gebührenhöhe.** Gemäß § 3 VwKostG ist bei der Bemessung der Gebührensätze zu berücksichtigen, dass zwischen der den Verwaltungsaufwand berücksichtigenden Höhe der Gebühr einerseits und

der Bedeutung, dem wirtschaftlichen Wert oder dem sonstigen Nutzen der Amtshandlung andererseits ein angemessenes Verhältnis besteht. Die BaFin musste zum Zeitpunkt der Erarbeitung der VermVerkProspGebV den mit den neuen gesetzlichen Aufgaben nach §§ 8 ff. VerkProspG verbundenen Verwaltungsaufwand schätzen. Gegebenenfalls muss die BaFin, um den Vorgaben des § 3 VwKostG genüge zu tun, nach den zwischenzeitlich gemachten Erfahrungen die Gebührenhöhe an den tatsächlichen Verwaltungsaufwand anpassen (und damit u. U. Preisvorteile an die Marktteilnehmer weitergeben).

e) Zeitlicher Anwendungsbereich. Die VermVerkProspGebV 35
ist am 1.7. 2005 zeitgleich mit den Änderungen des VerkProspG durch Art. 2 des AnSVG und durch das Prospektrichtlinie-UmsetzungsG in Kraft getreten. Die Gebührenschuld entsteht mit Eingang des Verkaufsprospekts bei der BaFin, vgl. § 11 Abs. 1 VwKostG.

Daneben bleibt die Verkaufsprospektgebührenverordnung (Verk- 36
ProspGebV) vom 7. 5. 1999 bestehen. Denn nach Art. 2 Nr. 14 Prospektrichtlinie-UmsetzungsG, der insoweit § 18 VerkProspG ändert, gilt das VerkProspG in der vor dem 1.7. 2005 geltenden Fassung für gewisse Konstellationen fort, so dass auf dessen Grundlage die BaFin noch gebührenpflichtige Amtshandlungen vornehmen kann (ausführlich § 18 VerkProspG Rn. 52 ff.).

§ 16a Bekanntgabe und Zustellung

(1) Verfügungen, die gegenüber einer Person mit Wohnsitz oder einem Unternehmen mit Sitz im Ausland ergehen, gibt die Bundesanstalt der Person bekannt, die als Bevollmächtigte benannt wurde. Ist kein Bevollmächtigter benannt, so erfolgt die Bekanntgabe durch öffentliche Bekanntmachung im Bundesanzeiger.

(2) Ist die Verfügung zuzustellen, so erfolgt die Zustellung bei Personen mit Wohnsitz oder Unternehmen mit Sitz im Ausland an die Person, die als Bevollmächtigte benannt wurde. Ist kein Bevollmächtigter benannt, so erfolgt die Zustellung durch öffentliche Bekanntmachung im Bundesanzeiger.

Übersicht

		Rn.
I.	Allgemeines	1
	1. Gesetzesmaterialien	1
	2. Literatur (Auswahl)	2
II.	Allgemeiner Inhalt	3
	1. Normentwicklung	3

§ 16a VI. Abschnitt. Gebühren; Bekanntgabe und Zustellung

Rn.
2. Regelungsinhalt 4
III. Die Vorschrift im Einzelnen 5
  1. Abs. 1 5
  2. Abs. 2 12

I. Allgemeines

1. Gesetzesmaterialien

1 RegBegr. zum Vierten Finanzmarktförderungsgesetz v. 18. 1. 2002 – Auszug (BT-Drucks. 14/8017, 110)

Die neu geschaffene Vorschrift entspricht der in § 44 Wertpapiererwerbs- und Übernahmegesetz getroffenen Regelung. Durch die Neuregelung wird die Bundesanstalt ermächtigt, gegenüber ausländischen Unternehmen und Personen Verfügungen öffentlich bekannt zu geben, sofern kein Bevollmächtigter für die Bekanntgabe im Inland bestellt wurde. Die Vorschrift stellt eine spezialgesetzliche Ermächtigung im Sinne des § 41 Abs. 3 Satz 1 Verwaltungsverfahrensgesetz dar. Die Bekanntgabe von Verfügungen am Sitz oder Wohnort einer Person oder eines Unternehmens mit Sitz im Ausland ist regelmäßig mit erheblichen Verzögerungen verbunden. Im Interesse eines zügigen Ablaufs ist es geboten, die Wirksamkeit von Verfügungen der Aufsichtsbehörde schnellstmöglich herbeizuführen. Dabei ist die Bundesanstalt nicht gehindert, zur Erleichterung der Rechtsverfolgung dem Betroffenen eine Ausfertigung der Verfügung zu übersenden. Auch in diesem Fall ist die Verfügung mit der öffentlichen Bekanntmachung erlassen. Die Rechtsbehelfsfrist beginnt in jedem Fall mit der öffentlichen Bekanntgabe. Abs. 2 stellt klar, dass die Möglichkeiten der beschleunigten Bekanntgabe von Verfügungen der Bundesanstalt gegenüber
Unternehmen und Personen mit Sitz im Ausland auch auf die Zustellung als besonderer Form der Bekanntgabe Anwendung finden. Dies ist erforderlich, da §§ 14 und 15 des Verwaltungszustellungsgesetzes besondere Erfordernisse an die Zustellung im Ausland regeln.

2. Literatur (Auswahl)

2 *Bamberger/Roth*, BGB, 1. Aufl. 2003; *Blenk*, Die Zustellung von Bescheiden der Kartellbehörden mit Auslandsbezug, RIW 1980, 233, 236; *Ehricke/Ekkenga/Oechsler*, WpÜG, 1. Aufl. 2003; *Haarmann/Schüppen*, Frankfurter Kommentar zum WpÜG, 3. Aufl. 2007; *Ritz*, Die Änderungen verkaufsprospektrechtlicher Vorschriften im Jahre 2002 und die aufsichtsrechtliche Praxis, AG 2002, 662, 663f., *dies.*, in: *Assmann/Lenz/Ritz*, VerkProspG, 1. Aufl. 2001; *Härte/Möllers*, Kölner Kommentar zum WpÜG, 1. Aufl. 2007; *Steinmeyer/Häger*, WpÜG, 1. Aufl. 2007; *Stelkens/Bonk/Sachs*, VwVfG, 6. Aufl. 2006.

II. Allgemeiner Inhalt
1. Normentwicklung

§ 16a wurde im Rahmen des 4. FMG neu geschaffen. Durch diese 3
Regelung wird die BaFin ermächtigt, gegenüber ausländischen Unternehmen und Personen Verfügungen öffentlich bekannt zu geben, sofern kein Bevollmächtigter im Inland bestellt wurde.

2. Regelungsinhalt

§ 16a VerkProspG regelt die Bekanntgabe bzw. Zustellung von 4
Verfügungen der BaFin an Personen mit Wohnsitz oder einem Unternehmen mit Sitz im Ausland. Die Vorschrift entspricht der Regelung in § 43 WpÜG. Mit § 16a VerkProspG soll im Interesse eines zügigen Ablaufs die Wirksamkeit von Verfügungen der Aufsichtsbehörde schnellstmöglichst herbeigeführt werden, da die Bekanntgabe von Verfügungen am Sitz oder Wohnort einer Person oder eines Unternehmens mit Sitz im Ausland regelmäßig mit erheblichen Verzögerungen verbunden ist (RegBegr. BT-Drucks. 14/8017, S. 110).

III. Die Vorschrift im Einzelnen
1. Abs. 1

Nach § 16a Abs. 1 S. 2 VerkProspG kann die BaFin Verfügungen, 5
die gegenüber ausländischen Personen oder Unternehmen ergehen, durch öffentliche Bekanntmachung im Bundesanzeiger bekannt geben, wenn der Adressat der BaFin keinen Bevollmächtigten nach § 16a Abs. 1 S. 1 VerkProspG benannt hat. Es handelt sich dabei insofern um eine spezialgesetzliche Ermächtigung iSd § 41 Abs. 3 S. 1 VwVfG (vgl. RegBegr. aaO).

Bei den zuzustellenden Verfügungen handelt es sich um alle Ver- 6
waltungsakte, die von der BaFin erlassen werden (vgl. zum gleich lautenden § 43 WpÜG *Ehricke,* WpÜG, § 43 Rn. 2), bspw. Widerspruchsbescheide oder die Androhung von Zwangsmitteln (vgl. RegBegr. zum WpÜG BT-Drucks. 14/7034, S. 64).

Als Adressaten kommen sowohl natürliche Personen als auch Un- 7
ternehmen in Betracht. Da nur natürliche Personen einen Wohnsitz begründen können (vgl. *Bamberger/Roth,* BGB, § 7 Rn. 1), fallen unter den Unternehmensbegriff alle juristischen Personen mit Ausnahme derjenigen, auf die ohnehin gemäß § 8f Abs. 2 VerkProspG die Prospektpflicht nicht zutrifft.

Der Wohnsitz einer natürlichen Person bestimmt sich nach dem 8
Schwerpunkt seiner Lebensverhältnisse (*Bamberger/Roth,* BGB, § 7 Rn. 2 mwN). Bei einem Unternehmen befindet sich der Sitz an dem

§ 16a VI. Abschnitt. Gebühren; Bekanntgabe und Zustellung

Ort, der durch Gesetz, Gesellschaftsvertrag oder Satzung bestimmt ist; fehlt es an solch einer Bestimmung, ist entsprechend § 17 Abs. 1 S. 2 ZPO als Sitz der Ort anzunehmen, an dem die Hauptverwaltung geführt wird (*Stelkens/Bonk/Sachs,* VwVfG, § 3 Rn. 24).

9 Nach § 16a Abs. 1 S. 1 VerkProspG kann die ausländische Person einen Bevollmächtigten benennen, gegenüber dem die BaFin ihre Verfügungen an den Adressaten bekannt geben kann. Aus Abs. 2 folgt, dass die Benennung eines Bevollmächtigten nicht notwendigerweise erfolgen muss. Wird indes ein Bevollmächtigter benannt, kann – auch wenn in § 16a VerkProspG nicht explizit erwähnt – dies nur jemand sein, der eine zustellungsfähige Anschrift im Inland besitzt, um dem Gesetzeszweck, die zügige Herbeiführung der Wirksamkeit von Verfügungen, Genüge zu tun (*Ritz,* AG 2002, 662, 666; *dies.,* in: *Assmann/Lenz/Ritz,* § 16a VerkProspG Rn. 5; ebenso zu § 43 WpÜG *Ehricke/Ekkenga/Oechsler,* WpÜG, § 43 Rn. 7; KölnerKommentar-*Schäfer,* § 43 Rn. 18; *Steinmeyer/Häger,* § 43 Rn. 4; *Haarmann/Schüppen,* § 43 Rn. 10). Ist ein Bevollmächtigter ordnungsgemäß benannt, hat die BaFin nach § 16a Abs. 1 VerkProspG – im Gegensatz zu § 41 Abs. 1 S. 2 VwVfG – kein Ermessen dahingehend, ob sie die Verfügung gegenüber dem Bevollmächtigten vornimmt oder nicht.

10 Wird der BaFin kein Bevollmächtigter benannt, erfolgt die Bekanntgabe der Verfügung gemäß § 16a Abs. 1 S. 2 VerkProspG durch öffentliche Bekanntgabe im Bundesanzeiger. Umstritten ist dabei allerdings, ob die Bekanntgabefiktion mit Ablauf von zwei Wochen, wie sie § 41 Abs. 4 S. 3 VwVfG vorsieht, Anwendung findet. Dies wird teilweise mit Verweis auf die RegBegr. zum 4. FMG damit begründet, dass Ziel der Regelung sei, die Bekanntgabe gegenüber Personen und Unternehmen mit Sitz im Ausland zu beschleunigen und in der RegBegr zudem dargelegt werde, dass die Rechtsbehelfsfrist in jedem Fall mit der öffentlichen Bekanntgabe beginne (so statt vieler *Ritz,* AG 2002, 662, 664). Ferner hätte die Anwendung der Bekanntgabefiktion zur Folge, dass im Falle einer beabsichtigten Untersagung der Veröffentlichung des Prospekts durch die BaFin vor Wirksamwerden der Untersagungsverfügung die Gestattungsfiktion des § 8a Abs. 1 2. Alt. VerkProspG eingriffe (*Ritz,* AG 2002, 662, 665; so auch *Haarmann/Schüppen,* § 43 Rn. 11 jeweils mwN).

11 Diese Auslegung ist nicht zwingend. Zwar wird im Regierungsentwurf davon gesprochen, dass die Rechtsbehelfsfrist in jedem Fall mit der öffentlichen Bekanntgabe beginne (RegBegr. BT-Drucks. 14/8017, S. 110), dies aber als Argument für die Nichtanwendung der Zwei-Wochenfrist des § 41 Abs. 4 S. 3 VwVfG ins Feld zu führen, ist im Hinblick auf den dort nicht eindeutigen Wortlaut problematisch.

Eine andere mögliche Lesart dieses Satzes wäre zum Beispiel auch, dass ihm nur klarstellende Funktion im Hinblick auf die Geltung der Zwei-Wochenfrist zukommt, nach deren Ablauf ja erst die Bekanntgabe fingiert wird, wofür insbesondere die Wendung „in jedem Fall" sprechen würde. Des Weiteren kann angenommen werden, dass der Gesetzgeber, hätte er von § 41 Abs. 4 S. 3 VwVfG abweichen wollen, dieses klarer zum Ausdruck gebracht hätte. Der Sinn des Gesetzes, erhebliche Verzögerungen durch die Bekanntgabe im Ausland zu vermeiden, gebietet es ebenfalls nicht, die Zwei-Wochenfrist nicht anzuwenden. Zum einen kann bei einer Verzögerung des Wirksamwerdens einer Verfügung von zwei Wochen im Rahmen des Verwaltungsverfahrens mE nicht von einer „erheblichen" Verzögerung gesprochen werden. Zum anderen ist bereits nicht unumstritten, ob eine Bekanntgabe im Ausland überhaupt völkerrechtlich zulässig ist (*Stelkens/Bonk/Sachs*, § 41 Rn. 112). Wird die Zulässigkeit indes bejaht, soll sich die Wirksamkeit der Bekanntgabe nach den §§ 130 ff. BGB richten (*Stelkens/Bonk/Sachs* aaO). Danach spricht vieles dafür, dass die vom Gesetzgeber in den Blick genommene Verzögerung bei einer Bekanntgabe im Ausland mit der unsicheren Rechtslage im Hinblick auf Zulässigkeit und Beweisbarkeit des Zugangs abzielt, als auf die Zwei-Wochenfrist des § 41 Abs. 4 S. 3 VwVfG. Schließlich verfängt das Argument hinsichtlich des möglichen Eintritts der Gestattungsfiktion – zumindest im Bereich des VerkProspG, anders im WpÜG – nicht. Der Gesetzgeber hat nämlich in Abweichung zu der Regelung für Wertpapierverkaufsprospekte bei den Verkaufsprospekten für Vermögensanlagen keine Gestattung fingiert (vgl. RegBegr. BT-Drucks. 15/3174, S. 43). Der viel zitierte Beschluss des Kammergericht zu der mit § 43 WpÜG vergleichbaren Regelung im GWB (vgl. KG v. 26. 11. 1980 WuW/E 6/1981, 445, 451) lässt zudem eine fundierte Auseinandersetzung mit dem Problem vermissen, so dass ein Abweichen anderer Obergerichte nicht auszuschließen ist. Schließlich verhindert die Einhaltung der Zwei-Wochenfrist eine Diskriminierung ausländischer Unternehmen in Bezug auf ihre Rechtsschutzmöglichkeiten (*Blenk*, RIW 1980, 233, 236).

2. Abs. 2

Die Vornahme von Zustellungshandlungen im Ausland ist grundsätzlich unzulässig, da es sich hierbei um einen Hoheitsakt handelt (*Stelkens/Bonk/Sachs*, § 41 Rn. 112a). Abs. 2 stellt daher klar, dass die Möglichkeiten der beschleunigten Bekanntgabe abweichend von § 9 VwZG, der bspw. zur Zustellung im Ausland nach § 9 Abs. 1 Nr. 2 VwZG ein Rechtshilfeersuchen an die ausländischen Behörden vorsieht, auch auf die Zustellung als besondere Form der Bekanntgabe

§ 17 VI. Abschnitt. Gebühren; Bekanntgabe und Zustellung

Anwendung findet. Hinsichtlich der Geltung der Zustellungsfiktion des § 9 VwZG bestehen dieselben Unstimmigkeiten, wobei der Streit hier weiter entschärft wird, da gemäß § 9 Abs. 3 S. 3 VwZG die Fiktion der Zustellung bereits grundsätzlich nach sieben Tagen eintritt.

§ 17 Bußgeldvorschriften

(1) Ordnungswidrig handelt, wer vorsätzlich oder leichtfertig
1. entgegen § 8f Abs. 1 in Verbindung mit einer Rechtsverordnung nach § 8g Abs. 2 einen Verkaufsprospekt nicht veröffentlicht,
2. entgegen § 8h Abs. 2 einen Hinweis nicht, nicht richtig, nicht vollständig oder nicht in der vorgeschriebenen Weise gibt,
3. entgegen § 8i Abs. 1 oder 3 Satz 1 einen Verkaufsprospekt oder eine nachzutragende Angabe nicht oder nicht rechtzeitig übermittelt,
4. entgegen § 8i Abs. 2 Satz 1 einen Verkaufsprospekt veröffentlicht,
4a. einer vollziehbaren Anordnung nach § 8i Abs. 2 Satz 5 oder Abs. 4 zuwiderhandelt,
5. entgegen § 9 Abs. 1, § 10 Satz 2 oder § 11 Satz 1 einen Verkaufsprospekt, eine nachzutragende Angabe oder eine Veränderung nicht, nicht richtig, nicht in der vorgeschriebenen Weise oder nicht rechtzeitig veröffentlicht,
6. entgegen § 9 Abs. 2 Satz 3 eine Mitteilung nicht, nicht richtig, nicht in der vorgeschriebenen Weise oder nicht rechtzeitig macht oder
7. entgegen § 12 einen Hinweis nicht oder nicht richtig aufnimmt.

(2) Ordnungswidrig handelt, wer vorsätzlich oder fahrlässig
1. entgegen § 8i Abs. 4a eine Auskunft nicht, nicht richtig, nicht vollständig oder nicht rechtzeitig erteilt oder eine Unterlage nicht, nicht richtig, nicht vollständig oder nicht rechtzeitig vorlegt oder
2. einer vollziehbaren Anordnung nach § 8j Abs. 1 zuwiderhandelt.

(3) Die Ordnungswidrigkeit kann in den Fällen des Absatzes 1 Nr. 1, 4 und 4a mit einer Geldbuße bis zu einer fünfhunderttausend Euro, in den Fällen des Absatzes 1 Nr. 2, 5 und 7 mit einer Geldbuße bis zu hunderttausend Euro und in den übrigen Fällen mit einer Geldbuße bis zu fünfzigtausend Euro geahndet werden.

(4) Verwaltungsbehörde im Sinne des § 36 Abs. 1 Nr. 1 des Gesetzes über Ordnungswidrigkeiten ist die Bundesanstalt.

Bußgeldvorschriften **§ 17**

Übersicht

	Rn.
I. Allgemeines	1
1. Gesetzesmaterialien	1
2. Literatur (Auswahl)	2
II. Allgemeiner Inhalt	3
1. Normentwicklung	3
2. Regelungsinhalt	10
3. Anwendung allgemeiner Vorschriften des OWiG	15
III. Die Zuwiderhandlungen im Einzelnen	46
1. Nichveröffentlichung eines Verkaufsprospekts (Abs. 1 Nr. 1)	47
2. Unterlassener oder nicht richtiger, nicht vollständiger oder nicht in der vorgeschriebenen Weise aufgenommener Hinweis nach § 8h Abs. 2 VerkProspG (Abs. 1 Nr. 2)	55
3. Fehlende oder nicht rechtzeitige Übermittlung eines Verkaufsprospekts oder einer nachzutragenden Angabe entgegen § 8i Abs. 1 oder 3 Satz 1 VerkProspG (Abs. 1 Nr. 3)	56
4. Gesetzeswidrige Veröffentlichung eines Verkaufsprospekts (Abs. 1 Nr. 4)	60
5. Zuwiderhandlung gegen eine vollziehbare Anordnung (Abs. 1 Nr. 4a)	68
6. Unterlassene oder nicht rechtzeitg oder formgemäß vorgenommene Veröffentlichung insbesondere eines Nachtrags (Abs. 1 Nr. 5)	70
7. Unterlassene oder nicht rechtzeitig oder formgemäß vorgenommene Bekanntmachung (Abs. 1 Nr. 6)	79
8. Zuwiderhandlung gegen die Hinweispflicht nach § 12 VerkProspG (Abs. 1 Nr. 7)	81
9. Zuwiderhandlung gegen die Auskunfts- und Vorlagepflichten entgegen § 8i Abs. 4a VerkProspG (Abs. 2 Nr. 1)	84
10. Zuwiderhandlung gegen eine vollziehbare Anordnung entgegen § 8j Abs. 1 VerkProspG (Abs. 2 Nr. 2)	87
IV. Bußgeldrahmen (Abs. 3)	90
V. Zuständige Verwaltungsbehörde (Abs. 4)	95
1. Verfolgungs- und Ahndungszuständigkeit; Bußgeldverfahren	95
2. Bußgeldverfahren	98
3. Verhältnis des Bußgeldverfahrens zur Überwachungsaufsicht	103

§ 17 VI. Abschnitt. Gebühren; Bekanntgabe und Zustellung

I. Allgemeines

1. Gesetzesmaterialien

1 a) RegBegr. zum VerkProspG aF v. 1. 2. 1990 – Auszug (BT-Drucks. 11/6340, 14) zu § 18 VerkProspG aF

Ein Verstoß gegen die in Abs. 1 genannten Vorschriften des Gesetzes soll als Ordnungswidrigkeit geahndet werden können. Es handelt sich bei den Zuwiderhandlungen um Taten, die unabhängig vom materiellen Unrecht begangen werden können, das in der Verwendung unrichtiger oder unvollständiger Verkaufsprospekte liegt. Es wird daher eine auf formale Kriterien abgestellte Ahndungsmöglichkeit geschaffen, die im Vorfeld strafbaren Verhaltens besteht. Wenn und soweit gegen Strafvorschriften anderer Gesetze verstoßen wird, bleiben diese Vorschriften unberührt. Bei der Veröffentlichung eines unrichtigen oder unvollständigen Verkaufsprospekts kommt insbesondere eine Ahndung nach § 264a StGB in Betracht.

b) Stellungnahme des Bundesrates v. 1. 2. 1990 – Auszug (BT-Drucks. 11/6340 (Anlage 2), 19) zu § 18 VerkProspG aF

In Artikel 1 wird § 18 Abs. 1 wie folgt gefaßt:
„(1) Ordnungswidrig handelt, wer vorsätzlich oder leichtfertig einen Verkaufsprospekt entgegen § 1 oder § 9 Abs. 1 nicht oder nicht rechtzeitig veröffentlicht, veröffentlicht, bevor dieser nach § 6 Abs. 1 Satz 1 gebilligt worden ist, oder entgegen § 8 nicht oder nicht rechtzeitig übermittelt."
Begründung
Die Bußgeldnorm des § 18 Abs. 1 Nr. 2.2. Alternative begegnet unter dem Gesichtspunkt der Bestimmtheit Bedenken. In der Gebotsnorm des § 6 ist bislang lediglich die Zeit bestimmt, innerhalb der die Zulassungsstelle zu entscheiden hat (§ 6 Abs. 1 Satz 3). Eine feste Frist, wann der Antrag auf Billigung spätestens bei der Zulassungsstelle eingegangen sein muß, ist nicht vorgesehen. Es erscheint daher notwendig, die Bußgeldnorm so zu fassen, daß eine Veröffentlichung ohne Billigung bewehrt wird.

c) RegBegr. zum Vierten Finanzmarktförderungsgesetz v. 18. 1. 2002 – Auszug (BT-Drucks. 14/8017, 110f.) zu § 17 VerkProspG aF

Die Ergänzung der Ordnungswidrigkeitstatbestände erfolgt zunächst aus systematischen Gründen. Die Nichteinhaltung der aufgezählten Normen ist ähnlich schwerwiegend für den Anlegerschutz wie die bereits in § 17 erfassten Tatbestände, sodass eine Erfassung als Ordnungswidrigkeit erfolgt.

Zu Buchstabe a Doppelbuchstaben aa und bb
Durch die Anfügung der neuen Nummer 3 handelt derjenige ordnungswidrig, der der Bundesanstalt entgegen § 8 einen Verkaufsprospekt nicht oder nicht rechtzeitig übermittelt. Die Hinterlegung des Prospekts ist eine wichtige Pflicht des Anbieters, die der Bundesanstalt zum einen die Möglichkeit zur Überprüfung der erforderlichen Angaben gibt, zum anderen kann der interessierte Anleger erst nach der Hinterlegung Einsicht in den Prospekt nehmen.

Zur wirkungsvolleren Durchsetzung dieser Pflicht ist die Aufnahme in den Katalog der Ordnungswidrigkeiten erforderlich. Die rechtzeitige Hinterlegung des Nachtrags zum Verkaufsprospekt bei der Bundesanstalt ist Voraussetzung dafür, dass die Vollständigkeit des Verkaufsprospektes einschließlich der nachgetragenen Angaben überprüft und gegebenenfalls Maßnahmen nach § 8b ergriffen werden können. In der Vergangenheit kam es vermehrt zu Verstößen, die nicht geahndet werden konnten. Um die Einhaltung des gesetzlichen Verbots effektiv durchsetzen zu können, wird der Verstoß in der neu eingeführten Nummer 4 als Ordnungswidrigkeit ausgestaltet. Die Umbenennung der bisherigen Nummer 3 zur neuen Nummer 5 ist eine Folgeänderung im Hinblick auf die Einfügung der neuen Nummern 3 und 4.

Zu Buchstabe a Doppelbuchstabe cc sowie Buchstabe b
Die Bundesanstalt kann gegen irreführende Werbung nach § 8e einschreiten. Bisher konnte nur gegen denjenigen, der vorsätzlich oder zumindest leichtfertig einer vollziehbaren Anordnung nach § 8e zuwiderhandelt, ein Bußgeld verhängt werden, ein nur auf einfacher Fahrlässigkeit beruhender Verstoß war nicht sanktioniert. Etwas anderes gilt dagegen hinsichtlich der Werbung von Wertpapierdienstleistungsunternehmen (§ 36b iVm § 39 Abs. 2 Nr. 3 WpHG) sowie von Kreditinstituten und Finanzdienstleistern (§ 23 Abs. 1 iVm § 56 Abs. 3 Nr. 5 KWG). Danach handelt bereits ordnungswidrig, wer fahrlässig einer vollziehbaren Anordnung zur Unterlassung bestimmter Werbung nicht nachkommt. Zwar gibt die Vorschrift im Verkaufsprospektgesetz nur die Möglichkeit, solche Werbung zu untersagen, die geeignet ist, über den Umfang der Prüfung durch die Bundesanstalt irrezuführen, wohingegen die Vorschriften im KWG und WpHG ganz allgemein erlauben, bestimmte Arten der Werbung zu untersagen, um so Missständen entgegenzuwirken. Aber auch auf Grund dieser unterschiedlichen Weite der Befugnisse ist es im Rahmen der Ahndung als Ordnungswidrigkeit nicht nachzuvollziehen, warum Verstöße gegen vollziehbare Anordnungen, die unerlaubte Werbung untersagen, im Anwendungsbereich des Verkaufsprospektgesetzes erst bei Leichtfertigkeit zu einem Bußgeld führen können, wohingegen ansonsten bereits Fahrlässigkeit ausreicht. Gerade der mit dem Verkaufsprospektgesetz beabsichtigte Anlegerschutz gebietet es, dass Anleger nicht mit dem irreführenden Hinweis auf eine Prüfung durch die Bundesanstalt geworben werden. Ist aber bereits eine entsprechende vollziehbare Anordnung erlassen worden, so ist es dem Anordnungsgegner durchaus zuzumuten, sein weiteres Handeln genau zu bedenken, um fahrlässige Verstöße zu vermeiden. Aus diesem Grunde wurde die Zuwiderhandlung gegen eine vollziehbare Anordnung nach § 8e von Abs. 1 in Abs. 2, der vorsätzliches und fahrlässiges Verhalten sanktioniert, verschoben.

Zu Buchstabe a Doppelbuchstabe dd
Mit der neuen Nummer 7 kann zur wirksameren Durchsetzung des § 9 Abs. 3 Satz 3 ein Verstoß gegen die Mitteilungspflicht mit einem Bußgeld geahndet werden. Auch Verstöße gegen die Hinweispflicht nach § 12 Abs. 1 wurden in den vergangenen Jahren bereits mehrfach festgestellt. Insbesondere bei kleineren Emittenten fehlte häufig der Hinweis auf den Verkaufsprospekt und seine Veröffentlichung. Besonders bei Veröffentlichung im Internet wird der Hin-

weis nach § 12 Abs. 1 oft unterlassen. Um dieser Praxis entgegenzuwirken, wird der Verstoß gegen § 12 Abs. 1 in der Nummer 8 als Ordnungswidrigkeit ausgestaltet.

Zu Buchstabe c
Die Änderung in Abs. 3 ist durch die Erweiterung des Kataloges der Ordnungswidrigkeiten bedingt. Verstöße gegen die neu eingeführten Ordnungswidrigkeitstatbestände können mit einem Bußgeld von bis zu 50 000 Euro belegt werden. Die Höhe der neuen Bußgeldtatbestände orientiert sich an den Sanktionen, die für die schon vorhandenen Tatbestände vorgesehen sind. Es handelt sich bei den geänderten Tatbeständen, mit Ausnahme der neuen Nummer 8, um Pflichten, die der Bundesanstalt gegenüber zu erbringen sind. Wie auch im Wertpapierhandelsgesetz ist ein Verstoß gegen solche Mitteilungs- oder Übermittlungspflichten weniger schwer wiegend als ein Verstoß gegen die Pflicht, die Öffentlichkeit zu informieren, weshalb der Bußgeldrahmen mit 50 000 Euro im unteren Bereich der Möglichkeiten liegt. Die Pflicht, auf den Verkaufsprospekt und dessen Veröffentlichung hinzuweisen, soll es den Anlegern ermöglichen, den Prospekt zu lesen. Ein Verstoß kann mit einem Bußgeld von bis zu 100 000 Euro angemessen geahndet werden. Die frühere Nummer 4 wird nun als neuer Abs. 2 Nr. 2 erfasst. Bei einer fahrlässigen Begehung kann die Höhe des Bußgeldes der Schuldform angepasst werden, was aber keine Änderung des Bußgeldrahmens erfordert.

Zu Buchstabe d
Die Änderung in Abs. 4 ist durch die Änderung von Abs. 2 bedingt. Die Bundesanstalt ist als Verwaltungsbehörde zuständig für die Verfolgung von Ordnungswidrigkeiten nach § 17 Abs. 2 Nr. 1. Für die übrigen in § 17 Abs. 1 und 2 Nr. 2 aufgeführten Ordnungswidrigkeiten ist sie zuständig, soweit für die öffentlich angebotenen Wertpapiere kein Antrag auf Zulassung zum amtlichen oder geregelten Markt an einer inländischen Börse gestellt wurde.

d) RegBegr. zum AnSVG v. 24. 5. 2004 – Auszug (BT-Drucks. 15/3174, 45)

Zu den Buchstaben a bis c
Die bestehenden Bußgeldvorschriften des Verkaufsprospektgesetzes gelten auch für Vermögensanlagen nach § 8f (Doppelbuchstabe aa). Sie werden für diese Anlageformen um einen weiteren Bußgeldtatbestand erweitert (Doppelbuchstabe bb). Das Unterlassen eines Hinweises nach § 8h Abs. 2 auf die fehlende Aufstellung bzw. Prüfung des Jahresabschlusses und den fehlenden Lagebericht wird mit einer Geldbuße bis zu hunderttausend Euro geahndet (Buchstabe b). Die Einfügung in Abs. 4 (Buchstabe c) stellt klar, dass Verwaltungsbehörde für die Ordnungswidrigkeiten im Zusammenhang mit Vermögensanlagen im Sinne des § 8f ausschließlich die Bundesanstalt ist.

2. Literatur (Auswahl)

2   *Assmann/Lenz/Ritz*, VerkProspG; *Assmann/Schneider*, WpÜG; *Haarmann/Schüppen*, WpÜG; *Schwark*, KMRK. Allgemein zum OWiG (Auswahl): *Bohnert*, Kommentar zum Ordnungswidrigkeiten-

recht, 2. Aufl. 2004; *Boujong* (Hrsg.), Karlsruher Kommentar zum Gesetz über Ordnungswidrigkeiten, 2. Aufl. 2000; *Göhler,* Gesetz über Ordnungswidrigkeiten, 14. Aufl. 2006; *Lemke,* Heidelberger Kommentar zum Ordnungswidrigkeitengesetz, 1999; *Mitsch,* Recht der Ordnungswidrigkeiten, 2. Aufl. 2005; *Rotberg,* Gesetz über Ordnungswidrigkeiten, 5. Aufl. 1975; *Schmitt,* Ordnungswidrigkeitenrecht, dargestellt für den Bereich der Wirtschaft, 1970; allgemein zum StGB (Auswahl): *Schönke/Schröder,* Strafgesetzbuch, 27. Aufl. 2006; *Tröndle/Fischer,* Strafgesetzbuch, 54. Aufl. 2007.

II. Allgemeiner Inhalt

1. Normentwicklung

Die Vorschrift ist nicht im Zuge der Einführung der Prospektpflicht für Vermögensanlagen durch das AnSVG neu geschaffen worden, sie fand sich bereits vielmehr im VerkProspG aF und ist nunmehr im Hinblick auf die Besonderheiten der Anlageinstrumente iSd § 8f VerkProspG modifiziert. 3

Bereits vor dem Inkrafttreten des AnSVG wurde § 17 VerkProspG wiederholt geändert. Die erste Änderung erfolgte durch Art. 8 Nr. 7 des 2. FMG. Zur Beseitigung einer bis dahin bestehenden Regelungslücke wurde die Veröffentlichung eines Prospekts, der der Form des § 9 Abs. 2 und 3 ermangelte, mit einem Bußgeld bewehrt. Des Weiteren wurde der Bußgeldrahmen für Verstöße gegen die in Abs. 1 aufgeführten Ordnungswidrigkeitentatbestände an die im Börsengesetz geltenden angeglichen. Zuletzt wurden im Hinblick auf § 36 Abs. 1 Nr. 1 OWiG in Abs. 3 die Ordnungswidrigkeiten bestimmt, für deren Verfolgung das damalige BAWe zuständig sein sollte (vgl. *Lenz,* in: *Assmann/Lenz/Ritz,* § 17 Rn. 1). 4

Im Rahmen des 3. FMG wurde als zweite Änderung die Vorschrift zunächst um Ordnungswidrigkeitentatbestände erweitert, die der Bußgeldbewehrung der neu in das VerkProspG aF eingeführten Pflichten im Zusammenhang mit Gestattung und Untersagung des Verkaufsprospekts etc. (§§ 8a – 8c, 8e) zu dienen bestimmt waren. Zudem wurde der Bußgeldrahmen neu bestimmt und die Zuständigkeit des BAWe in Abs. 4 verlagert (vgl. *Lenz,* in: *Assmann/Lenz/Ritz,* § 17 Rn. 1). 5

Die dritte Änderung erfolgte durch das Euro-UmstellungsG vom 21.12.2000, mit dem die angeführten Geldbußen von DM- auf Euro-Beträge umgestellt wurden. 6

Das 4. FMG brachte als vierte Änderung Veränderungen im Hinblick auf die Systematik der Ordnungswidrigkeitentatbestände. In Abs. 4 wurde jetzt die BaFin für zuständig erklärt (*Schwark/Heidelbach,* 7

§ 17 VI. Abschnitt. Gebühren; Bekanntgabe und Zustellung

VerkProspG, § 17 Rn. 1; ausführlich *Lenz,* in: Nachtrag zu *Assmann/ Lenz/Ritz,* § 17 Rn. 1 ff.).

8 Durch AnSVG wurde neben kleineren redaktionellen Änderungen ein Tatbestand betreffend Verstöße gegen 8 h eingefügt.

9 Mit dem Prospektrichtlinie-Umsetzungsgesetz erhielt § 17 seine aktuelle Fassung und wurde redaktionell an die seit dem 1.7. 2005 geltende Fassung der §§ 8 f ff. angepasst.

2. Regelungsinhalt

10 Als ein Mittel der Repression (*Haarmann/Schüppen/Rönnau,* WpÜG, Vor § 60 Rn. 5) hat der Gesetzgeber in § 17 verschiedene Bußgeldtatbestände vorgesehen. Wie im sog. „Nebenordnungswidrigkeitenrecht" vielfach zu beobachten, findet sich eine nicht unerhebliche Anzahl von Tatbeständen, die im Fall ihrer Verwirklichung gemäß § 17 Abs. 3 mit einer Geldbuße sanktioniert werden können. Da es sich terminologisch um „Ordnungswidrigkeiten" nach § 1 Abs. 1 OWiG handelt, sind gemäß § 2 OWiG die allgemeinen Normen des OWiG anwendbar (vgl. unten Rn. 15 ff.).

11 **a) Geschützte Rechtsgüter.** Das durch eine Sanktionsnorm geschützte Rechtsgut ist durch eine Analyse des vom jeweiligen Tatbestand geschützten Interesses zu ermitteln (*Rönnau,* in: *Haarmann/ Schüppen,* WpÜG, Vor § 60 Rn. 11). Hervorzuheben ist, dass trotz der aufgrund der Nähe zum Strafrecht strengen rechtsstaatlichen Anforderungen an Norm und Ahndungsvoraussetzungen das Recht der Ordnungswidrigkeiten auch als Teil der Wirtschaftsaufsicht zu qualifizieren ist (*Rönnau,* in: *Haarmann/Schüppen,* WpÜG, Vor § 60 Rn. 11). Im Hinblick auf eine funktionierende Wirtschaftsaufsicht kann die Notwendigkeit von Sanktionen für in der Vergangenheit liegende Verstöße – gerade auch im Hinblick auf die vom Gesetzgeber intendierte Steigerung der Markteffizienz – neben präventiven Aufsichtsmitteln nicht ernsthaft in Abrede gestellt werden. Damit soll der Anlegerschutz als Schutzgut der Bußgeldvorschriften im Vordergrund stehen (*Lenz,* in: *Assmann/Lenz/Ritz,* § 17 VerkProspG Rn. 3). In erster Linie bezweckt das Kapitalmarktrecht jedoch nach wohl hL den Funktionenschutz des Kapitalmarktes (*Rönnau,* in: *Haarmann/ Schüppen,* WpÜG, Vor § 60 WpÜG, Rn. 14). Damit stehen überindividuelle Interessen im Vordergrund. Ein derartiges öffentliches Allgemeininteresse lässt sich nur schwierig und nicht präzise in verschiedene Einzelinteressen – wie z. B. die der betroffenen Anleger einerseits und die der Marktteilnehmer andererseits – zerteilen. Daher werden die Individualinteressen lediglich als Reflex geschützt und treten damit hinter das übergeordnete staatliche Interesse an der Exis-

tenz von qualitativ hochwertigen Verkaufsprospekten für Vermögensanlagen hinter den Vertrauensschutz der Anleger und dem Interesse potentieller Anbieter an einem funktionierenden Kapitalmarkt zurück.

b) Kategorisierung der Ordnungswidrigkeiten. Eine Kategorisierung der Ordnungswidrigkeitentatbestände des § 17 ist unter verschiedenen Aspekten möglich.

Bei den Ordnungswidrigkeiten nach § 17 Abs. 1 Nr. 1–3, 5–7, II Nr. 1 handelt es sich um echte Unterlassungsordnungswidrigkeiten in Form abstrakter Gefährdungsdelikte. Ohne dass es konkret zu einem Schaden für einen Anleger gekommen sein muss, wird hier das pflichtwidrige Unterlassen des Prospektverantwortlichen sanktioniert. Bei § 17 I Nr. 4, 4 lit. a) und II Nr. 2 ist demgegenüber die mit einer Begehung verbundene abstrakte Gefahr bußgeldbewehrt.

Darüber hinaus lassen sich die Ordnungswidrigkeiten des § 17 noch wie folgt kategorisieren: Die Ordnungswidrigkeiten nach § 17 Abs. 1 setzen Vorsatz oder Leichtfertigkeit voraus, während nach § 17 Abs. 2 Vorsatz oder Fahrlässigkeit notwendig ist. § 17 Abs. 3 differenziert nach der Schwere des Pflichtverstoßes, indem er bestimmte Verhaltensweisen mit einem potentiell höheren Bußgeld belegt als andere. Schließlich handelt es sich bei § 17 Abs. 1 Nr. 4 lit. a) und Abs. 2 Nr. 2 um verwaltungsaktsakzessorische Tatbestände, da sie jeweils eine vollziehbare Anordnung der Bundesanstalt voraussetzen.

3. Anwendung allgemeiner Vorschriften des OWiG

Von den gemäß § 2 OWiG anwendbaren allgemeinen ordnungswidrigkeitenrechtlichen Vorschriften sind aus dem Ersten Teil des OWiG das Rückwirkungsverbot (§ 4 OWiG) (Rn. 17), das internationale Ordnungswidrigkeitenrecht (§§ 5, 7 OWiG) (Rn. 18 f.), die Regelung zum Begehen durch Unterlassen (§ 8 OWiG) (Rn. 33 f.), die Beteiligungsregeln der §§ 9, 14 OWiG (Rn. 35 f.), die Normen über Vorsatz, Fahrlässigkeit und Irrtum nach §§ 10, 11 OWiG (Rn. 20 ff.), § 17 Abs. 4 OWiG (Rn. 41 ff.) als sedes materiae des Rechts der Gewinnabschöpfung, die bußgeldrechtliche Verantwortlichkeit juristischer Personen und Personenvereinigungen nach § 30 OWiG (Rn. 40) sowie die Verjährungsregeln (§ 31 OWiG) von besonderem Interesse. Aus dem Zweiten Teil des OWiG sind die Vorschriften für die Durchführung des Bußgeldverfahrens vollumfänglich anwendbar. Hervorzuheben und von ganz erheblicher praktischer Relevanz ist aus dem Dritten Teil des OWiG die die Verletzung der Aufsichtspflicht in Betrieben und Unternehmen betreffende Norm des § 130 OWiG (Rn. 39).

§ 17　　　VI. Abschnitt. Gebühren; Bekanntgabe und Zustellung

16　Im Übrigen ist der Versuch einer Ordnungswidrigkeit nach § 17 in Ermangelung einer ausdrücklichen Anordnung nicht ahndbar.

17　**a) Zeitliche und räumliche Geltung, §§ 3, 4, 5, 7 OWiG.**
aa) Zeitliche Geltung. § 4 Abs. 1 OWiG normiert den Grundsatz der Tatzeitahndbarkeit. Dieser besagt, dass die nachträgliche Begründung oder Schärfung der Ahndbarkeit ausgeschlossen ist. Dies wird insbesondere dann relevant werden, wenn der Gesetzgeber in Zukunft eine Veränderung der Tatbestandsmerkmale einzelner Ver- und Gebotsnormen vornehmen sollte. Eine Kommentierung der sich dann ergebenden Konstellationen bleibt einer Folgeauflage vorbehalten.

18　**bb) Räumliche Geltung.** Aufgrund des in § 5 iVm § 7 OWiG geltenden Territorialitätsprinzips können Ordnungswidrigkeiten grds. nur im räumlichen Geltungsbereich des OWiG geahndet werden. Hierbei handelt es sich konkret um das Inland sowie um Schiffe oder Luftfahrzeuge, die berechtigt sind, die Bundesflagge etc. zu führen (*Vogel*, in: *Assmann/Schneider*, WpHG, § 39 Rn. 34). Da es sich bei den in § 17 normierten Tatbeständen um abstrakte Gefährdungsdelikte handelt, also ein Erfolgseintritt nicht in Betracht kommt, kommt es für den Ort der Tat grds. darauf an, wo die Handlung begangen wurde oder im Falle des Unterlassens hätte erfolgen müssen.

19　Indessen genügt es für eine Inlandstat nach § 7 OWiG, dass entweder im Inland gehandelt wurde oder der zum Tatbestand gehörende Erfolg im Inland eingetreten ist. Nach der höchstrichterlichen Rechtsprechung (BGHSt 467, 212, 220 ff.) ist bei Eignungs- bzw. bei abstrakten Gefährdungsdelikten – wie sie § 17 VerkProspG normiert – die potentielle bzw. abstrakte Gefahr zu dem zum Tatbestand zählenden Erfolg im Sinne der gleich lautenden Wendung in § 9 Abs. 1 StGB zu zählen. Daher kann eine im Ausland begangene Handlung zu einer ahndbaren Inlandstat führen (*Vogel*, in: *Assmann/Schneider*, WpHG, § 39 Rn. 34). Dies gilt bspw. dann, wenn eine Kapitalmarktpublizität etwa durch die Veröffentlichung eines Nachtrags im Inland hergestellt werden muss, der Nachtrag im Ausland jedoch nicht unverzüglich produziert wurde. Insbesondere Anbieter und Emittenten mit Sitz im Ausland sollten sich daher der Pflichtenappelle des § 17 bewusst sein.

20　**b) Vorsatz, Fahrlässigkeit und Irrtum (§§ 10, 11 OWiG).** Sämtliche Ordnungswidrigkeiten des § 17 sind ahndbar, wenn sie vorsätzlich begangen wurden. Der Vorsatzbegriff des Rechts der Ordnungswidrigkeiten stimmt mit dem des Strafrechts überein; vgl. §§ 10, 11 Abs. 1 OWiG.

§ 17 Bußgeldvorschriften

Nach einer weit verbreiteten Kurzformel ist Vorsatz „das Wissen und Wollen der Tatbestandsverwirklichung" (*Tröndle/Fischer*, StGB, § 15 Rn. 5). Daraus erhellt, dass sich der Vorsatz grds. aus kognitiven und voluntativen Elementen zusammensetzt. Insofern unterscheidet man zwischen dolus directus 1. Grades (Absicht) und dolus directus 2. Grades (Wissentlichkeit). In welchem Maße das ein oder andere Element zur Bejahung der dritten Vorsatzform, des dolus eventualis, vorliegen muss, ist dabei heftig umstritten (*Tröndle/Fischer*, StGB, § 15 Rn. 9 mwN). In der Rspr. und einem Teil der Literatur wird das Vorliegen von bedingtem Vorsatz angenommen, wenn der Täter den Erfolgseintritt als möglich erkennt und ihn billigend in Kauf nimmt (BGH NStZ 1999, 507, 508; *Tröndle/Fischer* aaO Rn. 9 mwN).

Sedes materiae der Abgrenzung vom Eventualvorsatz zur bewussten Fahrlässigkeit ist das voluntative Element. Bei der bewussten Fahrlässigkeit verhält es sich so, dass der Täter zwar auch die Möglichkeit der Tatbestandsverwirklichung erkennt. Das kognitive Element ist somit im Vergleich zum voluntativen gleich stark ausgeprägt. Indessen macht es die bewusste Fahrlässigkeit aus, dass der Täter mit der Tatbestandsverwirklichung – anders als beim Eventualvorsatz – gerade nicht einverstanden ist und sie auch nicht für die Verwirklichung seines Ziels in Kauf nimmt. Vielmehr vertraut er ernsthaft – was er objektiv auch durfte – auf die Nichtverwirklichung des Tatbestands (*Schönke/Schröder/Cramer*, StGB, § 15 Rn. 203).

Diese Unterscheidung ist im Ordnungswidrigkeitenrecht im Hinblick auf den vom Gesetz jeweils angedrohten Bußgeldrahmen elementar. Zu beachten ist insofern § 17 Abs. 2 OWiG, wonach fahrlässiges Handeln nur mit der Hälfte des angedrohten Höchstbetrages der Geldbuße geahndet werden, wenn die anzuwendende Vorschrift – wie es hier bei § 17 der Fall ist – bei der Bußgeldandrohung nicht zwischen vorsätzlichem und fahrlässigem Handeln unterscheidet. Die Relevanz liegt auf der Hand, wenn man sich vergegenwärtigt, dass bei Verstößen gegen § 17 Abs. 1 Nrn. 1 bis 3 die Höhe des angedrohten Bußgeldrahmens um 250 000 Euro differiert.

Fahrlässigkeit ist gegeben, wenn der Täter einen Tatbestand rechtswidrig verwirklicht, indem er objektiv gegen eine Sorgfaltspflicht verstößt, die gerade dem Schutz des beeinträchtigten Rechtsguts dient, und wenn dieser Pflichtverstoß unmittelbar oder mittelbar eine Rechtsgutsverletzung zur Folge hat, die der Täter nach seinen subjektiven Kenntnissen und Fähigkeiten vorhersehen und vermeiden konnte (*Tröndle/Fischer*, StGB, § 15 Rn. 12). Erforderlich sind hiernach eine objektive Sorgfaltspflichtverletzung bei Vorhersehbarkeit der Tatbestandsverwirklichung sowie Erkennbarkeit der Rechtswidrigkeit (*Tröndle/Fischer*, StGB, § 15 Rn. 14). Bewusst fahrlässig handelt,

§ 17   VI. Abschnitt. Gebühren; Bekanntgabe und Zustellung

wer die Erfüllung des objektiven Tatbestandes für möglich hält, aber pflichtwidrig auf dessen Ausbleiben vertraut (BGH NStZ 1996, 2ff.). Erkennt der Täter die Möglichkeit der Tatbestandsverwirklichung nicht, obwohl sie bei sorgfaltsgemäßem Verhalten erkennbar war, handelt er unbewusst fahrlässig (*Göhler/König*, OWiG, § 10 Rn. 6).

25   Nach ständiger Rspr. bestimmen sich Art und Maß der anzuwendenden Sorgfalt nach den Anforderungen, die bei objektiver Betrachtung der Gefahrenlage ex ante an einen besonnenen und gewissenhaften Menschen in der konkreten Lage und sozialen Rolle des Handelnden zu stellen sind (BGH NJW 2000, 2754, 2758; NStZ 2003, 657, 658). Mag die Feststellung der Pflichtwidrigkeit bei der Vielzahl der möglichen Sachverhalte im Allgemeinen nicht unproblematisch sein, so ist dies im Bereich der Bußgeldtatbestände ungleich einfacher. Da das Wesen des Bußgeldtatbestands gerade das pflichtwidrige Handeln ist, stellt jede Zuwiderhandlung gleichzeitig ein pflichtwidriges Verhalten dar (*Göhler/König*, OWiG, Rn. 8).

26   Schließlich muss für den Täter die Tatbestandsverwirklichung voraussehbar und vermeidbar gewesen sein, individuelle Kenntnisse und Fähigkeiten bleiben dabei auf der Unrechtsebene außer Betracht; sie finden erst im Rahmen der Schuld Berücksichtigung (*Tröndle/Fischer*, StGB, § 15 Rn. 17).

27   Leichtfertigkeit als ein gesteigerter Grad der Fahrlässigkeit (*Göhler/König*, OWiG, § 10 Rn. 20) ist gegeben, wenn der Täter eine ungewöhnlich grobe Pflichtwidrigkeit begeht, weil er nicht beachtet, was sich unter den Voraussetzungen seiner Erkenntnisse und Fähigkeiten aufdrängen muss (BGH MDR 1974, 823; *Tröndle/Fischer*, StGB, § 16 Rn. 20 mwN). Da die Ordnungswidrigkeiten nach § 17 Abs. 1 zumindest Leichtfertigkeit voraussetzen und einfache Fahrlässigkeit für die (subjektive) Tatbestandsverwirklichung nicht ausreichen lassen, hat die BaFin eine Argumentation zu leisten, aus der sich auch ergibt, dass der Täter gerade das unberücksichtigt gelassen hat, was jedem anderen an seiner Stelle offenbar eingeleuchtet hätte (*Göhler/König*, OWiG, § 10 Rn. 20).

28   § 11 OWiG unterscheidet zwischen vorsatzausschließendem Tatbestandsirrtum und Verbotsirrtum. Nach § 11 Abs. 1 OWiG handelt ohne Vorsatz, wer bei Begehung einer Handlung einen Umstand nicht kennt, der zum gesetzlichen Tatbestand gehört. Gegenstand des Vorsatzes sind dabei deskriptive und normative Tatbestandsmerkmale. Bei normativen Tatbestandsmerkmalen muss der Täter zur Annahme von Vorsatz den Begriffskern des Merkmals wenigstens laienhaft erfasst haben (sog. Parallelwertung in der Laiensphäre).

29   Fehlt dem Täter bei Begehung der Handlung die Einsicht, etwas Unerlaubtes zu tun, namentlich weil er das Bestehen oder die An-

wendbarkeit einer Rechtsvorschrift nicht kennt, so handelt er nicht vorwerfbar, wenn er diesen Irrtum nicht vermeiden konnte, § 11 Abs. 2 OWiG. Der Verbotsirrtum beseitigt nicht den Vorsatz, sondern lediglich die Schuld (BGHSt 2, 194). Da im Ordnungswidrigkeitenrecht die jeweiligen Ge- und Verbote häufig nur eine bestimmte Ordnung schützen bzw. der Arbeitserleichterung der Verwaltung dienen, sind die daraus resultierenden Pflichten nicht selten dem Normadressaten unbekannt. Dies bedeutet für die Unterscheidung zwischen vermeidbarem und unvermeidbarem Verbotsirrtum, dass letzterer nur vorliegt, wenn der Täter keinen Anlass hatte, sich um die Erheblichkeit seines Verhaltens zu kümmern (*Rönnau*, in: *Haarmann/Schüppen*, WpÜG, Vor § 60 Rn. 80).

Die Unterscheidung zwischen Tatbestands- oder Verbotsirrtum 30 kann im Einzelfall Schwierigkeiten aufwerfen, wenn es sich bei der Norm, gegen die verstoßen wurde, um ein Blankettgesetz handelt.

Exkurs: Alle in § 17 aufgeführten Bußgeldtatbestände ahnden den 31 Verstoß gegen Pflichten, die dem Adressaten durch Normen an anderer Stelle des VerkProspG auferlegt werden. § 17 verweist jeweils auf Ver- und Gebotsnormen des VerkProspG und enthält daher sog. Blanketttatbestände. Eine vollständige Subsumtion ist dementsprechend nur dann möglich, wenn die Norm, auf die der jeweilige Bußgeldtatbestand Bezug nimmt (sog. Ausfüllungsnorm), in seinen Tatbestand (sog. Verweisungsnorm) hineingelesen wird (*Rönnau, in: Haarmann/Schüppen*, WpÜG, Vor § 60 Rn. 21). Dabei handelt es sich hier um sog. unechte Blankette. Dies deshalb, weil die Inbezugnahme von Vorschriften in ein und demselben von ein und demselben Gesetzgeber erlassenen Gesetz – hier dem VerkProspG – weder einen Normgeber- noch einen Normebenensprung beinhaltet (*Vogel*, in: *Assmann/Schneider*, WpHG, § 38 Rn. 7).

Umstritten ist, ob Irrtümer über normative Tatbestandsmerkmale 32 anders als Fehlvorstellungen über Blankettmerkmale zu behandeln sind (*Schönke/Schröder/Sternberg-Lieben*, StGB, § 15 Rn. 99). Bejahendenfalls müssten dann Existenz und Wirksamkeit der Ausfüllungsnorm nicht vom Vorsatz des Täters umfasst sein, so dass ein diesbezüglicher Irrtum nur als Verbotsirrtum einzustufen wäre. Aufgrund der Entscheidung des Gesetzgebers für die Schuldtheorie in §§ 16, 17 StGB (*Schönke/Schröder/Sternberg-Lieben*, § 15 Rn. 45) ist diesem Ansatz auch der Vorzug zu geben (so auch *Göhler/König*, OWiG, § 11 Rn. 21; aA *Rönnau*, in: *Haarmann/Schüppen*, WpÜG, Vor § 60 Rn. 85).

c) Begehen durch Unterlassen, § 8 OWiG. Bei den echten 33 Unterlassungsordnungswidrigkeiten in Form von abstrakten Gefährdungsdelikten wie § 17 Abs. 1 Nr. 1–3, 5–7 und Abs. 2 Nr. 1 wird der Täter bestraft, wenn er die gebotene Handlung nicht ausgeführt hat; auf die Abwendung eines konkreten Erfolgs kommt es nicht an. Strittig ist, ob § 8 OWiG, der das Begehen durch Unterlassen regelt, auf die verbleibenden Tätigkeitsordnungswidrigkeiten in der Form anwendbar ist, dass diese dann als sog. unechte Unterlassungsdelikte zu ahnden wären.

34 Dies wird teilweise mit dem Hinweis abgelehnt, dass es in solchen Fällen an einem vom Garanten abzuwendenden und von der Handlung zu trennenden Außenwelterfolg fehle (OLG Köln VRS 1982, 394). Demgegenüber wird überwiegend eine weite Auslegung des in § 8 OWiG verwendeten Erfolgsbegriffs für angebracht gehalten, weshalb auch Wirkungen oder Folgen des tatbestandlichen Ereignisses erfasst werden sollen (*Rengier*, in: *Boujong*, KK-OWiG, § 8 Rn. 10 mwN). Folglich können auch Tätigkeitsdelikte durch Unterlassen begangen werden.

35 d) Handeln für einen anderen, § 9 OWiG, Beteiligung, § 14 OWiG, und Verletzung der Aufsichtspflicht in Unternehmen, § 130 OWiG. § 9 OWiG regelt die sog. Organ- und Vertreterhaftung, indem er festlegt, wer für die dort genannten juristischen Personen in verantwortlicher Weise auftreten kann (*Rönnau*, in: *Haarmann/Schüppen*, WpÜG, Vor § 60 Rn. 99). Ohne diese Sondervorschrift würde es zu Ahndungslücken kommen, weil einerseits das Handeln des Vertreters dem Normadressaten nicht zugerechnet werden könnte, andererseits dem Vertreter die für eine Ahndung erforderliche Täterqualität fehlen würde, da sich der § 17 vornehmlich an juristische Personen als Anbieter von Anlagen auf dem grauen Kapitalmarkt richtet.

36 Die Anwendung von § 9 OWiG kommt nur dann in Betracht, wenn eine Auslegung der anzuwendenden Bußgeldvorschrift ergibt, dass es sich nicht um ein Allgemeindelikt handelt, dessen Tatbestand von Jedermann erfüllt werden kann (*Rogall*, in: *Boujong*, KK-OWiG, § 9 Rn. 22). Ob die Rechtshandlung, welche die Vertretungsbefugnis oder das Auftragsverhältnis begründen soll, unwirksam ist, ist nach § 9 Abs. 3 OWiG unbeachtlich. Teilweise wird die Haftung auch auf Personen ausgedehnt, die die erforderliche Pflichtenstellung nur faktisch eingenommen haben (sog. faktisches Organ) (vgl. BGH NJW 2000, 2285 mwN).

37 Im Ordnungswidrigkeitenrecht gilt der Einheitstäterbegriff, d. h. abweichend von den §§ 25 ff. StGB kommt es auf die Unterscheidung zwischen Täterschaft und Teilnahme nicht an (vgl. *Rönnau*, in: *Haarmann/Schüppen*, WpÜG, Vor § 60 Rn. 109 mwN). Die Beteiligung nach § 14 Abs. 1 S. 1 OWiG setzt dabei vorsätzliches Mitwirken an einem vorsätzlichen Handeln eines anderen voraus (BGH NJW 1983, 2272). Hierzu muss der andere zunächst vorsätzlich und rechtswidrig eine Haupttat begangen haben. Da wie im Strafrecht gemäß § 14 Abs. 3 OWiG die Akzessorietät limitiert ist, ist ein vorwerfbares Verhalten des anderen indes nicht erforderlich. Ein „Beteiligen" im Sinne des § 14 OWiG setzt voraus, dass das jeweilige Verhalten für die Verwirklichung des Bußgeldtatbestandes ursächlich oder förderlich war, also die Tatbestandsverwirklichung erleichtert, intensiviert oder abgesichert hat (*Rengier*, in: *Boujong*, KK-OWiG, § 14 Rn. 22, 23). In subjektiver Hinsicht muss beim Beteiligten Vorsatz bezüglich aller objektiven Tatbestandsmerkmale sowie der Vollendung der Haupttat vorliegen (BGH NJW 1983, 2272).

§ 14 Abs. 1 S. 2 OWiG dehnt die Ahndbarkeit von Ordnungswidrigkeiten auf Beteiligte aus, die keine Sonderpflicht nach § 9 Abs. 1 OWiG trifft. Daher können auch Dritte wie z. B. Wirtschaftsprüfer oder Rechtsanwälte, die an der Emission mitwirken, bei einem vorsätzlichen Mitwirken an einer vorsätzlichen Pflichtverletzung des Normadressaten nach § 17 belangt werden (*Rönnau*, in: *Haarmann/ Schüppen*, WpÜG, Vor § 60 Rn. 113). **38**

In einem durch Arbeitsteilung und Dezentralisation gekennzeichneten Wirtschaftsleben ist es häufig der Fall, dass der Betriebsinhaber, regelmäßig Adressat von das Wirtschaftsgeschehen regelnden Normen, die konkrete Wahrnehmung der aus diesen Vorschriften resultierenden Pflichten an seine Mitarbeiter übertragen hat. Um wegen des Auseinanderfallens von Handlung und Verantwortung keine Ahndungslücke entstehen zu lassen, ordnet § 9 OWiG eine Zurechnung von der Unternehmensebene auf die Leitungsebene an (*Rönnau*, in: *Haarmann/Schüppen*, WpÜG, Vor § 60 Rn. 115). Pflichtverstöße von Mitarbeitern unterhalb der Leitungsebene können indes nach § 9 OWiG nicht zugerechnet werden. Hier hilft § 130 OWiG, der eine Haftung des Unternehmensinhabers anordnet, wenn dieser vorsätzlich oder fahrlässig Aufsichtsmaßnahmen unterlassen hat, die erforderlich sind, um in dem Betrieb Zuwiderhandlungen gegen Pflichten, die den Inhaber als solchen treffen und deren Verletzung mit Strafe oder Bußgeld bedroht ist, zu verhindern oder wesentlich zu erschweren. Es erfolgt damit eine Zurechnung von unten nach oben. **39**

e) Bußgeldhaftung von juristischen Personen und Personenvereinigungen. Anders als im Strafrecht kommen im Ordnungwidrigkeitenrecht nach § 30 OWiG auch juristische Personen und Personenvereinigungen als Sanktionsobjekte in Betracht. Die BaFin geht in ihrer Ahndungspraxis regelmäßig zunächst auf die juristischen **40**

Personen zu, natürliche Personen ahndet sie nur, wenn dies aufgrund der besonderen Umstände des Einzelfalls geboten erscheint (etwa weil die betroffene juristische Person insolvent ist und eine Pflichtenmahnung aus diesem Grund keinen Sinn manchen würde). Die Vorschrift des § 30 OWiG dient zum einen der Gleichbehandlung, da ohne sie gegen einen Einzelunternehmer, der als Unternehmer eine Ordnungswidrigkeit selbst begeht, die Strafe unter Berücksichtigung des wirtschaftlichen Werts seines Unternehmens festgesetzt werden, während bei einer entsprechenden Pflichtverletzung durch das Organ einer juristischen Person die Strafe nur unter Berücksichtigung der persönlichen wirtschaftlichen Verhältnisse des Organwalters festgesetzt werden kann. Die hiernach zulässige Strafe würde vielfach in keinem Verhältnis zur Tragweite der Tat stehen und weder geeignet sein, die der juristischen Person zugeflossenen Gewinne abzuschöpfen noch die Erzielung solcher Gewinne zu bekämpfen (Begr. zu § 19 EOWiG = § 30 OWiG nF, BT-Drucks. V/1269, S. 59). Zum anderen soll sie, neben der repressiven Reaktion auf Normverstöße der Leitungsorgane, der Generalprävention dienen (*Rönnau*, in: *Haarmann/Schüppen*, WpÜG, Vor § 60 Rn. 130).

41 **f) Gewinnabschöpfung.** § 17 Abs. 4 OWiG eröffnet der BaFin die Möglichkeit der Gewinnabschöpfung. Gemäß § 17 Abs. 4 Satz 1 OWiG soll die Geldbuße den wirtschaftlichen Vorteil, den der Täter aus der Ordnungswidrigkeit gezogen hat, übersteigen. Sofern nach Satz 2 das gesetzliche Höchstmaß hierzu nicht ausreicht, kann es überschritten werden. Ratio der Norm ist, dass sich die Begehung von Ordnungswidrigkeiten für den Täter genauso wenig lohnen darf wie die Begehung von Straftaten („crime does not pay") (*Mitsch*, OWiG, § 15 Rn. 15).

42 Die Bußgeldbemessung muss dafür sorgen, dass der Täter infolge der geahndeten Ordnungswidrigkeit per Saldo schlechter gestellt wird, als er ohne die Tat stünde. Die nach § 17 Abs. 3 OWiG bemessene Geldbuße kann erst auf der Grundlage vollständiger Gewinnneutralisation „greifen" (*Steindorf*, in: *Boujong*, KK-OWiG, § 17 Rn. 117).

43 Es gilt das Nettoprinzip: Daher wird nur der Gewinn, der beim Täter noch vorhanden ist, abgeschöpft (*Mitsch*, OWiG, § 15 Rn. 15). Zugunsten des Täters sind Gewinnminderungen nach der Tat, etwa aufgrund von Schadensersatzleistungen an geschädigte Anleger, in Rechnung zu stellen (*Göhler/König*, OWiG, § 17 Rn. 39; *Steindorf*, in: *Boujong*, KK-OWiG, § 17 Rn. 131). Es erfolgt eine Aufrechnung mit den Aufwendungen, die der Täter machte, um den Gewinn zu erzielen (OLG Hamburg, NJW 1971, 1000, 1003, *Bohnert*, OWiG, § 17 Rn. 26).

Bußgeldvorschriften **§ 17**

Soweit ersichtlich hat die BaFin – einschließlich der Vorgängerbehörde BAWe – noch nie – und zwar nicht nur bei prospektrechtlichen Ordnungswidrigkeiten – von der Möglichkeit einer Gewinnabschöpfung Gebrauch gemacht. Der Behörde mag zuzugeben sein, dass bei einer Vielzahl von Tatbeständen eine Gewinnabschöpfung nicht möglich ist, weil zahlreiche Tatbestandsverwirklichungen nicht die Erzielung eines Gewinns nach sich ziehen (etwa die Veröffentlichung einer Bekanntmachung in der nicht vorgeschriebenen Form). Gleichwohl ist das Gebaren der BaFin im Hinblick auf die Tatbestände, deren Verwirklichung mit der Erzielung von Gewinnen einhergeht, rechtspolitisch bedenklich. Gerade Verstöße gegen § 17 Abs. 1 Nr. 1 – unerlaubte öffentliche Angebote – stellen Verletzungen des Kernbereichs des Schutzguts der Funktionsfähigkeit des Kapitalmarkts dar und es liegt auf der Hand, dass auch der Anlegerschutz in diesen Fällen zentral berührt ist. Verhängt die BaFin ein Bußgeld in diesen Fällen, sollte die Vornahme einer Gewinnabschöpfung eigentlich selbstverständlich sein. Dies zeigt nicht zuletzt ein Vergleich mit der Bußgeldpraxis des Bundeskartellamts, dessen Bußgeldhöhen, die sich mitunter im dreistelligen Millionenbereich bewegen, ohne das Instrument der Gewinnabschöpfung überhaupt nicht denkbar wären. Nach der hier vertretenen Auffassung ist es bereits aus generalpräventiven Gründen unabdingbar, von den Möglichkeit des § 17 Abs. 4 OWiG jedenfalls bei Verstößen gegen § 17 Abs. 1 Nr. 1 Gebrauch zu machen. Denn unerlaubte öffentliche Angebote von Vermögensanlagen dürfen für die Täter faktisch nicht „aus der Portokasse" bezahlbar bleiben. Der Grundsatz „crime does not pay" sollte von der BaFin ernst genommen werden.

44

g) Verjährung. Die Verfolgung sämtlicher Ordnungswidrigkeiten nach § 17 verjährt gemäß § 31 Abs. 2 Nr. 1 OWiG in drei Jahren. Dabei beginnt die Frist mit Beendigung der Handlung bzw. dem Eintritt des zum Tatbestand gehörenden Erfolges zu laufen, § 31 Abs. 3 OWiG. Zum Ruhen und zur Unterbrechung der Verjährung vgl. §§ 32, 33 OWiG.

45

III. Die Zuwiderhandlungen im Einzelnen

Ordnungswidrig handelt nach Abs. 1, wer objektiv eine der in dieser Norm enumerierten Zuwiderhandlungen begeht, sofern auf der subjektiven Seite Vorsatz oder Leichtfertigkeit hinzukommen. Einfache Fahrlässigkeit reicht für die Bejahung eines der Tatbestände des Abs. 1 nicht aus. Abs. 2 lässt auf der subjektiven Seite hingegen – neben der vorsätzlichen Begehungsform – lediglich mindestens Fahrlässigkeit ausreichen. § 17 enthält insgesamt ein wohl als eng-

46

Bruchwitz 299

maschig zu bezeichnendes Netz von 38 verschiedenen Bußgeldtatbeständen.

1. Nichtveröffentlichung eines Verkaufsprospekts (Abs. 1 Nr. 1)

47 Bußgeldbewehrt ist zunächst die Nichtveröffentlichung eines Verkaufsprospekts entgegen § 8f Abs. 1 in Verbindung mit einer Rechtsverordnung nach § 8g Abs. 2 (Bußgeldrahmen bis EUR 500 000).

48 Bei dieser Rechtsverordnung handelt es sich um die VermVerkProspV. Da die Nichtveröffentlichung entgegen § 8f Abs. 1 erfolgen muss, ist derjenige Normadressat, der Vermögensanlagen öffentlich anbietet (vgl. zum Begriff des Anbieters Vor § 8f VerkProspG Rn. 5ff.).

49 § 8f Abs. 1 schreibt eine „Veröffentlichung nach diesem Abschnitt" vor. Damit ist der Abschnitt „IIIa. Prospektpflicht für Angebote anderer Vermögensanlagen" gemeint, der neben § 8f selbst insbesondere auch § 8i umfasst. „Veröffentlichen" iSd § 17 Abs. 1 Nr. 1 meint daher nicht jede beliebige Veröffentlichung, sondern vielmehr nur solche nach § 9, wobei der Verkaufsprospekt zuvor ein Gestattungsverfahren nach § 8i erfolgreich durchlaufen haben muss.

50 Der objektive Tatbestand des 17 Abs. 1 Nr. 1 setzt mithin voraus, dass (1) ein öffentliches Angebot von Vermögensanlagen im Inland stattfindet, (2) ohne dass ein Verkaufsprospekt nach den Vorschriften des VerkProspG veröffentlicht wurde.

51 Erfasst werden daher insbesondere die Lebenssachverhalte, in denen ein öffentliches Angebot von Vermögensanlagen stattfindet, obwohl überhaupt kein Verkaufsprospekt zur Gestattung der Veröffentlichung bei der BaFin eingereicht wurde. Hierunter fallen auch Konstellationen, in denen ein öffentliches Angebot noch mit einem Prospekt stattfindet, der in der Zeit bis zum 30. 6. 2005 erstellt wurde.

52 Das Gestattungsverfahren nach § 8i muss erfolgreich abgeschlossen sein. Daher erfasst der objektive Tatbestand auch solche – in der Praxis nicht seltenen – Fälle, in denen ein Verkaufsprospekt zur Gestattung der Veröffentlichung eingereicht wurde, eine Gestattung noch nicht vorliegt, das öffentliche Angebot aber dennoch schon – unter Verwendung der „Entwurfsfassung" – bereits begonnen hat. Gleichfalls erfasst ist die Variante, dass ein Anbieter einen Verkaufsprospekt nach § 8i Abs. 1 einreicht, den Antrag auf Gestattung wieder zurückzieht, und dennoch ein öffentliches Angebot durchführt.

53 Es kann lediglich die „Nichtveröffentlichung" eines Verkaufsprospekts geahndet werden, die „nicht unverzügliche" Veröffentlichung eines Verkaufsprospekts ist nicht bußgeldbewehrt. Dies ergibt sich daraus (was in der Praxis vielfach anders behauptet wird), dass den An-

bieter, nachdem er die Gestattung zur Veröffentlichung durch die BaFin erhalten hat, keine Pflicht trifft, den Verkaufsprospekt in einem bestimmten Zeitrahmen – insbesondere nicht „unverzüglich" – oder gar überhaupt zu veröffentlichen.

Kannte der Anbieter die Prospektpflicht des § 8f Abs. 1 nicht, kommt grundsätzlich ein Verbotsirrtum nach § 11 Abs. 2 OWiG in Betracht (allgemein hierzu Rn. 28 ff.). Dieser wird indessen regelmäßig vermeidbar gewesen und daher unbeachtlich sein (*Lenz*, in: *Assmann/Lenz/Ritz*, § 17 VerkProspG Rn. 29). 54

2. Unterlassener oder nicht richtiger, nicht vollständiger oder nicht in der vorgeschriebenen Weise aufgenommener Hinweis nach § 8h Abs. 2 VerkProspG (Abs. 1 Nr. 2)

§ 17 Abs. 1 Nr. 2 bedroht die gänzliche Unterlassung bzw. die Aufnahme eines nicht formgerechten Hinweises nach § 8h Abs. 2 mit einer Geldbuße (Bußgeldrahmen bis EUR 100 000). Einen praktischen Anwendungsbereich für diese Vorschrift wird es nicht geben. Denn die Mitarbeiter der BaFin haben im Rahmen der Vollständigkeitsprüfung nach §§ 10, 15 VermVerkProspV zu prüfen, ob ein Hinweis überhaupt bzw. formgerecht – was im Übrigen keine Frage der Kohärenz des Verkaufsprospekts ist – nach § 8h Abs. 2 in den Verkaufsprospekt aufzunehmen ist bzw. aufgenommen wurde. Dies hat der Gesetzgeber des AnSVG verkannt. Die Vorschrift sollte bei einer Novellierung des VerkProspG ersatzlos gestrichen werden. 55

3. Fehlende oder nicht rechtzeitige Übermittlung eines Verkaufsprospekts oder einer nachzutragenden Angabe entgegen § 8i Abs. 1 oder 3 Satz 1 VerkProspG (Abs. 1 Nr. 3)

§ 17 Abs. 1 Nr. 3 Alt. 1 bewehrt die Nicht- bzw. die nicht rechtzeitige Übermittlung eines Verkaufsprospekts bzw. einer nachzutragenden Angabe entgegen § 8i Abs. 1 oder 3 Satz 1 VerkProspG mit einer Geldbuße (Bußgeldrahmen bis EUR 50 000). 56

Das Pendant der Vorschrift wurde für Wertpapier-Verkaufsprospekte erst durch das 4. FMG neu in den Katalog der verkaufsprospektrechtlichen Bußgeldtatbestände eingefügt. Ihr Sinn ist für den Bereich der Vermögensanlagen nicht recht erkennbar. 57

Zunächst ist die Alt. 2 der Vorschrift ein offenkundiges redaktionelles Versehen. Nach 8i Abs. 3 Satz 1 bestätigt die BaFin dem Anbieter den Tag des Eingangs des Verkaufsprospekts. Es ist denklogisch nicht möglich, entgegen der Pflicht der BaFin zur Bestätigung des Eingangs eines Verkaufsprospekts einen Verkaufsprospekt bzw. eine nachzutra- 58 gende Angabe nicht oder nicht rechtzeitig zu übermitteln. § 17 Abs. 1 Nr. Alt. 2 sollte daher bei nächster Gelegenheit gestrichen werden.

59 Was die Alt. 1 betrifft, so ist jedenfalls der praktische Anwendungsbereich in Frage zu stellen. Die Pflicht des Anbieters, den Verkaufsprospekt bzw. nach §§ 10 anzufertigende Nachträge – die derzeit in der Praxis nicht vorkommen – (rechtzeitig) zu übermitteln, wurde erst durch das 4. FMG bußgeldbewehrt. Die Aufnahme dieses Ordnungswidrigkeitentatbestandes sollte der wirkungsvollen Durchsetzung der (Übermittlungs-)Pflicht dienen, welche die Voraussetzung dafür schaffen soll, dass einerseits die BaFin den Verkaufsprospekt überprüfen und der Anleger den Verkaufsprospekt bei der Evidenzzentrale einsehen kann (*Lenz*, in: Nachtrag zu *Assmann/Lenz/Ritz*, § 17 VerkProspG Rn. 2). Der Gesetzgeber will damals auf seinerzeit mehrfach festzustellende Zuwiderhandlungen gegen die Pflichten den Anbieters aus § 8 VerkProspG aF reagiert haben (RegE 4. FMG, S. 312). Ein derartiges Bedürfnis ist in der heutigen Praxis nicht erkennbar. Wer der BaFin keinen Verkaufsprospekt übermittelt, wird regelmäßig ein bußgeldbewehrtes Verhalten nach Abs. 1 Nr. 1 an den Tag legen, kurz: mit dem entgegen § 17 Abs. 1 Nr. 1 unübermittelten Verkaufsprospekt entgegen § 17 Abs. 1 Nr. 1 unerlaubt öffentlich anbieten. Wenn er nicht öffentlich anbietet, und den Verkaufsprospekt – bildlich formuliert – gewissermaßen in der Schublade lässt, besteht ohnehin keine Gefahr für die durch § 17 geschützten Rechtsgüter. Im Übrigen dürfte ein nach § 17 Abs. 1 Nr. 3 Alt. 1 relevantes Verhalten regelmäßig in der Verfolgungspraxis neben einer Tat nach § 17 Abs. 1 Nr. 1 nicht selbständig verfolgt werden, sondern vielmehr Gegenstand einer Einstellung aus Opportunitätsgründen nach § 47 OWiG werden. Die Existenzberechtigung der Norm läge dann allein darin, „Verhandlungsmasse" der BaFin in einem Ordnungswidrigkeitenverfahren zu sein.

Im Ergebnis sollte die Bußgeldnorm wieder entfernt werden, was eine Wiederherstellung des Rechtszustands nach dem VerkProspG in der bis zum Inkrafttreten des 4. FMG geltenden Fassung bedeuten würde.

4. Gesetzeswidrige Veröffentlichung eines Verkaufsprospekts (Abs. 1 Nr. 4)

60 § 17 Abs. 1 Nr. 4 bewehrt die Veröffentlichung eines Verkaufsprospekts ohne Vorliegen einer Gestattung nach § 8i Abs. 2 Satz 1 mit einem Bußgeld (Bußgeldrahmen bis EUR 500 000).

61 Die Norm soll sicherstellen, dass lediglich solche Verkaufsprospekte an den Anleger gelangen, die zuvor von der BaFin auf Vollständigkeit geprüft wurden (*Lenz*, in: *Assmann/Lenz/Ritz*, § 17 Verk-

ProspG Rn. 30). Erfasst wird die Konstellation, dass ein Verkaufsprospekt veröffentlicht wird, für den überhaupt keine Gestattung der BaFin vorliegt. Relevant ist aber auch der Lebenssachverhalt, dass ein Anbieter eine inhaltlich abweichende Version von derjenigen veröffentlicht, für die ihm eine Gestattung vorliegt. Es kann nicht deutlich genug betont werden, dass nach Bekanntgabe der Gestattung der Anbieter es tunlichst unterlassen sollte, Änderungen an dem Verkaufsprospekt vorzunehmen. Dies betrifft nicht nur die Mindestangaben, sondern auch redaktionelle Änderungen an Generalklausel- und freiwilligen Angaben (z. B. den Austausch von Bildern). Unschädlich dürfte lediglich ein anderes Layout sein (bedenklich insoweit *Lenz, in: Assmann/Lenz/Ritz,* § 17 VerkProspG Rn. 34, der insoweit „keine zu hohen Anforderungen" stellen möchte. Diese Ansicht vernachlässigt die Grundlagen des Prospektbegriffs; hierzu ausführlich oben Vor § 8 f VerkProspG Rn. 24 ff.).

Exkurs: Bestimmtheitsgebot. Fraglich ist, wie vor dem Hintergrund des Bestimmtheitsgebotes „veröffentlichen" iSd § 17 Abs. 1 Nr. 4 zu verstehen ist. Nach einer weiten Auffassung meint „Veröffentlichung" insoweit jede Form des Zugänglichmachens. Hierzu soll jede Form der Publikation, mithin auch Bekanntmachungen über Internet, Verteilung durch Zusendung per Post, der Abdruck in Zeitungen und Zeitschriften zählen (*Lenz, in: Assmann/Lenz/Ritz,* § 17 VerkProspG Rn. 32). Dies ist indessen ein anderes Verständnis von Veröffentlichung, wie es dem § 9 zugrunde liegt. Diese Norm kennt lediglich drei Varianten von Handlungen, die prospektrechtlich als „veröffentlichen" zu qualifizieren sind, nämlich den Vollabdruck in einem Börsenpflichtblatt, die Bereithaltung bei den im Verkaufsprospekt benannten Zahlstellen zur kostenlosen Ausgabe sowie die Veröffentlichung im Internet, wobei diese nur dann erforderlich ist (und mithin streng begrifflich genommen auch nur dann eine Veröffentlichung iSd § 9 vorliegt), wenn auch ein öffentliches Angebot von Vermögensanlagen über das Internet stattfindet. Es stellt sich die Frage, ob es mit den Grundsätzen des Ordnungswidrigkeitenrechts vereinbar ist, von inhaltlich unterschiedlichen Begriffen in § 9 einerseits und § 17 andererseits auszugehen. Bedenken ergeben sich im Hinblick auf den Bestimmtheitsgrundsatz. Dieser beinhaltet das Gebot der Tatbestimmtheit, das sich an den Gesetzgeber richtet, der zum Erlass hinreichend bestimmter Bußgeldtatbestände verpflichtet ist (BVerfGE 75, 340 f.; *Rogall, in: Boujong,* KK-OWiG, § 3 Rn. 26). Danach ist der Gesetzgeber zur größtmöglichen Präzision bei der Fassung der Sanktionsnorm gehalten und hat sich insbesondere vermeidbarer Unbestimmtheit zu enthalten. In concreto ist „der für den normativ geprägten Adressaten verstehbare Wortlaut" des gesetzlichen

Tatbestandes, wobei für Interpretationen kein Raum ist, die über den „erkennbaren Wortsinn" hinausgehen, maßgeblich (BVerfGE 71, 114). Mithin muss die Textfassung so präzise sein, dass sie ihre Aufgabe als Verhaltensanleitung erfüllen kann und eine zuverlässige Grundlage für die Arbeit von Exekutive und Rechtsprechung darstellt (BGHSt, 28, 72, 73; *Rogall,* in: *Boujong,* KK-OWiG, § 3 Rn. 31). Bewusst pointiert formuliert muss dem Normadressaten bei der bloßen Gesetzeslektüre einleuchten, wie er sich zu verhalten hat. Vor diesem Hintergrund erscheint es vertretbar, ein weites Verständnis des Begriffs „Veröffentlichung" in § 17 Abs. 1 Nr. 4 für mit dem Bestimmtheitsgebot vereinbar zu halten. Denn der Normadressat mag zwar einerseits für die Begriffsbestimmung auf § 9 rekurrieren. Indessen ist schon nach dem bloßen Wortlaut erkennbar, dass der Bußgeldtatbestand das Inverkehrbringen von nicht auf Vollständigkeit durch die BaFin geprüften Verkaufsprospekten – generalpräventiv – verhindern möchte. Es kann jedenfalls keine Rede davon sein, dass bei der in Rede stehenden Norm unerträgliche Zweifel darüber bestehen, ob ein Verhalten verboten oder erlaubt ist. Zudem ist anerkannt, dass der Bestimmtheitsgrundsatz nicht erst dann gewahrt ist, wenn hinsichtlich der Bedeutung des Gesetzeswortlauts keinerlei Zweifel aufkommen, denn einen solchen Wortlaut gibt es nicht (*Rogall,* in: *Boujong,* KK-OWiG, § 3 Rn. 32 mwN). Die sich vorliegend stellenden Zweifel erscheinen nicht als so gravierend, als sie ein Zugrundelegen eines weiten Verständnisses von der Veröffentlichung im Rahmen des § 17 Abs. 1 Nr. 4 ausschließen würden.

63 **Exkurs: Konkurrenzen.** Aufgrund der herausgehobenen praktischen Bedeutung sei auf das Konkurrenzverhältnis zwischen § 17 Abs. 1 Nr. 1 und Abs. 1 Nr. 4 eingegangen. Im Ergebnis stehen die Normen zueinander nicht in Gesetzeskonkurrenz, so dass – je nach Einzelfall – tatein- bzw. tatmehrheitliche Verstöße denkbar sind.

64 Würden die Nr. 1 und die Nr. 4 zueinander in Gesetzeskonkurrenz stehen, würde die eine Norm die andere verdrängen (*Tröndle/Fischer,* StGB, Vor § 52 Rn. 21). Zunächst ist ein Subsidiaritätsverhältnis auszuschließen. Eine formelle Subsidiarität ist mangels einer entsprechenden expliziten gesetzlichen Anordnung zu verneinen. Materielle Subsidiarität wäre zu bejahen, wenn sich aus dem Sinn- und Zweckzusammenhang ergeben würde, dass eine Norm lediglich ein Auffangtatbestand für die Konstellation darstellt, dass keine andere Bußgeldvorschrift verwirklicht ist. Da die in Rede stehenden Vorschriften im objektiven Tatbestand gänzlich unterschiedliche Lebenssachverhalte mit jeweils eigenem Unrechtsgehalt regeln, ist der Charakter eines Auffangtatbestandes im Verhältnis der Nr. 1 zur Nr. 4 und umgekehrt jeweils zu verneinen.

Bußgeldvorschriften **§ 17**

Zudem ist keine Spezialität gegeben. Spezialität meint ein logisches 65
Einschlussverhältnis zwischen zwei Tatbeständen, wobei ein solches
vorliegt, wenn eine Norm einen bereits von einer anderen Norm erfassten Sachverhalt durch das Hinzutreten zusätzlicher Merkmale
einer besonderen Regelung unterzieht. Nun setzt § 17 Abs. 1 Nr. 1
im objektiven Tatbestand zwar ein öffentliches Angebot voraus, jedoch nicht die Veröffentlichung eines Verkaufsprospekts, dessen Veröffentlichung die BaFin nicht gestattet hat. Umgekehrt bedingt eine
Ahndung nach § 17 Abs. 1 Nr. 4 zwar die die Veröffentlichung eines
Verkaufsprospekts, dessen Veröffentlichung die BaFin nicht gestattet
hat, jedoch ist eine Ahndung nach diesem Tatbestand auch ohne das
Vorliegen eines öffentlichen Angebots möglich.

Schließlich liegt kein Fall einer Konsumtion vor. Dies würde vo- 66
raussetzen, dass ein Tatbestand – nämlich der konsumierende – seinem
Wesen und Sinn nach einen anderen, seinem Wortlaut nach ebenfalls
anwendbaren Tatbestand umfasst mit der Folge, dass der eine Tatbestand in dem anderen aufgeht (*Tröndle/Fischer,* StGB, Vor § 52 Rn. 20
mwN). Im Hinblick auf die diskutierten Tatbestände sind derartig
zahlreiche Lebenssachverhalte denkbar (z. B. Veröffentlichung eines
Verkaufsprospekts ohne öffentliches Angebot, sondern nur Einsatz
von unverbindlichen Reservierungsscheinen; öffentliches Angebot
unter Einsatz von Werbeflyern), dass es sich verbietet, von – was eine
Konsumtion aber gerade bedingt – regelmäßigen Erscheinungsform
der einen Norm im Verhältnis zur anderen Norm zu sprechen.

Sollte eine tateinheitliche Tatbestandsverwirklichung vorliegen 67
(öffentliches Angebot unter Einsatz eines veröffentlichten Verkaufsprospekts, für dessen Veröffentlichung keine Gestattung der BaFin
vorlag), muss – allenfalls unter regelmäßig wohl kaum einschlägigen
Opportunitätserwägungen: kann – die BaFin daher in einem Bußgeldverfahren aufgrund von § 17 Abs. 1 Nr. 1 und Nr. 4 gegen den
Betroffenen vorgehen. In diesen Fällen liegen nach der Konkurrenzenlehre mithin zwei Verstöße vor, die jeweils für sich betrachtet bei
Vorsatz mit einem Bußgeldrahmen von EUR 500 000 bedroht sind.
Der Gesamtbußgeldrahmen beläuft sich in diesen Fällen mithin auf
1 Million Euro.

5. Zuwiderhandlung gegen eine vollziehbare Anordnung (Abs. 1 Nr. 4 a)

Ordnungswidrig nach § 17 Abs. 1 Nr. 4 lit. a VerkProspG handelt, 68
der entgegen einer vollziehbaren Anordnung der BaFin nach § 8i
Abs. 2 Satz 5 oder Abs. 4 einen Verkaufsprospekt veröffentlicht oder
Vermögensanlagen öffentlich anbietet (Bußgeldrahmen bis EUR
500 000).

§ 17   VI. Abschnitt. Gebühren; Bekanntgabe und Zustellung

69 Gemäß § 8i Abs. 5 haben Widerspruch und Anfechtungsklagen gegen Maßnahmen nach § 8i Abs. 2 Satz 5 und Abs. 4 keine aufschiebende Wirkung mit der Folge, dass derartige Maßnahmen stets sofort vollziehbar sind und es hierzu keiner gesonderten Anordnung seitens der BaFin bedarf. Die Vermeidbarkeit eines Verbotsirrtums dürfte in diesen Fällen regelmäßig bereits deshalb ausscheiden, weil auf die fehlende aufschiebende Wirkung eines Widerspruchs bzw. einer Anfechtungsklage in der Rechtsbehelfsbelehrung der entsprechenden Verwaltungsakte hingewiesen wird (*Lenz,* in: *Assmann/Lenz/Ritz,* § 17 VerkProspG Rn. 35). Anderes kann nur dann gelten, wenn die BaFin die Rechtsbehelfsbelehrung vergisst oder unrichtig formuliert.

6. Unterlassene oder nicht rechtzeitig oder formgemäß vorgenommene Veröffentlichung insbesondere eines Nachtrags (Abs. 1 Nr. 5)

70 Bußgeldbewehrt ist die entgegen § 9 Abs. 1, § 10 Satz 2 oder § 11 Satz 1 nicht erfolgte, nicht richtige, nicht in der vorgeschriebenen Weise vorgenommene sowie nicht rechtzeitig erfolgte Veröffentlichung eines Verkaufsprospekts, einer nachzutragenden Angabe oder einer Veränderung (Bußgeldrahmen bis EUR 100 000).

71 Zu unterscheiden ist zwischen Verstößen gegen die Pflichten nach § 9 Abs. 1 (Rn. 72), § 10 Satz 2 (Rn. 73) und § 11 Satz 1 (Rn. 74 ff.).

72 Hauptanwendungsfall eines Verstoßes gegen § 9 Abs. 1 ist eine zu frühe Veröffentlichung (zur Fristberechnung siehe § 9 VerkProspG Rn. 10 ff.). Vom Wortlaut erfasst, aber wohl kaum praktisch relevant ist auch die Variante, dass ein Anbieter eine Gestattung erhalten hat, mit dem öffentlichen Angebot beginnt und die Veröffentlichung nach § 9 Abs. 1 schlechthin vergisst.

73 Nachzutragende Angaben nach § 10 Satz 2 kommen in Ermangelung von Verkaufsprospekten nach § 10 derzeit in der Praxis nicht vor.

74 Die bedeutsamste Tatbestandsvariante ist diejenige in Bezug auf Nachträge gemäß § 11 Satz 1. An dieser Stelle sind die unterschiedlichen Begehungsvarianten voneinander zu differenzieren:

Ahndbar ist zunächst die nicht erfolgte, d. h. die gänzlich unterlassene Veröffentlichung eines Nachtrags.

75 Die nicht richtige Veröffentlichung, mithin die unwahre (*Vogel,* in: *Assmann/Schneider,* WpHG, § 39 Rn. 11) Publikation, ist gleichfalls bußgeldbewehrt.

76 Schwierigkeiten bereitet das Merkmal „nicht in der vorgeschriebenen Weise". Im Wertpapierhandelsrecht ergeben sich bspw. für Ad-hoc-Mitteilungen die entsprechenden Anforderungen insbesondere aus der WpAIV. Eine entsprechende Verordnung für die Erstellung von Nachträgen existiert nicht. Daher beschränkt sich der Anwendungsbereich darauf, dass ein Anbieter einen Nachtrag nicht in einem überregionalen Börsenpflichtblatt veröffentlicht hat.

Der Hauptanwendungsfall ist jedoch der der nicht rechtzeitigen, mithin: der verspäteten Veröffentlichung eines Nachtrags. Die Veröffentlichung erfolgt dann verspätet, wenn sie nicht unverzüglich gemacht wird. Zum Begriff der „Unverzüglichkeit" im Rahmen des § 11 (s. o. § 11 VerkProspG Rn. 37 ff.). 77

Nach einer Auffassung sollen unerhebliche, mithin bagatellhafte Unrichtigkeiten, Unvollständigkeiten, Formfehler bzw. Verspätungen mit Blick auf die nicht unerhebliche Bußgelddrohung bereits nicht tatbestandsmäßig sein bzw. sollen jedenfalls Anlass geben, das der Bundesanstalt zustehende Verfolgungsermessen im Sinne der Nichtverfolgung auszuüben (so *Vogel,* in: *Assmann/Schneider,* WpHG, § 39 Rn. 8). Zunächst sei darauf hingewiesen, dass auch sog. Bagatellverstöße in keinem Fall nicht tatbestandsmäßig sind; Verstoß bleibt Verstoß. Nicht zielführend im Hinblick auf einen Nichtverfolgungsappell ist auch der Hinweis auf den hohen Bußgeldrahmen. Denn hierdurch gibt der Gesetzgeber gerade zu erkennen, dass er die Einhaltung der normierten Verhaltenspflichten für ganz zentral hält mit der Folge, dass die Normadressaten sich zu entsprechenden Verhaltensanstrengungen disziplinieren müssen, um in den Bereich der Nichtahndungswürdigkeit zu gelangen. Auch wird nicht „jedenfalls" Anlass gegeben sein, das Ermessen mit dem Ergebnis „Nichtverfolgung" auszuüben. Entscheidend sind vielmehr die Umstände des Einzelfalls. Beispielsweise sollte sog. Bagatellverstöße bei Wiederholungstätern – gerade umgekehrt – keinesfalls zu einer Nichtverfolgung führen. Allenfalls erst auf der Zumessungsebene mag der Umstand eines Bagatellverstoßes bußgeldmildernd berücksichtigt werden. Von der Verfolgung gänzlich abzusehen erscheint jedoch dann nicht grundsätzlich angezeigt. 78

7. Unterlassene oder nicht rechtzeitig oder formgemäß vorgenommene Bekanntmachung (Abs. 1 Nr. 6)

Ordnungswidrig handelt ferner, wer entgegen § 9 Abs. 2 Satz 3 eine Mitteilung nicht, nicht richtig, nicht in der vorgeschriebenen Weise oder nicht rechtzeitig macht (Bußgeldrahmen bis EUR 50 000). Die Vorgängernorm im VerkProspG aF wurde durch das 4. FMG eingeführt, um die Durchsetzung der seinerzeit neu geschaffenen Mitteilungspflicht gegenüber der BaFin zu befördern (*Lenz,* in: *Assmann/ Lenz/Ritz,* Nachtrag § 17 VerkProspG Rn. 3). 79

Der typischerweise erfasste Lebenssachverhalt ist derjenige, dass ein Anbieter die Gestattung zur Veröffentlichung eines Verkaufsprospekts 80 erhält und z. B. eine Hinweisbekanntmachung schaltet, woraufhin er dies der BaFin nicht oder nicht richtig mitteilt.

8. Zuwiderhandlung gegen die Hinweispflicht nach § 12 VerkProspG (Abs. 1 Nr. 7)

81 Bußgeldbewehrt ist die entgegen § 12 gänzlich unterlassene oder nicht richtige Aufnahme eines Hinweises nach § 12 (zu den Anforderungen an einen solchen Hinweis ausführlich § 12 VerkProspG Rn. 41 ff.). (Bußgeldrahmen bis EUR 100 000.) Auch dieser Tatbestand wurde im alten Verkaufsprospektrecht durch das 4. FMG eingeführt (*Lenz*, in: *Assmann/Lenz/Ritz*, Nachtrag § 17 VerkProspG Rn. 4).

82 Nach der damaligen Gesetzesbegründung (RegBegr. 4. FMG, S. 313) mussten in der bisherigen Aufsichtspraxis bei Werbeveröffentlichungen, in denen ein öffentliches Angebot von Wertpapieren angekündigt wurde, in mehreren Fällen das Fehlen eines Hinweises auf den Verkaufsprospekt und dessen Veröffentlichung festgestellt werden, wobei Ahndungsmöglichkeiten seitens der Aufsicht nicht bestanden.

83 Rechtspolitisch sinnvoll ist ein derartiges Verhalten nunmehr auch für Vermögensanlagen bußgeldbewehrt.

9. Zuwiderhandlungen gegen die Auskunfts- und Vorlagepflichten entgegen § 8i Abs. 4 lit. a) VerkProspG (Abs. 2 Nr. 1)

84 Ordnungswidrig handelt, wer bei einem Auskunfts- und Vorlageersuchen iSd § 8i Abs. 4 lit. a) eine Auskunft, nicht, nicht richtig, nicht vollständig oder nicht rechtzeitig erteilt bzw. in denselben Handlungsmodalitäten eine Unterlage nicht vorlegt (Bußgeldrahmen bis EUR 50 000).

85 Das durch § 8i Abs. 4 lit. a zur Verfügung gestellte verwaltungsrechtliche Instrumentarium ist insbesondere im Zusammenhang mit § 8i Abs. 4 zu sehen, der die Ermächtigungsgrundlage für eine Untersagungsverfügung darstellt. Die Bußgeldbewehrung der Auskunfts- und Vorlagepflichten dient vor diesem Hintergrund der Absicherung der – verwaltungsrechtlichen – Ermittlungsbefugnisse der BaFin mit den Mitteln des Ordnungswidrigkeitenrechts (zum Verhältnis zwischen Verwaltungs- und Bußgeldrecht unten Rn. 103 ff.).

86 Nicht selten wird die BaFin durch die ihr aufgrund eines Ersuchens nach § 8i Abs. 4 lit. a) erteilten Auskünfte bzw. vorgelegten Unterlagen gerade nicht in die Lage versetzt, den in Rede stehenden Sachverhalt zeitnah und umfassend beurteilen zu können. (Mutmaßliche) Anbieter, die auf eine derartige Verzögerungstaktik gegenüber der

Bußgeldvorschriften **§ 17**

BaFin setzen, sollten sich dessen bewusst sein, dass allein durch die unzureichende Beantwortung eines Ersuchens nach § 8i Abs. 4 lit. a) ein Bußgeld verhängt werden kann und dies unabhängig davon, ob tatsächlich ein unerlaubtes öffentliches Angebot stattfindet oder nicht.

10. Zuwiderhandlung gegen eine vollziehbare Anordnung entgegen § 8j Abs. 1 VerkProspG (Abs. 2 Nr. 2)

Schließlich ist die Zuwiderhandlung gegen eine vollziehbare Anordnung nach § 8j Abs. 1 betreffend Werbung mit Angaben, die geeignet sind, über den Prüfungsumfang nach § 8i Abs. 2 irrezuführen, bußgeldbewehrt (Bußgeldrahmen bis EUR 50 000). 87

Durch das 4. FMG wurde für diesen Tatbestand die Fahrlässigkeit als für die subjektive Seite ausreichend eingeführt (hierzu ausführlich *Lenz,* in: Nachtrag zu *Assmann/Lenz/Ritz,* Nachtrag § 17 VerkProspG Rn. 5). 88

Ganz entscheidend ist, dass nicht eine bestimmte Form von Werbung, sondern vielmehr erst der Verstoß gegen eine vollziehbare Anordnung betreffend eine bestimmte Werbung ordnungswidrigkeitenrechtlich sanktioniert werden kann. Es wäre im Rahmen einer Gesetzesevaluierung überdenkenswert und diskussionswürdig, angesichts des hohen Missbrauchspotentials des „Werbens mit der BaFin-Prüfung" bei Produkten des sog. Grauen Kapitalmarktes der Behörde ein Normenkorsett zur Verfügung zu stellen, mit dem sie bereits gegen irreführende Werbung als solche bußgeldrechtlich vorgehen kann. 89

IV. Bußgeldrahmen (Abs. 3)

Der Bußgeldrahmen für die Ordnungswidrigkeiten nach Abs. 1 und Abs. 2 wird durch Abs. 3 festgelegt. Vorgesehen sind drei Bußgeldrahmen in Höhe von bis zu EUR 500 000 (für Ordnungswidrigkeiten nach Abs. 1 Nr. 1, 4 und 4a), von bis zu EUR 100 000 (für Ordnungswidrigkeiten nach Abs. 1 Nr. 2, 5 und 7) und bis zu EUR 50 000 in den übrigen Fällen. 90

Die für das VerkProspG aF vorgesehenen Bußgeldandrohungen sind in der Vergangenheit mitunter – zu Recht – als zu niedrig kritisiert worden (*Schäfer* ZIP 1991, 1557, 1565). Der Gesetzgeber wurde hellhörig und hat mit dem 3. FMG gewisse Erhöhungen vorgenommen (hierzu *Lenz,* in: *Assmann/Lenz/Ritz,* § 17 VerkProspG Rn. 50). Im Hinblick auf mögliche Vermögensschäden des Publikums und unter dem Aspekt eines wirksamen Anlegerschutzes erscheinen unter generalpräventiven Gesichtspunkten die möglichen Bußgeldhöhen 91 jedenfalls bei zentralen Verstößen nach Abs. 1 Nr. 1 und Nr. 4 mit EUR 500 000 je Verstoß als zu gering. Dies folgt nicht zuletzt aus einem vergleichenden Blick auf andere kapitalmarktrechtliche Bußgeldtatbestände. So sind bereits Verstöße mit einem Bußgeldrahmen von EUR 500 000 bewehrt. Dass der Unwertgehalt dieser Verstöße mit einem unerlaubten öffentlichen Angebot oder der Veröffentlichung eines Verkaufsprospekts ohne Gestattung, mithin den schwersten Verstößen, die prospektrechtlich überhaupt denkbar sind, auf einer Höhe liegen soll, ist nur schwer nachvollziehbar. Rechtspolitisch wünschenswert ist eine Anhebung des Bußgeldrahmens bei diesen beiden Verstößen auf die Summe von einer Million Euro, was bspw. dem Rahmen für die Unterlassung oder die verspätete Schaltung einer Ad-hoc-Meldung entspricht. Es kann nicht ernsthaft bezweifelt werden, dass ein unerlaubtes öffentliches Angebot von Vermögensanlagen einen größeren volkswirtschaftlichen Schaden zu verursachen vermag als z. B. eine um einen Tag verzögerte Ad-hoc-Mitteilung eines an einer Regionalbörse gelisteten mittelständischen Unternehmens mit einem kaum volatilen Aktienkurs. Insoweit ist ein Wertungswiderspruch im kapitalmarktbezogenen Ordnungswidrigkeitenrecht auszumachen.

92 Aber nicht nur der Bußgeldrahmen kann den Täter treffen: Über § 17 Abs. 4 OWiG hat die BaFin die Möglichkeit, eine Gewinnabschöpfung vorzunehmen. Hiervon hat sie zumindest im Prospektrecht in der Praxis jedoch noch keinen Gebrauch gemacht. Das ist bedauerlich. Denn wie die Bußgeldpraxis des Bundeskartellamts zeigt, sind es gerade die Gewinnabschöpfungen, die eine spezial- und generalpräventive Wirkung bei den Marktteilnehmern entfalten, so dass gerade durch dieses Instrument der Effekt einer Pflichtenmahnung erreicht werden kann. Eine Umstellung der BaFin-Praxis ist zur Erreichung der mit dem VerkProspG verfolgten Schutzziele äußerst wünschenswert.

93 Zu kurz greift die Ansicht, wonach unter dem *Gewinnabschöpfungsgedanken* die Erhöhung des Bußgeldrahmens im Verkaufsprospektrecht sinnvoll gewesen sein soll (so aber *Lenz*, in: *Assmann/Lenz/Ritz*, § 17 VerkProspG Rn. 51). Die Gewinnabschöpfung ist ein vom Bußgeld unabhängiges und durch die Behörde getrennt zu nutzendes Rechtsinstitut. Es verbietet sich, diese Institute miteinander zu verquicken. Das eine kann und soll den Zweck des anderen nicht erfüllen. Daher kann ein erhöhter Bußgeldrahmen nicht die Aufgabe einer – von der Behörde nicht vorgenommenen – Gewinnabschöpfung erfüllen.

94 Als zu apodiktisch muss der Aufruf gewertet werden, dass „das BAWe" – nunmehr also die BaFin – dazu aufgerufen sei, „diesen

Bußgeldrahmen bei eklatanten Verstößen im Rahmen ihres pflichtgemäßen Ermessens auch auszuschöpfen". Bekanntlich war das BAWe seit jeher und ist seit ihrer Gründung auch die BaFin von einer Ausschöpfung der Bußgeldrahmen weit entfernt, wie ein Blick in die Jahresberichte zeigt. Dies war dem Umstand geschuldet, dass ein ganzer Markt mit dem Kapitalmarktrecht als „neuem" Aufsichtsrecht sich erst noch vertraut machen musste, so dass in den ersten Jahren der Existenz der neuen Behörde noch Zurückhaltung beim Gebrauch der Bußgeldrahmen geübt wurde. Indessen lässt sich über die Zeit ein stetiger Anstieg der Bußgeldhöhen beobachten. Das zeigt, dass die BaFin maßvoll und von Verantwortungsbedenken getragen mit den ihr eingeräumten Sanktionsmöglichkeiten umgeht. Wie die Praxis sich bei Bußgeldern, die aufgrund von Verstößen der sich aus §§ 8f ff. ergebenden Pflichten verhängt werden, einpendeln wird, bleibt abzuwarten.

V. Zuständige Verwaltungsbehörde (Abs. 4)

1. Verfolgungs- und Ahndungszuständigkeit; Bußgeldverfahren

Abs. 4 hat die sachliche Zuständigkeit nach § 36 Abs. 1 Nr. 1 OWiG für die Verfolgung und Ahndung von Ordnungswidrigkeiten iSd § 17 Abs. 1 und Abs. 2 zum Regelungsgegenstand. Innerhalb der BaFin ist gemäß deren Geschäftsverteilungsplan das Referat WA 13 für Ordnungswidrigkeitenverfahren zuständig. 95

Die örtliche Zuständigkeit der BaFin umfasst sämtliche Ordnungswidrigkeiten nach § 17 Abs. 1 und Abs. 2, sofern auf diese nur deutsches Recht zur Anwendung gelangt (zur räumlichen Geltung nach §§ 5, 7 OWiG Rn. 18 f.). 96

Gemäß § 35 Abs. 1 OWiG erstreckt sich die Zuständigkeit der BaFin zunächst auf die Verfolgung, mithin die selbständige und eigenverantwortliche Ermittlung sowie die Mitwirkung an einer etwaigen gerichtlichen Entscheidung (*Göhler,* OWiG, § 35 Rn. 4). Darüber hinaus ist die BaFin gemäß § 35 Abs. 2 OWiG auf die Ahndung, worunter die Entscheidung über die dem Betroffenen zur Last gelegte Tat durch Erlass eines Bußgeldbescheids oder Einstellung des Bußgeldverfahrens nach Abschluss der Ermittlungen fällt (*Göhler,* OWiG, § 35 Rn. 10). 97

2. Bußgeldverfahren

Führt die BaFin ein Bußgeldverfahren durch, so richtet sich dieses nach den Verfahrensvorschiften der §§ 46 ff. OWiG. Nach § 46 Abs. 1 98

§ 17   VI. Abschnitt. Gebühren; Bekanntgabe und Zustellung

OWiG greifen wiederum die Vorschriften der StPO Platz, soweit das OWiG nichts anderes bestimmt.

99 Die ganz entscheidende und daher besonders hervorzuhebende Abweichung zum Strafverfahren ist diejenige, dass im Bußgeldverfahren das Opportunitätsprinzip nach § 47 Abs. 1 OWiG gilt. Somit hat die BaFin nach pflichtgemäßem Ermessen zu entscheiden, ob sie eine OWi nach § 17 verfolgt oder nicht. Opportunitätserwägungen sind insbsondere Zweckmäßigkeitserwägungen (*Göhler,* OWiG, § 47 Rn. 3). Dabei ist eine Abwägung zwischen dem mit durch die OWi-Bewehrung eines bestimmten Verhaltens verfolgten Ziel und dem Einsatz einer Geldbuße vorzunehmen. Lässt sich der Zweck, eine bestimmte Ordnung durchzusetzen, ggf. in anderer Weise, z. B. durch eine Verwarnung, besser erreichen, so hat die Behörde als Ergebnis ihrer Ermessensprüfung die jeweils als sachgerecht ermittelte Maßnahme zu ergreifen. Dies kann im Einzelfall auch die gezielte Verfolgung bestimmter statt sämtlicher Verstöße sein. In Rechnung zu stellen sind insbesondere auch die einem steten Wandel unterliegenden besonderen Bedingungen eines bestimmten Sachgebiets. Das Bedürfnis, gegen gewisse Verstöße einzuschreiten, kann je nach Beschaffenheit der äußeren Verhältnisse zu- oder abnehmen. Vor diesem Hintergrund ist es bedauerlich, dass die BaFin nach Inkrafttreten der Prospektpflicht für Vermögensanlagen keine nennenswerte Zahl von – um nicht zu sagen so gut wie keine – Bußgeldverfahren durchgeführt hat. Gerade Verstöße gegen § 17 Abs. 1 Nr. 1 ließen sich im ersten Jahr der Prospektpflicht zahlreich durch einfache Google-Recherchen oder Zeitungslektüre (Rubrik „Beteiligungen und Geldverkehr") feststellen. Ein Bedürfnis zum Einschreiten war angesichts dieser äußeren Verhältnisse eines gerade neu regulierten Marktes kaum von der Hand zu weisen. Über die Beweggründe der BaFin, hier eine restriktive Verfolgungspraxis zu fahren, lassen sich naturgemäß nur Mutmaßungen anstellen. Es bleibt der rechtspolitische Befund festzuhalten, dass eine zurückhaltende Nutzung des OWi-Instrumentariums bei einem Gesetz, das gerade unter Berücksichtigung der Schädigung von Anlegern in millionenhohen Summen erlassen wurde, der Durchsetzung des Schutzzwecks des Gesetzes sicher nicht förderlich ist.

100 Vgl. im Übrigen zu den Formalien einer Einstellungsentscheidung die Spezialliteratur *Bohnert,* in: *Boujong,* KK-OWiG, § 47 Rn. 78 ff.

101 Fällt die Entscheidung für die Durchführung eines OWi-Verfahrens positiv aus, ist zunächst ein Vorverfahren durchzuführen, das sich nach den allgemeinen Verfahrensnormen der §§ 46 ff. OWiG richtet. Diese unternehmen wiederum einen Verweis auf die StPO, dort insbesondere auf die §§ 158 ff., sowie auf die Normen über das Vorverfahren nach §§ 53 ff. OWiG. Im Rahmen des Vorverfahrens ermittelt die BaFin den Sachverhalt von Amts wegen. Hierfür stehen ihr eine Vielzahl von Befugnissen zur Verfügung: Sie kann die Polizei um Ermittlungsmaßnahmen ersuchen (§ 53 OWiG). Weiter kann sie selbst Zeugen oder Sachverständige laden und vernehmen. Leisten diese einer Ladung schuldhaft nicht Folge, können diese von der BaFin mit einem Ordnungsgeld belegt werden, vgl. § 46 Abs. 1, Abs. 2 OWiG iVm §§ 161a Abs. 2 Satz 1, 51 Abs. 1 Satz 2, Ab. 2 StPO. Vor dem Erlass eines Bußgeldbescheides ist dem Betroffenen Gelegenheit zu geben, sich zu den erhobenen Vorwürfen zu äußern, § 55 Abs. 1 OWiG. Er ist dabei auf sein Schweigerecht hinzuweisen. Nicht hinzuweisen ist er hingegen auf sein Recht, auch schon vor seiner Vernehmung einen von ihm zu wählenden Verteidiger zu befragen, § 55 Abs. 2 OWiG. In jeder Lage des Verfahrens kann sich der Betroffene des Beistandes eines (Wahl-)Verteidigers bedienen. Ggf. muss die BaFin dem unverteidigten Betroffenen einen „notwendigen" Verteidiger bestellen, nämlich dann, wenn in den Fällen des § 140 Abs. 2 Satz 1 StPO wegen der Schwere der Tat oder der Schwierigkeit der Sach- oder Rechtslage die Mitwirkung eines Verteidigers geboten erscheint oder wenn ersichtlich ist, dass der Betroffene sich nicht selbst verteidigen kann. Die BaFin kann dem Verteidiger und ggf. auch Dritten Einsicht in die Akte des Ordnungswidrigkeitenverfahrens gewähren, vgl. für Einzelheiten aus Gründen des Sachzusammenhangs die Aufführungen zu § 8k VerkProspG Rn. 35 ff.

Die Ahndung der Ordnungswidrigkeiten erfolgt in Form eines **102** Bußgeldbescheides, § 65 OWiG, wobei der Inhalt des Bescheides den Anforderungen des § 66 OWiG entsprechen muss. Gemäß § 67 OWiG kann gegen den Bußgeldbescheid Einspruch eingelegt werden. Ist dieser wirksam, führt er zum gerichtlichen Verfahren nach §§ 68 ff. OWiG. Die Zuständigkeit für die Entscheidung über Einsprüche gegen Bußgeldbescheide der BaFin liegt beim AG Frankfurt am Main, § 1 Ab. 3 Satz 2 FinDAG. Statthaft gegen die Entscheidung des Amtsgerichts ist gemäß §§ 79 ff. OWiG die Rechtsbeschwerde, über die das OLG Frankfurt am Main, in concreto nach § 80a OWiG der Bußgeldsenat, zu befinden hat, § 79 Abs. 3 Satz 1 OWiG iVm § 121 Abs. 1 Nr. 1 lit. a GVG. Aufgrund der Alleinzuständigkeit des OLG Frankfurt am Main scheidet eine Divergenzvorlage zum BGH nach § 79 Abs. 3 Satz 1 OWiG iVm § 121 Abs. 2 GVG grundsätzlich aus. Da Verstöße gegen das VerkProspG nicht strafbewehrt sind, ist auch – anders als im WpHG (hierzu *Vogel*, in: *Assmann/Schneider*, WpHG, § 40 Rn. 7) – nicht die Konstellation vorstellbar, dass eine gleich gelagerte Rechtsfrage zu einem OWi-Tatbestand anders als zu einem Straftatbestand beurteilt wird. Für den Fall einer Verletzung spezifischen Verfassungsrechts durch das OLG Frankfurt am Main kann schlussendlich eine Verfassungsbeschwerde beim BVerfG eingelegt werden.

3. Verhältnis des Bußgeldverfahrens zur Überwachungsaufsicht

103 Wenig diskutiert und noch keiner abschließenden Klärung zugeführt ist die Frage nach dem Verhältnis der verwaltungs- und bußgeldverfahrensrechtlichen Ermittlungsbefugnissen der BaFin. Speziell für das Verkaufsprospektrecht hat – soweit ersichtlich – noch keine Beschäftigung mit dem Thema stattgefunden. Indessen ist diese Frage von höchster Praxisrelevanz.

104 Kernpunkt ist die Erlangung von Erkenntnissen, welche die BaFin benötigt, um einen Bußgeldbescheid erlassen zu können. Ausgangspunkt der anzustellenden Betrachtung ist, dass sowohl die Zuständigkeit für das verwaltungsrechtliche als auch das bußgeldrechtliche Verfahren in der Hand einer Behörde, der BaFin, innerhalb dieser jedoch von unterschiedlichen Referaten liegt (nach dem derzeitigen Geschäftsverteilungsplan einerseits das Fachreferat PRO 3, andererseits das Ordnungswidrigkeitenreferat WA 13). Das Handeln des Fachreferats unterliegt verwaltungsrechtlichen Regeln (insbesondere mit den Möglichkeiten des Verwaltungszwangs), dasjenige des Ordnungswidrigkeitenreferats über den Verweis nach § 46 Abs. 1 OWiG den Regeln der allgemeinen Strafverfahrensgesetze, mithin der StPO (z. B. gerade ohne die Möglichkeit des Einsatzes von Verwaltungszwang). Dies gilt auch für die anderen kapitalmarktrechlichen Gesetze wie WHG und WpÜG (*Vogel*, in: *Assmann/Schneider,* WpHG, § 40 Rn. 8; *Assmann,* in: *ders./Pötzsch/Schneider,* WpÜG, § 40 Rn. 5). Es erhebt sich die Frage der Zulässigkeit der Verwertung von im Verwaltungsverfahren gewonnenen Erkenntnissen zu Zwecken der Durchführung eines Bußgeldverfahrens.

105 Ausdrückliche gesetzliche Anordnungen sind nicht existent, so dass es eines Rückgriffs auf allgemeine Rechtsprinzipien bedarf (ebenso *Vogel,* in: *Assmann/Schneider,* WpHG, § 40 Rn. 9). Hierunter fällt das Verbot der Rollenvertauschung, wonach niemand, der strafrechtlich (mithin auch bußgeldrechtlich) verfolgt wird, mit dem Ziel der Umgehung von Strafverfahrensrechten als straf- bzw. bußgeldrechtlich Nichtverfolgter behandelt werden darf (*Vogel,* in: *Assmann/Schneider,* WpHG, § 40 Rn. 9 mwN). Dies wäre etwa dann der Fall, wenn die BaFin unter Rückgriff auf § 8i Abs. 4 lit. a) Erkenntnisse im Rahmen eines Bußgeldverfahrens zu gewinnen versucht. Denkbar wäre etwa, dass die BaFin – konkret das Referat WA 13 – auf den Wortlaut der Nr. 1 des § 8i Abs. 4 lit. a) gestützt, wonach die BaFin „die zur Überwachung der Einhaltung der Pflichten nach [...] § 8f Abs. 1 [...]" benötigten Auskünfte und Unterlagen verlangen darf. Hier besteht die Gefahr der Umgehung von Strafverfahrensrechten z. B. insoweit als einem Wirtschaftsprüfer nach § 46 Abs. 1 und 2 OWiG iVm §§ 161 lit. a) Abs. 1 Satz 2, 53 Abs. 1 Nr. 3 StPO ein berufliches Zeugnisverweigerungsrecht hat, auf das er sich im Rahmen eines Verwaltungsverfahrens nicht berufen kann.

Von welcher Ermächtigungsgrundlage zur Informationsgewinnung die BaFin Gebrauch machen darf, hängt davon ab, ob ein Bußgeldverfahren bereits eingeleitet ist oder nicht. Ein Bußgeldverfahren ist dann eingeleitet, wenn die zuständige Verwaltungsbehörde eine Maßnahme trifft, die erkennbar darauf abzielt, gegen jemanden wegen einer Ordnungswidrigkeit im Bußgeldverfahren vorzugehen (*Göhler/Seitz*, OWiG, Vor § 59 Rn. 27). Liegt eine solche Maßnahme vor, was im Einzelfall gewissermaßen Tatfrage ist, wäre ein Rückgriff auf § 8i zur Informationsgewinnung unzulässig. Die BaFin wäre dann zur Wahrnehmung ihrer Rechte nach § 46 Abs. 2 OWiG berufen, die denen der Staatsanwaltschaft entsprechen, und mithin die Durchführung von Durchsuchungen und Beschlagnahmen, Betroffenen-, Zeugen- oder Sachverständigenvernehmung umfassen. **106**

Es liegt kein Verstoß gegen das Prinzip des Rollentauschs vor, wenn ein Auskunfts- und Vorlageersuchen zur Prüfung verwendet wird, ob überhaupt ein Ordnungswidrigkeitenverfahren einzuleiten ist. Das Auskunfts- und Vorlageersuchen hat insoweit eine Doppelfunktion im Hinblick auf das Verwaltungs- und das Bußgeldverfahren, wie aus der Gesetzesbegründung zu § 8c VerkProspG aF folgt. Denn danach sind die Auskunfts- und Vorlagepflichten des Anbieters Voraussetzung für eine sachgerechte Beurteilung, ob eine Untersagung nach § 8b auszusprechen und ein Ordnungswidrigkeitenverfahren gemäß § 17 einzuleiten ist (RegBegr. VerkProspG, BT-Drucks. 13/8933, S. 88). **107**

Weiter liegt kein Verstoß gegen das Rollentauschprinzip vor, wenn die BaFin positiv weiss, dass ein unerlaubtes öffentliches Angebot bereits beendet ist und dennoch nach § 8i Abs. 4 lit a) vorgeht. In diesem Fall lässt sich nicht argumentieren, dass die BaFin keine Untersagungsverfügung mehr aussprechen kann, so dass das Auskunfts- und Vorlagebegehren nur noch für die bußgeldrechtliche Ahndung verwendet werden kann. Zum einen ist in solchen Fällen noch kein Bußgeldverfahren eingeleitet. Zum anderen besteht stets eine Wiederholungsgefahr – für die im Verwaltungsrecht bekanntlich nicht feststehen muss, dass eine vergleichbare Situation wieder eintritt (BVerwG DVBl. 1994, 168) – vor dem Hintergrund, dass ein einmal beendetes öffentliches Angebot stets wieder fortgesetzt werden kann und der Anbieter mit einem neuen Emissionsvolumen an das Publi- **108** kum herantritt. Hier ist es zur Überwachung der Einhaltung der Pflichten nach § 8f Abs. 1 ohne weiteres erforderlich, den in der Vergangenheit liegenden Sachverhalt verwaltungsrechtlich zu erforschen, um beurteilen zu können, ob verwaltungsrechtliche Maßnahmen in der Zukunft angezeigt sind. Andernfalls könnte der unerlaubt öffentlich Anbietende seine Emission bei Erhalt des Auskunfts- und Vorlagersuchens einfach schließen und unter Hinweis auf das Verbot des Rollentauschs jegliche Information verweigern und hiernach unbehelligt die Emissionstätigkeit wieder aufnehmen. Die im Hinblick auf das in der Vergangenheit liegende öffentliche Angebot darf das Fachreferat dann zulässigerweise dem Ordnungswidrigkeitenreferat zur Einleitung eines Bußgeldverfahrens übermitteln. Unzulässig wäre demgegenüber eine Vorgehensweise, bei der das Fachreferat einen objektiven Tatbestand z. B. im Hinblick auf ein unerlaubtes öffentliches Angebot nur unzureichend ausermittelt hat, das Ordnungswidrigkeitenreferat ein Bußgeldverfahren einleitet und erst dann zur weiteren Ausermittlung ein Auskunfts- und Vorlagersuchen auf den Weg bringt. In diesem Fall ist nach § 46 Abs. 2 OWiG vorzugehen und z. B. eine Hausdurchsuchung durchzuführen.

109 Schließlich ist darauf hinzuweisen, dass die BaFin zur Vermeidung eines verbotenen Rollentauschs gerade eine Geschäftsverteilung eingerichtet hat, wonach verwaltungs- und ordnungswidrigkeitenrechtliches Vorgehen von unterschiedlichen Referaten vorzunehmen ist. Sollte etwa das Referat PRO 3 einen Bußgeldbescheid erlassen oder eine Hausdurchsuchung bei einem Initiator durchführen wollen und umgekehrt das Bußgeldreferat Verwaltungszwang androhen o. ä., würde bereits ein Verstoß gegen die Geschäftsverteilung vorliegen. Derartige eklatante Verstöße sind in der Praxis jedoch nicht bekannt geworden und dürften wohl auch tatsächlich kaum vorkommen. Ggf. empfiehlt sich stets eine Akteineinsicht.

§ 18 Übergangsvorschriften

(1) Für Wertpapiere, die vor dem 1. April 1998 im Inland bei einem öffentlichen Umtauschangebot angeboten worden sind und für die auf Grund der Vorschrift des § 4 Abs. 1 Nr. 7 in der Fassung der Bekanntmachung vom 17. Juli 1996 (BGBl. I S. 1047) kein Verkaufsprospekt veröffentlicht wurde, ist § 1 mit der Maßgabe anzuwenden, daß als erstmaliges öffentliches Angebot das erste öffentliche Angebot nach dem 1. April 1998 gilt.

(2) Auf Verkaufsprospekte, die vor dem 1. April 1998 im Inland veröffentlicht worden sind, sind § 13 in der Fassung der Bekanntmachung vom 17. Juli 1996 (BGBl. I S. 1047) und die Vorschriften

der §§ 45 bis 49 des Börsengesetzes in der Fassung der Bekanntmachung vom 17. Juli 1996 (BGBl. I S. 1030) weiterhin anzuwenden. **Auf vor dem 1. Juli 2005 im Inland veröffentlichte Verkaufsprospekte für von Kreditinstituten ausgegebene Wertpapiere ist dieses Gesetz in der vor dem 1. Juli 2005 geltenden Fassung weiterhin anzuwenden. Auf andere als in Satz 2 genannte Verkaufsprospekte, die vor dem 1. Juli 2005 im Inland veröffentlicht worden sind, findet dieses Gesetz in der vor dem 1. Juli 2005 geltenden Fassung bis 30. Juni 2006 weiterhin Anwendung. Auf die Verkaufsprospekte im Sinne des Satzes 3 sind § 13 dieses Gesetzes in der vor dem 1. Juli 2005 geltenden Fassung und die Vorschriften der §§ 45 bis 47 des Börsengesetzes vom 21. Juni 2002 (BGBl. I S. 2010), das zuletzt durch Artikel 3 des Gesetzes vom 28. Oktober 2004 (BGBl. I S. 2630) geändert worden ist, weiterhin anzuwenden. § 3 Abs. 1 des Wertpapierprospektgesetzes findet in den Fällen der Sätze 2 und 3 keine Anwendung.**

(3) § 16 Abs. 2 in der Fassung der Bekanntmachung vom 17. Juli 1996 (BGBl. I S. 1047) über die Gebührenerhebung durch die Bundesanstalt ist bis zum Inkrafttreten einer Verordnung nach § 16 Abs. 2 Satz 2 anzuwenden.

Übersicht

	Rn.
I. Allgemeines	1
1. Ergänzende Regelungen	1
2. Gesetzesmaterialien	2
3. Literatur (Auswahl)	3
4. Gesetzgebungsentwicklung	4
5. Allgemeiner Regelungsinhalt	5
II. Die Vorschrift im Einzelnen	11
1. Abs. 1 – Einführung der Prospektpflicht für vormals privilegierte Angebote	11
2. Abs. 2 Satz 1 – Fortgeltung der Prospekthaftungsregeln bei vor dem 1. 4. 1998 veröffentlichten Verkaufsprospekten	15
3. Abs. 2 Satz 2 – Fortgeltung des VerkProspG aF bei vor dem 1. 7. 2005 veröffentlichten Verkausprospekten	20
4. Abs. 2 Satz 3 – Fortgeltung des VerkProspG aF für „andere" Verkaufsprospekte	28
5. Abs. 2 Satz 4 – Fortgeltung der Prospekthaftungsregeln für „andere" Verkaufsprospekte	43
6. Abs. 2 Satz 5 – Keine Anwendung des § 3 Abs. 1 WpPG	49
7. Abs. 3 – Fortgeltung der Gebührenerhebungsregelung in § 16 Abs. 2 VerkProspG aF	52

§ 18 VI. Abschnitt. Gebühren; Bekanntgabe und Zustellung

I. Allgemeines

1. Ergänzende Regelungen

1 Verordnung über die Gebühren für die Hinterlegung von Verkaufsprospekten (VerkProspGebV) vom 7.5. 1999 (BGBl. I 1999, 874); Verordnung über die Gebühren für Amtshandlungen betreffend Verkaufsprospekte für Vermögensanlagen nach dem Verkaufsprospektgesetz (VermVerkProspGebV) vom 29.6. 2005 (BGBl. I 2005, 1873).

2. Gesetzesmaterialien

2 a) RegBegr. zum 3. FMG v. 6.11. 1997 – Auszug (BT-Drucks. 13/8933, 91 f.) zu § 18 VerkProspG aF

Die in Abs. 1 enthaltene Übergangsregelung ist Folge des Wegfalls der bislang in § 4 Abs. 1 Nr. 7 enthaltenen Ausnahme von der Pflicht zur Veröffentlichung eines Verkaufsprospektes für Wertpapiere, die bei einem öffentlichen Umtauschangebot angeboten werden. Da gemäß § 1 nur das erstmalige öffentliche Angebot die Pflicht zur Veröffentlichung eines Verkaufsprospektes auslöst, ist es aus Gründen des Anlegerschutzes erforderlich, auch die Wertpapiere, die bisher auf Grund von § 4 Abs. 1 Nr. 7 prospektfrei angeboten wurden, der Prospektpflicht zu unterwerfen, sofern diese weiterhin öffentlich angeboten werden.

Abs. 2 enthält eine Übergangsvorschrift zur Neuregelung der Haftung für fehlerhafte Verkaufsprospekte.

Abs. 3 enthält eine Übergangsregelung betreffend die vom BAWe zu erhebenden Gebühren für die Hinterlegung von Verkaufsprospekten bis zum Inkrafttreten der nunmehr nach § 16 Abs. 2 Satz 2 vorgesehenen Rechtsverordnung.

b) RegBegr. zum Entwurf eines Gesetzes über die integrierte Finanzdienstleistungsaufsicht v. 5.10. 2001 – Auszug (BT-Drucks. 14/7033, 25) zu § 18 VerkProspG aF

In § 18 Abs. 3 werden die Wörter „das Bundesaufsichtsamt" durch die Wörter „die Bundesanstalt" ersetzt.

c) RegBegr. zum Prospektrichtlinie-Umsetzungsgesetz vom 3.3. 2005 – Auszug (BT-Drucks. 15/4999, 41) zu § 18 VerkProspG

Durch Satz 2 wird sichergestellt, dass aufgrund eines Verkaufsprospekts insbesondere eines unvollständigen Verkaufsprospekts von einem Kreditinstitut ausgegebene Wertpapiere auch nach dem 1. Juli 2005 aufgrund eines solchen Verkaufsprospekts öffentlich angeboten werden können. Insoweit gelten die Vorschriften des Verkaufsprospektgesetzes. Die Prospekthaftung richtet sich auch in den Fällen des Satzes 2 nach § 13 Verkaufsprospektgesetz in der vor dem 1. Juli 2005 geltenden Fassung. Der neu eingeführte Satz 3 enthält für die nicht unter Satz 2 fallenden Verkaufsprospekte hinsichtlich der Prospekthaftung eine Übergangsregelung für Verkaufsprospekte, die vor dem 1. Juli 2005 im Inland veröffentlicht worden sind. Nach Satz 4 finden die vor dem 1. Juli

Übergangsvorschriften **§ 18**

2005 geltenden Prospekthaftungsvorschriften weiterhin Anwendung. Satz 5 stellt klar, dass für die in den Sätzen 2 und 3 genannten Fälle das Wertpapierprospektgesetz nicht gilt.

d) § 16 Abs. 2 in der Fassung der Bekanntmachung vom 17. Juli 1996 (BGBl. I S. 1047)

(2) Das Bundesaufsichtsamt erhebt für die Hinterlegung von Verkaufsprospekten eine Gebühr. Dies beträgt bei einem Gesamtausgabepreis der Wertpapiere von
- bis zu 5 Millionen Deutsche Mark: 750 Deutsche Mark
- bis zu 50 Millionen Deutsche Mark: 1000 Deutsche Mark
- über 50 Millionen Deutsche Mark: 1500 Deutsche Mark.

Die Gebühren werden nach den Vorschriften des Verwaltungs-Vollstreckungsgesetzes beigetrieben.

e) Stellungnahme des Bundesrates und Gegenäußerung der Bundesregierung zum Prospektrichtlinie-Umsetzungsgesetz v. 7. 4. 2005 – Auszug (BT-Drucks. 15/5219.8) zu § 8f Abs. 2 Nr. 9 – neu – Verkaufsprospektgesetz

Die Prospektpflicht für nicht in Wertpapieren verbriefte Vermögensanlagen wird durch das Anlegerschutzverbesserungsgesetz zum 1. Juli 2005 eingeführt. Dem Anliegen der Emittenten wurde durch eine achtmonatige Übergangsfrist Rechnung getragen. Konsequenz des Antrages wäre eine zeitlich unbefristete Parallelität von Angeboten mit unterschiedlichen Prospektanforderungen und -ausgestaltungen in diesem Marktsegment. Diese unübersichtliche Situation ist aus Anlegerschutzgesichtspunkten nicht hinnehmbar.

3. Literatur (Auswahl)

Assmann/Lenz/Ritz, Verkaufsprospektgesetz, 2001; *Groß,* Kapitalmarktrecht; *Heidel,* Aktienrecht, 2. Aufl. 2007; *Kullmann/Sester,* Das Wertpapierprospektgesetz (WpPG), WM 2005, 1068, 1076, *Kümpel/Hammen/Ekkenga,* Kapitalmarktrecht Band 1, Stand 06/2006; *Schäfer (Hrsg.),* Kommentar WpHG, Börsengesetz, Verkaufsprospektgesetz, 1999; *Schwark (Hrsg.),* KMRK, 2004; *Vollkommer,* Neue Wege zum Recht bei kapitalmarktrechtlichen Streitigkeiten, NJW 2007, 3094.

3

4. Gesetzgebungsentwicklung

a) § 18 Abs. 1, Abs. 2 S. 1 und Abs. 3 VerkProspG enthalten zunächst Übergangsvorschriften in Folge der Änderungen des VerkProspG durch das 3. FMG, die zwischenzeitlich durch die weitere Rechtsentwicklung bereits weitgehend überholt wurden. **b)** § 18 Abs. 2 S. 2 bis 5 wurden der Überleitung auf das am 1. 7. 2005 in Kraft getretene WpPG durch das Prospektrichtlinie-Umsetzungsgesetz eingefügt. **c)** Für Änderungen des VerkProspG durch das 4. FMG

4

§ 18 VI. Abschnitt. Gebühren; Bekanntgabe und Zustellung

fehlen indes Übergangsvorschriften, obwohl diese etwa im Hinblick auf die Verlängerung der Verjährungsfrist in § 46 BörsG (§ 47 BörsG aF), für die in § 64 Abs. 2 BörsG idF des 4. FMG eine entsprechende Übergangsregelung für Börsenprospekte geschaffen wurde, eine Überlegung Wert gewesen wäre.

5. Allgemeiner Regelungsinhalt

5   Anders als die meisten nach der Reform des VerkProspG durch Art. 2 des Prospektrichtlinie-Umsetzungsgesetzes verbliebenen Vorschriften enthält § 18 VerkProspG nach wie vor Regelungen, die die nunmehr im WpPG geregelten Wertpapier-Verkaufsprospekte betreffen. Ob § 18 VerkProspG überhaupt Regelungen im Zusammenhang mit dem Prospektrecht der Vermögensanlagen im Sinne des § 8f Abs. 1 VerkProspG enthält, hängt von der Auslegung der § 18 Abs. 2 S. 3 bis 5 VerkProspG ab und ist umstritten (s. hierzu Rn. 31 ff.).

6   a) § 18 Abs. 1 VerkProspG legt die Übergangsregelung im Hinblick auf die bis dahin in § 4 Abs. 1 Nr. 7 VerkProspG aF enthaltene Ausnahme von der Pflicht zur Veröffentlichung eines Verkaufsprospektes für Wertpapiere fest, die bei einem öffentlichen Umtauschangebot angeboten wurden.

7   b) § 18 Abs. 2 Satz 1 ordnet die Fortgeltung der die Prospekthaftung betreffenden Regelungen des § 13 des Verkaufsprospektgesetzes in der Fassung der Bekanntmachung vom 17. 7. 1996 und der §§ 45 bis 49 BörsG in der Fassung der Bekanntmachung vom 17. 7. 1996 an.

8   c) § 18 Abs. 2 S. 2 bis 5 VerkProspG bilden nunmehr den eigentlichen Kern der Vorschrift. Sie enthalten Übergangsregelungen für die Gültigkeit bzw. Verwendbarkeit von Verkaufsprospekten, die vor dem 1. 7. 2005 veröffentlicht wurden und darüber hinaus Übergangsregelungen zur Neuregelung der Haftung für fehlerhafte Verkaufsprospekte.

9   d) In Antizipation des am 7. 5. 1999 erfolgten Erlasses der VerkProspGebV gemäß § 16 Abs. 2 S. 2 des VerkProspG in der Fassung der Bekanntmachung vom 17. 7. 1996 ordnet § 18 Abs. 3 einstweilen die fortlaufende Geltung des § 16 Abs. 2 VerkProspG in der Fassung des 2. FMG (BGBl. 1994 I, 1749) an.

10 e) Die Vorschrift ist durch ihre Entstehungsgeschichte bedingt insgesamt inhaltlich nicht konsistent und schwer verständlich.

II. Die Vorschrift im Einzelnen

1. Abs. 1 – Einführung der Prospektpflicht für vormals privilegierte Angebote

Durch das 3. FMG wurde die in § 4 Abs. 1 Nr. 7 VerkProspG aF **11** enthaltene Regelung gestrichen, nach der Wertpapiere, die im Inland im Zusammenhang mit einem öffentlichen Umtauschangebot erstmals öffentlich angeboten wurden, von der Prospektpflicht gemäß § 1 VerkProspG aF ausgenommen waren. Da das VerkProspG in der Fassung des 3. FMG nach dem Wortlaut seines § 1 somit auch für alle im Zusammenhang mit einem öffentlichen Umtauschangebot angebotenen Wertpapiere galt, wenn für diese noch kein Prospekt veröffentlicht wurde, sah sich der Gesetzgeber veranlasst, für bereits laufende Angebote eine Übergangsregelung zu schaffen.

a) Anwendung des § 1 VerkProspG auch für Altfälle öffent- **12** **licher Umtauschangebote.** Die Bestimmung des Abs. 1 begründete die Anwendbarkeit des § 1 VerkProspG auch für Altfälle öffentlicher Umtauschangebote, wobei das erste öffentliche Angebot nach dem 1. 4. 1998 als erstes öffentliches Angebot im Sinne des § 1 VerkProspG aF fingiert wurde. Dieses erste öffentliche Angebot nach dem 1. 4. 1998 war somit grundsätzlich nur zulässig, wenn der Anbieter hierfür einen Verkaufsprospekt veröffentlichte.

b) Rechtsfolgen. Durch die Regelung wurde bestimmt, dass die **13** Prospektpflicht nach § 1 VerkProspG aF nicht deswegen entfiel, weil die betreffenden Wertpapiere bereits vor der Streichung der Ausnahmeregelung in § 4 Abs. 1 Nr. 7 VerkProspG aF im Inland öffentlich angeboten worden waren. Die Fortsetzung öffentlicher Umtauschangebote über den 1. 4. 1998 hinaus war daher nur unter einer die Vorgaben des VerkProspG aF beachtenden Veröffentlichung eines Verkaufsprospektes möglich. Es handelt sich somit nicht um eine im Rahmen von Übergangsvorschriften sonst üblichen zeitliche Privilegierung einer für die Rechtsadressaten vorteilhafteren Regelung. Diese ungewöhnliche Vorgehensweise des Gesetzgebers ist wohl mit spezifischen Erfordernissen des Anlegerschutzes in jenem Zeitraum zu erklären (s. hierzu *Assmann/Ritz* in: *Assmann/Lenz/Ritz*, § 18 VerkProspG Rn. 3 und Fn. 5).

Obwohl dies nahe gelegen hätte, ist eine Streichung des Abs. 1 im **14** Zuge der späteren Aktivitäten des Gesetzgebers unterblieben.

2. Abs. 2 Satz 1 – Fortgeltung der Prospekthaftungsregeln bei vor dem 1. April 1998 veröffentlichten Verkaufsprospekten

15 § 18 Abs. 2 S. 1 VerkProspG enthält die Übergangsregelung zur Prospekthaftung bei vor dem 1. 4. 1998 veröffentlichten Verkaufsprospekten.

16 **a) Fortgeltung § 13 VerkProspG aF, §§ 45–49 BörsG.** Hinsichtlich der Haftung für fehlerhafte Verkaufsprospekte verwies § 13 des VerkProspG aF seit dem Inkrafttreten des VerkProspG am 1. 1. 1991 auf die Vorschriften der §§ 45–49 BörsG aF Art. 1 Nr. 19 des 3. FMG änderte diese Regelungen grundlegend. Art. 2 Nr. 17 des 3. FMG sctzte die daraus resultierenden Änderungen in § 13 des VerkProspG aF um. Für Verkaufsprospekte, die vor dem 1. 4. 1998 im Inland veröffentlicht wurden, sollte es gemäß Satz 1 allerdings bei der Anwendung des § 13 VerkProspG in der Fassung der Bekanntmachung vom 17. 7. 1996 sowie der entsprechenden Verweisung auf die §§ 45–49 des BörsG in der Fassung der Bekanntmachung vom 17. 7. 1996 verbleiben.

17 **b) Rechtsfolgen.** Die durch das 3. FMG bewirkten Änderungen von § 13 VerkProspG aF und §§ 45–49 BörsG aF haben keine Auswirkungen auf Verkaufsprospekte, die vor dem 1. 4. 1998 im Inland veröffentlicht wurden.

18 Dies gilt auch für den in § 49 BörsG idF vom 17. 7. 1996 bestimmten ausschließlichen Gerichtsstand. Danach war für alle Entscheidungen über Ansprüche nach den §§ 44 ff. BörsG (§§ 45 ff. BörsG aF) das Landgericht, in dessen Bezirk die Börse, welche den Prospekt gebilligt hatte, ihren Sitz hat, zuständig. Sofern es hinsichtlich vor dem 1. 4. 1998 veröffentlichter Verkaufsprospekte noch gerichtliche Auseinandersetzungen geben kann (s. hierzu unten Rn. 19), gerät diese Bestimmung in Konflikt mit dem durch das KapMuG eingeführten § 32b Abs. 1 S. 1 Nr. 1 ZPO, der für Schadensersatzansprüche aus falschen, irreführenden oder unterlassenen öffentlichen Kapitalmarktinformationen eine ausschließlich Zuständigkeit des Landgerichts am Sitz des Emittenten vorsieht (s. hierzu die El. und Rn. 27).

19 **c) Relevanz.** § 18 Abs. 2 S. 1 VerkProspG dürfte dabei kaum noch praktische Relevanz zukommen, da vorbehaltlich einer etwaigen Unterbrechung oder Hemmung der Verjährung oder Erklärung eines Verjährungsverzichts die §§ 45–49 BörsG aF gemäß § 13 VerkProspG in der Fassung der Bekanntmachung vom 17. 7. 1996 nur bis zum 31. 3. 2003 zur Anwendung kamen (s. hierzu *Assmann/Ritz* in:

Übergangsvorschriften **§ 18**

Assmann/Lenz/Ritz, § 18 VerkProspG Rn. 5 und Fn. 5, *Groß,* § 13 VerkProspG Rn. 14).

3. Abs. 2 Satz 2 – Fortgeltung des VerkProspG aF bei vor dem 1. 7. 2005 veröffentlichten Verkaufsprospekten

§ 18 Abs. 2 S. 2 VerkProspG geht über eine bloße Übergangsrege- **20** lung für die Prospekthaftung hinaus und ordnet die Fortgeltung des VerkProspG in der vor dem 1. 7. 2005 geltenden Fassung auf vor dem 1. 7. 2005 im Inland veröffentlichte Verkaufsprospekte für von Kreditinstituten ausgegebene Wertpapiere an.

a) Sachlicher Anwendungsbereich. Abs. 2 S. 2 VerkProspG **21** bezieht sich spezifisch auf im Inland veröffentlichte Verkaufsprospekte für von Kreditinstituten ausgegebene Wertpapiere. Für Zwecke der Auslegung der Begriffe Inland, veröffentlicht, Wertpapier und Verkaufsprospekt wird auf die Ausführungen in den entsprechenden Kommentierungen zum VerkProspG in der vor dem 1. 7. 2005 geltenden Fassung verwiesen. Zum Begriff Kreditinstitut siehe die umfangreichen Kommentierungen zu § 1 Abs. 1 Kreditwesengesetz. Die Bestimmung hatte, nicht zuletzt ausweislich der Gesetzesbegründung (vgl. BT-Drucks. 15/4999, 41), die Privilegierung von Kreditinstituten zum Ziel, deren Refinanzierung (etwa durch die Ausgabe von Wertpapieren auf der Grundlage eines unvollständigen Verkaufsprospektes) nicht beeinträchtigt werden sollte.

b) Zeitlicher Anwendungsbereich. Aus der in § 18 Abs. 2 S. 3 **22** VerkProspG enthaltenen Anordnung einer zeitlichen Beschränkung der Fortgeltung des Verkaufsprospektes für andere als in § 18 Abs. 2 S. 2 VerkProspG genannte Verkaufsprospekte ist zunächst im Wege des *argumentum e contrario* zu folgern, dass die in § 18 Abs. 2 S. 2 VerkProspG angeordnete Fortgeltung zeitlich nicht beschränkt sein sollte. Ob § 18 Abs. 2 S. 2 VerkProspG allerdings ausschließlich eine Privilegierung von durch Kreditinstitute initiierte Wertpapieremissionen bezwecken sollte, hängt von der Auslegung des § 18 Abs. 2 S. 3 VerkProspG ab und ist umstritten.

c) Rechtsfolgen. Weitere Anwendung der Bestimmungen des **23** VerkProspG in der vor dem 1. 7. 2005 geltenden Fassung (davor zuletzt geändert durch das Bilanzrechtsreformgesetz vom 4. 12. 2004, BGBl. I 2004, 3166). Die Regelungen des zum 1. 7. 2005 in Kraft getretenen WpPG sind dagegen auf bis zum Ablauf des 30. 6. 2005 im Inland veröffentlichte Verkaufsprospekte für von Kreditinstituten ausgegebene Wertpapiere nicht anwendbar.

§ 18 VI. Abschnitt. Gebühren; Bekanntgabe und Zustellung

24   **aa) Keine Prospektpflicht nach WpPG.** Es besteht daher zunächst nicht die in § 3 Abs. 1 WpPG normierte Prospektpflicht, was durch § 18 Abs. 2 S. 5 VerkProspG nochmals klargestellt wird (s. hierzu die Anmerkungen zu Abs. 2 S. 5 VerkProspG unten Rn. 49 ff.). Für über den 1.7.2005 hinaus laufende öffentliche Angebote der in S. 2 genannten Art, für die ein Verkaufsprospekt nach VerkProspG aF veröffentlicht wurde, muss folglich kein zusätzlicher Prospekt nach Maßgabe des WpPG erstellt werden. Wie aus der Begründung des Regierungsentwurfes ersichtlich wird, soll die Regelung insbesondere ermöglichen, dass von einem Kreditinstitut aufgrund eines unvollständigen Verkaufsprospekts nach VerkProspG aF ausgegebene Wertpapiere auch nach dem 1.7.2005 öffentlich angeboten werden dürfen. Dies gilt daher auch für Neuemissionen nach dem 1.7.2005, sofern die Emission auf einem unvollständigen Verkaufsprospekt beruht (der, wie aus § 10 VerkProspG folgt, auch ein „Verkaufsprospekt" ist, für den allerdings bestimmte Veröffentlichungsregeln bestehen), der noch vor dem 1.7.2005 gebilligt wurde (vgl. *Kullmann/Sester* WM 2005, 1068, 1076). Für solche Neuemissionen ist dann ein Nachtrag nach § 10 VerkProspG aF ausreichend.

25   **bb) Veröffentlichung ergänzender Angaben, Werbung.** Für diese Verkaufprospekte gilt daneben hinsichtlich der Aktualisierungspflicht nicht § 16 WpPG, sondern § 11 VerkProspG aF, der kein Gestattungsverfahren hinsichtlich des Nachtrags und kein Widerrufsrecht der Anleger vorsieht, die vor der Veröffentlichung des Nachtrags eine auf den Erwerb oder die Zeichnung der Wertpapiere gerichtete Willenserklärung abgegeben haben. Für Werbemaßnahmen ist nicht der detaillierte § 15 WpPG, sondern lediglich die Hinweispflicht nach § 12 VerkProspG aF anwendbar.

26   **cc) Prospekthaftung.** Schließlich erfasst die Fortgeltung auch den gesamten Bereich der Haftung für fehlerhafte Prospekte, wird also durch § 13 VerkProspG in der Fassung vor dem 1.7.2005 und die §§ 44 bis 48 des BörsG in der Fassung des 4. FMG (zuletzt geändert durch das AnSVG vom 28.10.2004) geregelt. Dies wird durch § 18 Abs. 2 S. 4 VerkProspG, der nicht auf Satz 2, sondern nur auf Satz 3 verweist, eher verdunkelt (s. hierzu die Anmerkungen zu Abs. 2 S. 4 unten Rn. 43 ff.). Demgegenüber weist die RegBegr. zum Prospektrichtlinie-Umsetzungsgesetz (BT-Drucks. 15/4999, 41) hierauf ausdrücklich hin.

27   **dd) Besonderer Gerichtsstand.** Grundsätzlich bleibt mit Fortgeltung des § 13 VerkProspG aF auch dessen in Abs. 2 enthaltene Gerichtsstandsregelung weiterhin anwendbar. Danach bestand zunächst

Übergangsvorschriften **§ 18**

eine ausschließliche Zuständigkeit des Landgerichts Frankfurt, dort der Kammer für Handelssachen. Dies konfligiert mit der durch Art. 7 Nr. 1 des KapMuG mit Wirkung zum 1. 11. 2005 erfolgten Aufhebung des § 13 Abs. 2 VerkProspG aF (siehe auch die Erläuterungen zur missglückten Übergangsregelung in § 31 EGZPO in den Vorbemerkungen zu §§ 13 und 13a). Es fehlt insoweit (mangels einer dem § 31 EGZPO vergleichbaren Regelung) nach Einführung des § 32b Abs. 1 S. 1 Nr. 1 ZPO zum 1. 11. 2005 an einer die Kollision zwischen dem nach § 18 Abs. 2 S. 2–4 VerkProspG fortgeltenden § 13 Abs. 2 VerkProspG aF und dem § 32b ZPO. Denn es handelt sich dabei um zwei sich widersprechende Regelungen für *ausschließliche* Gerichtsstände. Hier stellt sich die Frage, ob die Gerichte bei Klagen wegen fehlerhafter Kapitalmarktinformationen bei Altfällen gemäß der Regel *lex posterior derogat legi priori* dem neueren § 32b Abs. 1 S. 1 Nr. 1 ZPO oder (soweit es um vor dem 1. 7. 2005 veröffentlichte *Wertpapier*-Verkaufsprospekte geht) nach der Regel *lex specialis derogat legi generali* der spezielleren Regelung des § 18 Abs. 2 S. 2–4 VerkProspG iVm § 13 Abs. 2 VerkProspG aF den Vorzug geben werden. Diese spezifische Problematik ist, anders als die Frage der Anwendbarkeit des § 32b Abs. 1 S. 1 Nr. 1 ZPO auf vor dem 1. 7. 2005 nicht prospektpflichtige Vermögensanlagen (s. hierzu die Erl. u. Rn. 42) bislang soweit ersichtlich nicht höchstrichterlich entschieden worden. Allerdings deuten die Ausführungen in der Rechtsprechung des BGH (vgl. BGH NJW 2007, 1365) und der Literatur (vgl. *Vollhommer,* NJW 2007, 3094) darauf hin, dass § 32b ZPO möglichst umfängliche Geltung und damit auch Vorrang vor § 13 Abs. 2 VerkProspG aF verschafft werden soll.

4. Abs. 2 Satz 3 – Fortgeltung des VerkProspG aF für „andere" Verkaufsprospekte

§ 18 Abs. 2 S. 3 VerkProspG enthält, ebenso wie Satz 4 Regelungen, die für andere als die in § 18 Abs. 2 S. 2 VerkProspG genannten Verkaufsprospekte gelten sollen. Dies betrifft zunächst die zeitliche Beschränkung der Fortgeltung des VerkProspG in der vor dem 1. 7. 2005 geltenden Fassung bis zum 30. 6. 2006 sowie die weitere Fortgeltung des die Prospekthaftung regelnden § 13 des VerkProspG aF sowie der §§ 45 bis 47 des BörsG (gemeint sind die §§ 44–47 BörsG; s. u. Rn. 46ff.) vom 21. 6. 2002 in der Fassung des Vierten Finanzmarktförderungsgesetzes. Ersteres betrifft vornehmlich die Prospektpflicht, letzteres den Komplex der Prospekthaftung. **28**

a) Andere als in Satz 2 genannte Verkaufsprospekte. Hieraus ergibt sich, dass der Auslegung der Formulierung „andere als in Satz 2 genannte Verkaufsprospekte" wesentliche Bedeutung zukommt. **29**

30 **aa) Verkaufsprospekte für von Nicht-Kreditinstituten ausgegebene Wertpapiere.** Zunächst sind hierunter Verkaufsprospekte zu subsumieren, die vor dem 1. 7. 2005 im Inland für von Nicht-Kreditinstituten ausgegebene Wertpapiere veröffentlicht wurden. Dagegen liegt es fern, hierunter andere Wertpapierprospekte zu fassen, auf die die Formulierung in § 18 Abs. 2 S. 2 VerkProspG nicht unmittelbar passt, etwa im Ausland veröffentlichte Wertpapierprospekte oder erst nach dem 1. 7. 2005 veröffentlichte Wertpapierprospekte, da dies mit der Systematik des VerkProspG in der bis zum 1. 7. 2005 geltenden Fassung als auch des WpPG nicht vereinbar wäre.

31 **bb) Verkaufsprospekte für Vermögensanlagen.** Nicht in gleichem Maße einsichtig und daher umstritten ist die Subsumtion von Verkaufsprospekten, die nicht Wertpapiere betreffen, d. h. insbesondere von Vermögensanlage-Verkaufsprospekten im Sinne des § 8f VerkProspG unter den Begriff der in Satz 3 genannten Verkaufsprospekte.

32 Die *grammatikalische* Auslegung des Begriffes des Verkaufsprospektes erlaubt die Einbeziehung von Verkaufsprospekten für Vermögensanlagen, da sich eine semantische Beschränkung auf Wertpapierprospekte schwerlich begründen lässt. Hiergegen lässt sich auch im Wege der *historischen* Auslegung wenig Überzeugendes einwenden. So definiert zwar § 1 VerkProspG in der vor dem 1. 7. 2005 geltenden Fassung den Begriff Verkaufsprospekt als einen Prospekt für das Angebot von *Wertpapieren*. Das Prospektrichtlinie-Umsetzungsgesetz, durch welches die Sätze 2 bis 5 in § 18 Abs. 2 VerkProspG eingefügt wurden, wurde jedoch zeitlich nach dem Anlegerschutzverbesserungsgesetz erlassen, das den Anwendungsbereich des VerkProspG auf Vermögensanlagen i. S. § 8f VerkProspG erweitert hatte. Ab diesem Zeitpunkt waren Verkaufsprospekte für Vermögensanlagen jedenfalls begrifflich den Verkaufprospekten für Wertpiere gleichgestellt.

33 Die *systematische* Auslegung führt ebenfalls zu keinem eindeutigen Ergebnis. Genau betrachtet beziehen sich die Regelungen der Abs. 1, 3 und Abs. 2 S. 2 und S. 5 VerkProspG auf Wertpapierprospekte. Bei Abs. 1 und Abs. 2 S. 2 ergibt sich dies aus dem Wortlaut, bei Abs. 3 aus dem Wortlaut der in Bezug genommenen Bestimmung des § 16 Abs. 2 VerkProspG aF und bei Abs. 2 S. 5 aus dem Umstand, dass § 3 Abs. 1 WpPG ohnehin nur auf Wertpapierprospekte Anwendung finden würde. Betrachtet man die Systematik der durch das auf die Schaffung des WpPG gerichteten Prospektrichtlinie-Umsetzungsgesetzes eingefügten Übergangsvorschriften, d. h. der Sätze 2 bis 5 in § 18 Abs. 2 VerkProspG für sich genommen, ergibt sich nicht anderes. Es spricht viel dafür, dass der Gesetzgeber zu diesem Zeitpunkt nur Regelungen bzgl. Wertpapierprospekte treffen wollte, etwa die Bestimmung in Satz 3, dass die Regelungen des VerkProspG auf vor dem 1. 7. 2005 veröffentlichte Verkaufsprospekte „weiterhin" Anwendung findet. Vor dem 1. 7. 2005 war das VerkProspG aber eben nur auf Verkaufsprospekte für Wertpapiere anwendbar. Weiterhin ließe sich für diese Auslegung auch anführen, dass das Rechtsschutzbedürfnis der Adressaten, d. h. Emittenten von Wertpapieren, die sich immerhin auf eine bestehende spezialgesetzliche Rechtsgrundlage stützen konnten, hinsichtlich der Fortgeltung der Rechtslage gegenüber den Teilnehmern auf dem Markt der Vermögensanlagen, für die eine solche bis zu diesem Zeitpunkt nicht bestand, größer war.

Gegen eine Einbeziehung der Verkaufsprospekte für Vermögensanlagen wird schließlich der vermeintliche Wille des Gesetzgebers ins Feld geführt, die Prospektpflicht für nicht in Wertpapieren verbriefte Anteile ohne Übergangsfrist ausnahmslos am 1. 7. 2005 einsetzen zu lassen. Innerhalb eines kurzen Zeitraumes nach Erlass muss der Sinn und Zweck des Gesetzes bei der *teleologischen* Auslegung ganz wesentlich aus dem Willen des Gesetzgebers abgeleitet werden, da eine autonome Bestimmung von Sinn und Zweck des Gesetzes der Autorität des Gesetzgebers widerspräche. Der gesetzgeberische Wille hinsichtlich der hier streitgegenständlichen Regelungsmaterien wird dabei vorrangig aus der Stellungnahme der Bundesregierung zum Entwurf des Prospektrichtlinie-Umsetzungsgesetzes abgeleitet, mit der ein Vorschlag des Bundesrates zur Schaffung einer Ausnahmeregelung hinsichtlich der Prospektpflicht für vor dem 1. 7. 2005 veröffentlichte oder vom Emittenten zur Verfügung gehaltene Vermögensanlagen-Verkaufsprospekte abgelehnt wurde (siehe BT-Drucks. 15/5219, S. 5 und 8). Demgegenüber hätte die Einbeziehung solcher Prospekte in die Regelung des § 18 Abs. 2 S. 3 VerkProspG zur Folge, dass „durch die Hintertür" mit dem erst durch das Prospektrichtlinie-Umsetzungsgesetz eingefügten § 18 Abs. 2 S. 3 VerkProspG anders als nach den Vorgaben des AnSVG doch noch eine jedenfalls einjährige Übergangsfrist eingeräumt würde, innerhalb derer Vermögensanlagen-Verkaufsprospekte ohne spezialgesetzliche Regulierung hätten weiter vertrieben werden können. Daher sei § 18 Abs. 2 S. 3 VerkProspG einschränkend dahin gehend auszulegen, dass er, ebenso wie Satz 2, nur auf Verkaufsprospekte für Wertpapiere anzuwenden sei. **34**

Sofern die Rechtsprechung mit diesem Fragenkomplex befasst war, ergibt sich ein uneinheitliches Bild. In einem weithin umstrittenen Beschluss vom 10. 10. 2005 entschied das Landgericht Düsseldorf (Az.: 6 O 138/05, S. 3f.), dass § 18 Abs. 2 S. 3 VerkProspG so auszu- **35**

§ 18   VI. Abschnitt. Gebühren; Bekanntgabe und Zustellung

legen sei, dass er auch vor dem 1. 7. 2005 veröffentlichte Verkaufsprospekte für Vermögensanlagen i. S. des § 8 f VerkProspG erfasse. Hieraus folge, dass § 13 VerkProspG in der vor dem 1. 7. 2005 geltenden Fassung, einschließlich seiner spezifischen Gerichtsstandsregelung in Abs. 2, auch auf Verkaufsprospekte für Vermögensanlagen anzuwenden sei. Das Gericht bezieht sich zur Begründung dessen im Wesentlichen auf den Umstand, dass § 18 Abs. 2 S. 4 VerkProspG bei einer anderen Auslegung keinen Regelungsgehalt hätte. Das OLG Düsseldorf, das in dieser Sache gemäß § 36 Abs. 1 Nr. 6 ZPO zu entscheiden hatte, sah in seinem Beschluss vom 8. 5. 2006 (Az.: I-5 Sa 38/06) von einer Entscheidung der Rechtsfrage ab, bewertete die Argumentation des LG Düsseldorf aber jedenfalls als nicht willkürlich.

36   Demgegenüber hat sich das Verwaltungsgericht Frankfurt am Main in seinem Beschluss vom 1. 9. 2005 (Az. 1 G 2484/05 (V)) der Gegenauffassung angeschlossen. Danach sei unter dem Begriff des Verkaufsprospektes im Sinne des § 18 Abs. 2 Satz 3 VerkProspG nur ein solcher zu verstehen, der vom Anbieter in Erfüllung einer sich aus § 1 des VerkProspG in der bis zum 1. 7. 2005 geltenden Fassung fließenden Pflicht zur Prospekterstellung vorgelegt wurde. Da das öffentliche Angebot von Vermögensanlagen nach der früheren Fassung des VerkProspG nicht prospektpflichtig war, daher für den Anbieter eine sich aus § 1 VerkProspG aF ergebende Pflicht nicht bestand und auch nicht durch bloße formlose, öffentliche Bekanntgabe eines von der BaFin nicht gestatteten Verkaufsprospektes erfüllt werden konnte, könne ein Anbieter die Übergangsvorschrift nicht für sich in Anspruch nehmen.

37   Im Ergebnis wird man in der vorliegenden Konstellation dem gesetzgeberischen Willen, der gegen eine Einbeziehung der Vermögensanlagen in § 18 Abs. 2 S. 3 VerkProspG wirkt, besondere Bedeutung beimessen müssen. Der Anlegerschutz spricht für eine frühere Einführung der Prospektpflicht. Den Interessen der Anbieter ist durch eine vergleichsweise lange Übergangsfrist zwischen der Verabschiedung des AnSVG und dem Inkrafttreten der Prospektpflicht Rechnung getragen worden.

38   **b) Fortgeltung des VerkProspG aF.** Weitere Anwendung der Bestimmungen des Verkaufsprospektgesetzes in der vor dem 1. 7. 2005 geltenden, d. h. der Fassung vom 4. 12. 2004 (Bilanzrechtsreformgesetz/BGBl. I 2004, 3166). Die Regelungen des zum 1. 7. 2005 in Kraft getretenen WpPG sind dagegen auf bis zum Ablauf des 30. 6. 2005 im Inland veröffentlichte Verkaufsprospekte, die nicht solche im Sinne des Satzes 2 sind, nicht anwendbar. Sofern hiernach nicht Besonderheiten angesprochen werden, wird insoweit auf die Ausführungen oben Rn. 23 ff. verwiesen.

Übergangsvorschriften **§ 18**

aa) Keine Prospektpflicht nach WpPG. Für über den 1.7. **39** 2005 hinaus laufende öffentliche Angebote der in Satz 3 genannten Art, für die ein Verkaufsprospekt nach VerkProspG aF veröffentlicht wurde, muss folglich kein zusätzlicher Verkaufsprospekt nach Maßgabe des § 3 Abs. 1 WpPG erstellt werden. Ob dies auch dann gilt, wenn das öffentliche Angebot über den 30.6.2006 hinaus läuft, ist angesichts des Wortlautes des Satzes 5 fraglich (siehe hierzu die Anmerkungen zu Abs. 2 Satz 5 unten Rn. 49 ff.) und im Ergebnis abzulehnen.

bb) Veröffentlichung ergänzender Angaben, Werbung. Die **40** Aktualisierungspflicht nach § 16 WpPG und die Regelungen zu Werbemaßnahmen in § 15 WpPG gelten für diese Verkaufprospekte erst ab dem 1.7.2006; bis zu diesem Zeitpunkt gelten § 11 VerkProspG aF und § 12 VerkProspG aF.

cc) Prospekthaftung. Siehe zur Fortgeltung der Prospekthaf- **41** tungsregeln die Erläuterungen unten zu Satz 4.

dd) Besonderer Gerichtsstand. Hinsichtlich der Fortgeltung **42** des § 13 Abs. 2 VerkProspG aF auf Wertpapierprospekte im Sinne des Satzes 3 s. die Erläuterungen oben in Rn. 27. Das Landgericht Düsseldorf (Az.: 6 O 138/05, S. 3 f.) hat in seiner bereits (oben in Rn. 35) referierten Entscheidung aus seiner Sicht folgerichtig einen ausschließlichen Gerichtsstand für einen Anspruch aus Prospekthaftung für einen Vermögensanlagen-Verkaufsprospekt angenommen. Die Gegenpartei hatte in diesem Verfahren erfolglos argumentiert, § 18 Abs. 2 S. 3 VerkProspG sei auf Vermögensanlagen-Verkaufsprospekte nicht anwendbar. Ohne auf die dogmatischen Fragen im Detail einzugehen, hat der BGH nunmehr die Anwendbarkeit des § 32b Abs. 1 S. 1 Nr. 1 ZPO auch für Vermögensanlagen bejaht, für die eine Prospektpflicht nicht geregelt ist (BGH NJW 2007, 1364; BGH NJW 2007, 1365; zustimmend *Vollhommer*, NJW 2007, 3094 mwN).

5. Abs. 2 Satz 4 – Fortgeltung der Prospekthaftungsregeln für „andere" Verkaufsprospekte

Nach § 18 Abs. 2 S. 4 VerkProspG bestimmt sich auch die Prospek- **43** thaftung hinsichtlich der in Satz 3 angesprochenen Verkaufsprospekte nach der vor dem 1. Juli 2005 geltenden Gesetzeslage, also nach § 13 VerkProspG aF sowie der §§ 45 bis 47 BörsG in der vom 1.7.2005 geltenden Fassung auf Verkaufsprospekte nach § 18 Abs. 2 S. 3 VerkProspG.

a) Verkaufsprospekte im Sinne des Satzes 3. Satz 4 bezieht **44** seinen Regelungsgehalt ausdrücklich auf die Verkaufsprospekte im

Sinne des Satzes 3, d. h. andere als die in Satz 2 genannten Verkaufsprospekte (zur Diskussion hierzu siehe die Erläuterungen oben in Rn. 28ff.). Ob hierdurch allerdings eine negative Anwendungsregelung im Hinblick auf Verkaufsprospekte im Sinne des Satzes 2 getroffen werden sollte, ist nicht zuletzt angesichts der RegBegr. zum Prospektrichtlinie-Umsetzungsgesetz (BT-Drucks. 15/4999, 41) fraglich.

45 **b) Regelungsgehalt.** Satz 4 ordnet ausdrücklich die weitere Anwendung von § 13 VerkProspG aF sowie der §§ 45 bis 47 BörsG in der vor dem 1. 7. 2005 geltenden Fassung an. Die Regelung ist insofern überraschend, als kein Grund unmittelbar ersichtlich ist, warum die in Satz 3 enthaltene Bestimmung der Fortgeltung des VerkProspG in der vor dem 1. 7. 2005 geltenden Fassung nicht ohnehin seinen § 13 und über die dort enthaltene Verweisung die §§ 45 bis 47 BörsG (zur Frage eines wahrscheinlichen Verweisungsfehlers s. sogleich) umfassen sollte, wodurch die Regelung in Satz 4 redundant erschiene (vgl. *Heidel/Krämer,* § 18 VerkProspG, Rn. 4).

46 Fraglich scheint weiterhin, warum die Verweisung nur §§ 45 bis 47 BörsG statt der in § 13 VerkProspG aF aufgeführten §§ 44 bis 47 BörsG einschließt. Die Verweisung in § 13 VerkProspG aF lautete ursprünglich auf die §§ 45 bis 48 des BörsG idF des 3. FMG. Das 4. FMG übernahm die §§ 45 bis 48 idF des 3. FMG, abgesehen von eine Verlängerung der Verjährungsfrist von vorher sechs Monaten nach Kenntnis auf ein Jahr ab Kenntnis des Erwerbers von der Fehlerhaftigkeit des Verkaufsprospektes, unverändert in die §§ 44 bis 47 BörsG auf. Die Bestimmung in Satz 4 würde nun gerade § 44 BörsG als eigentliche Anspruchsgrundlage von der Fortgeltungsanordnung ausnehmen. Mangels anderer überzeugender Erklärungen ist anzunehmen, dass es sich hierbei um ein Redaktionsversehen handelt (vgl. *Heidel/Krämer* § 18 VerkProspG, Rn. 6).

47 Weiterhin stellt sich die Frage, warum Satz 4 die in ihm enthaltene Regelung nur für die im vorangehenden Satz 3, nicht auch für die in Satz 2 angesprochenen Verkaufsprospekte trifft. Aus dem Umstand, dass in der Gesetzesbegründung (BT-Drucks. 15/4999, 41, rechte Spalte oben) ausdrücklich festgehalten ist, dass sich „die Prospekthaftung auch in den Fällen des Satzes 2 nach § 13 Verkaufsprospektgesetz in der vor dem 1. 7. 2005 geltenden Fassung (richtet)" wird gefolgert, dass es sich auch hierbei um ein Redaktionsversehen handele (vgl. *Heidel/Krämer,* § 18 VerkProspG, Rn. 8).

48 Zwingend ist diese Argumentation nicht. Allerdings setzt eine andere Argumentation eine Erklärung dafür voraus, worin der unterschiedliche Regelungsgehalt bei Verkaufsprospekten im Sinne des

Satzes 3 im Zusammenhang mit Satz 4 auf der einen Seite und bei Verkaufsprospekten im Sinne des Satzes 2 auf der anderen Seite bestehen soll. Denkbar wäre etwa die Deutung, dass Satz 4 die Fortgeltung des Prospekthaftungsregimes in der vor dem 1. 7. 2005 geltenden Fassung für Verkaufsprospekte im Sinne des Satzes 3 ohne die in Satz 3 bestimmte zeitliche Limitierung bis zum 30. 6. 2006 anordnen wollte. Insofern würden dann die in Satz 3 und die in Satz 2 adressierten Verkaufsprospekte im Hinblick auf die fehlende zeitliche Beschränkung der Fortgeltung des alten Prospekthaftungsregimes gleich behandelt.

6. Abs. 2 Satz 5 – Keine Anwendung des § 3 Abs. 1 WpPG

Satz 5 schließlich stellt klar, dass die in § 3 Abs. 1 des WpPG niedergelegte Prospektpflicht in den in den Sätzen 2 und 3 genannten Fällen keine Anwendung findet. Die Prospektpflicht für die in diesen Bestimmungen in Bezug genommenen Verkaufsprospekte soll ausschließlich durch die §§ 1 ff. VerkProspG in der vor dem 1. 7. 2005 geltenden Fassung geregelt werden. Es ist dann folgerichtig, die Anwendung des WpPG *insoweit* auszuschließen. 49

Hieraus folgt, dass in § 3 Abs. 1 des WpPG bestimmte Abweichungen der Prospektpflicht gegenüber der früheren Rechtslage, so die in § 3 Abs. 1 WpPG neu eingeführte Prospektpflicht für bereits zum Handel an einer inländischen Börse zugelassenen Wertpapiere, zunächst nicht anwendbar sind (vgl. *Heidel/Krämer,* § 18 VerkProspG, Rn. 8). 50

Allerdings ist Satz 5 im Hinblick auf Verkaufsprospekte im Sinne des Satzes 3 insoweit widersprüchlich, als die dort geregelte Fortgeltung des VerkProspG aF nur bis zum 30. 6. 2006 gilt. Sollten daher Wertpapiere, für die nach den Bestimmungen des VerkProspG aF ein Verkaufsprospekt veröffentlicht wurde, über diesen Stichtag hinaus öffentlich angeboten werden, so hätte es nach der Regelungssystematik nahe gelegen, hierfür die Veröffentlichung eines Verkaufsprospektes nach § 3 Abs. 1 WpPG zu verlangen. Indem Satz 5 aber die Anwendung von § 3 Abs. 1 WpPG auf die Fälle der Sätze 2 *und* 3 ausschließt, scheint die Argumentation vorzugswürdig, dass auch für Verkaufsprospekte im Sinne des Satzes 3 kein neuer Verkaufsprospekt nach § 3 Abs. 1 WpPG zu veröffentlichen ist. Die Unklarheit des Gesetzes, die durch einen Blick auf die Gesetzesbegründung, nach der „das Wertpapierprospektgesetz" in den Fällen der Sätze 2 und 3 nicht gelte, nur noch verstärkt wird, kann insoweit nicht zu Lasten der Anbieter gehen. 51

§ 18　　VI. Abschnitt. Gebühren; Bekanntgabe und Zustellung

7. Abs. 3 – Fortgeltung der Gebührenerhebungsregelung in § 16 Abs. 2 VerkProspG aF

52　Bis zum Inkrafttreten der durch § 16 Abs. 2 S. 2 VerkProspG in der Fassung des Dritten Finanzmarktförderungsgesetzes vorgesehenen Verordnung sollte die in § 16 Abs. 2 VerkProspG in der Fassung des Zweiten Finanzmarktförderungsgesetzes enthaltene detaillierte Regelung als Rechtsgrundlage zur Gebührenerhebung (zu Erläuterungen hierzu siehe *Assmann/Ritz* in: *Assmann/Lenz/Ritz*, § 18 VerkProspG Rn. 8 sowie Fn. 9) anwendbar bleiben, da für die Erhebung von Gebühren durch staatliche Institutionen wie das BAWe als Form der Eingriffsverwaltung einer gesetzlichen Grundlage bedarf.

53　**a) Umsetzung durch die VerkProspGebV.** Die in § 18 Abs. 3 VerkProspG antizipierte Verordnung (Verkaufsprospektgebührenverordnung – VerkProspGebV) gemäß § 16 Abs. 2 S. 2 des VerkProspG aF trat mit Wirkung vom 1. 4. 1999 in Kraft. Abs. 2 des § 4 VerkProspGebV *(Erstmalige Erhebung von Gebühren nach dieser Verordnung)* setzt die Regelung in § 18 Abs. 3 VerkProspG um. Stichtag ist danach der 1. 4. 1999: Für vorher beim BAWe eingehende Verkaufsprospekte wurden Gebühren nach Maßgabe des § 16 Abs. 2 VerkProspG in der Fassung der Bekanntmachung vom 17. 7. 1996 erhoben. Gemäß § 4 Abs. 1 VerkProspGebV gelten die Gebühren der Verkaufsprospektgebührenverordnung für Verkaufsprospekte, unvollständige Verkaufsprospekte, Nachträge zu unvollständigen Verkaufsprospekten sowie sonstige Nachträge, die nach dem 31. 3. 1999 beim BAWe eingehen (zu einem Anwendungsbeispiel siehe *Assmann/Ritz* in: *Assmann/Lenz/Ritz*, § 18 VerkProspG Rn. 9). Damit hat sich der Regelungsgehalt von § 18 Abs. 3 erschöpft.

54　**b) Neufassung des § 16 VerkProspG.** Im Übrigen wurde § 16 VerkProspG durch Art. 2 Nr. 12 des Prospektrichtlinie-Umsetzungsgesetzes neu gefasst, wobei § 16 Abs. 2 VerkProspG ersatzlos entfallen konnte. Der neu gefasste § 16 Satz 2 bildet nunmehr die Grundlage der seit 1. 7. 2005 geltenden VermVerkProspGebV (siehe hierzu die Anmerkungen oben bei §§ 16, 16a VerkProspG). Eine denkbare Anpassung des § 18 VerkProspG im Wege der Streichung von Abs. 3 ist demgegenüber unterblieben.

II. Verordnung über Vermögensanlagen-Verkaufsprospekte (Vermögensanlagen-Verkaufsprospektverordnung – VermVerkProspV)

vom 16. Dezember 2004
in der Fassung der Bekanntmachung vom 16. Dezember 2004
(BGBl. I S. 3464)

I. Vorbemerkung

Die VermVerkProspV basiert auf der in § 8g Abs. 2 und Abs. 3 des 1
VerkProspG enthaltenen Ermächtigung (*Jäger/Voß*, S. 895). Inhaltlich greift die VermVerkProspV in zahlreichen Passagen auf die entsprechenden Vorschriften der bis zum 30. 6. 2005 allein für Wertpapiere geltenden VerkProspVO vom 17. 12. 1990 (BGBl. I S. 2869 ff.) zurück (*Keunecke* Rn. 327), die sich wiederum in weiten Teilen an die BörsZulV vom 9. 9. 1998 (BGBl. I S. 2832 ff.) angelehnt hat (BR-Drucks. 811/90, S. 10; *Schwark/Heidelbach*, VerkProspVO Rn. 1).

Die VermVerkProspV unterscheidet gemäß ihrer Begründung 2
nicht nach der Art der einzelnen von der Prospektpflicht erfassten Angaben (vgl. zu den einzelnen Angabenklassen § 2 VermVerkProspV Rn. 6), sofern nicht ausdrücklich etwas anderes statuiert ist (Begr. VermVerkProspV, S. 1, wobei redaktionsversehentlich noch der Entwurf der Verordnung („der vorliegende Verordnungsentwurf" [Hervorh. d. d. Verf.]) genannt wird. Ausdrücklich „etwas anderes" ist bspw. in § 2 Abs. 3 Satz 1 gesagt, der eine Regelung für die Reihenfolge (ausführlich hierzu § 2 VermVerkProspV Rn. 131 ff.) lediglich im Hinblick auf die von der Verordnung geforderten Mindestangaben aufstellt und folglich andere Angabenklassen insoweit nicht in Bezug nimmt und damit auch keiner Reihenfolgenregelung unterwirft. Der Wert der Nichtdifferenzierung nach Angabenklassen liegt insbesondere darin, dass die allgemeinen Grundsätze, insbesondere was die Richtigkeit, die Vollständigkeit und die Verständlichkeit des Verkaufsprospekts (hierzu unten § 2 VermVerkProspV Rn. 4 ff. sowie § 8g VerkProspG, Rn. 10 ff.) betrifft, für sämtliche Kategorien von Angaben und eben nicht nur für die Mindestangaben gelten.

Der Aufbau der VermVerkProspV führt vom Allgemeinen zum 3
Besonderen: § 1 regelt den Anwendungsbereich, § 2 normiert allge-

meine Grundsätze. Die weiteren Vorschriften regeln ausweislich der Normüberschriften die Angaben über die Personen, die für den Inhalt des Verkaufsprospekts die Verantwortung übernehmen (§ 3), hinsichtlich der Vermögensanlagen selbst (§ 4), über den Emittenten (§§ 5 bis 8, 13), über die Anlageziele und Anlagepolitik der Vermögensanlagen (§ 9), über die Finanzinformationen (§§ 10, 11, 15 Abs. 1), über Mitglieder der Geschäftsführung oder des Vorstands, Aufsichtsgremien und Beiräte des Emittenten, den Treuhänder und sonstige Personen (§ 12), gewährleistete Vermögensanlagen (§ 14) sowie schließlich die Voraussetzungen für die Ausnahmefälle, in denen von der Aufnahme einzelner Angaben in den Verkaufsprospekt abgesehen werden kann (§ 15 Abs. 2).

4 Insgesamt legt die VermVerkProspV wie bereits die VerkProspVO einen deutlichen quantitativen Schwerpunkt auf Angaben über den Emittenten (zum Begriff des Emittenten vgl. Vor § 8f. VerkProspG, Rn. 19f. und § 5 VermVerkProspV, Rn. 1 ff.). Hieraus folgt jedoch nicht, dass Angaben „über das Anlageobjekt oder den Initiator *dahinter zurücktreten.*" Die entsprechenden Angaben sind als Mindestangaben inbesondere nach §§ 9, 12 (und ggf. nach § 7) bzw. als Generalklauselangaben nach § 2 Abs. 1 Satz 1 zu machen, um ein Prospekthaftungsrisiko ausschließen zu können. Insbesondere für die Angaben betreffend das Anlageobjekt (zum Begriff des Anlageobjekts vgl. § 9 VermVerkProspV, Rn. 20 ff.) stellt § 9 bereits auf der Ebene der Mindestangaben sehr detaillierte Erfordernisse auf. Von einem „Zurücktreten" kann daher keine Rede sein. Zuzugeben ist, dass die Struktur und die Inhalte der VermVerkProspV sich in nicht unerheblichem Umfang an den Informationsbedürfnissen orientieren, wie sie typischerweise bei Wertpapieren als Anlageinstrumenten zum Tragen kommen. Dies mag, da Vermögensanlagen sich unter vielfältigen Gesichtspunkten in rechtlicher und wirtschaftlicher Hinsicht von Wertpapieren unterscheiden (s. dazu näher § 8f VerkProspG Rn. 43 ff.), durchaus in mehreren Punkten einen gewissen Auslegungsbedarf nach sich ziehen. Nicht zu verkennen ist jedoch, dass die jeweiligen Auslegungen geleistet werden und zu sachgerechten Ergebnissen führen können. Es ist nachvollziehbar und im Ergebnis zu begrüßen, dass der Verordnungsgeber bei der Aufstellung von Mindesterfordernissen für Vermögensanlagen-Verkaufsprospekte auf die Erfahrungen zurückgegriffen hat, die er bei den Regelungen für den Wertpapierbereich in der Vergangenheit hat machen können. Die mit der VermVerkProspV angestrebte Standardisierung von Verkaufsprospekten für Produkte des sog. Grauen Kapitalmarkts (vgl. dazu Einleitung vor § 1 VerkProspG, Rn. 13 ff.) wurde so gefördert. Darüber hinaus hat der Verordnungsgeber genügend Flexibilität gelassen, Konstellationen,

Anwendungsbereich §1

die bei der Legiferierung noch nicht im Fokus des Erkenntnishorizonts stehen konnten, sachgerecht erfassen zu können. Dass im Einzelfall ein Nachbesserungsbedarf (wie er fast jeder Rechtsquelle von noch kurzer Geltungsdauer immanent ist) verortet werden kann, steht diesem grundsätzlich positiven Befund nicht entgegen.

§ 1 Anwendungsbereich

Diese Verordnung ist auf den Verkaufsprospekt für Vermögensanlagen im Sinne des § 8f Abs. 1 des Verkaufsprospektgesetzes anzuwenden.

Die Norm bestimmt den Anwendungsbereich der VermVerk- 1
ProspV, wobei dieser durch die Ermächtigungsnormen in § 8g Abs. 2 und 3 VerkProspG vorgegeben ist (Begr. VermVerkProspV, S. 1). Die Vorschriften der VermVerkProspV sind nur auf solche Verkaufsprospekte anzuwenden, die ein Anbieter nach § 8f VerkProspG zu veröffentlichen hat. Vom Anwendungsbereich erfasst sind daher Verkaufsprospekte im Fall eines im Inland stattfindenden öffentlichen Angebotes von nicht in Wertpapieren im Sinne des WpPG verbrieften Anteilen, die eine Beteiligung am Ergebnis eines Unternehmens gewähren, von Anteilen an einem Treuhandvermögen, von Anteilen an sonstigen geschlossenen Fonds sowie von Namensschuldverschreibungen. Für die Einzelheiten hierzu wird auf die Erläuterungen zu § 8f Abs. 1 und Abs. 2 VerkProspG und § 8g VerkProspG verwiesen.

Bei Wertpapieren wird die Funktion der VermVerkProspV durch 2
die EU-ProspektV übernommen. Im Einklang mit den gesetzlichen Vorgaben des WpPG geht der Prüfungsauftrag der BaFin bei Wertpapierprospekten über die im VerkProspG allein vorgesehene Vollständigkeitsprüfung (vgl. Einleitung vor § 1 VerkProspG Rn. 36ff.) im Hinblick auf die in den Verkaufsprospekt aufzunehmenden Angaben hinaus, da insoweit zudem zu prüfen ist, ob der Prospektinhalt keine widersprüchlichen Aussagen enthält.

§ 2 Allgemeine Grundsätze

(1) ¹Der Verkaufsprospekt muss über die tatsächlichen und rechtlichen Verhältnisse, die für die Beurteilung der angebotenen Vermögensanlagen notwendig sind, Auskunft geben und richtig und vollständig sein. ²Er muss mindestens die nach dieser Verordnung vorgeschriebenen Angaben enthalten. ³Er ist in deutscher Sprache und in einer Form abzufassen, die sein Verständnis und seine Auswertung erleichtert. ⁴Die Bundesanstalt für Finanz-

dienstleistungsaufsicht (Bundesanstalt) kann gestatten, dass der Verkaufsprospekt von Emittenten mit Sitz im Ausland ganz oder zum Teil in einer anderen in internationalen Finanzkreisen gebräuchlichen Sprache abgefasst wird. [5]In diesem Fall ist dem Prospekt eine deutsche Zusammenfassung voranzustellen, der Teil des Prospekts ist und die wesentlichen tatsächlichen und rechtlichen Angaben zu dem Emittenten, der Vermögensanlage und dem Anlageobjekt enthält.

(2) [1]Der Verkaufsprospekt muss ein Inhaltsverzeichnis enthalten. [2]Anschließend an das Inhaltsverzeichnis ist ein hervorgehobener Hinweis aufzunehmen, dass die inhaltliche Richtigkeit der im Prospekt gemachten Angaben nicht Gegenstand der Prüfung des Prospekts durch die Bundesanstalt ist. [3]Die wesentlichen tatsächlichen und rechtlichen Risiken im Zusammenhang mit den angebotenen Vermögensanlagen einschließlich der mit einer Fremdfinanzierung einhergehenden Risiken sind in einem gesonderten Abschnitt, der nur diese Angaben enthält, darzustellen. [4]Dabei ist das den Anleger treffende maximale Risiko in seiner Größenordnung zu beschreiben. [5]Nach dieser Verordnung geforderte und darüber hinausgehende in den Prospekt aufgenommene Angaben, die eine Prognose beinhalten, sind deutlich als Prognosen kenntlich zu machen.

(3) [1]Der Verkaufsprospekt soll die nach dieser Verordnung erforderlichen Mindestangaben in der Reihenfolge ihrer Nennung in der Verordnung enthalten. [2]Stimmt die Reihenfolge der Angaben in dem Prospekt nicht mit dieser Verordnung überein, kann die Hinterlegungsstelle vor Gestattung der Veröffentlichung des Verkaufsprospekts von dem Anbieter eine Aufstellung verlangen, aus der hervorgeht, an welcher Stelle des Prospekts sich die verlangten Mindestangaben befinden.

(4) Der Verkaufsprospekt ist mit dem Datum seiner Aufzeichnung zu versehen und vom Anbieter zu unterzeichnen.

(5) Sind vorgeschriebene Angaben dem nach § 10 Abs. 1 in den Verkaufsprospekt aufgenommenen Jahresabschluss unmittelbar zu entnehmen, so brauchen sie im Verkaufsprospekt nicht wiederholt zu werden.

Übersicht

	Rn.
I. Vorbemerkung	1
II. Inhalt, Sprache und Form	4
1. Prospektinhalt	4
2. Prospektsprache	36
3. Prospektform	50

Allgemeine Grundsätze §2

	Rn.
III. Inhaltsverzeichnis, Risikokapitel und Prognosen	55
1. Inhaltsverzeichnis	55
2. Risikokapitel	71
3. Prognosen	123
IV. Reihenfolge der Angaben	131
V. Aufstellungsdatum und Unterzeichnung	139
1. Datum der Aufstellung	139
2. Unterzeichnung durch den Anbieter	144
VI. Vermeidung doppelter Angaben	152
VII. Anforderungen der Rechtsprechung	160
1. Immobilienfonds	161
2. Sonstige Beteiligungsformen	168

I. Vorbemerkung

§ 2 ist mit „Allgemeine Grundsätze" überschrieben. Die Norm enthält dem „Klammer"-Prinzip folgend (*Jäger/Voß*, S. 904) in Abs. 1 einleitend allgemeine Grundsätze betreffend den Prospektinhalt, die Prospektsprache und die Prospektform, die für sämtliche Vermögensanlagen-Verkaufsprospekte gelten. Darüber hinaus (insoweit ist die Normüberschrift zu eng) postuliert § 2 bereits bestimmte Mindestangaben, die in den Verkaufsprospekt aufzunehmen sind. Hierbei handelt es sich um das Inhaltsverzeichnis (§ 2 Abs. 2 Satz 1 Rn. 55), das Risikokapitel § 2 Abs. 2 Satz 3 Rn. 71), das Aufstellungsdatum (§ 2 Abs. 4 1. Alt. Rn. 139), und die Unterzeichnung durch den Anbieter (§ 2 Abs. 4 2. Alt. Rn. 144). Darüber hinaus werden als Präzisierungen des § 2 Abs. 1 Satz 3 gewisse formelle Erfordernisse und Verfahrensregeln aufgestellt: der Grundsatz des Einhaltens der Reihenfolge der Verordnung (§ 2 Abs. 3 Rn. 131, Regelungen zur sog. Überkreuz-Checkliste bei Abweichung von der Reihenfolge (§ 2 Abs. 3 Rn. 134) sowie das Verbot der Informationsverdopplung (§ 2 Abs. 5 Rn. 152).

Die Norm entspricht weitgehend § 2 VerkProspVO, der sich wiederum an § 13 Abs. 1 BörsZulV angelehnt hatte (*Assmann*, in: *ders./Lenz/Ritz*, § 2 VerkProspVO Rn. 1; *Schwark/Heidelbach*, § 2 VerkProspVO Rn. 1). Daher kann bei der Auslegung des § 2 für einen nicht unerheblichen Teil der allgemeinen Grundsätze auf die zu § 2 VerkProspVO gewonnenen Erkenntnisse zurückgegriffen werden. Neu für das Vermögensanlagen-Verkaufsprospektrecht entwickelt wurden die Regelungen betreffend die deutsche Zusammenfassung bei fremdsprachigen Verkaufsprospekten, das Inhaltsverzeichnis, das Risikokapitel, die Kennzeichnung von Prognosen, die Reihenfolge der Mindestangaben und hiermit zusammenhängend die Überkreuz-Checkliste.

3   § 2 VermVerkProspV wird durch die Ziffer 2 sowie die Ziffern 3.1 bis 3.3 und 4.4 der Anlage 1 zu IDW S 4 erläutert und teilweise erweitert (s. im Textanhang unter III.1).

II. Inhalt, Sprache und Form

1. Prospektinhalt

4   **a) Angaben. aa) Verhältnis von § 8g VerkProspG zu § 2 VermVerkProspV.** Diejenigen allgemeinen Grundsätze, die beim Inhalt eines Verkaufsprospekts zu beachten sind, werden bereits auf der gesetzlichen Ebene durch § 8g Abs. 1 VerkProspG festgelegt. Danach muss der Verkaufsprospekt alle tatsächlichen und rechtlichen Angaben enthalten, die notwendig sind, um dem Publikum eine zutreffende Beurteilung des Emittenten und der Vermögensanlagen im Sinne des § 8f Abs. 1 VerkProspG zu ermöglichen und lässt die Gestaltung des Verkaufsprospekts im Übrigen offen (*Bruchwitz*, in: *Lüdicke/Arndt*, S. 108). Insoweit stellt § 2 Abs. 1 Satz 1 zunächst keine weitergehenden Anforderungen auf, sondern umschreibt den Wortlaut des Gesetzes nur mit anderen Worten (ebenso *Assmann*, in: *ders./Lenz/Ritz*, § 2 VerkProspVO Rn. 1 für das Verhältnis von § 2 Abs. 1 Satz 1 VerkProspV zu § 7 Abs. 1 VerkProspG aF). Insbesondere bleibt die Norm nicht hinter § 8g Abs. 1 Satz 1 VerkProspG zurück, auch wenn sie nur die „angebotenen Vermögensanlagen" und – im Gegensatz zur gesetzlichen Regelung – nicht auch den „Emittenten" als Gegenstand der Beurteilung durch den Anleger in Bezug nimmt (*Moritz/Grimm* BB 2005, 337, sprechen von einem „redaktionellen Versehen"). Der Vermögensanlagen-Verkaufsprospekt soll dem Publikum die Möglichkeit geben, seine Anlageentscheidung aufgrund einer umfassenden Informationsgrundlage zu treffen (RegBegr. VermVerkProspV, S. 2). Für einige Bereiche des Grauen Kapitalmarktes hatte die Rechtsprechung bereits vor Inkrafttreten des VerkProspG festgestellt, dass eine Anlageentscheidung ohne eine umfassende Informationsgrundlage zur Prospekthaftung führt (vgl. nur aus jüngster Zeit OLG Hamm BKR 2007, 807). Somit muss auch nach § 2 Abs. 1 Satz 1 im Hinblick auf den Emittenten über die tatsächlichen und rechtlichen Verhältnisse entsprechend informiert werden. Aber nicht nur der Emittent und die Vermögensanlagen werden in Bezug genommen. Von der Ermächtigungsgrundlage des § 8g Abs. 2 VerkProspG gedeckt, ist die Wendung „Angebotene Vermögensanlagen" semantisch als „öffentliches Angebot von Vermögensanlagen" in einem umfassenden Sinn zu verstehen. Somit werden nicht nur

Angaben über die Vermögensanlagen selbst und den Emittenten, sondern darüber hinaus solche betreffend den Anbieter, die Gründungsgesellschafter und sonstige im Zusammenhang mit der Emission bedeutsame Personen (z. B. Treuhänder, Vertriebe) und Umstände (kurz: der gesamte dem öffentlichen Angebot zugrunde liegende Lebenssachverhalt) erfasst. Gerade im Bereich der geschlossenen Fonds können diese Angaben von einem ganz erheblichen Informationsgehalt sein, die für die Anlageentscheidung womöglich bedeutsamer sind als insbesondere emittentenbezogene Angaben nach §§ 5 ff., die vielfach Vorratsgesellschaften ohne nennenswerte wirtschaftliche Historie betreffen werden. Einen anderen Aussagegehalt werden die emittentenbezogenen Angaben wiederum bei der Emission von Namensschuldverschreibungen nach § 8f Abs. 1 Satz 2 VerkProspG haben.

bb) Begriffsbestimmung. Die VermVerkProspV verzichtet auf 5 eine Legaldefinition von (Mindest-)Angaben. Allgemein sind Angaben im kapitalmarktrechtlichen Sinn Erklärungen über das Vorliegen oder Nichtvorliegen von Umständen (*Vogel*, in: *Assmann/Schneider*, § 20a WpHG Rn. 42, der im Kontext des Marktmanipulationsrechts ausdrücklich darauf hinweist, dass Angaben sich auch in *Prospekten* finden können). Bereits diese Definition macht deutlich, dass ein Erfordernis, eine Angabe zu machen, nicht durch bloßes Schweigen erfüllt werden kann, sondern vielmehr stets eine Aussage in positiver oder negativer Hinsicht über das Vorliegen bzw. Nichtvorliegen eines oder mehrerer Umstände erfordert. Dieser Befund ist im Hinblick auf die ggf. in den Verkaufsprospekt aufzunehmenden Negativtestate (hierzu § 2 VermVerkProspV Rn. 17 ff.) von grundlegender Bedeutung. Umstände in diesem Zusammenhang sind nicht nur Tatsachen (im klassischen Sinn von äußeren oder inneren Zuständen, Geschehnissen oder Ereignissen in der Vergangenheit, die dem Beweise zugänglich sind), sondern insbesondere auch Werturteile und Prognosen (*Vogel,* in: *Assmann/Schneider,* § 20a WpHG Rn. 52). Dies ist insofern von Bedeutung, als die VermVerkProspV Regeln über Angaben aufstellt, die Prognosen beinhalten (§ 2 Abs. 3 Satz 5). Zu eng wäre daher ein Angabenbegriff, der auf Erklärungen über Tatsachen (und nicht über Umstände) abstellt. Freilich ist in anderen Teilbereichen des Kapitalmarktrechts umstritten, inwieweit „Werturteile" und „Prognosen" noch als relevante Umstände qualifiziert werden können. Einschränkend verlangt die insoweit wohl hL, dass Werturteile bzw. Prognosen „nachprüfbar" sein und einen „tatsächlichen Kern" bzw. „Tatsachenkern" haben müssen (*Erbs/Kohlhaas/Fuhrmann,* § 88 BörsG Rn. 7; *Schäfer/Ledermann,* § 88 BörsG Rn. 8;

Schwark, KMRK Einl. § 88 BörsG Rn. 6; *Vogel,* in: *Assmann/Schneider,* § 20a WpHG Rn. 52). Dies mag für andere Teilrechtsgebiete als das Verkaufsprospektrecht durchaus sinnhaft sein, geht es in der Sache doch darum, Angaben, die keine fassbaren Umstände zum Gegenstand haben, vom Anwendungsbereich z. B. des Marktmanipulationsverbots auszuschliessen. Für die Zwecke und den Regelungsgehalt des Verkaufsprospektrechts muss indessen eine Prognose etc. bereits dann als Angabe zu qualifizieren sein, wenn sie mit dem nachvollziehbaren Anspruch auftritt, ernstgenommen zu werden (Definition nach *Vogel,* in: *Assmann/Schneider,* § 20a WpHG Rn. 52 mwN im Kontext des Manipulationsrechts). Dies kann bspw. dann der Fall sein, wenn es an einer Bezugnahme auf einen nachprüfbaren Tatsachenkern oder an einem solchen Kern überhaupt fehlt, wenn aber nur der Prognostizierende etc. besondere Sachkunde, Erfahrung oder Autorität für sich in Anspruch nimmt. Gleichwohl ist darüber hinaus die Inanspruchnahme besonderer Sachkunde nicht konstitutiv für die Annahme des Vorliegens einer Angabe (*Vogel,* in: *Assmann/Schneider,* § 20a WpHG Rn. 52). Dieses weite Verständnis vom Begriff der Angabe ist nicht zuletzt deshalb sachgerecht, weil an Prognosen als Angaben („Angaben, die eine Prognose beinhalten") von der VermVerkProspV bestimmte Anforderungen gestellt werden, insbesondere wird eine deutliche Kenntlichmachung verlangt. Der Regelungszweck wäre verfehlt, wenn ein Prospektaufsteller unter Hinweis auf einen fehlenden Tatsachenkern ins Feld führen könnte, dass eine „Prognose" keine Angabe im (verkaufsprospekt-)rechtlichen Sinn sei, so dass das Erfordernis der deutlichen Kenntlichmachung nicht einschlägig sei (hierzu § 2 VermVerkProspV Rn. 126). Gerade derartige Prognosen können insbesondere objektiv geeignet sein, einen nicht unbeachtlichen Teil des angesprochenen Anlegerkreises zu täuschen und somit die zutreffende Beurteilung der Vermögensanlage zu beeinträchtigen.

6 **cc) Kategorien von Angaben.** Die Angaben in Vermögensanlagen-Verkaufsprospekten lassen sich in drei verschiedene Klassen oder Kategorien einteilen: Mindestangaben, Generalklausel-Angaben und freiwillige Angaben (*Bruchwitz,* in: *Lüdicke/Arndt,* S. 109; *Jäger/Voß,* S. 904 f.). Von besonderer Bedeutung ist insoweit zunächst das in § 2 Abs. 1 Satz 1 aE aufgenommene Gebot der Vollständigkeit. Dieses ist im Zusammenhang mit dem aus Gründen der Klarstellung aufgenommenen (Begr. VermVerkProspV, S. 2) Folgesatz zu lesen, wonach ein Verkaufsprospekt überhaupt nur dann vollständig sein kann, wenn er „mindestens" die nach der VermVerkProspV geforderten Angaben enthält (eine Übersicht der Mindestangaben enthält die Checkliste im

§ 2

Anhang unter III. 3). Daraus erhellt, dass die in der VermVerkProspV aufgezählten Angaben lediglich Mindestangaben sind, die in ihrer Summe als Mindestanforderung erfüllt sein müssen, damit überhaupt möglicherweise (im Rechtsleben insbesondere von Exekutive und Judikative) von einer Vollständigkeit des Verkaufsprospektes gesprochen werden kann (*Kind,* in: *Lüdicke/Arndt,* S. 127). Fehlt auch nur eine einzige der Mindestangaben, ist der Verkaufsprospekt in jedem Fall unvollständig mit der Folge, dass seine Veröffentlichung durch die BaFin zu untersagen ist.

Neben der Kategorie der Mindestangaben existieren noch zwei weitere Klassen von Angaben. Zunächst ist daran zu denken, dass im Einzelfall (in der Praxis ist dies sogar der Regelfall) aufgrund der Besonderheiten eines öffentlichen Angebotes und des dahinter stehenden Anlageinstruments weitere als die von der VermVerkProspV verlangten Angaben erforderlich sein können, damit sich das Publikum ein zutreffendes Bild für seine Anlageentscheidung machen kann. Ohne Vorliegen dieser Angaben kann ein Verkaufsprospekt in einem Haftungsprozess vor Gericht nicht als vollständig im Sinne des § 2 Abs. 1 Satz 1 angesehen werden (*Kind,* in: *Lüdicke/Arndt,* S. 127; *Bohlken/Lange* DB 2005, 1259, 1260). Der Norm kommt insoweit eine Funktion als **„prospektrechtliche Generalklausel"** zu. Mitunter ergibt sich die Notwendigkeit der Aufnahme derartiger Angaben in den Verkaufsprospekt bereits nach den Vorgaben der Rechtsprechung, die teilweise über den Katalog der Mindestangaben nach der VermVerkProspV hinausgehen (*Kind,* in: *Lüdicke/Arndt,* S. 127). Eine Prüfung, ob diese Angaben vorliegen oder nicht, wird indessen durch die BaFin nicht vorgenommen. Dies ist dogmatisch nicht zu beanstanden. Denn die BaFin darf eine derartige Prüfung überhaupt nicht vornehmen, da hierfür keine Ermächtigungsgrundlage existiert. Vielmehr ist es die Sache des jeweiligen Prospektpflichtigen und dessen Sphäre zuzuordnen, eine Beurteilung vorzunehmen, welche Informationen und damit Angaben dies unter Berücksichtigung der Umstände des konkreten Einzelfalls sind und in welcher Ausführlichkeit und Tiefe eine Darstellung zu erfolgen hat (Begr. VermVerkProspV, S. 2; *Jäger/Voß,* S. 904). Dies lässt sich damit rechtfertigen – und hiervon geht auch der Verordnungsgeber aus – dass allein die für die Erstellung und Veröffentlichung des Verkaufsprospekts Verantwortlichen den für eine solche Beurteilung erforderlichen Einblick in die rechtlichen und tatsächlichen Verhältnisse haben, auf die es bei der Prospekterstellung ankommt (Begr. VermVerkProspV, S. 2). Daher sind für diesen Bereich auch rechtspolitisch begrüßenswerterweise keine dem Bereich der Eingriffsverwaltung zuzuordnenden Befugnisse für die BaFin geschaffen worden.

§ 2 Verkaufsprospektverordnung

8   Neben den „Generalklausel-Angaben" existiert noch die Klasse der so genannten „freiwilligen Angaben". Hierbei handelt es sich um Angaben, die zwar einerseits nicht für eine zutreffende Beurteilung des öffentlichen Angebots der Vermögensanlagen durch das Publikum erforderlich sind, deren Aufnahme in den Verkaufsprospekt indessen eine solche Beurteilung andererseits nicht beeinträchtigt. Hierbei kann es sich insbesondere um rein werbende Angaben handeln, die nicht selten in Form von Bildern gemacht werden. Die Zulässigkeit freiwilliger Angaben wird in den Verordnungsgebungsmaterialien ausdrücklich erwähnt (Begr. VermVerkProspV, S. 2). Eine Prüfung durch die BaFin im Hinblick auf diese Angaben findet gleichfalls nicht statt, was bereits daraus folgt, dass ein Fehlen freiwilliger Angaben einen Verkaufsprospekt nicht unvollständig machen kann.

9   Eine freiwillige Angabe stellt bspw. auch eine „Vorab-„ oder „Kurzdarstellung" der Vermögensanlage dar, die in der Praxis häufig im Anschluss an das Inhaltsverzeichnis und vor Beginn des Risikokapitels aufgenommen wird (vgl. Ziffer 3.2 der Anlage 1 zu IDW S 4, im Textanhang unter III. 1). Die Kurzdarstellung ist keine Mindestangabe nach der VermVerkProspV (*Marx/Schleifer* BB 2007, 258, 261 unter Hinweis auf die insoweit missverständliche Ausgestaltung des IDW S 4). Nicht geboten erscheint die Kodifizierung einer Kurzdarstellung als Mindestangabe. Dies würde eine unnötige Überregulierung zu Lasten der Gestaltungsfreiheit der Prospektaufsteller und eine ungebührliche Beschneidung des Verantwortungsbereichs der Anbieter bedeuten (aA *Marx/Schleifer* BB 2007, 258, 262). Dem kann auch nicht entgegengehalten werden, dass die Inhalte solcher Darstellungen in der Praxis voneinander abweichen mögen und dass insbesondere die – in der Praxis mitunter zu beobachtende – alleinige Berücksichtigung der Anforderungen des Abschn. 3.4. der Anlage 1 zu IDW S 4 (s. im Textanhang unter III. 1) in einer Kurzdarstellung unzulässig sein mag. Es ist – schon unter dem verfassungsrechtlichen Aspekt der Berufsausübungsfreiheit – keine hoheitliche Aufgabe, jeglichen möglichen Missständen bei der Handhabung von Details selbstregulatorischer Maßnahmen, wie der IDW S 4 sie letztlich darstellt, kontrollierend entgegenzuwirken. Denn der erforderliche Inhalt einer Kurzdarstellung hängt stets auch von der Vermögensanlage im konkreten Einzelfall ab, so dass dem Anbieter ein eigenständiger Beurteilungsspielraum hinsichtlich der Frage, welche Angaben in eine Kurzdarstellung gehören und welche nicht, zugestanden werden muss. Diese Beurteilung kann ihm der Verordnungsgeber nicht abnehmen mit der Folge, dass die Vollständigkeit der Angaben in der Kurzdarstellung wiederum durch die BaFin zu prüfen wäre.

Allgemeine Grundsätze §2

Die nach dem IDW S 4 geforderten Angaben können in jede der 10
drei Kategorien fallen. Soweit der IDW S 4 gewissermaßen „copypaste" die Angaben nach der VermVerkProspV übernommen hat, sind Mindestangaben gefordert. Die darüber hinausgehenden Erfordernisse gemäß der Anlage 1, die Anforderungen an den Inhalt eines jeden Verkaufsprospekts zum Gegenstand hat sowie die Anlagen 2 bis 7, die Besonderheiten einzelner Fondsprodukte betreffen, werden vielfach – je nach Einzelfall – Generalklauselangaben iSd § 2 Abs. 1 Satz 1 sein. Aber auch eine Klassifizierung als freiwillige Angaben erscheint mitunter denkbar (zu eng insoweit wohl *Bruchwitz*, in: *Lüdicke/Arndt*, S. 109, wonach die nach IDW S 4 geforderten Angaben stets freiwillige Angaben nach der VermVerkProspV sind).

Die Existenz der drei Kategorien von Angaben (Mindestangaben, 11
Generalklauselangaben, freiwillige Angaben) ermöglicht es, sämtliche Texte, Bilder, Grafiken etc., die ein Verkaufsprospekt enthält, jeweils einer der Angabengruppen zuzuordnen und damit entsprechend zu klassifizieren.

Dabei muss die Summe dieser Angaben, die insgesamt den Ver- 12
kaufsprospekt bildet, verschiedenen in § 2 Abs. 1 Satz 1 normierten Grundsätzen genügen: dem Vollständigkeits-, dem Richtigkeits- und dem Wesentlichkeitsgebot (vgl. hierzu die Ausführungen zu § 8g VerkProspG Rn. 10 ff.). Ein Prospekt ist zunächst unvollständig, wenn Angaben fehlen, die für einen Anlageentschluss von wesentlicher Bedeutung sind oder sein können (BGHZ 116, 112, BGH WM 2000, 1503, 1504; *Assmann*, in: *ders./Lenz/Ritz*, § 13 VerkProspG Rn. 30). Die Unvollständigkeit ist systematisch ein Unterfall der Unrichtigkeit, da unvollständige Verkaufsprospekte stets auch unrichtig sind (*Assmann*, in: *ders./Lenz/Ritz*, § 13 VerkProspG Rn. 16; *Schwark/Heidelbach*, KMRK, § 2 VerkProspVO Rn. 1; *Kümpel*, Bank- und Kapitalmarktrecht Rn. 9.295; *Groß* AG 1999, 199, 202). Unrichtig ist eine Prospektangabe tatsächlicher Art, wenn die Angabe zum Zeitpunkt der Prospektaufstellung (§ 2 VermVerkProspV Rn. 134) mit den wirklichen Verhältnissen nicht übereinstimmt. Prognosen oder Werturteile sind dann als unrichtig anzusehen, wenn sie nicht ausreichend durch Tatsachen gestützt und kaufmännisch nicht vertretbar sind (*Assmann*, in: *ders./Lenz/Ritz*, § 13 VerkProspG Rn. 29 mwN). Bei der Prüfung der Vollständigkeit und Richtigkeit des Verkaufsprospekts ist zudem der vom Prospekt erzeugte Gesamteindruck zu ermitteln, insbesondere hinsichtlich des von ihm hervorgerufenen Eindrucks über die Vermögens-, Ertrags- und Liquiditätslage des Emittenten (BGH WM 1982, 862, 863; *Assmann*, in: *ders./Lenz/Ritz*, § 13 VerkProspG Rn. 31). Schließlich kann Grundlage einer Prospekthaftung nur ein Prospekt sein, in dem für die Beurteilung

der Vermögensanlagen „wesentliche", in den Worten des § 2 Abs. 1 Satz 1: „notwendige" Angaben unrichtig und unvollständig sind. Dies sind solche Angaben, die Umstände betreffen, die objektiv zu den wertbildenden Faktoren einer Anlage gehören und die ein durchschnittlicher Anleger „eher als nicht" bei seiner Anlageentscheidung berücksichtigen würde (*Assmann*, Prospekthaftung S. 319; *ders.*, in: *ders./Lenz/Ritz*, § 13 VerkProspG Rn. 25).

13 Die unterschiedlichen Kategorien von Angaben sind zu diesen Geboten in Bezug zu setzen. Soweit die Mindestangaben betroffen sind, ist deren Vorliegen conditio sine qua non und gewissermaßen die Untergrenze dafür, einen Verkaufsprospekt überhaupt als vollständig ansehen zu können. Es kann davon ausgegangen werden, dass ein Verkaufsprospekt, der sämtliche Mindestangaben der VermVerkProspV enthält, den Anforderungen genügen wird, den die BaFin bei ihrer formellen Prospektprüfung an einen Verkaufsprospekt stellt. Indessen kann nicht deutlich genug betont und hervorgehoben werden, dass die Erfüllung dieser behördlichen Anforderungen sowie das Vorliegen eines Verwaltungsaktes, der die Veröffentlichung des Verkaufsprospekts gestattet, keine Gewähr dafür bietet, dass ein Verkaufsprospekt sämtliche Generalklauselangaben enthält und unter dem Gesichtspunkt des Fehlens derartiger Angaben als unvollständig anzusehen ist, was für eine Haftung nach § 13 VerkProspG von überragender Bedeutung ist.

14 Darüber hinaus müssen die Angaben jeder Kategorie richtig im vorstehend definierten Sinne sein. Ob dies der Fall ist, wird in Ermangelung einer Ermächtigungsgrundlage auch für die Mindestangaben nicht durch die BaFin geprüft. Die Richtigkeit einzelner Angaben kann allenfalls Gegenstand im Rahmen der Prüfung eines Haftungsanspruchs nach § 13 VerkProspG sein.

15 Dass die von der VermVerkProspV geforderten Mindestangaben zugleich „wesentlich" sind, ergibt sich bereits daraus, dass der Verordnungsgeber diese Angaben als Mindesterfordernis für die Annahme der Vollständigkeit eines Verkaufsprospektes normiert hat. Zudem dürften Generalklauselangaben regelmäßig als wesentliche Angaben anzusehen sein. Freiwillige Angaben im Sinne der VermVerkProspV sind keine wesentlichen Angaben, sollten sie jedoch unzulässigerweise für eine zutreffende Beurteilung der Vermögensanlagen hinderlich sein, kann unter dem Aspekt des „Gesamteindrucks" eines Verkaufsprospekts insoweit eine Unrichtigkeit vorliegen.

16 Einlegeblätter, Werbeflyer etc., die dem Verkaufsprospekt lose beigefügt werden, sind kein Prospektbestandteil, soweit es um den Verkaufsprospekt im aufsichtsrechtlichen Sinne geht (zu den unterschiedlichen Prospektbegriffen nach öffentlichem Recht bzw. Zivilrecht s. Vor § 8f VerkProspG Rn. 24ff.). Daraus folgt, dass sie

keine Mindestangaben enthalten dürfen, die ansonsten im Verkaufsprospekt nicht enthalten sind, da ansonsten mit ihrer Entfernung der Verkaufsprospekt unvollständig werden würde. Eine Ausnahme besteht ggf. in Bezug auf den Zeichnungsschein. Dieser enthält mitunter einzelne Mindestangaben wie die Kontoverbindung, die für die Einzelheiten der Zahlung des Zeichnungs- oder Erwerbspreises (§ 4 Satz 1 Nr. 5; vgl. auch § 4 VermVerkProspV Rn. 61) relevant ist. Dies ist zulässig, soweit auf dem Zeichnungsschein ein Hinweis angebracht ist, dass dieser als Bestandteil des Verkaufsprospektes fungiert.

b) Negativtestate. aa) Vollständigkeitsgebot. Aus dem Vollständigkeitsgebot folgt desweiteren, dass der Anbieter keine von der VermVerkProspV geforderte Mindestangabe lediglich mit „Schweigen" beantworten darf (*Jäger/Voß*, S. 913). Dieses Ergebnis lässt sich auch dadurch herleiten, dass eine Angabe als eine Erklärung über das Vorliegen bzw. Nichtvorliegen eines Umstandes definiert wird (oben Rn. 5). In jedem Fall muss aber eine (positive oder negative) Erklärung im Verkaufsprospekt erfolgen. Die Praxis der BaFin zur VerkProspVO in der Fassung bis zum 30. 6. 2005 betreffend Wertpapieremissionen war insoweit nicht einheitlich. So wurde bspw. im Hinblick auf die Abhängigkeit von Patenten, Lizenzen, Verträgen oder neuen Herstellungsverfahren (§ 7 Abs. 1 Nr. 2 VerkProspVO) sowie bei Gerichts- oder Schiedsverfahren (§ 7 Abs. 1 Nr. 3 VerkProspVO) angenommen, dass im Fall von deren Nichtvorliegen keine explizite Negativerklärung in den Verkaufsprospekt aufzunehmen sei (*Lenz*, in: *Assmann/Lenz/Ritz*, § 7 VerkProspVO Rn. 9, 11). Bezüglich anderer Angaben wurde indessen ein ausdrückliches Negativtestat durch die BaFin verlangt. Eine derartige Auslegung ist willkürlich und mit dem Gebot der Vollständigkeit nicht vereinbar. Denn die BaFin kann die Vollständigkeit der Mindestangaben nur überprüfen, wenn zu jeder einzelnen von der VermVerkProspV geforderten Mindestangabe auch tatsächlich eine Aussage im Prospekt gemacht wird. Dies verkennt *Gebauer,* nach dessen Ansicht aufgrund der positiven Formulierungen der Angabeverpflichtungen ein Schweigen des Verkaufsprospekts bereits zu der Aussage führen soll, dass der in der Verordnung beschriebene Sachverhalt im Verkaufsprospekt keine Entsprechung hat (*Kümpel/Hammen/Ekkenga/Gebauer*, Nr. 100, S. 34). Tatsächlich ist darauf hinzuweisen, dass die Behörde nur mutmassen kann, ob der Prospektpflichtige bewusst zu einer Angabe schweigt, oder ob eine Angabe schlechthin vergessen wurde, so dass im letztgenannten Fall der Verkaufsprospekt unvollständig wäre. Daher ist in den Fällen, in denen eine von der VermVerkProspV geforderte Mindestangabe vom Anbieter nicht gemacht werden kann, zur Einhaltung des Vollständigkeitsgebots ein ausdrückliches Negativtestat erforderlich. Fehlt ein Negativtestat im Hinblick auf eine solche Angabe, ist der Verkaufsprospekt als unvollständig anzusehen mit der Folge, dass seine Veröffentlichung von der BaFin zu untersagen ist. Im Übrigen stellt sich mitunter im Laufe des Gestattungsverfahrens erst aufgrund einer Anhörung heraus, dass der Prospektaufsteller tatsächlich eine Mindestangabe vergessen hat, die positiv zu formulieren gewesen wäre. Würde die BaFin *Gebauer* folgend das Schweigen nicht bemängeln, liefe sie Gefahr, verbunden mit Amtshaftungsrisiken die Veröffentlichung unvollständiger Verkaufsprospekte zu gestatten.

18 Nicht begründen lässt sich die Forderung von Negativtestaten damit, dass „die BaFin keine Einsicht in das Vertrags- und Rechenwerk der jeweiligen Emittenten vornimmt" (so aber *Marx/Schleifer* BB 2007, 258). Denn gemäß § 8i Abs. 4 lit. a) Ziff. 2 VerkProspG kann die BaFin die Einsichtnahme in Unterlagen verlangen, die zur Prüfung der formalen Vollständigkeit der Mindestangaben erforderlich sind (hierzu § 8i VerkProspG Rn. 94 ff.; insofern zutreffend *Marx/Schleifer* BB 2007, 258 Fn. 11). Hiervon macht die BaFin durchaus Gebrauch.

19 Die Forderung von Negativtestaten durch die BaFin in einem kapitalmarktrechtlichen Informationsdokument ist im Übrigen kein Novum: So ist es gängige Praxis, dass bei Angebotsunterlagen nach dem WpÜG ggf. entsprechende Negativtestate aufzunehmen sind, um den Anforderungen der WpÜG-Angebotsverordnung (BGBl. 2001 I S. 4263) gerecht werden zu können.

20 Dabei ist es ohne Belang, ob eine Angabe aus tatsächlichen oder rechtlichen Gründen (Beispiele für rechtliche Gründe, welche die Aufnahme einer Angabe unmöglich machen, bieten z. B. die §§ 5 Ziff. 3 und 6 Satz 2) nicht gemacht werden kann. Die Überschrift der Ziff. 4 des BaFin-Auslegungsschreibens (s. dazu im Textanhang unter III. 4), die lediglich auf Mindestangaben Bezug nimmt, „die aufgrund der *Rechtsnatur* der Anlageform nicht möglich sind", ist insoweit missverständlich zu eng formuliert und lässt die tatsächliche Ebene zu Unrecht aus. Der Vollständigkeitsgrundsatz, in dessen Licht auch die Ausführungen der Ziff. 4 des BaFin-Auslegungsscheibens zu lesen sind, gilt für sämtliche Angaben der VermVerkProspV.

21 **bb) Arten von Negativtestaten.** Es ist zwischen echten und so genannten unechten Negativtestaten (hierzu Rn. 32) zu unterscheiden.

22 Ein **echtes Negativtestat** ist erforderlich, wenn eine Mindestangabe in der Form eines einfachen Aussagesatzes gefordert wird und die tatsächlichen oder rechtlichen Voraussetzungen für die Aufnahme

Allgemeine Grundsätze **§ 2**

der Mindestangabe in den Verkaufsprospekt nicht vorliegen. Formulierungsbeispiel: „Gerichts- und Schiedsverfahren, die einen wesentlichen Einfluss auf die wirtschaftliche Lage des Emittenten haben können, existieren nicht." (§ 8 Abs. 1 Nr. 3).

Für das Erfordernis eines echten Negativtestats spricht sich zudem 23 Ziff. 4 des Auslegungsschreibens aus. Danach ist eine entsprechende Angabe entbehrlich, wenn „im Einzelfall Informationsbestandteile, die als Mindestangaben nach den prospektrechtlichen Vorgaben grundsätzlich in den Prospekt aufzunehmen sind, aufgrund der rechtlichen oder tatsächlichen Eigenschaften der Vermögensanlage von der Natur der Sache her nicht gemacht werden können". Indessen ist in diesen Fällen ein Hinweis im Verkaufsprospekt erforderlich, „warum eine Mindestangabe nicht in den Prospekt aufgenommen wurde". Diese Überlegungen zugrundegelegt ist festzustellen, dass bei einfachen Aussagesätzen das echte Negativtestat nichts anderes als der im Auslegungsschreiben verlangte Hinweis ist, da das Nichtvorliegen des entsprechenden Umstandes zugleich den Grund darstellt, warum eine Angabe nicht positiv in den Verkaufsprospekt aufgenommen werden kann.

Im Übrigen gilt Ziff. 4 des BaFin-Auslegungsscheibens auch im 24 Hinblick auf emittentenbezogene Angaben sowie im Hinblick auf sämtliche anderen Angaben, die im Zusammenhang mit dem öffentlichen Angebot erforderlich sind. Zwar ließe sich unter Verweis auf den Wortlaut der Ziff. 4 argumentieren, dass insoweit lediglich die „Eigenschaften der Vermögensanlage" und nicht auch solche des Emittenten, des Anlageobjekts etc. zu berücksichtigen wären. Zudem unterscheidet die VermVerkProspV exakt z. B. zwischen Angaben über die Vermögensanlagen (§ 4) und emittentenbezogenen Angaben (§§ 5 ff.). Indessen dürfte es sich insoweit um eine redaktionelle Ungenauigkeit des Auslegungsschreibens handeln. Denn es wäre mit dem Dogma der Vollständigkeit nicht zu vereinbaren, in Bezug auf Eigenschaften des Emittenten etc., sofern derartige Angaben aufgrund rechtlicher oder tatsächlicher Umstände nicht gemacht werden können, auf echte Negativtestate zu verzichten. Ein sachlich überzeugender Grund, Angaben, die einerseits aufgrund von Eigenschaften der Vermögensanlage und andererseits aufgrund von Eigenschaften des Emittenten etc. nicht gemacht werden können, unterschiedlich zu behandeln, ist nicht ersichtlich.

Neben Aussagesätzen verwendet die VermVerkProspV noch wei- 25 tere Satzformen, auf die die vorstehend geschilderten Grundsätze anzuwenden sind.

So ist für Mindestangaben, die in Form von Konditionalsätzen zu 26 machen sind, stets eine Aussage positiven oder negativen Inhalts

Voß

durch den Anbieter zu treffen, da auch insoweit im Falle eines „Schweigens" des Prospektpflichtigen von der Unvollständigkeit des Verkaufsprospektes auszugehen wäre. Ein Beispiel hierfür bietet § 8 Abs. 2, der wie folgt lautet: „Ist die Tätigkeit des Emittenten durch außergewöhnliche Ereignisse beeinflusst worden, so ist darauf hinzuweisen." Fehlt es am Vorliegen der Bedingung (liegen mithin keine „außergewöhnlichen Ereignisse" vor), kann von der Aufnahme einer zugehörigen Angabe in den Verkaufsprospekt nicht abgesehen werden, ohne dass der Verkaufsprospekt unvollständig wird. Zwingend erforderlich ist vielmehr eine negative Aussage des Inhalts, dass die Tätigkeit des Emittenten nicht durch außergewöhnliche Ereignisse beeinflusst worden ist. Abermals ist auf Ziff. 4 des BaFin-Auslegungsschreibens hinzuweisen. Im Beispiel ist das Nichtvorliegen von Ereignissen der Umstand, aufgrund dessen eine positive Angabe nach § 8 Abs. 2 nicht gemacht werden kann. Die negative Angabe, dass keine entsprechenden Ereignisse die Emittententätigkeit beeinflusst haben, fungiert als Hinweis, warum die Angabe nicht gemacht wurde.

27 Zu beachten ist, dass mitunter die sprachliche Gestaltungsmöglichkeit besteht, bei Konditionalsätzen im Falle des Nichtvorliegens der entsprechenden Bedingung die daraus grundsätzliche negative Aussage durch eine positive Formulierung zu treffen. Ein Beispiel bietet § 4 Satz 1 Nr. 8 Satz 1. HS: „Der Verkaufsprospekt muss über die Vermögensanlagen angeben: Die einzelnen Teilbeträge, falls das Angebot gleichzeitig in verschiedenen Staaten mit bestimmten Teilbeträgen erfolgt." Erfolgt das Angebot *nicht* gleichzeitig in verschiedenen Teilstaaten, lässt sich dieser Umstand durch die positive Aussage, wonach das Angebot nur in Deutschland (bzw. daneben auch in weiteren bestimmten, aufgezählten Staaten) stattfindet, angemessen im Verkaufsprospekt darstellen.

28 Das Erfordernis der Aufnahme eines Negativtestats in den Verkaufsprospekt besteht nur in Bezug auf von der VermVerkProspV geforderte Mindestangaben. Entbehrlich sind Negativtestate, sofern eine Vorschrift der VermVerkProspV keine Mindestangabe normiert, sondern lediglich eine Voraussetzung im Zusammenhang mit dem – rechtlich selbständigen (Rn. 40) – Verfahren zur Gestattung der Abfassung des Verkaufsprospekts in einer anderen als der deutschen Sprache. Sedes materie ist § 2 Abs. 1 Satz 4: Verfasst etwa ein Emittent mit Sitz im Inland einen Verkaufsprospekt in deutscher Sprache, so ist kein Negativtestat erforderlich, wonach der Emittent seinen Sitz nicht im Ausland hat und der Verkaufsprospekt nicht in einer in internationalen Finanzkreisen üblichen Sprache verfasst wurde. Entbehrlich ist in dieser Konstellation (Emittent mit Sitz im Inland; Prospekt in deutscher Sprache) auch ein Hinweis, wonach dem Verkaufsprospekt keine (deutsche) Zusammenfassung vorangestellt wurde (§ 2 Abs. 1 Satz 5).

Denklogisch nicht möglich sind Negativtestate bei Mindestangaben, die eine Verfahrensweise bei der Prospekterstellung vorgeben. Eine Verfahrensweise bei der Prospekterstellung beschreibt § 2 Abs. 2 Satz 5, wonach in den Verkaufsprospekt aufgenommene Prognosen als solche deutlich kenntlich zu machen sind. Bei dieser Verfahrensweise („Kenntlichmachung von Prognosen") handelt es sich um eine Mindestangabe, bei deren Nichtvorliegen – mithin im Fall der Nichtkenntlichmachung einer Prognose – die BaFin die Veröffentlichung des Verkaufsprospekts zu untersagen hat. Jedoch ist schlechthin kein rechtlicher oder tatsächlicher Umstand vorstellbar, aufgrund dessen einem Prospektpflichtigen eine Kenntlichmachung als Prognose unmöglich sein sollte, so dass die Angabe (= die Kenntlichmachung) verbunden mit einem entsprechenden Hinweis entfallen könnte.

Von der Aufnahme eines Negativtestats ist zudem bei echten Sachverhaltsalternativen abzusehen. So verlangt bspw. § 3 bei natürlichen Personen die Angabe von Namen, Geschäftsanschrift und Funktionen, bei juristischen Personen demgegenüber die Angabe von Firma und Sitz. Bei derartigen Konstellationen ist kein Negativtestat erforderlich, wonach bspw. keine Angaben zu Firma und Sitz gemacht werden, da es sich bei dem Prospektverantwortlichen um eine natürliche und nicht um eine juristische Person handelt.

Dieser Grundsatz gilt auch im Hinblick auf Angaben betreffend die Finanzinformationen für „alte Emittenten" nach § 10 bzw. „junge Emittenten" nach § 15. Ob die Finanzinformationen gemäß § 10 oder § 15 zu prospektieren sind, ist davon abhängig, ob auf der Tatbestandsebene die Voraussetzungen des § 15 Abs. 1 erfüllt sind oder nicht. Sollte dies zu bejahen sein, ist mithin etwa ein Negativtestat entbehrlich, wonach die Angaben nach § 10 nicht in den Verkaufsprospekt aufgenommen wurden, weil es sich vorliegend um einen jungen Emittenten handelt. Ein Negativtestat ist ebenfalls entbehrlich bezüglich der sich gegenseitig ausschließenden Varianten des § 10 Abs. 1 Satz 1 Nr. 1, § 10 Abs. 1 Satz 1 Nr. 2a und § 10 Abs. 1 Satz 1 Nr. 2b.

cc) Unechte Negativtestate. So genannte unechte Negativtestate meinen die Fälle, in denen eine negative Aussage nicht durch eine bloße Verneinung einer positiven Aussage getroffen werden kann. Es handelt sich hierbei insbesondere um abschließende Aussagen im Anschluss an eine Aufzählung, wonach keine weiteren Angaben im jeweiligen Zusammenhang zu machen sind.

Unechte oder „abschließende" Negativtestate sind zunächst im Zusammenhang mit sämtlichen Aufzählungen erforderlich. Die einschlägigen Normen der VermVerkProspV beinhalten Formulierungen wie z. B. „insbesondere", „sonstige", „vergleichbare", „weitere" etc. Von entscheidender Bedeutung für die Beurteilung der angebotenen Vermögensanlagen sind abschließende Negativtestate insbesondere bezüglich möglicher finanzieller Belastungen des Anlegers. In diesen Fällen ist etwa anzugeben, „dass weitere Kosten nicht anfallen" (§ 4 S. 1 Nr. 10). Gleiches gilt für die Risikofaktoren (Rn. 121). Unechte Negativtestate sind nicht unter Hinweis auf die Vollständigkeitserklärung nach § 3 entbehrlich (§ 3 VermVerkProspV Rn. 14).

34 Soweit bei einer Mindestangabe, die verschiedene Punkte aufzählt, nur ein Punkt oder einige wenige Punkte zu bejahen, die restlichen Punkte im Übrigen jedoch zu verneinen sind, ist bezüglich der einzelnen zu verneinenden Punkte jeweils ein Negativtestat erforderlich. **Formulierungsbeispiel** für § 8 Abs. 1 Nr. 2: „Der Emittent ist abhängig von Patent XY, das von wesentlicher Bedeutung für seine Geschäftstätigkeit und Ertragslage ist. Abhängigkeiten von sonstigen Patenten, Lizenzen, Verträgen oder neuen Herstellungsverfahren bestehen nicht."

35 Im Folgenden ist im Rahmen der Kommentierung der einzelnen Mindestangaben vermerkt, welches Negativtestat jeweils gegebenenfalls erforderlich ist.

2. Prospektsprache

36 § 2 Abs. 1 Satz 2 Alt. 1 verlangt, dass der Verkaufsprospekt in deutscher Sprache abgefasst wird. Sollte ein Verkaufsprospekt in einer anderen Sprache vorgelegt werden, hat die BaFin auf diesen Umstand gestützt die Veröffentlichung des Verkaufsprospekts zu untersagen. Dogmatisch handelt es sich bei dem Erfordernis „deutsche Sprache" um eine Mindestangabe, deren Vorliegen die BaFin im Rahmen ihrer Vollständigkeitsprüfung zu kontrollieren hat. Wollte man hingegen die Position beziehen, die Kontrolle der Sprache würde nicht mehr vom Maßstab der formellen Prüfung umfasst sein und würde bereits eine inhaltliche Prüfung darstellen, so würde dies zu dem schlechthin unerträglichen Ergebnis führen, dass die BaFin der Veröffentlichung von anderssprachigen Verkaufsprospekten nicht entgegentreten könnte (ebenso für die Rechtslage nach § 2 VerkProspV *Assmann*, in: *ders./Lenz/Ritz*, § 2 VerkProspVO Rn. 5). Hierfür spricht auch der Umstand, dass § 8g Abs. 2 VerkProspG u. a. zwischen Sprache und Inhalt des Verkaufsprospekts unterscheidet. Denn diese Norm soll gerade sicherstellen, dass nicht nur Inhaltsanforderungen, sondern auch Sprachanforderungen an den Verkaufsprospekt gestellt werden können, wobei beide Kategorien von Anforderungen (sogar diejenigen, die den Inhalt des Verkaufsprospekts betreffen) von der BaFin hinsichtlich ihres Vorliegens nur formell geprüft werden dürfen. Nach zutreffender Ansicht prüft die BaFin lediglich, ob ein von der VermVerkProspV zwingend verlangtes Erfordernis gegeben ist oder nicht. Hierzu hat sie aber den Inhalt des Verkaufsprospekts zur Kenntnis zu nehmen und zu beurteilen, da sie andernfalls überhaupt nicht über die Vollständigkeit des Verkaufsprospekts entscheiden könnte. Dies ist nicht mit einer inhaltlichen Prüfung, welche die Überprüfung der inhaltlichen Richtigkeit der vorgelegten Angaben meint, zu verwechseln (ausführlich § 8i VerkProspG Rn. 31 ff.). Folglich liegt bei der Beurteilung der Einhaltung des Spracherfordernisses durch die BaFin kein Verstoß gegen den formellen Prüfungsmaßstab vor.

In den Fällen, in denen ein Emittent seinen Sitz im Ausland hat, **37** kann die BaFin gestatten, dass der Verkaufsprospekt ganz oder zum Teil in einer anderen in internationalen Finanzkreisen gebräuchlichen Sprache abgefasst wird (§ 2 Abs. 1 Satz 4). Dahinter steht die Überlegung, derartigen Emittenten in Deutschland den Marktzutritt nicht ungebührlich zu erschweren (Begr. VermVerkProspV, S. 2; *Jäger/Voß*, S. 905). Für die Rechtslage betreffend Wertpapieremissionen wurde davon ausgegangen, dass jedenfalls Englisch eine Sprache in diesem Sinne darstellt. Für das öffentliche Angebot von Vermögensanlagen gilt nichts anderes (*Jäger/Voß*, S. 905; *Moritz/Grimm* BB 2005, 337, 338). Weitere Fremdsprachen sind bisher nicht praktisch geworden, so dass sich die im Einzelfall nur schwer zu beurteilende Frage, ob eine Sprache in internationalen Finanzkreisen üblich ist, nicht stellte. Sinnhafte Kriterien, wie die „Gebräuchlichkeit" einer Sprache „in internationalen Finanzkreisen" bzw. die relevanten Kreise als solche zu bestimmen sind, wurden zudem bisher nicht entwickelt. Es wäre zu begrüßen, wenn der Verordnungsgeber die Exekutive (und ggf. die Judikative) von dieser Aufgabe entlasten und bei einer Novellierung aus Gründen der Rechtssicherheit die Sprachen, die er insoweit für unbedenklich hält, ausdrücklich normieren würde. Ein in Mandarin verfasster Verkaufsprospekt, über dessen Gestattung zur Veröffentlichung innerhalb von 20 Werktagen zu entscheiden wäre, würde jedenfalls alle Beteiligten derzeit vor ganz erhebliche praktische Probleme stellen, was nicht im Sinn der Legislative sein kann.

Auffällig ist, dass auch in den Fällen, in denen die Voraussetzungen **38** für die Gestattung der Veröffentlichung eines Verkaufsprospektes in z. B. englischer Sprache vorliegen, in der Praxis äußerst selten von der Möglichkeit Gebrauch gemacht wird, eine fremdsprachige Veröffentlichung zu beantragen. Dies gilt nicht nur für Emittenten, die ihren Sitz im englischsprachigen Ausland haben, sondern auch für solche, die im deutschsprachigen Ausland, wie z. B. der Schweiz, domiziliert sind.

39 Damit eine Gestattung der BaFin über die Abfassung des Verkaufsprospekts in einer anderen als der deutschen Sprache erfolgen kann, ist die Stellung eines formlosen Antrages erforderlich. Erfolgt die Einreichung des Verkaufsprospekts ohne Beifügung eines ausformulierten Antrages, ist im Umstand der Einreichung selbst die konkludente Antragstellung auf Gestattung der Veröffentlichung eines Verkaufsprospekts in fremder Sprache zu erblicken. Diese Sichtweise vermeidet unnötige Formalismen. Denn andernfalls müsste die BaFin gegebenenfalls auf die Nachholung eines entsprechenden Antrages hinwirken (§ 25 S. 1 VwVfG) oder sie hätte sogar die Veröffentlichung des Verkaufsprospekts allein aufgrund der Nichteinhaltung des Spracherfordernisses von vornherein zu untersagen (*Assmann*, in: *ders./Lenz/Ritz*, § 2 VerkProspVO Rn. 7).

40 Zu betonen ist, dass der Antrag auf Gestattung der Veröffentlichung des Verkaufsprospekts nach § 8i Abs. Abs. 2 Satz 1 VerkProspG und der Antrag auf Abfassung des Verkaufsprospekts in einer fremden Sprache zwei verschiedene, rechtlich selbständige Anträge darstellen, die zwei rechtlich selbständige Verwaltungsverfahren iSd § 9 VwVfG nach sich ziehen. Das Gestattungsverfahren betreffend die Abfassung des Verkaufsprospektes in einer fremden Sprache ist nicht Teil des Hinterlegungsverfahrens, da die Entscheidung über einen Antrag nach § 2 Abs. 1 Satz 4 nicht Gegenstand der Prospektprüfung nach § 8i Abs. 2 VerkProspG ist. Vielmehr ist die Gestattung der Veröffentlichung eines Verkaufsprospekts in einer anderen als der deutschen Sprache gewissermaßen als Vorstufe Voraussetzung dafür, dass ein Hinterlegungsverfahren überhaupt durchgeführt werden kann. Dies hat insbesondere zur Folge, dass die Prüfungsfrist von 20 Werktagen nach § 8i Abs. 2 Satz 2 VerkProspG erst mit der Gestattung über die Zulässigkeit der Erstellung in fremder Sprache zu laufen beginnt. Die BaFin tritt zuvor insbesondere nicht in eine Prüfung ein, ob der in einer anderen Sprache eingereichte Verkaufsprospekt in dieser Sprache gestattungsfähig ist. Der Antrag nach § 2 Abs. 1 Satz 4 unterliegt nicht der Prüfungsfrist des § 8i Abs. 2 Satz 2 VerkProspG. Er kann sich auch nur auf einen Teil des Verkaufsprospektes beziehen.

41 Aus praktischen Erwägungen erscheint es sachgerecht, den Prospekteinreicher gelegentlich der Eingangsbestätigung nach § 8i Abs. 3 Satz 1 VerkProspG darüber zu informieren, dass die Einreichung eines anderssprachigen Verkaufsprospekts als Antrag auf Gestattung seiner Veröffentlichung in einer anderen in internationalen Finanzkreisen üblichen Sprache ausgelegt wurde und diese Information mit der Bescheidung über diesen Antrag zu verknüpfen. Mit Bescheidung des Antrags wird die Prüfungsfrist des Hinterlegungsverfahrens nach § 8i

Allgemeine Grundsätze §2

Abs. 2 Satz 2 VerkProspG in Gang gesetzt. Bei einer Ablehnung des Antrags wäre die Möglichkeit eröffnet, die Veröffentlichung des Verkaufsprospekts (auch ohne vorherige Anhörung) zu untersagen. Denkbar und verwaltungsrechtlich zulässig ist es aber auch, dem Anbieter nach erfolgter Ablehnung der Gestattung der Abfassung des Verkaufsprospektes in einer anderen als der deutschen Sprache die Möglichkeit einzuräumen, den eingereichten Verkaufsprospekt und den damit verbundenen Antrag auf Gestattung der Veröffentlichung zurückzunehmen. Dies hat dann in der mit der Ablehnung über den Antrag nach § 2 Abs. 1 Satz 4 ausgelösten Frist von 20 Werktagen zu geschehen. Mit Ablauf der Frist wäre die Veröffentlichung zwingend zu untersagen.

Im Übrigen ist bei einer Ablehnung des Antrags auf Veröffentlichung des Verkaufsprospekt in einer anderen Sprache der Gebührentatbestand des § 16 VerkProspG nicht einschlägig. **42**

Tatbestandsvoraussetzung des § 2 Abs. 1 Satz 5 ist es, dass der Emittent (nicht der Anbieter) seinen Sitz im Ausland hat. Maßgeblich ist insoweit bei Kapitalgesellschaften der satzungsmäßige Sitz (vgl. § 5, 23 Abs. 3 Nr. 1 AktG, § 3 Abs. 1 Nr. 1 GmbHG, § 24 BGB) und nicht der tatsächliche (kollisionsrechtliche) „effektive" Verwaltungssitz (*Assmann*, in: *ders./Lenz/Ritz*, § 2 VerkProspVO Rn. 7; *Moritz/Grimm* BB 2005, 337, 338) und bei Personenhandelsgesellschaften grundsätzlich der im Gesellschaftsvertrag genannte und ggf. zum Handelsregister angemeldete Sitz. Da das Recht der Personenhandelsgesellschaften keinen satzungsmäßigen Sitz kennt (vgl. *Baumbach/Hopt*, § 106 Rn. 8), muss bei Abweichung des im Gesellschaftsvertrag genannten Sitzes vom tatsächlichen Verwaltungssitz letzterer entscheidend sein. Da die Angabe des Sitzes insbesondere auch Auswirkungen auf die Frage des Gerichtsstandes haben kann, ist es notwendig, dass dieser hinreichend genau bezeichnet ist (vgl. *Hüffer*, § 5 Rn. 4 mwN). Da es auf den Sitz des Emittenten ankommt, ist es nicht ausreichend, wenn eine inländische Tochtergesellschaft als Emittent und eine ausländische Muttergesellschaft als Garantin fungiert. **43**

Die Entscheidung über die Gestattung der Abfassung des Verkaufsprospekts in einer fremden Sprache ist eine Ermessensentscheidung („kann ... gestatten"). Die BaFin übt das ihr eingeräumte Ermessen fehlerfrei aus, wenn sie einen Antrag ablehnt, „alle zukünftig eingereichten Verkaufsprospekte" in einer anderen als der deutschen Sprache abfassen zu dürfen. Aus der systematischen Stellung des § 2 Abs. 1 Satz 4 folgt, dass die Gestattung sich nur auf einen konkreten Verkaufsprospekt für ein ganz bestimmtes öffentliches Angebot beziehen kann. Eine pauschale Gestattung auf sämtliche zukünftigen Emissionsvorhaben eines Anbieters ist folglich als unstatthaft abzulehnen. **44**

§ 2 Verkaufsprospektverordnung

45 Ist die Abfassung eines Verkaufsprospekts in einer anderen als der deutschen Sprache gestattet, ist dem Prospekt eine deutsche Zusammenfassung voranzustellen (§ 2 Abs. 1 Satz 5). Direkt aus dem Wortlaut der Norm ergibt sich, dass diese Zusammenfassung Bestandteil des Verkaufsprospektes und damit Haftungsdokument ist. Die Zusammenfassung muss die wesentlichen tatsächlichen und rechtlichen Angaben zu dem Emittenten, der Vermögensanlage und dem Anlageobjekt enthalten. Was unter den wesentlichen Angaben in diesem Sinne zu verstehen ist, hängt von der konkreten Vermögensanlage ab (*Moritz/Grimm* BB 2005, 337, 338). Es dürfte sich empfehlen, in die Zusammenfassung jedenfalls diejenigen Informationen aufzunehmen, die im Rahmen einer „Vorab- oder Kurzdarstellung" bei einem deutschsprachigen Verkaufsprospekt dem Anleger zur Verfügung gestellt werden. Im Abschnitt 3.2.1 der Anlage 1 zu IDW S 4 wurde ein für eine solche Kurzdarstellung nicht abschließender Katalog niedergelegt. Anzugeben sind danach Art, Anzahl und Gesamtbetrag der Vermögensanlagen sowie die mit den Vermögensanlagen verbundenen Rechte. Zudem ist eine überblicksartige Beschreibung des Anlageobjekts erforderlich. Entbehrlich dürfte für die Zwecke der Zusammenfassung eine nach IDW S 4 für die Kurzdarstellung geforderte Beschreibung des Anlegerkreises sein. Ferner ist hiernach die Bindungsdauer der Vermögensanlage anzugeben. Zu den wesentlichen tatsächlichen und rechtlichen Angaben, die in einer Zusammenfassung anzuführen sind, gehört darüber hinaus die Nennung der Risiken (einschließlich das den Anleger maximal treffende Risiko) und der Finanzinformationen. Vor dem Hintergrund etwaiger Prospekthaftung ist auch die Angabe der Provisionen, der Weichkosten sowie ein Mittelverwendungs- und Mittelherkunftsplan zu empfehlen.

46 Die Anforderungen an den Inhalt der Zusammenfassung sind einerseits für solche Verkaufsprospekte, die komplett in einer Fremdsprache verfasst werden, und andererseits für Verkaufsprospekte, die lediglich zum Teil nicht in deutscher Sprache geblieben sind, gleich zu beurteilen. Der Auswertung des Verkaufsprospektes ist es nicht förderlich, wenn für die letztgenannte Fallgruppe lediglich eine Zusammenfassung gefordert wird, die sich auf die im konkreten Fall fremdsprachigen Bestandteile beschränkt (so aber *Moritz/Grimm* BB 2005, 337, 338). Denn auch in diesen Fällen ist die Zusammenfassung dem Verkaufsprospekt „voranzustellen". Eine Zusammenfassung an prominentester Stelle, die sich lediglich auf Teile des Verkaufsprospekts bezieht, dürfte regelmäßig die zutreffende Beurteilung des Anlageinstruments eher erschweren als fördern.

47 Das Erfordernis „in deutscher Sprache" ist auch dann als erfüllt anzusehen, wenn ein Verkaufsprospekt nach § 4 Abs. 2 abzudruckende

Allgemeine Grundsätze §2

Gesellschafts- und/oder Treuhandverträge nicht nur in deutscher, sondern auch in einer fremden Sprache enthält. Nicht selten werden Gesellschafts- oder Treuhandverträge in einer anderen als der deutschen Sprache, insbesondere auf Englisch, verhandelt und abgeschlossen. Zum einen ist in diesen Fällen eine Übersetzung der Verträge ins Deutsche notwendig, damit die Angabe nach § 4 Satz 2 in deutscher Sprache gemacht werden kann. Es wäre dem Sinn und Zweck des Anlegerschutzes jedoch abträglich, wollte man dem Anbieter den Abdruck der Originalfassung der Verträge unter Berufung auf das Spracherfordernis verwehren. Übersetzungen von Rechtstexten sind, was in der Natur der Sache liegt, häufig nur mit bedingter Exaktheit möglich und eine Lektüre der Texte in der Ursprungssprache ist für eine vollständige Erfassung der Bedeutung der getroffenen Regelungen unerlässlich. Insoweit ist darauf abzustellen, dass ein Verkaufsprospekt nach § 2 Abs. 1 Satz 3 nicht nur in deutscher Sprache, sondern kumulativ in einer Form abzufassen ist, die sein Verständnis und seine Auswertung erleichtert. Dies ist bei Vertragstexten aber häufig nur möglich, wenn diese in ihrer Ursprungssprache abgedruckt werden. Das allgemeine Verständlichkeitsprinzip geht dem speziellen Sprachprinzip insoweit vor. Der Abdruck von fremdsprachigen Verträgen ist daher als zumindest freiwillige Angabe grundsätzlich zulässig. Etwas anderes könnte im Einzelfall gelten, soweit der Abdruck der fremdsprachigen Verträge in der konkreten Ausgestaltung bspw. der Übersichtlichkeit des Verkaufsprospekts nicht förderlich ist.

Statthaft ist in diesen Fällen auch ein Hinweis bei den deutschsprachigen Verträgen, wonach allein die fremdsprachige Fassung (insbesondere bei Schieds- und Gerichtsauseinandersetzungen) verbindlich ist. Dieser in der Vertragspraxis nicht selten vorkommende Hinweis führt nicht dazu, die Angabe nach § 4 Satz 2 (Abdruck der Verträge in deutscher Sprache) als nicht erfüllt ansehen zu können unter Hinweis darauf, dass die Angabe nur unter einem Vorbehalt gemacht worden sei. Denn losgelöst von diesem Hinweis sind die Verträge auf Deutsch in den Verkaufsprospekt aufgenommen, damit Bestandteil des Verkaufsprospekts und somit im Fall eines behaupteten Prospekthaftungsanspruchs Gegenstand einer Prüfung nach § 13 VerkProspG, so dass der Schutz des Publikums hinreichend gewährleistet ist. **48**

Nicht erforderlich ist in dieser Konstellation die Stellung eines Antrages nach § 2 Abs. 1 Satz 4, die Abfassung eines Teils des Verkaufsprospekts in einer anderen als der deutschen Sprache zu gestatten. Wählt ein Anbieter dennoch bei Vorliegen der Tatbestandsvoraussetzung (Emittent mit Sitz im Ausland) diesen Weg und wird sein Antrag positiv beschieden, so muss er dem gesamten Verkaufsprospekt eine Zusammenfassung voranstellen. **49**

3. Prospektform

50 **a) Verständlichkeit.** Gemäß § 2 Abs. 1 Satz 3 Alt. 2 ist der Verkaufsprospekt in einer Form abzufassen, die sein Verständnis und seine Auswertung erleichtert. Bei diesem Erfordernis handelt es sich um eine Prospektanforderung, die dem Prospektprüfungsverfahren als Bestandteil des Hinterlegungsverfahrens unterfällt. Damit ist die Form eines Verkaufsprospekts Gegenstand der Prüfung durch die BaFin (*Assmann*, in: *ders./Lenz/Ritz*, § 2 VerkProspVO Rn. 14). Gelangt die BaFin zu dem Schluss, dass das Formerfordernis nicht eingehalten ist, so hat sie hierauf gestützt die Veröffentlichung des Verkaufsprospekts untersagen. Insoweit prüft die BaFin durchaus die „Klarheit" des Verkaufsprospektes (*Moritz/Grimm* BB 2004, 1355; aA *Marx/Schleifer* BB 2007, 258).

51 Hiergegen lässt sich nicht einwenden, dass die Verordnungsformulierung so ausgefallen ist, dass dieses Erfordernis nur schwer kontrollierbar ist und nur in seltenen Konstellationen die Grundlage einer Untersagung bilden könne (aA *Assmann*, in: *ders./Lenz/Ritz*, § 2 VerkProspVO Rn. 14). Dass diese Anforderung kaum justiziabel sein mag, erlaubt nicht den Schluss, dass sie nicht alleinige Grundlage der Versagung der Veröffentlichung sein kann. Die nicht einfache Kontrollierbarkeit der Anforderung resultiert aus dem hohen Abstraktionsgrad der Norm und wird im konkreten Untersagungsfall einen entsprechenden Begründungsaufwand für die Behörde verursachen. Gleichwohl kann der Umstand, dass eine Anforderung der VermVerkProspV schwer justiziabel sein mag, die BaFin nicht von dem ihr durch den Gesetz- und Verordnungsgeber aufgegebenen Prüfungsauftrag entlasten. Es wäre umgekehrt ein unerträgliches Ergebnis, wenn die BaFin „sehenden Auges" die Veröffentlichung eines schlechthin nicht verständlichen Verkaufsprospektes gestatten würde, ohne auf den Untersagungsgrund „Formverstoß" nach 2 Abs. 1 Satz 3 zurückzugreifen.

52 Gleichwohl dürfte nicht jede Formulierung oder Prospektgestaltungsmaßnahme, bei der die Erleichterung für Verständnis bzw. Auswertung des Verkaufsprospekts diskussionswürdig erscheint, für sich betrachtet einen Untersagungsgrund liefern. Ein objektiver Maßstab der Prospektgestaltung, bei dem für jedermann jede Form verständnis- und auswertungsfördernd ist, lässt sich nicht definieren, da der Terminus der „Erleichterung" von relationalem Charakter ist. Insoweit ist *Assmann* zuzustimmen, wenn er ausführt, dass im konkreten Einzelfall regelmäßig „ein Verkaufsprospekt leicht noch komplizierter hätte ausfallen können" (*Assmann*, in: *ders./Lenz/Ritz*, § 2 VerkProspVO Rn. 14). Es stellt sich die Frage nach einem praktisch umsetzbaren Kontrollmaßstab. Ein solcher kann in den Fällen fruchtbar gemacht werden, in denen ein Verkaufsprospekt eine Gestaltung aufweist, die es einem durchschnittlichen Anleger schlechthin verunmöglicht, den Verkaufsprospekt zu verstehen. In der Sache ist das aus dem Haftungsrecht bekannte Kriterium des fehlerhaften Gesamteindrucks einschlägig und zur Anwendung zu bringen. Da der Gesamteindruck in Rede steht, ist hierfür die Bejahung einer nicht unerheblichen Zahl von einzelnen Verstößen gegen das Formerfordernis notwendig, die in ihrer Gesamtschau es rechtfertigen, die Veröffentlichung eines Verkaufsprospekts zu untersagen. Ein gewichtiges Indiz hierfür ist, dass bei der Prüfung eines Verkaufsprospektes durch die BaFin aufgrund seiner Ausgestaltung mehrere Sachbearbeiter herangezogen werden müssen, die unabhängig voneinander zu gravierenden Abweichungen bei der Auswertung des Verkaufsprospektes kommen.

b) Negativtestate. Im Hinblick auf die regelmäßig beachtliche 53 Zahl von Negativtestaten, die in den Verkaufsprospekt aufzunehmen ist, ist vor dem Hintergrund des Verständlichkeitserfordernisses zu berücksichtigen, dass diese im Fliesstext an der jeweiligen Stelle untergebracht dem Lesefluss des Anlegers und damit der Verständlichkeit der Ausführungen durchaus hinderlich sein können. Daher empfiehlt es sich, die Negativtestate auf einer gesonderten Seite, die durchaus an das Ende des Verkaufsprospekts gestellt werden kann, zusammenfassend aufzuzählen. Diese Technik ermöglicht es zudem, eine unnötige „Aufblähung" des Verkaufsprospektes – wie sie mitunter unzutreffend angenommen wurde (vgl. statt aller *Hagedorn*, S. 27) – zu vermeiden.

Betreffend die Zulässigkeit von Verweisen ist im Lichte des Ver- 54 ständlichkeitserfordernisses zwischen den verschiedenen denkbaren Einzelfällen zu unterscheiden. Aus Gründen des Sachzusammenhangs vgl. hierzu die Ausführungen zu § 2 Abs. 5 (Rn. 157).

III. Inhaltsverzeichnis, Risikokapitel und Prognosen

1. Inhaltsverzeichnis

a) Allgemeines. Nach § 2 Abs. 2 Satz 1 muss der Verkaufspros- 55 pekt ein Inhaltsverzeichnis enthalten. Hierbei handelt es sich um eine spezialgesetzliche Ausprägung des Verständlichkeits- und Auswertungserleichterungsgebots nach § 2 Abs. 1 Satz 4, da das Erfordernis eines Inhaltsverzeichnisses sich bereits aus dem Umstand ableiten lässt, dass ein Prospekt die darin enthaltenen Informationen in einer für

§ 2 Verkaufsprospektverordnung

den Anleger übersichtlichen und möglichst klaren Weise darzustellen hat (*Jäger/Voß*, S. 905).

56 Damit ein Inhaltsverzeichnis diesen Zweck tatsächlich erfüllen kann, muss es auf einer durchgehenden Nummerierung der Seiten des Verkaufsprospekts aufbauen (*Moritz/Grimm* BB 2005, 337, 338). Auf eine Nummerierung kann allenfalls bei Seiten zu verzichten sein, auf denen lediglich Bilder oder Graphiken enthalten sind, soweit diese freiwillige Angaben betreffen.

57 Nicht erforderlich ist es, dass die Überschriften des Inhaltsverzeichnisses die Normüberschriften der VermVerkProspV wörtlich wiedergeben. Der Anbieter ist in der Formulierung der Überschriften grundsätzlich frei. Ausreichend, aber auch erforderlich ist es, dass der durchschnittliche Anleger, der sich eine bestimmte Frage zu dem jeweiligen Anlageinstrument stellt, mit Hilfe des Inhaltsverzeichnisses eine entsprechende Orientierungshilfe erhält, um sich in dem Verkaufsprospekt zügig zurechtfinden zu können. Daher ist darauf zu achten, dass die einzelnen Überschriften selbsterklärend sind. Darüber hinaus müssen nach einer Überschrift, wie sie im Inhaltsverzeichnis verwendet wurde, an der entsprechenden Stelle im Verkaufsprospekt Ausführungen folgen, die zum Wortlaut der Überschrift passen bzw. die dieser erwarten lässt.

58 Das Inhaltsverzeichnis muss eine gewisse Tiefe aufweisen. Nicht ausreichend ist insoweit jedenfalls eine bloße Inhaltsübersicht, die so formuliert ist, dass sich nicht einmal erkennen lässt, in welchem Abschnitt jeweils nach der Verordnung geforderte Gruppen von Mindestangaben (z. B. Angaben über die Vermögensanlagen, emittentenbezogene Angaben, Angaben über das Anlageobjekt) prospektiert sind. Es ist darauf zu achten, dass das Inhaltsverzeichnis tatsächlich die Verständlichkeit fördert bzw. die Auswertung des Verkaufsprospektes erleichtert.

59 Zulässig ist als freiwillige Angabe eine Inhaltsübersicht, der ein ausführliches Inhaltsverzeichnis folgt, und – ebenfalls als freiwillige Angabe zu verstehen – die Aufnahme eines Sachverzeichnisses am Ende des Verkaufsprospekts, über die der Anleger direkt an die jeweilige Stelle im Verkaufsprospekt geleitet wird.

60 Das Inhaltsverzeichnis nach § 2 Abs. 2 Satz 1 ist die erste Mindestangabe, die von der VermVerkProspV gefordert wird, was für die gegebenenfalls erforderliche Erstellung einer Überkreuz-Checkliste (Rn. 134) von Bedeutung ist.

61 **b) Hinweis auf den Prüfungsumfang der BaFin.** Im Anschluss an das Inhaltsverzeichnis ist ein hervorgehobener Hinweis aufzunehmen, dass die inhaltliche Richtigkeit der im Verkaufsprospekt

Allgemeine Grundsätze §2

gemachten Angaben nicht Gegenstand der Prüfung des Verkaufsprospekts durch die BaFin ist. Hierdurch soll nach dem Willen des Verordnungsgebers verhindert werden, dass beim Publikum eine unzutreffende Vorstellung hinsichtlich des Prüfungsumfangs entsteht (Begr. VermVerkProspV, S. 2; *Jäger/Voß*, S. 906). Weiterer Zweck der Vorschrift ist die Vermeidung der missbräuchlichen Ausnutzung der Werbewirksamkeit der Gestattung durch die BaFin (BT-Drucks. 15/3174, S. 43; *Moritz/Grimm* BB 2005, 337, 338; zur möglichen Fehlinterpretation des Vorabhinweises vgl. auch die IDW-Stellungnahme zum Entwurf des AnSVG, WPg 2004, 729).

aa) Formulierung. Das Angabenerfordernis lässt sich bereits dadurch erfüllen, dass lediglich der Wortlaut des § 2 Abs. 2 Satz 2 „1:1" wiedergegeben wird: „Die inhaltliche Richtigkeit der im Prospekt gemachten Angaben ist nicht Gegenstand der Prüfung des Prospekts durch die Bundesanstalt für Finanzdienstleistungsaufsicht." 62

Vielfach wird dieser Satz ergänzt durch Erläuterungen zum Prüfungsverfahren, etwa im Hinblick darauf, dass die Durchführung der Prüfung durch die BaFin seit dem 1.7.2005 gesetzlich vorgeschrieben ist. Derartige Erläuterungen sind als freiwillige Angaben soweit zulässig, als sie nicht das Verständnis des Verkaufsprospekts erschweren. Notwendig sind sie zur Vermeidung einer Prospekthaftung nicht. 63

Formulierungsbeispiel: „Anbieter von Vermögensanlagen sind seit dem 1.7.2005 gesetzlich verpflichtet, Verkaufsprospekte nach den Vorschriften des Verkaufsprospektgesetzes zu veröffentlichen. Die Veröffentlichung ist vorab von der Bundesanstalt zu gestatten. In diesem Zusammenhang besteht eine gesetzliche Verpflichtung, darauf hinzuweisen, dass **die inhaltliche Richtigkeit der im Verkaufsprospekt gemachten Angaben nicht Gegenstand der Prüfung des Verkaufsprospektes durch die Bundesanstalt für Finanzdienstleistungsaufsicht ist.**" 64

Ein Anbieter, der derartige Zusatzerläuterungen zum Hinweis nach § 2 Abs. 2 Satz 2 aufnimmt, sollte unbedingt darauf achten, dass die vorgenommenen Ausführungen rechtlich zutreffend sind. Nicht richtig ist in jedem Fall die Angabe „Der Verkaufsprospekt wurde von der BaFin gestattet." Denn die BaFin gestattet keine Verkaufsprospekte, sondern vielmehr allein deren Veröffentlichung (§ 8i Abs. 2 Satz 1 VerkProspG). Aber auch die Aussage „Die BaFin hat die Veröffentlichung des Verkaufsprospekts gestattet." kann aus rechtstechnischen Gründen niemals richtig sein. Denn zum Zeitpunkt der Prospektaufstellung kann eine Gestattung der Veröffentlichung des Verkaufsprospekts noch nicht vorliegen, da das Datum der Prospekt- 65 aufstellung eine Mindestangabe ist, deren Vorliegen im – zeitlich der Aufstellung nachfolgenden – Gestattungsverfahren geprüft wird. Die BaFin hat die Veröffentlichung erst in dem Zeitpunkt rechtswirksam gestattet, in dem der Verwaltungsakt über die Gestattung der Veröffentlichung dem Anbieter bekannt gegeben wird (§ 41 VwVfG). Daneben können derartige Aussagen zudem irreführend sein, da sie nicht den Umfang der Prüfung durch die BaFin nennen. Ebenso zwingend unrichtig sind aus den genannten Gründen Formulierungen wie „Die BaFin hat den Prospekt geprüft."; „Der Prospekt wurde bei der BaFin zum Zwecke der formellen Prüfung hinterlegt." o. ä.

66 Vor dem Hintergrund der Verständlichkeit des Verkaufsprospekts sollte es vermieden werden, den Hinweis mehrmals – beim 2. Mal als freiwillige Angabe zu verstehen – in den Verkaufsprospekt aufzunehmen, und ihn bei dieser Gelegenheit mit zusätzlichen Erläuterungen zu versehen.

67 bb) Form. Der Hinweis ist in hervorgehobener Form zu machen. Für die Erreichung einer hervorgehobenen Form sind die gängigen drucktechnischen Mittel zu verwenden, wie z. B. Fett-, Sperr- oder Großschrift, Unterstreichung, Einrahmung oder farbliche Gestaltung, Hintergrundkontraste etc. (*Jäger/Voß*, S. 906; *Heidel/Krämer*, § 8g VerkProspG Rn. 1). Im Hinblick auf die Verordnungsermächtigung des § 8g Abs. 1 Satz 3 VerkProspG erscheint diese Regelung nicht unbedenklich, da sie Anforderungen an die Form des Hinweises aufstellt, wohingegen die Ermächtigung lediglich die *Stelle* des Hinweises (hierzu § 8g VerkProspG Rn. 21) in Bezug nimmt (*Moritz/Grimm* BB 2005, 337, 38).

68 cc) Position. Der Hinweis ist „anschließend an das Inhaltsverzeichnis" aufzunehmen. Er muss in unmittelbarer räumlicher Nähe an das Inhaltsverzeichnis folgen. Nicht erforderlich ist, dass der Hinweis auf der Seite steht, auf der das Inhaltsverzeichnis endet. Er muss aber dann auf der Folgeseite direkt am Anfang aufgenommen sein. „Anschließend" meint insbesondere, dass keine Angaben gleich welcher Kategorie zwischen Inhaltsverzeichnis und Hinweis aufgenommen werden. Unzulässig ist daher z. B. die Verwendung einer Bildseite – die als solche eine freiwillige Angabe darstellt – zwischen Inhaltsverzeichnis und Hinweis auf den Prüfungsumfang.

69 Zulässig ist – nicht zuletzt nach Auffassung der BaFin – demgegenüber eine Platzierung des Prüfungsumfangshinweises unmittelbar *vor* dem Inhaltsverzeichnis, das dem Hinweis dann anschließend folgt. Zwar scheint diese Aussage auf den ersten Blick in unvereinbarem Widerspruch mit dem Wortlaut des § 2 Abs. 2 Satz 2 zu stehen. Jedoch ist zu berücksichtigen, dass der Hinweis beim Publikum eine

Allgemeine Grundsätze §2

unrichtige Vorstellung hinsichtlich des Prüfungsumfangs der BaFin verhindern soll. Dafür muss der Hinweis an prominenter Stelle des Prospektes möglichst weit vorne angebracht sein. Dies wird von § 2 Abs. 2 Satz 2 bei einer Positionierung unmittelbar *nach* dem Inhaltsverzeichnis prima facie angenommen. Selbstverständlich – wenn nicht sogar besser – kann das Normziel aber auch dadurch erreicht werden, den Hinweis unmittelbar vor dem Inhaltsverzeichnis zu platzieren (*Jäger/Voß*, S. 906). Dies kann bspw. auf der Umschlaginnenseite geschehen (freilich nur, sofern diese fest mit dem Prospekt verbunden ist und selbst als Prospektbestandteil anzusehen ist). Sachgerecht und vom Normzweck noch umfasst dürfte eine Angabe des Vorabhinweises auf dem Deckblatt des Verkaufsprospektes in hervorgehobener Form sein (*Marx/Schleifer* BB 2007, 259, die ein solches Vorgehen für „hilfreich" erachten). Freilich wird eine solche Gestaltungsweise nicht zwingend von § 2 Abs. 2 Satz 2 verlangt. Zu weit geht indessen die Forderung, dass auf grafische Abbildungen auf dem Deckblatt gänzlich verzichtet werden soll, um die Aufmerksamkeit des Anlegers gezielt auf den Namen der Emission und auf den Vorabhinweis zu lenken (insoweit bedenklich *Marx/Schleifer* BB 2007, 259). Denn grafische Abbildungen sind nach der VermVerkProspV als freiwillige Angaben ohne weiteres zulässig, wenn sie die zutreffende Beurteilung des Anlageinstruments nicht beeinträchtigen. Ist die Position des Vorabhinweises aber bereits derart – die Mindesterfordernisse des § 2 Abs. 2 Satz 2 deutlich übererfüllend – hervorgehoben, fällt es auch bei einer abstrakten Beurteilung einer solchen Konstellation schwer, eine entsprechende Beeinträchtigung annehmen zu können.

Die Praxis und insbesondere die sachgerechte liberale Auslegung **70** der BaFin zeigt mithin, dass der Prüfungsumfanghinweis in der Sache lediglich in hervorgehobener Weise erfolgen muss. Damit dürfte aber auch der Streit obsolet sein, ob die Konkretisierung der VermVerkProspV dahingehend, dass der Hinweis *im Anschluss* an das Inhaltsverzeichnis erfolgen muss, wohingegen die Regelung des § 8g Abs. 1 Satz 2 VerkProspG nur von einer *hervorgehobenen Stelle* spricht, zulässig war (kritisch noch *Moritz/Grimm* BB 2005, 337, 338). Denn in diesem Sinne wird der Terminus „im Anschluss" interpretiert.

2. Risikokapitel

Gemäß § 2 Abs. 2 Satz 3 sind die wesentlichen und tatsächlichen **71** Risiken im Zusammenhang mit den angebotenen Vermögensanlagen einschließlich der mit einer Fremdfinanzierung einhergehenden Risiken in einem gesonderten Abschnitt, der nur diese Angaben enthält, darzustellen.

72 a) Risiken. Vor der Einführung der Prospektpflicht für Vermögensanlagen war es eine weit verbreitete Praxis, an den Anfang eines Verkaufsprospekts zunächst einen Überblick sowohl über die Chancen als auch über die Risiken einer Vermögensanlage zu geben. Sofern überhaupt eine ausführliche Darstellung von Chancen und Risiken im Prospekt vorgenommen wurde, befand sich diese in einem eigenen Kapitel häufig „versteckt" im hinteren Teil des Prospekts. Aufgrund § 2 Abs. 2 Satz 3 ist eine derartige Prospektstruktur nun nicht mehr zulässig. Es handelt sich hierbei wohl um die Norm, die für die Anbieter von Vermögensanlagen seit dem 1.7.2005 die wohl bedeutendste Umstellung mit dem größten Änderungsaufwand mit sich brachte (*Jäger/Voß,* S. 906; ferner vgl. den BaFin-Jahresbericht 2006, S. 152 f.).

73 aa) Begriff. Nach allgemeinem Verständnis bezeichnet ein Risiko ein mit einem Vorhaben o.Ä. verbundenes Wagnis, einen möglichen negativen Ausgang bei einer Unternehmung, die Möglichkeit eines Verlustes bzw. Misserfolges (DUDEN, Das Bedeutungswörterbuch, Stichwort Risiko). Bei den nach § 2 Abs. 2 Satz 3 darzustellenden Risiken handelt es sich um Risiken im Zusammenhang mit den angebotenen Vermögensanlagen. Damit sind vor dem Hintergrund der allgemeinen Bedeutung von Risiken im hier interessierenden Kontext die Nachteile gemeint, die für den Anleger im Falle eines Erwerbs der öffentlichen angebotenen Vermögensanlagen eintreten können. Die Nachteile müssen sich nicht auf das Rechtsgut „Vermögen" des Anlegers beschränken, vielmehr sind Nachteile für alle schützenswerten Rechtsgüter des Anlegers entscheidend. Sofern mit dem Erwerb einer Vermögensanlage eine Beeinträchtigung anderer Rechtsgüter riskiert wird, ist dies im Verkaufsprospekt darzustellen. Dies kann im Einzelfall z.B. das Rechtsgut der allgemeinen Handlungsfreiheit oder gar die Gesundheit sein, wenn der Anleger aufgrund seiner Gesellschafterstellung etwa zu persönlichen Arbeitsleistungen oder – was exotisch anmutet, aber durchaus von Praxisrelevanz ist – zur Teilnahme an „Happenings" o. ä. verpflichtet sein sollte.

74 Im Zusammenhang mit der Vermögensanlage steht ein Risiko, wenn es seinen Ursprung unmittelbar oder mittelbar in der Sphäre des Anlageobjektes, einer nach der VermVerkProspV angabepflichtigen oder beschreibenden (natürlichen bzw. juristischen) Person oder eines Dritten hat. Risiken, die ihre Ursache allein in der Sphäre des Anlegers haben, müssen nicht im Verkaufsprospekt dargestellt werden. Dies resultiert bereits aus dem allgemeinen Rechtsgrundsatz, dass die Rechtsordnung dem Einzelnen keine unmöglichen Pflichten auferlegen darf („Inpossibilium nulla obligatio est."). Das praktisch

Allgemeine Grundsätze § 2

bedeutsamste Beispiel sind die konkreten steuerlichen Auswirkungen einer Vermögensanlage beim einzelnen Anleger. Der Anbieter kann nicht wissen, wie sich die steuerliche Situation des einzelnen Anlegers darstellt und ist demgemäß nicht in der Lage, die aus einer Beteiligung für den einzelnen resultierenden steuerlichen Risiken darzustellen. Zulässig (wenngleich streng genommen nicht aufgrund von § 2 Abs. 2 Satz 3 geboten) ist indessen ein Hinweis, wonach ein Anleger vor Zeichnung der Vermögensanlage sich im Hinblick auf die steuerlichen Auswirkungen gesondert beraten lassen sollte.

Es kommt nicht darauf an, ob die Risiken tatsächlichen oder rechtlichen Ursprungs sind. Tatsächlich sind Risiken, wenn sie ihre Ursache in Tatsachen haben. Allgemein und insbesondere auch im Kapitalmarktrecht sind Tatsachen der äußeren Wahrnehmung zugängliche Geschehnisse oder Zustände der Außenwelt (sog. äußere Tatsachen) und des menschlichen Innenlebens (sog. innere Tatsachen) (*Assmann*, in: *ders./Schneider*, § 13 WpHG Rn. 12; *Soesters*, S. 141; *Burgard* ZHR 162 (1998), 63; *Gehrt*, S. 120 f.; *Pananis* WM 1997, 461, 462 mwN insbesondere zum strafrechtlichen Tatsachenbegriff). Rechtlich sind die Risiken, die sich aus den die Vermögensanlage betreffenden gesetzlichen oder vertraglichen Regelungen ergeben. Soweit Risiken aus vertraglichen Regelungen darzustellen sind, etwa im Hinblick auf die Haftung des Anlegers, darf nicht allein auf den Gesellschafts- und den Treuhandvertrag nach § 4 Satz 2 abgestellt werden. Vielmehr sind auch Risiken aus Verträgen über bzw. betreffend das Anlageobjekt zu berücksichtigen. Zu beachten ist hierbei das gesamte Innen- und Außenvertragswerk. 75

Es muss sich um **wesentliche** Risiken handeln. Welches Risiko wesentlich ist und welches nicht, obliegt der Einschätzung durch den Anbieter im Hinblick auf das jeweilige Anlageinstrument. Nach Auffassung des IDW sind als wesentlich alle diejenigen Risiken darzustellen, die die Entscheidung des Anlegers über die Vermögensanlage beeinflussen können (vgl. Ziffer 3.3 der Anlage 1 zu IDW S 4 im Textanhang unter III. 1). Dem liegt die Idee zugrunde, dass als wesentliche Angaben die Umstände in den Verkaufsprospekt aufzunehmen sind, die ein durchschnittlicher verständiger Anleger „eher als nicht" bei seiner Anlageentscheidung berücksichtigen würde. Indessen sind grundsätzlich nicht alle in der VermVerkProspV vorgeschriebenen (Mindest-)Angaben als insoweit wesentlich anzusehen. Denn nach allgemeiner Auffassung tritt möglicherweise keine Prospekthaftung ein, wenn lediglich eine oder ganz bestimmte Mindestangabe(n) im Verkaufsprospekt fehlen sollte(n). Jedoch ist aufgrund der herausgehobenen Bedeutung der mit einer Vermögensanlage verbundenen Risiken jedenfalls das Risikokapitel als solches eine wesentliche An- 76 gabe, deren Fehlen oder Unrichtigkeit Grundlage einer Prospekthaftung sein kann. Klärungsbedürftig ist, wie eine Auswahl von (wesentlichen) Risikofaktoren zu treffen ist, die das wesentliche Angabeerfordernis Risikokapitel erfüllen kann.

77 Angesichts der Vielgestaltigkeit der als Vermögensanlagen öffentlich angebotenen Produkte scheidet die Aufstellung eines abschließenden Kataloges von bei der Prospekterstellung zu berücksichtigenden Risiken aus. Zu Beispielen für typische wesentliche Risiken s. § 2 Rn. 80 ff. Aus dieser Vielgestaltigkeit resultiert aber zugleich die Schwierigkeit für die Formulierung eines abstrakten Maßstabes für die Wesentlichkeit von Risiken. Nicht gänzlich überzeugend ist der Ansatz des IDW, auf den Einfluss bei der Anlageentscheidung abzustellen, da jedes Risiko allein aufgrund des Umstandes, dass es ein Risiko ist, auch einen Einfluss auf die Anlageentscheidung haben dürfte und somit kein taugliches Abgrenzungskriterium für die Unterscheidung in wesentliche und unwesentliche Risiken vorliegt. Dies gilt auch vor dem Hintergrund, dass die Rechtsprechung bisher auf den „durchschnittlichen verständigen Anleger" abstellt. Insoweit ist darauf hinzuweisen, dass es bei der Erstellung von Vermögensanlagen-Verkaufsprospekten sehr problematisch ist, vom Konstrukt eines „Durchschnitts-Anlegers" auszugehen, den es gerade in den Produktsegmenten des so genannten „Grauen Kapitalmarktes" tatsächlich nicht gibt. Es liegt auf der Hand, dass für den erfahrenen Anleger, der bereits ein Dutzend oder mehr Beteiligungen gezeichnet haben mag, andere Risikofaktoren wesentlich sind als für den Anleger, der einen Erstkontakt mit dem Produkt „Vermögensanlage" hat.

78 Ausgangspunkt für die Überlegungen zur Wesentlichkeit eines Risikos ist der Befund der Vielgestaltigkeit der Ausgestaltung einzelner Vermögensanlagen. Ein Risiko, was bei einer Vermögensanlage A völlig unwesentlich ist, kann bei Vermögensanlage B aufgrund anderer vorgegebener Tatsachen sehr wohl als wesentlich anzusehen sein. So kann bspw. bei einem Immobilienfonds, dessen Anlageobjekte im europäischen Raum gelegen sind, angesichts der gegenwärtigen außenpolitischen Situation auf die Schilderung eines Kriegsrisikos verzichtet werden. Anders verhält es sich etwa bei Immobilienfonds, deren Anlageobjekte in krisennahen Gebieten errichtet werden. Vor dem Hintergrund einer möglichen Prospekthaftung nach § 13 VerkProspG empfiehlt sich ein weites Verständnis der Wesentlichkeit. Es sollten bereits solche Risiken im Verkaufsprospekt beschrieben werden, deren Eintritt nicht als gänzlich fernliegend bzw. von vornherein abwegig einzuschätzen ist. Dies nicht zuletzt deshalb, weil diese Risiken sogar für den „Durchschnitts-Anleger" regelmäßig entscheidungserheblich für die Zeichnung der Anlage sein dürften. Eine „hin-

reichende Wahrscheinlichkeit für die Risikoverwirklichung" oder ähnliche einengende Kriterien sollten bei der Bestimmung der „Wesentlichkeit" von Risiken nicht herangezogen werden, um im konkreten Fall zu entscheiden, welche Risiken im Verkaufsprospekt beschrieben werden und welche nicht. Hingegen ist die Prospektierung von Risiken, deren Eintritt sehr unwahrscheinlich wenn nicht gar von rein theoretischer Natur ist, entbehrlich, insbesondere vor dem Hintergrund der Verständlichkeit des Verkaufsprospekts. Denn die Darstellung abstruser Risiken kann durchaus geeignet sein, den Anleger zu verwirren. So wird bspw. bei Immobilienfonds das – in der Praxis schon prospektierte – Risiko einer Meteoritenkollision mit dem Anlageobjekt in aller Regel entbehrlich sein. Gleichwohl lässt sich vom Umfang her keine Begrenzung des Risikokapitels nach oben hin ausmachen. So sind Risikokapitel, die vom Umfang her weit über ein Drittel des Verkaufsprospekts ausmachen, unter dem Gesichtspunkt etwaiger Prospekthaftungsansprüche eher zu begrüßen.

Es ist vom gesetzlichen Prüfungsauftrag der BaFin nicht umfasst, **79** die Aufnahme bestimmter einzelner Risiken in den Verkaufsprospekt zu fordern. Wollte man sich auf den gegenteiligen Standpunkt stellen, würde dies auf eine inhaltliche Prüfung des Verkaufsprospekts hinauslaufen (siehe auch § 8i VermVerkProspV Rn. 31 ff.).

bb) Beispiele. Eine abschließende Aufzählung von Risiken, die **80** bei Vermögensanlagen iSd 8f Abs. 1 VerkProspG in Betracht kommen, ist angesichts der Vielgestaltigkeit der in diesem Bereich existierenden Anlageinstrumente nicht möglich. Dennoch gibt es typische Risiken, die in aller Regel einschlägig sein werden. Hierbei handelt es sich insbesondere um:

(1) das Haftungsrisiko: Die **Haftung des Anlegers** richtet sich **81** nach den für die jeweilige Rechtsform des Emittenten geltenden Grundsätzen. Tritt bspw. ein Investor einer KG bei, so richtet sich die Haftung nach den für Kommanditisten geltenden Grundsätzen gem. §§ 171 ff. HGB. Die Haftung des Anlegers für Verluste und Verbindlichkeiten des Emittenten mag damit auf die übernommene und tatsächlich geleistete Nominaleinlage beschränkt sein, besteht aber dennoch jedenfalls in dieser Höhe. Auch können bei dieser Rechtsform z.B. bereits ausgeschüttete Beträge wieder zurückgefordert werden (sog. Wiederaufleben der Außenhaftung; vgl. ausführlich *Arndt,* in: *Lüdicke/Arndt,* S. 32).

In diesem Zusammenhang ist auch das sog. **Anerkennungsrisiko** **82** zu erwähnen. Wird bspw. ein Emittent in der Rechtsform der KG im Ausland verklagt, so besteht das Risiko, dass ein ausländisches Gericht die nach deutschem Recht grundsätzlich bestehenden Haftungsbeschränkungen nicht anerkennen – und etwa als Verstoß gegen den *ordre public* des eigenen Landes – werten wird. Dies könnte z. B. zur Folge haben, dass ein Emittent sich mit entsprechenden negativen Auswirkungen für die Anleger Maßnahmen nach internationalem Zwangsvollstreckungsrecht ausgesetzt sieht.

83 **(2) steuerliche Risiken:** Regelmäßig können sich für den Anleger bei Änderung der zum Zeitpunkt der Prospektaufstellung maßgeblichen oder infolge neuer Rechtsprechung des BFH oder anderer Finanzgerichte bzw. Änderungen der Steuergesetze oder Verwaltungsanweisungen ungünstigere als die prospektierten steuerlichen Konsequenzen ergeben. Es kann nicht ausgeschlossen werden, dass von Seiten der Finanzverwaltung im Rahmen der steuerlichen Veranlagung oder einer Betriebsprüfung von eingereichten Steuererklärungen mit der Folge für den Anleger negativer geänderter steuerlicher Ergebnisse abgewichen wird.

84 **(3) das Währungsrisiko:** Investiert ein Emittent in einer Währung, besteht das Risiko von für den Anleger nachteiligen Währungsschwankungen.

85 **(4) Wertentwicklungsrisiko:** Die Wertentwicklung der Beteiligung eines Anlegers ist abhängig von der Wertentwicklung der einzelnen Investments in der jeweiligen Assetklasse. Die nicht wertbildenden Aufwendungen in der Investitionsphase (z. B. Konzeptionsaufwand, Kosten der Eigenkapitalbeschaffung etc.) müssen zunächst durch Wertzuwächse, deren Eintreten zum Zeitpunkt der Prospektaufstellung naturgemäß ungewiss ist, ausgeglichen werden, bevor die Beteiligung insgesamt eine Werterhöhung erfahren kann.

86 **(5) das Prognoserisiko:** Jeder Prognoserechnung liegen lediglich Annahmen betreffend die künftigen Aufwendungen und Erträge zugrunde. Es liegt in der Natur der Sache, dass die prognostizierten Werte von den hinterher tatsächlich erreichten Werten negativ abweichen können.

87 **(6) Schlüsselpersonenrisiko:** IdR hängt der wirtschaftliche Erfolg eines Beteiligungsangebots in erheblichem Maße von den Fähigkeiten bzw. der Qualifikation des Managements sowie der Qualität der externen Berater und der beteiligten Vertragspartner ab. Hierbei handelt es sich dann um sog. – unternehmenstragende – Schlüsselpersonen, deren Verlust sich negativ auf die Entwicklung des Investments auswirken kann.

88 **(7) Bonitätsrisiko:** Es besteht jeweils das Risiko, dass an der Durchführung eines Angebots von Vermögensanlagen beteiligte Personen ihren finanziellen Verpflichtungen gegenüber der Fondsgesellschaft etwa aufgrund von Zahlungsschwierigkeiten nicht oder nicht in voller Höhe nachkommen können.

Allgemeine Grundsätze § 2

(8) **Kostenrisiko:** Typischerweise ist ein Teil der anfänglichen und laufenden Kosten des Emittenten nicht abhängig vom erreichten Fondsvolumen. Sollte daher das tatsächlich erreichte Fondsvolumen niedriger ausfallen als geplant, können diese vom Fondsvolumen unabhängigen Kosten das Anlageergebnis negativ beeinflussen. 89

(9) **Sicherungsmaßnahmenausfallrisiko:** Regelmäßig werden gewisse Sicherungsmaßnahmen zur Abfederung möglicher Risiken getroffen, wie z. B. der Abschluss von Versicherungen. Dennoch kann in keinem Fall etwa ausgeschlossen werden, dass in einem Versicherungsfall die Versicherungssumme nicht zur Abdeckung des Schadens ausreicht. Darüber hinaus kann eine Selbstbeteiligung zulasten des Emittenten zum Tragen kommen. Weitere Sicherungsausfallrisiken ergeben sich aus der Natur des jeweiligen Sicherungsinstruments. So ist z. B. bei Bürgschaften an das Risiko des Ausfalls des Bürgen zu denken. 90

(10) **Ungünstige Entwicklungen an den jeweiligen Assetmärkten:** Der wirtschaftliche Erfolg der jeweils vorgesehenen Investitionen hängt stets vom konkreten Marktumfeld des Assets, des Anlageobjekts, ab. Eine negative Entwicklung der Immobilien-, Schifffahrts-, Lebensversicherungs- oder der Unternehmensbeteiligungsmärkte usw. ist idR von nachteiliger Auswirkung für den jeweiligen Emittenten. 91

(11) **Kumulationsrisiko:** Risikofaktoren können nicht nur einzeln auftreten, sondern auch zusammen. Die Folge wäre, dass die prospektierten Ertragserwartungen aufgrund des Zusammenwirkens mehrerer Risikofaktoren nicht – mehr – erfüllt werden können. 92

Desweiteren sind für einzelne Produkte in den jeweiligen Assetklassen regelmäßig die folgenden Risiken aufzuführen: 93

(1) Bei **Immobilienfonds** ist danach zu unterscheiden, in welcher wirtschaftlichen Situation der Fonds agiert bzw. wie der Business Case des konkreten Anlageinstruments konzipiert ist. 94

Bei einem Fonds als Erwerber **unbebauter Grundstücke** sind insbesondere die folgenden Faktoren für eine Risikobeschreibung beachtlich: die Lage des Grundstücks, die baurechtliche Situation, die Nachbarsituation, das Altlastenrisiko, das Risiko dinglicher Lasten (*Steinkampf,* in: *Lüdicke/Arndt,* S. 150 ff.). 95

Ist der Fonds Erwerber **bebauter Grundstücke,** kommt es auf die folgenden Faktoren an: Risiko des technischen Zustands, Fungibilität (Verwertbarkeit der Immobilie auf dem Markt), Altlasten im Gebäude, das Risiko einer rechtlich unklaren Situation, z. B. wenn die sog. „clean chain of title" nicht sichergestellt werden kann (*Steinkampf,* in: *Lüdicke/Arndt,* S. 154 ff.). 96

Ist der Fonds **Bauherr,** können sich zudem Risiken im Hinblick auf die folgenden Aspekte ergeben: unübersichtliche Vielzahl von 97

Einzelverträgen, keine Vereinbarung eines Pauschalfestpreises, unzureichende vertragliche Absicherung des Fertigstellungstermins, keine umfassende Gewährleistung, kein Bauträgervertrag von hinreichender rechtlicher Qualität (*Steinkampf,* in: *Lüdicke/Arndt,* S. 156 ff.).

98 Ist der Fonds **Betreiber** der Immobilie, sollten die folgenden Punkte für das Risikokapitel bedacht sein: das Vermietungsrisiko (Vermietungsgegenstand, Laufzeit, Mietzins (bzw. Mietzinsanpassung), das Nebenkostenumlagerisiko, das Instandhaltungsrisiko, das Risiko unzureichender Mietsicherheiten, Facility-Management-Risiko, das Veräußerungsrisiko (*Steinkampf,* in: *Lüdicke/Arndt,* S. 160 ff.).

99 (2) Bei **Schiffsfonds** sind insbesondere relevant: das Herstellungs-Risiko, das Zeitcharter-Risiko, das Ablieferungsrisiko, das Überführungsrisiko, das Betriebskostenrisiko, das Off-Hire-Risiko, das Kasko- und Haftungsrisiko, das Beschäftigungs- und Restwertrisiko, das Kriegs- und Terrorrisiko (*Arndt,* in: *Lüdicke/Arndt,* S. 234 ff.).

100 (3) Bei **Private Equity-Fonds** sind etwa einschlägig: das Konjunkturrisiko, das Auswahlrisiko, das Portfoliorisiko, das Liquiditätsrisiko, Bewertungsrisiken, das Investitionsrisiko, das Exit-Risiko (*Naujok,* in: *Lüdicke/Arndt,* S. 305 ff.).

101 (4) Bei **Lebensversicherungs-Fonds** ist in besonderem Maße auf Portfoliorisiken hinzuweisen (*Naujok,* in: *Lüdicke/Arndt,* S. 326 ff.).

102 (5) Regelmäßig interessieren im Bereich **New Energy,** insbesondere bei **Windenergie-Fonds** z. B. diese Faktoren: das Grundstücksrisiko, das Risiko einer ungünstigen Lage des Windparks, das Risiko unzureichender Nutzungsverhältnisse, das immissionsschutzrechtliche Genehmigungsrisiko, das baurechtliche Genehmigungsrisiko, das Errichtungsrisiko und Betriebsrisiken wie insbesondere das Witterungsrisiko, das technische Risiko, das Abnutzungsrisiko sowie das Vergütungsrisiko (*Arndt,* in: *Lüdicke/Arndt,* S. 265 ff.).

103 (6) Bei **Filmfonds** sollten etwa prospektiert werden: Rechterisiken, mithin Risiken im Zuammenhang mit der Entstehung des Leistungsschutzrechtes des Filmherstellers beim Fonds, dem Erwerb der Verfilmungsrechte, dem Erwerb der Filmverwertungsrechte bzgl. der Nutzungsrechte des Filmurhebers, der Rechte der ausübenden Künstler, Risiken aus der Verwertung, Recherche und Eintragung beim US-Copyright-Register; Risiken aus unzureichendem Titelschutz und Registereintragung in Deutschland (*Lüdicke,* in: *Lüdicke/Arndt,* S. 206 ff.).

104 Hinzu kommen jeweils möglicherweise Risiken, die sich aus dem konkreten Anlageobjekt ergeben und die einzelfallspezifisch sind. Es ist eine der größten Herausforderungen für den Prospektaufsteller, diese einzelfallspezifischen Risiken zu antizipieren. Als Beispiel sei das Umbaurisiko im Fall eines Schiffsfonds genannt, der in Tankschiffe als Anlageobjekte investieren und diese zu Luxus-Kreuzfahrtschiffen umbauen lassen möchte. Es ist technisch keine Selbstverständlichkeit, dass das Unterfangen des Umbaus auch tatsächlich gelingt. Entsprechend ist ein sog. Umbaurisiko zu prospektieren. Es liegt auf der Hand, dass dieses Risiko nur in dieser doch sehr speziellen Konstellation vorkommt, was zugleich verdeutlicht, dass eine abstrakte abschließende Aufzählung sämtlicher prospektrechtlich relevanten Risiken nicht gelingen kann.

cc) Die mit einer Fremdfinanzierung einhergehenden Risiken. Ausdrücklich hervorgehoben hat der Verordnungsgeber die mit einer Fremdfinanzierung einhergehenden Risiken. Dabei sind zwei Ebenen der Fremdfinanzierung zu unterscheiden: So kann ein Fremdfinanzierungsrisiko auf der Anlegerebene bestehen, denkbar ist aber auch ein Fremdfinanzierungsrisiko auf der Ebene des Emittenten (bzw. ggf. anderer mit der Fondskonstruktion beteiligten Personen). Was die Ebene der Anleger betrifft, so ergibt sich ein Fremdfinanzierungsrisiko insoweit, als Anlegern mitunter zur Finanzierung der Beteiligung an einer Vermögensanlage Kredite als mit der Beteiligung verbundenes Geschäft angeboten (§ 358 BGB) werden. Das hieraus resultierende Fremdfinanzierungsrisiko besteht darin, dass neben einem möglichen Verlust des eingesetzten Kapitals nebst Agio noch das Risiko hinzukommt, auch in diesen Fällen das Darlehen weiter bedienen zu müssen. **Formulierungsbeispiel:** „Die teilweise oder vollständige Fremdfinanzierung des Erwerbs einer Beteiligung an dem [Emittenten] erhöht die wirtschaftlichen Risiken des Anlegers. Für den Fall, dass der [Emittent] das eingezahlte Kapital nicht zurückzahlen kann, bleibt der Anleger dennoch verpflichtet, das entsprechende Darlehen sowie die aufgelaufenen Zinsen zurückzuzahlen." Das Fremdfinanzierungsrisiko auf der Ebene des Emittenten bzw. der Fondsgesellschaft besteht darin, dass diese, sofern die Nettoeinnahmen aus den geleisteten Einlagen hierfür nicht ausreichen, noch Fremdkapital zur Erreichung der Anlageziele aufnimmt. Sollten diese verfehlt werden oder bspw. auch die Anleger das bei ihnen abgerufene Kapital nicht vollständig einzahlen, wären u. U. dennoch die Kredite zu bedienen mit der Folge negativer Auswirkungen auf die Rückzahlungen für die Anleger. **Formulierungsbeispiele:** „Der [Emittent] nimmt ein Darlehen zur Zwischenfinanzierung des von den Anlegern abgerufenen Kapitals auf. Zahlen die Anleger das bei ihnen abgerufene Kapital nicht vollständig ein, kann es zu einem Rückgriff der zwischenfinanzierenden Bank auf den [Emittenten] kommen." oder „Geplant ist, rund 70% des Kaufpreises der Versicherungspolicen sowie die laufenden Prämienzahlungen über ein Bankdarlehen zu finanzieren. Hieraus resultieren Zins- und Tilgungsbelastungen, die aus den Ablaufleistungen der fällig gewordenen Policen geleistet werden sollen. Es kann nicht ausgeschlossen werden, dass die Ablaufleistungen nicht zur Abdeckung der Zins- und Tilgungsleistungen ausreichen. Dies hätte negative Auswirkungen auf die Wirtschaftlichkeit der Fondsgesellschaft."

106 **dd) Beschreibung.** Die Risiken sind zu beschreiben. Nicht ausreichend ist es daher, die einschlägigen Risiken lediglich zu nennen. Vor Inkrafttreten der VermVerkProspV wurden Risiken mitunter in Form einer Spiegelstrich-Aufzählung aufgelistet. Dies ist nach dem Willen des Verordnungsgebers nunmehr nicht ausreichend. Erforderlich ist vielmehr eine ausführliche erläuternde Darstellung der einzelnen Risikofaktoren, welche jeweils die Ursache eines Risikos schildert und mögliche Realisierungsszenarien in ihren Wirkungszusammenhängen erläutert. Dabei ist auch auf Interdependenzen zwischen den einzelnen Risiken einzugehen. Es ist darzustellen, wie sich ein Risiko allein oder im Zusammenwirken mit anderen Risiken auswirken kann.

107 **ee) Bruttorisiken.** Risiken im Sinne des § 2 Abs. 2 Satz 3 sind so genannte „Bruttorisiken" (*Jäger/Voß,* S. 906 f.; in diese Richtung jüngst BGH DB 2007, 1631, 1632 f.). Das heißt, dass ein Risiko im Risikokapitel nicht unter Berücksichtigung von Maßnahmen zu seiner Absicherung beschrieben werden darf. Dies folgt aus dem Verständlichkeitsgebot. In der Praxis werden bspw. mitunter Versicherungen abgeschlossen oder es werden Bürgschaften, harte Patronatserklärungen, Garantien etc. abgegeben, die im Fall der Realisierung eines Risikos eingreifen und so den Schaden für den Anleger verringern und auf ein so genanntes „Nettorisiko" reduzieren können. Würde bei der Beschreibung eines Risikos dieses unter Berücksichtigung eines Sicherungsmittels quantifiziert werden, würde für den Anleger die tatsächliche mögliche Auswirkung des Risikos verschleiert werden. Denn jedem Sicherungsmittel ist jedenfalls wiederum das Risiko immanent, als Sicherungsinstrument auszufallen (Sicherungsausfallrisiko). Denkbar ist auch, dass durch die Absicherungsmaßnahme nicht nur ein Ausfallrisiko hinzukommt, sondern auch andere, neue Risiken erst aufleben, die es dann wiederum als Bruttorisiken darzustellen gilt. Dies verkennt der IDW S 4, wonach eine Darstellung der Nettorisiken ausreichen soll (vgl. Ziffer 3.3 der Anlage 1 zu IDW S 4, im Textanhang unter III. 1). Der IDW S 4 zieht sich als Instrument der Selbstregulierung gegenüber dem Gesetz- und Verordnungsgeber merkwürdig gönnerhaft formulierend darauf zurück, dass er die verordnungskonforme Darstellung der Bruttorisiken

Allgemeine Grundsätze § 2

„für noch vertretbar" hält. Von IDW-nahen Stimmen ist angemerkt worden, dass „die Justiz sich mit dieser Darstellungsweise noch auseinanderzusetzen haben [werde], da diese Darstellungsweise nicht unbedingt der Klarheit [diene]" (*Güstel* Steuer-Journal 2006, 31, 33). Die BaFin hält demgegenüber die Auffassung des IDW aus den oben erwähnten Gründen für nicht vertretbar. Die besseren Argumente sprechen für die Auffassung der BaFin, führt doch die von ihr bevorzugte Darstellungsweise letztlich zu einer größeren Klarheit für den Anleger (wenn auch zu einem höheren Formulierungsaufwand für den ggf. beratenden Rechtsanwalt bzw. Wirtschaftsprüfer). Das Beharren des IDW auf einer abweichenden Darstellungsweise liegt wohl nicht zuletzt auch in dem Umstand begründet, dass er sich nach Einführung der VermVerkProspV, die ja in den neuen IDW S 4 „kopiert" wurde, erst ein eigenes Profil gegenüber der BaFin erarbeiten muss. Nur wenige Themen – abgesehen von der Risikodarstellung – lassen hierfür Raum.

Soweit Sicherungsmaßnahmen im Hinblick auf Risiken getroffen werden, ist dies in einem eigenen separaten Abschnitt gesondert darzustellen (*Jäger/Voß*, S. 907; *Bruchwitz*, in: *Lüdicke/Arndt*, S. 110). Das Trennungsgebot (hierzu Rn. 109) ist bei Absicherungsmaßnahmen wie bspw. einer Bürgschaft, die ein Zahlungsrisiko absichern soll, vergleichsweise einfach einzuhalten. Zuzugeben ist, dass die Einhaltung des Trennungsgebotes bei anderen Risiken wie etwa Währungsrisiken einen gewissen Formulierungsaufwand verursacht. Hieraus folgt jedoch nicht, dass bei komplexen Vermögensanlagen mit vielfältigen Risiken „die Verständlichkeit des Verkaufsprospekts gänzlich verloren gehen kann" (so aber *Bruchwitz*, in: *Lüdicke/Arndt*, S. 110). Der entsprechende Formulierungsaufwand ist jeweils zu treiben und es gibt aus der Praxis hinreichend Beispiele für gelungene und dem Trennungsgebot genügende Risikobeschreibungen. Daher besteht kein Bedürfnis, eine Verletzung des Verständlichkeitsgebotes zu konstruieren und für „derartige Fälle" eine Ausnahme vom Trennungsgebot zu fordern (aA *Bruchwitz*, in: *Lüdicke/Arndt*, S. 110). Völlig zu Recht geht die BaFin von einem strengen Trennungsgebot aus, dass Ausnahmen in keinem Fall erlaubt. **108**

ff) Vermischung mit Chancen. Unzulässig ist eine Vermischung von Chancen und Risiken. Das bedeutet zunächst, dass die Chancen einer Vermögensanlage nicht im Risikokapitel dargestellt oder auch nur genannt werden dürfen (*Jäger/Voß*, S. 906; *Marx/Schleifer* BB 2007, 258, 262). Es gilt das so genannte **Trennungsgebot** (vgl. auch oben Rn. 108). Anders als noch nach dem IDW S 4, Anlage 1, II. (aF) ist die gemeinsame Darstellung von Chancen und **109**

Risiken innerhalb eines Abschnitts nicht mehr möglich (*Jäger/Voß*, S. 906; *Moritz/Grimm* BB 2005, 337, 338). Dies folgt aus dem Wortlaut des § 2 Abs. 2 Satz 3, wonach der gesonderte Abschnitt über die tatsächlichen und wesentlichen Risiken einer Vermögensanlage „nur diese Angaben enthalten" darf. So dürfen im Fliesstext oder in Grafiken, Abbildungen etc. des Risikokapitels keine Chancendarstellungen und -beschreibungen bei den jeweiligen Risiken erfolgen. Unzulässig sind darüber hinaus Gegenüberstellungen von Chancen und Risiken in der Form von Synopsen (*Jäger/Voß*, S. 906). Zudem sind Vermischungen in einzelnen Sätzen wie z. B. „Die Währungsschwankungen beinhalten neben vielen Risiken auch Chancen" nach § 2 Abs. 2 Satz 3 nicht erlaubt (*Jäger/Voß*, S. 906). Dies gilt nicht nur für das Risikokapitel selbst, sondern für sämtliche Abschnitte des Verkaufsprospekts, was nicht nur aus dem Trennungsgebot folgt, sondern auch aus dem Umstand, dass Risiken außerhalb des Risikokapitels nicht genannt werden dürfen (siehe sogleich Rn. 110).

110   **gg) Gesonderter Abschnitt.** Die Risiken sind in einem gesonderten Abschnitt darzustellen. Daraus folgt, dass es nicht statthaft ist, Risiken an mehreren Stellen (bspw. in der Form „Kurzüberblick" und „ausführliche Darstellung") im Verkaufsprospekt darzustellen (*Jäger/Voß*, S. 906; *Marx/Schleifer* BB 2007, 258, 262). Aus der Verordnungsbegründung erhellt, dass die Darstellung in einem gesonderten Abschnitt es dem Publikum ermöglichen soll, „sich an einer Stelle umfassend und ausschließlich über die wesentlichen Risiken zu informieren." Wenn der Anleger sich umfassend und an einer Stelle über die Risiken informieren soll, bedeutet dies zugleich, dass die Risiken nur in einem einzigen Abschnitt thematisiert werden dürfen und nicht in mehreren Kapiteln oder an Stellen außerhalb des Risikokapitels. Somit ist die Wendung des § 2 Abs. 2 Satz 3 „in einem gesonderten Abschnitt" als in „einem einzigen Abschnitt" zu verstehen. Dies übersieht eine Gegenauffassung, wonach der Wortlaut der Verordnung einer Praxis nicht entgegenstehe, die Risiken an mehreren Stellen im Verkaufsprospekt zu behandeln (*Keunecke* Rn. 339). Das Gegenteil ist der Fall. Mit der Einfügung des § 2 Abs. 2 Satz 3 wollte der Verordnungsgeber gerade den Vorgaben des IDW S 4 entgegenwirken, wonach Risiken zum einen mit den Chancen vermischt, zum anderen aber auch an mehreren Stellen im Verkaufsprospekt dargestellt werden durften, was die Gefahr in sich barg, dass der Anleger nur eine Kurzfassung der Risiken zur Kenntnis nahm und die ausführliche Darstellung, sofern sie überhaupt im Verkaufsprospekt enthalten war, bei der Lektüre überblätterte. Die Nennung oder die Darstellung eines Risikos außerhalb des gesonderten Abschnitts führt dazu, dass die Angabe nach § 2 Abs. 2 Satz 3 als nicht erfüllt anzusehen ist mit der Folge, dass die BaFin die Veröffentlichung des Verkaufsprospekts zu untersagen hat.

Dies gilt nur insoweit nicht, als bestimmten von der VermVerkProspV geforderten Mindestangaben Risiken immanent sind. So verlangt z. B. § 4 Satz Nr. 11 die Angabe von Umständen, unter denen der Erwerber der Vermögensanlagen verpflichtet ist, weitere Leistungen, insbesondere Zahlungen zu erbringen. Hierbei handelt es sich in der Sache um das so genannte „Nachschussrisiko". Hervorzuheben sind auch Haftungsregelungen, die im nach § 4 Satz 2 abzudruckenden Gesellschaftsvertrag enthalten sind. Diese Risiken dürfen außerhalb des Risikokapitels genannt werden, da sie eigenständige Mindestangaben darstellen, die grundsätzlich in der Reihenfolge der Verordnung zu nennen sind (§ 2 Abs. 3 Satz 1). Unabhängig davon sind nach dem Willen des Verordnungsgebers, der insoweit Doppelangaben zum Zweck der Verständlichkeit eines Anlageinstruments als erforderlich ansieht, die aus den Mindestangaben resultierenden Risiken im Risikoabschnitt zu erläutern. **111**

Darüber hinaus ist die Nennung von Risiken außerhalb des Risikoabschnitts vor dem Hintergrund des Verständlichkeitsgrundsatzes nur in den folgenden Fällen zulässig: Bei der Darstellung von Risikosicherungmaßnahmen ist es regelmäßig unumgänglich, bei der jeweiligen Sicherungsmaßnahme unter Verweis auf den Abschnitt nach § 2 Abs. 3 Satz 2 das Risiko zu nennen, welches im konkreten Einzelfall abgesichert wird. Zudem enthält eine Vielzahl der Verkaufsprospekte als grundsätzlich zulässige freiwillige Angabe einen an den Anfang gestellten Abschnitt, der einen ersten Überblick über die Vermögensanlage gibt („Das Angebot im Überblick"). Es wäre vor dem Hintergrund des zu erreichenden Anlegerschutzes verfehlt, an dieser Stelle keinen Hinweis auf das später folgende Risikokapitel zuzulassen sowie dem Anbieter die Nennung des maximalen Risikos zu verwehren. **112**

Im Übrigen sind Verweise von Angaben außerhalb des Risikoabschnitts auf Angaben innerhalb des Risikokapitels zulässig, nicht jedoch umgekehrt (*Bruchwitz,* in: *Lüdicke/Arndt,* S. 110). Dies folgt aus dem Grundsatz, dass der Risikoabschnitt in sich verständlich sein muss. **113**

Es stellt keinen Verstoß gegen das Trennungsgebot dar, wenn der Anbieter bei der Beschreibung eines Risikos auf wissenschaftliche Fachbegriffe zurückgreift, die semantisch Risiken und Chancen beinhalten. So ist bspw. bei der Prospektierung von Mezzanine-Fonds etwa die Verwendung des Terminus „Risiko-Rendite-Profil" statthaft (ohne den sich im Übrigen das Produkt auch nicht angemessen darstellen ließe). **114**

115 Das Trennungsgebot ist eingehalten, wenn die Chancen zusammen mit den Risikosicherungsmaßnahmen in einem Abschnitt dargestellt werden. Aus dem Trennungsgebot lässt sich lediglich das Verbot einer Vermischung von Chancen und Risiken im Verkaufsprospekt herleiten. Da die Risikosicherungsmaßnahmen für sich betrachtet keine Risiken darstellen (sondern eben lediglich Sicherungsinstrumente), ist insoweit eine mit den Chancen vermischte Darstellung erlaubt.

116 Aus dem Trennungsgebot folgt nicht, dass der Terminus „Chance" im Risikokapitel überhaupt nicht verwendet werden darf. Zwar könnte man sich auf den Standpunkt stellen, dass diesem Begriff eine gewisse „Signalwirkung" innewohnt, die für sich ausreichend sein könnte, beim Gebrauch dieses Ausdrucks im Risikoabschnitt beim Anleger den Eindruck einer Relativierung der Risiken herbeizuführen. Indessen würde eine solche Auffassung verkennen, dass die von § 2 Abs. 2 Satz 3 geforderte reine Beschreibung eines Risikos unter Benutzung des Wortes „Chance" möglich ist, wenn bspw. formuliert wird, dass der Eintritt eines gewissen Umstandes die Chancen auf einen hohen Zinsgewinn schmälert. Dies stellt in der Sache nichts anderes als ausschließlich die Beschreibung des Zinsausfallrisikos dar. Damit lässt sich in diesen Fällen jedoch kein Verstoß gegen § 2 Abs. 2 Satz 3 feststellen. Zudem würde die Annahme der Unzulässigkeit der Verwendung des Terminus „Chance" im Risikokapitel zu der unsinnigen Praxis führen, dass ein Anbieter einen synonymen Begriff für „Chance" in der jeweiligen Formulierung verwendet, dem man seinerseits eine positive Signalwirkung unterstellen könnte. Dies würde in der Prüfungspraxis zudem auf einen aus dem Märchen von Hase und Igel bekannten vergleichbaren Wettlauf zwischen Anbietern und BaFin hinauslaufen, wobei die Marktteilnehmer sich stets neue Umschreibungen für „Chance" ausdenken, die jeweils von der Aufsicht als solche zu enttarnen wären. Ein solcher Zustand ist der Rechtssicherheit nicht zuträglich.

117 **hh) Sensitivitätsanalysen.** So genannte Sensitivitätsanalysen dürfen nicht in das Risikokapitel aufgenommen werden. In der Sache stellen Sensitivitätsanalysen mögliche Abweichungen eines Szenarios in positiver und negativer Hinsicht dar und sind daher als Prognoseabweichungen selbst als Unterfall einer Prognose einzuordnen. Daher stellt sich auch nicht das Problem, dass eine Sensitivitätsanalyse die Beschreibung eines Risikos ist (die grundsätzlich in das Risikokapitel aufzunehmen wäre), welche aufgrund der Natur der Sache (stets zugleich Darstellung einer möglichen positiven Entwicklung) gegen das Trennungsgebot verstößt (*Jäger/Voß*, S. 907).

ii) Drucktechnische Anforderungen. Ein Abschnitt ist nur 118 „gesondert", wenn er durch drucktechnische Mittel von den Nachbarabschnitten optisch klar erkennbar getrennt ist. Dies bedingt, dass bspw. eine Bildseite zwischen der letzten Seite des Risikokapitels und dem danach folgenden Abschnitt eingefügt wird. Unzulässig (und ein möglicher Grund für die Untersagung der Veröffentlichung des Verkaufsprospekts) ist es insbesondere, das Risikokapitel auf einer linken Seite des Verkaufsprospekts enden zu lassen und auf der rechten Seite unmittelbar mit dem Abschnitt „Chancen" fortzusetzen, da dies für sich betrachtet eine nicht statthafte Vermischung von Chancen und Risiken und folglich einen Verstoß gegen das Trennungsgebot darstellt.

jj) Maximales Risiko. Es ist das den Anleger treffende maximale 119 Risiko in seiner Größenordnung zu beschreiben. Auch für das maximale Risiko gilt, dass es nicht nur lediglich zu nennen, sondern vielmehr gemäß dem Wortlaut der Norm „zu beschreiben", mithin ausführlich darzustellen ist. Die Nennung des maximalen Risikos in einem Abschnitt „Das Angebot im Überblick" unter Verweis auf das Risikokapitel ist zulässig. Es ist „das den Anleger treffende" maximale Risiko zu beschreiben. Klärungsbedürftig ist, ob der maximale Risiko auch ein solches sein kann, was nicht „im Zusammenhang mit den angebotenen Vermögensanlagen" steht. Vielfach wird als maximales Risiko der Verlust des eingesetzten Kapitals zuzüglich des Agios angegeben. Zu bedenken ist jedoch, dass die Beteiligung an einer Vermögensanlage grundsätzlich die finanziellen Verhältnisse eines Anlegers übersteigen könnte, so dass diesen möglicherweise das Risiko einer (Privat-)Insolvenz trifft. Es stellt sich die Frage, ob der Anbieter verpflichtet ist, als maximales Risiko stets eine mögliche Privatinsolvenz anzugeben, mag dieser Umstand auch allein in der Sphäre des Anlegers begründet sein. Insoweit ist zu differenzieren. Das den Anleger treffende maximale Risiko ist nach dem Wortlaut des § 2 Abs. 3 Satz 4 „bei" den wesentlichen im Zusammenhang mit der Vermögensanlage stehenden einschließlich der mit einer Fremdfinanzierung einhergehenden Risiken zu beschreiben. Existieren bei einem Anlageinstrument Risiken, die bereits im Zusammenhang mit der Vermögensanlage stehen und die in ihrer Auswirkung über den Verlust des gezeichneten Kapitals mit der Folge einer (Privat-)Insolvenz hinausgehen können, so ist dies zu prospektieren. Ein (Privat)Insolvenzrisiko dürfte regelmäßig dann anzunehmen sein, wenn die Vermögensanlage unbegrenzte Nachschusspflichten des Anlegers vorsieht (für die Aufnahme von Nachschusspflichten im Zusammenhang mit dem maximalen Risiko auch Begr. VermVerkProspV, S. 3). Bestehen im Zusammenhang mit den angebotenen Vermögensanlagen derartige Risiken nicht, dürfte es in aller Regel ausreichend sein, als maximales Risiko den Totalverlust des gezeichneten Kapitals zuzüglich des Agios anzugeben (*Jäger/Voß*, S. 907). Nicht ausreichend ist eine Angabe, die allein auf den Verlust des gezeichneten Kapitals fehlt, da dann der mögliche Verlust des Agios fehlt mit der Folge, dass das *maximale* Risiko gerade nicht prospektiert ist. Von besonderer Bedeutung sind in diesem Zusammenhang die mit einer Fremdfinanzierung einhergehenden Risiken. Existieren solche Risiken (ist mithin eine Fremdfinanzierung überhaupt vorgesehen), so ist davon auszugehen, dass jedenfalls diejenigen Anleger, die eine Beteiligung an einer Vermögensanlage aufgrund ihrer persönlichen finanziellen Verhältnisse fremdfinanzieren müssen, angesichts ihrer privaten Finanzsituation nicht in der Lage sind, „aus eigener Kraft" ein solches Investment zu tätigen. Sollten sich daher die mit einer Fremdfinanzierung einhergehenden Risiken realisieren, dürfte in diesen Fällen tatsächlich stets auch das Risiko einer (Privat)Insolvenz für Anleger aus dieser Gruppe bestehen, das dann als maximales Risiko anzugeben ist.

120 In jedem Fall unzulässig ist es, das maximale Risiko unter Berücksichtigung von Sicherungsmassnahmen zu berechnen und zu quantifizieren.

121 **kk) Abschließendes Negativtestat.** Das Risikokapitel ist mit einem so genannten „abschließenden Negativtestat" zu versehen, wonach der Verkaufsprospekt alle wesentlichen tatsächlichen und rechlichen Risiken im Zusammenhang mit der Vermögensanlage, die dem Anbieter im Zeitpunkt der Prospektaufstellung bekannt sind, enthält. Selbstredend empfiehlt es sich für Anbieter bereits zur Vermeidung einer Haftung nach § 13 VerkProspG unbedingt, sämtliche ihnen bekannten wesentliche Risiken zu beschreiben. Die Aufnahme eines derartigen Negativtestats ist erforderlich, damit die BaFin die Angabe nach § 2 Abs. 2 Satz 3 im Rahmen ihres formellen Prüfungsmaßstabes als erfüllt ansehen kann. Eine Überprüfung, ob der Verkaufsprospekt alle mit dem konkreten Anlageinstrument verbundenen Risiken enthält, würde auf eine unzulässige inhaltliche Prüfung hinauslaufen (vgl. § 8; VerkProspG Rn. 31 ff.). Vor diesem Hintergrund könnte ein Anbieter versuchen, im Risikokapitel bestimmte Risiken zu verschweigen, um dennoch unter Hinweis auf das Vorhandensein eines Abschnitts nach § 2 Abs. 2 Satz 3 eine Gestattung der Veröffentlichung des Verkaufsprospekts durch die BaFin zu erreichen. Eine derartige Praxis kann durch die Forderung eines abschließenden Negativtestats durch die BaFin prüfungsmaßstabskonform unterbunden werden. Alternativ zu einem abschließenden

Negativtestat kann der Anbieter das Risikokapitel mit einem Satz einleiten, aus dem hervorgeht, dass folgend alle wesentlichen tatsächlichen und rechtlichen Risiken im Zusammenhang mit der Vermögensanlage dargestellt werden, die dem Anbieter im Zeitpunkt der Prospektaufstellung bekannt sind.

ll) Position. Der Anbieter ist in der Wahl der Position des Risikokapitels innerhalb des Verkaufsprospekts gewissen Einschränkungen unterworfen (*Jäger/Voß*, S. 907). Folgt der Anbieter dem Grundsatz des § 2 Abs. 3 Satz 1, wonach die Mindestangaben in der Reihenfolge ihrer Nennung in der Verordnung in den Verkaufsprospekt aufzunehmen sind, hat das Risikokapitel nach dem Hinweis gemäß § 2 Abs. 2 Satz 2 betreffend den Prüfungsumfang der BaFin zu erscheinen. Möchte der Anbieter hiervon abweichen, und dem Inhaltsverzeichnis nebst Hinweis noch weitere Angaben folgen lassen, bevor der Risikoabschnitt beginnt, gelten hierfür die folgenden Grundsätze: Das Risikokapitel muss im ersten Drittel des Verkaufsprospekts beginnen. Zur Berechnung des ersten Drittels des Verkaufsprospekts ist auf den Seitenumfang des Prospekts abzustellen, wobei die durch den Abdruck von Gesellschafts- und Treuhandverträgen nach § 4 Satz 2 in Anspruch genommenen Seiten nicht zu berücksichtigen sind. Zuzugeben ist, dass die VermVerkProspV keine entsprechenden expliziten Vorgaben zur Platzierung des Risikokapitels macht. Aus dem Sinn und Zweck der einschlägigen Normen sowie aus der Entstehungsgeschichte der entsprechenden Vorschriften erhellt jedoch, dass das Risikokapitel an einer möglichst exponierten Stelle des Verkaufsprospekts abgedruckt werden muss. In einer früheren Fassung sah die Verordnung noch vor, dass das Risikokapitel unmittelbar im Anschluss an das Inhaltsverzeichnis folgen sollte. Hiervon ist im Rahmen des Verordnungsgebungsverfahrens Abstand genommen worden, da der Anleger so mit einer Risikodarstellung konfrontiert gewesen wäre, ohne dass er sich zuvor, da entsprechende Ausführungen nicht zulässig gewesen wären, einen Überblick über das Angebot hätte verschaffen können. Gleichwohl ist es für die Erreichung des Normzwecks des § 2 Abs. 2 Satz 3 unabdingbar, dass das Risikokapitel so früh wie möglich weit vorne im Prospekt erscheint, da erfahrungsgemäß Abschnitte im hinteren Teil eines derart umfangreichen Dokuments nicht mehr mit derselben Aufmerksamkeit gelesen werden wie die Anfangskapitel. Fehl geht insoweit die lebensfremde Befürchtung, dass der Anleger über einen im Vorderteil des Verkaufsprospekts abgedruckten Risikoabschnitt „hinwegblättern oder zumindest zügig darüber hinweglesen" könnte (so aber *Keunecke* Rn. 339). Dies bringt der Verordnungsgeber nicht zuletzt dadurch zum Ausdruck, dass nach der Soll-Reihenfolge der Mindestangaben (§ 2 Abs. 3 Satz 1) das Risikokapitel nach dem Inhaltsverzeichnis und dem Hinweis auf den Prüfungsumfang bereits an dritter Stelle im Verkaufsprospekt erscheinen soll. Die durch die BaFin entwickelte Praxis mit den oben dargestellten Grundsätzen erscheint infolgedessen sachgerecht.

3. Prognosen

123 § 2 Abs. 3 statuiert „wegen der besonderen Unsicherheiten" eine Kennzeichnungspflicht für Prognosen. Der Anwendungsbereich dieser Vorschrift umfasst sowohl Mindestangaben („nach dieser Verordnung geforderte Angaben") als Angaben nach der Generalklausel sowie freiwillige Angaben („und darüber hinausgehende in den Prospekt aufgenommene Angaben").

124 **a) Begriff.** Eine Prognose im Sinne der VermVerkProspV ist eine Information über zukünftige Umstände oder Ereignisse, hinsichtlich derer man mit hinreichender Wahrscheinlichkeit davon ausgehen kann, dass sie in Zukunft existieren oder eintreten werden bzw. bei denen der Informierende den Anschein erweckt, dass eine derartige hinreichende Wahrscheinlichkeit besteht (so wohl für das Recht der Insiderinformationen *Assmann,* in: *ders./Schneider,* § 13 WpHG Rn. 23).

125 **b) Kennzeichnungspflicht.** Die Kennzeichnungspflicht trifft lediglich Prognosen, die in der Form von graphischen bzw. tabellarischen Übersichten in den Verkaufsprospekt aufgenommen werden. Nicht erforderlich ist es, Aussagen im Fliesstext, die prognostischen Charakter aufweisen, als Prognose zu kennzeichnen, da dies den Lesefluss ungebührlich hemmen würde und somit dem Verständnis des Verkaufsprospektes nicht förderlich wäre. Hauptanwendungsfälle sind bspw. Aussagen betreffend die Geschäftsentwicklung des Emittenten und/oder des Anlageobjekts.

126 Die Prognosen sind als solche **deutlich** kenntlich zu machen. Dies bedingt zunächst, dass in unmittelbarer Nähe einer prognostizierten Angabe der Begriff „Prognose" abgedruckt wird. Die Verwendung von Synonymen wie z. B. „Vorhersage", „Ausblick" etc. ist nicht statthaft. Empfehlenswert, wenngleich nicht zwingend erforderlich, ist eine Anbringung der Kennzeichnung oberhalb der jeweiligen Angabe. Dies insbesondere vor dem Hintergrund, dass die Kenntlichmachung „deutlich" sein muss. Wie bei der Hervorhebung des Hinweises nach § 2 Abs. 2 Satz 2 kann die Deutlichkeit der Kennzeichnung durch beliebige drucktechnische Mittel erfolgen (Unterstreichung, Fett- bzw. Farbdruck, Einrahmung, Sperr- und Großschrift, Einsatz von

Farbkontrasten), sofern nur bei der Lektüre des Verkaufsprospekts tatsächlich der Eindruck einer deutlichen Kenntlichmachung entsteht. Nicht ausreichend ist insofern eine Kenntlichmachung innerhalb einer Fußnote, mag die Fußnote auch selbst durch drucktechnische Mittel hervorgehoben sein. Dies folgt aus der Verordnungsbegründung, die bei der Erläuterung der drucktechnischen Hervorhebung des Hinweises nach § 8h Abs. 1 VerkProspG darauf hinweist, dass dieser „nicht an versteckter Stelle, z. B. in einer Fußnote, in den Prospekt aufgenommen werden" darf (Begr. VermVerkProspV, S. 7).

Diverse nach der Verordnung geforderte Angaben sind mit Fachbegriffen insbesondere aus der Betriebswirtschaftslehre belegt (bspw. Planbilanzen, Plan-GuV, Liquiditäts- bzw. Cash-Flow-Rechnung). Insoweit ist es erforderlich, diese termini technici jeweils mit einem deutlich hervorgehobenen Zusatz „Prognose" zu versehen. Beispiele: „Plan-Cash-Flow-Rechnung **(Prognose)**"; „Plan-GuV **(Prognose)**". **127**

c) **Aktualität.** Prognosen müssen dem Aktualitätserfordernis genügen. Das ist nach bekannter und bewährter Praxis zur VerkProspVO dann der Fall, wenn sie nicht älter als vier Wochen gerechnet ab dem Datum des Eingangs bei der BaFin sind. Die 4-Wochen-Grenze gilt jedoch nur für die Aufstellung der Prognose selbst. Die einer Prognose zugrundeliegenden Daten können durchaus älteren Datums sein. Zudem ist diese Altersgrenze lediglich für Prognosen einschlägig, die in unmittelbarem Zusammenhang mit der Vermögensanlage selbst stehen. Prognosen, die demgegenüber allgemeine wirtschaftliche Entwicklungen zum Gegenstand haben, dürfen bei der Einreichung des Verkaufsprospekts bei der BaFin älter als vier Wochen sein. **128**

d) **Haftungsausschlüsse.** Vielfach werden Prognosen mit Haftungsausschlüssen versehen. Zulässig ist insoweit ein Ausschluss der Haftung für den *Eintritt* der Prognose, da es einer Prognose wesensimmanent ist, dass sie im positiven wie im negativen Sinne vom tatsächlichen Geschehensablauf abweichen kann. Nicht statthaft ist demgegenüber ein pauschaler Haftungsausschluss, wonach bspw. „keine Haftung für die Prognose übernommen wird". **129**

e) **Sensitivitätsanalysen.** Sensitivitätsanalysen sind als „Abweichungen von Prognosen" zu kennzeichnen. Derartige Analysen unterstellen positive und/oder negative Abweichungen von einer Planungsannahme und messen die Auswirkungen auf das Anlageergebnis. Auf diesem Wege werden mögliche Abweichungen von Prognosen dargestellt, die als Generalklauselangaben bzw. als freiwil- **130** lige Angaben grundsätzlich zulässig sind. Bei der Kennzeichnung einer Sensitivitätsanalyse als Abweichung von einer Prognose ist ein eindeutiger Hinweis auf die Bezugsangaben, mithin die einer Sensitivitätsanalyse zugrunde liegende Prognose, erforderlich. Die Kennzeichnungspflicht lässt sich sozusagen durch eine Kennzeichnungskette erfüllen. Die Prognose wird als solche deutlich gekennzeichnet, die Sensitivitätsanalyse erfährt wiederum eine deutliche Kennzeichnung als Abweichung von der ursprünglichen Prognose.

IV. Reihenfolge der Angaben

131 Nach § 2 Abs. 3 soll der Verkaufsprospekt die nach der VermVerkProspV erforderlichen Mindestangaben in der Reihenfolge ihrer Nennung in der Verordnung enthalten. Nach dem Willen des Verordnungsgebers sollen hierdurch die Verkaufsprospekte für das Publikum transparenter und vergleichbarer gestaltet werden (Begr. VermVerkProspV, S. 3). Ausserdem sollte die Prüfung durch die BaFin beschleunigt werden.

132 Indessen ist nach dem Wortlaut der Norm („soll ... enthalten") die Einhaltung der Reihenfolge nicht zwingend und eine Abweichung ist zulässig. Von dieser Befugnis wird in der Praxis ganz überwiegend Gebrauch gemacht. Weicht ein Verkaufsprospekt in der Reihenfolge der Mindestangaben von der Verordnung ab, so kann die BaFin nach § 2 Abs. 3 Satz 2 eine Aufstellung (so genannte „Überkreuz-Checkliste") verlangen, aus der hervorgeht, an welcher Stelle des Verkaufsprospekts sich die verlangten Mindestangaben befinden. Ein Muster für eine Überkreuz-Checkliste findet sich in Anhang unter III. 2.

133 Die Überkreuz-Checkliste ist als solche keine Mindestangabe. Sie ist nicht Bestandteil des Verkaufsprospekts und auch keine Unterlage im Sinne von § 8i Abs. 2 Satz 3 VerkProspG, sondern ein von ihm unabhängiges Dokument sui generis.

134 Weicht ein Anbieter von der Reihenfolge der Verordnung ab, so empfiehlt es sich zur Beschleunigung des Prüfungsprozesses, bereits bei Einreichung des Verkaufsprospektes zur Gestattung der Veröffentlichung eine Überkreuz-Checkliste beizufügen. Zwar handelt es sich bei § 2 Abs. 3 Satz 2 um eine Ermessensnorm („kann ... verlangen"). Indessen ist davon auszugehen, dass die BaFin in Fällen der Abweichung ihr Ermessen stets dahingehend ausüben wird, eine Überkreuz-Checkliste zu verlangen. Ausreichend ist es dann, wenn die Überkreuz-Checkliste dem bei der BaFin eingereichten Exemplar beigefügt ist. Entbehrlich ist eine Beilage der Überkreuz-Checkliste bei den im Vertrieb verwendeten Exemplaren des Verkaufsprospektes. Die Verordnung spricht an dieser Stelle redaktionell ungeschickt von

Allgemeine Grundsätze §2

der „Hinterlegungsstelle". Konsequent wäre die „Bundesanstalt" gewesen, wie sie in § 2 Abs. 1 Satz 4 legaldefiniert ist.

Die Überkreuz-Checkliste ist keine Unterlage nach § 8i Abs. 2 **135** VerkProspG, da eine fehlende Überkreuz-Checkliste aus tatsächlichen Gründen nicht dazu führen kann, dass die Behörde zu der Auffassung gelangt, die ihr übermittelten Unterlagen seien unvollständig. Unterlagen sind nach dem eindeutigen und keinen Interpretationsspielraum zulassenden Wortlaut des Gesetzes lediglich solche Dokumente, ohne welche die BaFin nicht beurteilen kann, ob ein Verkaufsprospekt vollständig ist oder nicht. Die BaFin ist jedoch auch bei Nichtvorliegen einer Überkreuz-Checkliste ohne weiteres in der Lage, in die Prüfung des Verkaufsprospektes einzutreten, mag sich diese dann auch mühsamer gestalten. Der spätere Erhalt einer Überkreuz-Checkliste stellt lediglich eine Arbeitserleichterung für die Behörde dar, wobei es nicht zu rechtfertigen ist, eine Übermittlung der Checkliste, die zu einem späteren Zeitpunkt als die Einreichung des Verkaufsprospektes erfolgt, mit der Nichtauslösung der Prüfungsfrist des § 8i Abs. 2 Satz 3 VerkProspG zu sanktionieren. Kann die BaFin im Einzelfall einen Verkaufsprospekt ohne Überkreuz-Checkliste tatsächlich nicht prüfen (etwa aufgrund dessen Unübersichtlichkeit), hat dies lediglich zur Folge, dass der Verkaufsprospekt gegen das Verständlichkeitsgebot verstößt und dass seine Veröffentlichung somit von der BaFin zu untersagen ist. In der Dogmatik des Prospektrechts stellt die Überkreuz-Checkliste mithin weder eine Mindestangabe noch eine Unterlage dar. Sie ist vielmehr als prospektrechtliches Dokument sui generis zu qualifizieren.

Unzulässig ist eine Abweichung der Reihenfolge der Mindestangaben hinsichtlich des Inhaltsverzeichnisses sowie des sich anschliessenden Hinweises auf den Prüfungsumfang. Zwar handelt es sich **136** beim Inhaltsverzeichnis und dem Hinweis um die zwei ersten Mindestangaben, welche die Verordnung nennt. Daher wäre es grundsätzlich denkbar, dass ein Anbieter von der Reihenfolge der Verordnung derart abweicht, dass er unter Ausnutzung des § 2 Abs. 3 Inhaltsverzeichnis und Hinweis an das Ende eines Verkaufsprospektes stellt. Darüber hinaus wäre denkbar, dass er Inhaltsverzeichnis und Hinweis „auseinanderzieht" und an unterschiedlichen Stellen im Verkaufsprospekt unterbringt. Letztgenanntes ist unzulässig, weil § 2 Abs. 2 Satz 2, der die Anbringung des Prüfungsumfangshinweises im Anschluss an das Inhaltsverzeichnis fordert, als „Ist"-Vorschrift ausgestaltet ist und insoweit lex specialis zur allgemeinen „Soll"-Vorschrift des § 2 Abs. 3 ist. Nicht zuzustimmen ist einem teleologischen Ansatz, wonach der Sinn und Zweck des Anlegerschutzes gewahrt ist, wenn der Hinweis sich nur an einer exponierten Stelle im Verkaufsprospekt befindet. Nach dieser Auffassung wäre es auch zulässig, den Hinweis unter den Risikodarstellungen oder im Rahmen einer 1-seitigen Angebotsübersicht am Prospektanfang zu platzieren. Dem steht jedoch der eindeutige Wortlaut des § 2 Abs. 2 Satz 2 entgegen, in dem der Wille des Verordnungsgebers unmissverständlich zum Ausdruck kommt. Hätte der Verordnungsgeber eine liberalere Regelung hinsichtlich der Stellung des Prüfungsumfangshinweises gewollt, hätte er sie treffen können, was er ausdrücklich gerade nicht getan hat. Entscheidend ist damit nicht allein, dass der Anleger in einem typischerweise anzunehmenden Lesefluss nicht über den Hinweis hinweg liest. Der Verordnungsgeber gesteht dem Anliegen, dass das Publikum nicht hinsichtlich des Prüfungsumfangs der BaFin Fehlvorstellungen erliegt, eine derartige Wichtigkeit zu, dass der entsprechende Hinweis die einzige Mindestangabe ist, hinsichtlich deren räumlicher Position im Verkaufsprospekt eine explizite Regelung getroffen wurde. Dieser Umstand kann nicht durch Sinn-und-Zweck-Erwägungen negiert werden.

137 Eine Stellung des Inhaltsverzeichnisses an das Ende des Verkaufsprospekts würde gegen das Formgebot des § 2 Abs. 1 Satz 3 verstoßen. Will man einen Verkaufsprospekt auswerten, so ist ein Inhaltsverzeichnis hierfür ein unentbehrliches Instrument. Dieses muss daher beim Aufschlagen des Verkaufsprospektes umgehend auffindbar sein, was nach der typischen Erwartung des Publikums nur der Fall ist, wenn es sich unmittelbar am Prospektanfang befindet. Im Übrigen würde bei einem Inhaltsverzeichnis am Ende des Verkaufsprospektes der Regelungsgehalt des § 2 Abs. 2 Satz 2 hinsichtlich des Prüfungsumfangshinweises unterlaufen, da das Ende des Verkaufsprospektes keine exponierte Stelle darstellt.

138 Im Ergebnis sind die Grenzen der Zulässigkeit einer Reihenfolgeabweichung kaum eingeschränkt. Dies hat in der Tat dazu geführt, dass der vom Verordnungsgeber ursprünglich intendierte „Gliederungsstandard" bisher nicht etabliert wurde. Dies mag misslich im Hinblick auf die Vergleichbarkeit mehrerer Vermögensanlagen durch den Anleger sein, der bspw. mehrere Verkaufsprospekte parallel auswerten möchte. Indessen ist in einer Gliederungsabweichung regelmäßig keine Einschränkung der Prospektklarheit zu sehen; denn die Prospektklarheit ist durch das Inhaltsverzeichnis gewährleistet, das den Anleger in die Lage versetzt, die jeweiligen von der VermVerkProspV geforderten Mindestangaben im Verkaufsprospekt zu finden. Sollte dies im konkreten Einzelfall nicht so sein, wäre in der Tat ein Verstoß gegen den Grundsatz der Prospektklarheit anzunehmen. Zudem wäre der Verkaufspospekt als unvollständig anzusehen, da das Inhaltsverzeichnis selbst eine Mindestangabe darstellt, die in einem de-

Allgemeine Grundsätze §2

rartigen Fall nicht im Verkaufspropekt enthalten wäre, da es sich bei derartig unzureichenden „Inhaltsangaben" lediglich um „Inhaltsübersichten" handelt. Diese sind nicht ausreichend, um das Mindestangabeerfordernis des § 2 Abs. 2 Satz 1 zu erfüllen.

V. Aufstellungsdatum und Unterzeichnung

1. Datum der Aufstellung

Der Verkaufsprospekt ist gemäß § 2 Abs. 4 Alt. 1 mit dem Datum **139** seiner Aufstellung zu versehen. Dieses Erfordernis stellt, obgleich in § 2 unter der Überschrift „Allgemeine Grundsätze" abgehandelt, eine echte Mindestangabe dar, bei deren Fehlen die BaFin den Verkaufsprospekt als unvollständig zu bemängeln hat.

Gleichwohl soll das Fehlen des Prospektaufstellungsdatums allein **140** noch keine Prospekthaftung nach § 13 VerkProspG begründen. Dies ergebe sich daraus, dass für die Beurteilung der Richtigkeit und Vollständigkeit des Verkaufsprospekts insoweit maßgebliche Zeitpunkt derjenige der Prospektveröffentlichung sei (*Assmann*, in: *ders./Lenz/Ritz*, § 2 VerkProspVO Rn. 16). Dies ist in Zweifel zu ziehen: Denn welcher Zeitpunkt der maßgebliche für die Beurteilung der Richtigkeit und der Vollständigkeit des Verkaufsprospekts ist, muss von der Frage getrennt werden, wann ein Verkaufsprospekt vollständig ist. Das Prospektaufstellungsdatum, das vom Verordnungsgeber völlig zu Recht als Mindestangabe qualifiziert wurde, gibt dem Anleger zentrale Informationen betreffend die Aktualität des Verkaufsprospektes.

Das Datum der Aufstellung ist das Datum, an dem die redaktionel- **141** len Arbeiten an dem Verkaufsprospekt abgeschlossen wurden. Wird im Rahmen des Gestattungsverfahrens nach § 8i Abs. 2 VerkProspG die Unvollständigkeit des Verkaufsprospekts durch die BaFin festgestellt und durch ein Anhörungsschreiben bemängelt und beseitigt der Anbieter fristgerecht die Mängel, so findet durch diese „Nachbesserung" keine neue Aufstellung statt mit der Folge, dass das Aufstellungsdatum zu aktualisieren wäre. Das Prospektaufstellungsdatum ist zu aktualisieren, wenn ein Anbieter nach Einreichung eines Verkaufsprospekts bei der BaFin redaktionelle Änderungen am Verkaufsprospekt vornimmt. Reicht er diese Änderungen ein, nimmt er hierdurch konkludent den Antrag auf Gestattung der Veröffentlichung des „alten" Verkaufsprospekts zurück und beantragt neu die Veröffentlichung des Verkaufsprospekts in der geänderten Fassung (vgl. auch § 8i VerkProspG Rn. 42).

Das Datum der Aufstellung muss als solches eindeutig und un- **142** missverständlich erkennbar sein. Es empfiehlt sich daher, das entsprechende Datum mit selbsterklärenden Zusätzen wie beispielsweise „Aufstellungsdatum" oder „Prospekt aufgestellt am ..." zu versehen.

143 Wird der BaFin ein ausweislich des Aufstellungsdatums betagter Verkaufsprospekt vorgelegt, so ist dieser als nicht hinreichend zeitnah zu beanstanden und zurückzuweisen (*Assmann,* in: *ders./Lenz/Ritz,* § 2 VerkProspVO Rn. 16). Denn ein Verkaufsprospekt kann nur dann richtig sein und seinen Informationszweck erfüllen, wenn er aktuell ist. Diesem Umstand wird nach Veröffentlichung des Verkaufsprospekts durch die Erfüllung der gesetzlichen Aktualisierungspflichten Rechnung getragen. Um dem Aktualitätserfordernis bei Einreichung zu genügen, sollte das Aufstellungsdatum des Verkaufsprospekts und damit seine Aufstellung selbst nicht länger als 4 Wochen gerechnet ab dem Datum der Einreichung zurückliegen. Dieser Grundsatz ist bereits aus der BaFin-Prüfungspraxis zu Wertpapier-Verkaufsprospekten nach der VerkProspVO bekannt und hat sich bewährt.

2. Unterzeichnung durch den Anbieter

144 Gemäß § 2 Abs. 4 Alt. 2 ist der Verkaufsprospekt vom Anbieter zu unterzeichnen. Auch insoweit handelt es sich um eine echte Mindestangabe, bei deren Fehlen die Veröffentlichung des Verkaufsprospekts zu untersagen ist. Zur Frage, ob bei Einreichung eines Verkaufsprospekts mit fehlender Originalunterschrift die Frist des § 8i Abs. 2 VerkProspG zu laufen beginnt vgl. die Erläuterungen zu § 8i VerkProspG Rn. 39. Wen die Pflicht zur Unterzeichnung des Verkaufsprospekts trifft, ergibt sich aus dem Regelungsgehalt des § 8f Abs. 1 VerkProspG. Kommen danach mehrere Personen als Anbieter in Betracht, so kann jede von ihnen den Verkaufsprospekt unterschreiben, wodurch die Verpflichtung zur Veröffentlichung eines Verkaufsprospekts für die übrigen Personen entfällt (so genannte „gesamtschuldnerische Lösung", ausführlich hierzu Vor § 8f VerkProspV Rn. 14). Vice versa gilt der Grundsatz, dass derjenige, der den Verkaufsprospekt tatsächlich unterzeichnet, als Anbieter zu qualifizieren ist. Wer als Anbieter den Verkaufsprospekt nach § 2 Abs. 4 unterzeichnet, haftet stets für die Richtigkeit und Vollständigkeit des Verkaufsprospekts nach § 13 VerkProspG, selbst wenn er nicht die Verantwortung nach § 3 für den Inhalt des Verkaufsprospekts übernommen haben sollte (*Assmann,* in: *ders./Lenz/Ritz,* § 2 VerkProspVO Rn. 17).

145 Sollte eine juristische Person Anbieter sein, unterzeichnet diejenige natürliche Person, die nach allgemeinen zivilrechtlichen Vertretungsregeln berechtigt ist, dies für den Anbieter zu tun. Die BaFin prüft im Rahmen ihrer Vollständigkeitskontrolle, ob die tatsächlich hierzu berechtigten Personen die Unterschrift geleistet haben. Dies kann sie bspw. durch Einsichtnahme in den Handelsregisterauszug

Allgemeine Grundsätze §2

eines Anbieters tun. Denn sollte sich herausstellen, dass bspw. eine einzelne Person unterschrieben hat, der lediglich eine Gesamtvertretungsbefugnis eingeräumt ist, ist die Mindestangabe nach § 2 Abs. 4 Alt. 2 nicht etwa inhaltlich falsch – was die BaFin mangels Ermächtigungsgrundlage ohnehin nicht prüfen darf –, sondern vielmehr überhaupt nicht gemacht und der Verkaufsprospekt damit unvollständig.

Es muss erkennbar sein, welche konkrete Person als Anbieter unterzeichnet hat. Daher ist unter der Unterschrift der Abdruck einer Namenszeile mit Angabe der Funktion (z. B. Geschäftsführer, Vorstand), welche die in Rede stehende Person beim Anbieter innehat, erforderlich. **146**

Darüber hinaus muss erkennbar sein, dass der Unterzeichner in seiner Eigenschaft als Anbieter unterzeichnet hat. Dies kann entweder aus dem Kontext der Unterschrift zu entnehmen sein, wenn bspw. ein in unmittelbarem Zusammenhang über der Unterschrift stehender Fliesstext den Anbieter beschreibt und als solchen bezeichnet. Denkbar ist auch, dass eine entsprechende Kennzeichnung in der unter der Unterschrift abgedruckten Namenszeile erscheint, wie in dem **Formulierungsbeispiel:** „Herr A als Geschäftführer für den Anbieter B-GmbH". **147**

Um dem Erfordernis des § 2 Abs. 4 zu genügen, ist es erforderlich, dass auf dem bei der BaFin zur Gestattung der Veröffentlichung bzw. zur Hinterlegung eingereichtem Exemplar die Unterzeichnung durch den Anbieter in Form einer Originalunterschrift vorliegt. Für die im Vertrieb verwendeten Exemplare des Verkaufsprospektes ist es hingegen ausreichend, wenn sie mit einer Faksimile-Unterschrift versehen sind. **148**

Die Unterschrift muss nicht am Ende des Verkaufsprospekts stehen und diesen quasi räumlich abschliessen. Der Rechtsgedanke des § 2247 BGB bzw. der in der Rechtsprechung entwickelte Grundsatz, wonach eine Unterschrift am Schluss des Textes stehen muss, um diesen räumlich abzudecken (eine „Oberschrift" ist keine „Unterschrift"), ist für Vermögensanlagen-Verkaufsprospekte nicht einschlägig. Dies folgt bereits aus dem Umstand, dass nach § 2 Abs. 3 Satz 1 der Verkaufsprospekt die Mindestangaben in der Reihenfolge ihrer Nennung in der Verordnung enthalten soll. Die Unterschrift als Mindestangabe steht in § 2 Abs. 4 indessen in der Reihenfolge der geforderten Mindestangaben gerade nicht am Ende der VermVerkProspV. Die Unterschrift kann daher an beliebiger Stelle im Verkaufsprospekt platziert werden, worauf in der Überkreuz-Checkliste nach § 2 Abs. 3 Satz hinzuweisen ist. **149**

Sind mehrere Personen Anbieter, haben sämtliche dieser Personen eine Unterschrift nach § 2 Abs. 4 zu leisten. In diesen Fällen sind die **150**

Voß

Anbieter Gesamtschuldner der Gebühr für die Hinterlegung des Verkaufsprospekts.

151 Es ist eine Besonderheit, wenn nicht gar ein Kuriosum des Vermögensanlagen-Verkaufsprospektrechts, dass die Unterschrift des Anbieters die einzige Mindestangabe ist, die überhaupt explizit in Bezug auf den Anbieter von der VermVerkProspV verlangt wird. Derjenige, den die Pflicht zur Erstellung und Veröffentlichung eines Verkaufsprospekts trifft, steht damit alles andere als im Zentrum der Mindestangabenerfordernisse. Dessen ungeachtet wird es in einer Vielzahl von Fällen für den Anleger von Interesse sein, sich nicht nur ein zutreffendes Bild über den Emittenten bzw. die Anlageobjekte zu machen, sondern gerade auch über den Anbieter. Häufig finden sich in Verkaufsprospekten folgerichtig denn auch entsprechende (als freiwillige Angaben grundsätzlich zulässige wenn nicht sogar nach Maßgabe der Generalklausel im Einzelfall erforderliche) Ausführungen, z. B. betreffend die Konzernstruktur, die Unternehmenshistorie, die Leistungsbilanz etc.

VI. Vermeidung doppelter Angaben

152 Gemäß § 2 Abs. 5 brauchen vorgeschriebene Angaben, die dem nach § 10 Abs. 1 in den Verkaufsprospekt aufgenommenen Jahresabschluss unmittelbar zu entnehmen sind, im Verkaufsprospekt nicht wiederholt zu werden. Die Vorschrift konkretisiert das Formerfordernis des § 2 Abs. 1 Satz 3 und dient der Lesbarkeit eines Verkaufsprospektes durch die Vermeidung von Wiederholungen.

153 Die Möglichkeit, von Wiederholungen abzusehen, gilt nur für Mindestangaben, die der im Verkaufsprospekt aufgenommene Jahresabschluss enthält, nicht aber für anderweitige nach anderen Vorschriften in den Verkaufsprospekt aufzunehmende Dokumente, wie etwa Gesellschafts- und Treuhandverträge nach § 4 Satz 2. So müssen z. B. Angaben zum Gegenstand des Unternehmens nach § 5 Nr. 4 ausdrücklich gemacht werden, auch wenn sie bereits dem gemäß § 4 Satz 2 abgedruckten Gesellschaftsvertrag entnommen werden können.

154 § 2 Abs. 5 ist insbesondere nicht anwendbar auf einen in den Verkaufsprospekt aufgenommenen Lagebericht, da dieser nach § 242 Abs. 3 HGB nicht Bestandteil des Jahresabschlusses ist.

155 Erforderlich ist, dass die Angaben dem Jahresabschluss unmittelbar zu entnehmen sind. Nicht ausreichend ist es, wenn der Jahresabschluss lediglich einen Verweis auf andere Dokumente vornimmt, selbst wenn diese in den Verkaufsprospekt aufgenommen sein sollten.

156 Die Norm enthält kein Wiederholungsverbot für im nach § 10 Abs. 1 aufgenommenen Jahresabschluss enthaltene Angaben. Sofern

der Anbieter der Auffassung ist, dass eine Wiederholung der Vermeidung eines unzutreffenden Gesamteindrucks zuträglich ist, steht ihm die Vornahme einer Informationsverdopplung frei.

Soweit die Zulässigkeit von Verweisen betroffen ist, ergibt sich im Umkehrschluss aus dem Wortlaut des § 2 Abs. 5, dass diese im Hinblick auf Mindestangaben, welche die Verordnung als solche vorsieht, unzulässig sind, selbst wenn der einer Mindestangabe innewohnende Informationsgehalt bereits einem anderen Dokument entnommen werden kann, gleich ob dieses im Prospekt (zwingend oder freiwillig) enthalten ist oder nicht. Damit ist indessen noch nichts über die Zulässigkeit von Verweisen im Allgemeinen gesagt. Diese beurteilt sich im konkreten Einzelfall im Lichte des Formerfordernisses des § 2 Abs. 3. So gibt es durchaus Verweise, die der Verständlichkeit des Verkaufsprospektes und seiner Auswertung dienlich sind. Zu denken ist an Verweise, die bei der Darstellung eines Themas A Aspekte eines Themas B berühren, wobei diese Aspekte bei der Darstellung des Themas B ausführlich abgehandelt werden. In derartigen Konstellationen erscheint es geboten, bei Thema A einen Verweis auf die ausführliche Darstellung des Themas B vorzunehmen. Beispiel: Bei einem Private-Equity-Fonds wird in Kapitel A die generelle Funktionsweise des Private Equity-Marktes beschrieben (Angabe nach der Generalklausel). In diesem Kapitel wird kurz angesprochen, dass Private Equity steuerliche Implikationen hat. Die steuerliche Konzeption der konkreten Vermögensanlage (Mindestangabe nach § 4 Satz 1 Nr. 2) wird in einem eigenen Kapitel B beschrieben. Ein Verweis von Kapitel A auf die ausführliche Darstellung in Kapitel B ist zulässig. 157

Demgegenüber sind auch Verweise denkbar, die dem Verständnis und der Auswertung des Verkaufsprospekts nicht förderlich sind. Hierunter fallen insbesondere so genannte Kettenverweise, bei denen der Anleger bspw. von Kapitel A nach Kapitel D in das Kapitel C zurückverwiesen wird. Eine derartige Verweistechnik führt dazu, dass der Anleger ungebührlich suchend im Verkaufsprospekt herumblättern muss, ohne dass er eine gezielte Auswertung des Haftungsdokumentes vornehmen kann. 158

Unzulässig sind Verweise auf nicht in den Verkaufsprospekt aufgenommene Dokumente, um so das Erfordernis einer Mindestangabe zu erfüllen. Jede Mindestangabe muss ausdrücklich in den Verkaufsprospekt selbst aufgenommen und somit Bestandteil des Prospektes sein und kann nicht über einen Verweis „erschlagen" werden. Zu Verweisen bei Risiken s. o. Rn. 113. 159

VII. Anforderungen der Rechtsprechung

160 Wie bereits erwähnt (Rn. 4) hat die Rechtsprechung vor Kodifizierung des Vermögensanlagen-Verkaufsprospektrechts Anforderungen formuliert, die an die Vollständigkeit eines Verkaufsprospekts zu stellen sind. Soweit diese Urteile keine Mindestangaben nach der jetzigen VermVerkProspV in Bezug nehmen, geben sie dem Prospektaufsteller wertvolle Hinweise, welche Angaben nach der Generalklausel aufnahmepflichtig sind. Im Einzelnen hat die Rechtsprechung im Einzelfall vornehmlich die folgenden Angaben als erforderlich angesehen, um einen vollständigen Verkaufsprospekt annehmen zu können.

1. Immobilienfonds

161 Die genaue **Höhe der Vertriebskosten,** d. h. genaue Angaben über den Umfang, in dem die Beteiligung des Anlegers nicht in das Anlageobjekt fließt, sondern für Aufwendungen außerhalb der Anschaffungs- und Herstellungskosten verwendet wird (BGH NJW 2006, 2042, 2043).

162 Genaue **Angaben über noch ausstehende Vertragsabschlüsse.** Im konkreten Fall bedurfte es für die geplanten Stellplätze noch des Erwerbs eines dem Fondsgrundstück benachbarten Flurstücks (BGH NJW 2006, 2042, 2043; vgl. auch BGHZ 71, 284, 288 ff.).

163 Angaben über eine im Erwerspreis steckende, erheblich überdurchschnittliche **Innenprovision** (BGH NJW 2004, 1732 ff.).

164 Genaue Informationen über die **Art der zum Fondsvermögen gehörenden Immobilie** (BGH NJW-RR 2006, 770 ff.). In dem Beschluss vertritt der BGH die Ansicht, dass der Verkaufsprospekt hinreichend auf die Art der Immobilie und den mit ihr verbundenen Risiken hinweist. Die Fondsgesellschaft führte u. a. aus, dass es sich bei dem Hotel-, Freizeit- und Theatergeäude Stuttgart International um eine Spezialimmobilie handelt, deren wirtschaftlicher Betrieb weitgehend vom Freizeitverhalten angesprochener Besucher abhängt, und dass dem Management des jeweiligen Betreibers bei der Beachtung der langfristigen Entwicklung des Investitionsvorhabens eine Schlüsselstellung zukommt. Es wird ferner hervorgehoben, dass Immobilieninvestitionen über lange Zeiträume betrachtet werden müssen und dass sich auch die beste Bonität eines Mieters mittel- bis langfristig negativ verändern kann.

165 Angaben über das **Fehlen von Baugenehmigungen für Erweiterungsvorhaben und gewerberechtlichen Erlaubnissen;** in diesem Zusammenhang exakte Angaben hinsichtlich der Bettenkapazität einer Klinik (OLG Hamm, Urteil vom 4. 12. 2000, 8 U 277/98).

Allgemeine Grundsätze §2

Angaben über **kapitalmäßige und personelle Verflechtungen** 166 (BGHZ 79, 337, 345; BGH NJW 1981, 1449 ff.; BGH WM 1987, 495; BGH WM 1994, 2192, 2193). Insbesondere hielt der BGH Verflechtungen zwischen einerseits der Komplementär-GmbH, ihren Geschäftsführern und beherrschenden Gesellschaftern und andererseits den Unternehmen sowie deren Geschäftsführern und beherrschenden Gesellschaftern, in deren Hand die Publikums-Kommanditgesellschaft die nach dem Emissionsprospekt durchzuführenden Vorhaben gelegt hat, für eine zu offenbarende Tatsache (BGH NJW 1981, 1449 ff.).

Angaben über **Gründungsgesellschaftern zufließende Sondervorteile** (BGH DStR 2003, 1267 ff.; BGH 2000, 1357 ff.).

Angaben über den **Stand der Planungen der avisierten Bauprojekte** (BGHZ 84, 141, 145 ff.).

Angaben über die **Wohnfläche und deren Berechnungsgrundlagen** (BGHZ 145, 121, 129).

Angaben über die **zu erzielenden Mieten** (BGHZ 126, 166, 171).

Angaben über **Hintergründe der Finanzierung der Mietausfallgarantie** (BGH NJW 1995, 130, 131).

Eine nachträgliche Prospektergänzungspflicht besteht nach Ansicht 167 des OLG Köln, wenn bei einem Bauherrenmodell die ursprünglichen **Angaben über den Mietvermittler und Garantiegeber** wegen Insolvenz der diese Aufgabe übernehmenden Gesellschaft unrichtig werden (OLG Köln NJW-RR 1992, 278 ff.).

2. Sonstige Beteiligungsformen

Angaben über **Verlustbeteiligung und möglicher Nach-** 168 **schusspflicht,** entschieden am Beispiel des Erwerbs einer Gewinnbeteiligung an einer Vermögensverwaltungsgesellschaft in Form einer stillen Gesellschaft (BGH NZG 2005, 472 ff.).

Angaben über das **geplante Investitionsvolumen** (BGH NZG 2005, 472 ff.).

Angaben über **wirtschaftliche Daten von Gesellschaften, die** 169 **bei wirtschaftlicher Betrachtungsweise als Anlageobjekt** anzusehen sind (BGH NJW 1982, 1095 ff.). Im konkreten Fall war für den Kapitalbedarf einer englischen Limited eine deutsche Publikums-KG ins Leben gerufen worden, wobei die englische Gesellschaft gleichsam als Vertriebsabteilung der KG uf dem englischen Spirituosenmarkt tätig werden sollte.

Aufklärung über die Risiken der steuerrechtlichen Aner- 170 **kennungsfähigkeit** der konkreten Kapitalanlage (BGH NJW-RR 2003, 1393 ff.).

Voß   389

171 Eine nachträgliche Prospektergänzungspflicht entsteht bei **Abschluss eines Verlustübernahmevertrages** zwischen der Fondsgesellschaft und einem Bankhaus (OLG Jena NJOZ 2005, 2766 ff.; OLG München, Urteil vom 20. 4. 2004 – 5 U 4612/03). Der Kläger beteiligte sich im konkreten Fall als atypisch stiller Gesellschafter an einem Unternehmenssegment einer AG. Diese war als atypische stille Gesellschafterin wiederum an einem Bankhaus beteiligt, mit dem sie nach Herausgabe des Verkaufsprospekts einen Verlustübernahmevertrag schloss.

§ 3 Angaben über die Personen oder Gesellschaften, die für den Inhalt des Verkaufsprospekts die Verantwortung übernehmen

Der Verkaufsprospekt muss Namen, Geschäftsanschrift und Funktionen, bei juristischen Personen oder Gesellschaften die Firma und den Sitz der Personen oder Gesellschaften angeben, die für seinen Inhalt insgesamt oder für bestimmte Angaben die Verantwortung übernehmen; er muss eine Erklärung dieser Personen oder Gesellschaften enthalten, dass ihres Wissens die Angaben richtig und keine wesentlichen Umstände ausgelassen sind.

1 Die Vorschrift entspricht weitestgehend dem Wortlaut des § 3 VerkProspVO aF, der Art. 11 Abs. 2 lit. a) der Emissionsprospektrichtlinie umgesetzt hat. Die Vorschrift wird durch Ziffer 3.2.3 der Anlage 1 zu IDW S 4 näher erläutert (s. im Textanhang unter III. 1).

2 Der 1. Halbsatz der Norm regelt, welche Angaben zu dem- oder denjenigen zu machen sind, welche die Verantwortung für den Inhalt des Verkaufsprospekts übernehmen. Dabei stellt sich zunächst die Frage, ob die Verordnung hiermit den Anbieter, den Emittenten oder den Verantwortlichen nach § 13 VerkProspG in Bezug nimmt. Nach richtiger Auffassung ist der Verantwortliche nach § 13 VerkProspG gemeint. Hieraus folgt zugleich, dass – jedenfalls – diejenigen, die gemäß § 3 die Verantwortung übernehmen, als Prospektverantwortliche gemäß § 13 VerkProspG anzusehen sind (*Kind*, in: *Lüdicke/Arndt*, S. 111; *Assmann*, in: *ders./Lenz/Ritz*, § 3 VerkProspV Rn. 4). Demgegenüber sind grundsätzlich keine Prospektverantwortliche Dritte, die lediglich bei der Erstellung des Verkaufsprospekts mitgewirkt haben (*Schwark/Heidelbach*, KMRK, § 14 BörsZulV Rn. 1; ausführlich § 13 VerkProspG Rn. 33).

3 Dabei wird zwischen natürlichen Personen einerseits und juristischen Personen oder Gesellschaften andererseits unterschieden (vgl. zum Begriff der juristischen Person § 7 VermVerkProspV Rn. 15).

Übernimmt eine natürliche Person die Verantwortung, muss der Verkaufsprospekt deren Namen, Geschäftsanschrift und Funktion, d. h. ihre berufliche Position, enthalten. Eine separate Angabe des Berufs ist nicht erforderlich (so aber noch für § 3 VerkProspVO *Assmann,* in: *ders./Lenz/Ritz,* § 3 VerkProspVO Rn. 2), da sich ein derartiges Angabeerfordernis dem Wortlaut des § 3 schlechthin nicht entnehmen lässt. Angaben zum Wohnsitz sind entbehrlich. Bei juristischen Personen oder Gesellschaften sind die Firma und der Sitz zu benennen.

Die Verantwortung kann für den Inhalt des Verkaufsprospekts insgesamt oder lediglich für bestimmte Angaben übernommen werden. Denkbar wäre es etwa, dass der steuerliche Berater des Emittenten die Verantwortung für Angaben im Verkaufsprospekt mit steuerlicher Natur übernimmt. Im letztgenannten Fall ist es erforderlich, dass mehrere Personen oder Gesellschaften eine Erklärung nach § 3 abgeben, so dass die Erklärungen dieser Personen insgesamt sämtliche Angaben des Verkaufsprospekts abdecken. Aus den Einzelerklärungen muss eindeutig erkennbar sein, auf welche Angaben sich ihre Verantwortungserklärung jeweils bezieht. **Formulierungsbeispiele:** „x übernimmt die Verantwortung hinsichtlich der steuerlichen Ausführungen in dem vorliegenden Verkaufsprospekt; y übernimmt die Verantwortung für die Angaben auf Seite AB unter der Überschrift Steuern".

Der 2. Halbsatz hat zum Gegenstand, was von den die Verantwortung übernehmenden Personen über die bloße Verantwortungsübernahme hinaus zu erklären ist. Es wird eine ausdrückliche Erklärung der die Verantwortung übernehmenden (natürlichen und juristischen) Personen oder Gesellschaften verlangt, wonach ihres Wissens die Angaben richtig und keine wesentlichen Umstände ausgelassen worden sind. Die Abgabe eines Negativtestates ist an dieser Stelle nicht möglich, um die formale Vollständigkeit des Verkaufsprospekts zu erreichen. „Ihres Wissens" meint positive Kenntnis und nicht „Kennenmüssen". Der Zeitpunkt des Wissens ist derjenige der Prospektaufstellung. Dabei umfasst das Erklärungserfordernis des 2. Halbsatzes zwei Unterangaben: (1) die Richtigkeit der (sämtlichen) Angaben (im Verkaufsprospekt) und (2) die Nichtauslassung von wesentlichen Umständen. Bezugspunkt der Richtigkeit der Angaben ist deren inhaltliche Richtigkeit. Aus der Tatsache, dass nach dem Wortlaut der Vorschrift zudem (negativ formuliert) erklärt werden muss, dass „keine wesentlichen Umstände ausgelassen worden sind", lässt sich nicht schließen, dass nicht positiv erklärt wird, dass der Verkaufsprospekt hinsichtlich der Mindestangaben und der nach der Generalklausel erforderlichen Angaben vollständig ist. Genau dies ist der (positive) Aussagegehalt der (negativ zu formulierenden) Erklärung nach § 3 HS. 2 2. Fall. Redaktionell ungeschickt ist insoweit die Verwendung des Begriffs „Umstände", da es in der Sache um „Angaben" geht und die Verwendung eines anderen Begriffes an dieser Stelle rechtlich nicht ergiebig ist („Umstände" sind begifflich vielmehr Gegenstand von „Angaben"). Die Aufnahme des § 3 HS. 2 2. Fall in die VermVerkProspV ist der besonderen Bedeutung des Vollständigkeitsprinzips geschuldet, mag die Unvollständigkeit auch ein Unterfall der Unrichtigkeit sein.

6 Der Verkaufsprospekt muss eine „Erklärung" enthalten. Diese Erklärung ist eine Willenserklärung iSd § 145 BGB. Die entsprechende Willenserklärung kann aus in der Natur der Sache liegenden Gründen nicht mündlich, sondern vielmehr nur schriftlich abgegeben werden. Die Einhaltung der Schriftform iSv § 126 BGB verlangt eine Originalunterschrift, die in dem Exemplar des Verkaufsprospekts enthalten sein muss, dass bei der BaFin im Rahmen eines Gestattungsverfahrens eingereicht wird. Bei den zum Vertrieb verwendeten Exemplaren ist eine Faksimile-Unterschrift ausreichend. Die Originalunterschrift muss im Verkausprospekt in unmittelbarem räumlichen Zusammenhang zur Erklärung nach § 3 stehen.

7 Wie bei der Unterzeichnung nach § 2 Abs. 4 ist auch bei der Erklärung gemäß § 3 erforderlich, dass ohne Beiziehung von weiteren Dokumenten erkennbar ist, wer unterschrieben hat. Daher ist der Abdruck einer Namenszeile geboten.

8 Im Falle von Gesellschaften muss die Erklärung mindestens von einem vertretungsberechtigten Organ abgegeben werden. Die Vertretungsberechtigung richtet sich nach den rechtlichen Gegebenheiten (auf gesetzlicher bzw. vertraglicher Grundlage) bei der jeweiligen Gesellschaft.

9 Es ist einem Prospektaufsteller zu empfehlen, sich bei der Formulierung der Abgabe der Erklärung nach § 3 am Wortlaut der Verordnung zu orientieren. Paraphrasierungen und/oder die Verwendung von synonymen Begriffen können im Einzelfall zu Interpretationsschwierigkeiten und damit zu Diskussionen über die Frage führen, ob der Verkaufsprospekt tatsächlich eine Erklärung nach § 3 enthält.

10 **Formulierungsbeispiel** für eine natürliche Person: „Herr [Name], [Geschäftsanschrift], [Funktion], übernimmt gemäß § 3 VermVerkProspV die Verantwortung für den Inhalt dieses Verkaufsprospekts und erklärt, dass seines Wissens die Angaben im Verkaufsprospekt richtig und keine wesentlichen Umstände ausgelassen worden sind."

11 **Formulierungsbeispiel** für eine juristische Person: „Die [Firma], [Sitz], übernimmt gemäß § 3 VermVerkProspV die Verantwortung für den Inhalt dieses Verkaufsprospekts und erklärt, dass ihres Wissens

die Angaben im Verkaufsprospekt richtig und keine wesentlichen Umstände ausgelassen worden sind."

Der Anbieter (der nach § 2 Abs. 4 unterschreibt) und derjenige, der die Verantwortung für den Verkaufsprospekt nach § 3 übernimmt, können identisch sein, sie müssen es aber nicht (*Assmann*, in: *ders./Lenz/Ritz*, § 3 VerkProspVO Rn. 2). Übernimmt der Anbieter zugleich die Verantwortung nach § 3, kann die Unterschrift nach § 3 zugleich die Unterschrift gemäß § 2 Abs. 4 sein. In diesem Fall muss aus der Erklärung selbst oder dem Kontext hervorgehen, dass der die Verantwortung Übernehmende als Anbieter unterzeichnet. Existieren mehrere Anbieter, die eine Unterschrift nach § 2 Abs. 4 geleistet haben, können diese überdies zusammen die Verantwortung nach § 3 übernehmen.

Formulierungsbeispiel: „Die [Firma A], [Sitz], und die [Firma B], [Sitz], übernehmen gemäß § 3 VermVerkProspV die Verantwortung für den Inhalt dieses Verkaufsprospekts und erklären, dass ihres Wissens die Angaben im Verkaufsprospekt richtig und keine wesentlichen Umstände ausgelassen worden sind.

Herr X als Geschäftsführer für den Anbieter [Firma A]. Herr Y als Geschäftsführer für den Anbieter [Firma B]."

Das Vorliegen einer Erklärung, wonach „keine wesentlichen Umstände ausgelassen worden sind", macht einzelne Negativtestate im Hinblick auf einzelne Mindestangaben nicht entbehrlich. Gerade die Abgabe von Negativtestaten führt dazu, dass alle wesentlichen Umstände im Verkaufsprospekt enthalten sind, und zwar in den konkret einschlägigen Fällen in der Form von jeweils negativen Aussagen.

Die Norm stellt keine materielle Haftungsregelung dar (*Jäger/Voß*, S. 908). Ihr Sinn und Zweck liegt insbesondere in der Befriedigung des Informationsbedürfnisses des Publikums. Dieses soll durch die Erklärung nach § 3 erfahren, „in welcher wirtschaftlichen und rechtlichen Beziehung die Prospektverantwortlichen zum Emittenten stehen" Begr. VermVerkProspV, S. 3). Gleichwohl ist sie von haftungsrechtlicher Relevanz im Kontext der Beurteilung, wer nach § 13 VerkProspG für die Richtigkeit und Vollständigkeit des Verkaufsprospekts einzustehen hat. Derjenige, der eine Erklärung nach § 3 abgegeben hat, ist in jedem Fall als Prospektverantwortlicher nach § 13 VerkProspG anzusehen (s. o. Rn. 2). Das schließt jedoch nicht aus, dass neben der Person oder Gesellschaft, die nach § 3 die Verantwortung übernommen hat, im Einzelfall noch weitere Rechtssubjekte existieren, die als Prospektverantwortliche nach den für die Prospekthaftung geltenden Grundsätzen einzustufen sind (ausführlich hierzu § 13 VerkProspG Rn. 31 ff.).

§ 4 Angaben über die Vermögensanlagen

¹Der Verkaufsprospekt muss über die Vermögensanlagen angeben:
1. Art, Anzahl und Gesamtbetrag der angebotenen Vermögensanlagen sowie die mit den Vermögensanlagen verbundenen Rechte. Steht die Anzahl oder der Gesamtbetrag bei Hinterlegung des Verkaufsprospekts noch nicht fest, ist ein hervorgehobener Hinweis aufzunehmen, der eine Mindestanzahl und einen Mindestbetrag angibt;
2. die wesentlichen Grundlagen der steuerlichen Konzeption der Vermögensanlage. Übernimmt der Anbieter die Zahlung von Steuern, so ist dies anzugeben;
3. wie die Vermögensanlagen übertragen werden können und in welcher Weise ihre freie Handelbarkeit eingeschränkt ist;
4. die Zahlstellen oder andere Stellen, die bestimmungsgemäß Zahlungen an den Anleger ausführen;
5. die Einzelheiten der Zahlung des Zeichnungs- oder Erwerbspreises, insbesondere die Kontoverbindung;
6. die Stellen, die Zeichnungen oder auf den Erwerb von Anteilen oder Beteiligungen gerichtete Willenserklärungen des Publikums entgegennehmen;
7. eine für die Zeichnung oder den Erwerb der Vermögensanlagen vorgesehene Frist und die Möglichkeiten, diese vorzeitig zu schließen oder Zeichnungen, Anteile oder Beteiligungen zu kürzen;
8. die einzelnen Teilbeträge, falls das Angebot gleichzeitig in verschiedenen Staaten mit bestimmten Teilbeträgen erfolgt. Sind die Teilbeträge zum Zeitpunkt der Veröffentlichung des Prospekts noch nicht bekannt, ist anzugeben, in welchen Staaten das Angebot erfolgt;
9. den Erwerbspreis für die Vermögensanlagen oder, sofern er noch nicht bekannt ist, die Einzelheiten und den Zeitplan für seine Festsetzung;
10. die mit dem Erwerb, der Verwaltung und der Veräußerung der Vermögensanlage verbundenen weiteren Kosten;
11. unter welchen Umständen der Erwerber der Vermögensanlagen verpflichtet ist, weitere Leistungen zu erbringen, insbesondere weitere Zahlungen zu leisten;
12. in welcher Gesamthöhe Provisionen, insbesondere Vermittlungsprovisionen oder vergleichbare Vergütungen, geleistet werden.

Angaben über die Vermögensanlagen **§ 4**

²**Unbeschadet der Angaben zu den rechtlichen Verhältnissen sind bei Unternehmensbeteiligungen im Sinne des § 8f Abs. 1 Satz 1 des Verkaufsprospektgesetzes der Gesellschaftsvertrag und bei Treuhandvermögen im Sinne des § 8f Abs. 1 Satz 1 des Verkaufsprospektgesetzes der Treuhandvertrag als Teil des Prospekts beizufügen.**

Übersicht

	Rn.
I. Vorbemerkung	1
II. Mindestangaben im Einzelnen	3
1. Art, Anzahl und Gesamtbetrag (Nr. 1)	3
2. Steuern	36
3. Übertrag- und Handelbarkeit	44
4. Erwerbspreis und Modalitäten des Erwerbs	60
5. Weitere Kosten	73
6. Weitere Leistungsverpflichtungen	77
7. Provisionen	79
8. Verträge	84

I. Vorbemerkung

Die Vorschrift zählt – was bereits die Überschrift der Norm zeigt – 1 diejenigen Mindestangaben auf, die in Bezug auf die angebotenen Vermögensanlagen erforderlich sind. „Vermögensanlagen" ist in der Normüberschrift, in § 4 Satz 1 HS. 1 sowie in § 4 Satz 1 Nr. 1, Nr. 3, Nr. 7, Nr. 9, und Nr. 11 im Sinne von „Anteilen" zu verstehen, die in ihrer Summe „die" Vermögensanlage im Sinne des § 8f Abs. 1 Satz 1 VerkProspG bilden (in diesem Sinne wiederum verwendet in § 4 Satz 1 Nr. 2 HS. 1 und Nr. 10); s. zum Begriff der „Vermögensanlage" Vor § 8f VerkProspG Rn. 21 ff.).

Die Norm geht auf § 4 VerkProspVO zurück, der seinerseits 2 Art. 11 Abs. 2 lit. b) der Emissionsprospektrichtlinie umsetzte, (*Ritz,* in: *Assmann/Lenz/Ritz,* § 4 VerkProspVO Rn. 1, 3 unter Hinweis darauf, dass § 4 VerkProspVO im Vergleich zur Richtlinie zusätzliche weitere Angabeerfordernisse vorsah), wobei der Verordnungsgeber zum einen mitunter versucht hat, den Normtext an die Unterschiede von Vermögensanlagen im Vergleich zu Wertpapieren anzupassen (z. B. „Anzahl" und „Gesamtbetrag" in § 4 Satz 1 Nr. 1 statt „Stückzahl" und „Gesamtnennbetrag" in § 4 Nr. 1 VerkProspVO), zum anderen sich jedoch an mehreren Stellen der Terminologie des Wertpapierprospektrechts bedient und diese beibehalten hat (z. B. „Zahlstellen" und „Zeichnungsstellen"). Die Vorschrift wird durch Ziffer 3.4 der Anlage 1 zu IDW S 4 näher erläutert und durch Ziffer 4.2.2 der Anlage 1 zu IDW S 4 im Hinblick auf die Beendigung der Vermögensanlage erweitert (s. im Textanhang unter III. 1).

II. Die Mindestangaben im Einzelnen

1. Art, Anzahl und Gesamtbetrag (Nr. 1)

3   § 4 Satz 1 Nr. 1 HS. 1 verlangt die Aufnahme von Angaben zu Art (Rn. 4), Anzahl und Gesamtbetrag (Rn. 10 ff.) der Vermögensanlagen sowie zu den mit den Vermögensanlagen verbundenen Rechten (Rn. 28 ff.).

4   **a) Art.** Soweit im Wertpapierprospekt Angaben zu der Art eines Wertpapiers gemacht werden mussten, war die „Gattung" der Wertpapiere gemeint (mithin bspw. Aktien, Schuldverschreibungen, Optionsscheine etc.). Der Begriff „Gattung" ist im Bereich der Vermögensanlagen iSd § 8f Abs. 1 Satz 1 VerkProspG, insbesondere was die geschlossenen Fonds betrifft, bis zur Regulierung dieser Produkte durch das Vermögensanlagen-Verkaufsprospektrecht nicht üblich gewesen. In der Sache geht es bei der Bestimmung der „Art" einer Vermögensanlage darum, welche Gesellschaftsform bzw. welches Anlageinstrument Gegenstand des öffentlichen Angebots ist (1. Informationselement: „Was wird angeboten?") und – darauf gewissermaßen aufbauend – womit bzw. in welcher Form sich ein Anleger an diesem Produkt beteiligen kann (2. Informationselement: „Wie kann ich mich beteiligen?"). Diese beiden Informationselemente, die zusammen die Art einer Vermögensanlage ausmachen, lassen sich durchaus in einer Formulierung zum Ausdruck bringen: So sind z. B. im Rahmen der Beteiligung an einer KG (= Emittent iSv § 5) als „Art der Vermögensanlage" die „Beteiligung als (Direkt-)Kommanditist" und ggf. (sollte zugleich ein Treuhandvermögen nach § 8f Abs. 1 Satz 1 Var. 2 VerkProspG vorliegen) als „Treugeber" denkbar.

5   Für andere Gesellschaftsformen wäre die Art der Vermögensanlagen bspw. mit „OHG-Anteil", „GmbH-Anteil" oder „GbR-Anteil" (= jeweils 1. Informationselement) ergänzt um die Form der Beteiligung (z. B. „Gesellschafter"/„stiller Gesellschafter") zu bezeichnen (= jeweils 2. Informationselement).

6   Die Angabe „[Gesellschaftsform]-Anteil" allein ist nicht ausreichend, um die Art der Vermögensanlagen vollständig darzustellen, da keine Aussage zum 2. Informationselement getroffen wird.

7   Bei Namensschuldverschreibungen nach § 8f Abs. 1 Satz 2 VerkProspG kann auf die für Wertpapiere entwickelten Grundsätze zurückgegriffen und somit die jeweilige Gattung (z. B. „Namensgenussrecht") angegeben werden.

Angaben über die Vermögensanlagen　　　　　　　　　　　　§ 4

Besondere Anforderungen an die Darstellung der „Art der Vermögensanlagen" ergeben sich bei bestimmten Fondskonstruktionen. Hierbei ist entscheidend, dass die beiden Informationselemente an einer Stelle des Verkaufsprospekts im Zusammenhang abgehandelt werden. Wird z. B. bei so genannten „Portfolio-Fonds" eine Beteiligung an mehreren Kommanditgesellschaften angeboten, so ist dies entsprechend bei der Angabe nach § 4 Satz 1 Nr. 1 zu prospektieren. **Formulierungsbeispiel:** „Es wird eine Beteiligung an den vier Kommanditgesellschaften [Aufzählung der Kommanditgesellschaften] angeboten. Der Anleger beteiligt sich als Kommanditist oder Treugeber."

Nicht ausreichend zur Bezeichnung der Art der Vermögensanlagen sind Ausdrücke wie z. B. „Fondskapital", „Risikokapital", „Beteiligungskapital" oder „Genusskapital", die nicht selten allein zu Werbezwecken verwendet werden und weder in der Rechts- noch in der Betriebswirtschaftslehre wissenschaftlich definierte Fachbegriffe darstellen.

b) Anzahl und Gesamtbetrag. Es sind Angaben zur Anzahl (Rn. 11) und zum Gesamtbetrag (Rn. 13) der angebotenen Vermögensanlagen erforderlich. Sollte die Anzahl bzw. der Gesamtbetrag im Zeitpunkt der Hinterlegung des Verkaufsprospekts noch nicht feststehen, ist ein hervorgehobener Hinweis (Rn. 23) zu machen, der eine Mindestanzahl angibt (§ 4 Satz 1 Nr. 1 HS 2). Der hervorgehobene Hinweis ist bereits dann in den Verkaufsprospekt aufzunehmen, wenn entweder nur die Anzahl oder nur der Gesamtbetrag nicht feststehen sollten. Nicht erforderlich für die Auslösung der Hinweispflicht ist es, dass Anzahl und Gesamtbetrag kumulativ nicht feststehen (vgl. den eindeutigen Wortlaut der Norm: „Anzahl *oder* Gesamtbetrag").

aa) Anzahl. „Anzahl" ist bei Vermögensanlagen im Sinne des § 8f Abs. 1 Satz 1 VerkProspG die Zahl der öffentlich angebotenen Anteile.

Bei Namensschuldverschreibungen gemäß § 8f Abs. 1 Satz 2 VerkProspG meint die Anzahl die Stückzahl der angebotenen Schuldverschreibungen.

bb) Gesamtbetrag. Der Gesamtbetrag ist bei Vermögensanlagen im Sinne des § 8f Abs. 1 Satz 1 VerkProspG die Summe der Kapitaleinlagen, die mittels Erwerb der einzelnen Anteile durch die Anleger insgesamt eingeworben werden sollen.

Für Namensschuldverschreibungen nach § 8f Abs. 1 Satz 2 VerkProspG gilt, dass der Gesamtbetrag der Gesamtnennbetrag als das Produkt aus der angebotenen Stückzahl der Schuldverschreibungen und dem Nennbetrag der einzelnen Schuldverschreibung ist.

15 Der Gesamtbetrag bezeichnet somit für sämtliche Vermögensanlagen nach § 8f Abs. 1 VerkProspG das Emissionsvolumen. Hintergrund der getroffenen Regelung ist, dass der Verordnungsgeber davon ausgeht, dass erhebliche Risiken für das Publikum bestünden, wenn der Anbieter das Emissionsvolumen nicht benennen könne (Begr. VermVerkProspV, S. 4. In diesem Zusammenhang wird aaO noch ausgeführt, dass die Rendite einer Anlageform maßgeblich davon abhänge, in welchem Umfang neben der Einwerbung von Eigenkapital auch Fremdkapital zur Deckung des Finanzbedarfs herangezogen werden muss. Diese Aussage ist zwar abstrakt zutreffend, indessen lässt sich allein aus den nach § 4 Satz 1 Nr. 1 zu machenden Angaben nichts zum Verhältnis von Eigen- und Fremdkapital bei einer Emission von Vermögensanlagen herleiten. Maßgeblich ist insoweit vielmehr § 9 Abs. 1 iVm Abs. 2 Nr. 9).

16 Die vorgenannten Grundsätze bringen für die Prospektierung geschlossener Fonds gewisse Schwierigkeiten mit sich. Diese werden am Beispiel einer Publikums-KG erörtert: Die Anzahl der Anteile kann im Zeitpunkt der Prospektaufstellung aus rechtstechnischen Gründen in einer Vielzahl von Fällen nicht genau beziffert werden. Denkbar ist eine exakte Angabe der Anzahl der Vermögensanlagen nur für die Fälle, in denen der Anbieter im Zeitpunkt der Prospektierung tatsächlich entschieden hat, eine feststehende Anzahl zu begeben. Dies bedingt, dass ein Anteil ausschließlich zu einem einzigen festgelegten Preis (zum Begriff des Erwerbspreises nach § 4 Satz 1 Nr. 9 s. Rn. 70f.) bspw. von EUR 10 000 erworben werden kann und darüber hinaus die Gesamtsumme des einzuwerbenden Kapitals abschließend feststeht (z. B. EUR 1 Mio.). In einer derartigen Konstellation ergibt sich die Anzahl der angebotenen Vermögensanlagen mittels einer Division der Gesamtsumme durch den Erwerbspreis eines einzelnen Anteils (*Jäger/Voß*, S. 909). Mithin wird im Beispiel eine Anzahl von 100 Vermögensanlagen zu einem Gesamtbetrag von EUR 1 Mio. öffentlich angeboten.

17 An dem vorstehenden Ergebnis ändert auch der Umstand nichts, dass ein Anleger möglicherweise fünf Anteile zeichnet (und folglich eine Einlage von EUR 50 000 erbringt), die in seiner Person zu einem einzigen Anteil „zusammenwachsen", den er gesellschaftsrechtlich als einen Anteil hält. Entscheidend ist allein, welche Anzahl von Vermögensanlagen angeboten wird, und nicht, wie viele Anteile nach Beendigung des öffentlichen Angebotes (unter Berücksichtigung gesellschaftsrechtlicher Grundsätze) existieren. Daher geht auch die Argumentation fehl, wonach in dem Fall, in dem ein Anleger sich ent-

Angaben über die Vermögensanlagen §4

schließt, das Gesamtvolumen zu zeichnen, letztendlich nur ein einziger Anteil angeboten würde. Insbesondere meint Anzahl der Vermögensanlagen zudem nicht die Anzahl oder (falls diese nicht angegeben werden kann) die Mindestanzahl der Erwerber der Vermögensanlagen.

Die geschilderte Konstellation bildet in der Praxis jedoch nicht die Regel, sondern vielmehr die Ausnahme. Weitaus häufiger sind die Fälle anzutreffen, in denen zwar ein Fondsvolumen als Gesamtbetrag feststeht oder doch zumindest ein gewisses Volumen, über das noch nicht endgültig entschieden ist, angestrebt wird. Dieses ist dann als sog. Mindestbetrag anzugeben, wobei jedoch nur ein Mindestzeichnungsbetrag vorgesehen ist (z. B. EUR 40 000), der aber auch höher sein kann (bspw. um einen durch EUR 10 000 ohne Rest teilbaren höheren Betrag). Es ist dann zu empfehlen, vom Mindestzeichnungsbetrag auszugehen und den Gesamtbetrag (bei feststehendem Fondsvolumen) oder den Mindestbetrag (bei einem noch nicht abschließend feststehenden Fondsvolumen) durch diesen zu dividieren, um die Mindestanzahl der angebotenen Vermögensanlagen zu ermitteln. Der Sinn dieser Mindestangabe liegt darin, dem Anleger einen Eindruck davon zu vermitteln, welche Größenordnung die vom Anbieter angebotene Emission hat. Dieser Erkenntniswert ist für den Anleger bei Wertpapierprospekten seit jeher gang und gäbe gewesen, für Fondsbeteiligungen war eine derartige Angabe in Verkaufsprospekten bis zur Einführung der Prospektpflicht nach § 8f VerkProspG untypisch. **18**

Der Mindestbetrag ist dabei nicht mit dem Mindestzeichnungsbetrag zu verwechseln. Der erstgenannte Betrag meint das angestrebte Emissionsvolumen, soweit dieses im Zeitpunkt der Prospekthinterlegung noch nicht endgültig feststeht (ebenso im Ergebnis *Keunecke*, Rn. 345, der „nach erstem Lesen" zweifelt, ob der angegebene Mindestbetrag sich auf den Mindestzeichnungsbetrag des einzelnen Anlegers oder auf den Mindestbetrag, in dem Anteile an einer Kapitalanlage insgesamt gezeichnet werden müssen, bezieht. Dass die letztere Alternative zutreffend ist, folgt aus dem Umstand, dass der Mindestbetrag nur dann anzugeben ist, wenn der Gesamtbetrag der angebotenen Vermögensanlagen noch nicht feststeht.). Der Mindestzeichnungsbetrag meint den Erwerbspreis iSd § 4 Satz 1 Nr. 9, soweit hierfür bei einer Emission tatsächlich eine Mindestsumme vorgesehen ist (näheres dazu s. u.). **19**

Sollte ein Mindestbetrag anzugeben sein, empfiehlt es sich, als Generalklausel-Angabe nach § 2 Abs. 1 Satz 1 zudem Informationen darüber in den Verkaufsprospekt aufzunehmen, welche Konsequenzen das Nichterreichen des Mindestbetrages hat (im Ergebnis ebenso wenn auch missverständlich formulierend *Keunecke,* Rn. 345, wonach **20**

Voß

entsprechende Informationen „in den Prospekt aufzunehmen sind". Es handelt sich hierbei nicht um eine von der VermVerkProspV geforderte Mindestangabe, gleichwohl aber um für die Anlageentscheidung wesentliche Informationen.). Da dies typischerweise erhebliche negative Folgen für den Anleger mit sich bringt, stellt das Nichterreichen des Mindestbetrages regelmäßig ein Rückabwicklungsrisiko dar, das im Risikokapitel nach § 2 Abs. 2 Satz 3 zu beschreiben ist. In Fällen, in denen eine Platzierungsgarantin zur Erreichung des Mindestbetrages vorgesehen ist, ist neben der Wirkungsweise und dem Umfang der Platzierungsgarantie sowie den hiermit zusammenhängenden Risiken (Ausfall der Platzierungsgarantie) auch die Person, die die Platzierungsgarantie gibt, näher darzustellen.

21 Nicht ausreichend – wenngleich ein mitunter anzutreffender Fehler in der Prüfungspraxis – ist es, lediglich einen Mindestbetrag (= Emissionsvolumen) und einen Mindestzeichnungsbetrag (= Mindesterwerbspreis) zu nennen, da es dann noch an der Mindestanzahl fehlt und die Angabe nach § 4 Satz 1 Nr. 1 nicht vollständig erbracht ist.

22 Ferner ist das „Emissionsvolumen" nicht mit dem „Investitionsvolumen" zu verwechseln. Letzteres meint die Summe aus Nettoeinnahmen und ggf. aufgenommenen Fremdkapital, das in das Anlageobjekt iSd § 9 Abs. 2 Nr. 1 investiert wird.

23 **cc) Hinweis.** Sollten die Anzahl oder der Gesamtbetrag bei der Hinterlegung des Verkaufsprospekts noch nicht feststehen, ist schließlich auf die Mindestanzahl und den Mindestbetrag hervorgehoben hinzuweisen. Was die Art und Weise der Hervorhebung des Hinweises betrifft, gelten insoweit dieselben Grundsätze wie für den Hinweis im Anschluss an das Inhaltsverzeichnis nach § 2 Abs. 2 Satz 1 (s. o. § 2 VermVerkProspV Rn. 67).

24 **Formulierungsbeispiel:** „Die Anzahl und der Gesamtbetrag der angebotenen Vermögensanlagen stehen zum Zeitpunkt der Prospekthinterlegung nicht fest. **Der angestrebte Mindestbetrag der Kommanditeinlagen beträgt insgesamt 2 Mio. Euro.** Der Mindestzeichnungsbetrag beträgt mindestens EUR 40 000 oder einen durch EUR 10 000 ohne Rest teilbaren höheren Betrag. **Folglich beträgt die Mindestanzahl der angebotenen Vermögensanlagen 500."**

25 Insgesamt ist aufgrund der dargestellten Schwierigkeiten die Formulierung der Verordnung an dieser Stelle als wenig geglückt anzusehen. Für Vermögensanlagen nach § 8f Abs. 1 Satz 1 VerkProspG und damit für die Mehrzahl an Verkaufsprospekten, die für Vermögensanlagen zu erstellen sind, stellt sich regelmäßig das Problem, das die gesetzlich vorgesehene Ausnahme in der konkreten Lebenswirklichkeit

Angaben über die Vermögensanlagen §4

die praktische Regel darstellt. Bei einer Novellierung der Verordnung sollten die für derartige Produkte einschlägigen Besonderheiten durch eine entsprechende Umformulierung des § 4 Satz 1 Nr. 1 berücksichtigt werden.

Gemäß dem Wortlaut des § 4 Satz 1 Nr. 1 bezieht sich die Angabe 26 der Anzahl lediglich auf die tatsächlich angebotenen Vermögensanlagen. Gleiches galt im Hinblick auf die „Stückzahl" für das öffentliche Angebot von Wertpapieren nach § 4 Nr. 1 VerkProspVO. Dies stellte jedoch eine Abweichung von der Emissionsprospektrichtlinie in deren deutscher, englischer und französischer Fassung dar, wonach auf die Anzahl der ausgegebenen Wertpapiere und damit auf die Emission an sich abgestellt wurde. Dieser Unterschied erlangte dann Bedeutung, wenn nur ein Teil der Emission öffentlich angeboten wurde, so dass nach dem Wortlaut der VerkProspVO nur die Stückzahl der tatsächlich angebotenen Wertpapiere aufgenommen werden musste, wohingegen die Gesamtstückzahl der insgesamt existierenden Wertpapiere kein Mindestangabeerfordernis darstellte. Durch die Bezugnahme auf „die angebotenen Vermögensanlagen" in § 4 Satz 1 Nr. 1 stellt sich die Situation für das Recht der Vermögensanlagen nicht anders dar. Der Anbieter ist nur verpflichtet, die Anzahl von Vermögensanlagen anzugeben, die im Rahmen einer Emission öffentlich angeboten werden. Sofern bei einer Emission ein Teil auch privatplatziert wird, wäre diese Anzahl nicht angabepflichtig. Gleichwohl empfiehlt es sich im Hinblick auf eine umfassende Anlegerinformation, die entsprechende Angabe nach der Generalklausel gemäß § 2 Abs. 1 Satz 1 zu machen.

Es ist nicht möglich, die Angabe nach § 4 Satz 1 Nr. 1 HS. 1 betref- 27 fend Anzahl und Gesamtbetrag mit einem Negativtestat zu erfüllen. Stehen Anzahl und Gesamtbetrag bei Prospekthinterlegung noch nicht fest, sind die Angaben nach § 4 Satz 1 Nr. 1 HS. 2 zu machen. Nicht zulässig ist eine Aussage, wonach weder eine Mindestanzahl noch ein Mindestbetrag für die angebotenen Vermögensanlagen festgesetzt wurden. Der Verordnungsgeber hat insoweit festgelegt, dass für eine Angabe, die nicht gemacht werden kann, eine andere Ersatzangabe aufzunehmen ist. Diese ist positiv zu machen und kann nicht durch ein Negativtestat umgangen werden. Ein Geschäftsmodell, bei dem der Anbieter weder eine Vorstellung von einem Mindestemissionsvolumen noch einem Mindestzeichnungsbetrag hat, aufgrund dessen sich eine Mindestanzahl der angebotenen Vermögensanlagen ermitteln ließe, ist betriebswirtschaftlich nicht denkbar. In diesem Fall könnte der Anbieter zudem niemals die Angaben nach § 9 Abs. 1 und § 9 Abs. 2 Nr. 9 zutreffend machen, so dass der Verkaufsprospekt zwingend unrichtig und damit auch unvollständig wäre.

28 **b) Verbundene Rechte.** Es sind die mit den Vermögensanlagen verbundenen Rechte in den Verkaufsprospekt aufzunehmen. Der Verordnungsgeber hat insoweit keine Einschränkung vorgenommen, wonach etwa nur die „wesentlichen" mit den angebotenen Vermögensanlagen verbundenen Rechte zu erwähnen sind. Daraus folgt, dass jeweils sämtliche einschlägigen Rechte aufzuführen sind (*Jäger/Voß*, S. 909). Dabei kann – anders als noch unter dem Rechtsregime der VerkProspVO (hierzu *Ritz,* in: *Assmann/Lenz/Ritz,* § 4 VerkProspVO Rn. 7) – nicht mehr nach der Art der angebotenen Vermögensanlagen unterschieden werden. Es sind vielmehr stets alle mit der konkreten Vermögensanlage verbundenen Rechte zu nennen, so dass keine abstrakten Kataloge von Rechten für einzelne Arten von Vermögensanlagen aufgestellt werden können.

29 Das Angabeerfordernis ist nicht erfüllt, wenn der Verkaufsprospekt lediglich einen Verweis auf den – nach § 4 Satz 2 gesondert abzudruckenden – Gesellschaftsvertrag enthält, der seinerseits – nicht selten lediglich nur einige der – entsprechende(n) Rechte aufzählt. Der Verordnungsgeber hat die Nennung der mit den angebotenen Vermögensanlagen verbundenen Rechte als eigenständige Mindestangabe nach § 4 Satz 1 Nr. 1 konzipiert, die nicht mit einem bloßen Verweis auf eine andere Mindestangabe erbracht werden kann (vgl. zur Informationsdoppelung § 2 VermVerkProspV Rn. 152 ff.). Hervorzuheben ist, dass der Gesellschaftsvertrag oftmals gerade nicht alle mit den Vermögensanlagen verbundenen Rechte enthält. Abstrakt formuliert sind sämtliche rechtlichen Befugnisse zu nennen, die dem Anleger infolge des Erwerbs einer Vermögensanlage zustehen. Ein mit den Vermögensanlagen verbundenes Recht – was in der Prüfungspraxis vielfach übersehen wird – ist insbesondere auch ein zivilrechtliches Widerrufsrecht (Fernabsatz-Haustürgeschäfte etc.)

30 Mit den Rechten iSv § 4 Satz 1 Nr. 1 sind alle Haupt- und Nebenansprüche gemeint, die dem Anleger aufgrund des Erwerbs einer Vermögensanlage zustehen. Hierbei handelt es sich insbesondere um das Recht zur Beteiligung am bzw. zur Entnahme von Gewinn: **Formulierungsbeispiel:** „Der Anleger ist am Vermögen und am Ergebnis der [Emittent] im Verhältnis seiner gezeichneten Pflichteinlage zu den Einlagen der übrigen Anleger beteiligt."; um das Recht zur Teilnahme an der Gesellschafterversammlung (des Emittenten bzw. des Anbieters): **Formulierungsbeispiel:** „Jeder Anleger kann an der Gesellschafterversammlung persönlich teilnehmen oder sich durch einen von ihm bevollmächtigten Mitgesellschafter, einen von Berufs wegen zur Verschwiegenheit verpflichteten Dritten (z. B. Rechtsanwalt, Steuerberater, Wirtschaftsprüfer) oder denjenigen Vertriebspartner, der ihm die Beteiligung vermittelt hat, vertreten lassen.";

Angaben über die Vermögensanlagen § 4

um Stimmrechte: **Formulierungsbeispiel:** „Je 1 Euro der Pflichteinlagen verleihen eine Stimme."; um Informationsrechte bzw. Auskunfts- und Kontrollrechte; insbesondere die des § 166 HGB: **Formulierungsbeispiel:** „Jeder Anleger – sei es als Kommanditist oder als Treugeber – verfügt über die gesetzlich bestimmten Auskunfts- und Kontrollrechte im Sinne des § 166 HGB. Er kann von der Komplementärin Auskünfte über die wesentlichen geschäftlichen und außerordentlichen Angelegenheiten der Gesellschaft verlangen. Sofern der Komplementär einem begründeten Auskunftsverlangen eines Anlegers in angemessener Frist ohne Vorliegen eines wichtigen Grundes nicht nachkommt, ist der Anleger berechtigt, (ggf. auf eigene Kosten) Einsicht in die Geschäftsbücher der Gesellschaft zu nehmen bzw. durch einen von Berufs wegen zur Verschwiegenheit verpflichteten Dritten Einsicht nehmen zu lassen."; sowie um Kündigungsrechte, wobei im Fondsbereich insofern häufig die Kündigung für die Dauer des Bestehens der Fondsgesellschaft ausgeschlossen ist und lediglich eine Kündigung aus wichtigem Grund möglich ist: **Formulierungsbeispiel:** „Grundsätzlich ist die Kündigung der Gesellschaft durch einen Anleger oder ein sonstiger Austritt während der Dauer der Gesellschaft ausgeschlossen. Unberührt bleibt das Recht zur Kündigung aus wichtigem Grund. Dieser wichtige Grund liegt vor, wenn sich der Anleger nachweislich in einer wirtschaftlichen Notlage befindet."

Bei Namensschuldverschreibungen sind regelmäßig z. B. der Zinssatz, die Höhe des Rückzahlungsbetrages sowie sonstige Rückzahlungsmodalitäten (wie etwa Fristen) als mit der Vermögensanlage verbundene Rechte einschlägig. Weitere Rechte können sich gemäß der Ausgestaltung des jeweiligen Anlageinstruments im konkreten Einzelfall ergeben. 31

Diese Rechte sind aus Gründen der Verständlichkeit abschließend und vollständig an einer Stelle aufzuführen und dürfen nicht über den Verkaufsprospekt verstreut werden mit der Folge, dass der Anleger sich die einzelnen Rechte zusammensuchen müsste. 32

Rechte sind nicht zu verwechseln mit Rechtsfolgen. Verfehlt sind daher unter der Überschrift „Mit den Vermögensanlagen verbundene Rechte" bspw. Ausführungen zu erbschafts- und schenkungssteuerlichen Auswirkungen beim Anleger. 33

Bei geschlossenen Fonds, die als Personengesellschaft (regelmäßig als GmbH & Co. KG) aufgelegt werden, ist häufig eine unmittelbare Beteiligung (als Kommanditist) und eine mittelbare Beteiligung (über einen Treuhänder) vorgesehen. Dabei werden in aller Regel im Innenverhältnis die Treugeber wirtschaftlich wie unmittelbar beteiligte Kommanditisten behandelt. Gleichwohl stehen einem Treugeber 34 mitunter andere Rechte zu als einem Kommanditisten. Dies ist jeweils im Rahmen der Darstellung dieser Mindestangabe herauszuarbeiten.

35　Den Rechten stehen die mit den Vermögensanlagen verbundenen Pflichten gegenüber, die der Verordnungsgeber grosso modo (abgesehen von der Nachschusspflicht, § 4 Satz 1 Nr. 11) nicht für mindestangabenwürdig befunden hat. Gleichwohl dürfte eine Darstellung der Pflichten nach der Generalklausel geboten sein. Hierunter fallen insbesondere die Pflicht zur Erbringung der Einlage sowie Treuepflichten.

2. Steuern

36　§ 4 Satz 1 Nr. 2 HS. 1 verlangt die Angabe der wesentlichen Grundlagen der steuerlichen Konzeption der Vermögensanlage. Die Norm unterscheidet sich wesentlich von ihrer Vorgängervorschrift in der VerkProspVO, nach der die Steuern anzugeben waren, die in dem Staat, in dem der Emittent seinen Sitz hat oder in dem die Wertpapiere angeboten wurden, auf die Einkünfte aus den Wertpapieren im Wege des Quellenabzugs erhoben wurden. Mithin wurde lediglich die Angabe von Steuern verlangt. Die VermVerkProspV geht darüber hinaus und verlangt die Darstellung der einer Vermögensanlage zugrundeliegenden Steuerkonzeption. Hierunter sind gemäß der Begründung die steuerlichen Auswirkungen beim Anleger sowie die das Anlageobjekt betreffenden Steuern zu verstehen (Begr. VermVerkProspV, S. 4.). Die wesentlichen Grundlagen der steuerlichen Konzeption sind im Verkaufsprospekt selbst zu machen, der Verweis auf ein gesondert veröffentlichtes – bspw. – sog. Steuergutachten entbindet den Anbieter von der Darstellung der Konzeption im Verkaufsprospekt nicht.

37　Soweit die Begründung zur VermVerkProspV die steuerlichen Auswirkungen beim Anleger anspricht, ist dies nicht dahingehend misszuverstehen, dass im Verkaufsprospekt gewissermassen eine Beratung für die konkrete steuerliche Situation des einzelnen Anlegers vorgenommen werden soll. Anzugeben sind insofern allein steuerliche Auswirkungen genereller Natur sowie allgemeine steuerliche Würdigungen und Ausführungen, die auf sämtliche Anleger, die die Vermögensanlage zeichnen, zutreffen. Beispielsweise wäre gegebenenfalls der Umstand zu erwähnen, dass die Anleger aufgrund des Erwerbs der Vermögensanlage gewerbesteuerpflichtig werden.

38　Darüber hinaus sind die das Anlageobjekt betreffenden Steuern in den Verkaufsprospekt aufzunehmen.

39　Hervorzuheben ist, dass § 4 Satz 1 Nr. 2 HS 1 die Angabe einer Konzeption verlangt, die sich nicht mit der bloßen Aufzählung einzelner Steuern erfüllen lässt. Die Verwendung des Begriffs Konzeption bedingt eine erläuternde Darstellung der Auswirkungen und gegebenenfalls der Wirkungszusammenhänge einzelner Steuerarten. Vor diesem Hintergrund sind die in der Begründung genannten Anforderungen („Auswirkungen beim Anleger" und „Steuern, die das Anlageobjekt betreffen") nicht als abschliessend zu verstehen. Vielmehr ist nach dem Sinn und Zweck der Norm entscheidend, dass der Anleger sich einen Gesamteindruck über die steuerlichen Gesichtspunkte, die der Geschäftsidee einer Vermögensanlage zugrunde liegen, machen kann. Insoweit können bspw. durchaus auch Steuern, die den Emittenten betreffen, im Einzelfall darzustellen sein.

Ein besonderer – kein hervorgehobener – Hinweis ist gegebenenfalls in Bezug auf ausländisches Steuerrecht zu machen, sofern dieses zu beachten ist (Begr. VermVerkProspV, S. 4). Nach der Generalklausel sind in diesem Zusammenhang ggf. Angaben dazu erforderlich, dass eine eigene Steuererklärung, z. B. für die USA, abzugeben ist, was gesonderte Kosten verursacht. **40**

Nicht darzustellen ist an dieser Stelle steuerliche Risiken (*Jäger/ Voß*, S. 909; missverständlich und unpräzise insoweit die Begr. VermVerkProspV, S. 4). Diese können sich insbesondere daraus ergeben, dass die steuerliche Beurteilung in wesentlichen Punkten in Rechtsprechung und Literatur umstritten ist oder dass (eventuell sogar kurzfristig nach dem Zeitpunkt der Prospektaufstellung) eine Änderung gewisser steuerrechtlicher Regelungen geplant ist. Bei bevorstehenden Rechtsänderungen sind diese dann als Risiko aufzunehmen, sobald sie aus der Sicht des Anbieters mit einer nicht völlig fern liegenden Wahrscheinlichkeit eintreten können. Dies wird in der Regel erst in dem Zeitpunkt – korrespondierend mit dem Entstehen der Nachtragspflicht (vgl. § 11 VerkProspG Rn. 33 ff.) – erforderlich sein, wenn ein Kabinettsbeschluss vorliegt. Diese Risikodarstellung ist ausschließlich im Risikokapitel nach § 2 Abs. 2 Satz 3 vorzunehmen. Die Ausführungen zu steuerlichen Risiken im Risikokapitel müssen in sich verständlich sein. Verweise auf Erläuterungen außerhalb des Risikoabschnits sind nicht zulässig (s. o. § 2 VermVerkProspV Rn. 113). Ein vom Anbieter bei einem Wirtschaftsprüfer oder Steuerberater in Auftrag gegebenes Steuergutachten, dass der Anbieter verlangen darf, ist unter diesen Grundsätzen dann zulässig, wenn es nicht vom Anbieter, sondern vom Wirtschaftsprüfer oder Steuerberater bezogen werden kann. Denn dann ist es nicht Bestandteil des Verkaufsprospekts und teilt auch sein haftungsrechtliches Schicksal nicht (hier haftet der Wirtschaftsprüfer bzw. der Steuerberater gegenüber dem Anleger ggf. direkt und unmittelbar aus eigenem Verschulden). Zulässig ist bei der Angabe nach § 4 Satz 1 Nr. 2 allein ein Verweis auf das Risikokapitel, der unter dem **41**

Gesichtspunkt der Erleichterung der Auswertung des Verkaufsprospektes geboten sein dürfte. Sollte dennoch ein steuerliches Risiko bei der Mindestangabe nach § 4 Satz 1 Nr. 2 genannt oder sogar beschrieben werden, hat die BaFin hierauf gestützt die Veröffentlichung des Verkaufsprospekts untersagen.

42 Im Verkaufsprospekt sind die Steuerzahlungen, die der Anbieter übernimmt, im Verkaufsprospekt anzugeben (§ 4 Satz 1 Nr. 2 HS. 2). Steuern in diesem Sinne sind nur solche Steuern, bei denen der Anleger auch Steuerschuldner ist. Sofern dies der Fall ist, sind die einschlägigen Steuerarten genau zu bezeichnen. Werden durch den Anbieter keine Steuerzahlungen übernommen, ist insoweit ein Negativtestat erforderlich. **Formulierungsbeispiel:** „Der Anbieter übernimmt nicht die Zahlung von Steuern."

43 Übernimmt der Emittent die Zahlung von Steuern, ist diese Angabe keine Mindestangabe nach der VermVerkProspV, gleichwohl als Generalklausel- bzw. als freiwillige Angabe (je nach Bedeutung für das konkrete Anlageinstrument) möglich. Sollte der Emittent keine Steuerzahlungen übernehmen, ist ein Negativtestat entbehrlich, da es sich bei dieser Information um keine Mindestangabe handelt. Gleichwohl kann ein diesbezügliches Negativtestat grundsätzlich in den Verkaufsprospekt aufgenommen werden. In der Praxis übernehmen regelmäßig weder der Anbieter noch der Emittent die Zahlung von Steuern. Dieser Umsatz lässt sich einem Satz darstellen. **Formulierungsbeispiel:** „Weder der Anbieter noch der Emittent übernehmen die Zahlung von Steuern."

3. Übertrag- und Handelbarkeit

44 § 4 Satz 1 Nr. 3 Alt. 1 verlangt Angaben hinsichtlich der Übertragbarkeit der Vermögensanlagen.

45 Soweit es sich bei den Vermögensanlagen um Personengesellschaften (GbR, OHG, KG) handelt, erfolgt die Übertragung von Anteilen – anders als bei Inhaberpapieren – ausschließlich im Wege der Abtretung gemäß §§ 398, 413 BGB. Sollte ein Anleger sich an einer Personengesellschaft mittelbar beteiligt haben und eine Treugeberstellung innehaben, so erfolgt die Übertragung im Wege einer Vertragsübernahme analog §§ 414, 415 BGB (*Lüdicke/Arndt*, S. 36). Aufgrund der fehlenden Urkundeneigenschaft der gesellschaftsrechtlichen Verträge ist eine sachenrechtliche Übertragung von Anteilen an Personengesellschaften gemäß §§ 929 ff. BGB nicht möglich (*Voß* BKR 2007, 45, 51).

46 Namensschuldverschreibungen werden ebenfalls als Rektapapiere allein im Wege der Abtretung nach § 398 BGB übertragen.

47 Nach § 4 Satz 1 Nr. 3 Alt. 2 sind die Einschränkungen der freien Handelbarkeit anzugeben. Der Begriff der Handelbarkeit ist gesetzes-

technisch nicht definiert. Nach allgemeiner Auffassung in der Literatur ist es für die Annahme der Handelbarkeit einer Vermögensanlage erforderlich, dass diese vertretbar (austauschbar, fungibel) und zirkulationsfähig sind (*Derleder/Knops/Bamberger/Ekkenga/Bernau,* § 49 Rn. 4). Die bloße Eignung zum Handel ist hierfür ausreichend (*Voß* BKR 2007, 45, 50). Vermögensanlagen sind weder vertretbar noch zirkulationsfähig. Wären sie dies, müsste man sie als Wertpapiere einstufen. Insofern ist die Formulierung „Einschränkung der Handelbarkeit" missverständlich. Hieraus lässt sich nicht schließen, dass der Verordnungsgeber unterstellt bzw. stillschweigend davon ausgeht, Vermögensanlagen seien grundsätzlich handelbar und nur in Einzelfällen liege eine Beeinträchtigung dieser Handelbarkeit aufgrund gesetzlicher oder vertraglicher Bestimmungen vor. Zutreffend ist, dass der Verordnungsgeber von der Nicht-Handelbarkeit von Vermögensanlagen ausgeht und eine Darstellung dieses Umstandes als mindestangabepflichtig erachtet hat.

Die Einschränkung der freien Handelbarkeit bei Vermögensanlagen, die ihrer Art nach Anteile an einer GmbH darstellen, folgt bereits daraus, dass eine Übertragung gemäß § 15 Abs. 3 GmbHG der notariellen Beurkundung bedarf. **48**

Die Einschränkung der freien Handelbarkeit bei Vermögensanlagen, die ihrer Art nach Namensschuldverschreibungen darstellen, folgt nach allgemeinem Verständnis bereits daraus, dass sie lediglich im Wege der Zession (§ 398 BGB) übertragen werden können. **49**

Die Einschränkung der freien Handelbarkeit bei anderen Vermögensanlagen, insbesondere solche, die ihrer Art nach Anteile an einer Kommanditgesellschaft oder einer Gesellschaft bürgerlichen Rechts darstellen, ergibt sich aus ihrer Nicht-Vertretbarkeit: Vertretbar ist eine Vermögensanlage, wenn jede einzelne von ihnen gleichartige Rechte verkörpert, wenn mithin eine identische Ausgestaltung gegeben ist, keine ausgeprägten Individualisierungsmerkmale vorliegen und die Anlageinstrumente so ohne weiteres untereinander ausgetauscht werden können (*Assmann,* in: *ders./Schneider,* § 2 WpHG Rn. 14; *Kümpel,* Kapitalmarktrecht, Abschn. 220, S. 15; *Voß* BKR 2007, 45, 50). Das ist zu bejahen, wenn die Vermögensanlagen wegen ihrer Vergleichbarkeit im Verkehr nach Art, Zahl oder Stück bestimmt werden können und deshalb innerhalb der Gattung in entsprechender Anwendung des § 91 BGB vertretbar sind. Ausschlaggebend ist mithin die Standardisierung der Ausstattungsmerkmale. Lediglich bei gattungsmäßiger Gleichartigkeit sind die Anlageinstrumente für den Handel geeignet, weil dort eine Prüfung der inhaltlichen Ausgestaltung des verkörperten Rechts durch die Marktteilnehmer vor einer jeden Transaktion praktisch nicht durchzuführen wäre (*Voß* BKR **50**

2007, 45, 50 mwN). Für den Bereich der Vermögensanlagen bedeutet dies, dass jede Vermögensanlage als gesellschaftsrechtliche Beteiligung zwar eine Vielzahl von gleichartigen Rechten und Pflichten verkörpert. Gleichwohl verbietet sich die Annahme einer hinreichenden Standardisierung der Ausstattungsmerkmale, die auf eine Vertretbarkeit derartiger Vermögensanlagen schließen lassen könnte. Die Unterschiede zeigt eine Betrachtung des Lebenssachverhalts auf: Anders als bspw. Wertpapiere wie Aktien werden Vermögensanlagen grundsätzlich nicht nach ihrer Stückzahl bemessen (eine Ausnahme gilt insoweit bei der Bestimmung der Anzahl der Vermögensanlagen; s. o. Rn. 11). Die Bestimmung erfolgt vielmehr nach Maßgabe der Beteiligungshöhe, die der Anleger regelmäßig individuell festlegen kann, abgesehen von der zumeist vorgesehenen Mindestzeichnungssumme. Da jeder Anleger aus gesellschaftsrechtlichen Gründen stets nur einen Anteil hält, auch wenn er sukzessiv mehrere Anteile gzeichnet haben sollte, kann die Höhe der einzelnen Beteiligungen divergieren, so dass bereits unter diesem Aspekt die Nicht-Vertretbarkeit von Vermögensanlagen abgeleitet werden kann. Verschiedene Umstände kommen noch hinzu: So werden für jede von einem Anleger gehaltene Beteiligung verschiedene Konten (z. B. Kapitalkonten, Entnahmekonten, Verlustvortragskonten) geführt. Selbst bei einer identischen Beteiligungshöhe weisen die Konten durch die Person des jeweiligen Anlegers begründet regelmäßig unterschiedliche Salden auf. Der Annahme einer hinreichenden Standardisierung können auch steuerliche Implikationen entgegenstehen, etwa bei verschiedenen Wohnsitzen der einzelnen Anleger.

51 Die Nicht-Zirkulationsfähigkeit folgt nach der hL daraus, dass Fondsanteile nicht nach §§ 929 ff. BGB übertragen werden (*Voß* BKR 2007, 45, 51 mwN). Jedoch kann dieser Befund allein noch kein abschließendes Ergebnis liefern, sondern allenfalls einen Hinweis auf die Nicht-Zirkulationsfähigkeit. Entscheidend kommt es auf die rechtlichen und tatsächlichen Hindernisse für eine Zirkulationsfähigkeit an. Rechtliche Hindernisse können sich zunächst auf der vertraglichen Ebene ergeben. So kann die Abtretung einer Vermögensanlage an die Zustimmung der Geschäftsführung bzw. der Komplementär-GmbH abhängig gemacht werden (*Jäger/Voß,* S. 909). Mitunter wird die Möglichkeit einer Abtretung in den Gesellschaftsverträgen auch gänzlich ausgeschlossen. Nicht selten sind auf der Vertragsebene zeitliche Reglementierungen vorgesehen. Beispielsweise kann geregelt sein, dass Anteile nur an bestimmten Stichtagen (z. B. zum Ende eines Geschäfts- oder Kalendervierteljahres) übertragen werden dürfen. Mitunter wird die Wirksamkeit der Anteilsübertragung auch an den Zugang einer entsprechenden Mitteilung an die Geschäftsführung,

Angaben über die Vermögensanlagen §4

Komplementär-GmbH etc. oder an die Verpflichtung zur Übernahme eventueller gewerbesteuerlicher Nachteile geknüpft.

Aber auch bei Vermögensanlagen, deren Verträge keine derartigen Restriktionen aufweisen, ergibt sich aus der Gesetzeslage das Fehlen der Umlauffähigkeit. Es bestehen Beschränkungen durch zwingendes Gesetzesrecht, dass keiner vertraglichen Abbedingung zugänglich ist. Hervorgehoben sei die Rechtslage für die GmbH & Co. KG: Gemäß §§ 160, 161 Abs. 2 HGB haften die ausscheidenden Kommanditisten über fünf Jahre für bis zum Austritt begründete Verbindlichkeiten der KG nach. Durch die Haftung des eintretenden Neukommanditisten nach § 173 HGB haften Alt- und Neukommanditisten damit bis zur Höhe der Haftsumme grundsätzlich nebeneinander. Die Haftung des veräußernden Kommanditisten kann analog § 172 Abs. 4 HGB wieder aufleben, sofern der Kommanditist die Hafteinlage vor Veräußerung seiner Beteiligung vollständig erbracht hatte. In dieser Nachhaftungsproblematik (ausführlich hierzu *Arndt*, in: *Lüdicke/Arndt*, S. 36; vgl. auch untenstehendes Formulierungsbeispiel) ist ein gesetzliches Umlaufhindernis zu erblicken (*Voß* BKR 2007, 45, 53). Gleiches gilt für die nach §§ 1822 Nr. 3, 1643, 1908i BGB vorgesehene Zustimmung des Vormundschaftsgerichts bei einer (in der Praxis nicht seltenen) Anteilsübertragung an Minderjährige. Schließlich ergeben sich Umlaufhindernisse aufgrund formeller Anforderungen: Nach den §§ 162 Abs. 1, 106 Abs. 2 HGB ist jeder hinzutretende Kommanditist im Handelsregister einschließlich der Höhe der jeweiligen Einlage einzutragen. **52**

Die Umstände der Nicht-Vertretbarkeit bzw. der Nicht-Zirkulationsfähigkeit der jeweiligen Vermögensanlagen sind im Verkaufsprospekt darzustellen. Dabei überschneidet sich die Einschränkung der freien Handelbarkeit mit der Art und Weise der Übertragung einer Vermögensanlage, so dass die entsprechenden Angaben zusammen in einer Formulierung gemacht werden können. **53**

Formulierungsbeispiel für eine GmbH & Co. KG: „Die Übertragung der Vermögensanlage erfolgt im Wege der Abtretung (§ 398 BGB). Die Übertragung durch Abtretung bedarf zwar nicht der Zustimmung aller Gesellschafter, jedoch der vorherigen Zustimmung der Komplementärin. Die Zustimmung darf nur aus wichtigem Grund versagt werden. Die Abtretung ist zum Ende eines Geschäftsjahres möglich und ist der Fondsgesellschaft bis zum 30. Juni des betroffenen Geschäftsjahres unter Beifügung personenbezogener Daten und einer notariell beglaubigten Handelsregistervollmacht anzuzeigen. Die Kommanditisten haften gemäß §§ 161 Abs. 2, 160 Abs. 1 HGB nach ihrem Ausscheiden aus der Fondsgesellschaft bis zur Höhe ihrer (zurückgezahlten) Haftsumme für bis dahin begründete Verbind- **54**

lichkeiten der Fondsgesellschaft, die bis zum Ablauf von fünf Jahren nach ihrem Ausscheiden fällig werden und rechtskräftig gerichtlich festgestellt oder auf andere Weise vollstreckbar sind oder für die eine Vollstreckungshandlung vorgenommen oder beantragt wird. Dem steht es gemäß § 160 Abs. 2 HGB gleich, wenn der Kommanditist den Anspruch schriftlich anerkannt hat. Die Frist beginnt mit dem Ende des Tages, an dem das Ausscheiden in das Handelsregister eingetragen wird. Wird die Gesellschaft aufgelöst, verjähren die Anprüche von Gesellschaftsgläubigern gegen die Kommanditisten gemäß § 161 Abs. 2, § 159 HGB spätestens fünf Jahre nach Eintragung der Auflösung der Fondsgesellschaft in das Handelsregister oder, wenn die Ansprüche erst nach Eintragung der Auflösung fällig werden, fünf Jahre nach Fälligwerden der Ansprüche. Aufgrund der Freistellungsverpflichtung zugunsten der jeweiligen Treuhänderin aus dem Treuhandvertrag besteht die vorstehend beschriebene Nachhaftung mittelbar auch für die Treugeber, denn § 160 HGB findet auch Anwendung auf herabgesetzte Einlagen der Treuhänderinnen. Die Vermögensanlagen sind somit zwar grundsätzlich übertragbar, aber aufgrund der geschilderten Umstände dabei Einschränkungen in ihrer freien Handelbarkeit unterworfen (s. auch „Fungibilität" im Abschnitt „Risiken")."

55 Nicht zwingend erforderlich, aber möglich ist die Aufnahme eines abschließenden Negativtestats betreffend die Einschränkungen der freien Handelbarkeit: **Formulierungsbeispiel:** „Darüber hinaus bestehen keine weiteren gesellschaftsvertraglichen bzw. gesetzlichen Einschränkungen der Übertragbarkeit der Vermögensanlagen."

56 Gleichfalls ist es zur Erfüllung des Mindestangabeerfordernisses erforderlich, darüber zu informieren, dass eine Vermögensanlage nicht nur rechtsgeschäftlich, sondern auch infolge eines Erbfalls (bei dessen Eintreten) übertragen werden kann.

57 **Formulierungsbeispiel:** „Die Übertragung durch Erbfall ist jederzeit möglich. Die Erben des Gesellschafters treten mit allen Rechten und Pflichten in die Rechtsstellung des Gesellschafters ein. Mehrere Erben haben zur Wahrnehmung der Gesellschafterrechte einen gemeinschaftlichen Vertreter zu bestimmen."

58 Mitunter finden sich in Verkaufsprospekten Ausführungen des Inhalts, dass Vermögensanlagen im Wege der Schenkung übertragen werden können. Dies ist deshalb irreführend, weil insoweit lediglich die schuldrechtliche Ebene in Bezug genommen wird, die eine Abweichung vom Regelfall „Kauf" beinhaltet. Mit der Übertragbarkeit nach § 4 Satz 1 Nr. 3 Alt. 1 ist jedoch die sachenrechtliche Ebene gemeint. Wird ein (als freiwillige Angabe grundsätzlich zulässiger) Hinweis auf die Möglichkeit aufgenommen, eine Vermögensanlage zu verschenken, ist daher in besonderem Maße auf die Vermeidung von

irreführenden Aussagen zu achten, bei denen das zivilrechtliche Abstraktionsprinzip bzw. dessen Auswirkungen unzutreffend dargestellt werden.

Zum VerkProspG aF war die Auffassung verbreitet, dass eine Einschränkung der freien Handelbarkeit von Wertpapieren auch dann vorlag, wenn es sich um „marktenge" Wertpapiere handelte, weil z. B. nur ein geringer Teil der Emission überhaupt öffentlich angeboten wurde oder weil die jeweiligen Märkte als „zersplittert" anzusehen waren (*Ritz,* in: *Assmann/Lenz/Ritz,* § 4 VerkProspVO Rn. 11). Für Fondsbeteiligungen gilt in Fortführung dieses Gedankens insoweit, dass der Handel und damit die Möglichkeit eines Zweiterwerbs zum gegenwärtigen Zeitpunkt stets als „marktenge" anzusehen ist, da der Zweitmarkthandel mit Fondsanteilen zur Zeit sich noch allgemein im Entwicklungsstadium befindet und zudem verschiedene Handelsplattformen existieren, die die geringen Handelsvolumina unter sich aufteilen, so dass insgesamt von einer Marktzersplitterung gesprochen werden kann (vgl. zur wirtschaftlichen Situation der Zweitmärkte die Ausführungen oben § 8 f VerkProspG Rn. 100). In den Verkaufsprospekt sind daher regelmäßig Ausführungen betreffend die nur eingeschränkten Möglichkeiten eines Handels mit den Fondsanteilen auf einem Zweitmarkt geboten. **Formulierungsbeispiel:** „Für Anteile an geschlossenen Fonds existiert kein geregelter Zweitmarkt. Für die daraus resultierenden Risiken vgl. die Ausführungen im Risikokapitel (S. XY). [Im Risikokapitel:] „Da derzeit kein funktionierender Zweitmarkt existiert, besteht die Möglichkeit einer vorzeitigen Veräußerung nur dann, wenn eine entsprechende Nachfrage vorhanden ist. Es besteht daher das Risiko, dass bei einem Veräußerungswunsch die Komplementärin nicht zustimmt, kein Erwerber gefunden wird oder eine Veräußerung nur zu einem geringeren Wert erfolgen kann."

4. Erwerbspreis und Modalitäten des Erwerbs

a) Zahlstellen. Gemäß § 4 Satz 1 Nr. 4 sind die Zahlstellen oder andere Stellen, die bestimmungsgemäß Zahlungen an den Anleger ausführen, in den Verkaufsprospekt aufzunehmen. Der Begriff der „Zahlstelle" ist verkaufsprospektrechtlich doppelt belegt (*Heidel/Krämer,* § 9 VerkProspG Rn. 6). Die Angabe nach § 4 Satz 1 Nr. 4 meint *nicht* die Zahlstelle(n), bei denen der Verkaufsprospekt nach § 9 Abs. 2 Satz 1 im Wege der Schalterpublizität veröffentlicht wird (vgl. hierzu § 9 VerkProspG Rn. 16). Zahlstellen in diesem Sinne sind die Stellen, die Auszahlungen an die Anleger aufgrund des Erwerbs eines Anteils (z. B. Ausschüttungen, Zahlungen bei Rückabwicklungen eines Fonds) durchführen bzw. veranlassen. Erforderlich ist die Angabe von

Name bzw. Firma der jeweiligen Zahlstelle. Darüber hinaus muss eine genaue Adresse angegeben werden, bei welcher der Anleger die erforderlichen Handlungen vornehmen kann (*Jäger/Voß*, S. 909; *Ritz*, in: *Assmann/Lenz/Ritz*, § 4 VerkProspVO Rn. 14). Nicht selten der Emittent oder die Gesellschaft, welche die treuhänderische Verwaltung der Beteiligung wahrnimmt, die Zahlstelle. Überflüssig ist im Normtext des § 4 Satz 1 Nr. 4 die Unterscheidung zwischen „Zahlstellen" einerseits und „anderen Stellen, die bestimmungsgemäß Zahlungen an den Anleger ausführen" andererseits, da auch die letztgenannten Stellen in der Sache „Zahlstellen" sind. Soweit ersichtlich wird in der Prospektierungspraxis bei diesem Angabeerfordernis auch keine Unterscheidung zwischen „Zahlstellen" und „anderen Stellen" vorgenommen. Nicht geboten ist die Aufnahme eines Negativtestats, wonach neben der Zahlstelle keine anderen Stellen im Sinne der Norm existieren. Die Mindestangabe kann durch eine positive Wendung etwa wie folgt erfüllt werden: **Formulierungsbeispiel:** „Zahlstelle ist die [ABC] Beteiligungs GmbH & Co. KG, [Straße], [Ort]."

61 **b) Zahlungsmodalitäten.** § 4 Satz 1 Nr. 5 verlangt die Angabe der Einzelheiten der Zahlung des Zeichnungs- oder des Erwerbspreises, insbesondere die Kontoverbindung. Die Angabe der Zahlungsmodalitäten wird zunächst davon beeinflusst, welcher der möglichen Zahlungswege vorgesehen ist: Denkbar ist, dass der Anleger die Einlage auf das in der Beitrittserklärung angegebene Konto einzahlt oder dass er eine Ermächtigung erteilt, wonach – je nach Einzelfall – die Geschäftsführung des Emittenten, der Treuhänder oder der Mittelverwendungskontrolleur zur Einziehung der Einlage vom Konto des Anlegers berechtigt ist. Nach den Anforderungen der Rechtsprechung, die über § 2 Abs. 1 Satz 1 zu berücksichtigen sind, muss im letztgenannten Fall die Einzugsermächtigung vom übrigen Text der Beitrittserklärung abgesetzt sein.

62 Einzelheiten meint die einzelnen Zahlungsmodalitäten wie etwa einen genauen Zeitraum, innerhalb dessen der Anleger den Erwerbspreis zu zahlen hat. Zudem ist anzugeben, wer der Empfänger der Zahlung ist. Anzugeben sind auch etwaig vorgesehene Fälligkeiten, die sich auch auf einzelne Teilbeträge beziehen können (z. B. 50% der Zeichnungssumme zzgl. 5% Agio auf den gesamten Zeichnungsbetrag fällig nach Annahme der Beitrittserklärung und Aufforderung durch die Treuhänderin, weitere 50% der Zeichnungssumme fällig bis zu einem bestimmten Datum). Die Begriffe Zeichnungs- und Erwerbspreis werden bei § 4 Satz 1 Nr. 5 als Synonyme verwendet und haben für sich jeweils keine unterschiedliche Bedeutung. Der Begriff „Erwerb" hätte zur Normierung des Angabeerfordernisses ausge-

reicht, der Terminus „Zeichnung" ist im Recht der Vermögensanlagen – insbesondere bei geschlossenen Fonds – gebräuchlich, meint in der Sache aber nichts anderes. Gemeint ist hier (anders als bei § 4 Satz 1 Nr. 9 Rn. 70 f.) die Zeichnungssumme zuzüglich des Agios, da der Anleger bezüglich beider Summen wissen muss, wohin er sie zu überweisen hat. Die Kontoverbindung hat unter Angabe der Kontonummer, der kontoführenden Bank sowie der Bankleitzahl zu erfolgen. Bei ausländischen Banken sind die für die Vornahme von Auslandsüberweisungen zusätzlich erforderlichen Informationen (z. B. IBAN; BIC etc.) mit anzugeben. Auch empfiehlt sich ein Hinweis auf einen vom Anleger bei der Überweisung anzugebenden Verwendungszweck (z. B. „Bitte den Namen des Zeichners und die mit der Beitrittsbestätigung übermittelte Treuhandnummer eintragen."). Es ist möglich, die Zahlungsmodalitäten lediglich auf dem Zeichnungsschein anzugeben. Vor diesem Hintergrund ist der Zeichnungsschein dann als Bestandteil des Verkaufsprospektes und damit als Teil des Haftungsdokuments anzusehen. Es empfiehlt sich vor diesem Hintergrund, um sich nicht dem Vorwurf der Übergabe eines unvollständigen Verkaufsprospektes auszusetzen, den Zeichnungsschein fest mit dem Verkaufsprospekt zu verbinden und die Herauslösung durch Perforation der entsprechenden Seite zu ermöglichen. Dem steht nicht der Umstand entgegen, dass der Zeichnungsschein zum Zwecke des Erwerbs der Vermögensanlage (eben zur Zeichnung) durch den Anleger aus dem Verkaufsprospekt herausgelöst wird, so dass man sich auf den Standpunkt stellen könnte, dass der Verkaufsprospekt in diesem Moment unvollständig würde. Denn zu diesem Zeitpunkt hat der Verkaufsprospekt seinen Informationszweck gegenüber dem Anleger bereits erfüllt. Zudem ist zu bedenken, dass stets eine Kopie des Zeichnungsscheins beim Anleger verbleibt.

c) Stellen zur Annahme von Zeichnungserklärungen. Nach 63 § 4 Satz 1 Nr. 6 sind die Stellen, die Zeichnungen oder auf den Erwerb von Anteilen oder Beteiligungen gerichtete Willenserklärungen des Publikums entgegennehmen, in den Verkaufsprospekt aufzunehmen. Damit sind diejenigen Stellen gemeint, die befugt sind, die Erwerbs- bzw. die Beitrittserklärung des Anlegers rechtsverbindlich nach Maßgabe der §§ 145 ff. BGB anzunehmen. „Entgegennehmen" ist mithin als „Annehmen" im Sinne der zivilrechtlichen Rechtsgeschäftslehre zu verstehen (*Jäger/Voß*, S. 909). Dies ist in einer Vielzahl von Fällen der Anbieter bzw. der Emittent selbst oder die Gesellschaft, die mit der treuhänderischen Verwaltung der Vermögensanlage betraut ist. Entscheidend ist, wer im konkreten Fall die Befugnis, die sich auch auf eine Bevollmächtigung stützen kann, zur Annahme der

Erwerbserklärungen hat. Im Einzelfall kann dies etwa auch eine Vertriebsgesellschaft sein. Die Zeichnungsstelle muss unter Angabe von Name bzw. Firma sowie der Angabe einer Anschrift bezeichnet werden. **Formulierungsbeispiel:** „Die Beitrittserklärung wird von der [ABC] Erste Beteiligungsverwaltungs GmbH, [Straße], [Ort], entgegengenommen." Üblich und nach der Generalklausel wohl auch erforderlich sind Angaben zu Einzelheiten der Abwicklung des Zeichnungsvorgangs, wie etwa im **Formulierungsbeispiel:** „Der Anleger kann die unterschriebene Beitrittserklärung und ggf. die gesondert zu unterzeichnenden Informationen zu Fernabsatzgeschäften über seinen persönlichen Berater an die Zeichnungsstelle senden. Nach Eingang der Zeichnungsdokumente erhält der Anleger eine Bestätigung seiner Beteiligung an der [ABC] Beteiligungs GmbH & Co. KG." Auch werden in diesem Zusammenhang nicht selten Generalklausel-Angaben zu datenschutzrechtlichen Themen gemacht: **Formulierungsbeispiel:** „Der Anleger stimmt mit seiner Unterschrift unter der Beitrittserklärung zu, dass seine Vertragsdaten in gemeinsamen Datenbanken geführt, und, soweit erforderlich, an die zuständigen Berater der Gesellschaft zur Speicherung weitergegeben werden. Die Daten werden nur zur Durchführung der für die Beteiligungsverwaltung notwendigen Maßnahmen erhoben, verarbeitet und genutzt."

64 **d) Fristen.** § 4 Satz 1 Nr. 7 fordert die Nennung einer für die Zeichnung oder den Erwerb der Vermögensanlagen vorgesehenen Frist und die Angabe der Möglichkeiten, diese vorzeitig zu schließen oder Zeichnungen, Anteile oder Beteiligungen zu kürzen.

65 **aa) Zeichnungsfrist.** „Zeichnung" und „Erwerb" werden insoweit (wie schon bei § 4 Satz 1 Nr. 5 und Nr. 6) synonym verwendet. Es ist die Nennung sowohl des Beginns als auch des Endes einer Zeichnungsfrist erforderlich. Die Benennung konkreter Daten sieht sich im Hinblick auf den Beginn der Zeichnungsfrist der Schwierigkeit ausgesetzt, dass der Anbieter bei der Prospektaufstellung nicht wissen kann, an welchem Datum die BaFin die Veröffentlichung des Verkaufsprospekts gestatten wird. Typischerweise endet die Frist, falls kein bestimmtes Datum vorgesehen ist, mit der Vollplatzierung. Wann diese erreicht sein wird, steht bei der Prospektaufstellung ebenso noch nicht fest. Möglich – und inzwischen in der Prospektierungspraxis wohl schon eingebürgert – ist aber eine Umschreibung: **Formulierungsbeispiel:** „Das öffentliche Angebot beginnt in Anlehnung an § 9 Abs. 1 VerkProspG frühestmöglich einen Werktag nach Veröffentlichung des Verkaufsprospekts und endet mit der Vollplatzierung des Angebots."

Angaben über die Vermögensanlagen §4

bb) Möglichkeiten zur vorzeitigen Kürzung und Schlie- 66
ßung. Vorzeitige Schließungs- bzw. Kürzungsmöglichkeiten im Hinblick auf Zeichnungen, Anteile oder Beteiligungen sind entsprechend zu prospektieren: **Formulierungsbeispiel:** „Die Geschäftsführung hat das Recht, die Zeichnung vorzeitig zu schließen. Die Möglichkeit, gezeichnete Kommanditanteile zu kürzen, besteht insoweit, als dem Anleger auch eine niedrigere als die von ihm gezeichnete Kommanditeinlage zugewiesen werden kann, oder in dem Fall, wenn der Anleger die fällige Einzahlung der Kommanditeinlage ganz oder teilweise nicht fristgerecht erbringt."

Sind vorzeitige Schließungs- und Zeichnungsmöglichkeiten nicht 67
vorgesehen, ist ein Negativtestat in den Verkaufsprospekt aufzunehmen. **Formulierungsbeispiel:** „Möglichkeiten, die Zeichnung vorzeitig zu schließen oder Zeichnungen, Anteile oder Beteiligungen zu kürzen, bestehen nicht."

e) Teilbeträge. Gemäß § 4 Satz 1 Nr. 8 HS 1 sind die einzelnen 68
Teilbeträge, falls das Angebot gleichzeitig in verschiedenen Staaten mit bestimmten Teilbeträgen erfolgt, in den Verkaufsprospekt aufzunehmen.

Teilbeträge sind die Beträge, in die das Emisionsvolumen je nach 69
betroffenem Staat im konkreten Einzelfall unterteilt ist. Der Umstand, dass die Norm in Form eines Konditionalsatzes formuliert ist, macht im Fall des Nichtvorliegens der Bedingung (das Angebot erfolgt *nicht* gleichzeitig in verschiedenen Staaten) die Aufnahme einer Angabe zu diesem Themenkomplex nicht entbehrlich. Dabei kann in diesen Fällen eine positive Aussage im Verkaufsprospekt erfolgen (z. B. „Das Angebot findet nur in Deutschland statt.") oder eine negative (z. B. „Das Angebot findet nicht in verschiedenen Staaten statt."). Sollten die Teilbeträge bei Veröffentlichung des Verkaufsprospekts noch nicht feststehen, sind in jedem Fall die Staaten, in denen das Angebot erfolgt, im Verkaufsprospekt zu nennen (§ 4 Satz 1 Nr. 8 HS. 2). Stehen die Teilbeträge dann später fest, ist ein Nachtrag gemäß § 11 VerkProspG zu veröffentlichen. Die Verwendung des Begriffs „Staaten" bedingt die Nennung der konkreten Völkerrechtssubjekte. Unzulässig sind pauschale Aussagen wie etwa „auf der nördlichen Halbkugel" oder „auf der ganzen Welt". Der letztgenannte Fall dürfte praktisch ohnehin niemals zutreffen, auch wenn sich diese Formulierung in manchen Verkaufsprospekten findet: Soweit bekannt hat zumindest auf dem Territorium des Vatikans noch kein öffentliches Angebot von Vermögensanlagen stattgefunden. Bezugspunkt sind die Staaten, in denen das öffentliche Angebot erfolgt, und nicht die Angehörigen von Staaten, die eine Vermögensanlage erwerben. Bei-

spielsweise erfolgt ein Angebot nur in Deutschland, wenn Vermögensanlagen allein auf deutschem Territorium Angehörigen jeglicher Nationalität angeboten werden. Zeichnet etwa ein Franzose in Heidelberg eine Beteiligung an einem New Energy Fonds, findet das Angebot deshalb nicht in Frankreich statt.

70 **f) Erwerbspreis.** § 4 Satz 1 Nr. 9 verlangt die Angabe des Erwerbspreises für die Vermögensanlagen oder, sofern dieser noch nicht bekannt ist, die Einzelheiten und den Zeitplan für seine Festsetzung.

71 Der Erwerbspreis iSd § 4 Satz 1 Nr. 9 ist der nominale Anteilspreis (= der Zeichnungspreis). Unter dem Erwerbspreis im Sinne der Norm ist nicht der Bruttopreis einer Beteiligung zu verstehen, so dass weder ein Agio noch evtl. weitere beim Erwerb anfallende Gebühren insoweit zu berücksichtigen sind (*Jäger/Voß*, S. 910). Diese sind vielmehr nach § 4 Satz 1 Nr. 10 (Rn. 75) anzugeben. Diese Aufsplittung, die vom Verständnis des Zeichnungs- bzw. Erwerbspreises bei § 4 Satz 1 Nr. 5 abweicht (dort synonyme Verwendung), rechtfertigt sich aus Gesichtspunkten der Transparenz: Das Agio, das nicht selten eine nicht unerhebliche Zusatzsumme zum Zeichungspreis ausmacht, muss gesondert ausgewiesen werden, damit es der Anleger ins Verhältnis zum eigentlichen Anteilspreis setzen kann.

Sollte der Erwerbspreis nicht feststehen, sind die Einzelheiten der Festsetzung sowie der hierfür vorgesehene Zeitplan in den Verkaufsprospekt aufzunehmen.

Der Erwerbspreis ist nicht zu verwechseln mit dem Preis für das bzw. dem Wert des Anlageobjekts (hierzu § 9 VermVerkProspV Rn. 61).

72 Bereits im Hinblick auf die Ausnahme von der Prospektpflicht des § 8f Abs. 2 Nr. 3 Var. 2 VerkProspG ist es nicht möglich, den Erwerbspreis derart ungenau anzugeben, dass aus dem Verkaufsprospekt nicht eindeutig hervorgeht, ob der Gesamtbetrag innerhalb von zwölf Monaten EUR 100 000 übersteigt oder eben nicht.

5. Weitere Kosten

73 Nach § 4 Satz 1 Nr. 10 sind die mit dem Erwerb, der Verwaltung und der Veräußerung der Vermögensanlage verbundenen weiteren Kosten aufzuführen. Die nach dieser Norm anzugebenden weiteren Kosten begründen eine zusätzliche finanzielle Belastung des Anlegers, die im Einzelfall ganz erheblich sein können, so dass die mit dieser Mindestangabe vermittelten Informationen von zentraler Bedeutung sind. Vor dem Hintergrund ihres Schutzzwecks ist daher eine weite Auslegung der Vorschrift geboten.

Angaben über die Vermögensanlagen §4

Anzugeben sind sämtliche unmittelbaren und mittelbaren Kosten, 74
gleich ob sie aufgrund gesetzlicher oder vertraglicher Grundlage entstehen. Es handelt sich hierbei um zusätzliche Kosten des Anlegers über den Erwerbspreis und damit den für eine Beteiligung zu entrichtenden Nominalbetrag hinaus, die nicht das Anlageobjekt selbst betreffen. Diese sind ggf. nach der Generalklausel anzugeben.

Unter Kosten im Sinne des § 4 Satz 1 Nr. 10 fällt im Einzelnen 75
insbesondere das Agio. Hierunter versteht man ein Aufgeld, das in Höhe eines bestimmten Prozentbetrages auf die Zeichnungssumme zu zahlen ist (*Verfürth/Grunenberg,* S. 32f.). Weiter sind Positionen im Sinne von § 4 Satz 1 Nr. 10 die Kosten für die Eintragung in das Handelsregister, Beglaubigungs-, Überweisungs- und Lastschriftgebühren sowie Verzugszinsen, die im Falle einer verspäteten Zahlung der Einlage fällig werden können zzgl. weiterer aus dem Verzug entstehende Schäden, deren Geltendmachung durch den Anbieter regelmäßig vorbehalten bleibt. Zu nennen sind auch Kosten, die bei Übertragung oder einer sonstigen Verfügung über die Beteiligung sowie im Erbfall entstehen. Hierunter fallen auch die Steuern, die mit dem Übergang der Beteiligung in Zusammenhang stehen. Keine weiteren Kosten iSd § 4 Satz 1 Nr. 10 sind die sog. Weichkosten. Diese sind vielmehr – mittelbare – Kosten des Anlageobjekts nach § 9 Abs. 2 Nr. 9 (vgl. § 9 VermVerkProspV Rn. 56ff.), was im Übrigen in der Prospektierungspraxis regelmäßig so gehandhabt wird.

Die Kosten sollten nach Möglichkeit exakt in absoluten Zahlen 76
beziffert werden. Statthaft ist aber auch die Angabe eines %-Satzes mit genauer Bezeichnung der jeweiligen Bezugsgröße. Die Angaben nach § 4 Satz 1 Nr. 9 und § 4 Satz 1 Nr. 10 können mitunter in einem Satz miteinander verbunden werden, z. B.: „Die Mindestbeteiligung beträgt EUR 10 000 zzgl. 5% Agio.". Damit die Mindestangabe als vollständig erachtet werden kann, ist, da sie eine Aufzählung verlangt, ein abschließendes Negativtestat in den Verkaufsprospekt aufzunehmen (z. B.: „Darüber hinaus entstehen keine weiteren mit dem Erwerb, der Verwaltung und der Veräußerung der Vermögensanlage verbundenen Kosten."). Keine Kosten im Sinne von § 4 Satz 1 Nr. 10 sind solche Kosten, die sich ausschließlich auf das Anlageobjekt beziehen. Diese sind vielmehr durch § 9 Abs. 2 Nr. 1 erfasst.

6. Weitere Leistungsverpflichtungen

Gemäß § 4 Satz 1 Nr. 11 ist anzugeben, unter welchen Umständen 77
der Erwerber der Vermögensanlagen verpflichtet ist, weitere Leistungen zu erbringen, insbesondere weitere Zahlungen zu leisten. Diese Leistungsverpflichtungen werden vom Verordnungsgeber als beson-

ders bedeutsam erachtet, da sie zu nicht unerheblichen weiteren finanziellen Verpflichtungen der Anleger führen können.

78 Hierunter sind sämtliche Umstände insbesondere rechtlicher Natur zu verstehen, die eine weitere Leistungs- oder Zahlungspflicht des Anlegers auslösen können. Weitere Leistungen können bspw. sein: Nachschusspflichten, (Nach-)Haftungen aufgrund gesellschaftsrechtlicher Regelungen (z. B. bei einer GbR die Vollstreckung ins Privatvermögen). Bei KG-Beteiligungen ist zu beschreiben, unter welchen Umständen es zu einem Wiederaufleben der Haftung gemäß § 171 Abs. 1 iVm § 172 Abs. 4 HGB kommen kann. Dem steht nicht entgegen, dass „über die Einlage (Haftsumme) hinausgehende Zahlungen der Gesellschaft an den Kommanditisten ihn nicht höher haften (lassen)" (*Baumbach/Hopt*, HGB § 172 Rn. 5). Denn es geht nicht um eine – höhere – Haftung, sondern schlechthin um die Verpflichtung zu einer Zahlungsleistung. Um eine Informationsverdoppelung zu vermeiden, bietet sich zumindest teilweise eine Verweisung ins Risikokapitel an.

Zudem ist ggf. auszuführen, ob die Möglichkeit besteht, dass die Gesellschafterversammlung eine Kapitalerhöhung beschließt und die Anleger in ihrer Eigenschaft als Gesellschafter aufgrund dessen weitere Zahlungen erbringen müssen. Denkbar als Leistungen sind aber auch Arbeitsleistungen und Sachbezüge. Unerheblich ist, wie wahrscheinlich der Eintritt einer Verpflichtung zu einer weiteren Leistung ist. Es ist ein abschließendes Negativtestat erforderlich. **Formulierungsbeispiel:** „Darüber hinaus gibt es keine Umstände, unter denen der Erwerber der Vermögensanlagen verpflichtet ist, weitere Leistungen zu erbringen und insbesondere weitere Zahlungen zu leisten."

7. Provisionen

79 Nach § 4 Satz 1 Nr. 12 ist in den Verkaufsprospekt aufzunehmen, in welcher Gesamthöhe Provisionen, insbesondere Vermittlungsprovisionen oder vergleichbare Vergütungen, geleistet werden. Dies ist vom Verordnungsgeber deshalb als erforderlich angesehen worden, weil „die Angabe der insgesamt geleisteten Provisionen für eine zutreffende Beurteilung der Werthaltigkeit und Rentabilität der Vermögensanlage bedeutend ist" (Begr. VermVerkProspV, S. 4).

80 **a) Begriff und Beispiele. Provision** meint ein leistungs- und erfolgsabhängiges Entgelt für eine erbrachte Tätigkeit. Hierunter sind bspw. Vergütungen für die erfolgreiche Vermittlung bzw. Herbeiführung eines Vertragsabschlusses zu verstehen, die so genannten „Innenprovisionen" (*Jäger/Voß*, S. 910). Dies gilt auch dann, wenn sie vom Emittenten an den Gründungsgesellschafter bezahlt werden.

Angaben über die Vermögensanlagen § 4

Darüber hinaus erfasst die Vorschrift sämtliche weiteren Vergütungen, die erfolgsabhängig bezahlt werden, nicht zuletzt vor dem Hintergrund, dass der Begriff „Provisionen" nach der VermVerkProspV, um dem *telos* des Anlegerschutzes gerecht werden zu können, in einem weiten Sinne zu verstehen ist. Hierunter fallen bspw. auch Eigenkapitalvermittlungsgebühren, Bereitstellungsprovisionen, Fremdfinanzierungsprovisionen und die Erstattung zusätzlicher Ausgaben der fremdfinanzierenden Bank.

b) Kick-Back-Zahlungen. Im Lichte der neuesten Rechtsprechung des BGH zur Aufklärungspflicht einer anlageberatenden Bank (BGH BKR 2007, 160ff.) stellt sich die Frage, wie vorgesehene Rückvergütungen, sog. Kick-back-Zahlungen, prospektrechtlich nach § 4 Satz 1 Nr. 10 zu behandeln sind. Einigkeit dürfte darüber bestehen, dass ein Ausweis im Verkaufsprospekt unter Transparenzgesichtspunkten sicherlich wünschenswert ist. Indessen kann ein Anbieter bei der Prospektaufstellung nur diejenigen Positionen berücksichtigen, von denen er auch tatsächlich Kenntnis hat. Dies ist bei Kick-backs vielfach nicht der Fall. Kick-backs dürften indessen jedenfalls dann zu prospektieren sein, wenn sie (1) Bestandteil der von Anbieter und Prospektaufsteller entwickelten Struktur sind bzw. (2) der Anbieter aus anderer Quelle von Kick-backs Kenntnis hat und auf ihre Vereinbarung Einfluss nehmen kann (sog. **Kick-back-Sphärentheorie**). Dies dürfte regelmäßig bei einem Vertrieb durch Gesellschaften, die dem Konzern bzw. der Gruppe des Anbieters angehören, der Fall sein. Da der Anbieter bei der Einschaltung freier Vertriebe wenig bis überhaupt keine Möglichkeit der Einflusnahme auf Kick-back-Vereinbarungen hat, entfällt in diesen Fällen eine Prospektierungspflicht bereits nach dem Grundsatz „inpossibilium nulla obligatio est". Nach der Generalklausel ist allenfalls ein Hinweis auf die Möglichkeit derartiger Vereinbarungen unter Hinweis auf die fehlenden Einflussnahmemöglichkeiten seitens des Anbieters denkbar. 81

c) Gesamthöhe. Entscheidend ist ausweislich des Wortlauts der Vorschrift die Gesamthöhe der Provisonen, so dass eine Aufgliederung der einzelnen Posten von der BaFin nicht verlangt werden kann. Dies ergibt sich auch aus der Verordnungsbegründung, wonach der Verordnungsgeber die Angabe der „insgesamt" (sic!) geleisteten Provisionen für entscheidend hält. Gleichwohl ist eine Aufgliederung der einzelnen Provisionspunkte unter dem Aspekt der Transparenz wünschenswert. Nicht erfasst sind diejenigen Positionen, die als Kosten im Sinne des § 4 Satz 1 Nr. 10 zu qualifizieren sind, da insoweit keine Doppelnennung gefordert wird. Es dürfte sich jedoch empfeh- 82 len, die Angaben nach § 4 Satz 1 Nr. 12 und die nach § 9 Abs. 2 Nr. 9 entweder im unmittelbaren Zusammenhang darzustellen oder durch einen – verständnisfördernden – Verweis zu verbinden. Denn die Abgrenzung der Provisionen zu den Weichkosten kann in Einzelfällen schwierig sein.

Wie bei den „Kosten" nach § 4 Satz 1 Nr. 10 ist nach Möglichkeit eine absolute Zahl anzugeben. Ausreichend ist aber auch insoweit die Angabe eines %-Satzes, sofern die Bezugsgröße exakt bezeichnet wird.

83 Erforderlich ist ein abschließendes Negativtestat. **Formulierungsbeispiel:** „Weitere Provisionen im Sinne des § 4 Satz 1 Nr. 12 VermVerkProspV fallen nicht an."

8. Verträge

84 Bei Unternehmensbeteiligungen gemäß § 8f Abs. 1 Satz 1 VerkProspG ist der Gesellschaftsvertrag als Teil des Prospekts beizufügen. Zum Begriff der Unternehmensbeteiligung s. o. § 8f VerkProspG Rn. 28 ff. Sollte eine Vermögensanlage als sonstiger geschlossener Fonds nach § 8f Abs. 1 Satz 1 Var. 3 VerkProspG zu qualifizieren sein, macht dies den Abdruck des Gesellschaftsvertrages nicht entbehrlich, sofern die Vermögensanlage zugleich eine Unternehmensbeteiligung darstellt.

85 Gemeint ist der Gesellschaftsvertrag des Emittenten, nicht der des Anbieters. Sollten Anbieter- und Emittentenstellung zusammenfallen (weil der Emittent als Anbieter nach § 2 Abs. 4 unterschrieben hat), ist der entsprechende Gesellschaftsvertrag in den Verkaufsprospekt aufzunehmen.

86 Der Gesellschaftsvertrag ist mit Angabe des Datums und den Namen der Unterzeichnenden abzudrucken. Nicht notwendig ist es, dass die Unterschrift der Unterzeichnenden als solche abgebildet wird.

87 Sollten in einem Verkaufsprospekt mehrere Emittenten zusammengefasst sein (etwa bei einem Portfoliofonds), ist grundsätzlich der Abdruck sämtlicher Verträge erforderlich. Dies gilt nur dann nicht, wenn eine Erklärung abgegeben wird, dass die Verträge abgesehen von der Firma des Emittenten inhaltsgleich sind. Nicht statthaft ist der Abdruck lediglich eines Vertrages mit einer Erklärung, wonach bspw. die übrigen Gesellschaftsverträge „im Wesentlichen" dem abgedruckten Vertrag entsprechen. In diesen Fällen wäre ein Verkaufsprospekt als unvollständig anzusehen.

88 Bei Verträgen über eine KG ist es nicht ausreichend, wenn lediglich die Namen der Komplementäre angegeben werden, da diese allein keinen KG-Vertrag schließen können. Erforderlich ist daher

Angaben über die Vermögensanlagen § 4

die Nennung mindestens eines Gründungskommanditisten. Sofern bereits mehrere Kommanditisten beigetreten sind (etwa bis zum 30. 6. 2005), ist für die Namensangabe insoweit der Verweis auf eine Anlegerliste zulässig. Diese wird hierdurch nicht Bestandteil des Verkaufsprospektes und ist daher nicht für die Prospektprüfung relevant und somit dem Verkaufsprospekt (weder für die Durchführung des Gestattungsverfahrens durch die BaFin noch bei den im Vertrieb verwendeten Exemplaren) nicht beizufügen.

Sollten mehrere Vertragsversionen aufgrund in der Vergangenheit liegender Vertragsänderungen existieren, ist der zeitlich jüngste Vertrag abzudrucken, damit der Anleger über den aktuellen Stand informiert wird. 89

Nach der Rechtsprechung ist zwar der Zeichnungsschein bzw. das „Beitrittsformular" Bestandteil des Gesellschaftsvertrags (BGH NJW 1996, 1279, 1280). Die Aufnahme des Zeichnungsscheins in den Verkaufsprospekt erscheint aus Gründen des Anlegerschutzes hingegen nur erforderlich, wenn in ihm Angaben nach § 4 Satz 1 Nr. 5 gemacht werden (vgl. dazu oben Rn. 62). Denn in den übrigen Fällen würde der Zeichnungsschein nur Informationen enthalten, die der Verkaufsprospekt bereits enthält. Die Forderung nach Aufnahme des Zeichnungsscheins wäre dann bloßer Formalismus. 90

Bei Treuhandvermögen gemäß § 8f Abs. 1 Satz 1 des VerkProspG ist der Treuhandvertrag als Teil des Verkaufsprospekts beizufügen. Sofern das Treuhandvermögen zugleich eine Unternehmensbeteiligung darstellt, ist der Treuhandvertrag zusätzlich zum Gesellschaftsvertrag abzudrucken. Es gelten die für Gesellschaftsverträge dargestellten Grundsätze mit der Einschränkung, dass bei einem Treuhandvertrag, der zwischen dem Treuhänder und dem Anleger geschlossen wird, das Datum des Vertragsschlusses und der Name des unterzeichnenden Anlegers nicht abgedruckt werden können. Treuhänder im Sinne der VermVerkProspV ist auch ein Mittelverwendungskontrolleur (§ 12 VermVerkProspV Rn. 25). Daher ist ein ggf. existierender Vertrag mit einem Mittelverwendungskontrolleur ein Treuhandvertrag nach § 4 Satz 2 und folglich im Verkaufsprospekt abzudrucken (unzutreffend *Verfürth/Grunenberg,* S. 15, die davon ausgehen, dass der Abdruck dieses Vertrages im Verkaufsprospekt „nicht vorgeschrieben" sei). 91

Der Treuhandvertrag bildet – ebenso wie der Gesellschaftsvertrag – eine rechtliche Einheit mit der Beitrittserklärung (*Verfürth/Grunenberg,* S. 18), es gelten die unter Rn. 91 gemachten Ausführungen entsprechend. 92

Handelt es sich bei der in Rede stehenden Vermögensanlage um eine Namensschuldverschreibung im Sinne des § 8f Abs. 1 Satz 2 VerkProspG, ist der Abdruck des Gesellschaftsvertrages entbehrlich. 93

Voß

§ 4 Verkaufsprospektverordnung

In diesem Fall ist ein entsprechendes Negativtestat in den Verkaufsprospekt aufzunehmen. **Formulierungsbeispiel:** „Vom Abdruck des Gesellschaftsvertrages wurde abgesehen, da es sich bei der angebotenen Vermögensanlage um eine Namensschuldverscheibung handelt, vgl. den Wortlaut des § 4 Satz 2 VermVerkProspV". Gleichwohl ist der Abdruck des Gesellschaftsvertrages des Emittenten als freiwillige Angabe durchaus möglich.

94   Die VermVerkProspV nimmt damit auf der Ebene der Mindestangabepflichten lediglich das so genannte „Innenvertragswerk" eines geschlossenen Fonds in Bezug, und dies auch nur teilweise. Nicht von Mindestangabeerfordernissen erfasst ist somit das „Außenvertragswerk" eines Fonds, das je nach Anlageobjekt („Asset") variiert. Zum Beispiel gehören bei einem Bestandsimmobilinfonds zum Aussenvertragswerk insbesondere der Kaufvertrag über die Immobilie, Mietvertrag und Verwaltungsvertrag (*Steinkampf*, in: *Lüdicke/Arndt*, S. 146 ff.). Bei einem US-Policenfonds wäre an Master Purchase Agreement, Verification Agreement, Trustee bzw. Trust Agreement und Tracking Service Agreement (*Steinkampf*, in: *Lüdicke/Arndt*, S. 146 ff.) zu denken. Nicht zuletzt werden zum Aussenvertragswerk Finanzierungsverträge, soweit sie nicht der Finanzierung des Anteils des Anlegers, sondern der Herstellung und dem Erwerb des Investitionsobjekts dienen, gezählt (*Verfürth/Grunenberg*, S. 12). Es liegt auf der Hand, dass der Abdruck des gesamten Aussenvertragswerkes den Umfang des Verkaufsprospekts enorm erhöhen würde. Jedoch bleibt es dem Anbieter vor dem Hintergrund des § 2 Ab. 1 Satz 1 unbelassen, den Abdruck des Aussenvertragswerkes vorzunehmen. In jedem Fall sollte darauf geachtet werden, dass der Inhalt der jeweiligen Verträge in hinreichender Tiefe im Fliesstext des Verkaufsprospekts dargestellt wird.

95   Zum Innenvertragswerk gehören ferner Service-, Beratungs- bzw. Konzeptionsvertrag; Vertriebs- oder Eigenkapitalvermittlungsvertrag; Verträge über eine Platzierungs- oder Einzahlungsgarantie (*Verfürth/Grunenberg*, S. 12). Deren Abdruck ist zwar von der VermVerkProspV nicht gefordert. Indessen dürften sie regelmäßig nach § 2 Abs. 1 Satz 1 darstellungspflichtig sein. Hiervon geht auch der IDW aus, der eine Darstellung dieser Verträge in des wesentlichen Eckpunkten verlangt (vgl. Ziffer 4.2.1 der Anlage 1 zu IDW S 4, im Textanhang unter III. 1). Von einem Abdruck bzw. einer Darstellung dieser Verträge kann allenfalls abgesehen werden, wenn der Anbieter oder der Emittent zur Vertraulichkeit verpflichtet ist.

§ 5 Angaben über den Emittenten

Der Verkaufsprospekt muss über den Emittenten angeben:
1. die Firma, den Sitz und die Geschäftsanschrift;
2. das Datum der Gründung und, wenn er für eine bestimmte Zeit gegründet ist, die Gesamtdauer seines Bestehens;
3. die für den Emittenten maßgebliche Rechtsordnung und die Rechtsform; soweit der Emittent eine Kommanditgesellschaft oder eine Kommanditgesellschaft auf Aktien ist, sind zusätzliche Angaben über die Struktur des persönlich haftenden Gesellschafters und die von der gesetzlichen Regelung abweichenden Bestimmungen der Satzung oder des Gesellschaftsvertrags aufzunehmen;
4. den in der Satzung oder im Gesellschaftsvertrag bestimmten Gegenstand des Unternehmens;
5. das für den Emittenten zuständige Registergericht und die Nummer, unter der er in das Register eingetragen ist;
6. eine kurze Beschreibung des Konzerns und der Einordnung des Emittenten in ihn, falls der Emittent ein Konzernunternehmen ist.

Übersicht

	Rn.
I. Vorbemerkung	1
1. Zweitmärkte	7
2. Wirtschaftlicher Emittentenbegriff	8
3. Wirtschaftliche Gründung	9
4. IDW S 4	30
II. Angaben über den Emittenten im Einzelnen	31
1. Firma, Sitz, Geschäftsanschrift	31
2. Gründungsdatum	34
3. Rechtsordnung und -form	67
4. Unternehmensgegenstand	75
5. Registergericht	77
6. Konzernbeschreibung	82

I. Vorbemerkung

§ 5 ist sedes materiae der Angaben über den Emittenten. Emittent **1** ist nach der Gesetzesbegründung zum VerkProspG (BT-Drucks. 15/3174, S. 42) derjenige, der die Vermögensanlage erstmalig auf den Markt bringt und für seine Rechnung unmittelbar oder durch Dritte öffentlich zum Erwerb anbietet. Im Bereich des Grauen Kapitalmarkts, der nach der Kodifizierung des § 8f Abs. 1 Satz 1 VerkProspG nunmehr den Bereich der Vermögensanlagen bildet, war die Verwendung des Begriffs des Emittenten vor der Einführung des neuen Rechtsregimes nicht üblich. Er ist als Ergebnis einer bewussten Entscheidung des Verordnungsgebers aus der Terminologie des Wertpapierprospektrechts übernommen worden. Im Wertpapier-Verkaufsprospektrecht des § 1 VerkProspG aF sowie des § 5 VerkProspVO wurde durch die einschlägigen Normen zwar begrifflich eine Unterscheidung zwischen Anbieter und Emittent vorgenommen. Bei Eigenemissionen fielen die Anbieter- und die Emittenteneigenschaft jedoch regelmäßig zusammen (*Ritz,* in: *Assmann/Lenz/Ritz,* § 1 VerkProspG Rn. 82: „Der Fall der Eigenemission ist im Hinblick auf die Anbietereigenschaft des Emittenten nicht problematisch."). Wer Wertpapiere öffentlich anbot, war zugleich Emittent. Dies gilt so auch für Namensschuldverschreibungen iSd § 8 f Abs. 1 Satz 2 VerkProspG. Indessen können die für das alte Recht entwickelten Grundsätze nicht auf Vermögensanlagen, soweit es sich um geschlossene Fonds handelt, übertragen werden. Dies liegt in den gesellschaftsrechtlichen Strukturen, wie sie dem Anlageinstrument „geschlossener Fonds" zugrunde liegen, begründet. Ein einzelner geschlossener Fonds ist in der Praxis häufig eine Personenhandelsgesellschaft (in der überwiegenden Zahl der Fälle eine Publikums-KG), eben die Fondsgesellschaft, die durch ein bereits existierendes Unternehmen („Emissionshaus", „Initiator" etc.) gegründet wird (*Lüdicke/Arndt,* in: *dies.,* S. 6 ff.). Damit liegen zwei rechtlich relevante Einheiten vor, die grundsätzlich Gegenstand von Angaben in einem Verkaufsprospekt sein können.

2   Die VermVerkProspV ist nicht so strukturiert, dass das bereits existierende Unternehmen, das die Fondsgesellschaft „auflegt", im Fokus der Angabenpflichten steht. Dabei ist festzustellen, dass ein einheitlicher feststehender Begriff für derartige Unternehmen nicht existiert. Zwar werden mitunter, vor allem in journalistischen Erzeugnissen, die Bezeichnungen „Initiator" oder „Emissionshaus" verwendet. Der Verordnungsgeber hat indessen keinen dieser Termini bei der Normierung der VermVerkProspV berücksichtigt, wohl in dem Bewusstsein, wie schillernd die Begriffe sind und wie unterschiedlich sie im Einzelnen verstanden werden (s. o. Vor § 8 f VerkProspG Rn. 6). So wird bspw. unter einem Initiator etwa „der Urheber des Anlagekonzepts" oder das „Emissionshaus" als solches definiert. Nach einer weiteren Begriffsbestimmung ist Initiator derjenige, der die Vermögensanlage veranlasst. Wirft man die Frage auf, wer bei geschlossenen Fonds die Vermögensanlage „veranlasst", so kann dies insbesondere unter Zugrundelegung einer wirtschaftlichen Betrachtungsweise durchaus der Initiator sein. Unter Zugrundelegung der Definition des Emittenten ließe sich sogar vertreten, dass der Initiator derjenige ist, der die Vermögensanlage erstmalig auf den Markt bringt und auf

dessen Rechnung sie im Ergebnis angeboten wird. Weiter könnte argumentiert werden, dass die Fondsgesellschaft selbst nicht emittiert, sondern vielmehr nur Gegenstand der Vermögensanlage ist (so noch in der 3. Aufl. *Lüdicke/Arndt/Götz,* S. 111 [die Ansicht ist in der 4. Aufl. aufgegeben worden]). Dieser Ansatz erscheint indessen aus systematischen Gründen nicht geeignet, eine adäquate Einordnung des „Emittenten" im Sinne der VermVerkProspV vorzunehmen. Denn hiernach würde bei geschlossenen Fonds die Fondsgesellschaft schlechthin nicht von der VermVerkProspV erfasst, insbesondere nicht über § 9, da die Fondsgesellschaft als solche nicht das Anlageobjekt ist und auch nicht sein kann. Hätte der Verordnungsgeber auf einen Angabenkatalog zur Fondsgesellschaft verzichten wollen, wäre als Konsequenz hieraus die Aufnahme von Normen über den „Emittenten" in der betroffenen Aufgliederung im Ergebnis verzichtbar gewesen. Es liegt auf der Hand, dass die Vorschriften über den „Emittenten", die im Vergleich zu anderen Angabegegenständen insgesamt zahlenmäßig bzw. quantitativ die meisten Mindestangabenerfordernisse aufstellen, für die geschlossenen Fonds und damit für den größten Teil der Anlageinstrumente aus dem Bereich der Vermögensanlagen nicht ins Leere laufen dürfen.

Nach der Intention des Verordnungsgebers ist die folgende Einteilung der beteiligten rechtlichen Einheiten eines geschlossenen Fonds am Beispiel einer (Publikums-)GmbH & Co. KG in das Normengefüge der VermVerkProspV sachgerecht: Im Grundfall ist der Emittent die KG/OHG/GbR etc. die Fondsgesellschaft, oder bewusst verkürzt: „der Fonds". Was die weiteren an der Konzeption eines Fonds beteiligten Personen betrifft, so ist Gründungsgesellschafter nach § 7 in diesem Beispiel die GmbH als Komplementärin der KG. Das „Emissionshaus" oder der „Initiator" kommen als sonstige Person nach § 12 Abs. 4 in Betracht (ausführlich zum Anwendungsbereich des § 12 Abs. 4 s. § 12 VermVerkProspV Rn. 38 ff.) oder sind ggf. nach der Generalklausel des § 2 Abs. 1 Satz 1 zu prospektieren. 3

Diesem Ergebnis steht nicht entgegen, dass Fondsgesellschaften in einer nicht unerheblichen Zahl von Fällen Vorratsgesellschaften sind (*Jäger/Voß,* S. 911), die nur über eine sehr kurze Unternehmenshistorie verfügen. Infolgedessen könnte man sich auf den Standpunkt stellen, dass als Konsequenz der hier vertretenen Auffassung etwa die Angaben über das Kapital des Emittenten nach § 6 VermVerkProspV von nur geringer Aussagekraft sind oder dass es regelmäßig an „bisher ausgegebenen Vermögensanlagen" nach § 6 Satz 1 Nr. 2 VermVerkProspV fehlen wird. Dieser Umstand liegt jedoch in der Konzeption der VermVerkProspV begründet und es wäre ein Fehlschluss, aufgrund dessen von einer begrenzten Aussagekraft der Angaben nach 4

§ 5ff. VermVerkProspV für den Anleger auszugehen. Das Gegenteil ist der Fall. Beteiligt sich der Anleger bspw. als stiller Gesellschafter an einer Aktiengesellschaft mit einer langen Unternehmenshistorie, so ist diese entsprechend im Verkaufsprospekt zu beschreiben, damit der Anleger sich einen Eindruck vom Gegenstand seines Investments verschaffen kann. Bei geschlossenen Fonds besteht regelmäßig die Besonderheit, dass keine oder nur eine sehr kurze Historie vorhanden ist, die eventuell Rückschlüsse auf einen zukünftigen wirtschaftlichen Erfolg des Anlageinstrumentes zulässt. Das „Unternehmen" ist vielmehr häufig ein „special purpose vehicle", das – bildlich gesprochen – erst mit dem Geld des Anlegers „zu laufen beginnt" und dessen Geschäftsidee ihre wirtschaftliche Tragfähigkeit erst noch unter Beweis stellen muss. Gerade in diesen Umständen ist aber der Aussagewert der Angaben nach §§ 5ff. VermVerkProspV für den Anleger zu erblicken. Aus dem Verkaufsprospekt muss für ihn ersichtlich sein, dass sein Investment rein zukunftsorientiert ist und dass auf keine Erfahrungen und Werte aus der Vergangenheit zurückgegriffen werden kann (*Jäger/Voß*, S. 911). Daraus folgt zugleich, dass mit dem „Bedeutungsverlust" der Angaben nach §§ 5ff. VermVerkProspV die Angaben nach § 12 Abs. 4 VermVerkProspV, der eigentlich als Auffangklausel konzipiert ist, in der Prospektierungspraxis grundsätzlich einen beachtlichen Bedeutungszuwachs erfahren. Denn es dürfte für den Anleger stets von großem Interesse sein, wie es um die rechtliche Einheit „hinter dem Fonds" bestellt ist.

5 In dem dargestellten Gefüge ist eine Verortung des „Initiators" im Sinne eines „Veranlassers der Vermögensanlage" oder eines „Urhebers des Anlagekonzepts" an mehreren Positionen denkbar: Als Anknüpfungspunkte kommen bspw. die Geschäftsführung der GmbH, eine Position innerhalb des Emissionshauses oder das Emissionshaus als solches in Betracht. Vor diesem Hintergrund wird besonders deutlich, warum der Verordnungsgeber bei der Formulierung der VermVerkProspV auf die Verwendung des Terminus „Initiator" verzichtet hat. Der Begriff des Initiators ist vielfältig und ungenau und hätte einer eigenen Legaldefinition bedurft. Diese hätte der Vielgestaltigkeit der im Fondsbereich existierenden und sich permanent weiterentwickelnden Anlageinstrumente und -strukturen gerecht werden müssen, wobei es denkbar ist, dass der „Urheber des Anlagekonzepts" von Fall zu Fall an unterschiedlichen Positionen oder sogar mehrfach (etwa als Emissionshaus und als Gründungsgesellschafter) auftritt. Die Vielgestaltigkeit der möglichen Erscheinungsformen eines Initiators hätte zur Folge, dass die Angabepflicht nach § 5ff. VermVerkProspV von Vermögensanlage zu Vermögensanlage infolge der Komplexität der zugrunde liegenden gesellschaftsrechtlichen Strukturen unterschiedliche Bezugspunkte bzw. -personen haben könnte. Dies würde nicht im Einklang mit dem Ziel stehen, durch die Einführung einer neuen Prospektpflicht eine Standardisierung für Vermögensanlagen-Verkaufsprospekte zu erreichen und würde im Geschäftsverkehr zu einer erheblichen Rechtsunsicherheit bei Prospektaufstellern, Behörde und Anlegern führen.

Im Ergebnis hat der Verordnungsgeber mit der VermVerkProspV „in Erweiterung des wertpapierrechtlichen Emittentenbegriffs im Sinne der Prospektrichtlinie" (RegBegr. BT-Drucks.) einen neuen vermögensanlagenrechtlichen Emittentenbegriff eingeführt, der unter Vermeidung des Begriffs „Initiator" von dem bisherigen in der gesellschafts- und kapitalmarktrechtlichen Literatur entwickelten Begriffsverständnis abweicht.

1. Zweitmärkte

Bei Zweitmarktangeboten ist der seinen Anteil zum Verkauf anbietende Anleger nicht Emittent des Zweitmarktanteils. Emittent ist und bleibt der Emittent des Erstmarktangebotes, der Anleger ist allenfalls Anbieter (vgl. § 8f. VerkProspG Rn. 116).

2. Wirtschaftlicher Emittentenbegriff

Zur Bestimmung des Emittenten ist im Einzelfall nicht nur eine formaljuristische, sondern vielmehr eine wirtschaftliche Betrachtungsweise geboten. So gibt es z. B. Geschäftsmodelle, bei denen die Beteiligung zwingend bspw. über eine Inhaberschuldverschreibung (ggf. auch nur anteilig) fremdfinanziert wird. Der Erwerbsvorgang kann etwa wie folgt ausgestaltet sein: Dem Anleger wird neben der Beitrittserklärung bzw. dem Zeichnungsschein für eine Kommanditbeteiligung ein gesondertes Vertragsformular vorgelegt, mit dem sich der Anleger dazu verpflichtet, eine zu einem bestimmten Zinssatz verzinsliche Inhaberschuldverschreibung an die Fondsgesellschaft (oder eine Tochtergesellschaft des Fonds) in Höhe eines bestimmten Prozentsatzes des Beteiligungsbetrages zu verkaufen. Zusätzlich wird dem Anleger der Vordruck einer „Inhaberschuldverschreibung" ausgehändigt. Bei Anwendung einer rein formalen Betrachtungsweise könnte der einzelne Anleger jeweils als Emittent der Inhaberschuldverschreibung anzusehen sein. Dies deshalb, weil der einzelne Anleger die Inhaberschuldverschreibung begibt, die dann von der Fonds- oder einer anderen Gesellschaft angekauft wird. Diese formale Betrachtungsweise trägt jedoch nicht den Besonderheiten der Konstellation hinreichend Rechnung. Der Fall ist dadurch gekennzeichnet, dass die aufgrund ihrer Nichtfungibilität als Vermögensanlagen nach § 8f Abs. 1 zu qualifizierenden Inhaberschuldverschreibungen zum Zweck der Fremdfinanzierung einer KG-Beteiligung und folglich *im Rahmen* einer Emission einer weiteren prospektrechtlich selbständig zu beurteilenden Vermögensanlage (Kommanditbeteiligung) begeben werden. Zwar können auch einzelne Privatpersonen Inhaberschuldverschreibungen emittieren. In dem geschilderten Beispiel muss sich der Anleger jedoch durch einen Begebungsvertrag verpflichten, eine Inhaberschuldverschreibung zu begeben, ohne die er eine Kommanditbeteiligung am Fonds nicht erwerben könnte. Der Anleger hat dabei keine Entscheidungs- oder Wahlmöglichkeit hinsichtlich der Konditionen der Inhaberschuldverschreibung, insbesondere was den Zinssatz betrifft. Zudem würde der Anleger als Privatperson in freier Willensentscheidung auch keine Inhaberschuldverschreibung mit dem in Rede stehenden Inhalt begeben. Vielmehr erfolgt die Emission der Inhaberschuldverschreibungen allein aufgrund und im Rahmen eines öffentlichen Angebots bzw. einer Emission von Kommanditbeteiligungen. Folglich ist das öffentliche Angebot der Kommanditanteile verbunden mit dem Angebot zur Fremdfinanzierung des Erwerbs dieser Anteile durch eine Inhaberschuldverschreibung conditio sine qua non, damit die Emission der Inhaberschuldverschreibung überhaupt vorgenommen wird. Daher erscheint eine wirtschaftliche Betrachtungsweise sachgerecht, wonach in der geschilderten Konstellation die Fondsgesellschaft (die KG) als Emittent im Sinne von §§ 5 ff. VermVerkProspV zu qualifizieren ist.

3. Wirtschaftliche Gründung

9 Besonderheiten bestehen in den Fällen, in denen ein Emittent im Zeitpunkt der Prospektaufstellung noch nicht gegründet ist. Dieser Umstand ist relevant für die Mindestangaben nach §§ 5 Nr. 2 („Datum der Gründung"), § 7 Abs. 1 (nach § 7 Abs. 1 Satz 2 können die Angaben nach Satz 1 entfallen, wenn der Emittent mehr als fünf Jahre vor Aufstellung des Verkaufsprospekts gegründet wurde) und für die anzugebenden Finanzinformationen nach §§ 10 bzw. 15 (für den Fall, dass der Emittent vor weniger als 18 Monaten gegründet worden ist und noch keinen Jahresabschluss erstellt hat, muss der Verkaufsprospekt die Angaben nach § 15 Abs. 1 und nicht diejenigen gemäß §§ 10, 11 und 13 enthalten).

10 Zu beachten ist, dass es neben den unterschiedlichen Formen einer rechtlichen Gründung (Rn. 34 ff.) die Rechtsfigur einer wirtschaftlichen Gründung existiert. Dabei sind wirtschaftliche Neugründungen bzw. „Mantelgründungen" oder auch „Gründungen durch Mantelkauf" sowohl bei Kapitalgesellschaften als auch bei Personen(handels)gesellschaften denkbar. Aufgrund der hohen praktischen Relevanz für die Prospektaufstellungspraxis werden nachfolgend die einschlägigen gesellschaftsrechtlichen Aspekte dargestellt.

a) **Mantelkauf und Mantelgründung bei einer GmbH und** 11
bei einer AG. Von einem „GmbH-Mantel" bzw. einem „AG-Mantel" spricht man, wenn zwar die juristische Person GmbH oder die juristische Person AG als solche besteht und durch ihre Geschäftsanteile auch verkörpert wird, sie jedoch keinen Zweck verfolgt, in keiner Weise am Geschäftsverkehr teilnimmt und lediglich ihr eigenes Vermögen verwaltet (*Michalski,* § 3 Rn. 17). Ein solcher Mantel kann bereits mit der Gründung der GmbH entstehen, nämlich dann, wenn die Gründer eine GmbH oder eine AG errichten wollen, die erst später – u. U. nach Erwerb der Geschäftsanteile durch einen Dritten – einen bestimmten Gegenstand erhalten und am Geschäftsverkehr teilnehmen soll (sog. Mantel- oder Vorratsgründung). Aber auch eine zunächst aktiv im Geschäftsverkehr tätige GmbH kann durch Einstellung ihres Geschäftsverkehrs zum bloßen Mantel werden (sog. gebrauchter Mantel), wobei sie dann idR auch über kein nennenswertes Vermögen mehr verfügt. Wird dieser Mantel – z. B. nach Erwerb der Geschäftsanteile durch Dritte (sog. Mantelkauf) – nun dazu verwendet, wirtschaftlich ein neues Unternehmen mit einem Träger in der Rechtsform der GmbH oder AG zu gründen, so spricht man von Mantelverwendung.

Die Mantelgründung (Vorratsgründung) wird heute ganz über- 12
wiegend für zulässig erachtet, wenn sie offen erfolgt, d. h. wenn aus der Angabe des Unternehmensgegenstandes ersichtlich ist, dass die Gesellschaft lediglich ihr eigenes Vermögen verwaltet und keine andere Tätigkeit verfolgt (BGHZ 117, 323, 330 ff.; *Michalski,* § 3 Rn. 19). Wird die Verwaltung des eigenen Vermögens offen gelegt, ist den Anforderungen des § 3 Abs. 1 Nr. 2 GmbHG und des § 23 Abs. 3 Nr. 2 AktG Genüge getan.

Die Verwendung eines bestehenden Mantels, häufig nach Erwerb 13
der Geschäftsanteile durch Dritte, ist nach ganz hM zulässig. Die Durchführung erfolgt in aller Regel, aber nicht notwendig, durch Änderung der Satzung hinsichtlich des Unternehmensgegenstandes, häufig auch der Firma, des Sitzes etc. (*Michalski,* § 3 Rn. 21).

Die Mantelverwendung ist abzugrenzen von einer Umstrukturie- 14
rung bzw. Sanierung eines bereits betriebenen Unternehmens. Auch wenn diese mit Finanzierungsleistungen der Gesellschafter, einem Firmenwechsel, einem Austausch der Geschäftsführer, u. U. sogar mit einem Wechsel des Unternehmensgegenstandes verbunden ist, stellt sie keine Mantelverwendung dar (vgl. etwa BGH NJW 2003, 3198, 3200 mwN). Es besteht dann kein Grund und keine Rechtfertigung dafür, die Gründungsvorschriften analog anzuwenden. Für die Abgrenzung der Mantelverwendung von der Umorganisation oder Sanierung einer noch aktiven GmbH ist entscheidend, ob die Gesell-

schaft noch ein aktives Unternehmen betrieb, an das die Fortführung des Geschäftsbetriebs – sei es auch unter wesentlicher Umgestaltung, Einschränkung oder Erweiterung eines Tätigkeitsgebiets – in irgendeiner wirtschaftlich noch gewichtbaren Weise anknüpft oder ob es sich tatsächlich um einen leer gewordenen Gesellschaftsmantel oder Geschäftsbetrieb handelt, der seinen neuen oder alten – Gesellschaftern nur dazu dient, unter Vermeidung der rechtlichen Neugründung einer die beschränkte Haftung gewährleistenden Kapitalgesellschaft eine gänzlich neue Geschäftstätigkeit – ggf. wieder – aufzunehmen (BGH NJW 2003, 3198, 3200).

15 Letztlich ist bei einer Neugründung darauf abzustellen, ob das bislang von der GmbH oder der AG betriebene Unternehmen gänzlich eingestellt wurde oder ohne völlige Einstellung mit erheblichen Veränderungen fortgeführt wird. Indizien für eine wirtschaftliche Neugründung durch Verwendung eines Mantels sind die Änderung der Firma und des Unternehmensgegenstandes, insbesondere ein Branchenwechsel, ein Autausch der Geschäftsführung und der Gesellschafter (*Michalski*, § 3 Rn. 22).

16 Nur wenn es sich danach nicht um eine Umstrukturierung bzw. Sanierung eines Unternehmens, sondern um eine wirtschaftliche Neugründung handelt, ist das Neugründungsdatum für § 5 Nr. 2 (bzw. § 15 Abs. 1) relevant.

17 Die Frage, ob und wie weit die Gründungsvorschriften bei einer Mantelverwendung anzuwenden sind, ist in der Literatur heftig umstritten (vgl. ausführlich zum Meinungsstand *Michalski*, § 3 Rn. 24 mwN), indessen vom BGH – zumindest in den maßgeblichen Ansätzen – geklärt (BGH NJW 2003, 892 ff.; BGH NJW 2003, 3198 ff.). Nach Auffassung des BGH sind auf die wirtschaftliche Neugründung durch Ausstattung der Vorratsgesellschaft mit einem Unternehmen und erstmalige Aufnahme ihres Geschäftsbetriebs die der Gewährleistung der Kapital-Ausstattung dienenden Gründungsvorschriften des GmbHG einschließlich der registergerichtlichen Kontrolle entsprechend anzuwenden. Damit findet insbesondere eine registergerichtliche Prüfung – analog § 9 lit. c) GmbHG – der vom Mantelverwender in der Anmeldung der mit der wirtschaftlichen Neugründung verbundenen Änderungen (vgl. § 54 GmbHG) und gemäß §§ 8 Abs. 2, 7 Abs. 2, 3 GmbHG der mit abzugebenden Versicherung statt (vgl. BGH NJW 2003, 892, 893).

18 Diese Versicherung beinhaltet von Gesetzes wegen, dass im Anmeldezeitpunkt geforderte Mindesteinlagen nicht durch bereits entstandene Verluste ganz oder teilweise aufgezehrt sind (vgl. BGH NJW 2003, 892, 893). Die mit der Mantelverwendung im Anschluss an eine offene Vorratsgründung regelmäßig einhergehenden, gemäß

§ 54 GmbHG eintragungspflichtigen Änderungen des Unternehmensgegenstandes, der Neufassung der Firma, der Verlegung des Gesellschaftssitzes und/oder Neubestimmung der Organmitglieder liefern dem Registerrichter ein hinreichendes Indiz dafür, dass sich die Verwendung des bisher „unternehmenslosen" Mantels vollziehen soll. Kann die Versicherung nicht abgegeben werden, weil – aus welchen Gründen auch immer – das Mindestkapital nicht (mehr) gedeckt ist, so ist es laut BGH geboten, die Eintragung (gemäß § 54 GmbHG) abzulehnen (BGH NJW 2003, 892, 893).

Diese für die Verwendung der auf Vorrat gegründeten Gesellschaft **19** aufgestellten Grundsätze sind auf den Fall der Verwendung des „alten" Mantels einer existenten, im Rahmen ihres früheren Unternehmensgegenstandes tätig gewesenen jetzt aber unternehmenslosen GmbH entsprechend übetragbar. Auch die Verwendung eines solchen alten, leer gewordenen Mantels einer GmbH stellt wirtschaftlich eine Neugründung dar. Als wirtschaftliche Neugründung ist es anzusehen, wenn die in einer GmbH verkörperte juristische Person als unternehmensloser Rechtsträger („Mantel") besteht und sodann mit einem Unternehmen ausgestattet wird (BGH NJW 2003, 3198, 3199). Auch auf die wirtschaftliche Neugründung durch Verwendung des „alten" Mantels einer existenten, im Rahmen ihres früheren Unternehmensgegenstandes tätig gewesenen, jetzt aber unternehmenslosen GmbH sind die der Gewährleistung der Kapitalausstattung dienenden Gründungsvorschriften des GmbHG einschließlich der registerrechtlichen Kontrolle entsprechend anzuwenden (BGH NJW 2003, 3198, 3200).

Obgleich der BGH nicht explizit ausspricht, zu welchem Datum **20** anlässlich der erstmaligen Mantelverwendung oder der Verwendung eines „alten" Mantels einer GmbH oder AG von einer Neugründung einer Kapitalgesellschaft auszugehen ist, lässt er doch erkennen, dass der maßgebliche Zeitpunkt derjenige zur Anmeldung der Änderungen an das Handelsregister ist (vgl. etwa BGH NJW 2003, 892, 893).

Somit sind im Fall der Verwendung eines Mantels einer GmbH **21** oder eine Aktiengesellschaft in Bezug auf das Datum der Gründung des Emittenten die Anmeldung der Eintragungen der Änderungen in das Handelsregister, die sich auf die Gesellschaft beziehen, maßgeblich.

Eine „wirtschaftliche Neugründung" ist die Ausstattung der als **22** Vorratsgesellschaft gegründeten Kapitalgesellschaft mit einem Unternehmen und die erstmalige Aufnahme des Geschäftsbetriebs (*Heyer/Reichert-Clauß* NZG 2005, 193, 194). Vom Vorliegen einer solchen kann der Registerrichter regelmäßig ausgehen, wenn – einzeln oder kumulativ – im Zuge der Mantelverwendung der Unternehmensgegenstand geändert, die Firma neu gefasst, der Gesellschaftssitz verlegt oder Organmitglieder neu bestimmt werden (BGH NJW 2003, 892, 893). Entscheidender Anknüpfungspunkt für die Kontrolle durch das Registergericht ist dabei die anlässlich der wirtschaftlichen Neugründung abzugebende Anmeldeversicherung nach § 8 Abs. 2 GmbHG (BGH NJW 2003, 892, 893).

23   Nach den Verordnungsgebungsmaterialien soll § 15 Abs. 1 die Möglichkeit zum öffentlichen Angebot auch für die Emittenten eröffnen, die erst kurze Zeit tätig sind und daher die Anforderungen der §§ 10, 11 und 13 nicht erfüllen können (Begr. VermVerkProspV, S. 9). Anstatt der wenigen vergangenheitsbezogenen Informationen sind zukunftsbezogene Angaben in den Verkaufsprospekt aufzunehmen. Hat dagegen der Emittent lediglich seine Rechtsform oder seinen Namen, jedoch nicht seine Geschäftstätigkeit geändert, soll § 15 Abs. 1 nicht anwendbar sein.

24   Es ist daher nach der hier vertretenen Auffassung sachgerecht, auf das Datum der Eintragung von Änderungen bei „wirtschaftlicher Neugründung" abzustellen, auch wenn der Rechtsträger bereits ab Eintragung in das Handelsregister rechtlich existiert. Zwar müssen auch Vorratsgsellschaften gewisse Berichtspflichten (Jahresabschluss o. ä.) erfüllen, diese werden allerdings wegen der eingeschränkten Geschäftstätigkeit wenig aussagekräftig für den künftigen Anleger sein. Erst mit der Aktivierung und Änderung des Unternehmensgegenstandes der Vorratsgesellschaft können dem Anleger Informationen zur Vefügung gestellt werden, die dieser bei seiner Entscheidung sinnvollerweise berücksichtigen sollte. Würde man auf den Zeitpunkt der Eintragung der Vorratsgesellschaft abstellen, so würden – gerade im Hinblick auf den regelmäßig gegebenen Unternehmensgegenstand „Verwaltung eigener Vermögenswerte" – Informationen in den Verkaufsprospekt einfließen, die im Hinblick auf die zukünftige Tätigkeit der Gesellschaft eher irreführend sein dürften. Dies würde insbesondere dem Zweck des Verkaufsprospekts, eine umfassende Informationsgrundlage für die Anlageentscheidung zu bieten, ersichtlich zuwiderlaufen.

25   **b) Wirtschaftliche Neugründung von Personengesellschaften.** Auch bei den Gesellschaftsformen der OHG, KG bzw. der GmbH & Co. KG kommt, sofern es sich um Fälle des § 105 Abs. 2 HGB handelt, eine Mantelgründung (Vorratsgründung) in Betracht. Die Verwendung einer auf Vorrat gegründeten OHG und KG, häufig nach Erwerb der Geschäftsanteile durch Dritte, ist wie bei der GmbH und bei der AG als wirtschaftliche Neugründung der Gesellschaft anzusehen und erfolgt in aller Regel durch Änderung der Satzung hin-

sichtlich des Unternehmensgegenstandes, häufig auch der Firma, des Sitzes usw.

Somit sind im Fall der wirtschaftlichen Neugründung einer KG oder einer GmbH & Co. KG in Bezug auf §§ 5 Nr. 2, 15 Abs. 1 im Hinblick auf das Datum der Gründung des Emittenten die Anmeldung der Eintragung der Änderungen in das Handelsregister maßgeblich. **26**

Eine OHG und eine KG iSd § 1 Abs. 1 HGB (sog. Muss-Kaufmann) können nicht „auf Vorrat" gegründet werden. Denn gemäß § 105 Abs. 1 HGB bzw. §§ 161 Abs. 1 iVm 105 Abs. 1 HGB muss das Gewerbe von Anfang an auf einen vollkaufmännischen Betrieb angelegt sein und die alsbaldige Entfaltung zu einem Großbetrieb bevorstehen (BGH NJW 1960, 1664, 1665; ferner *Ebenroth/Hillmann*, § 123 Rn. 18 mwN). Dies ist anhand objektiver Maßstäbe zu beurteilen, die Willensrichtung oder die Meinung der Gesellschafter sind nicht maßgeblich. Entscheidend ist vielmehr, dass genügend zuverlässige Anhaltspunkte dafür gegeben sind, dass sich das Unternehmen nach einer Anlaufzeit zu einem kaufmännisch eingerichteten Gewerbebetrieb entwickeln wird. Die bloße und abstrakte Möglichkeit einer derartigen Entwicklung genügt hingegen nicht. Eine Gesellschaft auf Vorrat wird jedoch gerade nicht zu dem Zweck der alsbaldigen Entfaltung des Geschäftsbetriebs gegründet. Eine solche Entfaltung steht bei einer Vorratsgesellschaft nicht notwendigerweise bevor. Daher können eine OHG bzw. eine KG im Sinne des § 1 Abs. 1 HGB nicht als Mantelgründungen eingerichtet werden. **27**

Ferner kann der Mantel eines nicht mehr betriebenen, mithin gänzlich eingestellten Handelsgewerbes einer OHG oder einer KG im Sinne des § 1 HGB auch nicht wieder verwendet werden. Gäbe die OHG oder die KG ihren Betrieb auf, so entfiele damit ein wesentliches Begriffsmerkmal für den weiteren Bestand der Gesellschaft als einer OHG oder als einer KG (BGH NJW 1960, 1664, 1665). Dabei soll es ohne Bedeutung sein, auf welchen Umständen die Aufgabe des Betriebs beruht, ob die Betriebsaugabe von den Gesellschaftern aufgrund freier Entschließung gewollt, ihnen durch die Macht der Tatsachen aufgezwungen oder völlig unabhängig von ihrem Willen eingetreten sei. Es komme nicht darauf an, ob der Gesellschaftsvertrag im Zusammenhang mit der Aufgabe des Betriebs entsprechend geändert worden sei. So wie ein Einzelkaufmann mit der Aufgabe seines Geschäftsbetriebs seine Kaufmannseigenschaft verliere, soll auch eine personale Handelsgesellschaft mit der – jedenfalls nicht nur vorübergehenden – Aufgabe ihres Geschäftsbetriebs ihre Kaufmannseigenschaft und damit ihren Charakter als Handelsgesellschaft verlieren und dann notwendigerweise zur bürgerlichrechtlichen Gesellschaft werden (BGH NJW 1960, 1664, 1665). **28**

29 Indessen kann an der „Mantelverwendung" einer BGB-Gesellschaft kein Interesse bestehen, da eine BGB-Gesellschaft ohnehin jederzeit formlos gegründet werden kann und somit die durch die Mantelverwendung beabsichtigte Ersparnis an Zeit und Aufwand hier nicht in Betracht kommt. Zudem ist zu berücksichtigen, dass wenn eine Personengesellschaft (OHG, KG) ihr Gewerbe komplett einstellt, diese aus dem Handelsregister zu löschen ist, da das Handelsregister unrichtig geworden ist. Grundlage der Amtslöschung ist § 31 Abs. 2 Satz 2 HGB: Die Löschung ist notwendig, um „die Funktionsfähigkeit des Registers als Vertrauensgrundlage zu erhalten". Nach alledem scheidet die Mantelverwendung einer BGB-Gesellschaft aus.

4. IDW S 4

30 Die Vorschrift wird durch Ziffer 3.5 der Anlage 1 zu IDW S 4 erläutert (s. im Textanhang unter III. 1).

II. Angaben über den Emittenten im Einzelnen

1. Firma, Sitz, Geschäftsanschrift

31 Die von § 5 Nr. 1 verlangte Firma des Emittenten ist die Firma im Sinne der §§ 17 ff. HGB (hierzu *Baumbach/Hopt*, § 17 Rn. 4 ff.). Vgl. zu den Besonderheiten bei den einzelnen Rechtsnormen aus Gründen des Sachzusammenhangs die Ausführungen ab Rn. 34 ff. zum Angabeerfordernis des Gründungsdatums.

32 Sitz der Gesellschaft ist der Ort, der durch Gesetz, Satzung, Gesellschaftsvertrag oder dergleichen bestimmt ist. Der Sitz ist mit dem Ortsnamen anzugeben, was seinen Grund darin hat, dass dieser gegebenenfalls von der Geschäftsanschrift des Emittenten abweichen kann.

33 Die Angabe der Geschäftsanschrift kann nicht durch die Nennung einer Postfachadresse erfüllt werden, da ein Postfach als solches nicht ladungsfähig ist. Sinn und Zweck der Angabe der Geschäftsanschrift ist jedoch nicht zuletzt, dass ein Emittent, der von einem Anleger verklagt wird, vom Prozesstermin in Kenntnis gesetzt werden kann.

2. Gründungsdatum

34 Das Datum der Gründung ist je nach Rechtsform des Emittenten, wovon nachfolgend die praktisch bedeutsamsten erörtert werden, unterschiedlich.

35 **a) Gründung einer Gesellschaft bürgerlichen Rechts.** Die Gesellschaft bürgerlichen Rechts entsteht durch Abschluss eines Vertrages bei dem sich wenigstens zwei Vertragsschließende dahingehend einigen, einen gemeinsamen Zweck in bestimmter (vereinbarter) Weise zu verfolgen. Es bestehen weder besondere Regeln über die Form des Vertragschlusses, noch gibt es ein förmliches Gründungsverfahren. Deshalb entspricht der Zeitpunkt der Entstehung der rechtsfähigen Einheit mithin dem der vollen Wirksamkeit des Gesellschaftsvertrages. Anders kann es jedoch sein, wenn der Gesellschaftsvertrag unter einer aufschiebenden Bedingung (*Erman/Westermann*, § 705 Rn. 1 mwN), es sei denn, die GbR wurde bereits vorher in Vollzug gesetzt (sog. faktische Gesellschaft).

Gemäß §§ 5 Nr. 2, 15 Abs. 1 ist das Gründungsdatum bei einer **36** GbR somit regelmäßig das Datum des Vertragsschlusses. Soweit der Vertragsschluss unter einer aufschiebenden Bedingung erfolgt ist, ist nach diesen Ausführungen jedoch das Datum des Bedingungseintritts maßgebend.

b) Gründung einer OHG und KG. aa) Betrieb eines voll- **37** **kaufmännisch eingerichteten Handelsgewerbes iSd § 1 HGB (OHG oder KG).** Richtet sich der Gesellschaftszweck auf den Betrieb eines vollkaufmännisch eingerichteten Handelsgewerbes iSd § 1 HGB, so ist die mit Abschluss des Gesellschaftsvertrages entstandene Gesellschaft – je nach gesellschaftsvertraglicher Ausgestaltung – entweder eine OHG oder eine KG im Sinne des HGB. Eine OHG bzw. KG, die jeweils ein vollkaufmännisch eingerichtetes Handelsgewerbe betreibt, entsteht im Außenverhältnis entweder mit der Eintragung in das Handelsregister oder mit der Aufnahme der Handelsgeschäfte auf Basis des im Gesellschaftsvertrag vereinbarten Zwecks, § 123 Abs. 1, 2 HGB. Die nach § 106 HGB zwingend gebotene Handelsregistereintragung kommt bei der zweitgenannten Variante lediglich deklaratorische Bedeutung zu.

Ein etwaiger Ein- oder Austritt von Gesellschaftern begründet we- **38** der bei der OHG noch bei der KG eine Neugründung.

Hinsichtlich des Erfordernisses gemäß der §§ 5 Nr. 2, 15 Abs. 1 **39** wäre damit grundsätzlich entweder ein das Datum der Aufnahme der Handelsgeschäfte oder die Eintragung im Handelsregister für die Gründung maßgebend und in den Verkaufsprospekt aufzunehmen.

bb) Kann-Kaufmann nach den §§ 2, 3 und 105 Abs. 2 HGB. **40** Ist der Gesellschaftszweck auf den Betrieb eines Kleingewerbes, eines Unternehmens der Forst- und Landwirtschaft oder auf die Verwaltung eigenen Vermögens gerichtet (Kann-Kaufmann nach den §§ 2, 3, 105 Abs. 2 HGB), entsteht die Gesellschaft zunächst als Gesellschaft bürgerlichen Rechts. Zur Handelsgesellschaft wird eine solche Gesellschaft erst durch die in einem solchen Fall immer konstitutiv wirkende Eintragung in das Handelsregister, wobei nach allgemeiner Meinung einzig und allein der Zeitpunkt der Eintragung und nicht der der Anmeldung oder Bekanntmachung maßgebend ist.

41 Gemäß §§ 5 Nr. 2, 15 Abs. 1 ist somit bei den genannten Unternehmen, die sich nicht in das Handelsregister eintragen lassen, grundsätzlich – bei jeder GbR – das Datum des Abschlusses des Gesellschaftsvertrages für die Gründung der Gesellschaft bürgerlichen Rechts entscheidend. Erfolgt eine – in diesem Fall konstitutiv wirkende – Eintragung in das Handelsregister, entsteht gleichzeitig die OHG bzw. KG, mithin ist das Gründungsdatum in jedem Fall das Datum der Eintragung der Gesellschaft in das Handelsregister. Ebenso ist die Gesellschaft bis zur Eintragung berechtigt, den Zusatz „OHG bzw. KG in Gründung" zu verwenden (*Ebenroth/Boujong/Joost/Hillmann*, HGB § 123 Rn. 10 mwN). Eine entsprechende Firmierung wäre in einem solchen Fall gemäß § 5 Nr. 1 im Verkaufsprospekt anzugeben.

42 Im vorbeschriebenen Fall von Gesellschaften, die zunächst als GbR gegründet wurden und gemäß der §§ 2, 3 und 105 HGB unter die Kann-Kaufmann-Regelung fallen, ergibt sich jedoch eine seltsam anmutende Konsequenz. Denn eine Gesellschaft bürgerlichen Rechts hat insoweit durch die konstitutiv wirkende Eintragung in das Handelsregister und der damit einhergehenden Änderung ihrer Rechtsform die Möglichkeit, das maßgebliche Gründungsdatum iSv § 5 Nr. 2 vorzuverlegen und dadurch den Anwendungsbereich von § 15 Abs. 1 zu eröffnen, der wiederum – vermeintlich – geringere Anforderungen an den Emittenten postuliert (ausführlich hierzu § 15 VermVerkProspV Rn. 5). Das paradoxe Ergebnis wäre, dass durch die Neugründung bzw. Umwandlung einer GbR in eine OHG bzw. KG eine gewisse Privilegierung hinsichtlich der Anforderungen an den Verkaufsprospekt einträte. Sollte man die Auffassung bevorzugen, dass das Gründungsdatum das Datum des Vertragsschlusses ist, ergäbe sich zudem ein widersprüchliches Ergebnis in Ansehung einer OHG bzw. KG, die von Beginn an über ein vollkaufmännisch eingerichtetes Handelsgewerbe verfügte. Obwohl es sich in beiden Fällen um dieselbe Rechtsform handelt, wäre in einem Fall hinsichtlich des Gründungsdatums auf die Eintragung im Handelsregister abzustellen (Fall der konstitutiven Eintragung) und im anderen Fall auf die den Abschluss des Gesellschaftsvertrages.

43 **cc) Gründung einer GmbH & Co. KG.** Die Neugründung einer GmbH & Co. KG vollzieht sich durch die Gründung einer GmbH, der sog. Komplementär-GmbH, und einer KG. Bei einer GmbH & Co. KG handelt es sich mithin letztlich lediglich um eine besondere Ausgestaltung einer KG, mithin gelten grundsätzlich die vorstehenden Ausführungen zur KG-Gründung.

dd) Verlust der Kaufmannseigenschaft. Der Verlust der Kauf- **44** mannseigenschaft durch die Aufgabe des Handelsgewerbes oder dessen Reduzierung auf eine kleingewerbliche Tätigkeit hat automatisch einen Formwechsel von der OHG zu einer Gesellschaft bürgerlichen Rechts zur Folge. In das Handelsregister eingetragene Gesellschaften behalten jedoch nach § 5 HGB im Außenverhältnis die Kaufmannseigenschaft und den Charakter als Handelsgesellschaft, solange sie überhaupt ein Gewerbe betreiben und nicht im Handelsregister gelöscht sind.

Für §§ 5 Nr. 2, 15 Abs. 1 bedeutet dies, dass ein im Handelsregister **45** eingetragener Emittent, der sich aus den eben beschriebenen Gründen von einer OHG zu einer GbR wandelte, gleichwohl seine OHG-Firmierung gemäß § 5 Nr. 2 anzugeben hat und gemäß § 5 Nr. 5 die Nummer, unter der in das Register eingetragen ist. Der Emittent hat, solange er noch nicht im Handelsregister gelöscht wurde, als Gründungsdatum – entsprechend der obigen Ausführungen – das Datum der Aufnahme der Handelsgeschäfte oder das Datum der Eintragung in das Handelsregister als Gründungsdatum anzugeben. Nach der Löschung ist konsequenterweise – wie generell bei der GbR – das Datum des Abschlusses des Gesellschaftsvertrages maßgeblich.

ee) Rechtsscheintatbestände bzw. Lehre von der fehlerhaf- 46 ten Gesellschaft. Der Abschluss und das Wirksamwerden des Gesellschaftsvertrages als eine Voraussetzung für das Entstehen von Personengesellschaften richten sich nach allgemeinen Grundsätzen. Bei einem Mangel des Vertrages findet der Grundsatz der fehlerhaften Gesellschaft Anwendung. Danach wird die Gesellschaft nach Vollzug des Vertrages als nach innen und außen wirksam betrachtet, soweit die in der rechtlichen Mangelhaftigkeit verkörperten Rechtsgrundsätze dies zulassen. Eine Auflösung der Gesellschaft kommt allenfalls für die Zukunft in Betracht (*Erman/Westermann*, § 705 Rn. 73).

§ 123 bzw. § 161 Abs. 2 iVm § 123 HGB ist in den Fällen anzu- **47** wenden, bei denen aufgrund eines unwirksamen Gesellschaftsvertrages eine sog. fehlerhafte OHG oder eine fehlerhafte KG entstand. Diese ist bis zur Geltendmachung des Fehlers Handelsgesellschaft, wenn sie insbesondere durch Beginn der Geschäfte in Vollzug gesetzt wurde. Die unzulässigerweise in das Handelsregister eingetragene GbR ist ebenfalls Handelsgesellschaft.

Für §§ 5 Nr. 2, 15 Abs. 1 bedeutet dies bei einer GbR, dass der **48** Emittent, der davon ausgeht, dass der Vertrag zum Abschluss der

Voß

§ 5 Verkaufsprospektverordnung

GbR wirksam ist, das Datum dieses Vertrages zu benennen hat. Der Emittent, der von Anfang an ein Handelsgewerbe nach § 1 HGB betrieb, wird – entsprechend obigem – das Datum der Aufnahme der Handelsgeschäfte oder der Handelsregistereintragung nennen. Der Emittent, der sich bei Eintragung in das Handelsregister für einen Kann-Kaufmann hält, aber in Wahrheit eine BGB-Gesellschaft ist, wird gemäß §§ 5 Nr. 2, 15 Abs. 1 als Gründungsdatum das Datum der Eintragung in das Handelsregister benennen. Gemäß § 5 Nr. 5 geben sowohl der Kaufmann nach § 1 HGB als auch der Kann-Kaufmann die Nummer an, unter der sie in das Handelsregister eingetragen sind (vgl. ausführlich unten Rn. 77 ff.).

49 **c) Gründung einer GmbH.** Die Abfassung eines rechtsgültigen (§§ 1, 3 bis 5 GmbHG) Gesellschaftsvertrages in der vorgeschriebenen Form (§ 2 GmbHG) ist der erste von fünf sukzessiven Gründungsakten. Es folgen (2) die Bestellung der Geschäftsführer (§ 6 GmbHG), (3) die erforderlichen Leistungen auf die Stammeinlagen (§ 7 Abs. 2, 3 GmbHG), (4) die Anmeldung zum Handelsregister (§§ 7 Abs. 1, 8 GmbHG) und (5) die registergerichtliche Prüfung, Eintragung und Bekanntmachung (§§ 9 lit. c), 10 GmbHG). Mit der Eintragung entsteht die GmbH, d. h. die Registereintragung hat konstitutive Wirkung für das Entstehen der GmbH als juristische Person (§ 13 GmbHG) und Handelsgesellschaft (§ 13 Abs. 3 GmbHG) (*Lutter/Bayer*, in: *Lutter/Hommelhoff*, GmbHG, § 1 Rn. 1 bzw. § 11 Rn. 1; *Roth*, in: *Roth/Altmeppen*, GmbHG, § 1 Rn. 2 bzw. § 11 Rn. 2). Die Firma einer GmbH ist in § 4 GmbHG geregelt.

Ist eine GmbH Emittent, so ist gemäß §§ 5 Nr. 2, 15 Abs. 1 als Gründungsdatum das Datum der Registereintragung anzugeben.

50 **aa) GmbH-Vorgesellschaft.** In der Zeit zwischen dem Abschluss des Gesellschaftsvertrages und der Entstehung der GmbH als juristischer Person durch Eintragung im Handelsregister besteht ein Rechtsgebilde, das als Vorgesellschaft bezeichnet wird. Die Vorgesellschaft besteht nach Abschluss des Gesellschaftsvertrages in notarieller Form. Die Vorgesellschaft ist rechtsfähig, d. h. voll handlungsfähig und unterliegt ex lege keiner Beschränkung. Die Vorgesellschaft ist Handelsgesellschaft, wenn sie ein Handelsgewerbe nach § 1 HGB betreibt. Indessen kann die Vorgesellschaft selbst nicht in das Handelsregister eingetragen werden (BayObLG, NJW 1965, 2257; *Lutter/Bayer*, in: *Lutter/Hommelhoff*, GmbHG, § 11 Rn. 6), wohl aber als persönlich haftende Gesellschafterin einer KG (BGH, NJW 1985, 736 f.; *Lutter/Bayer*, in: *Lutter/Hommelhoff*, GmbHG, § 11 Rn. 6) und wäre dann im Übrigen ggf. Gründungsgesellschafter nach § 7). Die Vorgesellschaft ist namens- bzw. firmenfähig. Sie kann bereits ihre GmbH-

Firma mit entsprechendem Zusatz („in Gründung", „i.Gr." o. ä.) führen.

Bei einer Vorgesellschaft, die noch nicht als GmbH eingetragen ist, aber gleichwohl Vermögensanlagen emittieren möchte, ist gemäß §§ 5 Nr. 2, 15 Abs. 1 als Datum der Gründung der Abschluss des Gesellschaftervertrages in notarieller Form anzugeben. Nicht anzugeben ist demgegenüber das Datum des Abschlusses des Gesellschaftsvertrages, da es gemäß § 2 GmbHG zur Wirksamkeit desselben der notariellen Form bedarf. Gemäß § 5 Nr. 1 ist ihre Firma anzugeben, wobei es für den Emittenten generell empfehlenswert ist, einen entsprechenden Zusatz, der auf das Gründungsstadium der GmbH hinweist, zu verwenden. Erzwungen werden kann dies seitens der BaFin jedoch nicht. 51

bb) Vorgründungsgesellschaft. Schließen sich mehrere Personen zum Zweck der Gründung einer GmbH vertraglich zusammen, so entsteht zunächst die sog. Vorgründungsgesellschaft. Diese Vorgründungsgesellschaft ist eine Gesellschaft des bürgerlichen Rechts oder – bei Betrieb eines Handelsgewerbes – eine OHG (*Lutter/Bayer,* in: *Lutter/Hommelhoff,* GmbHG, § 11 Rn. 2 mwN). 52

Will eine Vorgründungsgesellschaft, die den Zweck hat, eine GmbH zu gründen, Vermögensanlagen emittieren und ist sie eine BGB-Gesellschaft oder eine OHG, so ist das maßgebliche Gründungsdatum gemäß §§ 5 Nr. 2, 15 Abs. 1 entsprechend obiger Ausführungen zu der jeweiligen Rechtsform zu ermitteln. 53

d) Gründung einer Aktiengesellschaft. Die Gründung einer AG ist mit ihrer Eintragung in das Handelsregister beendet. § 41 Abs. 1 AktG stellt klar, dass vor ihrer Eintragung die AG als solche nicht besteht. Hierbei wird vorausgesetzt, dass die AG mit der Eintragung als dem Schlusspunkt des Registerverfahrens zur juristischen Person wird, sofern nicht besondere Vorschriften einen späteren Zeitpunkt bestimmen. So z.B. die §§ 123 Abs. 1 Nr. 2, 130 Abs. 1 Satz 2 iVm § 135 Abs. 1 Satz 1 UmwG für die Spaltung zur Neugründung, welche die AG als neuen Rechtsträger erst mit der Eintragung der Spaltung in das Handelsregister des übertragenden Rechtsträgers wirksam werden lassen (*Hüffer,* AktG, § 41 Rn. 1 mwN). Gemäß §§ 5 Nr. 2, 15 Abs. 1 ist das Datum der Gründung der AG somit mit dem Datum der Eintragung in das Handelsregister gleichzusetzen. 54

aa) Vor-Aktiengesellschaft. Vor ihrer Eintragung in das Handelsregister besteht die AG zwar nicht als juristische Person, aber als Vor-AG, sofern wenigstens zwei Personen an der Gründung beteiligt 55 sind. Die Vor-AG (auch Gründervereinigung genannt) entsteht mit ihrer Errichtung, mithin der Feststellung der Satzung (§ 23 AktG).

56 Die Vor-AG ist eine Gesamthandsgesellschaft eigener Art. Als Gesamthandsgesellschaft ist sie eine teilrechtsfähige Wirkungseinheit, d. h. ein von den Gründern zu unterscheidendes, durch Organe handlungsfähiges Zuordnungssubjekt für Rechte und Verbindlichkeiten. Die Vor-AG ist namensfähig und firmenfähig, wenn sie ein Handelsgewerbe (§ 1 HGB) betreibt.

57 Für §§ 5 Nr. 2, 15 Abs. 1 bedeutet dies, dass für das Datum der Gründung – jedenfalls nach der hL im Aktienrecht – das Datum der Satzungsfeststellung gemäß § 23 AktG maßgeblich ist. Fordert man mit der aA auch die Übernahme sämtlicher Aktien durch die Gründer nach § 29 AktG, so ist ggf. ein anderer Zeitpunkt einschlägig.

58 **bb) Vorgründungsgesellschaft.** Die Satzungsfeststellung gemäß § 23 AktG kann der Abschluss eines Vorvertrages oder Vorgründungsvertrages vorausgehen, mit dem sich künftige Gründer zur Gründung einer AG verpflichten. Mit Abschluss des Vertrages entsteht eine Vorgründungsgesellschaft. Diese Gesellschaft ist eine Gesellschaft des bürgerlichen Rechts mit dem Zweck, eine AG zu gründen. Betreibt sie ein vollkaufmännisches Handelsgewerbe nach § 1 Abs. 1 HGB, so liegt nach ganz hM eine OHG vor (BGHZ 91, 148, 151; *Hüffer,* AktG, § 23 Rn. 15 mwN).

Hinsichtlich der Ermittlung des Gründungsdatums gemäß §§ 5 Nr. 2, 15 Abs. 1 gilt das zur Vorgründungsgesellschaft bei der GmbH ausgeführte entsprechend (Rn. 52 f.).

59 **e) Gründung durch Formwechsel.** § 191 UmwG bestimmt abschließend diejenigen Rechtsträger, die an einem Formwechsel beteiligt sein können. Die Vorschrift enthält in Abs. 1 eine Aufzählung der zulässigen formwechselnden Rechtsträger und in Abs. 2 eine Aufzählung der erlaubten Rechtsträger neuer Formen. Aus der Vorschrift erhellt jedoch nicht, dass jedem formwechselnden Rechtsträger nach Abs. 1 auch jede aufgeführte Rechtsform nach Abs. 2 als neue Unternehmensform zur Verfügung steht. Die zulässigen Kombinationsmöglichkeiten ergeben sich vielmehr aus den besonderen Vorschriften des Fünften Buches des UmwG (*Stengel/Schwanna,* in: *Semler/ Stengel,* UmwG, § 191 Rn. 1). Der Formwechsel wird mit seiner – konstitutiven – Registereintragung gemäß § 198 UmwG wirksam. Die Eintragung der neuen Rechtsform ist die Voraussetzung der in § 202 UmwG angeordneten Rechtsfolgen. Maßgeblich für ihren Eintritt ist der Zeitpunkt, in dem die Eintragung erfolgt (*Semler/Stengel/Kübler,* UmwG, § 202 Rn. 5). § 202 Abs. 1 Nr. UmwG ist geprägt durch das die §§ 190 ff. bestimmende legislatorische Konzept der Identität des Rechtsträgers bei Wechsel der rechtlichen Form, durch das die Umwandlung generell erleichtert werden soll (*Semler/Stengel/ Kübler*, UmwG, § 202 Rn. 2). Der ursprüngliche Rechtsträger besteht nach der Eintragung des Formwechsels in der durch den Umwandlungsbeschluss bestimmten Rechtsform weiter.

Die Firma darf nach dem Rechtsformwechsel grundsätzlich beibehalten werden. Jedoch sind Änderungen geboten, die sich auf Firmenzusätze, insbesondere die Rechtsform, beziehen.

Trotz des Grundsatzes der Identität hat der Formwechsel notwendig eine Diskontinuität der auf den Rechtsträger anwendbaren Rechtsvorschriften zur Folge. Daraus können sich erhebliche Abweichungen der Rechtsverhältnisse der Gesellschaft zu ihren Gesellschaftern und der Gesellschafter untereinander im Vergleich zum vor dem Formwechsel bestehenden Rechtszustand ergeben. Dementsprechend kann es zweckmäßig sein, anlässlich des Formwechsels insgesamt den Gesellschaftsvertrag bzw. die Satzung für den Rechtsträger mit neuer Rechtsform neu festzustellen. **60**

Gemäß § 5 Nr. 2 ist das Datum der Gründung des Emittenten anzugeben. Im Fall einer Umwandlung der Rechtsform eines Unternehmens findet zwar keine Neugründung im engen Wortsinn statt, jedoch sind gemäß § 197 UmwG grundsätzlich die für die neue Rechtsform geltenden Gründungsvorschriften anzuwenden. Hieraus und aus einer vergleichenden Betrachtung zu den Fällen der Umwandlung einer GbR in eine OHG oder KG ergibt sich, dass die Eintragung des Formwechsels ins Handelsregister als Gründungsdatum iSd § 5 Nr. 2 anzusehen ist. **61**

Überdies ergibt sich jedoch aus der Generalklausel des § 2 Abs. 1 Satz 1, dass das Datum des Rechtsformwechsels, d. h. das Datum der Eintragung der neuen Rechtsform in das Handelsregister, anzugeben ist, um dem Anleger Aufschluss über die Rechtsform-Änderung zu geben. **62**

Gemäß § 5 Nr. 1 ist die – aktuelle – Firma des in eine andere Rechtsform umgewandelten Unternehmens anzugeben. Hierbei muss es sich um die auch in der Rechtsform angepasste Firma des umgewandelten Unternehmens handeln. **63**

f) Wirtschaftliche Gründung. Sollte der Emittent eine Vorratsgesellschaft sein, kann auf das Datum der wirtschaftlichen Gründung abgestellt werden (*Jäger/Voß*, S. 911; vgl. zur wirtschaftlichen Gründung ausführlich oben Rn. 9 ff.). **64**

g) Ist der Emittent lediglich für eine bestimmte Zeit gegründet, muss nach § 5 Nr. 2 die Gesamtdauer seines Bestehens angegeben **65**

werden. Das Mindestangabeerfordernis ist dann erfüllt, wenn der jeweilige Zeitrahmen exakt bezeichnet wird.

66 Ist die Dauer unbegrenzt, ist eine Angabe nach der Generalklausel des § 2 Abs. 1 Satz 1 zu empfehlen, ggf. unter Hinweis der einschlägigen Möglichkeiten, die Gesellschaft zu beenden. **Formulierungsbeispiel:** „Der Emittent ist auf unbegrenzte Zeit gegründet. Eine ordentliche Kündigung seitens des Anlegers bzw. die Auflösung einer Gesellschaft durch entsprechenden Beschluss der Anleger-/Gesellschafterversammlung ist frühestens zum Ende des zwanzigsten auf das Gründungsjahr folgenden Geschäftsjahres möglich."

3. Rechtsordnung und -form

67 § 5 Nr. 3 verlangt zunächst Angaben hinsichtlich der Rechtsordnung und Rechtsform.

68 **a) Rechtsordnung.** Die anzugebende maßgebliche Rechtsordnung ist diejenige des Gesellschaftsstatuts. Mithin ist die Rechtsordnung anzugeben, welcher der Emittent in seinen gesellschaftsrechtlichen Verhältnissen unterliegt. **Formulierungsbeispiel:** „Der Emittent unterliegt deutschem Recht". Nicht ausreichend ist eine Angabe, wonach der Emittent nach deutschem Recht gegründet wurde, da der Emittent zum Zeitpunkt der Prospektaufstellung bspw. durch Sitzverlegung ins Ausland zwischenzeitlich einer anderen Rechtsordnung als der deutschen unterliegen kann.

69 **b) Rechtsform.** Zudem ist die Rechtsform des Emittenten anzugeben. „Rechtsform" ist die Gesellschaftform, z. B. GmbH, KG, OHG, GbR etc. Der Katalog der möglichen Rechtsformen folgt für Emittenten nach deutschem Recht aus den nach dem numerus clausus der für Gesellschaften möglichen Formen. Soweit diese nicht aus der Firma ersichtlich ist, muss die Rechtsform gesondert angegeben werden. Diese Grundsätze gelten sinngemäß auch für Emittenten, die einer ausländischen Rechtsordnung unterliegen (z. B. englische Limited oder US-amerikanische LLP).

70 **c) Zusätzliche Angaben; abweichende Bestimmungen der Satzung oder des Gesellschaftsvertrages.** Für Emittenten in der Rechtsform der KG und der KGaA sind gemäß Nr. 3 HS 2 zusätzliche Angaben über die Struktur des persönlich haftenden Gesellschafters sowie Angaben über vom gesetzlichen Leitbild divergierende Regelungen der gesellschaftsvertraglichen Grundlagen erforderlich. Dies hat seinen Grund darin, dass diese Gesellschaftsformen insofern atypisch sind, als sie mit einer Kapitalgesellschaft als persönlich haftender Gesellschafterin ausgestaltet sein können. Insbesondere in den

Fällen, in denen der Komplementär eine GmbH ist, sind aufgrund der starken Stellung des vollhaftenden Gesellschafters und des Geschäftsführers besondere Gefährdungen für den Anleger gegeben. Vor diesem Hintergrund hat der Verordnungsgeber vorgesehen, dass (1) Angaben über die Struktur des persönlich haftenden Gesellschafters und (2) die von der gesetzlichen Regelung abweichenden Bestimmungen der Satzung des persönlich haftenden Gesellschafters oder des Gesellschaftsvertrages des Emittenten aufzunehmen sind.

Hierbei handelt es sich um zwei selbständig zu erfüllende Mindestangaben, die jedoch (kausal) miteinander verknüpft sind und folglich gewissermaßen ineinander greifen: „Struktur" bezieht sich auf die Haftungsstruktur des persönlich haftenden Gesellschafters. Die Angabe der Abweichungen der Satzung oder des Gesellschaftsvertrages des Emittenten von der gesetzlichen Regelung bedingt keine Aufnahme einer Liste, die sämtliche vom Gesetz abweichenden Bestimmungen der Vertragswerke aufzählt (aA wohl *Verfürth/Grunenberg*, S. 17, die aber zu Recht den Nutzen für den Anleger einer derartigen Liste, die nahezu alle Vorschriften des Gesellschaftsvertrages umfassen könnte, in Zweifel ziehen). Dies folgt daraus, dass der Verordnungsgeber die zusätzlichen Angabeerfordernisse nach § 5 Nr. 3 („Struktur" und „abweichende Bestimmungen") auf die Rechtsformen der KG und der KGaA beschränkt hat. Das zeigt, dass er die in der Praxis typische Situation im Blick hatte, bei welcher der Komplementär entgegen dem gesetzlichen Leitbild der §§ 161 ff. HGB keine unbeschränkt vollhaftende natürliche Person, sondern vielmehr eine beschränkt haftende (juristische) Person ist, so dass dem Anleger anders als nach der gesetzlichen handelsrechtlichen Konzeption nur ein eingeschränktes Haftungssubjekt gegenübersteht. Hätte der Verordnungsgeber tatsächlich den Abdruck einer Liste von abweichenden Bestimmungen gewollt, so hätte er auch andere Gesellschaftsformen wie insbesondere die OHG und die GbR unter § 5 Nr. 3 aufzählen müssen. Denn ebenso wie bei der KG und der KGaA weichen die Gesellschaftsverträge auch bei diesen Rechtsformen in erheblichem Umfang von den gesetzlichen Regelungen ab. Aus der Beschränkung auf die KG und die KGaA erhellt, dass der Verordnungsgeber nicht vor Augen hatte, dass ein Anleger sich anhand von „Bestimmungslisten" über Abweichungen von vertraglichen zu gesetzlichen Regelungen informieren können sollte. Nach alledem ist eine Angabe erforderlich, aus der hervorgeht, dass der persönlich haftende Gesellschafter (regelmäßig eine GmbH) lediglich beschränkt haftet, und eine weitere Angabe, wonach sich insoweit aus dem Gesellschaftsvertrag des Emittenten eine Abweichung vom gesetzlichen Regelfall ergibt.

72 **Formulierungsbeispiel:** „Da die Haftung der Komplementärin gesetzlich (§ 13 Abs. 2 GmbHG) auf ihr Gesellschaftsvermögen beschränkt ist, weicht die im Gesellschaftsvertrag bestimmte gesellschaftsrechtliche Struktur von dem gesetzlichen Leitbild des als natürliche Person unbeschränkt haftenden Komplementärs (§ 161 Abs. 1 HGB) ab. [Darüber hinaus weicht der Gesellschaftsvertrag der Fondsgesellschaft von den gesetzlichen Regelungen der Kommanditgesellschaft ab.]".

73 Sofern der Emittent keine KG oder KGaA ist, muss ein Negativtestat in den Verkaufsprospekt aufgenommen werden. **Formulierungsbeispiel:** „Da der Emittent weder eine KG noch eine KGaA ist, sind keine Angaben über die Struktur des persönlich haftenden Gesellschafters und die von der gesetzlichen Regelung abweichenden Bestimmungen der Satzung oder des Gesellschaftsvertrages in den Verkaufsprospekt aufzunehmen."

74 Ist der Emittent eine Gesellschaft ausländischen Rechts, die einer KG oder KGaA vergleichbar ist, können die Angaben nach § 5 Nr. 3 insoweit nicht als Mindestangabe verlangt werden, da der Verordnungsgeber die entsprechenden Rechtsformen nicht in der VermVerkProspV aufgeführt hat und es insoweit an einer Ermächtigungsgrundlage fehlt. Gleichwohl ist in diesen Fällen vor dem Hintergrund des § 2 Abs. 1 Satz 1 zu empfehlen, die entsprechenden Ausführungen nach § 5 Nr. 3 in Bezug auf die ausländischem Recht unterliegende Gesellschaft zu machen. Für die Prüfung, ob eine gleichwertige Gesellschaft vorliegt, können die Tabellen 1 und 2 im Anhang der Betriebsstätten-Verwaltungsgrundsätze des BMG (BMF-Schreiben vom 24. 12. 1999 – IV B 4 – S 1300 – 111/99) verwendet werden.

4. Unternehmensgegenstand

75 Um den Anforderungen der Nr. 4 zu genügen – der Angabe des Gegenstands des Unternehmens – ist der Geschäftszweck des Gesellschaftsvertrages unter Angabe sämtlicher Haupt- und Nebentätigkeiten der Gesellschaft wiederzugeben. Hierunter fallen bspw. insbesondere der Erwerb der jeweiligen Anlageobjekte sowie die Verwaltung des eigenen Vermögens.

76 Ein Verweis auf den nach § 4 Satz 2 abgedruckten Gesellschaftsvertrag ist nicht ausreichend. Die Angabe nach § 5 Nr. 4 ist abzugrenzen von § 8 Abs. 1 Nr. 1, wonach die wichtigsten Tätigkeitsbereiche über die Geschäftstätigkeit des Emittenten anzugeben sind. Letztere verlangt eine ausführlichere Darstellung und Beschreibung (§ 8 VermVerkProspV Rn. 4 ff.), wohingegen der Gegenstand des Unternehmens nach § 5 Nr. 4 durch eine konzise Nennung der entsprechenden gesellschaftsvertraglichen Regelungen erfüllt werden kann.

5. Registergericht

Nach § 5 Nr. 5 ist das Registergericht des Sitzes des Emittenten anzugeben sowie die Nummer, unter welcher der Emittent in das Register eingetragen ist. 77

Registergericht ist das Gericht, welches das Handelsregister als Organ der freiwilligen Gerichtsbarkeit führt (§ 8 HGB, § 125 FGG). 78

Nicht erforderlich – wenngleich regelmäßig nicht unschädlich – ist insoweit die Angabe des Datums der Eintragung. Dieses kann aber gegebenenfalls für die Angabe nach § 5 Nr. 1 bei der Gründung des Emittenten relevant sein, sofern die Handelsregistereintragung im konkreten Fall für die Emittentengründung konstitutiv sein sollte. 79

Sofern ein Emittent im Zeitpunkt der Prospektaufstellung noch nicht in das Handelsregister eingetragen ist (insbesondere weil er noch nicht – insbesondere auch noch nicht wirtschaftlich (hierzu oben Rn. 9 ff.) – gegründet ist), gelten die auf § 2 Abs. 1 Satz 1 zu stützenden folgenden Grundsätze: Ist die Handelsregistereintragung beantragt, aber noch nicht erfolgt, sind das Datum der Beantragung sowie das Registergericht, gegenüber dem der Antrag gestellt wurde, anzugeben. Ist der Antrag auf Handelsregistereintragung noch nicht einmal gestellt, sondern lediglich beabsichtigt, ist das Registergericht anzugeben, bei dem voraussichtlich zu welchem geplanten Datum die Eintragung beantragt werden soll. Erfolgt die Eintragung, löst dies eine Nachtragspflicht gemäß § 11 VerkProspG aus. Sollte eine Eintragung bei Prospektaufstellung noch nicht erfolgt sein, empfiehlt sich im Risikokapitel die Darstellung der daraus resultierenden möglichen (Voll-)Haftungsrisiken für die Anleger. 80

Für die praktisch bedeutsamsten Rechtsformen sei insoweit auf die folgenden Besonderheiten hingewiesen: 81

(1) GbR: Eine GbR ist nicht (handelsregister-)eintragungsfähig. Folglich ist hinsichtlich des Erfordernisses gemäß § 5 Nr. 5 mangels Eintragung der GbR in ein Register ein Negativtestat erforderlich.

(2) OHG und KG: Gemäß § 5 Nr. 5 ist die Nummer, unter der der Emittent im HR mit deklaratorischer Wirkung eingetragen wurde, anzugeben. Soweit noch keine Eintragung erfolgt ist, ist ggf. ein Hinweis in den Verkaufsprospekt aufzunehmen, wonach der Eintragungsantrag bereits gestellt ist (vgl. oben Rn. 80). Erfolgt bei Kann-Kaufleuten (oben Rn. 40 ff.) keine Eintragung in das Handelsregister, ist im Hinblick auf § 5 Nr. 5 ein entsprechendes Negativtestat in den Verkaufsprospekt aufzunehmen.

(3) GmbH: Angabe der Nummer des Registereintrags nach allgemeinen Grundsätzen.

Voß

(4) GmbH-Vorgesellschaft; Vorgründungsgesellschaft: Eine Handelsregistereintragung ist nicht vorgesehen, so dass im Hinblick auf § 5 Nr. 5 nur ein Negativtestat in Betracht kommt.

(5) AG: Angabe der Nummer des Registereintrags nach allgemeinen Grundsätzen.

(6) Vor-AG: Mangels Eintragung der Vor-AG in das Handelsregister ist bzgl. § 5 Nr. 5 ein Negativtestat anzuführen.

(7) Durch Formwechsel gegründete Emittenten: Es sind das Registergericht (wegen etwaigem Sitzwechsel) und die Registernummer in Bezug auf die Eintragung der neuen Rechtsform anzugeben.

6. Konzernbeschreibung

82 Nr. 6 fordert bei einer Konzerneinbindung des Emittenten eine kurze Beschreibung der Konzerns und der Einordnung des Emittenten in den Konzern. Dies beinhaltet zwei Angabeerfordernisse: Die Darstellung der Konzernstruktur zum einen und die Angabe der Positionierung des Emittenten innerhalb des Konzerns zum anderen. Die Beschreibung des Konzerns kann „kurz" ausfallen, so dass eine ausführliche Erläuterung entbehrlich ist. Ob der Emittent ein Konzernunternehmen ist, richtet sich nach den zu §§ 15–19 AktG, §§ 290 ff. HGB in Rechtsprechung und Literatur entwickelten Grundsätzen (*Jäger/Voß*, S. 911). Dabei sind viele einzelne Fragen betreffend die Problematik, wann ein Konzern zwingend entsteht bzw. wahlweise gebildet werden kann, nicht unumstritten. Die Beurteilung, ob im konkreten Einzelfall nach konzernrechtlichen Grundsätzen ein Konzern vorliegt oder nicht, wird nicht durch die BaFin im Rahmen der Prospektprüfung vorgenommen. Die konzernrechtliche Beurteilung liegt vielmehr in der Sphäre des Anbieters, der das Ergebnis seiner Prüfung in den Verkaufsprospekt aufzunehmen hat.

83 Insbesondere zur Frage, inwieweit bei einer Fondsgesellschaft in der Form der GmbH & Co. KG eine Konzerngesellschaft nach § 5 Nr. 6 vorliegt, hat sich noch keine hM herausgebildet. Zum einen lässt sich argumentieren, dass die GmbH & Co. KG aufgrund der bereits vorhandenen gesellschaftsrechtlichen Treuepflicht im Personengesellschaftsrecht konzernfest bzw. konzernresistent sei. Die KG in einer GmbH & Co. KG würde dann von vornherein als abhängige Gesellschaft ausscheiden. Die zu diesem Teilaspekt wohl hM hält eine Konzernierung der KG grundsätzlich für möglich und zulässig. Der Ausgangspunkt der nunmehr anzustellenden Überlegungen ist ein kleinster gemeinsamer Nenner: Einigkeit besteht zumindest darüber, dass die Begründung einer Abhängigkeit bei einer Personengesellschaft sich überwiegend nach der Gestaltung der Satzung bzw. nach

dem Gesellschaftsvertrag bestimmt. Denn anders als bei Kapitalgesellschaften bestünde bei Personengesellschaften kein notwendiger Zusammenhang zwischen Stimmrecht, Kapitalanteil und Entscheidungsmacht, weil sich die gesetzlich vorgezeichneten Machtverhältnisse nahezu beliebig im Gesellschaftsvertrag verschieben ließen und nicht notwendigerweise an die jeweilige Beteiligungshöhe gekoppelt seien. Daher führe der Mehrbesitz an einer Personengesellschaft nicht typischerweise zu der Beherrschung der Geschäftsführung – mithin der GmbH – über die KG. Die Vermutung des § 17 Abs. 2 AktG ist nach hM daher auf Personengesellschaften und somit auch Kommanditgesellschaften nicht anwendbar. Entscheidend ist demzufolge allein, wer durch die Gestaltung des Gesellschaftsvertrages und die tatsächlichen Beteiligungsverhältnisse letztendlich die Steuerung der Gesellschaft beeinflussen kann, also zumindest mittelbar die Geschäftsführung über die betroffene Gesellschaft ausübt.

Unterschiedlich wird allerdings die Frage beantwortet, welche **84** Möglichkeiten der Einflussnahme auf die KG gegeben sein müssen, damit jene als Konzerngesellschaft angesehen werden kann: Eine – indessen auch eher als vereinzelte Ansicht zu betrachtende – Meinung geht ohne Differenzierung mit Bezug auf die jeweilige Ausgestaltung der Geschäftsführungsbefugnis davon aus, dass der alleinige Komplementär stets beherrschenden Einfluss über die KG besitze (*Ebenroth/Boujong/Joost/Lange*, § 105 HGB Anhang Rn. 5).

Ein anderer Meinungsstrang geht davon aus, dass bereits im ge- **85** setzlichen Regelfall der Beschränkung der Geschäftsführung auf die gewöhnlichen Geschäfte iSd §§ 116 Abs. 2, 164 HGB ein beherrschender Einfluss des alleinigen Komplementärs bzw. der Komplementärgesellschaft – hier also der Komplementär-GmbH – gegeben sei (MünchKommHGB-*Mülbert* Konzernrecht Rn. 58). In der Regierungsbegründung zum Kapitalgesellschaften & Co. Richtliniengesetz findet sich ein als Hinweis auf die als „hM" begriffene Ansicht, dass im Fall einer nach dem gesetzlichen Normalstatut verfassten GmbH & Co. KG die Komplementärgesellschaft aufgrund ihrer unbeschränkten Geschäftsführungsbefugnis die einheitliche Leitung iSd § 290 HGB über die KG ausübe (BT-Drucks. 14/1806, S. 22). In der hier interessierenden Konstellation kommt der Komplementärgesellschaft regelmäßig die Geschäftsführung allein oder mit dem bzw. den geschäftsführenden Kommanditisten (häufig ein bis zwei für das Emissionshaus tätige natürliche Personen) zu. Da nicht selten, wenn nicht gar typischerweise die geschäftsführenden Kommanditisten ihrerseits beim Initiator angestellt sind und die Komplementär-GmbH dessen – häufig 100%ige – Tochtergesellschaft ist, vereint sich im Fondsbereich die gesamte Geschäftsführungsbefugnis zumindest

§ 5 Verkaufsprospektverordnung

mittelbar auf die Ebene der Mutter, sprich: des Emissionshauses. Die mittelbare Abhängigkeit wird aber ausdrücklich von § 17 Abs. 1 AktG erfasst. Insofern der Gesellschaftsvertrag im wesentlichen Einklang mit dem Normstatut einer GmbH & Co. KG keine Einschränkung der Geschäftsführungsbefugnis vorsieht, wäre unabhängig von dem Zutritt weiterer Gesellschafter wohl eine Abhängigkeit der „Emittenten-KG" gegeben. Unter der weiteren Voraussetzung einer einheitlichen Leitung iSd § 18 AktG wäre diese mithin auch als Konzerngesellschaft zu begreifen. Wird die Geschäftsführung zwischen Komplementärin und geschäftsführenden Kommanditisten allerdings nicht einheitlich ausgeübt, käme man auch nach dieser Auffassung nicht zu Konzernierung der KG (so auch *Baumbach/Hopt*, HGB, § 264 lit. c) Rn. 5). Regelmäßig dürfte in der Praxis jedoch eine einheitliche Leitung vorliegen.

86 Der vorgenannten Ansicht wird nach der hier vertretenen Auffassung zu Recht entgegen gehalten, dass nach dem gesetzlichen Normaltypus einer GmbH & Co. KG die Geschäftsführung der Komplementärin eben nicht unbeschränkt sei (*Riegger*, in: Münchener Handbuch zum Gesellschaftsrecht, Band 2, § 53 Rn. 16; *Schlegelberger/Martens*, HGB § 105 Anhang Rn. 11; *Zöllner* ZGR 1977, 319, 334). Vielmehr beschränke sich diese ja gerade auf die gewöhnlichen Geschäfte. Für außergewöhnliche Geschäfte bedürfe es aber zusätzlich der Zustimmung der Gesellschafterversammlung. Ohne eine Einschränkung des Zustimmungsrechts bzw. dessen Aufhebung sei aber eine Beherrschung in dem mit dem im Aktienrecht vergleichbaren Maße nicht gegeben. Steht den Kommanditisten demnach entweder die Zustimmung zu außergewöhnlichen Geschäften zu oder muss die Geschäftsführung zu Beginn eines Geschäftsjahres eine Jahresplanung vorlegen, die der Zustimmung der Gesellschafter bedarf, liegt zumindest eine einheitliche Leitung als Voraussetzung für die Konzernierung der KG nicht vor. Anders sei dies wiederum nur dann zu beurteilen, wenn der Gesellschaftsvertrag eine Beschlussfassung per Mehrheitsbeschluss vorsieht und der Komplementärgesellschaft dabei die zur Mehrheit erforderlichen Stimmen zukommen (vgl. *Riegger*, aaO, § 53 Rn. 16). Gleiches muss naturgemäß dann gelten, wenn unter diesen Voraussetzungen eine dritte Gesellschaft die Komplementärgesellschaft beherrscht und gleichzeitig die Stimmenmehrheit (auch über die Komplementärin) in der KG hält bzw. diesbezüglich über ein entsprechendes Weisungsrecht verfügt.

87 Im Fondsbereich ist typischerweise eine Konzernierung der KG (= des Emittenten) allenfalls vor dem Zutritt weiterer Kommanditisten, also erst mit dem Beginn des öffentlichen Angebots denkbar. Die Komplementär-GmbH verfügt regelmäßig allein über die einfache

Mehrheit der Stimmen. Sie ist mithin bereits bei der Gründung der KG bezüglich ihrer Geschäftsführungsbefugnis auf die gewöhnlichen Geschäfte beschränkt bzw. bedarf der Zustimmung der Kommanditisten. Etwas anderes wäre nur dann anzunehmen, wenn die Stimmrechte der Komplementärin zusammen mit den Stimmrechten der gemeinsam geschäftsführenden Komanditisten eine Beschlussmehrheit zur Durchführung außergewöhnlicher Geschäfte bilden würden. Das ist in der Praxis regelmäßig nicht der Fall. Soweit die (Treuhand-) Kommanditisten ihre Stimmrechte unabhängig von der Komplementärin und den geschäftsführenden Kommanditisten ausüben, lässt sich eine einheitliche Leitung über die KG bereits für den Zeitraum vor Platzierungsbeginn nicht begründen.

Darüber hinaus sind die Treuhandkommanditisten nicht als herrschendes Unternehmen über die KG mit der Folge von deren Konzernierung anzusehen. Anderes wäre wohl nur dann anzunehmen, wenn dem Treuhänder durch den Gesellschaftsvertrag zusätzlich entscheidender Einfluss auf die Geschäftsführung eingeräumt wird und diesem Unternehmensqualität iSd § 15 AktG zukommt. **88**

Ferner kann auch ein Kommanditist selbst grundsätzlich als herrschendes Unternehmen im konzernrechtlichen Sinne angesehen werden. Aufgrund der vorstehend dargestellten Unterschiede im Personengesellschaftsrecht führt aber allein der Mehrbesitz über Stimmrechte nicht notwendigerweise zu einer Beherrschung. Es kommt erneut auf die Ausgestaltung des Gesellschaftsvertrags an. Selbst wenn im Gesellschaftsvertrag die Entscheidung durch einfachen Mehrheitsbeschluss ausdrücklich zugelassen ist, führt dies bei der KG nicht notwendigerweise zur Beherrschung durch den Mehrheitskommanditisten. Zusätzlich ist erforderlich, dass nach dem Gesellschaftsvertrag dem Mehrheitskommanditisten auch die alleinige Geschäftsführung oder eine entscheidende Weisungsbefugnis gegenüber der Komplementärin, z. B. als nur mit seiner Zustimmung entziehbare Sonderrechte eingeräumt werden. **89**

In jedem Fall muss der konzernrechtliche Prozess entsprechend abgebildet werden: **90**

Formulierungsbeispiel: „Stellung im Konzern: Alleinige Gesellschafter sind die Komplementärgesellschaft und die Gründungskommanditistin [XY-GmbH] und die [Treuhand- und Verwaltungsgesellschaft mbH]. Beide Gründungskommanditisten sind 100%ige Tochtergesellschaften [des Anbieters]. Die Fondsgesellschaft ist zu diesem Zeitpunkt somit ein Konzernunternehmen im Sinne des § 18 AktG iVm § 290 HGB[, das jedoch wegen seiner untergeordneten Bedeutung für die Vermögens-, Finanz- und Ertragslage gemäß § 296 Abs. 2 HGB nicht konsolidiert wird]. [Nach Beitritt der Direktkommanditisten bzw. nach Beitritt der Treugeberkommanditisten und der entsprechenden Kapitalerhöhung handelt es sich nicht mehr um ein Konzernunternehmen im Sinne des § 18 AktG iVm § 290 HGB]. [Sobald der Anteil der neu beitretenden Gesellschafter über dem Anteil der genannten Gesellschafter liegt, ist die Fondsgesellschaft kein Konzernunternehmen im Sinne des § 18 AktG iVm § 290 HGB mehr.] [Soweit der Einzahlungsgarant [XY-GmbH], eine 100%ige Tochtergesellschaft [des Anbieters], mehr als 50% der Kommanditanteile übernimmt, besteht weiterhin Zugehörigkeit zum Konzern [XY]."

§ 6 Angaben über das Kapital des Emittenten

¹**Der Verkaufsprospekt muss über das Kapital des Emittenten angeben:**
1. **die Höhe des gezeichneten Kapitals oder der Kapitalanteile und die Art der Anteile, in die das Kapital zerlegt ist, unter Angabe ihrer Hauptmerkmale und der Höhe der ausstehenden Einlagen auf das Kapital;**
2. **eine Übersicht der bisher ausgegebenen Wertpapiere oder Vermögensanlagen im Sinne des § 8f Abs. 1 des Verkaufsprospektgesetzes.**

²**Ist der Emittent eine Aktiengesellschaft oder Kommanditgesellschaft auf Aktien, muss der Verkaufsprospekt über das Kapital des Emittenten zusätzlich den Nennbetrag der umlaufenden Wertpapiere, die den Gläubigern ein Umtausch- oder Bezugsrecht auf Aktien einräumen, angeben.**
³**Daneben muss er die Bedingungen und das Verfahren für den Umtausch oder den Bezug nennen.**

Übersicht

	Rn.
I. Vorbemerkung	1
1. Gezeichnetes Kapital; Kapitalanteile	3
2. Art der Anteile; Hauptmerkmale; ausstehende Einlagen	11
3. Übersicht der Emissionshistorie	20

I. Vorbemerkung

1 § 6 regelt die Mindestangaben betreffend die Eigenkapitalstruktur des Emittenten. Die Vorschrift ist in Wortlaut und Struktur § 6 VerkProspVO nachgebildet. § 6 VerkProspVO ging wiederum auf Art. 11 Abs. 2 lit. c) der Emissionsprospektrichtlinie zurück und war seiner-

Angaben über das Kapital des Emittenten **§ 6**

seits an das Pendant des § 19 BörsZulVO angeglichen (vgl. zur Normhistorie *Lenz:* in: *Assmann/Lenz/Ritz,* VerkProspVO § 6 Rn. 2). Dabei hat der Verordnungsgeber versucht, die wertpapierspezifischen Besonderheiten der Vorschrift aufzugeben und den Charakteristika von Vermögensanlagen gerecht zu werden. Dies ist im Ergebnis nur bedingt gelungen. Die Ratio der Norm im alten Wertpapier-Prospektrecht lag darin begründet, dass das Publikum über das Verhältnis der angebotenen Wertpapiere zu den übrigen Anteilen am Eigenkapital sowie Umtausch- und Bezugsrechten und deren besonderer Ausstattungsmerkmale orientiert werden sollte. Ferner verlangte Abs. 2, um die Struktur des Anteilsbesitzes sowie die rechtlichen und tatsächlichen Möglichkeiten der Anteilseigner zur Einwirkung auf die Unternehmensführung transparent zu machen, für öffentliche Angebote von Aktien umfassende Angaben betreffend die emittentenbezogenen Kräfte- und Stimmrechtsverhältnisse (*Lenz,* in: *Assmann/Lenz/ Ritz,* VerkProspVO § 6 Rn. 1). Diese für Aktienangebote vorgesehenen Zusatzangaben sind für den Bereich der Vermögensanlagen nicht mehr vorgesehen. § 6 beschränkt sich auf Angabeerfordernisse zur Kapitalstruktur des Emittenten (Satz 1 Nr. 1), zur Emissionshistorie, was eine Neuerung gegenüber der VerkProspVO darstellt (Satz 1 Nr. 2), und auf zusätzliche Angaben, sofern der Emittent eine AG oder KGaA ist (Satz 2). Die Angabeerfordernisse des § 6 Satz 2 entsprechen denen des § 6 Abs. 1 Nr. 2 VerkProspVO.

Die Vorschrift wird durch Ziffer 3.6 der Anlage 1 zu IDW S 4 erläutert (s. im Textanhang unter III. 1). **2**

1. Gezeichnetes Kapital; Kapitalanteile

§ 6 Satz 1 Nr. 1 verlangt die Veröffentlichung gewisser Grunddaten des Emittenten (so für die Rechtslage nach der VerkProspVO *Lenz,* in: *Assmann/Lenz/Ritz,* VerkProspVO § 6 Rn. 3). Zunächst sind gemäß Alt. 1 des § 6 Satz 1 Nr. 1 die Höhe des gezeichneten Kapitals oder der Kapitalanteile anzugeben. **3**

Der Verordnungsgeber verwendet mit den Termini „gezeichnetes Kapital" und „Kapitalenteile" bewusst handelsrechtliche Begriffe. „Gezeichnetes Kapital" meint nach dem das Eigenkapital regelnden § 272 Abs. 1 HGB das Kapital, auf das die Haftung der Gesellschafter für die Verbindlichkeiten der Kapitalgesellschaft gegenüber den Gläubigern beschränkt ist. Damit ist das Haft(ungsfonds)kapital einer Kapitalgesellschaft gemeint, wobei der Begriff „gezeichnetes Kapital" gleich bedeutend ist mit „Grundkapital" oder „Stammkapital". Bilanzrechtlicher Hintergrund der Einfügung der neuen Bezeichnung war, dass im Interesse der Lesbarkeit des Jahresabschlusses auch für Ausländer verdeutlicht werden sollte, dass es bei dem entsprechenden **4** in der Bilanz ausgewiesenen Posten um *gezeichnetes* und damit nicht notwendig um *eingezahltes* Kapital handelt. Diese Ratio wird nunmehr auch in der VermVerkProspV fruchtbar gemacht.

5   Zudem räumt die Verordnung ihrem Wortlaut („oder") alternativ zur Angabe der Höhe des gezeichneten Kapitals die Möglichkeit ein, die Höhe der Kapitalanteile anzugeben. Der Begriff des Kapitalanteils ist gesetzlich nicht definiert, jedoch gehen die handelsrechtlichen Regelungen betreffend Gewinn und Verlust (§ 120 HGB), die Gewinnverteilung (§ 121 HGB), das Entnahmerecht (§ 122 HGB) und das Auseinandersetzungsguthaben (§ 155 HGB) vom Bestehen von Kapitalanteilen aus. Die Kapitalanteile sind weder identisch mit den Einlagen der Gesellschafter noch mit dem wirtschaftlichen Wert ihrer Beteiligungen. Die Kapitalanteile zeigen das Verhältnis der Beteiligung der einzelnen Gesellschafter durch Zahlen an. Bezugspunkte können dabei zunächst die genannten gesetzlichen Vorschriften sein (§§ 121, 122, 155 HGB). Nach einem gegebenenfalls vorrangigen Gesellschaftsvertrag können auch nicht alle drei Punkte in Bezug genommen werden. Darüber hinaus ist es denkbar, dass zusätzliche Punkte Bezugsgrößen für die „Kapitalanteile" sind, wie z.B. Stimmrechte, Zuschusspflichten etc. (*Hopt/Baumbach,* HGB, § 120 Rn. 12 mwN). „Kapitalanteil" ist nicht zu verwechseln mit „Gesellschaftsanteil", worunter der Anteil am Gesellschaftsvermögen zu verstehen ist. Zudem wird mit einem „Kapitalanteil" keine Forderung des Gesellschafters gegenüber der Gesellschaft bezeichnet (*Hopt/Baumbach,* HGB, § 120 Rn. 12) Der Kapitalanteil richtet sich allein nach der wechselnden, kapitalmäßigen Beteiligung des Gesellschafters am Gesellschaftsvermögen. Nach alledem ist der Kapitalanteil rechtlich lediglich eine Rechnungsziffer bzw. eine Verhältniszahl, die im Hinblick auf bestimmte Zwecke das Verhältnis der Rechte und Pflichten der Gesellschafter angeben soll (RG 117, 242; BGH NJW 1999, 2438; *Baumbach/Hopt,* HGB, § 120 Rn. 12, hL). Die vom Kapitalanteil abhängigen Regelungen richten sich regelmäßig jeweils nach den im letzten Jahresabschluss festgestellten Kapitalanteilen.

6   Es sind unterschiedliche Bildungen von Kapitalanteilen denkbar. Nicht selten wird in der Praxis ein Kapitalanteil durch Festsetzung eines Betrages gebildet, wobei diese durchaus den Einlagen der Gesellschafter entsprechen können, bspw.: „Gesellschafter A 30 000 Euro; Gesellschafter B 20 000 Euro; Gesellschafter C 10 000 Euro" (dies wäre auch die nach der Verordnung bzgl. der Höhe der Kapitalanteile die in den Verkaufsprospekt aufzunehmende Mindestangabe). Gesondert gebucht werden dann die Gewinne, Verluste und Entnahmen der Gesellschafter, so dass die Kapitalanteile und die von ihrer Höhe abhängigen Beziehungen gleich bleiben

Angaben über das Kapital des Emittenten § 6

(z. B. Anteile an Gewinn und Verlust; Stimmrechte; Zuschusspflichten etc.). Darin offenbart sich Sinn und Zweck der Festlegung von Kapitalanteilen: Das Einfluss-, Rechte- und Pflichtenverhältnis der Gesellschafter untereinander ist gegen überraschende und unerwartete Änderungen geschützt (BGH NJW 1972, 1756; *Baumbach/Hopt*, HGB, § 120 Rn. 15). Darüber hinaus können, was in der Praxis seltener vorkommt, Kapitalanteile als bloße Quote gebildet werden, beispielsweise „Gesellschafter A: 2/5; Gesellschafter B: 3/4; Gesellschafter C: 1/6" bzw. „Gesellschafter X: a%, Gesellschafter Y: b%; Gesellschafter Z: c%". Gegebenenfalls wären derartige Quoten als die Höhe der Kapitalanteile in den Verkaufsprospekt aufzunehmen.

Der Verordnungsgeber hat sich bei der Kodifikation des § 6 Satz 1 Nr. 1 Alt. 1 mit der Aufnahme des Terminus „Kapitalanteile" von den Vorgaben des Bilanzrechts leiten lassen. § 272 HGB greift im Hinblick auf das gezeichnete Kapital für Kapitalgesellschaften Platz. Um für die Fälle, in denen der Emittent eine KG und damit eine Personenhandelsgesellschaft ist, die kapitalmäßigen Beteiligungen der Kommanditisten zu erfassen, hat es sich angeboten, auf die Terminologie des § 264c Abs. 2 Satz 6 HGB zurückzugreifen und diese in die VermVerkProspV zu überführen.

7

Die Verordnung räumt nach ihrem Wortlaut zwar alternativ („oder") die Möglichkeit ein, Angaben zur Höhe des „gezeichneten Kapitals" bzw. der „Kapitalanteile" zu machen. Da § 6 Satz 1 Nr. 1 insoweit die bilanzrechtlichen Vorschriften der §§ 272, 266 HGB abbildet, hat der Prospektaufsteller insoweit tatsächlich keine Wahlmöglichkeit. Vielmehr ist in den Fällen, in denen der Emittent eine Kapitalgesellschaft ist, die Höhe des gezeichneten Kapitals anzugeben. Sollte der Emittent eine Personenhandelsgesellschaft sein, ist unter Berücksichtigung des Rechtsgedankens des § 264c Abs. 2 Satz 3 und Satz 6 HGB („Anstelle des Postens „Gezeichnetes Kapital" sind die Kapitalanteile der persönlich haftenden Gesellschafter auszuweisen; ... Die Sätze ... sind auf die Einlagen von Kommanditisten entsprechend anzuwenden ...") die jeweilige Höhe der Kapitalanteile anzugeben.

8

Ist eine der beiden Unteralternativen des § 6 Satz 1 Nr. 1 Alt. 1 durch die Aufnahme der entsprechenden Mindestangabe erfüllt, ist im Hinblick auf die zweite Unteralternative kein Negativtestat erforderlich (s. o. § 2 VermVerkProspV Rn. 30).

9

Maßgeblich für die Angabe der Höhe des gezeichneten Kapitals oder der Kapitalanteile ist der Zeitpunkt der Prospektaufstellung.

10

2. Art der Anteile; Hauptmerkmale; ausstehende Einlagen

Kumulativ („... und ...") zu den erörterten Angaben sind die gemäß § 6 Satz 1 Nr. 1 Alt. 2 geforderten Informationen in den Ver-

11

§ 6 Verkaufsprospektverordnung

kaufsprospekt aufzunehmen, welche die Angaben nach der 1. Alternative weiter spezifizieren. Im Einzelnen handelt es sich hierbei (1) um die Art der Anteile, in die das Kapital zerlegt ist, (2) unter Angabe ihrer Hauptmerkmale und (3) der Höhe der ausstehenden Einlagen auf das Kapital.

12 Art der Anteile ist zu verstehen wie in „Art der Vermögensanlagen" in § 4 Satz 1 Nr. 1 (§ 4 VermVerkProspV Rn. 4 ff.), da insoweit der Begriff „Vermögensanlagen" synonym zu dem der „Anteile" verwendet wird. Mithin nimmt § 6 Satz 1 Nr. 1 Alt. 2 Var. 1 die Rechtsform des Emittenten in Bezug. Anzugeben ist insoweit lediglich, ob es sich etwa um KG-, OHG-, GbR-, GmbH-Anteile oder Anteile an einer stillen Gesellschaft etc. handelt.

13 Zu beachten ist jedoch, was in der Prüfungspraxis mitunter nicht geschieht, dass es bei § 6 Satz 1 um die Anteile geht, in die das Kapital des Emittenten zerlegt ist, und nicht um die Anteile, die den Anlegern angeboten werden. Sedes materiae im Hinblick auf die letztgenannten Anteile ist allein § 4 Satz 1 Nr. 1 Satz 1. Die Unterscheidung wird in den Konstellationen relevant, in denen mehrere Vermögensanlagen bspw. wie folgt angeboten werden: Der Emittent ist eine KG, es sollen nach der Gestattung der Veröffentlichung des Verkaufsprospekts KG-Anteile angeboten werden. Zugleich sollen stille Beteiligungen iSd § 230 Abs. 1 HGB an der KG angeboten werden. Die angebotenen KG-Anteile und die stillen Beteiligungen sind nach Maßgabe des § 4 Satz 1 Nr. 1 Satz 1 zu prospektieren. Demgegenüber ist nach § 6 Satz 1 Nr. 1 Alt. 2 Var. 1 zunächst – an dieser Stelle bewusst untechnisch formuliert – anzugeben, „welches Kapital schon da ist."

14 In Abgrenzung zum gezeichneten Kapital und zu den Kapitalanteilen handelt es sich bei den Anteilen, in die das Kapital zerlegt ist, um die Anteile der bereits vor Beginn des öffentlichen Angebots vorhandenen Gesellschafter am Gesellschaftsvermögen, mithin um die Geschäftsanteile im handelsrechtlichen Sinn. Gesellschaftsanteil oder Geschäftsanteil (vgl. § 14 GmbHG) nennt man die Gesamtheit der Rechte und Pflichten eines Gesellschafters aus dem Gesellschaftsverhältnis, in dem der Anteil des einzelnen Gesellschafters am Gesellschaftsvermögen enthalten ist (*Baumbach/Hopt*, HGB, § 124 Rn. 16). Die Verordnung verlangt an dieser Stelle nur die Nennung der Art der Anteile und keine Angaben über ihre Höhe. Im Lichte der Generalklausel des § 2 Abs. 1 Satz 1 kann jedoch eine Darstellung der Aufteilung der Gesellschaftsanteile unter Nennung ihrer jeweiligen Höhe durchaus geboten sein. Die Darstellung der Aufteilung muss, sofern im Einzelfall erforderlich, die allgemeinen gesellschaftsrechtlichen Regeln berücksichtigen. So wäre bspw. gegebenenfalls zu berücksich-

Angaben über das Kapital des Emittenten § 6

tigen, dass der persönlich haftende Gesellschafter bei einer KG, der (spätestens zum Zeitpunkt der Prospektaufstellung) den Anteil eines Kommanditisten erworben hat nicht auch Kommanditist wird, sondern lediglich Komplementär mit vergrößertem Anteil bleibt (*Baumbach/Hopt*, HGB, § 124 Rn. 16). Selbstredend sollten Darstellungen über unzulässige Konstruktionen vermieden werden, wie bspw. die Beschreibung einer angeblichen Aufspaltung eines Kommanditanteils in Teile, die ein Kommanditist treuhänderisch für verschiedene Personen halten soll (hierzu *Baumbach/Hopt*, HGB, § 124 Rn. 16).

Bei der Nennung der Art der Anteile, in die das Kapital zerlegt ist 15 („… unter Angabe …"), mithin in unmittelbarem räumlichen Zusammenhang im Fliesstext, sind die Hauptmerkmale dieser Anteile anzugeben. Die Hauptmerkmale der Anteile sind die mit ihnen verbundenen hauptsächlichen Rechte und Pflichten. Der Verordnungsgeber hat die Angabepflicht insoweit im Gegensatz zu den angebotenen Anteilen (hierzu § 4 VermVerkProspV Rn. 28 ff.) auf die Rechte beschränkt, die als die wesentlichen zu qualifizieren sind. Hierunter fallen jedenfalls insbesondere Rechte betreffend die Vermögens- und Gewinnbeteiligung, Kontrollrechte (§ 118 HGB) wie z. B. Informationsrechte und Stimmrechte (§ 119 HGB). Sofern deine Abweichung hinsichtlich der Haftsummen besteht, ist dies ebenfalls zu prospektieren.

Schließlich ist nach § 6 Satz 1 Nr. 1 Alt. 2 Var. 3 die Höhe der aus- 16 stehenden Einlagen auf das Kapital anzugeben. Einmal mehr hat der Verordnungsgeber das Bilanzrecht in das Prospektrecht inkorporiert: „Ausstehende Einlagen" meint solche iSd § 272 Abs. 1 Satz 2 HGB. Gemeint ist das gezeichnete, aber noch nicht eingezahlte Kapital, das nicht mit dem einzuwerbenden Kapital zu verwechseln ist (hierzu § 4 VermVerkProspV Rn. 13). Die ausstehenden Einlagen umfassen sowohl die eingeforderten als auch die nicht eingeforderten ausstehenden Einlagen. I.V.m. § 2 Abs. 1 Satz 1 empfiehlt sich eine entsprechende Aufschlüsselung in der Darstellung.

Formulierungsbeispiele: „Gezeichnetes Kapital: 100; Ausste- 17 hende Einlagen: 40; davon eingefordert: 10" oder „Gezeichnetes Kapital: 100; nicht eingeforderte ausstehende Einlagen: 30; verbleibender Betrag: Eingefordertes Kapital: 70" (nach *Baumbach/Hopt*, HGB, § 272 Rn. 2).

Zulässig ist in diesem Zusammenhang die Verwendung von syno- 18 nymen Begriffen für „ausstehend" wie z. B. „noch nicht eingezahlt".

Ggf. ist die Aufnahme eines Negativtestats erforderlich. **For-** 19 **mulierungsbeispiel:** „Der Gesamtbetrag der Einlagen der Gründungsgesellschafter beträgt zum Zeitpunkt der Prospektaufstellung 1200 Euro von dem 1000 Euro noch nicht eingezahlt sind."

Voß 455

3. Übersicht der Emissionshistorie

20 § 6 Satz 1 Nr. 2 verlangt eine Übersicht der bisher ausgegebenen Wertpapiere oder Vermögensanlagen nach § 8f Abs. 1 VerkProspG. Wie bereits oben angedeutet, stellt dieses Angabeerfordernis eine Neuerung zur alten VerkProspVO dar. Der Verordnungsgeber hat sich vorgestellt, dass diese Übersicht geboten sei, „damit das Publikum beurteilen kann, in welchem Umfang der Emittent durch Ausgabe von Wertpapieren oder Vermögensanlagen im Sinne des § 8f Abs. 1 Verkaufsprospektgesetz bereits den Kapitalmarkt in Anspruch genommen hat." (Begr. VermVerkProspV, S. 5). Für den Bereich der geschlossenen Fonds und damit für die überwiegende Zahl der praktisch angebotenen Vermögensanlagen geht diese Anforderung jedoch ins Leere: Bei der für Fondskonstruktionen typischen Konstellation, dass der Emittent eine Vorratsgesellschaft ist, kann keine entsprechende Historie abgebildet werden. Auch an dieser Stelle kommt die Denkweise zum Tragen, dass der Anleger im Verkaufsprospekt mit der Information konfrontiert werden soll, dass bis zu seinem Investment in der Vergangenheit „noch nichts wirtschaftlich" passiert ist und demzufolge nicht von einer wie auch immer ausgestalteten Vergangenheit auf eine Entwicklung in der Zukunft geschlossen werden kann (*Jäger/Voß*, S. 911).

21 Es sind sämtliche bisherigen Emissionen von Wertpapieren oder Vermögensanlagen nach § 8f Abs. 1 VerkProspG aufzuführen. „Wertpapiere" sind solche im Sinne des WpPG (siehe zum Wertpapierbegriff § 8f VerkProspG Rn. 43ff.), auch wenn sie vor dem 1.7.2005 emittiert wurden. Beispielsweise könnte eine AG in der Vergangenheit mehrere Aktienemissionen durchgeführt haben und nun das öffentliche Angebot von stillen Beteiligungen planen. Soweit ersichtlich, ist dieser Fall indessen nicht praktisch geworden. Die „bisher ausgegebenen Vermögensanlagen im Sinne des § 8f Abs. 1 VerkProspG" erfassen auch solche Unternehmensbeteiligungen und Namensschuldverschreibungen, die vor dem 1.7.2005 ausgegeben wurden, auch wenn bis zu diesem Datum streng genommen in Ermangelung einer entsprechenden gesetzlichen Regelung keine Vermögensanlagen „im Sinne des § 8f Abs. 1 VerkProspG" existierten. Dieses Ergebnis lässt sich aus § 2 Abs. 1 Satz 1 ableiten.

22 Für die Übersicht empfiehlt sich eine tabellarische Darstellung. Im Rahmen dieser Tabelle könnten etwa im Einzelnen aufgeführt werden: (1) die Art des Wertpapiers bzw. der Vermögensanlage, (2) das Platzierungsvolumen, (3) der Platzierungszeitraum. Die Übersicht kann sowohl bereits abgeschlossene als auch noch laufende Emissionen enthalten. Zeitlicher Bezugspunkt für diese Angaben ist das Datum der Aufstellung des Verkaufsprospektes für die aktuelle Emission.

Sollten bis zu diesem Datum keine Emissionen stattgefunden haben, kann die Übersicht entfallen und es ist ein entsprechendes Negativtestat erforderlich. **Formulierungsbeispiel:** „Bis zum Datum der Prospektaufstellung sind keine Wertpapierre oder Vermögensanlagen im Sinne des § 8f Abs. 1 VerkProspG ausgegeben worden."

§ 6 Satz 2 verlangt zusätzliche Angaben, sofern der Emittent eine KG oder KG aA ist. In diesen Fällen muss über das Kapital des Emittenten zusätzlich der Nennbetrag der umlaufenden Wertpapiere, die den Gläubigern ein Umtausch- oder Bezugsrecht auf Aktien einräumen, angeben. Zudem sind („Daneben...") nach § 6 Satz 3 die Bedingungen und das Verfahren für den Umtausch oder den Bezug zu nennen. Diese Regelung war bereits aus § 6 Abs. 1 Nr. 2 VerkProspVO bekannt. Der Verordnungsgeber hat sich für eine Beibehaltung dieses Angabeerfordernisses entschieden, weil bei Wertpapieren, die den Gläubigern ein Umtausch- oder Bezugsrecht auf Aktien einräumen, sich durch Ausübung des Bezugsrechts die Struktur der Anteilseigner ändern kann. Die praktische Bedeutung der Norm ist äußerst gering, da nur sehr wenige Emittenten von Vermögensanlagen AGs oder KGaAs sind.

Wertpapiere im Sinne des Satzes 2 können bspw. Optionsscheine oder Wandelschuldverschreibungen sein.

Eine positive Angabe nach § 6 Satz 3 kann nur dann möglich sein, wenn zuvor eine positive Aussage gemäß § 6 Satz 2 getroffen wurde.

Hat ein Emittent eine andere Rechtsform als die der KG oder KGaA, was in der Praxis der Regelfall ist, ist zur Erfüllung der Angabeerfordernisse nach § 6 Satz 2 und Satz 3 die Aufnahme entsprechender Negativtestate erforderlich.

Formulierungsbeispiel: „Die Angaben über das Kapital des Emittenten zusätzlich des Nennbetrages der umlaufenden Wertpapiere, die den Gläubigern ein Umtausch- oder Bezugsrecht auf Aktien einräumen (§ 6 Satz 2 VermVerkProspV) und über die Bedingungen sowie das Verfahren für den Umtausch oder den Bezug (§ 6 Satz 3 VermVerkProspV) entfallen, da der Emittent weder die Rechtsform einer AG noch die einer KGaA hat."

§ 7 Angaben über Gründungsgesellschafter des Emittenten

(1) ¹Der Verkaufsprospekt muss über die Gründungsgesellschafter des Emittenten angeben:
1. Namen und Geschäftsanschrift, bei juristischen Personen Firma und Sitz;
2. Art und Gesamtbetrag der von den Gründungsgesellschaftern insgesamt gezeichneten und der eingezahlten Einlagen;

3. Gewinnbeteiligungen, Entnahmerechte und den Jahresbetrag der sonstigen Gesamtbezüge, insbesondere der Gehälter, Gewinnbeteiligungen, Aufwandsentschädigungen, Versicherungsentgelte, Provisionen und Nebenleistungen jeder Art, die den Gründungsgesellschaftern außerhalb des Gesellschaftsvertrages insgesamt zustehen.

²Die Angaben nach Satz 1 können entfallen, wenn der Emittent mehr als fünf Jahre vor Aufstellung des Verkaufsprospekts gegründet wurde.

(2) Der Verkaufsprospekt muss auch Angaben enthalten über den Umfang der unmittelbaren oder mittelbaren Beteiligung der Gründungsgesellschafter an

1. Unternehmen, die mit dem Vertrieb der emittierten Vermögensanlagen beauftragt sind;
2. Unternehmen, die dem Emittenten Fremdkapital zur Verfügung stellen, sowie
3. Unternehmen, die im Zusammenhang mit der Herstellung des Anlageobjekts nicht nur geringfügige Lieferungen oder Leistungen erbringen.

Übersicht

	Rn.
I. Vorbemerkung	1
1. Normentwicklung	1
2. Begriff des Gründungsgesellschafters	3
3. Beispiel GmbH & Co. KG	4
4. IDW S 4	8
II. Angaben über die Gründungsgesellschafter im Einzelnen	9
1. Angaben nach Abs. 1	10
2. Angaben nach Abs. 2	39

I. Vorbemerkung

1. Normentwicklung

1 Die Vorschrift hat kein Vorbild in der VerkProspVO und ist im Rahmen der Kodifizierung des Vermögensanlagenprospektrechts gewissermaßen „neu geschaffen" worden. Pate stand die Rechtsprechung: Denn in der Judikatur ist es für den Bereich der geschlossenen Fonds seit längerem anerkannt, dass für eine zutreffende Beurteilung des Emittenten und der Vermögensanlage den Angaben über kapitalmäßige und personelle Verflechtungen der Gründungsgesellschafter besondere Bedeutung zukommt (Begr. VermVerkProspV, S. 5; *Keunecke* Rn. 361), da diese bereits für sich allein betrachtet eine für das

Publikum nachteilige Interessenkollision hervorrufen kann. Von herausragendem Interesse ist in diesem Zusammenhang der den Gründungsgesellschaftern zustehende Anteil am Gewinn sowie deren weitere, die Rendite des Anlegers schmälernde Bezüge (*Keunecke* Rn. 361). Vor diesem Hintergrund sieht § 7 Abs. 1 die Nennung einer ganzen Reihe von finanziellen Positionen vor. Interessant ist insoweit ein Blick auf die Entstehung der Norm: Der DiskE der VermVerkProspV sah die in der endgültigen Fassung auf die Gründungsgesellschafter beschränkten Angabepflichten noch für eine Reihe weiterer Personen vor. So waren ursprünglich nach dem DiskE auch die (sonstigen) Gesellschafter des Emittenten als angabepflichtig vorgesehen, denen mindestens 25 % der Stimmrechte der Fondsgesellschaft unmittelbar oder mittelbar zustehen. Gleichfalls angabepflichtig waren nach dem DiskE die persönlich haftenden Gesellschafter. Zudem wären die entsprechenden Angaben für den Fall, dass der Emittent eine Kapitalgesellschaft ist, über die Personen oder Gesellschaften erforderlich gewesen, die am Nennkapital – nicht an den Stimmrechten – des Emittenten unmittelbar oder mittelbar mit mindestens 25 % beteiligt sind. Auch diese Vorgaben hatten ihren Ursprung in der Rechtsprechung, die neben den Gründungsgesellschaftern zudem die Angabe der wesentlichen kapitalmäßigen oder personellen Verflechtungen der *Gesellschafter* und der an dem Projekt beteiligten Unternehmen verlangt (vgl. BGH ZIP 2003, 996). Nach der damals geltenden Fassung des IDW S 4 waren die Angaben zu den folgenden kapitalmäßigen oder personellen Verflechtungen geboten: zwischen dem „Herausgeber/Initiator" des Prospekts und den Vertragspartnern wichtiger Verträge für das Beteiligungsobjekt, Sachverständigen sowie Gutachtern. Dabei wurde eine kapitalmäßige Verflechtung bereits dann angenommen, wenn die Beteiligung zusammen mit der Beteiligung naher Angehöriger im Sinne des § 15 AO direkt oder indirekt mehr als 25 % betrug (Anlage 1 Rn. XI IDW S 4 in der Fassung vom 1. 9. 2000, FN-IDW Nr. 10/2000, 538, 552). Derartige Angaben sind nach der geltenden Rechtslage allenfalls nach Maßgabe der Generalklausel des § 2 Abs. 1 Satz 1 zu prospektieren.

Denn der Verordnungsgeber hat sich gleichwohl entschieden, den **2** Kreis der nach § 7 angabepflichtigen Personen auf die Gründungsgesellschafter zu beschränken. Auch wenn die nach der Rechtsprechung angabepflichtigen Personen nun nicht mehr in den Kreis der Gründungsgesellschafter nach § 7 fallen, so können mögliche Interessenkollisionen im Zusammenhang mit ihrer Tätigkeit ggf. nach § 12 Abs. 4 im Verkaufsprospekt aufgedeckt werden (ausführlich hierzu § 12 VermVerkProspV Rn. 38 ff.). Die Gründungsgesellschafter iSd § 7 können im Übrigen keine Personen nach § 12 Abs. 4 sein, da sie bereits in den Kreis der „nach dieser Verordnung (eben nach § 7) angabepflichtigen Personen" fallen. Insoweit besteht für den Anbieter bzw. Prospektaufsteller kein Beurteilungsspielraum.

2. Begriff des Gründungsgesellschafters

3   Gründungsgesellschafter iSd § 7 sind – was in der Prüfungspraxis nicht immer beachtet wird – diejenigen Gesellschafter, die vor Beginn des öffentlichen Angebots im Zeitpunkt der Prospektaufstellung Gesellschafter des Emittenten sind. Der Begriff des Gründungsgesellschafters nach der VermVerkProspV weicht damit vom gesellschaftsrechtlichen Verständnis des Gründungsgesellschafters ab. Dies ist sachgerecht, weil die Interessenkonflikte, die § 7 für das Publikum offenlegen möchte, bei all denjenigen Gesellschaftern auftreten können, die vor Platzierungsbeginn Gesellschafter des Emittenten werden. Es nicht entscheidend sein, dass jemand bereits durch die gesellschaftsrechtliche – im Übrigen gleich ob in der Form einer wirtschaftlichen Gründung oder nicht – Gründung Gesellschafter wurde. Denn dieser ist womöglich keinem Interessenkonflikt ausgesetzt ist, während später beitretende – und möglicherweise in einem Konflikt stehende – Gesellschafter, wollte man sich auf den gegenteiligen Standpunkt stellen, von der Prospektierung ausgenommen würden.

3. Beispiel GmbH & Co. KG

4   Für den Bereich der geschlossenen Fonds lassen sich, was die Gründung einer Fondsgesellschaft (und damit eines Emittenten iSd VermVerkProspV) betrifft, gewisse typische Grundkonstellationen ausmachen, die am Beispiel der GmbH & Co. KG erläutert sein sollen: Häufig erfolgt die Gründung nicht durch die Errichtung einer „neuen" KG, sondern vielmehr durch den Erwerb einer Vorratsgesellschaft (zum Zeitpunkt der Gründung bei der Verwendung von Vorratsgesellschaften s. § 5 VermVerkProspV Rn. 64). Dabei wird die Funktion des persönlich haftenden Gesellschafters von einer GmbH übernommen (Komplementär-GmbH = 1. Gründungsgesellschafter). Bei den gängigen Treuhandkonstruktionen übernimmt in der überwiegenden Zahl der Fälle eine weitere juristische Person die Rolle des so genannten Treuhandkommanditisten (= 2. Gründungsgesellschafter). Mitunter sind an dem Gründungsvorgang noch weitere (natürliche) Personen seitens des Initiators bzw. des Emissionshauses beteiligt, die so genannten Gründungskommanditisten (= 3. Gründungsgesellschafter).

5   Bei geschlossenen Fonds, die in der Form der GmbH & Co. KG aufgelegt werden, sind demgemäß die Komplementär-GmbH, der

Treuhandkommanditist und der bzw. die Gründungskommanditisten Gegenstand der Angaben nach § 7.

Den vorstehenden Ausführungen liegt die Annahme zugrunde, dass in dem Fall einer wirtschaftlichen Neugründung eines Emittenten (durch den Erwerb einer Vorratsgesellschaft) diejenigen als Gründungsgesellschafter anzusehen sind, die im Zeitpunkt und aufgrund der wirtschaftlichen Neugründung Gesellschafter der Fondsgesellschaft sind bzw. werden. Keine Gründungsgesellschafter nach § 7 sind nach der hier vertretenen Auffassung diejenigen Personen, welche die Vorratsgesellschaft ursprünglich vor deren Erwerb und damit wirtschaftlicher Neugründung rechtlich („alt"-)gegründet haben. Dies ist vor dem wirtschaftlichen Hintergrund des zu beurteilenden Vorgangs sachgerecht: Die ursprünglichen rechtlichen Gründer und „Vorhalter" der Vorratsgesellschaft (in praxi regelmäßig im Verhältnis zum Emissionshaus externe Rechtsanwälte, Wirtschaftsprüfer und/oder Steuerberater) sind regelmäßig nicht in wirtschaftlicher Hinsicht insbesondere aufgrund von Einlagen und/oder Gewinnbeteiligungen etc. mit der Vorratsgesellschaft verbunden. Ihre Tätigkeit erschöpft sich in der rechtlichen Gründung und dem „Vorhalten" der Gesellschaft als „Serviceleistung" für den späteren Erwerber. Mit dem Erwerb des Mantels beginnt für die Gesellschaft – bewusst bildlich formuliert – ein wirtschaftlicher eigenständiger und neuer Lebensabschnitt. Erst dieser Lebensabschnitt ist aber für das Publikum im Hinblick auf die Beurteilung des Emittenten, soweit es auf die zu treffende Anlageentscheidung ankommt, von Interesse. Wollte man die „Ursprungsgründer" als „die" Gründungsgesellschafter nach § 7 ansehen, so wären die entsprechenden Angaben nach dieser Norm für das Publikum von keinerlei nennenswertem Informationsgehalt. Zudem dürften dann typischerweise so gut wie ausschließlich Negativtestate zur Aufnahme in den Verkaufsprospekt anstehen. Unabhängig davon würden ggf. jedoch die entsprechenden Verflechtungen zwischen den wirtschaftlichen („Neu"-) Gründern und dem Emittenten bestehen, die dann nicht mehr nach § 7 in den Verkaufsprospekt aufzunehmen wären, sondern allenfalls nach § 2 Abs. 1 Satz 1. Insoweit wäre der Beurteilungsspielraum für die Aufnahme in den Verkaufsprospekt beim Anbieter angesiedelt (vgl. § 2 VermVerkProspV Rn. 8). Dieses Ergebnis ist vom Verordnungsgeber, der sich bei der Formulierung des § 7 von den Erkenntnissen der Rechtsprechung zur wirtschaftlichen Neugründung hat leiten lassen, ersichtlich nicht gewollt. Auch vor dem Hintergrund des Verständlichkeitsgebots erscheint es angemessen, Angaben über die ursprünglichen rechtlichen Gründer des Emittenten nicht als Mindestangaben anzusehen, da andernfalls der Verkaufsprospekt mit Angaben von Personen überfrachtet würde, die mit dem wirtschaftlichen Schicksal der Fondsgesellschaft nach erfolgter wirtschaftlicher Neugründung nichts mehr zu tun haben und bei denen infolgedessen auch keine Interessenkollision bestehen kann, wie § 7 sie gerade aufdecken möchte. Mit der Aufnahme derartiger Angaben würde mithin der Sinn und Zweck der Norm verfehlt werden.

7   Zu beachen ist ferner, dass die Gründer einer Vorratsgesellschaft ggf. Personen nach § 12 Abs. 4 sein können (§ 12 VermVerkProspV Rn. 38 ff.).

4. IDW S 4

8   Die Vorschrift wird durch Ziffer 3.7 der Anlage 1 zu IDW S 4 erläutert (s. im Textanhang unter III. 1).

II. Angaben über die Gründungsgesellschafter im Einzelnen

9   § 7 ist in zwei Absätze unterteilt: Abs. 1 normiert – neben Adressdaten – insbesondere Angabeerfordernisse bzgl. im Zusammenhang mit den Gründungsgesellschaftern stehender finanzieller Positionen, welche die Rendite der Anleger mindern (Rn. 10 ff.); Abs. 2 verlangt Informationen betreffend die Beteiligungen der Gründungsgesellschafter an bestimmten Unternehmen (Rn. 39 ff.).

1. Angaben nach Abs. 1

10   Ist ein Gründungsgesellschafter des Emittenten eine natürliche Person, so sind dessen Name und Geschäftsanschrift anzugeben.

11   **a) Natürliche Personen.** Der Name einer natürlichen Person ist derjenige im Sinne des § 12 BGB und damit die aus Buchstaben bestehende, aussprechbare sprachliche Kennzeichnung einer Person zur Unterscheidung von anderen (*Palandt/Heinrichs*, § 12 BGB Rn. 1.). Ggf. können im Einklang mit dem Namensrecht auch Pseudonyme angegeben werden (was in der Praxis insbesondere mitunter bei Musikfonds vorkommt), sofern nur die Personenidentität erkennbar bleibt.

12   Für die bei den natürlichen Personen anzugebende Geschäftsanschrift gilt, dass eine ladungsfähige Anschrift (und mithin nicht bspw. lediglich ein Postfach) anzugeben ist (ebenso wie bei den Angaben zum Emittenten selbst; vgl. § 5 VermVerkProspV Rn. 33).

13   Nicht notwendig ist die Angabe einer Privatanschrift. Diese ist sachgerechterweise nicht als Mindestangabeerfordernis vom Wortlaut des § 7 erfasst. Sinn und Zweck der Norm ist nicht, dass marodierende Anleger die Gründungsgesellschafter in ihren Privaträumen

aufsuchen. Der Verordnungsgeber hat dem Persönlichkeitsschutz den gebührenden Vorrang eingeräumt.

b) Juristische Personen. Bei juristischen Personen verlangt § 7 Abs. 1 Nr. 1 die Aufname von Firma und Sitz in den Verkaufsprospekt.

Juristische Personen iSd des Verkaufsprospektrechts sind grundsätzlich Personenvereinigungen oder ein oder ein Zweckvermögen mit vom Gesetz anerkannter rechtlicher Selbständigkeit, wobei zwischen solchen des öffentlichen Rechts und des Privatrechts zu unterscheiden ist (*Palandt/Heinrichs,* Einf v 21 Rn. 3). Im Zivilrecht sind juristische Personen insbesondere von Gemeinschaften zur gesamten Hand zu unterscheiden. Hierunter fallen insbesondere die GbR, die OHG, die KG sowie ferner der nichtrechtsfähige Verein, die EWIV, die eheliche Gütergemeinschaft und die Erbengemeinschaft (*Palandt/Heinrichs,* Einf v 21 Rn. 2). Hiervon sind die OHG, die KG, der nicht eingetragene Verein und die EWIV Rechtssubjekte mit Teilrechtsfähigkeit. Im Wege der richterlichen Rechtsfortbildung hat der BGH zumindest der (Außen-)GbR ebenfalls Teilrechtsfähigkeit zuerkannt (BGH NJW 2001, 1056). Diese teilrechtsfähigen Rechtssubjekte sind allesamt juristische Personen im Sinne des Verkaufsprospektrechts. Einem Prospektaufsteller ist es daher – bspw. – verwehrt, die Angaben nach § 7 für einen Gründungsgesellschafter in der Rechtsform der GbR unter Hinweis auf dessen Teilrechtsfähigkeit entfallen zu lassen. Dies gebietet nicht zuletzt der Normzweck des Anlegerschutzes. Andernfalls könnte sich ein Anbieter durch die entsprechende Rechtsformwahl bei den Gründungsgesellschaftern der Offenlegung allfällig existierender Interessenkonflikte entziehen.

Wie schon bei § 5 Nr. 1 (§ 5 VermVerkProspV Rn. 31) in Bezug auf den Emittenten selbst, ist die verlangte Firma auch für die Gründungsgesellschafter, sofern sie denn nur eine juristische Person sind, diejenige im Sinne der §§ 19 ff. HGB. Handelt es sich bei dem Gründungsgesellschafter um eine juristische Person im verkaufsprospektrechtlichen Sinn (Rn. 15), aber nicht um einen Kaufmann iSd HGB, so ist die Angabe nicht etwa entbehrlich oder durch ein Negativtestat unter Hinweis auf einen rechtlichn Grund zu erfüllen. Anzugeben ist – insbesondere bei Gründungsgesellschaftern in der Rechtsform der GbR – die jeweilige Geschäftsbezeichnung (hierzu *Baumbach/Hopt,* HGB § 17 Rn. 13). Der Sitz der Gesellschaft ist der vertrags- bzw. satzungsgemäße Sitz, wobei der Sitz mit dem Ortsnamen anzugeben ist (vgl. auch § 5 VermVerkProspV Rn. 32).

Nach dem Wortlaut des § 7 Abs. 1 Nr. 1 ist die Angabe der Geschäftsanschrift bei Gründungsgesellschaftern, die juristischen Personen sind, nicht erforderlich. Der Verordnungsgeber hätte insoweit vorzugswürdigerweise die Formulierung des § 5 Nr. 1 übernehmen sollen („Sitz und die Geschäftsanschrift") oder vor dem Wort „Sitz" in § 7 Abs. 1 Nr. 1 das Attribut „zusätzlich" eingefügt. Vor dem Hintergrund, dass Sitz und Geschäftsanschrift keine deckungsgleichen Informationen sind, die Geschäftsanschrift eines Gründungsgesellschafters, namentlich einer Komplemtär-GmbH für die Anleger durchaus von Interesse sein kann, empfiehlt sich jedenfalls im Lichte des § 2 Abs. 1 Satz 1 regelmäßig die Aufnahme der Geschäftsanschrift für die Gründungsgesellschafter, die als juristische Personen iSd § 7 zu qualifizieren sind.

18   c) **Gezeichnete und eingezahlte Einlagen.** Gemäß § 7 Abs. 1 Nr. 2 sind Art und Gesamtbetrag der von den Gründungsgesellschaftern insgesamt gezeichneten und der eingezahlten Einlagen anzugeben.

19   Mit der Angabe der Art der Einlage wird die Bestimmung der Einlage (mithin des Beitrages eines Gründungsgesellschafters) gefordert, den dieser als Beteiligung leistet. Ganz überwiegend wird die Einlage in Geld erbracht und stellt in der Art damit eine „Kapitaleinlage" dar. Keine Mindestangabe ist die „Art und Weise der Einzahlung der Kapitaleinlage". Gleichwohl dürfte die Aufnahme dieser Information in den Verkaufsprospekt regelmäßig der Information des Anlegers förderlich sein. Bei Kapitaleinlagen ist insofern bspw. an Einzahlungen zum Gesellschaftsvermögen oder auf die Stammeinlage oder an die Übernahme von Anteilen zu denken. Eine weitere „Art" der Einlage ist die „Sacheinlage". Eine solche liegt (insbesondere wenn der Emittent im Rahmen einer Sachgründung gegründet wird) dann vor, wenn die Einlage durch Übertragung von Sachwerten oder Rechten geleistet wird.

20   Da lediglich ein Gesamtbetrag in Bezug auf die Einlagen genannt werden muss, ist es nicht erforderlich, die Beträge der einzelnen Einlagen im Hinblick auf die einzelnen Gründungsgesellschafter im Verkaufsprospekt aufzuteilen. Gleichwohl ist eine derartige Aufteilung, mag sie als Mindestangabe zwar nicht gefordert sein, der Transparenz jedenfalls nicht hinderlich und vor dem Hintergrund der zu ermöglichenden Erleichterung der Auswertung des Verkaufsprospekts zu empfehlen. Gleichfalls empfehlenswert ist dann ggf. eine Aufteilung nach „gezeichneten" und „eingezahlten" Einlagen. „Gezeichnete" Einlagen sind solche, zu deren Einzahlung sich der Gründungsgesellschafter bereits verpflichtet hat, deren Einzahlung indessen noch nicht erfolgt ist. Demgegenüber sind „eingezahlte" Einlagen solche, bei denen die Einzahlung bereits vorgenommen wurde.

Liegen Einlagen im Sinne des § 7 Abs. 1 Nr. 2 nicht vor, ist ein Negativtestat erforderlich. **Formulierungsbeispiel:** „Die Gründungsgesellschaftern haben keine Einlagen gezeichnet bzw. eingezahlt, so dass insoweit keine Angaben zu Art und Gesamtbetrag derartiger Einlagen gemacht werden können."   21

Ggf. ist das Negativtestat nach den einzelnen Gründungsgesellschaftern „aufzuteilen". Insbesondere ist typischerweise die persönlich haftende Gesellschafterin nicht am Vermögen und Kapital der KG beteiligt.   22

Im Übrigen orientiert sich die Höhe der Einlage der Treuhandkommanditistin nicht selten an der für die Anleger vorgesehenen Mindestzeichnungssumme (vgl. § 4 Satz 1 Nr. 9). Häufig erbringt der Gründungskommanditist ein Vielfaches von diesem Betrag als Einlage an der Fondsgesellschaft, nicht zuletzt um das wirtschaftliche Commitment seitens des Emissionshauses gegenüber dem Publikum besonders zu betonen.   23

d) Bezüge der Gründungsgesellschafter. Von zentralem Interesse für potentielle Investoren ist die Angabe der Gewinnbeteiligungen (Rn. 27), der Entnahmerechte (Rn. 28) sowie des Jahresbetrages der sonstigen Gesamtbezüge (Rn. 29) der Gründungsgesellschafter nach § 7 Abs. 1 Satz 1 Nr. 3.   24

In Bezug auf die von § 7 Abs. 1 Satz 1 Nr. 3 verwendeten Begriffe ist folgendes festzuhalten: Im DiskE verwendete die Norm noch den Terminus „Vergütung" statt wie nunmehr (Gesamt-)"Bezüge". Der Verordnungsgeber hat insoweit eine Angleichung an § 12 Abs. 1 Nr. 2 vorgenommen, der bereits in der Entwurfsfassung von „Bezügen" sprach. Darüber hinaus fand sich dieser Terminus bereits in den Regelungen über die Mindestangaben für Wertpapier-Verkaufsprospekte nach § 10 Abs. 2 VerkProspVO. Bei der endgültigen Formulierung hat der Verordnungsgeber den aus § 10 Abs. 2 VerkProspVO stammenden Klammerzusatz („Gehälter, Gewinnbeteiligungen, Aufwandsentschädigungen, Versicherungsentgelte, Provisionen und Nebenleistungen jeder Art") beibehalten und in § 7 Abs. 1 Nr. 3 übernommen.   25

Jedoch erfolgte die Übernahme des Klammerzusatzes in leicht modifzierter Form: In § 10 VerkProspVO hatte der Klammerzusatz die Funktion einer Legaldefinition des Terminus „Gesamtbezüge". Der Verordnungsgeber hatte sich insoweit für eine Definition mittels einer Aufzählung entschieden, anstatt eine abstrakte Definitionsleistung vorzunehmen (denkbar wäre z. B. gewesen: „alle Bezüge, die als Gegenleistung für die Tätigkeit als Mitglied des Gremiums dienen"). In § 7 Abs. 1 Nr. 3 wird die aus § 10 VerkProspVO bekannte Enume-   26 ration nun nicht mehr als Klammerdefinition verwendet, sondern – was durch die Einfügung des Wortes „insbesondere" vor Beginn der Aufzählung deutlich wird – als eine nicht abschließende Auflistung von Beispielen, die „Gesamtbezüge" iSd § 7 Abs. 1 Nr. 3 darstellen können. Hierbei ist dem Verordnungsgeber eine redaktionelle Ungenauigkeit unterlaufen: § 10 VerkProspVO nannte lediglich „Gesamtbezüge" (der Geschäftsführungs- und Aufsichtsorgane), die angabepflichtig waren. Im Hinblick auf die Gründungsgesellschafter des Emittenten nach der VermVerkProspV sind nicht nur „Gesamtbezüge", sondern (zuvor) auch „Gewinnbeteiligungen" (Rn. 27) und „Entnahmerechte" (Rn. 28) anzugeben. Die „Gesamtbezüge" werden dann durch die „insbesondere"-Aufzählung näher bestimmt, wobei der Verordnungsgeber aufgrund der wörtlichen Übernahme der Klammerdefinition des § 10 VerkProspVO die Aufzählung mit „Gehälter, *Gewinnbeteiligungen*..." beginnt. Die Gewinnbeteiligungen sind in § 7 Abs. 1 Nr. 3 somit doppelt genannt: Zunächst in der Aufzählung „*Gewinnbeteiligungen,* Entnahmerechte und Jahresbetrag der sonstigen Gesamtbezüge" sowie in der Aufzählung, welche die Gesamtbezüge durch die Nennung von Beispielen, erläutert. Die doppelte Nennung meint nicht, dass innerhalb des § 7 Abs. 1 Nr. 3 zwei unterschiedlich zu verstehende Begriffe von „Gewinnbeteiligungen" verwendet werden. Vielmehr ist die Aufführung der Gewinnbeteiligungen im Rahmen der „insbesondere"-Aufzählung überflüssig und allein auf die „copy-paste-Übernahme" der Klammerdefinition des § 10 VerkProspVO in § 7 Abs. 1 Nr. 3 zurückzuführen.

27 Gewinnbeteiligungen ist im Sinne von „Gewinnanteilen" zu verstehen, d. h. anzugeben ist der Anteil am Jahresgewinn des Emittenten, der unter den Gründungsgesellschaftern verteilt wird.

28 Die Angaben über Entnahmerechte sind insbesondere von Bedeutung, wenn der Gesellschaftsvertrag des Emittenten abweichende Regelungen von der gesetzlichen Regelungssituation vorsieht: Die Gründungsgesellschafter haben (wie jeder Gesellschafter) neben ihrem Geschäftsanteil (= Anteil am Gesellschaftsvermögen) einen Kapitalanteil. Dieser wird zunächst vom Wert der geleisteten Einlage aus errechnet, kann sich bei Personenhandelsgesellschaften durch weitere Einlagen, Gewinngutschriften und eben auch Entnahmen verändern und dabei sogar negativ (passiv) werden. Der Gewinn und Verlust einer Personenhandelsgesellschaft wird regelmäßig jedes Jahr ermittelt und auf die Gesellschafter je nach ihrem Anteil verteilt (= Gewinnbeteiligung; s. vorstehende Rn. 27), indem er zunächst den Kapitalanteilen zugeschrieben wird, § 120 HGB. Nach der gesetzlichen Regelung darf ein Gesellschafter bei der OHG (bzw. Komplementär bei der KG) Geld nur bis zum Betrag von 4% seines Kapitalanteils aus

der Gesellschaftskasse entnehmen. Dies macht sein „Entnahmerecht" iSd § 7 Abs. 1 Satz 1 Nr. 3 aus. Eventuelle Modifikationen dieser Regelung im Gesellschaftsvertrag des Emittenten, mithin Abweichungen von der Höhe des Prozentsatzes, sind entsprechend im Verkaufsprospekt anzugeben.

Vgl. für Besonderheiten der Entnahmerechte bei einer GmbH *Baumbach/Hueck*, GmbHG, § 29 Rn. 64.

Zudem ist der Jahresbetrag der sonstigen Gesamtbezüge anzugeben. Mit „Jahr" ist das Geschäftsjahr des Emittenten gemeint. Da lediglich ein Jahresbetrag anzugeben ist, kann eine Aufschlüsselung nach einzelnen Positionen nicht als Mindestangabe gefordert werden. Unter Tranparenzgesichtspunkten ist eine derartige Aufteilung gleichwohl wünschenswert und kann für die Prospekterstellung empfohlen werden. 29

Fraglich ist, was unter Gesamtbezügen zu verstehen ist. Nach altem Recht waren mit den „Gesamtbezügen" nach § 10 VerkProspVO sämtlichen Bezüge, die als Gegenleistung für die Tätigkeit als Mitglied des Gremiums dienen, gemeint. (*Assmann*, in: *ders./Lenz/Ritz*, VerkProspVO § 10 Rn. 3). Dies gilt im Grundsatz auch für das Verkaufsprospektrecht der Vermögensanlagen. Zu beachten ist insofern, dass die Gründungsgesellschafter als solche kein „Gremium" bilden. Der für § 10 VerkProspVO entwickelte Grundsatz hat seinen Ursprung darin, dass die Gesamtbezüge von „Geschäftsführungs- und Aufsichtsorganen" (von der Literatur als „Gremien" zusammengefasst) angegeben werden mussten. Die Gründungsgesellschafter können, müssen aber nicht einem Geschäftsführungs- oder anderem Organ des Emittenten angehören. Nach Sinn und Zweck der Norm sind daher diejenigen Bezüge anzugeben, welche die Gründungsgesellschafter als Gegenleistung für eine wie auch immer geartete Tätigkeit für den Emittenten erhalten. 30

Die sich an den Begriff „Gesamtbezüge" anschließende Aufzählung ist nicht abschließend („insbesondere"). Hervorzuheben ist, dass auch Provisionen und Nebenleistungen jeder Art zu den angabepflichtigen Bezügen zählen. Da „Nebenleistungen jeder Art" in Rede stehen, sind nicht nur Geld- und Sachbezüge, sondern zudem gewährte Rechtsansprüche und andere geldwerte Vorteile anzugeben. Sofern Sachbezüge und geldwerte Leistungen in den Verkaufsprospekt aufzunehmen sind, ist der Zeitwert anzusetzen (*Assmann*, in: *ders./Lenz/Ritz*, VerkProspVO § 10 Rn. 3). 31

Weitere Bezüge sind bspw.: Haftungsentschädigungen (ggf. inkl. einer Umsatzsteuer), Pauschalen für das laufende Management des Portfolios, Verwaltungsgebühren, Vergütungen für treuhänderische Tätigkeiten (ggf. bspw. unterteilt nach Tätigkeit in der Platzierungs- 32 phase und Tätigkeit im Zusammenhang mit der Verwaltung von Anteilen), Aufwendungen im Zusammenhang mit der Gesellschaftsgründung, Konzeption, Prospektierung, Marketingaktivitäten, Vergütung für die Sicherstellung der Gesamtfinanzierung, Vergütung für die Beschaffung des Eigenkapitals, Koordination der rechtlichen und steuerlichen Beratung, Vermittlung der Fremdfinanzierung.

33 Derartige Positionen beruhen regelmäßig auf dem Gesellschaftsvertrag. Insofern fällt auf, dass § 7 Abs. 1 Satz 1 Nr. 3 aE lediglich die Angabe von solchen Bezügen fordert, „die den Gründungsgesellschaftern außerhalb des Gesellschaftsvertrags insgesamt zustehen". Diese Formulierung wirft mehrere Fragen auf:

34 Zunächst ist klärungsbedürftig, ob sich dieser die Norm abschließende Relativsatz lediglich auf die „sonstigen Gesamtbezüge" bzw. womöglich nur auf „die Nebenleistungen jeder Art" oder auch auf die „Gewinnbeteiligungen" und „Entnahmerechte" bezieht. Eine rein grammatikalische Betrachtung führt zu keinem eindeutigen Ergebnis, jede der drei genannten Sichtweisen ist grundsätzlich möglich. Jedoch ist unter keinem erdenklichen Gesichtspunkt ersichtlich, dass der Verordnungsgeber lediglich hinsichtlich einzelner Positionen von Bezügen eine bestimmte Spezifizierung hinsichtlich der Angabepflicht vornehmen wollte. Wollte man enge Lesarten favorisieren, würde dies zu dem Ergebnis führen, dass allein hinsichtlich der „Nebenleistungen jeder Art" bzw. der „sonstigen Gesamtbezüge" diejenigen Positionen anzugeben sind, die den Gründungsgesellschaftern außerhalb des Gesellschaftsvertrages zustehen. Dies würde die Frage nach sich ziehen, wie in Bezug auf die Gewinnbeteiligungen und Entnahmerechte zu verfahren wäre. Da es insoweit an einer Beschränkung der Angabepflicht auf außerhalb des Gesellschaftsvertrages gewährte Positionen fehlen würde, ließe sich in mehrere Richtungen argumentieren: Entweder könnten insoweit Bezüge, die den Gründungsgesellschaftern inner- und außerhalb des Gesellschaftsvertrages gewährt werden, angabepflichtig sein. Oder man würde sich auf den Standpunkt stellen, dass im Wege eines Umkehrschlusses nur innerhalb des Gesellschaftsvertrages gewährte Positionen in den Verkaufsprospekt aufzunehmen sind. Für keine dieser denkbaren Varianten streiten jedoch zwingende grammatikalische, historische oder systematische Ansatzpunkte. Den Relativsatz auf lediglich eine oder einige Positionen zu beziehen, wäre daher im Ergebnis willkürlich und ist damit abzulehnen. Vielmehr spricht unter teleologischen Gesichtspunkten alles dafür, die Einschränkung des Angabeerfordernisses auf sämtliche Positionen des § 7 Abs. 1 Satz 1 Nr. 3 zu beziehen.

35 Darüber hinaus stellt sich die Frage, wie der Prospektaufsteller mit dem Umstand umzugehen hat, dass dieser Relativsatz nur solche Po-

sitionen in Bezug nimmt, die den Gründungsgesellschaftern außerhalb des Gesellschaftsvertrages zustehen. Außerhalb des Gesellschaftsvertrages meint, dass diese Positionen ihren Rechtsgrund nicht im Gesellschaftsvertrag haben. Anzugeben sind sämtliche Bezüge, die sich insbesondere aufgrund von anderen Verträgen (z. B. Anstellungsverträgen) oder aufgrund mündlicher (Neben-)Abreden ergeben. Bei einem ersten Lesen der Norm könnte man sich daher auf den Standpunkt stellen, dass solche Positionen nicht von § 7 Abs. 1 Satz 1 Nr. 3 erfasst sind, die den Gründungsgesellschaftern innerhalb des Gesellschaftsvertrages (sprachlich vorzugswürdiger: nach dem Gesellschaftsvertrag) zustehen. Für den Bereich der Mindestangaben ist dies auch zutreffend. Der Verordnungsgeber hat sich für einen bestimmten Wortlaut entschieden und hierdurch unmissverständlich zum Ausdruck gebracht, dass lediglich solche Gegenleistungen als Mindestangabe zu klassifizieren sind, deren Rechtsgrund nicht innerhalb des Gesellschaftsvertrages liegt. Dies ist durchaus nachvollziehbar: Zunächst ist zu bedenken, dass der Gesellschaftsvertrag nach § 4 Satz 2 als eigene Mindestangabe im Verkaufprospekt abzudrucken ist, so dass dem Anleger im Hinblick auf die finanziellen Bezüge der Gründungsgesellschafter innerhalb des Gesellschaftsvertrages ohnehin die entsprechenden Informationen zur Verfügung gestellt werden. Zuzugeben ist indessen, dass der Anleger sich diese Angaben aus dem Gesellschaftsvertrag erst erschließen, wenn nicht sogar mühsam zusammensuchen muss. Unter Transparenzgesichtspunkten erscheint es sinnhaft, die entsprechenden Angaben nicht nur im Gesellschaftsvertrag abzudrucken, sondern vielmehr über die jeweiligen Bezüge im Sachzusammenhang mit den Positionen, die den Gründungsgesellschaftern außerhalb des Gesellschaftsvertrages zustehen, im Verkaufsprospekt zu informieren. Diese Angaben wären dann keine Mindestangaben, sondern jedenfalls freiwillige Angaben, bei einer entsprechenden Vergütungshöhe womöglich auch Angaben nach der Generalklausel des § 2 Abs. 1 Satz 1. Im Ergebnis kann nur empfohlen werden, neben den Gesamtbezügen, die den Gründungsgesellschaftern außerhalb des Gesellschaftsvertrages zustehen, auch diejenigen Positionen im Verkaufsprospekt abzudrucken, die innerhalb des Gesellschaftsvertrages begründet werden. Im Übrigen ist zu bedenken, dass Positionen nach § 7 Abs. 1 Satz 1 Nr. 3, insbesondere soweit Provisionen gemeint sind, durchaus „vergleichbare Vergütungen" iSd § 4 Satz 1 Nr. 12 sein können (§ 4 VermVerkProspV Rn. 80). Nicht selten werden daher entsprechende Bezüge, soweit sich ihr Rechtsgrund innerhalb des Gesellschaftsvertrages findet, bereits von § 4 Satz 1 Nr. 12 als Mindestangabe erfasst. Vor diesem Hintergrund ist die Diskussion, ob § 7 Abs. 1 Satz 1 Nr. 3 auch Bezüge „innerhalb des Gesellschaftsvertrages" erfasst, jedenfalls soweit es um diese „Schnittmenge zwischen den Normen" geht, ein Scheinproblem.

36 Angabepflichtig sind hingegen nur diejenigen Gewinnbeteiligungen, Entnahmerechte und Gesamtbezüge, die die Gründungsgesellschafter von den Emittenten erhalten. Denn nur an dieser Information kann der – dem Emittenten Finanzmittel gebende – Anleger ein redliches Interesse haben.

37 Schließlich sind die Bezüge anzugeben, die den Gründungsgesellschaftern „insgesamt zustehen." Unter dem Rechtsregime des § 10 VerkProspVO war es so, dass die Gesamtbezüge für jede Personengruppe getrennt und gesondert angegeben werden mussten, wobei klar ersichtlich sein musste, welches Gremium die Angaben betreffen (*Assmann*, in: *ders./Lenz/Ritz*, VerkProspVO § 10 Rn. 4). Indessen war der Wortlaut der Verordnung ein anderer („... für jedes Organ getrennt ..."). Eine entsprechende Formulierung (z. B.: „nach jedem Gründungsgesellschafter getrennt") fehlt bedauerlicherweise in der VermVerkProspV. Der Wortlaut des § 7 Abs. 1 Satz 1 Nr. 3 lässt es daher als Erfüllung des Mindestangabeerfordernisses ausreichen, wenn lediglich ein Gesamtbetrag angegeben wird. Gleichwohl ist eine Aufteilung nach den einzelnen Gründungsgesellschaftern zu empfehlen.

38 Nach § 7 Abs. 1 Satz 2 können die Angaben nach Satz 1 entfallen, wenn der Emittent mehr als fünf Jahre vor Aufstellung des Verkaufsprospekts gegründet wurde. Da es sich hierbei um eine „Kann"-Vorschrift handelt, müssen die Angaben nicht entfallen, sondern es steht im Belieben des Prospektaufstellers, die jeweiligen Informationen auch in den Fällen in den Verkaufsprospekt aufzunehmen, in denen der Emittent vor mehr als fünf Jahren vor dem Aufstellungsdatum gegründet wurde. Zur Bestimmung des Gründungszeitpunkts ist auch im Rahmen des Satzes 2 auf die Grundsätze über die wirtschaftliche Neugründung abzustellen (vgl. ausführlich hierzu § 5 VermVerkProspV Rn. 64).

2. Angaben nach Abs. 2

39 § 7 Abs. 2 fordert als Mindestangaben Informationen über den Umfang der unmittelbaren oder mittelbaren Beteiligung der Gründungsgesellschafter an bestimmten Unternehmen (Rn. 40).

40 **a) Unternehmen.** Das Unternehmen ist ein eigenständiger Begriff des Vermögensanlagen-Verkaufsprospektrechts. Allgemein gilt, dass es für das „Unternehmen" keinen einheitlichen Rechtsbegriff gibt (*Baumbach/Hopt*, HGB, Einl. vor § 1 Rn. 31). Der Begriff des Unternehmens ist vielmehr je nach dem Willen und Zweck des Gesetzes und der Norm zu bestimmen, die ihn verwenden, wobei dies durchaus zu unterschiedlichen, aber jeweils funktional richtigen Abgrenzungen führen kann (BGHZ 31, 109). So gibt es insbesondere eigenständige Unternehmensbegriffe des Wettbewerbsrecht (*Baumbach/Hopt,* HGB, Einl. vor § 1 Rn. 71) sowie des Kartellrechts (*Baumbach/Hopt,* HGB, Einl. vor § 1 Rn. 77). Vor diesem Hintergrund wäre es zu eng, das Unternehmen iSd § 7 Abs. 2 allein als „kaufmännisches Unternehmen" zu verstehen. Losgelöst von den umstrittenen Einzelheiten des Rechtsbegriffs „kaufmännisches Unternehmen" ist jedenfalls der Träger der Rechten und Pflichten des kaufmännischen Unternehmens der Kaufmann oder eine Handelsgesellschaft (Personenhandelsgesellschaften und Kapitalgesellschaften). Handelsgesellschaften sind OHG, KG sowie die GmbH & Co. KG, GmbH, AG, KGaA, deutsche EWIV und die Partenreederei (aA die wohl hL: bloße Bruchteilsgemeinschaft). Nun liegt es auf der Hand, dass Gründungsgesellschafter sich nicht nur an Handelsgesellschaften, sondern auch an „Nicht-Handelsgesellschaften" beteiligen können, wodurch eventuell Interessenkonflikte entstehen, die prospektierungswürdig sind. Demnach fallen auch solche Gesellschaften unter den Unternehmensbegriff des § 7 Abs. 2. Zu nennen sind insofern bspw. GbR, Verein, Stiftung, stille Gesellschaft, eG, PartGG, öffentliche Körperschaften, VVaG sowie Gesellschaften ausländischer Rechtsform. Von besonderer Praxisrelevanz sind insoweit Beteiligungen an einer Limited in den denkbaren Erscheinungsformen nach angelsächsischem Recht. Aus dieser Aufzählung konkreter Beispiele wird deutlich, dass der Begriff des Unternehmens iSd § 7 Abs. 2 denkbar weit zu fassen ist, um unter dem Gesichtspunkt des Normzwecks des Anlegerschutzes sämtliche Einheiten erfassen zu können, an denen sich Gründungsgesellschafter möglicherweise beteiligen können. Diese Erkenntnis ist für die Begriffsbildung auf der abstrakten Ebene fruchtbar zu machen: Danach erscheint es sachgerecht, ein Unternehmen iSd § 7 Abs. 2 als jede organisierte Einheit am Markt und im Verkehr zu definieren, unabhängig davon, ob diese Einheit selbst als Rechtssubjekt anerkannt ist oder nicht und gleich welcher Rechtsordnung diese Einheit unterliegt.

b) Beteiligung. Eine Beteiligung an einem Unternehmen ist im Wesentlichen in den Formen denkbar, dass ein Gründungsgesellschafter in ein bestehendes Unternehmen eintritt (in der Mehrzahl der Fälle mithin „Gesellschafter" (insbesondere bei Handelsgesellschaften) oder „Mitglied" (z. B. bei Genossenschaften) des Unternehmens wird) oder ein „Unternehmen" (mit-)gründet und dort gleichfalls wie beim Emittenten als Gründungsgesellschafter zu qualifizieren ist. Jedenfalls muss im Ergebnis der Gründungsgesellschafter einen

41

Anteil an einem anderen Unternehmen haben. Im Gegensatz zum deutschen Handelsrecht (§ 271 Abs. 1 Satz 1 HGB) muss dieser nicht dem eigenen Geschäftsbetrieb durch Herstellung einer dauernden Verbindung zu jenem Unternehmen zu dienen bestimmt sein, da diese bilanzrechtliche Sichtweise zu einer ungebührlichen Verengung führen würde, die mit dem Normzweck des Anlegerschutzes nicht zu vereinbaren wäre. Ausreichend ist allein das Vorliegen eines Gesellschaftsverhältnisses. Ein partiarisches Darlehen mit Einwirkungsrechten dürfte vom Wortlaut der Norm nicht erfasst sein, könnte aber als Generalklausel-Angabe prospektpflichtig sein. Gleiches gilt für die Fälle rein personeller und wirtschaftlicher Einflussmöglichkeiten des Gründungsgesellschafters auf das Unternehmen.

42 Die Beteiligungen können unmittelbarer oder mittelbarer Natur sein. Sie sind unmittelbar, wenn der Gründungsgesellschafter selbst die Anteile hält. Mittelbar ist die Beteiligung, wenn die Anteile durch eine rechtliche „Zwischeneinheit" (bspw. durch einen Treuhänder oder eine Tochtergesellschaft des Gründungsgesellschafters) für den Gründungsgesellschafter gehalten werden. Nicht ausreichend ist hingegen, dass eine mittelbare Beteiligung über eine gemeinsame Muttergesellschaft erfolgt. Denn in derartigen Fällen besteht in der Regel keine Einflussmöglichkeit des Gründungsgesellschafters auf das Unternehmen, so dass der Normzweck des § 7 Abs. 2 schon von vorneherein nicht berührt ist. Gleichwohl kommt eine Prospektierung aufgrund der Generalklausel gem. § 2 Abs. 1 Satz 1 in Betracht

43 Der Umfang dieser Beteiligungen kann insbesondere im Wege von Prozentzahlen angegeben werden, wobei die Bezugsgröße eindeutig sein muss.

44 **c) Mit dem Vertrieb der emittierten Vermögenanlagen beauftragte Unternehmen.** Nach § 7 Abs. 2 Nr. 1 ist über Beteiligungen der Gründungsgesellschafter an solchen Unternehmen zu informieren, die mit dem Vertrieb der emittierten Vermögensanlagen beauftragt sind. Dies sind solche Unternehmen, welche aufgrund einer Vereinbarung die Vermögensanlagen öffentlich anbieten. Da die VermVerkProspV insoweit die „emittierten" Vermögensanlagen in Bezug nimmt, geht es lediglich um die Vermögensanlagen, die Gegenstand des prospektierten öffentlichen Angebots sind. Nicht angabepflichtig sind Beteiligungen an Unternehmen, die mit dem Vertrieb anderer als der emittierten Vermögensanlagen beauftragt sind. Dabei muss die Vereinbarung nicht mit dem Emittenten getroffen worden sein, die Erteilung eines Vertriebsauftrages kann beispielsweise auch durch das Emissionshaus erfolgen, das den Verkaufsprospekt als Anbieter unterschrieben hat, sofern dieses nur zugleich als

Gründungsgesellschafter des Emittenten fungiert. Entscheidend ist allein, dass überhaupt ein Auftrag (mündlich oder schriftlich) erteilt wurde. Auftrag ist nicht zwingend ein solcher iSd BGB, die jeweilige Abrede kann auch anderen Rechtsordnungen unterliegen.

In diesem Zusammenhang ist darauf hinzuweisen, dass die Gründungsgesellschafter in den seltensten Fällen Vertriebsaufträge erteilen, dies unternimmt vielmehr regelmäßig der Anbieter. Der Anbieter ist aber in den wenigsten Fällen zugleich Gründungsgesellschafter des Emittenten, so dass die Norm des § 7 Abs. 2 Nr. 1 vielfach ins Leere läuft, denn die Mitglieder der Geschäftsführung sind in aller Regel zugleich Angestellte des Emissionshauses, das als Anbieter fungiert. Vielmehr ist in der Praxis der Anbieter an den Vertriebsgesellschaften in den meisten Fällen lediglich mittelbar über eine gemeinsame Muttergesellschaft beteiligt. Diesen Fall erfasst aber kein Mindestangabeerfordernis nach der VermVerkProspV (s. oben unter Rn. 42). Im Ergebnis ist an eine Prospektierung nach der Generalklausel gemäß § 2 Abs. 1 Satz 1 zu denken.

Zu beachten ist, dass nach dem Beginn eines öffentlichen Angebots häufig neue Vertriebskanäle geschaffen werden, insbesondere wenn die ursprünglich allein vorgesehenen Vertriebswege sich nicht als so erfolgreich wie erhofft erweisen sollten. Sollten entsprechende Vereinbarungen während der Platzierungsphase getroffen werden und ggf. ein nach § 7 zu prospektierender Interessenkonflikt existieren, mus ein Nachtrag iSd § 11 VerkProspG erstellt werden.

Sollten derartige Beteiligungen nicht existieren, ist ein Negativtestat im Verkaufsprospekt erforderlich. **Formulierungsbeispiel:** „Es existieren weder unmittelbare noch mittelbare Beteiligungen der Gründungsgesellschafter an Unternehmen, die mit dem Vertrieb der emittierten Vermögensanlagen beauftragt sind. Daher können keine Angaben zum Umfang derartiger Beteiligungen nach § 7 Abs. 2 Nr. 1 VermVerkProspV gemacht werden."

d) Dem Emittenten Fremdkapital zur Verfügung stellende Unternehmen. Zudem sind Beteiligungen an Unternehmen angabepflichtig, die dem Emittenten Fremdkapital zur Verfügung stellen (§ 7 Abs. 2 Nr. 2).

Fremdkapital stellt (sofern eine Bilanzaufstellung vorgesehen ist) einen Teil der Bilanz eines Unternehmens dar und wird auf der Seite der Passiva aufgeführt. Mithin ist mit Fremdkapital der Teil der Mittel gemeint, mit denen das Unternehmensvermögen finanziert wurde bzw. wird. Dabei ist das Fremdkapital der Teil der Mittel, der nicht vom Unternehmen oder dessen Inhabern zur Verfügung gestellt werden. Hierunter fallen insbesondere Darlehen und Obligationen. Wei-

§ 7 Verkaufsprospektverordnung

ter kommen nach betriebswirtschaftlichen Grundsätzen Rückstellungen, die für voraussehbare später zu leistende Zahlungen getätigt werden, zu denen das Unternehmen verpflichtet ist, wie bspw. Steuerzahlungen und Sozialleistungen für das abgelaufene Geschäftsjahr hinzu. Schließlich gibt es den Bereich des so genannten „unternehmensnahen Fremdkapitals". Hierzu zählen Darlehen von z. B. Aktionären oder Mitarbeitern des Unternehmens. Es liegt in der Natur der Sache, dass Rückstellungen und unternehmensnahes Fremdkapital dem Emittenten nicht von einem anderen Unternehmen zur Verfügung gestellt werden kann, so dass diese Fremdkapitalpositionen im Rahmen des § 7 Abs. 2 Nr. 2 unbeachtlich sind.

50 Zur Verfügung stellen meint, dass bereits entsprechende vertragliche Abreden im Zeitpunkt der Prospektaufstellung existieren. Nicht erforderlich ist es, dass die entsprechenden Mittel bereits ausgezahlt wurden. Da der Normtext im Präsens formuliert ist, bleiben Beteiligungen an Unternehmen außer Betracht, die Fremdkapital „zur Verfügung stellen werden". Evtl. ist eine Angabe nach der Generalklausel geboten. Jedenfalls empfiehlt sich ggf. ein Nachtrag gemäß § 11 VerkProspG, wenn das Fremdkapital tatsächlich zur Verfügung gestellt wird.

51 Sollten derartige Beteiligungen nicht existieren, ist ein Negativtestat im Verkaufsprospekt erforderlich. **Formulierungsbeispiel:** „Es existieren keine Beteiligungen der Gründungsgesellschafter an Unternehmen, die dem Emittenten Fremdkapital zur Verfügung stellen. Daher können keine Angaben zum Umfang derartiger Beteiligungen nach § 7 Abs. 2 Nr. 2 VermVerkProspV gemacht werden."

52 **e) Im Zusammenhang mit der Herstellung des Anlageobjekts nicht nur geringfügige Lieferungen oder Leistungen erbringende Unternehmen.** Schließlich muss im Rahmen des § 7 Abs. 2 Nr. 3 über Beteiligungen an Unternehmen informiert werden, die im Zusammenhang mit der Herstellung des Anlageobjekts nicht nur geringfügige Lieferungen oder Leistungen erbringen.

Zum Begriff des Anlageobjekts vgl. § 9 VermVerkProspV Rn. 21 ff.

53 Für die Auslegung des prospektrechtlichen Begriffs der Herstellung können die im Handelsrecht entwickelten und insbesondere § 255 Abs. 2 Satz 1 und 2 HGB zu entnehmenden Grundsätze herangezogen werden. Danach umfasst die Herstellung eines „Vermögensgegenstandes" (für die Zwecke des Prospektrechts als „Anlageobjekt" „zu lesen") die Schaffung eines neuen, bislang nicht vorhandenen Anlageobjekts. In diesem Fall spricht man von „Erstherstellung". Sofern eine Generalüberholung eines im Wesentlichen abgenutzten,

verbrauchten oder zerstörten Anlageobjekts stattfindet, steht eine „Zweitherstellung" in Rede (*Baumbach/Hopt*, HGB, § 255 Rn. 14). Beide Arten der Herstellung werden von § 7 Abs. 2 Nr. 3 erfasst. Dabei umfasst die Herstellung auch die Erweiterung und eine über den ursprünglichen Zustand hinausgehende wesentliche Verbesserung (*Baumbach/Hopt*, HGB, § 255 Rn. 14). Dies erfordert eine qualitative Veränderung der Gebrauchs- oder Verwendungsmöglichkeit des Anlageobjekts, so dass für die Zukunft ein höheres Nutzungspotential geschaffen wird. Lediglich die Substanz des Anlageobjekts erhaltende Modernisierungsmaßnahmen sind hierfür nicht ausreichend (*Staub/Kleindiek*, § 255 Rn. 19).

Die Wendung „im Zusammenhang" ist als Kausalzusammenhang zu verstehen und – unter Anlegerschutzgesichtspunkten – weit auszulegen. **54**

Kriterien für die Auslegung der Begriffe der Lieferungen bzw. der Leistungen lassen sich dem Umsatzsteuerrecht entnehmen. Gegenstand der Umsatzsteuer sind die gesamten steuerbaren Umsätze (§ 1 Abs. 1 UStG). Dabei handelt es sich um Lieferungen (§ 3 Abs. 1 UStG) und sonstige Leistungen (§ 3 Abs. 9 UStG), die ein Unternehmer im Rahmen (§ 2 UStG) seines Unternehmens im Inland (§ 1 Abs. 2, Abs. 3 UStG) gegen Entgelt (§ 10 UStG) ausführt. Lieferung bedeutet in diesem Zusamenhang Verschaffung der Verfügungsmacht. Sonstige Leistung ist jede Leistung (Tun, Dulden oder Unterlassen), die keine Lieferung ist. Für die Zwecke des Prospektrechts sind zur Erreichung des Normziels Anlegerschutz die einschränkenden Kriterien „im Rahmen seines Unternehmen", „im Inland" sowie „gegen Entgelt" nicht einschlägig. **55**

Die Lieferungen dürfen nicht nur geringfügig sein. Wann diese Voraussetzung jeweils vorliegt, lässt sich nicht abstrakt beantworten. Der Anbieter hat insoweit eine eigene Einschätzung vorzunehmen, die aus Vorsichtsgründen eingedenk einer möglichen Prospekthaftung nicht nur erhebliche Lieferungen erfassen sollte, sondern bereits diejenigen, die für die Herstellung des Anlageobjekts nicht als gänzlich unbeachtlich angesehen werden können. Es muss der Rechtsprechung überlassen bleiben, eine entsprechende Kasuistik aufzustellen. **56**

Sollten derartige Beteiligungen nicht existieren, ist ein Negativtestat im Verkaufsprospekt erforderlich. **Formulierungsbeispiel:** „Es existieren weder unmittelbare noch mittelbare Beteiligungen der Gründungsgesellschafter an Unternehmen, die im Zusammenhang mit der Herstellung des Anlageobjekts nicht nur geringfügige Leistungen erbringen. Daher können keine Angaben zum Umfang derartiger Beteiligungen nach § 7 Abs. 2 Nr. 3 VermVerkProspV gemacht werden." **57**

§ 8 Angaben über die Geschäftstätigkeit des Emittenten

(1) Der Verkaufsprospekt muss über die Geschäftstätigkeit des Emittenten folgende Angaben enthalten:
1. die wichtigsten Tätigkeitsbereiche;
2. Angaben über die Abhängigkeit des Emittenten von Patenten, Lizenzen, Verträgen oder neuen Herstellungsverfahren, wenn sie von wesentlicher Bedeutung für die Geschäftstätigkeit oder Ertragslage des Emittenten sind;
3. Gerichts- oder Schiedsverfahren, die einen wesentlichen Einfluss auf die wirtschaftliche Lage des Emittenten haben können;
4. Angaben über die wichtigsten laufenden Investitionen mit Ausnahme der Finanzanlagen.

(2) Ist die Tätigkeit des Emittenten durch außergewöhnliche Ereignisse beeinflusst worden, so ist darauf hinzuweisen.

Übersicht

	Rn.
I. Vorbemerkung	1
II. Die Regelung im Einzelnen	3
1. Wichtigste Tätigkeitsbereiche	4
2. Abhängigkeit von Patenten, Lizenzen, Verträgen oder neuen Herstellungsverfahren	8
3. Gerichts- oder Schiedsverfahren	19
4. Laufende Investitionen	21
5. Negativtestate	27
6. Außergewöhnliche Ereignisse	28

I. Vorbemerkung

1   Die Norm dient – ebenso wie ihr Art. 11 Abs. 2 lit. d) der EG-Emissionsprospektrichtlinie umsetzende Vorgängervorschrift des § 7 in der VerkProspVO, die wiederum mit § 20 BörsZulVO aF korrespondierte – der Information des Anlegers über die Marktstellung, das Marktverhalten und die Marktaussichten des Emittenten (vgl. ausführlich zur Normhistorie und zu den Unterschieden zwischen § 7 VerkProspVO und § 20 BörsZulVO aF *Lenz*, in: *Assmann/Lenz/Ritz*, VerkProspVO § 7 Rn. 1 ff.).

2   Die Vorschrift wird durch Ziffer 3.8 der Anlage 1 zu IDW S 4 näher erläutert (s. im Textanhang unter III. 1).

II. Die Regelung im Einzelnen

3   § 8 zerfällt in zwei Absätze. Abs. 1 normiert Angabeerfordernisse hinsichtlich der wichtigsten Tätigkeitsbereiche, der Abhängigkeit des Emittenten von Patenten, Lizenzen etc., von potentiell auf die wirt-

schaftliche Situation des Emittenten einflussreichen Gerichts- und Schiedsverfahren sowie über laufende Investitionen. Abs. 2 nimmt darüber hinaus sog. außergewöhnliche Ereignisse in Bezug.

1. Wichtigste Tätigkeitsbereiche

Nach § 8 Satz 1 Nr. 1 muss der Verkaufsprospekt Angaben über die 4 wichtigsten Tätigkeitsbereiche des Emittenten enthalten. Tätigkeitsbereich ist als Geschäftstätigkeit zu verstehen. Im Gegensatz zur Mindestangabe nach § 5 Nr. 4, wonach der Gegenstand des Unternehmens anzugeben ist, müssen für die Erfüllung der Mindestangabe nach § 8 Satz 1 Nr. 1 konkrete Ausführungen bzw. Beschreibungen betreffend den Tätigkeitsbereich erfolgen. Ausreichend ist nicht eine bloße Darstellung lediglich eines Schwerpunktes der Geschäftstätigkeit, vielmehr sind sämtliche relevanten Tätigkeitsbereiche konkret, präzise und detailliert zu prospektieren. Eine reine Nennung bzw. Aufzählung der Tätigkeitsbereiche ist nicht ausreichend. Dabei sind die vom jeweiligen Unternehmensgegenstand abhängigen spezifischen Besonderheiten zu berücksichtigen. Nicht ausreichend sind pauschale, schlagwortartige Formulierungen wie beispielsweise „Investitionen in Private Equity", „Betrieb einer Biogas-Anlage" oder „Wertsteigerung von Immobilien". Derartige Wendungen können nur dann als ausreichend erachtet werden, wenn aufgrund der Besonderheiten eines konkreten Geschäftsmodells keine tiefergehenden Präzisierungen möglich sein sollten.

Es sind die wichtigsten Tätigkeitsbereiche darzustellen. Bei dem 5 Attribut „wichtig" handelt es sich um einen unbestimmten Rechtsbegriff. Es stellt sich die Frage, wie dieser für den Bereich der geschlossenen Fonds auszufüllen ist. Im Wertpapierprospektrecht wurde auf eine Gesamtschau zurückgegriffen: Danach wurde insbesondere nicht auf die in § 20 Abs. 1 Nr. 3 BörsZulVO aF für Schwerpunktbetriebe vorgesehene Bezugsgröße von 10 % des Gesamtumsatzes des Emittenten für die Abgrenzung von wichtigen und unwichtigen Tätigkeitsbereichen abgestellt. Maßgeblich war vielmehr der Gesamteindruck, so dass einem einzelnen Tätigkeitsbereich auch dann eine wichtige Bedeutung zugesprochen werden konnte, wenn dieser weniger als 10 % vom Gesamtumsatz erzielte. Dies mag für Namensschuldverschreibungen im Sinne des § 8f Abs. 1 Satz 2 VerkProspG ausgebende Emittenten nach wie vor Gültigkeit haben. Für Fondsgesellschaften ist dieses Kriterium ersichtlich nicht tauglich. Hier kann es nur auf den tatsächlichen Tätigkeitsbereich ankommen. Besondere Schwierigkeiten bestehen dann, wenn der Emittent selbst nicht das Anlageobjekt hält und/oder verwaltet, sondern noch eine oder mehrere Gesellschaften „vorgeschaltet" sind.

Voß

6 Bei der Darstellung der wichtigsten Tätigkeitsbereiche findet sich in der Praxis häufig eine Durchmengung mit freiwilligen Angaben, mit deren Hilfe der Anbieter aus Marketinggründen werbende Aussagen im Hinblick auf die Tätigkeit des Emittenten trifft im Rahmen der Anprüche, die an die Zulässigkeit von freiwilligen Angaben zu stellen sind (hierzu § 2 VermVerkProspV Rn. 8 und § 8g VerkProspG Rn. 18).

7 Eine Überprüfung, ob die angegebenen Tätigkeitsbereiche tatsächlich die wichtigsten für die Geschäftstätigkeit des Emittenten sind, wird durch die BaFin nicht vorgenommen und darf mangels Ermächtigungsgrundlage auch nicht vorgenommen werden. Sie darf im Rahmen des Gestattungsverfahrens allenfalls eine möglichst ausführliche Darstellung dieser Mindestangabe anregen. Dies entspricht der Praxis zu den Wertpapierverkaufsprospekten, deren Veröffentlichung nach dem VerkProspG aF gestattet wurde. Unter diesem Rechtsregime fehlten aus naheliegenden Gründen, da der Emittent regelmäßig zugleich Anbieter und Anlageobjekt war, in keinem Verkaufsprospekt Angaben zum Tätigkeitsbereich des Emittenten, wenngleich diese mitunter zu allgemein gehalten waren und auf entsprechende Anregung der Behörde hin präzisiert wurden (*Lenz*, in: *Assmann/Lenz/Ritz*, VerkProspVO § 7 Rn. 6).

2. Abhängigkeit von Patenten, Lizenzen, Verträgen oder neuen Herstellungsverfahren

8 § 8 Abs. 1 Nr. 2 verlangt die Aufnahme von Angaben zur Abhängigkeit von Patenten, Lizenzen, Verträgen oder neuen Herstellungsverfahren. Auch insoweit gilt, dass eine bloße Nennung oder eine Aufzählung unzureichend ist. Dem Anleger muss das Ausmaß der Abhängigkeit deutlich werden können. Hierfür ist es erforderlich, dass insbesondere Gegenstand und Laufzeit der Patente, Lizenzen etc. ausführlich beschrieben werden (*Lenz*, in: *Assmann/Lenz/Ritz*, VerkProspVO § 7 Rn. 7).

9 Die entsprechenden Angaben sind nur in den Verkaufsprospekt aufzunehmen, wenn sie von wesentlicher Bedeutung sind. Insoweit handelt es sich wiederum um einen unbestimmten Rechtsbegriff. Zur Bestimmung der Wesentlichkeit iSd § 8 verbietet es sich, auf bestimmte prozentuale Anteile eines Patents etc. am Umsatz oder Gesamtergebnis abzustellen. Erforderlich ist eine Bewertung der Gesamtsituation, die z. B. die Wettbewerbslage, den Stand der Technik, die Marktentwicklung etc. berücksichtigt (*Lenz*, in: *Assmann/Lenz/Ritz*, VerkProspVO § 7 Rn. 8).

10 Es mus nach dem Wortlaut eine Abhängigkeit beim Emittenten bestehen. Genau genommen besteht die Abhängigkeit idR jedoch nicht beim Emittenten, sondern bzgl. des Anlageobjekts, dessen Betrieb (unmittelbar) von den Patenten, Lizenzen etc. abhängt. Kann aufgrund eines unmittelbaren Abhängigkeitsverhältnisses das Anlageobjekt nicht betrieben werden, hat dies selbstredend Auswirkungen auf die Geschäftstätigkeit des Emittenten (und insbesondere auf die Ausschüttungen für die Anleger). Insoweit kann jedoch streng genommen lediglich eine mittelbare Abhängigkeit bestehen. Vorstellbar und wohl sachnäher wäre es auch gewesen, Mindestangaben betreffend Patente, Lizenzen etc. im Rahmen des § 9 für das Anlageobjekt zu regeln. Die nunmehr geltende Fassung des § 8 ist dem Umstand geschuldet, dass der Anbieter bzw. der Emittent nach der Vorgängernorm des § 7 VerkProspVO zugleich Anlageobjekt war, so dass insoweit stets eine unmittelbare Abhängigkeit bestand.

Patente sind nicht nur Patente nach dem deutschen PatG, sondern Patente nach allen Rechtsordnungen, einschließlich internationaler Abkommen. Besondere Relevanz haben Patente bspw. bei Schiffen, für deren technischen Betrieb zahlreiche patentrechtliche Erfordernisse einzuhalten sind. Den Anbieter treffen insoweit umfangreiche Abklärungspflichten, ob die Nutzung einer bestimmten Technologie bei seinem Anlageobjekt keinen immaterigüterrechtlichen Bedenken begegnet. **11**

Lizenzen sind Lizenzverträge, die die Einräumung eines Nutzungsrechts an einem Immaterialgüterrecht zum Gegenstand haben. Diese müssen nicht deutschem Recht unterliegen. Mitunter ist in anderen als der deutschen Rechtsordnung vorgesehen, dass die Nutzung von Immaterialgüterrechten nicht durch die Einräumung von Lizenzen erfolgt, sondern durch die Übertragung des Immaterialgüterrechts. So ist in der Schweiz das Urheberrecht als solches nach Art. 16 URG übertragbar. Ein „Übertragungsvertrag" nach dieser Norm stellt eine Lizenz iSd § 8 Abs. 1 Nr. 2 dar und ist ggf. in den Verkaufsprospekt aufzunehmen. **12**

Verträge sind zunächst sämtliche durch Rechtsgeschäft begründete Schuldverhältnisse, gleich welcher Rechtsordnung sie unterliegen. Es ist nicht erforderlich, dass der Emittent Vertragspartner des zu prospektierenden Vertrages ist. Ausreichend ist, dass er Begünstigter ist, wie z.B. bei einem Vertrag zugunsten Dritter, oder dieser Vertrag mittelbare oder gar unmittelbare Auswirkungen auf ihn hat. Nach § 2 Abs. 1 Satz 1 können zudem Vorverträge, letters of intent term sheets, Heads of Agreements o. ä. angabepflichtig sein, sofern sie dem Emittenten rechtliche Pflichten auferlegen. **13**

Bei Emittenten von Namensschuldverschreibungen kommen insbesondere Verträge in Betracht, deren Erfüllung für die Geschäftstätigkeit des Emittenten erforderlich ist, wie z.B. Lieferverträge etc. **14**

Bei einer Fondsgesellschaft ist insbesondere an Darlehensverträge zu denken, etwa wenn eine Fremdfinanzierung erst den Erwerb des Anlageobjekts ermöglicht.

15 Kein Vertrag iSd § 8 Abs. 1 Nr. 3 ist der Vertrag, aufgrund dessen der Anleger dem Fonds beitritt sowie der Gesellschaftsvertrag der Fondsgesellschaft oder ein Treuhand- und Verwaltungsvertrag, den der Anleger mit Beitritt abschließt. Zwar besteht auch insoweit ein Abhängigkeitspotential für den Emittenten, das sich etwa dann realisieren könnte, wenn die Anleger ihren Pflichten zur Leistung ihrer Einlagen nicht nachkommen. Indessen sind die Verträge nach § 8 anlageobjektbezogene Verträge (vgl. bereits oben Rn. 10).

16 Mit Herstellungsverfahren sind solche gemeint, die unter den Begriff der immateriellen Vermögensgegenstände nach § 266 HGB fallen (vgl. hierzu *Baumbach/Hopt*, HGB, § 266 Rn. 5).

17 Nicht statthaft ist es, bei der Mindestangabe nach § 8 Satz 1 Nr. 2 die technischen Risiken zu beschreiben, die mit neuen Herstellungsverfahren unter Umständen verbunden sind. Derartige Ausführungen sind im Risikokapitel nach § 2 Abs. 2 Satz 3 vorzunehmen. Sie können allenfalls dann dargestellt werden, wenn sie im Risikokapital auch dargestellt werden und auf diese Darstellung verwiesen wird.

18 Sollten derartige Abhängigkeiten beim Anbieter bestehen, sind diese gegebenenfalls nach der Generalklausel des § 2 Abs. 1 Satz 1 VermVerkProspV in den Verkaufsprospekt aufzunehmen.

3. Gerichts- oder Schiedsverfahren

19 Eine Angabe von Gerichts- und Schiedsverfahren ist nur dann erforderlich, sofern diese die künftige Lage des Emittenten in erheblicher Weise beeinflussen können. Dabei ist nicht das allgemeine Prozessrisiko entscheidend. Tertium comparationis ist vielmehr der konkrete Verfahrensgegenstand und die voraussichtlichen wirtschaftlichen Auswirkungen des möglichen Ergebnisses dieser Verfahren. Gerichtsverfahren sind Verfahren sämtlicher deutscher Gerichtsbarkeiten, mithin der Zivil-, Straf-, Verwaltungs-, Finanz-, Arbeits- und Verfassungsgerichtsbarkeit im Hinblick auf sämtliche Gerichtszweige. Von besonderer Bedeutung sind Verfahren vor Strafgerichten. Gleichfalls erfasst sind Verfahren vor ausländischen Gerichten. Schiedsverfahren sind nicht nur Schiedsverfahren in Deutschland, sondern auch solche der internationalen institutionellen Schiedsgerichtsbarkeit (ICC etc.) und andere sowie internationale Ad-hoc-Schiedsverfahren. Nicht angabepflichtig sind bspw. steuerliche Gerichtsverfahren, bei denen der Emittent nicht Partei ist, deren Ausgang aber gleichwohl einen Einfluss auf die steuerliche Konzeption der Vermögensanlage haben kann. Es wird einem Anbieter regelmäßig nicht möglich sein,

Angaben über die Geschäftstätigkeit des Emittenten **§ 8**

sich im Rahmen der Prospektaufstellung einen Überblick z. B. über allein die in Deutschland insoweit laufenden Gerichtsverfahren zu verschaffen.

Im Übrigen besteht im Hinblick auf Bagatellfälle besteht keine Angabepflicht (*Lenz*, in: *Assmann/Lenz/Ritz*, VerkProspVO § 7 Rn. 11). Die diesbezügliche Beurteilung obliegt dem Anbieter. 20

4. Laufende Investitionen

Es sind die wichtigsten laufenden Investitionen mit Ausnahme der Finanzanlagen anzugeben (§ 8 Satz 1 Nr. 4). 21

Nicht anzugeben sind insoweit bereits durchgeführte oder erst beschlossene Investitionen, da diese nicht laufend im Sinne der Norm sind. Insoweit können sich jedoch Angabeerfordernisse nach § 2 Abs. 1 Satz 1 ergeben bzw. ggf. freiwillige Angaben – nicht zuletzt aus Marketinggründen – anbieten. 22

Der Begriff der Investitionen ist weit zu fassen. Erfasst sind zunächst sämtliche Sach-, darüber hinaus aber auch Personal- und Entwicklungs- bzw. Forschungsinvestitionen (*Lenz*, in: *Assmann/Lenz/Ritz*, VerkProspVO § 7 Rn. 13). 23

Finanzanlagen sind solche gemäß der Legaldefinition des § 266 Abs. 2 A. III. HGB. Hierunter fallen Anteile an verbundenen Unternehmen iSv § 271 Abs. 2 (etwa Aktien, GmbH-Anteile, zudem unverbriefte Kapitalanteile); Ausleihungen (mithin auf längere Zeit angelegte Darlehen ohne Mindestlaufzeit) an – auch nur indirekt – verbundene Unternehmen; Beteiligungen iSv § 271 Abs. 1 HGB; Ausleihungen an Unternehmen, mit denen ein Beteiligungsverhältnis besteht; Wertpapiere des Anlagevermögens (Aktien, Obligationen, Investmentanteile, Mischformen) sowie sonstige Ausleihungen (z. B. unverbriefte Geschäftsanteile, sofern diese keine Beteiligungen im vorstehenden Sinne sind, Namenspapiere [str], Genussrechte) (*Baumbach/Hopt*, HGB, § 266 Rn. 7 mwN). 24

Reine Zahlenangaben sind zur Erfüllung dieses Mindestangabeerfordernisses nicht ausreichend. Die Investitionen müssen im Einzelnen im Fliesstext erläutert werden (*Lenz*, in: *Assmann/Lenz/Ritz*, VerkProspVO § 7 Rn. 13 unter Hinweis auf RegBegr. VerkProspVO, Br-Drucks. 811/90, S. 12). Ein schlichter Hinweis auf Finanzinformationen wie z. B. den Jahresabschluss ist nicht ausreichend. Erläuterungsbedarf kann insbesondere im Hinblick auf Art, Höhe, Fristigkeit und Zielsetzung der Investition bestehen (*Schäfer/Hamann*, § 44b BörsG Rn. 53). 25

Was die Wichtigkeit der laufenden Investitionen betrifft, so ist einmal mehr im Rahmen des § 8 eine Gesamtbetrachtung (des konkreten Einzelfalls) anzustellen. Von besonderer Bedeutung ist insoweit 26 selbstredend das Investitionsvolumen (*Lenz,* in: *Assmann/Lenz/Ritz,* VerkProspVO § 7 Rn. 15; *Carl/Machunsky,* S. 99). Hervorzuheben ist, dass die Investitionen nicht die wichtigsten Tätigkeitsbereiche des Emittenten betreffen müssen. Entscheidend ist vielmehr, ob erhebliche Auswirkungen auf die Gesamtsituation der Gesellschaft möglich sind. Demgemäß verbietet sich die isolierte Betrachtung einzelner Gechäftsbereiche (*Lenz,* in: *Assmann/Lenz/Ritz,* VerkProspVO § 7 Rn. 15).

5. Negativtestate

27   Bestehen Abhängigkeiten bzw. Einflussmöglichkeiten auf die wirtschaftliche Lage des Emittenten im Sinne des § 8 Abs. 1 nicht oder finden keine laufenden Investitionen statt, ist in den Verkaufsprospekt ein Negativtestat aufzunehmen. Sollten lediglich einzelnen Abhängigkeiten nicht bestehen, andere Abhängigkeiten demgegenüber gegeben sein etc., ist dies durch entsprechende Negativtestate zu dokumentieren.

6. Außergewöhnliche Ereignisse

28   Ist die Tätigkeit des Emittenten durch außergewöhnliche Ereignisse beeinflusst worden, so ist hierauf im Verkaufsprospekt hinzuweisen (§ 8 Satz 2). Tätigkeit meint wie in § 8 Satz 1 Nr. 1 die Geschäftstätigkeit des Emittenten.

29   Die Ereignisse können Sachverhalte von tatsächlicher oder rechtlicher Natur sein. Außergewöhnlich sind Ereignisse, wenn sie für den Emittenten nicht vorhersehbar waren und er mit deren Eintritt im Rahmen des üblichen Geschäftsverlaufs nicht zu rechnen brauchte (*Lenz,* in: *Assmann/Lenz/Ritz,* VerkProspVO § 7 Rn. 16). Typische Beispiele sind Naturkatastrophen, Handelsverbote, politische Krisen, terroristische Angriffe oder der plötzliche Wegfall eines Großkunden (*Lenz,* in: *Assmann/Lenz/Ritz,* VerkProspVO § 7 Rn. 16), mithin idR Vorkommnisse höherer Gewalt, die das Anlageobjekt beschädigen bzw. dessen Betrieb beeinträchtigen werden. Aber auch Durchsuchungen durch die Steuerfahndung beim Initiator oder Verhaftungen von Geschäftsführern wird man ggf. als außergewöhnliche Ereignisse im Sinne der Norm werten müssen. Zudem müssen derartige Ereignisse zumindest geeignet sein, die Vermögens-, Finanz- und Ertragslage des Emittenten zu beeinflussen. Dies folgt aus den Verordnungsgebungsmaterialien zur VerkProspVO (RegBegr. VerkProspVO, BR-Drucks. 811/90, S. 12).

30   Ausreichend, aber auch erforderlich ist ein Hinweis auf die jeweiligen außergewöhnlichen Ereignisse. Daraus folgt, dass insoweit eine Beschreibung im Sinne einer detaillierten Darstellung entbehrlich ist.

Auch wenn das Mindestangabeerfordernis mit einem bloßen Hinweis erfüllt werden kann, dürfte unter Transparenzgesichtspunkten eine Beschreibung nicht unschädlich und eventuell im konkreten Einzelfall im Lichte der Generalklausel sogar geboten sein. Bei dem Hinweis ist zu beachten, dass für den Anleger der kausale Zusammenhang zwischen dem außergewöhnlichen Ereignis und der beeinflussten Geschäftstätigkeit des Emittenten zumindest dem Grunde nach verständlich sein muss (*Lenz,* in: *Assmann/Lenz/Ritz,* VerkProspVO § 7 Rn. 17). Insoweit wirken der allgemeine Verständlichkeitsgrundsatz und das spezielle Mindestangabeerfordernis des § 8 Abs. 2 zusammen.

Sollten Anbieter und Emittent auseinander fallen und ist die Geschäftstätigkeit des *Anbieters* durch außergewöhnliche Ereignisse beeinflusst worden sein, ist darüber nicht durch eine Mindestangabe nach § 8 Satz 2 im Verkaufsprospekt zu informieren. Gleichwohl dürfte eine entsprechende Generalklauselangabe nach § 2 Abs. 1 Satz 1 regelmäßig geboten sein. **31**

Liegt eine Beeinflussung im Sinne der Norm nicht vor, ist ein Negativtestat in den Verkaufsprospekt aufzunehmen. **Formulierungsbeispiel:** „Die Tätigkeit des Emittenten ist nicht durch außergewöhnliche Ereignisse iSd § 8 Abs. 2 VermVerkProspV beeinflusst worden." **32**

§ 9 Angaben über die Anlageziele und Anlagepolitik der Vermögensanlagen

(1) Der Verkaufsprospekt muss über die Anlageziele und Anlagepolitik der Vermögensanlagen angeben, für welche konkreten Projekte die Nettoeinnahmen aus dem Angebot genutzt werden sollen, welchen Realisierungsgrad diese Projekte bereits erreicht haben, ob die Nettoeinnahmen hierfür alleine ausreichen und für welche sonstigen Zwecke die Nettoeinnahmen genutzt werden.

(2) Der Verkaufsprospekt muss über Anteile, die eine Beteiligung am Ergebnis eines Unternehmens gewähren, über Anteile an einem Treuhandvermögen und über Anteile an einem sonstigen geschlossenen Fonds zusätzlich über die Anlageziele und Anlagepolitik angeben:

1. eine Beschreibung des Anlageobjekts. Anlageobjekt sind die Gegenstände, zu deren voller oder teilweiser Finanzierung die von den Erwerbern der Vermögensanlagen aufzubringenden Mittel bestimmt sind. Bei einem Treuhandvermögen, das ganz oder teilweise aus einem Anteil besteht, der eine Beteiligung am Ergebnis eines Unternehmens gewährt, treten an die Stelle dieses Anteils die Vermögensgegenstände des Unternehmens;

§ 9 Verkaufsprospektverordnung

2. ob den nach §§ 3, 7, oder 12 zu nennenden Personen das Eigentum am Anlageobjekt oder wesentlichen Teilen desselben zustand oder zusteht oder diesen Personen aus anderen Gründen eine dingliche Berechtigung am Anlageobjekt zusteht;
3. nicht nur unerhebliche dingliche Belastungen des Anlageobjekts;
4. rechtliche oder tatsächliche Beschränkungen der Verwendungsmöglichkeiten des Anlageobjekts, insbesondere im Hinblick auf das Anlageziel;
5. ob die erforderlichen behördlichen Genehmigungen vorliegen;
6. welche Verträge der Emittent über die Anschaffung oder Herstellung des Anlageobjekts oder wesentlicher Teile davon geschlossen hat;
7. den Namen der Person oder Gesellschaft, die ein Bewertungsgutachten für das Anlageobjekt erstellt hat, das Datum des Bewertungsgutachtens und dessen Ergebnis;
8. in welchem Umfang nicht nur geringfügige Leistungen und Lieferungen durch Personen erbracht werden, die nach den §§ 3, 7 oder 12 zu nennen sind;
9. die voraussichtlichen Gesamtkosten des Anlageobjekts in einer Aufgliederung, die insbesondere Anschaffungs- und Herstellungskosten sowie sonstige kosten ausweist und die geplante Finanzierung in einer Gliederung, die Eigen- und Fremdmittel, untergliedert nach Zwischenfinanzierungs- und Endfinanzierungsmitteln, gesondert ausweist. Zu den Eigen- und Fremdmitteln sind die Fälligkeiten anzugeben und in welchem Umfang und von wem diese bereits verbindlich zugesagt sind.

Übersicht

	Rn.
I. Vorbemerkung	1
II. Anlageziele und -politik	3
1. Konkretisierung	6
2. Angaben nach Abs. 2	20

I. Vorbemerkung

1 § 9 nimmt ausweislich der Normüberschrift die **Anlageziele** und die **Anlagepolitik** der Vermögensanlagen in Bezug. Diese Vorschrift hatte in der VerkProspVO keine Entsprechung und ist für den Bereich der Prospektierung von Vermögensanlagen ohne Rückgriff auf eine Vorbildnorm aus einer anderen Rechtsquelle neu entwickelt worden. Vorbild war ersichtlich ein geschlossener Immobilienfonds mit einer Immobilie als Anlageobjekt. Komplexe

Strukturen wie z. B. Dachstock-Konstruktionen hat der Verordnungsgeber bei der Formulierung des § 9 nicht bedacht, was den Rechtsanwender vor gewisse – aber nicht unlösbare – Auslegungsschwierigkeiten stellt.

Die Vorschrift wird durch Ziffer 3.9 der Anlage 1 zu IDW S 4 näher erläutert und durch Ziffer 4.2 der Anlage 1 zu IDW S 4 im Hinblick auf die Darstellung der für das Anlageobjekt geschlossenen Verträge einschließlich deren Vertragspartner erweitert (s. im Textanhang unter III. 1). 2

II. Anlageziele und -politik

Mit den „Anlagezielen" und der „Anlagepolitik" führt der Verordnungsgeber Begriffe auf einem recht hohen Abstraktionsniveau ein. Wenig glücklich ist die insoweit erfolgte sprachliche Inbezugnahme der Vermögensanlagen, da diese als solche keine Ziele und keine Politik verfolgen können. So kann etwa ein KG-Anteil nicht für ein Ziel bzw. eine bestimmte Politik stehen. Vorzugswürdig wäre es gewesen, bei der Formulierung der Norm auf den Emittenten bzw. auf den Anbieter abzustellen. Vielfach wird in der Praxis entsprechend verfahren, wenn bspw. formuliert wird: „Anlageziel und -politik *der Fondsgesellschaft* ist [...]." Dies begegnet keinen durchgreifenden Bedenken. Denn nach dem Regelungszweck soll der Anleger über die Anlageziele und die Anlagepolitik der entsprechenden Beteiligten im Rahmen eines Investments informiert werden, so dass bei der Prospekterstellung insoweit diejenigen (natürlichen und/oder juristischen) Personen in Bezug genommen werden sollten, die tatsächlich für Anlageziele und -politik verantwortlich sind. 3

Anlageziele können sehr vielfältig sein und sind keiner abschließenden abstrakten Definition zugänglich. Ausreichend zur Erfüllung des Mindestangabeerfordernisses ist es, einen Hinweis auf die mit dem Anlageinstrument verfolgten wirtschaftlichen Absichten zu geben. **Formulierungsbeispiel:** „Anlageziel ist eine unternehmerische Beteiligung an einem Portfolio [Nennung der Anlageobjekte iSd § 9 Abs. 2], um hierdurch eine attraktive Rendite für die Anleger zu erzielen". 4

Die **Anlagepolitik** nimmt die Konzepte in Bezug, die zu Erreichung der Anlageziele eingesetzt werden. Insoweit können bspw. auch iVm der Generalklausel des § 2 Abs. 1 Satz 1 Angaben zur Einkaufspolitik der Fondsgesellschaft oder zu wirtschaflichen Sicherheitskonzepten gemacht werden (z. B. „garantierte Leistungen günstig einkaufen"; „Diversifizierung und Erfahrung der Geschäftsführung bzw. der Geschäftspartner"). 5

§ 9 Verkaufsprospektverordnung

1. Konkretisierung

6 Zu beachten ist jedoch, dass die Verordnung auf der Ebene der Mindestangaben keine Darstellung der Anlageziele und der Anlagepolitik unter jedem erdenklichen Aspekt verlangt. Abs. 1 der Vorschrift konkretisiert das insoweit postulierte Informationserfordernis anhand von vier selbständigen Mindestangabenerfordernissen, die dem Anbieter zugleich eine gewisse Struktur vorgeben, die er bei der Darstellung der Anlageziele und der Anlagepolitik einhalten kann: (1) die **konkreten Projekte,** für welche die Nettoeinnahmen aus dem Angebot genutzt werden sollen; (2) den **Realisierungsgrad** dieser Projekte; (3) ob die **Nettoeinnahmen** hierfür **alleine ausreichen** und (4) die **sonstigen Zwecke,** für welche die Nettoeinnahmen genutzt werden. Diese Angaben sind in Bezug auf sämtliche Vermögensanlagen im Sinne des § 8f Abs. 1 VerkProspG zu machen (Begr. VermVerkProspV, S. 6).

7 Dreh- und Angelpunkt dieser Ausführungen sind die **Nettoeinnahmen.** Gemäß Ziff. 6 des BaFin-Auslegungsschreibens (im Textanhang unter III. 4) sind hierunter die Einnahmen zu verstehen, „die insbesondere nach Abzug der so genannten Weichkosten verbleiben." Somit stellt sich die Anschlussfrage, was unter **Weichkosten** zu verstehen ist. Das Auslegungsschreiben (ebenso wie das VerkProspG, die VermVerkProspV sowie der IDW S 4) schweigt hierzu. In der Rechtsprechung und Literatur gab es lange Zeit keine einheitliche Definition und die Diskussion über die Begriffsbestimmung kann bei weitem noch nicht als abgeschlossen angesehen werden. So sprach das LG Würzburg von der Differenz zwischen Gesamtaufwand und dem Wert des Objekts (LG Würzburg NJOZ 2002, 2502). Das OLG Stuttgart verwies auf „versteckte Innenprovisionen" (OLG Stuttgart ZIP 2004, 891). Die höchstrichterliche Rechtsprechung nahm mitunter auf „Kosten, Vergütungen und Honorare" Bezug (BGH ZIP 2004, 1104), sprach aber auch schon von der „Mittelverwendung außerhalb des Investitionszwecks" (BGH NJW 2005, 1784). Die Literatur argumentiert stellenweise mit „weichen Kosten", wobei sich das jeweilige Verständnis allenfalls aus dem Kontext erschließen lässt. Beispiele hierfür sind „Kosten, die den Wert der Immobiliensubstanz nicht unmittelbar erhöhen" (*Boutonnet,* S. 231) oder „substanzlose Kosten" (*Duchardt* DStR 2001, 2170, 2173 unter Hinweis darauf, dass die Aussagekraft „weicher Kosten" insgesamt kritisch zu beurteilen sei). In der jüngsten Zeit hat der BGH jedoch erstmals Stellung zu Prospekthaftungsanspüchen bei der Aufschlüsselung der Gesamtinvestitionskosten eines Immobilienfonds Stellung genommen. Danach sind Weichkosten „alle Aufwendungen außerhalb der Anschaffungs-

und Herstellungskosten. (BGH ZfIR 2006, 635 ff. m. Anm. *Hoppe*). Die Anschaffungs- und Herstellungskosten selbst sind nach § 9 Abs. 2 Nr. 9 zu prospektieren. Es spricht einiges dafür, dass der BGH bei der Definition der Weichkosten den Begriff der Anschaffungs- und Herstellungskosten in einem untechnischen Sinne verwendet hat (ebenso *Hoppe* ZfIR 2006, 637, 638). Dies folgt aus steuer- und bilanzrechtlichen Überlegungen: Denn in steuerlicher Hinsicht sind sämtliche Nebenkosten einer Investition, mithin auch die Mehrzahl der als „weich" bezeichneten Kosten als abschreibungsfähige *Herstellungskosten* zu aktivieren (BMF-Schreiben v. 20. 10. 2003 – IV C 3 – S 2253 a – 48/03, BStBl. I 2003, 546 („5. Bauherrenerlass" s. hierzu im Textanhang unter III. 8). Insoweit ergibt sich folglich eine Überschneidung zwischen Weichkosten und Herstellungskosten. Zudem fallen gemäß § 255 Abs. 1 Satz 2 HGB die Nebenkosten des Erwerbs und damit u. a. auch Maklerprovisionen unter die Anschaffungs- bzw. Herstellungkosten (*Baumbach/Hopt*, § 255 HGB Rn. 3). Dies in Rechnung stellend ist wohl davon auszugehen, dass der BGH den Begriff der weichen Kosten im Sinne von Kosten verstanden hat, die dem Wert des Anlageobjekts entsprechen oder diesen erhöhen.

Darüber hinaus ist festzuhalten, dass nach dem Wortlaut der Ziff. 6 des Auslegungsschreibens („insbesondere") die Weichkosten zwar einen wesentlichen Posten bei der Ermittlung der Nettoeinahmen darstellen, wobei die Exekutive davon auszugehen scheint, dass im Einzelfall durchaus noch weitere Positionen ggf. in Rechnung zu stellen sind. **8**

Fraglich ist, ob für die Prospektierung der Nettoeinnahmen ein Verweis auf oder die bloße Angabe in einem Mittelverwendungs- oder einem Investitionsplan ausreichend ist. Empfehlenswert sollte zumindest ein expliziter Verweis auf den Mittelverwendungsplan oder Investitionsplan sein, wenn sich hieraus klar und deutlich die Nettoeinnahmen ergeben. Ist dies nicht der Fall, sollte eine gesonderte explizite Angabe im Fließtext gemacht werden. **9**

Hervorzuheben ist, dass die Nettoeinnahmen lediglich die Mittel bezeichnen, die von den Anlegern eingezahlt worden sind bzw. eingeworben werden sollen. Nicht erfasst sind die Einnahmen, welche ein Emittent (mithin die Fondsgesellschaft) dadurch erzielt, dass an ihn Einnahmen aus vorgenommenen Investitionen zurückfließen bzw. durch eine Fremdfinanzierung auf Ebene des Emittenten eingeplant sind. Letztere sind hingegen bei der Frage zu berücksichtigen, ob die Nettoeinnahmen für die Realisierung der konkreten Projekte ausreichen. **10**

Es sind die konkreten Projekte anzugeben, für welche die Nettoeinnahmen verwendet werden. „Projekt" ist zunächst ein weitgefass- **11** terer Begriff als das „Anlageobjekt" nach § 9 Abs. 2 Nr. 1 Satz 1. Gleichwohl sind die Projekte in einer Vielzahl von Fällen identisch mit dem Anlageobjekt, wenn z. B. die Nettoeinnahmen für die Errichtung von bestimmten Immobilien verwendet werden sollen. Mit dem Begriff Projekt gibt der Verordnungsgeber dem Prospektaufsteller die Möglichkeit von flexiblen Formulierungen in Konstellationen, in denen mittelbare und unmittelbare Anlageobjekte (hierzu Rn. 29ff.) vorliegen. Ein „Projekt" ist der Oberbegriff, mit dem sich eine derartige komplexe Investmentstruktur erfassen lässt. So kann z. B. Anlageobjekt eine bestimmte Immobilie sein, die durch eine Projektgesellschaft, in welche die Fondsgesellschaft investiert, errichtet und betrieben wird. Ggf. ist vor die Projektgesellschaft noch eine Holdinggesellschaft geschaltet. Das „Projekt" ist hierbei die „Errichtung und der Betrieb der Immobilie".

12   Das Projekt muss konkret benannt werden. Soweit es dem Prospektaufsteller möglich ist, sind die Projekte mithin möglichst exakt zu bezeichnen.

13   Der Verkaufsprospekt muss über den Realisierungsgrad der konkreten Projekte informieren. Der Realisierungsgrad kann, sofern dies im Einzelfall (je nach Assetklasse) möglich ist, im Fliesstext beschrieben werden. **Formulierungsbeispiel:** „Das Einkaufszentrum ist erst zu einem Drittel fertiggestellt." Denkbar ist ggf. auch eine Angabe in Prozent. **Formulierungsbeispiel:** „Das Riesenrad ist zu 75 % fertiggestellt." Zulässig und ggf. nach Maßgabe der Generalklausel geboten sind Informationen darüber, wann der Prozess der Fertigstellung abgeschlossen ist. **Formulierungsbeispiel:** „Die voraussichtliche Fertigstellung ist für [Datum] vorgesehen."

14   **Oder Formulierungsbeispiel:** „Zum Zeitpunkt der Prospektaufstellung sind hinsichtlich des Projektes XY die im Abschnitt 10 dargestellten Verträge unterzeichnet."

15   Ausweislich der Verordnungsbegründung sind die Angaben zu den konkreten Projekten als solchen bzw. zu deren Realisierungsgrad unabhängig vom Entwicklungsstadium der Projekte zu machen (Begr. VermVerkProspV, S. 6). Der Verordnungsgeber bringt hierdurch seinen Willen zum Ausdruck, dass es einem Anbieter verwehrt sein soll, unter Hinweis auf ein frühes Projektentwicklungsstadium die Angabepflicht nach § 9 Abs. 1 insoweit zu umgehen. Es sind zu diesen beiden Aspekten in jedem Fall (Mindest-)Angaben erforderlich, ohne die ein Verkaufsprospekt nicht als vollständig angesehen werden kann. Dabei räumt der Verordnungsgeber die Möglichkeit ein, in den Fällen früher Entwicklungsstadien die Angaben weniger konkret ausfallen zu lassen als bei fortgeschrittenen Projekten. Dennoch hebt er in diesem Zusammenhang unter Hinweis auf den Maßstab der zu-

Angaben über die Anlageziele und Anlagepolitik **§ 9**

treffenden Beurteilung nach § 2 Abs. 1 Satz 1 hervor, dass völlig vage Angaben nicht ausreichnd sind (Begr. VermVerkProspV, S. 6; vgl. zur Blind-Pool-Problematik Rn. 24 ff.). Im Ergebnis bleibt dem Anbieter hier ein weiter eigener Einschätzungsspielraum überlassen, den es sinnhaft vor dem Hintergrund des durch § 2 Abs. 1 Satz 1 aufgestellten Maßstabs der zutreffenden Beurteilung der Vermögensanlagen und des Emittenten auszufüllen gilt.

Zudem ist darüber zu informieren, ob die Nettoeinnahmen für die Realisierung der konkreten Projekte allein ausreichen. Diese Angabe ist von besonders bedeutendem Informationswert für den Anleger. Denn sollte ein Projekt nicht allein über die Nettoeinnahmen, sondern lediglich bei Zurverfügungstellung von finanziellen Mitteln von dritter Seite realisiert werden können, birgt bereits dieser Umstand ein gesondertes Risiko im Hinblick auf die Erreichung der Anlageziele und -politik mit sich einhergehend mit einem Gefährdungspotential für die Einlagen der Anleger. Üblicherweise wird die Angabe in der Form eines positiven Aussagesatzes erbracht. **16**

Formulierungsbeispiel: „Die Nettoeinnahmen reichen für die Realisierung der konkreten Projekte allein aus." **17**

Sollten die Nettoeinnahmen nicht ausreichend sein, ist dies so im Verkaufsprospekt ausdrücklich anzugeben. **Formulierungsbeispiel:** „Die Nettoeinnahmen reichen für die Realisierung der Anlageziele und der Anlagepolitik nicht aus." Im Lichte des § 2 Abs. 1 Satz 1 werden in diesem Zusammenhang regelmäßig erläuternde Ausführungen geboten sein: **Formulierungsbeispiel:** „Daher ist die Aufnahme von Fremdkapital erforderlich." Die mit diesem Umstand einhergehenden Risiken sind gesondert im Risikokapitel ausführlich zu beschreiben. Zulässig dürfte ferner das folgende **Formulierungsbeispiel** sein: „Die Nettoeinnahmen reichen unter Berücksichtigung des durch den Emittenten in Anspruch genommenen Darlehens für die Realisierung der konkreten Projekte allein aus." **18**

Schließlich ist anzugeben, für welche sonstigen Zwecke abgesehen von der Realisierung der in Rede stehenden konkreten Projekte die Nettoeinnahmen genutzt werden. Regelmäßig wird hierzu angegeben, dass die Nettoeinnahmen für keine sonstigen Zwecke verwendet werden. Dies ist naheliegend, da die Anleger ihre Einlagen im Hinblick auf die Erreichung eines bestimmten Anlageziels leisten und dementsprechend davon auszugehen ist, dass die Einnahmen hierfür und nicht für weitere, sachfremde Zwecke verwendet werden. Diese Mindestangabe ist von besonderer Bedeutung in den (Prospekthaftungs-)Fällen, in denen im Verkaufsprospekt verschwiegen wurde, dass die Nettoeinnahmen von entsprechenden Personen für andere als die Anlageziele zweckentfremdet wurden. Ein plakatives Beispiel **19** ist die von den Nettoeinnahmen angeschaffte Segeljacht für den Geschäftsführer eines Emittenten. Eine bei dem Emittenten vorgehaltene Liquiditätsreserve steht im unmittelbaren Zusammenhang mit dem in Rede stehenden Projekt und dient deshalb keinem sonstigen Zweck. Darüber hinaus kommt es vereinzelt durchaus vor, dass die Nettoeinnahmen bspw. für die Deckung von Kosten der Vertragspartner des Emittenten verwendet werden, was im Verkaufspospekt gesondert auszuweisen ist. Es ist zuzugeben, dass auch die Deckung dieser Kosten im Ergebnis der Erreichung der Anlageziele dienen mag. Gleichwohl ist es unter Transparenzgesichtspunkten wünschenswert, wenn die entsprechenden Informationen in den Verkaufsprospekt aufgenommen werden. Ein Verweis auf oder eine Angabe in einem Mittelverwendungs- bzw. Investitionsplan ist nicht ausreichend. Fehl geht die Annahme, dass die sonstigen Zwecke die Prospektierung von Blind-Pool-Angeboten (hierzu Rn. 24 ff.) erleichtern sollen (so aber *Keunecke* Rn. 367). Im Zeitpunkt der Prospektaufstellung noch nicht feststehende Anlageobjekte sind nicht als sonstige Zwecke zu qualifizieren, sondern vielmehr als konkrete (gleichwohl noch nicht feststehende) Projekte zu begreifen, die einen geringen Realisierungsgrad aufweisen.

2. Angaben nach Abs. 2

20 § 9 Abs. 2 stellt zusätzliche Angabeerfordernisse in Bezug auf Anlageziele und -politik für bestimmte Vermögensanlagen auf. Für die Prospektierung von Vermögensanlagen im Sinne des § 8f Abs. 1 Satz 1 VerkProspG (Unternehmensbeteiligungen, Treuhandvermögen, sonstige geschlossene Fonds) hat der Verordnungsgeber eine Reihe zusätzlicher Mindestangaben für erforderlich gehalten, die der Anleger für ein zutreffendes Bild von dem jeweiligen Anlageinstrument benötigt. Dabei nennt § 9 Abs. 2 nicht die Namensschuldverschreibungen iSd § 8f Abs. 1 Satz 2 VerkProspG. Damit sind bei Verkaufsprospekten über Namensschuldverschreibungen die Angaben nach § 9 Abs. 2 entbehrlich. Dies ist dem Umstand geschuldet, dass bei Namensschuldverschreibungen der Emittent zugleich das Anlageobjekt ist.

21 **a) Anlageobjektbescheibung.** § 9 Abs. 2 Nr. 1 Satz 1 fordert eine Beschreibung des Anlageobjekts. Mit Beschreibung ist eine ausführliche Darstellung gemeint, bloße Hinweise oder eine lediglich stichwortartige Darstellung sind nicht ausreichend. Der Begriff des Anlageobjekts wird in § 9 Abs. 2 Satz 2 Nr. 1 legaldefiniert als die Gegenstände, zu deren voller oder teilweiser Finanzierung die von den Erwerbern der Vermögensanlagen aufzubringenden Mittel bestimmt

§ 9

sind. Zudem führt § 9 Abs. 2 Satz 2 Nr. 3 aus, dass bei einem Treuhandvermögen, das ganz oder teilweise aus einem Anteil besteht, der eine Beteiligung am Ergebnis eines Unternehmens gewährt, an die Stelle dieses Anteils die Vermögensgegenstände des Unternehmens treten (mithin diejenigen der Fondsgesellschaft; vgl. *Keunecke* Rn. 367).

Zutreffend ist in der Literatur angemerkt worden, dass vor dem Hintergrund, dass § 2 Abs. 3 Satz 1 von einer Abhandlung der Mindestangaben in der Reihenfolge der Verordnung ausgeht, die Verortung der Beschreibung des Anlageobjekts erst im Anschluss an die Darstellung des Emittenten bzw. der Vermögensanlagen bzw. der Risikofaktoren unter dem Aspekt der Verständlichkeit wenig gelungen erscheint (*Keunecke* Rn. 366). Regelmäßig wird in der Praxis zulässigerweise denn auch insoweit von der Reihenfolge der VermVerkProspV abgewichen und es finden sich Darstellungen des Anlageobjektes an einer vorderen Stelle des Verkaufsprospekts, etwa im Anschluss an das Risikokapitel. **22**

Sind bei einer Vermögensanlage mehrere Anlageobjekte vorgesehen, müssen die Angaben nach § 9 Abs. 2 in Bezug auf jedes einzelne Anlageobjekt abgehandelt werden. **23**

Die Bestimmung des oder der Anlageobjekte(s) kann im Einzelfall durchaus Schwierigkeiten bereiten. Auszugehen ist von dem Grundsatz, dass ein zum Zeitpunkt der Prospektaufstellung bereits erworbenes bzw. zu erwerbendes Anlageobjekt zu beschreiben ist. Die Darstellung hat dabei so ausführlich zu sein, dass der Grundsatz der zutreffenden Beurteilung der Vermögensanlagen und des Emittenten eingehalten wird. Dies kann ggf. eine detailliertere Darstellung als lediglich die der wesentlichen Merkmale des Anlageobjekts sein (aA *Keunecke* Rn. 367). In einer Vielzahl von Fällen hat ein geschlossener Fonds jedoch bei der Prospektaufstellung noch kein konkretes Anlageobjekt in Aussicht mit der Folge, dass noch nicht feststeht, in welches Anlageobjekt investiert werden wird (sog. Blind-Pool-Konzept). Blind-Pools kommen insbesondere in den Assetklassen Private Equity, Lebensversicherungen und Medien, aber auch im Bereich der Immobilien und der Schiffe vor. Aus tatsächlichen, mitunter auch aus rechtlichen Gründen können die Angaben nach § 9 Abs. 2 noch nicht näher konkretisiert werden. **24**

Dieser Umstand war im Vorfeld der Erlass der VermVerkProspV Gegenstand lebhafter Diskussion. Mitunter wurde aus den nach § 9 Abs. 2 vorgesehenen Angabeerfordernissen geschlossen oder es wurde zumindest die Befürchtung geäußert, dass § 9 Abs. 2 Nr. 1 das Angebot von Blind-Pools nach Einführung der Prospektpflicht für Vermögensanlagen unmöglich machen werde, da den entsprechenden Angabeer- **25** fordernissen nicht genügt werden könne und infolgedessen die Verkaufsprospekte stets als unvollständig anzusehen wären (vgl. etwa *Keunecke* Rn. 367). Insbesondere wurde – insoweit zutreffend – darauf hingewiesen, dass Angaben zu den Anlageobjekten stets iSd § 15 Abs. 2 Nr. 1 für die Beurteilung der Vermögens-, Finanz- und Ertragslage relevant und daher nicht ausnahmefähig seien (*Keunecke* Rn. 367). In Rede stand nicht weniger als ein faktisches Verbot bestimmter Fondsstrukturen durch den Erlass der VermVerkProspV. Diese Befürchtungen haben sich indessen als unberechigt erwiesen. Zunächst standen einem derartigen faktischen Verbot rechtliche Hindernisse entgegen. Ein derartiges Verbot hätte den Grundsätzen einer verfassungskonformen Auslegung widersprochen. Die Legitimation für den Erlass der VermVerkProspV leitet sich aus der Verordnungsermächtigung des § 8g Abs. 2 VerkProspG ab (hierzu § 8g VerkProspG Rn. 22). Diese Ermächtigung beinhaltet indessen keine Befugnis, bestimmte Strukturen und Konzeptionen von Vermögensanlagen zu unterbinden. Zulässig ist allein der Erlass von Vorschriften betreffend die Informationen, die über eine Vermögensanlage gewährt werden müssen, nicht jedoch im Hinblick darauf, welche Anlageinstrumente überhaupt erlaubt sein sollen. Daher wäre eine Auslegung der VermVerkProspV, die dazu führen würde, dass bestimmte Fondsstrukturen unterbunden werden, weder nach dem Inhalt noch nach dem Sinn und Zweck von der Ermächtigung des § 8g Abs. 2 VerkProspG gedeckt. Wollte man sich auf den gegenteiligen Standpunkt stellen, so dürfte dies einen Verstoß gegen den Vorbehalt des Gesetzes bedeuten. Dieser Auffassung hat sich im Ergebnis auch die BaFin angeschlossen und sich dieser Thematik in Ziff. 7 des BaFin-Auslegungsscheibens (s. dazu im Textanhang unter III. 4) angenommen (vgl. *Jäger/Voß*, S. 914).

26 Danach ist eine Prospektierung von Blind-Pool-Modellen statthaft, sofern nur – was eine prospektrechtliche Selbstverständlichkeit darstellt – der Grundsatz der Prospektrichtigkeit gewahrt ist. Die Angaben sind so detailliert wie möglich zu machen und mit einem Hinweis zu versehen, dass sie noch nicht so konkret sein können, wie § 9 Abs. 2 dies bei bereits feststehenden Anlageobjekten fordert. Von besonderer Bedeutung ist in diesem Zusammhang das Instrumentarium des Nachtrags. Sobald eine entsprechende Konkretisierung hinsichtlich des Anlageobjekts eingetreten ist, ist grundsätzlich ein Nachtrag gemäß § 11 VerkProspG erforderlich (Ziff. 7 des BaFin-Auslegungsschreibens im Textanhang unter III. 4), wobei jedoch die Besonderheiten im Zusammenhang mit der jeweiligen Anlagestrategie und der Assetklasse zu berücksichtigen sind.

27 Wie die Darstellung eines Blind-Pools im Einzelfall ausfällt, hängt naturgemäß von der jeweiligen Konstellation und insoweit regelmä-

Angaben über die Anlageziele und Anlagepolitik §9

ßig vom jeweiligen Konkretisierungsgrad ab. Regelmäßig ist es aber zumindest möglich und auch erforderlich, die Investitionskriterien für die vorgesehenen Anlageobjekte zu beschreiben.

Was im Einzelfall als Anlageobjekt zu qualifizieren ist, ist im Wege einer wirtschaftlichen Betrachtungsweise zu bestimmen, die insbesondere bei komplexen Fondstrukturen zum Tragen kommt. Hierunter fallen insbesondere Dachstockkonstruktionen, bei denen die Anleger beispielsweise Anteile an einer KG zeichnen, wobei die KG als geschlossener Fonds wiederum in einen Fonds investiert, der seinerseits ein Blind-Pool ist. 28

Ausgangspunkt ist die Legaldefinition des § 9 Abs. 2 Ziff. 1 Satz 2, wonach Anlageobjekt die Gegenstände sind, zu deren voller oder teilweiser Finanzierung die von den Erwerbern der Vermögensanlagen aufzubringenden Mittel bestimmt sind. Die VermVerkProspV verzichtet auf eine Definition des Begriffs „Gegenstand". Nach allgemeinen Grundsätzen ist indessen anerkannt, dass unter einem „Gegenstand" in der Rechtsmacht eines Rechtssubjekts unterworfenes Rechtsobjekt zu verstehen ist, wobei sowohl körperliche Sachen als auch unkörperliche Gegenstände, wie insbesondere Rechte und sonstige objektive Werte, die soweit fassbar oftmals wie eine Sache behandelt werden, erfasst sind (*Creifelds*, S. 518). Zu kurz und dem Normzweck zuwiderlaufend wäre eine Betrachtungsweise, die darauf abstellt, dass die „Gegenstände" lediglich die „Vermögensgegenstände des Emittenten" im bilanzrechtlichen Sinne seien und damit alle Sachen, Rechte sowie sonstige rechtliche wie tatsächliche Positionen, die dem bilanzierungspflichtigen Emittenten zuzurechnen sind und die von diesem in dessen Bilanz aktiviert werden. Die Schwächen einer solchen Betrachtungsweise treten in den Fällen zutage, in denen etwa ein geschlossener Fonds die Nettoeinnahmen nicht direkt in die „Assets" (Immobilien, Schiffe, Windräder, Lebensversicherungspolicen etc.) investiert, sondern vielmehr in eine Gesellschaft, die ihrerseits erst in die „Assets" investiert. Wollte man als Anlageobjekte lediglich die in der Bilanz des Emittenten aktivierten Vermögensgegenstände verstehen, würde in den Fällen, in denen eine weitere oder ggf. auch mehrere Gesellschaften (bspw. eine Projektgesellschaft und vor diese wiederum eine Holding) zwischen die Unternehmensbeteiligung, das Treuhandvermögen oder den geschlossenen Fonds geschaltet werden, die zwischengeschaltete Gesellschaft das Anlageobjekt sein und nicht die von dieser erworbenen „Assets". Demzufolge wäre(n) im Verkaufsprospekt nach Maßgabe des § 9 Abs. 2 Nr. 1 lediglich die (Zwischen-)Gesellschaft(en) zu beschreiben. Legt man demgegenüber eine bilanzrechtliche Betrachtungsweise zugrunde, so sind Vermögensgegenstände alle Sachen, Rechte sowie sonstige rechtliche und 29 tatsächliche Positionen von wirtschaftlichem Wert, die – sofern sie dem bilanzierungspflichtigen Kaufmann zuzurechnen sind – ein verwertbares Potential zur Deckung seiner Schulden begründen (*Staub/Kleindiek*, HGB, § 246 Rn. 5 mwN). § 247 Abs. 1 HGB schreibt den gesonderten Ausweis der dort näher genannten Bilanzposten vor. Für Kapitalgesellschaften und diesen gleichgestellte Personenhandelsgesellschaften wird § 247 Abs. 1 HGB durch §§ 265 f. HGB präzisiert. Gemäß § 266 Abs. 2 HGB zählen zu den Vermögensgegenständen als Bilanzposten das Anlagevermögen, mithin Finanzanlagen, die wiederum Anteile an verbundenen Unternehmen umfassen. In diesem Zusammenhang sind Beteiligungen Anteile an anderen Unternehmen, soweit sie nicht zu den Anteilen an verbundenen Unternehmen gehören. Ein Anteil im bilanzrechtlichen Sinne ist als Mitgliedschaftsrecht zu verstehen, dass ein Vermögens- und Verwaltungsrecht vermittelt. Für die Zuordnung von Vermögensgegenständen ist das zivilrechtliche Eigentum maßgeblich. Somit sind für die Zuordnung die Eigentumsverhältnisse bzw. die Inhaberschaft an dem jeweiligen Recht entscheidend. Nimmt man das Beispiel eines geschlossenen Immobilienfonds in der Form einer GmbH & Co. KG (KG 1), der die Nettoeinnahmen zum Erwerb einer 100 %igen Beteiligung an einer weiteren KG (KG 2) verwendet, die wiederum dieses Kapital in Immobilien investiert, so würde dies bei Zugrundelegung einer bilanzrechtlich geprägten Sichtweise für die Mindestangaben nach 9 Abs. 2 Nr. 1 Folgendes bedeuten: Die Beteiligung des Emittenten an der KG 2 wäre der KG 1 als Emittent zuzuordnen und folglich von dieser in der Bilanz zu aktivieren. Die Rechte an den Immobilien stehen hingegen nicht der KG 1 zu. Rechtsinhaber ist diesbezüglich die KG 2, so dass die (Rechte an den) Immobilien in der Bilanz der KG 2 abzubilden wären. Anlageobjekt des Immobilienfonds wäre(n) somit die Beteiligung an der KG 2 und nicht die Immobilien. Dieses Ergebnis ist nicht sachgerecht. Die einzelnen in § 9 Abs. 2 aufgeführten Mindestangaben vom Verordnungsgeber so aufgenommen worden, um Angabeerfordernisse hinsichtlich eines konkreten „Assets" zu postulieren. Dabei hat er sich inbesondere an Immobilien orientiert, wie bspw. Angabeerfordernisse hinsichtlich dinglicher Belastungen oder auch Bewertungsgutachten zeigen. Es wäre verfehlt, durch eine bilnzrechtliche Auslegung des Begriffs „Anlageobjekt" dem Anbieter die Möglichkeit einzuräumen, die Mindestangabenpflicht nach § 9 Abs. 2 zu unterlaufen und den Anlegern die qua Verordnung garantierten Informationen vorzuenthalten. Ggf. könnte ein Anbieter eine Zwischengesellschaft als Special Purpose Vehicle bewusst zwischen Emittent und „Assets" schalten, um die entsprechenden Mindestangaben nicht machen zu müssen. Insbesondere ist an die Negativtestate zu denken, etwa – um nur ein Beispiel

Angaben über die Anlageziele und Anlagepolitik §9

von herausragender Wichtigkeit zu nennen – im Hinblick auf Bewertungsgutachten. Hiergegen lässt sich auch nicht einwenden, dass der Anbieter dann nach § 2 Abs. 1 Satz 1 verpflichtet bleibt, (um im Beispiel zu bleiben) die Immobilien zu beschreiben. Denn dann würde es dem durch die BaFin nicht überprüfbaren Entscheidungsspielraum des Anbieters überlassen bleiben, welche Angaben er aufnimmt und welche – u. U. im Vertrauen darauf, dass es nicht zu einem Prospekthaftungsprozess kommt – Informationen er dem Anleger verschweigt. Würde die BaFin eine derartige Sichtweise vertreten, würde sie sich zudem in einem gewissen Umfang ihres Prüfungsauftrages entziehen. Sie hat formell zu prüfen, ob die Mindestangabe hinsichtlich des Anlageobjekts vorliegen, so dass sichergestellt ist, dass der Anleger im Haftungsfall auf ein normkonformes Haftungsdokument zurückgreifen kann. Schließlich ist zu berücksichtigen, dass ein Anleger nicht bspw. in einen Immobilienfonds investiert, weil ihm eine Anlage an einer Zwischengesellschaft interessant erscheint. Die Investmententscheidung wird vielmehr davon abhängig gemacht, in welche Immobilien investiert wird (z. B. Apartments in Florida, ein Hotel in Dubai oder ein Seniorenwohnheim in den neuen Bundesländern) bzw. – bei einem Blind-Pool-Konzept – welche Investitionsstrategie vorgesehen ist. Demnach muss der Verkaufsprospekt die entsprechenden Mindestangaben enthalten, damit der Anleger sich ein zutreffendes Bild von der Vermögensanlage machen kann. Diese Argumentation lässt sich grundsätzlich auf sämtliche anderen Assetklassen übertragen und gilt somit auch für Schiffsfonds, Lebensversicherungsfonds etc. Entscheidend ist, dass der Anleger mindestens die Informationen erhält, die für eine Investitionsentscheidung maßgeblich sind. In einer Vielzahl von Fällen ist daher eine „Durchschau" vonnöten.

Mitunter werden in Verkaufsprospekten die Zwischengesellschaften als „mittelbare Anlageobjekte", die Zielassets als „unmittelbare Anlageobjekte" bezeichnet, wobei die Angaben iSv § 9 Abs. bzgl. sämtlicher „Objekte" gemacht werden. Dies ist unbedenklich, sofern der Anleger hierdurch nicht irregeführt wird. Ausreichend wäre es zur Erfüllung der Mindestangabeerfordernisse, die Angaben im Hinblick auf das wirtschaftliche und damit das verkaufsprospektrechtlich maßgebliche Anlageobjekt zu machen.

Die nach der hier vertretenen Auffassung vorzugswürdige wirtschaftliche Betrachtungsweise hilft auch bei der Bewältigung von Dachfonds-Konstruktionen. Verbreitet sind insbesondere im Private-Equity-Bereich so genannte Funds-of-Funds-Konstruktionen, bei denen sich ein öffentlich angebotener Fonds (Fonds 1) an einem nicht prospektpflichtigen Zwischenfonds (Fonds 2) beteiligt, wobei dieser wiederum in diverse Zielfonds investiert, die im Zeitpunkt der Prospektaufstellung noch nicht im Einzelnen feststehen. Die Besonderheit besteht nicht selten darin, dass die Investitionsentscheidungen auf der Ebene des Fonds 2 getroffen werden. Es wäre daher verkürzt, allein die Zielfonds als Anlageobjekte zu begreifen, die nach den Grundsätzen für Blind-Pools darzustellen wären. Nach der allgemeinen Definition des Begriffs „Gegenstand" (Rn. 29) kann auch ein Fonds – wie im Beispiel der Fonds 2 – unter den Begriff der Anlageobjekts gefasst werden. Bei einer wirtschaftlichen Betrachtungsweise ist es geboten, auch den Fonds 2 als Anlageobjekt nach § 9 Abs. 2 zu begreifen. Dies geht jedoch nicht soweit, dass der Gesellschaftsvertrag des Fonds 2 als Mindestangabe im Verkaufsprospekt nach § 4 Satz 2 abzudrucken wäre. Nach dem eindeutigen Wortlaut des § 4 Satz 2 gilt dieser allein für den Emittenten. Nach alledem hat die Beschreibung der wesentlichen Eckdaten des Fonds 2 durch Beschreibung insbesondere der Regelungen im Gesellschaftsvertrag des Anlageobjekts nach dem Konzept der VermVerkProspV im Verkaufsprospekt des Fonds 1 zu erfolgen. Ausnahmen von diesem Grundsatz müssen dann zugelassen werden, wenn dem Prospektaufsteller eine derartige Darstellung untersagt wurde und er sich durch eine Darstellung vertragsbrüchig gegenüber dem Zielfonds machen würde. Auf diesen Zustand ist dann im Verkaufsprospekt hinzuweisen. Was die Zielfonds betrifft, so macht es keinen Unterschied, auf welcher Ebene das Blind-Pool-Modell zum Tragen kommt. Es gelten die oben (Rn. 29 f.) dargestellten Grundsätze.

32 **b) Besonderheiten bei Treuhandvermögen.** § 9 Abs. 2 Satz 3 postuliert, dass bei einem Treuhandvermögen, das ganz oder teilweise aus einem Anteil besteht, der eine Beteiligung am Ergebnis eines Unternehmens gewährt, an die Stelle dieses Anteils die Vermögensgegenstände des Unternehmens treten. Hierbei handelt es sich um eine vom Verordnungsgeber angeordnete „Durchschau", was im Übrigen ein weiteres systematisches Argument für die hier vertretene wirtschaftliche Betrachtungsweise darstellt. Bei Treuhandvermögen nach § 8 f Abs. 1 Satz 1 Var. 2 VerkProspG kommt es für die Beschreibung des Anlageobjekts nicht auf den Anteil an, den die Anleger als Treugeber „halten". Maßgeblich sind vielmehr die Vermögensgegenstände (vgl. zum Begriff Rn. 29) des in Rede stehenden Unternehmens (vgl. zum Begriff § 7 VermVerkProspV Rn. 40).

33 **c) Eigentum.** § 9 Abs. 2 Nr. 2 verlangt die Angabe des Eigentums am Anlageobjekt oder wesentlicher Teile davon, soweit dieses den in §§ 3, 7 oder 12 genannten Personen zustand oder zusteht oder diese Personen aus anderen Gründen eine dingliche Berechtigung am Anlageobjekt haben. Eigentum ist zivilrechtliches Eigentum iSd § 903

Angaben über die Anlageziele und Anlagepolitik §9

BGB. Die Angabepflicht hinsichtlich „wesentlicher Teile" des Eigentums zeigt, dass der Verordnungsgeber bei der Formulierung des § 9 Abs. 2 im Wesentlichen Immobilienfonds vor Augen hatte. Soweit Immobilien, Windkraftanlagen bzw. Schiffe das Anlageobjekt sind, sind wesentliche Teile nicht nur gleichzusetzen mit wesentlichen Bestandteilen iSd BGB. Bei den „wesentlichen Teilen" handelt es sich um einen eigenständigen prospektrechtlichen Begriff. Im Einzelfall kann auch Zubehör etc. ein „wesentlicher Teil" des Anlageobjekts sein, sofern dies – erneut unter Zugrundelegung einer wirtschaftlichen Betrachtungsweise – erforderlich ist, damit der Anleger sich ein zutreffendes Bild von der Vermögensanlage machen kann. Die Eigentumsverhältnisse sind nicht nur im Hinblick auf den Zeitpunkt der Prospektaufstellung, sondern auch für die Vergangenheit anzugeben („Zustand"). Die Personen nach §§ 3, 7 oder 12 können sowohl natürliche als auch juristische Personen sein. Liegen entsprechende Eigentumsverhältnisse tatsächlich nicht vor, ist ein Negativtestat in den Verkaufsprospekt aufzunehmen. Gleiches gilt, wenn aus rechtlichen Gründen keine Eigentumsbeziehungen bzgl. des Anlageobjekts bestehen können.

Mitunter existieren auch andere Berechtigungen als solche dinglicher Natur. Zu denken ist insbesondere an Berechtigungen aus immaterialgüterrechtlichen Gründen. Diese können im Hinblick auf das Anlageobjekt nach § 2 Abs. 1 Satz 1 prospektierungspflichtig sein. Sofern eine entsprechende Abhängigkeit in Bezug auf den Emittenten gegeben ist, besteht ein eigenes Mindestangabeerfordernis nach § 8 Abs. 1 Nr. 2. 34

Bestehen keine Berechtigungen iSd § 9 Abs. 2 Nr. 2, ist die Aufnahme eines Negativtestats in den Verkaufsprospekt erforderlich. **Formulierungsbeispiel:** „Weder ... noch ... steht oder stand das Eigentum an dem Anlageobjekt oder wesentliche Teile desselben sowie aus anderen Gründen eine dingliche Berechtigung am Anlageobjekt [den Personen] zu." 35

d) Dingliche Belastungen. Gleichfalls zu prospektieren sind nach § 9 Abs. 2 Nr. 3 nicht nur unerhebliche dingliche Belastungen des Anlageobjekts. Hierunter fallen etwa regelmäßig Belastungen des Eigentums durch Nutzungs- und Verwertungsrechte, wie insbesondere Hypothek, Grund- und Rentenschulden, Erbbaurechte, Dienstbarkeiten, Reallasten, sowie Pfandrechte. Nicht vom Wortlaut der Verordnung erfasst sind öffentliche Lasten. 36

Welche dinglichen Belastungen unerheblich sind und welche bereits „nicht nur unerheblich", lässt sich nicht abstrakt beantworten (z. B. Belastung einer Immobilie mit einer Grundschuld zu XY% des 37

Voß

§ 9 Verkaufsprospektverordnung

Verkehrswertes). Es kommt auf das konkrete Anlageobjekt an. Da der Verordnungsgeber bereits „nicht nur unerhebliche" dingliche Belastungen als (mindest-)angabepflichtig qualifiziert hat und die Grenze zur Angabepflicht nicht bereits bei „erheblichen" dinglichen Belastungen gezogen hat, ist davon auszugehen, dass dingliche Belastungen im Grundsatz „eher als nicht" regelmäßig anzugeben sind. Unzweckmäßig und ohne Rückhalt im Normtext ist eine Unterscheidung danach, ob die Belastung aus einem abstrakten oder einem akzessorischen Sicherungsinstrument resultiert.

Bestehen keine solchen Belastungen, ist ein **Negativtestat** erforderlich. **Formulierungsbeispiel**: „Es bestehen keine nicht nur unerheblichen dinglichen Belastungen des Anlageobjektes."

38   e) **Verwendungsbeschränkungen.** Der Verkaufsprospekt muss nach § 9 Abs. 2 Nr. 4 rechtliche oder tatsächliche Beschränkungen der Verwendungsmöglichkeiten des Anlageobjekts wiedergeben, insbesondere im Hinblick auf das Anlageziel. Rechtliche Beschränkungen können vertraglichen oder gesetzlichen Ursprungs sein. Beispiele hierfür sind Betriebsbeschränkungen insbesondere in zeitlicher Hinsicht (Ladenschlussbestimmungen bei Einkaufszentren). Bei Schiffen ist daran zu denken, dass diese mitunter nicht in bestimmten Gewässern kreuzen dürfen. Bei Medien (Filme und Games) sind ggf. Altersbeschränkungen für die Konsumenten, sofern diese im Zeitpunkt der Prospektaufstellung feststehen, anzugeben. Die Beschränkungen können auch tatsächlicher Natur sein. Bei Immobilien können sich tatsächliche Beschränkungen etwa durch Überbauten ergeben. Bei Windrädern können Beschränkungen aus bestimmten Windstärken folgen, bei denen sich das Rad überhaupt nicht erst an- bzw. wieder abschaltet.

Sollten Verwendungsbeschränkungen nicht vorliegen, ist ein Negativtestat anzugeben. **Formulierungsbeispiel**: „Es bestehen hinsichtlich der Verwendungsmöglichkeiten, insbesondere im Hinblick auf das Anlageziel, keine rechtlichen oder tatsächlichen Beschränkungen."

39   f) **Behördliche Genehmigungen.** Gemäß § 9 Abs. 2 Nr. 5 ist im Verkaufsprospekt mitzuteilen, ob die erforderlichen behördlichen Genehmigungen vorliegen. Genehmigungen sind begünstigende Verwaltungsakte iSd § 35 Satz 1 VwVfG. Gemeint sind anlageobjektbezogene Genehmigungen. Ggf. sind Genehmigungen, die eine Person benötigt, damit das Anlageobjekt betrieben werden kann, nach § 2 Abs. 1 Satz 1 zu prospektieren. Behörden sind alle Stellen, die Aufgaben der öffentlichen Verwaltung wahrnehmen (§ 1 Abs. 4 VwVfG). Sofern Anlageobjekte im Ausland belegen sind, sind die entsprechen-

den nach ausländischem (Verwaltungs-)Recht erforderlichen behördlichen Gnehmigungen im Verkaufsprospekt abzubilden. Erforderlich ist eine Genehmigung dann, wenn ohne ihr Vorliegen das Anlageobjekt nicht seiner Zweckbestimmung gemäß genutzt werden kann. Die Zahl der erforderlichen Genehmigungen kann bei einzelnen Anlageobjekten sehr hoch sein und mitunter 40 bis 50 einzelne Genehmigungen umfassen. Dies ist insbesondere bei Schiffen der Fall, wo etwa u. a. Genehmigungen für Radar und den Betrieb der Bordapotheke einzuholen sind. In derartigen Konstellationen ist es nicht erforderlich, sämtliche Genehmigungen einzeln zu enumerieren. Ausreichend ist eine Aussage, wonach sämtliche Genehmigungen vorliegen. Nicht selten liegen einzelne oder sogar sämtliche Genehmigungen im Zeitpunkt der Prospektaufstellung noch nicht vor, sind aber bereits beantragt. Dann ist die Angabe mit einem entsprechenden Hinweis zu machen. **Formulierungsbeispiel:** „Es liegt derzeit noch keine der erforderlichen behördlichen Genehmigungen nah § 9 Abs. 2 Nr. 5 VermVerkProspV vor. Ihre Genehmigung ist jedoch bereits beantragt und der Erteilung stehen nach Kenntnis des Anbieters zum Zeitpunkt der Prospektaufstellung keine Hindernisse tatsächlichen oder rechtlichen Ursprungs entgegen." Verschiedentlich erfolgt die Einholung von Genehmigungen auch in einem fortlaufenden Prozess; die Genehmigungen können nicht parallel beantragt werden, sondern bauen aufeinander auf. In derartigen Fällen sind die bislang erhaltenen Genehmigungen darzustellen und ein Negativtestat zu ergänzen. **Formulierungsbeispiel:** „Bis auf die zuvor dargestellten behördlichen Genehmigungen liegen derzeit noch nicht alle erforderlichen Genehmigungen nach § 9 Abs. 2 Nr. 5 VermVerkProspV vor, da die behördlichen Genehmigungen in einem fortlaufenden Prozess beantragt und erteilt werden. Den Erteilungen stehen nach Kenntnis des Anbieters zum Zeitpunkt der Prospektaufstellung keine Hindernisse tatsächlichen oder rechtlichen Ursprungs entgegen."

Mit dem Umstand, dass eine oder mehrere Genehmigungen nicht vorliegen, korrespondiert das Risiko, dass eine Genehmigung nicht erteilt wird. Dies ist ggf. unter Schilderung der möglichen Auswirkungen im Risikokapitel darzustellen.

g) Verträge. Ebenfalls in den Verkaufsprospekt aufzunehmen sind Verträge, die der Emittent über die Anschaffung und Herstellung wesentlicher Teile des Anlageobjekts geschlossen hat (§ 9 Abs. 2 Nr. 6).

Hierunter fallen bspw. die Auftragsvergabe über den Erwerb oder die Errichtung einer Immobilie bzw. eines Schiffs (*Keunecke* Rn. 370). Verträge sind sämtliche durch Rechtsgeschäft begründete Schuldverhältnisse. Erfasst sind sowohl zivilrechtliche als auch ggf. öffentlichrechtliche Verträge. Das Datum des Vertragsschlusses ist ebenfalls anzugeben. Unerheblich ist, welchem Recht die Verträge unterliegen.

42 Anschaffung meint den Erwerb eines Anlageobjekts oder die Versetzung desselben in einen betriebsbereiten Zustand, vgl. § 255 Abs. 1 Satz 1 HGB. Damit sind die geleisteten bzw. die zu leistenden Erwerbs- und Inbetriebnahmekosten ohne Gemeinkosten erfasst. Hinzu kommen evtl. die sog. Nebenkosten sowie nachträgliche Anschaffungskosten iSv § 255 Abs. 1 Satz 2 HGB (hierzu ausführlich *Baumbach/Hopt,* § 255 Rn. 1 ff.).

Herstellung ist ebenso wie iSd § 7 im handelsrechtlichen Sinne zu verstehen, vgl. ausführlich hierzu § 7 VermVerkProspV Rn. 53.

43 Als Mindestangabe sind die Verträge nicht abzudrucken. Im Einzelfall kann ein Abdruck der Verträge iSd § 9 Abs. 2 Nr. 6 nach der Generalklausel erforderlich sein.

44 Sollte es dem Prospektaufsteller nicht gestattet sein, Inhalte des Vertrages wiederzugeben (etwa weil er einer Vertraulichkeitsvereinbarung unterliegt) kann von einer Angabe abgesehen werden, weil es dem Prospektaufsteller nicht zumutbar ist, vertragsbrüchig zu werden. Auf diesen Zustand ist im Verkaufsprospekt hinzuweisen.

45 **h) Bewertungsgutachten.** Von besonderer Bedeutung ist das Angabeerfordernis betreffend die Bewertungsgutachten (§ 9 Abs. 2 Nr. 7).

46 Hierunter fallen sämtliche Gutachten, die den Wert des Anlageobjekts bestimmen sollen. Bei New Energy-Anlageobjekten sind auch Angaben zu Wind- und Bodengutachten im Verkaufsprospekt zu machen.

47 Liegt kein Bewertungsgutachten vor, ergibt sich aus § 9 Abs. 2 Nr. 7 keine Verpflichtung, ein Bewertungsgutachten zu erstellen bzw. erstellen zu lassen (*Keunecke* Rn. 371). Ausreichend ist dann ein Negativtestat. **Formulierungsbeispiel:** „Es liegt kein Bewertungsgutachten im Sinne des § 9 Abs. 2 Nr. 7 VermVerkProspV vor."

48 Anzugeben ist der Name der Person oder der Gesellschaft, die ein Bewertungsgutachten über das Anlageobjekt erstellt hat. Ausweislich des ausdrücklichen Wortlauts ist eine Angabe des Sitzes der Gesellschaft oder der Adresse der Person oder Gesellschaft nicht erforderlich.

49 Zudem ist das Datum des Bewertungsgutachtens zu nennen, damit der Anleger Schlüsse auf dessen Aktualität ziehen kann.

50 Es ist das Ergebnis des Bewertungsgutachtens zu nennen. Besteht das Ergebnis aus einer Note innerhalb eines Notenspektrums, ist eine Einordnung der Note in das jeweilige Spektrum anzugeben.

Angaben über die Anlageziele und Anlagepolitik **§ 9**

Liegen mehrere Bewertungsgutachten vor, sind sämtliche Gutachten sowie die Namen sämtlicher Personen bzw. Gesellschaften anzugeben, die ein Bewertungsgutachten erstellt haben sowie die zugehörigen Erstellungsdaten (*Jäger/Voß,* S. 915). Zudem müssen sämtliche Daten sowie Ergebnisse eines Bewertungsgutachtens genannt werden. Dies ist für den Anleger deshalb eine wesentliche Information, weil in der Praxis durchaus mehrere Gutachten über ein Anlageobjekt erstellt werden, die dann auch zu unterschiedlichen Ergebnissen gelangen. Es war in der Vergangenheit in diesen Fällen nicht selten zu beobachten, dass gegenüber dem Anleger lediglich das Bewertungsgutachten mit dem besten Ergebnis bekannt gemacht wurde. Dies ist aufgrund des § 9 Abs. 2 Nr. 7 nun nicht mehr möglich. Bei mehreren Bewertungsutachten ist ein abschließendes Negtivtestat in den Verkaufsprospekt aufzunehmen (*Jäger/Voß,* S. 915). **Formulierungsbeispiel:** „Es existieren neben den aufgeführten keine weiteren Bewertungsgutachten." 51

Sollte es dem Prospektaufsteller nicht gestattet sein, den Namen der Person oder der Gesellschaft, die das Bewertungsgutachten erstellt hat oder auf das Ergebnis des Bewertungsgutachtens hinzuweisen, kann von einer Angabe aus den schon zu Rn. 31 (am Ende) dargestellten Gründen abgesehen werden. Auf diesen Zustand ist im Verkaufsprospekt hinzuweisen. 52

i) Lieferungen und Leistungen. Zudem ist der Umfang nicht nur geringfügiger Leistungen und Lieferungen durch die in §§ 3, 7 oder 12 genannten Personen im Verkaufsprospekt zu beschreiben (§ 9 Abs. 2 Nr. 8). 53

Auch mit diesem Mindestangabeerfordernis soll dem Anleger ein Einblick in die wirtschaftlichen Verflechtungen der hinter dem Anlageinstrument stehenden Personen gegeben werden (*Keunecke* Rn. 372). Die Lieferungen und Leistungen sind solche, die sich auf das Anlageobjekt beziehen. Vgl. zu den Begriffen § 7 VermVerkProspV Rn. 56. Der Umfang ist durch selbsterklärende Formulierungen in einer für den Anleger verständlichen Form zu spezifizieren. Wenig geeignet hierfür sind Aussagen wie z.B. „erheblicher" Umfang, da diese schlechthin zu pauschal sind, als dass sich der Anleger mit ihrer Hilfe ein zutreffendes Bild von den angebotenen Vermögensanlagen zu schaffen vermag. Vielfach bieten sich Angaben unter Nutzung von Prozentwerten an. 54

Ggf. ist ein Negativtestat aufzunehmen. **Formulierungsbeispiel:** „Keine der nach den §§ 3, 7 und 12 VermVerkProspV im Verkaufsprospekt zu nennende Person hat vorliegend nicht nur geringfügige Leistungen und Lieferungen im Sinne des § 9 Abs. 2 Nr. 8 VermVerkProspV erbracht." 55

§ 9 Verkaufsprospektverordnung

56 **j) Voraussichtliche Gesamtkosten.** § 9 Abs. 2 Nr. 9 regelt die Informationspflichten im Hinblick auf die voraussichtlichen Gesamtkosten des Anlageobjekts. Hiermit werden Anschaffungs-, Herstellungs- sowie sonstige Kosten in Bezug genommen.

57 Nicht gemeint ist hiermit der „Erwerbspreis der *Vermögensanlage*" [Hervorhebung d.d. Verf.] (so aber unzutreffend *Hoppe,* ZfIR 2006, 637, 638). Zwar fordert die Norm die Angabe der voraussichtlichen Gesamtkosten. Indessen macht der Umstand, dass die Finanzierung des Anlageobjekts evtl. bereit durchgeführt wurde, diese Angabe nicht überflüssig. Relevant wurde dies in der Praxis insbesondere bei bereits anplatzierten Anlageinstrumenten, die erst zum 1. 7. 2005 als Vermögensanlagen prospektpflichtig wurden.

58 Die voraussichtlichen Gesamtkosten sind in einer Aufgliederung anzugeben. Hierfür bietet sich regelmäßig eine tabellarische Darstellung an.

59 Es ist anzugeben, wer die Mittel zugesagt hat. Das Erfordernis „von wem diese verbindlich zugesagt sind" macht die Nennung einer Bank mit ggf. ergänzenden Angaben (Anschrift etc.) erforderlich. Nicht gefordert ist die Angabe der Firma einer Bank, ausreichend sind allgemein gehaltene Aussagen wie im **Formulierungsbeispiel:** „Die Mittel wurden von einer süddeutschen Großbank zugesagt."

60 Bei Blind-Pools sind die Angaben aufgrund einer unterstellten Kalkulation zu machen. **Formulierungsbeispiel:** „Wir rechnen mit 50 Mio. Euro [etc.]."

61 Nicht anzugeben ist der Wert des Anlageobjekts. Dies stellt eine empfindliche Lücke der Mindestangabeerfordernisse dar, da dem Anleger die Beurteilung, ob Preis und Wert des Anlageobjekts sich (zumindest ungefähr) entsprechen, selbst überlassen bleibt. Die Bewertung von Immobilien ist jedoch ein komplexes Unterfangen (vgl. hierzu *Hoppe/Linz* ZBB 2006, 24), für das dem einzelnen (Privat-)Anleger regelmäßig das Know-how fehlen dürfte. Die Angabe des Ergebnisses einer oder mehrer Bewertungsgutachten nach § 9 Abs. 2 Nr. 7 vermag hier nicht zu helfen, da ein solches Ergebnis gerade keine Aussage zum Wert trifft. Nicht von der Hand zu weisen ist, dass es sich bei der Information über das Verhältnis zwischen Gesamtkosten und tatsächlichem Wert um eine wesentliche Information für die Investitionsentscheidung handelt. Für eine Novellierung der VermVerkProspV ist die Aufnahme eines entsprechenden Mindestangabeerfordernisses mit Nachdruck zu fordern. Unter der gegenwärtigen Rechtslage kann den Anbietern von Vermögensanlagen nur empfohlen werden, über den Wert des Anlageobjekts in eigener Verantwortung nach Maßgabe des § 2 Abs. 1 Satz 1 zu entscheiden.

Angaben über die Anlageziele und Anlagepolitik § 10

Schließlich sind zu den Eigen- und Fremdmitteln die Fälligkeiten 62
anzugeben.
Die Fälligkeit bezeichnet den Zeitpunkt, von dem ab der Gläubiger 63
die Leistung verlangen kann (*Palandt/Heinrichs* BGB § 271 Rn. 1).
Daher ist jeweils ein exaktes Datum im Verkaufsprospekt anzugeben.
In Bezug auf geschlossene Fonds macht dieses Angabeerfordernis 64
wenig Sinn, da bei dieser Gruppe von Vermögensanlagen die Eigenmittel den Anlegern idR zeitlich unbegrenzt zur Verfügung stehen.
In diesen Fällen ist nach allgemeinen Grundsätzen ein Negativtestat
zu machen unter Hinweis darauf, warum diese Angabe nicht gemacht
werden kann.

§ 10 Angaben über die Vermögens-, Finanz- und Ertragslage des Emittenten

(1) Der Verkaufsprospekt muss über die Vermögens-, Finanz- und Ertragslage des Emittenten enthalten:
1. **den letzten nach anderen Vorschriften jeweils geprüften Jahresabschluss und Lagebericht oder,**
2. **soweit eine Prüfung des Jahresabschlusses und eine Aufstellung und Prüfung des Lageberichts, jeweils nach der Nummer 1, nach den anderen Vorschriften nicht zwingend vorgeschrieben ist,**
   a) einen nach § 8h Abs. 1 des Verkaufsprospektgesetzes aufgestellten und jeweils geprüften Jahresabschluss und Lagebericht oder
   b) einen deutlich gestalteten Hinweis nach § 8h Abs. 2 des Verkaufsprospektgesetzes und
3. **eine zwischenzeitlich veröffentlichte Zwischenübersicht.**

Der Stichtag der in Satz 1 Nr. 1 und 2 genannten Abschlüsse darf höchstens 18 Monate vor der Aufstellung des Verkaufsprospekts liegen.

(2) Ist der Emittent nur zur Aufstellung eines Konzernabschlusses verpflichtet, so ist dieser in den Verkaufsprospekt aufzunehmen; ist er auch zur Aufstellung eines Jahresabschlusses verpflichtet, so sind beide Arten von Abschlüssen aufzunehmen. Die Aufnahme nur des Abschlusses der einen Art ist ausreichend, wenn der Abschluss der anderen Art keine wesentlichen zusätzlichen Aussagen enthält. Ein Konzernabschluss kann auch im Wege eines Verweises in den Verkaufsprospekt aufgenommen werden, wenn der Konzernabschluss auf Grund anderweitiger gesetzlicher Bestimmungen veröffentlicht worden ist. Der Verweis muss angeben, wo der Konzernabschluss veröffentlicht ist. In diesem Fall

§ 10 Verkaufsprospektverordnung

muss der bei der Bundesanstalt hinterlegte Prospekt auch ein gedrucktes Exemplar des Konzernabschlusses enthalten.

(3) Jede wesentliche Änderung der Angaben nach Absatz 1 Nr. 1 oder Nr. 2 oder der Zwischenübersicht, die nach dem Stichtag eingetreten ist, muss im Verkaufsprospekt erläutert werden.

Übersicht

	Rn.
I. Vorbemerkungen	1
1. Normentwicklung	1
2. IDW S 4	2
3. Verhältnis zu § 15 VermVerkProspV	3
II. Angaben über die Vermögens-, Finanz- und Ertragslage im Einzelnen	6
1. Systematik der Vorschrift	6
2. Jahresabschluss und Lagebericht	7
3. Ausnahme bei Hinweis nach § 8h VerkProspG	9
4. Zwischenübersicht	12
5. Ausnahme bei Konzernabschluss	13
6. Wesentliche Änderungen nach Stichtag	14
III. Zusätzliche Angaben nach dem IDW S 4	15
1. Mittelverwendungsrechnung	16
2. Kapitalrückflussrechnung	17
3. Sensitivitätsanalyse	18
4. Verwendung von Renditekennziffern	19

I. Vorbemerkungen

1. Normentwicklung

1 § 15 VermVerkProspV hat seinen Ursprung in Art. 11 Abs. 2 lit. e) der Emissionsprospektrichtlinie (ABl. EG Nr. L 124 v. 5. 5. 1989, S. 8). Diese Regelung wurde durch § 8 VerkProspVO in deutsches Recht umgesetzt. Der Verordnungsgeber hat § 8 VerkProspVO für den Bereich der Vermögensanlagen nach § 8f Abs. 1 VerkProspG in § 10 VermVerkProspV übernommen. Um den Vorgaben des § 8h VerkProspG gerecht zu werden, wurde § 10 Abs. 1 Nr. 2 VermVerkProspV neu eingefügt. Die Vorschrift erlaubt Emittenten, die gesetzlich nicht verpflichtet sind einen Jahresabschluss aufstellen, einen Jahresabschluss „freiwillig" zu veröffentlichen oder verpflichtet sie, einen bestimmten Hinweis aufzunehmen.

2. IDW S 4

2 § 10 VermVerkProspV wird durch Ziffer 3.10 der Anlage 1 zu IDW S 4 erläutert und durch die Ziffer 4.1 der Anlage 1 zu IDW S 4 erweitert (s. dazu im Textanhang unter III. 1).

3. Verhältnis zu § 15 VermVerkProspV

§ 15 VermVerkProspV sieht für Emittenten, die vor weniger als 18 Monaten gegründet worden sind, die Aufnahme bestimmter Angaben anstelle der in §§ 10, 11 und 13 VermVerkProspV geforderten Angaben vor. Nach Art der Angabeverpflichtung unterscheidet man deshalb zwischen sog. jungen Emittenten, die vor weniger als 18 Monaten gegründet sind und im Grundsatz § 15 VermVerkProspV und allen anderen Emittenten, die §§ 10, 11 und 13 VermVerkProspV unterfallen (vgl. *Bruchwitz*, in: *Lüdicke/Arndt*, S. 114; *Jäger/Voß*, S. 916).

Vereinfacht kann man die Anwendung beider Regelungskomplexe wie folgt unterscheiden: Besteht eine Pflicht zur Aufstellung eines Jahresabschlusses und Lageberichts nach Vorschriften außerhalb des VerkProspG bzw. ist der Emittent vor mehr als 18 Monaten gegründet (bei Vorratsgesellschaften ist auf den Zeitpunkt der wirtschaftlichen Neugründung abzustellen, vgl. *Keunecke*, Rn. 386, *Bruchwitz*, in: *Lüdicke/Arndt*, S. 114; *Moritz/Grimm* BB 2005, 343) sollen grundsätzlich §§ 10, 11 und 13 VermVerkProspV Anwendung finden. Gleiches gilt für junge Emittenten, die freiwillig einen Jahresabschluss und Lagebericht aufstellen (näher s. u. Rn. 10).

Besteht keine Pflicht zur Aufstellung eines Jahresabschlusses und ist auch tatsächlich kein Jahresabschluss aufgestellt worden (näher s. u. Rn. 7) kann ein Emittent dann die Voraussetzungen des § 10 Abs. 1 Nr. 2b VermVerkProspV (näher s. Rn. 9) oder, sollte er vor weniger als 18 Monaten gegründet worden ist, des § 15 VermVerkProspV (näher s. § 15 VermVerkProspV Rn. 8 ff.) nutzen.

II. Angaben über die Vermögens-, Finanz- und Ertragslage im Einzelnen

1. Systematik der Vorschrift

Im Grundsatz gibt § 10 VermVerkProspV vier verschiedene Varianten vor, die zu unterschiedlicher Angabeverpflichtung führen. Die erste Alternative bei bestehender Pflicht zur Aufstellung eines Jahresabschlusses verlangt gem. § 10 Abs. 1 Nr. 1 VermVerkProspV die Aufnahme des Jahresabschlusses und Lageberichts. Eine zweite Alternative setzt bei einer freiwilligen Aufstellung des Jahresabschlusses an, die gem. § 10 Abs. 1 Nr. 2a) VermVerkProspV auch zur Aufnahme dieses Jahresabschlusses führt. In einer dritten Alternative soll in Einklang mit § 8h VerkProspG bei Fällen, in denen weder gesetzliche Pflicht zur Aufstellung besteht noch freiwillig ein Jahresabschluss aufgestellt wurde, gem. § 10 Abs. 1 Nr. 2b) VermVerkProspV ein Hinweis genügen. In einer vierten und letzten Alternative sind Fälle

§ 10 Verkaufsprospektverordnung

gefasst, in denen der Emittent einen Konzernabschluss aufstellen muss. Für diese Emittenten bestehen nach § 10 Abs. 2 VermVerkProspV Besonderheiten.

2. Jahresabschluss und Lagebericht

7 Erforderlich ist die Veröffentlichung des letzten nach den anderen Vorschriften jeweils geprüften Jahresabschluss und Lageberichts. Der Jahresabschluss umfasst gem. § 242 Abs. 3 HGB die Bilanz und die Gewinn- und Verlustrechnung. Da der Lagebericht nicht Bestandteil des Jahresabschlusses ist (vgl. *Baumbach/Hopt*, HGB, § 264 Rn. 5), war es notwendig, ihn ausdrücklich in § 10 Abs. 1 Nr. 1 VermVerkProspV zu nennen (zur Rechtslage unter dem VerkProspVO s. *Lenz*, in: *Assmann/Lenz/Ritz*, VerkProspVO, § 8 Rn. 2). Da bei Kapitalgesellschaften der Anhang zum Jahresabschluss mit dem Jahresabschluss eine Einheit bildet, ist auch er aufzunehmen (vgl. *Lenz*, in: *Assmann/Lenz/Ritz*, VerkProspVO, § 8 Rn. 2). Größenabhängige Erleichterungen gem. § 267 Abs. 1 bis 3 HGB, auf die sich ein Emittent berufen kann, finden Berücksichtigung (vgl. *Lenz*, in: *Assmann/Lenz/Ritz*, VerkProspVO, § 8 Rn. 5).

8 Gem. § 10 Abs. 1 S. 2 VermVerkProspV darf der Stichtag des Jahresabschlusses höchstens 18 Monate vor der Aufstellung des Verkaufsprospekts liegen. Der Zeitpunkt der Aufstellung des Verkaufsprospekts ist gem. § 2 Abs. 4 VermVerkProspV aufzunehmen (näher dazu s. § 2 VermVerkProspV Rn. 139). Aus Gründen der Publikumstransparenz soll es nach einer Auffassung in der Literatur nicht auf einen vom Anbieter gewählten Zeitpunkt der Aufstellung sondern auf den Zeitpunkt des Eingangs des Prospekts bei der BaFin ankommen (vgl. *Lenz*, in: *Assmann/Lenz/Ritz*, VerkProspVO, § 8 Rn. 6). Diese Auffassung erscheint fraglich, da die Publikumstransparenz bereits dadurch gewahrt ist, dass der Prospekt das Datum seiner Aufstellung erkennen lässt und der Investor dadurch den Stand der Finanzinformationen zweifelsohne auf ein bestimmtes Datum beziehen kann. Hätte der Gesetzgeber darüber hinaus ein Bedürfnis der Anknüpfung an die Einreichung des Prospekts gesehen, hätte er auf dieses Datum verwiesen.

3. Ausnahme bei Hinweis nach § 8h VerkProspG

9 Soweit keine Pflicht zur Aufstellung des Jahresabschlusses und Lageberichts besteht, gilt, dass ein tatsächlich (freiwillig) aufgestellter Jahresabschluss und Lagebericht gem. § 10 Abs. 1 Nr. 2a) VermVerkProspV zu veröffentlichen ist oder gem. § 10 Abs. 1 Nr. 2b) VermVerkProspV ein deutlich gestalteter Hinweis nach § 8h VerkProspG aufzunehmen ist (dazu näher § 8h VerkProspG Rn. 17f., nicht überzeugend ist hingegen die Auffassung (*Moritz/Grimm* BB 2005, 342),

Angaben über die Anlageziele und Anlagepolitik **§ 10**

die unter Verweis auf den Wortlaut des § 8h Abs. 2 von einer Darstellungspflicht eines – auch freiwillig – aufgestellten und geprüften Lageberichts ausgeht.

Entscheidet sich der Emittent freiwillig einen Jahresabschluss aufzustellen, muss er zudem einen Lagebericht aufstellen. Dies lässt sich dem Wortlaut des § 10 Abs. 1 Nr. 2a) VermVerkProspV entnehmen, wonach sowohl Jahresabschluss wie auch Lagebericht zu veröffentlichen sind. Aufstellung und Prüfung von Jahresabschluss und Lagebericht richten sich nach §§ 264 bis 289, 317 bis 324 HGB, wobei auch hier größenabhängige Erleichterungen nach § 267 HGB in Anspruch genommen werden können. 10

Der Hinweis nach § 8h Abs. 2 VerkProspG muss erläutern, dass bspw. die Prüfung des Jahresabschlusses oder aber die Aufstellung bzw. Prüfung des Lageberichts nicht erfolgte (vgl. *Jäger/Voß*, S. 917). Darüber hinaus ist der Jahresabschluss nach den jeweils geltenden Vorschriften aufzunehmen. Nach allgemeiner Auffassung muss der Hinweis nach § 8h VerkProspG nicht nur drucktechnisch deutlich hervorgehoben sein (vgl. Begr. VermVerkProspV, S. 7), sondern zudem auch in räumlicher Nähe zum abgebildeten Jahresabschluss sein (vgl. *Jäger/Voß*, S. 917). Erforderlich ist in jedem Fall, dass der Hinweis nach § 8h VerkProspG an die tatsächlichen Gegebenheiten angepasst wird, so dass insbesondere bei Emittenten, die keinen deutschen Jahresabschluss nach HGB machen, weitere Informationen zu den tatsächlich verwendeten Rechnungslegungsregelungen erforderlich sein können (vgl. *Jäger/Voß*, S. 917). 11

4. Zwischenübersicht

Nach § 10 Abs. 1 Nr. 3 ist eine zwischenzeitlich veröffentlichte Zwischenübersicht abzubilden. Generell ist die Zwischenübersicht nur abzubilden, wenn der Emittent eine solche auch tatsächlich erstellt und veröffentlicht hat (*Lenz*, in: *Assmann/Lenz/Ritz*, VerkProspVO, § 8 Rn. 9; *Keunecke*, Rn. 374). Derartige Zwischenübersichten bestehen zumeist aus Bilanz und Gewinn- und Verlustrechnung (vgl. *Jäger/Voß*, S. 917). 12

5. Ausnahme bei Konzernabschluss

Handelt es sich bei dem Emittenten um ein Konzernunternehmen sind gem. § 10 Abs. 2 VermVerkProspV sowohl Einzelabschluss als auch Konzernabschluss in den Verkaufsprospekt aufzunehmen, sofern der Emittent zur Aufstellung verpflichtet ist. Auch hierbei sind größenabhängige Erleichterungen wie bspw. in § 293 HGB zu beachten (vgl. *Jäger/Voß*, S. 917). Enthält einer der Abschlüsse keine wesentlichen zusätzlichen Aussagen, besteht gem. § 10 Abs. 2 S. 2 Verm- 13

§ 10 Verkaufsprospektverordnung

VerkProspV die Wahlfreiheit von der Abbildung des Einzelabschlusses abzusehen (vgl. *Lenz,* in: *Assmann/Lenz/Ritz,* § 8 VerkProspVO Rn. 12). Die Aufnahme eines Konzernabschlusses kann gem. § 10 Abs. 2 S. 3 VermVerkProspV auch im Wege eines Verweises in den Verkaufsprospekt aufgenommen werden, wobei jedoch dann der BaFin zur Hinterlegung übermittelte Verkaufsprospekt auch ein gedrucktes Exemplar des Konzernabschlusses enthalten muss.

6. Wesentliche Änderungen nach Stichtag

14 Wesentliche Änderungen der Angaben der Abschlüsse nach § 10 Abs. 1 Nr. 1 und 2 VermVerkProspV sowie etwaiger Zwischenübersichten nach § 10 Abs. 1 Nr. 3 VermVerkProspV, die nach dem Stichtag eingetreten sind, müssen im Verkaufsprospekt erläutert werden. Da der Stichtag der Finanzinformationen und das Aufstellungsdatum des Prospekts oftmals weit auseinander liegen, ist § 10 Abs. 3 VermVerkProspV oftmals zu beachten (vgl. *Jäger/Voß,* S. 918). Wesentliche Änderungen sind dabei lediglich solche, die sich auf die Vermögens-, Finanz- und Ertragslage des Emittenten beziehen und Informationen betreffen, die notwendig sind, um dem Publikum ein zutreffendes Urteil über die Vermögensanlage und den Emittenten zu ermöglichen (vgl. *Lenz,* in: *Assmann/Lenz/Ritz,* § 8 VerkProspVO Rn. 14, 15; ähnlich *Bruchwitz,* in: *Lüdicke/Arndt,* S. 115; *Moritz/Grimm* BB 2005, 342).

III. Zusätzliche Angaben nach dem IDW S 4

15 Über die im Verkaufsprospekt genannten Finanzinformationen hinaus, verlangt der IDW S 4 in dieser Beziehung noch weitere Angaben. Erforderlich sind neben einer sog. Mittelverwendungsrechnung, eine Kapitalrückflussrechnung und eine Sensitivitätsanalyse. Ferner befasst sich der IDW S 4 insbesondere auch mit der Verwendung sog. Renditekennziffern.

1. Mittelverwendungsrechnung

16 Der IDW S 4 empfiehlt nach Ziffer 4.1.2 der Anlage 1 des IDW S 4 neben der Darstellung der Mittelherkunft und Mittelverwendungsrechnung auch eine zusätzlich die Aufnahme einer komprimierten Darstellung der Mittelverwendung in einer besonderen dort abgebildeten Form (näher dazu auch *Bruchwitz,* in: *Lüdicke/Arndt,* S. 118).

2. Kapitalrückflussrechnung

17 Ferner soll gem. Ziffer 4.1.3 der Anlage 1 des IDW S 4 die Art der künftigen Nutzung des Anlageobjekts, die daraus erwarteten Einnahmen sowie die damit im Zusammenhang stehenden Ausgaben erläutert werden, wofür der IDW die Aufnahme einer dort genauer erläuterten Kapitalrückflussrechnung empfiehlt (näher dazu auch *Bruchwitz*, in: *Lüdicke/Arndt*, S. 118; kritisch: *Marx/Schleifer* BB 2007, 258, 264 f.).

3. Sensitivitätsanalyse

Darüber hinaus wird gem. Ziffer 4.1.4 der Anlage 1 des IDW S 4 in Fällen, in denen die Wirtschaftlichkeit der Vermögensanlage von wesentlichen Parametern abhängt, über deren Entwicklung unterschiedliche Annahmen getroffen werden können, eine dort näher erläuterte sog. Sensitivitätsanalyse empfohlen. **18**

4. Verwendung von Renditekennziffern

Die Verwendung sog. verdichteter Renditekennziffern gestaltet sich meist nicht unproblematisch aus. Die Rechtsprechung verlangt eine hinreichend genaue Erläuterung der Renditekennziffer (vgl. etwa LG München vom 17. 8. 2006, Az.: 9B O 3493/05, BeckRS 2007 08813, unter 1.3)), wobei im Einzelnen nicht geklärt ist, welchen Umfang und welchen Genauigkeitsgrad die Erläuterung vorweisen muss. Der IDW S 4 greift dieses Problem in Ziffer 2.4.1 der Anlage 1 zu IDW S 4 auf und stellt fest, dass die Verwendung von Renditekennziffern lediglich im Rahmen der Sensitivitätsanalyse erlaubt sein soll, die dort für die Darstellung der Entwicklung der Vermögensanlage unter Veränderung einzelner oder mehrerer wesentlicher Parameter dienen kann. **19**

§ 11 Angaben über die Prüfung des Jahresabschlusses des Emittenten

Der Verkaufsprospekt muss den Namen, die Anschrift und die Berufsbezeichnung des Abschlussprüfers, der den Jahresabschluss des Emittenten nach Maßgabe der gesetzlichen Vorschriften geprüft hat, enthalten. Ferner ist der Bestätigungsvermerk einschließlich zusätzlicher Bemerkungen aufzunehmen; wurde die Bestätigung des Jahresabschlusses eingeschränkt oder versagt, so müssen der volle Wortlaut der Einschränkungen oder der Versagung und deren Begründung wiedergegeben werden.

Übersicht

	Rn.
I. Vorbemerkungen	1
II. Angaben über die Prüfung des Jahresabschlusses des Emittenten im Einzelnen	4

§ 11 Verkaufsprospektverordnung

	Rn.
1. Abschlussprüfer	4
2. Bestätigungsvermerk	5

I. Vorbemerkungen

1 Die Vorschrift hat ihren Ursprung in Art. 11 Abs. 2 lit. e) der Emissionsprospektrichtlinie (ABl. EG Nr. L 124 v. 5. 5. 1989, S. 8). Diese Regelung wurde durch § 9 VerkProspVO in deutsches Recht umgesetzt. Der Verordnungsgeber hat § 9 VerkProspVO für den Bereich der Vermögensanlagen nach § 8f Abs. 1 VerkProspG in § 11 VermVerkProspV wortgleich übernommen.

2 § 11 VermVerkProspV wird durch Ziffer 3.11 der Anlage 1 zu IDW S 4 erläutert (s. dazu im Textanhang unter III. 1).

3 § 11 VermVerkProspV regelt detailliert die Pflicht zur Aufnahme von Informationen über den Prüfer des Jahresabschlusses nach § 10 Abs. 1 Nr. 1 und 2 VermVerkProspV. Neben Angaben zum Abschlussprüfer ist auch der Bestätigungsvermerk des Abschlussprüfers in den Prospekt aufzunehmen.

II. Angaben über die Prüfung des Jahresabschlusses des Emittenten im Einzelnen

1. Abschlussprüfer

4 Erforderlich ist gem. § 11 S. 1 VermVerkProspV die Angabe des Namens, der Anschrift und der Berufsbezeichnung des Abschlussprüfers. Anschrift des Abschlussprüfers ist in der Regel die Geschäftsanschrift (vgl. *Lenz*, in: *Assmann/Lenz/Ritz*, VerkProspVO, § 9 Rn. 3). Während Wirtschaftsprüfer und Wirtschaftprüfungsgesellschaften in ihrer Tätigkeit als Abschlussprüfer keiner Einschränkung unterliegen, sind vereidigte Buchprüfer und Buchprüfungsgesellschaften gem. § 319 Abs. 2 S. 2 HGB in ihrer Tätigkeit als Abschlussprüfer beschränkt. Steuerberater hingegen können nach § 319 HGB nicht als Abschlussprüfer fungieren.

2. Bestätigungsvermerk

5 Nach § 11 S. 2 VermVerkProspV ist der Bestätigungsvermerk einschließlich zusätzlicher Bemerkungen aufzunehmen. Den Inhalt des Bestätigungsvermerks legt § 322 Abs. 1 S. 2 HGB fest, indem der Abschlussprüfer neben einer Beschreibung von Gegenstand, Art und Umfang der Prüfung auch eine Beurteilung des Prüfungsergebnisses vornimmt. Noch weitergehend sollen gem. § 11 S. 2 2. HS VermVerkProspV bei Einschränkung oder Versagung des Bestätigungsvermerks deren voller Wortlaut und deren Begründung im Verkaufsprospekt wiedergegeben werden. So hat der Abschlussprüfer bei Versagung gem. § 322 Abs. 4 HGB einen sog. Versagungsvermerk aufzunehmen (*Lenz*, in: *Assmann/Lenz/Ritz*, VerkProspVO, § 10 Rn. 10), der zu begründen ist.

Ist der Jahresabschluss nicht geprüft worden, sondern ist lediglich 6 eine „prüferische Durchsicht" erfolgt, sind derartige Angaben nach wohl überwiegender Meinung als Pflichtangaben nach der Generalklausel gem. § 2 Abs. 1 VermVerkProspV anzugeben.

§ 12 Angaben über Mitglieder der Geschäftsführung oder des Vorstands, Aufsichtsgremien und Beiräte des Emittenten, den Treuhänder und sonstige Personen

(1) Der Verkaufsprospekt muss über die Mitglieder der Geschäftsführung oder des Vorstands, Aufsichtsgremien und Beiräte des Emittenten angeben:
1. den Namen und die Geschäftsanschrift der Mitglieder und ihre Funktion beim Emittenten;
2. die den Mitgliedern insgesamt für das letzte abgeschlossene Geschäftsjahr gewährten Gesamtbezüge, insbesondere Gehälter, Gewinnbeteiligungen, Aufwandsentschädigungen, Versicherungsentgelte, Provisionen und Nebenleistungen jeder Art, getrennt nach Geschäftsführung oder Vorstand, Aufsichtsgremien und Beiräten.

(2) Der Verkaufsprospekt muss angeben, in welcher Art und Weise die nach Absatz 1 zu nennenden Personen auch tätig sind für
1. Unternehmen, die mit dem Vertrieb der angebotenen Vermögensanlagen betraut sind;
2. Unternehmen, die dem Emittenten Fremdkapital geben;
3. Unternehmen, die im Zusammenhang mit der Herstellung des Anlageobjekts nicht nur geringfügige Lieferungen oder Leistungen erbringen.

(3) Der Verkaufsprospekt muss über den Treuhänder angeben:
1. Name und Anschrift, bei juristischen Personen Firma und Sitz;
2. Aufgaben und Rechtsgrundlage der Tätigkeit
3. seine wesentlichen Rechte und Pflichten;
4. den Gesamtbetrag der für die Wahrnehmung der Aufgaben vereinbarten Vergütung;
5. Umstände oder Beziehungen, die Interessenkonflikte begründen können.

(4) Der Verkaufsprospekt muss die Angaben nach den Absätzen 1 und 2 auch für solche Personen enthalten, die nicht in den

Kreis der nach dieser Verordnung angabepflichtigen Personen fallen, die Herausgabe oder den Inhalt des Prospekts oder die Abgabe oder den Inhalt des Angebots der Vermögensanlage aber wesentlich beeinflusst haben.

Übersicht

	Rn.
I. Vorbemerkung	1
II. Angaben über Personen nach § 12 im Einzelnen	4
1. Organmitglieder des Emittenten	5
2. Treuhänder	24
3. Sonstige Personen	38

I. Vorbemerkung

1   Die „Vorgängernorm" des § 12 war im Wertpapier-Verkaufsprospektrecht § 10 VerkProspVO, der mit „Angaben über Geschäftsführungs- und Aufsichtsorgane des Emittenten" überschrieben war und Art. 11 Abs. 2 lit. f) der EG-Emissionsprospektrichtlinie umsetzte (*Lenz*, in: *Assmann/Lenz/Ritz*, VerkProspVO § 10 Rn. 1). Die nunmehr von § 12 geforderten Angaben gehen sowohl hinsichtlich des persönlichen als auch des sachlichen Anwendungsbereichs deutlich über die Angabeerfordernisse des § 10 VerkProspVO hinaus (*Keunecke* Rn. 378).

2   § 12 VermVerkProspV wird durch Ziffer 3.12 der Anlage 1 zu IDW S 4 erläutert (s. im Textanhang unter III. 1).

3   Gefordert werden Angaben betreffend die Mitglieder der Geschäftsführung oder des Vorstands, Aufsichtsgremien und Beiräte des Emittenten, den Treuhänder und sonstige Personen. Die Norm zielt daher auf die Aufdeckung personeller und wirtschaftlicher Verflechtungen und behandelt damit einen Themenkreis, der für die Gründungsgesellschafter des Emittenten durch § 7 erfasst wurde. Nicht selten wird in der Praxis von der in § 2 Abs. 3 Satz 1 vorgesehenen Möglichkeit Gebrauch gemacht, von der von der Verordnung vorgesehenen Reihenfolge der Mindestangaben insoweit abzuweichen, als die Angaben nach § 7 und § 12 in einem gesonderten Abschnitt, der bspw. mit „Personelle und wirtschaftliche Verflechtungen" überschrieben ist, zusammen abgehandelt werden. Unter dem Gesichtspunkt der Verständlichkeit und dem Gebot, den Verkaufsprospekt in einer Weise abzufassen, die seine Auswertung erleichtert, ist ein solches Vorgehen grundsätzlich zu empfehlen (ebenso *Keunecke* Rn. 378). Dies ist insbesondere vor dem Hintergrund der Fall, dass § 7 und § 12 Abs. 1 und Abs. 2 weitgehend parallel strukturiert sind und lediglich aufgrund der jeweiligen spezifischen Gegebenheiten,

die in den unterschiedlichen Funktionen bzw. Eigenschaften von Gründungsgesellschaftern einerseits sowie Leitungs- und Aufsichtsorganen andererseits Organen andererseits begründet liegen, voneinander abweichen. So sind sowohl bei den Gründungsgesellschaftern als auch bei den Leitungs- und Aufsichtsorganen Kontaktdaten (Namen und Geschäftsanschriften) sowie finanzielle Bezüge und Beteiligungen an bestimmten Unternehmen anzugeben. Bei den Gründungsgesellschaftern kommen noch Angaben hinsichtlich ihrer Einlagen sowie im Rahmen der finanziellen Bezüge Entnahmerechte hinzu, bei den Leitungs- und Aufsichtsorganen ist zudem die Funktion beim Emittenten zu beschreiben.

II. Angaben über Personen nach § 12 im Einzelnen

Abs. 1 und Abs. 2 der Vorschrift befassen sich mit Angaben zu Organmitgliedern des Emittenten (Rn. 5). Abs. 3 nimmt die Treuhänder in den Blick (Rn. 24). Schließlich trifft Abs. 4 Regelungen im Hinblick auf „sonstige Personen" (Rn. 38). 4

1. Organmitglieder des Emittenten

Betroffen sind nach § 12 Abs. 1 und Abs. 2 die Mitglieder der Geschäftsführung oder des Vorstands, von Aufsichtsgremien oder Beiräten des Emittenten. 5

Geschäftsführung ist jedes Handeln eines Geschäftsführers im Rahmen der ihm übertragenen Organstellung (*Axhausen*, in: Becksches GmbH-Handbuch, § 5 Rn. 132). Sie ist als solche nicht das Organ des Emittenten, dies sind vielmehr der oder die Geschäftsführer (*Baumbach/Hopt*, § 285 Rn. 9). Die „Geschäftsführung" als Rechtsinstitut regelt das Tätigwerden für die Gesellschaft unter dem Gesichtspunkt des Innenverhältnisses der Gesellschafter zueinander (*Palandt/Sprau*, Vor § 709 Rn. 1). Vorzugswürdigerweise hätte der Verordnungsgeber (wie in § 10 VerkProspVO und in § 285 Nr. 9 HGB) die Formulierung „Mitglieder des Geschäftsführungsorgans" verwendet. Geschäftsführer sind nach deutschem Recht bei den Gesellschaftsformen der GbR, der GmbH, der KG, der OHG und der stillen Gesellschaft als möglichen Emittenten von Vermögensanlagen vorgesehen. 6

Der Vorstand ist das Leitungs- und Vertretungsorgan der AG (§ 76 AktG). 7

Aufsichtsgremien ist kein feststehender gesellschaftsrechtlicher Rechtsbegriff, der in das Vermögensanlagen-Verkaufsprospektrecht übertragen werden könnte. Mit Aufsichtsgremium ist das jeweilige Organ gemeint, das bei einem Emittenten gleich welcher Rechtsform die Kontrollfunktion ausübt (z. B. Aufsichtsrat der GmbH, § 52 8

§ 12 Verkaufsprospektverordnung

GmbHG; Aufsichtsrat der AG, § 95 AktG). Kein Aufsichtsgremium ist die Gesellschafter- bzw. die Hauptversammlung.

9 Mit Beirat (gebräuchlich ist auch der Begriff „Verwaltungsrat") werden bei Kapitalgesellschaften üblicherweise fakultative Organe bezeichnet, die im Gesellschaftsvertrag (bzw. ggf. in der Satzung) zusätzlich zu den gesetzlich vorgesehenen Organen geschaffen werden. Regelmäßig werden ihnen dabei Beratungs- und/oder Überwachungsfunktionen übertragen.

10 Falls keine entsprechenden Organe bzw. Gremien existieren, ist ein entsprechendes Negativtestat erforderlich. **Formulierungsbeispiele:** „Es existiert kein Aufsichtsrat."; „Ein Beirat ist nicht eingerichtet worden."

11 Mitglieder sind die natürlichen Personen, die den genannten Organen angehören (*Bruchwitz*, in: *Lüdicke/Arndt*, S. 114).

12 Zunächst wird die Angabe der Namen der Mitglieder der jeweiligen Organe gefordert (§ 12 Abs. 1 Nr. 1 Var. 1). Ist der Emittent eine GmbH & Co. KG und sind mit der Geschäftsführung juristische Personen beauftragt (z. B. die Komplemtär-GmbH oder eine weitere GmbH als geschäftsführender Kommanditist), ist die Angabe der Firma der juristischen Person als Namensnennung nach § 12 Abs. 1 Nr. 1 Var. 1 nicht ausreichend. Erforderlich ist dann die Nennung der Namen der natürlichen Personen, welche die Geschäftsführung der juristischen Person, die Mitglied der Geschäftsführung des Emittenten ist, innehaben. Wollte man sich auf einen anderen Standpunkt stellen und die Angabe der Firma einer juristischen Person nach § 12 Abs. 1 Nr. 1 Var. 1 ausreichen lassen, würde der Normzweck ersichtlich verfehlt. Denn es kam dem Verordnungsgeber auf die in der jeweiligen Organfunktion wirkende natürliche Person an, da nur bei und in diesen persönliche und wirtschaftliche Interessenkonflikte begründet werden können, über die der Anleger im Verkaufsprospekt informiert werden muss (in diesem Sinne wohl auch *Lenz*, in: *Assmann/Lenz/Ritz*, VerkProspVO § 10 Rn. 2). Dieser Grundsatz gilt für sämtliche Angaben nach § 12 Abs. 1 und 2, insbesondere für die nach § 12 Abs. 1 Nr. 2 anzugebenden Bezüge (Rn. 16).

13 Für die Angabe der Geschäftsanschrift (§ 12 Abs. 1 Nr. 1 Var. 2) der jeweiligen natürlichen Person ist die auf den Ort reduzierte Geschäftsadresse ausreichend. Die Anschrift muss ladungsfähig sein, die Angabe eines Postfachs ist daher nicht zulässig. Nicht erforderlich ist die Veröffentlichung von Privatanschriften (*Lenz*, in: *Assmann/Lenz/Ritz*, VerkProspVO § 10 Rn. 2 unter Hinweis auf RegE BörsZulVO, BR-Drs. 72/87, S. 67).

14 Gegenüber § 10 VerkProspVO neu eingeführt wurde mit § 12 Abs. 1 Nr. 1 Var. 3 das Erfordernis, über die Funktion der Mitglieder beim

Angaben über Mitglieder § 12

jeweiligen Organ des Emittenten zu informieren. Funktion meint den abgegrenzten und Verantwortungs- und Aufgabenbereich innerhalb der Organisationsstruktur des Emittenten. Bestehen die Organe – was regelmäßig der Fall ist – aus mehreren Mitgliedern, ist die Angabe der einzelnen Funktionen erforderlich. Denn für die Erreichung des Normzwecks ist es entscheidend, dass die konkrete Aufgabenverteilung innerhalb der Organe auf die einzelnen Organmitglieder für den Anleger bei der Lektüre des Verkaufsprospekts deutlich wird.

Beispiele für Funktionen unterteilt nach den von § 12 Abs. 1 Nr. 1 erfassten Organen sind: Geschäftsführung: „Geschäftsführer"; Vorstand: „Vorstandssprecher", „Ressort Finanzen", „Ressort Marketing"; Aufsichtsgremien: „Aufsichtsratsvorsitzender"; Beirat: „Beiratsvorsitzender".

Sofern die Funktion mit einer andersprachigen, insbesondere mit einem englischen Begriff bzw. einer Abkürzung bezeichnet wird, sind diese zulässig, ohne dass dies einen Verstoß gegen das Erfordernis deutscher Sprache nach § 2 Abs. 1 Satz 3 darstellen würde. Beispiele für derartige Funktionsbezeichnungen sind: „CEO" (für Chief Executive Officer), „CFO" (für Chief Financial Officer), „COO" (für Chief Operating Officer). Es würde einen gekünstelten und dem Verständnisgebot zuwiderlaufenden Formalismus darstellen, wollte man für die Zwecke der Prospekterstellung verlangen, dass die Organmitglieder nur und gerade im Verkaufsprospekt eine andere (deutschsprachige) Bezeichnung ihrer Funktion angeben, während sie sich ansonsten in allen anderen Bereichen des Rechts- und Wirtschaftslebens so bezeichnen, wie es in ihrem Anstellungsvertrag niedergelegt ist. In der Sache werden aus dem Englischen stammende Bezeichnungen verwendet, die inzwischen als Fremdwörter in den allgemeinen deutschen Sprachgebrauch übergegangen sind. Die Verwendung von Fremdwörtern ist aber noch kein Verstoß gegen das Spracherfordernis (vgl. § 2 VermVerkProspV Rn. 36).

Ausreichend (aber auch erforderlich) ist die Funktion beim Emittenten. Sofern ein Mitglied iSd § 12 Abs. 1 Funktionen bei weiteren rechtlichen Einheiten hat (beispielsweise beim Anbieter), ist eine derartige Angabe jedenfalls als Mindestangabe nicht erforderlich. Sofern diese Funktion jedoch in einer wie auch immer gearteten Weise mit dem öffentlichen Angebot der Vermögensanlagen in Verbindung gebracht werden kann, sollte bei der Prospekterstellung die Aufnahme einer entsprechenden Angabe nach der Generalklausel des § 2 Abs. 1 Satz 1 sorgfältig geprüft werden.

§ 12 Abs. 1 Nr. 2 normiert Angabeerfordernisse im Hinblick auf die den Mitgliedern der Leitungs- und Aufsichtsorgane gewährten finanziellen Bezüge. Wie schon § 7 Abs. 1 Nr. 3 bezüglich der Gründungsgesellschafter, so geht auch diese Vorschrift auf das Vorbild des § 10 VerkProspVO zurück. Indessen stellt sich bei § 12 Abs. 1 Nr. 2 nicht das Problem, das die „Gewinnbeteiligungen" mehrmals erwähnt werden (vgl. § 7 VermVerkProspV Rn. 26). Anzugeben sind wie schon in § 10 VerkProspVO die Gesamtbezüge der entsprechenden Organmitglieder, wobei die (Klammer-)Legaldefinition des § 10 VerkProspVO in eine „insbesondere"-Aufzählung geändert wurde. Die für die gewährten Bezüge genannten Beispiele sind demnach nicht abschließend. Auch hier gilt, dass es sich um Bezüge handeln muss, die durch den Emittenten gewährt werden.

17 Die Übernahme eines (im Verordnungsgebungsverfahren nicht unumstrittenen) Angabeerfordernisses für Organmitglieder des Emittenten vom Wertpapier-Verkaufsprospektrecht in das Vermögensanlagen-Verkaufsprospektrecht ist zu begrüßen. § 10 Abs. 2 VerkProspVO hatte diese Angaben beim öffentlichen Angebot von Aktien vorgesehen. Denn sowohl mit dem Erwerb von Unternehmensbeteiligungen als auch beim Erwerb von Namensschuldverschreibungen liegen bei einer wirtschaftlich-typisierenden Betrachtung keine geringeren Risiken als beim Erwerb von Aktien vor. Indessen ist zu berücksichtigen, dass § 12 Abs. 1 Nr. 2 (wie es bereits § 10 VerkProspVO der Fall war) ein handelsrechtliches Vorbild hat, dem die prospektrechtlichen Bestimmungen nachgebildet sind: § 285 Nr. 9 lit. a) HGB (*Keunecke* Rn. 379). Daraus lässt sich schließen, dass die Wertung des § 286 Abs. 4 HGB bei der Prospektierung der Gesamtbezüge von Mitgliedern iSd § 12 Abs. 1 und Abs. 2 entsprechende Anwendung findet. Somit können aus rechtlichen Gründen die Angaben über die Gesamtbezüge unterbleiben, „wenn sich anhand dieser Angaben die Bezüge eines Mitglieds dieser Organe feststellen lassen" (vgl. hierzu *Baumbach/Hopt*, HGB § 286 Rn. 4). Diese Wertung dürfte jedoch nur in den seltensten Fällen zur praktischen Anwendung gelangen. Denn die Angabe nach § 12 Abs. 1 Nr. 2 erfolgt lediglich im Hinblick auf solche Bezüge, die dem Mitglied eines Organs im Zusammenhang mit dessen Tätigkeit für den Emittenten gewährt werden. Sonstige Bezüge, Gehälter, Gewinnbeteiligungen etc., die das Mitglied von anderen Bezugsquellen erhält (z. B. aufgrund eines Anstellungsvertrages beim Emissionshaus, das als Anbieter fungiert), können nach § 12 Abs. 1 Nr. 2 nicht als Mindestangabe gefordert werden. Die Wendung „die den Mitgliedern insgesamt gewährten Gesamtbezüge" ist nicht dahingehend falsch zu verstehen, dass sämtliche Einkunftsquellen im Verkaufsprospekt offen zu legen sind. „Insgesamt" bezieht sich vielmehr auf „das letzte abgeschlossene Geschäftsjahr" (Rn. 19).

18 Es ist eine möglichst genaue Höhe der Gesamtbezüge anzugeben (absolute Zahl), ansonsten ist ein Prozentsatz mit einer genauen Bezugsgröße in den Verkaufsprospekt aufzunehmen. Werden keine Bezüge gewährt, ist ein Negativtestat aufzunehmen.

Die Angabe der Gesamtbezüge ist in Bezug auf das letzte abgeschlossene Geschäftsjahr zu machen. „Geschäftsjahr" ist der Zeitraum, den ein Kaufmann von einem Jahresabschluss zum anderen festlegt (zum Begriff des Jahresabschlusses vgl. § 10 VermVerkProspV Rn. 7). Dabei darf das Geschäftsjahr 12 Monate nicht überschreiten (vgl. § 240 Abs. 2 HGB) und ist vom Kalenderjahr unabhängig. Gegebenenfalls ist eine Aussage zu treffen, wonach noch kein Geschäftsjahr abgeschlossen wurde. Unbenommen bleibt in diesen Fällen eine Angabe (nach der Generalklausel des § 2 Abs. 1 Satz 1) für das Rumpfgeschäftsjahr. Sollte die Platzierung der Vermögensanlage über den Abschluss eines Geschäftsjahres hinweg andauern, ist ggf. gem. § 11 VerkProspG ein Nachtrag zu veröffentlichen. **19**

Werden keine Gesamtbezüge gewährt, ist ein entsprechendes Negativtestat in den Verkaufsprospekt aufzunehmen. **Formulierungsbeispiel:** „Die [Mitglieder der Geschäftsführung] haben im letzten abgeschlossenen Geschäftsjahr keine Gesamtbezüge, also insbesondere keine Gehälter, Gewinnbeteiligungen, Aufwandsentschädigungen, Versicherungsentgelte, Provision und Nebenleistungen jeder Art erhalten, da der Emittent erst im Jahre X gegründet wurde. Ein abgeschlossenes Geschäftsjahr gibt es somit zum Zeitpunkt der Prospektaufstellung nicht." **20**

§ 12 Abs. 2 sieht Angaben über Tätigkeiten der nach § 12 Abs. 1 zu nennenden Personen für bestimmte Unternehmen vor. **21**

Mit Personen sind die Mitglieder der Leitungs- und Aufsichtsorgane nach § 12 Abs. 1 gemeint. Daraus folgt, dass auch (siehe bereits Rn. 11) insoweit die natürlichen Personen, welche als solche die Organfunktionen wahrnehmen, maßgeblich sind. Es kommt mithin beispielsweise im Falle einer GmbH & Co. KG (GmbH = geschäftsführende Komplementärin) auf eine natürliche Person als Mitglied der Geschäftsführung der GmbH an und nicht etwa auf die juristische Person der GmbH in ihrer Eigenschaft als Geschäftsführerin der KG.

Tätigkeit meint jegliches Tätigwerden für ein Unternehmen iSd § 12 Abs. 2, gleich auf welcher rechtlichen Grundlage das Tätigwerden beruht und ob dieses entgeltlich oder unentgeltlich erfolgt. **22**

Für die Erläuterung des Begriffs der Unternehmen iSd § 12 Abs. 2 sowie der weiteren Tatbestandsmerkmale wird auf die Kommentierung zu § 7 VermVerkProspV Rn. 40 verwiesen. **23**

2. Treuhänder

§ 12 Abs. 3 legt Angabeerfordernisse im Hinblick auf „den Treuhänder" fest. **24**

§ 12 Verkaufsprospektverordnung

Bei der Auflage von geschlossenen Fonds wird vielfach die Einschaltung eines Treuhänders vorgesehen, der vielfach gesellschaftsrechtlich als Treuhandkommanditist konzipiert (ausführlich hierzu *Lüdicke/Arndt*, in: *dies.*, S. 19 f.) und „Treuhänder" iSd § 12 Abs. 3 ist. Nicht selten werden die mit der Wahrnehmung der Treuhänderstellung verbundenen Aufgaben durch Rechtsanwälte, Steuerberater oder Wirtschaftsprüfer bzw. durch jeweilige Zusammenschlüsse dieser Berufsgruppen wahrgenommen. Emissionshäuser haben mitunter als Tochtergesellschaften Treuhandgesellschaften gegründet, die bei den einzeln aufgelegten Fondsgesellschaften die Treuhandfunktion übernehmen. Derartige Treuhänder werden in der Praxis nicht selten als Registertreuhänder bezeichnet.

25   Treuhänder iSd § 12 Abs. 3 ist auch ein Mittelverwendungskontrolleur (*Jäger/Voß*, S. 920). Typische Aufgabe eines Mittelverwendungskontrolleurs ist es, das zur Investition vorgesehene Eigenkapital der Fondsgesellschaft bei Vorliegen definierter Voraussetzungen frei zu geben und daraufhin die Verwendung dieser Gelder (bzw. „Mittel") gemäß dem gesellschaftsvertraglich vorgegebenen Ziel zu kontrollieren. Ein typisches Freigabekriterium ist beispielsweise die Sicherstellung der Gesamtfinanzierung, mithin die vollständige Sicherstellung des Eigen- und Fremdkapitals. Vielfach genügt hinsichtlich des Eigenkapitals das Vorliegen einer Platzierungsgarantie. Eine weitere typische Aufgabe eines Mittelverwendungskontrolleurs ist es in diesen Fällen, die Bonität des Platzierungsgaranten zu überprüfen. Mitunter wird auch das Vorliegen maßgeblicher Verträge des Außenvertragswerks (z. B. Kaufvertrag über eine Immobilie oder ein Schiff) als Bedingung für die Mittelfreigabe vorgesehen. Mittelverwendungskontrolleure sind als Bestandteil des Sicherheitskonzepts eines geschlossenen Fonds zu begreifen. Sie werden insbesondere dann in die Konzeption eingebunden, wenn der Treuhandkommanditist und das Emissionshaus persönlich oder wirtschaftlich miteinander verbunden sind. Weit verbreitete Praxis ist es, ein Treuhand- bzw. ein Gesellschaftskonto (abhängig davon, wohin die Einlagen der Gesellschafter überwiesen werden) zugunsten des Mittelverwendungskontrolleurs als Und-Konto auszugestalten, so dass Verfügungen nur mit Zustimmung des Mittelverwendungskontrolleurs statthaft sind. Dieses Resultat kann auch über den Mechanismus erreicht werden, dass dem Mittelverwendungskontrolleur die ausschließliche Verfügungsbefugnis eingeräumt wird. Die Tätigkeit eines Mittelverwendungskontrolleurs entspricht nach seinem vorstehend geschilderten Aufgabenbereich der eines Treuhänders nach herkömmlichem Verständnis (*Palandt/Heinrichs*, Vor § 104 BGB Rn. 25 mwN), der eine Rechtsposition verwaltet und dabei starken Beschränkungen unterworfen ist. Ist daher bei einem

Angebot von Vermögensanlagen ein Mittelverwendungskontrolleur vorgesehen, sind daher die Angaben nach § 12 Abs. 3 grundsätzlich auch in Bezug auf diesen vollständig als Mindestangaben in den Verkaufsprospekt aufzunehmen.

Fraglich ist, ob ein Mittelverwendungskontrolleur auch dann als Treuhänder iSd § 12 Abs. 3 anzusehen ist, wenn seine Befugnisse derart ausgestaltet sind, dass er keine präventive, sondern vielmehr lediglich eine nachträgliche Kontrolle hinsichtlich der Mittelverwendung vornehmen darf. Die Bedenken ergeben sich aus dem Umstand, dass ein Mittelverwendungskontrolleur, der allein nachträglich die Mittelverwendung kontrollieren darf, ggf. nur noch die Veruntreuung der Anlegergelder feststellen kann, so dass eine Kontrolle im Wortsinn überhaupt nicht stattfinden kann. Gleichwohl gehört auch ein mit derartigen eingeschränkten Rechten ausgestatteter Mittelverwendungskontrolleur zum Sicherheitskonzept eines geschlossenen Fonds. Zudem kann auch ein mit präventiven Kontrollrechten ausgestatteter Mittelverwendungskontrolleur in der Praxis die Veruntreuung von Anlegergeldern nicht zwingend verhindern. Daher ist es gerechtfertigt, Mittelverwendungskontrolleure losgelöst davon, ob ihre Kontrollrechte präventiver oder nachträglicher Natur sind, generell als Treuhänder nach § 12 Abs. 3 zu qualifizieren. **26**

Nach § 12 Abs. 3 Nr. 1 Alt. 1 sind der Name und die Anschrift eines Treuhänders anzugeben. Nicht ausreichend ist insoweit ein Verweis auf den nach § 4 Satz 2 Alt. 2 beizufügenden Treuhandvertrag. Vielmehr ist eine eigenständige Mindestangabe erforderlich. Im Hinblick auf die Angabe der Anschrift ist die Nennung einer (ladungsfähigen) Geschäftsanschrift ausreichend. **27**

Ist der Treuhänder eine juristische Person (§ 12 Abs. 3 Nr. 1 Alt. 2), müssen deren Firma und Sitz angegeben werden. **28**

Soweit nach Abs. 3 Nr. 1 Name und Anschrift des Treuhänders anzugeben sind, ist der bloße Abdruck oder der Verweis auf den nach § 4 Satz 2 Alt. 2 abgedruckten Treuhandvertrag nicht ausreichend. Vielmehr ist eine eigene explizite Angabe zu machen. **29**

Sollte der Treuhänder eine juristische Person sein, ist die Angabe der Geschäftsanschrift geboten. Auch insoweit ist die Angabe einer Geschäftsanschrift erforderlich. **30**

Es sind die Aufgaben und die Rechtsgrundlage der Tätigkeit des Treuhänders anzugeben (§ 12 Abs. 3 Nr. 2). **31**

Die Aufgaben ergeben sich aus den Pflichten des Treuhänders. Diese sind lediglich zu nennen („muss ... angeben"), eine ausführliche Beschreibung ist als Mindestangabe nicht erforderlich. **32**

Rechtsgrundlage der Tätigkeit des Treuhänders ist regelmäßig der nach § 4 Satz 2 Alt. 2 in den Verkaufsprospekt aufzunehmende Treu- **33**

Voß

§ 12 Verkaufsprospektverordnung

handvertrag. Insoweit ist ein Hinweis auf diesen Vertrag ausreichend. **Formulierungsbeispiel:** „Der Treuhänder wird auf Grundlage des in Abschnitt X abgedruckten Treuhandvertrages tätig."

Gemäß § 12 Abs. 3 Nr. 3 sind die wesentlichen Rechte und Pflichten des Treuhänders anzugeben.

34 Diese ergeben sich ebenfalls aus dem Treuhandvertrag. Hinsichtlich der Pflichten besteht eine Überschneidung mit den Aufgaben. Wesentlich sind die seitens des Treuhänders zu erbringenden Hauptleistungen. Eine Beschreibung der Rechte und Pflichten ist zur Erfüllung des Mindestangabeerfordernisses entbehrlich, ausreichend ist eine bloße Aufzählung. Nicht statthaft ist – abermals – ein schlichter Verweis auf den Treuhandvertrag.

§ 12 Abs. 3 Nr. 4 verlangt die Angabe des Gesamtbetrages der für die Wahrnehmung der Aufgaben vereinbarten Vergütung.

35 Da lediglich ein Gesamtbetrag anzugeben ist, ist eine Aufteilung nach einzelnen Positionen entbehrlich. Der Gesamtbetrag ist in einer möglichst genauen Höhe anzugeben (absolute Zahl). Allenfalls kann die Mindestangabe durch Nennung einer %-Zahl bei exakter Bezeichnung der Bezugsgröße gemacht werden.

Ggf. wäre ein Negativtestat aufzunehmen, was – soweit ersichtlich – in der Praxis noch nicht vorkam, da Treuhänder nicht aus altruistischen Motiven tätig werden.

Nach § 12 Abs. 3 Nr. 5 sind Umstände oder Beziehungen anzugeben, die Interessenkonflikte des Treuhänders begründen können.

36 Die Vorschrift fungiert gewissermaßen als Auffangnorm innerhalb des § 12 Abs. 3 und erfasst diejenigen Gegebenheiten, aus denen sich eine Interessenkollision in der Person des Treuhänders zum Nachteil der Anleger ergeben kann. Vgl. zum Begriff der Umstände oben § 3 VermVerkProspV Rn. 5. Beziehungen meint ein Verhältnis des Treuhänders zu einem anderen Subjekt des Rechts- bzw. Wirtschaftsverkehrs, das rechtlicher, wirtschaftlicher oder persönlicher Natur sein kann. Ausreichend und das Angabeerfordernis auslösend ist es, wenn die Umstände und Beziehungen die Interessenkonflikte des Treuhänders begründen können. Die Interessenkonflikte müssen daher nicht bereits entstanden sein, ausreichend ist es, wenn aufgrund von Umständen oder Beziehungen ein Interessenkollisionspotential gegeben ist.

37 Liegen keine derartigen Umstände oder Beziehungen vor, ist die Aufnahme eines Negativtestates erforderlich. **Formulierungsbeispiel:** „Umstände oder Beziehungen, die Interessenkonflikte des Treuhänders im Sinne von § 12 Abs. 3 Nr. 5 begründen können, liegen nicht vor."

3. Sonstige Personen

Schließlich muss der Verkaufsprospekt die Angaben gemäß § 12 Abs. 1 und 2 auch für solche Personen enthalten, die nicht in den Kreis der nach der VermVerkProspV angabepflichtigen Personen fallen, die aber gleichwohl die Herausgabe des Prospekts oder die Abgabe oder den Inhalt des Angebots der Vermögensanlage wesentlich beeinflusst haben.   38

a) Allgemeines. Ausweislich der Verordnungsgebungsmaterialien ist § 12 Abs. 4 als Auffangregelung konzipiert (Begr. VermVerkProspV, S. 8). Damit soll dem Umstand Rechnung getragen werden, dass der Anleger über alle Personen, die den Prospekt oder das Angeobt wesentlich beeinflusst haben, informiert werden soll. Dabei hat der Verordnungsgeber zutreffend erkannt, dass Konstruktionen vorkommen, „in denen diese Personen weder Prospektverantwortliche, Gründungsgesellschafter, Organmitglieder, Geschäftsführer oder Treuhänder sind, so dass sie nach den übrigen Vorschriften nicht angabepflichtig wären." (Begr. VermVerkProspV, S. 8)   39

Zumindest für den Bereich der geschlossenen Fonds ist festzuhalten, dass der Verordnungsgeber bei dieser Aufzählung in der Verordnungsbegründung eine ganz entscheidende Person vergessen hat, nämlich den Anbieter, der nach § 2 Abs. 4 angabepflichtig ist, in der Praxis nicht selten „das hinter dem Emittenten stehende" Emissionshaus ist und damit genau die (juristische) Person, die eigentlich über § 12 Abs. 4 angabepflichtig werden sollte. Genau dies ist durch die vorgenommene Regelungstechnik nicht gelungen. Es kann an die Prospektaufsteller nur appelliert werden, evtl. vorhandene Interessenkonflikte nach § 2 Abs. 1 Satz 1 offen zu legen.   40

b) „Hintermann-Rechtsprechung". In der Sache hat der Verordnungsgeber in der Form des § 12 Abs. 4 die sog. Hintermann-Rechtsprechung kodifiziert. Deren Entwicklung und Anwendungsbereich sollen daher im Folgenden dargestellt werden: 41

aa) Hintergrund der Entwicklung. Mit der Entwicklung der „Hintermann-Rechtsprechung" hat der BGH einen Gleichlauf des verantwortlichen Personenkreises von bürgerlich-rechtlicher und börsengesetzlicher Prospekthaftung angestrebt (BGH NJW 1981, 1449, 1450); *Fleischer* BKR 2004, 339, 344), da im Interesse und zum Zweck eines effektiven Kapitalanlegerschutzes nicht nur die unmittelbar am Vertragsschluss beteiligten Personen sowie diejenigen, die einen auf ihre Person bezogenen Vertrauenstatbestand geschaffen haben, in die Haftung einbezogen werden müssten, sondern auch diejenigen, die zu der für die Herausgabe des Verkaufsprospekts ver-   42 antwortlichen Leitungsgruppe oder zu den sonst maßgeblichen Hintermännern des Anlageunternehmens gehören (BGH NJW 1981, 1449, 1450).

43 Im Zuge dessen hat der BGH die für die Beteiligung an einer Publikums-KG entwickelten Grundsätze der Haftung für den Inhalt eines Verkaufsprospekts auf das sog. Bauherren-Modell, auf Anlagemodelle, die am „Hamburger Modell" orientiert sind, sowie auf das Bauträgermodell übertragen und weiterentwickelt (BGH NJW-RR 2006, 610 mwN).

44 **bb) Haftung nach den Grundsätzen der „Hintermann-Rechtsprechung".** Nach den Grundsätzen der „Hintermann-Rechtsprechung" haftet eine Person wegen falscher oder unvollständiger Prospektangaben unabhängig von einer Beteiligung an einem Vertrag mit dem Erwerber als sog. Hintermann u. a. dann, wenn sie auf die Konzeption des konkreten Modells maßgeblichen Einfluss genommen hat und damit für die Herausgabe des Prospekts verantwortliche ist (vgl. statt vieler BGH NJW-RR 2006, 610).

Ob ein Beteiligter als sog Hintermann anzusehen ist, hängt jeweils von den Umständen des Einzelfalls ab (BGH NJW-RR 2006, 610, 611).

45 Dabei können für eine Einflussnahme auf die Konzeption des Modells die gesellschaftsrechtliche Funktion oder ein erhebliches wirtschaftliches Eigeninteresse sprechen (BGH NJW 2001, 436). Ausreichend ist es auch, wenn sich die beteiligte Gesellschaft nur mittelbar in der Hand des Gesellschafters befindet, diesem aber aufgrund einer vielfach verschachtelten Gesellschafterstellung letztlich bestimmender Einfluss zukommt (BGH ZIP 2006, 420, 421). Ein erheblicher Einfluss ist zudem dann anzunehmen, wenn jemand Mehrheitsgesellschafter einer vermögensverwaltenden GmbH ist, die ihrerseits eine Beteiligung von fast einem Drittel an der Initiatorin des Bauvorhabens hält, sämtliche steuerliche und wirtschaftliche Angaben im betreffenden Prospekt beisteuert und die steuerliche Schulung der Vertriebsbeauftragten vornimmt (BGH NJW 1992, 228, 229). Auch eine als Treuhandkommanditist an einem Immobilienfonds beteiligte Bank wurde als Hintermann angesehen (BGH WM 1985, 533). Des Weiteren ergibt sich die Eigenschaft einer Bank als Hintermann bei Abschluss einer Kooperationsvereinbarung mit einer GmbH als Komplementär zur Etablierung von Filmfonds bei einer gleichzeitig herausgegebenen „vertraulichen Beteiligungsofferte" (OLG München NJOZ 2006, 1055, 1057). Demgegenüber reicht die Bereitstellung von Sicherheiten im Zusammenhang mit Bürgschaftserklärungen nicht für die Annahme einer wirtschaftlichen Beherrschung bzw.

Einflussmöglichkeit auf die Geschäftsleitung aus (OLG Hamm, Urteil vom 26. 5. 2004 Az. 12 U 97/03).

cc) Übertragung der Grundsätze der „Hintermann-Rechsprechung" auf die Haftung nach § 13 Abs. 1 Nr. 3 VerkProspG iVm § 44 Abs. 1 Satz 1 BörsG. Gemäß § 13 Abs. 1 Nr. 3 VerkProspG iVm § 44 Abs. 1 Satz 1 BörsG haften für einen fehlerhaften Prospekt diejenigen, die für den Prospekt die Verantwortung übernommen haben (Nr. 1), und diejenigen, von denen der Erlass des Prospekts ausgeht (Nr. 2). Unter die zweite Gruppe der Prospektveranlasser sollen dabei in sachlicher Übereinstimmung mit der Rechtsprechung die sog. Hintermänner fallen (*Fleischer* BKR 2004, 339, 344).

46

In den Verordnungsgebungsmaterialien heisst es zudem, dass § 12 Abs. 4 als Auffangregelung dem Umstand Rechnung tragen soll, dass der Anleger über alle Personen, die den Prospekt oder das Angebot wesentlich beeinflusst haben, informiert werden soll und es Konstruktionen geben kann, in denen diese Personen weder Prospektverantwortliche, Gründungsgesellschafter, Organmitglieder, Geschäftsführer oder Treuhänder sind, so dass sie nach den übrigen Vorschriften nicht angabepflichtig wären.

47

dd) Haftung von Garanten (Rechtsanwälte, Wirtschaftsprüfer etc.). Rechtsanwälte, Steuerberater und Wirtschaftsprüfer können als eingeschränkt Prospektverantwortliche für bestimmte Prospektteile angesehen werden, sofern sie durch ihr nach außen in Erscheinung tretendes Mitwirken am Prospekt einen Vertrauenstatbestand geschaffen haben (BGH NJW 1990, 2461).

48

Allerdings hängt die börsengesetzliche Prospekthaftung dem Grundsatz der Gesamtverantwortlichkeit an, weshalb jemand, der nur einen Teil der Prospektunterlagen beisteuert, nicht für dadurch verursachte Prospektmängel nach § 44 Abs. 1 Satz 1 BörsG einstehen soll (*Fleischer* BKR 2004, 339, 344). Dies ist grundsätzlich wohl auch auf öffentliche Angebote von Vermögensanlagen übertragbar, wobei jedoch die folgenden Gegenargumente aufgestellt werden könnten:

49

Zunächst hat der Gesetzgeber an keiner Stelle zu erkennen gegeben, dass er mit der Kodifikation der zivilrechtlichen Prospekthaftung hinter den höchstrichterlich anerkannten Grundsätzen zur Verantwortlichkeit von Berufsgaranten zurückbleiben möchte (*Fleischer* BKR 2004, 339, 344). Des Weiteren nimmt § 8g Abs. 2 Nr. 1 VerkProspG ausdrücklich auf die Personen Bezug, die für „bestimmte Angaben" des Verkaufsprospekts die Verantwortung übernommen haben. Schließlich ist nach § 13 Abs. 1 Nr. 1 VerkProspG die Norm des § 44 Abs. 1 Satz 1 BörsG nur entsprechend anzuwenden, so dass

50

§ 13 Verkaufsprospektverordnung

durchaus Raum bleibt, bereichsspezifische Besonderheiten im Hinblick auf sog Berufsgaranten zu berücksichtigen (*Fleischer* BKR 2004, 339, 344).

51 Sofern Freiberufler wie insbesondere Rechtsanwälte, Wirtschaftsprüfer oder Steuerberater lediglich beratend in Ausübung eines Mandats und nicht im Hinblick auf den Inhalt des Verkaufsprospekts tätig geworden sind und keinen entsprechenden Vertrauenstatbestand gesetzt haben, können sie nicht als Personen nach § 12 Abs. 4 angesehen werden. Werden sie im Hinblick auf den Inhalt des Verkaufsprospekts tätig, fallen sie dann dennoch nicht unter § 12 Abs. 4, wenn sie gegenüber ihrem Mandanten lediglich Formulierungsvorschläge machen. Denn die endgültige Entscheidung für die Aufnahme der Formulierung obliegt der Mandantschaft.

52 Gibt es keine Personen nach § 12 Abs. 4, ist ein Negativtestat aufzunehmen; **Formulierungsbeispiel:** „Personen, die nicht in den Kreis der nach der VermVerkProspV angabepflichtigen Personen fallen, die aber gleichwohl die Herausgabe des Prospekts oder die Abgabe oder den Inhalt des Angebots der Vermögensanlage wesentlich beeinflusst haben, existieren nicht."

53 Gibt es eine oder mehrere Personen nach § 12 Abs. 4, sind zum einen die erforderlichen Angaben zu machen; darüber hinaus ist in diesen Fällen ein sog. abschließendes Negativtestat erforderlich, wonach keine weiteren sonstigen Personen nach § 12 Abs. 4 existieren.

§ 13 Angaben über den jüngsten Geschäftsgang und die Geschäftsaussichten des Emittenten

Der Verkaufsprospekt muss allgemeine Ausführungen über die Geschäftsentwicklung des Emittenten nach dem Schluss des Geschäftsjahres, auf das sich der letzte offen gelegte Jahresabschluss bezieht, sowie Angaben über die Geschäftsaussichten des Emittenten mindestens für das laufende Geschäftsjahr enthalten.

Übersicht
	Rn.
I. Vormerkungen	1
II. Angaben über den jüngsten Geschäftsgang und die Geschäftsaussichten des Emittenten	4

I. Vorbemerkungen

1 Die Vorschrift hat ihren Ursprung in Art. 11 Abs. 2 lit. g) der Emissionsprospektrichtlinie (ABl. EG Nr. L 124 v. 5. 5. 1989, S. 8). Diese Regelung wurde durch § 11 VerkProspVO in deutsches Recht umgesetzt. Der Verordnungsgeber hat § 11 VerkProspVO für den Bereich der Vermögensanlagen nach § 8f Abs. 1 VerkProspG in § 13 VermVerkProspV wortgleich übernommen.

§ 13 VermVerkProspV wird durch Ziffer 3.13 der Anlage 1 zu IDW S 4 erläutert (s. im Textanhang unter III. 1).

Wegen § 13 VermVerkProspV werden Angaben im Prospekt über die Geschäftsentwicklung des Emittenten nach dem Schluss des Geschäftsjahres, auf den sich der Abschluss nach § 10 Abs. 1 Nr. 1 bzw. 2 VermVerkProspV bezieht sowie über Geschäftsaussichten des Emittenten mindestens für das laufende Geschäftsjahr erforderlich.

II. Angaben über den jüngsten Geschäftsgang und die Geschäftsaussichten des Emittenten

Nach § 13 VermVerkProspV muss der Verkaufsprospekt allgemeine Ausführungen über die Geschäftsentwicklung des Emittenten nach Schluss des Geschäftsjahres, auf das sich der letzte offen gelegte Jahresabschluss bezieht, sowie Angaben über die Geschäftsaussichten des Emittenten mindestens für das laufende Geschäftsjahr enthalten. Hinsichtlich Art und Umfang der aufzuführenden Mindestangaben über den jüngsten Geschäftsgang und die Geschäftsaussichten sollte man sich am Lagebericht nach § 289 HGB orientieren (Begr. VermVerkProspV, S. 9).

Da gem. § 325 Abs. 1 S. 1 iVm § 264a Abs. 1 HGB nur Kapitalgesellschaften sowie Kapitalgesellschaften & Co. KGs von der Pflicht zur Offenlegung des Jahresabschlusses betroffen sind, fehlt für Gesellschaften, die dieser Verpflichtung nicht unterliegen, ein Anknüpfungspunkt zur Bemessung des relevanten Berichtzeitraums. Hat der nicht offenlegungspflichtige Emittent einen freiwillig erstellten Jahresabschluss nach § 8h Abs. 1 VerkProspG gem. § 10 Abs. 1 Nr. 2a) VermVerkProspV in den Prospekt aufgenommen, erscheint es sachgerecht, an den Bilanzstichtag dieses Jahresabschlusses anzuknüpfen (so auch *Moritz/Grimm* BB 2005, 343). Macht ein solcher Emittent indes von der Möglichkeit des § 8h Abs. 2 VerkProspG gebrauch, sollte aus Gründen der Vergleichbarkeit der Angebote ein vergleichbarer Zeitraum, wie ihn § 13 VermVerkProspV vorsieht, vom Emittenten als Berichtzeitraum gewählt werden. Handelt es sich um einen Jungemittenten, gilt ohnehin die Privilegierung des § 15 Abs. 1 VermVerkProspV. Sah die Genehmigungspraxis der BaFin im Zusammenhang mit Wertpapier-Verkaufsprospekten vor Inkrafttreten des WpPG die Erstellung einer Planbilanz durch Jungemittenten für das laufende sowie die beiden folgenden Geschäftsjahre vor, wird man nicht von einer Fortschreibung dieses Verhaltens ausgehen

§ 14   Verkaufsprospektverordnung

können, sofern den Jungemittenten damit mehr abverlangt wird als nach § 15 Abs. 1 VermVerkProspV gefordert (aA wohl *Keunecke,* Rn. 383).

§ 14 Gewährleistete Vermögensanlagen

Für das Angebot von Vermögensanlagen, für deren Verzinsung oder Rückzahlung eine juristische Person oder Gesellschaft die Gewährleistung übernommen hat, sind die Angaben nach den §§ 5 bis 13 auch über die Person oder Gesellschaft, welche die Gewährleistung übernommen hat, aufzunehmen.

1   Die Vorschrift geht auf § 13 VerkProspVO zurück, die wiederum auf Art. 1 Abs. 3 der EG-Emissionsprospektrichtlinie beruhte und im Übrigen der Regelung in § 39 BörsZulVO entsprach (*Lenz,* in: *Assmann/Lenz/Ritz,* § 13 VerkProspVO Rn. 1).

2   § 14 VermVerkProspV wird durch Ziffer 3.14 der Anlage 1 zu IDW S 4 erläutert (s. im Textanhang unter III. 1).

3   In denjenigen Konstellationen, in denen eine juristische Person oder Gesellschaft für die Verzinsung bzw. die Rückzahlung der angebotenen Vermögensanlagen eine Gewährleistung übernommen hat, müssen die für den Emittenten nach §§ 5 bis 13 vorgesehenen Angaben zusätzlich für die rechtliche Einheit gemacht werden, welche die Gewährleistung abgibt. Hierbei handelt es sich um einen sehr umfangreichen Angabenkatalog, dessen Einarbeitung in den Verkaufsprospekt bei der Aufstellung des Emissionsplanes mitunter nicht hinreichnd berücksichtigt wird. Es empfiehlt sich, die Angaben in einem gesonderten Prospektabschnitt darzustellen.

4   Ratio der Vorschrift ist, dass bei der Übernahme von entsprechenden Garantien, die beipielsweise von einem finanzstarken Emissionshaus für Emissionen ihrer Tochtergesellschaften (z. B. der „Fonds-KGs") abgegeben werden, der Anleger, dessen Vertrauen in die Werthaltigkeit der Vermögensanlagen durch die Garantie bekräftigt wird, über den Garanten ebenso umfassende Informationen erhält wie über den Emittenten selbst.

5   Nicht in den Anwendungsbereich der Vorschrift fallen Vermögensanlagen, bei denen nach der Ausgestaltung der mit ihnen verbundenen Rechte kein Anspruch auf Verzinsung bzw. Rückzahlung vorgesehen ist (bei Wertpapieren ist dies z. B. bei Aktien der Fall, was § 13 VerkProspVO deklaratorisch darstellte). Im Übrigen ist hinsichtlich der Art der Vermögensanlage keine Einschränkung vorgesehen. Auch wenn die Begriffe „Verzinsung" und „Rückzahlung" aus dem Wertpapier-Verkaufsprospektrecht übernommen wurden, lässt dies

nicht den Schluss zu, dass § 14 sich etwa auf Namensschuldverschreibungen beschränkt. „Vermögensanlagen" iSd § 14 sind sämtliche Anlageinstrumente, die in den Anwendungsbereich des § 8f Abs. 1 VerkProspG fallen.

Es kommt nicht darauf an, ob die Gewährleistung von einer juristischen Person oder einer Gesellschaft, mithin einer quasi-juristischen Person oder einer GbR etc. übernommen wurde. Erfasst sind auch Gesellschaften ausländischer Rechtsform. 6

Es stellt sich die Frage, was im Einzelfall unter einer Gewährleistung zu verstehen ist. Zunächst sieht der Wortlaut des § 14 keine Einschränkung hinsichtlich des Umfangs der Gewährleistung vor. Daher unterfallen auch solche Gewährleistungen, die bspw. lediglich eine teilweise Rückzahlung des Anlagebetrages garantieren, in den Anwendungsbereich der Norm und lösen die Angabepflichten im Hinblick auf den Gewährleistungsgeber aus. Um dem Gesetzeszweck gerecht werden zu können, ist ein umassendes Verständnis von der „Gewährleistung" im prospektrechtlichen Sinne geboten. Andere Rechtsgebiete unterscheiden – bedingt durch ihren Regelungsgegenstand – bspw. präzise zwischen „Gewährleistung" und „Garantie". So kennt bspw. das bürgerliche Recht die „Gewährleistung" als gesetzlich verbrieftes Recht (vgl. §§ 437, 434, 435 BGB) und eine „Garantie" (§ 443 BGB) als von einem Dritten freiwillig einem anderen gewährtes Recht. Im Aufsichtsrecht ist dies nicht der Fall. So ist insbesondere im KWG eine derartige Trennung nicht vorgenommen worden (vgl. § 1 Abs. 1 Nr. 8 KWG: „die Übernahme von Bürgschaften, Garantien und sonstigen Gewährleistungen für andere (Garantiegeschäft)"). 7

„Gewährleistung" meint daher jegliches Sicherungsinstrument, das die Verzinsung bzw. Rückzahlung besichern soll. Insbesondere auch Patronatserklärungen sind erfasst. 8

§ 15 Verringerte Prospektanforderungen

(1) Für den Fall, dass der Emittent vor weniger als 18 Monaten gegründet worden ist und noch keinen Jahresabschluss im Sinne des § 10 Abs. 1 Nr. 1 erstellt hat, muss der Verkaufsprospekt abweichend von den Anforderungen nach den §§ 10, 11 und 13 folgende Angaben enthalten:
1. die Eröffnungsbilanz;
2. eine Zwischenübersicht, deren Stichtag nicht länger als zwei Monate zurückliegt;
3. die voraussichtliche Vermögens-, Finanz- und Ertragslage mindestens für das laufende und das folgende Geschäftsjahr;

4. Planzahlen des Emittenten, insbesondere zu Investitionen, Produktion, Umsatz und Ergebnis, mindestens für die folgenden drei Geschäftsjahre.

Zu den Angaben nach den Nummern 3 und 4 sind die zugrunde liegenden wesentlichen Annahmen und Wirkungszusammenhänge in geeigneter Form zu erläutern.

(2) Von der Aufnahme einzelner Angaben in den Verkaufsprospekt kann abgesehen werden, wenn

1. diese Angaben nur von geringer Bedeutung und nicht geeignet sind, die Beurteilung der Vermögens-, Finanz- und Ertragslage und der Entwicklungsaussichten des Emittenten zu beeinflussen, oder
2. die Verbreitung dieser Angaben dem Emittenten erheblichen Schaden zufügt, sofern die Nichtveröffentlichung das Publikum nicht über die für die Beurteilung der Vermögensanlagen wesentlichen Tatsachen und Umstände täuscht.

Übersicht

	Rn.
I. Vorbemerkungen	1
II. Verringerte Prospektanforderungen im Einzelnen	4
1. Junge Emittenten	4
2. Absehen von einzelnen Angaben	14

I. Vorbemerkungen

1 § 15 Abs. 1 VermVerkProspV hat ihren Ursprung in Art. 11 Abs. 5 der Emissionsprospektrichtlinie (ABl. EG Nr. L 124 v. 5.5. 1989, S. 8). Diese Regelung wurde durch § 14 Abs. 2 VerkProspVO in deutsches Recht umgesetzt. Diese Vorschrift wurde durch Artikel 21 des Vierten Finanzmarktförderungsgesetzes geringfügig im Wortlaut geändert. § 15 Abs. 2 VermVerkProspV hat ihren Ursprung in Art. 13 Abs. 1 der Emissionsprospektrichtlinie. Diese Regelung wurde durch § 14 Abs. 4 VerkProspVO in deutsches Recht umgesetzt. Der Verordnungsgeber hat § 14 Abs. 2 und 4 VerkProspVO für den Bereich der Vermögensanlagen nach § 8f Abs. 1 VerkProspG in § 15 Abs. 1 und 2 VermVerkProspV übernommen.

2 § 15 VermVerkProspV wird durch Ziffern 3.15 und 3.16 der Anlage 1 zu IDW S 4 erläutert und durch Ziffer 4.4 der Anlage 1 zu IDW S 4 in Hinblick auf die Darstellung besonderer Umstände durch kapitalmäßige und/oder personelle Verflechtungen erweitert (s. im Textanhang unter III. 1).

3 § 15 Abs. 1 VermVerkProspV gestattet jungen Emittenten als Erleichterung zum Kapitalmarktzugang (vgl. *Lenz,* in: *Assmann/Lenz/*

Ritz, VerkProspVO, § 11 Rn. 3) Ausnahmen von §§ 10, 11 und 13 VermVerkProspV. § 15 Abs. 2 VermVerkProspV sieht Ausnahmen für Angaben vor, die nur von geringer Bedeutung sind und die nicht geeignet sind, die Beurteilung der Vermögens-, Finanz- und Ertragslage und der Entwicklungsaussichten des Emittenten zu beeinflussen sowie die Verbreitung dieser Angaben dem Emittenten erheblichen Schaden zufügt.

II. Verringerte Prospektanforderungen im Einzelnen

1. Junge Emittenten

a) Verhältnis zu §§ 10, 11 und 13 VermVerkProspV. Zum 4
Verhältnis zwischen § 15 und den §§ 10, 11 und 13 VermVerkProspV vgl. die Anmerkungen zu § 10 VermVerkProspV Rn. 3 ff.

b) Voraussetzungen. § 15 VermVerkProspV sieht Abweichun- 5
gen von §§ 10, 11 und § 13 VermVerkProspV vor, sofern der Emittent vor weniger als 18 Monaten gegründet worden ist und noch kein Jahresabschluss nach § 10 VermVerkProspV aufgestellt worden ist.

aa) Zukunftsorientierte Angaben. Da für derartige Emitten- 6
ten nur wenige vergangenheitsbezogene Informationen vorliegen, sind die Angabeerfordernisse nach § 15 Abs. 1 VermVerkProspV im Schwerpunkt auf die gegenwärtige und auch künftige Finanzlage des Emittenten (vgl. *Lenz,* in: *Assmann/Lenz/Ritz,* VerkProspVO, § 14 Rn. 10). Da derartige Informationen auf Schätzungen und Prognosen beruhen müssen, muss der Prospektaufsteller sicherstellen, dass derartigen Informationen auf dem Geschäftslauf basieren und kaufmännisch nachvollziehbar sind (vgl. *Lenz,* in: *Assmann/Lenz/Ritz,* VerkProspVO, § 14 Rn. 10). Auf die Angabe rein fiktiver Angaben sollte aus Gründen etwaiger Prospekthaftung verzichtet werden, allerdings müssen in derartigen Fällen die Gründe des Absehens von der Aufnahme der Angabe mitgeteilt werden (vgl. *Lenz,* in: *Assmann/Lenz/Ritz,* VerkProspVO, § 14 Rn. 10). Dieses Problem stellt sich insbesondere bei sog. **Blind-Pool-Modellen.** Eine Darstellung der Finanzinformationen ist denkbar, wenn der Anbieter aus seinen Erfahrungen aus vorangegangenen Projekten oder seinen internen Planungen darstellt, wann eine Investition erfolgt und wie hoch die Investition ist. Rein technisch setzt der Anbieter der Finanzinformationen beispielhaft Annahmen voraus, die das Verständnis für die nachfolgenden Ausführungen ermöglichen sollen. Zu beachten ist jedoch, dass derartig zukunftsbezogene Angaben oftmals mit erheblichen Unsicherheiten behaftet sind, die als Angaben ins Blaue pros-

§ 15 Verkaufsprospektverordnung

pekthaftungsrechtliche Konsequenzen haben können. Notwendig wird deshalb jedenfalls sein, auf etwaige Unsicherheiten im Rahmen der Finanzinformationen in der Risikodarstellung einzugehen und abzuwägen, eine Angabe wegen zu hoher Unsicherheit nicht darzustellen (vgl. *Moritz/Grimm* BB 2005, 337, 343). Wird eine Angabe nicht gemacht, empfiehlt sich die Aufnahme eines entsprechenden Hinweises. In der Verwaltungspraxis wird dieser Hinweis mit einem Hinweis auf § 15 Abs. 2 Nr. 1 VermVerkProspV verbunden, etwa wie folgt: *„Die Anbieterin hat sich entschieden, gem. § 15 Abs. 2 Nr. 1 VerkProspG von der Aufnahme von Angaben zu den Planzahlen der Emittentin abzusehen, da diese Angaben nur von geringer Bedeutung und nicht geeignet sind, die Beurteilung der Vermögens-, Finanz- und Ertragslage zu beeinflussen und eine Darstellung mangels verlässlicher Zahlen nur zur Verwirrung des Investors führen würde."*

7   **bb) Gründungszeitpunkt des Emittenten.** Der Zeitpunkt der Gründung des Emittenten ist gem. § 5 Nr. 2 VermVerkProspV anzugeben (näher dazu s. § 5 VermVerkProspV Rn. 34 ff.). Für Vorratsgesellschaften gilt für Zwecke der Finanzinformationen im Grundsatz der Zeitpunkt der wirtschaftlichen Neugründung (näher dazu s. § 5 VermVerkProspV Rn. 9 ff.). In aller Regel liegt die Neugründung spätestens in der Aufnahme der Geschäftstätigkeit des Emittenten (vgl. Ziffer XII.4 der Bekanntmachung der BAWe vom 6. 9. 1999, s. unten im Textanhang unter III.6; *Lenz*, in: *Assmann/Lenz/Ritz*, VerkProspVO, § 14 Rn. 11; *Keunecke*, Rn. 386; anders noch *Bruchwitz*, in: *Lüdicke/Arndt*, S. 114 mit Fn. 455). Die bloße Änderung der Rechtsform oder des Namens des Emittenten ohne Änderung der Geschäftstätigkeit soll hingegen unbeachtlich sein (vgl. Begründung zur VermVerkProspV, zu § 15 Abs. 1 S. 3).

8   **c) Eröffnungsbilanz.** Gem. § 15 Abs. 1 Nr. 1 VermVerkProspV ist die Eröffnungsbilanz des Emittenten aufzunehmen. Für die Aufstellung der Eröffnungsbilanz sind gem. § 242 Abs. 1 S. 2 HGB sind die für den Jahresabschluss geltenden Bestimmungen, soweit sie sich auf die Bilanz beziehen, entsprechend anzuwenden. Ein Prüfung oder gar Testierung der Eröffnungsbilanz ist hingegen nicht vorgesehen (*Lenz*, in: *Assmann/Lenz/Ritz*, VerkProspVO, § 14 Rn. 12).

9   **d) Zwischenübersicht.** Jungemittenten müssen gem. § 15 Abs. 1 Nr. 2 VermVerkProspV neben der nach § 15 Abs. 1 Nr. 1 VermVerkProspV erforderlichen Eröffnungsbilanz eine Zwischenübersicht, deren Stichtag nicht länger als zwei Monate zurückliegt, angeben. Die Zwischenübersicht selbst erfordert Zwischenbilanz und Gewinn- und Verlustrechnung (vgl. *Moritz/Grimm* BB 2005, 337, 344). Selbst wenn

die Gewinn- und Verlustrechnung keine Beträge aufweist, soll diese aufgenommen werden, da der Anleger über diesen Umstand informiert werden soll. Ein Verzicht auf die Zwischenübersicht wird allenfalls dann anerkannt, wenn der Emittent kürzlich vorher gegründet wurde und sich Eröffnungsbilanz und Zwischenübersicht inhaltlich entsprechen (vgl. *Moritz/Grimm* BB 2005, 337, 344). In diesem Fall muss dieser Umstand im Prospekt dargestellt werden und auf die Eröffnungsbilanz verwiesen werden. Für die Berechnung der Zweimonatsfrist wird als Endpunkt der Tag der Einreichung des Verkaufsprospekts bei der BaFin zugrunde gelegt. Bei älteren Daten ist dem Aktualitätserfordernis nicht genüge getan.

e) Vermögens-, Finanz- und Ertragslage. Nach § 15 Abs. 1 **10** Nr. 3 VermVerkProspV ist die Darstellung der voraussichtlichen Vermögens-, Finanz- und Ertragslage mindestens für das laufende und das folgende Geschäftsjahr des Emittenten erforderlich. Vermögens-, Finanz- und Ertragslage sollten der Übersichtlichkeit halber getrennt ausgewiesen werden (aA *Moritz/Grimm* BB 2005, 337, 344). Die Angaben müssen konkrete Zahlenangaben enthalten und werden üblicherweise ähnlich einer Bilanz in Kontoform dargestellt (*Lenz,* in: *Assmann/Lenz/Ritz,* VerkProspVO, § 14 Rn. 14). In der Praxis wird die Vermögenslage durch die Plan-Bilanz, die Finanzlage durch eine Plan-Cash Flow-Rechnung oder eine detaillierte Liquiditätsrechnung und die Ertragslage durch eine Plan- Gewinn- und Verlustrechnung abgebildet (vgl. *Jäger/Voß,* S. 918). In Einklang mit § 2 S. 5 VermVerkProspV sind die Rechnungen als Prognose zu kennzeichnen (vgl. *Jäger/Voß,* S. 918).

Entscheidend für die Darstellung der Rechnungen ist ausweislich **11** des Wortlauts das Geschäftsjahr. Rumpfgeschäftsjahre sind möglich.

f) Planzahlen. Aus § 15 Abs. 1 Nr. 4 VermVerkProspV folgt, dass **12** die Planzahlen des Emittenten, insbesondere zu Investitionen, Produktion, Umsatz und Ergebnis, mindestens für die folgenden drei Geschäftsjahre zu machen sind. Es stehe dem Anbieter frei, als freiwillige Angaben mehr als drei Geschäftsjahre abzubilden. Mindestens erforderlich sind Angaben darüber, ob Investition oder Produktion erfolgt. Erfolgt eine Investition, muss ausgewiesen werden, wann die Investition erfolgt, wie hoch investiert wird und welcher Umsatz getätigt wird.

g) Wirkungszusammenhänge. Gem. § 15 Abs. 1 S. 2 Verm- **13** VerkProspV sind zu den Angaben der Vermögens-, Finanz- und Ertragslage einerseits und den Planzahlen andererseits die zugrunde liegenden wesentlichen Annahmen und Wirkungszusammenhänge in

§ 16 Verkaufsprospektverordnung

geeigneter Form zu erläutern. Ein bloßer Hinweis im Rahmen der Planzahlen auf die Angaben der Vermögens-, Finanz- und Ertragslage genügt nicht. Aufgrund der Zusammenhänge der Rechnungen und der Planzahlen müssen die Wirkungszusammenhänge in unmittelbarer Nähe zu den Angaben der Vermögens-, Finanz- und Ertragslage und der Planzahlen gemacht werden (vgl. *Jäger/Voß*, S. 918).

2. Absehen von einzelnen Angaben

14   Nach § 15 Abs. 2 Nr. 1 VermVerkProspV kann von der Aufnahme einzelner Angaben abgesehen werden, wenn diese Angaben nur von geringer Bedeutung sind und nicht geeignet sind, die Beurteilung der Finanz-, Vermögens- und Ertragslage und der Entwicklungsaussichten des Emittenten zu beeinflussen. Diese Ausnahme lässt sich insbesondere für Fälle nutzbar machen, in denen der Anbieter Angaben deshalb nicht machen möchte, weil sie zu ungewiss sind (s. o. unter Rn. 6 und § 8g VerkProspG Rn. 24).

15   Gem. § 15 Abs. 2 Nr. 2 VermVerkProspV kann von der Aufnahme einzelner Angaben auch dann abgesehen werden, wenn die Verbreitung dieser Angaben dem Emittenten erheblichen Schaden zufügt, sofern nicht die Nichtveröffentlichung das Publikum nicht über die für die Beurteilung der Vermögensanlagen wesentlichen Tatsachen und Umstände täuscht. Die Anwendung dieser Vorschrift erfordert, dass zwischen dem Informationsbedürfnis des Anlegers und dem Geheimhaltungsinteresse des Emittenten abgewogen werden muss (vgl. Begründung der VermVerkProspV, Zu § 15 Abs. 2). Dabei ist zu berücksichtigen, dass die Ausnahme sehr restriktiv auszulegen ist (vgl. *Lenz*, in: *Assmann/Lenz/Ritz*, VerkProspVO, § 14 Rn. 21).

§ 16 Inkrafttreten

Diese Verordnung tritt am 1. Juli 2005 in Kraft.
Die am 16. Dezember 2004 bekannt gemachte VermVerkProspV ist am 1. Juli 2005 ohne Übergangsregelung in Kraft getreten.

III. Texte

1. IDW Standard: Grundsätze ordnungsmäßiger Beurteilung von Verkaufsprospekten über öffentlich angebotene Vermögensanlagen (IDW S 4) (mit Anlagen) 534
2. Grundsätze und Leitlinien zur Erstellung von Leistungsbilanzen ... 601
3. Muster einer Überkreuz-Checkliste für Vermögensanlagen-Verkaufsprospekte 614
4. Auslegungsschreiben der Bundesanstalt für Finanzdienstleistungsaufsicht (BaFin) zur Prospektpflicht für Vermögensanlagen-Verkaufsprospekte 623
5. Bekanntmachung des Bundesaufsichtsamtes für den Wertpapierhandel vom 15. April 1996 627
6. Bekanntmachung des Bundesaufsichtsamtes für den Wertpapierhandel vom 6. September 1999 635
7. Gesetz über Musterverfahren in kapitalmarktrechtlichen Streitigkeiten (Kapitalanleger-Musterverfahrensgesetz – KapMuG) vom 16. August 2005 (BGBl. I S. 2437), zuletzt geändert durch Art. 12 TransparenzRL-UmsetzungsG vom 5. 1. 2007 (BGBl. I S. 10) 650
8. Schreiben betr. einkommensteuerrechtliche Behandlung von Gesamtobjekten, von vergleichbaren Modellen mit nur einem Kapitalanleger und von gesellschafts- sowie gemeinschaftsrechtlich verbundenen Personenzusammenschlüssen (geschlossene Fonds) (sog. 5. Bauherrenerlass) vom 20. Oktober 2003 (BStBl. I S. 546), BMF IV C 3-S 2253a-48/03 662
9. Schreiben betr. Gewinnermittlung bei Handelsschiffen im internationalen Verkehr, sog. Tonnagesteuer § 5a EStG (sog. Tonnagesteuer-Erlass) vom 12. Juni 2002 (BStBl. I S. 614), BMF IV A 6 – S 2133a – 11/02 680
10. Schreiben betr. ertragsteuerrechtliche Behandlung von Film- und Fernsehfonds (sog. Medienerlass) vom 23. Februar 2001 (BStBl. I S. 175), BMF IV A 6 – S 2241 – 8/01, geändert durch BMF v. 5. 8. 2003 (BStBl. I S. 406) 690
11. Schreiben betr. einkommensteuerliche Behandlung von Venture Capital und Private Equity Fonds; Abgrenzung der privaten Vermögensverwaltung vom Gewerbebetrieb (sog. Private Equity/ Venture Capital Erlass) vom 16. Dezember 2003 (BStBl. 2004 I S. 40, ber. 2006 I S. 632), BMF IV A 6-S 2240-153/03 706

1. IDW Standard:
Grundsätze ordnungsmäßiger Beurteilung von Verkaufsprospekten über öffentlich angebotene Vermögensanlagen (IDW S 4)*

(Stand: 18. 05. 2006)[1]

1. Vorbemerkungen
2. Gegenstand, Umfang und Grenzen der Beurteilung
3. Auftragsannahme
4. Auftragsdurchführung
   4.1. Verständnis von der Vermögensanlage
   4.2. Planung des Auftrags
   4.3. Art und Umfang der Beurteilung
5. Verwertung von Untersuchungen Dritter
6. Dokumentation in den Arbeitspapieren
7. Prospektgutachten des Wirtschaftsprüfers
   7.1. Allgemeine Berichtsgrundsätze
   7.2. Einzeldarstellungen im Prospektgutachten
      7.2.1. Auftrag und Auftragsdurchführung
      7.2.2. Durchführung der Beurteilung
         7.2.2.1. Der Beurteilung zugrunde liegende Unterlagen
         7.2.2.2. Darstellung der Vermögensanlage
         7.2.2.3. Einzelfeststellungen zum Verkaufsprospekt
         7.2.2.4. Zusammenfassende Schlussbemerkungen
   7.3. Datum und Unterschrift
8. Nachtrag zum Verkaufsprospekt

Anlage 1: Anforderungen an den Inhalt von Verkaufsprospekten
Anlage 2: Zusatzangaben bei Immobilien
Anlage 3: Zusatzangaben bei Filmfonds
Anlage 4: Zusatzangaben bei Windkraftfonds
Anlage 5: Zusatzangaben bei Schiffsfonds
Anlage 6: Besonderheiten bei Blind-Pool-Konzeptionen
Anlage 7: Zusatzangaben bei Lebensversicherungs-Zweitmarktfonds

---

* Entnommen der Loseblattausgabe „IDW Prüfungsstandards IDW Stellungnahmen zur Rechnungslegung" mit Genehmigung der IDW Verlag GmbH.

[1] Verabschiedet vom Hauptfachausschuss (HFA) am 18. 5. 2006.

1. Vorbemerkungen

Gesetzliche Anforderungen bestehen zum Inhalt von Börsenzulassungsprospekten und anderen Prospekten über öffentlich angebotene Wertpapiere[2], für Verkaufsprospekte für Vermögensanlagen iSd § 8f Abs. 1 Verkaufsprospektgesetz[3] sowie für die Prospekte über deutsche und in Deutschland vertriebene ausländische Investmentanteile[4].

Dieser *IDW Standard* regelt die Beurteilung von Verkaufsprospekten über im Inland öffentlich angebotene nicht in Wertpapieren verbriefte Anteile an Unternehmen nach § 8f Abs. 1 des Verkaufsprospektgesetzes sowie unmittelbare Anteile an einem Anlageobjekt *(Vermögensanlage)*. Beispielsweise ist im Falle eines geschlossenen Fonds in der Rechtsform einer Kommanditgesellschaft die Kommanditbeteiligung die Vermögensanlage.

Der Inhalt eines Verkaufsprospekts einer Vermögensanlage iSd § 8f Abs. 1 Verkaufsprospektgesetz ist durch die Verordnung über Vermögensanlagen-Verkaufsprospekte detailliert beschrieben. Die Bundesanstalt für Finanzdienstleistungsaufsicht (BaFin) wird die Vollständigkeit der nach dieser Verordnung zu tätigenden Angaben prüfen, jedoch nicht deren inhaltliche Richtigkeit und Plausibilität.

Gesetzliche Anforderungen zur Prüfung der Angaben durch einen Wirtschaftsprüfer bestehen nicht.

Das Institut der Wirtschaftsprüfer in Deutschland e. V. (IDW) legt in diesem *IDW Standard* die Berufsauffassung dar, nach der Wirtschaftsprüfer unbeschadet ihrer Eigenverantwortlichkeit Verkaufsprospekte über Vermögensanlagen unter Bezugnahme auf diesen *IDW Standard* beurteilen und hierüber ein Prospektgutachten erstellen. Der *IDW Standard* verdeutlicht gleichzeitig gegenüber der Öffentlichkeit Gegenstand, Umfang und Grenzen eines solchen Prospektgutachtens.

Die Beurteilung von Börsenzulassungsprospekten und anderen Prospekten über öffentlich angebotene Wertpapiere sowie von Prospekten über deutsche und in Deutschland vertriebene ausländische Investmentanteile ist nicht Gegenstand dieses *IDW Standards*.

---

[2] Vgl. Gesetz über die Erstellung, Billigung und Veröffentlichung des Prospekts, der beim öffentlichen Angebot von Wertpapieren oder bei der Zulassung von Wertpapieren zum Handel an einem organisierten Markt zu veröffentlichen ist (Wertpapierprospektgesetz) vom 22. 06. 2005 (BGBl. I, S. 1698).

[3] Vgl. Wertpapier-Verkaufsprospektgesetz (Verkaufsprospektgesetz) idF vom 09. 09. 1998 (BGBl. I, S. 2701), zuletzt geändert durch Artikel 7 des Gesetzes vom 16. 08. 2005 (BGBl. I, S. 2437) sowie Verordnung über Vermögensanlagen-Verkaufsprospekte vom 16. 12. 2004 (BGBl. I, S. 3464).

[4] Vgl. Investmentgesetz vom 15. 12. 2003 (BGBl. I, S. 2676).

Dieser IDW Standard ersetzt den IDW Standard: Grundsätze ordnungsmäßiger Beurteilung von Prospekten über öffentlich angebotene Kapitalanlagen (IDW S 4) idF vom 01. 09. 2000[5] und die Verlautbarung des IDW: Zweifelsfragen im Zusammenhang mit IDW S 4[6].

2. Gegenstand, Umfang und Grenzen der Beurteilung

Bei der Beurteilung von Verkaufsprospekten über Vermögensanlagen durch Wirtschaftsprüfer soll mit hinreichender Sicherheit festgestellt werden, ob in den Verkaufsprospekten die für eine Anlageentscheidung erheblichen Angaben vollständig und richtig enthalten sind und ob diese Angaben klar – d. h. gedanklich geordnet, eindeutig und verständlich – gemacht werden.

Zu einer Prospektbeurteilung i. S. dieses *IDW Standards* gehören damit Feststellungen zur Vollständigkeit, Richtigkeit und Klarheit der Prospektangaben einschließlich der Plausibilität der im Verkaufsprospekt enthaltenen Werturteile, der Schlüssigkeit von Folgerungen sowie der Darstellung der mit der Vermögensanlage verbundenen Risiken.

Die Beurteilung erfolgt aus der Sicht eines durchschnittlich verständigen und durchschnittlich vorsichtigen Anlegers, der über ein Grundverständnis für die wirtschaftlichen Gegebenheiten der angebotenen Vermögensanlage verfügt *(Anleger)*.

Eine Prospektbeurteilung durch Wirtschaftsprüfer kann keine Gewähr für den Eintritt des wirtschaftlichen Erfolgs und der steuerlichen Auswirkungen der Vermögensanlage bieten, da diese von unsicheren künftigen Entwicklungen abhängen.

Die Auswirkungen der Vermögensanlage in der konkreten Situation des einzelnen Anlegers sind nicht Gegenstand einer Prospektbeurteilung i. S. dieses *IDW Standards*. Eine Prospektbeurteilung durch einen Wirtschaftsprüfer entbindet den Anleger somit nicht von einer eigenen Beurteilung der Chancen und Risiken einer Vermögensanlage sowie weiterer Prospektangaben vor dem Hintergrund der individuellen Gegebenheiten. Deshalb ist es zweckmäßig, dass ein Anleger vor der Anlageentscheidung eine individuelle Beratung in Anspruch nimmt. Eine solche Beratung ist insbesondere dann zu empfehlen, wenn der Anleger nicht selbst über ein hinreichendes Verständnis über die Art der angebotenen Vermögensanlage und deren Darstellung im Verkaufsprospekt verfügt.

---

[5] WPg 2000, S. 922, FN-IDW 2000, S. 538.
[6] Vgl. FN-IDW 2003, S. 129.

2. Gegenstand, Umfang und Grenzen der Beurteilung **Texte**

Eine Beurteilung auf Vollständigkeit, Richtigkeit und Klarheit der Prospektangaben erfordert, dass der Wirtschaftsprüfer die Tätigkeit mit berufsüblicher Sorgfalt so ausrichtet, dass Unrichtigkeiten und Verstöße, die sich auf die Vollständigkeit, Richtigkeit oder Klarheit des Verkaufsprospekts wesentlich auswirken, mit hinreichender Sicherheit erkannt werden.

Bei einer ordnungsmäßigen Prospektbeurteilung kann keine absolute, sondern nur eine hinreichende Sicherheit erreicht werden.

Zum einen besteht aufgrund der jeder Prospektbeurteilung immanenten Begrenzung der Erkenntnismöglichkeiten auch bei ordnungsmäßiger Planung und Durchführung ein unvermeidbares Risiko, dass wesentliche falsche Prospektangaben oder das Fehlen wesentlicher Prospektangaben nicht entdeckt werden (z. B. bei deliktischem Handeln oder kollusivem Zusammenwirken zwischen Auftraggeber und Dritten, auf dessen Entdeckung eine Prospektbeurteilung i. S. dieses *IDW Standards* nicht ausgerichtet ist).

Zum anderen lassen sich Erwartungen über künftige Verhältnisse (z. B. Marktentwicklungen) und die künftige Erfüllung von Vertragsverpflichtungen durch den Anbieter oder Dritte nicht mit Sicherheit, sondern nur als wahrscheinlich beurteilen.

Aus der nachträglichen Entdeckung falscher oder fehlender Angaben kann daher nicht zwingend auf ein berufliches Fehlverhalten des Wirtschaftsprüfers geschlossen werden.

Eine Prospektbeurteilung erfordert nicht, dass sämtliche Unterlagen, auf denen die Angaben im Verkaufsprospekt beruhen, lückenlos in die Beurteilung einbezogen werden. Vielmehr werden aggregierte Prospektangaben, die auf einer Vielzahl gleichartiger Einzelfälle beruhen, überwiegend anhand von Stichproben beurteilt.

Die Prospektbeurteilung kann sich auch nicht auf das Vorhandensein und die Richtigkeit solcher Angaben erstrecken, die ihrer Art nach nicht beurteilbar sind. Hierzu gehören z. B. aus öffentlichen Registern oder vorgelegten Dokumenten nicht ersichtliche Eigentumsverhältnisse oder Belastungen sowie dem Wirtschaftsprüfer nicht bekannt gegebene Informationen, wie z. B. mündliche Nebenabreden zu bestehenden Verträgen.

Eine Prospektbeurteilung ist ferner nicht darauf ausgerichtet, solche Unrichtigkeiten und Verstöße festzustellen, die sich auf die Vollständigkeit, Richtigkeit und Klarheit des Verkaufsprospekts nicht wesentlich auswirken.

Wird der Auftrag gegenüber dem in diesem *IDW Standard* dargestellten Umfang eingeschränkt (z. B. Beschränkung auf einzelne Prospektbestandteile), liegt keine Prospektbeurteilung i. S. dieses *IDW Standards* vor. In diesem Fall darf zur Vermeidung von Irreführungen nicht der Eindruck erweckt werden, dass es sich um eine Beurteilung i. S. dieses *IDW Standards* handelt. Es ist in diesen Fällen festzustellen, dass keine Prospektbeurteilung iSd *IDW S 4* stattgefunden hat, und darzustellen, in welchem Umfang und unter welchen Kriterien der Wirtschaftsprüfer den Verkaufsprospekt bzw. einzelne Bestandteile beurteilt hat.

3. Auftragsannahme

Wirtschaftsprüfer dürfen einen Auftrag zur Prospektbeurteilung nur annehmen, wenn sie unabhängig sind (§ 43 Abs. 1 WPO) und keine Besorgnis der Befangenheit besteht (§ 49 WPO). Die Unabhängigkeit ist z. B. nicht gewahrt, wenn Wirtschaftsprüfer zuvor an Teilen der Konzeption der Vermögensanlage (z. B. steuerliche Konzeption) oder an Angaben des Verkaufsprospekts mitgewirkt haben.

Der Unabhängigkeit steht nicht entgegen, dass Wirtschaftsprüfer im Verlauf ihrer Arbeiten Fehler feststellen und diese den Auftraggebern mitteilen, woraufhin die Auftraggeber die Fehler bei der Erstellung der abschließend zu beurteilenden Fassung des Verkaufsprospekts korrigieren.

Der Auftrag zu einer Prospektbeurteilung nach den Grundsätzen dieses *IDW Standards* darf von einem Wirtschaftsprüfer nur angenommen werden, wenn sich dieser Auftrag auf die Beurteilung des ganzen Verkaufsprospekts bezieht.

Zusatzaufträge, die über den Umfang dieses *IDW Standards* hinausgehen, sind ergänzend zu erteilen.

Wirtschaftsprüfer müssen abschätzen, ob sie über die für eine Auftragsannahme ausreichenden Kenntnisse der jeweiligen Vermögensanlage einschließlich der sie kennzeichnenden rechtlichen und tatsächlichen Verhältnisse verfügen oder sich diese rechtzeitig verschaffen können.

Außerdem ist sicherzustellen, dass die Tätigkeit ausreichend versichert ist, was bei der Beurteilung von Auslandssachverhalten besondere Vereinbarungen erfordern kann.

Regelmäßig beauftragt der Anbieter der Vermögensanlage als Herausgeber des Verkaufsprospekts den Wirtschaftsprüfer mit der Beurteilung des Verkaufsprospekts. Der Anbieter ist für das öffentliche Angebot der Vermögensanlage verantwortlich und tritt den Anlegern gegenüber nach außen erkennbar – ggf. unter Einschaltung einer Vertriebsorganisation – als Anbieter auf.

Der Wirtschaftsprüfer hat es zur Voraussetzung der Auftragsannahme zu machen, dass der Auftraggeber sich verpflichtet,

3. Auftragsannahme

- als Maßstab der Beurteilung die Anforderungen und Grenzen anzuerkennen, die sich aus diesem *IDW Standard* ergeben. Dies bezieht sich insbesondere darauf, dass der Verkaufsprospekt die für die Entscheidung des Kapitalanlegers wesentlichen zu beurteilenden Angaben vollständig und richtig enthält und dass die Angaben klar, eindeutig und verständlich gemacht werden,
- alle Angaben, die in dem Verkaufsprospekt enthalten sind, nachzuweisen und der entsprechenden Anwendung von § 320 HGB (Vorlagepflicht, Auskunftsrecht) zuzustimmen,
- die Angaben im Verkaufsprospekt über durchgeführte Vorprojekte durch geeignete Leistungsnachweise zu belegen,
- nachtragspflichtige Sachverhalte und Nachträge zum Verkaufsprospekt dem Wirtschaftsprüfer unverzüglich vorzulegen,
- sicherzustellen, falls ein Dritter die Vermögensanlage konzipiert und umgesetzt hat (Initiator), dass auch dieser die entsprechenden Auskünfte erteilt und Nachweise zur Verfügung stellt,
- eine Vollständigkeitserklärung abzugeben und sicherzustellen, dass ggf. weitere Prospektverantwortliche entsprechende Erklärungen schriftlich abgeben,
- soweit Sachverhalte vom Wirtschaftsprüfer nicht ausreichend beurteilt werden können, zu gestatten, dass dieser auf Kosten des Auftraggebers Sachverständige nach eigener Entscheidung hinzuziehen kann,
- zu vereinbaren, dass die Herausgabe des Prospektgutachtens durch den Wirtschaftsprüfer aus wichtigem Grund verweigert werden kann. Ein wichtiger Grund liegt insbesondere vor, wenn der Auftraggeber die Besorgnis nicht ausräumen kann, dass der Verkaufsprospekt in wesentlichen Aspekten nicht richtig, nicht vollständig oder nicht klar ist. Dies gilt auch, wenn nachtragspflichtige Sachverhalte nicht in den Verkaufsprospekt eingearbeitet sind.
- im Verkaufsprospekt nicht auf das Vorliegen von Prospektgutachten oder auf das Tätigwerden eines Wirtschaftsprüfers im Rahmen der Prospektbeurteilung hinzuweisen (in der Darstellung der Mittelverwendung dürfen die Kosten der Prospektbeurteilung nur in neutraler Form – z. B. als Kosten für Gutachten – genannt werden) und
- das Prospektgutachten nicht ohne Zustimmung des Wirtschaftsprüfers an Anlageinteressenten weiterzugeben oder in Auszügen zu verwenden oder ohne eine solche Verwendung in Hinweisen werblich auf die Tätigkeit des Wirtschaftsprüfers zu verweisen. Der Wirtschaftsprüfer kann dem Auftraggeber die Verwendung des Gutachtens oder den Hinweis darauf, ggf. gegen Haftungsfreistellung oder unter sonstigen Auflagen, im Einzelfall (z. B. für in-

terne Schulungszwecke oder Information von Finanzanalysten) gestatten.

Sofern der Prospektverantwortliche nicht identisch mit dem Initiator ist, empfiehlt es sich, den Auftrag gemeinsam mit dem Prospektverantwortlichen und dem Initiator abzuschließen. Auch wenn dies nicht geschieht, sollen Wirtschaftsprüfer den Auftrag nur annehmen, wenn sich auch der Initiator der Verpflichtung nach Tz. 23 unterwirft.

Falls der Auftrag von einer anderen Person (z. B. Emittent) erteilt wird, sollte vereinbart werden, dass neben dieser auch der Prospektverantwortliche und gegebenenfalls der Initiator die Verpflichtungen gemäß Tz. 23 erfüllen.

Bei der Auftragsannahme kann vereinbart werden, dass das Prospektgutachten den Anlageinteressenten nur im Rahmen einer Auskunftsvereinbarung zwischen diesen und dem Wirtschaftsprüfer ausgehändigt werden darf. In einer solchen Auskunftsvereinbarung ist auf das Prospektgutachten Bezug zu nehmen und darauf hinzuweisen, dass sich die Beurteilung des Verkaufsprospekts auf den Stand der Erkenntnisse bis zum Zeitpunkt der Erstellung des Prospektgutachtens bezieht und dass keine Informationspflichten des Wirtschaftsprüfers gegenüber dem Kapitalanleger über spätere Änderungen der Verhältnisse und neue Erkenntnisse bestehen. Der Auftrag begründet keine Nachsorgepflicht des Wirtschaftsprüfers. Bei Verwendung vorformulierter Vertragsbedingungen ist § 54a WPO zu beachten.

Es empfiehlt sich, dem Auftrag zur Beurteilung des Verkaufsprospekts die in der Praxis üblichen Allgemeinen Auftragsbedingungen zugrunde zu legen. Dabei ist besonders darauf hinzuweisen, dass das Prospektgutachten nur durch den Wirtschaftsprüfer oder mit Einwilligung des Wirtschaftsprüfers an Dritte weitergegeben werden darf (vgl. Tz. 23).

Es ist zu vereinbaren, dass die Ausfertigung des Gutachtens erst auf Grundlage der für das Angebot an die Öffentlichkeit bestimmten Fassung des Verkaufsprospekts erfolgen kann. Bis zum Vorliegen dieser endgültigen Fassung kann der Wirtschaftsprüfer in einem gesonderten Schreiben mitteilen, ob nach dem Stand seiner vorläufigen Beurteilung die vorliegende Entwurfsfassung des Verkaufsprospekts dem *IDW S 4* – ggf. mit genannten Einschränkungen – entspricht.

4. Auftragsdurchführung

4.1. Verständnis von der Vermögensanlage

Der Wirtschaftsprüfer muss über ein ausreichendes Verständnis von der Vermögensanlage und von deren wirtschaftlichem und recht-

4. Auftragsdurchführung · **Texte**

lichem Umfeld verfügen bzw. sich dieses aneignen, um solche Ereignisse, Entwicklungen, Gestaltungen und Übungen erkennen und würdigen zu können, die sich wesentlich auf die Prospektangaben und deren Beurteilung auswirken können.[7]

Der Wirtschaftsprüfer hat ausreichende Nachweise über den Anbieter einzuholen, um die Verlässlichkeit des Anbieters einschätzen und die entsprechenden Prospektangaben beurteilen zu können.

Hierzu gehören Leistungsnachweise über bisher vom Anbieter durchgeführte Vermögensanlagen aufgrund eigener Feststellungen des Wirtschaftsprüfers (aus gesonderten Feststellungen oder aus der Durchführung von Abschlussprüfungen) oder die Verwertung von Untersuchungen Dritter[8].

Festzustellen ist insbesondere, in welchem Maße bei solchen Vorprojekten Vorhersagen über wesentliche wirtschaftliche Parameter (insbesondere die Summe des jeweils eingeworbenen Eigenkapitals unter Berücksichtigung der Inanspruchnahme von Schließungsgarantien, Kosten der Investitionsphase, Zufluss beim Anteilseigner und deren Quellen sowie das ertragsmäßige und das steuerliche Ergebnis) eingehalten wurden.

In diesem Zusammenhang sind auch Feststellungen darüber zu treffen, ob Anhaltspunkte für eine Bestandsgefährdung des Anbieters vorliegen.

Sind vom Anbieter noch keine Vermögensanlagen über eine für diese repräsentative Phase der jüngeren Vergangenheit angeboten worden, sind Nachweise über die Kenntnisse und Erfahrungen der Projektverantwortlichen einzuholen.

Ist der Initiator oder ein Dritter Auftraggeber des Wirtschaftsprüfers, so sind entsprechende Nachweise auch über diesen einzuholen, um auch dessen Verlässlichkeit einschätzen zu können.

4.2. Planung des Auftrags

Der Wirtschaftsprüfer hat die im Rahmen der Beurteilung eines Verkaufsprospekts durchzuführenden Arbeiten so zu planen, dass die Beurteilung ziel- und zeitgerecht sowie wirtschaftlich durchgeführt werden kann. Durch eine sachgerechte Planung ist von der Auftrags-

---

[7] Vgl. *IDW Prüfungsstandard: Kenntnisse über die Geschäftstätigkeit sowie das wirtschaftliche und rechtliche Umfeld des zu prüfenden Unternehmens im Rahmen der Abschlussprüfunq (IDW PS 230)* WPa 2000 S 842 FN-IDW 2000, S. 460.

[8] Vgl. *IDW Prüfungsstandard: Verwendung der Arbeit eines anderen externen Prüfers (IDW PS 320)* WPg 2002, S. 682, WPg 2004, S. 593, FN-IDW 2002, S. 326, FN-IDW 2004, S. 383, und *IDW Prüfungsstandard: Verwertung der Arbeit von Sachverständigen (IDW PS 322)* WPq 2002 S 689 FN-IDW 2002, S. 337.

Texte

annahme an dafür Sorge zu tragen, dass ein den Verhältnissen angemessener Auftragsablauf in sachlicher, personeller und zeitlicher Hinsicht gewährleistet ist.

Eine sorgfältige Planung der Arbeiten trägt dazu bei, sicherzustellen, dass wesentliche Risikofelder erkannt werden, was sich vor allem auf die Gefahr wesentlicher falscher oder unklarer Aussagen oder unvollständiger Angaben im Verkaufsprospekt bezieht.

Die Planung ist entsprechend der im Verlauf der Beurteilung gewonnenen neuen Erkenntnisse fortzuschreiben.

4.3. Art und Umfang der Beurteilung

Der Wirtschaftsprüfer muss Art und Umfang der Arbeiten so bemessen, dass die Anforderungen an eine Prospektbeurteilung i. S. dieses *IDW Standards* erfüllt werden. Die Festlegung der Arbeiten im Einzelnen hat gewissenhaft und mit berufsüblicher Sorgfalt zu erfolgen.

Die Beurteilung des Verkaufsprospekts erfordert vom Wirtschaftsprüfer die Einholung von Nachweisen in Form einer Heranziehung einschlägiger Dokumente oder Unterlagen oder durch persönliche Inaugenscheinnahme.

Zur Beurteilung der Richtigkeit der Prospektangaben hat der Wirtschaftsprüfer Nachweise einzuholen darüber, ob die im Verkaufsprospekt gemachten Angaben – auch soweit sie nicht zu den nach den Anlagen zu diesem IDWStandard erforderlichen Angaben gehören – insgesamt und im Einzelnen zutreffen.

Angegebene Tatsachen und Rechenoperationen sind idR lückenlos auf Richtigkeit zu beurteilen.

Für solche Angaben im Verkaufsprospekt, die auf umfangreichen Grundgesamtheiten beruhen und nur verdichtet im Verkaufsprospekt Niederschlag finden, wird eine Beurteilung vielfach nur auf der Grundlage von Stichproben erfolgen können (vgl. Tz. 14). Der Umfang der Stichproben ist so festzulegen, dass er eine hinreichende Sicherheit für die Beurteilung der Prospektangaben erwarten lässt.

Technische Angaben (z. B. Baubeschreibungen) sind daraufhin zu beurteilen, ob sie mit den maßgebenden Planungen oder vorliegenden Angeboten von Vertragspartnern übereinstimmen. Sie dürfen nicht zu anderen Prospektangaben im Widerspruch stehen (z. B. Widersprüche zwischen Angaben zur Qualität des Anlageobjekts und damit verbundenen Angaben zu Instandhaltungsaufwendungen und deren Auswirkungen auf die Rentabilität).

Rechtliche Angaben sind auf Übereinstimmung mit vorgelegten Verträgen oder Vertragsentwürfen und Genehmigungen sowie vom Auftraggeber dem Wirtschaftsprüfer bekannt gemachten öffentlich-

4. Auftragsdurchführung **Texte**

rechtlichen Vorschriften zu beurteilen. Der rechtliche Bestand und die Mängelfreiheit der Verträge sind vom Wirtschaftsprüfer nicht abschließend zu beurteilen. Erkennt der Wirtschaftsprüfer Unrichtigkeiten, Unvollständigkeiten (z. B. fehlende öffentlich-rechtliche Genehmigungen) oder Regelungslücken, so ist darauf im Prospektgutachten hinzuweisen.

Die für die Investition, die Finanzierung und die Nutzung oder Verwertung des Anlageobjekts wesentlichen Angebote sind daraufhin zu beurteilen, ob sie in vollem Umfang verbindlich sind oder Vorbehaltsklauseln enthalten.

Annahmen und Schätzungen sind daraufhin kritisch zu würdigen, ob sie plausibel sind und nicht in erkennbarem Widerspruch zur Rechnungslegung, zu vorgelegten Unterlagen, erteilten Auskünften, sonstigen Angaben im Verkaufsprospekt sowie dem Wirtschaftsprüfer allgemein oder aufgrund von Branchenkenntnissen bekannten wirtschaftlichen Tatsachen stehen.

Bei Folgerungen sind Nachweise für die diese Folgerungen stützenden Tatsachen oder Annahmen einzuholen. Ferner ist die sachliche und rechnerisch richtige Entwicklung der Folgerungen zu prüfen.

Prognosen sind daraufhin zu beurteilen, ob sie ausreichend gekennzeichnet und plausibel sind sowie die mit ihnen verbundenen Risiken und Unsicherheiten ausreichend erkennen lassen.

Die steuerlichen Grundlagen von Darstellungen, Berechnungen oder Beurteilungen sind daraufhin zu beurteilen, ob die den steuerlichen Folgerungen zugrunde liegenden Prämissen in Übereinstimmung mit dem Gesetz sowie der veröffentlichten Rechtsprechung und der veröffentlichten oder nachgewiesenen Verwaltungsauffassung zur Zeit des Abschlusses der Beurteilung stehen und vorhandene steuerliche Risiken im gesonderten Risikoabschnitt des Verkaufsprospekts deutlich erkennbar sind.

Bei wertenden Aussagen des Verkaufsprospekts (z. B. gute Bauqualität, erstklassige Ausstattung, hervorragender Standort, gute Bonität) hat der Auftraggeber Nachweise für die Fakten vorzulegen, die zu diesen wertenden Aussagen geführt haben. Dabei ist zu beurteilen, ob sich die Wertungen und Beurteilungen an der allgemeinen Verkehrsauffassung orientieren.

Wenn einem Vertragspartner für das Gesamtobjekt eine besondere wirtschaftliche Bedeutung zukommt, hat der Auftraggeber solche Unterlagen über den Vertragspartner vorzulegen, die ein ordentlicher Geschäftsleiter bei Aufnahme neuer Geschäftsverbindungen einholen würde. Sofern solche Informationen nicht oder nicht in ausreichendem Umfang vorgelegt werden, ist ein Hinweis im Prospektgutachten erforderlich.

Texte

Ergeben die vorgelegten Unterlagen keinen Anhaltspunkt für eine Unvollständigkeit des Verkaufsprospekts, kann der Wirtschaftsprüfer von der Vollständigkeit der Prospektangaben ausgehen; er ist nicht verpflichtet, eigene Nachforschungen anzustellen.

Der Wirtschaftsprüfer hat die erforderliche Vollständigkeitserklärung und ggf. entsprechende Erklärungen Dritter einzuholen (vgl. Tz. 23 ff.).

5. Verwertung von Untersuchungen Dritter

Lassen sich wesentliche Sachverhalte in Bereichen außerhalb der Rechnungslegung, die spezielle Fähigkeiten, Kenntnisse und Erfahrungen verlangen (z. B. technische Angaben, Auswirkungen in- und ausländischen Rechts, Marktprognosen, Standortanalysen, besondere Risiken für gebrauchte Anlageobjekte der durch die Vermögensanlage umschriebenen Art) auch nach Auswertung aller vorgelegten Unterlagen und erteilten Auskünfte nicht hinreichend sicher beurteilen, so hat der Wirtschaftsprüfer Sachverständige hinzuzuziehen, sofern die diesbezüglichen Angaben im Verkaufsprospekt wesentlich sind.[9] Stattdessen können vorliegende Gutachten und Untersuchungen Dritter verwertet werden, wenn diese nach Beurteilung des Wirtschaftsprüfers hierfür geeignet sind.

Die Verwertung von Gutachten und Untersuchungen von Sachverständigen hängt von deren Kompetenz und beruflicher Qualifikation nach Maßgabe der Erfordernisse der Unabhängigkeit, Gewissenhaftigkeit, Unparteilichkeit, Unbefangenheit und Eigenverantwortung ab.

6. Dokumentation in den Arbeitspapieren

Der Wirtschaftsprüfer hat die zur Stützung seiner Beurteilung erforderlichen Nachweise in Arbeitspapieren zu dokumentieren, soweit die Nachweise nicht im Prospektgutachten enthalten sind. Durch die Arbeitspapiere wird gleichzeitig nachgewiesen, dass die Prospektbeurteilung in Übereinstimmung mit dem vorliegenden IDW Standard durchgeführt wurde.

Die Arbeitspapiere sollen vor allem die folgenden Zwecke erfüllen:
- Unterstützung bei der Planung und der Durchführung der Prospektbeurteilung
- Unterstützung bei der Überwachung der Prospektbeurteilung
- Dokumentation der Nachweise zur Stützung von Aussagen im Prospektgutachten
- Grundlage für die Erstellung des Prospektgutachtens

---

[9] Vgl. *IDWPS 322,* WPg 2002, S. 689, FN-IDW 2002, S. 337.

7. Prospektgutachten des Wirtschaftsprüfers **Texte**

- Unterstützung bei der Beantwortung von Rückfragen zur Prospektbeurteilung.

Soweit für die Beurteilung wesentliche Dokumente herangezogen wurden, hat der Wirtschaftsprüfer Kopien hiervon (unter Vermerk des Datums des Erhalts) zu den Arbeitspapieren zu nehmen.

Zu den Arbeitspapieren gehören auch die beurteilte Fassung des Verkaufsprospekts und eingeholte Erklärungen über die Vollständigkeit, sofern diese dem Prospektgutachten nicht beigefügt sind.

Für die Dokumentation der vom Wirtschaftsprüfer getroffenen Beurteilungen sind die Grundsätze des *IDW Prüfungsstandards: Arbeitspapiere des Abschlussprüfers (IDW PS 460)*[10] sinngemäß anzuwenden.

7. Prospektgutachten des Wirtschaftsprüfers

7.1. Allgemeine Berichtsgrundsätze

Im Gutachten über die Beurteilung eines Verkaufsprospekts über eine öffentlich angebotene Vermögensanlage ist über das Ergebnis der Beurteilung vollständig, wahrheitsgetreu und mit der gebotenen Klarheit zu berichten.

Es wird empfohlen, das Gutachten wie folgt zu gliedern:
1. Auftrag und Auftragsdurchführung
2. Der Prospektbeurteilung zugrunde liegende Unterlagen (ggf. Verweis auf Anlagen zum Gutachten)
3. Darstellung der Vermögensanlage
4. Einzelfeststellungen zum Verkaufsprospekt in der Reihenfolge der gesonderten Angaben in Anlage 1, Abschn. 3. und 4.
5. Zusammenfassende Schlussbemerkungen in der Reihenfolge der allgemeinen Berichtsgrundsätze in Anlage 1, Abschn. 2
6. Datum und Unterschrift.

Auf die Angaben im Verkaufsprospekt kann dabei Bezug genommen werden.

7.2. Einzeldarstellungen im Prospektgutachten

7.2.1. Auftrag und Auftragsdurchführung

Im Prospektgutachten sind die wesentlichen Inhalte des erteilten Auftrags einschließlich der getroffenen Haftungsregelungen wiederzugeben. Dabei ist darauf hinzuweisen, dass sich die Feststellungen aufgrund der Prospektbeurteilung nur auf die dem Gutachten zugrunde liegende Fassung des Verkaufsprospekts und auf die bis zum

---

[10] WPg 2000, S. 916, FN-IDW 2000, S. 470.

Texte IDW S 4

Tag der Beendigung des Auftrags bekannt gewordenen Tatsachen beziehen. Nachträge zum Verkaufsprospekt machen eine erneute Beauftragung erforderlich.

Prospektgutachten, die nach diesem *IDW Standard* erstellt wurden, sind als solche zu bezeichnen.

Wird der Umfang der Prospektbeurteilung gegenüber diesem *IDW Standard* eingeschränkt, ist ausdrücklich darauf hinzuweisen, dass es sich um keine Beurteilung i. S. dieses *IDW Standards* handelt. Umfang und Grenzen der Beurteilung sind anzugeben.

Wird der Auftrag gegenüber dem vorliegenden *IDW Standard* erweitert mit dem Ziel einer vertiefenden Beurteilung von Teilbereichen des Verkaufsprospekts, sind Gegenstand, Umfang und Grenzen der vertiefenden Beurteilung zu nennen.

Es ist darauf hinzuweisen, dass die konkreten Auswirkungen der Vermögensanlage bei dem einzelnen Anleger nicht Gegenstand einer Prospektbeurteilung gemäß diesem *IDW Standard* sind (vgl. Tz. 11).

Ferner empfiehlt sich ein Hinweis darauf, dass die Prospektbeurteilung nach diesem *IDW Standard* keine Gewähr für den Eintritt des wirtschaftlichen Erfolgs und der steuerlichen Auswirkungen (wie in Tz. 10) der Vermögensanlage bieten kann und sich grundsätzlich nicht auf die Beurteilung der Angemessenheit einzelner Entgelte bezieht.

7.2.2. Durchführung der Beurteilung

7.2.2.1. Der Beurteilung zugrunde liegende Unterlagen

Die der Prospektbeurteilung zugrunde liegenden Unterlagen sind mit deren Bezeichnung unter Angabe ihres Datums im Bericht aufzulisten. Liegen Unterlagen lediglich im Entwurf vor, ist dies mit dem Stand des Entwurfs zu vermerken.

7.2.2.2. Darstellung der Vermögensanlage

Die wesentlichen Annahmen des Konzepts der Vermögensanlage, die die Entscheidung des Anlegers beeinflussen, sind zu nennen.

Das Prospektgutachten hat eine Beurteilung des Wirtschaftsprüfers darüber zu enthalten, ob im Verkaufsprospekt die für die Entscheidung des Anlegers wesentlichen Aspekte der Vermögensanlage enthalten sind. Hierzu gehören mindestens eine Darstellung der Gesellschaft, deren Anteile vom Anbieter zur Zeichnung angeboten werden (Emittent) sowie des Anlageobjekts und seiner Nutzung. Weiter sind anzugeben

- der Adressatenkreis,

7. Prospektgutachten des Wirtschaftsprüfers   **Texte**

- vorgesehene Dauer und Möglichkeiten für eine vorzeitige Beendigung der Vermögensanlage,
- die wesentlichen wirtschaftlichen Eckdaten in der Investitions- und Bewirtschaftungs- bzw. Nutzungsphase sowie
- ein Überblick über die rechtliche Struktur des Emittenten und das steuerliche Konzept der Vermögensanlage.

7.2.2.3. Einzelfeststellungen zum Verkaufsprospekt

Im Prospektgutachten sind Feststellungen zu den Einzelangaben zu treffen, die für die Anlageentscheidung des Anlegers bestimmend sein können. Bei den in den Anlagen zu diesem *IDW Standard* aufgeführten Einzelangaben besteht eine Vermutung dafür, dass es sich um wesentliche Einzelangaben in diesem Sinne handelt.

Die Feststellungen zu den Einzelangaben betreffen neben der Richtigkeit von Tatsachen auch die Beurteilung von Annahmen, Folgerungen, wertenden Aussagen und Prognosen.

Die Beurteilung von Risiken erfordert neben einzelnen Feststellungen zu allen die Vermögensanlage kennzeichnenden wesentlichen Risiken auch eine Feststellung zu dem einen Anleger bei einem Misserfolg treffenden maximalen Risiko.

Alle wesentlichen Feststellungen zu den Einzelangaben müssen im Gutachten ausreichend begründet sein.

7.2.2.4. Zusammenfassende Schlussbemerkungen

Die wesentlichen Feststellungen der Prospektbeurteilung sind im Prospektgutachten in den zusammenfassenden Schlussbemerkungen wiederzugegeben.

In den zusammenfassenden Schlussbemerkungen ist vorab darauf hinzuweisen, dass Aufstellung und Inhalt des Verkaufsprospekts in der Verantwortung der in § 3 VermVerkProspV genannten Personen oder der gesetzlichen Vertreter der dort genannten Gesellschaft (Auftraggeber) liegen. Ferner ist darauf zu verweisen, dass es die Aufgabe des Wirtschaftsprüfers (Prospektgutachters) ist, den Verkaufsprospekt zu beurteilen auf Vollständigkeit, Richtigkeit und Klarheit der Prospektangaben einschließlich Plausibilität der im Verkaufsprospekt enthaltenen Werturteile, Schlüssigkeit von Folgerungen sowie Darstellung der mit der Vermögensanlage verbundenen Risiken.

Es ist auch darauf hinzuweisen, dass die Beurteilung der Angaben zum einen diejenigen rechtlichen und wirtschaftlichen Rahmenbedingungen berücksichtigt, die zum Zeitpunkt der Erstellung des Prospektgutachtens galten oder vorhersehbar waren und sich in den entsprechenden Prognosezeiträumen auswirken werden, zum anderen aber das grundsätzliche Risiko besteht, dass sich die Rahmenbedingungen ändern und damit wesentliche ökonomische Änderungen für die betrachtete Vermögensanlage herbeigeführt werden.

Die wesentlichen Feststellungen des Prospektgutachtens zu den Prospektangaben, zu den für die Vermögensanlage charakteristischen wesentlichen Aspekten sowie zu den mit der Vermögensanlage verbundenen Risiken sind in den Schlussbemerkungen zusammenzufassen. Zu den für die Vermögensanlage wesentlichen Aspekten gehören auch etwaige Besonderheiten der Gestaltung.

Auf die zusammenfassenden Schlussbemerkungen zur Vollständigkeit, Richtigkeit und Klarheit der Prospektangaben einschließlich der Plausibilität der im Verkaufsprospekt enthaltenen Werturteile, der Schlüssigkeit von Folgerungen sowie zur Darstellung der mit der Vermögensanlage verbundenen Risiken sollte auch dann nicht verzichtet werden, wenn der Verkaufsprospekt die wesentlichen Aspekte der Vermögensanlage und die mit ihr verbundenen Risiken und Chancen zutreffend beschreibt.

Ein Verweis auf die Feststellungen zu den Einzelangaben ist möglich. Wesentliche Beanstandungen sind im Einzelnen aufzuführen. Strittige Punkte sind anzumerken, wobei der aktuelle Meinungsstand bei den Feststellungen zu den Einzelangaben darzulegen ist. Beruhen Feststellungen auf einer Beurteilung anhand von Stichproben, ist dies anzugeben (vgl. Ausführungen in Anlage 1).

Die wesentlichen Feststellungen eignen sich im Regelfall nicht dazu, standardisiert unter wiederholter Verwendung typischer Formulierungen zusammengefasst zu werden. Formelhafte Bescheinigungen über das Gesamtergebnis der Prospektbeurteilung sind nicht zulässig.

Kann der Wirtschaftsprüfer bestimmte Prospektangaben nicht beurteilen, so hat er diese Sachverhalte in seinem Gutachten darzustellen und einen Hinweis hierauf in die zusammenfassenden Schlussbemerkungen aufzunehmen.

7.3. Datum und Unterschrift

Das Prospektgutachten ist unter Angabe von Ort und Datum der Beendigung des Auftrags zu unterzeichnen. Es empfiehlt sich, auch einen Abdruck dieses *IDW Standards* einschließlich der (einschlägigen) Anlagen beizufügen.

8. Nachtrag zum Verkaufsprospekt

Mit einem Nachtrag zum Verkaufsprospekt gemäß § 11 Verkaufsprospektgesetz wird dieser ergänzt. Der Auftraggeber hat den Wirtschaftsprüfer hierüber zu informieren und darf auf das bisherige Pros-

8. Nachtrag zum Verkaufsprospekt **Texte**

pektgutachten nicht mehr hinweisen oder es weiter verwenden. Gleiches gilt, wenn ein Sachverhalt bekannt wird, der sich dahingehend auswirkt, dass der Verkaufsprospekt nicht mehr den Anforderungen dieses Standards entspricht.

Im Rahmen der Beurteilung des Nachtrags hat der Wirtschaftsprüfer auch zu beurteilen, ob in anderen Teilen des Verkaufsprospekts alle prospektpflichtigen bis zum Abschluss der Beurteilung des Nachtrags benannten oder erkennbaren Sachverhalte berücksichtigt sind. So kann in Einzelfällen eine Beschränkung des Umfanges der Begutachtung auf die Nachtragsänderungen ausreichend sein, während in anderen Fällen die Änderungen so weitreichend sind, dass der Verkaufsprospekt insgesamt neu zu beurteilen ist. In beiden Fällen ist ein neues Prospektgutachten zu erstellen, wobei vom Wirtschaftsprüfer geleistete Vorarbeiten aus der vorherigen Beauftragung bei der Bemessung des Beurteilungsumfangs berücksichtigt werden können.

Anlage 1 zu IDW S 4:
Anforderungen an den Inhalt von Verkaufs Prospekten

(Stand: 18. 05. 2006)[1]

1. Vorbemerkung
2. Allgemeine Grundsätze
   2.1. Sicht eines durchschnittlich verständigen und durchschnittlich vorsichtigen Anlegers
   2.2. Vollständigkeit
   2.3. Richtigkeit
      2.3.1. Richtigkeit von einzelnen Angaben
      2.3.2. Richtigkeit von Prognosen
      2.3.3. Plausibilität der Gesamtaussage des Verkaufsprospekts
   2.4. Klarheit
      2.4.1. Klarheit der einzelnen Angaben
      2.4.2. Klarheit der Gliederung
      2.4.3. Klarheit der Gesamtaussage
   2.5. Beschränkung auf wesentliche Angaben
3. Einzelangaben nach der VermVerkProspV
   3.1. Inhaltsverzeichnis und Vorabhinweis
   3.2. Vorabdarstellung
      3.2.1. Kurzdarstellung der wesentlichen Aspekte der Vermögensanlage
      3.2.2. Deutsche Zusammenfassung fremdsprachlicher Verkaufsprospekte
      3.2.3. Erklärung zur Übernahme von Prospektverantwortung

---

[1] Verabschiedet vom Hauptfachausschuss (HFA) am 18. 05. 2006.

Texte Anlage 1 IDW S 4

- 3.3. Darstellung der wesentlichen Risiken der Vermögensanlage
- 3.4. Angaben über die Vermögensanlagen
- 3.5. Angaben über den Emittenten
- 3.6. Angaben über das Kapital des Emittenten
- 3.7. Angaben über Gründungsgesellschafter des Emittenten
- 3.8. Angaben über die Geschäftstätigkeit des Emittenten
- 3.9. Angaben über die Anlageziele und Anlagepolitik der Vermögensanlage
- 3.10. Angaben über die Vermögens-, Finanz- und Ertragslage des Emittenten
- 3.11. Angaben über die Prüfung des Jahresabschlusses und des Lageberichts des Emittenten
- 3.12. Angaben über Mitglieder der Geschäftsführung oder des Vorstandes, Aufsichtsgremien und Beiräte des Emittenten, den Treuhänder und sonstige Personen
- 3.13. Angaben über den jüngsten Geschäftsgang und die Geschäftsaussichten des Emittenten
- 3.14. Gewährleistete Vermögensanlage
- 3.15. Verringerte Prospektanforderungen
- 3.16. Mindestangaben für Verkaufsprospekte, die nicht der VermVerkProspV unterliegen
- 4. Ergänzende Pflichten der Prospektierung
  - 4.1. Wirtschaftliche Angaben
    - 4.1.1. Leistungsnachweise über durchgeführte Vermögensanlagen
    - 4.1.2. Kosten der Investitionsphase
    - 4.1.3. Nutzung der Vermögensanlage
    - 4.1.4. Sensitivitätsanalyse
  - 4.2. Rechtliche Angaben
    - 4.2.1. Angaben zum Anlageobjekt und zu wesentlichen Vertragspartnern
    - 4.2.2. Beendigung der Vermögensanlage
  - 4.3. Steuerliche Angaben
  - 4.4. Hinweise auf besondere Umstände
- 5. Nachtrag zum Verkaufsprospekt

1. Vorbemerkung

Diese Anlage enthält alle die in der Vermögensanlagen-Verkaufsprospektverordnung (VermVerkProspV)[2] gesondert geforderten Angaben im Wortlaut der Verordnung sowie die Angaben, die entsprechend der Berufsauffassung, nach der Wirtschaftsprüfer die Verkaufsprospekte über öffentlich angebotene Vermögensanlagen beurteilen, für eine Beurteilung dieser Vermögensanlagen notwendig sind.

---

[2] Vgl. BGBl. 2004 I, S. 3464.

Unberührt bleiben Verpflichtungen aus anderen gesetzlichen Vorschriften (z. B. Fernabsatzgesetz oder Verbraucherschutzgesetz).

2. Allgemeine Grundsätze

Der Verkaufsprospekt muss über die tatsächlichen und rechtlichen Verhältnisse, die für die Beurteilung der angebotenen Vermögensanlage durch den Anleger notwendig sind, Auskunft geben und vollständig, richtig und klar sein.

2.1. Sicht eines durchschnittlich verständigen und durchschnittlich vorsichtigen Anlegers

Die Darstellungen im Verkaufsprospekt sowie Inhalt und Umfang der Berichterstattung haben sich am Verständnis eines durchschnittlich verständigen und durchschnittlich vorsichtigen Anlegers auszurichten, der über ein Grundverständnis für die wirtschaftlichen Gegebenheiten der angebotenen Vermögensanlage verfügt *(Anleger)*.

Wendet sich der Verkaufsprospekt ausdrücklich an einen bestimmten Personenkreis, ist zu prüfen, ob unter diesem Aspekt ergänzende Ausführungen und Angaben erforderlich sind. Hierauf ist in dem Gutachten hinzuweisen.

2.2. Vollständigkeit

Ein Verkaufsprospekt ist vollständig, wenn er alle Angaben zur angebotenen Vermögensanlage enthält, die für einen Anleger wesentlich sind. Die Auswirkungen der Vermögensanlage auf die subjektiven Verhältnisse des einzelnen Anlegers brauchen im Verkaufsprospekt nicht dargestellt zu werden.

Enthält ein Verkaufsprospekt die in dieser Anlage – sowie ggf. ergänzend die in einer weiteren, anlageobjektbezogenen Anlage zum *IDW Standard: Grundsätze ordnungsmäßiger Beurteilung von Prospekten über öffentlich angebotene Kapitalanlagen (IDW S 4)*[3]– aufgeführten Angaben, spricht eine Vermutung dafür, dass es sich hierbei um alle aus der Sicht eines Anlegers für die Anlageentscheidung wesentlichen Angaben handelt und der Verkaufsprospekt vollständig ist.

Besonderheiten der Vermögensanlage oder der Gegenstände, zu deren Finanzierung die von den Anlegern aufzubringenden Mittel bestimmt sind *(Anlageobjekt),* können jedoch weitere Angaben erforderlich machen. Ohne diese ist der Verkaufsprospekt auch dann nicht vollständig, wenn diese Angaben nicht in den genannten Anlagen aufgeführt sind.

---

[3] Vgl. WPg 2000, S. 922, FN-IDW 2000, S. 538.

Texte Anlage 1 IDW S 4

Um die Vollständigkeit des Verkaufsprospekts sicherzustellen, ist ihm ein Inhaltsverzeichnis voranzustellen. Die Seiten des Verkaufsprospekts sollen fest verbunden und durchnummeriert werden. Wesentliche Anlagen sind mit dem Verkaufsprospekt fest zu verbinden. Ist dies aus technischen Gründen (z. B. Umfang der Anlage, Zeitpunkt der Erstellung der Anlage) nicht möglich, muss für nicht fest verbundene Anlagen ein Anlagenverzeichnis in den Verkaufsprospekt aufgenommen werden. Für diese Anlagen ist eine Angabe des Datums ihrer Erstellung erforderlich.

Nachträge vor Abschluss der Prospektbeurteilung sind dem bisherigen Verkaufsprospekt beizufügen. Durch organisatorische Maßnahmen muss sichergestellt sein, dass dem Anleger diese Nachträge vollständig zugänglich gemacht werden.

2.3. Richtigkeit

2.3.1. Richtigkeit von einzelnen Angaben

Die Richtigkeit der Angaben im Verkaufsprospekt ist gegeben,
- soweit sich im Verkaufsprospekt enthaltene Angaben auf Tatsachen beziehen, wenn die angegebenen Tatsachen zutreffend sind,
- soweit es sich um Annahmen und Schätzungen handelt, wenn diese plausibel sind und nicht im Widerspruch zur Rechnungslegung und zu anderen Unterlagen, sonstigen Angaben im Verkaufsprospekt oder zu anderen Tatsachen stehen,
- soweit es sich um Folgerungen handelt, wenn diese aus den Tatsachen oder Annahmen sachlich und rechnerisch richtig entwickelt wurden, also schlüssig sind,
- soweit es sich um wertende Aussagen handelt, wenn diese durch Tatsachen gestützt werden,
- soweit es sich um Prognosen handelt, wenn diese ausdrücklich als solche gekennzeichnet, die verwendeten Prämissen wirklichkeitsnah, die Berechnungen rechnerisch richtig und im Aufbau plausibel sind und wenn die Risiken und Unsicherheiten ausreichend berücksichtigt sind,
- soweit steuerliche Verhältnisse die Grundlage von Darstellungen, Berechnungen oder Beurteilungen bilden, wenn die den steuerlichen Folgerungen zugrunde liegenden Prämissen in Übereinstimmung mit dem Gesetz sowie der veröffentlichten Rechtsprechung und der veröffentlichten oder nachgewiesenen Verwaltungsauffassung zur Zeit des Abschlusses der Beurteilung stehen und vorhandene steuerliche Risiken deutlich erkennbar gemacht worden sind.

Enthält der Verkaufsprospekt wertende Aussagen (Wertungen und Beurteilungen) des Auftraggebers (z. B. gute Bauqualität, erstklassige

Ausstattung, hervorragender Standort, gute Bonität), sind die Fakten, die zu diesen wertenden Aussagen geführt haben, im Verkaufsprospekt darzulegen. Die Wertungen und Beurteilungen müssen sich an der allgemeinen Verkehrsauffassung orientieren. So ist z. B. die Aussage, dass einem Vertragspartner eine gute Bonität zukommt, nur richtig, wenn sie sich durch über diesen eingeholte Auskünfte und Informationen belegen lässt.

2.3.2. Richtigkeit von Prognosen

Prognosen sind nur dann richtig, wenn die ihnen innewohnende Beurteilungsunsicherheit zutreffend im Verkaufsprospekt zum Ausdruck gebracht wird.

Wegen dieser Unsicherheit von Prognosen spiegeln einwertige Zahlenangaben vielfach eine Scheingenauigkeit vor. Derartige Unsicherheiten müssen im Verkaufsprospekt durch verbale Erläuterungen beschrieben oder in Form der Angabe von Bandbreiten erkennbar gemacht werden.

Die der Prognose zugrunde liegenden Annahmen und Wirkungszusammenhänge müssen im Verkaufsprospekt in geeigneter Form erläutert sein.

Der Prognosezeitraum muss – insbesondere auch bei Sensitivitätsanalysen[4] – in Abhängigkeit von der vorgesehenen Vermögensanlage angemessen gewählt werden. In Fällen, in denen die Prognose durch zeitlich begrenzte Einflussfaktoren wesentlich geprägt wird (z. B. Sonderabschreibungen, Investitionszuschüsse, Mietgarantien, gesicherte Mieteinnahmen, Zinsfestschreibungen etc.) müssen diese erläutert und auch die Folgeperioden in ihren wirtschaftlichen Auswirkungen dargestellt werden. Die am Ende des Prognosezeitraums für den Wert bzw. die Wiederverkäuflichkeit der Vermögensanlage relevanten Gesichtspunkte sind zu nennen.

Die Prognose und die ihr zugrunde liegenden Annahmen müssen realistisch sein und dürfen deshalb keine unvertretbaren, durch bloße Wunschvorstellungen geprägten Aussagen enthalten. Prognosen dürfen ferner mit den Erfahrungen aus der Vergangenheit (z. B. Mietausfall, Kostenentwicklung etc.) nicht ohne Grund im Widerspruch stehen. Der Grundsatz der Vorsicht i. S. einer eher pessimistischen oder imparitätischen Betrachtungsweise ist der Darstellung dagegen nicht zugrunde zu legen.

---

[4] Vgl. Abschn. 4.1.4.

2.3.3. Plausibilität der Gesamtaussage des Verkaufsprospekts

Die Richtigkeit des Verkaufsprospekts erfordert nicht nur, dass die Einzelangaben richtig sind, sondern auch, dass die Darstellung im Verkaufsprospekt insgesamt kein falsches Bild von der Vermögensanlage und dem Anlageobjekt vermittelt. In diese Beurteilung sind auch Angaben, Wertungen und nicht verbale Darstellungen mit eindeutig werblichem Charakter einzubeziehen.

2.4. Klarheit

Einer klaren – d. h. gedanklich geordneten, eindeutigen und verständlichen – Darstellung der für die Anlageentscheidung erheblichen Angaben im Verkaufsprospekt kommt besondere Bedeutung zu. Deshalb muss der Verkaufsprospekt übersichtlich gegliedert und die mit der Vermögensanlage verbundenen Risiken deutlich zum Ausdruck gebracht werden.

2.4.1. Klarheit der einzelnen Angaben

Die Ausdrucksweise im Verkaufsprospekt darf weder vage oder mehrdeutig sein noch dürfen Ausführungen an anderer Stelle im Verkaufsprospekt relativiert werden. Trotz sachlich zutreffender Einzelangaben darf die gewählte Darstellungsform keinen falschen Eindruck vermitteln (z. B. durch unzutreffende Gewichtung wesentlicher und unwesentlicher Informationen oder die einseitige Hervorhebung von Chancen ohne angemessene Betonung der entsprechenden Risiken im Abschnitt über die Darstellung der wesentlichen Risiken).

Begriffe, die nicht zum allgemeinen Sprachgebrauch gehören, sind zu erläutern und beispielsweise durch die Verwendung von Gegensätzen, Beispielen oder Abgrenzungen von ähnlichen Begriffen zu verdeutlichen. Dies kann, soweit dem nicht der Grundsatz der Klarheit entgegensteht, auch in einem Glossar geschehen. Fachbegriffe oder Begriffe, die unterschiedlich verstanden werden können (z. B. Ertrag, Wirtschaftlichkeit, Steuervorteil), müssen eindeutig und allgemein verständlich definiert sein und dürfen nicht irreführend verwendet werden.

Bei Verwendung des Begriffs „Rendite" ist anzugeben, worauf sich die Rendite bezieht und wie sie im Einzelnen berechnet wurde. Auf die Verwendung von mehrperiodischen Renditekennziffern (z. B. interner Zinsfuß) sollte verzichtet werden, weil sie aufgrund der unterschiedlichen Zahlungsströme in jeder Vermögensanlage für den Vergleich unterschiedlicher Vermögensanlagen meist ungeeignet sind. Im Rahmen der Sensitivitätsanalyse gilt dieser Einwand nicht, so dass

2. Allgemeine Grundsätze **Texte**

dort die Verwendung solcher Renditekennziffern möglich ist für die Darstellung der Entwicklung der Vermögensanlage unter Veränderung einzelner oder mehrerer wesentlicher Parameter.

Zum Begriff „Steuervorteil" muss im Einzelnen angegeben worden sein, welche Steuern in die Berechnung einbezogen wurden, ob und warum es sich um einen temporären oder endgültigen Vorteil handelt und ob und ggf. in welchem Umfang bei der Berechnung des Vorteils Abzinsungseffekte berücksichtigt wurden.

2.4.2. Klarheit der Gliederung

Der Grundsatz der Klarheit erfordert eine gedanklich geordnete, eindeutige und verständliche Darstellung der Angaben. Dies setzt voraus, dass die Angaben nach sachlichen Gesichtspunkten und logisch geordnet sowie innerhalb des zugehörigen Sachgebietes systematisch gegliedert aufgeführt werden.

Die Struktur des Verkaufsprospekts muss dem Grundsatz der Klarheit entsprechen und gewährleisten, dass die wesentlichen Aussagen und bedeutsamen Sachverhalte in übersichtlicher Weise ausreichend deutlich und in auswertbarer Form hervorgehoben werden.

Wird der Hauptteil des Verkaufsprospekts entsprechend Abschn. 3. und 4. dieser Anlage gegliedert, werden damit gleichzeitig die Anforderungen von § 2 Abs. 3 VermVerkProspV vollständig und ohne ergänzende Angabepflichten gegenüber der Hinterlegungsstelle erfüllt.

Sofern die Vermögensanlage der Prospektpflicht des § 8f Verkaufsprospektgesetz[5] unterliegt, kann die Hinterlegungsstelle im Falle abweichender Gliederungen eine Aufstellung verlangen, aus der hervorgeht, an welcher Stelle des Verkaufsprospekts sich die in der VermVerkProspV verlangten Mindestangaben befinden.

Sind die Angaben im Verkaufsprospekt entsprechend den Abschn. 3. und 4. dieser Anlage – sowie ggf. ergänzend einer weiteren Anlage zum *IDW S 4* – gegliedert, spricht die Vermutung dafür, dass der Aufbau des Verkaufsprospekts dem Gebot der Klarheit entspricht, sofern die Vermögensanlage keine abweichende Gliederung erfordert.

2.4.3. Klarheit der Gesamtaussage

Der ausgewogenen Darstellung aller wesentlichen Aspekte kommt besondere Bedeutung zu. Die für die Vorteilhaftigkeit der Vermögensanlage maßgebenden Gesichtspunkte dürfen nicht in der Weise plakativ herausgestellt werden, dass nur die vorteilhaften Aspekte allgemein verständlich erläutert werden, während Gesichtspunkte, die

---

[5] Vgl. Wertpapier-Verkaufsprospektgesetz (Verkaufsprospektgesetz) idF vom 09. 09. 1998, BGBl. I, S. 2701.

vom Anleger als negativ empfunden werden könnten, zurückhaltend kommentiert werden.

2.5. Beschränkung auf wesentliche Angaben

Die Darstellungen im Verkaufsprospekt können sich auf wesentliche Angaben beschränken. Dies gilt nicht für den Inhalt solcher Verkaufsprospekte, die der Prospektpflicht des § 8f Verkaufsprospektgesetz unterliegen. In diese Verkaufsprospekte sind alle Angaben aufzunehmen, die im Abschn. 3. genannt sind,[6] wohingegen die Angaben nach Abschn. 4. auf wesentliche Angaben beschränkt werden können.

Wesentlich sind sämtliche Angaben, deren Weglassen oder deren falsche Angabe aus der Sicht des Anlegers die auf der Grundlage des Verkaufsprospekts getroffene Anlageentscheidung beeinflussen kann.[7] Durch die Berücksichtigung des Kriteriums der Wesentlichkeit in der Beurteilung der Verkaufsprospekte erfolgt eine Konzentration auf entscheidungserhebliche Sachverhalte.

Einzelangaben, die nach der Vermögensanlagenverkaufsprospekt-Verordnung erforderlich sind, sind für Verkaufsprospekte nach § 8f Abs. 1 Verkaufsprospektgesetz immer wesentlich.

Daneben hängt die Wesentlichkeit einzelner Beträge oder Sachverhalte im Verkaufsprospekt insbesondere davon ab, wie sich deren absoluter oder relativer Wert auf die wirtschaftlichen Entscheidungen der Anleger auswirkt. Ein relativer Wert kann sich z. B. aus einer Bezugnahme des betroffenen Postens zur Gesamtinvestition, zum Anlagebetrag einzelner Anleger oder zur Gewinnausschüttung ergeben. Allgemeine Wesentlichkeitsgrenzen können auch für solche relativen Werte nicht vorgegeben werden. Sie hängen ab beispielsweise von dem Einfluss der zu beurteilenden Information auf die Prospektaussagen, von der wirtschaftlichen Lage des Anlageobjekts und von dessen Umfeld.

Die Wesentlichkeit von Angaben oder Abweichungen kann sich auch daraus ergeben, dass mehrere Abweichungen oder unzutref-

---

[6] Im Einzelfall kann auf die Aufnahme von Angaben im Verkaufsprospekt verzichtet werden, wenn sie aufgrund der rechtlichen oder tatsächlichen Eigenschaften der Vermögensanlage entbehrlich sind. Im Auslegungsschreiben vom 30. 06. 2005 Abschn. 4 *www.bafin.de/verkaufsprospekte/auslegungsfragen.html)* fordert die BaFin in diesem Fall aber eine Begründung der Nichtaufnahme im Verkaufsprospekt.

[7] Vgl. *IDW Prüfungsstandard: Wesentlichkeit im Rahmen der Abschlussprüfung (IDW PS 250)* Tz 4ff. Tz 8 WPg 2003, S. 944, FN-IDW 2003, S. 441.

fende bzw. unterlassene Angaben, die für sich allein betrachtet unwesentlich sind, zusammen mit anderen wesentlich werden.

Unabhängig von den vorgenannten Aspekten kann sich die Wesentlichkeit auch aus der Bedeutung einer verletzten Rechtsnorm ergeben. So sind im Verlauf der Beurteilung erkannte Verstöße gegen gesetzliche oder aufsichtsrechtliche Einzelbestimmungen ohne Rücksicht auf ihre Auswirkung auf die Gesamtbeurteilung wesentlich, wenn den Bestimmungen nach ihrem Sinn und Zweck besondere Bedeutung zuzumessen und der Verstoß nicht geringfügig ist.

3. Einzelangaben nach der VermVerkProspV

Die in diesem Abschnitt enthaltenen Angabepflichten stehen in meist wörtlicher Übereinstimmung mit der VermVerkProspV. Eingerückte Textteile enthalten Konkretisierungen dieser Angabepflichten.

3.1. Inhaltsverzeichnis und Vorabhinweis

Den Prospektangaben ist ein Inhaltsverzeichnis voranzustellen.

In Verkaufsprospekten nach § 8f Abs. 1 Verkaufsprospektgesetz ist im Anschluss an das Inhaltsverzeichnis ein hervorgehobener Hinweis aufzunehmen, dass die inhaltliche Richtigkeit der im Verkaufsprospekt gemachten Angaben nicht Gegenstand der Prüfung des Verkaufsprospekts durch die BaFin ist.

3.2. Vorabdarstellung

3.2.1. Kurzdarstellung der wesentlichen Aspekte der Vermögensanlage

Die Vermögensanlage ist vorab so zu beschreiben, dass sich ein Anleger eine zutreffende Beurteilung über die Vermögensanlage bilden kann (Angebot im Überblick). Insbesondere sind darzustellen

- die Art der angebotenen Vermögensanlage (Beteiligung an einer Kapital- oder Personengesellschaft, insbesondere an einem geschlossenen Fonds oder an einem Treuhandvermögen sowie ein unmittelbarer Anteil an einem Anlageobjekt),
- die Anzahl und der Gesamtbetrag der angebotenen Vermögensanlage,
- die mit der Vermögensanlage verbundenen Rechte,
- etwaige Besonderheiten in der Konzeption der Vermögensanlage und
- das Anlageobjekt, auf das sich das Angebot über die Vermögensanlage bezieht.

Texte

Ferner ist auf den durch die Vermögensanlage angesprochenen Anlegerkreis und die Bindungsdauer der Vermögensanlage einzugehen.

3.2.2. Deutsche Zusammenfassung fremdsprachlicher Verkaufsprospekte

Emittenten mit Sitz im Ausland können Verkaufsprospekte ganz oder zum Teil in einer anderen in internationalen Finanzkreisen gebräuchlichen Sprache abfassen. Werden Verkaufsprospekte nicht in deutscher Sprache abgefasst, bedarf dies für bei der BaFin einreichungspflichtige Verkaufsprospekte einer Genehmigung der BaFin. Solchen Verkaufsprospekten ist eine deutsche Zusammenfassung voranzustellen, die Teil des Verkaufsprospekts ist und die wesentlichen tatsächlichen und rechtlichen Angaben zu dem Emittenten, der Vermögensanlage und dem Anlageobjekt enthält.

Die Zusammenfassung der wesentlichen tatsächlichen und rechtlichen Angaben muss zu derselben Beurteilung der Vermögensanlage durch den Anleger führen, wie dies dem fremdsprachlichen Verkaufsprospekt entspricht.

3.2.3. Erklärung zur Übernahme von Prospektverantwortung

Der Verkaufsprospekt muss
- Namen,
- Geschäftsanschrift,
- und Funktionen,
- bei juristischen Personen oder Gesellschaften die Firma und den Sitz (Geschäftsanschrift)

der Personen oder Gesellschaften angeben, die für den Inhalt des Verkaufsprospekts insgesamt oder für bestimmte Angaben die Verantwortung übernehmen. Er muss eine Erklärung dieser Personen oder Gesellschaften enthalten, dass ihres Wissens die Angaben richtig und keine wesentlichen Umstände ausgelassen sind.

Zu den Personen, die für den Inhalt des Verkaufsprospekts die Verantwortung übernehmen, gehört als Gesamtverantwortlicher für den Verkaufsprospekt immer der Anbieter. Zu diesem Personenkreis können weitere Personen gehören, wenn sie eine Erklärung nach oder entsprechend § 3 VermVerkProspV abgeben (z. B. Initiatoren). Haben Dritte die rechtliche, steuerliche oder sonstige Konzeption der Vermögensanlage entwickelt und für Angaben im Verkaufsprospekt die Verantwortung durch eine Erklärung nach oder entsprechend § 3 VermVerkProspV übernommen, sind sie als Teilverantwortliche ebenfalls zu nennen.

3. Einzelangaben nach der VermVerkProspV **Texte**

Die Erklärung muss das Datum der Aufstellung des Verkaufsprospekts, die Unterschrift des Anbieters sowie die Unterschriften der Personen enthalten, die Verantwortung durch eine Erklärung nach oder entsprechend § 3 VermVerkProspV übernommen haben.

Mit der Erklärung bestätigen die Unterschreibenden, dass ihres Wissens die Angaben richtig und keine wesentlichen Umstände ausgelassen sind. Es ist deshalb nicht erforderlich, den Verkaufsprospekt nochmals am Ende zu unterschreiben.

3.3. Darstellung der wesentlichen Risiken der Vermögensanlage

In einem gesonderten Abschnitt, der nur diese Angaben enthält, sind vorab die mit der angebotenen Vermögensanlage verbundenen, wesentlichen tatsächlichen und rechtlichen Risiken einschließlich der mit einer Fremdfinanzierung der Vermögensanlage durch den Anleger einhergehenden Risiken darzustellen.

Dieser Abschnitt soll es ermöglichen, sich an einer Stelle umfassend und ausschließlich über die wesentlichen Risiken zu informieren. Als wesentlich sind alle diejenigen Risiken darzustellen, die die Entscheidung des Anlegers über die Vermögensanlage beeinflussen können.

Die Entscheidung des Anlegers hängt davon ab, inwieweit einzelne Risiken die Erfolgsaussichten oder die Sicherheit einer Vermögensanlage bedrohen. Dementsprechend sind die Risiken unter Würdigung entsprechender risikomindernder Sachverhalte (z. B. Versicherungen oder Bürgschaften Dritter) nach Berücksichtigung des Ausfallrisikos bzw. des Risikos der Absicherungsmaßnahmen unter Beschreibung des Absicherungszusammenhangs anzugeben. Dem gegenüber müssen nach Auffassung der BaFin in diesem Abschnitt die Risiken als Bruttorisiken dargestellt werden. Risikomindernde Sachverhalte dürfen nach dieser Auffassung bei dieser Darstellung nicht berücksichtigt werden und sind daher außerhalb dieses Abschnitts zu erörtern. Wird nach dieser Auffassung verfahren, gelten trotz der Einschränkungen in der Klarheit des Verkaufsprospekts die Anforderungen dieses Standards noch als erfüllt.

Eine optische (z. B. Darstellung auf der gegenüberliegenden Seite) oder anderweitige (z. B. Fußnotenverweise) Gegenüberstellung der benannten Risiken mit vermeintlich oder tatsächlich entsprechenden Chancen ist nicht zulässig. Die mit der angebotenen Vermögensanlage verbundenen Chancen werden im Zusammenhang mit der Beschreibung der Vermögensanlage und des Anlageobjekts dargestellt.

Bei der Darstellung der wesentlichen Risiken kann unterschieden werden zwischen

Texte Anlage 1 IDW S 4

- nur prognosegefährdenden Risiken (Risiken, die lediglich zu einer schwächeren Prognose führen können),
- anlagegefährdenden Risiken (Risiken, die entweder das/die Anlageobjekt (e) oder die gesamte Vermögensanlage gefährden und damit zu einem teilweisen oder vollständigen Verlust der Zeichnungssumme führen können) und
- darüber hinaus gehende anlegergefährdende Risiken (Risiken, die nicht nur zu einem Verlust der gesamten Zeichnungssumme führen können, sondern z. B. über Nachschusspflichten, Bürgschaften, Steuerzahlungen u. Ä. auch das weitere Vermögen des Anlegers gefährden).

In der Risikodarstellung ist gesondert auf Risiken einer etwaigen Fremdfinanzierung der Vermögensanlage für den Anleger hinzuweisen. Dies gilt unabhängig davon, ob im Zusammenhang mit dem Erwerb der Vermögensanlage eine Finanzierung iSd § 358 BGB angeboten wird. Das Fremdfinanzierungsrisiko ist bei der Angabe des maximalen, den Anleger treffenden Risikos mit zu berücksichtigen.

Es ist zu erklären, ob die steuerliche Beurteilung unter Berücksichtigung der Gesetze, der veröffentlichten Rechtsprechung oder der Erlasse der Finanzverwaltung umstritten ist. Ist dies in wesentlichen Punkten der Fall, sind die Auswirkungen in ihrer Größenordnung darzulegen, die sich ergeben, falls sich die dem steuerlichen Konzept zugrunde gelegte Beurteilung nicht durchsetzen lässt. Es sind auch die Risiken einer Rückabwicklung der Vermögensanlage darzustellen. Dabei ist insbesondere darauf einzugehen, ob der Anleger einen Anspruch auf Rückzahlung seines eingezahlten Kapitals und sonstiger Vergütungen hat.

Für Vermögensanlagen mit Auslandsbezug sind die sich aus diesem ergebenden speziellen Risiken darzustellen und zu erläutern. Solche Risiken können z. B. sein:

- Währungsrisiken
- Risiken aus Beschränkungen des freien Kapitalverkehrs
- rechtliche oder politische Risiken im Ausland, die Anleger bei der beschriebenen Vermögensanlage und bei Investitionen in das Anlageobjekt bedrohen
- Risiken eines ausländischen Rechtssystems, das vom deutschen Rechtsverständnis abweicht, und die deshalb besonders erläuterungswürdig sind
- steuerliche Risiken, die sich aus dem deutschen bzw. einem ausländischen Steuerrecht oder aus Doppelbesteuerungsabkommen ergeben
- Risiken aus im Ausland abweichenden Usancen.

3. Einzelangaben nach der VermVerkProspV **Texte**

Das den Anleger bei einem Misserfolg treffende maximale Risiko ist in seiner Größenordnung zu beschreiben. Eine Quantifizierung des maximalen Risikos ist nicht erforderlich. Bei der Einschätzung des maximalen Risikos ist nicht von rein theoretischen Annahmen auszugehen; vielmehr sind nicht völlig unwahrscheinliche Geschehensabläufe zu unterstellen. Weiter ist darzustellen, ob es sich um eine Vermögensanlage handelt, bei der das planmäßig eingesetzte Kapital des Anlegers ganz oder teilweise oder zusätzlich auch weiteres Kapital des Anlegers verloren gehen kann (z. B. aufgrund bestehender, möglicherweise unbegrenzter Nachschusspflichten, Haftungstatbestände, Bürgschaften oder Darlehensverbindlichkeiten). Umgekehrt sind bei der Ermittlung des maximalen Risikos etwaige Verwertungserlöse, Bürgschaften oder sonstige Leistungen Dritter (z. B. Versicherungsleistungen)' durch vorsichtige Schätzung zu berücksichtigen. Dem gegenüber muss nach Auffassung der BaFin bei der Beschreibung des maximalen Risikos von einem kumulierten Bruttorisiko ausgegangen werden. Risikomindernde Sachverhalte dürfen nach dieser Auffassung bei dieser Darstellung nicht berücksichtigt werden. Wird so verfahren, gelten trotz der Einschränkungen in der Aussage der Angabe die Anforderungen dieses Standards noch als erfüllt.

3.4. Angaben über die Vermögensanlagen

Der Verkaufsprospekt muss über die Vermögensanlage enthalten:
- die Art, Anzahl und den Gesamtbetrag der angebotenen Vermögensanlagen sowie die mit diesen verbundenen Rechte. Steht die Anzahl oder der Gesamtbetrag bei Hinterlegung des Verkaufsprospekts noch nicht fest, ist ein hervorgehobener Hinweis aufzunehmen, der eine Mindestanzahl und einen Mindestbetrag angibt.
- die wesentlichen Grundlagen der steuerlichen Konzeption der Vermögensanlage. Übernimmt der Anbieter die Zahlung von Steuern, so ist dies anzugeben.

Handelt es sich bei der Vermögensanlage um eine Beteiligung an einer Personengesellschaft, betrifft die steuerliche Konzeption im Wesentlichen die Besteuerung des Anlegers. Für die Vermögensanlage ist es ausreichend, nur

– die Art der Einkünfte (z. B. Einkünfte aus Gewerbebetrieb),
– die Möglichkeiten des Verlustausgleichs und dessen Einschränkungen,
– die Konsequenzen aus dem anzuwendenden ausländischen Steuerrecht und
– eventuell Sonderverhältnisse (z. B. Auswirkungen der Tonnagesteuer auf den Anleger)

darzustellen. Eine Beschreibung der steuerlichen Konzeption für das Anlageobjekt kann auch geschlossen in den Abschn. 4.3. aufgenommen werden.

- die Übertragungsmöglichkeiten der Vermögensanlage und eventuell die Art der Einschränkungen der freien Handelbarkeit.
- die Zahlstellen oder andere Stellen, die bestimmungsgemäß Zahlungen an den Anleger ausführen.
- die Einzelheiten der Zahlung des Zeichnungs- oder Erwerbspreises (insbesondere die Kontoverbindung).
- die Stellen, die Zeichnungen oder auf den Erwerb von Anteilen oder Beteiligungen gerichtete Willenserklärungen des Publikums entgegennehmen.
- eine für die Zeichnung oder den Erwerb der Vermögensanlage vorgesehene Frist und die Möglichkeiten, diese vorzeitig zu schließen oder Zeichnungen, Anteile oder Beteiligungen zu kürzen.
- die einzelnen Teilbeträge, falls das Angebot gleichzeitig in verschiedenen Staaten mit bestimmten Teilbeträgen erfolgt. Sind die Teilbeträge zum Zeitpunkt der Veröffentlichung des Verkaufsprospekts noch nicht bekannt, ist anzugeben, in welchen Staaten das Angebot erfolgt.
- den Erwerbspreis für die Vermögensanlage oder – sofern er noch nicht bekannt ist – die Einzelheiten und den Zeitplan für seine Festsetzung.
- die mit dem Erwerb, der Verwaltung und der Veräußerung der Vermögensanlage verbundenen weiteren Kosten.

Zu den mit dem Erwerb der Vermögensanlage verbundenen weiteren Kosten gehören zusätzliche Zahlungsverpflichtungen gegenüber dem Anbieter, dem Emittenten oder Dritten (z. B. Agio, Maklergebühren, Notariatsgebühren oder Kosten einer Handelsregistereintragung).

Als mit der Verwaltung der Vermögensanlage verbundene Kosten können Kosten für die Abgabe einer ausländischen Steuererklärung oder Kosten der Treuhänder zu nennen sein.

Zu den Kosten der Veräußerung der Vermögensanlage sind neben Notariatsgebühren und Kosten einer Löschung im Handelsregister auch Maklerkosten und eine eventuell zu zahlende Vorfälligkeitsentschädigung aus der Finanzierung der Vermögensanlage zu nennen.

- unter welchen Umständen der Erwerber der Vermögensanlage verpflichtet ist, weitere Leistungen zu erbringen, insbesondere weitere Zahlungen zu leisten.

Es sind Haftungsrisiken beispielsweise aufgrund einer die eingezahlte, bedungene Einlage übersteigenden Haftsumme im Handelsregister, einer Haftung für Einzahlungen der Mitgesellschafter oder

3. Einzelangaben nach der VermVerkProspV **Texte**

eventuellen Rückzahlungsverpflichtungen der Kommanditisten für getätigte Entnahmen zu nennen. Ferner sind bestehende oder von den Mitgesellschaftern auch gegen den Willen des Anlegers begründbare Nachschusspflichten, Verpflichtungen zur Übernahme von Bürgschaften oder ähnliche Risiken aufzuführen.

Die Angabepflicht ist nicht auf Zahlungen gegenüber dem Anbieter/Emittenten beschränkt. Auch Zahlungen gegenüber Dritten (z. B. Steuerzahlungen) können hierzu gehören.

- in welcher Gesamthöhe Provisionen, insbesondere Vermittlungsprovisionen oder vergleichbare Vergütungen, geleistet werden.

Neben den im Investitionsplan genannten Provisionen des Emittenten sind auch von Dritten zu zahlende und dem Anbieter bekannte Provisionen jeglicher Art anzugeben. Dies gilt insbesondere für Vertriebsprovisionen (z. B. sog. Innenprovisionen) und Provisionen zur Beschaffung der Vermögensanlage und des Anlageobjekts. Die Provisionen sind in geeigneter Weise aufzugliedern.

Unbeschadet der Angaben zu den rechtlichen Verhältnissen sind bei Unternehmensbeteiligungen iSd § 8f Abs. 1 Satz 1 des Verkaufsprospektgesetzes der Gesellschaftsvertrag und bei Treuhandvermögen iSd § 8f Abs. 1 Satz 1 des Verkaufsprospektgesetzes der Treuhandvertrag als Teil des Verkaufsprospekts beizufügen.

3.5. Angaben über den Emittenten

Der Verkaufsprospekt muss über den Emittenten angeben
- die Firma, den Sitz und die Geschäftsanschrift,
- das Datum der Gründung und, wenn er für eine bestimmte Zeit gegründet ist, die Gesamtdauer seines Bestehens,
- die für den Emittenten maßgebliche Rechtsordnung und die Rechtsform; soweit der Emittent eine Kommanditgesellschaft oder eine Kommanditgesellschaft auf Aktien ist, sind zusätzlich Angaben über die Struktur des persönlich haftenden Gesellschafters und die von der gesetzlichen Regelung abweichenden Bestimmungen der Satzung oder des Gesellschaftsvertrags aufzunehmen.
- den in der Satzung oder im Gesellschaftsvertrag bestimmten Gegenstand des Unternehmens,
- das für den Emittenten zuständige Registergericht und die Nummer, unter der er in das Register eingetragen ist,
- eine kurze Beschreibung des Konzerns und der Einordnung des Emittenten in ihn, falls der Emittent ein Konzernunternehmen ist.

3.6. Angaben über das Kapital des Emittenten

Der Verkaufsprospekt muss über das Kapital des Emittenten angeben

Texte

- die Höhe des gezeichneten Kapitals oder der Kapitalanteile und die Art der Anteile, in die das Kapital zerlegt ist, unter Angabe ihrer Hauptmerkmale und der Höhe der ausstehenden Einlagen auf das Kapital,

Die Angaben beziehen sich auf den Zeitpunkt der Prospektaufstellung und nicht auf den Zeitpunkt der vollständigen Platzierung des Kapitals.

- eine Übersicht der bisher ausgegebenen Wertpapiere oder Vermögensanlagen iSd § 8 f Abs. 1 des Verkaufsprospektgesetzes.

Ist der Emittent eine Aktiengesellschaft oder Kommanditgesellschaft auf Aktien, muss der Verkaufsprospekt über das Kapital des Emittenten zusätzlich den Nennbetrag der umlaufenden Wertpapiere, die den Gläubigern ein Umtausch- oder Bezugsrecht auf Aktien einräumen, angeben. Daneben muss er die Bedingungen und das Verfahren für den Umtausch oder den Bezug nennen.

3.7. Angaben über Gründungsgesellschafter des Emittenten

- Der Verkaufsprospekt muss über die Gründungsgesellschafter des Emittenten angeben. Namen und Geschäftsanschrift, bei juristischen Personen Firma und Sitz.
- Zur Erleichterung des Geschäftsverkehrs wird empfohlen, auch bei juristischen Personen die Geschäftsanschrift anzugeben.
- Art und Gesamtbetrag der von den Gründungsgesellschaftern insgesamt gezeichneten und der eingezahlten Einlagen,
- Gewinnbeteiligungen, Entnahmerechte und den Jahresbetrag der sonstigen Gesamtbezüge, insbesondere der Gehälter, Gewinnbeteiligungen, Aufwandsentschädigungen, Versicherungsentgelte, Provisionen und Nebenleistungen jeder Art, die den Gründungsgesellschaftern außerhalb des Gesellschaftsvertrags insgesamt zustehen.
- Diese Angaben können entfallen, wenn der Emittent mehr als fünf Jahre vor Aufstellung des Verkaufsprospekts gegründet wurde.
- Bei einer auf Vorrat gegründeten Gesellschaft (Vorratsgesellschaft) stellt die Verwendung des Mantels wirtschaftlich eine Neugründung dar. Deshalb sind bei Vorratsgesellschaften diese Angaben über diejenigen Gesellschafter zu machen, die bei Verwendung des Mantels vorhanden sind.[8]

---

[8] Vgl. BGH, Beschluss vom 09.12.2002 – II ZB 12/02, GmbHR 2003, S. 227.

- Der Verkaufsprospekt muss ferner Angaben enthalten über den Umfang der unmittelbaren oder mittelbaren Beteiligungen der Gründungsgesellschafter an
- Unternehmen, die mit dem Vertrieb der emittierten Vermögensanlage beauftragt sind,
- Unternehmen, die dem Emittenten Fremdkapital zur Verfügung stellen sowie
- Unternehmen, die im Zusammenhang mit der Herstellung bzw. Anschaffung des Anlageobjekts nicht nur geringfügige Lieferungen oder Leistungen erbringen.

3.8. Angaben über die Geschäftstätigkeit des Emittenten

Der Verkaufsprospekt muss über die Geschäftstätigkeit des Emittenten folgende Angaben enthalten
- die wichtigsten Tätigkeitsbereiche,
- Angaben über die Abhängigkeit des Emittenten von Patenten, Lizenzen, Verträgen oder neuen Herstellungsverfahren, wenn sie von wesentlicher Bedeutung für die Geschäftstätigkeit oder Ertragslage des Emittenten sind,
- Gerichts- oder Schiedsverfahren, die einen wesentlichen Einfluss auf die wirtschaftliche Lage des Emittenten haben können,
- Angaben über die wichtigsten laufenden Investitionen mit Ausnahme der Finanzanlagen.

Ist die Tätigkeit des Emittenten durch außergewöhnliche Ereignisse beeinflusst worden, so ist darauf hinzuweisen.

3.9. Angaben über die Anlageziele und Anlagepolitik der Vermögensanlage

Der Verkaufsprospekt muss über die Anlageziele und Anlagepolitik der Vermögensanlage angeben,
- für welche konkreten Projekte die Nettoeinnahmen aus dem Angebot genutzt werden sollen,
- welchen Realisierungsgrad diese Projekte bereits erreicht haben,
- ob die Nettoeinnahmen hierfür allein ausreichen und
- für welche sonstigen Zwecke die Nettoeinnahmen genutzt werden.

Der Verkaufsprospekt muss bei Anteilen, die eine Beteiligung am Ergebnis eines Unternehmens gewähren, Anteilen an einem Treuhandvermögen und Anteilen an einem sonstigen geschlossenen Fonds zusätzlich über die Anlageziele und Anlagepolitik angeben
- eine Beschreibung des Anlageobjekts.

Anlageobjekte sind die Gegenstände, zu deren voller oder teilweiser Finanzierung die von den Erwerbern der Vermögensanlage aufzu-

Texte

bringenden Mittel bestimmt sind. Bei einem Treuhandvermögen, das ganz oder teilweise aus einem Anteil besteht, der eine Beteiligung am Ergebnis eines Unternehmens gewährt, treten an die Stelle dieses Anteils die Vermögensgegenstände des Unternehmens.

Neben der Art des Anlageobjekts (z. B. Immobilie, Schiff, Filmrechte, Exploration, Flugzeug) sind auch die für seine Nutzung relevanten Charakteristika (z. B. Größe, technische Beschaffenheit, Einsatzmöglichkeiten etc.) sowie Alter, Erhaltungszustand, erkennbare Mängel und vorgesehene Renovierungsarbeiten zu erläutern.

Bezieht sich das Angebot zur Vermögensanlage auf eine Vielzahl gleichartiger Anlageobjekte (z. B. mehrere Filmrechte, mehrere Immobilien), können die Anlageobjekte in gleichartigen Gruppen zusammengefasst dargestellt werden; die Identifikation des einzelnen Anlageobjektes muss jedoch weiterhin möglich sein.

Würde die Erfüllung aller in dieser Anlage geforderten Informationen in einem solchen Fall die Klarheit der Verkaufsprospektdarstellung erheblich beeinträchtigen, können Einzelangaben zusammengefasst werden oder entfallen, soweit dies im Interesse der Klarheit erforderlich ist.

Der zeitliche Horizont, innerhalb dessen das Anlageobjekt erworben, hergestellt und genutzt werden kann, ist darzustellen.

Sofern das Anlageobjekt noch nicht feststeht, sind die Personen oder Gremien zu benennen, welche die Anlageentscheidung treffen. Dabei sind auch die Kriterien, nach denen die Anlageentscheidung getroffen wird, zeitliche und betragsmäßige Begrenzungen und Überwachungsmechanismen aufzuführen.

- ob den nach den §§ 3, 7 oder 12 VermVerkProspV zu nennenden Personen das Eigentum am Anlageobjekt oder an wesentlichen Teilen desselben zustand oder zusteht oder diesen Personen aus anderen Gründen eine dingliche Berechtigung am Anlageobjekt zusteht,
- nicht nur unerhebliche dingliche Belastungen des Anlageobjekts,
- rechtliche oder tatsächliche Beschränkungen der Verwendungsmöglichkeiten des Anlageobjekts, insbesondere im Hinblick auf das Anlageziel,
- ob die erforderlichen behördlichen Genehmigungen vorliegen.

Ergänzend sind die für die Durchführung der Investition und die Nutzung des Anlageobjektes erforderlichen wesentlichen Genehmigungen unter Angabe

- der für die Erteilung der Genehmigung maßgebenden Behörden zu benennen. Soweit sie noch ausstehen, ist der Zeitraum anzugeben, innerhalb dessen mit der Erteilung der Genehmigungen zu rechnen ist.

3. Einzelangaben nach der VermVerkProspV **Texte**

- welche Verträge der Emittent über die Anschaffung oder Herstellung des Anlageobjekts oder wesentlicher Teile davon geschlossen hat,
- den Namen der Person oder Gesellschaft, die ein Bewertungsgutachten für das Anlageobjekt erstellt hat, das Datum des Bewertungsgutachtens und dessen Ergebnis,
- in welchem Umfang nicht nur geringfügige Leistungen und Lieferungen durch Personen erbracht werden, die nach den §§ 3, 7 oder 12 VermVerkProspV zu nennen sind,
- die voraussichtlichen Gesamtkosten des Anlageobjekts in einer Aufgliederung, die insbesondere Anschaffungs- und Herstellungskosten sowie sonstige Kosten ausweist und die geplante Finanzierung in einer Gliederung, die Eigen- und Fremdmittel, untergliedert nach Zwischenfinanzierungs- und Endfinanzierungsmitteln, gesondert ausweist. Zu den Eigen- und Fremdmitteln sind die Fälligkeiten anzugeben und in welchem Umfang und von wem diese bereits verbindlich zugesagt sind.

Die Aufgliederung muss erkennen lassen, welcher Teil der Gesamtkosten auf Anschaffungs- bzw. Herstellungskosten von materiellen Vermögensgegenständen, immateriellen Vermögensgegenständen oder auf sofort abzugsfähige Ausgaben entfällt. Sofern nach Fertigstellung bis zum Nutzungsbeginn weitere Kosten anfallen, sind diese – mit geschätzten Beträgen oder mindestens ihrer Art nach – zu nennen.

Bei der Aufgliederung der Gesamtkosten sind die darin enthaltenen Vergütungen an den Anbieter oder mit ihm verflochtenen Personen oder Unternehmen ihrer Art nach und mindestens mit ihrem vorgesehenen Gesamtbetrag zu nennen. Bei diesen Vergütungen ist auch anzugeben, wann bzw. unter welchen Voraussetzungen sie fällig werden. Die Angabepflichten gemäß Abschn. 4.1.2. bleiben hiervon unberührt.

Bei den einzelnen Posten ist anzugeben, ob es sich um vertraglich in dieser Höhe vereinbarte Kosten oder um Schätzungen handelt.

Die Auswirkungen einer Überschreitung der angegebenen Gesamtkosten sind anzugeben.

Die vom Anleger und/oder dem Emittenten aufzubringenden Mittel (einschließlich Darlehen, stille Einlagen oder Agio) sind mit Angabe der Zahlungstermine bzw. Zahlungs- und Freigabevoraussetzungen zu nennen. Die rechtlichen, steuerlichen und wirtschaftlichen Folgen nicht pünktlicher Zahlungen bzw. nicht fristgerechter Freigaben sind darzustellen.

Beim Fremdkapital ist nach Zwischenfinanzierungs- und Endfinanzierungsmitteln unter Angabe der Konditionen (Währung, Laufzeit, Tilgungsvereinbarung, Besicherung, Damnum, Zinsen, zeitliche Zinsbindung usw.) zu unterscheiden. Es ist ausdrücklich zu erklären, ob die Fremdfinanzierungsmittel zu den genannten Konditionen verbindlich zugesagt sind oder nicht, und ob sie entsprechend dem Zahlungsbedarf abgerufen werden können bzw. welche Freigabevoraussetzungen zu erfüllen sind.

Hängt die erforderliche Fremdfinanzierung auch von der Bonität des Anlegers ab und hat der Anleger demzufolge Bonitätsunterlagen vorzulegen, ist hierauf hinzuweisen. Art und Umfang der Bonitätsunterlagen sind zu erläutern. Ferner ist darzustellen, welche Auswirkungen sich für den Anleger ergeben, falls seine Bonität als nicht ausreichend eingestuft wird.

Wird dem Anleger eine Finanzierung der von ihm aufzubringenden Mittel vom Anbieter oder in Abstimmung mit diesem von einem Dritten angeboten, sind hierfür die entsprechenden Angaben zu machen.

Die Voraussetzungen und die Behandlung von Zuschüssen und Steuererstattungen, die in die Finanzierung einbezogen werden, sind zu erläutern. Entspricht die Gesamtfinanzierung (unter Berücksichtigung eines Damnums) nicht den Gesamtkosten, ist der Unterschiedsbetrag zu nennen und seine Verwendung oder Finanzierung zu erläutern.

3.10. Angaben über die Vermögens-, Finanz- und Ertragslage des Emittenten

Der Verkaufsprospekt muss über die Vermögens-, Finanz- und Ertragslage des Emittenten enthalten
- den letzten, nach anderen Vorschriften als nach § 10 VermVerkProspV jeweils geprüften Jahresabschluss und Lagebericht oder,
- soweit eine Prüfung des Jahresabschlusses und eine Aufstellung und Prüfung des Lageberichts nach anderen Vorschriften als nach § 10 VermVerkProspV nicht zwingend vorgeschrieben ist,
  – einen nach § 8h Abs. 1 des Verkaufsprospektgesetzes aufgestellten und jeweils geprüften Jahresabschluss und Lagebericht oder,
  – einen deutlich gestalteten Hinweis nach § 8h Abs. 2 des Verkaufsprospektgesetzes.

Lässt ein Emittent nach § 8h Abs. 1 Verkaufsprospektgesetz freiwillig den Jahresabschluss und den Lagebericht prüfen, müssen bei der Aufstellung die Bestimmungen der §§ 264 – 289 HGB und bei der Prüfung die Bestimmungen der §§ 317 – 324 HGB beachtet werden. Erfolgt keine Prüfung des Jahresabschlusses und des Lageberichts nach diesen Bestimmungen, muss im Verkaufsprospekt an hervorgehobener Stelle ausdrücklich auf die fehlende Prüfung des Jahresabschlusses

3. Einzelangaben nach der VermVerkProspV **Texte**

und des Lageberichts nach den genannten Bestimmungen hingewiesen werden.
- eine zwischenzeitlich veröffentlichte Zwischenübersicht.

Der Stichtag der genannten Abschlüsse darf höchstens 18 Monate vor der Aufstellung des Verkaufsprospekts liegen.

Jede wesentliche Änderung der Angaben über die Vermögens-, Finanz- und Ertragslage des Emittenten, die nach dem Stichtag eingetreten ist, muss im Verkaufsprospekt erläutert werden.

Ist der Emittent nur zur Aufstellung eines Konzernabschlusses verpflichtet, so ist dieser in den Verkaufsprospekt aufzunehmen; ist er auch zur Aufstellung eines Jahresabschlusses verpflichtet, so sind beide Arten von Abschlüssen aufzunehmen. Die Aufnahme nur des Abschlusses der einen Art ist ausreichend, wenn der Abschluss der anderen Art keine wesentlichen zusätzlichen Aussagen enthält. Ein Konzernabschluss kann auch im Wege eines Verweises in den Verkaufsprospekt aufgenommen werden, wenn der Konzernabschluss aufgrund anderweitiger gesetzlicher Bestimmungen veröffentlicht worden ist. Der Verweis muss angeben, wo der Konzernabschluss veröffentlicht ist.

3.11. Angaben über die Prüfung des Jahresabschlusses und des Lageberichts des Emittenten

Der Verkaufsprospekt muss den Namen, die Anschrift und die Berufsbezeichnung des Abschlussprüfers enthalten, der den Jahresabschluss des Emittenten nach Maßgabe der gesetzlichen Vorschriften geprüft hat. Ferner ist der Bestätigungsvermerk einschließlich zusätzlicher Bemerkungen aufzunehmen. Wurde die Bestätigung des Jahresabschlusses eingeschränkt oder versagt, so müssen der volle Wortlaut der Einschränkungen oder der Versagung und deren Begründung wiedergegeben werden.

Der Bestätigungsvermerk ist im vollen Wortlaut, unter Angabe von Datum und Ort sowie unter Nennung des Abschlussprüfers wiederzugeben. Diese Angabepflicht bezieht sich auch auf nicht gesetzliche Abschlussprüfungen, die nach Art und Umfang einer gesetzlichen Abschlussprüfung durchgeführt werden, selbst wenn kein Lagebericht aufgestellt wurde.

Ein Hinweis gemäß § 8h Abs. 2 Verkaufsprospektgesetz kann nur dann entfallen, wenn sowohl Jahresabschluss als auch Lagebericht aufgestellt und nach den gesetzlichen Vorschriften geprüft wurden.

Eine Wiedergabe von Bescheinigungen über die Erstellung oder prüferische Durchsicht von Abschlüssen ist nicht erforderlich. Allerdings ist entsprechend dem Wunsch der BaFin auf eine prüferische Durchsicht sowie darauf hinzuweisen, dass diese nicht die durch eine Abschlussprüfung erreichbare Sicherheit bietet.

Texte

3.12. Angaben über Mitglieder der Geschäftsführung oder des Vorstandes, Aufsichtsgremien und Beiräte des Emittenten, den Treuhänder und sonstige Personen

Der Verkaufsprospekt muss über die Mitglieder der Geschäftsführung oder des Vorstands, Aufsichtsgremien und Beiräte des Emittenten angeben

- den Namen und die Geschäftsanschrift der Mitglieder und ihre Funktion beim Emittenten,
- die den Mitgliedern insgesamt für das letzte abgeschlossene Geschäftsjahr gewährten Gesamtbezüge, insbesondere Gehälter, Gewinnbeteiligungen, Aufwandsentschädigungen, Versicherungsentgelte, Provisionen und Nebenleistungen jeder Art, getrennt nach Geschäftsführung oder Vorstand, Aufsichtsgremien und Beiräten.

Der Verkaufsprospekt muss angeben, in welcher Art und Weise diese zu nennenden Personen auch tätig sind für

- Unternehmen, die mit dem Vertrieb der angebotenen Vermögensanlagen betraut sind,
- Unternehmen, die dem Emittenten Fremdkapital zur Verfügung stellen,
- Unternehmen, die im Zusammenhang mit der Herstellung des Anlageobjekts nicht nur geringfügige Lieferungen oder Leistungen erbringen.

Der Verkaufsprospekt muss über den Treuhänder angeben

- Name und Anschrift, bei juristischen Personen Firma und Sitz.

Es empfiehlt sich, auch bei Treuhändern in der Rechtsform einer juristischen Person die Anschrift anzugeben.

- Aufgaben und Rechtsgrundlage der Tätigkeit,
- seine wesentlichen Rechte und Pflichten,
- den Gesamtbetrag der für die Wahrnehmung der Aufgaben vereinbarten Vergütung,
- Umstände oder Beziehungen, die Interessenkonflikte begründen können.

Der Verkaufsprospekt muss die genannten Angaben auch für solche Personen enthalten, die nicht in den Kreis der nach der VermVerkProspV angabepflichtigen Personen fallen, die Herausgabe oder den Inhalt des Verkaufsprospekts oder die Abgabe oder den Inhalt des Angebots der Vermögensanlage aber wesentlich beeinflusst haben.

Eine wesentliche Beeinflussung liegt vor, wenn Angaben aufgenommen, in einer Weise verändert oder weggelassen werden, so dass aus der Sicht des Anlegers die Anlageentscheidung beeinflusst werden kann (vgl. Abschn. 2.5.).

3. Einzelangaben nach der VermVerkProspV

3.13. Angaben über den jüngsten Geschäftsgang und die Geschäftsaussichten des Emittenten

Der Verkaufsprospekt muss allgemeine Ausführungen über die Geschäftsentwicklung des Emittenten nach dem Schluss des Geschäftsjahres, auf das sich der letzte offen gelegte Jahresabschluss bezieht, sowie Angaben über die Geschäftsaussichten des Emittenten mindestens für das laufende Geschäftsjahr enthalten.

- den Namen und die Geschäftsanschrift der Mitglieder und ihre Funktion beim Emittenten,
- die den Mitgliedern insgesamt für das letzte abgeschlossene Geschäftsjahr gewährten Gesamtbezüge, insbesondere Gehälter, Gewinnbeteiligungen, Aufwandsentschädigungen, Versicherungsentgelte, Provisionen und Nebenleistungen jeder Art, getrennt nach Geschäftsführung oder Vorstand, Aufsichtsgremien und Beiräten.

Der Verkaufsprospekt muss angeben, in welcher Art und Weise diese zu nennenden Personen auch tätig sind für

- Unternehmen, die mit dem Vertrieb der angebotenen Vermögensanlagen betraut sind,
- Unternehmen, die dem Emittenten Fremdkapital zur Verfügung stellen,
- Unternehmen, die im Zusammenhang mit der Herstellung des Anlageobjekts nicht nur geringfügige Lieferungen oder Leistungen erbringen.

Der Verkaufsprospekt muss über den Treuhänder angeben

- Name und Anschrift, bei juristischen Personen Firma und Sitz.

Es empfiehlt sich, auch bei Treuhändern in der Rechtsform einer juristischen Person die Anschrift anzugeben.

- Aufgaben und Rechtsgrundlage der Tätigkeit,
- seine wesentlichen Rechte und Pflichten,
- den Gesamtbetrag der für die Wahrnehmung der Aufgaben vereinbarten Vergütung,
- Umstände oder Beziehungen, die Interessenkonflikte begründen können.

Der Verkaufsprospekt muss die genannten Angaben auch für solche Personen enthalten, die nicht in den Kreis der nach der VermVerkProspV angabepflichtigen Personen fallen, die Herausgabe oder den Inhalt des Verkaufsprospekts oder die Abgabe oder den Inhalt des Angebots der Vermögensanlage aber wesentlich beeinflusst haben.

Eine wesentliche Beeinflussung liegt vor, wenn Angaben aufgenommen, in einer Weise verändert oder weggelassen werden, so dass aus der Sicht des Anlegers die Anlageentscheidung beeinflusst werden kann (vgl. Abschn. 2.5.).

Texte Anlage 1 IDW S 4

3.14. Gewährleistete Vermögensanlage

Für das Angebot einer Vermögensanlage, für deren Verzinsung oder Rückzahlung eine juristische Person oder Gesellschaft die Gewährleistung übernommen hat, sind die Angaben nach den §§ 5–13 VermVerkProspV auch über die Person oder Gesellschaft, welche die Gewährleistung übernommen hat, aufzunehmen.

3.15. Verringerte Prospektanforderungen

Für den Fall, dass der Emittent vor weniger als 18 Monaten gegründet worden ist und noch keinen Jahresabschluss iSd § 10 Abs. 1 Nr. 1 VermVerkProspV erstellt hat, muss der Verkaufsprospekt abweichend von den Anforderungen nach den Abschn. 3.10., 3.11. und 3.13. folgende Angaben enthalten:

- die Eröffnungsbilanz
- eine Zwischenübersicht, deren Stichtag nicht länger als zwei Monate zurückliegt

Diese Zwischenübersicht besteht mindestens aus einer Bilanz und einer Gewinn- und Verlustrechnung. Zwischenübersichten sind im Rahmen des Gutachtens auf ihre Plausibilität – auch in Verbindung mit (geprüften oder ungeprüften) Vorjahresabschlüssen – zu beurteilen. Liegt der Stichtag der Eröffnungsbilanz weniger als zwei Monate zurück, ist eine Zwischenübersicht entbehrlich. Dies ist im Verkaufsprospekt anzugeben.

- die voraussichtliche Vermögens-, Finanz- und Ertragslage mindestens für das laufende und das folgende Geschäftsjahr

Die voraussichtliche Vermögens-, Finanz- und Ertragslage umfasst eine Planbilanz, einen Plangewinn- und Verlustrechnung sowie eine Planliquiditätsrechnung für diese Perioden. Planbilanzen und Plangewinn- und Verlustrechnungen dürfen mit den im Übrigen im Prospekt häufig enthaltenen Prognoserechnungen nicht in Widerspruch stehen.

- Planzahlen des Emittenten, insbesondere zu Investitionen, Produktion, Umsatz und Ergebnis, mindestens für die folgenden drei Geschäftsjahre

Zur voraussichtlichen Vermögens-, Finanz- und Ertragslage sowie zu den Planzahlen des Emittenten sind die zugrunde liegenden wesentlichen Annahmen und Wirkungszusammenhänge in geeigneter Form zu erläutern.

Aus dem Verweis von § 15 Abs. 1 VermVerkProspV auf § 10 Abs. 1 Nr. 1 VermVerkProspV ergibt sich, dass diese Angaben nur durch einen freiwillig erstellten Jahresabschluss und freiwillig aufgestellten Lagebericht ersetzt werden können, die auch freiwillig geprüft wurden.

4. Ergänzende Pflichten der Prospektierung **Texte**

Von der Aufnahme einzelner Angaben in den Verkaufsprospekt kann abgesehen werden, wenn
- diese Angaben nur von geringer Bedeutung und nicht geeignet sind, die Beurteilung der Vermögens-, Finanz- und Ertragslage und der Entwicklungsaussichten des Emittenten zu beeinflussen, oder
- die Verbreitung dieser Angaben dem Emittenten erheblichen Schaden zufügt, sofern die NichtVeröffentlichung das Publikum nicht über die für die Beurteilung der Vermögensanlagen wesentlichen Tatsachen und Umstände täuscht.

3.16. Mindestangaben für Verkaufsprospekte, die nicht der VermVerkProspV unterliegen

Eine öffentlich angebotene Vermögensanlage, die aus einem unmittelbaren Anteil am Anlageobjekt besteht, unterliegt nicht der Prospektpflicht des § 8f Verkaufsprospektgesetz. Die besonderen Prospektinhalte ändern sich wie folgt:
- Die Mindestangaben nach den Abschn. 3.5 – 3.8 sowie 3.10 – 3.14 sind in diesen Fällen gegenstandslos.
- Die Mindestangaben nach den Abschn. 3.4 und 3.9 und die wirtschaftlichen, rechtlichen und steuerlichen Angaben zur Vermögensanlage nach Abschn. 4 sind in entsprechender Weise zu machen. Die Gesamtkosten des Anlageobjekts, die der Anleger bei Direktinvestitionen selbst aufzubringen hat, sind in zweckentsprechender Weise (vgl. Abschn. 3.9, 13. Bullet) aufzugliedern.

4. Ergänzende Pflichten der Prospektierung

Über die von der VermVerkProspV geforderten Einzelangaben hinaus sind nach den allgemeinen Grundsätzen des § 2 der Verordnung folgende ergänzende Angaben erforderlich, um die angebotene Vermögensanlage beurteilen zu können.

4.1. Wirtschaftliche Angaben

4.1.1. Leistungsnachweise über durchgeführte Vermögensanlagen

Über den Anbieter sind Leistungsnachweise über bisher von diesem durchgeführte Vermögensanlagen jeder Art in einer für die jeweilige Art der Vermögensanlage repräsentativen Phase der jüngeren Vergangenheit zu erbringen. Es ist darzustellen, ob und in welchem Umfang sich Angaben bei bereits durchgeführten Vermögensanlagen der jüngeren Vergangenheit bestätigt haben. Zu diesen Angaben gehören z. B.:

Texte

- Summe des jeweils eingeworbenen Eigenkapitals unter Berücksichtigung der Inanspruchnahmen von Schließungsgarantien
- Kosten der Investitionsphase
- Zahlungen an den Anleger
- Ertragsmäßiges Ergebnis (Zahlen der handelsrechtlichen GuV-Rechnung)
- Stand Fremdkapital der Vermögensanlage
- Stand einer für den Anleger verpflichtenden Finanzierung seiner Beteiligung
- Steuerliches Ergebnis.

Vermögensanlagen, die bereits vor längerer Zeit beendet wurden, brauchen nicht in die Aufstellung einbezogen werden. Wurden vom Anbieter in einem aussagefähigen Umfang mit der angebotenen Vermögensanlage vergleichbare Vermögensanlagen durchgeführt, kann sich die Darstellung hierauf beschränken. Auf entsprechende öffentlich zugängliche, von einem unabhängigen Dritten geprüfte Leistungsnachweise (z. B. Leistungsbilanzen) kann verwiesen werden. Sind vom Anbieter noch keine vergleichbaren Vermögensanlagen über eine für diese repräsentative Phase der jüngeren Vergangenheit angeboten worden, ist anzugeben, welche Kenntnisse und Erfahrungen die Projektverantwortlichen haben.

Ist der Anbieter nicht gleichzeitig auch Initiator der Vermögensanlage, sind auch über diesen entsprechende Angaben zu machen.

Für Angaben im Verkaufsprospekt, die von anderen Personen nach § 3 VermVerkProspV verantwortet werden, ist anzugeben, ob und in welchem Umfang sich von diesen erstellte, vergleichbare Angaben bei bereits durchgeführten Vermögensanlagen der jüngeren Vergangenheit bestätigt haben.

4.1.2. Kosten der Investitionsphase

Die Investitionsphase beginnt im Regelfall spätestens mit der Herausgabe des Verkaufsprospekts – u. U. schon mit einer früheren Investition, für die Anlegergelder verwendet werden oder werden sollen – und endet mit dem Ende des Jahres, in dem das einzuwerbende Eigenkapital plangemäß eingezahlt ist oder das Anlageobjekt nutzungsbereit erworben bzw. hergestellt ist und die im Investitionsplan enthaltenen Leistungen (z. B. „Zeitraum der Eigenkapital-Zwischenfinanzierung") abgeschlossen sind.

Die Mittelherkunft und die Mittelverwendung in der Investitionsphase sind in absoluter und in relativer Höhe im Verkaufsprospekt darzustellen und zu erläutern.

Zusätzlich zu diesem Investitions- und Finanzierungsplan sind die nachstehenden Angaben zu machen, wofür sich die folgende kom-

4. Ergänzende Pflichten der Prospektierung — **Texte**

primierte Darstellung der Mittelverwendung für die Investitionsphase empfiehlt:

	Absolut in TEUR	in % der Summe	in % des Eigenkapitals (inkl. eventuell Agio)
1. Aufwand für den Erwerb oder die Herstellung des Anlageobjektes einschl. Nebenkosten			
2. fondsabhängige Kosten 2.1. Vergütungen 2.2. Nebenkosten der Vermögensanlage			
3. Sonstiges			
4. Liquiditätsreserve Summe			

Im Interesse einer Darstellung des wirtschaftlichen Sachverhalts weichen die in dem vorstehenden Schema verwendeten Begriffe zum Teil von den handelsrechtlichen und steuerlichen ab und bestimmen sich wie folgt:

- Zu dem Posten 1. sind die entstandenen Anschaffungs-/Herstellungskosten des Anbieters oder einer diesem nahe stehenden Person unter der Tabelle anzugeben, wenn diese das Anlageobjekt innerhalb der letzten fünf Jahren erworben haben.
- In den Posten 2.1. gehören Vergütungen an den Anbieter oder einer diesem nahe stehenden Person, auch wenn diese handelsrechtlich oder steuerlich zu aktivieren wären.
- In dem Posten 2.1. sind weiter die Eigenkapital-Vermittlungsprovisionen (auch soweit diese aus einem Agio finanziert werden), Provisionen für die Fremdkapital-Vermittlung und Garantieprovisionen, unabhängig von ihrer handelsrechtlichen oder steuerlichen Behandlung zu erfassen. Dies gilt auch für Konzeptions-, Treuhand- und ähnliche Gebühren.
- Soweit derartige Kosten für Leistungen der Investitionsphase in die Betriebsphase verlagert werden, sind sie für Zwecke dieser Darstellung ebenfalls im vorstehenden Schema zu erfassen. Dabei kommt

Texte

es nicht darauf an, ob die Kosten als Vergütung oder als so genanntes Gewinnvorab bezeichnet werden.
- Zu den Nebenkosten in Posten 2.2. gehören Kosten für Steuerberatung und Gutachten, die Zinsen der Eigenkapital-Vorfinanzierung und sonstige Finanzierungskosten, die Anzahlungszinsen, die Kosten der Handelsregister-Eintragungen und ähnliche Aufwendungen des Fonds.
- Zu den Aufwendungen des Postens 3. gehören die übrigen Kosten der Vermögensanlage (Residualgröße).

4.1.3. Nutzung der Vermögensanlage

Die Art der künftigen Nutzung des Anlageobjektes, die daraus erwarteten Einnahmen sowie die damit im Zusammenhang stehenden Ausgaben sind zu erläutern. Dabei ist anzugeben, inwieweit es sich bei den Prognosen um Annahmen bzw. vertraglich gesicherte Beträge handelt. Soweit vertraglich gesicherte Beträge auf zeitlich begrenzten Verträgen beruhen, ist auch dies anzugeben.

Um die voraussichtliche Entwicklung der Vermögensanlage darzustellen, sind Prognosen über die Entwicklung der für die Vermögensanlage wesentlichen Parameter erforderlich.

Zu den bei der Aufstellung von Prognoserechnungen zu beachtenden Gesichtspunkten und Angaben vgl. Abschn. 2.3.2. Sofern Marktprognosen erwähnt oder Informationen über Absatzchancen gegeben werden, ist anzugeben, wann, von wem und in wessen Auftrag die Prognosen erstellt wurden.

Im Einzelnen kommen folgende Angaben in Betracht:
- Angaben zur Ertrags-/Aufwandsvorschau
  - erwartete/gesicherte Erträge bzw. Einnahmen
  - erwartete/feststehende laufende Aufwendungen bzw. Ausgaben mit Aufgliederung insbesondere nach Betriebskosten, Abschreibungen, Verwaltungskosten, Zinsen. Weichen die angesetzten Abschreibungen von der angemessenen, an der Restnutzungsdauer des Anlageobjektes orientierten Abschreibung ab, ist hierauf hinzuweisen.
  - Überschuss/Fehlbetrag je Periode
- Angaben zur Liquiditätsvorschau
  - erwartete/gesicherte Einzahlungen

Sind plangemäße Rückzahlungen an den Kapitalanleger vorgesehen, so ist anzugeben, ob und inwieweit es sich um Ertragsüberschüsse oder um Kapitalrückzahlungen handelt und dadurch Haftungstatbestände entstehen. Ferner ist anzugeben, ob Liquiditätsüberschüsse zur Reinvestition im Rahmen des Betriebskonzepts verwandt werden dürfen oder sollen.

4. Ergänzende Pflichten der Prospektierung

- erwartete/gesicherte Auszahlungen mit Aufgliederung, insbesondere nach Kapitaldienst einschließlich Tilgung, Betriebskosten und Verwaltungskosten
- Überschuss/Fehlbetrag je Periode

Werden über den Prognosezeitraum die erwarteten Einnahmen/Erträge oder Ausgaben/Aufwendungen aufgrund von Erfahrungswerten der Vergangenheit verändert (z. B. in Anpassung an den allgemeinen Lebenshaltungskostenindex oder spezielle Indices), so ist hierauf hinzuweisen.

Der verwendete Index sowie die Gründe für seine Anwendung auf die angebotene Vermögensanlage sind zu erläutern.

- etwaige Nachschussverpflichtungen zur Deckung eines Fehlbetrages
- Angaben zur vorgesehenen Ergebnisverwendung
  - Rücklagenansammlungen
  - Ausschüttungen.

Wird der erwartete wirtschaftliche Erfolg der Vermögensanlage nicht nur verbal, sondern auch mittels Grafiken oder Ähnlichem dargestellt, sind diese als Prognose zu kennzeichnen und die diesen Darstellungen zugrunde gelegten Annahmen zu erläutern.

Zur Darstellung der Ergebnisse der Prognoserechnung sind die nachstehenden Angaben zu machen, wofür sich die folgende komprimierte Darstellung der Ergebnisse der Nutzungsphase empfiehlt. Da die Daten der Prognoserechnung entnommen sind, ist auch diese „Kapitalrückflussrechnung" ausdrücklich als Prognose zu kennzeichnen. Sie soll die Zahlungsströme im Zusammenhang mit der Vermögensanlage aus Sicht des Anlegers aufzeigen.

- Die Darstellung bezieht sich auf die im Verkaufsprospekt typisierte Beteiligungshöhe (z. B. TEUR 100 ggf. zzgl. Agio).
- Dabei sind in den Spalten jene Jahre darzustellen, in denen sich voraussichtlich wesentliche wirtschaftliche Veränderungen ergeben. Es sind dies die Jahre, für welche die wesentlichen Parameter (z. B. Miete, Charter) eingangs vertraglich festgelegt sind und jene, in denen diese vertragliche Bindung für einzelne, wesentliche Parameter erstmals aufgelöst sein wird. Phasen mit festen, vertraglich fixierten und damit sicheren Parametern der Prognoserechnung können zur Erhöhung der Transparenz graphisch von Phasen mit überwiegend geschätzten und damit unsicheren Parametern getrennt werden (in nachstehendem Schema beispielhaft als Doppelstrich nach dem Jahr 3, 4 und 10 dargestellt).

Texte Anlage 1 IDW S 4

Jahreszahl	1	2	3	4	10	n
1. gebundenes Kapital						

2.1. Gewinnausschüttung
2.2. Steuererstattungen (+)
  Steuerzahlungen (./.)
2.3. Eigenkapitaleinzahlung (./.)/
  Eigenkapitalrückzahlunq (+)						

2.4. Summe des Rückflusses						
3. Haftungsvolumen						
4. anteiliges Fremdkapital						

- Das gebundene Kapital ergibt sich aus dem einbezahlten Eigenkapital (ggf. zzgl. Agio) und ab dem Jahr 2 abzüglich oder zuzüglich der Summe in Zeile 2.4. des Vorjahres. Entsprechend wird das gebundene Kapital in den Folgejahren unter Rückgriff auf die Summe in Zeile 2.4. des Vorjahres fortgeschrieben.
- Das Haftungsvolumen nach Zeile 3. ergibt sich im Regelfall aus § 172 Abs. 4 HGB oder einer entsprechenden Forderung der Gesellschaft nach den Bestimmungen des Gesellschaftsvertrags.
- In Zeile 2.2. sind die Steuererstattungen/Steuerzahlungen im Jahr ihres Zuflusses/Abflusses darzustellen, wie sie sich für den höchsten inländischen persönlichen Steuersatz (ohne Kirchensteuer) errechnen.
- Die Angabe des anteiligen Fremdkapitals in Zeile 4. dient dazu darzustellen, inwieweit prognosegemäß eine Entschuldung der Vermögensanlage stattfindet. ,
- Das Jahr n ist das Endjahr der Vermögensanlage und enthält die mit dem Ende der Vermögensanlage verbundenen Kapitalrück- oder ggf. auch Kapitaleinzahlungen. In Abhängigkeit von der Art der Vermögensanlage kann es sich empfehlen, – ggf. auch in grafischer Form – die Ergebnisse der Kapitalrückflussrechnung mit den Ergebnissen aus der Sensitivitätsanalyse in einer gesonderten, komprimierten Darstellung zu verbinden.

4.1.4. Sensitivitätsanalyse

Hängt die Wirtschaftlichkeit der Vermögensanlage von wesentlichen Parametern ab, über deren Entwicklung unterschiedliche Annahmen getroffen werden können, empfiehlt es sich, dem Anleger in einem gesonderten Abschnitt zu verdeutlichen, zu welchen Abweichungen von der im Verkaufsprospekt entsprechend dem vorherigen

4. Ergänzende Pflichten der Prospektierung

Abschnitt dargestellten Prognose die Veränderung einzelner und/oder mehrerer wesentlicher Parameter führen kann und welche Auswirkungen dies auf die Entwicklung der Vermögensanlage hat *(Sensitivitätsanalyse)*.

Die gleichzeitige Veränderung von mehreren wesentlichen Parameter in einer Sensitivitätsanalyse ist nur zulässig, wenn diese Parameter in einem wirtschaftlichen Zusammenhang zueinander stehen und sich hieraus keine irreführende Darstellung ergibt.

Die Sensitivitätsanalyse hat die Aufgabe zu zeigen, welche Zukunftsentwicklungen im Lichte des aktuellen Wissensstandes möglich sind und für wie wahrscheinlich der Anbieter das Eintreten der verschiedenen Szenarien hält.

Im Allgemeinen genügt die Darstellung einer realistisch positiveren und einer realistisch negativeren Entwicklung in Ergänzung zu der nach Abschn. 4.1.3. dargestellten erwarteten Entwicklung der Vermögensanlage (vgl. Abschn. 2.3.2.).

4.2. Rechtliche Angaben

4.2.1. Angaben zum Anlageobjekt und zu wesentlichen Vertragspartnern

Alle für das Anlageobjekt, dessen Erwerb oder Herstellung, dessen Nutzung oder Verkauf maßgebenden wesentlichen vertraglichen Beziehungen sind darzustellen. Dabei kann über gleichartige Verträge zusammengefasst berichtet werden.

Zum wesentlichen Inhalt von Verträgen gehören in der Regel:
- Vertragspartner
- Gegenstand des Vertrags
- Leistungen und Vergütungen sowie die Rechte und Pflichten aus gesellschaftsrechtlichen Vereinbarungen
- Zahlungsmodalitäten
- Haftungen und Gewährleistungen der jeweiligen Vertragspartner und deren Begrenzung
- Vollmachten
- Informations-, Kontroll- und Mitwirkungsrechte
- Kündigungs- und Rücktrittsrechte und deren Folgen
- aufschiebende und auflösende Bedingungen sowie sonstige Auflösungen des Vertrags und deren Folgen
- vertragliche Verfügungsbeschränkungen
- anzuwendendes ausländisches Recht und ggf. gesondert vereinbarter Gerichtsstand.

Die Darstellung des wesentlichen Inhalts eines Vertrags kann auch durch wörtliche Wiedergabe oder durch Verweis auf die entsprechenden Bestimmungen eines beigefügten Vertrags erfolgen. Sofern die Verträge für den Anleger aus sich selbst heraus leicht zu verstehen sind, genügt auch deren Beifügung. In jedem Fall muss auf ungewöhnliche Vertragsbestimmungen ausdrücklich hingewiesen werden.

Über die wesentlichen Vertragspartner ist anzugeben, sofern es sich hierbei nicht um im Wirtschaftsleben allgemein bekannte Unternehmen (z. B. Banken, Versicherungen, börsennotierte Unternehmen oder ähnliche Institutionen) handelt:
- Firma und Anschrift, Registergericht, Registernummer und Tag der ersten Eintragung
- Höhe des haftenden Kapitals
- Name und Wohnort persönlich haftender Gesellschafter und von Gesellschaftern mit Anteilen oder Stimmrechten von mindestens 25% sowie
- Name und Wohnort der gesetzlichen Vertreter.

Darüber hinaus ist zu den wesentlichen Vertragspartnern, zu den eingeschalteten Sachverständigen und Gutachtern – soweit möglich – anzugeben, inwieweit und mit welchem Erfolg diese in der jüngeren Vergangenheit entsprechende Aufträge durchgeführt haben. Auf die Angabe kann verzichtet werden, wenn es sich um im Wirtschaftsleben allgemein bekannte Unternehmen handelt.

4.2.2. Beendigung der Vermögensanlage

Erforderlich ist die Angabe der Möglichkeit, der Bedingungen und der wesentlichen wirtschaftlichen und steuerlichen Auswirkungen einer Beendigung einer Vermögensanlage (Veräußerung, Rückgabe des erworbenen Anteils, Auflösung der Objektgesellschaft, Kündigung). Die für die Berechnung des Kapitalrückflusses an den Anleger maßgebenden Einflussgrößen sind anzugeben. Hier sind auch die bei der Beendigung der Vermögensanlage entstehenden Kosten (z. B. Gebühren, Steuern, Provisionen oder sonstige Vergütungen und Sonderrechte) zu nennen. Ferner ist darauf hinzuweisen, wenn die Beendigung der Vermögensanlage auch gegen den Willen des Anlegers von dritter Seite herbeigeführt werden kann (z. B. Ankaufsoptionen, Kündigungsrechte Dritter).

Für den Fall der Rückabwicklung (wenn z. B. nicht sichergestellt ist, dass der Anleger bzw. die Beteiligungsgesellschaft das Anlageobjekt erwerben kann) sind die vorgesehenen Regelungen darzustellen. Es sind die Voraussetzungen anzugeben, unter denen eine für den Anleger schadenfreie Rückabwicklung möglich ist.

4. Ergänzende Pflichten der Prospektierung   **Texte**

4.3. Steuerliche Angaben

Die steuerliche Konzeption des Angebots zur Vermögensanlage ist im Einzelnen darzustellen, auch wenn einzelne Angaben bereits unter Abschn. 3.4. gemacht wurden. Dabei sind die steuerlichen Auswirkungen in der Investitionsphase/Erwerbsphase von denen in der Nutzungsphase und bei Beendigung der Vermögensanlage zu trennen.

In die Darstellung der steuerlichen Konzeption sind nicht nur die ertragsteuerlichen (z. B. Einkommensteuer, Kirchensteuer) und ggf. die erbschafts- und schenkungssteuerlichen Auswirkungen beim Anleger einzubeziehen, sondern auch zu berücksichtigende Verkehrssteuern (z. B. Grunderwerbsteuer), die Umsatzsteuer, das Anlageobjekt selbst betreffende Steuern (z. B. Grundsteuer, Gewerbesteuer) sowie zusätzliche Belastungen und Abgaben, auch wenn sie nicht ausdrücklich als Steuern bezeichnet werden (z. B. Solidaritätszuschlag, Ergänzungsabgaben zur Einkommensteuer oder Ähnliches).

Die Gesamtkosten der Investition sind zur Erläuterung des steuerlichen Konzeptes der Vermögensanlage in nicht abschreibbare und abschreibbare Wirtschaftsgüter sowie sofort abzugsfähige Betriebsausgaben/Werbungskosten nachvollziehbar aufzugliedern.

Ist die steuerliche Konzeption bereits bei früheren Anlageobjekten des Anbieters verwendet worden, so ist der Stand der steuerlichen Anerkennung sowie etwaiger zwischenzeitlich eingetretener Änderungen der Rechtslage anzugeben. Falls die steuerlichen Auswirkungen im Verkaufsprospekt dargestellt werden, sind die zugrunde gelegten Prämissen (Einkommensteuersatz mit oder ohne Kirchensteuer, Solidaritätszuschlag etc.) anzugeben. Soweit bei der Darstellung der Gesamtfinanzierung der Vermögensanlage davon ausgegangen wird, dass das Eigenkapital des Anlegers teilweise aus Steuererstattungen finanziert wird, ist anzugeben, wann mit den entsprechenden Erstattungen im Regelfall zu rechnen ist und welche Voraussetzungen hierfür eingehalten werden müssen. Eine Würdigung der steuerlichen Gestaltung insgesamt ist auch unter Einschluss der risikobegründenden Umstände zulässig und ggf. geboten. Auf die im Abschn. 3.3. dargestellten steuerlichen Risiken ist zu verweisen.

4.4. Hinweise auf besondere Umstände

Kapitalmäßige und/oder personelle Verflechtungen zwischen dem Anbieter und/oder den wesentlichen Vertragspartnern, Sachverständigen und Gutachtern sowie Abhängigkeiten der mit Kontrollfunktionen beauftragten Personen sind darzustellen.

Eine kapitalmäßige Verflechtung ist gegeben, wenn die Beteiligung allein oder zusammen mit Beteiligungen der anderen Vertragspartner oder von nahen Angehörigen iSv § 15 Abs. 1 Nr. 2–4 AO direkt oder indirekt mindestens 25% des Nennkapitals der Gesellschaft beträgt oder Stimmrechte oder Gewinnbeteiligungen in diesem Umfang gewährt.

Personelle Verflechtungen sind liegen vor, wenn mehrere wesentliche Funktionen im Rahmen des Gesamtprojektes durch dieselbe Person, durch nahe Angehörige iSv § 15 Abs. 1 Nr. 2–4 AO oder durch dieselbe Gesellschaft wahrgenommen werden. Dies gilt auch, wenn eine solche Funktion durch einen mit mindestens 25% beteiligten Gesellschafter oder durch Geschäftsleiter wahrgenommen wird.

Als mit einer Kontrollfunktion beauftragte Personen gelten z. B. Treuhänder, Mitglieder von Aufsichtsorganen oder Gutachter. Es ist anzugeben, wenn diese Personen in naher Beziehung geschäftlicher Art zum Anbieter oder zu wesentlichen Vertragspartnern stehen.

Auch sonstige, das Anlageobjekt selbst, seine Herstellung, seine Finanzierung, Nutzung oder Verwertung betreffenden Vereinbarungen zwischen wesentlichen Vertragspartnern sind zu nennen und zu erläutern. Dazu gehören beispielsweise Vereinbarungen über Provisionen, Kommissionen, Rabatte oder sonstige Rückgewähr, die nicht dem Anlageobjekt oder der Vermögensanlage zugute kommen, Kompensationsgeschäfte oder Ergebnisbeteiligungen. Falls solche Abreden nach Kenntnis des Anbieters nicht bestehen, ist dies im Verkaufsprospekt zu erklären.

5. Nachtrag zum Verkaufsprospekt

Sind seit Gestattung der Veröffentlichung des Verkaufsprospekts während der Dauer des öffentlichen Angebots wesentliche Veränderungen eingetreten, so sind die Veränderungen während der Dauer des öffentlichen Angebots unverzüglich in einem Nachtrag zum Verkaufsprospekt zu veröffentlichen.

Für den Inhalt des Verkaufsprospekts und den Nachtrag sind in diesem Fall die bis zum Zeitpunkt der Herausgabe des Nachtrags bekannten oder erkennbaren prospektpflichtigen Sachverhalte maßgebend.

5. Nachtrag zum Verkaufsprospekt **Texte**

Anlage 2 zu IDW S 4:
Zusatzangaben bei Immobilien

(Stand: 18. 05. 2006)[1]

Zu 3.9.: Angaben über die Anlageziele und Anlagepolitik der Vermögensanlage
Zu 4.1.2.: Kosten der Investitionsphase
Zu 4.1.3.: Nutzung der Vermögensanlage
Zu 4.2.1.: Angaben zum Anlageobjekt

Bei Angeboten zu Vermögensanlagen in Immobilien sind ergänzend zu den allgemeinen Anforderungen an den Inhalt von Prospekten gemäß Anlage 1 dieses *IDW Standards* im Regelfall folgende zusätzliche Angaben erforderlich:

Zu 3.9.: Angaben über die Anlageziele und Anlagepolitik der Vermögensanlage

Beschreibung des Anlageobjekts:
- Art des Bauvorhabens bzw. Gebäudes (z. B. Einfamilienhäuser, Eigentumswohnungen, Gewerbeobjekte)
- Lage des Grundstücks (z. B. Ort, Straße, Katasterbezeichnung, Verkehrsanbindung, Wohn- bzw. Geschäftslage, Lärm- oder Immissionsbelästigungen und anderes)
- Grundbuchbezeichnung
- Größe des Grundstücks
- Erschließungszustand
- bauliche Gestaltung (z. B. Pläne und wesentliche Angaben aus der Baubeschreibung, Anzahl und Größe der Wohnungen bzw. der gewerblichen Einheiten)
- Angaben über die vorgesehene Bau- und Ausstattungsqualität sowie die vorgesehenen Maßnahmen zur Qualitätskontrolle (intern/extern)
- Angaben, sofern im Erbbaurecht gebaut werden soll
- bei gebrauchten Immobilien: z. B. Alter des Objekts, Erhaltungszustand, erkennbare Mängel und vorgesehene Modernisierungsmaßnahmen
- Belastungen der Immobilie in Abteilung II. oder III. des Grundbuchs sowie etwaige nicht aus dem Grundbuch ersichtliche Belastungen wie z. B. Baulasten

---

[1] Verabschiedet vom Hauptfachausschuss (HFA) am 18. 05. 2006.

Texte Anlage 2 IDW S 4

- Angaben zur baurechtlichen Situation (z. B. Baugebiet laut Flächennutzungs- bzw. Bebauungsplan, bauliche Nutzung, Bauantrag, Baugenehmigung, etwaige Auflagen, Nachbareinsprüche).

Finanzierung der Investition:
Ist die Option zur Umsatzsteuer vorgesehen, sind deren Voraussetzungen zu erläutern und anzugeben, welche Auswirkungen sich auf die Finanzierung der Investition ergeben, falls die erwartete Vorsteuererstattung nicht, nicht rechtzeitig oder nicht in dem geplanten Umfang eintritt. In Betracht kommen ferner Angaben zu einer etwaigen gewerbesteuerlichen Belastung.

Zu 4.1.2.: Kosten der Investitionsphase

Die Kosten der Investitionsphase sind bei Immobilien zu unterteilen in:
- Aufwand für den Erwerb oder die Herstellung des Anlageobjekts einschließlich Nebenkosten. Hierzu gehören:
  - Kosten des Grund und Bodens sowie anteilige Erwerbsnebenkosten
  - Anschaffungs- bzw. Herstellungskosten des Gebäudes und der Außenanlagen, unterteilt nach reinen Baukosten und Baunebenkosten bzw. aktivierten Finanzierungskosten
- Fondsabhängige Kosten. Hierzu gehören:
  - Vergütungen
  - Nebenkosten der Vermögensanlage
- Sonstiges.

Die jeweiligen Kostengruppen sind so aufzugliedern, dass die Entgelte für die wesentlichen Leistungsarten (z. B. Treuhandtätigkeit, Konzeptionskosten, Architektenleistung, Baubetreuung, Baukostengarantie, Finanzierungsvermittlung, Bürgschaften, Zinsgarantien, Steuerberatung, Vermittlung von Mietern, Mietgarantien, Vermittlung des Eigenkapitals etc.) erkennbar sind.

Der Prospekt hat für Immobilieninvestitionen die gemäß Anlage 1 Abschn. 4.1.2. darzustellenden anlageobjektbezogenen Angaben auch je Quadratmeter Wohnbzw. Nutzfläche darzulegen.

Zu 4.1.3.: Nutzung der Vermögensanlage

Sind die für die Nutzung des Anlageobjekts wesentlichen Mietverträge bereits abgeschlossen, sind die bedeutsamen Aspekte des Mietverhältnisses zu erläutern. Hierzu zählen:
- Berechnung der Miete und etwaiger Steigerungsraten
- Regelungen zur Instandhaltung
- Dauer des Mietverhältnisses und Optionen sowie deren Voraussetzungen

Zu 4.1.3.: Nutzung der Vermögensanlage **Texte**

- Bonität wesentlicher Mieter und gestellte Sicherheiten
- Auswirkungen des Auslaufens von Generalmietverträgen oder Mietgarantien
- Modalitäten der Nebenkostenabrechnung
- Regelungen über Untermietverhältnisse
- Auswirkungen der Tätigkeit des Mieters auf eine etwa geplante Umsatzsteueroption
- Berechtigung zu Einbauten, Ausbauten oder Umbauten sowie deren Schicksal bei Beendigung des Mietverhältnisses.

Zu 4.2.1.: Angaben zum Anlageobjekt

Als Verträge, deren wesentlicher Inhalt im Prospekt darzustellen ist, kommen bei Immobilien insbesondere in Betracht:
- Grundstückskauf- bzw. Erbbaurechtsverträge
- Teilungserklärung nach WEG
- Verwalterverträge nach WEG
- Verträge über die Herstellung des Anlageobjekts, z. B. Baubetreuungsverträge, Architektenverträge und ähnliche Verträge, Generalunternehmerverträge oder Generalübernehmerverträge
- Versicherungsverträge
- Finanzierungsbetreuungsverträge, Finanzierungsvermittlungsverträge, Kreditverträge oder Kreditangebote
- Bürgschaftsverträge, Gewährleistungsverträge (z. B. Anzahlungsbürgschaften, Fertigstellungsgarantien, Gewährleistungsbürgschaften, Bürgschaften nach der MaBV, AUK-Kostengarantien, Zinsgarantien, Mietgarantien, Bürgschaften für Fremdmittel)
- Mietvermittlungsverträge
- Generalmietverträge und wesentliche Einzelmietverträge
- Beratungsverträge, Steuerberatungsverträge.

Anlage 3 zu IDW S 4:
Zusatzangaben bei Filmfonds

(Stand: 18. 05. 2006)[1]

Zu 3.3.: Darstellung der wesentlichen Risiken der Vermögensanlage
Zu 3.9.: Angaben über die Anlageziele und Anlagepolitik der Vermögensanlage
Zu 4.1.1.: Angaben über durchgeführte Vermögensanlagen
Zu 4.1.3.: Nutzung der Vermögensanlage

---

[1] Verabschiedet vom Hauptfachausschuss (HFA) am 18. 05. 2006.

Texte Anlage 3 IDW S 4

Zu 4.2.1.: Angaben zum Anlageobjekt
Zu 4.2.2.: Beendigung der Vermögensanlage
Zu 4.3.: Steuerliche Angaben

Bei Angeboten zu Vermögensanlagen in Filmfonds sind ergänzend zu den allgemeinen Anforderungen an den Inhalt von Prospekten gemäß Anlage 1 dieses *IDW Standards* im Regelfall insbesondere folgende Angaben erforderlich. Soweit die nachfolgenden Angaben feststehen bzw. Verträge rechtswirksam abgeschlossen wurden, müssen diese beschrieben werden. Soweit diese Angaben noch nicht oder noch nicht vollständig feststehen bzw. Verträge noch nicht rechtswirksam abgeschlossen wurden, sind diesbezüglich Ausführungen nach Maßgabe der Anlage 6 „Besonderheiten bei Blind-Pool-Konzeptionen" zu machen.

Zu 3.3.: Darstellung der wesentlichen Risiken der Vermögensanlage

- nicht erworbene Urheberrechte Dritter (Errors-and-Omissions-Versicherung)
- Produktions- und Kostenrisiko (Completion Bond)
- Marktrisiko/Erlösausfall (Erlösausfallversicherung)
- Risiken konzeptionsgemäß noch nicht abgeschlossener Verträge (vgl. Anlage 7 „Besonderheiten bei Blind-Pool-Risiko")
- Anerkennung der steuerlichen Qualifizierung als Herstellerfonds, soweit die Konzeption von der steuerlichen Herstellereigenschaft ausgeht.

Zu 3.9.: Angaben über die Anlageziele und Anlagepolitik der Vermögensanlage

- unternehmerischer Fonds/leasingähnlicher Fonds
- Rechteerwerbsfonds/Herstellerfonds
- Beschreibung des wesentlichen Fondskonzepts (z. B. Completion Bond, Mittelverwendungskontrollvertrag, Treuhandvertrag, ggf. Schuldübernahmevertrag und sonstige wesentliche Konzeptionsbestandteile)
- Investitionsgrundsätze
- soweit vorhanden, Kurzbeschreibung bereits feststehender Investitionen (insbesondere Filmlänge, FSK/J, technische Spezifikationen/Qualität, Drehbuch, Regisseur, Schauspieler, Beginn der Dreharbeiten/Filmfortschritt/Postproduction)
- Produktionsphasen (Entwicklung/Finanzierung/Produktion), Vermarktungsphasen (Kino/Home-Entertainment/TV)

Zu 4.2.1.: Angaben zum Anlageobjekt **Texte**

- Personen und Gremien, die die Anlageentscheidungen treffen
- Anschaffungskosten und anteilige Nebenkosten
- Herstellungskosten und andere nicht aktivierbare Nebenkosten
- übrige Kosten
- Darstellung der Finanzierung
  - auf Ebene des Fonds
  - auf Ebene des Anlegers (bei verbundener Finanzierung oder Finanzierung über Steuervorteile)
  - auf Ebene des/der einzelnen Filmprojekts/e, insbesondere Eigen-/Co-Produktionen und staatliche Filmförderprogramme
- Darstellung der Finanzierung von genehmigten Kostenüberschreitungen *("enhancements")* soweit Completion Bond diese nicht abdeckt.

Zu 4.1.1.: Angaben über durchgeführte Vermögensanlagen

- Angaben zu den bisher (ggf. im Rahmen anderer Fonds) erworbenen/produzierten Filmen (technische Spezifikationen/Qualität).

Zu 4.1.3.: Nutzung der Vermögensanlage

- Höhe der Lizenzgebühren/Beteiligung an Mehrerlösen/etwaige Mehrerlöse
- Reinvestitionen
- Abschlusszahlung/Restwert
- Laufzeit/Options- und Andienungsrechte sowie deren Voraussetzungen
- Bonität des Lizenznehmers/Schuldübernehmers und gestellte Sicherheiten
- Nebenkostenabrechnung (Steuern/Gebühren)
- Regelungen über Sublizenzverträge
- Absatzmarkt/Absatzterritorium.

Zu 4.2.1.: Angaben zum Anlageobjekt

- Stoffrechteerwerbsvertrag
- Produktionsdienstleistungsvertrag
- Fertigstellungsgarantie
- Lizenzvertrag/Lizenzerwerbsvertrag/Sublizenzvertrag
- Erlösversicherung
- Schuldübernahmevertrag
- Mittelverwendungskontrollvertrag
- Einzahlungs- und Platzierungsgarantie
- Konzeptions- und Beratungsverträge

Texte Anlage 4 IDW S 4

- Finanzierungsvermittlungsvertrag/Kreditverträge
- Verpfändung/Sicherungsabtretung.

Zu 4.2.2.: Beendigung der Vermögensanlage

- Abschlusszahlung/Restwert
- Laufzeit/Options- und Andienungsrechte sowie deren Voraussetzungen
- Veräußerung/Übertragung des Anteils.

Zu 4.3.: Steuerliche Angaben

- Qualifizierung als Hersteller- oder Erwerberfonds.

Anlage 4 zu IDW S 4:
Zusatzangaben bei Windkraftfonds

(Stand: 18. 05. 2006)[1]

Zu 3.9.: Angaben über die Anlageziele und Anlagepolitik der Vermögensanlage
Zu 4.1.3.: Nutzung der Vermögensanlage
Zu 4.2.: Rechtliche Angaben
Zu 4.2.1.: Angaben zum Anlageobjekt
Zu 4.2.2.: Beendigung der Kapitalanlage

Bei den Angeboten zu Vermögensanlagen in Windkraftfonds sind ergänzende, zu den allgemeinen Anforderungen an den Inhalt von Prospekten dieses *IDW Standards* im Regelfall folgende zusätzliche Angaben erforderlich:

Zu 3.9.: Angaben über die Anlageziele und Anlagepolitik der Vermögensanlage

Beschreibung des Anlageobjekts:
- WKA-Typ
- Hersteller
  - Gründung
  - bisher installierte Leistung (in Megawatt) oder Anzahl der von der Betreibergesellschaft insgesamt betriebenen WKA
- Typenbezeichnung der WKA
- Anzahl der gesamten WKA in dem Windpark

---

[1] Verabschiedet vom Hauptfachausschuss (HFA) am 18. 05. 2006.

Zu 3.9.: Anlageziele und Anlagepolitik der Vermögensanlage **Texte**

- Anzahl der von der Betreibergesellschaft betriebenen WKA
- Rotor
  - Durchmesser
  - überstrichene Rotorkreisfläche
  - Umdrehungszahl/Drehzahlbereich
  - Anzahl Rotorblätter
  - Leistungsregelung (Unterscheidung *pitch/stall*)
  - Bremsen
- Turm
  - Material
  - Nabenhöhe
- Betriebsdaten
  - Einschaltgeschwindigkeit
  - Nenngeschwindigkeit
  - Abschaltgeschwindigkeit
- Schallemissionswerte (nach SGW Richtlinie 98)
- vermessene Leistungskennlinie
- Generator
  - Typ
  - Nennleistung
  - Betriebsdaten
  - Nennspannung
  - Isolierstoffklasse
- Windrichtungsnachführung
  - Bauprinzip
  - Verstellgeschwindigkeit
- Getriebe
  - Typ
  - Übersetzungsverhältnis
  - Nennleistung
- Bremssysteme
  - Primärbremssystem
  - Haltebremse
- Transformator
  - Typ
  - Eingangsspannung
  - Ausgangsspannung
- Steuerung
  - Funktionsweise
- Gewichte
  - Rotor
  - Maschinenhaus
  - Turm

Texte Anlage 4 IDW S 4

- Gesamtgewicht
- Gewährleistungszeitraum (ggf. bezüglich der unterschiedlichen Komponenten)
- Umfang der Verfügbarkeitsgarantie
  - Nettoenergieertrag (garantierte technische Verfügbarkeit, aerodynamische Parkwirkungsgrade, elektronische Verluste, sonstige Sicherheitsabschläge)
- zugesagter Lieferzeitpunkt
- Standort des Windparks
  - geographische Lage
  - Aufstellungsplan des gesamten Windparks
  - Belastungen der Grundstücke in Abteilung II. oder III. des Grundbuchs sowie etwaige nicht aus dem Grundbuch ersichtliche Belastungen (z. B. Baulasten)
- Energieertrag
  - Windverhältnisse (in m/s unter Angabe der Höhe)
  - Datum, Verfasser und Ergebnisse der/des Windgutachten(s)
  - Berechnung des Gesamtenergieertrages des Windparks der Beteiligungsgesellschaft unter Angabe der berücksichtigten Abschläge (z. B. für Verfügbarkeit, Netzverluste, Abschattungsverluste, Eigenverbrauch, Sicherheit etc.)
  - Aussagen zu Referenzanlagen im Umkreis von 10–15 km
- baurechtliche Situation
  - Flächennutzungsplan, bauliche Nutzung
  - Bauantrag
  - Datum und Aussteller der Baugenehmigung, Auflagen, Widersprüche
  - Datum, Vertragspartner und Inhalt städtebaulicher oder ähnlicher Verträge
  - Datum und Verfasser der Netzanschlusszusage
  - zugesagter Zeitpunkt der Fertigstellung des Netzanschlusses
  - erforderliche Baumaßnahmen (Fundamente, Zuwegungen, Energietransporte und Netzanbindungen).

Zu 4.1.3.: Nutzung der Vermögensanlage

- Wartungskosten
- Reparaturaufwand
- Abbau- und Renaturierungsverpflichtungen
- Kosten für die technische Betriebsführung.

Zu 4.2.2.: Beendigung der Kapitalanlage **Texte**

Zu 4.2.: Rechtliche Angaben

Zu 4.2.1.: Angaben zum Anlageobjekt

Wichtige Verträge und Vertragspartner:
- Gesellschaftsvertrag
- Treuhandvertrag
- Mittelverwendungskontrollvertrag
- Pacht- und sonstige Nutzungsverträge
- Kauf-/Lieferverträge über die WKA
- Verträge mit Bauunternehmen über Fundamente, Zuwegungen, Kabel etc.
- Generalunter- bzw. -Übernehmerverträge
- Verträge über die technische Planung, Bauleitung etc.
- Konzeptions- und Geschäftsbesorgungsverträge
- Einzahlungs-/Platzierungsgarantie
- Kreditverträge/Finanzierungszusagen
- Bürgschaftsverträge, Garantien
- persönlich beschränkte Dienstbarkeiten
- städtebauliche oder ähnliche Verträge
- Einspeise-/Netzanschlussverträge etc. mit dem Energieversorgungsunternehmen.

Zu 4.2.2.: Beendigung der Kapitalanlage

- Abbau- und Renaturierungskosten
- Beendigungs-, Kündigungs-, Verlustwerte
- Laufzeit-, Options- und Andienungsrechte.

Anlage 5 zu IDW S 4:
Zusatzangaben für Schiffsfonds

(Stand: 18. 05. 2006)[1]

Zu 3.3.: Darstellung der wesentlichen Risiken der Vermögensanlage
Zu 3.9.: Angaben über die Anlageziele und Anlagepolitik der Vermögensanlage
Zu 4.1.2.: Nutzung der Vermögensanlage
Zu 4.2.1.: Angaben zum Anlageobjekt
Zu 4.2.2.: Beendigung der Vermögensanlage

---

[1] Verabschiedet vom Hauptfachausschuss (HFA) am 18. 05. 2006.

Texte Anlage 5 IDW S 4

Bei Angeboten zu Vermögensanlagen in Schiffsfonds sind ergänzend zu den allgemeinen Anforderungen an den Inhalt von Prospekten gemäß Anlage 1 dieses *IDW Standards* im Regelfall folgende zusätzliche Angaben erforderlich:

Zu 3.3.: Darstellung der wesentlichen Risiken der Vermögensanlage

- Beschäftigungsrisiko
- Vertragserfüllungs- und Bonitätsrisiken hinsichtlich wesentlicher Verträge (insbesondere Bau-/Kaufvertrag, langfristiger Chartervertrag, Garantien, Poolvertrag) Risiken aus Schiffsbetrieb, Verlustrisiko
- Risiken aus Schiffsfinanzierungen und damit verbundene Kreditsicherheiten Spezielle Steuerrisiken (insbesondere § 5a EStG)
- Risiken bezüglich der Erteilung von Genehmigungen (z. B. Flaggenführung, Klasse, Registrierung).

Zu 3.9.: Angaben über die Anlageziele und Anlagepolitik der Vermögensanlage

- Beschreibung des Anlageobjekts
  - Bauwerft
  - Baunummer Schiffstyp
  - Abmessungen (Länge über alles, Breite auf Spanten)
  - Tiefgang (Freibord)
  - Betriebsgeschwindigkeit
  - Tragfähigkeit
  - Brutto- und Nettoraumzahl
  - Ladungsart, Anzahl der Ladetanks, Ladetankkapazitäten, ggf. Druckbehälter
  - Kapazitäten vorhandener Kühl- und Hitzeaggregate (z. B. Anzahl der Kühlcontaineranschlüsse)
  - Containerkapazität (Anzahl der Stellplätze unter und über Deck)
  - Be- und Entladekapazitäten (ggf. Ladegeschirr)
  - Hauptmaschine – Hersteller – max. Leistung
- Klassezeichen
- Ablieferungsdatum
- Registereintragung, Flaggenführung
- Gesamtkosten des Anlageobjekts
  - Kaufpreis (Anschaffungskosten)
  - Anschaffungsnebenkosten (Kosten der Bauaufsicht und der Erstausrüstung)

Zu 4.1.3.: Nutzung der Vermögensanlage **Texte**

– Zwischenfinanzierungskosten.

Darüber hinaus sind die Kosten anzugeben, die bis zum Abschluss der Investitionsphase (in der Regel: Anlieferung des Schiffes in die Erstcharter) anfallen, insbesondere:
- Gründungskosten (Notar- und Gerichtsgebühren, Steuer- und Rechtsberatung)
- Verwaltungskosten und sonstige Geschäftsbesorgungskosten
- Haftungs- und Treuhandvergütung
- Kosten für Projektierung, Marketing, Platzierung und Werbung
- Kosten für die Vermittlung von Finanzierungen
- Kosten für Garantien (Platzierungsgarantie, Chartergarantien).

Zu 4.1.3.: Nutzung der Vermögensanlage

- Darstellung des betreffenden Chartermarktes.

Ist bereits ein Chartervertrag für die Nutzung des Schiffes und/ oder ein Poolvertrag abgeschlossen, sind die wesentlichen wirtschaftlichen Auswirkungen und Haftungsverhältnisse aus dem Charter- bzw. Poolverhältnis zu erläutern. Insbesondere sind dies:
- Netto-Charterraten, Steigerungsraten, jährliche Einsatztage
- Laufzeit, Options- und Andienungsrechte
- Bonität des Charterers
- Schiffsbetriebskosten, Steigerungsraten
- Art des Poolvertrags (Einnahme-, Betriebskosten-, Personal- oder Finanzierungspool).

Wird das Anlageobjekt (z. B. ein oder mehrere Schiffe) in einem Pool beschäftigt, so ist zu unterscheiden, wer der Mieter (z. B. Charterer) des Anlageobjekts ist.

Ist ein fremder Dritter Mieter (z. B. Charterer) des Anlageobjekts, so ist trotz des Pools (Einnahmen-Pool oder Einnahmen-/Ausgaben-Pool) auf die Bonität der Mieter abzustellen.

Ist der Pool der Mieter (z. B. Charterer), kommt es auf die Bonität der Poolmitglieder an, und folglich ist deren Bonität darzustellen und zu prüfen.

Auf die Bonität des Poolmanagers ist nur dann abzustellen, wenn die Pooleinnahmen über dessen Konten abgewickelt werden, d. h. die Einnahmen nicht wirksam im fremden Namen und für fremde Rechnung vereinnahmt werden.

Zu 4.2.1.: Angaben zum Anlageobjekt

- Kauf-/Bauvertrag
- Chartervertrag
- Poolverträge

Texte

- Kreditverträge/sonstige Verträge hinsichtlich aller am Schiff bestehenden Finanzierungen
- Erfüllungsübernahmeverträge (Chartergarantien)
- Bürgschaften, Garantien
- Kreditsicherheiten (Schiffshypotheken, Verpfändungen, Sicherungsabtretungen)
- Einzahlungs- und Platzierungsgarantie
- Bereederungs- bzw. Vertragsreedervertrag
- Konzeptions- und sonstige Geschäftsbesorgungsverträge
- Finanzierungsvermittlungs- und Chartervermittlungsverträge
- Bestehende Versicherungen (Deckungshöhe).

Zu 4.2.2.: Beendigung der Vermögensanlage

Soweit einschlägig:
- Restwertermittlung (Gutachten eines Schiffssachverständigen über die Angemessenheit des Kaufpreises und des voraussichtlichen Marktwertes bei Beendigung der Investition)
- Beendigungs-, Kündigungs-, Verlust- und Versicherungswerte
- Options- und Andienungsrechte und deren Voraussetzungen
- Bei Beendigung der Kapitalanlage entstehende Kosten (Gebühren, Provisionen oder sonstige Vergütungen und Sonderrechte).

Anlage 6 zu IDW S 4:
Besonderheiten bei Blind-Pool-Konzeptionen

(Stand: 18. 05. 2006)[1]

Zu 3.3.: Darstellung der wesentlichen Risiken der Vermögensanlage
Zu 3.9.: Angaben über die Anlageziele und Anlagepolitik der Vermögensanlage
Zu 3.15.: Verringerte Prospektanforderungen
Zu 4.1.3.: Nutzung der Vermögensanlage
Zu 4.1.4.: Sensitivitätsanalyse
Zu 4.2.: Rechtliche Angaben zum Anlageobjekt

Blind-Pool-Konzeptionen sind Beteiligungsformen, bei denen für wesentliche Investitionsbereiche die Anlageobjekte zum Zeitpunkt des Anlegerbeitritts noch nicht (oder nicht vollständig) feststehen. Für die vorgesehene Investition in Anlageobjekte werden lediglich Rahmenbedingungen in Form von Investitions- und Entscheidungskriterien vorgegeben.

---

[1] Verabschiedet vom Hauptfachausschuss (HFA) am 18. 05. 2006.

Zu 4.2.2.: Beendigung der Vermögensanlage **Texte**

Bei Angeboten zu Vermögensanlagen in Form von Blind-Pool-Konzeptionen sind deshalb abweichend zu den allgemeinen Anforderungen an den Inhalt von Prospekten gemäß Anlage 1 dieses *IDW Standards* im Regelfall folgende Angaben erforderlich:[2]

Zu 3.3.: Darstellung der wesentlichen Risiken der Vermögensanlage

Einer Blind-Pool-Konzeption ist eine Ungewissheit über das Anlageobjekt immanent. In Abhängigkeit von der Ausgestaltung der Investitions- und Entscheidungsvorgaben sind entsprechende Risiken aus dem Anlageobjekt nur bedingt einschätzbar. In der Risikodarstellung ist deshalb explizit auf diese besonderen Risiken der Vermögensanlage aufgrund der jeweiligen Blind-Pool-Konzeption einzugehen.

Zu 3.9.: Angaben über die Anlageziele und Anlagepolitik der Vermögensanlage

Die nach § 9 Abs. 1 VermVerkProspV über die Anlageziele und Anlagepolitik der Vermögensanlage vorgesehenen Angaben sind nur insoweit möglich und auch geboten, als dies die Konzeption vorgibt bzw. zulässt. Gleiches gilt für die Angaben nach § 9 Abs. 2 VermVerkProspV. Die Beschreibung des Anlageobjekts hat sich auf die geplanten Anlageobjekte zu beziehen. Hier gilt der Grundsatz, dass es vor Feststehen der Investition analog einem sehr frühen Stadium einer Investition ausreichend ist, wenn die Angaben weniger konkret sind, als bei fortgeschrittenen Projekten.

Zu 3.15.: Verringerte Prospektanforderungen

Auch die Angaben nach § 15 Abs. 1 Ziff. 3. und 4. VermVerkProspV über die voraussichtliche Vermögens-, Finanz- und Ertragslage sowie die Planzahlen sind nur insoweit möglich und auch geboten, als dies die Konzeption vorgibt bzw. zulässt.

Zu 4.1.3.: Nutzung der Vermögensanlage

Bezüglich einer Prognoserechnung ist stets zu entscheiden, ob eine solche im Prospekt entsprechend der ursprünglichen oder zwischenzeitlich fixierten Investitionsvorgaben zwingend darzustellen ist, oder, ob mangels hinreichend konkreter Investitionsvorgaben die Gefahr

---

[2] Zu Blind-Pool-Konzeptionen vgl. Auslegungsschreiben der BaFin vom 30.06.2005, Abschn. 7 *(www.bafin.de/verkaufsprospekte/auslegungsschreiben.htm)*

einer Irreführung des Anlageinteressenten durch eine Prognoserechnung besteht.

Bei Gefahr einer Irreführung darf eine fiktive Prognoserechnung nicht in den Prospekt aufgenommen werden. Lässt sich aber aus den vorgegebenen Kriterien für die geplante Investition eine hinreichend homogene Klasse von Anlageobjekten ableiten, ist ggf. eine Prognoserechnung aufzustellen und in den Prospekt aufzunehmen.

Eine Blind-Pool-Konzeption bedingt regelmäßig ein erhöhtes Maß an Nachtragspflichten. Insbesondere bei längerer Platzierungsdauer in Verbindung mit sukzessiver Konkretisierung der Investitionsentscheidungen (z. B. durch Beschlüsse der Geschäftsleitung, Beirat oder Gesellschafterversammlung) können die Nachtragspflichten dazu führen, dass sich ggf. ein anfängliches Verbot der Darstellung einer Prognoserechung in ein Gebot zur Prognosedarstellung im Prospekt wandelt.

Zu 4.1.4.: Sensitivitätsanalyse

Eine Sensitivitätsanalyse stellt mögliche Veränderungen einer Prognoserechnung dar. Insoweit kann eine Sensitivitätsanalyse nur dann erfolgen, wenn eine Prognoserechnung in den Prospekt aufzunehmen ist (vgl. 4.1.3.).

Zu 4.2.: Rechtliche Angaben zum Anlageobjekt

Hier sind Angaben nur insoweit möglich und auch geboten, als dies die Konzeption vorgibt bzw. zulässt.

Anlage 7 zu IDW S 4:
Zusatzangaben bei Lebensversicherungs-Zweitmarktfonds

(Stand: 18. 05. 2006)[1]

Zu 3.3.: Darstellung der wesentlichen Risiken der Vermögensanlage
Zu 3.9.: Angaben über die Anlageziele und Anlagepolitik der Vermögensanlage
Zu 4.1.2.: Kosten der Investitionsphase
Zu 4.1.3.: Nutzung der Vermögensanlage
Zu 4.1.4.: Sensitivitätsanalyse
Zu 4.2.1.: Angaben zum Anlageobjekt
Zu 4.2.2.: Beendigung der Vermögensanlage
Zu 4.3.: Steuerliche Angaben
Zu 4.4.: Hinweis auf besondere Umstände

---

[1] Verabschiedet vom Hauptfachausschuss (HFA) am 17. 05. 2006.

Zu 3.9.: Anlageziele und Anlagepolitik der Vermögensanlage **Texte**

Bei Angeboten zu Vermögensanlagen in Lebensversicherungs-Zweitmarktfonds sind ergänzend zu den allgemeinen Anforderungen an den Inhalt von Prospekten gemäß Anlage 1 dieses *IDW Standards* im Regelfall folgende zusätzliche Angaben erforderlich:

Zu 3.3.: Darstellung der wesentlichen Risiken der Vermögensanlage

- Hinweis auf medizinischen Gutachten immanenten hohen Unsicherheiten
- Bei Blind-Pool-Konzeptionen insbesondere:
  - Hinweis auf damit verbundene Risiken (vgl. Anlage 6)
  - Risiko, dass nicht genügend Policen gefunden werden, die den Investitionskriterien entsprechen
  - Erhöhung der Kaufpreise
  - Verschlechterung der Einkaufsbedingungen
- Risiko, dass Ablaufleistung von Dritten beansprucht wird
- Währungsrisiken
- Insolvenzrisiken (Versicherungsunternehmen, Fondsgesellschaft)
- Bei Handel mit Policen: Hinweis auf entsprechende Marktrisiken
- Risiko bezüglich der Portfoliozusammensetzung
- Wesentliche Verträge unterliegen idR ausländischem Recht, Hinweis auf damit verbundene Risiken
- Risiken der Reglementierung des Policenerwerbs (z. B. FSA in Großbritannien).

Zu 3.9.: Angaben über die Anlageziele und Anlagepolitik der Vermögensanlage

Anlageziele und Anlagepolitik:
- Beschreibung der Investitionskriterien, anhand derer die Policen ausgewählt werden (z. B. Mindestalter der versicherten Personen, minimale und maximale Versicherungssumme, Rating der entsprechenden Versicherung)
- Anzahl der im Portfolio enthaltenen Risiken
- Festlegung und Überprüfung der Investitionskriterien
- Möglichkeit einer Abweichung von den Investitionskriterien
- Darstellung des Lebensversicherungsmarktes und des Lebensversicherungszweitmarktes in dem betreffenden Land

Beschreibung des Anlageobjekts:
- Typus der zu erwerbenden Lebensversicherungen
- Zusammensetzung der Ablaufleistungen der jeweiligen Lebensversicherungen

Texte Anlage 7 IDW S 4

- Beschreibung des Erwerbsprozesses/Investitionsprozesses:
  - Entscheidungsträger für den Erwerb
  - Eigentümer der Policen (erwirbt vorher Settlement Company Eigentum an den Policen?)
  - Stattfinden einer formalen Prüfung (z. B. Vorhandensein aller Dokumente)
- Besonderheiten im Zusammenhang mit dem Erwerb in dem betreffenden Land (z. B. Lizenzierungen)
- Restlaufzeitprognosen/medizinische Gutachten:
  - Anzahl und Art (extern/intern) der erstellten Gutachten pro Police
  - Falls mehrere Gutachten eingeholt werden, deren Gewichtung
- Stattfinden einer aktuarischen Prüfung vor Erwerb einer Police
- Zuständigkeit für Verwaltung und Überwachung des Portfolios, Zahlung der Prämien, Einfordern der Versicherungsleistungen usw. Gesamtkosten des Anlageobjekts:
- Kaufpreis (Anschaffungskosten)
- Anschaffungsnebenkosten
- Kosten, die nicht für die Investition in Lebensversicherungen zur Verfügung stehen
- Kosten für medizinische Gutachten; (Verhältnis Anschaffungskosten/Liquiditätsreserve zu Gesamtinvestitionskosten)
- Vergütung für Settlement Company (einmalige und laufende Vergütungen)
- Vergütung für Aktuar
- Sonstige Provisionen (Brokervergütung)
- Gebühren für Trust/Trustee, Verwaltung der Policen (einmalige und laufende Vergütungen)
Finanzierung des Anlageobjekts:
- Bei Aufnahme von Fremdkapital im Rahmen des Erwerbs der Policen: Darstellung der Darlehensbedingungen
- Bei Aufnahme von Fremdkapital zur Bezahlung der Prämien: Darstellung der Darlehensbedingungen.

Zu 4.1.2.: Kosten der Investitionsphase

- Mittelherkunft und Mittelverwendung: Prozentsatz des Kommanditkapitals, der für die Investition in Lebensversicherungspolicen zur Verfügung steht
- Einmalige Vergütungen, z. B. an Settlement Company während der Investitionsphase
- Liquiditätsreserve, aus der die laufenden Prämienzahlungen bestritten werden.

Zu 4.2.1.: Angaben zum Anlageobjekt **Texte**

Zu 4.1.3.: Nutzung der Vermögensanlage

- Haltedauer der Policen bis zu deren Ablauf
- aktiver Handel mit den Policen
- Reinvestition der Ablaufleistung bzw. des Verkaufserlöses.

Zu 4.1.4.: Sensitivitätsanalyse

- Änderung der Kaufpreise für die Lebensversicherungspolicen
- Zeitlicher Anfall der Versicherungsleistungen (z. B. falls diese ein Jahr früher oder später als in der Prognoserechnung angenommen anfallen)
- Änderung der Verwertungserlöse, falls Veräußerung der Policen (gegen Ende der Fondslaufzeit oder im Rahmen eines Policenhandels) geplant ist
- Bei policenhandelnden Fonds: Änderung der durchschnittlichen jährlichen Wertentwicklung des Policenbestands
- Auswirkungen von im Vergleich zur Prognoserechnung abweichenden Prämienzahlungen.

Zu 4.2.1.: Angaben zum Anlageobjekt

- Vertrag mit demjenigen, der Policen auswählt und ggf. zunächst selbst erwirbt (Settlement Company/Market Maker); Zusätzlich zur Vertragsdarstellung sind noch weitere Informationen und Angaben zur Settlement Company erforderlich, z. B.: seit wann am Markt tätig, bisheriger Policenerwerb (im Vorjahr zum Ankauf angebotenes Volumen), Marktzugang, Lizenz für wie viele Bundesstaaten usw.
- Vertrag über laufende Überwachung und Verwaltung des Portfolios (wird in der Regel von Settlement Company übernommen)
- Trust Agreement
- Verträge mit medizinischen Gutachtern
- Vertrag mit Aktuar
- Interne Verträge/Leistungsverträge.

Zu 4.2.2.: Beendigung der Vermögensanlage

- zugrunde gelegter Kaufpreis bei geplantem Verkauf der Lebensversicherungen
- Möglichkeit einer Rückabwicklung, falls z. B. nicht genügend Policen gefunden werden.

Texte Anlage 7 IDW S 4

Zu 4.3.: Steuerliche Angaben

- Eigentum an Policen
- Vermögensverwaltung oder Gewerblichkeit
- Betriebsstättenproblematik
- Eingreifen des Investmentsteuergesetzes kann nicht ausgeschlossen werden
- Doppelbesteuerungsabkommen.

Zu 4.4.: Hinweis auf besondere Umstände

- Auch wenn keine Verflechtungen gemäß Abschn. 4.4. vorliegen: Eventueller Hinweis auf besonders bei Lebensversicherungszweitmarktfonds auftretende Interessenkonflikte: z. B. falls Settlement Company oder die Personen die Erwerbsentscheidung treffen für verschiedene Fonds tätig werden.

2. VGF Verband Geschlossene Fonds e. V. Grundsätze und Leitlinien zur Erstellung von Leistungsbilanzen

In der Fassung vom 27. 06. 2007*

Präambel

A. Grundsätze
1. Grundsatz: Pflicht zur Erstellung von Leistungsbilanzen
2. Grundsatz: Transparenz und Nachvollziehbarkeit der Darstellung
3. Grundsatz: Vollständigkeit der Darstellung
4. Grundsatz: Wahrheit und Richtigkeit der Darstellung
5. Grundsatz: Aktualität der Darstellung und fristgerechte Veröffentlichung der Leistungsbilanz

B. Mindestanforderungen

I. Teil: Grundsätzliches

    1. Anwendungsbereich
    2. Gegenstand und Zweck
    3. Formelle Anforderungen

II. Teil: Angaben zum Unternehmen bzw. zur Unternehmensgruppe/ Selbstauskunft

    1. Firmenname mit Rechtsform
    2. Angaben zum Initiator sowie wesentliche Beteiligungsgesellschaften mit operativer Funktion zum Fondsgeschäft (sog. Leitgesellschaften)
    3. Registergericht und Handelsregisternummer
    4. Gründungsjahr
    5. Auflistung aller Gesellschafter, die zu mindestens 5% am Unternehmen beteiligt sind
    6. Unternehmensgegenstand

---

* Die Grundsätze und Leitlinien zur Erstellung von Leistungsbilanzen wurden gemeinsam von den Mitgliedern des Verbandes erarbeitet. Sie sind als ein dynamischer Rahmen zu verstehen, der beständig weiterentwickelt werden wird. Der aktuelle Stand der Bearbeitung kann auf den Internetseiten des VGF (www.vgf-online.de) abgerufen werden. Eine Druckversion kann beim VGF Verband Geschlossene Fonds e. V. angefordert werden.

7. Namen und Geschäftssitz/Dienstort der Geschäftsführer/Vorstände mit wesentlichen Angaben zum Werdegang und Branchenzugehörigkeit.
8. Höhe des Stammkapitals
9. Anzahl der an den angebotenen Vermögensanlagen insgesamt beteiligten Anleger
10. Angaben über Zweitmarktaktivitäten

III. Teil: Angaben zu den angebotenen Vermögensanlagen
1. Darstellung laufende Fonds
    1.1 Angaben zum Fonds
        1.1.1 Firmenname und Rechtsform (ohne HR-Nummer)
        1.1.2 Emissionsjahr
        1.1.3 Komplementär/ Fondsverwalter/ Treuhänder
        1.1.4 Garantiegeber
        1.1.5 Investitionsgegenstand und -art
        1.1.6 Evtl. Rückabwicklung
    1.2 Soll-/Ist-Vergleich, d. h. erzielte wirtschaftliche Ergebnisse gegenüber Prospektangaben
        1.2.1 Investitionsphase
            - Gesamtinvestition
            - Agio
            - Eigenkapital ohne Agio
            - Eigenkapital netto
            - Platzierungsgarantien
            - Fremdkapital brutto
            - Steuerliches Ergebnis
        1.2.2 Angaben zur Bewirtschaftungs-/ Betriebsphase
            - Berichtsjahr Soll
            - Berichtsjahr Ist
            - Soll-/Ist-Vergleich kumulierte Werte
            - Erlöse ohne evtl. Garantien
            - Ausschüttung absoluter Betrag / %
            - Liquiditätsreserve
            - Stand des Fremdkapitals
2. Darstellung der innerhalb der letzten zehn Jahre aufgelösten Fonds
    2.1 Erläuterung/Beschreibung Fonds
    2.2 Fondsvolumen in Eigen- und Fremdkapital
    2.3 Ende des Zeichnungszeitraums
    2.4 Jahr der Auflösung
    2.5 Ausschüttung kumuliert Soll-/Ist-Vergleich
    2.6 Steuerliches Ergebnis

Präambel

Die Mitglieder des VGF bieten geschlossene Fonds mit unterschiedlichen Arten von Investitionsgegenständen an. Hierzu gehören bspw. Immobilien, Schiffe, erneuerbare Energien, Private Equity oder Leasingkonzeptionen.

Die Mitglieder des VGF haben die vorliegenden Leitlinien erarbeitet, um übergreifende Vorgaben zur Erstellung von Leistungsbilanzen für unterschiedliche Arten von Investitionsgegenständen zur Verfügung zu stellen.

Während die im Teil „A" dargestellten Grundsätze einen „Code of Conduct" für die Erstellung von Leistungsbilanzen definieren, sind in den Mindestanforderungen im Teil „B" detailliertere Arbeitsanweisungen enthalten.

Die Leitlinien zur Erstellung von Leistungsbilanzen für geschlossene Fonds sind erstmalig für dasjenige Jahr anzuwenden, in dem durch die Mitgliederversammlung des VGF über sie Beschluss gefasst wurde.

Diese Leitlinien dienen als Empfehlung. Sie gelten bis das Institut der Wirtschaftsprüfer in Deutschland (IDW) den ersten Entwurf eines eigenen verbindlichen Standards für die Erstellung von Leistungsbilanzen bzw. Leistungsnachweisen veröffentlicht.

A. Grundsätze

1. Grundsatz: Pflicht zur Erstellung von Leistungsbilanzen

Unternehmen, die geschlossene Fonds als Vermögensanlage öffentlich anbieten oder in der Vergangenheit angeboten haben, sind verpflichtet, jährlich eine Leistungsbilanz über diese Vermögensanlagen zu erstellen. Soweit Unternehmensbeteiligungen öffentlich angeboten wurden, die nicht als geschlossene Fonds zu qualifizieren sind, können auch diese in der Leistungsbilanz dargestellt werden.

2. Grundsatz: Transparenz und Nachvollziehbarkeit der Darstellung

Sprache, Aufbau und Inhalte der Leistungsbilanz müssen transparent und nachvollziehbar sein. Hierzu sind alle Angaben logisch, strukturiert, verständlich und widerspruchsfrei darzustellen, so dass dem Leser eine zutreffende Beurteilung des Anbieters, Emittenten und der Vermögensanlagen ermöglicht wird.

3. Grundsatz: Vollständigkeit der Darstellung

Alle innerhalb der Leistungsbilanz gemachten Angaben, insbesondere Zahlen und Daten sind vollständig darzustellen. Die Leistungsbilanz muss über Charakteristik, Strukturen und bedeutende Eckdaten zum Unternehmen bzw. zur Unternehmensgruppe informieren. Über alle angebotenen Vermögensanlagen, die sich in der Bewirtschaftung befinden oder innerhalb der letzten zehn Jahre aufgelöst wurden, muss im Einzelnen berichtet werden. Neben einer Darstellung verschiedener Informationen zum Investitionsgegenstand muss hierzu die Entwicklung der jeweils angebotenen Vermögensanlage durch vergleichende Gegenüberstellung von Prognose und tatsächlichem Ergebnis zu verschiedenen relevanten Daten und Zahlen dokumentiert werden.

4. Grundsatz: Wahrheit und Richtigkeit der Darstellung

Alle innerhalb der Leistungsbilanz gemachten Angaben, insbesondere Zahlen und Daten sind wahr und richtig darzustellen. Die Leistungsbilanz soll die Prüfungsbescheinigung eines Wirtschaftsprüfers bzw. vereidigten Buchprüfers enthalten. Das Fehlen einer Prüfbescheinigung ist zu erläutern.

5. Grundsatz: Aktualität der Darstellung und fristgerechte Veröffentlichung der Leistungsbilanz

Die Leistungsbilanz ist für das vorangegangene Kalenderjahr bzw. Wirtschaftsjahr zu erstellen. Das Datum des Redaktionsschlusses der Leistungsbilanz sowie der Stichtag, bis zu dem die Angaben, insbesondere Zahlen und Daten erhoben wurden, muss in der Leistungsbilanz angegeben werden. Die Leistungsbilanz soll bis zum 30.09. eines jeden Jahres veröffentlicht werden.

B. Mindestanforderungen

I. Teil: Grundsätzliches

1. Anwendungsbereich

Unternehmen, die geschlossene Fonds als Vermögensanlage öffentlich anbieten oder in der Vergangenheit angeboten haben, sind verpflichtet, jährlich eine Leistungsbilanz über diese Vermögensanlagen zu erstellen. Soweit Unternehmensbeteiligungen öffentlich angeboten wurden, die nicht als geschlossene Fonds zu qualifizieren sind, können auch diese in der Leistungsbilanz dargestellt werden.

B. Mindestanforderungen **Texte**

Die Leitlinien zur Erstellung von Leistungsbilanzen für geschlossene Fonds sind erstmalig für dasjenige Jahr anzuwenden, in dem über sie Beschluss gefasst wurde.

Die Leistungsbilanz des Unternehmens soll jeweils bis zum 30.09. eines jeden Jahres vorgelegt werden.

2. Gegenstand und Zweck

Ziel der Leistungsbilanz ist es, insbesondere interessierten Anlegern ein zutreffendes und vollständiges Bild der bisher von einem Emissionshaus öffentlich angebotenen geschlossenen Fonds zu vermitteln. Es ist zumindest über alle diejenigen vom Emissionshaus öffentlich angebotenen geschlossenen Fonds zu berichten, die sich in der Bewirtschaftung befinden oder innerhalb der letzten zehn Jahre aufgelöst wurden.

Die Leistungsbilanz soll zunächst über Charakteristik, Strukturen und bedeutende Eckdaten zum Unternehmen bzw. zur Unternehmensgruppe informieren.

Im Anschluss soll über die angebotenen Vermögensanlagen im Einzelnen berichtet werden. Neben einer Darstellung verschiedener Informationen zum Investitionsgegenstand soll durch vergleichende Gegenüberstellung von Prognose und tatsächlichem Ergebnis zu verschiedenen relevanten Daten und Zahlen die Entwicklung der jeweils angebotenen Vermögensanlage dokumentiert werden (sog. Soll-/Ist-Vergleich).

3. Formelle Anforderungen

Die Darstellung muss in Sprache und Aufbau logisch, strukturiert und verständlich sein. Alle nach diesen Leitlinien zu erstellenden Angaben müssen richtig und vollständig sein. Über die in diesen Leitlinien vorgegebenen verpflichtenden Angaben können weitergehende Angaben freiwillig gemacht werden.

Der Leistungsbilanz kann ein Inhaltsverzeichnis vorangestellt werden. Nicht erforderlich ist, dass die Angaben gemäß dieser Leitlinien in der durch diese vorgegeben Reihenfolge dargestellt werden.

Zahlen und Kennziffern, die Relationen oder Vergleiche abbilden, können sowohl im Fließtext als auch in grafischer Form dargestellt werden. Insbesondere der Soll-/Ist-Vergleich ist auch in tabellarischer Form darzustellen. Den Darstellungen zu den Soll-Ist-Vergleichen kann ein zusammenfassendes Gesamtergebnis vorangestellt werden, in dem dargelegt wird, wie viele der in die Leistungsbilanz eingehenden Fonds die nach dem jeweiligen Verkaufsprospekt prognostizierten Ausschüttungen kumuliert betrachtet eingehalten bzw. über- oder unterschritten haben. Bei der Feststellung, ob ein Fonds die nach dem jeweiligen Verkaufsprospekt prognostizierten Ausschüttungen kumuliert betrachtet eingehalten hat oder nicht, sind positive wie negative Abweichungen des Ist-Wertes vom Soll-Wert von bis zu 5% tolerabel.

Die zu der jeweils dargestellten Vermögensanlage angegebene Währung muss mit derjenigen Währung übereinstimmen, die im entsprechenden Verkaufsprospekt bzw. in der Vertriebsunterlage angegeben wird. Ist hiernach eine Fremdwährung anzugeben, kann darüber hinaus auch eine Darstellung in Euro erfolgen. Der jeweilige Währungsumrechnungskurs zum Zeitpunkt der Darlehensvalutierung sowie zum Stichtag der Leistungsbilanz ist anzugeben.

Das Datum des Redaktionsschlusses der Leistungsbilanz sowie der Stichtag, bis zu dem Daten erhoben worden sind und in der Leistungsbilanz verwendet werden, sind anzugeben.

Die Leistungsbilanz muss eine Prüfungsbescheinigung eines Wirtschaftsprüfers/vereidigten Buchprüfers enthalten. Eine solche Prüfungsbescheinigung kann entfallen, soweit einzelne in der Leistungsbilanz dargestellte Vermögensanlagen nicht testiert wurden (z. B. GbR-Fonds).

Die Leistungsbilanz soll in digitaler Form bereitgehalten werden.

Darstellungen, in denen wesentliche Elemente der nach diesen Leitlinien erstellten Leistungsbilanz abgebildet werden, ist insbesondere für den Fall, dass diese als Leistungsbilanz bezeichnet werden, ein Hinweis voranzustellen, aus dem hervorgeht, dass es sich nicht um die Leistungsbilanz nach den Vorgaben dieser Leitlinien handle und diese in einer gesonderten Darstellung vorliege. Anzugeben ist, wo die Leistungsbilanz bezogen werden kann.

Leistungsbilanzen, die mindestens nach diesen Leitlinien erstellt sind, dürfen im Fließtext die Bezeichnung „nach VGF-Leitlinien in der Fassung vom 27. Juni 2007" führen.

II. Teil: Angaben zum Unternehmen bzw. zur Unternehmensgruppe/Selbstauskunft

1. Firmenname mit Rechtsform

2. Angaben zum Initiator sowie wesentliche Beteiligungsgesellschaften mit operativer Funktion zum Fondsgeschäft (sog. Leitgesellschaften)

Anzugeben sind jeweils die Postanschrift des Gesellschaftssitzes sowie des Verwaltungssitzes falls abweichend von Gesellschaftssitz.

Analog § 5 AktG bzw. § 4a GmbHG ist Sitz der Gesellschaft der in der Satzung angegebene. In der Regel ist dies der Ort, an dem die

B. Mindestanforderungen **Texte**

Gesellschaft einen Betrieb hat, oder an dem sich die Geschäftsleitung befindet oder die Verwaltung geführt wird.

3. Registergericht und Handelsregisternummer

Die Vorlage eines Handelsregisterauszuges ist nicht erforderlich. Über die HR-Nummer besteht die Möglichkeit, einen Registerauszug zu beziehen. Insbesondere nach Umstellung der Handelsregister auf elektronische Verwaltung wird der Zugriff auf Registerinformation leichter.

4. Gründungsjahr

Ggf. mit Angaben zu Umgründungen (Jahr und Firmenname).

5. Auflistung aller Gesellschafter, die zu mindestens mit 5% am Unternehmen beteiligt sind

Zu nennen sind die Gesellschafter, die analog §§ 21 Abs. 1, 22 WpHG mehr als 5% der Stimmrechte innehaben. Stille Beteiligungen sind nicht aufzuführen.

6. Unternehmensgegenstand

Der Unternehmensgegenstand kann wie er im Handelsregister eingetragen ist, angegeben werden.

7. Namen und Geschäftssitz/Dienstort der Geschäftsführer/Vorstände mit wesentlichen Angaben zum Werdegang und Branchenzugehörigkeit

Angaben zu Werdegang und Branchenzugehörigkeit, soweit dies für die jetzige Funktion von Relevanz und/oder für die zu treffende Einschätzung ihrer fachlichen und/oder persönlichen Qualifikation von Bedeutung ist. Auf die Angabe von Vertretungsbefugnissen kann analog §§ 10, 282 AktG, § 8 GmbHG verzichtet werden.

8. Höhe des Stammkapitals

9. Anzahl der an den angebotenen Vermögensanlagen insgesamt beteiligten Anleger

Zu nennen ist die ungefähre Gesamtanzahl der an allen angebotenen Vermögensanlagen beteiligten Anleger.

10. Angaben über Zweitmarktaktivitäten

Ggf. Angabe über Ablauf, Verortung und Art des Zweitmarkthandels sowie Umsatzhöhe. Erzielte Preise und Anzahl der veräußerten Anteile können angegeben werden.

III. Teil: Angaben zu den angebotenen Vermögensanlagen

Es sind die auf dem freien Kapitalmarkt in der Vergangenheit öffentlich angebotenen Emissionen (Fonds sowie ggf. andere Vermögensanlagen) seit Aufnahme der Geschäftstätigkeit durch das Unternehmen bzw. der Unternehmensgruppe nach den nachfolgenden Maßgaben aufzuführen.

1. Darstellung laufende Fonds

1.1. Angaben zum Fonds:

1.1.1. Firmenname und Rechtsform (ohne HR-Nummer)

Anzugeben ist sowohl die Bezeichnung, unter der der Fonds am freien Kapitalmarkt angeboten wurde, als auch die Firma, unter der die Fondsgesellschaft im Handelsregister eingetragen ist. Wiederholen sich Firmenname oder Teile des Firmennamens (z. B. die Rechtsform), genügt die einmalige Nennung des Firmennamens oder der Teile des Firmennamens, sofern auf die Wiederholung entsprechend hingewiesen wird (z. B. „Alle im Folgenden genannten Fondsgesellschaften sind in der Rechtsform der GmbH & Co.KG ausgestaltet. Dort wo eine andere Rechtsform gewählt wurde, wird gesondert darauf hingewiesen.")

1.1.2. Emissionsjahr

Jahr, in dem der Fonds erstmals am freien Kapitalmarkt öffentlich zur Beteiligung angeboten wurde, in der Regel das Jahr des ersten öffentlichen Angebots gemäß dem VerkProspG.

1.1.3. Komplementär/ Fondsverwalter/ Treuhänder

Anzugeben ist jeweils die Firma und der Sitz. Fondsverwalter ist diejenige Firma, welche die kaufmännische Leitung des Fonds innehat (z. B. bei Immobilien der Komplementär, bei Schiffen der Reeder).

1.1.4. Garantiegeber

Es sind die prospektierten Garantien sowie die Garantiegeber anzugeben,
– sofern der Garantiefall eingetreten ist und

B. Mindestanforderungen **Texte**

– die Garantiezusage sodann nicht eingehalten wurde.
Es ist anzugeben, warum die Garantie nicht eingehalten wurde.

1.1.5. Investitionsgegenstand und -art

Die Darstellung der Investitionsgegenstände muss alle Angaben enthalten, die für die Fondsentwicklung von wesentlicher Bedeutung sind. Dies sind grundsätzlich nur solche Angaben, die dem Investitionsgegenstand dauerhaft anhaften. Der notwendige Detaillierungsgrad bestimmt sich im Übrigen nach der anzunehmenden, plausiblen Relevanz und Sensitivität der jeweiligen Angabe für die wirtschaftliche Entwicklung des Gesamtfonds.

1.1.6. Evtl. Rückabwicklung

Sofern Anleger zu einem öffentlich angebotenen geschlossenen Fonds wirksam beigetreten sind, ihre Einlage geleistet haben und der Fonds hiernach rückabgewickelt wurde, so ist zu dokumentieren, zu welchen Konditionen die Rückabwicklung durchgeführt wurde (z. B. Umfang der Rückzahlung, Ausgleich von Zinsverlusten oder etwaige andere Ausgleichszahlungen). Sonstige Angaben zu Rückabwicklungen, insbesondere die Gründe hierfür, können auch dargestellt werden, wenn die Anleger ihre Einlage noch nicht geleistet haben.

1.2. Soll-/Ist-Vergleich, d. h. erzielte wirtschaftliche Ergebnisse gegenüber Prospektangaben

Umfang und Art der Darstellung des Soll-/Ist-Vergleichs bestimmt sich danach, welche Phase der Kapitalanlage abgebildet wird. Als Phasen sind zu unterscheiden:
– Investitionsphase
– Bewirtschaftungs-/ Betriebsphase

Maßgebend für die Soll-Werte sind die Angaben aus dem Prospekt in seiner jüngsten Fassung, d. h. ggf. ergänzt um Nachträge im Sinne des § 11 VerkProspG. Für die Bestimmung der Ist-Werte ist der tatsächlich benötigte Zeitraum bzw. der Zeitpunkt der getätigten Investition maßgeblich.

Ist für einen Investitionsgegenstand – über die bloße Nachtragspflicht im Sinne des § 11 VerkProspG hinaus – mehr als ein Prospekt erstellt und gestattet worden, ist in Bezug auf die Angaben jedes solchen Prospektes ein Soll-/Ist-Vergleich vorzunehmen.

Der Soll-/Ist-Vergleich ist entbehrlich, soweit Soll-Angaben nicht vorgenommen wurden (insbesondere bei „Blind-Pool"-Konstruktionen).

1.2.1. Investitionsphase

Zeitraum oder Zeitpunkt, in dem prospektgemäß das Eigenkapital der Fondsgesellschaft eingeworben und die Investitionen gemäß Investitionsplan getätigt wurden.
Für den Zeitraum bzw. Zeitpunkt der Investition sind nur evtl. Abweichungen von den prospektierten Angaben im Soll-/Ist-Vergleich darzustellen. Die Abweichungen sind zu erläutern.

- Gesamtinvestition

Summe aller im Investitionsplan vorgesehenen Investitionsbeträge. Sofern im Investitionsplan des Prospektes die Verwendung eines etwaigen Agios oder Kreditdamna oder von Zinsvorauszahlungen enthalten sein sollten, sind diese in die Gesamtinvestitionssumme einzubeziehen. Ein Hinweis darauf in den Erläuterungen kann vorgenommen werden. Wird für die Gesamtinvestition aller in die Leistungsbilanz eingehender Fonds eine Soll-/Ist-Gegenüberstellung vorgenommen, so ist anzugeben, für wie viele Fonds bzw. bis zu welchem Betrag der Gesamtinvestitionssumme die Agios mit einbezogen bzw. eingerechnet wurden.

- Agio

Anzugeben ist der Gesamtbetrag des anfallenden Agios.

- Eigenkapital ohne Agio

Betrag, der im Finanzierungsplan des Prospektes als von Anlegern einzuwerbendes Kapital ausgewiesen ist. Nachträgliche Änderungen des Eigenkapitals (z. B. Kapitalerhöhungen oder Kapitalherabsetzungen) sind in den IST-Werten anzugeben und zu erläutern.

- Eigenkapital netto

Darzustellen ist der Gesamtbetrag der Bareinlagen ohne evtl. refinanziertes Eigenkapital.

- Platzierungsgarantien

Nur, soweit Garantie gezogen wurden.

- Fremdkapital brutto

Summe aller im Finanzierungsplan des Prospektes ausgewiesenen Fremdmittel der Fondsgesellschaft ohne Refinanzierungsdarlehen der Einlagen der Anleger. Soweit Kreditdamna vereinbart wurden, sind die Fremdmittel mit ihrem Brutto-Wert, d. h. ggf. einschließlich der Kreditdamna auszuweisen. Sofern Fremdmittel in mehreren

B. Mindestanforderungen **Texte**

Währungen aufgenommen wurden, sind diese mit ihren jeweiligen Fremdwährungs-Bruttobeträgen auszuweisen. In den Erläuterungen soll sowohl der jeweilige Wechselkurs zum Zeitpunkt der Darlehensvalutierungen als auch der Wechselkurs zum Stichtag der Leistungsbilanz angegeben werden.

- Steuerliches Ergebnis

Anzugeben ist das den Anlegern zugewiesene einkommensteuerliche Ergebnis der Fondsgesellschaft in der Investitionsphase. Der Wert ist in Prozent bezogen auf das angegebene Eigenkapital ohne Agio auszuweisen.

1.2.2. Angaben zur Bewirtschaftungs-/Betriebsphase

Zeitraum, der sich unmittelbar an die Investition anschließt bis zur Liquidation der Fondsgesellschaft.

Hinsichtlich der Bewirtschaftungs-/Betriebsphase ist der Soll-/Ist-Vergleich für diejenigen Parameter vorzunehmen, die für die Darstellung der Entwicklung des Fonds von wesentlicher Bedeutung sind. Welche Parameter dies im Einzelnen sind, bestimmt sich nach der anzunehmenden, plausiblen Relevanz und Sensitivität des jeweiligen Parameters für die wirtschaftliche Entwicklung des Gesamtfonds. Der Soll-/Ist-Vergleich ist in jedem Fall für die Parameter Erlöse, Ausschüttung, Liquiditätsreserve und das Fremdkapital darzustellen (Siehe im Einzelnen unten).

- Berichtsjahr Soll

In dieser Spalte werden – sofern vorhanden – die Soll-Werte gemäß Prospekt für das aktuelle Berichtsjahr ausgewiesen, sofern der Prognosezeitraum gemäß Prospekt nicht bereits abgelaufen ist. Der Soll-Wert für das Berichtsjahr ist auch in dem kumulierten Soll-Wert enthalten.

- Berichtsjahr Ist

In dieser Spalte werden die Ist-Werte für das aktuelle Berichtsjahr ausgewiesen. Der Ist-Wert für das aktuelle Berichtsjahr ist auch in dem kumulierten Ist-Wert enthalten.

- Soll-/Ist-Vergleich kumulierte Werte

Anzugeben sind die kumulierten Soll-Werte gem. Prospekt sowie die kumulierten Ist-Werte jeweils seit Emission bis zum 31.12. des Berichtsjahres der Leistungsbilanz, soweit diese nicht planmäßig im Investitionsplan enthalten waren bzw. diesem zugerechnet und dort ausgewiesen werden.

Texte VGF Leitlinien Leistungsbilanzen

Sofern der im jeweiligen Berichtsjahr betrachtete Zeitraum über denjenigen Zeitraum hinausgeht, für den in der Prospektprognose Soll-Werte ausgewiesen werden, ist in einer Fußnote zum Soll-/Ist-Vergleich hierauf entsprechend hinzuweisen.

- Erlöse ohne evtl. Garantien

Anzugeben sind die Erlöse. Verstößt die Angabe der Einnahmen gegen geltendes Recht wie Datenschutzbestimmungen oder gegen vertragliche Vereinbarungen (z. B. die Einnahmen generieren sich aus den Mietzahlungen nur eines Mieters, die aber nicht bekannt gegeben werden dürfen), so darf auf die Angabe der Einnahmen verzichtet werden. Die Gründe des Verzichtes sind anzugeben.

- Ausschüttung absoluter Betrag / %

Anzugeben sind Ausschüttungen, die an die Anleger vorgenommen wurden. Der Ausweis soll sowohl als absoluter Zahlbetrag in der prospektierten Währung als auch in Prozent bezogen auf das Eigenkapital ohne Agio oder, im Falle einer anteiligen Finanzierung des Eigenkapitals, bezogen auf das Eigenkapital netto erfolgen. Sofern Nachschüsse von Anlegern geleistet werden mussten, sind diese als negative Ausschüttungen einzubeziehen

- Liquiditätsreserve

Stand der Liquidität der Fondsgesellschaft zum Leistungsbilanzstichtag. Einzubeziehen sind alle frei verfügbaren Guthaben und leicht liquidierbaren Kapitalanlagen, soweit diese nicht eigenständige langfristige Investitionsgegenstände gemäß Investitionsplan im Prospekt sind (wie z. B. Wertpapierdepots als Investitionsgegenstand). Instandhaltungsrücklagen und kurzfristige Forderungen bis zu einem Jahr sind ebenfalls einzubeziehen. In Anspruch genommene Kontokorrentkredite u. ä. kurzfristige Fremdmittel sind als negative Liquidität einzubeziehen. Ausschüttungen, die abweichend von der Prospektierung nicht ausgezahlt wurden oder die für das Jahr, das dem Jahr der Darstellung folgt, vorgesehen sind, dürfen nicht in die Liquiditätsreserve mit eingerechnet werden. Der sich daraus ergebene Betrag ist entsprechend von dem Betrag der Liquiditätsreserve abzuziehen.

- Stand des Fremdkapitals

Summe aller langfristigen Fremdmittel zum Rückzahlungsbetrag zum Stichtag der Leistungsbilanz. Soweit Fremdmittel in verschiedenen Währungen aufgenommen worden sind, sind diese mit ihren jeweiligen Fremdwährungsbeträgen auszuweisen. Die Wechselkurse

B. Mindestanforderungen **Texte**

und Euro-Äquivalente zum Leistungsbilanzstichtag können in den Erläuterungen angegeben werden.

2. Darstellung der innerhalb der letzten zehn Jahre aufgelösten Fonds

Darzustellen sind die in den vergangenen zehn Jahren aufgelösten Fonds. Für die Berechnung des Zehn-Jahres-Zeitraumes ist von dem in der Leistungsbilanz dargestellten Jahr auszugehen.

2.1 Erläuterung/Beschreibung Fonds
2.2. Fondsvolumen in Eigen- und Fremdkapital
2.3. Ende des Zeichnungszeitraums

Anzugeben ist das Jahr, in dem das öffentliche Angebot und die Zeichnung beendet wurden.

Jahr der Auflösung
Weicht das Jahr der Auflösung des Fonds vom Jahr des Objektverkaufs ab, so ist das Jahr des Objektverkaufs gesondert anzugeben.
Ausschüttung kumuliert Soll-/Ist-Vergleich
Steuerliches Ergebnis
Anzugeben ist das den Anlegern zugewiesene einkommenssteuerliche Ergebnis der Fondsgesellschaft in der Investitionsphase. Der Wert ist in Prozent bezogen auf das angegebene Eigenkapital ohne Agio auszuweisen.

3. Muster einer Überkreuz-Checkliste für Vermögensanlagen-Verkaufsprospekte[*]

**Überkreuz-Checkliste
für Vermögensanlagen-Verkaufsprospekte**

nach der Vermögensanlagen-Verkaufsprospektverordnung (VermVerkProspV) vom 16.12.2004

Anbieter:	
Emittent:	
Art/Name der Vermögensanlage:	

Nr.	**Hinweis:** Falls eine nach der Verordnung geforderte Angabe nicht zutrifft, ist zwingend ein Negativtestat in den Prospekt aufzunehmen. Bei einer Angabe, die aus der Rechtsnatur der Sache heraus und/oder aus tatsächlichen Gründen nicht möglich ist, ist ein kurzer Hinweis im Prospekt erforderlich, warum diese Angabe nicht gemacht werden kann.	Seite/n

	Allgemeine Grundsätze (§ 2 VermVerkProspV)	
1	§ 2 Abs. 1 Satz 5 VermVerkProspV	Im Falle der ganzen oder teilweisen Abfassung des Verkaufsprospekts in einer anderen in internationalen Finanzkreisen gebräuchlichen Sprache, ist dem Prospekt eine deutsche Zusammenfassung voranzustellen, die Teil des Prospekts ist.	
2	§ 2 Abs. 1 Satz 5 VermVerkProspV	Wesentliche tatsächliche Angaben zu dem Emittenten in der deutschen Zusammenfassung.	
3	§ 2 Abs. 1 Satz 5 VermVerkProspV	Wesentliche rechtliche Angaben zu dem Emittenten in der deutschen Zusammenfassung.	
4	§ 2 Abs. 1 Satz 5 VermVerkProspV	Wesentliche tatsächliche Angaben der Vermögensanlage in der deutschen Zusammenfassung.	
5	§ 2 Abs. 1 Satz 5 VermVerkProspV	Wesentliche rechtliche Angaben der Vermögensanlage in der deutschen Zusammenfassung.	
6	§ 2 Abs. 1 Satz 5 VermVerkProspV	Wesentliche tatsächliche Angaben zu dem Anlageobjekt in der deutschen Zusammenfassung.	
7	§ 2 Abs. 1 Satz 5 VermVerkProspV	Wesentliche rechtliche Angaben zu dem Anlageobjekt in der deutschen Zusammenfassung.	
8	§ 2 Abs. 2 Satz 1 VermVerkProspV	Der Verkaufsprospekt muss ein Inhaltsverzeichnis enthalten.	
9	§ 2 Abs. 2 Satz 2 VermVerkProspV	Anschließend an das Inhaltsverzeichnis ist ein hervorgehobener Hinweis aufzunehmen, dass die inhaltliche Richtigkeit der im Prospekt gemachten Angaben nicht Gegenstand der Prüfung des Prospekts durch die Bundesanstalt ist.	
10	§ 2 Abs. 2 Satz 3 VermVerkProspV	Die wesentlichen tatsächlichen und rechtlichen Risiken im Zusammenhang mit der Vermögensanlage einschließlich der mit einer Fremdfinanzierung einhergehenden Risiken sind in einem gesonderten Abschnitt, der nur diese Angaben enthält, darzustellen.	

---

[*] Quelle: www.bafin.de.

Angaben über Personen — Texte

11	§ 2 Abs. 2 Satz 4 VermVerkProspV	Dabei ist das den Anleger treffende maximale Risiko in seiner Größenordnung zu beschreiben.	
12	§ 2 Abs. 2 Satz 5 VermVerkProspV	Nach dieser Verordnung geforderte und darüber hinausgehende in den Prospekt aufgenommene Angaben, die eine Prognose beinhalten, sind deutlich als Prognosen kenntlich zu machen.	
13	§ 2 Abs. 4 VermVerkProspV	Der Verkaufsprospekt ist mit dem Datum seiner Aufstellung zu versehen.	
14	§ 2 Abs. 4 VermVerkProspV	Der Verkaufsprospekt ist vom Anbieter zu unterzeichnen.	
15	§ 2 Abs. 5 VermVerkProspV	Sind vorgeschriebene Angaben dem nach § 10 Abs. 1 in den Verkaufsprospekt aufgenommenen Jahresabschluss unmittelbar zu entnehmen sind, so brauchen diese nicht wiederholt zu werden.	
Angaben über Personen oder Gesellschaften, die für den Inhalt des Verkaufsprospekts die Verantwortung übernehmen (§ 3 VermVerkProspV)			
16	§ 3 HS. 1 VermVerkProspV	Bei natürlichen Personen die Namen, die Geschäftsanschrift und die Funktionen derjenigen, die für den Inhalt des Verkaufsprospekts die Verantwortung übernehmen oder	
17	§ 3 HS. 1 VermVerkProspV	bei juristischen Personen oder Gesellschaften die Firma und den Sitz der Personen oder Gesellschaften, die für Inhalt des Verkaufsprospekts die Verantwortung übernehmen.	
18	§ 3 HS. 2 VermVerkProspV	Eine Erklärung dieser Personen oder Gesellschaften, dass ihres Wissens die Angaben richtig und keine wesentlichen Umstände ausgelassen sind.	
Angaben über die Vermögensanlagen (§ 4 VermVerkProspV)			
19	§ 4 Satz 1 Nr. 1 VermVerkProspV	Art, Anzahl und Gesamtbetrag der angebotenen Vermögensanlagen. Steht die Anzahl oder der Gesamtbetrag bei Hinterlegung des Verkaufsprospekts noch nicht fest, ist ein hervorgehobener Hinweis aufzunehmen, der eine Mindestanzahl und einen Mindestbetrag angibt.	
20	§ 4 Satz 1 Nr. 1 VermVerkProspV	Die mit den Vermögensanlagen verbundenen Rechte.	
21	§ 4 Satz 1 Nr. 2 VermVerkProspV	Die wesentlichen Grundlagen der steuerlichen Konzeption der Vermögensanlage.	
22	§ 4 Satz 1 Nr. 2 VermVerkProspV	Übernimmt der Anbieter die Zahlung von Steuern, so ist dies anzugeben.	
23	§ 4 Satz 1 Nr. 3 VermVerkProspV	Wie die Vermögensanlagen übertragen werden können.	
24	§ 4 Satz 1 Nr. 3 VermVerkProspV	In welcher Weise die freie Handelbarkeit der Vermögensanlagen eingeschränkt ist.	
25	§ 4 Satz 1 Nr. 4 VermVerkProspV	Zahlstellen oder andere Stellen, die bestimmungsgemäß Zahlungen an den Anleger ausführen.	
26	§ 4 Satz 1 Nr. 5 VermVerkProspV	Einzelheiten der Zahlung des Zeichnungs- oder Erwerbspreises, insbesondere die Kontoverbindung.	
27	§ 4 Satz 1 Nr. 6 VermVerkProspV	Die Stellen, die Zeichnungen oder auf den Erwerb von Anteilen oder Beteiligungen gerichtete Willenserklärungen des Publikums entgegennehmen.	

Texte

Muster Überkreuz-Checkliste

28	§ 4 Satz 1 Nr. 7 VermVerkProspV	Eine für die Zeichnung oder den Erwerb der Vermögensanlagen vorgesehene Frist.	
29	§ 4 Satz 1 Nr. 7 VermVerkProspV	Die Möglichkeiten, die Zeichnung vorzeitig zu schließen oder Zeichnungen, Anteile oder Beteiligungen zu kürzen.	
30	§ 4 Satz 1 Nr. 8 VermVerkProspV	Die einzelnen Teilbeträge, falls das Angebot in verschiedenen Staaten mit bestimmten Teilbeträgen erfolgt. Sind die Teilbeträge zum Zeitpunkt der Veröffentlichung des Prospekts noch nicht bekannt, ist anzugeben, in welchen Staaten das Angebot erfolgt.	
31	§ 4 Satz 1 Nr. 9 VermVerkProspV	Den Erwerbspreis für die Vermögensanlagen oder, sofern er noch nicht bekannt ist, die Einzelheiten und den Zeitplan für seine Festsetzung.	
32	§ 4 Satz 1 Nr. 10 VermVerkProspV	Die mit dem Erwerb, der Verwaltung und der Veräußerung der Vermögensanlage verbundenen weiteren Kosten.	
33	§ 4 Satz 1 Nr. 11 VermVerkProspV	Unter welchen Umständen der Erwerber der Vermögensanlagen verpflichtet ist, weitere Leistungen zu erbringen, insbesondere weitere Zahlungen zu leisten.	
34	§ 4 Satz 1 Nr. 12 VermVerkProspV	In welcher Gesamthöhe Provisionen, insbesondere Vermittlungsprovisionen oder vergleichbare Vergütungen, geleistet werden.	
35	§ 4 Satz 2 Var. 1 VermVerkProspV	Bei Unternehmensbeteiligungen im Sinne des § 8f Abs. 1 Satz 1 des Verkaufsprospektgesetzes ist der Gesellschaftsvertrag als Teil des Prospekts beizufügen.	
36	§ 4 Satz 2 Var. 2 VermVerkProspV	Bei Treuhandvermögen im Sinne des § 8f Abs. 1 Satz 1 des Verkaufsprospektgesetzes ist der Treuhandvertrag als Teil des Prospekts beizufügen.	
	Angaben über den Emittenten (§ 5 VermVerkProspV)		
37	§ 5 Nr. 1 VermVerkProspV	Firma des Emittenten.	
38	§ 5 Nr. 1 VermVerkProspV	Sitz des Emittenten.	
39	§ 5 Nr. 1 VermVerkProspV	Geschäftsanschrift des Emittenten.	
40	§ 5 Nr. 2 VermVerkProspV	Das Datum der Gründung des Emittenten.	
41	§ 5 Nr. 2 VermVerkProspV	Wenn der Emittent für eine bestimmte Zeit gegründet ist, die Gesamtdauer seines Bestehens.	
42	§ 5 Nr. 3 VermVerkProspV	Die für den Emittenten maßgebliche Rechtsordnung.	
43	§ 5 Nr. 3 VermVerkProspV	Die Rechtsform des Emittenten.	
44	§ 5 Nr. 3 VermVerkProspV	Soweit der Emittent eine Kommanditgesellschaft oder eine Kommanditgesellschaft auf Aktien ist, sind zusätzliche Angaben über die Struktur des persönlich haftenden Gesellschafters aufzunehmen.	
45	§ 5 Nr. 3 VermVerkProspV	Soweit der Emittent eine Kommanditgesellschaft oder eine Kommanditgesellschaft auf Aktien ist, sind zusätzliche Angaben über die von der gesetzlichen Regelung abweichenden Bestimmungen der Satzung oder des Gesellschaftsvertrags aufzunehmen.	

Angaben über das Kapital des Emittenten

46	§ 5 Nr. 4 VermVerkProspV	Den in der Satzung oder im Gesellschaftsvertrag bestimmten Gegenstand des Unternehmens.	
47	§ 5 Nr. 5 VermVerkProspV	Das für den Emittenten zuständige Registergericht.	
48	§ 5 Nr. 5 VermVerkProspV	Die Nummer, unter der der Emittent in das Register eingetragen ist.	
49	§ 5 Nr. 6 VermVerkProspV	Eine kurze Beschreibung des Konzerns und der Einordnung des Emittenten in ihn, falls der Emittent ein Konzernunternehmen ist.	
Angaben über das Kapital des Emittenten (§ 6 VermVerkProspV)			
50	§ 6 Satz 1 Nr. 1 VermVerkProspV	Die Höhe des gezeichneten Kapitals oder der Kapitalanteile.	
51	§ 6 Satz 1 Nr. 1 VermVerkProspV	Die Art der Anteile, in die das Kapital zerlegt ist.	
52	§ 6 Satz 1 Nr. 1 VermVerkProspV	Die Angabe der Hauptmerkmale der Anteile.	
53	§ 6 Satz 1 Nr. 1 VermVerkProspV	Die Höhe der ausstehenden Einlagen auf das Kapital.	
54	§ 6 Satz 1 Nr. 2 VermVerkProspV	Eine Übersicht der bisher ausgegebenen Wertpapiere oder Vermögensanlagen im Sinne des § 8f Abs. 1 des Verkaufsprospektgesetzes.	
55	§ 6 Satz 2 VermVerkProspV	Ist der Emittent eine Aktiengesellschaft oder Kommanditgesellschaft auf Aktien, muss der Verkaufsprospekt über das Kapital des Emittenten zusätzlich den Nennbetrag der umlaufenden Wertpapiere, die den Gläubigern Umtausch- oder Bezugsrechte auf Aktien einräumen, angeben.	
56	§ 6 Satz 3 VermVerkProspV	Daneben muss der Emittent die Bedingungen und das Verfahren für den Umtausch oder den Bezug nennen.	
Angaben über Gründungsgesellschafter des Emittenten (§ 7 VermVerkProspV)			
57	§ 7 Abs. 1 Satz 1 Nr. 1 VermVerkProspV	Der Name der Gründungsgesellschafter.	
58	§ 7 Abs. 1 Satz 1 Nr. 1 VermVerkProspV	Die Geschäftsanschrift der Gründungsgesellschafter.	
59	§ 7 Abs. 1 Satz 1 Nr. 1 VermVerkProspV	Bei juristischen Personen die Firma der Gründungsgesellschafter.	
60	§ 7 Abs. 1 Satz 1 Nr. 1 VermVerkProspV	Bei juristischen Personen der Sitz der Gründungsgesellschafter.	
61	§ 7 Abs. 1 Satz 1 Nr. 2 VermVerkProspV	Die Art und der Gesamtbetrag der von den Gründungsgesellschaftern insgesamt gezeichneten und der eingezahlten Einlagen.	
62	§ 7 Abs. 1 Satz 1 Nr. 3 VermVerkProspV	Gewinnbeteiligungen, Entnahmerechte, den Jahresbetrag der sonstigen Gesamtbezüge, insbesondere der Gehälter, Gewinnbeteiligungen, Aufwandsentschädigungen, Versicherungsentgelte, Provisionen und Nebenleistungen jeder Art, die den Gründungsgesellschaftern außerhalb des Gesellschaftsvertrages insgesamt zustehen.	

Texte Muster Überkreuz-Checkliste

63	§ 7 Abs. 1 Satz 2 VermVerkProspV	Die Angaben nach Satz 1 können entfallen, wenn der Emittent mehr als fünf Jahre vor Aufstellung des Verkaufsprospekts gegründet wurde.	
64	§ 7 Abs. 2 Nr. 1 VermVerkProspV	Die unmittelbaren und mittelbaren Beteiligungen der Gründungsgesellschafter an Unternehmen, die mit dem Vertrieb der emittierten Vermögensanlagen beauftragt sind.	
65	§ 7 Abs. 2 Nr. 2 VermVerkProspV	Die unmittelbaren und mittelbaren Beteiligungen der Gründungsgesellschafter an Unternehmen, die dem Emittenten Fremdkapital zur Verfügung stellen.	
66	§ 7 Abs. 2 Nr. 3 VermVerkProspV	Die unmittelbaren und mittelbaren Beteiligungen der Gründungsgesellschafter an Unternehmen, die im Zusammenhang mit der Herstellung des Anlageobjekts nicht nur geringfügige Lieferungen oder Leistungen bringen.	
	Angaben über die Geschäftstätigkeit des Emittenten (§ 8 VermVerkProspV)		
67	§ 8 Abs. 1 Nr.1 VermVerkProspV	Die wichtigsten Tätigkeitsbereiche des Emittenten.	
68	§ 8 Abs. 1 Nr. 2 VermVerkProspV	Angaben über die Abhängigkeit des Emittenten von Patenten, Lizenzen, Verträgen oder neuen Herstellungsverfahren, wenn sie von wesentlicher Bedeutung für die Geschäftstätigkeit oder Ertragslage des Emittenten sind.	
69	§ 8 Abs. 1 Nr. 3 VermVerkProspV	Gerichts- oder Schiedsverfahren, die einen wesentlichen Einfluss auf wirtschaftliche Lage des Emittenten haben können.	
70	§ 8 Abs. 1 Nr. 4 VermVerkProspV	Angaben über die wichtigsten laufenden Investitionen mit Ausnahme der Finanzanlagen.	
71	§ 8 Abs. 2 VermVerkProspV	Ist die Tätigkeit des Emittenten durch außergewöhnliche Ereignisse beeinflusst worden, so ist darauf hinzuweisen.	
	Angaben über die Anlageziele und Anlagepolitik der Vermögensanlagen (§ 9 VermVerkProspV)		
72	§ 9 Abs. 1 VermVerkProspV	Der Verkaufsprospekt muss über die Anlageziele und Anlagepolitik der Vermögensanlagen angeben, für welche konkreten Projekte die Nettoeinnahmen aus dem Angebot genutzt werden sollen.	
73	§ 9 Abs. 1 VermVerkProspV	Der Verkaufsprospekt muss über die Anlageziele und Anlagepolitik angeben, welchen Realisierungsgrad diese Projekte bereits erreicht haben.	
74	§ 9 Abs. 1 VermVerkProspV	Der Verkaufsprospekt muss über die Anlageziele und Anlagepolitik angeben, ob die Nettoeinnahmen alleine für die Realisierung der Anlageziele ausreichend sind.	
75	§ 9 Abs. 1 VermVerkProspV	Der Verkaufsprospekt muss über die Anlageziele und Anlagepolitik angeben, für welche sonstigen Zwecke die Nettoeinnahmen genutzt werden.	
	Zusätzliche Angaben für Anteile, die eine Beteiligung am Ergebnis eines Unternehmens gewähren, über Anteile an einem Treuhandvermögen und über Anteile an einem sonstigen geschlossenen Fonds (§ 9 Abs. 2 VermVerkProspV):		
76	§ 9 Abs. 2 Nr. 1 VermVerkProspV	Eine Beschreibung des Anlageobjekts. Anlageobjekt sind die Gegenstände, zu deren voller oder teilweiser Finanzierung die von den Erwerbern der Vermögensanlagen aufzubringenden Mittel bestimmt sind. Bei einem Treuhandvermögen, das ganz oder teilweise aus einem Anteil besteht, der eine Beteiligung gewährt, treten an die Stelle dieses Anteils die Vermögensgegenstände des Unternehmens.	
77	§ 9 Abs. 2 Nr. 2 VermVerkProspV	Ob den nach den §§ 3, 7 oder 12 zu nennenden Personen das Eigentum am Anlageobjekt oder wesentlichen Teile desselben zustand oder zusteht oder diesen Personen aus anderen Gründen eine dingliche Berechtigung am Anlageobjekt zusteht.	

Finanz-, Vermögens- und Ertragslage — Texte

78	§ 9 Abs. 2 Nr. 3 VermVerkProspV	Nicht nur unerhebliche dingliche Belastungen des Anlageobjekts.	
79	§ 9 Abs. 2 Nr. 4 VermVerkProspV	Rechtliche Beschränkungen der Verwendungsmöglichkeiten des Anlageobjekts, insbesondere im Hinblick auf das Anlageziel.	
80	§ 9 Abs. 2 Nr. 4 VermVerkProspV	Tatsächliche Beschränkungen der Verwendungsmöglichkeiten des Anlageobjekts, insbesondere im Hinblick auf das Anlageziel.	
81	§ 9 Abs. 2 Nr. 5 VermVerkProspV	Ob die erforderlichen behördlichen Genehmigungen vorliegen.	
82	§ 9 Abs. 2 Nr. 6 VermVerkProspV	Welche Verträge der Emittent über die Anschaffung oder Herstellung des Anlageobjekts oder wesentlicher Teile davon geschlossen hat.	
83	§ 9 Abs. 2 Nr. 7 VermVerkProspV	Den Namen der Person oder Gesellschaft, die ein Bewertungsgutachten für das Anlageobjekt erstellt hat.	
84	§ 9 Abs. 2 Nr. 7 VermVerkProspV	Das Datum des Bewertungsgutachtens.	
85	§ 9 Abs. 2 Nr. 7 VermVerkProspV	Das Ergebnis des Bewertungsgutachtens.	
86	§ 9 Abs. 2 Nr. 8 VermVerkProspV	In welchem Umfang nicht nur geringfügige Leistungen und Lieferungen durch Personen erbracht werden, die nach §§ 3, 7 oder 12 zu nennen sind.	
87	§ 9 Abs. 2 Nr. 9 VermVerkProspV	Die voraussichtlichen Gesamtkosten des Anlageobjekts in einer Aufgliederung, die insbesondere Anschaffungs- und Herstellungskosten sowie sonstige Kosten ausweist und die geplante Finanzierung in einer Gliederung, die Eigen- und Fremdmittel, untergliedert nach Zwischenfinanzierungs- und Endfinanzierungsmitteln, gesondert ausweist. Zu den Eigen- und Fremdmitteln sind die Fälligkeiten anzugeben und in welchem Umfang und von wem diese bereits verbindlich zugesagt sind.	
Angaben über die Vermögens-, Finanz- und Ertragslage des Emittenten (§ 10 VermVerkProspV)			
88	§ 10 Abs. 1 Satz 1 Nr. 1 VermVerkProspV	Den letzten nach anderen Vorschriften jeweils geprüften Jahresabschluss und Lagebericht, dessen Stichtag nach § 10 Abs. 1 Satz 2 VermVerkProspV höchstens 18 Monate vor der Aufstellung des Verkaufsprospekts liegen darf.	
89	§ 10 Abs.1 Satz 1 Nr. 2 a VermVerkProspV	Soweit eine Prüfung des Jahresabschlusses und Aufstellung und Prüfung des Lageberichts, jeweils nach der Nummer 1, nach den anderen Vorschriften nicht zwingend vorgeschrieben ist, einen nach § 8h Abs. 1 des Verkaufsprospektgesetzes aufgestellten und jeweils geprüften Jahresabschluss und Lagebericht, dessen Stichtag nach § 10 Abs. 1 Satz 2 VermVerkProspV höchstens 18 Monate vor der Aufstellung des Verkaufsprospekts liegen darf oder	
90	§ 10 Abs.1 Satz 1 Nr. 2 b VermVerkProspV	soweit eine Prüfung des Jahresabschlusses und Aufstellung und Prüfung des Lagebericht, jeweils nach der Nummer 1, nach den anderen Vorschriften nicht zwingend vorgeschrieben ist, einen deutlich gestalteten Hinweis nach § 8h Abs. 2 des Verkaufsprospektgesetzes. Aufnahme des Jahresabschlusses nach den jeweils geltenden Vorschriften, dessen Stichtag nach § 10 Abs. 1 Satz 2 VermVerkProspV höchstens 18 Monate vor der Aufstellung des Verkaufsprospekts liegen darf.	
91	§ 10 Abs. 1 Satz 1 Nr. 3 VermVerkProspV	Eine zwischenzeitlich veröffentlichte Zwischenübersicht.	
92	§ 10 Abs. 2 Satz 1 HS. 1 VermVerkProspV	Ist der Emittent nur zur Aufstellung eines Konzernabschlusses verpflichtet, so ist dieser in den Verkaufsprospekt aufzunehmen.	

Texte

Muster Überkreuz-Checkliste

93	§ 10 Abs. 2 Satz 1 HS. 2 VermVerkProspV	Ist er auch zur Aufstellung eines Jahresabschlusses verpflichtet, so sind beide Arten von Abschlüssen aufzunehmen.	
94	§ 10 Abs. 2 Satz 3 VermVerkProspV	Die Aufnahme nur des Abschlusses der einen Art ist ausreichend, wenn der Abschluss der anderen Art keine wesentlichen zusätzlichen Aussagen enthält.	
95	§ 10 Abs. 2 Satz 3 VermVerkProspV	Ein Konzernabschluss kann auch im Wege eines Verweises in den Prospekt aufgenommen werden, wenn der Konzernabschluss auf Grund anderweitiger gesetzlicher Bestimmungen veröffentlicht worden ist. Der Verweis muss angeben, wo der Konzernabschluss veröffentlicht worden ist. In diesem Fall muss der bei der Bundesanstalt hinterlegte Prospekt auch ein gedrucktes Exemplar des Konzernabschlusses enthalten.	
96	§ 10 Abs. 3 VermVerkProspV	Jede wesentliche Änderung der Angaben nach Abs. 1 Nr. 1 oder Nr. 2 oder der Zwischenübersicht, die nach dem Stichtag eingetreten ist, muss im Verkaufsprospekt erläutert werden.	
Angaben über die Prüfung des Jahresabschlusses des Emittenten (§ 11 VermVerkProspV)			
97	§ 11 Satz 1 VermVerkProspV	Der Name des Abschlussprüfers, der den Jahresabschluss des Emittenten nach Maßgabe der gesetzlichen Vorschriften geprüft hat.	
98	§ 11 Satz 1 VermVerkProspV	Die Anschrift des Abschlussprüfers, der den Jahresabschluss des Emittenten nach Maßgabe der gesetzlichen Vorschriften geprüft hat.	
99	§ 11 Satz 1 VermVerkProspV	Die Berufsbezeichnung des Abschlussprüfers, der den Jahresabschluss des Emittenten nach Maßgabe der gesetzlichen Vorschriften geprüft hat.	
100	§ 11 Satz 2 HS. 1 VermVerkProspV	Der Bestätigungsvermerk einschließlich zusätzlicher Bemerkungen.	
101	§ 11 Satz 2 HS. 2 VermVerkProspV	Der volle Wortlaut der Einschränkungen oder der Versagung und deren Begründung, wenn die Bestätigung des Jahresabschlusses eingeschränkt oder versagt wurde.	
Angaben über Mitglieder der Geschäftsführung oder des Vorstands, Aufsichtsgremien und Beiräte des Emittenten (§ 12 Abs. 1 und 2 VermVerkProspV)			
102	§ 12 Abs. 1 Nr. 1 VermVerkProspV	Den Namen der Mitglieder der Geschäftsführung oder des Vorstands, Aufsichtsgremien und Beiräte des Emittenten.	
103	§ 12 Abs. 1 Nr. 1 VermVerkProspV	Die Geschäftsanschrift der Mitglieder der Geschäftsführung oder des Vorstands, Aufsichtsgremien und Beiräte des Emittenten.	
104	§ 12 Abs. 1 Nr. 1 VermVerkProspV	Die Funktion der Mitglieder der Geschäftsführung oder des Vorstands, Aufsichtsgremien und Beiräte des Emittenten beim Emittenten.	
105	§ 12 Abs. 1 Nr. 2 VermVerkProspV	Die für das letzte abgeschlossene Geschäftsjahr insgesamt den Mitgliedern gewährten Gesamtbezüge, insbesondere Gehälter, Gewinnbeteiligungen, Aufwandsentschädigungen, Versicherungsentgelte, Provisionen und Nebenleistungen jeder Art, getrennt nach Geschäftsführung oder Vorstand, Aufsichtsgremien und Beiräten.	
106	§ 12 Abs. 2 Nr. 1 VermVerkProspV	In welcher Art und Weise die Mitglieder der Geschäftsführung oder des Vorstands, Aufsichtsgremien und Beiräte des Emittenten für Unternehmen tätig sind, die mit dem Vertrieb der angebotenen Vermögensanlagen betraut sind.	
107	§ 12 Abs. 2 Nr. 2 VermVerkProspV	In welcher Art und Weise die Mitglieder der Geschäftsführung oder des Vorstands, Aufsichtsgremien und Beiräte des Emittenten für Unternehmen tätig sind, die dem Emittenten Fremdkapital geben.	
108	§ 12 Abs. 2 Nr. 3 VermVerkProspV	In welcher Art und Weise die Mitglieder der Geschäftsführung oder des Vorstands, Aufsichtsgremien und Beiräte des Emittenten für Unternehmen tätig sind, die im Zusammenhang mit der Herstellung des Anlageobjekts nicht nur geringfügige Lieferungen oder Leistungen	

Angaben über den Treuhänder

		erbringen.	
	**Angaben über den Treuhänder (§ 12 Abs. 3 VermVerkProspV)**		
109	§ 12 Abs. 3 Nr. 1 VermVerkProspV	Name und die Anschrift des Treuhänders.	
110	§ 12 Abs. 3 Nr. 1 VermVerkProspV	Bei juristischen Personen die Firma und der Sitz des Treuhänders.	
111	§ 12 Abs. 3 Nr. 2 VermVerkProspV	Aufgaben und Rechtsgrundlage der Tätigkeit des Treuhänders.	
112	§ 12 Abs. 3 Nr. 3 VermVerkProspV	Die wesentlichen Rechte und Pflichten des Treuhänders.	
113	§ 12 Abs. 3 Nr. 4 VermVerkProspV	Den Gesamtbetrag der für die Wahrnehmung der Aufgaben vereinbarten Vergütung des Treuhänders.	
114	§ 12 Abs. 3 Nr. 5 VermVerkProspV	Umstände oder Beziehungen, die Interessenkonflikte des Treuhänders begründen können.	
	**Angaben über „Sonstige Personen" (§ 12 Abs. 4 i.V.m. § 12 Abs. 1 und 2 VermVerkProspV)**		
115	§ 12 Abs. 4 i.V.m. § 12 Abs. 1 und 2 VermVerkProspV	Angaben über solche Personen, die nicht in den Kreis der nach dieser Verordnung angabepflichtigen Personen fallen, die Herausgabe oder den Inhalt des Prospekts oder die Abgabe oder den Inhalt des Angebots der Vermögensanlage aber wesentlich beeinflusst haben („Sonstige Personen"):	
116	§ 12 Abs. 4 i.V.m. § 12 Abs. 1 Nr. 1 VermVerkProspV	Den Namen der sonstigen Personen.	
117	§ 12 Abs. 4 i.V.m. § 12 Abs. 1 Nr. 1 VermVerkProspV	Die Geschäftsanschrift der sonstigen Personen.	
118	§ 12 Abs. 4 i.V.m. § 12 Abs. 1 Nr. 1 VermVerkProspV	Die Funktion der sonstigen Personen beim Emittenten.	
119	§ 12 Abs. 4 i.V.m. § 12 Abs. 1 Nr. 2 VermVerkProspV	Die für das letzte abgeschlossene Geschäftsjahr insgesamt gewährten Gesamtbezüge an die sonstigen Personen, insbesondere Gehälter, Gewinnbeteiligungen, Aufwandsentschädigungen, Versicherungsentgelte, Provisionen und Nebenleistungen jeder Art, getrennt nach den sonstigen Personen.	
120	§ 12 Abs. 4 i.V.m. § 12 Abs. 2 Nr. 1 VermVerkProspV	In welcher Art und Weise die sonstigen Personen für Unternehmen tätig sind, die mit dem Vertrieb der angebotenen Vermögensanlagen betraut sind.	
121	§ 12 Abs. 4 i.V.m. § 12 Abs. 2 Nr. 2 VermVerkProspV	In welcher Art und Weise die sonstigen Personen für Unternehmen tätig sind, die dem Emittenten Fremdkapital geben.	
122	§ 12 Abs. 4 i.V.m. § 12 Abs. 2 Nr. 3 VermVerkProspV	In welcher Art und Weise die sonstigen Personen für Unternehmen tätig sind, die im Zusammenhang mit der Herstellung des Anlageobjekts nicht nur geringfügige Lieferungen oder Leistungen erbringen.	

Texte

Muster Überkreuz-Checkliste

		Angaben über den jüngsten Geschäftsgang und die Geschäftsaussichten des Emittenten (§ 13 VermVerkProspV)	
123	§ 13 HS. 1 VermVerkProspV	Allgemeine Ausführungen über die Geschäftsentwicklung des Emittenten nach dem Schluss des Geschäftsjahres, auf das sich der letzte offen gelegte Jahresabschluss bezieht.	
124	§ 13 HS. 2 VermVerkProspV	Angaben über die Geschäftsaussichten des Emittenten mindestens für das laufende Geschäftsjahr.	
		Gewährleistete Vermögensanlagen (§ 14 VermVerkProspV)	
125	§ 14 VermVerkProspV	Für das Angebot von Vermögensanlagen, für deren Verzinsung oder Rückzahlung eine juristische Person oder Gesellschaft die Gewährleistung übernommen hat, sind die Angaben nach den §§ 5 bis 13 auch über die Personen oder Gesellschaft, welche die Gewährleistung übernommen hat, aufzunehmen.	
		Verringerte Prospektanforderungen (§ 15 VermVerkProspV)	
126	§ 15 Abs. 1 VermVerkProspV	Für den Fall, dass der Emittent vor weniger als achtzehn Monaten gegründet worden ist und noch keinen Jahresabschluss im Sinne des § 10 Abs. 1 Nr. 1 erstellt hat, muss der Verkaufsprospekt abweichend von den Anforderungen nach den §§ 10, 11 und 13 folgende Angaben enthalten:	
127	§ 15 Abs. 1 Satz 1 Nr. 1 VermVerkProspV	Die Eröffnungsbilanz.	
128	§ 15 Abs. 1 Satz 1 Nr. 2 VermVerkProspV	Eine Zwischenübersicht, deren Stichtag nicht länger als zwei Monate zurückliegt.	
129	§ 15 Abs. 1 Satz 1 Nr. 3 VermVerkProspV	Die voraussichtliche Vermögenslage mindestens für das laufende und das folgende Geschäftsjahr. -> Planbilanzen	
130	§ 15 Abs. 1 Satz 1 Nr. 3 VermVerkProspV	Die voraussichtliche Finanzlage mindestens für das laufende und das folgende Geschäftsjahr. -> Cash-Flow-Rechnung oder Liquiditätsrechnung auf monatlicher oder jährlicher Basis.	
131	§ 15 Abs. 1 Satz 1 Nr. 3 VermVerkProspV	Die voraussichtliche Ertragslage mindestens für das laufende und das folgende Geschäftsjahr. -> Plan-GuV	
132	§ 15 Abs. 1 Satz 1 Nr. 4 VermVerkProspV	Planzahlen des Emittenten, insbesondere zu Investitionen, Produktion, Umsatz und Ergebnis mindestens für die folgenden drei Geschäftsjahre.	
133	§ 15 Abs. 1 Satz 2 VermVerkProspV	Eine Erläuterung von wesentlichen Annahmen und Wirkungszusammenhänge der Angaben nach § 15 Abs. 1 Nr. 3 und 4 VermVerkProspV.	

Sonstige Bemerkungen:

4. Auslegungsschreiben der Bundesanstalt für Finanzdienstleistungsaufsicht (BaFin) zur Prospektpflicht für Vermögensanlagen-Verkaufsprospekte

Mit der Änderung des Verkaufsprospektgesetzes (in der Fassung der Bekanntmachung vom 9. September 1998 (BGBl I S. 2701), zuletzt geändert durch Artikel 2 des Prospektrichtlinien-Umsetzungsgesetzes vom 22. Juni 2005 (BGBl I S. 1711). durch das Gesetz zur Verbesserung des Anlegerschutzes (Anlegerschutzverbesserungsgesetz – AnSVG) in der Fassung der Bekanntmachung vom 28. Oktober 2004 (BGBl. I S. 2630) wird zum 1. 7. 2005 eine Prospektpflicht für nicht in Wertpapieren verbriefte Anlageformen eingeführt.

Die nachstehenden Ausführungen erläutern ausgewählte materielle Fragen der Prospektpflicht für Vermögensanlagen nach §§ 8f ff. des Verkaufsprospektgesetzes und der Vermögensanlagen-Verkaufsprospektverordnung (im Folgenden VermVerkProspV) in der Fassung der Bekanntmachung vom 16. Dezember 2004 (BGBl. I S. 3464).

1. Treuhandvermögen

Treuhandvermögen im Sinne des § 8f Abs. 1 Satz 1 Var. 2 Verkaufsprospektgesetz umfasst sowohl diejenige Form der Treuhand, bei der der Treuhänder Rechtsinhaber wird („echte Treuhand") als auch diejenige Ausgestaltungsmöglichkeit, bei der der Treugeber Rechtsinhaber bleibt und der Treuhänder nur in eigenem Namen im Interesse des Treugebers tätig wird („unechte Treuhand" oder „Verwaltungstreuhand").

Es ist unerheblich, ob Treuhänder ein Emittent oder ein Dritter (natürliche oder juristische Person) ist. Beide Varianten fallen unter den Anwendungsbereich des Verkaufsprospektgesetzes.

2. Zweitmarktangebote auf der Grundlage eines vor dem 1. Juli 2005 vollständig platzierten Angebots

1. An Zweitmärkten bestimmt sich die Prospektpflicht nach den allgemeinen Grundsätzen gemäß § 8f Verkaufsprospektgesetz. Dies bedeutet, dass jedes öffentliche Angebot grundsätzlich die Veröffentlichung eines Verkaufsprospektes voraussetzt. Die Prospektpflicht beginnt mit dem 1. Juli 2005.

2. Für Anteile im Sinne des § 8 f Abs. 1 Verkaufsprospektgesetz, die vor dem 1. Juli 2005 veräußert wurden und nach dem 1. Juli 2005 öffentlich auf einem Markt angeboten werden, der
- regelmäßig stattfindet
- geregelte Funktions- und Zugangsbedingungen hat
- für das Publikum unmittelbar oder mittelbar zugänglich ist und
- unter der Verantwortung seines Betreibers steht,

sieht die BaFin in Erwartung einer gesetzlichen Regelung von der Vorlage eines Prospektes ab.

3. Zur Prospektpflicht bei Einschaltung mehrerer Personen in den Vertrieb

Die Pflicht zur Veröffentlichung eines Verkaufsprospektes nach § 8f Abs. 1 Verkaufsprospektgesetz trifft den Anbieter. Wenn in den Vertrieb mehrere Personen eingebunden sind (Vertriebsorganisationen, Untervertriebe, Netz von angestellten oder freien Vermittlern) besteht diese Verpflichtung für die eingebundenen Personen nicht, wenn die für die Koordination der Vertriebsaktivitäten verantwortliche Person oder ein Dritter bereits einen Verkaufsprospekt nach den Vorschriften des Verkaufsprospektgesetzes veröffentlicht hat.

4. Mindestangaben, die aufgrund der Rechtsnatur der Anlageform nicht möglich sind

Können im Einzelfall bestimmte Informationsbestandteile, die als Mindestangaben nach den prospektrechtlichen Vorgaben grundsätzlich in den Prospekt aufzunehmen sind, aufgrund der rechtlichen oder tatsächlichen Eigenschaften der Vermögensanlage von der Natur der Sache her nicht gemacht werden, ist die entsprechende Angabe entbehrlich. In diesen Fällen ist aber im Prospekt ein Hinweis erforderlich, warum eine Mindestangabe nicht in den Prospekt aufgenommen wurde.

5. Nachtragspflicht bei Kapitalzufuhr

Bei Vermögensanlagen im Sinne von § 8f Abs. 1 Verkaufsprospektgesetz sind verschiedene Arten der Kapitalzufuhr denkbar. Ob eine Kapitalzufuhr eine Nachtragspflicht nach § 11 Verkaufsprospektgesetz auslöst, bestimmt sich im Wege der Einzelfallauslegung.

Grundsätzlich ist kein Nachtrag gemäß § 11 Verkaufsprospektgesetz erforderlich, wenn bei Treuhandvermögen (§ 8f Abs. 1 Satz 1 Var. 2 Verkaufsprospektgesetz) oder sonstigen geschlossenen Fonds (§ 8f Abs. 1 Satz 1 Var. 3 Verkaufsprospektgesetz) eine Kapitalzufuhr dadurch erfolgt, dass Anleger eine Vermögensanlage zeichnen. In diesen Fällen fehlt es regelmäßig an einer Veränderung im Sinne von

§ 11 Verkaufsprospektgesetz, die für die Beurteilung des Emittenten oder der Vermögensanlage von wesentlicher Bedeutung ist. Etwas anderes gilt nur dann, wenn im Prospekt Angaben zur Zeichnungszeit oder ein Zeichnungszeitplan angegeben wurden, von denen wesentlich abgewichen wird.

6. Nettoeinnahmen

Gemäß § 9 Abs. 1 VermVerkProspV muss der Verkaufsprospekt über die Anlageziele und die Anlagepolitik der Vermögensanlagen angeben, für welche konkreten Projekte die Nettoeinnahmen aus dem Angebot genutzt werden sollen, welchen Realisierungsgrad diese Projekte bereits erreicht haben, ob die Nettoeinnahmen hierfür alleine ausreichen und für welche sonstigen Zwecke die Nettoeinnahmen genutzt werden.

Nettoeinnahmen im Sinne dieser Vorschrift sind die Einnahmen, die insbesondere nach Abzug der so genannten Weichkosten verbleiben.

7. Mindestangaben, die zum Zeitpunkt der Veröffentlichung des Prospekts noch nicht oder nicht im Detail feststehen

§ 9 Abs. 2 Nr. 1 VermVerkProspV verlangt eine Beschreibung des Anlageobjekts. Die Vorschrift lässt die Beschreibung von Anlageobjekten zu, die zum Zeitpunkt der Prospektierung noch nicht konkret feststehen und die aus tatsächlichen oder rechtlichen Gründen noch nicht näher konkretisiert werden können (z. B. so genannte Blindpool-Modelle).

Hier ist von dem Grundsatz auszugehen, dass die von der VermVerkProspV verlangten Angaben, die zum Zeitpunkt der Veröffentlichung des Prospekts vorliegen, tatsächlich gemacht werden und auch richtig sein müssen.

Können die Angaben im Zeitpunkt der Veröffentlichung nicht vollständig oder nicht so detailliert, wie gefordert gemacht werden, sind die vorliegenden Angaben versehen mit einem entsprechenden Hinweis zu machen. Sobald die Angaben oder die geforderten Details vorliegen, ist ein entsprechender Nachtrag gemäß § 11 Verkaufsprospektgesetz zum Verkaufsprospekt erforderlich.

Wird eine abschließende Entscheidung über das konkrete Anlageobjekt erst von einem Beirat oder einem anderen Gremium nach Beginn des öffentlichen Angebotes getroffen, so sind im Verkaufsprospekt jedenfalls Angaben zum aktuellen Planungsstand, verbunden mit einem Hinweis auf die noch ausstehende abschließende Entscheidung, zu machen. Ergeht die abschließende Entscheidung, ist ein entsprechender Nachtrag gemäß § 11 Verkaufsprospektgesetz zum Verkaufsprospekt erforderlich. Gleiches gilt, wenn sich die Planung aufgrund einer Gremiumsentscheidung ändern sollte.

Wegen der besonders vielfältigen Strukturen in diesem Bereich bedarf es in besonders hohem Maße einer Einzelfallbetrachtung.

Dem Auslegungsschreiben liegt die Rechtslage vom 30. 06. 2005 zugrunde. Änderungen und Ergänzungen dieses Auslegungsschreibens bleiben vorbehalten.

5. Bekanntmachung des Bundesaufsichtsamtes für den Wertpapierhandel vom 15. April 1996

Bundesaufsichtsamt für den Wertpapierhandel
Bekanntmachung zum Verkaufsprospektgesetz

Vom 15. April 1996

I. § 1 VerkProspG

1. Wertpapierbegriff

Wertpapiere im Sinne des Verkaufsprospektgesetzes (VerkProspG) vom 13. Dezember 1990 (BGBl. 1 S. 2749), zuletzt geändert durch Artikel 8 des Gesetzes vom 26. Juli 1994 (BGBl. I S. 1749), sind alle vertretbaren Wertpapiere bzw. Wertrechte, die ihrer Natur nach auf einem Markt gehandelt werden können.

Vertretbare Wertpapiere in diesem Sinne sind insbesondere Aktien und andere, Aktien gleichzustellende handelbare Wertpapiere. Schuldverschreibungen und andere, Schuldverschreibungen gleichzustellende handelbare Wertpapiere sowie jedes andere handelbare Wertpapier, das es ermöglicht, solche Wertpapiere durch Zeichnung oder Austausch zu erwerben oder zu einer Geldzahlung berechtigt. Auf eine Verbriefung kommt es nicht an.

Zu den Wertpapieren in diesem Sinne zahlen auch Optionsscheine und Genußscheine als jeweils eigenständige Wertpapiergattungen.

Ausländische Wertpapiere unterliegen den Bestimmungen des VerkProspG, wenn sie die obengenannten Kriterien erfüllen, unabhängig davon, wie sie im betreffenden Herkunftsland bewertet werden. Solche Wertpapiere sollen daher erforderlichenfalls vom Anbieter naher beschrieben werden. Wertpapiere im Sinne des VerkProspG sind auch sogenannte „Zwischenscheine", z. B. im anglo-amerikanischen Rechtskreis verbreitete, nur teilweise bezahlte Aktien (Partly paid shares).

2. Öffentliches Angebot

Öffentliches Angebot ist insbesondere jede Form von Werbung in den Medien oder mittels Postwurfsendungen, die sich an jedermann wendet, ein Kaufangebot abzugeben. Die bloße Einbeziehung und Notierung im Freiverkehr ohne Werbemaßnahmen stellt kein öffentliches Angebot dar. Der bloße Hinweis auf die Notierung und die Veröffentlichung reiner Emissionsdaten stellt noch keine Werbemaßnahme in diesem Sinne dar.

Publikationen sind dann kein öffentliches Angebot, wenn allgemein über die Emittenten/Unternehmen berichtet und über zukünftig geplante Emissionen nur allgemein informiert wird. Dies gilt auch für Darstellungen in elektronischen Informationssystemen (z. B. Bloomberg, Reuters). Ein öffentliches Angebot im Inland setzt voraus, daß mit dem Angebot potentielle Anleger im Geltungsbereich des VerkProspG zielgerichtet angesprochen werden.

Ein Angebot ist dann nicht öffentlich, wenn es sich an einen begrenzten Personenkreis richtet. Ein begrenzter Personenkreis liegt vor, wenn die betreffenden Personen dem Anbieter im einzelnen bekannt sind, von ihm aufgrund einer gezielten Auswahl nach individuellen Gesichtspunkten angesprochen werden und eine Aufklarung durch einen Verkaufsprospekt im Hinblick auf das Informationsbedürfnis des Anlegers nicht erforderlich ist.

Eine genaue zahlenmäßige Festlegung des begrenzten Personenkreises ist nicht möglich. Nicht ausreichend für die Annahme einer begrenzten Personenkreises ist die Adressierung des Angebotes an nicht näher individualisierte Personenkreise, Berufsgruppen oder Kunden. Die Herstellung einer persönlichen Beziehung erst durch das Verkaufsangebot, wie z. B. beim Vertrieb über ein gestaffeltes Vertreternetz, genügt nicht. Denn die persönliche Beziehung muß schon bestehen im Zeitpunkt des Angebotes.

Bei der Durchführung des Bookbuilding-Verfahrens liegt mit der Aufforderung zur Abgabe von Zeichnungsgeboten – in der Regel mit Beginn der Angebotsfrist – ein öffentliches Angebot vor. Werden im Zusammenhang mit der Kapitalerhöhung bei einer Aktiengesellschaft und dem entsprechenden Bezugsangebot Bezugsrechte gehandelt, so liegt in der entsprechenden Veröffentlichung kein öffentliches Angebot, solange sie sich erkennbar nur an die Gruppe der Altaktionäre als begrenzten Personenkreis wendet. Insbesondere die gesetzlich vorgeschriebene Veröffentlichung eines Bezugsangebotes gemäß § 186 Abs. 2 des Aktiengesetzes ist für sich noch kein öffentliches Angebot. Die Formulierung der. Veröffentlichung muß entsprechend gestaltet sein. Die Formulierung „... Bereitschaft der Bezugsstelle, den An- und Verkauf von Bezugsrechten zu vermitteln" ist z. B. als öffentliches Angebot zu qualifizieren, wenn darin keine ausdrückliche Beschrankung auf den Kreis der Altaktionäre enthalten ist. Zeitpunkt des öffentlichen Angebotes ist der Beginn der Bezugsfrist, also der Tag, an dem Anleger erstmals erwerben können.

3. Anbieter

Anbieter im Sinne des VerkProspG ist derjenige, der für das öffentliche Angebot der Emission verantwortlich ist. Er muß nicht zwingend mit dem Emittenten identisch sein bzw. der Emittent ist nicht zwingend stets auch Anbieter. Insbesondere bei Übernahmekonsortien ist als Anbieter anzusehen, wer nach dem Konsortialvertrag und dem Übernahmevertrag mit dem Emittenten die Verantwortung bzw. das Risiko für die Emission übernimmt, wenn damit auch ein entsprechendes Auftreten nach außen verbunden ist. Entscheidend ist dabei, wer den Anlegern gegenüber, z. B. in Zeitungsanzeigen, als Anbieter auftritt.

II. § 2 VerkProspG

1. Begrenzter Personenkreis im Sinne des § 2 Nr. 2 VerkProspG siehe Punkt I.2.

2. Teil einer Emission im Sinne des § 2 Nr. 5 VerkProspG

Der Begriff der „Emission" ist so zu verstehen, daß es sich um Wertpapiere derselben Gattung, mit einheitlichen Bestimmungsmerkmalen handeln muß, die untereinander austauschbar sind. Insofern kann für den Begriff der Emission regelmäßig auf eine identische Wertpapierkennnummer (WKN) abgestellt werden, unter der nur Wertpapiere zusammengefaßt werden, deren Bestimmungsmerkmale, abgesehen vom Ausgabepreis, gleich sind. Nicht ausreichend ist, wenn es sich nur um nahezu gleiche bzw. vergleichbare Wertpapierbedingungen handelt.

Die Ausnahme betrifft vor allem den Fall, daß das Emissionsvolumen einer Emission, für die bereits ein Verkaufsprospekt veröffentlicht worden ist, nachträglich erhöht wird. Da die Erhöhung durch die Ausgabe von Wertpapieren mit demselben Datum – mit Ausnahme des Ausgabepreises und bei Optionsscheinen auch der Ausübungsfrist – erfolgt, ist für dieses Angebot bereits ein entsprechender Verkaufsprospekt mit gleichlautender WKN vorhanden.

Teil einer Emission ist auch die bei einer Aktienemission durch eine in einer Zusatzklausel vorbehaltene spätere Erhöhung des Emissionsvolumens (greenshoe).

III. § 3 VerkProspG

1. Ausnahme gemäß § 3 Nr. 2 VerkProspG für Schuldverschreibungen

Optionsscheine sind keine Schuldverschreibungen im Sinne des § 3 Nr. 2 VerkProspG und erfüllen daher auch nicht die Voraussetzungen für diesen Ausnahmetatbestand.

Die Ausnahme des § 3 Nr. 2 Buchstabe b VerkProspG gilt auch für Inhaberschuldverschreibungen, die von der deutschen Zweigstelle,

Texte

d. h. jeder Art von Zweigniederlassung eines ausländischen Kreditinstitutes, angeboten werden, wenn das ausländische Kreditinstitut selbst Daueremittent ist. Emissionen ausländischer Daueremittenten sind daher auch über inländische Zweigstellen prospektfrei möglich.

2. Fondsanteile im Sinne des § 3 Nr. 3 VerkProspG

Die Ausnahme des § 3 Nr. 3 VerkProspG betrifft nur diejenigen Anteile, die auch tatsächlich unter das Gesetz über Kapitalanlagegesellschaften (KAGG) bzw. das Auslandinvestment-Gesetz (AuslInvestmG) fallen.

Inländische Kapitalanlagegesellschaften müssen die Erlaubnis des Bundesaufsichtsamtes für das Kreditwesen gemäß § 2 Abs. 2 KAGG zum Geschäftsbetrieb erhalten haben und von diesem überwacht werden.

Ausländische Anteile dürfen nur dann ohne Verkaufsprospekt nach dem VerkProspG angeboten werden, wenn sie von einer ausländischen Investmentgesellschaft im Sinne des § 1 AuslInvestmG ausgegeben werden und der Vertrieb in Deutschland dem Bundesaufsichtsamt für Kreditwesen gemäß § 7 Abs. 1 AuslInvestmG angezeigt worden ist.

Future-Fonds sind prospektpflichtig, sofern sie nicht unter das KAGG bzw. das AuslInvestmG fallen.

IV. § 4 VerkProspG

1. Euro-Wertpapiere

Grundsätzlich können Euro-Wertpapiere alle Wertpapiere im Sinne des § 1 VerkProspG sein, also auch Optionsscheine, wenn die übrigen Voraussetzungen erfüllt sind.

Bei dem Merkmal des „wesentlichen Teils" im Rahmen der Definition der Euro-Wertpapiere in § 4 Abs. 2 Nr. 2 VerkProspG ist davon auszugehen, daß das Angebot zu einem Prozentsatz von 50% in anderen Staaten als dem des Sitzes des Emittenten erfolgen muß.

Die Formulierung „angeboten werden" bezieht sich in diesem Zusammenhang auf die den Konsortiumsmitgliedern tatsächlich zugeteilte und von diesen außerhalb des Sitzlandes des Emittenten angebotene Menge.

Die Formulierung des Gesetzes „... ein Konsortium übernimmt, zu übernehmen verspricht und vertreibt ..." ist dahin gehend zu verstehen, daß von den Mitgliedern des Konsortiums mindestens zwei ihren Sitz in verschiedenen Staaten haben müssen. Es muß sich um ein grenzüberschreitendes Angebot und Konsortium handeln. Voraussetzung für ein Konsortium im Sinne dieser Vorschrift ist, daß darin mindestens zwei Unternehmen als Anbieter mit jeweils eigenem

Plazierungsrisiko vertreten sind. Unschädlich ist, wenn einzelne Mitglieder des Konsortiums Tochtergesellschaften anderer Mitglieder sind, sofern die Tochtergesellschaft ein eigenes Plazierungsrisiko trägt.

Das Konsortium als Übernahmekonsortium muß dabei erster Erwerber der Wertpapiere sein oder den Verkauf der im Namen oder far Rechnung des Emittenten angebotenen Wertpapiere gewährleisten (Garantiekonsortium).

2. Schuldverschreibung im Sinne des § 4 Abs. 1 Nr. 8 VerkProspG

Der Begriff der Schuldverschreibung im Sinne des § 4 Abs. 1 Nr. 8 ist wie in § 3 Nr. 2 VerkProspG auszulegen. – Demzufolge fallen z. B. Optionsscheine mit einer Laufzeit unter 12 Monaten nicht unter diese Ausnahme.

V. §§ 5 und 6 VerkProspG, Verhältnis zum Antrag auf Börsenzulassung

In dem Fall, in dem die Zulassung von Wertpapieren zur Amtlichen Notierung beantragt, die Zulassung aber noch nicht erfolgt ist und die Wertpapiere erstmalig öffentlich angeboten werden sollen, ist ein Verkaufsprospekt nach Billigung durch die Zulassungsstelle gemäß § 6 VerkProspG nach Maßgabe des § 9 Abs. 1 und 2 VerkProspG zu veröffentlichen. Eine Hinterlegung nach § 8 VerkProspG ist nicht erforderlich.

Für den Fall, daß die Zulassung zum Geregelten Markt beantragt ist, ist ein Verkaufsprospekt beim Bundesaufsichtsamt zur Hinterlegung einzureichen, solange der Zulassungsbeschluß noch nicht ergangen und gemäß § 51 BörsZulV in Verbindung mit der jeweiligen Börsenordnung veröffentlicht worden ist.

Eine Hinterlegungsgebühr nach dem Verkaufsprospektgesetz wird nur dann erhoben, wenn die Wertpapiere vor dem Zeitpunkt der Zulassung auch tatsächlich bereits im Sinne des § 1 VerkProspG öffentlich angeboten werden. Dem Bundesaufsichtsamt ist deshalb in jedem Fall der Zeitpunkt des ersten öffentlichen Angebotes mitzuteilen.

VI. § 8 VerkProspG

1. Hinterlegungsstelle gemäß § 8 VerkProspG

Bei der Hinterlegung der Verkaufsprospekte sollen die Anbieter angeben,
a) wann und in welchem überregionalen Börsenpflichtblatt die Veröffentlichung des Verkaufsprospekts bzw. die entsprechende Hin-

weisbekanntmachung gemäß § 9 Abs. 2 oder Abs. 3 Satz 1 VerkProspG erfolgt,
b) wann die Hinweisbekanntmachung gemäß § 9 Abs. 3 Satz 2 VerkProspG im Bundesanzeiger erfolgt and
c) den Zeitpunkt des ersten öffentlichen Angebotes.

2. Übermittlung des Verkaufsprospektes gemäß § 8 VerkProspG

Gemäß § 8 VerkProspG ist der Verkaufsprospekt vor seiner Veröffentlichung dem Bundesaufsichtsamt zu übermitteln, d. h., der Verkaufsprospekt muß spätestens an dem der Veröffentlichung vorangehenden Tag bis 24.00 Uhr übermittelt werden. Für die Bestimmung des Veröffentlichungstermins ist das Erscheinungsdatum der entsprechenden Zeitung maßgebend. Bei Ausgaben für mehrere Tage (z. B. Handelsblatt für Freitag/Samstag bzw. Feiertagsausgaben) ist der erste Tag ausschlaggebend.

Zur Fristwahrung besteht die Möglichkeit, für die Hinterlegung des Prospektes den Fristbriefkasten des Bundesaufsichtsamtes vor dem Nachtausgang des Bürogebäudes am Nibelungenplatz bzw. das Faxgerät (Nr. 069/95 95 22 95, hilfsweise 069/95 95 21 23) zu benutzen. Per Fax übermittelte Prospekte müssen dem Originalprospekt entsprechen und insbesondere die Unterschrift enthalten. Eine Übermittlung per Fax ist nur dann ausreichend, wenn der Verkaufsprospekt mit der Originalunterschrift unverzüglich nachgereicht wird.

VII. § 9 VerkProspG

1. Veröffentlichungsfrist für Verkaufsprospekte

Gemäß § 9 VerkProspG muß der Verkaufsprospekt mindestens drei Werktage vor dem öffentlichen Angebot veröffentlicht werden. Die Fristberechnung richtet sich nach § 31 VwVfG, § 187 Abs. 1 und § 188 Abs. 1 BGB, d. h. bei der Festlegung des Fristbeginns ist der Tag des fristauslösenden Ereignisses, also die Prospektveröffentlichung, nicht mitzuzahlen. Die Frist endet mit dem Ablauf, also um 24.00 Uhr, des darauffolgenden Britten Werktages. Der Samstag ist ein Werktag.

Es müssen drei volle Werktage zwischen der Veröffentlichung des Verkaufsprospektes und dem öffentlichen Angebot liegen. Im Ergebnis darf also z. B. bei einer Veröffentlichung an einem Montag das öffentliche Angebot frühestens am folgenden Freitag stattfinden.

Die gemäß § 9 Abs. 3 Satz 2 VerkProspG vorgeschriebene Hinweisbekanntmachung im Bundesanzeiger bezüglich der Veröffentlichung eines Verkaufsprospektes sollte möglichst zeitnah mit der Veröffentlichung des Prospektes selbst erfolgen.

Beim Bookbuilding-Verfahren ist der Prospekt drei Tage vor dem Beginn der Frist zur Abgabe von Geboten (Angebotsfrist) zu veröffentlichen. Im Prospekt muß der Zeitplan für die Festsetzung des Ausgabepreises angegeben werden. Dabei sollte zweckmäßigerweise der Ablauf des Bookbuilding-Verfahrens geschildert werden.

2. Veröffentlichungspflicht für unvollständige Verkaufsprospekte und Nachtrage, § 9 Abs. 3 in Verbindung mit § 10 VerkProspG

Der Begriff „einzelne Angebotsbedingungen" bezieht sich nicht auf die Gesamtheit der Angebotsbedingungen, sondern nur auf einzelne dieser Bedingungen. Gemeint sind mit dieser Erleichterung bei der Veröffentlichungspflicht nur solche Bedingungen, die nach der Eigenart der beabsichtigten Emission erst kurz vor dem öffentlichen Angebot festgesetzt werden können. Bei Optionsscheinen genügt es, wenn der Basiswert (underlying) konkretisierbar ist. Die Konkretisierbarkeit bei Aktien und Renten ist gegeben, wenn der Markt, auf dem diese gehandelt werden (in Deutschland Amtlicher Handel, Geregelter Markt, Freiverkehr), bei Renten zusätzlich der Emittent und bei Devisen zusätzlich der Wahrungsraum (EWS-Raum, nordamerikanischer Raum etc.) angegeben werden.

Laufzeit, Verrechnungskurse und der Preis des Optionsscheins fallen unter den Begriff der „einzelnen Angebotsbedingungen".

Ist das underlying ein Korb (basket), müssen alle im Korb enthaltenen Werte konkretisierbar sein. Der unvollständige Verkaufsprospekt ist als solcher kenntlich zu machen und als Volltext abzufassen, der lediglich bei einzelnen Positionen Lücken aufweisen darf. Von der Aufnahme fiktiver Daten anstelle der noch nicht feststehenden tatsachlich gültigen Angaben ist abzusehen, statt dessen ist die Lücke als solche zu kennzeichnen.

Das Verteilen einer Leseabschrift, bestehend aus unvollständigem Prospekt und Nachtrag, wird nicht beanstandet, wenn diese Form der Anlegerinformation der Ausgabe eines vollständigen Verkaufsprospektes gleichwertig ist.

3. Verfahren der Veröffentlichung bei Nachträgen

Auch Nachträge unterliegen der Veröffentlichungspflicht nach den Vorschriften der § 9 Abs. 2 und 3 VerkProspG. Für den Fall der Veröffentlichung durch Hinweisbekanntmachung muß für jeden Nachtrag eine eigene Hinweisbekanntmachung veröffentlicht werden. Eine Be-

Texte Bekanntmachung vom 15. April 1996

zugnahme auf zukünftige Nachtrage ist nicht zulässig. Die Veröffentlichung hat vor dem öffentlichen Angebot zu erfolgen.

Die gemäß § 10 VerkProspG nachzutragenden Angaben sind Bestandteil des öffentlichen Angebotes und dem Bundesaufsichtsamt unverzüglich zuzuleiten. Dafür steht ein Fristbriefkasten bzw. Faxgerät (Nr. 069/95 95 22 95, hilfsweise 069/95 95 21 23) zur Verfugung.

Der Nachtrag muß eindeutig als solcher erkennbar sein und einen Bezug herstellen zum entsprechenden unvollständigen Verkaufsprospekt und zu allen Nachtragen, die sich auf dieselbe Emission beziehen. Die drucktechnische Zusammenfassung mehrerer verschiedener Nachtrage ist bei entsprechender Kennzeichnung zulässig.

VIII. § 16 VerkProspG Gebührenberechnung, § 16 Abs. 2 VerkProspG

Für jede prospektpflichtige Emission im Sinne des VerkProspG ist ein Verkaufsprospekt zu veröffentlichen und zu hinterlegen. Für die Hinterlegung eines Verkaufsprospektes wird eine Gebühr gemäß § 16 Abs. 2 VerkProspG erhoben. Insofern kann für den Begriff der Emission regelmäßig auf eine einheitliche Wertpapierkennummer (WKN) abgestellt werden, unter der nur Wertpapiere zusammengefaßt werden, deren Bestimmungsmerkmale, abgesehen vom Ausgabepreis, gleich sind.

Eine drucktechnische Zusammenfassung mehrerer Verkaufsprospekte ist zulässig. Die Zusammenfassung hat aber keinen Einfluß auf die Gebührenberechnung.

Frankfurt a. M., den 15. April 1996

Bundesaufsichtsamt für den Wertpapierhandel
Der Präsident
Wittich

6. Bekanntmachung des Bundesaufsichtsamtes für den Wertpapierhandel vom 6. September 1999

Bekanntmachung des Bundesaufsichtsamtes für den
Wertpapierhandel zum Wertpapier-Verkaufsprospektgesetz
(Verkaufsprospektgesetz) in der Fassung der
Bekanntmachung vom 09. September 1998
(BGBl. I S. 2701 ff.) und zur Verordnung über Wertpapier-
Verkaufsprospekte (Verkaufsprospekt-Verordnung) in der
Fassung der Bekanntmachung vom 09. September 1998
(BGBl. I S. 2853 ff.) vom 06. September 1999

Fundstelle: Bundesanzeiger Nr. 177 vom 21. September 1999,
Seite 16180

I. § 1 Verkaufsprospektgesetz (Grundregel)

1. Wertpapierbegriff

Wertpapiere im Sinne des Verkaufsprospektgesetzes sind alle vertretbaren Wertpapiere und Wertrechte, die ihrer Natur nach auf einem Markt gehandelt werden können. Entscheidend ist die Kapitalmarktfähigkeit, d. h. die Fungibilität und Umlauffähigkeit dieser Wertpapiere. Vertretbare Wertpapiere in diesem Sinne sind insbesondere Aktien und andere, Aktien gleichzustellende handelbare Wertpapiere, Schuldverschreibungen und andere, Schuldverschreibungen gleichzustellende handelbare Wertpapiere sowie jedes andere handelbare Wertpapier, das es ermöglicht, solche Wertpapiere durch Zeichnung oder Austausch zu erwerben, oder das zu einer Geldzahlung berechtigt. Zu den Wertpapieren in diesem Sinne zählen auch Optionsscheine und Genußscheine als jeweils eigenständige Wertpapiergattungen. Ausländische Wertpapiere unterliegen den Bestimmungen des Verkaufsprospektgesetzes, wenn sie die obengenannten Kriterien erfüllen, unabhängig davon, wie sie im betreffenden Herkunftsland bewertet werden. Solche Wertpapiere sollen daher erforderlichenfalls vom Anbieter näher beschrieben werden. Wertpapiere im Sinne des Verkaufsprospektgesetzes sind auch sogenannte „Zwischenscheine", z. B. im anglo-amerikanischen Rechtskreis verbreitete nur teilweise bezahlte Aktien (Partly paid shares). Wertrechte im vorgenannten Sinn sind u. a. staatliche Anleihen, bei denen die Verbriefung in Inhaberschuldverschreibungen durch eine Registereintra-

gung ersetzt wird (Schuldbuchforderungen). Keine Wertpapiere im Sinne des § 1 Verkaufsprospektgesetz sind:
- Anlageinstrumente, die nur durch Abtretung übertragen werden können,
- Instrumente, bei denen der Anlagebetrag jeweils individuell vereinbart wird oder solche, bei denen abweichend vom festgelegten Nennwert individuelle Anlagesummen vereinbart werden,
- Anteile (in der Regel Anteilscheine), die eine stille Beteiligung oder die Gesellschafterstellung in einer GmbH, KG, BGB-Gesellschaft oder Genossenschaft verkörpern,
- Namensschuldverschreibungen (Sparkassenbriefe, Sparbriefe, Sparkassenobligationen, Namensschuldverschreibungen mit Nachrangabrede).

2. Öffentliches Angebot

Öffentliches Angebot ist insbesondere jede Form von Werbung in den Medien oder mittels Postwurfsendungen, die sich an jedermann wendet, ein Kaufangebot abzugeben.

a) Ein öffentliches Angebot im Inland setzt voraus, daß mit dem Angebot potentielle Anleger im Geltungsbereich des Verkaufsprospektgesetzes zielgerichtet angesprochen werden.

b) Ein solches Angebot kann insbesondere auch mittels elektronischer Medien, also z. B. im Internet erfolgen. Ein öffentliches Angebot im Inland liegt unabhängig davon vor, von welchem Ort aus dieses abgegeben wurde. Bei Angeboten über das Internet spielt es keine Rolle, von welchem Ort aus der Upload der Daten erfolgt ist beziehungsweise wo der Server mit den abrufbaren Daten steht, sofern Anleger in Deutschland angesprochen werden sollen. Indiz für ein Angebot ist insbesondere die Verwendung der deutschen Sprache oder die Nennung deutscher Ansprechpartner. Geht aus einem an hervorgehobener Stelle (z. B. Seitenbeginn) stehenden und in deutscher Sprache verfaßten Hinweis unmißverständlich hervor, daß eine Zeichnung für Anleger in Deutschland nicht möglich ist („disclaimer"), liegt kein Angebot in Deutschland vor. Ferner sind angemessene Vorkehrungen zu treffen, daß Anleger von Deutschland aus die Wertpapiere nicht erwerben können.

c) Neben der Werbung setzt ein öffentliches Angebot voraus, daß für den Interessenten eine konkrete Möglichkeit zum Erwerb der beworbenen Wertpapiere besteht. Der Interessent muß ein Angebot abgeben können, welches der Anbieter durch einseitige Erklärung verbindlich annehmen kann. Allgemeine Werbemaßnahmen, Veröffentlichungen und Informationen, in denen auf die Möglichkeit zum Erwerb der Wertpapiere hingewiesen wird, sind nicht als öffentliches

I. § 1 Verkaufsprospektgesetz (Grundregel) **Texte**

Angebot anzusehen, wenn noch keine Zeichnungsmöglichkeit besteht.

d) Als allgemeine Werbemaßnahmen sind solche Informationen anzusehen, in denen allgemein über die Emittenten/Unternehmen und über zukünftig geplante Emissionen berichtet wird. Dies gilt auch für entsprechende Darstellungen in einem elektronisch betriebenen Informationsverbreitungssystem, das bei Kreditinstituten, nach § 53 Abs. 1 Satz 1 des Gesetzes über das Kreditwesen tätigen Unternehmen, die ihren Sitz im Inland haben und an einer inländischen Börse zur Teilnahme am Handel zugelassen sind, und Versicherungsunternehmen weit verbreitet ist. Wenn in derartigen Veröffentlichungen jedoch auf die wesentlichen Merkmale der Wertpapiere (u. a. deren Preis und deren Ausstattungsmerkmale – z. B. Stamm – oder Vorzugsaktien) hingewiesen wird, besteht gemäß § 12 Verkaufsprospektgesetz die Pflicht, auf den Verkaufsprospekt und dessen Veröffentlichung hinzuweisen

e) Die bloße Einbeziehung und Notierung im Freiverkehr ohne Werbemaßnahmen stellt kein öffentliches Angebot dar. Der bloße Hinweis auf die Notierung und die Veröffentlichung reiner Emissionsdaten stellt noch keine Werbemaßnahme in diesem Sinne dar. Reine Emissionsdaten sind beispielsweise die Angabe von Wertpapierkennnummer (WKN), variablem Mindestschluß, des Underlying und der kleinsten handelbaren Einheit. Nicht als reine Emissionsdaten anzusehen sind jedoch Angaben zum aktuellen Kurs, zum Ausübungspreis und zu den Ausübungsmodalitäten. Wird für die Plazierung von Wertpapieren das Bookbuilding-Verfahren gewählt, liegt erst mit der Veröffentlichung der Aufforderung zur Abgabe von Zeichnungsgeboten im Anschluß an die Bekanntmachung des Preisrahmens ein öffentliches Angebot vor.

f) Werden im Zusammenhang mit der Kapitalerhöhung bei einer Aktiengesellschaft und dem entsprechenden Bezugsangebot Bezugsrechte gehandelt, so liegt in der entsprechenden Veröffentlichung kein öffentliches Angebot, solange sie sich erkennbar nur an die Gruppe der Altaktionäre als begrenzten Personenkreis wendet. Insbesondere die gesetzlich vorgeschriebene Veröffentlichung eines Bezugsangebotes gemäß § 186 Abs. 2 AktG ist für sich noch kein öffentliches Angebot. Die Formulierung der Veröffentlichung muß entsprechend gestaltet sein. Die Formulierung „... Bereitschaft der Bezugsstelle, den An- und Verkauf von Bezugsrechten zu vermitteln" ist z. B. als öffentliches Angebot zu qualifizieren, wenn darin keine ausdrückliche Beschränkung auf den Kreis der Altaktionäre enthalten ist. Zeitpunkt des öffentlichen Angebotes ist der Beginn der Bezugsfrist, also der Tag, an dem Anleger erstmals erwerben können.

Texte

3. Anbieter

Anbieter im Sinne des Verkaufsprospektgesetzes ist derjenige, der für das öffentliche Angebot der Emission verantwortlich ist. Er muß nicht zwingend mit dem Emittenten identisch sein bzw. der Emittent ist nicht zwingend stets auch Anbieter. Insbesondere bei Übernahmekonsortien ist als Anbieter anzusehen, wer den Anlegern gegenüber nach außen erkennbar, z. B. in Zeitungsanzeigen, als Anbieter auftritt. Wenn der Vertrieb der Wertpapiere über Vertriebsorganisationen, ein Netz von angestellten oder freien Vermittlern oder Untervertriebe erfolgt, ist derjenige als Anbieter anzusehen, der die Verantwortung für die Koordination der Vertriebsaktivitäten innehat. Als Indiz hierfür dienen insbesondere entsprechende Vereinbarungen mit dem Emittenten, Aufträge an Untervertriebe und Provisionsvereinbarungen mit selbständigen oder freiberuflich tätigen Vermittlern.

II. § 2 Verkaufsprospektgesetz
(Ausnahmen im Hinblick auf die Art des Angebots)

1. Begrenzter Personenkreis

Ein begrenzter Personenkreis liegt vor, wenn die betreffenden Personen dem Anbieter im einzelnen bekannt sind, von ihm aufgrund einer gezielten Auswahl nach individuellen Gesichtspunkten angesprochen werden und eine Aufklärung durch einen Verkaufsprospekt im Hinblick auf das Informationsbedürfnis des Anlegers nicht erforderlich ist. Eine genaue zahlenmäßige Festlegung des begrenzten Personenkreises ist nicht möglich. Eine geringe Anzahl von ausgesuchten Anlegern kann jedoch ein Indiz für die Annahme eines begrenzten Personenkreises sein, sofern die vorgenannten Voraussetzungen erfüllt sind. Ein begrenzter Personenkreis kann ferner vorliegen, wenn im Zeitpunkt des öffentlichen Angebots zwischen dem Anleger und dem Anbieter oder dem Emittenten eine persönliche oder gesellschaftsrechtliche (d. h. verbundene Unternehmen nach § 15 AktG) Beziehung besteht, aufgrund der der Anleger Zugang zu Informationen hat, die denen in einem Verkaufsprospekt gleichwertig sind. Wird diese persönliche Beziehung jedoch erst durch das Verkaufsangebot hergestellt, wie z. B. beim Vertrieb über ein gestaffeltes Vertreternetz, stellen die angesprochenen Personen keinen begrenzten Personenkreis dar. Nicht ausreichend für die Annahme eines begrenzten Personenkreises ist die Adressierung des Angebotes an nicht näher individualisierte Personenkreise, Berufsgruppen oder Kunden. Werden Emissionen in Anwendung einer Ausnahmebestimmung prospektfrei plaziert und danach öffentlich angeboten, so sind die Veröffentlich-

II. § 2 Verkaufsprospektgesetz **Texte**

ungspflichten durch denjenigen zu erfüllen, der die Wertpapiere erstmals öffentlich anbietet. Dies gilt insbesondere dann, wenn eine Emission, die unter der Ausnahme des § 2 Nr. 4 Verkaufsprospektgesetz platziert wurde, danach zu Bedingungen verkauft wird, die nicht die Voraussetzungen des § 2 Nr. 4 Verkaufsprospektgesetz erfüllen. Bei Anwendung der Ausnahmebestimmungen des § 2 Nr. 1 bis 4 Verkaufsprospektgesetz besteht die Möglichkeit, verschiedene Ausnahmetatbestände miteinander zu kombinieren, und zwar sowohl gleichzeitig als auch zeitlich nacheinander. Deshalb kann beispielsweise eine Emission prospektfrei plaziert werden, wenn ein Teil der Emission Anlegern nach § 2 Nr. 1 Verkaufsprospektgesetz und gleichzeitig oder später der andere Teil Personen nach § 2 Nr. 3 Verkaufsprospektgesetz angeboten wird. Werden Aktien einer Tochtergesellschaft (d. h. eines verbundenen Unternehmens gemäß § 15 AktG) ausschließlich den Aktionären der Muttergesellschaft angeboten, liegt ein begrenzter Personenkreis vor, da davon auszugehen ist, daß die Aktionäre der Muttergesellschaft in einer Weise über die nach § 15 AktG verbundene Tochtergesellschaft informiert sind, daß sie einer Aufklärung durch einen Verkaufsprospekt nicht bedürfen.

2. Arbeitnehmer

Ein „verbundenes Unternehmen" im Sinne des § 2 Nr. 3 Verkaufsprospektgesetz ist ein solches nach § 15 AktG.

3. 80 000 DM – Grenze

Bei der Berechnung des Kaufpreises in § 2 Nr. 4 Alt. 2 und 3 Verkaufsprospektgesetz werden Gebühren, die zu entrichten sind, nicht berücksichtigt.

4. Teil einer Emission

Der Begriff der „Emission" ist so zu verstehen, daß es sich um Wertpapiere derselben Gattung mit einheitlichen Bestimmungsmerkmalen handeln muß, die untereinander austauschbar sind. Insofern kann für den Begriff der Emission in der Regel auf eine identische Wertpapierkennnummer (WKN) abgestellt werden, unter der nur Wertpapiere zusammengefaßt werden, deren Bestimmungsmerkmale, abgesehen vom Ausgabepreis, gleich sind. Nicht ausreichend ist, wenn es sich nur um nahezu gleiche bzw. vergleichbare Wertpapierbedingungen handelt. § 2 Nr. 5 Verkaufsprospektgesetz betrifft vor allem den Fall, daß das Emissionsvolumen einer Emission, für die bereits ein Verkaufsprospekt veröffentlicht worden ist, nachträglich erhöht wird. Da die Erhöhung durch die Ausgabe von Wertpapieren mit denselben Daten – mit Ausnahme des Ausgabepreises und der

Daten der ersten Zinszahlungen sowie bei Optionsscheinen auch der Ausübungsfrist – erfolgt, ist für dieses Angebot bereits ein entsprechender Verkaufsprospekt mit gleichlautender Wertpapierkennummer (WKN) vorhanden. Ferner betrifft § 2 Nr. 5 Verkaufsprospektgesetz den Fall, daß ein Teil einer Aktienemission an der Börse zugelassen und der andere Teil unter Inanspruchnahme der Ausnahmeregelung des § 7 Abs. 1 S. 2 Börsenzulassung-Verordnung (BörsZulV) vom Altaktionär gehalten wird. Wenn der Altaktionär diese Aktien öffentlich zum Kauf anbietet, ist ein Verkaufsprospekt nicht erforderlich, weil für den börsennotierten Teil der Emission bereits ein Verkaufsprospekt veröffentlicht worden ist. Teil einer Emission ist auch die bei einer Aktienemission durch eine Zusatzklausel vorbehaltene spätere Erhöhung des Emissionsvolumens (greenshoe).

III. § 3 Verkaufsprospektgesetz
(Ausnahmen im Hinblick auf bestimmte Emittenten)

1. Schuldverschreibung im Sinne des § 3 Nr. 2 Verkaufsprospektgesetz

Optionsscheine sind keine Schuldverschreibungen im Sinne des § 3 Nr. 2 Verkaufsprospektgesetz und erfüllen daher auch nicht die Voraussetzungen für diesen Ausnahmetatbestand. Die Ausnahme des § 3 Nr. 2 Buchstabe b Verkaufsprospektgesetz gilt auch für Inhaberschuldverschreibungen, die von der Zweigniederlassung eines ausländischen Kreditinstitutes angeboten werden, wenn das ausländische Kreditinstitut selbst Daueremittent ist. Emissionen ausländischer Daueremittenten sind daher auch über inländische Zweigniederlassungen prospektfrei möglich. Schuldverschreibungen im Sinne des § 3 Nr. 2 Verkaufsprospektgesetz sind nur solche Schuldverschreibungen, bei denen in den Anleihebedingungen die Rückzahlung des nominalen Kapitalbetrags vorgesehen ist und vom Emittenten ein Zinsversprechen (variabler oder fester Zins) abgegeben wird. Nullkuponanleihen sind Schuldverschreibungen im Sinne des § 3 Nr. 2 Verkaufsprospektgesetz. Bei Fremdwährungsanleihen kommt es darauf an, daß der Anleger den Nennwert des Anlagebetrags in der Anlagewährung zurückerhält. Anleihen, die auf Euro lauten, sind keine Fremdwährungsanleihen in diesem Sinn.

2. Anteile an Kapitalanlagegesellschaften und ausländische Investmentanteile

Die Ausnahme des § 3 Nr. 3 Verkaufsprospektgesetz betrifft nur diejenigen Anteile, die auch tatsächlich unter das Gesetz über Kapitalanlagegesellschaften (KAGG) bzw. das Auslandinvestment-Gesetz

IV. § 4 Verkaufsprospektgesetz **Texte**

(AuslInvestmG) fallen. Inländische Kapitalanlagegesellschaften müssen die Erlaubnis des Bundesaufsichtsamtes für das Kreditwesen gemäß § 2 Abs. 2 KAGG zum Geschäftsbetrieb erhalten haben und von diesem überwacht werden. Ausländische Anteile dürfen nur dann ohne Verkaufsprospekt nach dem Verkaufsprospektgesetz öffentlich angeboten werden, wenn sie von einer ausländischen Investmentgesellschaft im Sinne des § 1 AuslInvestmG ausgegeben werden und der Vertrieb in Deutschland dem Bundesaufsichtsamt für das Kreditwesen gemäß § 7 Abs. 1 oder § 15c AuslInvestmG anzuzeigen ist.

IV. § 4 Verkaufsprospektgesetz
(Ausnahmen im Hinblick auf bestimmte Wertpapiere)

1. Euro – Wertpapiere

Grundsätzlich können Euro-Wertpapiere alle Wertpapiere im Sinne des § 1 Verkaufsprospektgesetz sein, also auch Optionsscheine, wenn die übrigen Voraussetzungen erfüllt sind. Bei dem Merkmal des „wesentlichen Teils" im Rahmen der Definition der Euro-Wertpapiere in § 4 Abs. 2 Nr. 2 Verkaufsprospektgesetz ist davon auszugehen, daß das Angebot zu einem Prozentsatz von mindestens 50% in anderen Staaten als dem des Sitzes des Emittenten erfolgen muß. Die Formulierung „angeboten werden" bezieht sich in diesem Zusammenhang auf die den Konsortiumsmitgliedern tatsächlich zugeteilte und von diesen außerhalb des Sitzlandes des Emittenten angebotene Menge. Die Formulierung des Gesetzes „... ein Konsortium übernimmt, zu übernehmen verspricht und vertreibt..." ist dahingehend zu verstehen, daß von den Mitgliedern des Konsortiums mindestens zwei ihren Sitz in verschiedenen Staaten haben müssen. Es muß sich um ein grenzüberschreitendes Angebot und Konsortium handeln. Voraussetzung für ein Konsortium im Sinne dieser Vorschrift ist, daß darin mindestens zwei Unternehmen als Anbieter mit jeweils eigenem Plazierungsrisiko vertreten sind. Unschädlich ist, wenn einzelne Mitglieder des Konsortiums Tochtergesellschaften anderer Mitglieder sind, sofern die Tochtergesellschaft ein eigenes Plazierungsrisiko trägt. Das Konsortium als Übernahmekonsortium muß dabei erster Erwerber der Wertpapiere sein oder den Verkauf der im Namen oder für Rechnung des Emittenten angebotenen Wertpapiere gewährleisten (Garantiekonsortium). § 4 Abs. 1 Nr. 1 iVm § 4 Abs. 2 Verkaufsprospektgesetz findet keine Anwendung, wenn die Wertpapiere von einem inländischen Kreditinstitut und dessen ausländischer Zweigstelle übernommen und vertrieben werden. § 4 Abs. 2 Verkaufsprospektgesetz setzt nicht voraus, daß die Wertpapiere nur innerhalb der Mitgliedstaaten der Europäischen Union oder von einem Konsor-

Texte   Bekanntmachung vom 6. September 1999

tium, dessen Mitglieder ihren Sitz innerhalb der Europäischen Union haben, angeboten werden. Es kommt neben anderen Voraussetzungen lediglich darauf an, daß die Wertpapiere in verschiedenen Staaten angeboten werden, insbesondere darauf, dass in wesentlicher Teil der Wertpapiere nicht im Sitzstaat des Emittenten angeboten wird. Ein Euro-Wertpapier im Sinne des § 4 Abs. 2 Verkaufsprospektgesetz liegt auch dann vor, wenn das Angebot außer in Deutschland in einem anderen Staat erfolgt, der kein Mitgliedstaat der Europäischen Union ist. Der Begriff „öffentlich geworben" in § 4 Abs. 1 Nr. 1 Verkaufsprospektgesetz setzt eine über das öffentliche Angebot hinausgehende Form der Ansprache des Publikums voraus. Jedoch kann nicht jedes verkaufsfördernde Tätigwerden eines Kreditinstituts als öffentliche Werbung im Sinne des § 4 Abs. 1 Nr. 1 Verkaufsprospektgesetz qualifiziert werden. Es bedarf dafür vielmehr einer breit angelegten, systematischen Ansprache des Publikums, z. B. in Medienkampagnen. Das Tatbestandsmerkmal „nicht öffentlich geworben" ist z. B. dann erfüllt, wenn Wertpapiere bei Privatanlegern in der Weise plaziert werden, daß Bankkunden, die beim anbietenden Kreditinstitut ein Depot unterhalten, im Rahmen des üblichen Beratungsgesprächs eine Broschüre über die Wertpapiere ausgehändigt wird. Die Broschüre darf jedoch nicht im Rahmen einer allgemeinen Ansprache an Depotkunden verteilt werden.

2. Zertifikate, die anstelle von Aktien ausgegeben werden

§ 4 Abs. 1 Nr. 5 Verkaufsprospektgesetz betrifft die Fälle, in denen Zertifikate anstelle von Namensaktien oder Hinterlegungsscheine, die ausländische Aktien repräsentieren (wie z. B. ADR) ausgegeben werden.

3. Schuldverschreibung gemäß § 4 Abs. 1 Nr. 8 Verkaufsprospektgesetz

Der Begriff der Schuldverschreibung im Sinne des § 4 Abs. 1 Nr. 8 Verkaufsprospektgesetz ist wie in § 3 Nr. 2 Verkaufsprospektgesetz auszulegen. Demzufolge fallen z. B. Optionsscheine mit einer Laufzeit unter 12 Monaten nicht unter diese Ausnahme.

V. § 5 und § 6 Verkaufsprospektgesetz (Verhältnis zum Antrag auf Börsenzulassung)

Ist die Zulassung der Wertpapiere zum Amtlichen Handel oder zum Geregelten Markt beantragt und sollen die Wertpapiere erstmalig öffentlich angeboten werden, ist der Verkaufsprospekt nach Billigung durch die Zulassungsstelle/den Zulassungsausschuß gemäß § 6

VI. § 8 Verkaufsprospektgesetz (Hinterlegungsstelle)   **Texte**

Abs. 1 und 2 Verkaufsprospektgesetz beziehungsweise § 6 Abs. 4 in Verbindung mit § 6 Abs. 1 und 2 Verkaufsprospektgesetz nach Maßgabe des § 9 Abs. 1 und 2 Verkaufsprospektgesetz zu veröffentlichen. Eine Hinterlegung nach § 8 Verkaufsprospektgesetz beim Bundesaufsichtsamt für den Wertpapierhandel (Bundesaufsichtsamt) ist nicht erforderlich.

VI. § 8 Verkaufsprospektgesetz (Hinterlegungsstelle)

Das Bundesaufsichtsamt ist Hinterlegungsstelle für Verkaufsprospekte. Bei der Hinterlegung hat der Anbieter anzugeben, wann und in welchem überregionalen Börsenpflichtblatt die Veröffentlichung des Verkaufsprospektes bzw. die entsprechende Hinweisbekanntmachung gemäß § 9 Abs. 3 Satz 1 Verkaufsprospektgesetz voraussichtlich erfolgen wird. Ferner ist der Name des Anbieters der Wertpapiere anzugeben. Nachträge nach § 10 Verkaufsprospektgesetz sind auch dann „zum Zeitpunkt ihrer Veröffentlichung übermittelt", wenn sie taggleich beim Bundesaufsichtsamt eingehen.Zur Fristwahrung besteht die Möglichkeit, für die Hinterlegung des Prospektes den Fristbriefkasten des Bundesaufsichtsamtes vor dem Nachtausgang des Bürogebäudes in der Lurgiallee bzw. das Faxgerät (Nr. 069/95 95 2 110 hilfsweise 069/95 95 2 123) zu benutzen. Per Fax übermittelte Prospekte müssen dem Originalprospekt entsprechen und insbesondere die Unterschrift enthalten. Eine Übermittlung per Fax ist nur dann ausreichend, wenn der Verkaufsprospekt mit der Originalunterschrift unverzüglich nachgereicht wird. Der Verkaufsprospekt kann nicht allein auf elektronischem Weg übermittelt werden.

VII. § 8a Verkaufsprospektgesetz (Gestattung und Untersagung der Veröffentlichung des Verkaufsprospekts)

1. Frist

Der Samstag ist ein Werktag und daher im Lauf der Frist von zehn Werktagen mitzurechnen. Fällt das Ende der Frist von zehn Werktagen auf einen Samstag, so endet die Frist mit Ablauf dieses Samstags; eine Verschiebung des Fristablaufs auf den darauffolgenden Werktag findet nicht statt. Bei der zehntägigen Frist des § 8a Abs. 1 Verkaufsprospektgesetz ist zu beachten, daß nur Werktage erfaßt werden, d. h., Sonntage und Feiertage werden bei Berechnung dieser Frist nicht mitgezählt. Bei der Fristberechnung nach § 8a Abs. 1 Verkaufsprospektgesetz werden nur bundeseinheitlich festgelegte Feiertage berücksichtigt. Das Fristende kann nicht auf einen Sonn- oder Feiertag fallen. Die Frist von zehn Werktagen findet keine Anwendung auf

Nachträge nach § 10 Verkaufsprospektgesetz. Deshalb kann am selben Tag der Nachtrag nach § 10 Verkaufsprospektgesetz dem Bundesaufsichtsamt übermittelt und veröffentlicht sowie mit dem öffentlichen Angebot der Wertpapiere begonnen werden.

2. Gestattung und Untersagung

Das Bundesaufsichtsamt überprüft die bei ihm hinterlegten Verkaufsprospekte gemäß § 8a Abs. 2 Verkaufsprospektgesetz auf Vollständigkeit. Ihre inhaltliche Richtigkeit wird nicht geprüft. Auch Nachträge nach § 10 Verkaufsprospektgesetz werden auf Vollständigkeit geprüft. Die Veröffentlichung des Verkaufsprospekts wird gestattet, sobald die Vollständigkeitsprüfung mit positivem Ergebnis abgeschlossen ist, auch wenn dieser Zeitpunkt vor Ablauf der zehn Werktage liegt. Da die Verkaufsprospekte nach der Reihenfolge ihres Eingangs beim Bundesaufsichtsamt geprüft werden, erfolgt diese vorzeitige Gestattung unabhängig von einem etwaigen Antrag des Anbieters auf Gestattung. Das Bundesaufsichtsamt untersagt die Veröffentlichung eines Verkaufsprospekts, bei dem die Angaben fehlen, die nach § 7 Abs. 1 Verkaufsprospektgesetz oder auf Grund der Verkaufsprospekt – Verordnung vorgeschrieben sind, wenn der Anbieter die fehlenden Angaben nicht innerhalb der zehntägigen Frist des § 8a Abs. 1 Verkaufsprospektgesetz ergänzt. Der Anbieter hat nach einer Untersagung die Möglichkeit, den Verkaufsprospekt um die fehlenden Angaben zu ergänzen und erneut beim Bundesaufsichtsamt zu hinterlegen.

VIII. § 9 Verkaufsprospektgesetz
(Frist und Form der Veröffentlichung)

Gemäß § 9 Verkaufsprospektgesetz muß der Verkaufsprospekt mindestens einen Werktag vor dem öffentlichen Angebot veröffentlicht werden. Die Fristberechnung richtet sich nach § 31 Abs. 1 VwVfG, § 187 Abs. 1 und § 188 Abs. 1 BGB. Bei der Festlegung des Fristbeginns ist der Tag des fristauslösenden Ereignisses, also der Prospektveröffentlichung, nicht mitzuzählen. Die Frist endet mit dem Ablauf, also um 24.00 Uhr, des darauffolgenden Werktages. Zwischen der Veröffentlichung des Verkaufsprospekts und dem öffentlichen Angebot muß ein voller Werktag liegen. Deshalb darf z. B. bei einer Veröffentlichung an einem Montag das öffentliche Angebot frühestens am folgenden Mittwoch stattfinden. Der Samstag ist ein Werktag. Bei der Fristberechnung nach § 9 Abs. 1 Verkaufsprospektgesetz werden nur bundeseinheitlich festgelegte Feiertage berücksichtigt. Beim Bookbuilding-Verfahren ist der Prospekt einen Tag vor dem Beginn der Frist zur Abgabe von Geboten (Angebotsfrist) zu veröffentlichen. Im Prospekt müssen der Zeitplan und die Einzelheiten für die Festsetzung des Ausgabepreises angegeben werden. Dabei sollte zweckmäßigerweise der Ablauf des Bookbuilding-Verfahrens geschildert werden.

IX. § 10 Verkaufsprospektgesetz
(Veröffentlichung eines unvollständigen Verkaufsprospekts)

1. Einzelne Angebotsbedingungen

Der Begriff „einzelne Angebotsbedingungen" bezieht sich nicht auf die Gesamtheit der Angebotsbedingungen, sondern nur auf einzelne dieser Bedingungen. Gemeint sind mit dieser Erleichterung bei der Veröffentlichungspflicht nur solche Bedingungen, die nach der Eigenart der beabsichtigten Emission erst kurz vor dem öffentlichen Angebot festgesetzt werden können. Bei Optionsscheinen sind dies z. B. Angaben über den Umfang der Emission, den Basiswert und den Basispreis, die Laufzeit, die Ermittlung des Abrechnungsbetrags sowie gegebenenfalls Besonderheiten bei dessen Ermittlung. Die Verlagerung von Angaben, die nicht das angebotene Wertpapier betreffen, in diesen Nachtrag nach § 10 Verkaufsprospektgesetz ist unzulässig. Für einen unvollständigen Verkaufsprospekt im Sinne des § 10 Verkaufsprospektgesetz ist es ausreichend, wenn der Basiswert seiner Gattung nach (z. B. Aktien, Indices, Rohstoffe, etc.) angegeben wird. Ist ein Verkaufsprospekt mit Ausnahme des Ausgabepreises vollständig, so wird dieser als vollständig behandelt, wenn in dem betreffenden Verkaufsprospekt aufgeführt ist, wie (Zeitpunkt, Methode) der Ausgabepreis ermittelt wird.

2. Unvollständiger Verkaufsprospekt und Nachtrag nach § 10 Verkaufsprospektgesetz

Der unvollständige Verkaufsprospekt ist als solcher kenntlich zu machen und als Volltext abzufassen, der lediglich bei einzelnen Positionen Lücken aufweisen darf. Von der Aufnahme fiktiver Daten anstelle der noch nicht feststehenden tatsächlich gültigen Angaben ist abzusehen, statt dessen ist die Lücke als solche zu kennzeichnen. Das Verteilen von Dokumenten, die aus einem unvollständigen Prospekt und einem Nachtrag bestehen, wird nicht beanstandet, wenn diese Form der Anlegerinformation der Ausgabe eines vollständigen Verkaufsprospektes gleichwertig ist. Der Nachtrag muß eindeutig als solcher erkennbar sein und einen Bezug herstellen zum entsprechenden unvollständigen Verkaufsprospekt und zu allen Nachträgen, die sich auf dieselbe Emission beziehen. Die drucktechnische Zusammenfassung mehrerer verschiedener Nachträge ist bei entsprechender Kennzeichnung zulässig.

3. Veröffentlichungspflicht für Nachträge nach § 10 Verkaufsprospektgesetz

Auch Nachträge unterliegen der Veröffentlichungspflicht nach den Vorschriften der § 9 Abs. 2 und 3 Verkaufsprospektgesetz. Für den Fall, daß die Veröffentlichung durch einen Hinweis bekannt gemacht wird, muß für jeden Nachtrag eine eigene Hinweisbekanntmachung veröffentlicht werden. In der Hinweisbekanntmachung nach § 9 Abs. 3 2. Halbsatz Verkaufsprospektgesetz ist die Formulierung des Anzeigentextes „ ... Verkaufsangebot über ..." zu vermeiden. Sie ist mißverständlich, da sich aus ihr nicht eindeutig entnehmen läßt, ob es sich um die Veröffentlichung des Verkaufsprospekts gemäß § 9 Abs. 3 Verkaufsprospektgesetz oder um das öffentliche Angebot der Wertpapiere handelt. Die gemäß § 10 Verkaufsprospektgesetz nachzutragenden Angaben sind Bestandteil des öffentlichen Angebotes und dem Bundesaufsichtsamt unverzüglich zuzuleiten. Dafür steht ein Fristbriefkasten bzw. ein Faxgerät (Nr. 069/95 95 2 110, hilfsweise 069/95 95 2 123) zur Verfügung. Nachträge müssen spätestens am Tag des ersten öffentlichen Angebots veröffentlicht werden.

X. § 11 Verkaufsprospektgesetz
(Veröffentlichung ergänzender Angaben)

1. Veränderungen von wesentlicher Bedeutung

Ob Veränderungen „für die Beurteilung der Wertpapiere oder des Emittenten von wesentlicher Bedeutung sind", ist aus Anlegersicht zu beurteilen. So besitzen Veränderungen wesentliche Bedeutung, wenn sie objektiv geeignet sind, den Anleger zu einer anderen oder modifizierten Entscheidung hinsichtlich der Anlage zu veranlassen. Veränderungen, die Einfluß auf den Preis, die Handelbarkeit sowie die Liquidität von Wertpapieren haben können, sind als solche Veränderungen von wesentlicher Bedeutung anzusehen. Im Einzelfall ist die Frage je nach Art des betroffenen Wertpapiers (Aktie, Optionsschein, Schuldverschreibung) zu entscheiden. Ein Anhaltspunkt dafür, welche Veränderungen als wesentlich im Sinne des § 11 Verkaufsprospektgesetz angesehen werden können, kann dabei auch die Verkaufsprospekt-Verordnung geben. So stellt beispielsweise die fusionsbedingte Veränderung der Bilanzsumme der Emittentin eine Veränderung im Sinne des § 11 Verkaufsprospektgesetz dar. Dies gilt auch, wenn zwischenzeitlich ein neuer Jahresabschluß veröffentlicht worden ist. Dagegen ist die Verlängerung der Zeichnungsfrist, die ge-

X. § 11 Verkaufsprospektgesetz **Texte**

mäß § 4 Nr. 8 Verkaufsprospekt-Verordnung im Verkaufsprospekt anzugeben ist, keine Veränderung von wesentlicher Bedeutung. Auch das Wegfallen von Tatsachen kann eine wesentliche Veränderung darstellen, wenn die weggefallenen Tatsachen für die Beurteilung des Emittenten oder der Wertpapiere von wesentlicher Bedeutung sind; dies gilt etwa für das Wegfallen einer Sicherungsmöglichkeit. Die nachträgliche Aufstockung oder Verringerung einer Emission können abhängig von ihren jeweiligen Volumina eine Veränderung von wesentlicher Bedeutung darstellen, da sie die Handelbarkeit und die Liquidität beeinflussen können.

2. Dauer des öffentlichen Angebots

§ 11 Satz 1 Verkaufsprospektgesetz findet keine Anwendung, wenn sowohl hinsichtlich der „ursprünglichen" Emission als auch bezüglich der Aufstockung keine werblichen Maßnahmen von Seiten der Emittentin erfolgen, sondern lediglich in elektronischen Informationssystemen über die Emission und deren Aufstockung informiert wird. Insoweit fehlt es an einem öffentlichen Angebot im Sinne des § 1 Verkaufsprospektgesetz. § 11 Verkaufsprospektgesetz kommt jedoch dann zur Anwendung, wenn eine Emission aufgestockt wird, die Gegenstand eines öffentlichen Angebots ist und nicht ausschließlich einem begrenzten Personenkreis, z. B. institutionellen Anlegern, angeboten wird. Dies ist unabhängig davon, ob im Zeitpunkt der Aufstockung (noch) werbliche Maßnahmen von Seiten der Emittentin beziehungsweise Anbieterin stattfinden. Die Formulierung „während der Dauer des öffentlichen Angebots" setzt nicht voraus, daß die Emission fortgesetzt ohne Unterbrechung angeboten werden muß. So hat es keinen Einfluß auf die gegebenenfalls bestehende Pflicht zur Erstellung eines Nachtrags, wenn erst nach Abschluß des ersten öffentlichen Angebots der ursprünglichen Emission die Aufstockung öffentlich angeboten wird. Ergänzende Angaben nach § 11 Satz 1 Verkaufsprospektgesetz sind nur so lange zu veröffentlichen, wie die Emission noch nicht vollständig im Markt plaziert ist, d. h. die Plazierung noch nicht vollständig abgeschlossen ist. Die Plazierung ist abgeschlossen, wenn die von der Anbieterin insgesamt verkaufte Anzahl von Wertpapieren der Gesamtzahl der Wertpapiere der Emission entspricht.

3. Veröffentlichung des Nachtrags nach § 11 Verkaufsprospektgesetz

Die Verweisung in § 11 Satz 2 Verkaufsprospektgesetz auf die „Vorschriften über den Verkaufsprospekt und dessen Veröffentlichung" bezieht sich lediglich auf § 9 Abs. 2 und 3 Verkaufsprospektgesetz,

Texte   Bekanntmachung vom 6. September 1999

nicht jedoch auch auf § 9 Abs. 1 Verkaufsprospektgesetz. Hinsichtlich der Form der Veröffentlichung eines Nachtrags gelten die Vorschriften des § 9 Abs. 2 und 3 Verkaufsprospektgesetz. Die Frist für die Veröffentlichung eines entsprechenden Nachtrags ergibt sich aus § 11 Verkaufsprospektgesetz. Danach ist der Nachtrag unverzüglich zu veröffentlichen. „Unverzüglich" ist auszulegen wie in § 121 BGB, d. h. ohne schuldhaftes Zögern.

XI. § 15 Verkaufsprospektgesetz (Angebot in mehreren Mitgliedstaaten der Europäischen Union oder in anderen Vertragsstaaten des Abkommens über den Europäischen Wirtschaftsraum)

Die beim Bundesaufsichtsamt zu hinterlegende Übersetzung des Verkaufsprospekts, der von einem anderen Mitgliedsstaat der Europäischen Union oder in einem anderen Vertragsstaat des Abkommens über den Europäischen Wirtschaftsraum gem. § 15 Abs. 3 Satz 1 Verkaufsprospektgesetz gebilligt worden ist, ist ebenso wie das Original zu unterschreiben. Beim Verfahren nach § 15 Abs. 3 Satz 1 Verkaufsprospektgesetz ist das normale Hinterlegungs- und Veröffentlichungsverfahren nach den §§ 8 und 9 Verkaufsprospektgesetz einzuhalten. Die Gestattung nach § 15 Abs. 3 Satz 2 Verkaufsprospektgesetz ist Voraussetzung für die Hinterlegung eines fremdsprachigen Verkaufsprospekts beim Bundesaufsichtsamt. Auf die bisher erforderliche Übersetzung des Verkaufsprospektes in die deutsche Sprache kann verzichtet werden, wenn der Verkaufsprospekt in einer Sprache abgefaßt ist, die im Inland auf dem Gebiet des grenzüberschreitenden Wertpapierhandels nicht unüblich ist. Englisch ist eine solche Sprache. Wird ein englischsprachiger Verkaufsprospekt dem Bundesaufsichtsamt zum Zwecke der Hinterlegung übermittelt, ist davon auszugehen, daß damit konkludent der Antrag gestellt wird, die Abfassung des Verkaufsprospekts in englischer Sprache zu gestatten. Voraussetzung für die Anwendung des § 15 Abs. 3 Verkaufsprospektgesetz ist, daß der Emittent seinen Sitz im Ausland hat. Es reicht nicht, wenn eine inländische Tochtergesellschaft als Emittentin und die ausländische Muttergesellschaft als Garantin auftritt.

XII. Verkaufsprospekt-Verordnung

1. § 4 Nr. 8 Verkaufsprospekt-Verordnung

Im Verkaufsprospekt ist die für die Zeichnung oder den Verkauf der Wertpapiere vorgesehene Frist anzugeben. Kann ein konkretes Datum nicht genannt werden, ist folgende Formulierung ausrei-

XII. Verkaufsprospekt-Verordnung **Texte**

chend: „Gemäß den Bestimmungen des Verkaufsprospektgesetzes liegt zwischen dem Beginn der für die Zeichnung/den Verkauf der Wertpapiere vorgesehenen Frist und der Veröffentlichung des Verkaufsprospekts ein Werktag".

2. § 8 Verkaufsprospekt-Verordnung

Der in den Verkaufsprospekt aufzunehmende Jahresabschluß darf nicht älter als 18 Monate sein.

3. § 9 Verkaufsprospekt-Verordnung

Kleine Kapitalgesellschaften nach § 267 Abs. 1 HGB, deren Jahresabschluß gemäß § 316 Abs. 1 HGB nicht von einem Abschlußprüfer geprüft werden muß, haben dem Bundesaufsichtsamt gegenüber die Voraussetzungen nach § 267 Abs. 1 HGB nachzuweisen.

4. § 14 Abs. 2 Verkaufsprospekt-Verordnung

Die Erleichterungen nach § 14 Abs. 2 Verkaufsprospekt-Verordnung können nur von solchen Emittenten in Anspruch genommen werden, deren Gründung nicht länger als 18 Monate zurückliegt und die noch keinen Jahresabschluß veröffentlicht haben. Fällt der Zeitpunkt der Gründung des Emittenten und die Aufnahme seiner Geschäftstätigkeit auseinander, weil letztere wesentlich später aufgenommen wird, ist für die Anwendung des § 14 Abs. 2 Verkaufsprospekt-Verordnung nicht auf das Gründungsdatum, sondern auf den Zeitpunkt der Aufnahme der Geschäftstätigkeit des Emittenten abzustellen. Hat der Emittent in den letzten 18 Monaten lediglich seine Rechtsform und/oder seinen Namen gewandelt, ohne daß damit auch seine Geschäftstätigkeit der Art oder dem Umfang nach geändert worden wäre, ist § 14 Abs. 2 Verkaufsprospekt- Verordnung nicht anwendbar. Ist der Emittent aufgrund einer Fusion entstanden, sind in den Verkaufsprospekt die geprüften Jahresabschlüsse der fusionierten Unternehmen aufzunehmen.

Frankfurt am Main, den 06. September 1999

Bundesaufsichtsamt für den Wertpapierhandel
Der Präsident
(Wittich)

7. Gesetz über Musterverfahren in kapitalmarktrechtlichen Streitigkeiten (Kapialanleger-Musterverfahrensgesetz – KapMuG) vom 16. August 2005 (BGBl. I S. 2437), zuletzt geändert durch Art. 12 TransparenzRL-UmsetzungsG vom 5. 1. 2007 (BGBl. I S. 10)

Inhaltsübersicht

Abschnitt 1 Musterfeststellungsantrag; Vorlageverfahren
- § 1 Musterfeststellungsantrag
- § 2 Bekanntmachung im Klageregister
- § 3 Unterbrechung des Verfahrens
- § 4 Vorlage an das Oberlandesgericht
- § 5 Sperrwirkung des Vorlagebeschlusses

Abschnitt 2 Durchführung des Musterverfahrens
- § 6 Bekanntmachung des Musterverfahrens
- § 7 Aussetzung
- § 8 Beteiligte des Musterverfahrens
- § 9 Allgemeine Verfahrensregeln
- § 10 Vorbereitung des Termins
- § 11 Wirkung von Rücknahmen
- § 12 Rechtsstellung des Beigeladenen
- § 13 Erweiterung des Gegenstandes des Musterverfahrens
- § 14 Musterentscheid
- § 15 Rechtsbeschwerde

Abschnitt 3 Wirkung des Musterentscheids; Kosten; Übergangsregelung
- § 16 Wirkung des Musterentscheids
- § 17 Gegenstand der Kostenentscheidung im Prozessverfahren
- § 18 Verstoß gegen die Vorlagevoraussetzungen an das Oberlandesgericht
- § 19 Kostenentscheidung im Rechtsbeschwerdeverfahren
- § 20 Übergangsregelung

Abschnitt 1 Musterfeststellungsantrag; Vorlageverfahren

§ 1 Musterfeststellungsantrag

(1) Durch Musterfeststellungsantrag kann in einem erstinstanzlichen Verfahren, in dem
1. ein Schadensersatzanspruch wegen falscher, irreführender oder unterlassener öffentlicher Kapitalmarktinformation oder

§ 1 Musterfeststellungsantrag **Texte**

2. ein Erfüllungsanspruch aus Vertrag, der auf einem Angebot nach dem Wertpapiererwerbs- und Übernahmegesetz beruht,

geltend gemacht wird, die Feststellung des Vorliegens oder Nichtvorliegens anspruchsbegründender oder anspruchsausschließender Voraussetzungen oder die Klärung von Rechtsfragen begehrt werden (Feststellungsziel), wenn die Entscheidung des Rechtsstreits hiervon abhängt. Der Musterfeststellungsantrag kann vom Kläger und vom Beklagten gestellt werden. Öffentliche Kapitalmarktinformationen sind für eine Vielzahl von Kapitalanlegern bestimmte Informationen über Tatsachen, Umstände, Kennzahlen und sonstige Unternehmensdaten, die einen Emittenten von Wertpapieren oder Anbieter von sonstigen Vermögensanlagen betreffen. Dies sind insbesondere Angaben in

1. Prospekten nach dem Wertpapierprospektgesetz,
2. Verkaufsprospekten nach dem Verkaufsprospektgesetz sowie dem Investmentgesetz,
3. Mitteilungen über Insiderinformationen im Sinne des § 15 des Wertpapierhandelsgesetzes,
4. Darstellungen, Übersichten, Vorträgen und Auskünften in der Hauptversammlung über die Verhältnisse der Gesellschaft einschließlich ihrer Beziehungen zu verbundenen Unternehmen im Sinne des § 400 Abs. 1 Nr. 1 des Aktiengesetzes,
5. Jahresabschlüssen, Lageberichten, Konzernabschlüssen, Konzernlageberichten sowie Halbjahresfinanzberichten des Emittenten, und in
6. Angebotsunterlagen im Sinne des § 11 Abs. 1 Satz 1 des Wertpapiererwerbs- und Übernahmegesetzes.

(2) Der Musterfeststellungsantrag ist bei dem Prozessgericht unter Angabe des Feststellungsziels und der öffentlichen Kapitalmarktinformation zu stellen. Er muss Angaben zu allen, zur Begründung des Feststellungsziels dienenden tatsächlichen und rechtlichen Umständen (Streitpunkte) enthalten und die Beweismittel bezeichnen, deren sich der Antragsteller zum Nachweis oder zur Widerlegung tatsächlicher Behauptungen bedienen will. Der Antragsteller hat darzulegen, dass der Entscheidung über den Musterfeststellungsantrag Bedeutung über den einzelnen Rechtsstreit hinaus für andere gleichgelagerte Rechtsstreitigkeiten zukommen kann. Dem Antragsgegner ist Gelegenheit zur Stellungnahme zu geben.

(3) Ein Musterfeststellungsantrag nach Absatz 1 Satz 1 ist unzulässig, wenn

1. der dem Musterfeststellungsantrag zugrunde liegende Rechtsstreit bereits entscheidungsreif ist,
2. der Musterfeststellungsantrag zum Zwecke der Prozessverschleppung gestellt ist,

3. das bezeichnete Beweismittel ungeeignet ist,
4. die Darlegungen des Antragstellers den Musterfeststellungsantrag nicht rechtfertigen oder
5. eine ausschließlich gestellte Rechtsfrage nicht klärungsbedürftig erscheint.

Unzulässige Musterfeststellungsanträge weist das Prozessgericht durch Beschluss zurück.

§ 2 Bekanntmachung im Klageregister

(1) Einen zulässigen Musterfeststellungsantrag macht das Prozessgericht im elektronischen Bundesanzeiger unter der Rubrik „Klageregister nach dem Kapitalanleger-Musterverfahrensgesetz" (Klageregister) öffentlich bekannt. Über die Bekanntmachung entscheidet das Prozessgericht durch Beschluss. Der Beschluss ist unanfechtbar. Die Bekanntmachung enthält nur die folgenden Angaben:
1. die vollständige Bezeichnung der beklagten Partei und ihres gesetzlichen Vertreters,
2. die Bezeichnung des von dem Musterfeststellungsantrag betroffenen Emittenten von Wertpapieren oder Anbieters von sonstigen Vermögensanlagen,
3. die Bezeichnung des Prozessgerichts,
4. das Aktenzeichen des Prozessgerichts,
5. das Feststellungsziel des Musterfeststellungsantrags und
6. den Zeitpunkt der Bekanntmachung im Klageregister.

Musterfeststellungsanträge, deren Feststellungsziel den gleichen zugrunde liegenden Lebenssachverhalt betrifft (gleichgerichtete Musterfeststellungsanträge), werden im Klageregister in der Reihenfolge ihrer Bekanntmachung erfasst. Musterfeststellungsanträge müssen dann nicht mehr im Klageregister öffentlich bekannt gemacht werden, wenn die Voraussetzungen zur Einleitung eines Musterverfahrens nach § 4 Abs. 1 Satz 1 bereits vorliegen.

(2) Die Einsicht in das Klageregister steht jedem unentgeltlich zu.

(3) Das Prozessgericht trägt die datenschutzrechtliche Verantwortung für die von ihm im Klageregister bekannt gemachten Daten, insbesondere für die Rechtmäßigkeit ihrer Erhebung, die Zulässigkeit ihrer Veröffentlichung und die Richtigkeit der Daten.

(4) Der Betreiber des elektronischen Bundesanzeigers erstellt im Einvernehmen mit dem Bundesamt für Sicherheit in der Informationstechnik ein Sicherheitskonzept für Bekanntmachungen im Klageregister, das insbesondere die nach § 9 des Bundesdatenschutzgesetzes erforderlichen technischen und organisatorischen Maßnahmen umfasst. Die Wirksamkeit der Maßnahmen ist in regelmäßigen Ab-

ständen unter Berücksichtigung der aktuellen technischen Entwicklungen zu überprüfen.

(5) Die im Klageregister gespeicherten Daten sind nach Zurückweisung des Musterfeststellungsantrags gemäß § 4 Abs. 4, anderenfalls nach rechtskräftigem Abschluss des Musterverfahrens zu löschen.

(6) Das Bundesministerium der Justiz wird ermächtigt, durch Rechtsverordnung nähere Bestimmungen über Inhalt und Aufbau des Klageregisters, insbesondere über Eintragungen, Änderungen, Löschungen, Einsichtsrechte, Datensicherheit und Datenschutz zu treffen. Dabei sind Löschungsfristen vorzusehen sowie Vorschriften, die sicherstellen, dass die Bekanntmachungen
1. unversehrt, vollständig und aktuell bleiben,
2. jederzeit ihrem Ursprung nach zugeordnet werden können.

§ 3 Unterbrechung des Verfahrens

Mit der Bekanntmachung des Musterfeststellungsantrags im Klageregister wird das Verfahren unterbrochen.

§ 4 Vorlage an das Oberlandesgericht

(1) Das Prozessgericht führt durch Beschluss eine Entscheidung des im Rechtszug übergeordneten Oberlandesgerichts über das Feststellungsziel gleichgerichteter Musterfeststellungsanträge (Musterentscheid) herbei, wenn
1. in dem Verfahren bei dem Prozessgericht der zeitlich erste Musterfeststellungsantrag gestellt wurde und
2. innerhalb von vier Monaten nach seiner Bekanntmachung in mindestens neun weiteren Verfahren bei demselben oder anderen Gerichten gleichgerichtete Musterfeststellungsanträge gestellt wurden.

Der Vorlagebeschluss ist unanfechtbar und für das Oberlandesgericht bindend. Die zeitliche Reihenfolge der bei den Prozessgerichten gestellten Musterfeststellungsanträge bestimmt sich nach der Bekanntmachung im Klageregister.

(2) Der Vorlagebeschluss hat zu enthalten:
1. das Feststellungsziel,
2. alle geltend gemachten Streitpunkte, soweit sie entscheidungserheblich sind,
3. die bezeichneten Beweismittel und
4. eine knappe Darstellung des wesentlichen Inhalts der erhobenen Ansprüche und der dazu vorgebrachten Angriffs- und Verteidigungsmittel.

(3) Das Prozessgericht macht im Klageregister den Erlass und das Datum des Vorlagebeschlusses öffentlich bekannt.

(4) Ist seit Bekanntmachung des jeweiligen Musterfeststellungsantrags innerhalb von vier Monaten nicht die für die Vorlage an das Oberlandesgericht erforderliche Anzahl gleichgerichteter Anträge bei dem Prozessgericht gestellt worden, weist das Prozessgericht den Antrag zurück und setzt das Verfahren fort.

(5) Sind in einem Land mehrere Oberlandesgerichte errichtet, so können die Musterentscheide, für die nach Absatz 1 die Oberlandesgerichte zuständig sind, von den Landesregierungen durch Rechtsverordnung einem der Oberlandesgerichte oder dem Obersten Landesgericht zugewiesen werden, sofern dies der Sicherung einer einheitlichen Rechtsprechung dienlich ist. Die Landesregierungen können die Ermächtigung auf die Landesjustizverwaltungen übertragen. Durch Staatsverträge zwischen Ländern kann die Zuständigkeit eines Oberlandesgerichts für einzelne Bezirke oder das gesamte Gebiet mehrerer Länder begründet werden.

§ 5 Sperrwirkung des Vorlagebeschlusses

Mit Erlass des Vorlagebeschlusses ist die Einleitung eines weiteren Musterverfahrens für die gemäß § 7 auszusetzenden Verfahren unzulässig.

Abschnitt 2 Durchführung des Musterverfahrens

§ 6 Bekanntmachung des Musterverfahrens

Nach Eingang des Vorlagebeschlusses macht das Oberlandesgericht im Klageregister öffentlich bekannt:
1. die namentliche Bezeichnung des Musterklägers und seines gesetzlichen Vertreters (§ 8 Abs. 1 Nr. 1),
2. die vollständige Bezeichnung des Musterbeklagten und seines gesetzlichen Vertreters (§ 8 Abs. 1 Nr. 2),
3. das Feststellungsziel des Musterverfahrens,
4. das Aktenzeichen des Oberlandesgerichts und
5. den Inhalt des Vorlagebeschlusses.

Das Oberlandesgericht trägt die datenschutzrechtliche Verantwortung entsprechend § 2 Abs. 3.

§7 Aussetzung

(1) Nach der Bekanntmachung des Musterverfahrens im Klageregister durch das Oberlandesgericht setzt das Prozessgericht von Amts wegen alle bereits anhängigen oder bis zum Erlass des Musterentscheids noch anhängig werdenden Verfahren aus, deren Entscheidung von der im Musterverfahren zu treffenden Feststellung oder der im Musterverfahren zu klärenden Rechtsfrage abhängt. Das gilt unabhängig davon, ob in dem Verfahren ein Musterfeststellungsantrag gestellt wurde. Die Parteien sind anzuhören, es sei denn, dass sie darauf verzichtet haben. Der Aussetzungsbeschluss ist nicht anfechtbar.

(2) Das Prozessgericht hat das das Musterverfahren führende Oberlandesgericht unverzüglich über die Aussetzung unter Angabe der Höhe des Anspruchs, soweit er Gegenstand des Musterverfahrens ist, zu unterrichten.

§8 Beteiligte des Musterverfahrens

(1) Beteiligte des Musterverfahrens sind:
1. der Musterkläger,
2. der Musterbeklagte,
3. die Beigeladenen.

(2) Das Oberlandesgericht bestimmt nach billigem Ermessen durch Beschluss den Musterkläger aus den Klägern bei dem Gericht, das den Musterentscheid einholt. Zu berücksichtigen sind
1. die Höhe des Anspruchs, soweit er Gegenstand des Musterverfahrens ist, und
2. eine Verständigung mehrerer Kläger auf einen Musterkläger.
Eine Anfechtung des Beschlusses findet nicht statt.

(3) Die Kläger und Beklagten der übrigen ausgesetzten Verfahren sind zu dem Musterverfahren beizuladen. Der Aussetzungsbeschluss gilt als Beiladung im Musterverfahren. Mit dem Aussetzungsbeschluss unterrichtet das Prozessgericht die Beigeladenen darüber,
1. dass die anteiligen Kosten des Musterverfahrens zu den Kosten des Prozessverfahrens gehören, und
2. dass dies nach § 17 Satz 4 nicht gilt, wenn die Klage innerhalb von zwei Wochen ab Zustellung des Aussetzungsbeschlusses in der Hauptsache zurückgenommen wird.

§9 Allgemeine Verfahrensregeln

(1) Auf das Musterverfahren sind die im ersten Rechtszug für das Verfahren vor den Landgerichten geltenden Vorschriften der Zivil-

prozessordnung entsprechend anzuwenden, soweit nichts Abweichendes bestimmt ist. Die §§ 278, 348 bis 350, 379 der Zivilprozessordnung finden keine Anwendung. In Beschlüssen müssen die Beigeladenen nicht bezeichnet werden.

(2) Die Zustellung von Terminsladungen an Beigeladene kann durch öffentliche Bekanntmachung ersetzt werden. Die öffentliche Bekanntmachung wird durch Eintragung in das Klageregister bewirkt. Zwischen öffentlicher Bekanntmachung und Terminstag müssen mindestens vier Wochen liegen.

(3) Die Bundesregierung und die Landesregierungen können für ihren Bereich durch Rechtsverordnung den Zeitpunkt bestimmen, von dem an im Musterverfahren elektronische Akten geführt werden, sowie die hierfür geltenden organisatorisch-technischen Rahmenbedingungen für die Bildung, Führung und Aufbewahrung der elektronischen Akten. Die Landesregierungen können die Ermächtigung durch Rechtsverordnung auf die Landesjustizverwaltungen übertragen.

(4) Die Bundesregierung und die Landesregierungen können für ihren Bereich durch Rechtsverordnung bestimmen, dass im Musterverfahren Schriftsätze als elektronische Dokumente bei Gericht einzureichen sind, Empfangsbekenntnisse als elektronische Dokumente zurückzusenden sind und dass die Beteiligten dafür Sorge zu tragen haben, dass ihnen elektronische Dokumente durch das Gericht zugestellt werden können. Die Rechtsverordnung regelt die für die Bearbeitung der Dokumente geeignete Form. Die Landesregierungen können die Ermächtigung durch Rechtsverordnung auf die Landesjustizverwaltungen übertragen.

§ 10 Vorbereitung des Termins

Zur Vorbereitung des Termins kann der Vorsitzende oder ein von ihm bestimmtes Mitglied des Senats den Beigeladenen die Ergänzung des Schriftsatzes des Musterklägers oder des Musterbeklagten aufgeben, insbesondere eine Frist zur Erklärung über bestimmte klärungsbedürftige Streitpunkte setzen. Die Ergänzungen der Beigeladenen in ihren vorbereitenden Schriftsätzen werden dem Musterkläger und dem Musterbeklagten mitgeteilt. Schriftsätze der Beigeladenen werden den übrigen Beigeladenen nicht mitgeteilt. Schriftsätze des Musterklägers und des Musterbeklagten werden den Beigeladenen nur mitgeteilt, wenn sie dies gegenüber dem Senat schriftlich beantragt haben.

§ 11 Wirkung von Rücknahmen

(1) Eine Rücknahme des Musterfeststellungsantrags hat auf die Stellung als Musterkläger oder Musterbeklagter keinen Einfluss.

(2) Nimmt der Musterkläger im Laufe des Musterverfahrens seine Klage in der Hauptsache zurück, so bestimmt das Gericht einen neuen Musterkläger. Das Gleiche gilt im Fall der Eröffnung des Insolvenzverfahrens über das Vermögen des Musterklägers sowie in den Fällen seines Todes, des Verlustes der Prozessfähigkeit, des Wegfalls des gesetzlichen Vertreters, der Anordnung einer Nachlassverwaltung oder des Eintritts der Nacherbfolge, wenn der Prozessbevollmächtigte des Musterklägers die Aussetzung des Musterverfahrens beantragt. Die Klagerücknahme von Beigeladenen hat auf den Fortgang des Musterverfahrens keinen Einfluss.

§ 12 Rechtsstellung des Beigeladenen

Der Beigeladene muss das Musterverfahren in der Lage annehmen, in der es sich zur Zeit seiner Beiladung befindet; er ist berechtigt, Angriffs- oder Verteidigungsmittel geltend zu machen und alle Prozesshandlungen wirksam vorzunehmen, soweit nicht seine Erklärungen und Handlungen mit Erklärungen und Handlungen seiner Hauptpartei (Musterkläger oder Musterbeklagter) in Widerspruch stehen.

§ 13 Erweiterung des Gegenstandes des Musterverfahrens

(1) Im Rahmen des Feststellungsziels des Musterverfahrens können der Musterkläger, der Musterbeklagte und die Beigeladenen bis zum Abschluss des Musterverfahrens die Feststellung weiterer Streitpunkte begehren, wenn die Entscheidung ihres Rechtsstreits davon abhängt und das Prozessgericht dies für sachdienlich erachtet.

(2) Die Erweiterung des Vorlagebeschlusses durch das Prozessgericht ist unanfechtbar und für das Oberlandesgericht bindend.

(3) Das Oberlandesgericht macht den erweiterten Vorlagebeschluss im Klageregister öffentlich bekannt. § 6 Satz 2 gilt entsprechend.

§ 14 Musterentscheid

(1) Das Oberlandesgericht erlässt aufgrund mündlicher Verhandlung den Musterentscheid durch Beschluss. Die Beigeladenen müssen nicht im Rubrum des Musterentscheids bezeichnet werden. Der Musterentscheid wird dem Musterkläger und dem Musterbeklagten zugestellt; den Beigeladenen wird er formlos mitgeteilt. Die Mittei-

lungen einschließlich der Zustellung an den Musterkläger und den Musterbeklagten können durch öffentliche Bekanntmachung ersetzt werden. § 9 Abs. 2 Satz 2 gilt entsprechend.

(2) Die Entscheidung über die im Musterverfahren angefallenen Kosten bleibt den Prozessgerichten der ausgesetzten Verfahren vorbehalten.

(3) Die §§ 91a und 306 der Zivilprozessordnung finden auf das Musterverfahren keine Anwendung. Ein vergleichsweiser Abschluss des Musterverfahrens ist ausgeschlossen, sofern dem Vergleich nicht alle Beteiligten (§ 8 Abs. 1) zustimmen.

§ 15 Rechtsbeschwerde

(1) Gegen den Musterentscheid findet die Rechtsbeschwerde statt. Die Sache hat stets grundsätzliche Bedeutung im Sinne des § 574 Abs. 2 Nr. 1 der Zivilprozessordnung. Die Rechtsbeschwerde kann nicht darauf gestützt werden, dass das Prozessgericht nach § 4 Abs. 1 zu Unrecht einen Musterentscheid eingeholt hat. Beschwerdeberechtigt sind alle Beteiligten (§ 8 Abs. 1).

(2) Das Rechtsbeschwerdegericht teilt den Beigeladenen des Musterverfahrens den Eingang einer Rechtsbeschwerde mit, wenn diese an sich statthaft ist und in der gesetzlichen Form und Frist eingelegt wurde. Diese können binnen einer Notfrist von einem Monat ab Zustellung dieser Mitteilung dem Rechtsbeschwerdeverfahren beitreten. Die Zustellung der Mitteilung kann durch öffentliche Bekanntmachung ersetzt werden; § 9 Abs. 2 Satz 2 gilt entsprechend. Der Beitrittschriftsatz ist binnen einer Frist von einem Monat zu begründen. Die Frist beginnt mit der Zustellung der Mitteilung über den Eingang der Rechtsbeschwerde nach Satz 1; § 551 Abs. 2 Satz 5 und 6 der Zivilprozessordnung gilt entsprechend. Lehnt der Beigeladene den Beitritt ab oder erklärt er sich nicht innerhalb der in Satz 2 genannten Frist, so wird das Musterverfahren vor dem Rechtsbeschwerdegericht ohne Rücksicht auf ihn fortgesetzt. Auf die Rechtsstellung des Beigeladenen, der dem Rechtsbeschwerdeverfahren beigetreten ist, findet § 12 entsprechende Anwendung.

(3) Legt der Musterkläger Rechtsbeschwerde gegen den Musterentscheid ein, so führt er das Musterverfahren als Musterrechtsbeschwerdeführer in der Rechtsbeschwerdeinstanz fort. Nimmt der Musterkläger seine Rechtsbeschwerde zurück, so bestimmt das Rechtsbeschwerdegericht entsprechend § 11 Abs. 2 Satz 1 in Verbindung mit § 8 Abs. 2 einen neuen Musterrechtsbeschwerdeführer aus dem Kreis der Beigeladenen, die dem Rechtsbeschwerdeverfahren

beigetreten sind, es sei denn, dass diese ebenfalls auf die Fortführung der Rechtsbeschwerde verzichten.

(4) Legt nicht der Musterkläger, sondern einer oder mehrere der Beigeladenen Rechtsbeschwerde gegen den Musterentscheid ein, so wird derjenige Beigeladene, welcher als erster das Rechtsmittel eingelegt hat, zum Musterrechtsbeschwerdeführer vom Rechtsbeschwerdegericht bestimmt. Absatz 2 Satz 1 findet in Ansehung des Musterklägers und des Musterbeklagten entsprechende Anwendung.

(5) Legt der Musterbeklagte Rechtsbeschwerde gegen den Musterentscheid ein, so ist Musterrechtsbeschwerdegegner der vom Oberlandesgericht bestimmte Musterkläger. § 574 Abs. 4 Satz 1 der Zivilprozessordnung findet auf die Beigeladenen entsprechende Anwendung.

Abschnitt 3 Wirkung des Musterentscheids; Kosten; Übergangsregelung

§ 16 Wirkung des Musterentscheids

(1) Der Musterentscheid bindet die Prozessgerichte, deren Entscheidung von der im Musterverfahren getroffenen Feststellung oder der im Musterverfahren zu klärenden Rechtsfrage abhängt. Der Beschluss ist der Rechtskraft insoweit fähig, als über den Streitgegenstand des Musterverfahrens entschieden ist. Unbeschadet von Absatz 2 wirkt der Musterentscheid für und gegen alle Beigeladenen des Musterverfahrens unabhängig davon, ob der Beigeladene selbst alle Streitpunkte ausdrücklich geltend gemacht hat. Dies gilt auch dann, wenn der Beigeladene seine Klage in der Hauptsache zurückgenommen hat. Mit der Einreichung des rechtskräftigen Musterentscheids durch einen Beteiligten des Musterverfahrens wird das Verfahren in der Hauptsache wieder aufgenommen.

(2) Nach rechtskräftigem Abschluss des Musterverfahrens werden die Beigeladenen in ihren Rechtsstreiten gegenüber dem Gegner mit der Behauptung, dass die Hauptpartei das Musterverfahren mangelhaft geführt habe, nur insoweit gehört, als sie durch die Lage des Musterverfahrens zur Zeit ihrer Beiladung oder durch Erklärungen und Handlungen der Hauptpartei verhindert worden sind, Angriffs- oder Verteidigungsmittel geltend zu machen, oder als Angriffs- oder Verteidigungsmittel, die ihnen unbekannt waren, von der Hauptpartei absichtlich oder durch grobes Verschulden nicht geltend gemacht sind.

(3) Der Musterentscheid wirkt auch für und gegen die Beigeladenen, die dem Rechtsbeschwerdeverfahren nicht beigetreten sind.

Texte

§ 17 Gegenstand der Kostenentscheidung im Prozessverfahren

Die dem Musterkläger und den auf seiner Seite Beigeladenen im erstinstanzlichen Musterverfahren erwachsenen Kosten gelten als Teil der Kosten des ersten Rechtszugs des jeweiligen Prozessverfahrens. Die dem Musterbeklagten und den auf seiner Seite Beigeladenen im erstinstanzlichen Musterverfahren erwachsenen Kosten gelten anteilig als Kosten des ersten Rechtszugs des jeweiligen Prozessverfahrens. Die Anteile bestimmen sich nach dem Verhältnis der Höhe des von dem jeweiligen Kläger geltend gemachten Anspruchs, soweit dieser Gegenstand des Musterverfahrens ist, zu der Gesamthöhe der von dem Musterkläger und den auf seiner Seite Beigeladenen des Musterverfahrens in den Prozessverfahren geltend gemachten Ansprüche, soweit diese Gegenstand des Musterverfahrens sind. Ein Anspruch ist hierbei nicht zu berücksichtigen, wenn die Klage innerhalb von zwei Wochen ab Zustellung des Aussetzungsbeschlusses nach § 7 in der Hauptsache zurückgenommen worden ist. § 96 der Zivilprozessordnung gilt entsprechend.

§ 18 Verstoß gegen die Vorlagevoraussetzungen an das Oberlandesgericht

Das Urteil eines Prozessgerichts in der Hauptsache kann nicht aus dem Grunde angefochten werden, dass das Oberlandesgericht zum Erlass eines Musterentscheids nicht zuständig gewesen sei oder die Vorlagevoraussetzungen für einen Musterentscheid nicht vorgelegen hätten.

§ 19 Kostenentscheidung im Rechtsbeschwerdeverfahren

(1) Die Kosten einer von dem Musterkläger oder einem auf seiner Seite Beigeladenen ohne Erfolg eingelegten Rechtsbeschwerde haben nach dem Grad ihrer Beteiligung der Musterrechtsbeschwerdeführer und diejenigen Beigeladenen zu tragen, welche dem Rechtsbeschwerdeverfahren beigetreten sind.

(2) Entscheidet das Rechtsbeschwerdegericht in der Sache selbst, haben die Kosten einer von dem Musterbeklagten oder einem auf seiner Seite Beigeladenen erfolgreich eingelegten Rechtsbeschwerde der Musterkläger und alle auf seiner Seite Beigeladenen nach dem Grad ihrer Beteiligung im erstinstanzlichen Musterverfahren zu tragen.

(3) Bei teilweisem Obsiegen und Unterliegen gilt § 92 der Zivilprozessordnung entsprechend.

(4) Hebt das Rechtsbeschwerdegericht den Musterentscheid des Oberlandesgerichts auf und verweist die Sache zur erneuten Entscheidung zurück, so entscheidet das Oberlandesgericht gleichzeitig mit dem Erlass des Musterentscheids über die Kostentragung im Rechtsbeschwerdeverfahren nach billigem Ermessen. Dabei ist der Ausgang des Musterverfahrens zugrunde zu legen. § 99 Abs. 1 der Zivilprozessordnung gilt entsprechend.

(5) Soweit dem Musterkläger und den auf seiner Seite Beigeladenen Kosten des Rechtsbeschwerdeverfahrens auferlegt werden, haben sie die von dem Musterbeklagten oder den auf dessen Seite Beigeladenen entrichteten Gerichtsgebühren und die Gebühren eines Rechtsanwalts des Musterbeklagten oder der auf dessen Seite Beigeladenen jeweils nur nach dem Wert zu erstatten, der sich aus den von ihnen im Prozessverfahren geltend gemachten Ansprüchen, die Gegenstand des Musterverfahrens sind, ergibt.

§ 20 Übergangsregelung

Auf Verfahren, in denen vor dem 1. November 2010 ein Musterfeststellungsantrag gestellt wurde, finden dieses Gesetz und die durch die Artikel 2 bis 8 des Gesetzes zur Einführung von Kapitalanleger-Musterverfahren geänderten Rechtsvorschriften in der vor dem 1. November 2010 geltenden Fassung weiterhin Anwendung.

8. Schreiben betr. einkommensteuerrechtliche Behandlung von Gesamtobjekten, von vergleichbaren Modellen mit nur einem Kapitalanleger und von gesellschafts- sowie gemeinschaftsrechtlich verbundenen Personenzusammenschlüssen (geschlossene Fonds) (sog. 5. Bauherrenerlass) vom 20. Oktober 2003 (BStBl. I S. 546), BMF IV C 3 – S 2253a – 48/03

Bundesministerium der Finanzen
IV C 3 – S 2253a – 48/03   Bonn, 20. Oktober 2003
Oberste Finanzbehörden
der Länder
nachrichtlich:

Bundesamt für Finanzen
Vertretungen der
Länder beim Bund

Einkommensteuerrechtliche Behandlung von Gesamtobjekten, von vergleichbaren Modellen mit nur einem Kapitalanleger und von gesellschafts- sowie gemeinschaftsrechtlich verbundenen Personenzusammenschlüssen (geschlossene Fonds)

Bezug: BMF-Schreiben vom 31. August 1990 (BStBl I S. 366), vom 1. März 1995 (BStBl I S. 167), vom 24. Oktober 2001 (BStBl I S. 780) und vom 29. November 2002 (BStBl I S. 1288).

Unter Bezugnahme auf das Ergebnis der Erörterungen mit den obersten Finanzbehörden der Länder wird zu der Frage der einkommensteuerrechtlichen Behandlung von Einkünften im Rahmen von Gesamtobjekten (§ 1 Abs. 1 Nr. 2 der Verordnung zu § 180 Abs. 2 AO), von vergleichbaren Modellen mit nur einem Kapitalanleger sowie von sog. geschlossenen Fonds wie folgt Stellung genommen:

I. Gesamtobjekte und vergleichbare Modelle mit nur einem Kapitalanleger

1. Abgrenzung der Eigenschaft als Bauherr oder Erwerber bei der Errichtung, Sanierung, Modernisierung oder des Erwerbs von Gebäuden und Eigentumswohnungen

Ein Anleger, der sich auf Grund eines von den Projektanbietern vorformulierten Vertragswerks an einem Projekt beteiligt und sich bei den damit zusammenhängenden Rechtsgeschäften durch die Projektanbieter oder von ihnen eingeschalteten sonstigen Personen (z. B. Treuhänder, Geschäftsbesorger, Betreuer) umfassend vertreten lässt, ist regelmäßig nicht Bauherr, sondern Erwerber des bebauten und gegebenenfalls sanierten oder modernisierten Grundstücks (BFH-Urteil vom 14. November 1989, BStBl 1990 II S. 299, mwN). Das gilt auch, wenn der Anleger unter Verzicht auf eine dazu bevollmächtigte Person die Verträge selbst unterzeichnet, falls die Verträge vorher vom Projektanbieter bereits ausgehandelt **oder** vorformuliert worden sind, oder wenn die vertraglichen Vereinbarungen vorsehen, dass einzelne der in dem Vertragswerk angebotenen Leistungen abgewählt werden können.

Der Anleger ist nur Bauherr, wenn er auf eigene Rechnung und Gefahr ein Gebäude baut oder bauen lässt und das Baugeschehen beherrscht (BFH-Urteil vom 14. November 1989, aaO, vgl. auch BFH-Urteil vom 13. September 1989, BStBl II S. 986). Der Bauherr muss das umfassend zu verstehende Bauherrenwagnis, d. h. wirtschaftlich das für die Durchführung des Bauvorhabens auf seinem Grundstück typische Risiko, tragen, sowie rechtlich und tatsächlich die Planung und Ausführung in der Hand haben. Das ist regelmäßig nicht der Fall, wenn eine Vielzahl von Wohnungen oder gleichförmig ausgestalteten Wohngebäuden nach einem bereits vor Beitritt des einzelnen Anlegers ausgearbeiteten Vertragswerk errichtet wird und der einzelne Anleger demzufolge weder die Vertragsgestaltung noch die Vertragsdurchführung wesentlich beeinflussen kann.

Die Entscheidung darüber, ob die Voraussetzungen für die Erwerber- oder Bauherreneigenschaft vorliegen, ist nach dem Gesamtbild unter Berücksichtigung aller Umstände des Einzelfalls zu treffen, und zwar unabhängig von den in den Verträgen gewählten Bezeichnungen nach dem wirklichen Gehalt der von den Beteiligten getroffenen Vereinbarungen und deren tatsächlicher Durchführung.

Wird für den Gesamtaufwand (einschließlich der bis zur Fertigstellung des Bauobjekts angefallenen Finanzierungskosten) ein Höchstpreis vereinbart, über den nach Abschluss der Bauarbeiten nicht gegenüber dem Beteiligten selbst detailliert Rechnung gelegt zu werden braucht, ist der Beteiligte ebenfalls Erwerber. Das gilt auch, wenn die tatsächlichen Baukosten zwar abgerechnet werden, der Unterschiedsbetrag zu dem vereinbarten Höchstpreis jedoch als Gebühr für die Höchstpreisgarantie beansprucht wird.

a) Allgemeines zur rechtlichen Einordnung der aufzubringenden Kosten. Die mit der Errichtung und dem Vertrieb der Objekte befassten Personen sind regelmäßig bestrebt, möglichst hohe Werbungskosten auszuweisen. Hierzu wird der Gesamtaufwand durch eine Vielzahl von Verträgen und durch Einschaltung zahlreicher, zum Teil finanziell und personell verbundener Unternehmen aufgespalten. Die geltend gemachten Aufwendungen können, auch wenn sie im Einzelfall nach dem Wortlaut der Vereinbarungen Werbungskosten sind, nicht als solche anerkannt werden, wenn sie in Wirklichkeit für andere als die in den Verträgen bezeichneten Leistungen gezahlt werden, die nicht zu Werbungskosten führen können. Die vereinbarten Kosten sind deshalb nicht nach der vertraglichen Bezeichnung, sondern nach dem tatsächlichen wirtschaftlichen Gehalt der erbrachten Leistungen zu beurteilen (vgl. BFH-Urteil vom 29. Oktober 1986, BStBl II S. 217). Diese Beurteilung ist auch vorzunehmen, wenn Leistungen, die zu Anschaffungs- oder Herstellungskosten führen, nicht oder zu niedrig berechnet werden. Erfahrungsgemäß erfolgt in diesen Fällen ein Ausgleich, der dem tatsächlichen wirtschaftlichen Gehalt der Leistungen entspricht. Die Beurteilung nach dem tatsächlichen wirtschaftlichen Gehalt ist auch dann maßgebend, wenn für den Teil der Aufwendungen, der den Werbungskosten zuzurechnen ist, im Folgenden Vom-Hundert-Sätze oder Bruchteile angegeben werden.

Der Anleger muss im Einzelnen nachweisen, welche tatsächlichen Leistungen an ihn erbracht worden sind und welches Entgelt er dafür leisten musste.

Soweit für Werbungskosten nachfolgend Vom-Hundert-Sätze oder Bruchteile angegeben sind, handelt es sich um Nettobeträge (ohne Umsatzsteuer).

b) Rechtliche Einordnung der vom Erwerber aufzubringenden Kosten. Die Kosten, die der Erwerber im Zusammenhang mit der Errichtung, Sanierung oder Modernisierung des Gebäudes oder der Eigentumswohnung aufzubringen hat, können Anschaffungskosten des Grund und Bodens, Anschaffungskosten des Gebäudes oder der Eigentumswohnung oder sofort abziehbare Werbungskosten sein. Zu den einzelnen Aufwendungen gilt Folgendes:

I. Gesamtobjekte und vergleichbare Modelle **Texte**

aa) Anschaffungskosten. Zu den Anschaffungskosten gehören grundsätzlich alle auf Grund des vorformulierten Vertragswerks an die Anbieterseite geleisteten Aufwendungen, die auf den Erwerb des Grundstücks mit dem bezugsfertigen Gebäude gerichtet sind, insbesondere die Baukosten für die Errichtung oder Modernisierung des Gebäudes, die Baubetreuungsgebühren, Treuhandgebühren, Finanzierungsvermittlungsgebühren, Zinsfreistellungsgebühren, Gebühren für die Vermittlung des Objekts oder Eigenkapitals und des Treuhandauftrags, Abschlussgebühren, Courtage, Agio, Beratungs- und Bearbeitungsgebühren, Platzierungsgarantiegebühren, Kosten für die Ausarbeitung der technischen, wirtschaftlichen und steuerlichen Grundkonzeption, für die Werbung der Bauinteressenten, für die Prospektprüfung und sonstige Vorbereitungskosten sowie Gebühren für die Übernahme von Garantien und Bürgschaften (vgl. BFH-Urteil vom 14. November 1989, aaO). Eine Aufspaltung dieser Aufwendungen in sofort abziehbare Werbungskosten und Anschaffungskosten danach, ob sie auf die Finanzierung, die steuerliche Beratung oder die Errichtung des Gebäudes entfallen, kommt nicht in Betracht (vgl. BFH vom 14. November 1989, aaO).

– Besonderheit bei Baumaßnahmen i. S. der §§ 7h und 7i EStG

Der Gesamtaufwand ist, soweit das eindeutig möglich ist, unmittelbar dem Grund und Boden, der Altbausubstanz des Gebäudes, den bescheinigten Baumaßnahmen i. S. der §§ 7h, 7i EStG, den übrigen Baumaßnahmen und den sofort abziehbaren Werbungskosten zuzuordnen. Aufwendungen, die sich nicht eindeutig zuordnen lassen, sind auf die Kostenarten, mit denen sie zusammenhängen, aufzuteilen. Die Aufteilung erfolgt im Verhältnis der auf diese Kostenarten eindeutig entfallenden Kosten. Die eindeutig den bescheinigten Baumaßnahmen i. S. der §§ 7h, 7i EStG zuzuordnenden Aufwendungen zuzüglich der nach den vorstehenden Grundsätzen ermittelten Anteile der nicht eindeutig zuzuordnenden Anschaffungskosten, die den Aufwendungen für bescheinigte Baumaßnahmen i. S. der §§ 7h, 7i EStG zuzurechnen sind, ergeben die begünstigten Anschaffungskosten i. S. der §§ 7h, 7i EStG. Ist der Erwerber dem Gesamtobjekt erst nach Beginn der begünstigten Baumaßnahmen i. S. der §§ 7h, 7i EStG beigetreten, gehören die Aufwendungen für Baumaßnahmen, soweit sie bis zu seinem Beitritt durchgeführt worden sind, zu den nicht begünstigten Anschaffungskosten. Der Erwerber hat die Aufteilung darzulegen. Ist er später beigetreten, hat er darzulegen, inwieweit die anteilig den Baumaßnahmen i. S. der §§ 7h, 7i EStG zuzurechnenden Aufwendungen auf Maßnahmen entfallen, die nach dem rechtswirksamen Abschluss des obligatorischen Erwerbsvertrags oder eines gleichstehenden Rechtsakts durchgeführt worden sind.

bb) Werbungskosten. Aufwendungen, die nicht auf den Erwerb des Grundstücks mit dem bezugsfertigen Gebäude gerichtet sind und die auch der Erwerber eines bebauten Grundstücks außerhalb eines Gesamtobjekts als Werbungskosten abziehen könnte, sind nicht den Anschaffungskosten des Objekts zuzurechnen. Werden sie an die Anbieterseite geleistet, sind sie unter den nachfolgenden Voraussetzungen Werbungskosten (vgl. BFH-Urteil vom 14. November 1989, aaO):

- Bereits vor der Zahlung müssen klare Vereinbarungen über den Grund und die Höhe dieser Aufwendungen bestehen.
- Die vereinbarten Leistungen und das jeweils zugehörige Entgelt müssen den tatsächlichen Gegebenheiten entsprechen; der Rechtsgedanke des § 42 AO darf dem Werbungskostenabzug in der begehrten Höhe nicht entgegenstehen.
- Die Aufwendungen müssen von den übrigen Aufwendungen, die mit der Anschaffung des Erwerbsgegenstandes in Zusammenhang stehen, einwandfrei abgrenzbar sein.
- Die Vergütung darf nur dann zu zahlen sein, wenn der Anleger die Gegenleistung in Anspruch nimmt.
- Die rechtliche und tatsächliche Abwahlmöglichkeit der Leistung und die dann eintretende Ermäßigung des Gesamtpreises muss in dem Vertrag klar und eindeutig zum Ausdruck kommen.

– Zinsen der Zwischen- und Endfinanzierung

Zinsen und Bearbeitungskosten des Kreditinstituts sind, wenn der Anleger sie aufgrund eigener Verpflichtung gegenüber dem Darlehensgeber zahlt, Entgelt für die Überlassung des Kredits und damit Werbungskosten. Eine andere Beurteilung ist jedoch z. B. dann geboten, wenn hinsichtlich der Bauzeitzinsen eine Vereinbarung mit der Anbieterseite besteht, nach der eine bestimmte Zinsbelastung garantiert wird, und hierbei höhere Zinsen vom Garantiegeber getragen, niedrigere Zinsen jedoch dem Erwerber nicht erstattet werden. In einem derartigen Fall stellen die vom Darlehensnehmer zu zahlenden Zinsen und die Gebühr für die Zinsgarantie lediglich einen Kalkulationsbestandteil des Gesamtpreises und damit Anschaffungskosten dar.

– Vorauszahlung von Schuldzinsen

Zinsen sind im Regelfall spätestens am Ende des jeweiligen Jahres zu entrichten. Bei einer Vorauszahlung liegt ein im Jahr der Zahlung zu berücksichtigender Zahlungsabfluss nur vor, wenn für die Voraus-

I. Gesamtobjekte und vergleichbare Modelle

zahlung ein wirtschaftlich vernünftiger Grund maßgebend ist. Hiervon kann ausgegangen werden, wenn Schuldzinsen für einen Zeitraum von nicht mehr als 12 Monaten vorausgezahlt werden. Bei einer Vorauszahlung für einen Zeitraum von mehr als 12 Monaten ist der wirtschaftlich vernünftige Grund vom Steuerpflichtigen im Einzelfall darzulegen. Bestehen für die Vorauszahlung von Schuldzinsen für einen Zeitraum von mehr als einem Jahr keine vernünftigen wirtschaftlichen Gründe, sind die vorausgezahlten Schuldzinsen anteilig in den Jahren als Werbungskosten abziehbar, zu denen sie wirtschaftlich gehören.

– Zinsfreistellungsgebühren

Vereinbarungen, nach denen der Anleger für mehrere Jahre von Zinszahlungsverpflichtungen gegenüber dem Darlehensgläubiger gegen Entrichtung von Gebühren an diesen freigestellt wird, haben den Charakter eines zusätzlichen Darlehens. Die gezahlten Gebühren sind deshalb anteilig in den Jahren als Werbungskosten abziehbar, für die der Anleger von Zinszahlungsverpflichtungen freigestellt worden ist.

– Damnum, Disagio, Bearbeitungs- und Auszahlungsgebühren

Diese Aufwendungen sind in Höhe des vom jeweiligen Darlehensnehmer an das Kreditinstitut gezahlten Betrags als Werbungskosten abziehbar, soweit unter Berücksichtigung der jährlichen Zinsbelastung die marktüblichen Beträge nicht überschritten werden. Der über die marktüblichen Beträge hinausgehende Teil ist auf den Zinsfestschreibungszeitraum oder bei dessen Fehlen auf die Laufzeit des Darlehens zu verteilen. Eine Zinsvorauszahlung ist regelmäßig anzunehmen, wenn der Nominalzins ungewöhnlich niedrig und das Damnum entsprechend hoch bemessen ist. Aus Vereinfachungsgründen kann von der Marktüblichkeit ausgegangen werden, wenn für ein Darlehen mit einem Zinsfestschreibungszeitraum von mindestens 5 Jahren ein Damnum in Höhe von bis zu 5 v. H. vereinbart worden ist. Ist ein Damnum nicht mehr als 3 Monate vor Auszahlung der Darlehensvaluta oder einer ins Gewicht fallenden Teilauszahlung des Darlehens (mindestens 30 v. H. der Darlehensvaluta einschließlich Damnum) geleistet worden, kann davon ausgegangen werden, dass ein wirtschaftlich vernünftiger Grund besteht (BFH-Urteil vom 3. Februar 1987, BStBl II S. 492).

– Kosten der Darlehenssicherung

Die anteiligen Notariats- und Grundbuchkosten für die Darlehenssicherung sind in der Höhe sofort abziehbare Werbungskosten, in der sie an den Notar und das Grundbuchamt abgeführt worden sind.

– Gebühren im Zusammenhang mit der Vermietung

Gebühren für die erstmalige Vermietung des Objekts sind Werbungskosten, soweit sie die ortsübliche Maklerprovision nicht überschreiten. Im Allgemeinen kann eine Gebühr in Höhe von bis zu 2 Monatsmieten als angemessen angesehen werden. An einer wirtschaftlich ernsthaften Gegenleistung fehlt es, wenn z. B. das Objekt schon von der Planung her für einen ganz bestimmten Mieter errichtet werden soll oder wenn bereits zum Beitrittszeitpunkt des Anlegers ein Mietvertrag oder eine entsprechende Vorvereinbarung mit dem Mieter bestand. Eine Mietervermittlungsgebühr ist auch nicht anzuerkennen, wenn der Vermittler mit dem Mieter identisch oder wirtschaftlich verflochten ist, der Anleger das Objekt selbst bezieht oder aus anderen Gründen die angebotenen Leistungen nicht in Anspruch nimmt. In diesen Fällen stellen die erhobenen Gebühren anteilig Anschaffungskosten des Grund und Bodens und des Gebäudes oder der Eigentumswohnung dar.

Die Anerkennung von Gebühren für die Übernahme von Garantien und Bürgschaften als Werbungskosten setzt stets voraus, dass das vom Garantiegeber oder Bürgen getragene Risiko im Verhältnis zu der dafür erhobenen Gebühr als eine wirtschaftlich ernsthafte Gegenleistung anzusehen ist. Außerdem muss der Garantiegeber oder Bürge wirtschaftlich (einkommens- und vermögensmäßig) in der Lage sein, die Garantieverpflichtung zu erfüllen. Alle diese Voraussetzungen sind vom Anleger darzulegen.

Gebühren für die Mietgarantie sind Werbungskosten, wenn tatsächlich ein Mietausfallwagnis besteht. Bei dem üblicherweise vereinbarten Garantiezeitraum von 5 Jahren kann das wirtschaftliche Risiko durch eine Gebühr bis zur Höhe von 4 Monatsmieten als abgedeckt angesehen werden. War das Objekt im Zeitpunkt des Vertragsabschlusses bereits vermietet, muss das Risiko entsprechend geringer bewertet werden; es ist regelmäßig mit einer Gebühr in Höhe von bis zu 2 Monatsmieten angemessen abgegolten. Soweit höhere Gebühren vereinbart und gezahlt worden sind, stellen diese anteilig Anschaffungskosten des Grund und Bodens und des Gebäudes oder der Eigentumswohnung dar.

– Gebühren im Zusammenhang mit der Endfinanzierung

Geldbeschaffungskosten, Bürgschafts- und Garantiegebühren für die Endfinanzierung sind unter den Voraussetzungen der Rn. 17 2. Absatz sowie der Rn. 22 und Rn. 27 als Werbungskosten abzuzie-

I. Gesamtobjekte und vergleichbare Modelle **Texte**

hen. Die Rn. 22 und Rn. 27 sind für die Bestimmung der Höhe des abziehbaren Betrags entsprechend anzuwenden.

– Vergütungen an Steuer- und Rechtsberater

Beratungskosten im Zusammenhang mit der Anschaffung des Grund und Bodens oder der Errichtung **oder Modernisierung** des Gebäudes oder der Eigentumswohnung sind den jeweiligen Anschaffungskosten zuzurechnen. Soweit auch der Erwerber eines bebauten Grundstücks außerhalb eines Gesamtobjekts die Gebühren sofort als Werbungskosten abziehen könnte, können sie, insbesondere, soweit die Leistungen den Zeitraum nach Bezugsfertigkeit betreffen (z. B. Abgabe von Feststellungserklärungen, Rechtsbehelfsverfahren), als Werbungskosten berücksichtigt werden. Ist der Steuer- und Rechtsberater zugleich Vermittler, Initiator oder Treuhänder, ist bei vereinbarter gesonderter Berechnung der Gebühren zu prüfen, ob die Gebühren dem jeweiligen Leistungsumfang angemessen sind. Ist für die Vermittler-, Initiatoren- oder Treuhandtätigkeit und die Steuer- und Rechtsberatungstätigkeit ein Gesamthonorar vereinbart, gehören die Gebühren zu den Anschaffungskosten. Das gilt auch, wenn ein pauschales Steuer- und Rechtsberatungshonorar, das die Zeit vor und nach Bezugsfertigkeit umfasst, vereinbart worden ist und die Tätigkeit vor Bezugsfertigkeit mit der Anschaffung des bebauten Grundstücks wirtschaftlich zusammenhängt.

– Beiträge zu Sach- und Haftpflichtversicherungen

Beiträge zu den Sach- und Haftpflichtversicherungen für während der Bauzeit eintretende Schäden sind Werbungskosten, soweit sie der Erwerber als Versicherungsnehmer gezahlt hat.

c) Rechtliche Einordnung der vom Bauherrn aufzubringenden Kosten. Die Kosten, die der Bauherr im Zusammenhang mit der Errichtung des Gebäudes oder der Eigentumswohnung aufzubringen hat, können Anschaffungskosten des Grund und Bodens und – bei Beitritt nach Baubeginn – des bereits erstellten Teils des Gebäudes oder der Eigentumswohnung, Herstellungskosten des Gebäudes oder der Eigentumswohnung oder sofort abziehbare Werbungskosten sein. Zu den nachstehenden Aufwendungen gilt Folgendes:

– Gebühren für die Vermittlung und die damit verbundene Bearbeitung der Zwischen- und Endfinanzierung

Diese Geldbeschaffungskosten sind in Höhe der marktüblichen Konditionen als Werbungskosten abziehbar. Erfahrungsgemäß betragen sie insgesamt 2 v. H. des jeweils vermittelten Darlehens. Der darüber hinausgehende Teil ist den Herstellungskosten des Gebäudes oder der Eigentumswohnung und den Anschaffungskosten anteilig hinzuzurechnen. Hat der Bauherr derartige Gebühren gezahlt, obwohl er die Finanzierung selbst beschafft, sind diese in vollem Umfang auf die Herstellungskosten des Gebäudes oder der Eigentumswohnung und die Anschaffungskosten aufzuteilen.

– Gebühren für die Vermittlung des Objekts oder Eigenkapitals und des Treuhandauftrags, Abschlussgebühren, Courtage, Agio, Beratungs- und Bearbeitungsgebühren sowie Platzierungsgarantiegebühren

Diese Kosten sollen Leistungen des Anlageberaters an den Bauherrn abgelten. Sie sind auf die Erlangung des Bauobjekts gerichtet und gehören deshalb anteilig zu den Herstellungskosten des Gebäudes oder der Eigentumswohnung und zu den Anschaffungskosten (vgl. BFH-Urteil vom 13. Oktober 1983, BStBl 1984 II S. 101).

– Kosten für die Ausarbeitung der technischen, wirtschaftlichen und steuerlichen Grundkonzeption, für die Werbung der Bauinteressenten, für die Prospektprüfung und sonstige Vorbereitungskosten

Diese Kosten decken regelmäßig Kosten der Initiatoren des Bauvorhabens ab. Werden solche Aufwendungen vom Bauherrn übernommen, gehören sie anteilig zu den Herstellungskosten des Gebäudes oder der Eigentumswohnung und zu den Anschaffungskosten.

– Treuhandgebühren

Die Leistungen des Treuhänders betreffen zum Teil die Geldbeschaffung und die spätere Vermietung. Die hierauf entfallenden Teile der Treuhandgebühren können als Werbungskosten abgezogen werden. Zum Teil betreffen die Leistungen des Treuhänders die Anschaffung des Grund und Bodens. Deshalb gehört z. B. das Entgelt für die Mitwirkung beim Abschluss des Grundstückskaufvertrags oder für die Bewirkung der Grundbuchumschreibung bezüglich des Grunderwerbs im Namen des Bauherrn zu den Anschaffungskosten des Grund und Bodens. Zum Teil stehen die Leistungen des Treuhänders mit der Herstellung des Gebäudes oder der Eigentumswohnung im Zusammenhang. Die darauf entfallenden Teile der Treuhandgebühren gehören deshalb zu den Anschaffungs- oder Herstellungskosten des Gebäudes oder der Eigentumswohnung. Hierzu rechnen z. B. Entgeltsanteile für
- die Vergabe der Gebäudeplanung durch den Treuhänder im Namen des Bauherrn,

I. Gesamtobjekte und vergleichbare Modelle **Texte**

- die Vertretung des Bauherrn gegenüber Baubehörden,
- die sachliche und zeitliche Koordination aller für die Durchführung des Bauvorhabens erforderlichen Leistungen,
- die Stellung des Antrags auf Baugenehmigung für den Bauherrn oder für die Abgabe der zur Begründung des Wohnungseigentums von den künftigen Eigentümern erforderlichen Erklärungen,
- die Entgegennahme und Verwaltung der Geldmittel,
- die Beaufsichtigung des Baubetreuers.

Erfahrungsgemäß betrifft die Tätigkeit des Treuhänders überwiegend den Herstellungsbereich, während auf den Finanzierungsbereich und den Bereich der späteren Vermietung nur ein geringer Teil seiner gesamten Tätigkeit entfällt. Deshalb kann ein Viertel der Kosten für die Leistungen des Treuhänders, in aller Regel jedoch nicht mehr als 0,5 v. H. der Gesamtaufwendungen den Werbungskosten zugeordnet werden. Nicht zu den Gesamtaufwendungen gehören die in Rn. 15 und Rn. 23 genannten Aufwendungen. Der nicht als Werbungskosten anzuerkennende Teil der Treuhandgebühr ist anteilig den Herstellungskosten des Gebäudes oder der Eigentumswohnung und den Anschaffungskosten zuzuordnen.

– Baubetreuungskosten

Leistungen im Rahmen der technischen Baubetreuung (z. B. Beschaffung der Baugenehmigung, Erstellen von Leistungsverzeichnissen und Baufristenplänen, Bauaufsicht, Bauabnahme und dergleichen) sind dem Herstellungsbereich zuzuordnen. Im Rahmen der wirtschaftlichen Baubetreuung ist eine Vielzahl von unterschiedlichen Leistungen zu erbringen. Auch hierbei ist stets zu prüfen, ob die Aufwendungen des Bauherrn zu den Herstellungskosten des Gebäudes oder der Eigentumswohnung, den Anschaffungskosten oder den sofort abziehbaren Werbungskosten gehören. Anschaffungskosten des Grund und Bodens sind z. B. Kosten für die Regelung der eigentums- und bauplanungsrechtlichen Verhältnisse am Grundstück, z. B. betreffend Abtretung von Straßenland, Vorbereitung und Abschluss von Erschließungs- und Versorgungsverträgen sowie für Maßnahmen bei Vermessung und Erschließung des Grundstücks. Im Wesentlichen betreffen die Leistungen die Herstellung des Gebäudes oder der Eigentumswohnung.

Zu den Herstellungskosten gehören z. B. Entgeltsanteile für
- die Vertretung des Bauherrn gegenüber Baubehörden, den an der Baudurchführung beteiligten Architekten, Ingenieuren und bauausführenden Unternehmen,
- Vorbereitung und Abschluss der mit der technischen Abwicklung des Bauprojekts zusammenhängenden Verträge,

Texte Schreiben BMF (5. Bauherrenerlass)

- die Aufstellung eines Geldbedarfs- und Zahlungsplans in Koordination mit dem Baufristenplan,
- die Führung eines Baugeld-Sonderkontos für den Bauherrn,
- die Vornahme des gesamten das Bauobjekt betreffenden Zahlungsverkehrs,
- die laufende Unterrichtung des Treuhänders,
- die Übersendung von Auszügen des Baukontos,
- die Erstellung der Schlussabrechnung und die Erteilung der dazu erforderlichen Informationen an den Treuhänder,
- die sachliche und zeitliche Koordination aller für die Durchführung des Bauvorhabens erforderlichen Leistungen,
- eine Wirtschaftlichkeitsberechnung, die zur Beurteilung der Wirtschaftlichkeit des Herstellungsvorgangs für den Bauherrn erstellt worden ist.

Zu den sofort abziehbaren Werbungskosten gehören z. B. Entgeltsanteile für

- eine Wirtschaftlichkeitsberechnung, die Finanzierungszwecken des Bauherrn zu dienen bestimmt ist,
- Leistungen, die den Vermietungsbereich betreffen,
- Leistungen, die den Betreuungsbereich nach Fertigstellung des Objekts (z. B. Abschluss von Wartungsverträgen) betreffen.

Nach allgemeiner Erfahrung können den Werbungskosten ein Achtel der Gebühren für die wirtschaftliche Betreuung, in aller Regel jedoch nicht mehr als 0,5 v. H. des Gesamtaufwands genannten Aufwendungen zugeordnet werden. Nicht zu den Gesamtaufwendungen gehören die in den Rn. 15 und Rn. 23 genannten Aufwendungen. Der nicht als Werbungskosten anzuerkennende Teil der Gebühren für die wirtschaftliche Baubetreuung ist anteilig den Herstellungskosten des Gebäudes oder der Eigentumswohnung und den Anschaffungskosten zuzuordnen.

– Bürgschaftsgebühren für die Zwischen- und Endfinanzierung, Ausbietungsgarantie

Neben den Voraussetzungen der Rn. 17 2. Absatz ist eine weitere vom Anleger darzulegende Voraussetzung für die Anerkennung der im Zusammenhang mit der Finanzierung stehenden Gebühren, dass die selbstschuldnerische Garantie oder Bürgschaft vom Darlehensgläubiger nachweislich gefordert und bei diesem auch hinterlegt worden ist. Gebühren für die Übernahme von Bürgschaftsverpflichtungen gegenüber dem Kreditgeber zur Sicherstellung der Zwischenfinanzierung können unabhängig von der Zahl der Bürgen in Höhe einer banküblichen Avalprovision (insgesamt 2 v. H. jährlich des verbürgten und zugesagten Betrags) den Werbungskosten zugerechnet werden.

II. Geschlossene Fonds **Texte**

Mit Rücksicht auf die übrigen bestehenden Sicherungen können Gebühren für die Übernahme der Bürgschaft für die Endfinanzierung und der Ausbietungsgarantie einmalig, d. h. für den gesamten Zeitraum und unabhängig von der Zahl der Bürgen und Garantiegeber, in Höhe von insgesamt 0,5 v. H. der in Anspruch genommenen Darlehensmittel den Werbungskosten zugerechnet werden. Der nicht als Werbungskosten anzuerkennende Teil dieser Gebühren ist anteilig den Herstellungskosten des Gebäudes oder der Eigentumswohnung und den Anschaffungskosten zuzuordnen.

– Gebühren für die Preissteigerungs-, Kosten-, Vertragsdurchführungs-(Fertigstellungs-)Garantie.

Vergütungen für die Übernahme solcher Garantien gegenüber dem Bauherrn sind keine sofort abziehbaren Werbungskosten. Sie sind grundsätzlich den Herstellungskosten des Gebäudes oder der Eigentumswohnung zuzurechnen. Gebühren für die Vertragsdurchführungsgarantie gehören in den Fällen, in denen die Garantie z. B. auf die Werbung von Bauinteressenten gerichtet ist, anteilig zu den Herstellungskosten des Gebäudes oder der Eigentumswohnung und den Anschaffungskosten. Bezieht sich bei der Herstellung von Eigentumswohnungen die Garantie auf die Finanzierung des gesamten Bauvorhabens, handelt es sich in der Regel um eine Vertragsdurchführungsgarantie, so dass die Kosten hierfür anteilig zu den Herstellungskosten des Gebäudes oder der Eigentumswohnung und den Anschaffungskosten gehören.

Als Werbungskosten kommen darüber hinaus Aufwendungen in Betracht, die nach den Grundsätzen der Rn. 12 bis 20 sofort abziehbar sind. Soweit Gebühren im Sinne von Rn. 17 bis Rn. 19 nicht als Werbungskosten anerkannt werden können, gehören die Kosten anteilig zu den Herstellungskosten des Gebäudes oder der Eigentumswohnung und den Anschaffungskosten.

2. Anwendung der Grundsätze bei anderen Wirtschaftsgütern

Die vorstehenden Grundsätze gelten entsprechend, wenn Gegenstand des Gesamtobjekts oder des vergleichbaren Modells mit nur einem Kapitalanleger nicht eine Immobilie, sondern ein anderes Wirtschaftsgut ist.

II. Geschlossene Fonds

Die nachstehenden Regelungen gelten im Grundsatz für alle Fonds. Die ertragsteuerliche Behandlung von Film- und Fernsehfonds richtet sich im Einzelnen nach den BMF-Schreiben vom 23. Februar 2001 (BStBl I S. 175) und vom 5. August 2003 (BStBl I S. 406).

1. Einkunftserzielung

Erfüllt ein geschlossener Fonds in der Rechtsform der Personengesellschaft in der gesellschaftsrechtlichen Verbundenheit seiner Gesellschafter den Tatbestand der Einkunftserzielung, ist auf der Ebene der Gesellschaft zu entscheiden, ob Aufwendungen, die die Gesellschaft trägt, Herstellungskosten, Anschaffungskosten, Betriebsausgaben oder Werbungskosten sind. Der auf der Ebene der Gesellschaft ermittelte Überschuss der Einnahmen über die Werbungskosten oder der Gewinn ist den einzelnen Gesellschaftern zuzurechnen (vgl. BFH-Beschluss vom 19. August 1986, BStBl. 1987 II S. 212 mwN).

2. Erwerbereigenschaft eines Fonds auf Grund fehlender wesentlicher Einflussnahmemöglichkeiten

Ein geschlossener Fonds ist nach den Grundsätzen der BFH-Urteile zur ertragsteuerlichen Behandlung der Eigenkapitalvermittlungsprovision und anderer Gebühren vom 8. Mai 2001 (BStBl II S. 720) und vom 28. Juni 2001 (BStBl II S. 717) immer dann als Erwerber anzusehen, wenn der Initiator der Gesellschaft ein einheitliches Vertragswerk vorgibt und die Gesellschafter in ihrer gesellschaftsrechtlichen Verbundenheit keine Möglichkeit besitzen, hierauf Einfluss zu nehmen.

Für die Herstellereigenschaft ist es wegen der besonderen Konzeption geschlossener Fonds bei gewerblichen Fonds erforderlich, dass die Mitwirkungsrechte der Gesellschafter über die zur Anerkennung der Mitunternehmereigenschaft nach § 15 Abs. 1 Satz 1 Nr. 2 EStG geforderte Initiative hinausgehen; auch bei vermögensverwaltenden Fonds müssen die Mitwirkungsrechte weiter gehen als die einem Kommanditisten nach dem HGB zustehenden Rechte. Wesentliche Einflussnahmemöglichkeiten entstehen nicht bereits dadurch, dass der Initiator als Gesellschafter oder Geschäftsführer für den Fonds gehandelt hat oder handelt. Die Einflussnahmemöglichkeiten müssen den Gesellschaftern selbst gegeben sein, die sie innerhalb des Fonds im Rahmen der gesellschaftsrechtlichen Verbundenheit ausüben. Eine Vertretung durch bereits konzeptionell vorbestimmte Dritte (z. B. Treuhänder, Beiräte) reicht nicht aus. Einem von den Gesellschaftern selbst aus ihrer Mitte bestimmten Beirat oder einem vergleichbaren Gremium dürfen weder der Initiator noch Personen aus dessen Umfeld angehören. Über die Einrichtung und Zusammensetzung eines Beirats dürfen allein die Gesellschafter frühestens zu einem Zeitpunkt entscheiden, in dem mindestens 50 v. H. des prospektierten Kapitals eingezahlt sind.

II. Geschlossene Fonds **Texte**

Eine ausreichende Einflussnahmemöglichkeit ist gegeben, wenn der Fonds rechtlich und tatsächlich in der Lage ist, wesentliche Teile des Konzepts zu verändern. Das kann auch dann bejaht werden, wenn Entscheidungsalternativen für die wesentlichen Konzeptbestandteile angeboten werden. Allein die Zustimmung zu den vom Initiator vorgelegten Konzepten oder Vertragsentwürfen bedeutet keine ausreichende Einflussnahme. Die Gesellschafter müssen vielmehr über die wesentlichen Vertragsgestaltungen und deren Umsetzung tatsächlich selbst bestimmen können.

Die Einflussnahmemöglichkeiten dürfen auch faktisch nicht ausgeschlossen sein.

Die Umsetzung der wesentlichen Konzeptbestandteile und Abweichungen hiervon sind durch geeignete Unterlagen vollständig zu dokumentieren.

3. Rechtliche Einordnung der von einem Fonds ohne wesentliche Einflussnahmemöglichkeiten der Anleger aufzubringenden Kosten

a) Anschaffungskosten. Zu den Anschaffungskosten des Fonds gehören grundsätzlich alle Aufwendungen, die im wirtschaftlichen Zusammenhang mit der Abwicklung des Projekts in der Investitionsphase anfallen. Rn. 9 gilt entsprechend. Ohne Bedeutung ist in diesem Zusammenhang, ob diese Aufwendungen von dem Gesellschafter unmittelbar geleistet werden oder ob ein Teil seiner Einlage mit oder ohne sein Wissen für diese Zahlungen verwendet wird. Unbeachtlich ist weiterhin, ob diese Aufwendungen an den Initiator des Projektes oder an Dritte gezahlt werden. Zu den Anschaffungskosten gehören darüber hinaus stets Haftungs- und Geschäftsführungsvergütungen für Komplementäre, Geschäftsführungsvergütungen bei schuldrechtlichem Leistungsaustausch und Vergütungen für Treuhandkommanditisten, soweit sie auf die Investitionsphase entfallen.

b) Betriebsausgaben oder Werbungskosten. Aufwendungen, die nicht auf den Erwerb des ggf. sanierten oder modernisierten Wirtschaftsguts gerichtet sind und die auch der (Einzel-)Erwerber außerhalb einer Fondsgestaltung als Betriebsausgaben oder Werbungskosten abziehen könnte, sind nicht den Anschaffungskosten des Objekts zuzurechnen.

Für den Abzug von Betriebsausgaben oder Werbungskosten gelten Rn. 5 bis 7 und 11 bis 20 entsprechend. Die in Rn. 11 (letzter Gliederungspunkt) aufgeführte rechtliche und tatsächliche Abwahlmöglichkeit der Leistung muss den Anlegern in ihrer gesellschaftsrechtlichen Verbundenheit gegeben sein.

Texte Schreiben BMF (5. Bauherrenerlass)

4. Rechtliche Einordnung der von einem Fonds mit wesentlichen Einflussnahmemöglichkeiten der Anleger aufzubringenden Kosten

Haben die Anleger eines geschlossenen Fonds wesentliche Einflussnahmemöglichkeiten im Sinne der Rn. 33 bis 37, richtet sich die Abgrenzung zwischen Erwerber- und Herstellereigenschaft nach den allgemeinen Grundsätzen zu § 6 Abs. 1 Nr. 1 EStG.

a) Herstellungs-, Modernisierungs- oder Sanierungsfonds.

Für die Abgrenzung der Anschaffungskosten, Herstellungskosten und sofort abziehbaren Werbungskosten sowie Betriebsausgaben bei einem Fonds, der ein Wirtschaftsgut herstellt oder modernisiert sowie saniert, gelten die Ausführungen in Rn. 5 bis 7 sowie 21 bis 29 entsprechend. In Fällen der Instandsetzung und Modernisierung von Gebäuden gilt zusätzlich das BMF-Schreiben vom 18. Juli 2003, BStBl I S. 386. Ferner können insbesondere folgende Aufwendungen sofort abziehbare Werbungskosten sein:

aa) Eigenkapitalvermittlungsprovisionen.

Provisionen, die die Fondsgesellschaft für die Vermittlung des Eintritts von Gesellschaftern zahlt, sind in der Regel Betriebsausgaben oder Werbungskosten (BFH-Urteil vom 24. Juli 1987, BStBl II S. 810). Bemessungsgrundlage ist das jeweils vermittelte Eigenkapital. Hierzu gehören neben der Einlage des Gesellschafters auch ein an die Gesellschaft zu leistendes Agio sowie ein Gesellschafterdarlehen, wenn es eigenkapitalähnlichen Charakter hat. Das ist grundsätzlich der Fall, wenn das Darlehen derselben zeitlichen Bindung wie die Gesellschaftereinlage unterliegt und zur Erreichung des Gesellschaftszwecks notwendig ist. Ist bei Refinanzierung der Einlage oder des Gesellschafterdarlehens das Refinanzierungsdarlehen durch Gesellschaftsvermögen gesichert, gehören die Beträge nur zum Eigenkapital, soweit das Refinanzierungsdarlehen gleichzeitig durch Vermögen des Gesellschafters tatsächlich gesichert ist. Provisionen von bis zu insgesamt höchstens 6 v. H. des vermittelten Eigenkapitals können den Betriebsausgaben oder Werbungskosten zugerechnet werden. Damit sind sämtliche Vertriebsleistungen Dritter, die auf die Werbung von Gesellschaftern gerichtet und nicht den Anschaffungs- oder Herstellungskosten zuzurechnen sind, abgegolten. Hierzu gehören insbesondere die Aufwendungen für die Prospekterstellung, Prospektprüfung und Übernahme der Prospekthaftung, für den Außenvertrieb, für Werbung und für Marketing. Der nicht als Betriebsausgaben oder Werbungskosten anzuerkennende Teil der Eigenkapitalvermittlungsprovision ist gegebenenfalls anteilig den Anschaffungs- oder Herstellungskosten des Objekts zuzuordnen.

II. Geschlossene Fonds **Texte**

bb) Haftungs- und Geschäftsführungsvergütungen für Komplementäre. Vergütungen, die der Komplementär für die Übernahme der Haftung oder Geschäftsführung aufgrund gesellschaftsrechtlich wirksamer Vereinbarung erhält, mindern, soweit sie nicht unangemessen sind, die Ergebnisanteile der übrigen Gesellschafter (vgl. BFH-Urteil vom 7. April 1987, BStBl II 707). Die Haftungsvergütungen können wie Bürgschaftsgebühren unter Rn. 27 behandelt werden, soweit die dort genannten Höchstbeträge noch nicht ausgeschöpft sind. Wegen der steuerlichen Behandlung der Geschäftsführungsvergütung vgl. Rn. 45.

cc) Geschäftsführungsvergütungen bei schuldrechtlichem Leistungsaustausch. Vergütungen, die ein Gesellschafter für die Übernahme der Geschäftsführung erhält, können wie entsprechende Leistungen an einen Nichtgesellschafter auf einem schuldrechtlichen Leistungsaustausch beruhen (zur Abgrenzung vgl. BFH, Urteil vom 13. Oktober 1998, BStBl 1999 II S. 284, und Urteil vom 23. Januar 2001, BStBl II S. 621). In diesem Fall kommt ein Betriebsausgaben- oder Werbungskostenabzug auf der Gesellschaftsebene in Betracht. Die Geschäftsführung während der Investitionsphase betrifft im wesentlichen die Tätigkeiten i. S. der Rn. 25 und 26. Hierzu zählen z. B. auch die „Verwaltung" der Gesellschaft, die Mittelverwaltung und die „Buchführung", die Unterrichtung der Beteiligten über den Fortgang des Projekts und die Einberufung von Gesellschafterversammlungen (Gesellschafterbetreuung). Diese Tätigkeiten sind untrennbar mit der Erstellung des Fondsobjekts verbunden. Die während der Investitionsphase geleisteten Geschäftsführungsvergütungen einschließlich der auf die Zeit nach Abschluss der Investition entfallenden Beträge sind in dem Verhältnis aufzuteilen, in dem die Geschäftsführungstätigkeit die Baubetreuung und die Treuhandtätigkeit im Sinne der Rn. 25 und 26 betrifft. Die jeweiligen Anteile sind gegebenenfalls mit weiteren für die Baubetreuung oder Treuhandtätigkeit gezahlten Gebühren zusammenzufassen und nach den Grundsätzen der Rn. 25 und 26 zu behandeln.

b) Erwerberfonds. Für die Abgrenzung der Anschaffungskosten von den sofort abziehbaren Werbungskosten oder Betriebsausgaben bei einem Fonds, der ein fertig gestelltes und nutzungsbereites Wirtschaftsgut erwirbt, gelten die Ausführungen in Rn. 38 bis 40 entsprechend. Die von der Gesellschaft zu zahlende Eigenkapitalvermittlungsprovision ist nach den Grundsätzen der Rn. 43 zu behandeln.

c) Konzeptionsgebühren und Platzierungsgarantiegebühren. Konzeptionsgebühren und Platzierungsgarantiegebühren gehören nicht zu den Betriebsausgaben oder Werbungskosten (vgl. Rn. 23 und 24 sowie BFH-Beschluss vom 19. August 1986, aaO).

d) Kosten für die Vertretung der Gesellschafter. Vergütungen, die Gesellschafter für die Wahrnehmung ihrer Interessen in der Gesellschaft an Dritte zahlen, sind entsprechend der tatsächlichen Gegenleistung in Anschaffungskosten, Herstellungskosten und sofort abziehbaren Werbungskosten oder Betriebsausgaben aufzuteilen. Soweit sie den Anschaffungskosten oder Herstellungskosten zuzuordnen sind, sind sie in einer Ergänzungsrechnung zu erfassen oder in einer Ergänzungsbilanz zu aktivieren. Soweit sie sofort abziehbare Werbungskosten oder Betriebsausgaben darstellen, sind sie Sonderwerbungskosten oder Sonderbetriebsausgaben des betreffenden Gesellschafters. Werden diese Kosten gemäß Gesellschafterbeschluss von der Gesellschaft übernommen, ist die Aufteilung auf der Ebene der Gesamthand vorzunehmen.

e) Späterer Beitritt von Gesellschaftern. Aufwendungen, die vor dem Beitritt eines Gesellschafters zu einer Fondsgesellschaft rechtlich entstanden und gezahlt worden sind, gehören bei dem Gesellschafter zu den Anschaffungskosten. Rechtlich entstandene Aufwendungen, die nach dem Beitritt eines Gesellschafters von der Gesellschaft gezahlt werden und bei der Ermittlung der Einkünfte auf der Ebene der Gesellschaft den Betriebsausgaben oder Werbungskosten zuzurechnen sind, sind bei dem neu eintretenden Gesellschafter Betriebsausgaben oder Werbungskosten, wenn er mit ihnen belastet wird (vgl. BFH-Beschluss vom 19. August 1986, aaO).

III. Erstmalige Anwendung

Dieses Schreiben ist in allen Fällen anzuwenden, in denen ein bestandskräftiger Steuerbescheid noch nicht vorliegt. Soweit die Anwendung der Rn. 15 und 26 dieses Schreibens zu einem Nachteil gegenüber der bisherigen Verwaltungsauffassung bei der Steuerfestsetzung führt, ist dieses Schreiben erstmals für Darlehensverträge und Baubetreuungsverträge anzuwenden, die nach dem 31. Dezember 2003 abgeschlossen werden. Soweit die Anwendung dieser Grundsätze im übrigen zu einer Verschärfung der Besteuerung gegenüber der bisher geltenden Verwaltungspraxis führt, sind die Grundsätze nicht anzuwenden, wenn der Außenvertrieb der Fondsanteile vor dem 1. September 2002 begonnen hat und der Steuerpflichtige dem Fonds vor dem 1. Januar 2004 beitritt. Der Außenvertrieb beginnt in dem Zeitpunkt, in dem die Voraussetzungen für die Veräußerung der konkret bestimmbaren Fondsanteile erfüllt sind und die Gesellschaft selbst oder

III. Erstmalige Anwendung **Texte**

über ein Vertriebsunternehmen mit Außenwirkung an den Markt herangetreten ist.

Die BMF-Schreiben vom 31. August 1990 (BStBl I S. 366), vom 1. März 1995 (BStBl I S. 167), vom 24. Oktober 2001 (BStBl I S. 780) und vom 29. November 2002 (BStBl I S. 1388) werden aufgehoben.

9. Schreiben betr. Gewinnermittlung bei Handelsschiffen im internationalen Verkehr, sog. Tonnagesteuer § 5a EStG (sog. Tonnagesteuer-Erlass) vom 12. Juni 2002 (BStBl. I S. 614), BMF IV A 6 – S 2133a – 11/02

Bundesministerium der Finanzen
IV A 6 – S 2133a – 11/02   12. Juni 2002

Im Einvernehmen mit den obersten Finanzbehörden der Länder gilt zur Gewinnermittlung bei Handelsschiffen im internationalen Verkehr (§ 5a EStG) Folgendes:

A. Gewinnermittlung bei Handelsschiffen im internationalen Verkehr (§ 5a EStG)

I. Besondere Gewinnermittlung (§ 5a Abs. 1 EStG)

1. Geschäftsleitung und Bereederung im Inland (§ 5a Abs. 1 Satz 1 EStG)

Neben der Geschäftsleitung (§ 10 AO) ist die Bereederung im Inland eine zusätzliche und eigenständige Voraussetzung. Die Bereederung eines Handelsschiffes umfasst insbesondere folgende wesentliche Tätigkeiten:
a) Abschluss von Verträgen, die den Einsatz des Schiffes betreffen,
b) Ausrüstung und Verproviantierung der Schiffe,
c) Einstellung von Kapitänen und Schiffsoffizieren,
d) Befrachtung des Schiffes,
e) Abschluss von Bunker- und Schmierölverträgen,
f) Erhaltung des Schiffes,
g) Abschluss von Versicherungsverträgen über Schiff und Ausrüstung,
h) Führung der Bücher,
i) Rechnungslegung,
j) Herbeiführung und Verwirklichung der Beschlüsse der Mitreeder (bei Korrespondentreedern).

Diese wesentlichen Tätigkeiten der Bereederung müssen zumindest fast ausschließlich tatsächlich im Inland durchgeführt werden. Dies gilt auch bei Delegation einzelner Aufgaben der Bereederung auf andere Unternehmen.

II. Handelsschiffe im internationalen Verkehr (§ 5a Abs. 2 EStG) **Texte**

2. Gewinnermittlung bei Mischbetrieben (§ 5a Abs. 1 Satz 1 EStG)

Ist Gegenstand eines Gewerbebetriebes nicht ausschließlich der Betrieb von Handelsschiffen im internationalen Verkehr (gemischter Betrieb), so müssen der Gewinn aus dem Betrieb von Handelsschiffen im internationalen Verkehr und der übrige Gewinn getrennt ermittelt werden. Das erfordert regelmäßig eine klare und einwandfreie buchmäßige Zuordnung der Betriebseinnahmen und Betriebsausgaben zu den verschiedenen Tätigkeitsbereichen. Betriebseinnahmen und Betriebsausgaben, die sowohl durch den Betrieb von Handelsschiffen im internationalen Verkehr als auch durch andere gewerbliche Betätigungen veranlasst sind, sind entsprechend den tatsächlichen Verhältnissen aufzuteilen. Hierbei sind die jeweiligen Anteile erforderlichenfalls zu schätzen.

3. Betriebstage (§ 5a Abs. 1 Satz 2 EStG)

Betriebstag ist grundsätzlich jeder Kalendertag ab Infahrtsetzung des Schiffes bzw. ab Charterbeginn bis zum Ausscheiden des Schiffes bzw. bis zum Charterende. Ein zwölf Monate umfassendes Wirtschaftsjahr hat demnach grundsätzlich 365 Betriebstage; ausgenommen sind Tage des Umbaus oder der Großreparatur. Für Kalendertage, die keine Betriebstage sind, bleibt es bei der Gewinnermittlung nach § 5a Abs. 1 EStG mit der Folge, dass der Gewinn für diese Tage 0 EUR beträgt.

II. Handelsschiffe im internationalen Verkehr (§ 5a Abs. 2 EStG)

1. Überwiegender Einsatz im internationalen Verkehr (§ 5a Abs. 2 Satz 1 EStG)

Die Entscheidung, ob ein Schiff im Wirtschaftsjahr überwiegend im internationalen Verkehr eingesetzt war, hängt ab von dem Anteil der entsprechenden Reisetage an der Gesamtzahl der Reisetage des Schiffes in einem Wirtschaftsjahr. Wartezeiten des Schiffes im betriebsbereiten Zustand gelten als Reisetage. Wurde ein Schiff im Laufe eines Wirtschaftsjahres in Fahrt gesetzt, so ist insoweit der Zeitraum von der Infahrtsetzung bis zum Schluss des Wirtschaftsjahres maßgebend. Entsprechend ist zu verfahren, wenn ein Schiff im Laufe eines Wirtschaftsjahres veräußert worden ist. Ist im Laufe eines Wirtschaftsjahres die Eintragung in einem inländischen Seeschiffsregister entfallen ohne Wechsel des wirtschaftlichen Eigentums an dem Schiff, so sind die Reisetage im internationalen Verkehr, die das Schiff bis zum Fortfall der Voraussetzung zurückgelegt hat, der Gesamtzahl der Reisetage des vollen Wirtschaftsjahrs gegenüberzustellen. Entsprechendes gilt, wenn die Eintragung in einem inländischen Seeschiffsregister erst im Laufe eines Wirtschaftsjahres erfolgt.

2. Neben- und Hilfsgeschäfte (§ 5a Abs. 2 Satz 2 EStG)

Nebengeschäfte sind solche Geschäfte, die nicht den eigentlichen Zweck der unternehmerischen Betätigung ausmachen und sich auch nicht notwendig aus dem eigentlichen Geschäftsbetrieb ergeben, aber in seiner Folge vorkommen und nebenbei miterledigt werden. Hilfsgeschäfte sind solche Geschäfte, die der Geschäftsbetrieb üblicherweise mit sich bringt und die die Aufnahme, Fortführung und Abwicklung der Haupttätigkeit erst ermöglichen. Während Nebengeschäfte regelmäßig bei Gelegenheit des Hauptgeschäftes, also zeitlich neben diesem vorkommen, ist es für Hilfsgeschäfte, die in einer funktionalen Beziehung zum Hauptgeschäft stehen, typisch, dass sie dem Hauptgeschäft zeitlich vorgehen. Solche das Hauptgeschäft vorbereitenden Maßnahmen sind beispielsweise die Einstellung von Personal, das Anmieten von Geschäftsräumen und die Anschaffung von Maschinen und Material, die die Aufnahme der Haupttätigkeit ermöglichen. Bei einem Schifffahrtsbetrieb sind dementsprechende Maßnahmen, die auf den Erwerb oder die Herstellung eines Seeschiffes gerichtet sind, Hilfsgeschäfte des Unternehmens (BFH-Urteil vom 24. November 1983, BStBl. II 1984 S. 156).

Die Bereederung von Handelsschiffen im internationalen Verkehr ist begünstigt, wenn der Bereederer an den Schiffen beteiligt ist. Die Bereederung fremder Schiffe ist dagegen nicht begünstigt. Zur Behandlung anderer Entgelte an Gesellschafter vgl. Rz. 34.

Gecharterte Teile von Seeschiffen, insbesondere Stellplätze, können zwar vom Steuerpflichtigen nicht selbst eingesetzt werden, die Anwendung des § 5a EStG kommt insoweit aber als Neben- oder Hilfsgeschäft in Betracht.

Erträge aus Kapitalanlagen bzw. Beteiligungen an Kapitalgesellschaften gehören mangels unmittelbaren Zusammenhangs mit dem Betrieb von Schiffen grundsätzlich nicht zu dem Gewinn nach § 5a Abs. 1 EStG. Zinserträge aus laufenden Geschäftskonten sind hingegen abgegolten; eine Anrechnung von Steuerabzugsbeträgen ist insoweit möglich.

3. Einkünfte aus vercharterten Handelsschiffen (§ 5a Abs. 2 Satz 2 EStG)

Die Voraussetzungen des § 5a Abs. 2 Satz 1 EStG müssen erfüllt sein. Alle wesentlichen Tätigkeiten der dem Vercharterer obliegenden

III. Antrag auf besondere Gewinnermittlung (§ 5a Abs. 3 EStG) **Texte**

Aufgaben müssen im Inland erfüllt werden. In den Fällen der sog. bare-boat-charter liegen beim Vercharterer keine begünstigten Einkünfte vor.

4. Einkünfte aus gecharterten Handelsschiffen (§ 5a Abs. 2 Sätze 3 und 4 EStG)

Nicht in einem inländischen Seeschiffsregister eingetragene gecharterte Seeschiffe sind nur begünstigt, wenn das Verhältnis gemäß § 5a Abs. 2 Satz 4 EStG beachtet wird und die dem Charterer obliegenden wesentlichen Bereederungsaufgaben im Inland erfüllt werden. Bei einem Konsortium oder einem Pool wird bei der Bestimmung des Verhältnisses der Nettotonnage der im Inland registrierten eigenen oder gecharterten Schiffe zur Nettotonnage der im Ausland registrierten hinzugecharterten Schiffe nur die Nettotonnage der selbst eingebrachten Schiffe berücksichtigt. Soweit nur Teile eines Schiffes (z. B. Stellplätze oder Slots) hinzugechartert werden, ist nur der entsprechende Anteil zu berücksichtigen.

III. Antrag auf besondere Gewinnermittlung (§ 5a Abs. 3 EStG)

1. Beginn der Antragsfrist bei neu gegründeten Betrieben (§ 5a Abs. 3 Satz 1 EStG)

Für den Beginn der Antragsfrist bei neu gegründeten Betrieben ist der Zeitpunkt entscheidend, in dem erstmals Einkünfte aus dem Betrieb von Handelsschiffen im internationalen Verkehr im Sinne des § 5a Abs. 2 EStG erzielt werden. Dies ist bei neuen Betrieben regelmäßig mit Abschluss des Bau- bzw. Kaufvertrages der Fall.

Beispiel:
Ein neuer Betrieb schließt am 14. Februar 2000 einen Vertrag über die Bestellung eines neuen Containerschiffes ab und stellt gleichzeitig den Antrag auf Gewinnermittlung nach § 5a Abs. 1 EStG. Die Infahrtsetzung erfolgt am 10. Januar 2001. Das Schiff wird in einem inländischen Seeschiffsregister eingetragen, die Bereederung findet im Inland statt und das Schiff wird im Sinne des § 5a Abs. 2 Satz 1 EStG verwendet. Das Wirtschaftsjahr entspricht dem Kalenderjahr.

Lösung:
Die Bestellung eines Schiffes stellt ein Hilfsgeschäft dar. Da dieses Hilfsgeschäft zum Betrieb von Handelsschiffen im internationalen Verkehr gehört (§ 5a Abs. 2 Satz 2 EStG), werden im Jahr 2000 erstmals Einkünfte hieraus erzielt. Mangels tatsächlich im Betrieb vor-

handener Tonnage beträgt im Jahr 2000 der nach § 5a Abs. 1 EStG pauschal ermittelte Gewinn 0 EUR.

Der Antrag auf die pauschale Gewinnermittlung nach der im Betrieb geführten Tonnage kann frühestens im Jahr 2000 mit Wirkung ab dem Jahr 2000 und könnte spätestens am 31. Dezember 2002 mit Wirkung ab dem 1. Januar 2002 gestellt werden. Würde diese Frist versäumt, so könnte ein Antrag auf die pauschale Gewinnermittlung erst wieder mit Wirkung ab dem Jahr 2010 (Erstjahr ist 2000) gestellt werden.

2. Beginn der Antragsfrist bei Betrieben, die bereits vor dem 1. Januar 1999 Einkünfte aus dem Betrieb von Handelsschiffen im internationalen Verkehr erzielt haben

Für einen Betrieb, der bereits vor dem 1. Januar 1999 Einkünfte aus dem Betrieb von Handelsschiffen im internationalen Verkehr erzielt hat, ist der Antrag bis spätestens 31. Dezember 2001 mit Wirkung ab 1. Januar 2001 zu stellen. Nach § 52 Abs. 15 Satz 3 EStG konnte der Antrag für Altbetriebe aus Billigkeitsgründen bereits in 1999 mit Wirkung ab dem Wirtschaftsjahr gestellt werden, welches nach dem 31. Dezember 1998 endet.

3. Beginn der Antragsfrist in sonstigen Fällen

Für den Beginn der Antragsfrist in sonstigen Fällen ist gleichfalls der Zeitpunkt entscheidend, in dem erstmals Einkünfte aus dem Betrieb von Handelsschiffen im internationalen Verkehr erzielt werden. Diese Voraussetzung ist erst in dem Wirtschaftsjahr erfüllt, in dem die Anzahl der Tage mit inländischer Registrierung die übrigen Tage überwiegt und die Schiffe zu mehr als der Hälfte der tatsächlichen Seereisetage des gesamten Wirtschaftsjahres zur Beförderung von Personen und Gütern auf Fahrten im Verkehr mit oder zwischen ausländischen Häfen, innerhalb eines ausländischen Hafens oder zwischen einem ausländischen Hafen und der freien See eingesetzt waren.

4. Zeitpunkt der Antragstellung

Während der Antragsfrist kann der Antrag auf Anwendung der pauschalen Gewinnermittlung nach § 5a Abs. 1 EStG erst in dem Wirtschaftsjahr gestellt werden, von dessen Beginn an sämtliche Voraussetzungen des § 5a Abs. 1 EStG vorliegen.

Aus Billigkeitsgründen wird es als ausreichend angesehen, wenn die Voraussetzungen der Durchführung der Bereederung und Geschäftsleitung im Inland für das in 1999 endende Wirtschaftsjahr spä-

IV. Unterschiedsbetrag (§ 5a Abs. 4 EStG) **Texte**

testens am Ende dieses Wirtschaftsjahres und für das in 2000 endende Wirtschaftsjahr spätestens am 30. Juni 2000 vorlagen.

Die Grundsätze in Rz. 16 sind in den Fällen anzuwenden, in denen das Handelsschiff nach dem 27. 6. 2002 in Dienst gestellt wird. Bei bereits vor dem 28. 6. 2002 in Dienst gestellten Handelsschiffen kann Rz. 15a meines Schreibens vom 25. Mai 2000 (BStBl. I S. 809)[1] weiter angewendet werden, bis die Anwendung der **Tonnagesteuer** in einem Wirtschaftsjahr beantragt wird, das dem im Kalenderjahr 2002 endenden Wirtschaftsjahr folgt.

Der Antrag für die Anwendung der Gewinnermittlung nach § 5a Abs. 1 EStG ist schriftlich zu stellen.

IV. Unterschiedsbetrag (§ 5a Abs. 4 EStG)

1. Unmittelbar dem Betrieb von Handelsschiffen im internationalen Verkehr dienendes Wirtschaftsgut (§ 5a Abs. 4 Satz 1 EStG)

Ein Wirtschaftsgut, das unmittelbar dem Betrieb von Handelsschiffen im internationalen Verkehr dient, kann nicht nur das Handelsschiff, sondern auch ein anderes Wirtschaftsgut des Betriebsvermögens sein, z. B. die Betriebs- und Geschäftsausstattung. Bei Mischbetrieben (s. Rz. 3) kann ein Wirtschaftsgut ggf. nur anteilig unmittelbar dem Betrieb von Handelsschiffen im internationalen Verkehr dienen. Der auf diesen Teil entfallende Unterschiedsbetrag ist ggf. zu schätzen. In passiven Wirtschaftsgütern ruhende stille Reserven (z. B. Fremdwährungsverbindlichkeiten) sind einzubeziehen.

2. Aufstellung des Verzeichnisses (§ 5a Abs. 4 Satz 1 EStG)

Zum Schluss des Übergangsjahres ist ein Verzeichnis entsprechend dem Anlageverzeichnis zu erstellen, in dem jedes Wirtschaftsgut und der darauf entfallende Unterschiedsbetrag aufgeführt ist. Dienen Wirtschaftsgüter nur teilweise dem Betrieb von Handelsschiffen im internationalen Verkehr, ist nur der darauf entfallende anteilige Unterschiedsbetrag aufzuzeichnen. Der Unterschiedsbetrag der gering-

---

[1] Rz. 15a des BMF v. 25. 5. 2000 (BStBl. I S. 809) lautet:
„Für den Beginn der Antragsfrist in sonstigen Fällen ist gleichfalls der Zeitpunkt entscheidend, in dem erstmals Einkünfte aus dem Betrieb von Handelsschiffen im internationalen Verkehr erzielt werden. Diese Voraussetzung ist u. a. erst in dem Wirtschaftsjahr erfüllt, in dem die Anzahl der Reisetage mit inländischer Registrierung die übrigen Reisetage überwiegt und von dessen Beginn an die Geschäftsleitung des Gewerbebetriebes und die Bereederung im Inland durchgeführt wird."

wertigen Wirtschaftsgüter kann aus Vereinfachungsgründen in einer Summe ausgewiesen werden.

3. Gesonderte und ggf. einheitliche Feststellung des Unterschiedsbetrags (§ 5a Abs. 4 Satz 1 EStG)

Die Unterschiedsbeträge sind gesondert bzw. gesondert und einheitlich festzustellen. Dabei sind die folgenden Feststellungen zu treffen:
a) Bezeichnung der Wirtschaftsgüter,
b) auf die Wirtschaftsgüter jeweils entfallende Unterschiedsbeträge bzw. bei Mischbetrieben im Fall von gemischt genutzten Wirtschaftsgütern der auf den begünstigten Betrieb entfallende Anteil des Unterschiedsbetrages,
c) Anteile der Gesellschafter an den einzelnen Unterschiedsbeträgen.

Wird ein Wirtschaftsgut dem Betriebsvermögen ganz oder dem Miteigentumsanteil des Mitunternehmers entsprechend zugeführt oder erhöht sich der Nutzungsanteil, ist der jeweilige Unterschiedsbetrag gesondert bzw. gesondert und einheitlich festzustellen; war das Betriebsvermögen bisher teilweise gemischt genutzt, ist nur der auf den Erhöhungsbetrag entfallende Unterschiedsbetrag zum Zeitpunkt der Nutzungsänderung festzustellen. Der bisher festgestellte Betrag bleibt unberührt. Die Feststellungen nach § 5a Abs. 4 Satz 2 oder Satz 4 EStG sind für die Steuerbescheide oder Feststellungsbescheide (Folgebescheide) bindend, in denen der Unterschiedsbetrag hinzuzurechnen ist.

4. Fortschreibung des Verzeichnisses

Das Verzeichnis ist fortzuschreiben, wenn
a) Wirtschaftsgüter ausscheiden oder sich ihr Nutzungsanteil verringert,
b) Wirtschaftsgüter zugeführt werden oder sich ihr Nutzungsanteil erhöht,
c) Fremdwährungsverbindlichkeiten, für die ein Unterschiedsbetrag festgestellt wurde, getilgt werden oder
d) Veränderungen im personellen Bestand eintreten und eine Hinzurechnung nach § 5a Abs. 4 Satz 3 Nr. 3 EStG nicht erfolgte.

5. Besteuerung des Unterschiedsbetrages (§ 5a Abs. 4 Satz 3 EStG)

Der Unterschiedsbetrag ist in dem Jahr, in dem das Wirtschaftsgut aus der Gewinnermittlung nach § 5a EStG ausscheidet, dem Gewinn nach § 5a Abs. 1 Satz 1 EStG hinzuzurechnen und ist damit Bestandteil der Einkünfte aus Gewerbebetrieb im Sinne des § 15 EStG. Dies gilt auch für den Fall, dass das Ausscheiden eines Wirtschaftsguts, wie z. B. bei Ein-Schiffs-Gesellschaften, gleichzeitig die Betriebsaufgabe darstellt. Soweit ein Wirtschaftsgut bei Mischbetrieben in den nicht begünstigten Teil überführt wird, ist es entsprechend § 5a Abs. 6 EStG dort mit dem Teilwert anzusetzen.

Bei ratierlicher Tilgung von Fremdwährungsverbindlichkeiten ist der Unterschiedsbetrag (teilweise) aufzulösen. Auch Nutzungsänderungen von Wirtschaftsgütern (z. B. bei Bürogebäuden) können zur Zurechnung von Unterschiedsbeträgen führen.

Die Anwendung des § 5a Abs. 4 Satz 3 Nr. 1 EStG setzt voraus, dass der Steuerpflichtige sich gemäß § 5a Abs. 3 Satz 4 EStG nach Ablauf des 10-Jahres-Zeitraums für die Anwendung der Normalbesteuerung entscheidet und der Betrieb fortgeführt wird. § 5a Abs. 4 Satz 3 Nr. 2 EStG ist in allen sonstigen Fällen anwendbar.

§ 5a Abs. 4 Satz 3 Nr. 3 EStG gilt für den Fall, dass ein Gesellschafter im Sinne des § 15 Abs. 1 Satz 1 Nr. 2 EStG seinen Anteil an der Personengesellschaft veräußert. Für die verbleibenden Gesellschafter ändert sich der festgestellte Unterschiedsbetrag nicht.

V. Gesellschaften nach § 15 Abs. 1 Satz 1 Nr. 2 EStG (§ 5a Abs. 4a EStG)

1. Umfang des Gewinns bei Personengesellschaften; Behandlung von Gewinnen und Verlusten im Sonderbetriebsvermögen eines Gesellschafters (§ 5a Abs. 4a Satz 1 EStG)

Die Gewinnermittlungsvorschrift im Sinne des § 5a Abs. 1 Satz 1 EStG stellt grundsätzlich auf den Gesamtgewinn der Mitunternehmerschaft ab. Die zusätzliche Berücksichtigung von Sonderbetriebsausgaben, z. B. für die Finanzierung des Anteilserwerbes, ist daher zulässig. Eine Ausnahme gilt nur für Ausgaben, die im unmittelbaren Zusammenhang mit hinzuzurechnenden Sondervergütungen im Sinne des § 15 Abs. 1 Satz 1 Nr. 2 und Satz 2 EStG stehen.

Zur Behandlung von Vergütungen siehe Rz. 34.

2. Verhältnis zu § 15a EStG (§ 5a Abs. 4a Satz 2 EStG)

Nach § 5a Abs. 5 Satz 4 EStG ist für die Anwendung des § 15a EStG der nach § 4 Abs. 1 oder 5 EStG ermittelte Gewinn zugrunde zu legen.

§ 15a EStG findet während des Tonnagesteuerzeitraums uneingeschränkt Anwendung: Parallel zur Gewinnermittlung nach der **Tonnagesteuer** wird die Steuerbilanz einschließlich der Kapitalkonten fortgeführt; der verrechenbare Verlust wird jährlich festgestellt und mit den Ergebnissen der Steuerbilanz (Gesamthands- bzw. Ergänzungsbilanz) verrechnet. Im Einzelnen bedeutet dies:

a) Verrechenbare Verluste aus der Zeit vor der Tonnagebesteuerung sind mit den tatsächlichen laufenden Gewinnen aus der Zeit der Tonnagebesteuerung auszugleichen.

b) Verluste aus der Zeit der Tonnagebesteuerung erhöhen bereits vorhandene verrechenbare Verluste, auch soweit sie auf die Zeit vor der Tonnagebesteuerung entfallen.

c) Ein im Zeitpunkt des Ausscheidens oder der Veräußerung eines Wirtschaftsguts oder der Veräußerung des ganzen Betriebs oder des Ausscheidens eines Gesellschafters noch vorhandener verrechenbarer Verlust ist zunächst mit einem dabei entstehenden Veräußerungsgewinn auszugleichen, auch wenn dieser Veräußerungsgewinn wegen § 5a Abs. 5 Satz 1 EStG durch die Tonnagebesteuerung abgegolten ist; ein nach Gegenrechnung des Veräußerungsgewinns etwa noch verbleibender verrechenbarer Verlust ist beim Unterschiedsbetrag vor dessen Besteuerung nach § 5a Abs. 4 Satz 3 EStG abzuziehen.

d) Verrechenbare Verluste sind in den Fällen des § 5a Abs. 4 Satz 3 Nr. 1 EStG sowie in den Fällen, in denen das Schiff nicht mehr dem Betrieb von Handelsschiffen im internationalen Verkehr dient, mit dem im Zusammenhang mit dem Ansatz des Teilwerts gem. § 5a Abs. 6 EStG entstehenden Gewinn zu verrechnen; ein nach Gegenrechnung eines so entstandenen Gewinns etwa noch verbleibender verrechenbarer Verlust ist beim Unterschiedsbetrag vor dessen Besteuerung nach § 5a Abs. 4 Satz 3 EStG abzuziehen.

3. Gewinnerzielungsabsicht (§ 5a Abs. 4a Satz 2 EStG)

Zur Sicherstellung des mit der zweijährigen Antragsfrist (§ 5a Abs. 3 EStG) verfolgten Förderziels des Gesetzgebers ist für die Prüfung der Gewinnerzielungsabsicht auch während des Tonnagesteuerzeitraums die Gewinnermittlung nach § 4 Abs. 1 oder § 5 EStG (ohne Berücksichtigung des Unterschiedsbetrages nach § 5a Abs. 4 EStG) zugrunde zu legen.

4. Hinzuzurechnende Vergütungen (§ 5a Abs. 4a Satz 3 EStG)

Zu den hinzuzurechnenden Vergütungen im Sinne des § 15 Abs. 1 Satz 1 Nr. 2 und Satz 2 EStG gehört weder das Bereederungsentgelt eines am Schiff beteiligten Bereederers (Rz. 7) noch ein auf gesellschaftsrechtlicher Vereinbarung beruhender Vorabgewinn. Die Frage, ob ein solcher Vorabgewinn vorliegt oder eine hinzuzurechnende Vergütung, bestimmt sich nach allgemeinen Grundsätzen. Für die

Behandlung der Vergütung als Vorabgewinn genügt nicht, dass sie im Gesellschaftsvertrag vereinbart ist. (Tätigkeits-)Vergütungen, die in einem Gesellschaftsvertrag vereinbart sind, sind nach der Rechtsprechung des BFH als Sondervergütungen im Sinne des § 15 Abs. 1 Satz 1 Nr. 2 und Satz 2 EStG zu qualifizieren, wenn sie handelsrechtlich nach den Bestimmungen des Gesellschaftsvertrags als Kosten zu behandeln, insbesondere im Gegensatz zu einem Vorabgewinn auch dann zu zahlen sind, wenn kein Gewinn erwirtschaftet wird (BFH-Urteil vom 6. Juli 1999, BStBl. II S. 720).

VI. Tarifbegrenzung/Steuerermäßigung bei Einkünften aus Gewerbebetrieb

Der in § 5a Abs. 5 Satz 2 EStG festgelegte Ausschluss bezieht sich auf den nach § 5a EStG ermittelten Gewinn, einschließlich der Hinzurechnungen nach § 5a Abs. 4 und Abs. 4a EStG.

VII. Unterlagen zur Steuererklärung (§ 60 EStDV)

Neben der Gewinnermittlung nach § 5a EStG ist eine Steuerbilanz nach § 4 Abs. 1 oder § 5 EStG, bei Personengesellschaften einschließlich etwaiger Ergänzungs- oder Sonderbilanzen sowie ein jährlich fortentwickeltes Verzeichnis im Sinne des § 5a Abs. 4 EStG, aus dem sich Veränderungen der Unterschiedsbeträge (vgl. Rz. 23) ergeben, beizufügen. Bei Mischbetrieben sind die Unterlagen über die getrennte Gewinnermittlung (vgl. Rz. 3) vorzulegen.

B. Gewerbesteuer[2]

Soweit der Gewinn nach § 5a EStG ermittelt worden ist, kommen Hinzurechnungen und Kürzungen nicht in Betracht.

Die Auflösung des Unterschiedsbetrages gehört zum Gewerbeertrag. Die Vorschrift des § 9 Nr. 3 GewStG ist insoweit anzuwenden.

Auch der nach § 5a EStG ermittelte Gewerbeertrag ist gemäß § 10a GewStG mit Verlusten aus Vorjahren verrechenbar.

Dieses Schreiben ersetzt vorbehaltlich der Aussage in Rz. 19 meine Schreiben vom 24. Juni 1999 – IV C 2 – S 1900 – 65/99 –, BStBl. I S. 669 und vom 25. Mai 2000 – IV C 2 – S 2133a – 12/00 –, BStBl. II S. 809.

---

[2] Zu Auswirkungen bei der Körperschaftsteuer vgl. BMF v. 24. 3. 2000, BStBl. I S. 453.

10. Schreiben betr. ertragsteuerrechtliche Behandlung von Film- und Fernsehfonds (sog. Medienerlass) vom 23. Februar 2001 (BStBl. I S. 175), BMF IV A 6 – S 2241 – 8/01, geändert durch BMF v. 5. 8. 2003 (BStBl. I S. 406)

Bundesministerium der Finanzen
IV A 6 – S 2241–8/01   Berlin, 23. Februar 2001
IV A 6 – S 2241–81/03   bzw. 5. August 2003

Obersten Finanzbehörden
der Länder
nachrichtlich:

Bundesamt für Finanzen

Ertragsteuerrechtliche Behandlung von Film- und Fernsehfonds; [BMF-Schreiben vom 23. Februar 2001 mit den Änderungen durch BMF-Schreiben vom 5. August 2003]

Unter Bezugnahme auf das Ergebnis der Erörterungen mit den obersten Finanzbehörden der Länder nehme ich zu Fragen der ertragsteuerrechtlichen Behandlung von Film- und Fernsehfonds zusammenfassend wie folgt Stellung:

I. Herstellereigenschaft

a) Sachverhalt

Film- und Fernsehfonds unterhalten idR keinen Produktionsbetrieb. Die Herstellung des Films erfolgt entweder
- durch Einschaltung eines oder mehrerer Dienstleister (Production Services Company) oder
- im Wege der Koproduktion.

Bei Einschaltung von Dienstleistern erwirbt der Fonds die Rechte am Drehbuch und an den sonstigen für eine Filmproduktion erforderlichen Werken (sog. Stoffrechte) durch Kauf oder Lizenz. Erst im Zuge der Filmproduktion entstehende Rechte werden spätestens mit der Filmablieferung auf den Fonds übertragen.

Die eigentlichen Produktionsarbeiten werden unabhängigen sog. durchführenden Produzenten (Dienstleistern) übertragen. Die Dienstleister schließen Verträge mit den Schauspielern, dem Regisseur und den anderen Mitwirkenden im eigenen Namen oder im Namen des

I. Herstellereigenschaft **Texte**

Fonds, aber stets auf Rechnung des Fonds ab. Die Dienstleister sind verpflichtet, für ihre (jeweiligen) Produktionskosten ein detailliertes Budget zu erstellen, das vom Fonds zu genehmigen ist und Vertragsbestandteil wird. Die tatsächlich entstandenen Produktionskosten werden gegenüber dem Fonds auf der Grundlage testierter Kostenberichte nachgewiesen. Es ist branchenüblich, dass an einem positiven Saldo bei der Produktionskostenabrechnung der Dienstleister partizipiert. Im Übrigen erhält der Dienstleister ein Entgelt, das pauschalierte allgemeine Handlungskosten sowie die Gewinnspanne des Dienstleisters umfasst. Dem Fonds werden (unterschiedlich umfängliche) Weisungs- oder Kontrollrechte bei der Filmherstellung zum Teil im organisatorischen, zum Teil im künstlerischen Bereich eingeräumt. Vorstehende Maßnahmen werden auch in den Fällen getroffen, in denen der Fonds ein bereits begonnenes (teilweise entwickeltes) Filmprojekt von einem Filmproduzenten (der danach idR Dienstleister wird) übernimmt.

Die Verwertung des Films übernimmt ein Vertriebsunternehmen durch Abschluss eines Lizenzvertrags; häufig wird dem Vertriebsunternehmen zur weltweiten Rechtsdurchsetzung ein geringer Anteil (idR 1%) an den Urheberrechten am (fertigen) Film für die Dauer des Lizenzvertrags treuhänderisch übertragen. Es kommt auch vor, dass das Vertriebsunternehmen die Teilfinanzierung der Filmherstellungskosten über Darlehen übernimmt und sich dabei Mitspracherechte bei der Produktion einräumen lässt.

Im Falle der Koproduktion schließt der Fonds mit einer oder mehreren Fremdfirmen eine Vereinbarung über die gemeinschaftliche Produktion eines Films ab; es entsteht eine Koproduktionsgesellschaft meist in Form einer Gesellschaft des bürgerlichen Rechts (GbR) oder eine Koproduktionsgemeinschaft. Der Fonds (ggf. auch die anderen Koproduzenten) bringt seine (von ihm zuvor erworbenen) Stoffrechte in die Gesellschaft/Gemeinschaft ein. Die Beteiligung an der Produktion erfolgt über Anteile am Gesamtbudget (an den voraussichtlichen Produktionskosten), nicht über eine (feste) Kapitalbeteiligung an der Gesellschaft/Gemeinschaft. Dem Fonds werden im Innenverhältnis bei der Produktion Mitsprache-, Kontroll-, Veto- und Weisungsrechte eingeräumt, ist der Fonds im Ausnahmefall so genannter federführender oder ausführender Koproduzent (Executive Producer), schließt er (im Namen und für Rechnung der Koproduktionsgesellschaft bzw. auch der anderen Koproduzenten) die Verträge mit den Mitwirkenden ab und hat die Filmgeschäftsführung während der Produktionsphase.

Die tatsächliche Filmherstellung im technischen Sinne erfolgt bei Koproduktionen durch einen federführenden oder ausführenden Koproduzenten oder durch Einschaltung von Dienstleistern. Mit Ende der Produktionsphase geht das Recht am fertigen Film idR durch besondere Vereinbarung in Bruchteilseigentum auf die einzelnen Koproduzenten über. Regelmäßig wird vereinbart, dass die einzelnen Koproduzenten das Filmrecht jeweils territorial oder sachlich begrenzt auswerten können (ausschließliches Verwertungsrecht in ihrem Sitzland bzw. Sendegebiet oder für ein bestimmtes Medium – z. B. Video).

b) Rechtliche Beurteilung

Nach dem BFH-Urteil vom 20. September 1995 (BStBl 1997 II S. 320) kommt es für die Herstellereigenschaft bei Filmen darauf an, wer bei der Filmproduktion letztlich die notwendigen Entscheidungen trifft und die wirtschaftlichen Folgen verantwortet (vgl. § 94 Urheberrechtsgesetz – UrhG –).

Es ist zwischen echter und unechter Auftragsproduktion zu unterscheiden. Bei der echten Auftragsproduktion ist der Produzent Hersteller. Ihm werden zwar das wirtschaftliche Risiko und die Finanzierung weitgehend abgenommen. Er bleibt aber für den Erwerb der für das Filmwerk erforderlichen Nutzungs- und Leistungsschutzrechte von Künstlern usw. verantwortlich. Hingegen trägt im Falle der unechten Auftragsproduktion der Auftraggeber das gesamte Risiko der Filmherstellung. Der Produzent wird zum bloßen Dienstleistenden, der Auftraggeber Hersteller.

Ein Film- oder Fernsehfonds ist Hersteller eines Films, wenn er
- als Auftraggeber das gesamte Risiko der Filmherstellung trägt (unechte Auftragsproduktion durch Einschaltung von Dienstleistern) oder
- im Wege der Koproduktion ein Filmprojekt in eigener (Mit-)Verantwortung unter (Mit-)Übernahme der sich daraus ergebenden Risiken und Chancen durchführt.

Ein geschlossener Fonds ist nach den Grundsätzen der BFH-Urteile zur ertragsteuerlichen Behandlung der Eigenkapitalvermittlungsprovision und anderen Gebühren vom 8. Mai 2001, BStBl II S. 720 und vom 28. Juni 2001, BStBl II S. 717 jedoch dann nicht als Hersteller, sondern als Erwerber anzusehen, wenn der Initiator der Gesellschaft ein einheitliches Vertragswerk vorgibt und die Gesellschafter in ihrer gesellschaftsrechtlichen Verbundenheit hierauf keine wesentlichen Einflussnahmemöglichkeiten besitzen.

Ist vom Fondsinitiator (idR Verleih-/Vertriebsunternehmen, Anlageberater, Leasingfirma) das Fonds-Vertragswerk (einschließlich Rahmen-Vereinbarungen mit Dienstleistern und/oder Koproduzenten) entwickelt worden, kommt es für die Herstellereigenschaft des Fonds darauf an, dass der Fonds (d. h. die Gesellschafter in ihrer gesellschafts-

I. Herstellereigenschaft   **Texte**

rechtlichen Verbundenheit) dennoch wesentliche Einflussnahmemöglichkeiten auf die Filmproduktion hat und die wirtschaftlichen Folgen verantwortet oder bei der Koproduktion mitverantwortet. Dies ist der Fall, wenn die Einflussnahmemöglichkeiten des Fonds unmittelbar Auswirkungen auf die gesamte Durchführung des Projekts bis zur Fertigstellung des Wirtschaftsguts haben und sich zeitlich über die Phase vor Beginn der Dreharbeiten, die Dreharbeiten selbst und die Phase nach Abschluss der Dreharbeiten (Post-Production) erstrecken. Diese Voraussetzungen sind für jeden Film gesondert zu prüfen.

Wegen der besonderen Konzeption der geschlossenen Fonds ist es erforderlich, dass die Mitwirkungsrechte der Gesellschafter über die zur Anerkennung der Mitunternehmereigenschaft nach § 15 Abs. 1 Satz 1 Nr. 2 EStG geforderte Initiative hinausgehen. Wesentliche Einflussnahmemöglichkeiten entstehen nicht bereits dadurch, dass der Initiator als Gesellschafter oder Geschäftsführer für den Fonds gehandelt hat oder handelt. Die Einflussnahmemöglichkeiten müssen den Gesellschaftern selbst gegeben sein, die sie innerhalb des Fonds im Rahmen der gesellschaftsrechtlichen Verbundenheit ausüben. Eine Vertretung durch bereits konzeptionell vorbestimmte Dritte (z. B. Treuhänder, Beiräte) reicht nicht aus. Einem von den Gesellschaftern selbst aus ihrer Mitte gewählten Beirat oder einem vergleichbaren Gremium dürfen weder der Initiator noch Personen aus dessen Umfeld angehören. Über die Einrichtung und Zusammensetzung eines Beirats dürfen allein die Gesellschafter frühestens zu einem Zeitpunkt entscheiden, in dem mindestens 50% des prospektierten Kapitals eingezahlt sind.

Eine ausreichende Einflussnahmemöglichkeit ist gegeben, wenn der Fonds rechtlich und tatsächlich in der Lage ist, wesentliche Teile des Konzepts zu verändern. Das kann auch dann bejaht werden, wenn Entscheidungsalternativen für die wesentlichen Konzeptbestandteile angeboten werden; dies sind alle wesentlichen Maßnahmen der Filmproduktion, insbesondere die Auswahl des Filmstoffs, des Drehbuchs, der Besetzung, die Kalkulation der anfallenden Kosten, der Drehplan und die Finanzierung. Allein die Zustimmung zu den vom Initiator vorgelegten Konzepten oder Vertragsentwürfen bedeutet keine ausreichende Einflussnahme. Die Gesellschafter müssen vielmehr über die wesentlichen Vertragsgestaltungen und deren Umsetzung tatsächlich selbst bestimmen können.

Die Einflussnahmemöglichkeiten dürfen auch faktisch nicht ausgeschlossen sein.

Die Umsetzung der wesentlichen Konzeptbestandteile und Abweichungen hiervon sind durch geeignete Unterlagen vollständig zu dokumentieren.

Die Grundsätze gelten auch für Gesellschafter, die erst nach Beginn der Filmherstellung, aber vor Fertigstellung dieses Films beitreten. Treten Gesellschafter einem bestehenden Fonds bei, richtet sich die steuerliche Behandlung nach den Grundsätzen über die Einbringung iSv § 24 UmwStG (vgl Tz. 24.01 Buchstabe c des BMF-Schreibens vom 25. März 1998, BStBl. I S. 268). Ob die Aufwendungen des später beitretenden Gesellschafters als Herstellungskosten oder insgesamt als Anschaffungskosten anzusehen sind, ist nach den Abgrenzungskriterien der Tz. 12e bezogen auf den Eintrittszeitpunkt dieses Gesellschafters zu prüfen, dies gilt auch beim Gesellschafterwechsel. Ist eine sog. Gleichstellungsklausel vereinbart worden, können dem später beigetretenen Gesellschafter Verluste vorab zugewiesen werden, soweit der später beitretende Gesellschafter als (Mit-)Hersteller anzusehen ist (H 138 Abs. 3 EStH Vorabanteile). Die Herstellung eines Films beginnt grundsätzlich mit dem Abschluss der Verträge, mit denen gewährleistet ist, dass dem Fonds alle zur Herstellung und Auswertung des Films erforderlichen Rechte (Stoffrechte) zustehen. Hinzukommen muss, dass in zeitlichem Zusammenhang mit dem Abschluss der Verträge (üblicherweise innerhalb eines Zeitraums von drei Monaten) weitere auf die Filmherstellung gerichtete Handlungen erfolgen (z. B. Abschluss von Verträgen mit Schauspielern, Regisseuren, Produzenten, Anmietung von Studiokapazitäten, Beauftragung eines Dienstleisters usw.). Erfolgen die weiteren auf die Filmherstellung gerichteten Handlungen nicht im zeitlichen Zusammenhang mit dem Abschluss der Verträge, ist als Beginn der Filmherstellung der Zeitpunkt anzusehen, zu dem die oben genannten weiteren auf die Filmherstellung gerichteten Handlungen erfolgen. Die Herstellung eines Films endet, wenn das Produkt fertiggestellt ist, von dem die Kopien für die Vorführungen gezogen werden (einschließlich der Zeit der sog. Post-Production).

Bei mehrstöckigen Personengesellschaften ist den Gesellschaftern der Fondsobergesellschaft die Filmherstellung der Produktionsuntergesellschaft zuzurechnen.

An speziellen Erfordernissen zur Bejahung der Herstellereigenschaft sind bei den einzelnen Gestaltungen zu nennen:

1. Einschaltung von Dienstleistern

Bei Einschaltung von Dienstleistern ist der Fonds Hersteller des Films, wenn die folgenden Voraussetzungen erfüllt sind:

a) Die durch den Fonds abgeschlossenen Verträge müssen gewährleisten, dass alle zur Herstellung und Auswertung des Films erforderlichen Rechte dem Fonds zustehen; sofern Rechte erst während der Filmproduktion begründet werden, muss sichergestellt wer-

I. Herstellereigenschaft **Texte**

den, dass diese dem Fonds in vollem Umfang eingeräumt werden. Dies gilt auch für im Ausland entstandene Rechte.

b) Alle wesentlichen Maßnahmen der Filmproduktion, insbesondere die Auswahl des Filmstoffs, des Filmdrehbuchs, der Besetzung, die Kalkulation der anfallenden Kosten, der Drehplan und die Filmfinanzierung unterliegen der Entscheidung durch den Fonds. Maßgebend sind die tatsächlichen Verhältnisse. Das auftragsrechtliche Weisungsrecht eines Fonds gegenüber dem Dienstleister ist unerheblich, wenn ihm der Fonds faktisch keine Weisungen erteilen kann, weil die Entscheidungen des Fonds durch den Dienstleister oder ein mit diesem verbundenen Unternehmen beherrscht werden oder dies aus sonstigen Gründen nicht möglich ist, z. B. bei unzureichenden filmtechnischen Kenntnissen.

c) Der Dienstleister erhält ein fest vereinbartes Honorar (siehe Tz. 3) und im Übrigen die bei ihm anfallenden Aufwendungen, die auf Rechnung des Fonds erbracht worden sind, ersetzt.

d) Bei Versicherungen zur Absicherung des Risikos der Filmherstellung (insbesondere Fertigstellungsgarantie und Erlösausfallversicherung) ist der Fonds Versicherungsnehmer.

e) Bei Übernahme eines bereits begonnenen Filmprojekts durch den Fonds kann die Herstellereigenschaft des Fonds dann noch bejaht werden, wenn dem Fonds wesentliche Einflussnahmemöglichkeiten verbleiben. Aus Vereinfachungsgründen kann hiervon ausgegangen werden, wenn im Zeitpunkt der Übernahme mit den Dreharbeiten noch nicht begonnen worden ist. Verbleiben dem Fonds keine wesentlichen Einflussnahmemöglichkeiten, so ist er als Erwerber anzusehen, sämtliche Aufwendungen gehören damit zu den Anschaffungskosten.

f) Ist der Dienstleister gleichzeitig Gesellschafter des Fonds, berührt dies die Herstellereigenschaft des Fonds nicht, wenn die Vereinbarungen über die unechte Auftragsproduktion wie zwischen fremden Dritten abgeschlossen worden sind.

2. Koproduktion

Der Fonds ist als Koproduzent Hersteller,

a) wenn entweder eine Mitunternehmerschaft zwischen ihm und dem (den) Koproduzenten besteht, der (die) den Film tatsächlich herstellt (herstellen) (vgl. Tz. 29), oder

b) wenn er im Rahmen einer Koproduktionsgemeinschaft (vgl. Tz. 29a) neben anderen Koproduzenten bei den für die Filmherstellung wesentlichen Tätigkeiten auf den Gebieten Organisation, Durchführung, Finanzierung, sowie bei rechtlichen Maßnahmen der Filmproduktion mitwirkt oder zumindest mitbestimmt. In diesem Fall kann davon ausgegangen werden, dass eine ausreichende Mitverantwortung für das Filmprojekt und Mitübernahme der sich daraus ergebenden Risiken und Chancen vorliegt, wenn die folgenden Voraussetzungen erfüllt sind:

aa) Die durch die Koproduzenten abgeschlossenen Verträge müssen gewährleisten, dass alle zur Herstellung und Auswertung des Films erforderlichen Rechte der Koproduktionsgemeinschaft zustehen; sofern Rechte erst während der Filmproduktion begründet werden, muss sichergestellt werden, dass diese der Koproduktionsgemeinschaft in vollem Umfang eingeräumt werden. Dies gilt auch für im Ausland entstandene Rechte. Eine spätere Weitergabe der Verwertungsrechte im Sinne von Tz. 29 a hat keinen Einfluss auf die Herstellereigenschaft.

bb) Das Leistungsschutzrecht am Film und das Eigentum am fertigen Filmprodukt steht der Koproduktionsgemeinschaft zu.

cc) Tritt ein anderer Koproduzent als der Fonds als federführender oder ausführender Koproduzent auf, muss im Innenverhältnis sichergestellt sein, dass die für die Filmherstellung wesentlichen Tätigkeiten fortlaufend mit dem Fonds abgestimmt werden.

dd) Über die Mittragung des wirtschaftlichen Risikos hinaus hat der Fonds tatsächliche Einflussnahmemöglichkeiten auf den Herstellungsprozess.

II. Wirtschaftliches Eigentum

a) Sachverhalt

Nach Fertigstellung des Films wird die Auswertung einem (regelmäßig den Initiatoren des Fonds nahestehenden) Vertriebsunternehmen übertragen. Die Verträge sehen meistens für einen festgelegten Zeitraum ein territorial und sachlich unbeschränktes Vertriebsrecht vor. Die Nutzungsüberlassung und Verwertung der Filmrechte kann auch in mehreren Einzelverträgen mit verschiedenen Unternehmen vereinbart sein. Dem Vertriebsunternehmen (Verleihunternehmen) wird eine Unterlizenzierung gestattet.

Als Entgelt erhält der Fonds z. B. feste Lizenzzahlungen und/oder eine Beteiligung an den laufenden Vertriebserlösen; letztere wird nicht selten an besondere Voraussetzungen geknüpft (z. B. nur in Gewinnjahren) oder bestimmten Berechnungsmodi unterworfen (z. B. Kürzung der Bemessungsgrundlage um Rückstellungen). Nach Ablauf des Lizenzvertrags sind häufig Ankaufs- und Andienungsrechte (auch der Gesellschafter oder Initiatoren des Fonds) oder Abschlusszahlungen vorgesehen; es kommen Gestaltungen mit und ohne

II. Wirtschaftliches Eigentum **Texte**

Mehrerlösbeteiligung vor bzw. auch solche, bei denen der Verkehrswert einseitig vom Erwerber bestimmt wird.

b) Rechtliche Beurteilung

Die Frage der Zurechnung des wirtschaftlichen Eigentums an einem Film (an den Filmrechten) ist grundsätzlich nach § 39 AO zu beurteilen. Sehen die Vertriebsvereinbarungen feste Laufzeiten und zusätzlich Verwertungsabreden (z. B. An- und Verkaufsoptionen und ähnliches) vor, sind die für Leasingverträge geltenden Grundsätze entsprechend heranzuziehen.

Die betriebsgewöhnliche Nutzungsdauer von Filmrechten beträgt grundsätzlich 50 Jahre (§ 94 Abs. 3 UrhG). Im Einzelfall kann eine kürzere Nutzungsdauer nachgewiesen werden. Dabei sind die zukünftigen Erlöserwartungen zu berücksichtigen (vgl. BFH-Urteil vom 19. November 1997, BStBl 1998 II S. 59).

Lizenzvereinbarungen und Verwertungsabreden können einem anderen als dem zivilrechtlichen Rechteinhaber wirtschaftliches Eigentum an den Rechten eines Filmherstellers vermitteln, wenn sie sich auf das Leistungsschutzrecht gemäß § 94 UrhG insgesamt beziehen. Eine zeitlich, örtlich oder gegenständlich beschränkte Überlassung oder Veräußerung einzelner Verwertungsrechte eines Filmherstellers kann nicht zu einer abweichenden Zurechnung des Leistungsschutzrechts als solchem führen, es sei denn, die dem Filmhersteller verbleibenden Verwertungsmöglichkeiten sind wirtschaftlich bedeutungslos. Unerheblich ist, ob der Nutzungs- oder Verwertungsberechtigte seine Rechte einem anderen Unternehmen, insbesondere einem Subunternehmen, übertragen oder zur Ausübung überlassen kann.

Wird die Nutzungsüberlassung und Verwertung der Filmrechte in mehreren Einzelverträgen gegenüber verschiedenen Unternehmen vereinbart, sind dem Fonds die Filmrechte nicht zuzurechnen, wenn ihn die verschiedenen Unternehmen gemeinsam (z. B. auf der Grundlage eines verdeckten Gesellschaftsverhältnisses) oder eines dieser Unternehmen (weil die anderen z. B. nur im Wege eines verdeckten Auftragsverhältnisses oder als Treuhänder tätig sind) für die gewöhnliche Nutzungsdauer der Filmrechte von Einwirkungen ausschließen können, so dass seinem Herausgabeanspruch keine wirtschaftliche Bedeutung mehr zukommt. Die Filmrechte sind dann nach Maßgabe der zwischen den verschiedenen Unternehmen bestehenden Abreden dem einen und/oder anderen dieser Unternehmen zuzurechnen, während der Fonds die als Gegenleistung für die Veräußerung des wirtschaftlichen Eigentums eingeräumten Ansprüche aus den verschiedenen Nutzungsüberlassungs- und Verwertungsabreden zu aktivieren hat.

III. Zurechnung zum Anlage- oder Umlaufvermögen

Das Recht des Filmherstellers nach § 94 UrhG ist regelmäßig ein immaterielles Wirtschaftsgut des Anlagevermögens, das dazu bestimmt ist, dauernd dem Geschäftsbetrieb zu dienen, und zwar insbesondere dann, wenn Filme zur lizenzmäßig zeitlich und örtlich begrenzten Überlassung bestimmt sind.

Sollen Filmrechte dagegen vollständig und endgültig in einem einmaligen Akt veräußert oder verbraucht werden, so dass sich der Filmhersteller von vornherein der Möglichkeit begibt, seine Rechte mehrmals nutzen zu können, handelt es sich um Umlaufvermögen (BFH-Urteil vom 20. September 1995, BStBl 1997 II S. 320).

IV. Mitunternehmerschaft/Mitunternehmereigenschaft

a) Sachverhalt

Beteiligungsfonds haben idR die Rechtsform einer GmbH & Co. KG, AG & Co. KG oder GbR, wobei die Haftung beschränkt wird. Bei einigen Gesellschaften ist laut Gesellschaftsvertrag u. a. die Herstellung und Verwertung von Filmen Gegenstand der Fondsgesellschaft, andere haben nur den Zweck der mitunternehmerischen Beteiligung (z. B. als atypische stille Gesellschaft) an Filmherstellungsgesellschaften (Produktionsfonds). Hinsichtlich der Haftungsbeschränkung bei einer GbR wird auf das BGH-Urteil vom 27. September 1999 – II Z R 371/98 – hingewiesen (vgl. BMF-Schreiben vom 18. Juli 2000 – BStBl I S. 1198). Einige Gesellschaften stellen keine Filme her, sondern erwerben und verwerten Filmrechte (Akquisitionsfonds). Die Verwertung erfolgt teilweise über Leasingverträge. Vielfach liegen mehrstöckige Personengesellschaften vor.

Die Gesellschafter haben das übliche gesetzliche Informationsrecht der §§ 118 HGB und 716 BGB. Gewichtige Angelegenheiten werden durch Gesellschafterbeschlüsse entschieden. Beim vorzeitigen Ausscheiden eines Gesellschafters bemisst sich die Abfindung idR nach den Buchwerten. Die Gesellschafter sind teils unmittelbar, teils über einen Treuhänder an den Fondsgesellschaften beteiligt.

Das Vertriebsunternehmen (Distributor) ist gesellschaftsrechtlich nicht am Fonds beteiligt; häufig werden mit dem Fonds garantierte Lizenzgebühren, eine Erlösbeteiligung und die Leistung einer Abschlusszahlung vereinbart.

Zwischen dem Fonds und anderen Unternehmen (z. B. Fernsehanstalten, Produktionsunternehmen) wird vielfach eine Koproduktion vereinbart, zumeist in der Rechtsform einer GbR (wobei der Fonds aus Haftungsgründen an der GbR idR nur mittelbar über eine

IV. Mitunternehmerschaft/Mitunternehmereigenschaft **Texte**

weitere GmbH & Co. KG beteiligt ist). Beteiligte Koproduzenten erhalten für ihre Koproduktions-Beteiligung das Nutzungs- oder Auswertungsrecht zumindest für ihr Gebiet. Beteiligte Industriefirmen erhalten das Recht zur Video- und Bildplattenauswertung auf Lizenzbasis. Zum Teil sind die Dienstleister an der Koproduktions-GbR beteiligt.

b) Rechtliche Beurteilung

Für die Mitunternehmereigenschaft der Fonds-Gesellschafter – auch bei mehrstöckigen Personengesellschaften – gelten die allgemeinen Grundsätze (vgl. H 138 (1) EStH).

Unternehmer oder Mitunternehmer kann auch sein, wer zivilrechtlich nicht Inhaber oder Mitinhaber des Unternehmens ist, das nach außen als alleiniger Hersteller des Films auftritt (vgl. BFH-Urteil vom 1. August 1996 – BStBl 1997 II S. 272). Maßgebend sind stets die Verhältnisse des Einzelfalls.

Umstände, die für die Unternehmer- oder Mitunternehmereigenschaft desjenigen von Bedeutung sind, der zivilrechtlich nicht Inhaber oder Mitinhaber des Produktionsunternehmens ist (Dritter), können z. B. seine Beteiligung an den Einspielergebnissen, die Verwertung von Leistungsschutzrechten, die er dem Fonds zur Auswertung bei der Produktion überträgt, sein Einfluss auf Finanzierung und technische und künstlerische Gestaltung des Films sowie die Einräumung von Rechten im Zusammenhang mit dem Vertrieb des Films sein.

Führt die Gesamtwürdigung dieser und aller anderen im Einzelfall bedeutsamen Umstände zu dem Ergebnis, dass der Dritte ertragsteuerlich alleiniger Unternehmer ist, sind Verluste, die im Zusammenhang mit der Herstellung des Films entstehen, ausschließlich dem Dritten zuzurechnen. Ist der Dritte als Mitunternehmer anzusehen, sind ihm die Verluste anteilig zuzurechnen, und zwar im Zweifel zu dem Anteil, mit dem er an den Einspielergebnissen beteiligt ist.

Zwischen dem Fonds und den anderen Koproduzenten liegt sowohl in der Produktions- als auch in der Auswertungsphase eine Mitunternehmerschaft vor, wenn im Rahmen einer Koproduktions-GbR die Beteiligten gemeinsam die Produktion bestimmen, das Produktions- und Auswertungsrisiko tragen und entsprechende Verträge im Namen der GbR abschließen; soweit die Auswertung von jedem einzelnen Koproduzenten jeweils für besondere Rechte vorgenommen wird, kann die Mitunternehmerschaft auf die Produktionsphase beschränkt sein (siehe auch Tz. 29a). Soweit Dienstleister an der Koproduktions-GbR beteiligt sind, gehören deren Vergütungen zu den unter § 15 Abs. 1 Satz 1 Nr. 2 EStG fallenden Leistungen.

Schließen sich Koproduzenten zu einer Koproduktionsgemeinschaft zusammen, die nach objektiv nachprüfbaren Kriterien nur kostendeckend lediglich Leistungen für die beteiligten Koproduzenten erbringt, und verbleiben der Koproduktionsgemeinschaft als solcher nach Beendigung der Filmherstellung keinerlei Verwertungsrechte, so gehört die Tätigkeit der Koproduktionsgemeinschaft zu den Hilfstätigkeiten der beteiligten Koproduzenten; in diesem Fall liegt keine Mitunternehmerschaft vor. Die Voraussetzung, dass der Koproduktionsgemeinschaft nach Beendigung der Filmherstellung keinerlei Verwertungsrechte verbleiben dürfen, ist nicht erfüllt, wenn eine gemeinsame Vermarktung des Films jedenfalls im wirtschaftlichen Ergebnis ganz oder teilweise durch ergänzende Abmachungen zwischen den Koproduzenten über ihre vordergründig getrennt ausgeübten Verwertungsrechte herbeigeführt wird.

Bei den Koproduktionsgesellschaften handelt es sich nicht um Arbeitsgemeinschaften, weil sie keine Aufträge durchführen, sondern die Filme zur eigenen Verwertung produzieren. Eine Mitunternehmerschaft ist deshalb nicht wegen § 2a GewStG ausgeschlossen.

Eine gesonderte Feststellung der Einkünfte der Personen, die an der Mitunternehmerschaft beteiligt sind, kann nach Maßgabe des § 180 Abs. 3 AO in bestimmten Fällen entfallen.

V. Gewinnerzielungsabsicht

Soweit es sich bei Filmfonds um Verlustzuweisungsgesellschaften handelt, besteht zunächst die Vermutung der fehlenden Gewinnerzielungsabsicht (BFH-Urteile vom 21. August 1990, BStBl 1990 II S. 564 und vom 10. September 1991, BStBl 1992 II S. 328; zur Behandlung als Verlustzuweisungsgesellschaft vgl. auch H 134b EStH). Diese Vermutung kann vom Fonds unter anderem dadurch widerlegt werden, dass sich aufgrund einer realistischen und betriebswirtschaftlich nachvollziehbaren Erlösprognose oder aufgrund im vorhinein festgelegter Lizenzzahlungen unter Einschluss späterer Veräußerungsgewinne steuerlich ein Totalgewinn ergibt. Hingegen ist es nicht ausreichend, wenn ein steuerlicher Totalgewinn nur unter Einbeziehung einer mit geringer Wahrscheinlichkeit eintretenden Mehrerlösbeteiligung entsteht.

Die Gewinnerzielungsabsicht muss bei jedem Fonds sowohl auf der Ebene der Gesellschaft als auch auf Ebene der Gesellschafter vorliegen.

VI. Gewinnabgrenzung

a) Sachverhalt

Teilweise werden sämtliche mit der Filmherstellung im Zusammenhang stehenden Kosten für Maßnahmen gem. Tz. 12b sofort fällig. Die Bezahlung der budgetierten Produktionskosten erfolgt in diesen Fällen regelmäßig in einer Summe und noch vor Beginn der Dreharbeiten. Dies gilt auch für den Erwerb (die Abtretung) der Stoffrechte. Bei Einschaltung von Dienstleistern wird eine Überschreitungsreserve für das Kostenbudget vereinbart, die zusammen mit den Produktionskosten sofort fällig wird.

b) Rechtliche Beurteilung

Die durch die Filmherstellung entstehenden Leistungsschutz-, Auswertungs- und anderen Rechte dürfen gemäß § 248 Abs. 2 HGB und § 5 Abs. 2 EStG nicht aktiviert werden. Aufwendungen für Gegenleistungen im Sinne von Tz. 34, die zu einem bestimmten Zeitpunkt und in einem einmaligen Erfüllungsakt erbracht werden, reichen für die Bildung eines Rechnungsabgrenzungspostens nicht aus, auch wenn sie sich über einen längeren Zeitraum auswirken. Sie stellen deshalb im Zeitpunkt ihrer Entstehung – und damit ihrer Bezahlung – vorbehaltlich § 42 AO sofort abzugsfähige Betriebsausgaben dar, soweit es sich nicht um Anzahlungen handelt. Dies gilt auch für auf ein Anderkonto geleistete Produktionskosten, sofern das Anderkonto nicht zugunsten des Fonds verzinslich ist. Für die Budgetüberschreitungsreserve ist der sofortige Betriebsausgabenabzug gerechtfertigt, wenn die Inanspruchnahme sicher erscheint.

Soweit hinsichtlich der in Tz. 34 genannten Kosten Rückforderungsansprüche bestehen, sind diese Rückforderungsansprüche zu aktivieren.

Erworbene Stoffrechte sind zunächst zu aktivieren; der Aktivposten ist mit Herstellungsbeginn (vgl. Tz. 11) gewinnwirksam aufzulösen.

VII. AfA-Methode für Filmrechte

Uneingeschränkt nutzbare Filmrechte sind nach § 7 Abs. 1 EStG über die betriebsgewöhnliche Nutzungsdauer (Hinweis auf Tz. 17) linear abzuschreiben. Absetzungen für Abnutzung nach Maßgabe der Leistung oder degressive Absetzungen kommen nicht in Betracht, da diese AfA-Methoden nur für bewegliche Wirtschaftsgüter zulässig sind (§ 7 Abs. 1 Satz 5 und Abs. 2 EStG). Filmrechte stellen hingegen immaterielle Wirtschaftsgüter (R 31a Abs. 1 EStR) dar und gelten folglich nicht als beweglich (vgl. R 42 Abs. 2 EStR).

Texte Schreiben BMF (Medienerlass)

Der Ansatz eines niedrigeren Teilwerts nach § 6 Abs. 1 Nr. 1 EStG ist zulässig.

VIII. Betriebsstättenproblematik und § 2a EStG

1. Einschaltung von Subunternehmern im Ausland

Für die Frage, ob durch Einschaltung ausländischer Subunternehmen bei der Filmproduktion Betriebsstätten des Fonds im Ausland iSd § 2a EStG begründet werden, spielt es keine Rolle, ob die Filmproduktion als echte oder unechte Auftragsproduktion erfolgt. In all diesen Fällen liegt eine Betriebsstätte iSd § 12 AO nicht vor, da der Fonds keine feste Geschäftseinrichtung oder Anlage innehat, die der Tätigkeit seines Unternehmens dient. Er hat insbesondere keine Verfügungsgewalt über einen bestimmten abgegrenzten Teil der Erdoberfläche, und zwar auch nicht über die Räume eines selbständig tätigen Vertreters.

Eine Betriebsstätte iSd Artikels 5 des OECD-Musterabkommens (OECD-MA) liegt ebenfalls nicht vor, da eine feste Geschäftseinrichtung, durch die die Tätigkeit des Fonds ganz oder teilweise ausgeübt wird (Artikel 5 Abs. 1 OECD-MA), nicht vorhanden ist.

Die Tatbestandsmerkmale einer so genannten Vertreter-Betriebsstätte iSd Artikels 5 Abs. 5 OECD-MA sind nicht erfüllt, wenn das ausländische Subunternehmen nicht die Vollmacht des Fonds besitzt, in dessen Namen Verträge abzuschließen.

2. Filmherstellung im Rahmen von Koproduktionen

Wenn Koproduktionen Mitunternehmerschaften iSd § 15 Abs. 1 Satz 1 Nr. 2 EStG sind, ist zu unterscheiden, ob der Film im Rahmen einer inländischen oder ausländischen Koproduktion hergestellt wird.

Nach den im deutschen Steuerrecht geltenden Regelungen zur Besteuerung von Mitunternehmerschaften sind die im Rahmen der Mitunternehmerschaft erwirtschafteten Einkünfte stets Einkünfte der Gesellschafter. Diese Mitunternehmerkonzeption, die darauf beruht, dass Personengesellschaften im Einkommen- und Körperschaftsteuerrecht keine Steuersubjekte sind, gilt aus deutscher Sicht sowohl für inländische als auch für ausländische Personengesellschaften. Soweit daher eine ausländische Personengesellschaft eine Betriebsstätte im Inland oder eine inländische Personengesellschaft eine Betriebsstätte im Ausland unterhält, wird der Anteil des einzelnen Gesellschafters am Gewinn dieser Betriebsstätten so behandelt, als ob der Mitunternehmer in dem jeweiligen Land selbst eine Betriebsstätte unterhielte. Hiernach erzielen die Gesellschafter selbst inländische oder ausländische Betriebsstätteneinkünfte.

VIII. Betriebsstättenproblematik und § 2a EStG **Texte**

Da Personengesellschaften im Abkommensrecht regelmäßig weder abkommensberechtigt (Artikel 4 OECD-MA) noch Steuersubjekt sind, gelten diese Grundsätze auch für Zwecke der Anwendung der Doppelbesteuerungsabkommen. Erzielt eine in einem Vertragsstaat ansässige Person Gewinne aus einer im anderen Staat belegenen Mitunternehmerschaft, so steht dem Belegenheitsstaat gemäß Artikel 7 Abs. 1 OECD-MA das Besteuerungsrecht zu.

Für die steuerliche Behandlung der Koproduktionsgesellschaften bedeutet dies:

a) Der Unternehmensgewinn einer Koproduktionsgesellschaft im Ausland kann gemäß Artikel 7 Abs. 1 OECD-MA nur in dem ausländischen Staat besteuert werden. Mit einem Mitunternehmeranteil begründen inländische Beteiligte im ausländischen Staat eine Betriebsstätte.

b) Umgekehrt begründen bei Koproduktionen im Inland ausländische Beteiligte an der Koproduktion mit ihrem Mitunternehmeranteil eine Betriebsstätte im Inland.

c) Eine Besonderheit ergibt sich für den Fall, dass eine Koproduktionsgesellschaft mit Sitz im Inland den Film ganz oder teilweise in einem anderen Staat herstellt bzw. herstellen lässt, und zwar von einem Beteiligten (Mitunternehmer) der Koproduktionsgesellschaft in dessen ausländischer Betriebsstätte. Hierzu gehören auch die Fälle, in denen der Dienstleister verdeckter Mitunternehmer ist. Die Beantwortung der Frage, ob die inländische Koproduktionsgesellschaft in diesem Fall mit der Herstellung eine Betriebsstätte in dem anderen ausländischen Staat begründet, hängt davon ab, ob der ausländische Beteiligte die Filmherstellung aufgrund gesellschaftsrechtlicher oder aber aufgrund schuldrechtlicher Grundlage erbringt.

Nach den Grundsätzen, die für Vergütungen gelten, die eine Personengesellschaft ihrem Gesellschafter für die in § 15 Abs. 1 Satz 1 Nr. 2 EStG bezeichneten Leistungen gewährt, ist hierbei darauf abzustellen, ob die gegenüber der Koproduktionsgesellschaft erbrachten Leistungen zur Förderung des Gesellschaftszweckes erfolgen. Ob dies der Fall ist, kann nur im Einzelfall unter Würdigung der rechtlichen und tatsächlichen Verhältnisse entschieden werden. Hierbei ist von einem weiten Verständnis des Merkmals der gesellschaftlichen Veranlassung auszugehen. Danach unterhalten Koproduktionsgesellschaften am Sitz des ausländischen Koproduzenten idR eine Betriebsstätte. Der auf diese Betriebsstätte entfallende Gewinn kann vom Betriebsstätten-Staat besteuert werden.

3. Geschäftsführung der Komplementär-GmbH vom Ausland aus

Eine Geschäftsführung der Komplementär-GmbH vom Ausland aus hat zunächst auf die Einkünfte des Fonds keine Auswirkung, da die Beteiligten an dem Fonds – die Gewinnerzielungsabsicht vorausgesetzt – jedenfalls Einkünfte aus einer inländischen Mitunternehmerschaft im Sinne des § 15 Abs. 1 Satz 1 Nr. 2 EStG erzielen.

Für die Gehälter der GmbH-Geschäftsführer hat regelmäßig der Staat das Besteuerungsrecht, in dem diese tätig geworden sind (BFH-Urteil vom 5. Oktober 1994, BStBl 1995 II S. 95, BMF-Schreiben vom 5. Juli 1995, BStBl I S. 373).

4. Auswirkungen bei Sitz des Vertriebsunternehmens im Ausland

Erfolgt der Vertrieb durch ein im Ausland ansässiges Unternehmen, so ist zu prüfen, ob es sich hierbei um ein verbundenes Unternehmen (Artikel 7 Abs. 1 OECD-MA) handelt. Ist dies der Fall, so ist zu prüfen, ob die zu zahlenden Entgelte nach dem „arms-length-Prinzip" einem Fremdvergleich standhalten. Ggf. sind Gewinnberichtigungen vorzunehmen.

IX. Filmvertriebsfonds

a) Sachverhalt

Ein Fonds (Filmvertriebsfonds/Filmverwertungsfonds/Akquisitionsfonds) erwirbt an einem fertigen Film die Verwertungsrechte für einen bestimmten Zeitraum (Lizenzzeitraum); vielfach werden auch räumlich und inhaltlich begrenzte Verwertungsrechte eingeräumt.

b) Rechtliche Beurteilung

Wird das gesamte Leistungsschutzrecht nach § 94 UrhG übertragen, ist der Vorgang als Erwerb eines immateriellen Wirtschaftsguts anzusehen. Werden hingegen lediglich beschränkte Nutzungsrechte übertragen, handelt es sich um ein dem Pachtverhältnis vergleichbares schwebendes Geschäft, auch wenn der Lizenznehmer durch Zahlung der Lizenzgebühr einseitig in Vorlage tritt. Seine Zahlung ist daher durch Bildung eines aktiven Rechnungsabgrenzungspostens (gleichmäßig) auf die Laufzeit des Lizenzvertrages zu verteilen.

Nach der Rechtsprechung gilt etwas anderes jedoch dann, wenn die Nutzungsüberlassung bei Anwendung der gemäß § 39 Abs. 2 Nr. 1 AO gebotenen wirtschaftlichen Betrachtung als Veräußerung des Schutzrechtes zu werten ist.

Davon kann ausgegangen werden, wenn
- das Schutzrecht dem Lizenznehmer für die gesamte (restliche) Schutzdauer überlassen wird oder wenn
- sich das Schutzrecht während der vertragsgemäßen Nutzung durch den Lizenznehmer in seinem wirtschaftlichen Wert erschöpfen wird.

Dabei kann in Anlehnung an die in den Leasing-Schreiben getroffenen Regelungen der Erwerb eines immateriellen Wirtschaftsguts immer dann angenommen werden, wenn sich während der vereinbarten Lizenzdauer der ursprünglich Wert der Schutzrechte um mehr als 90 v. H. vermindert.

X. Rechtliche Einordnung der aufzubringenden Kosten bei einem Erwerberfonds

Die rechtliche Einordnung der aufzubringenden Kosten bei einem Erwerberfonds richtet sich sinngemäß nach den Grundsätzen der Tzn. 3 bis 3.3.5 des BMF-Schreibens vom 31. August 1990 (BStBl I S. 366).

XI. Übergangsregelung

Dieses Schreiben ist in allen Fällen anzuwenden, in denen ein bestandskräftiger Steuerbescheid noch nicht vorliegt. Soweit die Anwendung dieser Grundsätze zu einer Verschärfung der Besteuerung gegenüber der bisher geltenden Verwaltungspraxis führt, sind die Grundsätze nicht anzuwenden, wenn der Außenvertrieb der Fondsanteile vor dem 1. September 2002 begonnen hat und der Steuerpflichtige dem Fonds vor dem 1. Januar 2004 beitritt. Der Außenvertrieb beginnt in dem Zeitpunkt, in dem die Voraussetzungen für die Veräußerung der konkret bestimmbaren Fondsanteile erfüllt sind und die Gesellschaft selbst oder über ein Vertriebsunternehmen mit Außenwirkung an den Markt herangetreten ist.

11. Schreiben betr. einkommensteuerliche Behandlung von Venture Capital und Private Equity Fonds; Abgrenzung der privaten Vermögensverwaltung vom Gewerbebetrieb (sog. Private Equity/Venture Capital Erlass) vom 16. Dezember 2003 (BStBl. 2004 I S. 40, ber. 2006 I S. 632), BMF IV A 6 – S 2240 – 153/03

Zur einkommensteuerlichen Behandlung von Venture Capital Fonds und Private Equity Fonds nehme ich im Einvernehmen mit den obersten Finanzbehörden der Länder wie folgt Stellung:

I. Begriffsbestimmung

In Venture Capital und Private Equity Fonds, die meist von einem oder mehreren Initiatoren gegründet werden, schließen sich Kapitalanleger insbesondere zum Zweck der Finanzierung junger Unternehmen, des Wachstums mittelständischer Unternehmen, der Ausgliederung von Unternehmensteilen oder der Nachfolge in Unternehmen zusammen. Dabei dient der Fonds als Mittler zwischen den Kapitalanlegern einerseits und den zu finanzierenden Unternehmen (Portfolio-Gesellschaften) andererseits. Von den Fonds werden Eigenkapital- und eigenkapitalähnliche Beteiligungen an den Portfolio-Gesellschaften erworben. Nach Erreichen des durch die Finanzierung beabsichtigten Ziels (z. B. Umwandlung der Portfolio-Gesellschaften in Aktiengesellschaften und die Platzierung der Unternehmen an der Börse, Ausgliederung von Unternehmensteilen) werden die Anteile an den Gesellschaften – kurspflegend – veräußert.

II. Venture Capital und Private Equity Fonds

1. Typischer Sachverhalt

Bei Venture Capital Fonds und Private Equity Fonds ist regelmäßig von den nachfolgend dargestellten Sachverhaltselementen auszugehen:

Venture Capital und Private Equity Fonds werden regelmäßig in Form einer Personengesellschaft (GmbH & Co. KG) gegründet. Die Komplementär-GmbH ist meist am Vermögen der KG nicht beteiligt. In- und ausländische private und institutionelle Anleger beteiligen sich als Kommanditisten an den Fonds. Auch die Initiatoren beteiligen sich als Kommanditisten an den Fonds. Sie bringen neben ihrem Kapital regelmäßig auch immaterielle Beiträge (Erfahrungen, Kontakte, Netzwerke) ein.

Die laufende Geschäftsführung wird von der Komplementär-GmbH oder einer Management-Gesellschaft als Kommanditist mit Geschäftsführungsbefugnis („geschäftsführende Gesellschafter") wahrgenommen. Zur laufenden Geschäftsführung gehört die Prüfung der Beteiligungen, die Verhandlung der Beteiligungsverträge, die Überwachung der Beteiligungen, das Berichtswesen, die Kapitalabrufe und die Betreuung der Anleger. Der „geschäftsführende Gesellschafter" erhält regelmäßig eine jährliche Haftungs- und Geschäftsführungsvergütung zwischen 1,5 und 2,5% des Zeichnungskapitals des Fonds. Die letztverantwortlichen Anlageentscheidungen (Investment- und Desinvestment-Entscheidungen) werden von einer weiteren GmbH und Co. KG (Initiator-KG) getroffen. Die Initiatoren erhalten unmittelbar oder mittelbar über die Initiator-KG neben ihrem Gewinnanteil für ihre letztverantwortlichen Anlageentscheidungen und sonstigen immateriellen Beiträge zusätzlich eine Vergütung von meist 20% der Gewinne des Fonds, die erst nach der Ausschüttung der Gewinne an die übrigen Gesellschafter ausgezahlt wird (sog. Carried Interest).

Die Tätigkeit des Fonds besteht regelmäßig im Erwerb von Beteiligungen an den zu finanzierenden Unternehmen (meist Kapitalgesellschaften), dem Einziehen von Dividenden und Zinsen und – nach Erreichen des mit der Finanzierung beabsichtigten Zwecks – der Veräußerung der im Wert erheblich gestiegenen Beteiligungen. Die Beteiligungen werden im Durchschnitt drei bis fünf Jahre gehalten, der Fonds hat im Durchschnitt eine Laufzeit von acht bis zwölf Jahren.

Die Beteiligungen werden ausschließlich mit Eigenmitteln des Fonds – mit Ausnahme der Inanspruchnahme staatlicher Förderung, die zivilrechtlich als Darlehen ausgestaltet ist – erworben. Die Verwaltung der Beteiligungen erfolgt in der Regel nur über die Ausübung von gesetzlichen oder üblichen gesellschaftsvertraglichen Rechten von Gesellschaftern. Für wichtige Geschäftsführungsmaßnahmen bei den Portfolio-Gesellschaften kann ein Zustimmungsvorbehalt für die Initiator-KG – analog § 111 Abs. 4 Satz 2 AktG – bestehen. Der Fonds oder die geschäftsführenden Gesellschafter streben eine Vertretung in Aufsichtsräten oder Beiräten der Portfolio-Gesellschaften an. Die Rechte und Pflichten als Aufsichtsrat oder Beirat orientieren sich am gesetzlichen Leitbild des Aufsichtsrats einer Kapitalgesellschaft.

Texte   Schreiben BMF (Private Equity/Venture Capital Erlass)

2. Steuerrechtliche Beurteilung der Tätigkeit des Fonds

Eine private Vermögensverwaltung liegt vor, wenn sich die Betätigung noch als Nutzung von Vermögen im Sinne einer Fruchtziehung aus zu erhaltenden Substanzwerten darstellt und die Ausnutzung substanzieller Vermögenswerte durch Umschichtung nicht entscheidend in den Vordergrund tritt (vgl. BFH-Urteile vom 4. März 1980 – BStBl. II S. 389 – und vom 29. Oktober 1998 – BStBl. 1999 II S. 448 –). Ein Gewerbebetrieb liegt dagegen vor, wenn eine selbstständige nachhaltige Betätigung mit Gewinnerzielungsabsicht unternommen wird, die sich als Beteiligung am allgemeinen wirtschaftlichen Verkehr darstellt und über den Rahmen einer Vermögensverwaltung hinausgeht (vgl. BFH-Beschluss vom 25. Juni 1984 – BStBl. II S. 751, 762 –).

Nach der Rechtsprechung des BFH (vgl. BFH-Urteile vom 4. März 1980 – aaO –, vom 31. Juli 1990 – BStBl. 1991 II S. 66 –, vom 6. März 1991 – BStBl. II S. 631 –, vom 19. Februar 1997 – BStBl. II S. 399 – und vom 29. Oktober 1998 – aaO –) können folgende Merkmale für einen gewerblichen Wertpapierhandel sprechen:
– Einsatz von Bankkrediten statt Anlage von Eigenkapital
– Unterhaltung eines Büros oder einer Organsation zur Durchführung von Geschäften
– Ausnutzung eines Marktes unter Einsatz beruflicher Erfahrungen
– Anbieten von Wertpapiergeschäften einer breiten Öffentlichkeit gegenüber oder Wertpapiergeschäfte auch auf Rechnung Dritter
– eigens unternehmerisches Tätigwerden in den Portfolio-Gesellschaften

Unter Berücksichtigung dieser Merkmale und der Grundsätze des BFH-Urteils vom 25. Juli 2001 (BStBl. II S. 809) zum gewerblichen Handel mit GmbH-Geschäftsanteilen sind die Voraussetzungen für die Annahme einer gewerblichen Tätigkeit des Fonds in der Regel nicht erfüllt, wenn die Kriterien der Tz. 9 bis 16 vorliegen. Dabei ist auf das Gesamtbild der Tätigkeiten abzustellen; die einzelnen Kriterien sind im Zusammenhang zu würdigen.

Kein Einsatz von Bankkrediten/keine Übernahme von Sicherheiten

Der Fonds selbst muss den Erwerb von Anteilen an der Portfolio-Gesellschaft im Wesentlichen aus Eigenmitteln finanzieren. Die Inanspruchnahme staatlicher Förderung, die zivilrechtlich als Darlehen strukturiert ist, ist unschädlich. Unschädlich ist es auch, wenn ausstehende Kapitaleinlagen zur Überbrückung von Einforderungsfristen kurzfristig zwischenfinanziert werden müssen und der Zwischenkredit

II. Venture Capital und Private Equity Fonds **Texte**

nach der Kapitaleinzahlung unverzüglich zurückgeführt wird. Werden dem Fonds durch Investoren (z. B. Banken) Gesellschafterdarlehen gewährt, liegt insoweit eine schädliche Fremdfinanzierung vor, da dem Fonds hier Fremdkapital zugeführt wird; dies gilt nicht, wenn das Gesellschafterdarlehen aus bank- oder versicherungsaufsichtsrechtlichen Gründen vorgeschrieben ist. Die vom BFH im Urteil vom 20. Dezember 2000 (BStBl. 2001 II S. 706) vertretene Auffassung, dass eine Fremdfinanzierung von Wertpapiergeschäften selbst in nennenswertem Umfang diese nicht als gewerblich prägt, ist auf die vorliegenden Gestaltungen nicht übertragbar. Durch die von üblichen Wertpapiergeschäften abweichende Zielsetzung dieser Fonds, in erster Linie Anteile an Kapitalgesellschaften zu erwerben und sie nach gewisser Zeit wieder zu veräußern, spricht eine wesentliche Fremdfinanzierung der zugrunde liegenden Beteiligungsgeschäfte für einen gewerblichen „Warenumschlag" der Beteiligungen an den Portfolio-Gesellschaften, weil dies ein „händlertypisches" Verhalten darstellt.

Übernimmt der Fonds die Besicherung von Verbindlichkeiten der Portfolio-Gesellschaft, entspricht dies eher dem Bild des Gewerbebetriebs als dem der privaten Vermögensverwaltung. Auch die Rückdeckung von Darlehensverbindlichkeiten der Portfolio-Gesellschaften durch den Fonds entspricht eher dem Bild des Gewerbebetriebs als dem der privaten Vermögensverwaltung; eine unschädliche Rückdeckung liegt jedoch vor, wenn die „rückgedeckten" Kredite der Portfolio-Gesellschaft als Zwischenkredite mit noch ausstehenden Einlagen durch den Fonds im Zusammenhang stehen.

Keine eigene Organisation

Der Fonds darf für die Verwaltung des Fonds-Vermögens keine umfangreiche eigene Organisation unterhalten. Betreibt der Fonds ein eigenes Büro und hat er Beschäftigte, ist dies unschädlich, wenn dies nicht das Ausmaß dessen übersteigt, was bei einem privaten Großvermögen üblich ist. Die Größe des verwalteten Vermögens begründet für sich allein betrachtet noch keinen Gewerbebetrieb (vgl. BFH-Urteile vom 17. Januar 1961 – BStBl. III S. 233 – und vom 18. März 1964 – BStBl. III S. 367).

Keine Ausnutzung eines Marktes unter Einsatz beruflicher Erfahrung

Der Fonds darf sich nicht eines Marktes bedienen und auf fremde Rechnung unter Einsatz beruflicher Erfahrungen tätig werden. Das Nutzbarmachen einschlägiger beruflicher Kenntnisse für eigene Rechnung begründet noch keine Gewerblichkeit. Der/die „geschäftsführenden Gesellschafter" und die Initiatoren nutzen häufig bei der

Prüfung und Entscheidung der möglichen Investitionen ihr Knowhow und ihre Branchenkenntnisse. Dies ist aber mit dem Verhalten eines privaten Anlegers, der ein umfangreiches Vermögen zu verwalten hat, noch vergleichbar und daher unschädlich.

Kein Anbieten gegenüber breiter Öffentlichkeit/Handeln auf eigene Rechnung

Der Fonds darf Beteiligungen an den Portfolio-Gesellschaften nicht gegenüber einer breiten Öffentlichkeit anbieten oder auf fremde Rechnung handeln. Ein Anbieten gegenüber einer breiten Öffentlichkeit als Teilnahme am allgemeinen wirtschaftlichen Verkehr liegt vor, wenn die Tätigkeit auf einen „Leistungs- und Güteraustausch" gerichtet ist. Bei der Verwaltung der Beteiligungen durch den Fonds ist dies nicht gegeben. Unschädlich sind daher die Tätigkeiten der Fonds-Gesellschaft bei der Verwertung ihrer auf eigene Rechnung eingegangenen Beteiligungen, z. B. bei der Veräußerung der Beteiligungen oder beim Börsengang der Portfolio-Gesellschaften. Der Fonds erwirbt seine Beteiligungen stets auf eigene Rechnung. Die Tätigkeit und das Nutzbarmachen der Kenntnisse des/der „geschäftsführenden Gesellschafter" oder der Initiatoren führt nicht zu der Annahme, dass der Fonds gleichzeitig auch für fremde Rechnung tätig wird. Denn die Tätigkeit dieser Kommanditisten ist unmittelbar dem Fonds als eigene Tätigkeit zuzurechnen.

Keine kurzfristige Beteiligung[1]

Der Fonds muss die Beteiligungen mindestens mittelfristig, d. h. drei bis fünf Jahre, halten, da bei kurzfristigen Anlagen keine Fruchtziehung aus zu erhaltenden Substanzwerten anzunehmen ist. Bei der Prüfung der Mindesthaltedauer sind alle Beteiligungen des Fonds einzubeziehen. Die Veräußerung einer einzelnen Beteiligung vor Ablauf der Haltedauer führt für sich noch nicht zum Gewerbebetrieb. Es ist vielmehr auf das Gesamtbild abzustellen; maßgeblich ist daher die gewogene durchschnittliche Haltedauer, bezogen auf das gesamte Beteiligungskapital. Von einer Fruchtziehung aus zu erhaltenden Substanzwerten ist zwar auch auszugehen, wenn die Ertragserwartung des Anlegers nicht im Zufluss von Dividenden, sondern überwiegend in der Realisierung von Wertsteigerungen der Beteiligung durch Veräußerung besteht, vgl. BFH-Urteil vom 20. Dezember 2000 (BStBl. 2001 II S. 706). Diese für Wertpapierverkäufe geltenden Grundsätze

---

[1] Siehe hierzu auch OFD München/Nürnberg v. 15. 10. 2004 S. 2241 – 55 St 41/42; S. 2241 – 328/St 31, DB 2005 S. 77, sowie FM Saarland v. 7. 10. 2004 – B/2-2-110/2004 – S. 2240.

II. Venture Capital und Private Equity Fonds

sind aber nicht entsprechend bei nachhaltigen, zeitlich eng zusammenhängenden An- und Verkäufen von Unternehmensbeteiligungen anzuwenden, vgl. BFH-Urteil vom 25. Juli 2001 (BStBl. II S. 809). Die Syndizierung, d. h. die spätere Aufteilung des Investitionsbetrags in eine Portfolio-Gesellschaft auf mehrere Fonds, z. B. zwecks Risikostreuung, nach Erwerb der Beteiligung stellt ebenfalls eine Veräußerung dar; diese bleibt für die Frage der Haltedauer jedoch außer Betracht, wenn die Aufteilung innerhalb von 18 Monaten nach Erwerb der Beteiligung nur zwischen Fonds desselben Initiators stattfindet und zu Anschaffungskosten zzgl. einer marktüblichen Verzinsung erfolgt.

Keine Reinvestition von Veräußerungserlösen

Die erzielten Veräußerungserlöse dürfen nicht reinvestiert, sondern müssen ausgeschüttet werden. Keine Reinvestition von Veräußerungserlösen liegt vor, wenn Erlöse in Höhe des Betrags, zu dem Kosten und der Ergebnis-Vorab für die Geschäftsführung aus Kapitaleinzahlungen finanziert wurden, erstmals in Beteiligungen investiert werden. Dasselbe gilt, wenn Veräußerungserlöse bis zur Höhe eines Betrags von 20% des Zeichnungskapitals in Nachfinanzierungen von Portfolio-Gesellschaften investiert werden, an denen der Fonds bereits beteiligt ist.

Kein unternehmerisches Tätigwerden in Portfolio-Gesellschaften[2]

Der Fonds darf sich nicht am aktiven Management der Portfolio-Gesellschaften (auch nicht über verbundene Dritte) beteiligen (vgl. Abschnitt 8 Abs. 5 KStR, BFH-Urteil vom 25. Juli 2001 – BStBl. II S. 809). Die Wahrnehmung von Aufsichtsratsfunktionen in den gesellschaftsrechtlichen Gremien der Portfolio-Gesellschaften ist hierbei unschädlich. Die Einräumung von Zustimmungsvorbehalten – analog § 111 Abs. 4 Satz 2 AktG – ist regelmäßig unschädlich, es sei denn, es werden Zustimmungsvorbehalte in einem Maße eingeräumt, dass der Geschäftsführung der Portfolio-Gesellschaft kein echter Spielraum für unternehmerische Entscheidungen bleibt, dies wäre ein Indiz für eine gewerbliche Tätigkeit des Fonds. Die Einschaltung eines sog. Inkubators (gewerbliche Entwicklungsgesellschaft), dessen Tätigkeit dem Fonds auf Grund schuldrechtlicher Verträge oder personeller Verflechtungen zuzurechnen ist, führt stets zur Gewerblichkeit des Fonds.

---

[2] Siehe hierzu auch OFD München/Nürnberg v. 15. 10. 2004 S. 2241 – 55 St/42; S. 2241 – 328/St 31, DB 2005 S. 77, sowie FM Saarland v. 7. 10. 2004 B/2-2-110/2004 – S. 2240.

Texte   Schreiben BMF (Private Equity/Venture Capital Erlass)

Keine gewerbliche Prägung bzw. gewerbliche „Infektion"

Bei dem Fonds darf es sich nicht bereits um einen Gewerbebetrieb kraft Prägung im Sinne des § 15 Abs. 3 Nr. 2 EStG bzw. kraft „Infektion" (§ 15 Abs. 3 Nr. 1 EStG) handeln. Venture Capital Fonds und Private Equity Fonds sind regelmäßig nicht gewerblich geprägt, weil auch Personen zur Geschäftsführung befugt sind, die Kommanditisten des Fonds sind. Eine in vollem Umfang gewerbliche Tätigkeit des Fonds ist dagegen gegeben, wenn der Fonds mitunternehmerische Beteiligungen (Beteiligung an gewerblich tätigen oder gewerblich geprägten Personengesellschaften) im Portfolio hält, § 15 Abs. 3 Nr. 1 EStG. Denn bei doppelstöckigen Personengesellschaften färbt eine etwaige gewerbliche Tätigkeit der Untergesellschaft auf die Obergesellschaft ab (vgl. BFH-Urteile vom 8. Dezember 1994, BStBl. 1996 II S. 264, und vom 18. April 2000, BStBl. 2001 II S. 359).

3. Steuerrechtliche Beurteilung der Gewinnanteile

Ist die Tätigkeit des Fonds nach Prüfung der oben genannten Kriterien nach dem Gesamtbild der Betätigung als gewerbliche Tätigkeit zu qualifizieren, gehören die Gewinnanteile der Gesellschafter zu den laufenden Einkünften aus Gewerbebetrieb nach § 15 Abs. 1 Satz 1 Nr. 2 Satz 1 EStG. Nach dem Wechsel des Körperschaftsteuersystems sind im Rahmen der jeweiligen Anwendungsvorschriften auch die Neuregelungen zur Besteuerung von Ausschüttungen und von Gewinnen aus der Veräußerung von Beteiligungen zu beachten. Sofern an dem Fonds natürliche Personen beteiligt sind und soweit der Gewinnanteil des Gesellschafters Gewinne aus der Veräußerung von Anteilen an Kapitalgesellschaften und Dividenden enthält, unterliegen danach diese Gewinne dem Halbeinkünfteverfahren nach § 3 Nr. 40 Satz 1 Buchst. a und d und Satz 2 iVm § 3c Abs. 2 EStG. Soweit an dem Fonds eine Körperschaft, Personenvereinigung oder Vermögensmasse im Sinne des § 1 Abs. 1 KStG beteiligt ist, sind Dividenden und Gewinne aus der Veräußerung von Anteilen an Kapitalgesellschaften nach § 8b Abs. 1 und 2 in Verbindung mit Abs. 6 KStG von der Körperschaftsteuer befreit. § 15 Abs. 4 Satz 4 EStG und § 8b Abs. 7 KStG finden keine Anwendung, weil es sich bei den Fonds nicht um ein Kreditinstitut, einen Finanzdienstleister oder ein Finanzunternehmen im Sinne des Gesetzes über das Kreditwesen handelt und die Fonds keine kurzfristigen Eigenhandelserfolge verfolgen, sondern mindestens mittelfristige Anlagen tätigen.

Haben sich beschränkt Steuerpflichtige an einem Venture Capital oder Private Equity Fonds mit Geschäftsleitung im Inland beteiligt, sind die Einkünfte des (inländischen) Fonds unter den Voraussetzun-

II. Venture Capital und Private Equity Fonds **Texte**

gen der Tzn. 6 bis 17, soweit sie den beschränkt Steuerpflichtigen zuzurechnen sind, als gewerbliche Einkünfte gem. § 49 Abs. 1 Nr. 2 Buchst. a EStG anzusehen; es sei denn, die Einkünfte sind einer ausländischen Betriebsstätte des Fonds zuzuordnen. Befindet sich die Geschäftsleitung des Fonds im Ausland, sind Einkünfte des Fonds, die den beschränkt Steuerpflichtigen zuzurechnen sind, als gewerbliche Einkünfte iSv § 49 Abs. 1 Nr. 2 Buchst. a EStG anzusehen, wenn sie einer inländischen Betriebsstätte des Fonds zugeordnet werden oder ein ständiger Vertreter im Inland bestellt ist.

Die Einkünfte des Fonds unterliegen grundsätzlich auf der Ebene des Fonds nach § 2 Abs. 1 Satz 2 GewStG der Gewerbesteuer. *§ 8b Abs. 1 bis 5 KStG und § 3 Nr. 40 EStG sind bei der Ermittlung des Gewerbeertrags des Fonds nicht anzuwenden*[3]. Ein ausländischer Fonds, für den im Inland nur ein ständiger Vertreter bestellt ist, unterliegt nicht der Gewerbesteuer.

Ist die Tätigkeit des Fonds nach dem Gesamtbild der Betätigung als private Vermögensverwaltung einzustufen, gehören die laufenden Ergebnisanteile der Beteiligten des Fonds zu den Einkünften aus § 20 EStG, soweit sie auf die von den Beteiligungsunternehmen gezahlten Dividenden entfallen. Sind an dem Fonds unbeschränkt Steuerpflichtige beteiligt, die die Beteiligung an dem Fonds nicht in einem Betriebsvermögen halten, führt die Veräußerung der Beteiligungen an den Portfolio-Gesellschaften selbst nur dann zu steuerpflichtigen Einnahmen, wenn es sich um private Veräußerungsgeschäfte (§ 23 EStG), um eine Beteiligung im Sinne des § 17 EStG oder um einbringungsgeborene Anteile im Sinne des § 21 UmwStG handelt. Für die Beurteilung, ob die Voraussetzungen des § 17 Abs. 1 EStG gegeben sind, kommt es nicht auf den Anteil des Fonds an der Gesellschaft, sondern auf den Bruchteilsanteil der einzelnen Beteiligten des Fonds an der Portfolio-Gesellschaft an (sog. Bruchteilsbetrachtung, vgl. BFH-Urteil vom 9. Mai 2000, BStBl. II S. 686).

Nach dem Wechsel des Körperschaftsteuersystems unterliegen die Dividenden und die Gewinne aus der Veräußerung von Anteilen an Kapitalgesellschaften bei den Beteiligten des Fonds nach § 3 Nr. 40 iVm § 3c EStG dem Halbeinkünfteverfahren oder der Steuerbefreiung gemäß § 8b Abs. 1 und 2 KStG im Rahmen der jeweiligen Anwendungsregelungen, sofern es sich um steuerpflichtige Einkünfte handelt. Bei Körperschaften im Sinne des § 1 Abs. 1 KStG als Gesellschafter des „vermögensverwaltenden" Fonds findet § 8b Abs. 1 und 2 KStG unmittelbar Anwendung, weil wegen der Bruchteilsbetrachtung des § 39 Abs. 2 AO die Beteiligung an der Kapitalgesellschaft

---

[3] Tz. 20 Satz 2 aufgeh. durch BMF v. 21. 3. 2007, BStBl. I S. 302.

den Gesellschaftern der Personengesellschaft anteilig zuzurechnen ist und die Veräußerung der Anteile an der Kapitalgesellschaft durch die vermögensverwaltende Personengesellschaft der anteiligen Veräußerung durch die Gesellschafter der Personengesellschaft gleichsteht.

Sind an dem Fonds beschränkt steuerpflichtige natürliche Personen beteiligt, sind Gewinne aus der Veräußerung von Anteilen an den Portfolio-Gesellschaften unter den Voraussetzungen des § 49 Abs. 1 Nr. 2 Buchst. e) und Nr. 8 EStG zu erfassen. Ggf. ist eine Steuerfreistellung nach dem jeweils geltenden Doppelbesteuerungsabkommen zu beachten, insbesondere, wenn das Abkommen eine Regelung entsprechend dem Art. 13 Abs. 4 OECD-MA beinhaltet. Bei Körperschaften im Sinne des § 1 Abs. 1 KStG ist § 8b Abs. 1 und 2 KStG unmittelbar anwendbar.

Die Ausführungen in Tz. 21[4] bis 23 gelten nicht für den erhöhten Gewinnanteil (carried interest) der mittelbar oder unmittelbar an der Fonds-Gesellschaft beteiligten Initiatoren (zur Begriffsbestimmung Tz. 3). Nur soweit der Gewinnanteil der mittelbar oder unmittelbar an der Fonds-Gesellschaft beteiligten Initiatoren ihrem Anteil an der Gesamthand entspricht, können diese Einnahmen als Einnahmen im Sinne der §§ 17, 20 oder 23 EStG gewertet werden, vgl. Tz. 21[5]. Nach der Rechtsprechung des BFH werden dem Gesellschafter die Kapitalbeteiligungen der Personengesellschaft nach § 39 Abs. 2 Nr. 2 AO in einem seiner Beteiligung an der Gesamthand entsprechenden Bruchteil zugerechnet (BFH-Urteil vom 7. April 1976, BStBl. II S. 557, vom 27. März 1979, BStBl. II S. 724, vom 12. Juni 1980, BStBl. II S. 646, zweifelnd BFH-Urteil vom 13. Juli 1999, BStBl. II S. 820, bestätigend BFH vom 9. Mai 2000, BStBl. II S. 686). Bei dieser Betrachtung kann der erhöhte Gewinnanteil der mittelbar oder unmittelbar an der Fonds-Gesellschaft beteiligten Initiatoren nicht Bestandteil etwaiger steuerfreier Veräußerungsgewinne oder steuerbegünstigter Dividenden sein, sondern wird als (verdecktes) Entgelt für eine Tätigkeit angesehen und führt somit stets zu steuerpflichtigen Einkünften (§ 18 Abs. 1 Nr. 3 EStG, u. U. auch § 15 EStG, sofern der Beteiligte seine Beteiligung an dem Fonds in einem Betriebsvermögen hält). Der erhöhte Gewinnanteil beruht nicht auf der den mittelbar oder unmittelbar an der Fonds-Gesellschaft beteiligten Initiatoren – wie allen anderen Gesellschaftern – zuzurechnenden Kapitalbeteiligung. Der erhöhte Gewinnanteil ist ein voll steuerpflichtiges Entgelt für die Dienstleistungen, die die mittelbar oder unmittelbar an der Fonds-Gesellschaft beteiligten Initiatoren zugunsten der Mitgesell-

---

[4] Ber. BStBl. 2006 I S. 631.
[5] Ber. BStBl. 2006 I S. 632.

schafter erbringen. Die übrigen Gesellschafter überlassen den mittelbar oder unmittelbar an der Fonds-Gesellschaft beteiligten Initiatoren über die Gewinnbeteiligung innerhalb der Gesellschaft einen Teil ihrer Dividenden und Veräußerungserlöse, die nach Maßgabe des aufgebrachten Kapitals ihnen zustehen würden. Das Entgelt wird nicht durch Zahlung eines Betrages, sondern durch Verzicht auf einen Anteil der den übrigen Gesellschaftern zustehenden Gewinnanteile erbracht. Dies stellt lediglich einen abgekürzten Zahlungsweg dar; an der Qualität der Vergütung als Entgelt für eine erbrachte Dienstleistung ändert dies aber nichts.

Das Halbeinkünfteverfahren nach § 3 Nr. 40 iVm § 3c Abs. 2 EStG und die Steuerbefreiung des § 8b Abs. 1 und 2 KStG ist auf die erhöhten Gewinnanteile nicht anzuwenden, weil es sich hierbei nicht um eine Zuordnung der Einkünfte des Fonds nach Bruchteilen handelt, sondern um eine Vergütung für eine erbrachte Leistung, die nicht die Voraussetzungen des § 3 Nr. 40 iVm § 3c Abs. 2 EStG bzw. § 8b Abs. 1 und 2 KStG erfüllt.

III. Anwendungszeitpunkt

Dieses BMF-Schreiben ist in allen nicht bestandskräftigen Fällen anzuwenden. Soweit die Anwendung der Regelungen dieses BMF-Schreibens zu einer Verschärfung der Besteuerung gegenüber der bisher geltenden Verwaltungspraxis führt, ist dieses Schreiben nicht anzuwenden, wenn der Fonds vor dem 1. April 2002 gegründet worden ist und soweit die Portfolio-Beteiligung vor dem 8. November 2003 erworben wurde.

Sachverzeichnis

Amtshaftung der BaFin
- Gegenüber dem Anleger, § 8i VerkProspG Rn. 99ff.
- Gegenüber dem Anbieter, § 8i VerkProspG Rn. 103f.

Anbieter
- Begriff, Vor § 8f VerkProspG Rn. 5ff.
- Gesamtschuldnerische Lösung, Vor § 8f VerkProspG Rn. 14
- Internet, Vor § 8f VerkProspG Rn. 15
- Zwei-Elemente-Lehre, Vor § 8f VerkProspG Rn. 13

Angaben
- Absehen einzelner Angaben, § 8g VerkProspG Rn. 24ff.; § 15 VermVerkProspV Rn. 14f.
- Begriff, § 2 VermVerkProspV Rn. 4f.
- Freiwillige Angaben, § 8g VerkProspG Rn. 18; § 2 VermVerkProspV Rn. 6
- Generalklausel-Angaben, § 2 VermVerkProspV Rn. 6
- Mindestangaben, § 2 VermVerkProspV Rn. 6
- Reihenfolge, § 2 VermVerkProspV Rn. 131

Angebot
- Begriff, § 8f VerkProspG Rn. 10ff.
- Einzelfälle, § 8f VerkProspG Rn. 13ff.
- Im Inland, § 8f VerkProspG Rn. 19ff.
- Internet, § 8f VerkProspG Rn. 16
- Öffentliches Angebot, § 8f VerkProspG Rn. 17f.

Anlageobjekt
- Begriff, § 9 VermVerkProspV Rn. 21ff.
- Behördliche Genehmigungen, § 9 VermVerkProspV Rn. 39
- Bewertungsgutachten, § 9 VermVerkProspV Rn. 45ff.
- Blind-Pool, § 9 VermVerkProspV Rn. 25ff.
- Dingliche Belastungen, § 9 VermVerkProspV Rn. 36
- Eigentum, § 9 VermVerkProspV Rn. 33ff.
- Lieferungen und Leistungen, § 9 VermVerkProspV Rn. 53ff.
- Verträge über die Anschaffung und Herstellung wesentlicher Teile, § 9 VermVerkProspV Rn. 40ff.
- Verwendungsbeschränkungen, § 9 VermVerkProspV Rn. 38
- Voraussichtliche Gesamtkosten, § 9 VermVerkProspV Rn. 56ff.

Aufschiebende Wirkung von Widerspruch und Anfechtungsklage, § 8i VerkProspG Rn. 98

Aufstellungsdatum, § 2 VermVerkProspV Rn. 139

Ankündigung des öffentlichen Angebots: siehe Hinweis auf den Verkaufsprospekt

Auskunfts- und Vorlagepflichten
- Auskunftserteilung und Unterlagenvorlage, § 8i VerkProspG Rn. 94ff.
- Auskunftsverweigerungsrecht, § 8i VerkProspG Rn. 97

Sachverzeichnis

Auslegungsschreiben der BaFin
- Begriff, Einleitung vor § 1 VerkProspG Rn. 54
- Negativtestate, § 2 VermVerkProspV Rn. 23 ff.

Ausnahmen von der Prospektpflicht
- Angebot vom Arbeitgeber, § 8f VerkProspG Rn. 86 f.
- Bagatellgrenzen, § 8f VerkProspG Rn. 67 ff.
- Begrenzter Personenkreis, § 8f VerkProspG Rn. 78 ff.
- Bereits veröffentlichter Verkaufsprospekt, § 8f VerkProspG Rn. 74 ff.
- Daueremittenten, § 8f VerkProspG Rn. 91 ff.
- Genossenschaften, § 8f VerkProspG Rn. 64 f.
- Kombinierung von Ausnahmen, § 8f VerkProspG Rn. 117
- Staatsmonopole, § 8f VerkProspG Rn. 97
- Institutionelle Anleger, § 8f VerkProspG Rn. 72 f.
- Verschmelzungsfälle, § 8f VerkProspG Rn. 98
- Versicherungsunternehmen, Pensionsfonds, § 8f VerkProspG Rn. 66
- Wertpapiere öffentlicher Hand, § 8f VerkProspG Rn. 89 f.
- Zweitmarkt, § 8f VerkProspG Rn. 99 ff.

Bekanntgabe und Zustellung
- Bekanntgabe an Personen im Ausland, § 16a VerkProspG Rn. 5 ff.
- Zustellung an Personen im Ausland, § 16a VerkProspG Rn. 12

Eingangsbestätigung
- Antrag auf Gestattung der Veröffentlichung in einer fremden Sprache, § 2 VermVerkProspV Rn. 41

- Begriff, § 8i VerkProspG Rn. 85

Emittent
- Abweichende Bestimmungen der Satzung oder des Gesellschaftsvertrages, § 5 VermVerkProspV Rn. 70 ff.
- Begriff, Vor 8f VerkProspG Rn. 19 f., § 5 VermVerkProspV Rn. 2
- Emissionshistorie, § 6 VermVerkProspV Rn. 20
- Geschäftsgang und Geschäftsaussichten des Emittenten, § 13 VermVerkProspV Rn. 4 f.
- Gezeichnetes Kapital, § 6 VermVerkProspV Rn. 3 ff.
- Gründungsgesellschafter, § 7 VermVerkProspV Rn. 3 ff.
- Kapitalanteile, § 6 VermVerkProspV Rn. 3 ff.
- Konzernbeschreibung, § 5 VermVerkProspV Rn. 82 ff.
- Organmitglieder, § 12 VermVerkProspV Rn. 5 ff.
- Rechtsform, § 5 VermVerkProspV Rn. 69
- Rechtsordnung, § 5 VermVerkProspV Rn. 68
- Registergericht, § 5 VermVerkProspV Rn. 77 ff.
- Sitz im Ausland, § 2 VermVerkProspV Rn. 37
- Unternehmensgegenstand, § 5 VermVerkProspV Rn. 75 ff.
- Wirtschaftliche Gründung, § 5 VermVerkProspV Rn. 9 ff.

Ermessen
- Antrag auf Gestattung der Veröffentlichung in einer fremden Sprache, § 2 VermVerkProspV Rn. 44

Form
- Verständlichkeit, § 2 VermVerkProspV Rn. 50 ff.

Sachverzeichnis

Fristen
- Zeichnungsfrist, § 4 VermVerkProspV Rn. 65
- Möglichkeiten der vorzeitigen Kürzung und Schließung, § 4 VermVerkProspV Rn. 66

Gebühren
- Abgrenzung einzelner Vermögensanlagen, § 16 VerkProspG Rn. 11 ff.
- Verkaufsprospektgebührenverordnung, § 16 VerkProspG Rn. 24 ff.

Genossenschaften, § 8f VerkProspG Rn. 64 f.

Genussrechte, § 8f VerkProspG Rn. 41

Geschäftstätigkeit
- Abhängigkeit von Patenten, Lizenzen, Verträgen oder neuen Herstellungsverfahren, § 8 VermVerkProspV Rn. 8 ff.
- Außergewöhnliche Ereignisse, § 8 VermVerkProspV Rn. 28 ff.
- Finanzanlagen, § 8 VermVerkProspV Rn. 24
- Laufende Investitionen, § 8 VermVerkProspV Rn. 21
- Tätigkeitsbereiche, § 8 VermVerkProspV Rn. 4 ff.

Geschlossene Fonds, § 8f VerkProspG Rn. 35 f.

Grauer Kapitalmarkt
- Begriff, Einleitung vor § 1 VerkProspG Rn. 4, 13
- Entwicklung der Prospektpflicht, Einleitung vor § 1 VerkProspG Rn. 13

Gründungsgesellschafter
- Begriff, § 7 VermVerkProspV Rn. 3
- Bezüge der Gründungsgesellschafter, § 7 VermVerkProspV Rn. 24
- Einlagen, § 7 VermVerkProspV Rn. 18 ff.
- Gewinnbeteiligungen, § 7 VermVerkProspV Rn. 27
- Natürliche Personen, § 7 VermVerkProspV Rn. 11 ff.
- Juristische Personen, § 7 VermVerkProspV Rn. 14 ff.
- Unternehmen, § 7 VermVerkProspV Rn. 40

Hinterlegung
- Änderungen im Verfahren, § 8i VerkProspG Rn. 41 f.
- Anhörung, § 8i VerkProspG Rn. 27
- Antrag, § 8i VerkProspG Rn. 21 f.
- Aufbewahrung, § 8i VerkProspG Rn. 86
- Gestattungsbescheid, § 8i VerkProspG Rn. 43 f.
- Hinterlegungsfähiger Prospekt, § 8i VerkProspG Rn. 13 f.
- Platzhalter, § 8i VerkProspG Rn. 24
- Prüfungsfrist, § 8i VerkProspG Rn. 29
- Prüfungsmaßstab: siehe Prüfungsumfang der BaFin
- Rechtsnatur der Gestattung und Hinterlegung, § 8i VerkProspG Rn. 16
- Rücknahme im Gestattungsverfahren, § 8i VerkProspG Rn. 28
- Rücknahme/Verzicht nach Gestattung, § 8i VerkProspG Rn. 46 ff.
- Rücknahme/Widerruf durch die BaFin, § 8i VerkProspG Rn. 80 ff.
- Übermittlung zur Hinterlegung, § 8i VerkProspG Rn. 18 ff.
- Unterlagen, § 8i VerkProspG Rn. 37
- Unvollständig, § 8i VerkProspG Rn. 38

Sachverzeichnis

Hinweis auf den Verkaufsprospekt
- Ankündigung des öffentlichen Angebots, § 12 VerkProspG Rn. 20 ff.
- Hinweis auf den Verkaufsprospekt und dessen Veröffentlichung, § 12 VerkProspG Rn. 41 ff.
- Veröffentlichung, § 12 VerkProspG Rn. 10 ff.
- Wesentliche Merkmale der Vermögensanlage, § 12 VerkProspG Rn. 35

IDW S 4
- Einordnung in den Kapitalmarkt, Einleitung vor § 1 VerkProspG Rn. 39
- Entwicklung der Prospektierung nach IDW S 4, Einleitung vor § 1 VerkProspG Rn. 18, 28
- Kapitalrückflussrechnung, § 10 VermVerkProspV Rn. 17
- Mittelverwendungsrechnung, § 10 VermVerkProspV Rn. 16
- Sensitivitätsanalyse, § 10 VermVerkProspV Rn. 18
- Verhältnis zur VermVerkProspV, § 2 VermVerkProspV Rn. 9
- Verwendung von Renditekennziffern, § 10 VermVerkProspV Rn. 19
- Überblick, Einleitung vor § 1 VerkProspG Rn. 49

Informationsfreiheitsgesetz, § 8k VerkProspG Rn. 21 ff.

Inhaltsverzeichnis
- Zweck, § 2 VermVerkProspV Rn. 55

Interessenkonflikte
- Aufsichtsgremien, § 12 VermVerkProspV Rn. 8
- Beirat, § 12 VermVerkProspV Rn. 9
- Geschäftsführung, § 12 VermVerkProspV Rn. 6
- Vorstand, § 12 VermVerkProspV Rn. 7

Jahresabschluss und Lagebericht
- Abschlussprüfer, § 11 VermVerkProspV Rn. 4
- Ausländische Gesellschaften, § 8h VerkProspG Rn. 14
- Bestätigungsvermerk, § 11 VermVerkProspV Rn. 15
- Eröffnungsbilanz: siehe Verringerte Prospektanforderungen
- Emittent als Teil eines Konzerns, § 8h VerkProspG Rn. 10 f.; § 10 VermVerkProspV Rn. 13
- Größenabhängige Erleichterungen, § 8h VerkProspG Rn. 8
- Hinweis nach § 8h VerkProspG, § 8h VerkProspG Rn. 17 ff.; § 10 VermVerkProspV Rn. 9 ff.
- Planzahlen: siehe Verringerte Prospektanforderungen
- Verhältnis zu § 15 VermVerkProspV, § 10 VermVerkProspV Rn. 3 ff.
- Vermögens-, Finanz- und Ertragslage: siehe Verringerte Prospektanforderungen
- Wesentliche Änderungen nach dem Stichtag, § 10 VermVerkProspV Rn. 14
- Zeitpunkt und Zeitraum, § 8h VerkProspG Rn. 9
- Zwischenübersicht, § 10 VermVerkProspV Rn. 12; ferner: siehe Verringerte Prospektanforderungen
- Zusätzliche Angaben, § 8h VerkProspG Rn. 12

Kapital
- Ausstehende Einlagen, § 6 VermVerkProspV Rn. 16

Kapitalmusterverfahrensgesetz
- Feststellungsziel, Vor §§ 13, 13a VerkProspG Rn. 30

Sachverzeichnis

- Klageregister und Musterkläger, Vor §§ 13, 13a VerkProspG Rn. 32
- Musterentscheid, Vor §§ 13, 13a VerkProspG Rn. 34
- Musterfeststellungsantrag, Vor §§ 13, 13a VerkProspG Rn. 28
- Örtliche Zuständigkeit, Vor §§ 13, 13a VerkProspG Rn. 20ff.
- Prozessstellung der anderen Kläger, Vor §§ 13, 13a VerkProspG Rn. 33
- Sachliche Zuständigkeit, Vor §§ 13, 13a VerkProspG Rn. 24
- Vorlagebeschluss an das OLG, Vor §§ 13, 13a VerkProspG Rn. 31

Leistungsbilanz
- Standard des VGF, Einleitung vor § 1 VerkProspG Rn. 31

Mindestangaben
- siehe Angaben

Nachtrag zum vollständigen Verkaufsprospekt
- Anfängliche Unrichtigkeiten, § 11 VerkProspG Rn. 59ff., § 13 VerkProspG Rn. 26
- Anwendung des § 8i VerkProspG, § 11 VerkProspG Rn. 49
- Beginn der Nachtragspflicht, § 11 VerkProspG Rn. 32
- Bereits beigetretene Anleger, § 11 VerkProspG Rn. 75ff.
- Ende der Nachtragspflicht, § 11 VerkProspG Rn. 33
- Form und Inhalt des Nachtrags, § 11 VerkProspG Rn. 46
- Nachtrag und Prospekthaftung, § 11 VerkProspG Rn. 72
- Rechtscharakter des Nachtrags, § 11 VerkProspG Rn. 45
- Unverzügliche Veröffentlichung, § 11 VerkProspG Rn. 34ff.
- Veränderungen, § 11 VerkProspG Rn. 11ff.
- Verhältnis zu § 10 VerkProspG, § 11 VerkProspG Rn. 41
- Veröffentlichung des Nachtrags, § 11 VerkProspG Rn. 51ff.
- Wesentliche Bedeutung, § 11 VerkProspG Rn. 18ff.

Namensschuldverschreibungen,
§ 8f VerkProspG Rn. 37f.

Negativtestate
- Auslegungsschreiben, § 2 VermVerkProspV Rn. 23f.
- Echte, § 2 VermVerkProspV Rn. 22
- Sachverhaltsalternativen, § 2 VermVerkProspV Rn. 30
- Unechte, § 2 VermVerkProspV Rn. 32
- Sachverhaltsalternativen, § 2 VermVerkProspV Rn. 30
- Vollständigkeitsgebot, § 2 VermVerkProspV Rn. 17

Nettoeinnahmen
- Weichkosten, § 9 VermVerkProspV Rn. 7

Ordnungswidrigkeiten
- Auskunfts- und Vorlagepflichten, § 17 VerkProspG Rn. 85f.
- Begehen durch Unterlassen, § 17 VerkProspG Rn. 33
- Bekanntmachung, § 17 VerkProspG Rn. 79f.
- Bestimmtheitsgebot, § 17 VerkProspG Rn. 62
- Bußgeldrahmen, § 17 VerkProspG Rn. 90ff.
- Bußgeldverfahren, § 17 VerkProspG Rn. 98ff.
- Juristischen Personen und Personenvereinigungen, § 17 VerkProspG Rn. 40
- Übermittlung eines Verkaufsprospekts oder einer Angabe, § 17 VerkProspG Rn. 56ff.

Sachverzeichnis

- Geschützte Rechtsgüter, § 17 VerkProspG Rn. 11
- Gesetzwidrige Veröffentlichung eines Verkaufsprospekts, § 17 VerkProspG Rn. 60 ff.
- Gewinnabschöpfung, § 17 VerkProspG Rn. 41 ff.
- Handeln für einen anderen, Beteiligung, Verletzung einer Aufsichtspflicht, § 17 VerkProspG Rn. 35 ff.
- Hinweispflicht nach § 12 VerkProspG, § 17 VerkProspG Rn. 81 ff.
- Konkurrenzen, § 17 VerkProspG Rn. 63 ff.
- Nichtveröffentlichung eines Verkaufsprospekts, § 17 VerkProspG Rn. 47 ff.
- Verfolgungs- und Ahnungszuständigkeit, § 17 VerkProspG Rn. 95 ff.
- Verhältnis des Bußgeldverfahrens zur Überwachungsaufsicht, § 17 VerkProspG Rn. 103 ff.
- Verjährung, § 17 VerkProspG Rn. 45
- Veröffentlichung eines Nachtrag, § 17 VerkProspG Rn. 70 ff.
- Vollziehbare Anordnung nach § 8i Abs. 2 S. 5 und Abs. 4, § 17 VerkProspG Rn. 68 f.
- Vollziehbare Anordnung nach § 8j, § 17 VerkProspG Rn. 87 ff.
- Vorsatz, Fahrlässigkeit und Irrtum, § 17 VerkProspG Rn. 20 ff.
- Zeitliche und räumliche Geltung, § 17 VerkProspG Rn. 17 f.

Partiarische Darlehen, § 8f VerkProspG Rn. 39 f.

Prognosen
- Aktualitätsgebot, § 2 VermVerkProspV Rn. 128
- Begriff, § 2 VermVerkProspV Rn. 124
- Haftungsausschlüsse, § 2 VermVerkProspV Rn. 129
- Kennzeichnungspflicht, § 2 VermVerkProspV Rn. 125

Prospekthaftung
- Entwicklung, Vor §§ 13, 13a VerkProspG Rn. 1
- Deliktische Haftung, Vor §§ 13, 13a VerkProspG Rn. 17 f.
- Nachtrag und Prospekthaftung, § 11 VerkProspG Rn. 72
- Prospekthaftung im engeren Sinne, Vor §§ 13, 13a VerkProspG Rn. 5 ff.
- Prospekthaftung im weiteren Sinne, Vor §§ 13, 13a VerkProspG Rn. 8 ff.
- Vertragliche Haftung, Vor §§ 13, 13a VerkProspG Rn. 16

Prospekthaftung bei unrichtigem Verkaufsprospekt
- Anspruchsberechtigte, § 13 VerkProspG Rn. 27 ff.
- Anspruchsverpflichtete, § 13 VerkProspG Rn. 30 ff.
- Berichtigung des Verkaufsprospekts, § 11 VerkProspG Rn. 58 ff., § 13 VerkProspG Rn. 26
- Beweislast, § 13 VerkProspG Rn. 38
- Kausalität, § 13 VerkProspG Rn. 36
- Prospektgestaltungsmängel, § 13 VerkProspG Rn. 25
- Rechtsfolgen, § 13 VerkProspG Rn. 40 ff.
- Unrichtigkeit des Verkaufsprospekts, § 13 VerkProspG Rn. 18 ff.
- Unvollständigkeit des Verkaufsprospekts, § 13 VerkProspG Rn. 21 ff.
- Verjährung, § 13 VerkProspG Rn. 39
- Verschulden, § 13 VerkProspG Rn. 34 f.

Sachverzeichnis

Prospekthaftung bei fehlendem Verkaufsprospekt
- Anspruchsberechtigte, § 13a VerkProspG Rn. 7 ff.
- Anspruchsverpflichtete, § 13a VerkProspG Rn. 10 f.
- Anwendungsbereich, § 13a VerkProspG Rn. 5 f.
- Kausalität, § 13a VerkProspG Rn. 12
- Verjährung, § 13a VerkProspG Rn. 15
- Verschuldenserfordernis, § 13a VerkProspG Rn. 13 f.

Prospekthaftungsklagen
- Kapitalmusterverfahrensgesetz: siehe Kapitalmusterverfahrensgesetz
- Örtliche Zuständigkeit, Vor §§ 13, 13a VerkProspG Rn. 20 ff.
- Sachliche Zuständigkeit, Vor §§ 13, 13a VerkProspG Rn. 24

Prospektierung
- Grundsatz der Richtigkeit und Vollständigkeit, § 8g VerkProspG Rn. 10 f.
- Grundsatz der Klarheit, § 8g VerkProspG Rn. 13
- Grundsatz der Wesentlichkeit, § 8g VerkProspG Rn. 14
- Grundsatz der Vergleichbarkeit, § 8g VerkProspG Rn. 15

Prospektpflicht
- Aufgrund anderer Vorschriften, § 8f VerkProspG Rn. 52 f.
- Ausblick, Einleitung vor § 1 VerkProspG Rn. 56
- Ausnahmen, siehe Ausnahmen von der Prospektpflicht
- Entwicklung, Einleitung vor § 1 VerkProspG Rn. 13 ff.

Provisionen
- Gesamthöhe, § 4 VermVerkProspV Rn. 83

Prüfungsumfang der BaFin
- Hinweis, § 8g VerkProspG Rn. 20 f.; § 2 VermVerkProspV Rn. 61 ff.
- Im Gestattungsverfahren, § 8i VerkProspG Rn. 31 ff.
- Prüfungspraxis, Einleitung vor § 1 VerkProspG Rn. 36 ff.

Risiko
- Begriff, § 2 VermVerkProspV Rn. 73
- Beschreibung, § 2 VermVerkProspV Rn. 106
- Bruttorisiken, § 2 VermVerkProspV Rn. 107
- Fremdfinanzierung, § 2 VermVerkProspV Rn. 105
- Gesonderter Abschnitt, § 2 VermVerkProspV Rn. 110
- Maximales Risiko, § 2 VermVerkProspV Rn. 119
- Position Risikokapitel, § 2 VermVerkProspV Rn. 122
- Sensitivitätsanalysen, § 2 VermVerkProspV Rn. 117
- Sicherungsmaßnahmen, § 2 VermVerkProspV Rn. 108
- Trennungsgebot, § 2 VermVerkProspV Rn. 114 ff.
- Vermischung mit Chancen, § 2 VermVerkProspV Rn. 109

Sensitivitätsanalysen
- Abweichungen von Prognosen, § 2 VermVerkProspV Rn. 130
- Begriff, § 10 VermVerkProspV Rn. 18
- Verhältnis zu Risiken, § 2 VermVerkProspV Rn. 117

Sonstige Personen
- Freiberufler (Rechtsanwälte, Wirtschaftsprüfer usw.), § 12 VermVerkProspV Rn. 48
- Garantenhaftung, § 12 VermVerkProspV Rn. 48

Sachverzeichnis

- „Hintermann"-Rechtsprechung, § 12 VermVerkProspV Rn. 41

Sprache, § 2 VermVerkProspV Rn. 36

Steuern
- Angaben über die Vermögensanlagen, § 4 VermVerkProspV Rn. 36

Tatsachen, § 2 VermVerkProspV Rn. 5

Treuhänder
- Angabeerfordernisse, § 12 VermVerkProspV Rn. 21 ff.
- Mittelverwendungskontrolleur, § 12 VermVerkProspV Rn. 25
- Wesentliche Rechte und Pflichten, § 12 VermVerkProspV Rn. 34

Treuhandvermögen
- Begriff, § 8f VerkProspG Rn. 32 ff.
- Echte Treuhand, § 8f VerkProspG Rn. 32
- Verwaltungstreuhand, § 8f VerkProspG Rn. 32
- Vollmachtstreuhand, § 8f VerkProspG Rn. 34

Übergangsregelung
- Gebührenerhebung, § 18 VerkProspG Rn. 52 ff.
- Prospekthaftungsregelungen für „andere" Verkaufsprospekte, § 18 VerkProspG Rn. 43 ff.
- VerkProspG aF für „andere" Verkaufsprospekte, § 18 VerkProspG Rn. 28 ff.
- Vor dem 1. 7. 1998 veröffentlichte Verkaufsprospekte, § 18 VerkProspG Rn. 15 ff.
- Vor dem 1. 7. 2005 veröffentlichte Verkaufsprospekte, § 18 VerkProspG Rn. 20 ff.

- Vormals privilegierte Angebote, § 18 VerkProspG Rn. 11 ff.

Überkreuz-Checkliste
- Als Unterlage, § 8i VerkProspG Rn. 39
- Begriff, § 2 VermVerkProspV Rn. 133

Übertrag- und Handelbarkeit
- Von Vermögensanlagen, § 4 VermVerkProspV Rn. 44

Unterlage, § 8i VerkProspG Rn. 37

Unternehmen
- Beteiligung, § 7 VermVerkProspV Rn. 41

Unternehmensbeteiligungen
- Begriff, § 8f VerkProspG Rn. 28 ff.

Untersagung
- Untersagung der Veröffentlichung, § 8i VerkProspG Rn. 60
- Untersagung des öffentlichen Angebots, § 8i VerkProspG Rn. 87

Unterzeichnung, § 2 VermVerkProspV Rn. 144

Unvollständiger Verkaufsprospekt
- Einzelne Angebotsbedingungen, § 10 VerkProspG Rn. 12 ff.
- Gestaltung des Nachtrags, § 10 VerkProspG Rn. 18
- Gestaltung des unvollständigen Verkaufsprospekts, § 10 VerkProspG Rn. 16
- Prüfung des Nachtrags durch die BaFin, § 10 VerkProspG Rn. 25
- Verhältnis zu § 11 VerkProspG, § 11 VerkProspG Rn. 41
- Veröffentlichung des Nachtrags, § 10 VerkProspG Rn. 20 f.

Sachverzeichnis

- Zeitpunkt für die Übermittlung von Nachträgen, § 10 VerkProspG Rn. 23

Verantwortlichkeitserklärung, § 3 VermVerkProspV Rn. 2ff.

Verkaufsprospekt
- Begriff, Vor § 8f VerProspG Rn. 24ff., § 13 VerkProspG Rn. 12ff.
- Form, § 2 VermVerkProspV Rn. 50
- Klassischer Prospektbegriff, Vor § 8f VerkProspG Rn. 27f.
- Prospektinhalt, § 2 VermVerkProspV Rn. 4
- Spezialgesetzlicher Prospektbegriff, Vor § 8f VerkProspG Rn. 29f.

Verkaufsprospektgebührenverordnung (VermVerkProspGebV), § 16 VerkProspG Rn. 24ff.

Verkaufsprospektgesetz (VerkProspG)
- Auslegungsprinzipien, Einleitung vor § 1 VerkProspG Rn. 50ff.
- Einordnung in den Kapitalmarkt, Einleitung vor § 1 VerkProspG Rn. 32ff.
- Entwicklung, Einleitung vor § 1 VerkProspG Rn. 13ff.
- Überblick, Einleitung vor § 1 VerkProspG Rn. 41

Vermeidung doppelter Angaben, § 2 VermVerkProspV Rn. 152ff.

Vermögensanlage(n)
- Abgrenzung zum Wertpapier, § 8f VerkProspG Rn. 42ff.
- Anlagepolitik, § 9 VermVerkProspV Rn. 5
- Anlageziele, § 9 VermVerkProspV Rn. 4
- Anzahl, § 4 VermVerkProspV Rn. 11
- Art, § 4 VermVerkProspV Rn. 4
- Begriff, Vor § 8f VerkProspG Rn. 21ff., § 8f VerkProspG Rn. 27ff.
- Erwerbspreis, § 4 VermVerkProspV Rn. 70
- Einzelfälle, § 8f VerkProspG Rn. 57
- Fristen, § 4 VermVerkProspV Rn. 64
- Gesamtbetrag, § 4 VermVerkProspV Rn. 13
- Genussrechte, § 8f VerkProspG Rn. 41
- Geschlossene Fonds, § 8f VerkProspG Rn. 35f.
- Infizierung durch Anlageobjekt, § 8f VerkProspG Rn. 50
- Investmentclubs, § 8f VerkProspG Rn. 59
- Kick-back-Zahlungen, § 4 VermVerkProspV Rn. 82
- Kosten, § 4 VermVerkProspV Rn. 73
- Kostenlose Angebote, § 8f VerkProspG Rn. 57
- Leistungsverpflichtungen, § 4 VermVerkProspV Rn. 78
- Namensschuldverschreibungen, § 8f VerkProspG Rn. 37f.
- Partiarische Darlehen, § 8f VerkProspG Rn. 39f.
- Provisionen, § 4 VermVerkProspV Rn. 80
- Selbstlose Angebote, § 8f VerkProspG Rn. 58
- Sport-Vereine, § 8f VerkProspG Rn. 61
- Stelle zur Annahme von Zeichnungserklärungen, § 4 VermVerkProspV Rn. 63
- Steuern, § 4 VermVerkProspV Rn. 36
- Teilbeträge, § 4 VermVerkProspV Rn. 68

Sachverzeichnis

- Treuhandvermögen, § 8f VerkProspG Rn. 32 ff.
- Übertrag- und Handelbarkeit, § 4 VermVerkProspV Rn. 44
- Unternehmensbeteiligungen, § 8f VerkProspG Rn. 28 ff.
- Verbundene Rechte, § 4 VermVerkProspV Rn. 28
- Verträge, § 4 VermVerkProspV Rn. 85
- Zahlstellen, § 4 VermVerkProspV Rn. 60, § 9 VerkProspG Rn. 16

Vermögensanlagen-Verkaufsprospektverordnung (VermVerkProspV)
- Anwendungsbereich, § 1 VermVerkProspV Rn. 1 f.
- Aufbau, Vor § 1 VermVerkProspV Rn. 3 f.
- Überblick, Einleitung vor § 1 VerkProspG Rn. 45

Veröffentlichung
- Schalterpublizität, § 9 VerkProspG Rn. 15
- Überregionales Börsenpflichtblatt, § 9 VerkProspG Rn. 20
- Veröffentlichung des Nachtrags gem. § 10 VerkProspG, § 10 VerkProspG Rn. 20 f.
- Veröffentlichung des Nachtrags gem. § 11 VerkProspG, § 11 VerkProspG Rn. 51 ff.
- Vollabdruck im Börsenpflichtblatt, § 9 VerkProspG Rn. 14

Verringerte Prospektanforderungen
- Absehen einzelner Angaben, § 15 VermVerkProspV Rn. 14
- Eröffnungsbilanz, § 15 VermVerkProspV Rn. 8
- Planzahlen, § 15 VermVerkProspV Rn. 12
- Verhältnis zu § 10 VermVerkProspV, § 10 VermVerkProspV Rn. 3 ff.

- Vermögens-, Finanz- und Ertragslage, § 15 VermVerkProspV Rn. 10
- Zukunftsorientierte Angaben, § 15 VermVerkProspV Rn. 6
- Zwischenübersicht, § 15 VermVerkProspV Rn. 9

Verschwiegenheitspflicht
- Ausländische Stellen, § 8k VerkProspG Rn. 15
- Bei Tätigkeit bekannt geworden, § 8k VerkProspG Rn. 8
- Bußgeldverfahren, § 8k VerkProspG Rn. 35 ff.
- Finanzbehörden, § 8k VerkProspG Rn. 16
- Geheimhaltungsinteresse, § 8k VerkProspG Rn. 9
- Informationsfreiheitsgesetz, § 8k VerkProspG Rn. 21 ff.
- Offenbaren, § 8k VerkProspG Rn. 11
- Tatsachen, § 8k VerkProspG Rn. 7
- Unbefugt, § 8k VerkProspG Rn. 13
- Verstöße, § 8k VerkProspG Rn. 38 ff.
- Verwerten, § 8k VerkProspG Rn. 12

Versicherungsunternehmen, Pensionsfonds, § 8f VerkProspG Rn. 66

Verträge
- Gesellschaftsvertrag, § 4 VermVerkProspV Rn. 85
- Treuhandvertrag, § 4 VermVerkProspV Rn. 92

Vorab-Darstellung, § 2 VermVerkProspV Rn. 9

Werbung
- Begriff, § 8j VerkProspG Rn. 7 f.
- Irreführung über den Umfang der Prüfung, § 8j VerkProspG Rn. 9 ff.

Sachverzeichnis

Wertpapier
- Begriff, § 8f VerkProspG Rn. 43 ff.
- Verbriefung, § 8f VerkProspG Rn. 48 f.

Werturteile, § 2 VermVerkProspV Rn. 5

Zusammenfassung
- Fremdsprachiger Verkaufsprospekt, § 2 VermVerkProspV Rn. 45

Zweitmarkt
- Anbieter, § 8f VerkProspG Rn. 116
- Erscheinungsformen, § 8f VerkProspG Rn. 100
- Fälle nach Inkrafttreten des § 8f Abs. 2 Nr. 9 VerkProspG:
  - Geregelte Funktions- und Zugangsbedingungen, § 8f VerkProspG Rn. 113
  - Regelmäßiges Stattfinden, § 8f VerkProspG Rn. 112
  - Unter der Verantwortung seines Betreibers, § 8f VerkProspG Rn. 115
  - Zugänglich für das Publikum, § 8f VerkProspG Rn. 114
- Fälle vor Inkrafttreten des § 8f Abs. 2 Nr. 9 VerkProspG:
  - Anleger, § 8f VerkProspG Rn. 108
  - Initiatorenzweitmarkt, § 8f VerkProspG Rn. 106
  - Käuferplattformen, § 8f VerkProspG Rn. 107
  - Zweitmarkthandelsplattformen, § 8f VerkProspG Rn. 103